改革と革命と
反革命のアンダルシア

「アフリカ風の憎しみ」、または大土地所有制下の階級闘争

渡辺雅哉

A Antonio Miguel, mi maestro

目次

主要な団体組織その他の略語一覧 ……………………………………… 4

はじめに ………………………………………………………………… 9
第1節　問題の所在 ………………………………………………… 23
第2節　FAIの「革命信仰」 ……………………………………… 49
第3節　社会カトリシズムと農地改革 …………………………… 65

第1章　砂上の楼閣？
マヌエル・アサーニャとスペイン第2共和制の崩壊 ………… 77
第1節　「カサス・ビエハスでは起こるべきことが起こった」 …… 81
第2節　「スペインはカトリック的であることをやめた」 ……… 89
第3節　「農地改革は共和制の屋台骨である」 …………………… 101
第4節　「カタルーニャよ！　君に宣戦を布告する国王はもはやいない！」
　　　　　　　　　　　　　　　　　　　　　　　　　　　　108
第5節　「平和・憐れみ・赦し」 ………………………………… 115

第2章　アンダルシア
「ヨーロッパで最も不幸な人々」の末裔たちがのたうつ土地 … 127
第1節　貴族とブルジョワの「共生」？ ………………………… 132
第2節　「世紀末の農業危機」のなかのアンダルシア ………… 152
第3節　「ヨーロッパで最も不幸な人々」の末裔たち ………… 160

第3章　リベルテールたちのアンダルシア
「マノ・ネグラ」騒動から「ボリシェヴィキの3年間」まで … 175
第1節　「アナーキー万歳！」 …………………………………… 180
第2節　「ボリシェヴィキの3年間」 …………………………… 188
第3節　「世紀末の農業危機」から第2共和制農地改革へ …… 207

第4章 「純粋」アナキズムの系譜
サルボチェア、サンチェス・ロサ、そして「コルドニエフ」 ……… 219
- 第1節 ボリシェヴィキの「神話」 ……… 224
- 第2節 「聖者」サルボチェアとサンチェス・ロサ ……… 245
- 第3節 「偉大な日」 ……… 270

第5章 「帝政ロシアよりも劣悪」？
アンダルシアのカシキスモ、共和派とリベルテール ……… 311
- 第1節 アンダルシアのカシキスモ ……… 316
- 第2節 「解き放たれた野獣」？ ……… 335
- 第3節 アンダルシアのリベルテールたちと「政治」 ……… 355

第6章 カストロ・デル・リオとブハランセ
FAI派と第2共和制期コルドバ県の階級闘争 ……… 381
- 第1節 「資本の落とし子」？「ブルジョワジーの玩具」？ ……… 386
- 第2節 第2共和制時代のコルドバ県 ……… 403
- 第3節 コルドバ県のCNT‐FAI ……… 416
- 第4節 「例外」としてのカストロとブハランセ ……… 429
- 第5節 1933年12月のブハランセの武装蜂起 ……… 438

第7章 第2共和制農地改革の限界
ディアス・デル・モラールと「アンダルシアの農業問題」 ……… 449
- 第1節 ディアス・デル・モラールの農地改革構想 ……… 456
- 第2節 「農地改革の背景」？ ……… 471
- 第3節 「知識人の共和制」の破綻 ……… 487

第8章 社会カトリシズムの敗北
サルバドール・ムニョス・ペレスとアンダルシアの反革命 ……… 497
- 第1節 ある「保守的な共和派」の軌跡 ……… 505
- 第2節 「白いボリシェヴィキ」の蹉跌 ……… 511
- 第3節 「スペイン万歳！」 ……… 524
- 第4節 「お上」とアンダルシアの農業エリート ……… 534

第 9 章　ヘレスからバーサへ
　　　　　アンダルシアの FAI 派と「アンチ・サルボチェア」たち ………… 549
　　第 1 節　リベルテール共産主義と「アナーキー」…………………… 554
　　第 2 節　20 世紀の「アンチ・サルボチェア」たち ………………… 587
　　第 3 節　内戦と南スペインのアナルコサンディカリズム ………… 609
　　第 4 節　バルトロメ・モンティーリャ・ルスと「革命信仰」の消滅
　　　　　　 ……………………………………………………………………… 627

むすびにかえて ……………………………………………………………… 647
　　第 1 節　「フランシスコ・フランコ将軍にノーベル平和賞を」……… 658
　　第 2 節　リベルテールたちのアンダルシアの終焉………………… 675

あとがきのかわりに ……………………………………………………… 701

参考資料 ……………………………………………………………………… 703
地図 …………………………………………………………………………… 704
参考文献 ……………………………………………………………………… 708
人名索引 ……………………………………………………………………… 736

主要な団体組織その他の略語一覧（＊）

1　労働者組織・政党

ADS…Alianza de la Democracia Socialista	社会主義民主同盟
AGTA…Asociación General de Trabajadores Agrícolas	全農業労働者協会
AIT…Asociación Internacional de Trabajadores	国際労働者協会
AOC…Asociación de Obreros Campesinos	農業労働者協会
CCOO…Comisiones Obreras	労働者委員会
CEA…Central de Exportación de Agrios	柑橘類輸出総本部
CGT…Confederación General del Trabajo	労働総連合（西）
CGT…Confederação Geral do Trabalho	労働総同盟（葡）
CGT…Confédération Général du Travail	労働総同盟（仏）
CGTU…Confederación General del Trabajo Unitaria	統一労働総連合
CLUEA…Consejo Levantino Unificado de la Exportación Agrícola	レバンテ農作物輸出統一評議会
CNT…Confederación Nacional del Trabajo	全国労働連合
CRT…Confederación Regional del Trabajo	地方労働連合
FAA…Federación Agraria Andaluza	アンダルシア農業連盟
FAE…Federación de Agricultores de España	スペイン農民連盟
FAI…Federación Anarquista Ibérica	イベリア・アナキスト連盟
FCAC…Federación Comarcal Agrícola de Cádiz	カディス県地域農業連盟
FGALEF…Federación de Grupos Anarquistas de Lengua Española en Francia	フランス在住のスペイン語圏出身者で構成されたアナキスト・グループ連盟
FIJL…Federación Ibérica de Juventudes Libertarias	イベリア・リベルテール青年団連盟
FNC…Federación Nacional de Campesinos	全国農民連盟
FNGA…Federación Nacional de Grupos Anarquistas	アナキスト・グループ全国連盟
FNI…Federación Nacional de Industria	産業別全国連盟
FNIF…Federación Nacional de Industria Ferroviaria	全国鉄道業界連盟

FNOA…Federación Nacional de Obreros Agricultores
　　　　　　　　　　　　　　　　　全国農業労働者連盟
FNTA…Fédération Nationale des Travailleures de l'Agriculture
　　　　　　　　　　　　　　　　　全国農業労働者連盟（仏）
FNTT…Federación Nacional de Trabajadores de la Tierra
　　　　　　　　　　　　　　　　　全国土地労働者連盟（西）
FPC…Federación Provincial de Campesinos
　　　　　　　　　　　　〔コルドバ／バレンシア〕県農民連盟
FRC…Federación Regional de Campesinos　　地方農民連盟
FRE…Federación Regional Española　　　スペイン地方連盟
FRGA…Federación Regional de Grupos Anarquistas
　　　　　　　　　　　　　　　アナキスト・グループ地方連盟
FROA…Federación Regional Obrera Andaluza
　　　　　　　　　　　　　　　　　アンダルシア地方労働者連盟
FSL…Federación Sindicalista Libertaria
　　　　　　　　　　　　　　リベルテール・サンディカリスト連盟
FSRRE…Federación de Sociedades de Resistencia de la Region Española
　　　　　　　　　　　　　　　　　スペイン地方抵抗組織連盟
FTA…Federación de Trabajadores de Andalucía　　アンダルシア労働者連盟
FTACC…Federación de Trabajadores Agrícolas de la Comarca de Cádiz
　　　　　　　　　　　　　　　　　カディス県地域農業労働者連盟
FTRE…Federación de Trabajadores de la Región Española
　　　　　　　　　　　　　　　　　スペイン地方労働者連盟
JSU…Juventud Socialista Unificada　　　統一社会主義青年団
POUM…Partido Obrero de la Unificación Marxista
　　　　　　　　　　　　　　　　　マルクス主義統一労働者党
SOC…Sindicato de Obreros del Campo　　　農業労働者組合
SOV…Sociedad de Oficios Varios　　加入する労働者の職種を問わぬ組合
UAP…União Anarquista Portuguesa　　ポルトガル・アナキスト同盟
UGT…Unión General de Trabajadores　　　労働者総同盟
UTC…Unión de Trabajadores del Campo　　　農業労働者同盟

2 経営者団体

AAE⋯Asociación de Agricultores de España	スペイン農業経営者協会
AGR⋯Asociación de Ganaderos del Reino	王国畜産業者協会
ANO⋯Asociación Nacional de Olivareros	全国オリーヴ栽培業者協会
APFR⋯Asociación Patronal de Fincas Rústicas	地主協会
CEPA⋯Confederación Española Patronal Agrícola	スペイン農業経営者連合
FAAEIC⋯Federación Agraria de Andalucía, Extremadura e Islas Canarias	アンダルシア・エストレマドゥーラ・カナリア諸島農業連盟
FAPPC⋯Federación Agraria Patronal de la Provincia de Córdoba	コルドバ県農業経営者連盟
FEDA⋯Federación Económica de Andalucía	アンダルシア経済連盟
FPA⋯Federación Provincial de Agricultores	〔コルドバ〕県農業家連盟
FPAPA⋯Federación Provincial de Asociaciones y Patronales Agrícolas	〔セビーリャ〕県農業協会・経営者団体連盟
FPL⋯Federación Provincial de Labradores	〔ハエン県〕農業経営者連盟
UAE⋯Unión Agraria Española	スペイン農業同盟

3 カトリック団体・政党

ACNP⋯Asociación Católica Nacional de Propagandistas	全国カトリック伝道者協会
CEDA⋯Confederación Española de Derechas Autónomas	スペイン独立右翼連合
CNCA⋯Confederación Nacional Católica Agrícola	全国カトリック農業連合

4 軍人組織

UME⋯Unión Militar Española	スペイン軍人同盟

5　国家機関

CRS…Comisión de Reformas Sociales　　　　　　　社会改革委員会
IRA…Instituto de Reforma Agraria　　　　　　　　農地改革機構
IRS…Instituto de Reformas Sociales　　　　　　　社会改革機構

6　史料館・文書庫

AHNM…Archivo Histórico Nacional, Madrid　　国立歴史文書館（マドリード）
AHPC…Archivo Histórico Provincial de Córdoba　　コルドバ県立歴史文書館
AMB…Archivo Municipal de Bujalance　　　　　　ブハランセ町立文書庫
AMCR…Archivo Municipal de Castro del Río
　　　　　　　　　　　　　　　　　　　　　カストロ・デル・リオ町立文書庫
IISG…Internationaal Instituut voor Sociale Geschiedenis, Amsterdam
　　　　　　　　　　　　　　　　　　　　　国際社会史研究所（アムステルダム）

（＊）地方または県市町村レベルの、本書においては比較的重要性に乏しいと思われる組織については、その正式名称を文中に直に挿入。

はじめに

永遠の破壊と廃絶の精神を信じようではないか。それだけが、いっさいの生命の汲めども尽きせぬ永遠の創造の泉なのだ。破壊への情熱は、同時に創造への情熱なのだ！
　　　　　　　　　　　　　　　　　　　　　　　　——ミハイル・バクーニン⁽¹⁾

　「プラハからパリへの途上」、バクーニンはある貴族の城を取り巻いて叫び、示威しているドイツの農民たちに出会ったと、ゲルツェンは述べている。彼は馬車から飛びおり、農民たちにどうすべきかを示し、城全体が焔に包まれているのを満足気にみながら立ち去った。
　　　　　　　　　　　　　　　　　　　　　　　　　　　　——テッド・カー⁽²⁾

　もし教皇の回勅が私から財産を奪い取るならば、私は離教者となるだろう。
　　　　　　　　　　　　　　　　　　　　　　——ラマミエ・デ・クライラック⁽³⁾

はじめに

　1931年4月15日。前日に発足したばかりの、ニセト・アルカラ・サモーラ首班のスペイン第2共和制臨時政府は、それまで悲惨な状況のなかに放置されてきた「膨大な数の農民大衆」の存在にあえて言及、私的所有を保障しながらも「農業上の権利は土地の社会的機能（función social de la tierra）に対応しなければならない」との立場から農地改革の実施を公約した(4)。1世紀以上にもわたる激烈な階級闘争の一方の主役を演じつつ、スペインの「農民大衆」の悲劇を最も尖鋭に体現してみせたのは、アンダルシアにのたうつ「膨大な数の」日雇い農たちである。

　グアダルキビール川の中下流域を中心に、21世紀の今日もなお残存する強固な大土地所有制。そして、そのもとでの過剰な労働力の滞留に起因する失業の構造化と極度の社会不安の蔓延。この「アンダルシアの農業問題（problema agrario andaluz）」こそは、1930年代を迎えたスペインが抱え込んでいた最大の社会的病巣だった。現代史家のポール・プレストンが断言するように(5)、スペイン内戦（1936－39年）を引き起こしたさまざまな要因のなかでも、アンダルシアを舞台にした階級闘争ほどに熾烈なものはない。「アンダルシアの土地は、アンダルシアの日雇い農たちの手に」とは、アンダルシアの地域ナショナリズムの総帥、ブラス・インファンテ・ペレスの悲願である(6)。20世紀の初頭、地理的概念に照らしてみれば南スペインに合致する空間に勃興した、固有の言語を通じて自己を語るすべを持たないこの特異な地域ナショナリズムが、「土地」を「アンダルシアの民（raza andaluza〔あるいは、1930年代の地域ナショナリズム紙の呼称に倣えば pueblo andaluz〕）」(7)のアイデンティティの根拠に据えたのは決して偶然ではない。

　グアダルキビール川の下流域にあって、遠く紀元前7世紀ないしは6世紀に全盛期を迎えたとされるタルテッソスの時代(8)から20世紀に至るまで、時代の壁を超越して南スペインに生息し続けた「アンダルシアの民」の存在を措定するインファンテの議論は、むろん厳密な検証に耐えうるものではないだろう。しかし、その主著『アンダルシアの理想／アンダルシアのルネサンスに関する諸研究』（1915年）のなかで、インファンテが低迷するアンダルシアのルネサンス（再生）のための鍵を「民（Pueblo）」に求めた際(9)、その「民」の大半が腹を空かせた日雇い農たちであったことは間違いない(10)。

　また、内戦史家のフランシスコ・モレノ・ゴメスや労働運動史家のカルロス・アレナス・ポサーダスに倣ってアンダルシアでの内戦とそれに続いたフランコ

独裁（1939‐75年）のもとでの血腥い弾圧を1つの「ジェノサイド（genocidio）」、つまり何らかの「集団」や「民」の抹殺の企てと見なしてみれば[11]、1936年7月18日を皮切りにフランコ派（franquista）[12]の手で無慈悲に屠られていった南スペインの人間の多くが、名もない日雇い農たちであったことは確実である。そこで、われわれも彼ら日雇い農を中核とする19・20世紀の南スペインの「膨大な数の農民大衆」をあえて「アンダルシアの民」と呼ぶことにしたい。

19世紀の前半から中葉にかけての一連の自由主義的農地改革（reforma agraria liberal）に伴う大土地所有制の確立を受けて、本格的にはいずれも共和主義の影響のもとに巻き起こった1857年のセビーリャ県のエル・アラアールと、その4年後のグラナダ県のロハの反乱を皮切りに、アンダルシアの農民騒擾はまずは一揆の形態を取って噴出する。以後、際立って「悲惨な状況のなかに放置されてきた」彼らアンダルシアの「膨大な数の」日雇い農はしばしば大土地所有制に対する抗議行動に訴えたのだった[13]。

スペインが、女王イサベル2世の亡命に始まる「革命の6年間（1868‐74年）」の動乱の渦中にあった1872年9月。オランダのハーグで第1インターナショナル（AIT〔国際労働者協会〕）を追われたバクーニン派は、その直後にスイスのジュラにあるサン・ティミエに結集し、通称「反権威主義インターナショナル（Internationale antiautoritaire）」を旗揚げした[14]。これより先、マドリードのアンセルモ・ロレンソらバクーニン派のADS（社会主義民主同盟）のイニシアティヴのもとに1870年にバルセローナで産声を上げていた第1インターナショナルのFRE（スペイン地方連盟）は、72年の暮れから翌年の初頭にかけてコルドバで開催された大会においてサン・ティミエの「反権威主義的な」方針の支持を決定し、ここにスペインの労働運動におけるリベルテール的な傾向の優位が一応の確立を見る[15]。

1874年1月、FREは第1共和制の実質的な崩壊とほぼときを同じくして非合法化されたものの、復古王政初期の81年9月にはその後継団体としてFTRE（スペイン地方労働者連盟）が発足。さらに19世紀最後の年の10月に日の目を見たFSRRE（スペイン地方抵抗組織連盟）を間に挟んで、1910年10月にはCNT（全国労働連合）が誕生する。CNTは、フランスの革命的サンディカリズムの「直接行動（acción directa）」の原則に鼓舞されて1907年8月に成立した「ソリダリダ・オブレーラ（労働者の連帯）」をその母体とするアナルコサンディカリスト労組である。紆余曲折を経て、19世紀のFRE・FTRE

のアナキズムは、大衆的な支持基盤の裾野を広げつつ、ゼネラル・ストライキを主武器とする20世紀のCNTのアナルコサンディカリズムに席を譲ったのだった。

傘下の組織員の職種を問わない以上の団体の他に、やはりリベルテール的な性質を強く帯びながらも、農業に従事する労働力のみを糾合する団体がさらに2つ存在した。19世紀のUTC（農業労働者同盟）と20世紀のFNOA（全国農業労働者連盟）である。ただし、ともに独立した組織としては短命に終わる。1872年4月のFREサラゴーサ大会の開催からあまり間を置かずにセビーリャで創設されたUTCは[16]、その年のうちにFREの系列に入った。UTCはFREの非合法化に伴って地下へ潜らざるをえなかったものの、復古王政期にFTRE傘下の農業労働者組織として再生を果たす。また、1913年4月にコルドバで設立されたFNOAも、19年にCNTに吸収・合併されている[17]。

ピレネーの南におけるリベルテールたちの揺籃の地がカタルーニャであり、そのメッカも常にこの地方の中心都市バルセロナであり続けたことは間違いない[18]。FREがそうであったように、FTREもCNTも出生の場はいずれもバルセロナである（FSRREはマドリードに誕生）。だが、女王イサベル2世を亡命へと追いやった1868年の9月革命の余燼がくすぶるスペインに、イタリア人のジュゼッペ・ファネッリによりもたらされたミハイル・バクーニンのアナキズムの理念は[19]、カタルーニャと並ぶ――また、ときにはカタルーニャをも凌駕するほどに――大きな支持基盤をアンダルシア、ことにグアダルキビール川の中下流域に見出す。

1931年6月のCNTマドリード大会の時点で、このアナルコサンディカリスト労組の組織員は併せて535,565人を数えている。そのうち、300,533人がカタルーニャCRT（地方労働連合）に結集した労働者たちである。CRTは、CNT傘下の労働力を地方レベルで統括する団体である。当時のアンダルシアのアナルコサンディカリストは108,975人[20]。2つのCRTに在籍する労働力だけで、CNT全体のそれの8割に近い。同じ年の暮れ、CNTはおよそ800,000人の組織員を擁するまでに肥大していた。アンダルシアCRTの組織員数も、セビーリャでその大会が開かれた同年10月には300,000を突破している[21]。

ヨーロッパを（広い意味での）社会主義へと導く変革の主体として、バクーニンが資本主義がいち早く高次の発展段階に到達した先進諸国の工業プロレタ

リアートよりも、ロシアのムジーク（百姓）と並んで、むしろ発展が遅れたラテン諸国の、つまりはイタリアやスペインの農民たちに多大な期待を寄せていたことはつとに知られている(22)。そして、バクーニンの直感にどうやら狂いはなかったものと見える。ファネッリのプロパガンダを介して伝えられた、「破壊への情熱」と「創造への情熱」とが渾然一体となったロシアの巨漢の精神に感化されて、腹を空かせた「アンダルシアの民」は自分たちが「どうすべきか」に目覚めたのだった(23)。

「アンダルシアの農業問題」の根深さをスペイン内外の世論に決定的に印象づけたのは、CNTの主導のもとに農業ストライキ攻勢がかつてない規模で南スペイン各地を席巻した、1918年から20年にかけての「ボリシェヴィキの3年間（trienio bolchevista[bolchevique]）」である。1917年11月のロシア革命の衝撃と、スペインが中立を維持した第1次世界大戦中の好景気が引き起こしたインフレーションに起因するこの「3年間」(24)を通じて、アンダルシア8県（アルメリア県・ウエルバ県・カディス県・コルドバ県・グラナダ県・セビーリャ県・ハエン県・マラガ県）のなかでも、とりわけ激しい騒擾に見舞われたのがコルドバ県だった。この時期の同県では、グアダルキビール川以南に点在するプエブロ（pueblo〔「町」や「村」、あるいはあまり大きくない「市」。同時に、「人々」「大衆」「民」をも含意〕）を主な震源地として、1918年11月を皮切りに、さらに19年3月と5月の併せて3度、農業ストが連鎖的な広がりを見せたのだった。

前年秋に最初の大規模な騒擾の洗礼を受けて、なおも混乱の渦中にあったそのコルドバ県に、IRS（社会改革機構）が調査団（以下、IRS調査団）を派遣したのは1919年2月。柔軟な思想の持ち主とは決して思われない人物の口から、ことの本質が語られることもときにはあるらしい。IRS代表のエサ子爵（ルイス・マリチャラール・イ・モンレアール）に率いられ、犯罪学の権威コンスタンシオ・ベルナルド・デ・キロースも加わった調査団を前に、エル・カルピオの農業経営者フランシスコ・ガルシア・エスピンは、県内の日雇い農たちの間に「ボリシェヴィキの思想（ideas bolchevikistas）」が蔓延している事態を憂慮しつつ、労使を引き裂き「われわれの愛する県」を破滅へと追いやる可能性さえをも内包した「アフリカ風の憎しみ（odio africano）」を解消する必要性を強く訴えたのだった(25)。

ヨーロッパの辺境に暮らす有産者ならではの、多分に屈折した矜持を漂わ

せたこの「アフリカ風の憎しみ」ほどに、アンダルシアの労使を引き裂く感情を見事に言い当てた表現はないだろう。そして、ガルシア・エスピンが恐れた「ボリシェヴィキの思想」の浸透を最も端的に象徴したリベルテールが、サルバドール・コルドンだった。1917年11月のロシア革命の勝利に刺激されてその姓を「コルドニエフ（Kordhonief）」へと改めた、このサルバドール・ペドロ・デ・ラ・サンティッシマ・トリニダ・アベリャンもまた、南スペインの階級対立の根底に「憎しみ」を見た[26]。マドリードのエサ子爵らよりも一足先にセビリャからコルドバに入っていたIRSアンダルシア統計局代表のホアキン・デ・パラシオス・カルデナスは、県当局の手で押収されてあった「南米から来たらしいアナキスト」「サルバドール・コルドニエフ」の署名のある、大地主たちの抹殺をもほのめかしたビラの文言に驚愕する[27]。

　農地改革が日程に上った1931年4月以降、南スペインに渦巻く「アフリカ風の憎しみ」はさらに増幅される。そして、その果てに待ち受けていたのが、1936年7月の「ジェノサイド」の幕開けだった。フランシスコ・フランコ・バアモンデ将軍らが第2共和制を破壊する軍事行動の賭けに出た背後には、臨時政府の声明が発表されて以来、危機意識を募らせてきたアンダルシアの大地主たち、換言すれば19世紀の自由主義的農地改革を通じて自らの地位を手に入れた南スペインの、既に定着して久しい用語に倣えば「農業エリート（élite[elite] agraria）」[28]の意向が強く働いていた。現代史家のマヌエル・トゥニョン・デ・ラーラの表現を借りれば[29]、アンダルシアの農業エリートこそは第2共和制に先立つ復古王政を支え続けた「寡頭支配層の権力ブロック（bloque de poder oligárquico）」の最も太い柱である。1931年4月14日の第2共和制の樹立の宣言と、農地改革に関わる翌15日の臨時政府の声明を受けて、南スペインの大地主たちは自らの存在根拠の大きな揺らぎを予感させる時代の不意の到来に慄然とする。

　「兄弟殺し」の開演が近づきつつあるなか、FPL（〔ハエン県〕農業経営者連盟）の代表を務めるホセ・コス・セラーノは、軍部による第2共和制の暴力的な転覆への自身の期待を公言して憚らなかった[30]。1936年7月19日、ゴンサーレス・ビアスやドメックら、カディス県のヘレス・デ・ラ・フロンテーラのシェリーの醸造業者たちが地元の第2共和制を粉砕したばかりの軍人たちにすぐさま全面的な支援を申し出たことは[31]、南スペインの農業エリートが共有していたただならぬ危機意識のごくありふれた、しかし確かな証しの1つである。

1936年夏、大手のドメックが所有する、シェリーの輸出を介してイギリスと深く結びついたヘレスの「名士」にいかにも似つかわしい馬場は「アカども（rojos）」の屠殺場と化す[32]。ところも同じヘレスのラジオ局から、IRA（農地改革機構）代表のアドルフォ・バスケス・ウマスケが地元の大地主たちに祖国のための「忍従」を呼びかけたのは、ちょうどその40日前に当たる6月9日のことだった[33]。
　このヘレス・デ・ラ・フロンテーラよりも1日早い7月18日、既に砲兵隊のシリアーコ・カスカーホ大佐が率いるフランコ派の軍門に下っていたコルドバ県の県庁所在地に至っては、第2共和制の打倒に向けて農業エリートが自ら知恵を絞っていた事実さえもが判明している。コルドバでの軍事クーデタの首謀者は、自身はマドリード在住ながらも、コルドバ県内のモンティーリャに白葡萄酒とアニス酒の醸造所を構えるブルジョワの家系に生まれたホセ・クルース・コンデ。遡れば、とりわけ母方のコンデ家は、自由主義的農地改革の一環としての教会所有地の売却に乗じて土地を集積する一方で、1844年のホセ・マリーア・コンデ・アコスタのコルドバ市長への就任を皮切りに、アンダルシアの政界にも多大な発言力を有した紛れもない農業エリートの一族である[34]。
　クルース・コンデの策謀には、少なくともアダムースのサルバドール・ムニョス・ペレスとプリエーゴ・デ・コルドバのホセ・トマス・バルベルデ・カスティーリャという、コルドバ県内の有力な農業経営者2人が直に関与していた。軍事行動の成功と同時に、ムニョス・ペレスはフランコ派初のコルドバ市長に就任する[35]。フランコ独裁は、バルベルデ・カスティーリャにはセビーリャ県知事の椅子を提供するだろう[36]。
　さらに、コルドバではカスカーホ大佐らの決起の知らせが伝えられた段階で、県農業会議所代表を務めるコルドバのホセ・ラモン・デ・ラ・ラストラ・イ・デ・ラス・オセスや、同会議所の監査役と非灌漑地での穀物・野菜・木綿・煙草部門の主事を兼務するモンティーリャのホセ・マリーア・デ・アルベアール・イ・アバウレアら、砲兵隊の兵営へ向う県内の有力な農業経営者たちの姿が多数目撃されていた。デ・ラ・ラストラは内戦期を通じてフランコ派の軍法会議の検事を演じ、アルベアールも「アカども」の死臭が街頭に漂うなかをコルドバ県庁入りし、フランコ派の初代県知事エドゥアルド・ケロ・ゴルドーニを補佐する役割を引き受ける。
　コルドバ県農業会議所絡みでは、他にも灌漑地での耕作及び農作物加工部

門主事で、フェルナン・ヌーニェス公爵家の所有する不動産の管理人だったカルロス・インセンガ・カラマンサーナ（フェルナン・ヌーニェス）、畜産・植林・牧草地部門主事のフランシスコ・アミアン・ゴメスの２人の子息、フェルナンドとラファエルのアミアン・コスティ兄弟（コルドバ）、さらに元同会議所代表のホセ・リオボ・ススビエーラス（カストロ・デル・リオ）らが兵営に足を運んでいる。先のムニョス・ペレスも、このとき会議所顧問の地位に就いていた。おまけに、カスカーホ大佐その人もまた、県内のルーケの農業ブルジョワと姻戚関係にあった [37]。沸騰点に達した階級憎悪の犠牲に供されたのは、むろん「アカども」ばかりではなかった。他の誰にもまして内戦を待ち望んでいたはずのコス・セラーノも、自らが代表を務めるFPLの同僚だったレオン・カルロス・アルバレス・ラーラともども、自身の意に反して「アカども」の生贄の役どころを務めなければならない [38]。

註
（１） 左近毅訳「ドイツにおける反動／一フランス人の覚え書」『バクーニン著作集』白水社、1973年、1、43ページ。
（２） E・H・カー、大沢正道訳『バクーニン』現代思潮社、1970年、上巻、247‐248ページ。
（３） ピエール・ヴィラール、立石博高・中塚次郎訳『スペイン内戦』文庫クセジュ、1993年、33ページ。
（４） Edward Malefakis, *Reforma agraria y revolución campesina en la España del siglo XX,* Barcelona, 1982, p.199. Manuel Tuñón de Lara, *Tres claves de la Segunda República. La cuestión agraria, los aparatos del Estado, Frente Popular,* Madrid, 1985, p.41.
（５） ポール・プレストン、宮下嶺夫訳『スペイン内戦／包囲された共和国1936‐1939』明石書店、2009年、127ページ。
（６） Jacques Maurice, *El anarquismo andaluz. Campesinos y sindicalistas, 1868-1936,* Barcelona, 1990, p.133.
（７） Blas Infante, *Ideal Andaluz. Varios estudios acerca del Renacimiento de Andalucía,* Sevilla, 1982(1ª ed.1915), pp.68-69.
（８） アントニオ・ドミンゲス・オルティス、立石博高訳『スペイン　三千年の歴史』昭和堂、2006年、4ページ。
（９） Infante, *Ideal Andaluz,* p.45.
（10） *Ibid.,* p.86. ブラス・インファンテらが考える「アンダルシアの民」の生息地は、ジブラルタル海峡の対岸のマグレブにまで拡大される可能性をも内包していた。

第 2 共和制が発足してからまだ間もないころ、文化的な一体性の再確立に向けて、アンダルシアの地域ナショナリズムはレコンキスタ（国土再征服）の過程で、あるいは 1492 年にそれが完了した後に自らの土地を奪われたあげく、イベリア半島を追われなければならなかったムスリムの末裔たちへの連帯の意志を高らかに謳う（*Pueblo Andaluz,* 20-VI-1931.）。『アンダルシアの理想』のページをめくってみれば（Infante, *Ideal Andaluz,* pp.40-42.）、アンダルシアのルネサンスが叫ばれなければならなかったのは、レコンキスタを成し遂げた「カトリックの」スペインのもとでの不寛容と大土地所有制の形成を通じてこの地方が没落を強いられた結果である。インファンテの見るところでは（*ibid.,* p.65.）、南スペインが「最も寛容にして自由な文明」を享受したのは、アル・アンダルスの時代のことである。そこで、アンダルシアの地域ナショナリストたちの間では、ともに強奪されてしまった「土地」と「自由」を求める南スペインの日雇い農たちを「アル・アンダルスの民（raza andalusí）」に重ね合わせる視点も支持を集めた（Antonio Miguel Bernal, "Reforma agraria, República y Nacionalismo en Andalucía", *Histoire et Mémoire de la Seconde République espagnole,* Nanterre, 2002, pp.96-97.）。ブラス・インファンテらの営為については、岡住正秀「アンダルシア主義の歴史」『スペインにおける国家と地域／ナショナリズムの相克』国際書院、2002 年、231‐270 ページ。

(11) Francisco Moreno Gómez, *1936: el genocidio franquista en Córdoba,* Barcelona, 2009, p.12. Carlos Arenas Posadas, *Una de las dos Españas. Sevilla antes de la guerra civil,* Sevilla, 2009, p.101.「1948 年 12 月に国際連合で定められた『集団殺人罪の防止及び処罰に関する条約』（ジェノサイド条約）によれば、ジェノサイドとは『国民的、人種的、民族的または宗教的な集団の全部または一部を破壊する意図をもって行われる』殺害や危害などと定義される」（月村太郎『民族紛争』岩波新書、2013 年、70‐71 ページ）。あえて分類してみれば、ブラス・インファンテが想定する「アンダルシアの民」の「民」は「人種的、民族的な」集団に該当するのだろう。

(12) 便宜上、本書では第 2 共和制の転覆を企てた軍人とその支持者たちをフランコ派と総称する。ただし、フランシスコ・フランコ将軍が名実ともに反乱軍側の頂点に立ったのは、軍事クーデタの狼煙が上がってからほぼ 2 ヶ月半後の 1936 年 10 月 1 日のことである。この日、後の独裁者は、8 月中旬に自身が念入りに演出してみせた、それまでトレードのアルカーサルに籠城を強いられていたホセ・モスカルド大佐と、およそ 1,600 人のその仲間たちの解放劇を梃子に、反乱軍側の「国家元首（Jefe de Estado）」に就任したのだった（ヴィラール『スペイン内戦』67 ページ）。

(13) Antonio María Calero, *Movimientos sociales en Andalucía (1820-1936),* Madrid, 1987(1ª ed. 1976), pp.3-12.

(14) Max Nettlau, *Miguel Bakunin, la Internacional y la Alianza en España*

　　　 (1868-1873), Madrid, 1977(1ª ed. 1924), pp.137-143.
(15) Manuel Morales Muñoz, *Cultura e ideología en el anarquismo español (1870-1919)*, Málaga, 2002, pp.35-40. FREが創設された1870年6月のバルセローナの労働者大会でも、もとよりバクーニン派の優位は動かなかった。それでも、大会に馳せ参じた90人の代表のうち15人が「政治」を語ることにも否定的ではなかった（Jacques Maurice, "Mayoría, minoría en el congreso obrero de Barcelona (junio de 1870)", *El anarquismo andaluz, una vez más*, Granada, 2007, pp.42-43.）。
(16) Manuel Morales Muñoz, "La voz de la tierra. Los movimientos campesinos en Andalucía(1868-1931)", *Cahiers de civilisation espagnole contemporaine. De 1808 au temps présent*, 2-2015, consulté le 17 mars 2015. URL: http://ccec.revues.org/5455; DOI:10.4000/ccec.5455, p.5.
(17) FRCをもってその嚆矢とする、スペインにおける全国規模のリベルテール的な組織の消長のおおよそは、Maurice, *El anarquismo andaluz*, pp.226-232.
(18) Josep Termes, *Historia del anarquismo en España(1870-1980)*, Barcelona, 2011, p.9 y p.13. 件のバルセローナでの労働者大会でも、90人の代表のなかの50人はバルセローナとその周辺の市町村から、さらに残る40人のうち23人もカタルーニャの他の市町村から派遣されていた（Maurice, "Mayoría", p.42 n.3.）。
(19) ただし、ガリシアのサンティアゴ・デ・コンポステーラで1845年に創刊された『エル・ポルベニール』紙を通じて、ラモン・デ・ラ・サグラ・ペリスが、（もちろんバクーニンよりも前の）リベルテール的な思想をスペインに既に紹介していた、との指摘もある（Ángel Sody de Rivas, *Antonio Rosado y el anarcosindicalismo andaluz. Morón de la Frontera(1868-1978)*, Barcelona, 2003, p.17 y n.1.）。
(20) 以下、FRE・FTRE・FNOA・CNTがアンダルシアに抱えていた組織員数については、他に註を設けない限り、Maurice, *El anarquismo andaluz*, pp.30-59. なお、1931年6月のCNTマドリード大会のような「全国大会（congreso nacional）」は、CNT傘下の組合が派遣する代表の、また同年10月のアンダルシアCRTセビーリャ大会のような「地方大会（congreso regional）」はCRT傘下の組合が派遣する代表の参加を得て、それぞれ開催された。「全国総会（pleno nacional）」はCNTを構成するCRTが選出する代表の、また「地方総会（pleno regional）」はCRTを構成する市町村や地域単位の連盟が選出する代表の出席を得て、それぞれ招集された（Alexander Schapiro, "Informe Schapiro sobre la crisis de la CNT (1933)", *Estudios de Historia Social*, núms. 5-6, 1978, p.468.）。アンダルシアCRTの正式な呼称は、アンダルシア・エストレマドゥーラCRT。しかし、アンダルシアに比べて、エストレマドゥーラにおけるリベルテールたちの基盤は極めて脆弱だった。1930年代の初頭、バダホース県のビリャヌエーバ・デ・ラ・セレーナその他の一部のプエブロを除けば、この地方のCNTは動員力のある組合を傘下に持っていない（Justo Vila Izquierdo, *Extremadura: la Guerra Civil*, Badajoz, 1984, p.11.）。1931年6月のCNTマドリード大会には、エストレマドゥーラからの代表は1人

も姿を見せなかった（A. Cucó Giner, "Contribución a um estudio cuantitativo de la CNT", *Saitabi*, núm. XX, 1970, p.181 y p.197.）。そこで、本書では件の CRT を アンダルシア CRT と略記する。

(21) Julián Casanova, *De la calle al frente. El anarcosindicalismo en España (1931-1939)*, Barcelona, 1997, p.84. 1931 年秋、アンダルシア CRT に集う 300,000 以上の労働力のうち、エストレマドゥーラのそれが微々たるものであったことは想像に難くない。

(22) Eduardo Sevilla Guzmán, "Anarquismo agrario", *Anarquismo y movimiento jornalero en Andalucía*, Córdoba, 1988, pp.26-31.

(23) Id., "El jornalero invisible", *El País*, 2-IX-1986, recopilado en *Anarquismo y movimiento jornalero*, pp.94-95.

(24) ドミンゲス・オルティス、前掲邦訳、363 - 364 ページ。Termes, *Historia del anarquismo*, pp.380-381.

(25) Instituto de Reformas Sociales, *Información sobre el problema agrario en la provincia de Córdoba*, Madrid, 1919, pp.24-25. 本書では、*Dos textos fundamentales para la historia social de Córdoba en el siglo XX. La Comisión y el Instituto de Reformas Sociales: Los Informes de 1902 y 1919*, Córdoba, 1999, に再録されたファクシミリ版のテキストに依拠する。

(26) Juan Díaz del Moral, *Historia de las agitaciones campesinas andaluzas-Córdoba (Antecedentes para una reforma agraria)*, Madrid, 1983 (1ª ed. 1929), p.332.

(27) IRS, *Información sobre el problema agrario*, pp.14-15.

(28) この概念をめぐっては、Arenas Posadas, *Una de las dos Españas*, p.18. Rosa María Almansa Pérez, *Familia, tierra y poder en la Córdoba de la Restauración. Bases económicas, poder político y actuación social de algunos miembros de su élite*, Córdoba, 2005, pp.27-30. Pedro Ruiz Torres, "Del Antiguo al Nuevo Régimen: carácter de la transformación", *Antiguo Régimen y liberalismo. 1. Versiones generales*, Madrid, 1994, p.184. María Dolores Muñoz Dueñas,"Poder y prestigio de la labranza. A modo de introducción", *Ayer*, núm. 48, 2002, pp.33-39.

(29) Manuel Tuñón de Lara, "La burguesía y la formación del bloque de poder oligárquico (1875-1914)", *Estudios sobre el siglo XIX español*, Madrid, 1981, pp.212-214.

(30) Javier Tébar Hurtado, *Reforma, revolución y contrarrevolución agrarias. Conflicto social y lucha política en el campo(1931-1939)*, Barcelona, 2006, pp.188-189.

(31) Francisco Espinosa, "Apuntes para la historia de la sublevación de julio de 1936 en Cádiz", *Contra el olvido. Historia y memoria de la guerra civil*, Barcelona, 2006, p.45.

(32) Asociación para la Recuperación de la Justicia y la Memoria Histórica "Jerez Recuerda", *Las cifras de la represión en Jerez de la Frontera tras el golpe militar de*

1936: Una aproximación, Jerez, 2009, p.15. よく知られるように、フランコ派は社会党や共産党に身を置く正真正銘の「マルクス主義者」ばかりでなく、自らがその根絶をもくろんだ「敵」を「アカども」の名のもとに一括した。従って、リベルテールたちも「アカども」である。驚くべきことに、「兄弟殺し」の勝利に自己陶酔するフランコ将軍のスペインは、1930年代にヘレス・デ・ラ・フロンテーラを拠点に活動していたマリーア・ルイサ・コボ・ペーニャを「共産党の活動家にして、あらゆる権威に反逆するアナキスト（militante comunista y anarquista rebelde a toda autoridad)」（！）と決めつけたうえで、この女流アナルコサンディカリストに6年間の懲役刑を宣告して何ら恥じるところがなかった（José Luis Gutiérrez Molina, "Las mujeres en el mundo ácrata español: maestras, sindicalistas y resistentes", *Sur le chemin de la citoyenneté. Femmes et cultures politiques. Espagne XIXe-XXe siècles,* Nanterre, 2008, pp.110-112.)。

(33) "Palabras pronunciadas por D.Adolfo Vázquez Humasqué, Director del Instituto de Reforma Agraria ante el micrófono de《Radio Jerez》el dia 9 de junio de 1936", *Boletín del Instituto de Reforma Agraria,* núm.48, VI-1936.

(34) Julio Ponce Alberca, *Del poder y sus sombras. José Cruz Conde (1878-1939),* Cabra, 2001, pp.23-26. スペインでは、子どもは両親の父方の姓を受け継ぐ。そこで、2つの姓からアンダルシアの大地主や大物政治家たちの姻戚関係を窺い知ることができる場合も稀ではない。「大地主」でも「大物政治家」でもなかったが、ここでは「ジェノサイド」に翻弄されたセビーリャ生まれのある兄弟の例を挙げておく。アントニオ・マチャード・ヌーニェスとアナ・ルイス・エルナンデスがもうけたマヌエルとアントニオの姓は、マチャード・ルイスである。弟のアントニオはフランコ派の勝利が目前に迫った1939年2月、失意の共和派としてスペインとの国境にほど近い南フランスのコリウールに没し、兄のマヌエルはフランコ独裁の「名士」として1947年にマドリードでその生涯を閉じる。内戦の悲劇は、ともに高名な詩人であり、互いの才能を讃えあっていたはずのマチャード兄弟のそれぞれの死にざまのうちに凝縮されていた（Enrique Moradiellos, *1936. Los mitos de la Guerra Civil,* Barcelona, 2004, pp.220-222.)。アントニオと同じく、マヌエルも実は共和派の1人ではあった。だが、1936年7月18日、フランコ派が電光石火の早業で攻略したブルゴスに居合わせた兄には、決起した軍人たちを持ち前のペンの力を通じて支える以外に、生き延びるための選択肢はなかった。マヌエルは、8月にはファシズムが看板のファランヘ党に入党する（Ian Gibson, *Ligero de equipaje. La vida de Antonio Machado,* Madrid, 2006, p.539.)。悲報が伝えられるや、マヌエルはすぐさまブルゴスからコリウールに向かった。コリウールで、マヌエルは弟のみならず、母アナ・ルイス・エルナンデスの死にも直面する。アントニオとともに、アントニオに手を引かれて国境を越えていたアナは、その後を追うようにして他界したばかりだった。晩年はほとんど口を噤んだというマヌエルの弔いの儀式は、故人の思いをよそに半ばフランコ独裁を挙げての国葬の趣きを呈

したという (*ibid.*, pp. 637-639.)。
(35) Francisco Moreno Gómez, *La Guerra Civil en Córdoba(1936-1939)*, Madrid, 1986, pp.34-36.
(36) バルベルデ・カスティーリャのセビーリャ県知事への就任は、1942年である (Ponce Alberca, *Del poder,* p.265.)。
(37) Juan Ortiz Villalba,"Las bases sociales del 18 de julio en Córdoba", *Axerquía*, núm. 3, 1981, pp.264-269. デ・ラ・ラストラは、「兄弟殺し」に幕が引かれて間もない1939年5月20日にバエナで開廷された軍法会議でも同じ職務に従事している (Francisco Moreno Gómez, *Córdoba en la Posguerra(La represión y la guerilla, 1939 - 1950)*, Córdoba, 1987, p.98.)。コルドバ県内の有力な農業経営者たちの、1936年のコルドバ県農業会議所とその傘下の団体のなかでの役職については、*Boletín Agrario*, I y II-1936.
(38) コス・セラーノ自身も、少なくとも個人のレベルでは治安警備隊や軍部との接触を図っていた。しかし、この農業経営者の期待を裏切って、ハエン県での1936年夏の軍事行動は不発に終わる (Francisco Cobo Romero, *Revolución campesina y contrarrevolución franquista en Andalucía. Conflictividad social, violencia política y represión franquista en el mundo rural andaluz, 1931-1950*, Granada, 2004, pp.136-141.)。

はじめに

第1節

問題の所在

　「アンダルシアの農業問題」を論じた古典のなかの古典と目されるのが、ミゲル・プリモ・デ・リベーラ将軍の独裁体制に崩壊のときが近づきつつあった1929年にディアス・デル・モラールが上梓した『アンダルシアの農民騒擾史／コルドバ県（農地改革の背景）』（以下、『騒擾史』）である。フアン・ディアス・デル・モラールは1870年にコルドバ県のブハランセに生まれ、1948年にマドリードに没している。セビーリャ大学で、文学と法学の博士号を取得。スペインがアメリカとの戦争に惨敗した1898年以降、ブハランセで長く——1935年にマドリードに移るまでの間——公証人の職務に従事した。「ブハランセの公証人」の呼び名で、『騒擾史』の著者はコルドバ県では今日なお親しみを込めて語られている[1]。「ボリシェヴィキの3年間」の名づけ親も、ディアス・デル・モラールその人である[2]。

　『騒擾史』に添えられた、「農地改革の背景」との副題が物語るとおり、ディアス・デル・モラールは「アンダルシアの農業問題」にかねて多大な関心を寄せていた。第2共和制の憲法制定議会ではコルドバ県選出の代議士を務めるとともに、独自の

「社会史の先駆者」が書いた『アンダルシアの農民騒擾史／コルドバ県（農地改革の背景）』初版（1929年）の表紙（*Juan Díaz del Moral. Vida y Obra*, p.21.）。

視点に立ちながら「膨大な数の農民大衆」を救済するための事業に自ら参画する。ブハランセの公証人は、農地改革を扱った3部作を執筆する構想を持っていた。『騒擾史』に続く第2の著作『第1次世界大戦後のヨーロッパの農地改革（1918‐29年）』は、内戦のさなかの1938年にバレンシアで脱稿され、著者の没後の67年に子息のカルメーロ・ディアス・ゴンサーレスが自ら序文を付して出版に漕ぎ着けた。しかし、3部作の掉尾を飾るはずの『メンディサーバルから今日までのスペインの農地改革』は、結局書かれぬままに終わる。メンディサーバルとは、1830年代に教会所有地を市場に放出したカディスのフアン・アルバレス・メンディサーバルのことである。

地理的に見て、コルドバ県は同県を貫流するグアダルキビール川の北に広がるシエラ（Sierra〔山間部〕）とその南に展開するカンピーニャ（Campiña〔平野部〕）とに大きく分けられる。20世紀の初頭、それまでほとんど鳴りを潜めていた観があったカンピーニャに騒擾の嵐が巻き起こる。ディアス・デル・モラールは自身が間近に目撃することになった「アンダルシアの民」の反逆を優れてリベルテール的な現象と見なし、異様なまでの熱狂を伴ったその発現を「イマジネーションに富みながらも無教養な」アンダルシア人気質と「宗教的・ユートピア的な」アナキズムとの結合の所産と考えた。『騒擾史』の著者によれば[3]、アナキズムを前に共和主義は早々にその「神話」としての意味合いを喪失し、さらに社会党とこのマルクス主義政党系列の労組UGT（労働者総同盟）の「干乾びて血の通わぬ」プロパガンダもコルドバ県の大衆の精神から「1,000レグアほども」隔たっていたのだった（1レグアは約5,572メートル）。

大部の『騒擾史』は、併せて11の章で構成されている。このうち、実質的に騒擾の火蓋が切られた1903年から「ボリシェヴィキの3年間」までが扱われる第8章から第11章にかけての4つの章が、その核心部分に該当する。やや強引に要約してみれば、このたかだか20年にも満たない時間の流れのなかで、当初の「アナキスト的・自然発生的・刹那的な」争議の形態は「サンディカリスト的・組織的・計画的な」それへと転じていく。1910年のCNTとその3年後のFNOAの誕生を間に挟んで、カンピーニャにおける「優れてリベルテール的な」抗議行動はアナキズムからアナルコサンディカリズムへと脱皮を遂げた。『騒擾史』を通じて明らかにされたのは、「散文的な」サンディカリズムの浸透により、カンピーニャに発現した当初のアナキズムの「宗教的・ユートピア的な」性質が稀釈されていった過程でもある。他方で、遡ること19世紀の

中葉以降、一貫して変わらなかったものもある。「アンダルシアの民」が反逆の折に示した、ラティフンディオ（大土地）の再分配（reparto）への燃えるような願望である。

『騒擾史』とその著者に寄せられた讃辞は、おそらく枚挙にいとまがない。先のトゥニョン・デ・ラーラの表現を借りれば[4]、ブハランセの公証人はピレネーの南の歴史学に「コペルニクス的転回」をもたらした「社会史の先駆者」だった。アンダルシアの現代史に詳しいホセ・マヌエル・クエンカ・トリビオの評価を受け容れれば[5]、『騒擾史』こそは「スペインの農業プロレタリアートの希望と絶望を綴った、最もよく知られる、そして最も重要な著作」である。また、労働運動史家のジェラルド・H・ミーカーは、騒擾を活写するディアス・デル・モラールのペンの冴えを、「ツキジデス的な」と形容することに何のためらいも覚えなかった[6]。

もっとも、ディアス・デル・モラールの名著の紙幅の大半が、実際にはごく限られた時間と空間のなかで演じられた労使紛争のありさまを再現するために割かれていることには、あらかじめ留意しておく必要がある。もちろん、コルドバ県のグアダルキビール川以南に展開するカンピーニャばかりがアンダルシアなのではない。しかし、『騒擾史』の著者が断言するところでは[7]、コルドバ県のカンピーニャのプエブロに暮らす「アンダルシアの民」と、カディス県やセビーリャ県の「民」が示した反逆の作法には、「優れてリベルテール的な」、換言すれば反政治的、ないしは非政治的な傾向が濃密であった点においてほとんど違いは認められないという。

ただし、マラガ県を除く東アンダルシアの各県はどうやらディアス・デル・モラールの視野の外に置かれていたかにも見える。とはいえ、コルドバ県のカンピーニャにリベルテール的な騒擾の火の手が上がるよりも遙か以前から、つまり1830年代以降の自由主義的農地改革の実施をきっかけに、『騒擾史』の著者の目の届かない空間をも含めて、「アンダルシアの農業問題」は南スペインのあちこちにその陰惨な影を落としていた。さらに、プリモ独裁期（1923‒30年）の「強引な」中断を間に挟んで、アンダルシア各地での階級闘争は1930年代に再燃・激化する。ともにフランコ派が決起する1936年7月までの南スペインの現代史全体を俯瞰する高みから『騒擾史』を俎上に載せたのが、『アンダルシアの社会運動（1820‒1936年）』（1976年）を書いたアントニオ・マリーア・カレーロと、『アンダルシアのアナキズム／農民とサンディカリスト

(1868 - 1936年)』(1990年) を著したジャック・モリスである。われわれは、この2人の仕事がその後の南スペインの現代史の研究を決定的に——しかも、「社会史の先駆者」の主張をもっぱら論駁する形で——方向づけたものと考える。

　アンダルシアの現代史へのカレーロの主要な貢献は、コルドバ県をも含む南スペイン各地での、「神話」としての意味合いを喪失して久しかったはずの共和派と、「アンダルシアの民」に語りかけるすべを持たなかったはずの社会党・UGTの、それぞれの活動の痕跡を探り当てたことにある。ディアス・デル・モラールは、他でもないコルドバ県のモントーロに住むエステーバン・ベルトラン・モラーレスが書いた、明らかに反アナキズム的な調子に貫かれた小説『マノリン／大衆伝説』(1912年〔第5版〕) をリベルテール的な文学作品の範疇に分類するという、何ともそそっかしいミスを犯している(8)。だが、自称「社会主義的な」共和派の手になる『マノリン』が少なくとも5度にわたって印刷に付されたという事実そのものが、アンダルシアでの共和主義への信頼が地に堕ちてはいなかったことを物語っているだろう。この奇書の存在に着目し、その復刻を最初に企てたのもカレーロである(9)。

　また、遅くとも「ボリシェヴィキの3年間」を迎えた時点で、「干乾びて血の通わぬ」はずの社会党・UGTのプロパガンダに、実際には少なからざる数の南スペインの日雇い農たちが共鳴しつつあったこと。この傾向は、特にディアス・デル・モラールが目を向けなかった東アンダルシアにおいて顕著に観察されたこと。さらに、第2共和制期の南スペインでは、農業ストライキにおける動員力の点でUGTが「優れてリベルテール的な」CNTをむしろ総じて凌駕するまでに至ったこと。『アンダルシアの社会運動』のなかでカレーロが提示した、ディアス・デル・モラールの観察に正面から対立する要素を孕むこれらの見通しは、他でもない、ブハランセの公証人に拍手を贈ったあのトゥニョン・デ・ラーラが著した『20世紀のアンダルシアにおける労働者・農民の闘争／ハエン県 (1917 - 20年) とセビーリャ県 (1930 - 32年)』(1978年) をも含む、その後に現れたおびただしい数の文献により補完・補強されてきた。南スペイン、なかでもマラガの共和主義や労働運動に詳しいマヌエル・モラーレス・ムニョスが先ごろ発表したばかりの「大地の声／アンダルシアの農民運動 (1861 - 1931年)」(2015年) も、概ね同じ方向に沿って執筆されている。

　ここでは、ひとまず特に目ぼしい研究だけを拾いながら話を進めていこう。その他の、やはり重要な著述については、必要に応じて次節以下で取り上げる

ことにしたい。少なくとも20世紀初頭までの南スペインにあっては、共和派が「アンダルシアの民」の間で一定の影響力をなおも維持していたことは、アントニオ・ロペス・エストゥディーリョがまとめた『アンダルシアの共和主義とアナキズム／農業社会闘争と世紀末の危機（1868 - 1900年）』（2001年）に明らかである。また、モリスの『アンダルシアのアナキズム』と同じ1990年に上梓された『コルドバ県の社会闘争と政治の閉塞（1918 - 20年）』を通じて、アントニオ・バラガン・モリアーナは「ボリシェヴィキの3年間」の同県における社会党・UGTに対するCNTの優位そのものへの疑念を表明した。さらに、第2共和制期のコルドバ県を舞台にした、農業ストライキの主導権をめぐる2大労組の関係の逆転も、マヌエル・ペレス・イルエラの『コルドバ県の農民闘争（1931 - 36年）』（1979年）によりしっかりと裏づけられたかに見える。

他方で、「イマジネーションに富みながらも無教養な」アンダルシア人気質と「宗教的・ユートピア的な」アナキズムとの結合の所産とは異なった反逆の作法の現れを、20世紀の初め以降のカディス県のヘレス・デ・ラ・フロンテーラとその近辺での労使対決のなかに発見したのが、『アンダルシアのアナキズム』の著者である。カレーロがリベルテール以外の勢力の動向にも目を配りつつ『騒擾史』の「外堀」を埋めることに特に力を注いだとすれば、モリスは「優れてリベルテール的な」反逆の内実そのものを再検討に付すことによりディアス・デル・モラールの名著の「本丸」そのものに切り込もうとした観がある。

コルドバ県のカンピーニャにようやく「アナキスト的・自然発生的・利那的な」反逆の狼煙が上がった20世紀の初頭、ヘレス・デ・ラ・フロンテーラとその周辺に生きる「アンダルシアの民」は既に「ボリシェヴィキの3年間」を先取りするかのように「サンディカリスト的・組織的・計画的な」抗議行動に突入していた。南スペインにあって、いち早くアナキズムからアナルコサンディカリズムへと闘争の装いを改めたのは、このヘレス界隈の日雇い農たちである。また、1913年にFNOAの設立に尽力し、1930年代の前半には国内の「膨大な数の農民大衆」を糾合する新たな組織FNC（全国農民連盟）の創設に向けて改めてイニシアティヴを発揮してみせたのも、地元の「民」を率いるディエゴ・マルティネス・ドミンゲスやセバスティアン・オリーバ・ヒメーネスら、やはりヘレスが生んだサンディカリストたちだったのである[10]。

「アンダルシアの民」の反逆の作法の、アナキズムからアナルコサンディカリズムへの衣替えが完了したことの指標と見なされるのは、「ボリシェヴィキ

の3年間」のさなかの1918年5月のセビーリャにおけるアンダルシアCRTの成立である。そして、アナルコサンディカリズムが確立するなかで退却を余儀なくされていったのが、「純粋」アナキズムの「使徒」たちだった。「純粋」アナキズム（anarquismo puro）とは、反政治的・反国家的な姿勢がとりわけ顕著であるとともに、大衆の自発性（espontaneidad）への信頼を盾に、組合活動の前提である集団的な規律に自らが過度に拘束される事態を嫌うアナキストたちの精神や態度を指す[11]。

　われわれの見るところでは、20世紀初頭のコルドバ県のカンピーニャを舞台に「アナキスト的・自然発生的・刹那的な」反逆へと「アンダルシアの民」を誘ったのは、「純粋」アナキズムの紛れもない信奉者たちである。そして、「ボリシェヴィキの3年間」に「大地主たちの抹殺」を公言してみせた「サルバドール・コルドニエフ」もまた、後に詳述されるようにとりわけサンディカリズムと自らとの間に一線を画すその姿勢が際立っていたという点で、正しく「純粋」アナキズムの「使徒」と見なされてしかるべきリベルテールの1人だった。

　「サンディカリスト的・組織的・計画的な」作法が定着を見た「ボリシェヴィキの3年間」には、「コルドニエフ」ら「純粋」アナキストたちは周縁化を強いられた。にもかかわらず、「純粋」アナキズムの潮流そのものが枯渇してしまうことはない。それは、CNTが地下に追いやられていたプリモ独裁期のバレンシアで密かに産声を上げたFAI（イベリア・アナキスト連盟）に再生のための拠りどころを見出す。かつてFREを鼓舞したバクーニン派のADSにFAIの原点を求めるのは、リベルテール史家のフアン・ゴメス・カサスである[12]。

　1927年7月に発足したFAIは、プリモ独裁の末期以降、CNTのなかでさかんに増殖を繰り返した。1931年9月初旬には、アンヘル・ペスターニャやフアン・ペイロらの代表的なサンディカリストが有名な「30人宣言（manifiesto de los treinta）」を発表、「勝利の翌日には独裁者にも転じかねない」「大胆な少数派」による無謀な反乱への大衆の動員を懸念した[13]。だが、FAI派の逆襲にあって、間もなくペイロは自身が編集長を務めていたカタルーニャCRTの機関紙『ソリダリダ・オブレーラ』を追われる破目になる。その後釜は、「生粋のアナキストとしてあまりにも知られた」フェリーペ・アライスだった[14]。

　1931年暮れには、FAIはカタルーニャのアナルコサンディカリズムのヘゲモニーを掌握していた[15]。なおも肥大化の一途をたどるFAIは、翌年4月には「30人宣言」の起草者でもあったペスターニャ[16]に代えて、自らの陣営の

マヌエル・リーバスをCNT全国委員会書記長の座に送り込む。リーバス自身も、もちろん「30人派（treintista）」断罪の急先鋒の1人だった[17]。同じ4月にカタルーニャCRT地方委員会書記長に選出されるアレハンドロ・ヒラベールも、やはりFAIの活動家である。一敗地にまみれたペスターニャには、年の瀬には自身が在籍していたバルセロナの金属工の組合からも除名されるという屈辱の追い討ちが待っている[18]。

1932年1月を皮切りに、翌年1月と12月の都合3度、FAI派が主導するCNTは第2共和制の破壊とリベルテール共産主義体制の樹立をもくろんで国内各地に武装蜂起を繰り広げる。1933年は、アンダルシアがこの「反乱のサイクル（ciclo insurreccional）」に大いに揺れた1年だった。同年1月にはカディス県のカサス・ビエハス（現ベナループ・カサス・ビエハス）とセビーリャ県のラ・リンコナーダが、そして12月にはディアス・デル・モラールの故郷のブハランセが「サイクル」の直撃に晒される。

これらの3件のなかで政治的に最も甚大な反響を巻き起こしたのが、カサス・ビエハスの騒擾だった。当時、行政上はメディナ・シドニアに含まていたこの集落（aldea）では、鎮圧のために投入された治安維持装置の過剰な応戦により22人の「アンダルシアの民」が虐殺される[19]。1933年1月のカサス・ビエハスは、おかげで第2共和制そのものの行方をも大きく左右する結果を招く。それだけではない。フランコ将軍の回想をひとまず鵜呑みにすれば、内戦の勝利者が第2共和制の統治能力に失望し、その打倒を決意するうえでの大きな契機になったのが、正しくカサス・ビエハスでのことの顛末にあったのだというのである[20]。「アンダルシアの農業問題」は、こうして1936年7月の軍事クーデタを正当化するための理由づけにも使われたのだった。

『アンダルシアの社会運動』に先駆けて出版された『グラナダ県の労働運動史（1909－23年）』（1973年）のなかで、カレーロはアナキズムとアナルコサンディカリズムとを峻別し、併せて20世紀の幕開けから〔ママ〕FAIの誕生までの間のアンダルシアでの「純粋」アナキズムの「消滅」を指摘していた[21]。だが、むろんカサス・ビエハスが巻き起こした政治的な波紋の大きさを重視しながらも[22]、『アンダルシアの社会運動』はFAIを介しての南スペインにおける「純粋」アナキズムの復活そのものには何も触れていない。

似たような傾向は、モリスの『アンダルシアのアナキズム』からも窺われる。「農民とサンディカリスト」との副題が物語るように、『アンダルシアのアナキ

ズム』の著者の主眼は、19世紀中葉から1936年7月までの南スペインの日雇い農たちの組織の形成と解体の過程を分析・総合することに向けられていた。他方で、FAI派に典型的な「純粋」アナキストたちの動静が、この著作では充分には扱われていない憾みがある。モリス自身、かつてガリシアの労働運動にも精通したジェラール・ブレイとともに『カサス・ビエハスの歴史と伝説』(1976年)を著していた。にもかかわらず、ある現代史家を戸惑わせたように[23]、『アンダルシアのアナキズム』のなかでのカサス・ビエハスでの出来事そのものへの言及は驚くほどに限られている。

　もちろん、ここでカレーロとモリスばかりを槍玉に挙げるのは不当だろう。1868年にジュゼッペ・ファネッリがスペインにアナキズムの種を蒔いて以降、ピレネーの南のあちこちに芽吹いた「純粋」アナキストたちのグループは、FAI系のそれをも含めて「(「アナーキー」への絶対的な信頼という) 志をともにするグループ (grupo de afinidad)」と総称される。しかし、19・20世紀のスペインで発行されていたさまざまなリベルテール紙・誌の浮沈をよく知る労働運動史家であるフランシスコ・マドリードの、自戒の思いを込めた断言に従えば[24]、「とりわけ、〔FAI半島委員会をおそらくただ1つの例外として〕それらを指導・統制する司令塔を欠いていた」にもかかわらず、なおかつ「国内の広い範囲にわたって驚嘆すべき連絡網を持っていた」「志をともにするグループ」の実態に関して「われわれは何も知らない」。「純粋」アナキズムへの関心の乏しさは、どうやらスペインの現代史の専門家たちの多くに共通する現象であるらしい。

　FAI派の勢力分布については、1933年10月にマドリードで開催されたFRGA（アナキスト・グループ地方連盟）の総会当時のデータが取りあえず参考になるだろう。このとき、FAIは569のグループと4,839人の「純粋」アナキストをイベリア半島の各地に擁していた。数字を見る限り、やはりカタルーニャとアンダルシアの2つの地方のFRGAが突出している。カタルーニャとアンダルシアが、それぞれ206グループ・1,400人と119グループ・1,015人。次いで、ポルトガルの40グループ・1,040人。スペイン国内にあって隣国に続いたのは、99グループ・600人を抱えるアラゴン、ラ・リオッハ、ナバーラの3つの地方を統べるFRGAである[25]。

　FAI派が「30人派」を制して、カタルーニャCRTとCNTの中枢を掌握した結果は甚大だった。その一方で、CRTと同じくFAI傘下のFRGAの根づ

きの点でもカタルーニャと優劣を競う立場にあったにもかかわらず、1933年秋のアンダルシアにあって、119のグループに身を寄せていた1,015人のFAI派が繰り広げていた具体的な行動のありさまについて、われわれもほとんど「何も知らない」に等しい。アンダルシアFRGAをめぐっては、アムステルダムのIISG（国際社会史研究所）所蔵のFAI半島委員会関連の文書を系統的に整理したホセ・ルイス・グティエーレス・モリーナの『革命の理念／1930年代のアンダルシアとカディス県の組織化されたアナキズム』（1993年）により、併せて83の市町村、及び行政上は市町村の管轄のもとに置かれた、例えばメディナ・シドニアのなかのカサス・ビエハスのような集落での系列のグループの所在をひとまず確認することができるだけである[26]。

　そこで、本書の最も大きな狙いは、特にFREに端を発する「純粋」アナキズムの水脈に着目しつつ、「アフリカ風の憎しみ」を刻印された19世紀以来のアンダルシアの階級感情が第2共和制期を通じてさらに悪化し、ついには1936年7月の破局へと雪崩れ込む過程を描くことにある。1930年代前半のアンダルシアを俎上に載せるに当たり、われわれは主としてコルドバ県に検討のための材料を求めることにしたい。ペレス・イルエラは第2共和制期にコルドバ県内で発生した農業ストライキのありさまを微細に跡づけながらも、県内のFAI派の動向にはやはりほとんど興味を示していない[27]。ディアス・デル・モラールの名著を「純粋」アナキズムとサンディカリズムの絡みの視点から読み解いてみれば、その「続編」に当たるペレス・イルエラの『コルドバ県の農民闘争』に空白があることは否めないだろう。

「空白」はまだある。マヌエル・アンヘル・ガルシア・パロディがまとめた『コルドバ県における社会主義の諸起源（1895-1931年）』（2002年）のおかげで、復古王政期のコルドバ県における社会党・UGTの支持基盤の開拓とその拡大のための、換言すればマルクス主義者たちによる「アナーキーな」「アンダルシアの民」との「1,000レグアほども」の精神的な距離を縮めるための地道な行動の詳細を、われわれは入手することができるようになった。だが、対照的に、1931年の4月以降、社会党・UGTが同県のアナルコサンディカリストたちを追い詰め、追い抜いていった具体的な過程はなお詳らかにされていない。

　コルドバ県に関する限り、「空白」は他にもある。フアン・オルティス・ビリャルバの「コルドバにおける『7月18日』の社会的背景」（1981年）により、同県の県庁所在地でのフランコ派の軍事行動の背後に「アンダルシアの農業問題」

が横たわっていた事実が明るみに出されて既に久しい。また、IRS 調査団が編んだ『コルドバ県の農業問題に関する報告』（1919 年〔以下、『IRS 報告』〕）を通じて、われわれは「ボリシェヴィキの 3 年間」の同県の農業経営者たちの生々しい肉声に耳を傾けることができる。そのなかには、フランコ派初のコルドバ市長になるサルバドール・ムニョス・ペレスと、その盟友のホセ・トマス・バルベルデ・カスティーリャの、県内に暮らす「アンダルシアの民」への「アフリカ風の憎しみ」に満ちた呪詛も含まれる。「階級的な」利害を剥き出しにした 2 人の言動には、20 年後を予感させるに充分なものがある。

とはいえ、第 2 共和制が誕生し、その臨時政府により農地改革の実施が公約された 1931 年 4 月以降の、ムニョス・ペレスらコルドバ県の農業エリートの危機意識の深まりを検証する作業は、やはりまだなされていない。第 2 共和制に対するコルドバ県の大地主たちの態度の変遷については、少なくとも隣の県の同業者たちの言動を丹念にたどったレアンドロ・アルバレス・レイの『第 2 共和制期の右翼／セビーリャ県（1931 - 36 年）』（1993 年）に匹敵するような包括的な著作は依然として書かれていない。

第 2 共和制期には、「アフリカ風の憎しみ」の解消、あるいは少なくともその緩和を図る思潮もむろん存在した。なかでも重要と思われるのが、階級闘争そのものを否定する社会カトリシズムに派生する思潮である。そして、1930 年代の前半、「憎しみ」の高まりの果てに祖国を襲う破局の回避を祈念しつつ、社会カトリシズムの精神を行動の次元にまで高めるために最も心を砕いたのが、CEDA（スペイン独立右翼連盟）のマヌエル・ヒメーネス・フェルナンデスだった。この、1934 年 10 月に農相の椅子に座るや「膨大な数の農民大衆」の救済に着手したセビーリャの敬虔なカトリックの言動は、もちろんムニョス・ペレスらの歓迎するところではなかった。

しかし、ヒメーネス・フェルナンデス自身、1931 年 4 月に農地改革の実施を公約した第 2 共和制の臨時政府の面々とはものの見方や価値観を異にする政治家だった。スペインでは 1971 年に書店に並べられたエドワード・マレファキスの『20 世紀のスペインにおける農地改革と農民革命』（英語のオリジナル版『スペインにおける農地改革と農民革命／内戦の諸原因（*Agrarian Reform and Peasant Revolution in Spain. Origins of the Civil War*）』の刊行は 1970 年）は、ヒメーネス・フェルナンデスの農相としての営為を極めて好意的に取り上げるあまり、この CEDA の代議士と第 2 共和制誕生の立役者たちとの間に横

たわっていた政治理念のうえでの溝を見落としたかに見える。第2共和制の農地改革の事業のなかにヒメーネス・フェルナンデスが占めた位置を見定めることもまた、われわれにとっての大きな課題の1つである。

　カレーロの『アンダルシアの社会運動』においても、モリスの『アンダルシアのアナキズム』においても、考察の対象として設定されている時空間はフランコ派が決起するまでの南スペインである。しかし、よく知られるように、「兄弟殺し」の悲劇の幕が上がった1936年の7月18日を境として、軍事クーデタの瞬時の成功がひとまず阻止された空間では注目すべき現象が観察された。それはアンダルシアをも含む第2共和制の領域のなかでの社会革命の勃発、とりわけ集団農場（colectividad agraria）の建設の試みである。

　ただし、FRE・FTREのアナキズムとCNT・FNOAのアナルコサンディカリズムが根づいたグアダルキビール川の中下流域は、「ボリシェヴィキの3年間」に最も激しい揺れに見舞われたコルドバ県のカンピーニャをも含めて、内戦の極めて早い段階でフランコ派にほぼそっくり占領されてしまう。もちろん、落城までの間、カンピーニャでの革命状況の現出が皆無であったというわけではない。1936年の9月上旬、リベルテール共産主義体制のもとに置かれたカストロ・デル・リオに「多くの点で、1534年にミュンスターのアナバプティストたちが導入したものによく似たアナキストのエデン」を発見したのは、今日なお評価の高い内戦の古典的なルポルタージュ『スペインの戦場／スペイン革命実見記』（1937年〔英語で執筆されたオリジナル版『スペインの戦場／スペイン内戦のなかでの政治的・社会的抗争の実見記（*The Spanish Cockpit. An Eye-Witness Account of the Political and Social Conflicts of the Spanish Civil War*)』]）を書いたオーストリア人のフランツ・ボルケナウである[28]。

　しかし、3年近くにも及んだ「兄弟殺し」のなかで、南スペインにおいて社会革命が広い範囲にわたって実現を見た舞台は、ディアス・デル・モラールの表現を繰り返せばかつて「宗教的・ユートピア的な」アナキズムが「イマジネーションに富みながらも無教養な」大衆を虜にしたコルドバ県のカンピーニャではなかった。集団農場に最もふんだんに産湯を提供したのは、西部戦線の崩壊をよそに、多くの市町村でフランコ派による初っ端の軍事行動が不発に終わった東アンダルシアだったのである。

　東アンダルシア、つまりCNTにとっては決して好ましくない、むしろ「処女地」さえもが少なからず含まれていた領域でのリベルテールたちによる農業

の集団化の営みについては、1979年に上梓されたアントニオ・ロサード・ロペスの回想録『土地と自由／アンダルシアのあるアナルコサンディカリスト農民の回想』がその一端を伝えてくれる。それでも、もともと出身地のセビーリャ県のモロン・デ・ラ・フロンテーラを主な活動拠点としていたこのロサードは、先のセバスティアン・オリーバらと同様、本書で重点的に扱われるFAIの「純粋」アナキズムには否定的な、従って明らかにフアン・ペイロら「30人派」に近いサンディカリストの活動家の1人だった。その『土地と自由』からでは判然としない1930年代のFAI派の動静にも留意しながら、われわれは内戦下の南スペインに現出した社会革命の諸相についても1つの展望を引き出しておきたい。

因みに、ロサードの回想録と同じく1979年に出版されたルイス・ガリード・ゴンサーレスの先駆的な『アンダルシアの集団農場／ハエン県（1931‐39年）』はもとより、ラファエル・ヒル・ブラセーロが書いた『革命不在の革命家たち／戦時のマルクス主義者とアナルコサンディカリスト（グラナダ‐バーサ／1936‐39年）』（1998年）でも、フランコ派の軍事行動が惹起した革命状況のなかでのFAI派の動向、あるいはFAI派とサンディカリストとの関係は視野の外にある。ここにも見出される「空白」は、検討の空間軸を南スペイン全体にまで、また時間軸を1930年代を越えてフランコ独裁の確立期にまでそれぞれ延長した、フランシスコ・コボ・ロメーロの『アンダルシアにおける農民革命とフランコ派の反革命／アンダルシアの農村部における社会闘争、政治的暴力、フランコ派による弾圧（1931‐50年）』（2004年）によっても埋められていない。

このように、われわれの目下の関心のありように照らしてみれば、とりわけ農地改革の公約に始まり、「ジェノサイド」に終わった1930年代のアンダルシアについては、解明されるべき点がまだ少なからず残されているということになるだろう。そこで、立ち入った議論に首を突っ込む前に、まずはその前提として1930年代の前半を占める第2共和制期の政治史の大枠をたどり、さらに残された「空白」、ないしは検討に付されるべき課題の所在を取りあえずもう2点ほど摘出しておきたいと思う。その1つは悪名高いカシキスモ（caciquismo）に、そしてもう1つはフアン・ディアス・デル・モラールの農地改革構想に関わっている。

1931年4月14日に産声を上げ、36年7月18日に軍事クーデタの爆風に晒

されるまでの間、第2共和制では左翼から右翼へ、さらに左翼へと権力の交代劇が繰り返し演じられた。社会党・UGTとの共闘のもとに、ブルジョワ出の知識人がスペインの刷新を企てた「改革の2年間（1931 - 33年）」。中道（急進党）と右翼（CEDA・農業党）が1931年4月以来の「改革」に歯止めをかけた、左翼にとっての「暗黒の2年間（1934 - 35年）」。そして、社会党からの入閣は見送られたものの、一面では「改革の2年間」への回帰とも見なされうる、半年にも満たなかった人民戦線の時代（1936年）。5年3ヶ月ほどの第2共和制時代は、このように3つの段階に区分して論じられるのが常である。イベリアの大地からの第2共和制の最終的な消滅は、フランシスコ・パウリーノ・エルメネヒルド・テオドゥロ・フランコ・バアモンデ将軍がマドリードで内戦の勝利を宣言した1939年4月1日のことである。

　この区分は、第2共和制期に実施された3度の総選挙の結果に基づく。1931年6月の憲法制定議会選挙では、社会党が115議席を獲得して首位政党の座を射止めた。憲法制定議会において最多の議席を占めたのは、「インテリゲンツィヤ」とはその多くが生まれと育ちを異にする社会党員たちだったのである。このとき、社会党に次いだのは94議席の急進党。なお、農業党の前身である「農業少数派（minoría agraria）」を形成した代議士は都合26人に上る。

　1933年11月に実施された第2共和制では2度目の総選挙で社会党は惨敗を喫し、その議席は59にまで激減した。急進党は議席を102へと増加させたものの、この総選挙で第一党に躍り出たのは115人を当選させたCEDAである。先のヒメーネス・フェルナンデスは、この「暗黒の2年間」の最も有力な政党に所属する115人の代議士のなかに含まれていた。農業党の獲得議席は32。このように「改革の2年間」を躓かせた要因の1つに挙げられるのが、1933年1月のカサス・ビエハスでの惨劇が世論に与えた衝撃の大きさである[29]。22人の「アンダルシアの民」の虐殺は、フランコ将軍に軍事クーデタのための「大義名分」を与える以前に、「暗黒の2年間」の到来を促す触媒として機能していたのだった。

　1936年2月の、後に人民戦線選挙とも呼ばれることになる第2共和制最後の総選挙の結果、社会党が99にまで議席を回復して第一党に復帰。「暗黒の2年間」の首位政党のCEDAは88議席へと後退し、人民戦線期には社会党の後塵を拝することになる。農業党は11議席に留まる大敗。しかし、農業党の比ではない、ほとんど壊滅的な打撃を受けたのが、国会にわずか5つの議席しか

確保できなかった急進党だった。1936年の春、国会には事実上の新勢力が顔を出す。「暗黒の2年間」に既に代議士1人を国会に送ってはいたものの、今回17議席を得た共産党である[30]。

ところで、第2共和制の誕生に一役買ったのがホセ・オルテーガ・イ・ガセを旗頭とし、「共和制奉仕団（Agrupación al Servicio de la República）」を名乗る知識人たちの集団だった。1931年2月のその設立の趣意書のなかで、「奉仕団」は復古王政の打倒・祖国の救済の営みへの参加を「すべての同胞」に呼びかけた。そして、4月の地方選挙における都市部での共和派の勝利が、1874年以来の復古王政の時代の終焉を招く。作家のアソリンことホセ・マルティネス・ルイスが第2共和制を「知識人の共和制（República de los intelectuales）」と呼んだのは、決して不当なことではなかった。ただし、一部の「インテリゲンツィヤ」が見せた難色を押し切って、憲法第1条を通じて第2共和制を「すべての階級の勤労者の共和国（República de trabajadores de todas clases）」と規定することに成功し、社会党の存在感を大きくアピールしてみせたのは同党代議士のルイス・アラキスタインである[31]。

マヌエル・アサーニャ・ディアスらの「インテリゲンツィヤ」が、農地改革はもちろん、政教分離やカタルーニャ自治その他のさまざまな社会改革に着手した「改革の2年間」は、一面では共和派の知識人たちがそれぞれに構想した理想の政治体制へのスペイン人一般の統合を企てた2年間とも見なされうるだろう。1890年の普通選挙制（成年男子）の導入にもかかわらず、カシキスモ——反体制派の政権獲得への回路をあらかじめ遮断し、保守・自由両党間の所謂「平和裡の政権交代（turno pacífico）」を可能にした狡猾な支配装置——の圧力のもとにあって、復古王政時代のスペイン人はその大半が政治参加の機会を実質的に奪われていた[32]。カシケ（cacique）と呼ばれる政治的なエージェントが、第2共和制に先立つこの時代のスペイン、わけても閉鎖的なその農村部を長期にわたって日常的に圧迫し続けていたためである[33]。

1931年2月末の時点で15,000だった「共和制奉仕団」の団員数は、2ヶ月足らずの間に25,000にまで増加した[34]。「奉仕団」の急激な肥大は、復古王政の末期にあってスペイン人の多くが政治の閉塞に辟易していたことを如実に物語る。その一方で、ピレネーの南へのアナキズムやアナルコサンディカリズムの根づきが、カシキスモに下支えされた「民主主義とは似て非なるシステムと不正な選挙手続き」[35]の所産であったことも確かだった。本書では、アン

ダルシアにおけるカシキスモのあり方の検討にもページを割く。その実態を解明する作業は、ディアス・デル・モラールが確かに過小評価した、復古王政期の南スペインの共和派や社会党の「実力」を検証するための手がかりにもなるだろう。さらに、カシキスモに孕まれた問題は「反政治」ないしは「非政治」が信条のリベルテールたちと「政治」との関係という、実はかなり錯綜したテーマにも繋がっている。

また、手を携えたはずの「インテリゲンツィヤ」と社会党・UGT との間には、言い換えれば「知識人の共和制」の主体と、「すべての階級の勤労者の共和国」の命名者とその同志たちとの間には、双方を分かつ階級の壁が厳然と屹立していた。『騒擾史』の著者も、「共和制奉仕団」に所属する紛れもないブルジョワ出の知識人の1人である。階級間の利害の隔たりを克服し、「すべての同胞」を「知識人の共和制」の議会制民主主義のもとに統合することの難しさの具体的な証しを、われわれは農地改革のための国会委員会の代表をも務めたディアス・デル・モラールが用意した「アンダルシアの農業問題」解決のための処方箋のなかに探し求めてみたい。事実、ブハランセの公証人の農地改革案は「インテリゲンツィヤ」の「相方」から厳しい批判に晒される破目になる。

論点が出尽くしたわけではないものの、ひとまずこのあたりで本書のおおよその骨格を示しておく。ディアス・デル・モラールの名著の後を受けたペレス・イルエラの『コルドバ県の農民闘争』のなかの「空白」を埋める作業に先立って、われわれには第2共和制の推移のあらましを知っておく必要がある。そこで、第1章では「すべての階級の勤労者の共和国」が破局へと向かっていった過程を、マヌエル・アサーニャの言動を導きの糸にたどってみることにしたい。グアダルキビール川の中下流域での労使紛争だけが、内戦を誘発した要因であったわけではもちろんない。この章では、政教分離やカタルーニャの自治その他、第2共和制が解決を志した農地改革以外のいくつかの難題にも目が向けられる。とはいえ、アルカラ・デ・エナーレスの文人政治家にとっては、「アンダルシアの農業問題」が鬼門であったことも間違いない。1933年1月のカサス・ビエハスでの惨劇の事後処理をめぐって、アサーニャは世論の激しい反発を買わねばならないだろう。当初、この「知識人の共和制」を牽引する、ディアス・デル・モラールと同じく正真正銘のブルジョワは、農地改革にほとんど何の関心も払っていない。

第2章では、「アンダルシアの農業問題」の内実を検証する。南スペインの

大土地所有制は、19世紀中葉の自由主義的農地改革によりほぼ確立を見た。実際には南スペインの階級構造の分極化を促進し、その社会に少なからずネガティヴな影響を及ぼしたこの「改革」の受益者層は、古参の旧領主貴族と新興の農業ブルジョワジーである。ピレネーの南においては1880年代以降に深刻化した「世紀末の農業危機（crisis agraria finisecular）」を通じて、南スペインの土地所有の集中の度合いはさらに強化されていく。アルバレス・メンディサーバルらがアンシャン・レジームの土地所有構造の解体に着手してから第2共和制が誕生するまでに、およそ1世紀の時間が経過している。この間、とりわけ「世紀末の農業危機」に直面して、アンダルシアでは極貧に喘ぐ日雇い農が激増するとともに、多くの旧領主貴族が時代の流れを読み損ねて没落を余儀なくされた。農業ブルジョワジーと並んで自由主義的農地改革の恩恵に浴したはずのかつての特権身分が味わわされた悲哀は、1932年9月にようやく憲法制定議会を通過する農地改革法そのものにも影を落とす。

　「革命の6年間」から「ボリシェヴィキの3年間」までの間にアンダルシアの日雇い農たちの反逆の作法は、FRE・FTREのアナキズムからCNT・FNOAのアナルコサンディカリズムへと変貌を遂げる。第3章では19世紀のアナキズムが20世紀のアナルコサンディカリズムへと移行する過程をたどるとともに、主として『IRS報告』に依拠しながら、「3年間」の総じて「散文的な」争議のありさまを再現する。「3年間」における労使紛争の激化は「アンダルシアの農業問題」の重大さを浮き彫りにし、農地改革のための議論を本格化させた。復古王政の時代における「アンダルシアの農業問題」の解決策の模索も、この章で取り上げられる。

　続く第4章では、復古王政期の南スペインにおける「純粋」アナキズムの痕跡を掘り起こす。『IRS報告』に収められた「アンダルシアの民」の指導者たちの証言は、概ね「散文的な」調子に貫かれている。ディアス・デル・モラールの『騒擾史』にともに活写された、「民」が示したボリシェヴィキ革命への関心のただならぬ大きさも、ラティフンディオの再分配に向けての圧倒的なまでの気分の高まりも、『IRS報告』の行間からではほとんど、あるいはまったくと言うしかないほど伝わってこない。われわれは「コルドニエフ」ら、「散文的な」サンディカリズムの「民」への影響力の拡大を嫌った、「ボリシェヴィキの3年間」の「純粋」アナキストたちの言説を、「民」が感染した集団的な熱狂に結びつけてみることにしたい。

アンダルシアにおけるリベルテール的な理念の普及は、この地方でとりわけ顕著に観察されたカシーケたちの横暴と裏表の関係にある。つい先ほど言及したばかりのこの問題に関しては、第5章で掘り下げることにしよう。この場を借りてあらかじめ釘を刺しておけば、南スペインに巣食うカシキスモは1931年4月の「改革の2年間」の幕開けをもって一掃されたわけではなかった。この点については、第2共和制期のコルドバ県の階級闘争を再検討に付す第6章のなかで考察される。第6章では、手始めに社会党・UGTがアナルコサンディカリスト労組の足場を掘り崩していった経緯を跡づける。もっとも、事態はかなり錯綜している。しぶとく生き残ったカシキスモに、ディアス・デル・モラールの断定を裏切るようにして、コルドバ県内の「アンダルシアの民」の信頼を手に入れたかに見えたマルクス主義者たちも苦悶する他はない。他方で、CNT傘下の労働力に「純粋」アナキズムの精神の（再）注入を狙うFAI派の足場が県内各地に築かれる。

　第7章は、ディアス・デル・モラールの農地改革論の中身を問う。これも述べたばかりだが、『騒擾史』の著者が作成した農地改革の「私案」に綴られた文言には、随所に「知識人の共和制」の「階級的な」限界が滲み出ていた。ブハランセの公証人自身が抱える「階級的な」制約は、『騒擾史』からも看取されるだろう。国会でその「私案」が否決されてから1年以上が経過した1933年6月、コルドバ県の農業ストライキはアナルコサンディカリストのイニシアティヴのもとにではなく、「インテリゲンツィヤ」との間に一線を画しつつあった社会党・UGTの主導のもとに実施される。それから5ヶ月後の1933年11月、第2共和制では2度目の総選挙を前に、「すべての階級の勤労者の共和国」は既に自壊の危機に直面していた。

　「改革の2年間」の主役を自負していたはずのブルジョワ出の共和派にとっても、「独り立ち」を誓った社会党・UGTにとっても、「暗黒の2年間」の壁はあまりにも厚い。第8章では、そんな「暗黒の2年間」に異彩を放った農相マヌエル・ヒメーネス・フェルナンデスの挫折に主として焦点が絞られる。所属先の政党からも窺われるように、このCEDAの代議士の言動は「改革の2年間」と原理的に対立する要素を孕んでいた。だが、ともかくも農地改革に邁進したヒメーネス・フェルナンデスは、アンダルシアの大地主たちや、その意向を汲んだ同じCEDAの同僚たちから袋叩きにあい、農相の地位を追われる破目になる。ヒメーネス・フェルナンデスの退場に続いた1935年8月の農地

改革修正法の成立にもかかわらず、それから半年後の人民戦線選挙での敗北を境に改めて苦境に立たされた南スペインの農業経営者たちの間からは、ついには第2共和制そのものの破壊をもくろむ人間も現れる。『IRS 報告』に登場するコルドバ県の農業エリートのなかでも突出して戦闘的だったサルバドール・ムニョス・ペレスも、そんななかの1人である。このフランコ派初のコルドバ市長が軍事行動に加担していった経緯を明らかにすることが、本章のもう1つの柱である。

　第9章では、ピレネーの南にバクーニンの理念が根づきはじめた1868年から、内戦が終わる1939年までのリベルテールたちのアンダルシアの俯瞰を試みる。第4章で FRE の誕生から FAI の発足までの「純粋」アナキズムの連続性を跡づけたわれわれは、ここでは1931年4月の第2共和制の成立から36年7月の軍事クーデタの勃発を経て「兄弟殺し」に幕が引かれるまでの、FAI 派に受肉された「純粋」アナキズムの浮沈に着目する。同時に、ジャック・モリスの『アンダルシアのアナキズム』により既に充分な検証がなされている、FNC の創設を通じて FNOA の再興の可能性を模索したセバスティアン・オリーバらの営為をも、われわれが関心を寄せる「純粋」アナキストらの動静と併せて改めて取り上げてみたい。

　各地に建設された集団農場を統括する組織として、その FNC は内戦下の1937年6月にバレンシアで産声を上げる。FNC をめぐっては、やはりジャック・モリスが「奇跡としての組織／アナルコサンディカリスト農民たちの全国連盟 FNC」（1989年）を著している。ただし、「奇跡としての組織」では、南スペインのあちこちで試みられた農業の集団化の中身そのものについての掘り下げた論究がなされているわけではない。内戦のなかで、いっそう正確には内戦のなかで現出した革命状況のもとで、アンダルシアが舞台の「純粋」アナキズムとサンディカリズムとの対立・抗争は新たな局面を迎えることになる。われわれが入手することのできた、フランコ派が決起してからのアンダルシアの実情を伝える史料は、残念ながらいずれも断片的である。とはいえ、それらの史料を頼りにこの時期の南スペインに関してひとまず1つの展望を引き出しておくことは、まったく不可能というわけでも、またまったく無駄というわけでもないだろう。

　最後にフランコ独裁期から今日までのアンダルシアを眺望し、むすびにかえる。「アンダルシアの民」を率いた何人かの傑出した、とはいえ極東の島国

にあってはいずれもほとんど無名の、あるいは無名に近いリベルテールたちの、内戦突入後の死にざま。また、南スペインを襲った「ジェノサイド」の犠牲者たちのなかに占める「民」の比重の大きさ。そして、「民」の間での、内戦中に被った絶望的なまでの痛手と、フランコ独裁のもとでの執拗な弾圧による、1世紀以上にも及んだ「土地」と「自由」のための階級闘争の過去の記憶の喪失。「空白」と思われるものをできる限り埋めたうえで、われわれがさらに触れておきたいと考えるのは、差し当たりこの3点である。

いかにも舌足らずな序章を閉じるのはまだ早い。われわれはさらに2つほど節を設けたうえで、いずれも本書にあって特に重要なテーマである「純粋」アナキズムと社会カトリシズムに関してもう少しばかり予備作業を行なっておかねばならないだろう。しかし、既に何度か出てきた3つのパロル、「リベルテール（libertaire）」「日雇い農」そして「階級闘争」に関して、その前に若干の断りを入れることにしよう。

まず、「リベルテール」についての註釈が必要だろう（スペイン語では「リベルタリオ〔libertario〕」）。ジェラルド・ブレナンによると[36]、「リベルテール」とは1898年にフランスのアナキスト、セバスティアン・フォールが考案した造語である。だが、そのフォールらが編集していた新聞『ル・リベルテール』がこの響きのいいフランス語の普及に大きく貢献したことはおそらく確かであるにしても、ちょうどその40年前のピエール・ジョセフ・プルードンの著述（1858年）のなかに先例があった[37]。『ル・リベルテール』紙そのものがパリで創刊されたのも、実際には1898年ではない。同紙が日の目を見たのは、その3年前の1895年のことである[38]。

少なくとも初めのうち、名詞としての「リベルテール」はほぼ完全に「純粋」アナキストのみを意味していたものと思われる（形容詞としては「『純粋』アナキスト的な」）。だが、「リベルテール」は次第にアナキスト、サンディカリスト、アナルコサンディカリストを包含するかなり幅広いニュアンスを伴って用いられるようになる（従って、形容詞としては「アナキスト的な」「サンディカリスト的な」「アナルコサンディカリスト的な」の3つの意味合いを含意）。FAI派とのCNTのヘゲモニーの争奪戦のなかで苦境に立たされたサンディカリストたちが1931年11月に創刊した新聞の呼称も「リベルテール的な文化」を意味する『クルトゥーラ・リベルタリア』であったし、彼ら「30人派」、つまりFAI派を批判した「30人宣言」の署名者とその支持者たちが、ちょうど

それから1年後に結成する組織もFSL（リベルテール・サンディカリスト連盟）と命名されていた[39]。

「純粋」アナキストが自分たちが集団行動に縛られる事態を嫌ったのに対し、早くも1892年にゼネラル・ストライキを介しての社会革命を提唱し、フランスでの革命的サンディカリズムの形成に大きく寄与したフェルナン・ペルーティエにしてみれば[40]、組合とは「アナキズムの実践的な学校」以外の何ものでもない[41]。こうして、「純粋」アナキズムと組合、あるいはサンディカリズムとの関係をめぐり、19世紀末から20世紀初頭のフランスにおいて論争が持ち上がった際、その主要な討論の場の1つとなったのが、他でもないセバスティアン・フォールの『ル・リベルテール』紙だったのである。

結局、論争は「労働者大衆をアナキズムの大義へと導き、社会革命を準備するうえでの最良の手段」としてサンディカリズムが受容される形で決着を見る。だが、フォールらがサンディカリズムに「暴力的に」敵対していた当初の姿勢を改める過程で、なおも強硬だったE・アルマンらの筋金入りの「純粋」アナキストたちは『ル・リベルテール』紙と絶縁したうえで、1905年に『ラナルシ』紙の創刊に踏み切った[42]。われわれは、フランスにおいて、サンディカリズムの定着に伴って「純粋」アナキズムが陥らざるをえなかった逆境に関する具体的なイメージをここに思い描くことができるだろう。

アナルコサンディカリズムは本質的には20世紀に入ってからの現象であり、スペイン語の「組合（sindicato）」が完全に市民権を獲得するのも、フランスのCGT（労働総同盟）が革命的サンディカリズムの理念を煮詰めたアミアン憲章を採択した1906年以降のことである[43]。しかし、「純粋」アナキズムと、組織力の拡充に主眼を置くサンディカリズムの源流と目される要素との間の軋轢は、既に1880年代のFTREのなかにも見出される。「純粋」アナキズムを俎上に載せる本書では、サンディカリズムとの対比が、その萌芽的な段階をも含めて大きな意味を持つ。20世紀に正面から対峙することになるアナキストとサンディカリストの双方に連なる思潮を、19世紀後半にまで遡りつつ包括しうるようなパロルを探し求めるとすれば、おそらくそれは「リベルテール」以外にはないだろう[44]。

また、本書では「日雇い農（jornalero）」「農業労働者（obrero agrícola）」を、文字どおり自身の労働力を売る以外に生きるすべを何も持たない完全な意味での「日雇い農」「農業労働者」に加えて、賃金労働に多くを依存せずには生活

を維持できない、実質的に「日雇い農」「農業労働者」に分類されるべき小農、より正確には過小農をも含むものと考えることにしたい。IRS 調査団に参加していたコンスタンシオ・ベルナルド・デ・キロースも、ルイス・アルディーラとともに書いたアンダルシアの匪賊に関するある著作のなかで、「農業プロレタリアート（proletariado agrícola）」を「完全に、あるいはほぼ完全に」土地所有から切り離された存在と規定している[45]。

　「日雇い農」「農業労働者」の定義に幅を持たせた例は、他にもまだある。レブリーハの 3,000 人ほどの「日雇い農」のうち、まったくの「日雇い農」はほぼ半数。残る「日雇い農」はわずかながらも土地を持っていた。にもかかわらず、「いずれにせよ、みな等しく苦境に喘いでいる」とは、1905 年にセビーリャ県のこのプエブロを訪ねた折の、作家のアソリン（！）の観察である[46]。また、「ボリシェヴィキの 3 年間」のさなかのモンティーリャでも、地元の共和派の組織が IRS 調査団に伝えた証言に耳を傾ければ[47]、このコルドバ県のプエブロに居住する「農業労働者」の多くが何がしかの土地を持つか、または借り受けていたのだった。

　従って、地域ナショナリズムを統率するブラス・インファンテの「アンダルシアの民」もまた、まったくの「日雇い農」を中核とし、さらに「何がしかの土地を持つか、または借り受けていた」小農をも包含する南スペインの人間たちの集団と見なされうるだろう。因みに、1932 年 9 月に制定された農地改革法の第 11 条は、まったくの「日雇い農」の他にも、年間の地租の支払額が 50 ペセータ未満の「土地所有者」や、自身が耕作する土地が 10 ヘクタールに満たない「借地農」にも改革の恩恵に浴す権利を認めている[48]。われわれの考えでは、アンダルシアに生きるこうした「土地所有者」や「借地農」も「民」を名乗るだけの「資格」を充分に兼ね備えている。

　南スペインの階級闘争は、彼ら（広い意味での）日雇い農と農業エリートとの間だけで演じられたわけではもちろんない。アンダルシアの経済のなかで農業に次ぐ位置を占めたのは、外国資本にほとんど牛耳られていた鉱業である。特にイギリス資本の餌食にされたリオ・ティントとその近辺のウエルバ県内の銅山からは、第 1 次大戦前夜には全世界の銅の、実に 66 パーセントが採掘された記録も残されている[49]。1888 年、リオ・ティントの銅山では「お上」の発表では「13 人」の、巷間ささやかれたところでは「100 人以上」の鉱山労働者たちが虐殺される争議が発生した[50]。コルドバ県の北部（シエラ）にも、

こちらはフランス資本に蹂躙され、たびたび労使紛争が記録された鉱山地帯があった。ことにペニャロージャ一帯を巻き込んだ1920年のストライキには、14,000人の労働力が動員されている。全国的に見ても、それは屈指の規模の争議ではあった[51]。

だが、1900年当時、鉱業に従事する労働者はアンダルシアの労働人口全体の5パーセントにも満たなかった。アンシャン・レジームからの「離陸」を遂げた後も、南スペインの経済の支柱が一貫して農業であり続けた事実は変わらない。外資主導の鉱業は、過剰な労働力を抱えたこの地方の農業に何らかの構造的な変化を促すだけのダイナミズムに欠けていた[52]。われわれの関心はあくまでも「アンダルシアの農業問題」にあり、従って本書で扱われる「階級闘争」とは、就中「アンダルシアの民」と農業エリートとの間で繰り広げられた、「アフリカ風の憎しみ」を刻印されたそれを指す。

註

（1） 半ば「聖人伝」めいたところもあるものの、ディアス・デル・モラールの生涯については概ね孫のアントニオ・タステ・ディアスが書いた略伝に従う（Antonio Tastet Díaz, "Semblanza sobre la vida y obra de don Díaz del Moral", *Revista de Estudios Regionales,* núm.4, 1979, pp.283-314.）。

（2） José Luis Casas Sánchez, "La obra de Juan Díaz del Moral: un modelo de historia social", *Juan Díaz del Moral. Vida y Obra,* Córdoba, 1995, p.28.

（3） Díaz del Moral, *Historia de las agitaciones,* p.216 n.44 y p.227.

（4） Manuel Tuñón de Lara, "Un adelantado de la historia social: Juan Díaz del Moral", *El País,* 13-IV-1980. この記事のコピーは、Carlos Arenas Posadas に提供してもらった。

（5） José Manuel Cuenca Toribio, *Pueblos y gentes de Córdoba,*Córdoba, 1989, p.22.

（6） Gerald H. Meaker, *The Revolutionary Left in Spain 1914-1923,* Stanford, 1974, pp.500-501 n.1.

（7） Díaz del Moral, *Historia de las agitaciones,* p.22.

（8） Manuel Ruiz Luque y José Luis Casas Sánchez, "Estudios introductorio", Esteban Beltrán Morales, *Manolín. Leyenda Popular,* Córdoba, 2000, reimp. de la 5ª edición(1912), p.XXV.

（9） 自身の回想によれば、エステーバン・ベルトラン・モラーレスは非常に若くして共和主義に帰依した後、社会主義を学ぶ。そして、共和派に留まりながらも、「いっそう進んだ」社会主義のプロパガンダのために書かれたのが『マノリン／大衆伝説』なのだった（Ruiz Luque y Casas Sánchez,"Estudio introductorio", pp.III-IV.）。こ

の作品は 2 部構成。第 2 部にだけ「農業社会主義（socialismo agrícola）」の副題が付されている。『農業社会主義／大衆伝説』『マノリン』第 2 部』として、この第 2 部を 1979 年に再版したのがカレーロだった。われわれの手許にある、2000 年に復刻された『マノリン／大衆伝説』の第 5 版は、本文とこの版のためにしたためられたはしがき・エピローグを併せて 374 ページにも及んでおり、安手のパンフレットにしてはかなりの厚みを持つ。『マノリン／大衆伝説』はひとまず第 1 部のみが、次いで第 1 部とは別に第 2 部が出版され、最終的に第 5 版のような合冊へと落ち着いたのだろう。残念ながら、ベルトランの奇書が初めて世に出た期日は不明である。復刻版に序文を寄せた 2 人は、第 1 部に見える、1901 年に上梓されたベニート・ペレス・ガルドースの『エレクトラ』への言及から（Beltrán Morales, op.cit., p.41.）、『マノリン』の初版の刊行をこの年以後のことと断るだけに留まっている（Ruiz Luque y Casas Sánchez,"Estudio introductorio", p.XXVI.）。しかしながら、第 2 部にはロシアの「血の日曜日」を思わせるエピソードが挿入されているので（Beltrán Morales, op.cit., p.158.）、その脱稿は 1905 年以降のはずである。因みに、カレーロが編集したテキストは 1908 年の版に基づく。

(10) Jacques Maurice, "El anarquismo rural en el campo andaluz: una interpretación", El anarquismo andaluz, una vez más, pp.32-37.
(11) 大正の末期以降、同胞の間では「純正」アナキズムの呼称が定着していることは確かであるにせよ（秋山清『増補　日本の反逆思想／無政府主義運動小史』三一新書、1977 年、197‐200 ページ）、自由を愛する仲間たちは、青二才のわれわれにも寛大であってくれるに違いない。「純正」アナキズムであれ、「純粋」アナキズムであれ、おそらく多分に俗な印象は免れないだろう。それでも、「純粋」アナキズムと「純粋」サンディカリズムを両極に初期の CNT、とりわけカタルーニャ CRT の実態の解明に挑んだ現代史家もいる。ディアス・デル・モラールの表現力の豊かさを古代ギリシャが生んだ大歴史家のそれになぞらえてみせた、先のミーカーである（Gerald H. Meaker, "Anarquistas contra sindicalistas: conflictos en el seno de la Confederación Nacional del Trabajo, 1917-1923", Política y sociedad en la España del siglo XX, Madrid, 1978, pp.52-53.）。
(12) Juan Gómez Casas, Historia de la FAI(Aproximación a la historia de la organización específica del anarquismo y sus antecedentes de la Alianza de la Democracia Socialista), Madrid, 1977, pp.11-15.
(13) 「30 人宣言」の全文は、ホセ・ペイラッツ、今村五月訳『スペイン革命のなかの CNT／スペイン労働組合総連合の歴史』第 1 巻、自由思想社、1984 年、41‐44 ページ。併せて 3 巻からなる、かつての FAI の有力な活動家の手になるこの大著の第 2 巻と第 3 巻は訳出されていない。なお、件の「宣言」そのものは 8 月中には脱稿されていた。しかし、それが公表されたのは 9 月 1 日である（Walter L. Bernecker, "Acción directa y violencia en el anarquismo español", Ayer, núm.13, 1994, pp.183-184 n.71.）。

(14) アベル・パス、渡辺雅哉訳『スペイン革命のなかのドゥルーティ』れんが書房新社、2001年、114‐115ページ。
(15) Termes, *Historia del anarquismo en España*, pp.421-423.
(16) Antonio Elorza,"Prólogo: el sindicalismo de Ángel Pestaña", Ángel Pestaña, *Trayectoria Sindicalista*, Madrid, 1974, p.50.
(17) *Solidaridad Proletaria*, 5-XII-1931.
(18) John Brademas, *Anarcosindicalismo y revolución en España(1930-1937)*, Barcelona, 1974, pp.90-92.
(19) その詳細はひとまず、José Luis Gutiérrez Molina, "Cinco días de enero de 1933", *Los sucesos de Casas Viejas en la historia, la literatura y la prensa(1933-2008)*, Cádiz, 2010, pp.101-120.
(20) Jerome R. Mintz, *The Anarchists of Casas Viejas*, Bloomington & Indianapolis, 1994, pp.1-2.
(21) Antonio María Calero Amor, *Historia del movimiento obrero en Granada (1909-1923)*, Madrid, 1973, pp.295-296.
(22) Id., *Movimientos sociales*, p.88.
(23) Casanova, *De la calle al frente*, p.112 n.9.
(24) Francisco Madrid, *Solidaridad Obrera y el periodismo de raíz* ácrata, Barcelona, 2007, pp. 9-10.
(25) Gómez Casas, *op.cit.*, p.157. FAIの「大会」「総会」は、CNT・CRTのそれらに準じていたものと思われる（この「はじめに」導入の註〔20〕を参照）。「会議(conferencia)」の位置づけは不明。アンダルシア・エストレマドゥーラCRTをアンダルシアCRTと略記したように、われわれはアンダルシア・エストレマドゥーラFRGAをもアンダルシアFRGAと略記する。エストレマドゥーラのFAI派の消長は、この地方のCNTの組織員たちの動静にもまして把握しがたい。
(26) アンダルシアのFAI派が活動していた83の拠点のリストは、José Luis Gutiérrez Molina, *La Idea revolucionaria. El anarquismo organizado en Andalucía y Cádiz durante los años treinta*, Madrid, 1993, pp.168-170.
(27) Manuel Pérez Yruela, *La conflictividad campesina en la provincia de Córdoba (1931-1936)*, Madrid, 1979, p.104.
(28) 「アナキストのエデン」については、フランツ・ボルケナウ、鈴木隆訳『スペインの戦場／スペイン革命実見記』三一書房（新装版）、1991年、118‐120ページ。表記を一部改変。
(29) Gérard Brey y Jacques Maurice, *Historia y leyenda de Casas Viejas*, Madrid, 1976, pp.75-77.
(30) 1931年6月、33年11月、36年2月の総選挙で争われた議席数は、それぞれ470、474、473である。第2共和制期に行われた3度の総選挙の結果については、Cristóbal García García,"Sistema electral y sistema de partidos en la Segunda

República", *La Segunda República. Historia y memoria de una experiencia democrática,* Málaga, 2004, pp.36-38.
(31) プレストン『スペイン内戦』69 ページ。
(32) アントニオ・バラガン・モリアーナ、渡辺雅哉訳「ディアス・デル・モラールの政治的軌跡」『西洋史論叢』第 24 号、2002 年、65 ページ。
(33) Manuel Tuñón de Lara, *Poder y sociedad en España, 1900-1931,* Madrid, 1992, pp.119-123. 現在と同じように、復古王政時代のスペインの国会は上院と下院で構成されていた（第 2 共和制時代は 1 院制）。もっとも、カシキスモに保護された「平和裡の政権交代」のおかげで、下院（Cortes）では農業エリート主体の「寡頭支配層の権力ブロック」の意向が実質的に何の支障もなく貫徹されていた。このため、上院（Senado）は多分に名目的な存在だった（Juan Ortiz Villalba の教示による）。上院議員は公共団体や高額納税者により選出された人物や、王室から終身の身分を保証された人間たちから構成されていた（Almansa Pérez, *op.cit.*, p.38 n.21.）。慣例に従って、本書では「下院」を「国会」と表記する。
(34) Gibson, *Ligero de equipaje,* p.473.
(35) ジェラール・ブレイ、渡辺雅哉訳「日本語版への序文／労働運動の記憶を呼び戻す」ホセ・ルイス・グティエーレス・モリーナ、渡辺雅哉訳『忘れさせられたアンダルシア／あるアナキストの生と死』皓星社、2005 年、123 ページ。
(36) ジェラルド・ブレナン、鈴木隆訳『スペインの迷路』合同出版、1967 年、161 ページ、註 33。
(37) *Le Grand Robert de la Langue Française,* IV, Paris, 2001, p.787.
(38) Jean Maitron, *Le mouvement anarchiste en France. II. De 1914 à nos jours,* Paris, 1992, p.257.
(39) Elorza, "Prólogo", Pestaña, *Trayectoria Sindicalista,* p.48 y p.52
(40) 喜安朗『革命的サンディカリズム』五月社、1982 年、25 ページ。
(41) ダニエル・ゲラン編、江口幹訳『アナキズム・アンソロジー／神もなく主人もなく』河出書房新社、1973 年、II、69 ページ。
(42) Maitron, *op.cit.*, *I. Des origines à 1914,* pp.274-279.
(43) Ángel Barrio, "Sindicato", *Diccionario político y social del siglo XX español,* Madrid, 2008, pp.1090-1091.
(44) 「リベルテール」のスペイン語表記「リベルタリオ」が定着していった過程を検証することは、われわれにはできかねる。ここでは、かなり早い時期に用いられたと覚しい例を 2 つばかり挙げておくことにより、ひとまず満足しなければならない。1898 年、リカルド・メリャが「リベルテール的な（リベルタリオ的な）社会主義者（socialista libertario)」を自称した。ガリシア生まれながらも、南スペインとも浅からぬ縁があったこの「リベルテール的な（リベルタリオ的な）社会主義者」については、後に相応の紙幅が割かれるはずである。また、カナリア諸島で読まれていた新聞『エル・レベルデ』の 1902 年 11 月 15 日付の紙面に「われわ

れの、解放をもくろむリベルテール的なドクトリン（nuestras doctrinas redentoras y libertarias）」とある（Madrid, *op.cit.*, p.66.）。よく知られるように、「リベルテール」には「絶対自由主義者」「絶対自由主義的な」との日本語訳がとうの昔に当てられている（ゲラン編、前掲邦訳、II、江口幹による「訳者後記」298ページ）。しかし、ピレネーの南では、FSL に避難所を見出したサンディカリストらのように「絶対的な」自由の獲得を、少なくともひとまずは先送りにした「リベルテール」たちが確かに活動していた。われわれの手に余るいっそう適切なその訳語の選択は、われわれとは違って目端の利く、それでいてわれわれと関心を共有してくれそうな奇特な同胞の知恵に任せる以外にないだろう。

(45) Constancio Bernaldo de Quirós y Luis Ardila, *El bandolerismo andaluz*, Madrid, 1988(1ª ed. 1933), p.86.
(46) Jacques Maurice,"Azorín y *la Andalucía trágica*: ¿Una nueva escritura de lo social?", *España Contemporánea*, núm.1, 2000, p.102.
(47) IRS, *Información sobre el problema agrario*, p.178.
(48) ともかくも日の目を見たこの農地改革法の全文は、Alejandro López López, *El boicot de la derecha a las reformas de la Segunda República. La minoría agraria,el rechazo constitucional y la cuestión de la tierra*, Madrid, 1984, pp.425-447.
(49) Luis Garrido González, *Historia de la minería andaluza,* Málaga, 2001, p.54.
(50) このときアナキストのマクシミリアーノ・トルネが組織したストライキを鎮圧するために治安維持装置の大量投入を惜しまなかった「お上」も（Luis Gil Varón, "Luchas obreras en Río Tinto(1888-1920)", *Seis estudios sobre el proletariado andaluz(1868-1939),* Córdoba, 1984, p.137.）、リオ・ティントが英領ジブラルタルの正しく「延長」でしかない事実ばかりは遅かれ早かれ認める他なくなる（*ibid.*, p.142.）。
(51) Manuel A. García Parody, *Los orígenes del socialismo en Córdoba 1893-1931*, Córdoba, 2002, pp.440-450.
(52) Pedro Tedde de Lorca, "Sobre los orígenes históricos del subdesarrollo andaluz: algunas hipótesis", *La modernización económica de España 1830-1930*, Madrid, 1987, pp.311-313.

はじめに

第2節

FAIの「革命信仰」

　スペインが生んだ最も著名な「純粋」アナキストの1人が、あらゆる「国家権力」を「独裁」と等置してみせたフェデリーコ・ウラーレスである[1]。この、1933年の段階で少なくとも4回ほど版を重ねているパンフレット『自由な自治体／アナーキーの扉を前に』の著者の本名はフアン・モンセニ・カレ。しかし、ペンネームの方がむしろ通りがいい。そこで、本書ではウラーレスで表記を統一する。「お上」による「統治（gobierno）」ばかりか、加入する労働者たちに対する組合の「支配（gobierno）」をも嫌ったウラーレスは[2]、1931年6月のCNTマドリード大会が採択した、傘下の組合を残らず産業ごとに統制するFNI（全国産業別連盟）の設置はもちろん、20年前のこのアナルコサンディカリスト労組の創設自体にも批判的だった。ウラーレスは、FAIが主導した「反乱のサイクル」の指南役と目されるべき「純粋」アナキズムの「使徒」である。しかし、「群れ」を嫌ったこの「使徒」は、結局そのFAIにさえも加わっていない。

　そんなウラーレスが第2共和制時代に唯一在籍したのが、自由職業家たちが集う組合だった[3]。巨大なアナルコサンディカリスト労組のなかに等しく組み込まれながらも、「自由職業家」を名乗るリベルテールたちが顔を揃えるこの集団が、その生業の性格上、傘下の組織員の労働環境の均等な改善・向上を一致団結して追い求める他の組合と自ずと一線を画す存在であったことは間違いないだろう。さらに書き添えておくと、仲間たちの「支配」を拒む自らの信念におそらくは忠実に従って、ウラーレスはこの組織でも何の役職にも就いていない。

　「それが可能なところであれば、社会革命はもちろんどこででも開始されるはずであり、しかもおそらく最も起こりそうもない場所でその火蓋が切られることになるだろう」。革命の最初の火の手は「隷属の度合いがいっそう著しく、従って勝利の可能性がそれだけ大きい」プエブロでまず上がる。サンディカリズムに背を向けたウラーレスが頼みとするのは、このようにプエブロを、しか

49

も複数のそれを舞台にした自然発生的な大衆の反乱だった。ウラーレスの精神にあって、「都市」はプエブロに対立する空間と位置づけられている。革命の成就に向けて「都市」を「経済的に封鎖する」ことは、その周辺に位置するプエブロの大衆に課せられた重要な役どころである[4]。

ウラーレスの娘で、こちらは内戦の火蓋が切られた後にFAIに加わることになるフェデリーカ・モンセニ・マニェも[5]、父親譲りの、あるいはむしろ父親勝りの「純粋」アナキストだった。サンディカリズムに「権力の、最後にして最も危険な現れ」を見るフェデリーカは、リベルテール的な革命の成就に向けられた最低限の準備の必要すらもやはり認めない。しかも、ウラーレスがそうであったように、あくまでも大衆の自発性に依拠した社会革命の舞台は「農村（campo）」、即ちプエブロでなければならない[6]。情熱的な女流アナキストにとっては、「都市」そのものが「権力」の1つの顕現を意味していたのである[7]。

「組合」と「都市」への2人の敵意は、「アナーキー」と「自然（Naturaleza）」とを同一視する「純粋」アナキズムの立場から導き出される。人間の性質のなかの「根源的なもの」と「人為的なもの」とを峻別し、前者の源泉を「自然」に、そして後者の根拠を「理性」に求めたのはジャン・ジャック・ルソーだった[8]。もちろん、「一般意思」のもとに個々人を従属させる「ジュネーヴ市民」の「理性」には、個々人の絶対的な自由の獲得を目指すリベルテールたちの精神と真っ向から衝突する要素が孕まれている[9]。それでも、父と娘はルソーにより概念化された「自然」のイメージを受け容れた[10]。両者は「組合」を「人為的なもの」として退ける一方で、これも「人為的に」構築された「都市」ではなく、自然発生的な反乱を通じて「プリミティヴな」生活[11]の場へと回帰した後の「農村」＝プエブロでの暮らしのなかに、相互扶助の精神に支えられた個々人の連帯という「根源的なもの」の現れを見出そうとしていたように思われる。

1933年1月に巻き起こった「反乱のサイクル」の第2波は、社会革命が正しく「最も起こりそうもな」かったはずのカディス県の山間の「プリミティヴな」集落に地獄絵を現出させた。CNTが陥った当時の混迷については、旧「反権威主義インターナショナル」の流れを汲むAITに在籍するアレクサンドル・シャピロが、同年4月にまとめた『CNTの危機に関するシャピロ報告』（以下、『シャピロ報告』）が残されている。1932年12月にバルセローナ入りしていたシャピロは「30人宣言」の趣旨の正当性をほぼ認めたうえで、正しく「最低

限の準備」すらないままに武装蜂起を介してリベルテール共産主義体制の構築を急ぐ、「分別」とはおよそ無縁の革命への「信仰（fe）」に凝り固まったかのようなFAI派の姿勢を強く批判した[12]。シャピロをとりわけ大いに危惧させた1人が、まだFAIには加入こそしていなかったものの、FAIを称讃してやまないフェデリーカ・モンセニだった。他方で、このロシア人のリベルテールはカタルーニャの地域ナショナリストたちや共和派への接近を図ったり、「純粋」サンディカリズム（sindicalismo puro）へと「堕落」したりしかねない「30人派」の態度にも懐疑的な視線を注ぐ[13]。

フェデリーカとその父親が語っているのは、確かに紛れもない「革命信仰」の告白である。1930年代前半のスペインの労働運動の特徴として議会制民主主義の否定と武装蜂起への執着の2点を指摘するとともに、こうした傾向を19世紀以来の「革命文化（cultura revolucionaria）」の残存と見なすのはサントス・フリアである。この現代史家によれば[14]、19世紀の中葉以降、一般に無産者の政治参加の可能性が拡大したピレネーの北の諸国とは異なり、スペインでは復古王政期における強力な労働者政党の欠落が反国家的な色彩の強い「革命文化」、換言すれば「政党」に対する「組合」の優位と議会外行動への労働者たちの傾斜の持続を決定づけた。だが、付言すれば、この「組合」は「組合」そのものを忌み嫌う父と娘を満足させるような性質の「組合」でなければならない。

20世紀のスペインにおける「革命文化」の健在を身をもって示したリベルテールの1人に、マドリードのマウロ・バハティエラ・モラーンがいる。奇しくもバルセローナでCNTの創設が決議された1910年、やがてFAIに合流することになるアナキスト・グループ「ロス・イグアーレス（平等派）」の結成に尽力したのも、それから3年後にマドリードのリベルテールたちにより獄中に呻吟する国内各地の仲間を救済するための集会が企画された際、その催しの書記を務めたのも、このバハティエラだった。後述されるように、バハティエラは1927年のFAIの創設そのものにも関わっている。

この紛れもない「純粋」アナキストは、生涯を通じて社会党系労組UGTを離れなかった。われわれ凡俗には意外な選択は、CNTがカスティーリャでは充分な組織力・動員力を欠いていたという事情に負うものと推測される。だが、バハティエラは自身が加入する「組合」＝UGTに繋がる「政党」＝社会党には対決姿勢を崩さなかった。1916年に招集された、やはりマドリードでの

UGTの大会の席上で、2大労組の共闘を促すCNTからのコミュニケを持って会場に現れたリベルテール、エウセビオ・カルボの発言が阻止されるや、「われわれ、アナキスト、サンディカリスト」の名において「各人が願う理想」を語る機会を封殺する大会の空気を糾弾し、「UGTには自らが政治家たちの温床ではないことを明らかにする義務がある」と主張したのは、これも確かに「ロス・イグアーレス」の生みの親だったのである[15]。

　1933年11月の総選挙での惨敗を大きな節目として、第2共和制の発足時にはともかくも「議会制民主主義」を受け容れていた社会党も、そしてこの階級政党を嫌うバハティエラが身を寄せていたUGTも国家権力との対決色を鮮明にする。とはいえ、第2共和制期を通じて、FREが誕生する以前には共和派が体現していた「革命文化」の精神を最も忠実に受け継ぐとともに、彼ら19世紀の共和派がその実現を夢見ていたはずの国家体制に最も厳しく対峙したのがFAIに集う「純粋」アナキストたちであったことは確かだろう[16]。カタルーニャCRTにおける「30人派」の敗北を契機に、リベルテール的な「組合」を統べるCNTの中枢はFAIの「純粋」アナキズムの多大な圧力のもとに置かれる。

　FREが解散を強いられるよりも前の、換言すればバクーニンの「純粋」アナキズムへの回帰をもくろむFAIは[17]、その発足当初から、折からプリモ独裁により地下活動へと追いやられていたCNTとの、いっそう正確にはこのアナルコサンディカリスト労組のみとの、両組織の「絆（trabazón）」の名で定着することになる関係の維持・強化を志向していた[18]。2つの組織の「絆」は、1936年夏のバルセロナの街頭のあちこちに乱舞した「CNT・FAI」の周知の「符牒」のうちに具象化されるだろう。

　CNTとの「絆」を重視する「純粋」アナキストたちの戦略のなかで注目されるのが、1931年6月のマドリードでのFAI半島会議の決定である。開催のときとところは同じながらも、CNTの全国大会とは違って秘密裡に招集されたこの会議では[19]、FAIが「組合から（desde el sindicato）」CNTのなかのあらゆる「逸脱」に対抗していく基本方針が確認された[20]。日常的な組合活動への「隷属」を嫌う「純粋」アナキストたちが、アナルコサンディカリスト労組のイデオロギーの稀釈化を阻むべく、革命的サンディカリストのペルーティエの所謂「アナキズムの実践的な学校」のシラバスの書き換えを狙った形である。「組合」が「革命文化」の武器となるためには、CNTからの「30人派」

の駆逐が必要だった。

　われわれの知る限り、南スペインにあってFAI派が「30人派」を「組合から」追放し、そのヘゲモニーを掌握した過程が跡づけられているのはグラナダの場合だけである。もっとも、グラナダ県の県庁所在地の、つまり「都市」の農業労働者の組織は、CNTのグラナダ市連盟を構成する18の組合のなかの1つにすぎない。この点で、グラナダに開花した「純粋」アナキズムは、日雇い農が労働人口に占める割合が際立って大きい「農村」、つまりプエブロのそれとは自ずと様相を異にしただろう。FAI派の突出を嫌って、1933年夏までにはグラナダのCNTに見切りをつけていたホセ・アルカンタラ・ガルシアは建設工だった。以後、アルカンタラ・ガルシアは地元へのFSLの導入のために奮闘する。

　『第2共和制期のグラナダ県の労働運動（1931‐36年）』（1990年）のなかで、ホセ・アントニオ・アラルコン・カバリェーロは「改革の2年間」のグラナダを舞台に両派が衝突した形跡をたどりながらも、フランシスコ・ガラルディ・メルガールらのFAI派とアルカンタラ・ガルシアやフリアン・ノガーレス・デル・リオらのサンディカリストたちとの、暴力の行使をめぐる温度差を指摘するに留まった[21]。グラナダのアナルコサンディカリズムのなかで優位を確保したFAI派が「組合から」傘下の、その多くが農業に従事していたわけではなかったものと思われる仲間たちに何を語ったのかも、この労働運動史家の著作からではわからない。

　グティエーレス・モリーナの『革命の理念』に掲載された、アンダルシアFRGA系列のアナキスト・グループの活動の形跡が確認される南スペイン各地の市町村とそこに含まれる集落のリストは、1933年に「反乱のサイクル」に巻き込まれたカサス・ビエハスとラ・リンコナーダとブハランセに、いずれも武装蜂起に先駆けてFAIの橋頭堡が構築されていた事実を裏づける。内戦初期に「アナキストのエデン」が建設されたカストロ・デル・リオも、1930年代の前半にはFAIの「純粋」アナキズムの洗礼を受けていた。1936年7月、かつてない混乱のなかで「エデン」の設計図を描くとともにその実現に手腕を発揮するのは、「純粋」アナキズムの「使徒」たちを措いて他にいないだろう。

　1933年1月のカサス・ビエハスでリベルテール共産主義の樹立を宣言したのは、確かにこの集落のCNT代表を務めるホセ・モンロイだった[22]。しかし、カタルーニャの事情には詳しい農業史家のハビエル・テバル・ウルタードの断

言 ⁽²³⁾ に反して、そのモンロイがカサス・ビエハスの FAI の指導者であったという確証は実はない。1931 年 7 月にアンダルシアを訪ねたアンヘル・ペスターニャは、このときラ・リンコナーダの活動家たちの間で CNT と FAI とが同一視されていることに心中穏やかではなかった⁽²⁴⁾。カサス・ビエハスの殺戮とほぼ同時に発生したセビーリャ県のこのプエブロでの騒擾の火つけ役は、彼ら「活動家たち」であった可能性が高いものと思われる。とはいえ、われわれはその氏名も素性も把握していない。また、「組合から」なされたであろう彼らの行動についても同様である。

　本書では、ともに FAI 派の所在が確認されるカストロ・デル・リオとブハランセを主な材料に、「純粋」アナキズムにより地元の日雇い農たちに「組合から」及ぼされた影響の大きさを計測する。ディアス・デル・モラールの名著のなかでも、コルドバ県のカンピーニャにあるこの 2 つのプエブロはひときわ異彩を放っている。「アナキスト的・自然発生的・刹那的な」騒擾の火蓋が切って落とされたのは、1903 年のブハランセにおいてである。その一方で、「ボリシェヴィキの 3 年間」の「サンディカリスト的・組織的・計画的な」農業ストライキ攻勢を牽引したのはカストロの SOV（加入する労働者の職種を問わぬ組合）に集うリベルテールたちだった。1910 年 10 月の CNT 創設大会の席上、このアナルコサンディカリスト労組への加盟をコルドバ県で最初に果たしたのがディアス・デル・モラールの故郷の組合「ラ・ルス・デル・ポルベニール（未来の光）」ならば⁽²⁵⁾、15 年 4 月に FNOA のコルドバ県連盟の本部が置かれたのはカストロである⁽²⁶⁾。

　第 2 共和制の「改革の 2 年間」を通じてコルドバ県の CNT が総じて苦境に立たされるなかにあって、カストロ・デル・リオとブハランセはアナルコサンディカリズムの孤塁を死守する役どころを引き受ける。「2 年間」にカストロとブハランセが維持し続けた好戦的な態度の背後に、われわれは 2 つのプエブロの FAI 派が「組合から」地元の日雇い農たちに与えた影響力があったものと考える。フランシスコ・ロペス・ビリャトーロが書いた『カストロ・デル・リオの政治的・社会的変化（1923 - 79 年）』（1999 年）と、ラファエル・カニェーテ・マルフィールとフランシスコ・マルティネス・メヒーアスがまとめた『第 2 共和制期のブハランセ（1931 - 36 年）』（2010 年）のおかげで、1930 年代前半のこの 2 つのプエブロでの労使紛争の大筋は既に明らかにされている。とはいえ、ともに町役場に保管された公文書と、コルドバ県内で発行されていたい

くつかの地元紙・誌のみにほぼ全面的に依拠した2つの著作からだけでは、カストロとブハランセのFAI派の動向を窺い知ることは不可能である。

　第2共和制期のコルドバ県には、ブハランセと並んでリベルテール共産主義体制の樹立がもくろまれたプエブロがもう1つあった。シエラのビリャビシオッサである。ただし、1934年10月、つまり「反乱のサイクル」の枠外で武装蜂起が企てられたビリャビシオッサ・デ・コルドバには、おそらくFAIの足場は組まれていない。件の反乱を指導したのは、アントニオ・ロドリーゲス・ロドリーゲスら「CNTとリベルテール青年団に所属し、モラルのうえではFAI派を自任する」[27]、FAIには加わっていないにせよ、やはり「純粋」アナキストたちと覚しい集団である。スペインとポルトガル各地のリベルテール青年団にも、その統轄団体があった。「FAIを模倣して」、1932年にマドリードに生まれたFIJL（イベリア・リベルテール青年団連盟）である[28]。FIJLのコルドバ県連盟も、遅くとも翌年の夏には活動を開始していた。しかし、コルドバ県内のリベルテール青年団の活動はFAI派のそれ以上に把握が難しい[29]。

　「『共和派不在の共和国』が産声を上げてからの半年間に、どんな進歩が認められたというのだろう？　飢えに甘んじて絶望のうちに死ぬよりもバリケードへ」。1931年の冬、辛辣な調子で第2共和制に破産を宣告し、併せて「抑圧された大衆」に街頭での武装蜂起への合流を呼びかけたのは、これもビリャビシオッサ・デ・コルドバのリベルテール青年団に在籍するトマス・デ・ラ・トーレだった[30]。アントニオ・ロドリーゲスとともに、デ・ラ・トーレも1934年10月の騒擾に顔を出す[31]。コルドバ県には、この2人にもまして南スペインに残存する「革命文化」を大胆に表現すると同時に、リベルテール共産主義をめぐる議論に一石を投じた「純粋」アナキズムの紛れもない「使徒」がいた。第2共和制が誕生した直後の1931年5月、ヌエバ・カルテージャの若者たちに「アナーキーの理想に殉じる」との自らの心情を吐露してみせたFAIのアルフォンソ・ニエベス・ヌーニェスである[32]。

　おそらく、このアルフォンソ・ニエベスこそは1930年代の南スペインの「革命信仰」の化身と目されるべき「純粋」アナキストである。1906年に作成されたCGTのアミアン憲章は、「こんにち〔の〕抵抗の組織である組合」に「将来、生産と分配の組織、社会再編の土台となるもの」との位置づけを与えた文書である[33]。ペルーティエが「アナキズムの実践的な学校」に見立てた組合を、既存の資本主義体制への抵抗の拠点であると同時に、社会革命の土台と見なす

アミアン憲章は、1930年代前半の「30人派」に至るまで、ピレネーの南のサンディカリストたちを導く「経典」でもあり続けるだろう。われわれの見るところでは、第2共和制期のアンダルシアにあって、「アナキズムの実践的な学校」のシラバスの変更を迫りつつ、「経典」に最も執拗に異議を申し立て続けたのがニエベスその人なのである。もっとも、「組合から」影響力を行使するFAIの選択には、大衆の自発性に依拠する「純粋」アナキズム本来の精神に抵触する恐れが自ずと付きまとう。サンディカリズムの定着を警戒する「使徒」たちの多くが直面せざるをえなかったはずのこの難題の克服に向けて、ニエベスは整合的な論理を展開しうるだろうか。

　それはさておき、同じ時期のコルドバ県内において、ニエベスが最も影響力のある「純粋」アナキズムの活動家の1人であったことは、日雇い農として当時を生きたフェルナン・ヌーニェスのアンドレス・ガルシアの証言からも裏づけられる[34]。にもかかわらず、ジャック・モリスの『アンダルシアのアナキズム』には先のビリャビシオッサ・デ・コルドバの2人はもちろん、そんなニエベスでさえもただの1度も出てこない。組合を基軸に労働環境の改善を模索し、さらに未来社会のあり方を展望するサンディカリストたちを、「ピストル、あるいはペン」を武器に[35]苦境に立たせるか、あるいはその営為を軽視したとして、「純粋」アナキストたち、ことにFAI派に対するモリスの評価は概ね否定的である[36]。

　そんな『アンダルシアのアナキズム』の著者が注目したニエベスと同時代のコルドバ県のアナルコサンディカリストの1人が、1931年6月のCNTマドリード大会でコルドバ県下の8つの市町村を代表したアキリーノ・メディーナであったのは、むろんただの気まぐれの産物ではない。このときメディーナは「ある意味では」との断わりを入れながらも、国家の消滅に続く生産手段の社会化を念頭に「サンディカリズム」を「アナキズム」と「マルクス主義」から等距離の地点に位置づけようとしたのだった[37]。自らを、「『純粋』アナキズム」から一線を画した存在と考えるリベルテールの登場である。

　アントニオ・マリーア・カレーロとジャック・モリスが指し示した方向の1つの到達点に位置すると思われるのが、マヌエル・ゴンサーレス・デ・モリーナとディエゴ・カロ・カンセーラの手により21世紀の最初の年に編まれた『合理的なユートピア／アンダルシアの労働運動についての諸研究』である。そこでは、「革命の6年間」の終焉以後の共和主義の影響力の残存や、20世紀の初

頭からの社会党・UGTの勢力圏の拡大を重視することにより、南スペインの階級闘争のなかにリベルテールたちが占める比重が相対化されるとともに、闘争そのものに孕まれた、総じて「合理性」に裏打ちされた「改良主義的な」傾向が強調されている[38]。

しかし、そもそも「合理性」や「改良主義」を超越した領域に成立するのが「革命信仰」のはずである。「プロレタリア暴力は、階級闘争の感情の純粋で単純な表れとして行使されるので、じつに美しく、英雄的なものとして現われる。この暴力は、文明のもっとも重要な利害に奉仕する。それは、おそらく、直接的で物質的な利益を得るために最適な方法ではないだろうが、世界を野蛮から救い出すことができるのだ」[39]。恐ろしく難解な『暴力論』（1908年）のなかで、このように主張したのはジョルジュ・ソレルだった。この革命的サンディカリズムのイデオローグにとって、「プロレタリア暴力」の核心は「世界の破局の観念」を内包するゼネラル・ストライキの、「合理性」や「改良主義」とは明らかに異質の「神話（mythe）」のうちにある[40]。

ソレルが構想する「ゼネストとは、社会主義全体を包みこむ神話、つまり、現代社会に対して社会主義が仕掛ける戦争の多様な表れに対応するあらゆる感情を、本能的に呼び起こすことが可能なイメージの組織化である」[41]。『暴力論』の著名の思念のなかで「もっとも重要なのは非合理的で情動的な大衆に決定的な役割を与えたことである」とすれば[42]、1930年代前半のスペインにあって「非合理的で情動的な大衆」を第2共和制への「戦争」に向けて動員することを最も大胆に企てたのが「革命信仰」に燃えるFAI派だった。

ジャック・モリスが20世紀の初頭から1930年代の前半に至るまでのその軌跡を念入りに再現してみせたヘレス・デ・ラ・フロンテーラのサンディカリストたちの眼目は、何よりもまず「直接的で物質的な利益を得るため」の「最適な方法」の模索に置かれていたかに見える。1903年、つまりフランスでの革命的サンディカリズムの確立とほぼ同じ時期のアンダルシアにあって、ソレルの「神話」にきれいに合致する、既存のブルジョワ社会の徹底的な破壊のためのゼネラル・ストライキの実施を提唱したのは[43]、カレーロの言い回しでは「あまりにリベルテール的な」[44]、つまりは「『純粋』アナキスト的な」その性癖のために、「ボリシェヴィキの3年間」にCNTを除名される屈辱が待ち受けるホセ・サンチェス・ロサである。

アミアン憲章が採択される4ヶ月前のメーデーに合わせてフランス各地で

実施された、パリだけでも150,000人の労働者が合流したと目される大規模なゼネラル・ストライキは、「8時間労働」の実現を当面の目標に掲げたため、『暴力論』の著者には「計算ずくで、取引的で、若い純粋であるべきサンディカリスムの戦士には不似合いなものと思われた」[45]。その一方で、アンダルシアには確かにFAI派の先駆者と覚しい「純粋」アナキズムの「使徒」がいたのである。

　われわれは、特にカレーロが『アンダルシアの社会運動』を著してからの南スペインの現代史に関する学問的な蓄積をそっくりご破算にしてしまおうとはもちろん夢にも思わない。それでもなお、1980年代の前半、当時のスペイン内外のアカデミズムの「本流」のあり方に正面から抗いつつ、完全に「純粋」アナキズム一色で塗り込められたかに見える特異なスペイン革命史を世に問う際の、「スペインの人々が生命力のすべてを注ぎこんだあの壮大な営為は、……ますますその真実を奪われていくように思われる」との東谷岩人の嘆きにも[46]、改めて耳を傾けてみるだけの価値はあるだろう。因みに、「革命文化」の連続性に関する、われわれにとって実に刺激に満ちた提言がサントス・フリアからなされたのは、おもしろいことにディアス・デル・モラールの名著にともに批判的なモリスの『アンダルシアのアナキズム』とバラガン・モリアーナの『コルドバ県の社会闘争と政治の閉塞』が揃って上梓された1990年である。

　われわれは、東谷岩人の主張に全面的に同意するものではない。「CNT加盟以後の〔アンダルシアの〕農民たちの闘争は常にゼネストの形態をとり、1日10時間労働のうち8時間を休憩時間として要求するような闘争であった。彼らは賃上げや労働条件の改善などを求めるのでなく、常にアナキズム革命のために闘ったのである」[47]。「壮大な営為」への著者のただならぬ哀惜の情が行間に滲む『スペイン／革命の生と死』(1983年) に散見されるこの手の断定には、どう見てもかなりの事実誤認が含まれている。「革命文化」「革命信仰」に染められた反逆の作法と、『合理的なユートピア』の実現を目指す「改良主義的な」集団行動とは併存しえたように思われる。

　1930年代の前半。アンダルシアを大土地所有制の「野蛮から救い出す」べく「階級闘争の感情の純粋で単純な表れとして」の「プロレタリア暴力」の行使に最も積極的であろうとしたのは、アルフォンソ・ニエベスらFAIに集う「純粋」アナキズムの「使徒」たちである。本書では、とりわけ「ボリシェヴィキの3年間」に顕著に観察された、「アンダルシアの民」の『合理的なユートピア』

の実現を追求する「改良主義的な」傾向を『IRS 報告』その他に拠りつつ確認したうえで、なおかつアンダルシアの階級闘争に確かに顔を覗かせる、「合理的な」次元に収斂されえない要素をも拾い上げてみることにしよう。

　ピレネーの南にあって「革命文化」の旗を最初に掲げたのは、1849 年に結成された民主党に陣取る共和派の面々である。そして、アンダルシアへの件の「文化」の浸透を証し立てたのが、1857 年のエル・アラアールの騒擾だった。当時、議会制に見切りをつけ、武装蜂起を介しての王政打倒をもくろむ共和派の急先鋒に立ったのは、ラ・リオッハ生まれのシクスト・サエンス・デ・ラ・カマラである。女王イサベル 2 世の追い落としの夢を実現できぬままにリスボンへの亡命を余儀なくされたこのカマラ自身は、1859 年に密かに祖国への帰還を果たしたものの、ポルトガルに隣接するエストレマドゥーラのバダホース県にあるオリベンサ付近で治安警備隊から急襲されたあげく、怪死を遂げている[48]。

　1870 年のバルセローナでの FRE の結成を大きな節目に、「革命文化」のバトンは共和派からリベルテールたちへと引き継がれる。19 世紀半ばのアンダルシアには、かつてカマラらが信奉していた共和主義から「純粋」アナキズムへと自身の立場を改めることにより、2 つのイデオロギーの間での「文化」の橋渡しを実演してみせた伝説的な反逆者がいた。今日の「スペインの社会全体のなかで神話的な存在と化している」と同時に、「〔地元〕カディスの大衆のある階層の間では『聖者』として敬われている」フェルミン・サルボチェア・イ・アルバレスがそれである[49]。

　イサベル 2 世を国外亡命へと追いやった 1868 年の 9 月革命に始まり、第 1 共和制（1873 - 74 年）の崩壊で幕を閉じる「革命の 6 年間」は、サルボチェアが「政治」に幻滅を覚えていった過程にそっくり対応していた。1886 年 4 月、かつての熱烈な連邦共和党員は、自身が創刊したばかりのリベルテール紙『エル・ソシアリスモ』に「1873 年の出来事があって以来、この私はもはや政治に期待すべきものは何もないのだと確信している。〔……〕思うに、私的所有を集団的所有へと転換させる策を除いて、働く者たちを解放へと導くすべはない」との悲壮な決意を書きつけなければならなかった[50]。

　「1873 年の出来事」とは、この年の初夏以降、レバンテとアンダルシアを中心に国内各地を席巻したカントンの反乱が、他でもない第 1 共和制が事態の収拾を図って差し向けた、奇しくもサルボチェアと同郷のマヌエル・パビーア・

ロドリーゲス・デ・アルブルケルケ将軍の軍靴に踏みしだかれた過去を指す。自治体への行政上の裁量の最大限の移譲を目指したこの反乱のなかで、サルボチェアはカディス県の公安委員会代表を務めていた。パビーア将軍に逮捕され、北アフリカの流刑地へと送られたサルボチェアの帰郷は 1885 年。しばしば出入獄を繰り返し、65 年の生涯のほぼ 3 分の 1 を獄中に失ったサルボチェアの歩みは、19 世紀のフランスのブルジョワ社会の腐敗と欺瞞に挑み続け、都合 40 年近くにもわたって獄に繋がれたルイ・オーギュスト・ブランキのそれに重ね合わせられることも稀ではない[51]。

サルボチェアを「筆舌に尽くしがたい愛情と献身の深さ」の点で「〔パリ・〕コミューンの有名な女性闘士」[52]ルイーズ・ミッシェルに例えるとともに、「革命への情熱と英雄的な価値」の点で正しくブランキその人になぞらえてみせたのは[53]、1931 年 6 月の CNT マドリード大会に招かれるなど[54]、ピレネーの南とも浅からぬ縁で結ばれていたドイツ生まれのアナルコサンディカリストで、これも後世にその名を留めるルードルフ・ロッカーである。「神話的な」彩りに包まれたカディスの「聖者」もまた、「世界を野蛮から救い出す」ことに自らの生涯を捧げた「プロレタリア暴力」の紛れもない擁護者だった。

アンダルシアの「ブランキ」に代表される 19 世紀の「純粋」アナキズムへの回帰を熱望する FAI 派の「革命信仰」を捨象した議論は、南スペインにおける「純粋」アナキズムの系譜を「ボリシェヴィキの 3 年間」におけるホセ・サンチェス・ロサの CNT からの追放劇をもって断ち切ってしまった観が強い。ジャック・モリスが俯瞰するところでは[55]、アンダルシアが輩出した有力なリベルテールたちのなかでただ 1 人「純粋」アナキズムの立場を離れぬまま、「現実主義的な (posibilista)」サンディカリズムの潮流から孤立してしまったのが、サンチェス・ロサなのだった。フェルミン・サルボチェアからサンチェス・ロサ、あるいは「コルドニエフ」を経てアルフォンソ・ニエベスへと連なる南スペインの「純粋」アナキズムの失われた痕跡を掘り起し、その系図の修復を図ること。取り組まれるべき課題は、ここにもあるように思われる。

註

（1） Federico Urales, *Los Municipios Libres(Ante las puertas de la Anarquía)*, Barcelona, 1933(4ª ed.), p.4.
（2） *Ibid.*, p.22. 因みに、FRE が地下活動へと追いやられて久しい 1879 年から FTRE が解散する 88 年までの間、国家や教会と並んで私的所有の廃絶と、自由なコミューンの建設を叫び続けたアナキスト紙が、バルセローナで密かに発行されていた『エル・ムニシピオ・リブレ（自由な自治体）』である（Termes, *Historia del anarquismo*, p.72）。「自由な自治体」の呼称は、同紙からの借用かもしれない。
（3） Jorge Rodríguez Burel, "Federico Urales: filosofía individualista, anarquismo antiasociativo", *Anthropos*, núm. 78, 1987, pp.47-50.
（4） Federico Urales, *El ideal y la revolución*, Barcelona, 1933, pp.31-32.
（5） この情熱的な女流アナキストは、CNT には 1931 年に加入を果たしている（Miguel Íñiguez, *Esbozo de una Enciclopedia histórica del anarquismo español*, Madrid, 2001, pp.417-418.）。
（6） "Informe Schapiro", pp.484-485 n.11.
（7） *La Revista Blanca*, 15-II-1933.
（8） ルソー、本田喜代治・平岡昇訳『人間不平等起源論』岩波文庫、1980 年、27 ページ。
（9） Lily Litvak, *Musa libertaria. Arte, literatura y vida cultural del anarquismo español(1880-1913)*, Madrid, 2001, pp.43-45.
（10）「……とくにルソーは、あの『高貴な野蛮人』という概念、すべてのアナキストが熱愛してやまない人間像をつくりだした。じじつ、『人間は自由の身として生まれながら、いたるところで鉄鎖につながれている』というルソーの言葉は、アナキズムの思想の第一原理になっている」（ジェームズ・ジョル、萩原延壽・野水瑞穂訳『アナキスト』岩波書店、1979 年、24 ページ）。ウラーレスにとって、「権力」とはあらゆる不平等・特権・専制の表象であり、生と自由は「労働」と「自然」のうちに存在する（Urales, *Los Municipios Libres*, pp.7-9.）。
（11）*Ibid.*, p.11.
（12）"Informe Schapiro", pp.478-481.
（13）*Ibid.*, pp.488-491.
（14）Santos Juliá,"Poder y revolución en la cultura política del militante obrero español", *Peuple, mouvement ouvrier, culture dans l'Espagne contemporaine. Cultures populaires, cultures ouvrières en Espagne de 1840 à 1936*, Saint-Denis, 1990, pp.179-181 y p.189.
（15）マウロ・バハティエラは、CNT にも加入していたとの説もある。しかし、確かなことはわからない（Julián Vadillo Muñoz, *Mauro Bajatierra, anarquista y periodista de acción*, Madrid, 2012, pp.13-19.）。
（16）Antonio Elorza, "La cultura de la revuelta en el siglo XIX", *Peuple, mouvement*

ouvrier, culture, p.139.
- (17) "Síntesis del acta de la Conferencia nacional celebrada en Valencia en los días 24 y 25 de julio de 1927", *El movimiento libertario español. Pasado, presente y futuro, Suplemento de Cuadernos de Ruedo Ibérico*, Paris, 1974, p.294.
- (18) この「符牒」は、プリモ独裁が倒壊する直前の1929年12月に出されたFAI半島委員会のマニフェストのなかにも既に記されている（Jacques Maurice, *L'anarchisme espagnol*, Paris, 1973, p.58.）。
- (19) Gómez Casas, *op.cit.*, p.134.
- (20) *Tierra y Libertad*, 27-VI-1931.
- (21) 紡績工だったノガーレス・デル・リオも、アルカンタラ・ガルシアと行動をともにする。ガラルディ・メルガールの生業は不詳（José Antonio Alarcón Caballero, *El movimiento obrero en Granada en la II República(1931-1936)*, Granada, 1990, pp.263-287.）。
- (22) R. Mintz, *op.cit.*, p.160.
- (23) Tébar Hurtado, *op.cit.*, p.122.
- (24) Maurice, *El anarquismo andaluz*, p.197.
- (25) もっとも、「ラ・ルス・デル・ポルベニール」はバルセローナでの件の大会に直に代表を派遣したわけではない。ブハランセは、生まれ出ようとしていたCNTに自らが加わる意志の表明をカタルーニャの著名なリベルテール、レオポルド・ボナフーリャに託したのだった（Diaz del Moral, *Historia de las agitaciones*, p.240 y n.12.）。
- (26) FNOAでは、アンダルシアは4つの県連盟のもとに組織された。そのうちカディス県連盟はヘレス・デ・ラ・フロンテーラを、セビーリャ県連盟はウトレーラを、またハエン県連盟はトレペロヒールをそれぞれ本拠地に選んだ（*ibid.*, p.245 y n.23.）。FNOAコルドバ県連盟の本拠地とブハランセの組合は、何度か改称されている。例えば、カストロ・デル・リオの組織は、1903年には7年後のブハランセのそれと同じく「ラ・ルス・デル・ポルベニール」を名乗った。1910年、カストロに新たに発足した団体の呼称は「労働者啓発センター（Centro Instructivo Obrero）」である（ジャック・モリス、渡辺雅哉訳「カストロ・デル・リオ／あるリベルテール的なプエブロの歴史と伝説」『西洋史論叢』第22号、2001年、48ページ）。なお、スペインの代表的なリベルテール紙の1つ『ティエラ・イ・リベルタ』の、1910年代を通じて購読者数が多かった全国の市町村のリストのなかで、カストロは第17位につけた。ともに県庁所在地のマラガとコルドバは、それぞれ第24位と第31位に甘んじている。1930年当時、カストロの人口が15,000に届かなかったのに対し、コルドバには100,000人以上が居住していた（正確な数字は、第6章で挙げる）。このあたりからも、カストロの優れて「リベルテール的な」性格の一端が窺われるだろう。ブハランセについては不明である（Antonio Gutiérrez López, "El anarquismo en Córdoba: luchas obreras, antecedentes y formación de la Confederación Nacional del Trabajo(1900-1931)", *Ámbitos*, núm.24, 2010, p.63.）。

(27) *El Sur*, 28-VII-1934.
(28) セサル・M・ロレンソ、今村五月訳『スペイン革命におけるアナキストと権力』JCA 出版、1982 年、109 ページ、註 81。
(29) *CNT*, 28-VIII-1933. アンダルシアとエストレマドゥーラの各地のリベルテール青年団の代表たちがセビーリャに集結し、「最初の」大会が催されたのは 1933 年 6 月のことだった（*Tierra y Libertad*, 16-VI-1933.）。この大会を招集したのが、アンダルシア CRT やアンダルシア FRGA に準じる形で既に誕生していたリベルテール青年団の地方組織であった可能性はあるだろう。だが、その実態はわれわれにはまったくの謎である。
(30) *Solidaridad Proletaria*, 5-XII-1931. これより先、トマス・デ・ラ・トーレは第 2 共和制が実施を誓った農地改革の欺瞞を告発し、「われわれの目標」としてのリベルテール共産主義の実現に固執していた（*Boletín de la CNT*, núm.2, XI-1931）。
(31) *La Voz*, 4-X-1935.
(32) *Tierra y Libertad*, 8-V-1931. 本書で取り上げられるアナルコサンディカリストたちの FAI への加入歴の有無については、取りあえずホセ・ルイス・グティエーレス・モリーナが書いた『革命の理念』に添えられた人名索引を参照（Gutiérrez Molina, *La Idea revolucionaria*, pp.201-219.）。
(33) 喜安、前掲書、377 ページ。
(34) Raúl Ruano Bellido, *Sociología y anarquismo. Análisis de una cultura política de resistencia*, Madrid, 2009, pp.222-223.
(35) Jacques Maurice, "Apóstoles, publicistas, hombres de acción y sindicalistas en la historia del anarquismo español", *Cahiers de Civilisation Espagnole Contemporaine*, 1-2012, consulté le 11 janvier 2015. URL: https://ccec.revues.org/3914; DOI:10.4000/ccec, 3914, p.3.
(36) Id., "Campesinos de Jerez, 1902-1933", *Estudios de Historia Social*, núms.22-23, 1979, p.87. Id., "El anarquismo en el campo andaluz: una interpretación", *El anarquismo andaluz, una vez más*, p.38.
(37) Id., *El anarquismo andaluz*, p.284.「ボリシェヴィキの 3 年間」当時、このアキリーノ・メディーナはイヒニオ・ノハらとともにシエラにあるプエブロヌエーボ・デル・テリーブレに居を構え、「プロレタリアの刷新」叢書と銘打たれた、サンディカリズムの普及のためのパンフレットの出版を手掛けていた（Diaz del Moral, *Historia de las agitaciones*, p.357.）。
(38) Manuel González de Molina y Diego Caro Cancela, "Introducción", *La utopía racional. Estudios sobre el movimiento obrero andaluz*, Granada, 2001, pp.23-27. われわれの知る限り、「合理性」をキーワードにアンダルシアの階級闘争を最初に読み解こうとしたのはテマ・キャプランである（Temma Kaplan, *The Anarchists of Andalusia, 1868-1903*, Princeton, 1977, pp.206-212.）。だが、史料の扱いの杜撰さその他を衝かれ、キャプランの著書は酷評に近い扱いを受けた（José Álvarez

Junco, "Sobre el anarquismo y el movimiento obrero andaluz", *Estudios de Historia Social*, núms. 10-11, 1979, pp.275-297.)。それでも、20世紀のアナルコサンディカリズムにも通じる、特にUTCのもとでの「アンダルシアの民」の組織化のための地道な営為にジャック・モリスに先駆けて着目していたという点で、同書には一定の評価が与えられるべきであろうと思われる。

(39) ソレル、今村仁司・塚原史訳『暴力論』（上）、岩波文庫、2007年、162‐163ページ。
(40) 同邦訳（上）、79ページ。
(41) 同邦訳（上）、221ページ。下線はソレル。
(42) 深澤民司『フランスにおけるファシズムの形成／ブーランジスムからフェソーまで』岩波書店、1999年、204ページ。
(43) José Sánchez Rosa, *La Idea anarquista*, La Línea de la Concepción, 1903, p.15. このパンフレットのコピーは、Ramón Rodríguez に提供してもらった。
(44) Calero, *Movimientos sociales*, p.30.
(45) 川上源太郎『ソレルのドレフュス事件／危険の思想家、民主主義の危険』中公新書、1996年、133ページ。
(46) 東谷岩人『スペイン／革命の生と死』三省堂選書、1983年、6ページ。
(47) 同書、111ページ。
(48) Demetrio Castro Alfín, "Unidos en la adversidad, unidos en la discordia: El Partido Demócrata, 1849-1868", *El republicanismo en España(1830-1977)*, Madrid, 1994, p.63 y pp.69-71. エル・アラアールに反乱の火の手が上がる2ヶ月前の1857年4月、シクスト・カマラは北スペインのサラゴーサからマニフェストを発表。「全国革命評議会（Junta Nacional Revolucionaria）」の名において、この文書はときのナルバーエス政権の打倒を「すべての抑圧された者たち」に呼びかけた（Clara E. Lida,"Introducción: el movimiento obrero español (1835-1888)", *Antecedentes y desarrollo del movimiento obrero español (1835-1888), textos y documentos*, Madrid, 1973, pp.11-13.)。
(49) ホセ・ルイス・グティエーレス・モリーナ、渡辺雅哉訳「アンダルシアとアナキズム（1868‐1936年）（下）」『トスキナア』第11号、2010年、70ページ。
(50) Gérard Brey, "Periodismo cosmopolita y militancia anarquista: *El Socialismo* de Fermín Salvochea(1886-1891)", *Fermín Salvochea (1842-1907): historia de un internacionalista. Una herramienta para el futuro*, Cádiz, 2009, vol.1, p.325.
(51) Jacques Maurice, "El Apóstol del anarquismo andaluz", *Fermín Salvochea. Un anarquista entre la leyenda y la historia*, Cádiz, 2009, p.29.
(52) ナターリャ・エム・ピルーモヴァ、左近毅訳『クロポトキン伝』叢書・ウニベルシタス、1994年、122ページ。
(53) R. Rocker, *Fermín Salvochea*, s.l., 1945, p.9.
(54) パス『スペイン革命のなかのドゥルーティ』108ページ。
(55) Maurice, "El anarquismo en el campo andaluz", pp.31-32.

はじめに

第 3 節

社会カトリシズムと農地改革

　第 2 共和制の臨時政府の声明のなかに見える「土地の社会的機能」とは、ローマ教皇レオ 13 世が 1891 年に発表した「レールム・ノウァールム（回勅）」のなかで提示された社会カトリシズムの理念に由来する概念である[1]。19 世紀末、レオ 13 世はスペインのみならず、広くヨーロッパ各国に噴出しつつあった「社会問題（cuestión social）」に一応の配慮を示しつつ、「既成の制度内での労働者階級の向上を求めていた」[2]。そして、その社会カトリシズムの精神におそらく最も忠実に農地改革の実施に腐心したのが、「暗黒の 2 年間」の 1934 年 10 月から翌年 5 月まで農相を務めた、生まれはセビーリャながらも、エストレマドゥーラのバダホース県から選出された CEDA の代議士、マヌエル・ヒメーネス・フェルナンデスだったのである。

　第 2 共和制の農地改革を扱った大著のなかで[3]、エドワード・マレファキスはセビーリャ大学で教会法を講じてもいたヒメーネス・フェルナンデスを、この時代が生んだ「最も精力的な」農相と見なしている。少なくともわれわれの知る範囲では最も簡潔にして、なおかつ最も濃密な内戦史を著したピエール・ヴィラールにとって[4]、ヒメーネス・フェルナンデスは「善良な人物」。また、トゥニョン・デ・ラーラの評価では[5]、「共和派にして民主主義者、不穏な社会情勢に大いに心を動かされた男」である。しかし、1896 年にセビーリャの慎しい商家に生まれたこの敬虔なカトリックは[6]、錯綜した第 2 共和制の政治空間のなかにあって恐ろしく難しい立場に置かれていた。

　社会カトリシズムの眼目は、階級間に横たわる格差の存在を自明の前提としたうえで、なおかつ自由主義や、さらにその左に位置するリベルテール的な理念やマルクス主義の思想への大衆の「感染」に歯止めをかけることにあった。1902 年に「唯物論的で、従って享楽的・肉欲的な」社会主義にキリスト教の「慈愛」の精神を対置させたのは、セビーリャのカトリック、ゴンサーレス・メルチャンである[7]。「レールム・ノウァールム」は、こうして「慈愛」の精神の対極にあるものと位置づけられた（広い意味での）社会主義という名の「黴菌」

の蔓延を阻止するための指針でもあった⁽⁸⁾。

　20世紀のスペインにおける社会カトリックの組織的な活動のなかでまず初めに注目されるべきは、1917年のCNCA（全国カトリック農業連合）の設立である。教会の側からの「社会問題」への関心の発露は、もちろん「レールム・ノヴァールム」以前にも観察される。19世紀のスペインが生んだ社会カトリシズムの急先鋒は、1880年代にレバンテで労働者を取り込むカトリック・サークルの設置に邁進したアントニオ・ビセントである⁽⁹⁾。だが、早くも1870年代に、この著名なイエズス会士に先んじて労使協調を旨とする社会カトリシズムの普及に没頭していた聖職者が南スペイン、それもわれわれのコルドバ県にいた。1875年から83年にかけて、コルドバの司教を務めたセフェリーノ・ゴンサーレスである⁽¹⁰⁾。1872年末にFREの大会が招集されていたコルドバに、もとより教会が神経を尖らせなかったはずはない。

　ゴンサーレスの尽力により、1879年のコルドバ県内には3,060人の正規会員と545人の名誉会員とを擁する16のカトリック・サークルと、865人の子どもたちが無償教育の機会に与る学校が設立されていた。サークルが置かれた16の市町村自治体には、やがてともに県内のリベルテールたちの強固な拠点と化すカストロ・デル・リオとブハランセも含まれている⁽¹¹⁾。だが、信徒たちから「貧しい者たちの神父」と慕われたゴンサーレスその人の1883年のセビーリャへの転出に伴い、このコルドバ県に言わば自生的に根を下ろした社会カトリシズムは大輪の花を咲かせぬままに終る⁽¹²⁾。

　「レオ13世の思慮深いご助言」に従って、CNCAは「経営規模は小さいながらも、自身の土地を所有する多数の農民」の創出をもくろんだ。その最初の代表に選出されたアントニオ・モネデーロが主張するところでは⁽¹³⁾、CNCAが掲げた「すべての労働者が土地を持つこと」との、それ自体が「キリスト教的で、公正な」目的が意味するものは、賃上げの要求の結果的な抑制であり、暴力へと向かう回路の遮断であり、私的所有の尊重であり、さらには平和と秩序への願望である。

　当初、主に旧カスティーリャにうごめく自立の困難な、しかし文字どおりの「持たざる者」への転落ばかりは何があっても避けたい階層の間に支持基盤を開拓したCNCAの営為は——モネデーロ自身は、旧カスティーリャのパレンシア県の農業経営者連盟の代表である⁽¹⁴⁾——、農業人口の大半が「持たざる者」で占められていたアンダルシアにはほとんど反響を見出さなかった。

1917年には全国で220のCNCA傘下の組合が発足したものの、このうちアンダルシアに形成された組織はわずかに1つだけである[15]。しかし、「ボリシェヴィキの3年間」の激震に接して、CNCAは南スペインへも目を向けざるをえなくなる。1919年1月、CNCAはアンダルシア8県に「幸福の使徒たち(apóstoles del bien)」を送り出す。

　IRS調査団よりもわずかに早くコルドバへ向かったのは、CNCAの副代表を務めるルイス・ディエス・デル・コラールだった。セビーリャのカトリック紙によれば、このときコルドバ県は「最も残虐なアナーキー」に辱められていた。「赤いサンディカリズム」の拡大に対抗しつつ、ディエス・デル・コラールはコルドバ県内にほぼ20のCNCA傘下の組合を設立することに成功する。「幸福の使徒たち」は、アンダルシアにあって「憎しみを振りまくプロパガンディストたちとの対決」への「勝利」に自ら祝福を与えるだろう。「ボリシェヴィキの3年間」では2度目の農業ストライキ攻勢を控えて、社会カトリシズムの種が蒔かれた県内の市町村のなかには、かつてのセフェリーノ・ゴンサーレス神父の時代と同じくカストロ・デル・リオとブハランセの名も見える。

　このときのCNCA副代表の最大の収穫は、モンティーリャでのカトリックのサンディカリズムの橋頭保の構築であっただろう。その立役者は、このプエブロの白葡萄酒の醸造業の最大手、サルバドール・デ・アルベアール・イ・ゴメス・デ・ラ・コルティーナだった。1936年7月に「アカども」からコルドバ県庁を強奪するフランコ派の1人、ホセ・マリーア・デ・アルベアールは、このラ・コルティーナ伯爵の子息である。1921年、地元に設けられたCNCAの支部「サン・フランシスコ・ソラーノ」に集う2,500人を統率する立場にあったサルバドール・デ・アルベアールは、CNCA執行部の代表に就任。このカトリック労組の全国的な指導者にもなる[16]。また、モンティーリャに社会カトリシズムの苗床が設けられた1919年には、地元の働く女の信徒たちだけが加入する組合も結成されていた。その際にイニシアティヴを発揮したのは伯爵の令嬢で、ホセ・マリーアにとっては自分の姉に当たるアスンシオン・デ・アルベアール・イ・アバウレアである。

　20世紀初頭にリベルテール的な理念が根づいたカンピーニャのなかにありながらも、このモンティーリャはコルドバ県における社会党・UGTの最も有力な根城の1つだった。そこで、「ボリシェヴィキの3年間」のモンティーリャでは、マルクス主義のサンディカリズムとカトリックのサンディカリズムが正

面から対峙する局面が生じていたわけである。「不滅の」レオ13世の手になる「レールム・ノヴァールム」を根拠に、アスンシオン・デ・アルベアールは労使双方の利益の両立は「完璧に」可能であると断言する[17]。

しかし、同じモンティーリャのホセ・マルケス・カンブロネーロによれば[18]、レオ13世の肝煎りのカトリック労組は「労働者のインターナショナルの活力を殺ぐための」発明品にすぎなかった。また、この社会党・UGTの精力的な活動家が下したラ・コルティーナ伯爵への評価も手厳しい。マルケス・カンブロネーロには、「イエズス会士のもとで教育を受け、われわれを封建時代へと連れ戻そうとする」サルバドール・デ・アルベアールは、セビーリャのゴンサーレス・メルチャンの言う「慈愛」の精神の持ち主であるどころか、「最も残忍な搾取」により「労働者たちの血で築かれた途方もない富」を懐にして恥じない冷血漢にしか見えなかった[19]。

コルドバ県のカンピーニャを主な舞台として、アンダルシアの労使が正面から激突した「ボリシェヴィキの3年間」が、農地改革をめぐる議論に深みをもたらしたのは当然のなりゆきだった。1921年5月に労相のリサラガ伯爵が国会に提出した農地改革法案には、1人の地主が1つの市町村のなかに併せて500ヘクタールを超える土地を持つ場合、超過分は収用の対象となりうるとの内容を盛り込んだ条項が含まれている。農地の大きさを理由に、「社会的な必要性の見地から」国家によるその接収の可能性を認めた点で、この改革案には画期的な意味があった[20]。

それでも、このリサラガ伯爵の主張もモネデーロの、つまりはCNCAの理念に通じている。伯爵にとって、収用された土地を活用して自作農を数多く創出することは、「アナーキーで革命的な」事態の進展を不可能にするとともに、農村に平穏をもたらすうえでの保障を意味した[21]。従って、結局は日の目を見ずに終わるこの法案の精神もまた、既存の国家制度の枠組みに変更を迫るものではやはりない。だが、1931年4月、「既存の国家制度」は脆くも崩れ、農業エリートにとっては間違いなく「アナーキーで革命的な」時代が到来する。憲法制定議会では「唯物論的で、従って享楽的・肉欲的な」社会党が最大与党の座を占めるなかで、農地改革法の審議がなされることになる。

第2共和制は、とりわけ労働者階級が共和派や社会党に支持票を投じたおかげで誕生した。そこで、それが「真に民主的な」国家であるべきであれば、「その法体系は何よりもまず働く者たちのために整えられねばならず、……彼らを

欺くようなことがあってはならない」。第2共和制の農地改革のための専門委員会に加わっていたパスクアル・カリオン・イ・カリオンは、1932年9月に制定されることになる農地改革法のあるべき姿をこのように方向づけた[22]。カリオンの認識では、臨時政府の声明を通じてその実施が公約された農地改革は、投票行動を通じて「既存の国家制度」を破壊した「膨大な数の農民大衆」の願望に応えるべきものと把握されている。

そのカリオンが著した『スペインのラティフンディオ／その重要性・起源・解決策』(1932年)に寄せた序文のなかで、実現されるはずの農地改革を「新しいスペインによって開かれた、公正へと至る道程の1つ」と規定したのは、「唯物論的で、従って享楽的・肉欲的な」階級政党に在籍するとともに、このとき法相の地位にあったフェルナンド・デ・ロス・リーオスである[23]。1931年4月を境に、農地改革をめぐる議論には1つの原理的な「ねじれ」が生じたように思われる。農地改革は、今や自らの存在根拠そのものを根本から揺るがしかねない正真正銘の脅威として農業エリートの眼前に立ち現れたのだった。しかし、この「ねじれ」には、これまでほとんど関心が注がれてこなかったように思われる[24]。

第2共和制のもとでの農地改革に反対する立場を表明したのは、大地主たちばかりではない。CNCAを拠りどころとした貧しい者たちもまた、農業エリートに同調する。とはいえ、CNCAに関する包括的な研究をまとめ上げたフアン・ホセ・カスティーリョの観察では[25]、この組織は「持てる者」、またはその端くれ(！)を自負しながらも破滅の危険と常に背中合わせに生きてきた、従って臨時政府がその救済を約束した「膨大な数の農民大衆」ともほとんど紙一重の境遇にあった同胞を自らの側へと動員するために農業エリートが巧妙に設えた装置に他ならなかった。例えば、1932年4月にCNCAのカルロス・マルティン・アルバレスが「カスティーリャの小農の名において」農地改革への反対の意思を表明した事実は[26]、カスティーリョの判断の正しさを裏づける1つの根拠となりうるだろう。マルティン・アルバレスは、エストレマドゥーラに広大な土地を所有するバルセロナの大富豪、フアン・アントニオ・グエル・イ・ロペスとの太い絆で知られた人物だった[27]。

1919年2月、マルティン・アルバレスはIRS調査団のメンバーの1人として、団長のエサ子爵とともに動乱のコルドバ県を視察していた[28]。この、「ボリシェヴィキの3年間」には「アンダルシアの農業問題」の「既存の制度内での」解

決策を確かに模索する立場にあった「持てる者」が、社会党・UGT の従来にない圧力のもとに「膨大な数の農民大衆」の救済が謳われた第 2 共和制の農地改革には全面的に反対する姿勢を鮮明にしたわけである。マルティン・アルバレスの豹変、というよりもむしろその「階級的な」本質の露呈も、1931 年 4 月に不可避的に生じた農地改革の「原理的な」変質を抜きにしては理解できないだろう。

　1935 年に出版されたパンフレットのなかで、「労働者の組合は、労働者ではない人間の加入を認めるべきではない」との視点から、ホセ・マヌエル・ガリェゴス・ロカフールはカトリックの労働者たちを結集する組合が持つべき特徴として「労働者ではない人間」からのその独立を挙げた。このコルドバの司教座聖堂参事会員は、経営者には組合への「協力者」としての役どころを割り当てる(29)。しかし、「ボリシェヴィキの 3 年間」に地元の守護聖人の名を冠したモンティーリャの組合に参集するカトリックの農業労働者たちの指導を引き受けていたのは、「途方もない富を持つ」「経営者」のサルバドール・デ・アルベアールだった。ガリェゴス・ロカフールによると、組合は政治に関与する義務を負う(30)。聖職者たちを除けば、教権主義（clericalismo）のアンダルシアにあって傘下の組織員たちを政治的に方向づけるだけの「実力」を持っていたのは、農業エリート以外には考えられない。モンティーリャのサルバドールとアスンシオンの父娘の言動は、CNCA の本質の一端を図らずも浮き彫りにしてみせたのである。

　「ボリシェヴィキの 3 年間」のアンダルシアにおける CNCA の一時的な躍進は、日雇い農たちの間に不意に芽生えた敬虔な信仰心がもたらした結果ではむろんなかった。これまたガリェゴス・ロカフールが皮肉交じりに観察したように(31)、それは「ソヴィエトの幻影」に脅えた農業エリートが CNCA にすがりつつ、反逆する「アンダルシアの民」の懐柔を画策するなかで咲いた「徒花」だった。「3 年間」に吹き荒れた暴風がともかくも終息するや、南スペインの大地主の多くは自分たちの狼狽をたちまちのうちに忘れてしまう。

　1919 年に誕生した CNCA 系列の組合の数は、全国併せて 921。このうちアビラ、サモーラ、サラマンカ、セゴビア、バリャドリ、パレンシア、ブルゴス、レオンの旧カスティーリャ 8 県の合計が 99 なのに対し、アンダルシア 8 県では都合 139 にも上った。産声を上げた組合が 1 つだけだった 2 年前とは、格段の開きである。また、1920 年のコルドバ県内では、CNCA の社会カトリシ

ズムを拠りどころとする 50 の組合が活動していた。だが、モンティーリャを 1 つの大きな例外として、南スペインでは CNCA が勢いを失うのも早かった。1921 年からプリモ独裁の幕が上がる 23 年までの間にアンダルシアに設けられた CNCA の支部は、すべてを併せても 44 に留まる。

　第 2 共和制時代にその CNCA の書記長と副代表をそれぞれ務めていたのは、ホセ・マリーア・ヒル・ロブレス・イ・キニョーネスとホセ・マリーア・ラマミエ・デ・クライラック・イ・デ・ラ・コリーナである[32]。ヒル・ロブレスは CEDA の総帥を兼任。ラマミエ・デ・クライラックもまた、同じ CEDA の有力な代議士である。「もし教皇の回勅が私から財産を奪い取るならば、私は離教者となるだろう」とのラマミエの挑発的な「宣言」は、やはり CEDA に在籍する、他ならぬ「最も精力的な」農相に向けて投じられた爆弾発言だった。ラマミエは、北スペインのナバーラを主な根城とし、19 世紀を通じて「マドリード、あらゆる自由主義、あらゆる個人主義に対して、3 度の戦い〔カルリスタ戦争〕を起こした」カルロス派（carlista）[33]の末裔である。「軟弱な」社会カトリシズムの受容を拒絶しつつ、反革命の化身は「財産」へ執着する自らの本心を剥き出しにしてみせたのだった。

　ブルジョワ出の知識人たちと握手を交わした社会党・UGT にとって、「改革の 2 年間」が成し遂げるべき最大の課題が、復古王政の消滅に伴ってその意味合いを改めた農地改革の実施にあったことは間違いない。ところが、「インテリゲンツィヤ」にしてみれば、何らかの形で所有構造にメスが入れられる農地改革は、自らの懐にも災いの火の粉が降りかかりかねない危険性を内包していた。マルクス主義の信奉者たちとの共闘を選択しながらも、「インテリゲンツィヤ」には「相方」との「階級的な」隔たりの払拭は至難の業であったように思われる。既述のとおり、そのような傾向をマヌエル・アサーニャや、特にフアン・ディアス・デル・モラールの「アンダルシアの農業問題」への視角のうちに、われわれは確認することになるだろう。

　他方で、1930 年代のピレネーの南には、農地改革に比べて格段に「インテリゲンツィヤ」を惹きつけたかに見える別のテーマがあった。ピレネーの北、例えばフランスではとうに実現されていた政教分離の問題である。そして、こうした「改革の 2 年間」の反教権主義（anticlericalismo）に危機意識を募らせた右翼・カトリックの各派が、第 2 共和制の誕生直後に「宗教・祖国・家族・秩序・私有」の護持を合い言葉に発足していた人民行動党を中心に大同団結し

たうえで、1933年3月に旗揚げされた寄り合い世帯が実はCEDAだったのである[34]。「私有」を重視する人民行動党の立場は、ラマミエの露骨なまでの先の発言にも明らかなようにCEDAにももちろん踏襲される。農地改革への反対とカトリックの教権主義とが、ここに交錯する。

ヒル・ロブレスが党首を務める人民行動党の、1931年4月の設立にイニシアティヴを発揮したのはアンヘル・エレーラ・オリアである。このエレーラ・オリアは、「道徳的なまとまり」「歴史における神の摂理の所産」としての「国民」を「カトリシズム」「王政」と同一視する一方で、普通選挙制にはかねて懐疑的な姿勢を崩そうとしなかった。20世紀の初頭、アンヘル・アジャーラとともにACNP（全国カトリック伝道者協会）を起ち上げるとともに、CNCAに結実するカトリックのサンディカリズムの普及に貢献していたのもエレーラである。1920年代の独裁者プリモ・デ・リベーラ将軍の御用政党である愛国同盟（Unión Patriótica）の結成も、やはりエレーラの肝煎りだった[35]。

マヌエル・ヒメーネス・フェルナンデスは、1914年に弱冠18歳でセビーリャのACNPのグループに飛び込むとともに、第2共和制の初期にはこのアンダルシアの中心都市における人民行動党の旗振り役の1人でもあった。このように、後の「最も精力的な」農相はANCP‐CNCA‐人民行動党‐CEDAの系譜に連なる紛れもない「右翼」だったのである。プリモ独裁下の1924年から27年にかけて、ヒメーネス・フェルナンデスはセビーリャの市議会議員と助役を務めてもいた[36]。

「ドグマとは無縁のマルクス主義者」の[37]ジャック・モリスが看取したとおり[38]、「暗黒の2年間」に登場したこの「最も精力的な」農相の狙いが当時、社会党・UGTの主要な支持基盤を形成していたエストレマドゥーラに楔を打ち込むことにあったとすれば、「最も精力的な」農相の精神はマルクス主義の信奉者たちが国会に最多の議席を確保するなかで、教会の政治的な発言力の一掃がもくろまれた「改革の2年間」に敵対する、その限りではCEDAの他の政治家たちにも共通する論理に支えられていた。自らの知的土壌を育んだアメリカン・デモクラシーを素朴に信頼しているかに見えるマレファキスはもちろん、モリスと同じくともにやはりマルクス主義の立場に立つトゥニョン・デ・ラーラとヴィラールの2人もその「高潔な」姿勢を讃えたヒメーネス・フェルナンデスには、実際には「善意」を超えた冷徹な戦略があったのである。

しかし、農地改革の実現のために注がれたその情熱のおかげで、ヒメーネス・

フェルナンデスはCEDAの仲間うちでは「白いボリシェヴィキ（bolchevique blanco）」、セビーリャ県の農業経営者たちからは「レーニン」と揶揄される破目になる[39]。敬虔な「右翼」には、悲哀を舐めねばならないだけの理由があった。ラマミエ・デ・クライラックとともに、ヒル・ロブレスは第2共和制の憲法制定議会2日目の1931年7月15日に発足した「農業少数派」に合流していた。この両者は、1932年9月の農地改革法が適用されるサラマンカ県（旧カスティーリャ）から選出された代議士である。人民行動党の金科玉条である「宗教・祖国・家族・秩序・私有」のうち、ことに「私有」の擁護に固執するこの会派は「土地の社会的機能」の受け容れを拒絶し、農地改革法の制定に至るまでその審議を一貫して妨害し続ける[40]。

「土地の社会的機能」の論理を推し進めた先に、私的所有の廃絶を見たリカルド・ゴメス・ロヒは[41]、26人の代議士により構成された「農業少数派」のおそらくは最も典型的な発想の持ち主の1人である。ヒメーネス・フェルナンデスの「精力的な」行動は、他でもないセビーリャ県内の大地主たちや、スペインに「暗黒の2年間」の到来を告げる1933年11月の総選挙を前に「農業少数派」から衣替えしていた農業党[42]、それに農業党と並んで私的所有を絶対視し、従って「土地の社会的機能」を許容しない、自身が所属するCEDAのなかの強硬派の執拗な反対に遭遇して挫折を余儀なくされるだろう。

ヒメーネス・フェルナンデスは、残された都合250通に上るその書簡を編集・公刊した現代史家のアルフォンソ・ブラオホス・ガリードとレアンドロ・アルバレス・レイが呼ぶように、正しく「存在することそれ自体が不可能な右翼（derecha imposible）」の政治家だった[43]。そして、本来の農地改革の要諦をなす、従って「改革の2年間」の反教権主義に敵対する論理に支えられた社会カトリシズムの原理が、この「白いボリシェヴィキ」、あるいは「レーニン」の退場をもって否定されるとき、アンダルシアに残されたものは、もはやほとんど剥き出しの階級憎悪、換言すれば折り合う余地のないところまで来てしまったかに見える労使間の「アフリカ風の憎しみ」のみである。

セビーリャのマヌエル・ヒメーネス・フェルナンデスの躓きは、ブハランセのフアン・ディアス・デル・モラールのそれとともに1930年代前半のピレネーの南の前途に垂れ込める暗雲を先取りしていたように思われる。ブハランセの公証人の農地改革論は、公証人自身も含まれる「インテリゲンツィヤ」と社会党・UGTとを隔てる「階級的な」矛盾を、従って「改革の2年間」そのもの

の破綻を告知していたかに見える。その一方で、「暗黒の2年間」における CEDA の農相ヒメーネス・フェルナンデスの頓挫は、大土地所有制のもとでの労使の歩み寄りが不可能な、従って「ジェノサイド」の開演がもはや不可避のスペインの現実を同胞に突きつけたのだった。われわれは、やや先を急ぎすぎたのかもしれない。前置きはこのあたりに留め、第2共和制の誕生とともに幕を開け、フランコ独裁の誕生とともに幕を下ろすまでの1930年代のスペインの紆余曲折を、同時代を生きたマヌエル・アサーニャとともにたどってみることにしよう。

註
（1） Jacques Maurice, *La reforma agraria en España en el siglo XX (1900-1936)*, Madrid, 1978, p.16
（2） ロジェ・オーベール他、上智大学中世思想研究所編訳／監修『キリスト教史9 自由主義とキリスト教』平凡社ライブラリー、1997年、199ページ。「レールム・ノウァールム」を通じて、レオ13世は「階級制度は否定せず、それぞれの階級には神から与えられた義務・任務があり、それを果たすためにも、雇用者は労働者を慎重な分別のある配慮でもって扱い、労働者は雇用者に信頼を持って接するべきだとしていた」（松本佐保『バチカン近現代史／ローマ教皇たちの『近代』との格闘』中公新書、2013年、68ページ）。
（3） Malefakis, *op.cit.*, p.394.
（4） ヴィラール『スペイン内戦』33ページ。
（5） Tuñón de Lara, *Tres claves*, p.159.
（6） Javier Tusell y José Calvo, *Giménez Fernández, precursor de la democracia española*, Sevilla, 1990, p.15 y p.71.
（7） Pierre Ponsot, "La crise agraire en Andalousie dans la seconde moitie du XIX siècle et le debut du XX siècle et sa perception par l'opinion", *Études sur le dix-neuvième siècle espagnol*, Córdoba, 1981, p.63.
（8） 1879年におけるスペイン社会党の結成は――さらに、間接的にはその9年後の同党系列の労組 UGT の起ち上げも――、パリ・コミューンの崩壊に続いた、マルクスの娘婿ポール・ラファルグのピレネーの南への逃避行がもたらした副産物だった（Diego Abad de Santillán, *Contribución a la historia del movimiento obrero español. I. Desde sus orígenes hasta 1905*, Puebla(México), 1962, pp.203-210 y pp.397-400.）。レオ13世に「レールム・ノウァールム」を作成させた重要な契機の1つに挙げられるのが、ウェストミンスターの大司教の地位にあったヘンリー・エドワード・マニング枢機卿が、争議に突入したロンドンの港湾労働者たちに与えた支援である（R・オーベール他、前掲邦訳、320ページ）。そして、社会主義

　　　　の発展に脅える 19 世紀末のヨーロッパやアメリカの「賢人」たちが顔を揃えた架
　　　　空の会合のなかで、そのマニングに「みなさんが、ヴォルテールを蒸し返して、
　　　　宗教を茶化すのもけっこうですが、宗教が下層階級の貪欲と情熱の最良の道徳的
　　　　歯止めになるということでは異論はおありにならぬのでしょう」と語らせたのが、
　　　　ラファルグその人だった（ポール・ラファルグ、田淵晋也訳「資本教」『怠ける権
　　　　利』平凡社ライブラリー、2008 年、83 ページ〔『怠ける権利』（初版は 1880 年）
　　　　に収められた「資本教」が初めて活字になった年は不明〕）。1911 年に連れ合いの
　　　　ラウラとともに自殺を選ぶラファルグにとって、社会カトリシズムは要するに愚
　　　　弄の対象でしかない。
（9）　R・オーベール他、前掲邦訳、199 ページ。
（10）　Luis Palacios Bañuelos, *Círculos de obreros y sindicatos agrarios en Córdoba (1877-1923)*, Córdoba, 1980, pp.17-23.
（11）　*Ibid.*, pp.41-57.
（12）　*Ibid.*, p.72.
（13）　Juan José Castillo, *Propietarios muy pobres. Sobre la subordinación política del pequeño campesino. La Confederación Nacional Católica Agraria,1917-1942*, Madrid, 1979, p.229.
（14）　*Ibid.*, pp.101-102.
（15）　CNCA に加盟する組合の数の推移については、*ibid.*, pp.207-211 y pp.217-218 n.83.
（16）　*Ibid.*, p.349. *Montilla Agraria*, 1-IV-1920.
（17）　*Ibid.*, 20-XII-1919.
（18）　*Fuerza y Cerebro*, 30-X-1919.
（19）　*Ibid.*, 10-XI-1919. 1930 年から翌年にかけて、サルバドール・デ・アルベアールは、このプエブロの高額納税者リストの二番手に位置していた。その課税対象所得は 34,528 ペセータ。第 1 位は他でもないモンティーリャにもかなりの不動産を有し、その課税対象所得は 75,132 ペセータにも上るメディナセーリ公爵家（Antonio Barragán Moriana, *Realidad política en Córdoba 1931. Un estudio electoral*, Córdoba, 1980, p.221.）。後述のとおり、このメディナセーリ公爵家は当時のスペイン切っての大地主である。
（20）　Malefakis, *op.cit.*, pp.497-498.
（21）　Castillo, *op.cit.*, p.219.
（22）　Pascual Carrión, *Los latifundios en España. Su importancia. Origen. Consecuencias y solución*, Barcelona, 1975(1ª ed. 1932), pp.353-354.
（23）　Fernando de los Ríos, "Prólogo a la primera edición", Carrión, *Los latifundios*, p.40.
（24）　臨時政府の声明をきっかけとして、農地改革をめぐる議論に「単なる経済的な効率（mera eficacia económica）」の追求を超える、「社会正義（justicia social）」という別の要素が加味されたとは、ジャック・モリスの見立てである（Jacques Maurice, "Reforma agraria y revolución social", *Memoria de la Segunda Repúbli-*

ca. *Mito y Realidad*, Madrid, 2006, pp.232-233.)。だが、その「社会正義」には社会カトリシズムが掲げる、社会カトリシズムなりの「正義」に対立する内実が孕まれていたはずである。
(25) Castillo, *op.cit.*, p.447.
(26) *Ibid.*, p.375.
(27) *Ibid.*, p.94.
(28) IRS, *Información sobre el problema agrario*, p.37.
(29) J. Gallegos Rocafull, *Sindicación obrera*, Madrid, 1935, pp.10-14.
(30) *Ibid.*, pp.21-22. ガリェゴス・ロカフール自身も1931年6月の憲法制定議会選挙にコルドバ県から出馬し、あえなく落選した過去を持つ（Barragán Moriana, *Realidad política*, p.110.）。
(31) Castillo, *op.cit.*, p.204.
(32) *Ibid.*, pp.372-373.
(33) ヴィラール『スペイン内戦』27ページ。渡部哲郎『バスクとバスク人』平凡社新書、2004年、108 - 111ページ。
(34) 「人民行動党（Acción Popular）」の正式な呼称は、1931年4月に結成された時点からちょうど1年後に改められるまでは「国民行動党（Acción Nacional）」(Santos Juliá, *Un siglo de España. Política y sociedad*, Madrid, 1999, pp.96-97.）。
(35) Pedro Carlos González Cuevas, *El pensamiento político de la derecha española en el siglo XX. De la crisis de la Restauración al Estado de partidos(1898-2000)*, Madrid, 2005, pp.65-70.
(36) Alfonso Braojos Garrido y Leandro Álvarez Rey,"Estudio introductorio. La derecha imposible: Manuel Giménez Fernández en la política española del siglo XX", *Manuel Giménez Fernández(1896-1968). Epistolario Político*, Sevilla, 2000, pp.25-30.
(37) ジェラール・ブレイ、渡辺雅哉訳「追悼ジャック・モリス／フランスのイスパニスタにしてスペインのアナキズムのスペシャリスト」『トスキナア』第18号、2013年、43ページ。
(38) Maurice, *La reforma agraria*, pp.54-55.
(39) Malefakis, *op.cit.*, p.407. Leandro Álvarez Rey, *La derecha en la II República: Sevilla, 1931-1936*, Sevilla, 1993, p.420.
(40) López López, *op.cit.*, pp.120-125 y pp.364-365.
(41) *Ibid.*, p.179.
(42) Malefakis, *op.cit.*, p.403 n.21.
(43) Braojos Garrido y Álvarez Rey, "Estudio introductorio", p.37.

第1章
砂上の楼閣?
マヌエル・アサーニャとスペイン第 2 共和制の崩壊

「マヌエル・アサーニャを知らずにスペイン戦争を語ることはできない」と述べたのは、スペイン第2共和制の憲法制定議会において「共和制に奉仕する、国王なき王政派（monárquico sin rey al servicio de la República）」を自称したアンヘル・オソリオ・イ・ガリャルドである(1)。もともと弁護士が生業のオソリオは、第2共和制に先立つ復古王政の時代にはマドリードの市議会議員を振り出しに、サラゴーサ県選出の代議士やバルセローナ県知事、さらには勧業相を務めた経歴を持つ。カタルーニャの中心都市バルセローナの21の教会と30の修道院に火が放たれた1909年7月の「悲劇の1週間（semana trágica）」の折(2)、県知事として対処を迫られたのが正しくこのオソリオだった(3)。

「共和制に奉仕する、国王なき王政派」との、いささか奇妙な肩書きは、1923年9月にミゲル・プリモ・デ・リベーラ将軍と結託してスペインを独裁体制へと追いやった国王アルフォンソ13世に見切りをつける一方で、そのアルフォンソ13世の亡命をきっかけに誕生した第2共和制の正当性は認めながらも、共和派を名乗るにはなお至っていなかった彼自身の微妙な精神の現れだった。オソリオが名実ともに共和主義の理念を受け容れるのは、1936年7月にスペインが内戦に突入して以後のこと。フランコ派の「不当な」軍事クーデタが、その契機になっている(4)。「兄弟殺し」の火蓋が切られた後、何度となく極度の情緒不安定に陥ったアサーニャ(5)を鼓舞し続けたのもオソリオである。1946年に亡命先のブエノス・アイレスでその生涯を閉じたオソリオの回想録には、アサーニャを身近に知りえた人物ならではの興味深い観察が多々含まれている。

マヌエル・アサーニャ・ディアスは、1880年にマドリード近郊の、『ドン・キホーテ』の作者の故郷でもあるアルカラ・デ・エナーレスに生まれた。かのミゲル・デ・セルバンテス・サアベドラと比べられたのではさすがに影が薄いものの、自身、並々ならぬ文筆の才能に恵まれ、小説や戯曲も残したこの稀代の文人政治家は、第2共和制期には陸相・首相・大統領を歴任。フランコ独裁の確立から1年半以上が経過した1940年11月、南フランスのモントバンに客死した。アサーニャこそは、第2共和制と文字どおり命運をともにした知識人だった。確かにアサーニャを抜きにして内戦、延いては1930年代のスペインを論じることは不可能だろう。

憲法制定議会の初日が「7月14日」に設定されたことからも窺われるように、第2共和制に参集した多くの知識人が、ピレネーの南のあるべき姿を「大革命」

第 1 章　砂上の楼閣？

の祖国フランスに重ね合わせていたのは間違いない。そして、同僚たちにもましてその傾向が顕著だったのがアサーニャ当人であったことも、これまた疑いない。フランス革命の精神の相続人を自負し、ジャン・ジャック・ルソーに心酔する「アルカラ市民」は、「理性」を信頼し、「理性」を表現する自らの「言葉」を武器にスペインの「ヨーロッパ化」の、あるいは端的に「フランス化」の企てに着手する。だが、アサーニャには「理性」を「権力」と安易に混同してしまう嫌いがあった[6]。「アルカラ市民」の言動に、法律をそれが「国会で可決された正にその瞬間から」実体を備えたものと考えてしまうという、いかにも「青臭い」知識人らしい性癖の表出を見たのは、自身も法学者の肩書きを持つ紛れもない知識人にして、「改革の 2 年間」と人民戦線期に代議士を務めた社会党のルイス・ヒメーネス・デ・アスーアである[7]。

　この点で、アサーニャが「権力」の安定した行使を自らに保障するような大政党の結成についに触手を伸ばさなかったことは特徴的である[8]。「アルカラ市民」は、プリモ独裁期に結成された共和行動党と、第 2 共和制の「暗黒の 2 年間」に誕生した左翼共和党の党首を務めている。だが、「改革の 2 年間」の首相在任中、アサーニャが共和行動党の組織基盤の拡充に腐心した形跡はない。1933 年 11 月の総選挙の結果、同党の議席は 28 から 5 にまで激減する。1936 年 2 月の人民戦線選挙で左翼共和党が獲得した議席数は 87 に達したとはいえ、99 議席の社会党と 88 議席の CEDA の後塵をなおも拝していた。スペインの「フランス化」をもくろむうえで、自らの「言葉」が頼りのアサーニャは、「言葉」に託された「理性」を具体化させるだけの実際的な手立てを何ら持ち合わせていなかったのである。

　充分な後ろ盾を欠いたアルカラの文人政治家は、自身の「理性」と「言葉」に抗う「現実」に直面してしばしば苦境に立たされた。「彼の強みは自身の言葉にあった。そして、その言葉により、彼は自ら墓穴を掘る破目になったのである（La palabra era su fuerte, y por su palabra se perdió.）」とは[9]、「政治家」アサーニャに関する、作家フランシスコ・アジャーラのことの本質を衝いた評価である。「アフリカ風の憎しみ」に満ちたアンダルシアの労使対決がそのなかで繰り広げられるとともに、それを揺るがしもした時代の大枠を理解するために、ここでわれわれは 1930 年代にアサーニャが語った特に 5 つの「言葉」を第 2 共和制の崩壊過程と併せて読み解いておく。ことはアサーニャ 1 人の身の破滅に留まらない。いずれも重要な局面で発せられたアルカラの文人政治家

のそれらの「言葉」には、「知識人の共和制」に孕まれた致命的なまでの脆さがそっくり凝縮されていたように思われる。

註

（1） Ángel Ossorio y Gallardo, *Mis Memorias*, Madrid, 1975, p.201.
（2） Santos Juliá, *Un siglo de España*, p.33.
（3） Ossorio y Gallardo, *op.cit.*, pp.39-48 y pp.78-81.
（4） *Ibid.*, pp.204-207.
（5） 「兄弟殺し」の開演から自身の死に至るまでの間、アサーニャは個人的にも幾度か絶望の淵を垣間見ている。1936年7月、決起したフランコ派に瞬く間に蹂躙されたコルドバで、グレゴリオ・アサーニャが銃殺された。このグレゴリオはマヌエルの甥である（Santos Juliá, *Vida y tiempo de Manuel Azaña(1880-1940)*, Madrid, 2008, p.423.）。また、これもやはり内戦の初期、ただし、このときにはフランコ派ではなく、暴徒と化してマドリードの監獄を襲った「アカども」の手にかかってメルキアデス・アルバレス・ゴンサーレスが虐殺されている。袂を分かって既に久しかったにせよ、このアルバレスはかつてアサーニャが政治活動を開始するに当たり身を寄せた改良党の党首だった（*ibid.*, p.392.）。さらに、後に減刑されこそしたものの、フランコ独裁が幕を開けたマドリードで一時は死刑の執行を待つばかりの身だったシプリアーノ・リーバス・チェリーフは、モントバンでアサーニャを看取った連れ合いドローレスの実の兄である（*ibid.*, p.466 y p.530 n.40.）。
（6） Manuel Tuñón de Lara,"Manuel Azaña: la razón y el poder", *Azaña*, Madrid, 1990, pp.142-143 y p.147.
（7） Miguel Ángel Villena, *Ciudadano Azaña. Biografía del símbolo de la II República*, Barcelona, 2010, pp.188-189.
（8） Francisco Tomás y Valiente, "Huir hacia arriba. Reflexiones sobre Azaña", *Manuel Tuñón de Lara. El compromiso con la historia. Su obra y su vida*, Bilbao, 1993, pp.128-129.
（9） Andrés de Blas Guerrero, "Azaña y la cuestión nacional-regional", *Manuel Azaña: Pensamiento y acción*, Madrid, 1996, p.157.

第 1 章　砂上の楼閣？

第 1 節

「カサス・ビエハスでは起こるべきことが起こった」

　フランコ派の勝利が目前に迫った 1939 年 2 月、マヌエル・アサーニャは断腸の思いでフランスとの国境を越えた。同じ 1939 年のうちに、ひとまず旅装を解いたコロンジュ・スー・サレーヴで、アサーニャは「スペイン戦争の諸原因」以下、併せて 11 本の論考を書く。いずれも、1930 年代の祖国の軌跡を努めて冷静に振り返ろうとした、とはいえどうにも抑えがたい激情の表出もところどころに散見される、アルカラ・デ・エナーレスの文人政治家自身の正しく政治的な「遺書」と目されうる貴重な文書である[1]。

　「スペイン戦争の諸原因」のなかで、アサーニャは「改革の 2 年間」に「インテリゲンツィヤ」が社会党との協調を選択した理由を 2 つ挙げている。1 つは、スペインの「リベラルな」ブルジョワジーには新しい体制を独力で樹立し、「極左」や「極右」の攻撃からこの体制を防衛するだけの力が欠けていたこと。アサーニャは、自らを一貫して「リベラルな」ブルジョワと認識している。アルカラの文人政治家によれば、「かつて、かなり長期にわたってフランス第 3 共和制がそうであったような」「狭い意味でブルジョワ的な」共和制の建設は、1930 年代のピレネーの南では不可能だった。この「狭い意味でブルジョワ的な」第 3 共和制とは、1880 年代から第 1 次世界大戦の前夜にかけて繁栄を謳歌したベル・エポックのフランスである。

　協調のもう 1 つの理由は、無産者たちを復古王政の時代と同様の悲惨な境遇のままに放置しておくことの不当性と不毛性にあった[2]。停滞する農業国のスペインにあって、この「無産者たち」がアンダルシアやエストレマドゥーラの「膨大な数の」日雇い農を主に指していたことは間違いない。大土地所有が支配的な点でアンダルシアと肩を並べるのが、ポルトガルとの国境に沿って展開し、カセレスとバダホースの 2 県からなるエストレマドゥーラである。ただし、ジュンテーロ（yuntero）と呼ばれる、耕作のための 2 頭の雌の騾馬（のみ）を所有するこの地方に多い貧農、ないし事実上の日雇い農は[3]、半世紀以上にわたった復古王政期を通じて「アンダルシアの民」ほどに執拗な抗議行

動には出ていない。IRSの統計に従う限り⁽⁴⁾、「ボリシェヴィキの3年間」にエストレマドゥーラで記録された農業ストライキも、バダホース県の22件はまだしも、カセレス県ではわずか5件に留まった。われわれのアンダルシアにも似て、エストレマドゥーラが「アフリカ風の憎しみ」に染め上げられるのは1931年の4月以降のことである。ジュンテーロたちは、コルドバ県の北部に広がるシエラでも飢えにのたうっていた。

「知識人の共和制」を牽引するアサーニャの悲願は、1931年4月以前には政治参加の機会を実質的に奪われていた大多数の国民を議会制民主主義の枠内へと統合しつつ、「ブルジョワ共和制」の土台を揺るがしかねない社会革命の発生を阻止することにあった⁽⁵⁾。「スペイン戦争の諸原因」は、「インテリゲンツィヤ」と握手して新しい国家の建設に乗り出した社会党と社会党系労組UGTの規律や責任感覚を高く評価する。その一方で、この「遺書」は、1932年1月と33年1月・12月の併せて3度、FAIの主導のもとに大がかりな武装蜂起を展開、正しく「ブルジョワ共和制」の破壊を目指す「社会革命」の実現を画策したアナルコサンディカリスト労組CNTの姿勢には際立って辛辣である⁽⁶⁾。

実際、1933年1月のカサス・ビエハスの惨劇を招いた結果、同年9月のアサーニャ政権の倒壊、あるいは「改革の2年間」の営為そのものを頓挫させる1つの要因になったのがCNTの「反乱のサイクル」であったことは、既にわれわれの知るところである。「理性」に基づいた国家の建設を目指すアルカラの文人政治家が、「国家」の存在そのものを頑なに否定するリベルテールたちの態度に批判的なのは当然のことではあった。1932年1月、「サイクル」の最初の暴風がカタルーニャの鉱山地帯を直撃した際にも、アサーニャはフィゴルスその他でのリベルテール共産主義体制の樹立の企てを「労使交渉」とはおよそ無縁の「暴力沙汰」と一刀両断にしている⁽⁷⁾。軍事クーデタの噂が巷に飛び交っていたはずの内戦前夜にあってさえ、アルカラ・デ・エナーレスの文人政治家は第2共和制の危機を引き起こすのは「切除されるべき癌」としてのアナルコサンディカリズム、との見方に固執するだろう⁽⁸⁾。

だが、カサス・ビエハスでの殺戮劇の事後処理の際、アサーニャは自身の「言葉」に大きく躓く破目になる。アルカラ・デ・エナーレスの文人政治家は、1933年2月2日の国会で、ことの詳細を把握するよりも先に（！）「われわれが知る限り〔！〕、カサス・ビエハスでは起こるべきことが起こった（En Casas Viejas no ha ocurrido, que sepamos, sino lo que tenía que ocurrir.）」との、

CNTとFAIへの自身の嫌悪感を剝き出しにした発言をしてしまう。国会の内外で大いに物議を醸すことになったこの「言葉」を、「統治者」としてのアサーニャが残した「最悪の」それと見なすのは、3,000年にも及ぶ祖国スペインの壮大な通史を書き残してからほどなく今世紀の初めに逝った、近世史家のアントニオ・ドミンゲス・オルティスである[9]。

　ここで、カサス・ビエハスで「起こった」ことの概略をたどっておく[10]。1933年の1月11日未明。この集落のアナルコサンディカリストたちは、直前に同じカディス県内のヘレス・デ・ラ・フロンテーラで秘密裡に持たれていた会合での決定に従って電信・電話回線を切断。次いで4人の治安警備隊員が駐在する詰め所を包囲し、ひとまず集落を制圧する。その後、地元のCNTが食糧の分配に着手し、税務署の出張所が焼き打ちされた。しかし、午後に入って、やはりカディス県下にあって、しかもカサス・ビエハスに隣接するアルカラ・デ・ロス・ガスーレスから、異変を察知したフェルナンデス・アナルテ軍曹が指揮する突撃警備隊員12人と4人の治安警備隊員がこの集落に駆けつけ、治安警備隊の詰め所の包囲を解くや形勢はたちまち逆転。CNTの組織員は、その多くがカサス・ビエハスを脱出した。だが、古参のリベルテール「セイスデードス（6本指）」ことフランシスコ・クルース・グティエーレスのあばら屋に当人以下、併せて9人が立て籠もる。

　「セイスデードス」のあばら屋に火を放つよう突撃警備隊のマヌエル・ロハス・フェイヘスパン大尉が命令を下したのは、翌12日の午前2時。間一髪、「セイスデードス」の2人の孫、マリーア・シルバ・クルースとマヌエル・ガルシア・フランコだけが脱出に成功したものの、残る7人は揃ってあばら屋のなかで焼死する。40人の部下を引き連れてマドリードからヘレス・デ・ラ・フロンテーラ経由で現地入りしていたロハス大尉はさらに強引な家宅捜索を命じ、身柄を拘束された13人があばら屋の前で即決で銃殺される。都合22人の「殉教者」のうち、残る2人はともに家宅捜索の過程で生命を断ち切られた。

　アルカラ・デ・エナーレスの文人政治家にしてみれば、1年前のフィゴルスと同じく、1933年1月のカサス・ビエハスも「ブルジョワ共和制」の転覆をもくろむ「暴力沙汰」以外の何ものでもなかった。しかし、アサーニャと時代をともにしながらも、当時のアナルコサンディカリストたちの多くが、第2共和制への同胞の統合を狙う「アルカラ市民」とはまるで異なった精神の領域のなかに生きていたことも事実だった。「カサス・ビエハスでは起こるべきこと

が起こった」とのアサーニャの「最悪の」「言葉」は、そんな彼らの神経を逆なでにせずにはおかない。「屠殺場」と化したカディス県の集落からは、「お上」を糾弾するあまたの「伝説」がすぐにも紡ぎだされていく。

　フランシスコ・クルースのあばら屋を舐めつくした炎は、「社会革命への道を照らしだす力強い松明となるだろう」。アンダルシアCRT地方委員会の名において国家権力の非道を弾劾するパンフレット『けだものどもが通りすぎていった！／カサス・ビエハスの悲劇についての真実』（1933年）を書いた、当時の同委員会書記長のビセンテ・バリェステール・ティノーコにとって、リベルテール共産主義体制の構築を目指したカサス・ビエハスでの武装蜂起は、「栄光の叙事詩」であると同時に「新時代への出発点」をなしていた[11]。

　炭焼きだったフランシスコ・クルースは、皮肉なことに炭と化して自らの生涯を閉じなければならなかった。既に72歳の高齢に達しており、実際には武装蜂起には何ら積極的に関与していなかったにもかかわらず、事件の直後から「セイスデードス」はアンダルシアの日雇い農たちの解放に殉じた「キリスト」の高みへと昇華していく。また、情熱的な女流アナキストのフェデリーカ・モンセニは、燃え盛る「キリスト」のあばら屋を辛くも抜け出したマリーア・シルバ・クルースに「無知蒙昧を脱却したスペインの女たちの革命的な精神の象徴」を見た[12]。リベルテール的な世界観を共有する者たちにとって、「キリスト」の孫娘こそはカディス県の山間に現出した地獄絵のなかに咲いた名花「ラ・リベルタリア（女リベルテール）」に他ならなかった[13]。

　内戦に敗れ、亡命を強いられたアナルコサンディカリストたちの間でも、カサス・ビエハスは「殉教の地」アンダルシアのなかでも別格の「聖地」であり続ける。1960年前後、ピレネーの北へ逃れて久しいマラガ県のモンテハーケ生まれのアナルコサンディカリスト[14]、ホセ・イラルドの脳裏に浮かぶ「セイスデードス」は依然として「反逆と英雄的な精神の化身」である。フランコ独裁の魔手を辛くも逃れたこのイラルドに言わせれば[15]、カサス・ビエハスを通じて、アサーニャは1936年7月に爆発する「ファシストの暴虐」を3年半以上も先取りしていたのだった。

　「スペイン戦争の諸原因」のなかで、アサーニャがアナルコサンディカリストたちと並んで非難の矛先を向けているのが、憲法制定議会において94議席を占め、115議席の社会党に次ぐ存在感を誇示した急進党である[16]。1931年10月、アレハンドロ・レルー・ガルシアの率いる急進党は社会党との共闘の

継続を拒んで連立政権から離脱し、「改革の2年間」の行方を左右する最大の不安定要因へと転じる。「最悪の」「言葉」にさっそく飛びついたのも、レルーとその仲間たちである。報道陣を前に虚言を吐くことさえも辞さなかったラファエル・ゲラ・デル・リオを筆頭に[17]、急進党はカサス・ビエハスでの事件に乗じて執拗にアサーニャ政権を糾弾[18]。そのうえ、憲法制定議会の解散に続いた総選挙では、憲法改正をかねて公言していたCEDAと組んで「改革の2年間」を難破させることになる[19]。

　1933年11月19日に実施された件の総選挙そのものにも、カサス・ビエハスはもちろん大きな影を落とす。この、第2共和制では2度目の総選挙を前に、かつてないほどに激しい調子で傘下の組織員たちに棄権を促す一方で、(「中道」を標榜する急進党をも含む)「右翼」が勝利すれば社会革命をもって返礼すると宣言して憚らなかったのは、カディス県の僻地で22人の仲間を失っていたCNTである。事実、選挙結果が確定し、1931年4月以来の「改革の2年間」に完全に幕が引かれた後、CNTは予告どおり3度目の「反乱のサイクル」に訴える。リベルテール史家でありながらも、FAIの「純粋」アナキズムにははっきりと批判的なセサル・マルティネス・ロレンソが指摘するように[20]、「反政治」を謳うアナルコサンディカリストたちのこのときの選択は「否定的な」意味での「政治」行動と見なされる他はない。

　CNTから「期限つきの」支援を受けた形の「右翼」も、マドリードの王政派の新聞『ABC』がそうであったように[21]、カサス・ビエハスに絡めて「インテリゲンツィヤ」と社会党との共闘の破綻を指摘する執拗なキャンペーンを繰り広げた。名指しで批判の矢面に立たされたのは、アルカラ・デ・エナーレスの文人政治家ばかりではない。選挙戦の会場では、確かにアサーニャ政権のもとで農相を務めてはいたにしろ、1933年1月の治安維持装置の暴走そのものとは何の関わりもなかったマルセリーノ・ドミンゴにも、「人殺し！」「カサス・ビエハス！」との容赦のない罵声が浴びせられる[22]。

　問題の総選挙を、南スペインの農業経営者たちは「アンダルシアの農業問題」を俎上に載せた第2共和制に「合法的に」致命傷を与えるための千載一遇の好機と捉えていた。投票日が近づくなか、「パンと正義」を求めて「改革の2年間」に反逆したカサス・ビエハスの「不幸な労働者たち」の死をしきりに悼んでみせたのは、ヘレス・デ・ラ・フロンテーラの農業エリートの意向を代弁する『エル・グアダレーテ』紙だった[23]。言うまでもなく、このときヘレスの大地主

たちの脳裏から、「アンダルシアの民」への積もり積もった「アフリカ風の憎しみ」がきれいさっぱり消え去ってしまっていたわけではまったくない。

　アサーニャの「遺書」では、CNT‐FAIが第2共和制を脅かす「極左」なら、「極右」は差し当たりCEDAである[24]。マドリードの有力なカトリック紙『エル・デバーテ』が1934年11月に振り返ったように[25]、CEDAの戦略は「初めはレルーを支え、次にレルーに手を貸し、その後はレルーに取って代わること」に尽きる。「暗黒の2年間」を通じて、「中道」を標榜する急進党は骨抜きにされていく。1936年を迎えたスペインには、「中道」の選択肢はもはやほとんど残されていなかった。しかし、1933年春の「極右」CEDAの結成を促したそもそものきっかけの1つが、他でもないアサーニャの有名な「言葉」にあったことも確かだった。「スペインはカトリック的であることをやめた(España ha dejado de ser católica.)」が、その「言葉」である。

註
（1）　もともと、これらの論考は1966年から68年にかけてメキシコ・シティで刊行されたマヌエル・アサーニャ・ディアスの『全集』(Manuel Azaña, *Obras Completas*, Ciudad de México, 1966-1968.) の第3巻に、編者のファン・マリチャール (Juan Marichal) が「スペイン戦争に関する諸論考 (*Artículos de la Guerra de España*)」との表題を付して収めたものである。アサーニャ自身がしたためた11通の「遺書」そのものに、統一的な表題はない ("Nota editorial", Manuel Azaña, *Causas de la Guerra de España*, Barcelona, 1986, p.7.)。
（2）　Manuel Azaña, "Causas de la Guerra de España", *Causas de la Guerra de España*, pp.24-26.
（3）　Maurice, "Reforma agraria y revolución social", Madrid, 2006, p.239 n.26. ジュンテーロは、2頭の雌の驢馬を持たなければただの日雇い農と変わるところがない (Felipe de la Fuente, "Yuntero extremeño", *Boletín del Instituto de Reforma Agraria*, núm., 47, V-1936.)
（4）　Maurice, *El anarquismo andaluz*, pp.364-365.
（5）　Paul Aubert, "Los intelectuales y la II República", *Ayer*, núm.40, 2001, pp.108-109.
（6）　Azaña, *loc.cit*.
（7）　1932年1月21日の国会演説のなかでの、首相アサーニャの「言葉」(Casanova, *De la calle al frente*, pp.103-104.)。
（8）　1936年7月10日にマドリード駐在のフランス大使との会見に臨んだ折の、大統領アサーニャの「言葉」(Juliá, *Vida y tiempo de Manuel Azaña*, p.388.)。
（9）　ドミンゲス・オルティス、前掲邦訳、303ページ。「はじめに」の第2節に記して

おいたように、「純粋」アナキズムの「使徒」たちは「ジュネーヴ市民」からアサーニャとは正反対の結論を導き出していた。その意味では、「自然」への回帰をもくろむフェデリーコ・ウラーレスが「アルカラ市民」の「理性」に甚大な打撃を与えたのが、1933年1月であったということにもなるのだろう。

(10) 先に挙げておいた Gutiérrez Molina, "Cinco días", loc.cit., の他、Brey y Maurice, Historia y leyenda de Casas Viejas, pp.71-75. R. Mintz, op.cit., pp.201-224. Antonio Ramos Espejo, Después de Casas Viejas, Barcelona, 1984, pp.11-25. Alessandro Stella, "Casas Viejas. Requiem pour un village andalou", Histoire et Mémoire, pp.257-258.

(11) Sody de Rivas, op.cit., p.130. José Luis Gutiérrez Molina, Se nace hombre libre. La obra literaria de Vicente Ballester, Cádiz, 1997, pp.97-106.

(12) Gérard Brey y Roland Forgues, "Algunas rebeliones campesinas en la literatura española: Mano Negra, Jerez, Casas Viejas y Yeste", La cuestión agraria en la España Contemporánea, Madrid, 1976, pp.343-348.

(13) 「ラ・リベルタリア」の異名そのものは、CNTの赤と黒の旗をあしらったネッカチーフがお気に入りだったマリーア・シルバ・クルースに不快感を露わにした地元駐在の治安警備隊のある伍長の命名だった（R. Mintz, op.cit., p.162.）。また、「セイスデードス」の綽名は、フランシスコ・クルースの手足に指が実際に6本あった事実に由来する（Ramos Espejo, op.cit., p.73.）。カサス・ビエハスの22人の「殉教者」たちのうち、実にその3分の1がマリーアの身内だった。第2共和制の治安維持装置は祖父の「セイスデードス」に加えて、父のフアン・シルバ・ゴンサーレスら「ラ・リベルタリア」の7人の親族を惨殺したのだった（José Luis Gutiérrez Molina, Casas Viejas. Del crimen a la esperanza. María Silva《Libertaria》y Miguel Pérez Cordón. Dos vidas unidas por un ideal(1933-1939), Córdoba, 2008, p.277.）。

(14) Íñiguez, op.cit., p.300.

(15) José Hiraldo, Andalucía libertaria y mártir, Paris, s.f[ca.1960]., pp.35-40.

(16) Azaña, "Causas de la guerra de España", p.29.

(17) 虐殺は、懸命にその阻止を図ったメディナ・シドニアの町長の目の前で繰り広げられた、とのゲラ・デル・リオの主張に反して、町長アンヘル・ブトロン・リナーレスはそもそも現場には居合わせていなかった（Gérard Brey, "Casas Viejas en las Cortes: esclarecimientos de los hechos y enfrentamientos políticos", Los sucesos de Casas Viejas, pp.145-147.）。「暗黒の2年間」には公共事業相に任命されるゲラ・デル・リオと同じく、ブトロン・リナーレスももちろん急進党員である（Brey y Maurice, Historia y leyenda de Casas Viejas, p.61.）。

(18) Ibid., pp.75-76.

(19) Nigel Townson, "《Una República para todos los españoles》: el partido radical en el poder, 1933-1935", El republicanismo en España, pp.193-194.

(20) M・ロレンソ、前掲邦訳、85 - 87 ページ。
(21) Brey, "Casas Viejas en las Cortes", pp.179-180.
(22) Malefakis, *op.cit.*, p.303.
(23) Diego Caro Cancela, *La Segunda República en Cádiz. Elecciones y partidos políticos,* Cádiz, 1987, p.180.
(24) Azaña, *loc.cit.*
(25) Juliá, *Vida y tiempo de Manuel Azaña,* p.347.

第2節

「スペインはカトリック的であることをやめた」

　第2共和制が解決を迫られた大きな課題として、「スペイン戦争の諸原因」は政教分離・軍制改革・農地改革・カタルーニャ自治、さらに離婚法の5つを挙げている⁽¹⁾。もっとも、離婚法は政教分離のいっそう広範な取り組みのなかの一環として位置づけられるべきものだろう。これらの課題のうち、マヌエル・アサーニャ本人がその実現に向けてとりわけ熱意を示したのが、政教分離と軍制改革だった。しかし、正しくこの2つの難題に対処するなかで、アサーニャ自身の「理性」への過剰な思い入れ、換言すれば「現実」の軽視が、カサス・ビエハスに絡んだ先の「最悪の」「言葉」にもまして浮き彫りにされたように思われる。

　20世紀初頭、アサーニャが理想視する「狭い意味でブルジョワ的な」フランス第3共和制は、ともに1905年に制定された政教分離法と徴兵法を通じて、アサーニャ自身がおよそ30年後に挑むことになる課題に一応の決着をつけている。彼の地にあって、1894年のアルフレッド・ドレフュス大尉の逮捕をきっかけに表面化した軍部・教会と共和派との対立は、ひとまず後者に軍配が上がる。1902年から05年にかけてフランス第3共和制の首相を務め、件の2つの法律の国会通過に向けて邁進したエミール・コンブにアサーニャは少なからず感化されていたものと考えられる⁽²⁾。

　アサーニャの口から「スペインはカトリック的であることをやめた」との「言葉」が発せられたのは、憲法の宗教条項をめぐって国会論戦が繰り広げられていた1931年10月13日の夜半から14日の未明にかけてのこと。この「言葉」に託されたアサーニャの意図は、20世紀のスペインにおける教会の「規範」としての社会的な影響力の明らかな低下に注意を喚起しつつ——マリーア信仰の周知の根強さにもかかわらず、1930年代初頭のアンダルシアにあってミサに与っていたのは100人に1人である⁽³⁾——、第2共和制の「ライックな（非宗教的・世俗的〔laïque（仏）/laico（西）〕）」原則を開陳することにあった。問題の国会演説のなかで、アサーニャはむしろカトリック陣営に配慮する姿勢

も示している。「すべての」修道会の解散とその資産の没収を主張するなど、反教権主義的な色彩がより濃厚だった社会党や急進社会党の意向を抑えて、解散の対象をイエズス会だけに限定させたのはアサーニャである。アルカラの文人政治家は、持ち前の「理性」に充分に裏打ちされた、格調高いテキストを抱いて国会演説に臨んだはずだった[4]。

　かつてのコンブがそうであったように[5]、アサーニャにも宗教的寛容と博愛を旨とし、カトリック教会から蛇蝎のように嫌われたフリーメーソン団に加わっていた記録がある。アサーニャ当人をも含めて、第2共和制の憲法制定議会代議士470人のうち、フリーメーソンは実に120人以上を数えた。第2共和制臨時政府の閣僚には、それが発足した時点でフェルナンド・デ・ロス・リーオス（法相）、アレハンドロ・レルー（外相）、アルバロ・デ・アルボルノース（勧業相）、ディエゴ・マルティネス・バリオ（逓信相）、マルセリーノ・ドミンゴ（教育省）、サンティアゴ・カサーレス・キローガ（海相）の、少なくとも6人のフリーメーソンが含まれていた。なかでもマルティネス・バリオは、臨時政府の発足からほぼ3ヶ月後にはスペイン大東方会（Gran Oriente Español）の「大親方（Gran Maestro）」にも選出されている[6]。

　憲法制定議会の席上、レコンキスタが完了した1492年以降、それがスペインを「窒息させ続けてきた」として、教会の不寛容な姿勢を断罪したのは、なるほどフリーメーソンのフェルナンド・デ・ロス・リーオスだった[7]。この人物はグラナダの有力な社会党員、つまりはマルクス主義者でもあった。しかし、「フリーメーソン」が「マルクス主義者」や「ユダヤ人」と共謀・結託して「カトリックの」スペインを破滅の淵に追いやった、とのフランコ派による手垢にまみれた喧伝には何ら根拠がない。「ユダヤ人」への憎悪はナチズムからの借用にすぎなかったし、猜疑心に凝り固まった「マルクス主義者」、いっそう正しくは「マルクス・レーニン主義者」のヨシフ・スターリンが隈なく目を光らせるソヴィエト・ロシアでは「フリーメーソン」はそもそも粛清の対象だったのである[8]。

　しかも、1932年3月の「入信」の儀式を最後に、以後アサーニャがフリーメーソン団の会所に足を踏み入れたことはどうやら1度もないらしい[9]。いずれにせよ、モントバンでカトリックとして看取られた事実が物語るように[10]、アサーニャが少なくとも強硬な無神論者とはまったく異なった精神の持ち主であったのは明らかである。とはいえ、フェリーペ2世ゆかりのエル・エスコリ

第 1 章　砂上の楼閣？

アールにあったアウグスティヌス会が経営する学校に学んだ過去を持つにもかかわらず、アサーニャの「理性」が「現実」、ここではカトリック教会が持っていた社会的な動員力を過小評価していた点は否めないだろう[11]。

「スペインはカトリック的であることをやめた」は、独り歩きを始める。アサーニャのこの「言葉」が聞かれた翌日、「もはやミサに行かなくなっていた友人たちは、教会への道を再び歩いていた」とは、バルデイグレシアス侯爵の回想である[12]。元王政派で「カトリックの」ニセト・アルカラ・サモーラはアサーニャの「言葉」に衝撃を受け、すぐさま臨時政府首相の椅子を蹴ってしまう。事態はアルカラ・サモーラが第 2 共和制の初代大統領に就任し、陸相のアサーニャが首相を兼務する形でひとまずは収拾されることになる。

アサーニャ自身が「極右」と見なした CEDA の旗揚げにやがてイニシアティヴを発揮するホセ・マリーア・ヒル・ロブレスは、アサーニャの問題の演説があった当夜、形を整えつつあった第 2 共和制の「反教権主義的な」憲法に反対すべく、早くも「カトリックの」スペインに決起を促していた[13]。1935 年 5 月に陸相の地位を獲得するや、フランコ将軍を参謀総長に任命したのもこの CEDA の総帥である。「ヒル・ロブレスの陸相就任により、第 2 共和制はもはや消え去ったも同然だった」とは、自身「カトリックの」、しかし第 2 共和制への「奉仕」を誓ったオソリオ・イ・ガリャルドの断言である[14]。

1931 年 7 月の憲法制定議会の招集に先立って、諮問委員会の代表として第 2 共和制の憲法草案の作成に自ら携わった際、オソリオ・イ・ガリャルドは政教分離への流れを時代の趨勢と認識していた[15]。さらに、修道会の解散やその資産の没収には反対しながらも、この「共和制に奉仕する、国王なき王政派」は「1 つの感情が持つ親和力（intimidad de un sentimiento）」を「戦闘」のための梃子とするようなカトリック政党の結成には危惧の念を表明していた[16]。好戦的な教権主義の立場から、第 2 共和制の「ライックな」あり方に激しく反発するヒル・ロブレスに対して、オソリオは早い段階から警戒色を強めていたものと見える。

周知のとおり、フランコ派は内戦を「カトリックの」スペインを救済するための「十字軍」と自画自賛した。その際にしばしば持ち出されたのも、アサーニャの歪曲されたこの「言葉」である。「十字軍」については、既に内戦が開始されてから間もない 1936 年 8 月の時点で、パンプローナのマルセリーノ・オラエチェア・ロサイガ、サラゴーサのリゴベルト・ドメネク、サンティアゴ・

デ・コンポステーラのトマス・ムニス・パブロスの3人の聖職者が言及している[17]。それから1年後、「スペインはカトリック的であることをやめた」を引用しつつ、「公共生活から神を締め出した」として第2共和制時代の精神の堕落を断罪したのは、トレードの大司教にして枢機卿を務めるイシドロ・ゴマである。ゴマ自身、1930年代のスペインの「ライックな」方向への傾斜を肌身に痛感していた。しかし、むしろそうだからこそ、枢機卿にとっての「あるべき」祖国は、「兄弟殺し」の代償と引き換えにしたうえででもカトリシズムへの回帰を果たしたスペインでなければならなかったのである[18]。

　実際にはマドリードの中央監獄の正面に据えられた巨大な十字架が撤去されることがなかったように[19]、「改革の2年間」が公共の場から完全に「神を締め出した」わけではない。だが、復古王政の消滅から1ヶ月にも満たない1931年5月11日、教会の関係者たちを震撼させる事件が起きていた。この日、マドリードを皮切りに、各地で教会と修道院に攻撃の矛先を向けた暴動が発生。11日から翌日にかけて、アンダルシア最大の港湾都市マラガでは併せて40もの教会・修道院に火が放たれた。現代史家のポール・プレストンは、かつてのバルセローナの「悲劇の1週間」を髣髴させる、このマラガでの反教権主義の爆発の責めの大半をリベルテールたちに帰している[20]。だが、真相はなお闇のなかにある。少なくともCNTに関する限り、そのマラガ市連盟はこのときストライキに突入していた傘下の労働者たちに職場への復帰を強く要請し、混乱の収拾にむしろ寄与したのだった[21]。

　1931年12月に公布された第2共和制の憲法は、確かに国家と教会との分離を謳い、国民に完全な信教の自由を保障した。政教分離の原則と不可分の離婚法の成立は1932年。さらに、その翌年には「すべての」修道会の教育事業への関与が禁止される。1932年当時、国内の修道会が経営する6,005の初等学校と295の中等学校に通う生徒の数は、それぞれ352,004人と20,684人に上っていた[22]。先の大規模な暴動とも相まって、アルカラ・デ・エナーレスの文人政治家が率いる「改革の2年間」がカトリック陣営にとって大きな脅威であったことばかりは間違いないだろう[23]。

　1933年11月の、CEDAに避難所を見つけたカトリック陣営の勝利を決定づけた要素として、CNTによる大々的な棄権のアピールと並んで、女たちの選択を挙げるのは政治史家のギ・エルメである。第2共和制の憲法が投票を通じて自らの意志を表明する権利をスペイン史上初めて女たちに付与したおかげ

第 1 章　砂上の楼閣？

で、問題の総選挙の折の有権者は約 13,200,000 人に達し、1931 年 6 月の憲法制定議会選挙の時点でのおよそ 6,200,000 人から倍増していた [24]。因みに、「知識人の共和制」にとっての、あるいは少なくともアサーニャ個人にとっての垂涎の的だったフランス第 3 共和制は、「圧倒的に教会の支配下にあった」女たちには最後まで参政権を認めていない [25]。

　ピレネーの南の「インテリゲンツィヤ」の間でも、女たちに政治参加の機会を認めることには懐疑的な声が少なくなかった。自身、被選挙権のみが認められるなかで憲法制定議会行きの切符を手に入れた女流代議士のマルガリータ・ネルケンにしても（！）、女たちが異性と同じ権利を行使することには慎重だった [26]。女たちの選挙権の獲得を自らの成果と自負していたのは、ネルケンその人が在籍する社会党である。「決戦」の日に向けて、CEDA が「敬虔な」女たちの心理にしきりに訴えたことは間違いない。だが、社会党は女たちが教会の教えに盲従するとは思っていなかった [27]。実際のところ、初めて投票所へ足を運んだ女たちがカトリック陣営の期待にどこまで応えたものかどうか、厳密に検証する手立てはない。いずれにせよ、1936 年 2 月には女たちの投票が CEDA に改めて勝利をもたらすことはない [28]。

　ところで、ここで確認しておけば、「スペインはカトリック的であることをやめた」とのその「言葉」が憲法制定議会を揺るがした夜、アサーニャは陸相の地位にあった。スペインが中立を維持した第 1 次世界大戦のさなかの 1916 年にフランスを訪ねた折、アサーニャは最前線にまで赴いている。それから 3 年後にはフランスの軍事政策を論じた著述も出版しており、その陸相への就任は必ずしも奇異な人事ではなかった [29]。政教分離がそうであったように、アサーニャの見本は軍事の分野においてもベル・エポックのフランスである。アルカラの文人政治家は、「国民」と「兵営」とを隔てる垣根を取り払った、とフランス第 3 共和制が成立させた徴兵法を手放しで礼讃する。

　だが、その際、自身がほぼ確実にかねにものを言わせて兵役を免れていた過去はそっくり棚上げにされていた。19 世紀末、アサーニャは自分の 3 人の兄弟とともに故郷に 177 ヘクタールの土地を所有。当時、兄のグレゴリオはアルカラ・デ・エナーレスの農業経営者協会の代表でもあった。さらに、グレゴリオら 3 人の兄弟は瓦や煉瓦の製造業に従事する傍ら、電力の供給事業にも手を広げていた。要するに、「知識人の共和制」の憲法制定議会にその名を連ねた「インテリゲンツィヤ」の大方がおそらくはそうであったように、アサーニャ

もまた「骨の髄まで」ブルジョワだったのである⁽³⁰⁾。

　アサーニャは、現実にはイギリスとアメリカの支援がなければ「大戦争」に勝利を収めることすら覚束なかったフランスの軍事力そのものは不問に付す。文人政治家にとって、重要だったのは軍人が政治に介入する回路を切断したフランス第3共和制のあり方である。だが、コンブが共和派のルイ・アンドレ将軍の協力を得たうえで共和主義に敵対する軍人たちの「粛清」に不退転の決意で臨んだのに引き換え、アサーニャはゴンサーロ・ケイポ・デ・リャーノ・イ・シエラ将軍ら復古王政期と同じ地位に留まり続けた者たちの「知識人の共和制」への忠誠心を「無邪気に」信じたにすぎない。

　だが、復古王政末期にケイポ・デ・リャーノ将軍が掲げてみせた「共和主義」の看板は、実際には1920年代に独裁者を演じたミゲル・プリモ・デ・リベーラ将軍にケイポ自身が抱いていた敵意や反感の裏返しの域を出なかった⁽³¹⁾。1936年夏、悪名高いセビーリャの「ラジオ将軍」は、アンダルシアの中心都市の街頭を「アカども」の鮮血で染め上げることに何ら躊躇しないだろう。早くも7月18日にその第一声が発せられた、「アカども」を愚弄するケイポ・デ・リャーノ将軍のラジオ放送に接して第2共和制への連帯を決意したのが、当時マラガ近郊のチュリアーナに暮らしていたジェラルド・ブレナンだった。「中庸」を愛する毛並みのいいイギリス人は、それまで人民戦線に決して好意的ではなかった⁽³²⁾。ブレナンが「ラジオ将軍」の「サディスティックな」肉声を耳にしなかったならば、「兄弟殺し」の終焉から間もない時点で「スペイン内戦の政治的・社会的背景の説明（*An Account of the Social and Political Background of the Spanish Civil War*）」（邦訳では省かれた副題）の解明に挑んだ名著『スペインの迷路（*The Spanish Labyrinth*）』（1943年）は、あるいは書かれぬままに終わった可能性もあるだろう。

　陸相に就任して早々、アサーニャは将校クラスの大幅な人員削減に着手していた。1931年4月の所謂「アサーニャ法」に従って、俸給の満額支給と引き換えに退役を選択した将校は全体のおよそ37パーセント。この措置により、士官の数は20,500人から13,000人へと減少する。それまで16あった師団も半分に削られた⁽³³⁾。「現実」は、ここでもアサーニャの「理性」の外にあった。後のフランコ派のなかには、「アサーニャ法」により懐を潤した退役軍人が少なからず含まれていたのだった。ホセ・クルース・コンデのクーデタ計画に関与するとともに、フランコ派初のコルドバ県議会議長に就任するエドゥアルド・

第 1 章　砂上の楼閣？

ケロ・ゴルドーニも「アサーニャ法」に従った退役軍人の1人である(34)。

「ラジオ将軍」の忠実な手足として「赤い」セビーリャの殲滅に狂奔することになるルイス・レドンド・ガルシアとホセ・マリーア・ガルシア・パレーデスの2人もまた、「アサーニャ法」のおかげで「大金」をせしめていた元軍人だった(35)。「アサーニャ法」が施行されるよりも前に退役していた将校たちをも併せれば、軍服をこよなく愛する「市民」が「十字軍」に馳せ参じた例はおそらく枚挙にいとまがない。軍事クーデタが成就した直後に発足するコルドバ市役所のスタッフのなかにも、同法との関係は不明ながらホセ・マリーア・デル・モンテとマヌエル・レオン・アドルノ、それにアントニオ・アルフェレス・ルイスの3人の退役軍人が含まれていた(36)。

また、「アサーニャ法」の施行から約2ヶ月後には、サラゴーサにあった陸軍総合士官学校の閉鎖が、校長を務めていたフランコ将軍のもとに通達されている。寡黙で、自らを語る「言葉」に巧みではなかったとしか思われない後の独裁者がこの措置に対して密かに抱いたであろう怨念の深さにも(37)、アサーニャの「理性」はどうやら思いが至らなかったかに見える。アルカラの文人政治家が振り下ろした大鉈は、1932年8月10日のセビーリャでのホセ・サンフルホ・サカネール将軍の軍事クーデタを誘発する。第2共和制に対する、最初の本格的な軍事行動である。

1931年4月、そのサンフルホ将軍が自らの指揮下にあった治安警備隊の動員を手控えたことも手伝って、国王アルフォンソ13世は亡命を選択せざるをえなかったのである。しかし、第2共和制とサンフルホ将軍との関係は時間が経過するにつれて悪化する。この年の大晦日、エストレマドゥーラのカスティルブランコで、ゼネラル・ストライキを展開中だったUGT傘下のFNTT（全国土地労働者連盟）の組織員たちの手にかかって、治安警備隊員4人が惨殺される事件が発生する。その衝撃も収まらぬ翌年1月5日、ラ・リオッハのアルネードで今度はUGTが編成したデモ隊に治安警備隊が発砲。併せて12人が落命した。犠牲者のうちの5人は女だった(38)。このため、それからちょうど1ヶ月後に、サンフルホ将軍はアサーニャにより治安警備隊の総監の地位を解かれる破目になる(39)。

1906年に制定された、国家と軍部への反逆者に対する裁きを軍法会議に委ねる裁判権管轄法も、第2共和制が生まれて間もなく、やはりアサーニャの手で廃止された(40)。しかし、治安維持に関わる権能は軍部の手許にしっかりと

95

温存される。また、従来からの治安警備隊に加えて、軍部は第2共和制が新たに設けた突撃警備隊の命令系統も掌握。さらに、1931年10月に可決された共和国防衛法も、非常事態に際しての指揮権発動の権限を軍部に与えている[41]。「インテリゲンツィヤ」の統制を大幅に逸脱した治安維持装置の暴走に「すべての階級の勤労者の共和国」が翻弄されたのが、正しく1933年1月のカサス・ビエハスだった。

事前の根回し不足のせいで、第2共和制の打倒を狙ったサンフルホ将軍の企てはあえなく水泡に帰した。しかし、この失敗から教訓を引き出した軍部は、1931年4月以前への回帰を願う「市民」たちとの連絡を確保することにも積極的になる。サルバドール・ムニョス・ペレスとホセ・トマス・バルベルデ・カスティーリャのコルドバでの軍事クーデタへの関与は、その明証である。そして、ホセ・クルース・コンデが主導した軍事行動の計画の策定に当たっては、この両名の他にも、コルドバ県内の人民行動党・CEDAを牽引するラファエル・ゴンサーレス・ルイス・リポールや、こちらも県下のファシストたちを束ねるファランヘ党の指導者、ロヘリオ・ビグノーテら複数の「市民」が知恵を絞っていたのだった[42]。

さらに、サンフルホ将軍がアンダルシアの中心都市で一敗地にまみれねばならなかった同じ1932年の末には、王政派の軍人を糾合するUME(スペイン軍人同盟)が発足。ここに、1936年夏のスペインの「十字軍」の出陣へと連なる歯車が動き出す[43]。1935年の暮れ、そのUMEに宛てて極秘に作成された文書のなかで、「左翼」の権力の座への復帰を阻止すべく、次期総選挙に先んじての軍事クーデタの実施を提案していたのは、エミリオ・モラ・ビダール将軍である[44]。このモラ将軍こそは、「左翼」が改めて権力を行使した人民戦線期を通じて、第2共和制の転覆に向けられた全国規模での軍事行動の立案に最も心血を注いだ軍人だった[45]。

なお、憲法制定議会選挙を睨んだ1931年6月7日のバレンシアでの演説のなかで、軍部に直に照準を合わせたうえで、アルカラ・デ・エナーレスの文人政治家が「それは粉砕されなければならない」との「言葉」を明言したという一部に伝えられるような話は[46]、事実に反する[47]。にもかかわらず、1936年夏、セビーリャの「アカども」の「粉砕」に目の色を変える「ラジオ将軍」ケイポ・デ・リャーノは、「アサーニャ法」を盾に軍部の「粉砕」に着手したとの理由を設けて、「アルカラ市民」を猛烈な勢いで罵倒するだろう[48]。

註

(1) Azaña, "Causas de la Guerra de España", p.28.
(2) Juan Marichal, "Azaña et la France", *Azaña et son temps*, Madrid, 1993, pp.133-136. 因みに、アサーニャが憧れたフランスにおいて「知識人（intellectuel〔仏〕／intelectual〔西〕）」が「集団として、社会認識の枠組みとして、また、政治的カテゴリーとして出現した」のも、このドレフュス事件のさなかのことである（クリストフ・シャルル、白鳥義彦訳『『知識人』の誕生、1880‐1900』藤原書店、2006年、9ページ）。
(3) Bartolomé Bennassar, *Historia de los españoles. 2. Siglos XVIII-XX*, Barcelona, 1989, p.308.
(4) Hilari Raguer, "《España ha dejado de ser católica》: la política religiosa de Azaña", *Historia Contemporánea*, núm.6, 1991, pp.150-154.
(5) 工藤庸子『宗教 vs. 国家／フランス〈政教分離〉と市民の誕生』講談社現代新書、2007年、179‐180ページ。
(6) José Antonio Ferrer Benimeli, *La masonería*, Madrid, 2005, p.127 y p.251. フランス第3共和制では、エミール・コンブをも含めて1889年から1913年までの間の大臣経験者のおよそ60パーセントがフリーメーソンであったという（工藤、前掲書、113ページ）。1877年、フランス大東方会（Grand Orient de France）は「宇宙の大建築士の栄光のために」働くという会所の義務を廃止した（ポール・ノードン、安斎和雄訳『フリーメーソン』文庫クセジュ、1996年、82ページ）。このため、フランスのフリーメーソンに関してはその「無神論化」も指摘される（Pierre Goubert, *Historia de Francia*, Barcelona, 1987, p.279.）。他方で、1931年4月、スペインで発行されていたあるフリーメーソン団の雑誌は、「宇宙の大建築士」の名のもとに、誕生したばかりの第2共和制の臨時政府に祝福を与えている（Ferrer Benimeli, *La masonería*, p.123.）。
(7) Ian Gibson, *España*, Barcelona, 1993, pp.58-59.
(8) José Antonio Ferrer Benimeli, "La conspiración judeomasónica", *Memoria de la Segunda República*, p.71 y p.80. ただし、自らを強制収容所送りにした「第3帝国」の犯罪の追及にその半生を捧げたイスラエルのジーモン・ヴィーゼンタールは、ヒトラーの反ユダヤ主義の原点をスペインのカトリック教会に求めている（Gibson, *España*, p.40.）。
(9) Juliá, *Vida y tiempo de Manuel Azaña*, p.319.
(10) *Ibid.*, 466-467.
(11) Alfonso Botti, "El problema religioso en Manuel Azaña", *Manuel Azaña*, pp.150-151.
(12) ヴィラール『スペイン内戦』36ページ。
(13) プレストン『スペイン内戦』69‐71ページ。
(14) Ossorio y Gallardo, *op.cit.*, p.185.

(15) *Ibid.*, pp.173-174. オソリオ自身の手になる憲法草案は、国会で否決される（プレストン『スペイン内戦』69 ページ）。「カトリックの」オソリオは、カタルーニャへの自治権の付与には支持票を投じながらも、離婚法には反対した（Pedro Carlos González Cuevas, "A modo de prólogo. Ossorio y Gallardo: El político arbitrista", Antonio M. López García, *Ángel Ossorio y Gallardo. Sus proyectos políticos*, Madrid, 2010, p.12.）。
(16) Javier Tusell, *Historia de la Democracia Cristiana(II)*, Madrid, 1986, pp.207-209.
(17) プレストン『スペイン内戦』262 ページ。
(18) Hilari Raguer, "La《cuestión religiosa》en la Segunda República", *Memoria de la Segunda República*, pp.180-190. 1937 年 7 月 1 日付のスペインの教団司牧書簡は、それまでほぼ 1 年間にわたってフランコ派が行なってきていた「アカども」の殺戮を積極的に美化さえもしてみせた。「法的な手続き」に則っての処刑は、「われわれの共産主義者たち（nuestros comunistas）」の大半を神と和解させるための儀式であるというのが、その論法である。第 2 共和制の打倒をもくろむ軍事行動に全面的な承認を与えたこの書簡は、「兄弟殺し」を経て新たに誕生する国家体制の理念的な支柱にもなる（José Luis Abellán, "La doble cultura de la Guerra Civil española: un período con autonomía cultural propia", *Ensayos sobre las dos Españas. Una voz de esperanza*, Barcelona, 2011, pp.133-138.）。
(19) Bennassar, *Historia de los españoles. 2*, pp.317-318.
(20) Paul Preston,"El traidor: Franco y la Segunda República, de general mimado a golpista", *Memoria de la Segunda República*, p.90.
(21) Jesús Martín Mora, *Anarcosindicalismo en Málaga(1930-1931)*, Málaga, 2004, pp.44-47.
(22) Manuel Tuñón de Lara, "La política cultural del primer bienio", *La II República española. El primer bienio*, p.271.
(23) Jacques Maurice et Carlos Serrano, *L'Espagne au XXe siècle*, Paris, 1992, p.21.
(24) Guy Hermet, *La guerre d'Espagne*, Paris, 1989, p.58.
(25) 工藤、前掲書、122 - 127 ページ。
(26) Ángeles González Fernández, "Víctimas y heroínas: la mujer en la Guerra Civil", *Andalucía y la Guerra Civil, Estudios y perspectivas*, Sevilla, 2006, p.111.
(27) *El Obrero de la Tierra*, 21-X-1933.
(28) González Fernández, "Víctimas y heroínas", p.126 n.4.「暗黒の 2 年間」の呼称には、「カトリック的であることをやめた」「知識人の共和制」の主役とその支持者たち、あるいはアナルコサンディカリズムやマルクス主義の陣営からのネガティヴな価値判断がもちろん色濃く投影されている。その「命名はひど過ぎると思われる」と嘆くのは、アントニオ・ドミンゲス・オルティスである（ドミンゲス・オルティス、前掲邦訳、386 ページ）。「暗黒の 2 年間」に先立つ「改革の 2 年間」を通じて、ドミンゲス・オルティスは折からの反教権主義の風潮に抵抗しつつ、自身がその

ころ在籍していたセビーリャ大学でカトリックの学生運動に挺身していた (Álvarez Rey, *La derecha en la II República*, p.211.)。

(29) Gabriel Cardona, "El problema militar", *Memoria de la Segunda República*, pp.197-199.
(30) Juliá, *Vida y tiempo de Manuel Azaña*, pp.57-58. 1932年にあるジャーナリストから取材を受けた際、アサーニャは自らを「知識人、民主主義者、ブルジョワ」と語っている (*ibid.*, p.310.)。1905年にフランス第3共和制が成立させた徴兵法の核心が「現役服務年限を2年に短縮し、それまで知識層が恩恵に浴していた短期兵役制を廃止すること」にあり、「この知識人と一般の人々との差異の撤廃は知識層には残酷と感じられた」のが事実であるとすれば (ガクソット、内海利郎・林田遼右訳『フランス人の歴史／3. ルイ15世から現代まで』みすず書房、1975年、754ページ)、アルカラ・デ・エナーレスの文人政治家の「現実」離れはもはやただごとではない。
(31) Michael Alpert, "¿Azaña Combes?", *Azaña*, pp.312-315.
(32) Gerald Brenan, *Memoria personal 1920-1975*, Madrid, 1987, pp.431-433.
(33) Tuñón de Lara, "Manuel Azaña", *Azaña*, pp.144-146.
(34) Ortiz Villalba, "Las bases sociales", pp.258-259.
(35) Id., *Sevilla 1936*, pp.56-57. あるリベルテール史家が痛烈に皮肉ってみせたとおり (Abel Paz, *La guerra de España: paradigma de una revolución. Las 30 horas de Barcelona(julio del 36)*, Barcelona, 2005, pp.82-83.)、少なからぬ数の退役軍人たちが、アサーニャ法のおかげでまんまとせしめた「満額の」手当を第2共和制を転覆する企てに惜しみなく注ぎ込んだ。
(36) Ortiz Villalba, "Las bases sociales", pp.268-269.
(37) プレストン『スペイン内戦』63 - 64ページ。
(38) Casanova, *De la calle al frente*, pp.43-45.
(39) Julio Gil Pecharromán, *Niceto Alcalá Zamora. Un liberal en la encrucijada*, Madrid, 2005, pp.209-211. Tébar Hurtado, *op.cit.*, pp.92-96.
(40) Maurice et Serrano, *L'Espagne au XXe siècle*, *loc.cit.*
(41) 1933年6月、共和国防衛法は治安維持法へと「改正」される (Santos Juliá, "La experiencia del poder: la izquierda republicana", *El republicanismo en España*, p.177.)。
(42) Ortiz Villalba, *loc.cit.*
(43) Cardona, *op.cit.*, pp.203-204. UMEの発起人の1人であるバルバ・エルナンデス大尉は、この組織の誕生直後に起きたカサス・ビエハスでの事件に際して、マヌエル・アサーニャを非難した軍人でもあった (アントニー・ビーヴァー、根岸隆夫訳『スペイン内戦1936 - 1939』みすず書房、2011年、上巻、巻末18ページ、「5 致命的逆説」の註12)。
(44) Tébar Hurtado, *op.cit.*, p.178.

(45) プレストン『スペイン内戦』116 - 117 ページ。
(46) Raguer, "La 《cuestión religiosa》", p.186.
(47) Juliá, *Vida y tiempo de Manuel Azaña*, pp.286-287.
(48) *La Unión*, 23-VII-1936, recopilado por Ian Gibson, *Queipo de Llano. Sevilla, verano de 1936. Con las charlas radiofónicas completas*, Barcelona, 1986, p.163.

第1章　砂上の楼閣？

第3節

「農地改革は共和制の屋台骨である」

　政教分離と軍制改革に加えて、「スペイン戦争の諸原因」に指摘された残る2つの課題に、「改革の2年間」はともに1932年9月に可決された農地改革法とカタルーニャ自治憲章を通じて一応の答案を用意した。だが、答案が書かれるきっかけは、8月にホセ・サンフルホ将軍がもくろんだ軍事クーデタにあった。無残な失敗に終わったにせよ、第2共和制に対するこの最初の軍事行動が、「階級的な」亀裂を深めつつあった「インテリゲンツィヤ」と社会党・UGT に再度の結束を促した結果である[1]。サンフルホ将軍のクーデタ騒動の2ヶ月前、フランシスコ・ラルゴ・カバリェーロが執筆したものと推測されるある文書を通じて、社会党・UGT は「共和国は、労働者にとっての神話であることをやめた」との、マヌエル・アサーニャへの痛烈な当てこすりとも思われる「警告」を「相方」に向けて発していたのだった[2]。

　1931年4月に労相に就任してからというもの、労使交渉に国家権力が介入する労使混成協議会の設置を振り出しに、ラルゴ・カバリェーロは復古王政期には「お上」からほとんど見放されていた「膨大な数の農民大衆」、ことに大土地所有の重圧に呻吟するアンダルシアやエストレマドゥーラの日雇い農たちの労働環境の改善に精力的に邁進した。例えば、農業労働者の団体に対し、自治体所有地その他での耕作に便宜を図った「集団借地令」。出稼ぎに対する地元の労働力の優先的な雇用を定めた「区域調整法」。労働時間が8時間を超過した場合には、相応の賃金の上乗せを保障する「労働時間調整法」。農業経営者たちに農作業の実施を義務づけた「強制耕作法」。あるいは、借地農の追い立ての禁止。さらには、労災法の農業部門への適用。現代史家のアントニオ・バラガン・モリアーナが指摘するように[3]、これらの社会政策を通じて、法的諸権利の力点はそれまでの農業エリートの重視から零細な借地農をも含む貧しい労働力の重視へと初めて移動した。

　ただし、ラルゴ・カバリェーロのこうした一連の措置に、アサーニャが「スペイン戦争の諸原因」のなかで讃えたような、社会党・UGT の「規律や責任

感覚」の発現のみを認めるわけにはいかないだろう。「古狸」の戦略には、「直接行動」の原則を盾に第2共和制に敵対するCNTを牽制しながら、その支持層の切り崩しを図る意図が見え隠れしていた⁽⁴⁾。事実、「改革の2年間」には、それまでは概ねリベルテールたちの牙城であり続けていたグアダルキビール川の中下流域にも、プリモ独裁が倒壊して間もない1930年4月のFNTTの設立を大きなきっかけにUGTの橋頭堡が構築される⁽⁵⁾。

第2共和制期、FNTTの独擅場の様相を呈したのは、カセレス県とバダホース県からなるエストレマドゥーラである。1928年9月の時点で15,440人だったこの地方のUGTの組織員は、それから2年と1ヶ月後には38,930人にまで増加した⁽⁶⁾。38,930人のなかに、直接にはFNTTに加入する日雇い農やジュンテーロたちが占めていた正確な割合は不明である。しかし、FNTTを抜きにして社会党系労組の組織力の拡大を説明することは難しいものと思われる。1932年の2月から6月にかけてのわずか4ヶ月ほどの間に、エストレマドゥーラにおけるFNTTの組織員数は19,004から57,381へと一気に3倍近い伸びを示した⁽⁷⁾。人民戦線政府が発足して間もない1936年の3月下旬に、かつてない規模での土地占拠が企てられたのもバダホース県。事前に選ばれていた3,000の地所を一斉に占拠したのは、一説には30,000人とも見積もられるFNTTバダホース県連盟の組織員たちである⁽⁸⁾。

臨時政府による農地改革の公約や、社会党・UGT（FNTT）の飛躍を目の当たりにして、農業エリートもただ手をこまねいていたわけではない。1931年7月の「農業少数派」の、さらに8月のAPFR（地主協会）の発足に、われわれはその反撃の狼煙を見ることができるだろう。先にも述べておいたように、農地改革の阻止を狙って「農業少数派」は「改革の2年間」を攪乱する。そして、1934年8月の農地改革修正法、通称「反農地改革法（ley de la contrarreforma agraria）」の成立にCEDAとともに挺身したのが、「農業少数派」をその前身とする農業党の代議士たちだった。

他方で、7月20日に公表された農地改革の専門委員会の手になる最初の法案に危機意識を募らせた農業エリートがさっそく起ち上げた全国的な経営者組織がAPFRである。APFRの母体は、いずれも第2共和制の誕生以前に設立されていたAAE（スペイン農業経営者協会）とAGR(王国畜産業者協会)、それに社会カトリシズムを標榜するあのCNCAの3団体である⁽⁹⁾。さらに、農地改革法の可決から7ヶ月後の1933年4月には、「農業生産者の統一戦線」を

自称し、「土地の社会化」を頑なに拒むCEPA（スペイン農業経営者連合）も誕生する[10]。

　これより先、セビーリャでは1931年11月にFEDA（アンダルシア経済連盟）が、さらに翌32年5月にはFPAPA（〔セビーリャ〕県農業協会・経営者団体連盟）が産声を上げていた。セビーリャ県商工会議所の肝煎りで日の目を見たFEDAは、県内の「あらゆる経済団体」に共闘を呼びかけている[11]。それでも、FEDAを誕生させた商工会議所の大きな狙いの1つが農地改革への反対にあったことは疑いない。FEDAの代表に推された人物が「暗黒の2年間」にANO（全国オリーヴ栽培業者協会）の代表にもなるペドロ・ソリス・デスマイシエーレスであったという事実からも[12]、セビーリャ県の有産者たちの「本音」がどのあたりにあったのかを推し量ることは容易だろう[13]。

　「スペイン戦争の諸原因」には、「最低水準の報酬」に甘んじ、「毎年4ヶ月ないし5ヶ月もの失業」に苦しめられねばならない日雇い農たちの境遇への著者の同情の思いが確かに綴られていた[14]。「暗黒の2年間」のさなかの1935年10月20日にマドリード近郊のコミーリャスで開催された野外集会において、「農地改革は共和制の屋台骨である（La reforma agraria es la columna vertebral del régimen republicano.）」との「言葉」を残したのもアサーニャである[15]。このとき、上述の農地改革修正法の成立に伴って、「改革の2年間」にともかくも国会を通過していた農地改革法は骨抜きにされていた。1935年の秋、アルカラの文人政治家は「膨大な数の」農民大衆の救済へ決意を新たにしたかに見える。

　しかし、そのほぼ4年前、1931年の暮れから翌年の初頭にかけて、「膨大な数の」日雇い農たちが失業の危機に脅えるアンダルシアを旅行した際、なるほどそれは愛妻のドローレス・リーバス・チェリーフを同伴したうえでの束の間の「私的な」休暇ではあったにせよ、南スペインのジャーナリストたちを前にして、アサーニャはわずかに公共事業による失業対策の実施の見通しを語るに留まっていた。農地改革に向けられた「知識人の共和制」の矛先の鈍さは、アサーニャのこうした熱意の欠如のうちに浮き彫りにされていたように思われる。少なくとも初めのうち、アルカラの文人政治家は農地改革法の審議にもほとんどまったく意欲を見せなかった。

　農業問題に精通していたわけではない急進社会党のマルセリーノ・ドミンゴを農相に起用した背景にも、連立を組む同党への政治的な配慮が優先されて

いた[16]。事実、マルセリーノ・ドミンゴの判断が「改革の2年間」を混乱に陥れたこともある。2年続きの不作が見込まれていた1932年の春、第2共和制初の農相はアメリカ産の290,000トンの小麦の輸入に踏み切った。ところが、予想に反して、この年のスペインの小麦は稀に見る豊作だった。当然、その価格は暴落する。「農業少数派」を先頭に、右翼が小麦の大幅な値崩れの理由を輸入措置に結びつける派手なキャンペーンに打って出たため、ドミンゴは経営基盤の脆弱なカスティーリャの生産者たちから猛反発を買う破目になる。とはいえ、ドミンゴの選択にマレファキスが押した「失敗」の烙印[17]にもかかわらず、既に1932年の初頭には、小麦の価格の高騰に伴って大衆へのパンの供給に支障が生じる可能性が大きく取り沙汰されていたことも事実だった[18]。

　1932年5月にそのマルセリーノ・ドミンゴが国会に提出した農地改革法案に盛り込まれた、個々の農業経営者が市町村単位で所有する土地の総量ではなく、個々の地所の面積を基準とする収用方式の採用には、経営者の所有地が「無制限の」収用の対象にもなりかねない「極端な」事態の回避を図るアサーニャ自身の意向が反映されていた[19]。「カサス・ビエハスでは起こるべきことが起こった」との先の「言葉」も、「骨の髄まで」ブルジョワだったアサーニャの、「極端な」までの飢えと貧困に苛まれたアンダルシアの「現実」への関心の乏しさの反映と見なされうるかもしれない。農地改革法の成立により新たに設置されたIRA（農地改革機構）の予算の大幅な、つまり「最低」5,000万ペセータから「最高」5,000万ペセータへの削減を決断したのも、アルカラ・デ・エナーレスの文人政治家その人である[20]。

　ところが、「骨の髄まで」ブルジョワだった「アルカラ市民」は、1932年8月のホセ・サンフルホ将軍のクーデタ騒動を境に態度を急変させ、水泡に帰した軍事クーデタへの関与の容疑を盾に、旧スペイン大公の所有地の没収を精力的に提唱するに至る。アサーニャの「言葉」に倣えば、それは「共和国の公然の敵」である「1つの社会階級全体（una clase social entera）」に対する「戦闘行為（acción de guerra）」に他ならなかった[21]。おかげで、カタルーニャ自治憲章とともに慌しく可決された農地改革法は、「アンダルシアの民」やエストレマドゥーラのジュンテーロたちを始めとする「膨大な数の農民大衆」の貧困からの解放というその本来の趣旨から多分に逸脱した、政治的・懲罰的な色合いを俄かに帯びる結果になったのだった。

　また、少なくとも「スペイン戦争の諸原因」を読む限りにおいては、「改革

の2年間」に逆行する「暗黒の2年間」にFNTTが乾坤一擲の反撃を試みた、国内の700以上もの市町村を巻き込んでの1934年6月の農業ストライキも[22]、「アルカラ市民」にとってはどうやら1つのエピソードの域を超えるものではない[23]。1879年にはラ・マルセイエーズを国歌に、そしてその翌年には7月14日を祝日に選定しつつ国民の統合を推進したのがフランス第3共和制だった[24]。その一方で、1871年5月にパリ・コミューンの血染めの廃墟のなかで産声を上げたこの国家体制は、貧しい者たちにはむしろ過酷でさえあった[25]。「狭い意味でブルジョワ的な」フランス第3共和制に、「骨の髄まで」ブルジョワだったアサーニャが羨望のまなざしを注いだのは偶然ではなかったのだろう。しかし、エミール・コンブになれなかったアサーニャの精神は、頻発する争議を無慈悲にねじ伏せ、「国家第一の官憲」を自負したジョルジュ・クレマンソー[26]のそれからは、さらに隔たっていたように思われる。

註
（1） Carlos Barciela López, "La réforme agraire de Manuel Azaña", *Azaña et son temps*, pp.190-192.
（2） Aubert, "Los intelectuales y la II República", pp.124-125.
（3） アントニオ・バラガン・モリアーナ、渡辺雅哉訳「ディアス・デル・モラールの政治的軌跡」『西洋史論叢』第24号、2002年、68 - 69ページ。
（4） Santos Juliá, "Objetivos políticos de la legislación laboral", *La II República española. El primer bienio*, Madrid, 1987, pp.35-37.
（5） Calero, *Movimientos sociales*, pp.85-86.
（6） Cucó Giner, *op.cit.*, p.183 y pp.185-186.
（7） 1932年の2月と6月のFNTTの組織員数については、他に断わりを入れない限り、Maurice, *La reforma agraria*, p.138.
（8） Tuñón de Lara, *Tres claves*, p.176.
（9） *Ibid.*, p.63. Tébar Hurtado, *op.cit.*, pp.60-64. 1931年4月に亡命を余儀なくされるまでの間、国王アルフォンソ13世はAAEの名誉代表を務めていた（Fernando Pascual Cevallos, *Luchas agrarias en Sevilla durante la Segunda República*, Sevilla, 1983, p.50.）。農業エリートが幅を利かせた復古王政のあり方を象徴するエピソードである。
（10） このCEPAの執行部には2人のアンダルシア人の名が見える。ウエルバ県のルイス・ディエス・ギラオ・デ・レベンガとF・ムニョス・パラオである（Mercedes Cabrera, *La patronal ante la II República. Organizaciones y estrategia 1931-1936*, Madrid, 1983, pp.70-71 y n.68.）。しかし、両者の言動についてはまったく不

明。

(11) Leandro Álvarez Rey, *La derecha en la II República: Sevilla, 1931-1936*, Sevilla, 1993, pp.171-185.
(12) *Olivos*, X-1931.
(13) FEDAの誕生と同月の全国経済同盟（Unión Económica Nacional）の成立も、農地改革の知らせに農業エリートのみならず産業界全体が動揺した結果だった（渡部哲郎「スペイン第2共和国『改革主義の2年間（1931‐1933年）』／共和国崩壊の原因をめぐる一考察」『史学』第25号、1980年、31ページ）。
(14) Azaña, "Causas de la Guerra de España", p.27.
(15) Maurice, "Reforma agraria y revolución social", pp.242-243.
(16) Santos Juliá, *Manuel Azaña, Una biografía política. Del Ateneo al Palacio Nacional*, Madrid, 1991, pp.186-187.
(17) Malefakis, *op.cit.*, pp.278-279.
(18) Tuñón de Lara, *Tres claves*, pp.74-75.
(19) Juliá, *Manuel Azaña*, p.191.
(20) Barciela López, *loc.cit.*
(21) Juliá, *Manuel Azaña*, p.188-190.
(22) Tuñón de Lara, *Tres claves*, p.132. ただし、このときには39県の併せて1,563の市町村で農業ストライキの決行が告げられたものの、実際に争議に及んだのは435に留まる、との指摘もある（Tébar Hurtado, *op.cit.*, p.154.）。この、いずれにせよかつてない規模で展開された争議を鎮圧すべく、内相として大いに気を吐いたのが、バダホース県の農業エリートの意向を忠実に代弁した急進党代議士のラファエル・サラサール・アロンソである（プレストン『スペイン内戦』92‐95ページ）。CEDAのヒル・ロブレスのお気に入りでもあったサラサール・アロンソは、1936年9月、マドリードの「アカども」の手にかかって殺される。反乱軍による制圧を免れた空間に頻発したフランコ派への、あるいはフランコ派との烙印を押された同胞へのテロ行為の抑制を図り、第2共和制は8月下旬に「人民法廷（Justicia Popular）」を設置、恣意的な処刑の横行に歯止めをかけようと試みた。しかし、アンダルシアのみならず、スペイン全土が「アフリカ風の憎しみ」に染め上げられるなか、この施策は必ずしも充分な成果を上げていない。サラサール・アロンソも、軍事クーデタへのその直接的な関与が実証されていなかったにもかかわらず、「憎しみ」が渦巻くマドリードの「法廷」で極刑を宣告された人物の1人だった（バーネット・ボロテン、渡利三郎訳『スペイン内戦／革命と反革命』晶文社、2008年、上巻、105ページ）。
(23) Azaña, "Causas de la Guerra de España", p.30.
(24) 柴田三千雄『フランス史10講』岩波新書、2006年、168ページ。
(25) フランソワ・フュレ、楠瀬正浩訳『幻想の過去／20世紀の全体主義』バジリコ、2007年、367ページ。

(26) Goubert, *op.cit.*, p.282. 1906年5月の、ジョルジュ・ソレルを失望させた例のゼネラル・ストライキを軍事力の投入により粉砕したのも、当時内相の地位にあったクレマンソーである（川上、前掲書、135ページ）。1,200人以上が落命した2ヶ月前のパ・ド・カレ県のクーリエ炭鉱での大惨事をきっかけに各地の炭鉱夫たちが自然発生的なストを繰り広げるなか、「国家第一の官憲」はCGTへの態度を硬化させていた（喜安、前掲書、358‐362ページ）。

第4節

「カタルーニャよ！
君に宣戦を布告する国王はもはやいない！」

　復古王政の打倒をめぐり反体制派の間で活発な意見の交換がなされた、1930年8月のバスクの古都サン・セバスティアンでの会合の席では、カタルーニャの「分離主義的な」傾向が内戦の火種になる事態を懸念する声が飛び出していた[1]。第2共和制の憲法制定議会でも、ともに「農業少数派」に所属するホセ・マルティネス・デ・ベラスコやアントニオ・ロジョ・ビラノーバらの「極右」のみならず[2]、「共和制奉仕団」のホセ・オルテーガ・イ・ガセのような第2共和制を支える知識人も、「国家」としてのスペインの弱体化を危惧する視点から、カタルーニャの地域ナショナリズムには警戒心を隠そうとしなかった。「サラマンカ県の代議士、カスティーリャの代議士である前に、スペインの代議士」を自任しつつ、カタルーニャへの譲歩に伴う「国民」のアイデンティティの稀薄化に警鐘を鳴らしたのは、やはり「知識人の共和制」の看板を背負うミゲル・デ・ウナムーノである[3]。

　対照的に、カタルーニャへの自治権の付与にかねて楽観的だったのがマヌエル・アサーニャである。1930年3月27日のバルセロナでは、カタルーニャが「単独で自らの船の舵取りをする（resolviera ella [Cataluña] remar sola en su navío)」可能性にまで踏み込んだ、含みのある「言葉」を残す。実際のところ、1932年9月のカタルーニャ自治憲章の制定も、アサーニャその人の要請に基づいていた[4]。ただし、「単独で」の出帆のときを待ち望むバルセロナを大いに歓ばせてから5ヶ月後に持たれたサン・セバスティアンでの歴史的な会合の折には、アサーニャはカタルーニャの自治問題に関してまったく何の「言葉」も発していない。アルカラ・デ・エナーレスの文人政治家が遅れて会場入りする失態を演じたとき、この問題をめぐる討論にはとうに幕が引かれていたのだった[5]。

　1932年9月26日のバルセロナ。アサーニャは「カタルーニャよ！　君に宣戦を布告する国王はもはやいない！（¡Ya no hay reyes que te declaren la

Guerra, Cataluña!)」と、スペイン継承戦争（1701‐14年）に手痛い躓きを経験して以降、200年以上にも及んだブルボン家の桎梏からのカタルーニャの解放を祝福した[6]。しかし、その「理性」は、カスティーリャの知識人自身が「君に（te）」と親しげに呼びかけた「仲間」から裏切られねばならなかった。1934年10月。マヌエル・ヒメーネス・フェルナンデスをも含む、アレハンドロ・レルー政権へのCEDAからの3人の入閣の知らせに接したルイス・コンパニスらカタルーニャの地域ナショナリストにより、バルセロナでは「スペイン連邦共和国内のカタルーニャ国家（Estat Catalá de la República Federal Espanyola）」の樹立が宣言される。

　自らの首相在任中に蔵相を務めたことのある、かつての同僚の葬儀のために、このときたまたまバルセロナを訪れていたアサーニャにとって、コンパニスらの宣言は寝耳に水以外の何ものでもなかった。思いもよらぬ「現実」に直面して、アサーニャは「言葉」を失ったばかりではない。実際に「単独で自らの船の舵取りを」始めたカタルーニャの地域ナショナリズムへの「加担」を疑われたアルカラの文人政治家には、逮捕・収監される災難までもが待ち受けていた[7]。自称「カタルーニャの友」の「理性」は、「仲間」に対しても無防備にすぎたかに見える。

　カタルーニャへのアサーニャの失望の念は、「兄弟殺し」の過程でさらに深められたに違いない。1936年の夏、フランコ派の決起が失敗に終わった多くの市町村の例に漏れず、バルセロナも社会革命の渦に巻き込まれる。その成就をもくろむCNT‐FAIやPOUM（マルクス主義統一労働者党）を相手に、ルイス・コンパニスらがカタルーニャにおけるヘゲモニーの獲得をめぐって鎬を削る状況が出来する。POUMは1935年9月に結成された、スターリニズムに敵対する異端のマルクス主義政党。「社会主義革命とプロレタリア独裁を強力に提唱」するPOUMはカタルーニャの外では「裸同然だったが、この地方では侮りがたい勢力となっていた」[8]。

　内戦のさなかに執筆された戯曲『ベニカルロの夜会／スペイン戦争の会話』のなかで、アサーニャはCNT‐FAIはもちろん、自身の目には、第2共和制側の全般的な戦局の悪化をよそに、前線から遠く離れた、その限りでは「のどかな」カタルーニャを舞台にリベルテールたちとの権力闘争に明け暮れているかに映じた地域ナショナリズムの姿勢をも槍玉に挙げている。アルカラの文人政治家自身の立場を忠実に代弁しているかに見える「元閣僚」の登場人物の

「言葉」を借りれば[9]、「兄弟殺し」の火蓋が切られた瞬間から、地域ナショナリズムとアナルコサンディカリズムとの間での、「国家」を棚上げにしたうえでの角逐という「アナーキー」の「ペスト」を第2共和制の陣営に撒き散らし始めたのがカタルーニャだった。

コロンジュ・スー・サレーヴでしたためられた「スペイン戦争の諸原因」とは別の数通の「遺書」のなかには、1932年9月の「恩義」を忘れてしまったカタルーニャ[10]に対するアサーニャの呪詛も散見される。カタルーニャ語は、この地方の「最も洗練された」名士たちが好んで使うカスティーリャ語を受け容れようとしない「田舎の大衆」の「日常語」。そのカスティーリャ語の名手が断定するところでは[11]、「田舎」へのカスティーリャ語の定着が阻まれた理由は、聖職者たちが「土着の」カタルーニャ語を通じて「大衆」にカトリシズムの理念を説き続けたことにあった。「スペイン戦争の諸原因」にも、著者のかつての並々ならぬ共感がまるで嘘であったかのように、1898年の米西戦争の惨敗に伴ってマドリード／カスティーリャの求心力が大きく減退してからというもの、「カタルーニャ問題は、スペインの政治を攪乱する要素であり続けた」との簡潔で、まったく否定的な感想が書きつけられるだろう[12]。

ところで、1930年代前半を通じて左傾の度合いを深めていった社会党・UGTと、「ブルジョワ共和制」との「階級的な」隔たりをしきりに強調しつつ、プロレタリア革命の不可避的な勝利を予言してみせたのは、ラルゴ・カバリェーロである。1933年8月には、その口から「ブルジョワ民主主義の枠内で社会主義的な営為を実現することは不可能」との、当然といえば当然の断言が飛び出した[13]。1936年1月に結ばれた人民戦線協定には、ラルゴ・カバリェーロ自身も確かに署名していた。とはいえ、この協定では、次期政権が共和派のみで、換言すればブルジョワ政党だけで構成される点があらかじめ確認されていた[14]。人民戦線の勝利が現実のものとなった翌月、社会党・UGTの「直接の目標」を「あらゆる手段を駆使しての労働者階級による権力の奪取」「労働者民主主義としての組織されたプロレタリアートの独裁」と主張したのも、ラルゴ・カバリェーロとその支持者たちである[15]。

第2共和制に絶縁状を叩きつけたかのようなラルゴ・カバリェーロの強硬な態度は[16]、同僚でありながらも「リベラルな」社会主義者を自負し、アサーニャとの関係の維持に腐心するインダレシオ・プリエートの姿勢とは際立って対照的であったかに見える[17]。しかし、モスクワの『プラウダ』紙から「ス

ペインのレーニン」の異名を奉られもしたラルゴ・カバリェーロがしばしば第2共和制に突きつけた棘を孕んだ言動は、実際には多分に「革命的な」レトリックの次元を出なかった観も強い[18]。

そして、それは社会党・UGT の勢力の温存を図ってプリモ・デ・リベーラ将軍の独裁体制との協調を選択することをも厭わなかった、「スペインのレーニン」の 1920 年代の「プラグマティックな」姿勢にも通じていたように思われる[19]。このため、社会党・UGT の同志たちの間からも「レーニン」の「マルクス主義者」としての資質に懐疑的な声が上がったくらいだった。「暗黒の2年間」にコルドバ県選出の代議士を務めるとともに、「改革の2年間」にはコルドバの社会党系紙『エル・スール』の、1936 年にはマドリードで発行されていた同党機関紙『エル・ソシアリスタ』の編集に携わった経験を持つフェルナンド・バスケス・オカーニャをも、われわれはそんな声の持ち主の1人に数えることができるだろう[20]。

ときを経るにつれて明らかになっていった「インテリゲンツィヤ」と社会党・UGT との齟齬について、「スペイン戦争の諸原因」は多くを語ろうとしない。内戦のさなかの 1936 年9月、「スペインのレーニン」は「ブルジョワ的な」第2共和制の首相の職責を自ら引き受けることになる。アサーニャが残した「遺書」の1つは、CNT‐FAI や POUM、あるいはカタルーニャの地域ナショナリストの「傲慢」をよそに、ともかくも「最大の責任」を受諾した社会党・UGT の選択には好意的である[21]。その一方で、『ベニカルロの夜会』の先の「元閣僚」によれば[22]、同年 11 月の4人のアナルコサンディカリストのラルゴ・カバリェーロ政権への入閣は（！）、それが社会革命の拡大を阻止しえなかった点で何ら意味を持たなかった。

『ベニカルロの夜会』こそは、「政治家」としての自らの理想と苦悩を、「作家」としてのアサーニャがその本領を遺憾なく発揮しつつ、濃密な「言葉」の塊へと蒸留してみせた紛れもない傑作である。それが脱稿されたのは、軍事クーデタが粉砕された前年の夏に始まったバルセローナでの「内輪もめ」の帰結とも見なされる 1937 年の「5月事件」のわずか2週間前のこと。そして、正しく「5月事件」のさなかに最終稿が口述筆記されたこの戯曲では、ほどなくバルセローナを襲う激震の発生を見越していたかのように、第2共和制の治安維持装置と「組合」とが激突する可能性がほのめかされていた[23]。

事実、「5月事件」では、武装蜂起した CNT‐FAI と POUM を鎮圧すべく、

コンパニスが第 2 共和制政府に治安維持装置の発動を要請。このため、「事件」の終息を受けて、1932 年 9 月の自治憲章のなかで保障されていた警察機構に関わるジェネラリタート（カタルーニャの地方行政府）の権能は政府へ移管されることになる。その意味するところは、むろんなお不完全ではあるものの、カタルーニャにおける第 2 共和制の国家権力の再建に他ならなかった⁽²⁴⁾。バルセローナが銃撃戦に揺れるなか、「アルカラ市民」は傑作の仕上げに追われながらも、「カサス・ビエハスでは起こるべきことが起こった」等の反リベルテール的なその「言葉」のせいで、カタルーニャの中心都市の街頭を占拠した労働者たちの手にかかって自身が殺害される恐れに震えていたらしい⁽²⁵⁾。

「カサス・ビエハスでは起こるべきことが起こった」を皮切りに、これまでわれわれはアサーニャの主に 4 つの「言葉」を時代の潮流との絡みのなかで読解しようと試みてきた。これらの「言葉」は、いずれも 1936 年 7 月 18 日よりも前に発せられている。この日からちょうど 2 年後に、既に第 2 共和制の敗色が濃厚ななかで語られたのが、残されたもう 1 つの「言葉」である。その「平和・憐れみ・赦し（Paz, Piedad, y Perdón.）」の分析へと議論を進める前に、自らに「宣戦を布告する国王はもはやいない」カタルーニャにアルカラの文人政治家が大いに失望させられた 1934 年 10 月から、アサーニャの「理性」が 5 つ目の「言葉」を練り上げるまでの「現実」のおおよその流れを跡づけておくことが肝要だろう。

註
（ 1 ） Gil Pecharromán, *op.cit.*, pp.187-192.
（ 2 ） Albert Balcells, *Breve historia del nacionalismo catalán*, Madrid, 2003, p.141.
（ 3 ） Paul Aubert, "Los intelectuales en el poder(1931-1933)", *La II República española. El primer bienio*, p.206 y pp.210-211.
（ 4 ） ヴィラール『スペイン内戦』25 ページ。
（ 5 ） Juliá, *Manuel Azaña*, pp.66-67.
（ 6 ） José María Marco, "Azaña, Cataluña, España(la república y la nación)", *Azaña*, pp.321-322.
（ 7 ） Juliá, *Vida y tiempo de Manuel Azaña*, pp.361-366.
（ 8 ） ボロテン、前掲邦訳、下巻、793 ページ。
（ 9 ） Manuel Azaña, *La velada en Benicarló. Diálogo de la Guerra de España*, Madrid, 2005, pp.206-207. この戯曲は、1938 年にまずそのフランス語訳が刊行され、翌年にアルゼンチンで最初のスペイン語版が出た（Manuel Aragón, "Nota a la segun-

da edición", Azaña, *La velada*, p.9.)。
(10) Id., "La insurrección libertaria y el《eje》Barcelona-Bilbao", *Causas de la Guerra de España*, p.124.
(11) *Ibid.*, p.121.
(12) Id., "Causas de la Guerra de España", p.25. 18世紀の初頭、カタルーニャはルイ14世の孫のスペイン国王への即位に「フランス流の中央集権主義と権威主義の臭いを嗅ぎ取り」、スペイン継承戦争ではハプスブルク家側に与したもののあえなく敗北、マドリードへの政治的な従属を強いられる破目に陥った。1714年以降、カタルーニャは「経済の上でスペインを再征服しようともくろむことになる」(ミシェル・ジンマーマン、マリ・クレール・ジンマーマン、田澤耕訳『カタルーニャの歴史と文化』文庫クセジュ、2006年、52‐54ページ)。事実、カタルーニャは「再征服」を成し遂げる。1900年前後のカタルーニャの工業生産高は、スペイン全国の生産高の74パーセントに相当する17億ペセータに達していた(同邦訳、65ページ)。1898年の米西戦争の大敗に伴い、スペインは最後まで残っていた植民地のキューバとプエルト・リコ、それにフィリピンを失った。そして、この「帝国の終焉」を契機として急速に政治色を深めたカタルーニャの地域ナショナリズムに、「最も有能な」兄弟が「不幸な」家族を見捨てる非情を察知したのが、20世紀初頭のミゲル・デ・ウナムーノだった。当時のカタルーニャの地域ナショナリズムの主流は、圧倒的な経済力を背景とした「ブルジョワ的な」それである (Borja de Riquer i Permanyer, "Francesc Cambó: un regeneracionista desbordado por la política de las masas", *Ayer*, núm. 28, 1997, pp.91-125.)。だが、金融資本家のフランセスク・カンボらの肝煎りで1901年に発足したリーガ(カタルーニャ地域主義連盟)は、労働運動の抬頭に直面してその「階級的な」性格を露呈する。CNTへの共闘を訴えたUGTのアピールに端を発し、軍部が介入した結果、およそ100人もの労働者が落命した1917年8月の全国的なゼネラル・ストライキ(Tuñón de Lara, *Poder y sociedad*, pp.258-268.)を経た翌年の、アントニオ・マウラ政権へのカンボ自身の入閣がその証しだった。それは、カタルーニャの金融・産業ブルジョワジーが復古王政を支える「権力ブロック」に完全に組み込まれたことを意味していた(id., "La burguesía y la formación", pp.220-221.)。ピエール・ヴィラールが看破したように(ヴィラール『スペイン内戦』22-26ページ)、リーガの面々にあって「階級の精神は、『ナショナリズム』の主張よりも強かった」のである。第2共和制期、リーガに代わってカタルーニャの地域ナショナリズムのイニシアティヴを握ったのは、すべてのカタルーニャ人が「小さな家と菜園」を持つことを夢見たというフランセスク・マシアのカタルーニャ左翼共和党。1931年4月のバルセローナで、「イベリア半島の諸国民の連合体を構成する国家の1つ(Estat integrant d'una confederació de pobles ibèrics)」としての「カタルーニャ共和国(República Catalana)」の樹立を宣言したのも、「アビ(爺さん)」の愛称で親しまれたマシアである(この「宣言」に対するアサーニャの「言葉」については、その有

無をも含めて不明)。1933 年のクリスマスに「アビ」が没した後、名実ともにその後継者として「大衆的な」カタルーニャの地域ナショナリズムの牽引役を引き受けたのがルイス・コンパニスだった (Balcells, *op.cit*., pp.132-135 y p.153.)。「ブルジョワ・ナショナリスト」のカンボは、自身の財産をやがて「十字軍」に捧げることになる (プレストン『スペイン内戦』229 ページ)。

(13) Marta Bizcarrondo, "En torno a un viejo tema:《Reforma》y《revolución》en el socialismo español de la Segunda República", *La II República española. El primer bienio*, pp.54-55.
(14) Juliá, *Manuel Azaña*, pp.441-442 y n.3.
(15) ボロテン、前掲邦訳、上巻、72 ページ。
(16) Juan Avilés Farré, "Un bienio de esperanza y frustración: 1931-1933", *Manuel Azaña*, p.116.
(17) Paul Preston, *Las tres Españas del 36*, Barcelona, 2011, pp.323-326. 1930 年 8 月のサン・セバスティアンでの会合に、社会党・UGT から「個人の資格において」ただ 1 人出席したのも、このプリエートだった (*ibid*., p.330.)。
(18) プレストン『スペイン内戦』113 ページ。
(19) Juliá,"Objetivos políticos de la legislación laboral", pp.44-47.
(20) Fernándo Vázquez Ocaña, *Pasión y muerte de la Segunda República española*, Madrid, 2007(1ª ed. 1940), pp.78-79. バスケス・オカーニャが書いたこの『スペイン第 2 共和制の情熱と死』は 1940 年にパリで編集・製本されたものの、ヒトラーの影がフランス第 3 共和制に暗雲を投げかけるなか、書店に並べられることもないまま長らく忘れ去られていた (Aurelio Martín Nájera, "Presentación", Vázquez Ocaña, *op.cit*., pp.9-11.)。
(21) Manuel Azaña, "El Estado republicano y la Revolución", *Causas de la Guerra de España*, pp.88-90.
(22) Id., *La velada*, pp.202-203.
(23) *Ibid*., pp.209-210.『ベニカルロの夜会』のなかに POUM への言及が見当たらないのは、内戦中にアサーニャを最も煩わせた内政上の要素が、カタルーニャ以外では「裸同然だった」この「政党」ではなく、CNT 系列の「組合」であったためだろう。コロンジュ・スー・サレーヴで執筆された「遺書」にもあるとおり (id., "Cataluña en la Guerra", *Causas de la Guerra de España*, pp.106-108.)、前年の夏から「5 月事件」までの間、カタルーニャの地域ナショナリズムも第 2 共和制との共闘には消極的な姿勢に終始する。その一方で、ことに内戦初期の段階ではアナルコサンディカリストたちの「組合」と FAI の甚大な圧力に晒されたため、コンパニスらは完全に青息吐息のありさまだった (パス『スペイン革命のなかのドゥルーティ』197・205 ページ)。
(24) Balcells, *op.cit*., pp.172-175.
(25) ボロテン、前掲邦訳、下巻、859 ページ。

第1章　砂上の楼閣？

第5節

「平和・憐れみ・赦し」

　1934年秋のルイス・コンパニスらカタルーニャの地域ナショナリストの反乱は、ほぼときを同じくして勃発したアストゥリアスの炭鉱夫たちによる武装蜂起と併せて「10月革命」と総称される。「スペイン戦争の諸原因」の著者は、「10月革命」とそれに続いた弾圧を内戦のプロローグと位置づける。アストゥリアスでの攻防はことに熾烈だった。「お上」が作成した、明らかに控え目と思われる統計でも、近隣のレオン県と併せて、この地方での死者は1,105人に達した。「お上」による分類に従えば、このうち866人が「革命派（revolucionario）」である。「革命派」の犠牲者のなかには「戦闘」とは別のところで、つまり巻き添えを食らう形で国家権力により屠られた一般市民は含まれていない[1]。

　「10月革命」の鎮圧には、カタルーニャ自治の停止が続いた（1935年1月）。それから7ヶ月後の国会での農地改革修正法の可決については、先に言及してある。「暗黒の2年間」は、「共和主義を意味するものを残らず弾圧した」。人民戦線政府による「和解」の呼びかけをよそに、左右の2つの極に既に分裂したスペインは交戦状態に突入していた。マヌエル・アサーニャは、「改革の2年間」が難破を余儀なくされてからの第2共和制の流れをこのように総括している[2]。人民戦線の

亡命したマヌエル・アサーニャ・ディアスの、コロンジュ・スー・サレーヴでの消息を伝える1939年2月8日付の『ランデパンダン』紙（Azaña, p.85.）。

115

勝利に伴って、カタルーニャは1932年の憲章に謳われていた自治の権限を取り戻す⁽³⁾。1936年の春には農地改革も再開される。農業エリートの意向を代弁する「右翼」の手で前年8月にまとめられた通称「反農地改革法」がなおも効力を保つなかにあって、「膨大な数の農民大衆」を救済するための事業を再開するための鍵は意外なところに潜んでいた。その完全な「謎解き」の作業は、しばらく先送りにしておこう。それでもここで一言だけ書き添えておけば、なおも生き延びる社会カトリシズムの理念が、「ライックな」人民戦線に農地改革のための知恵を授けることになるのである。

1936年4月15日に行われたホセ・マリーア・ヒル・ロブレスの国会演説によると⁽⁴⁾、人民戦線の勝利から2ヶ月足らずの間に、国内の160の教会に火が放たれ、269人の市民が殺害され、43の新聞が発禁処分を食らい、さらに146発の爆弾が街頭で炸裂した。治安問題に詳しい現代史家のエドゥアルド・ゴンサーレス・カリェッチャの調べでは、第2共和制で最後の総選挙が実施された1936年2月16日から、モロッコでついに軍事行動の火の手が上がった7月17日までの間に、351人の殺害が確認されている。人民戦線期を通じて、スペインでは「2つの極」の間にただならぬ緊張感が醸成されていったことに反論の余地はない⁽⁵⁾。

もっとも、351件の「殺人」のおよそ20パーセントに、第2共和制の治安維持装置、とりわけ治安警備隊が関与していた事実は看過されるべきではない。5月19日にジェステ（アルバセーテ県）で虐殺された17人をも含めて⁽⁶⁾、人民戦線期に治安警備隊は48人の同胞をあの世に送った⁽⁷⁾。アサーニャも「遺書」のなかで名指しているように⁽⁸⁾、政治集団のなかでは50人を殺害したファランヘ党がやはり一頭地を抜いている⁽⁹⁾。3月12日に危うく難を逃れた社会党代議士のルイス・ヒメーネス・デ・アスーア以下、ファランヘ党が仕留め損ねた「アカども」も多かったことだろう。

最多の死者を出したのもファランヘ党である。このファランヘ党では、ファシズムに傾倒する59人が、カリスマ的な指導者ホセ・アントニオ・プリーモ・デ・リベーラの持論である「拳とピストルの弁証法（dialéctica de los puños y las pistolas）」⁽¹⁰⁾に殉じなければならなかった。頻発したテロ行動が緻密な計画の類とはおよそ無縁だった点にも、われわれは留意する必要がある。多大な流血の背後には「右翼」による革命への、また「左翼」による反革命への猜疑心・警戒感の絶え間ない膨張があったものと想像される。少なくとも42人

の同志を失った社会党陣営も、14件の殺人に関しては責めを負うべき立場にあったことが証明されている[11]。

　流血に捌け口を見出す他なかった心理的なせめぎ合いが加速度的に深まるなかで生じたのが、7月13日のホセ・カルボ・ソテーロ（スペイン刷新党・国民ブロック）の惨殺だった。その直後には、未遂に終わったにせよ、エウヘニオ・ベガス・ラタピエによりアサーニャの暗殺も画策されている。祖国を捨てた（？）アルフォンソ13世に飽き足りないこの強硬な王政派は、アクシオン・フランセーズのシャルル・モラスに触発されて自身が創刊に踏み切った『アクシオン・エスパニョーラ』誌を通じて[12]、アルカラ・デ・エナーレスの文人政治家が政教分離の手本としたフランス第3共和制のもとで、「ライックな」原則を受け容れる他なかったカトリックの「失策」を執拗に糾弾していた[13]。人民戦線が1936年2月の総選挙に勝利した後、『アクシオン・エスパニョーラ』誌は第2共和制の破壊をいよいよ公然と主張する論陣を張る[14]。

　そして、同誌に深く感化されていた極右の政治家が[15]、人民戦線選挙を目前に控えて「軍部は祖国の礎である」と明言して憚らなかったカルボ・ソテーロだったのである[16]。ベガス・ラタピエがアサーニャの首を狙った背景には、プリモ独裁期に蔵相を務めた経歴を持つこの「大物」[17]の落命があった。既に計画が煮詰められつつあった軍事クーデタへの参加をフランシスコ・フランコ将軍に最終的に決断させた契機も、「兄弟殺し」の幕開けを告げるエピソードとしてしばしば引き合いに出されるこの事件に他ならない。1934年10月のアストゥリアスでの武装蜂起の鎮圧に豪腕を発揮して以後、フランコ将軍は第2共和制を敵視するスペイン人たちの期待を一身に集めた存在だった。だが、1932年8月のセビーリャでのサンフルホ将軍の「へま」を知る後の独裁者は、軍事行動への合流にはそれまで慎重なうえにも慎重だった[18]。

　ところで、フランスとは事情が異なり、スペインでは人民戦線の構築に向けてイニシアティヴを発揮したのは社会党や共産党ではなかった[19]。左翼の新たな団結のために最も尽力したのは、他でもない「骨の髄まで」ブルジョワだったアサーニャその人である。1935年10月のコミーリャスでの先の集会その他での演説を通じて、「暗黒の2年間」の後半にその圧力に呻吟する同胞を強く印象づけたアルカラの文人政治家の奮闘ぶりを「神話」と呼んだのは、社会党のルイス・アラキスタインだった[20]。

　既述のとおり、アラキスタインは後の人民戦線を思わせる「すべての階級

の勤労者の共和国」との、第2共和制の立場を規定する文言をその憲法に盛り込ませることに成功していた。このマルクス主義者には、「アルカラ市民」を讃えるだけの理由があったように思われる。だが、1936年2月の総選挙における人民戦線の勝利と、それに続いた自身の首相の座への返り咲きにもかかわらず、アルカラの文人政治家はおそらく既に疲れ切っていた。アンヘル・オソリオ・イ・ガリャルドの証言によると[21]、人民戦線選挙の直前（！）、アサーニャは早くも統治への意欲を完全に喪失していたという。

「スペイン戦争の諸原因」ではまったく触れられていない、「理性」からかけ離れた自身の1つの行動も、この精神的な枯渇と無縁ではなかったように思われる。人民戦線に勝利をもたらした1936年1月の国会解散は不必要だった、との判断に基づく同年4月のニセト・アルカラ・サモーラの罷免がそれである。第2共和制の憲法第81条では、大統領には2度の国会解散権が認められる一方で、2度目の解散が実施された場合、総選挙を経て新たに発足した国会がその必要性を検証する手筈になっていた。第2共和制の初代大統領が最初に国会の解散に踏み切ったのは、1933年10月。解散された憲法制定議会が通常の「国会」に含まれるものかどうか、従ってそもそも1936年1月の解散が2度目のそれに当たるものかどうかに関しては議論の余地がある[22]。

だが、それ以前に、アサーニャ自身の、延いては人民戦線各派の「天敵」だったCEDAの総帥、ヒル・ロブレスの政権掌握を嫌って国会の解散を選んだアルカラ・サモーラの判断そのものの否定は、1936年2月の勝者には本来ありえない選択のはずだった[23]。遡れば、1933年11月の総選挙で115議席を獲得し、第一党の座を確保したにもかかわらず、CEDAが政権を担当するに至らなかった背景にも、プレストンによれば[24]、ヒル・ロブレスから発散される「多かれ少なかれファシスト的な野心」へのアルカラ・サモーラの警戒心があったのである。

しかし、1934年10月には、アルカラ・サモーラはCEDAからの入閣をともかくも了承する。このため、第2共和制の初代大統領は左翼からそろって目の仇にされていた[25]。従って、アルカラ・サモーラ更迭の責めをアサーニャ1人に帰すことはできない。とはいえ、アルカラ・サモーラが屈辱にまみれた背景に、アサーニャとの個人的な軋轢が潜んでいたことも疑いない。アサーニャと、アサーニャに従えば「カトリック的であることをやめた」第2共和制の、「ライックな」方向への行き過ぎを懸念するアルカラ・サモーラとの関係は、修道

会による教育活動や営利活動を禁じる 1933 年 5 月の修道会法の制定をめぐって修復不可能な状況にまで立ち至っていた。アサーニャの追い落としを狙ってアレハンドロ・レルーを担ぎ、結果的に「暗黒の 2 年間」への道を開いたのは、確かにアルカラ・サモーラその人である[26]。

　1936 年 5 月のアサーニャ自身の首相から大統領への転身を「上方への逃避 (huir hacia arriba)」と解釈したのは、現代史にも造詣の深かった法学者のフランシスコ・トマス・イ・バリエンテである[27]。この「逃避」の結果、オソリオの見立てでは[28]、第 2 共和制は「最も有能な統治者」を失う破目になる。アサーニャは、「スペインのレーニン」との険悪な関係が抜き差しならぬところまで来ていたインダレシオ・プリエートを首相の座に据えることで難局を乗り切ろうとしたらしい。1936 年の 5 月末にセビーリャ県のエシハで催された社会党の集会では、会場となった闘牛場を埋めたラルゴ・カバリェーロ派がそのプリエートとその仲間たちに発砲する騒ぎまで起きている[29]。しかし、危うく殺されかかったプリエートは、それでもなお自らの首相就任が「レーニン」との訣別、換言すれば社会党・UGT そのものの分裂をもたらす事態の回避を最後には選択する[30]。

　大統領の椅子を「理不尽に」奪われてからほどなく、傷心のアルカラ・サモーラはスペインを後にした。スコットランドのエディンバラでフランコ派の決起の知らせに接した第 2 共和制の初代大統領が、1949 年にこの世を去るまでの間に再び祖国の土を踏みしめることはもはやない[31]。コロンジュ・スー・サレーヴで書かれたアサーニャの 11 通の「遺書」を、内戦からちょうど半世紀後の 1986 年にピレネーの南に初めて紹介したのは、第 2 共和制を擁護することにかけては誰にも負けない現代史家のゲイブリエル・ジャクソンである。そのジャクソンが苦渋を隠さずにあえて指摘せざるをえなかったとおり[32]、アルカラ・サモーラの追い落としこそは人民戦線が残した紛れもない「汚点」だった。

　ところも同じアルゼンチンの首都で、アルカラ・サモーラよりも 3 年ばかり早く鬼籍に入ることになるオソリオ・イ・ガリャルドの回想録も、この不可解な騒動に関してはおよそオソリオらしからぬ歯切れの悪さが目立つ。元「共和制に奉仕する、国王なき王政派」は、アルカラの文人政治家の「ひ弱な」友人のサンティアゴ・カサーレス・キローガの首相への抜擢に落としどころを見出したこの騒ぎが、第 2 共和制にとって「致命的な出来事」であったと書くに留めているのである[33]。

なお、1935年1月、ケイポ・デ・リャーノ将軍の令嬢エルネスティーナ・ケイポ・デ・リャーノ・イ・マルティが、アルカラ・サモーラの御曹司ニセト・アルカラ・サモーラ・イ・カスティーリョのもとに嫁いでいる。その中身はともかく、共和派を自称していた時期も確かにあったケイポ・デ・リャーノを第2共和制の暴力的な転覆へと駆り立てた要因の1つに、「身内」を見舞ったこの不条理が挙げられるかもしれない。軍事クーデタへの自らの合流に際して、フランコ将軍が最初に持ち出したのも、アルカラ・サモーラの更迭にまつわる人民戦線の「茶番劇」の不当性だった(34)。

　ここで改めてオソリオの回想を信頼すれば(35)、軍事クーデタの狼煙が上がった直後から、「アルカラ市民」は第2共和制の敗北を覚悟していたという。アサーニャにとって、1936年5月に誕生し、イギリスとともに、あるいはイギリス以上に頼みの綱だったはずのフランスの人民戦線政府は、ピレネーの南が内戦の炎に包まれるなか、一足先に産声を上げていたスペインの兄弟を見捨てていた(36)。コロンジュのアサーニャが諦念とともに振り返る以外なかったとおり(37)、アドルフ・ヒトラーとベニート・ムッソリーニという恐ろしく厄介な2人の隣人に脅えるフランスには、安全保障のうえでイギリスから離れる選択肢はありえなかった。20年前の「大戦争」のトラウマをともに抱える両国は独伊との宥和を模索する一方で(38)、スペイン内戦への列強の介入がヨーロッパを再び破滅の淵へと引きずり込む事態を何よりも恐れていた(39)。ヒトラーへの英仏の宥和政策の極限としての1938年9月のミュンヘン会談は、スペイン第2共和制に対する死刑宣告を意味してもいたのだった(40)。

　それでも、内戦のほぼ最後の段階に至るまでの間、アルカラの文人政治家は動乱のイベリア半島にともかくも留まり続けるだろう。内戦の火蓋が切られてからちょうど2年が経過した、1938年7月18日のバルセローナ。アサーニャは内戦のなかで「大いなる理想」に殉じ、憎悪や怨恨から今や解き放たれ、「母なる大地」に抱かれて眠る同胞のささやきを通じて、「永遠の祖国」が語る「平和・憐れみ・赦し」のメッセージに耳を傾けるよう訴えた(41)。アサーニャの、従来にもまして雄弁な「言葉」は、耳を傾けた周囲の「アカども」に多大な感銘を与えた(42)。だが、その「アカども」の根絶以外、最初から何も眼中にないフランコ派の怒濤の進撃という絶対の「現実」を前にして、大統領の「理性」も「言葉」ももはや何の意味も持ちえなかった。

　1939年2月にピレネーの北へ逃れたアサーニャにわずかに残された日々は、

どう見ても悲惨の一言に尽きる。敗残のアサーニャにとって、自らの祖国を見放して久しいフランスは慰めの地ではありえなかった。自身の亡命から間もない2月26日、そのフランスはイギリスとともにブルゴスに置かれていたフランコ政権を承認。翌日、アルカラの文人政治家は第2共和制大統領の職を辞する[43]。スペイン内戦の終結から正確に5ヶ月後に当たった1939年9月1日の第2次世界大戦の勃発は、スイスとの国境に近い、従って内戦中はフランスの肝煎りで誕生した「不干渉委員会」への参加を装いつつ[44]、フランコ派の勝利に決定的に貢献した「総統」が鎮座する「第3帝国」からも遠くないコロンジュ・スー・サレーヴでのアサーニャの生存そのものを直に脅かすに充分だった[45]。

　1939年のクリスマス、アサーニャはボルドーに近いピラ・シュール・メールへと移り住む。だが、それから半年後に起きた「第3帝国」によるパリ攻略に伴って大西洋に臨むピラがその占領地区に組み込まれたため、改めて移動を強いられる破目になった。皮肉なことに、アサーニャがピラに購入した家屋の名は「エデン」という。そして、「エデン」を追われモントバンへと向かったアルカラ・デ・エナーレスの文人政治家には、正しくこの世の地獄が待ち受けていた[46]。「アルカラ市民」は、たとえそれが自身がかつて憧れたベル・エポックの輝きからいかにかけ離れてしまっていたにせよ、1940年6月のフランス第3共和制そのものの消滅という、これまた否定すべくもない「現実」に直面したあげく、5ヶ月後にはヴィシー政権下のモントバンからあの世へと旅立たなければならない[47]。

　スペイン第2共和制の敗北とマヌエル・アサーニャの最期をひとまず見届けたわれわれは、次に「アンダルシアの農業問題」に目を向けてみることにしよう。「骨の髄まで」ブルジョワだった文人政治家の視線が、南スペインの階級社会の奥深くにまで届くことはどうやらなかった。だが、「インテリゲンツィヤ」がすべての同胞を理性的な国家体制の枠組みのなかに組み込むうえで、とりわけグアダルキビール川の中下流域に強固に根づいた大土地所有制の変革は絶対に回避することの許されないはずの課題だった。そこには、1870年にFREが成立して以降、リベルテール的な理念を頼りに「非理性的な」国家体制と結びついた農業エリートに反逆する同胞の大群がいたのである。第2章では、1830年代に始まる自由主義的農地改革を通じてひとまず確立し、さらにその後「世紀末の農業危機」に晒されたアンダルシアの階級社会のありさまに照明が当てられる。

註

（ 1 ） Manuel Tuñón de Lara, *La II República*, vol. 2, Madrid, 1976, pp.96-98. 1934 年 10 月のアストゥリアスをめぐっては、CEDA の政権参加に触発されて発生した「防衛的な」武装蜂起でありながらも、それが帯びた極めて暴力的な装いのために、1917 年のボリシェヴィキ革命以後のヨーロッパにおける「最も重要な」プロレタリア革命との評価も下されている（David Ruiz, "Paradojas del octubre de 1934", *Sindicalismo y movimientos sociales(Siglos XIX-XX)*, Madrid, 1994, p.169.）。

（ 2 ） Manuel Azaña, "Causas de la Guerra de España", pp.30-31.

（ 3 ） Balcells, *op.cit.*, p.161.

（ 4 ） Raymond Carr,*The Spanish Tragedy. The Civil War in Perspective*, London, 1977, pp.69-70.

（ 5 ） やはりヒル・ロブレスが残した 1936 年 7 月 15 日の発言では、死者は都合 333 人にまで増加している。少なくとも死者数の点では、CEDA の総帥が挙げた数字には意外なほどに高い（？）信憑性が認められることになる（Eduardo González Calleja, "La necro-lógica de la violencia sociopolítica en la primavera de 1936", *Mélanges de la Casa de Velázquez*, vol.41-1, 2011, pp.38-41.）。ここで反教権主義的な暴動の実情に目を転じてみれば、人民戦線期のアンダルシアでは 66 の教会や修道院が破壊の標的になっている。最多はカディス県の 17 件。1931 年 5 月、県庁所在地で大規模な反教権主義の暴動が発生していたマラガ県は 16 件。さらにセビーリャ県が 12 件で、この 3 県における発生件数が南スペインでは突出していた（Diego Caro Cancela, "La primavera de 1936 en Andalucía: conflictividad social y violencia política", *Andalucía y la Guerra Civil*, p.21.）。

（ 6 ） Casanova, *De la calle al frente*, p.149.

（ 7 ） González Calleja, *op.cit.*, p.51.

（ 8 ） Azaña, *loc.cit.*

（ 9 ） González Calleja, *op.cit.*, p.46 y p.48.

（10） Preston, *Las tres Españas*, p.123.

（11） González Calleja, *op.cit.*, pp.54-55.

（12） ジャック・プレヴォタ、斎藤かぐみ訳『アクシオン・フランセーズ／フランスの右翼同盟の足跡』文庫クセジュ、2009 年、122 ページ。

（13） Raguer, "La《cuestión religiosa》", pp.190-195.

（14） González Cuevas, *El pensamiento político*, p.169.

（15） *Ibid.*, p.133.

（16） Moradiellos, *op.cit.*, p.64.

（17） ドミンゲス・オルティス、前掲邦訳、373 ページ。

（18） Moradiellos, *op.cit.*, pp.202-204.

（19） Juliá, *Manuel Azaña*, pp.447-448. フランスにおける人民戦線の形成については、フュレ、前掲邦訳、361-365 ページ。

第 1 章　砂上の楼閣？

(20)　Juliá, *Vida y tiempo de Manuel Azaña*, pp.370-372.
(21)　Ossorio y Gallardo, *op.cit.*, p.193.
(22)　Tomás y Valiente, *op.cit.*, pp.134-136.
(23)　Gil Pecharromán, *op.cit.*, pp.370-371.
(24)　プレストン『スペイン内戦』85 ページ。
(25)　同邦訳、106 ページ。
(26)　Gil Pecharromán, *op.cit.*, pp.303-309.
(27)　Tomás y Valiente, *op.cit.*, p.140.
(28)　Ossorio y Gallardo, *loc.cit.*
(29)　Ortiz Villalba, *Sevilla 1936*, pp.214-215.
(30)　プレストン『スペイン内戦』106 - 107 ページ。
(31)　Gil Pecharromán, *op.cit.*, p.376.
(32)　Gabriel Jackson, "Prólogo", Azaña, *Causas de la Guerra de España*, p.11.
(33)　Ossorio y Gallardo, *loc.cit.*「不器用さからときに挑発的になり、臆病さからときに盲目的になるような人物」（ヴィラール『スペイン内戦』44 ページ）のように、アサーニャの後任については芳しくない評価ばかりが目につく。プレストンも、カサーレス・キローガの優柔不断ぶりを指摘する。他方で、アルカラ・サモーラの後を襲ったアサーニャは「大統領の儀式的権能に大きな喜びを感じたようで、記念物や王宮の修復、芸術のパトロンであることに熱中した」（プレストン『スペイン内戦』107 - 108 ページ）。内戦が近づきつつあった 1936 年の春、アルカラ・デ・エナーレスの文人政治家は確かに「現実」からの「逃避」を選択したのだった。
(34)　Ortiz Villalba, *Sevilla 1936*, pp.36-38. アルカラ・サモーラとケイポ・デ・リャーノ将軍には、復古王政の打倒を目指して手を握った過去もあった。1930 年 8 月に締結されたサン・セバスティアン協定に基づいて発足した革命委員会と、共和主義を看板に掲げる軍人たちが起ち上げた委員会との接触が図られた際、前者の代表の座をアルカラ・サモーラが占める一方で、後者の先頭に立ったのがケイポ・デ・リャーノだったのである。同年 12 月のピレネーの麓に位置するハーカ（ウエスカ県）でのフェルミン・ガラーン大尉らの早まった決起は、CNT の合流をも見込んだうえでの社会党・UGT 主導のゼネラル・ストライキが不発に終わるなか、あえなく頓挫した。直後のマドリードでの決起も奏功せず、その首謀者だった後の「ラジオ将軍」は第 2 共和制が誕生するまでの 4 ヶ月間をポルトガルでの亡命生活に費やす（*ibid.*, pp.29-32. Gil Pecharromán, *op.cit.*, pp.192-198.）。1936 年春のアサーニャらによるアルカラ・サモーラへの「仕打ち」は、CEDA のヒル・ロブレスをも驚かせるに充分だった。人民戦線、あるいは第 2 共和制そのものの自己否定と見なされても仕方がない「茶番劇」は、ネオ・フランコ主義が誇る至高の（？）イデオローグ、ピオ・モアも大喜びで引用している（Pio Moa, *Los mitos de la Guerra Civil*, Madrid, 2006, p.46.）。
(35)　Ossorio y Gallardo, *op.cit.*, p.202.

(36) プレストン『スペイン内戦』165‐166ページ。渡辺和行『フランス人民戦線／反ファシズム・反恐慌・文化革命』人文書院、2013年、193‐195ページ。
(37) Manuel Azaña, "El eje Roma-Berlin y la política de No-Intervención", *Causas de la Guerra de España*, pp.39-40.
(38) 第1次世界大戦は併せて8,500,000人を上回る戦死者と、7,750,000人を超える行方不明者を出した（桜井哲夫『戦争の世紀／第一次世界大戦と精神の危機』平凡社新書、1999年、10ページ）。スペインが中立を維持したこの「大戦争」において、フランスは1,700,000の、そしてイギリスも1,000,000の同胞をそれぞれ失った（近藤和彦『イギリス史10講』岩波新書、2013年、216ページ）。未曾有の規模で戦われた第1次世界大戦は「旧い世界」をその根底から脅かし、それまでの戦争のイメージを完全に一変させた。
(39) Moradiellos, *op.cit.*, pp.150-151.
(40) *Ibid.*, p.216.
(41) Manuel Azaña, *Los españoles en guerra*, Barcelona, 1982(1ª ed. 1939), pp.128-129. この『戦時のスペイン人たち』には、内戦中にアサーニャが公式の場で行った4つの演説が収められている。同書は1939年の初頭にバルセロナで印刷に付されたものの、直後にフランコ派がこのカタルーニャの中心都市を制圧したため、その配本は差し止められた。同書に寄せた序文のなかで（Antonio Machado, "Prólogo", Azaña, *Los españoles,* pp.7-12.）、「自身が語りたい内容」や「語られるべき内容」を巧みに語るすべを心得たアサーニャを「言葉」の匠と称讃しつつ、その演説の熟読を同胞に要請したのは、やはり「言葉」を愛することにかけては人後に落ちない、そして（「はじめに」導入に設けた註〔34〕のなかで既に述べておいたように）間もなく、つまり「アルカラ市民」よりも早く南フランスで死ぬ定めが待つアントニオ・マチャードである。戦局の極度の悪化と相まって、心身ともに絶望的な状況に置かれてもなお、このセビーリャ生まれの詩人は第2共和制の大義を信じて疑わなかった。
(42) Juliá, *Vida y tiempo de Manuel Azaña*, pp.436-438.
(43) *Ibid.*, pp.451-452. なお、フランスの人民戦線は1938年11月に崩壊している（柴田、前掲書、196‐197ページ）。
(44) プレストン『スペイン内戦』191ページ。
(45) Juliá, *Vida y tiempo de Manuel Azaña*, pp.460-463.
(46) Ángel Villena, *op.cit.*, pp.257-275.
(47) マヌエル・アサーニャに死の影が最初に忍び寄ったのは、決して軽くはない心臓疾患の兆候が認められた1940年2月のことである。そして、フランス第3共和制の消滅から間もない6月下旬に移った先のモントバンで（Paul Aubert, "Chronologie", *Azaña et son temps*, p.480.）、9月半ばに今度は極めて重篤な脳梗塞の発作に見舞われた（Juliá, *Vida y tiempo de Manuel Azaña*, p.466.）。11月3日に臨終のときを迎えたアサーニャの、最終的な死因は不明。しかし、フィリップ・ペタン

元帥のヴィシー政権がヒトラーへの「コラボラシオン（協力）」を表明した 1940 年 10 月（柴田、前掲書、200‐201 ページ）、「アルカラ市民」はもはや最期のときの訪れを待つばかりの体であったに違いない。

第2章
アンダルシア
「ヨーロッパで最も不幸な人々」の末裔たちがのたうつ土地

復古王政の命脈が尽きるまで残り半年を切った 1930 年 11 月。われわれの知るコンスタンシオ・ベルナルド・デ・キロースが、折から日照りとオリーヴの凶作にたたられていたアンダルシアを駆け足で視察している。例えば、マドリードから見てアンダルシアの玄関口に当たるハエン県における 1930 - 31 年のオリーヴの収穫高は、1929 - 30 年のそれのたった 6.05 パーセントにすぎない[1]。このように、第 2 共和制が誕生する前夜の南スペインは恐ろしいまでに深刻な危機に直面していたのだった。

　かつて IRS 調査団にも加わっていた犯罪学者の取材に応じたハエン県庁によれば、このとき失業状態に置かれた同県の農業労働者は併せて 45,000 人に達しようとしており、セビーリャ県農業会議所の調べでは同県の 50,766 人の日雇い農たちが生活するすべを「完全に」失っていた。ブラス・インファンテら地域ナショナリストの憂いをよそに、いよいよ尋常ならざる失業に喘ぐ「アンダルシアの民」の総数を、ベルナルド・デ・キロース自身はおよそ 100,000 と見積もっている[2]。

　1931 年 4 月。権力の椅子に座った「インテリゲンツィヤ」にも社会党・UGT にも、構造的な失業問題を瞬時に解決できる魔法の杖はもちろんない。第 2 共和制の初期、アンダルシアにおける失業率は 29.5 パーセントに達し、スペインはおろかヨーロッパでも最悪の水準を記録した[3]。1932 年のカサス・ビエハスでは、辛うじて仕事にありつくことができた日雇い農は 5 人に 1 人だけ、との驚くべき記録も残されている[4]。1914 年のデータでは、そんなカサス・ビエハスをも含むメディナ・シドニアの総面積は約 55,000 ヘクタール。そして、その半分以上がわずか 22 人の大地主たちの手に握られていた。なかでもネグロン侯爵がメディナ・シドニアに所有する地所は併せて 10,000 ヘクタールを超えており、カディス県のこのプエブロの 5 分の 1 近くにも及んでいた[5]。

　1933 年 1 月の地獄絵の再現を狙ったラモン・ホセ・センデールの『犯罪の集落への旅／カサス・ビエハスのドキュメンタリー』(1934 年) は、入念な現地取材に基づいたルポルタージュの傑作である。もっとも、やや脚色が勝ちすぎている観は否めない。例えば、いくつかのリベルテール紙の報道にも似て、この作品でもあのフランシスコ・クルース・グティエーレスに大役が振り当てられている。「今日にもスペイン全土でリベルテール共産主義体制が実現される」旨を謳ったビラを片手に地元の「アンダルシアの民」を反乱へと誘い、カサス・ビエハスでの新しい社会の樹立を厳かに宣言したのも、流血の回避を可

能な限り願いながらも、投降を拒んで詰め所のなかから発砲した治安警備隊の面々に結局は猟銃で応戦してしまうのも⁽⁶⁾、事実に反して『犯罪の集落への旅』では「セイスデードス」当人である。その限りでは、センデールもカサス・ビエハスにまつわる「伝説」の形成に一役買っている。

　惨劇からほどなくして、マドリードから空路セビーリャに入ったこの著名なアナキスト作家は、アンダルシアの中心都市から世界的にも名高いシェリー——スペイン語ではヘレス（jerez）——の生産地であるヘレス・デ・ラ・フロンテーラを経て「犯罪の集落」へと向かう。その途次、どこまでも広がる、ほとんど人気のない未耕地が広がる南スペインらしい風景に、センデールは強く印象づけられる。

　アンダルシアを苛むものは、センデール自身が知る北スペインとは比べようもない、過酷なまでの飢えと悲惨、そして、コルドバ県の例の農業経営者が一昔前に「アフリカ風の」、と形容して見せた労使の間の「憎しみ」だった。ピレネーに接するアラゴンのチャマレーラ・デ・シンカ（ウエスカ県）に生まれたセンデールの目には、「アンダルシアの民」が耐え忍ばねばならない空腹はもはや野良犬のそれにも等しい。「旧い家々」を意味するカサス・ビエハスには、「旧い家」も「新しい家」もない。どうやら成年に達して貧しい親許を離れた、これまた貧しい若者たちが暮らすのはまともな「家（casa）」ではない。「セイスデードス」の住まいと同じ「あばら屋（choza）」である。

　南スペインでは、腹を空かせた「2,000,000 人」にも届こうかという日雇い農⁽⁷⁾の対極に、エゴイズムに凝り固まった一握りの大地主が居座っている。センデールの状況把握に従えば⁽⁸⁾、メディナ・シドニアをも含むアンダルシアのあちこちでの、2つの階級の間に深淵を穿つ小ブルジョワジーの「完全な」不在が、絶望的なまでの飢えと相まって、「アンダルシアの民」を生きるか死ぬかの階級闘争へと駆り立てていた。1933 年 1 月の惨劇をきっかけに、それまでは頑迷な王政派だった大地主たちが今日では喜んで共和派へと鞍替えしている。第 2 共和制は自らが投入した治安維持装置が極貧にのたうつ「民」を相手に仕出かした「狼藉」に目をつぶることにより、長期にわたって「民」をなぶりものにしてきた南スペインの「封建的な」農業経営者たちにひれ伏したのだとの、「すべての階級の勤労者の共和国」へのすこぶる痛烈な皮肉を交えつつ『犯罪の集落への旅』は結ばれる⁽⁹⁾。

　カディス県の片隅の、それまではまったく無名の存在だった集落を舞台に

国家権力が演じた「犯罪」を断罪するセンデールのルポルタージュは、そのまま「アンダルシアの農業問題」の簡潔にして見事な診断書にもなっている。ただし、ネグロン侯爵家をメディナセーリ公爵家と取り違えるなど[10]、その所見にはやや強引なところも散見される。第2共和制期のスペインが国内に抱えていた「農業労働者（obrero agrícola）」の総数に関しては、（われわれが実質的な「日雇い農」と見なす「過小農」を除いて）およそ2,000,000との数字が残されている[11]。「農業労働者」の定義自体が曖昧なこともあり[12]、この時代のアンダルシア8県の日雇い農の総数を正確に把握することは不可能に近い。それでも、南スペインだけでも「『2,000,000人』にも届こうかという日雇い農」がいたとのセンデールの見立てに、さすがにかなりの誇張が含まれているものと思われる。以下は、『犯罪の集落への旅』の著者が持ち前の鋭い洞察力を働かせてしたためた、重篤の病に侵された南スペインの階級社会に関する診断書への若干の修正と補足にすぎない。

註

（1）　Francisco Cobo Romero, *Labradores, campesinos y jornaleros. Protesta social y diferenciación interna del campesinado jiennense en los orígenes de la Guerra Civil (1931-1936)*, Córdoba, 1992, p.152.
（2）　Constancio Bernaldo de Quirós, "Informe acerca del paro de los jornaleros del campo de Andalucía durante el otoño de 1930"(1ª ed. 1931), *El "Espartaquismo agrario"*, pp.105-107.
（3）　アントニオ・ミゲル・ベルナル、太田尚樹・岡住正秀・立石博高・中川功・中塚次郎訳『ラティフンディオの経済と歴史』農村漁村文化協会、1993年、191ページ。
（4）　Maurice, *El anarquismo andaluz*, p.139.
（5）　R. Mintz, *op.cit.*, pp.33-37.
（6）　Ramón J. Sender, *Viaje a la aldea del crimen(Documental de Casas Viejas)*, Madrid, 2000 (1ª ed. 1934), pp.84-87 y p.94.
（7）　*Ibid.*, p.161.
（8）　*Ibid.*, pp.46-59.
（9）　*Ibid.*, pp.194-196.
（10）　*Ibid.*, p.61.
（11）　López López, *op.cit.*, p.211.
（12）　Malefakis, *op.cit.*, p.119. ことは「農民（campesino）」についても同様である（Antonio Cabral Chamorro, "Un estudio sobre la composición social y arraigo del anarquismo en Jerez de la Frontera, 1869-1923", *Estudios de Historia Social*,

núms.42-43, 1987, p.218.)。われわれが手に入れた農業人口に関する複数の史料や統計のなかにも、記載された「農民」に「農業労働者」が含まれるものと含まれないものとが混在していることが多々あって、判断に迷う場合も少なくない。

第 1 節

貴族とブルジョワの「共生」？

　南スペインにおける大土地所有の実態の一端を垣間見るには、『スペインのラティフンディオ』のなかでパスクアル・カリオン・イ・カリオンが提示している、土地台帳に記載された1930年の大晦日の時点におけるデータを少しばかり参照してみるだけで充分だろう。「アンダルシアの農業問題」を論じた古典として、ファン・ディアス・デル・モラールの名著にも劣らぬ同書のなかには、メディナ・シドニアよりもさらに極端な例がいくつも記されている。やはりカディス県内にある、カステリャール・デ・ラ・フロンテーラの場合もそうである。総面積17,706ヘクタールのこのプエブロでは、ただ1人が実にその96.8パーセントに当たる17,141ヘクタールを占有していたのだった[1]。

　また、FREが誕生して以降、アンダルシアのリベルテールたちの「梁山泊」の1つであり続けたヘレス・デ・ラ・フロンテーラでは、250ヘクタール以上の、併せて179に上る紛れもないラティフンディオが自治体の総面積134,674ヘクタールに占める割合が73.62パーセントにまで達していた。1933年1月、カサス・ビエハスと同じく「反乱のサイクル」の第2波に巻き込まれるセビーリャ県のラ・リンコナーダでは、合計9,216ヘクタールの大きさに及ぶ15の地所だけで、このプエブロの総面積13,446ヘクタールの68パーセントを占めていた[2]。

　ラモン・ホセ・センデールを驚かせた、アンダルシアに広がる「ほとんど人気のない」未耕地についても、やはりカリオンが関わって収集された「ボリシェヴィキの3年間」当時のデータが残されている。当時のヘレス・デ・ラ・フロンテーラでは、23人の大地主の地所が都合47,730ヘクタールの空間を占有。その33,785ヘクタールが未耕地である。セビーリャ県のウトレーラの総面積68,000ヘクタールのうち、45,000ヘクタールが30人の農業エリートの掌中にあった。そのなかの13,000ヘクタールは、やはり未耕地である[3]。

　カサス・ビエハスへの道すがら、『犯罪の集落への旅』の著者はセビーリャからカディスへと延びる街道沿いに位置するこのウトレーラの未耕地をも間違

いなく目撃したはずである。1930年の暮れ、総面積 1,406,250 ヘクタールのセビーリャ県には、660,653 ヘクタールの未耕地が広がっていた。このとき、センデールが生まれた総面積 1,514,880 ヘクタールのウエスカ県の未耕地は併せて 853,258 ヘクタールに達して、セビーリャ県のそれを大幅に上回っている[4]。だが、問題はセンデールを驚かせた「ほとんど人気のない」未耕地の1つ1つの広さにあった。

　アンダルシアの日雇い農たちの反逆の引き金を引いた自由主義的農地改革は、長子相続と領主制の廃止、それに永代所有からの解放を意味するデサモルティサシオン（desamortización）——教会所有地と自治体所有地の売却——の3つをその骨子とする[5]。1837年の領主制の廃止に伴って、旧領主貴族は「地主」へと転じる。それまでの「領地」は「私有地」として、その手許に温存された。1836年の長子相続の廃止は、市場への「私有地」の大々的な放出を可能にするだろう。そして、それぞれ1836年と55年に開始された教会所有地と自治体所有地の、これまた大々的な売却に乗じて、とりわけアンシャン・レジームのもとで領主貴族や教会が持つ土地を借り受けながら資力を蓄えてきた大借地農たちが名実ともに農業ブルジョワとしての自己を確立することになる。

　自身にとっては悪夢の連鎖に思われたに違いない、イサベル2世の亡命に始まった「革命の6年間」の終焉から間もない1877年。国会へ書簡を送り、地下に潜ったFREを糾弾しながらも、アンダルシアにおける労使関係は「『完璧なまでに調和的だ』と評価して疑わなかった」のは、セビーリャ県の大地主のフランシスコ・カンダウである[6]。遡れば、このカンダウもメディナセーリ公爵家が同県のエル・コロニールに所有するラティフンディオの耕作に代々従事してきた大借地農の家系の出だった[7]。

　領主貴族や大借地農の存在それ自体が自ずと物語るように、自由主義的農地改革を通じてアンダルシアの大土地所有制が「一挙に」、しかも「無から」創造されたわけではない。8世紀の初頭にジブラルタル海峡を越えてイベリア半島に侵入したムスリムたちを駆逐するレコンキスタの進展に伴って、グアダルキビール川の中下流域では早くから大土地所有制の土台となるものが形作られていった。19世紀の自由主義的農地改革は、とりわけグアダルキビール川の中下流域ではその遙か以前から顕著に観察されていた土地の集中を促進する一方で、南スペインのさらに広範な空間へと大土地所有制が拡大されるきっかけを提供したのである[8]。

アンダルシアに際立っていびつな農業構造が確立を見た原因として、自由主義的農地改革のなかでアントニオ・ミゲル・ベルナールが重視するのが、教会所有地と自治体所有地のデサモルティサシオンである。この農業史家によれば[9]、加えてもう1つの要素、つまり「革命の6年間」の終焉に続いた復古王政期、とりわけ1880年代以降の「世紀末の農業危機」が深刻化するなかで多発した貴族の破産が、南スペインでの土地の集中の度合いをさらに高めたのだった。

経済史家のヘルマン・ルエダ・エルナンスが提示するデータによりながら、ここでデサモルティサシオンの実態を見ておこう。ルエダの概算に従えば[10]、1834年（ママ）から54年にかけて売りに出された教会所有地は4,400,000ヘクタール。他方で、1855年から1924年の間に売却された自治体所有地は5,200,000ヘクタールに及ぶ。また、教会所有地が対象のデサモルティサシオンには先例があった。国庫が破産の瀬戸際にあったアンシャン・レジーム末期の1789年から1808年にかけて、カルロス4世の寵臣だったマヌエル・ゴドイが実施した2,200,000ヘクタールの教会所有地の処分がそれである。さらに、このゴドイによるデサモルティサシオンにも先例が見出される。カルロス3世統治下の1769年以降、およそ30年の間にイエズス会が所有していた不動産100,000ヘクタールが売却に付されていたのである。

これら「正規の」デサモルティサシオン以外にヘルマン・ルエダが注目するのが、カルロス3世の治世に試みられたシエラ・モレーナその他での入植事業の展開とその後の顛末である。アンダルシアをエストレマドゥーラと新カスティーリャから分かつこの山脈に1766年に入植が開始された時点で、入植地の所有権は国家に帰属していた。だが、それからほぼ70年後の1835年、かつての入植者の子孫たちに、耕作しながらも処分することはそれまで禁じられていた土地の所有権が付与される[11]。

また、自治体所有地が売却されたのも1855年が初めてのことではなかった。時代の覇者ナポレオンが不覚にも足許をすくわれた、1808年から14年にかけての独立戦争（Guerra de la Independencia）の間にも、戦費の調達を目的として——なかには法的な根拠・手続きを欠いたまま——自治体所有地が市場に流れた例がある[12]。自治体所有地の売買に関わる「無法」は、まだ他にもあった。自治体所有地のデサモルティサオンが「正式に」開始された1855年以降、その対象から除外されたはずでありながら、実際には「勝手に」開墾される

ままになっていた自治体所有地が数多く存在したのだった。1897年には、10年以上にわたってそれらの土地を「勝手に」経営してきた者たちに「正式な」所有権が認められる[13]。

ルエダによると、その法律上の怪しさのほどはひとまず不問に付すこととして、なるほど私的所有の拡大をもたらしたという点では「広義の」デサモルティサシオンと見なされうるものの対象に含まれるこれらの土地を、「正式な」デサモルティサシオンの対象となった不動産に合算すれば、1766年から1924年までに都合19,900,000ヘクタールもの、もともと譲渡不可能だった「死手地（manos muertas）」が人手に渡った勘定になる。この数字は国土の総面積の39パーセント、耕作可能な土地のほぼ5割に相当するという。教会と自治体がそれぞれ保持していた土地の市場への開放が、スペインにあって巨大な事業であったことは一目瞭然である。

もっとも、デサモルティサシオンを通じて、スペインの国土がラティフンディオに残らず覆われてしまったわけではない。デサモルティサシオンは、むしろ自由主義的農地改革以前の土地所有のあり方を強化する方向に作用した。荒削りに線を引けば、カスティーリャを横断してポルトガルのリスボンから大西洋に注ぐタホ川以北のスペインでは、デサモルティサシオンの結果として南スペインとは対照的に小土地所有制が固着する[14]。アンダルシアが「ボリシェヴィキの3年間」に揺れる前夜、CNCAの社会カトリシズムをいち早く受け容れていたのが、正しくタホ川の北の旧カスティーリャに暮らす零細農たちであったことを、われわれはここで思い起こしてもいいだろう。

また、同じアンダルシアのなかでもその実施のされ方には市町村ごとにかなりの違いが認められる。ここではディアス・デル・モラールの名著にしばしば登場するコルドバ、カストロ・デル・リオ、ブハランセ、フェルナン・ヌーニェス、それに「ボリシェヴィキの3年間」に燃え盛るコルドバ県の労使間の「アフリカ風の憎しみ」におののいた、あのフランシスコ・ガルシア・エスピンが居住するエル・カルピオにおけるデサモルティサシオンの傾向を見ておくことにしよう。

教会所有地と自治体所有地が競売に付された結果、コルドバでは総面積124,461ヘクタールの21.1パーセントに当たる26,291ヘクタールが、カストロ・デル・リオでは総面積21,884ヘクタールの14.0パーセントに相当する3,062ヘクタールが、ブハランセでは総面積12,538ヘクタールの7.1パーセントを占め

る889ヘクタールがそれぞれ「持てる者」たちの手に入った。エル・カルピオでは、売却された土地は113ヘクタール。このプエブロの総面積4,197ヘクタールの2.7パーセントに留まる。総面積2,983ヘクタールのフェルナン・ヌーニェスに至っては、わずかに1ヘクタール（！）がデサモルティサシオンの対象とされたにすぎない[15]。

　実施されたデサモルティサシオンの規模は、このように5つの市町村の間で大きく異なっている。フェルナン・ヌーニェスとエル・カルピオの場合、売却に付された自治体所有地は皆無である。フェルナン・ヌーニェスでは、教会所有地も売却されなかったに等しい。その理由は、自由主義的農地改革が実施されるよりもだいぶ前の段階で、このプエブロの大半が既にフェルナン・ヌーニェス公爵家の所有に帰していたためだろう。1837年に領主制が廃止された後も旧領主貴族たちが幅を利かせた多くのプエブロの例に違わず[16]、少なくとも自治体所有地に関する限り、19世紀半ばのフェルナン・ヌーニェスではそのほとんどが同名の公爵家の資産のなかにおそらく「勝手に」取り込まれて久しかったものと思われる[17]。

　復古王政最後の大晦日に当たる1930年12月31日[18]、このプエブロの2,081ヘクタール、つまりその総面積の73.38パーセントをフェルナン・ヌーニェス公爵家が持っていた。「ボリシェヴィキの3年間」に3,000ヘクタール以上の土地がアルバ公爵家に独占されていたエル・カルピオにあっても[19]、事情は似通ったものであっただろう。自由主義的農地改革の実施を待つまでもなく、2つのプエブロにおける、ともにスペイン大公の称号をも併せ持つ名門貴族のもとへの土地の集中の度合いそのものは、とうの昔に充分に危機的な水準に到達していた。やがて剝き出しの資本の論理がそこに貫徹されるとき、フェルナン・ヌーニェスもエル・カルピオも「アフリカ風の憎しみ」にすっぽりと包み込まれてしまうだろう。

　コルドバの司教座参事会が持つ大きな所有地を抱え込んでいたために、教会所有地の売却が土地所有のいっそうの拡大・強化に帰結したのが、当のコルドバとカストロ・デル・リオである。コルドバ県の県庁所在地ではデサモルティサシオンの対象の77.7パーセントが、カストロの場合には実にその99.8パーセントまでもが教会所有地である。残るブハランセでは、デサモルティサシオンを通じて売却された土地の60.3パーセントが自治体所有地である[20]。

　19世紀の前半から半ばにかけて国民国家としての体裁をどうやら整えたス

ペインは、貴族とブルジョワジーの「共生（simbiosis）」をもって特徴づけられる社会と考えられている[21]。「共生」の証しが、アンシャン・レジームの身分社会を原理的に否定する自由主義の荒波に揉まれながらも、かつての「領地」を「私有地」とし、なおかつ大地主としての地位を保持したアルバ公爵家やフェルナン・ヌーニェス公爵家の存在だった。復古王政の末期、両家が国内各地に所有していた土地は、それぞれ併せて 34,455.47 ヘクタールと 17,732.86 ヘクタールに達する。

　当時のスペインには、この 2 つの名家をも大きく引き離すだけの土地を持った貴族もいた。メディナセーリ公爵家である。同じ時期、やはり大公を兼ねるこの名門貴族の所有地は、併せて 79,146.89 ヘクタールにも及んでいる。先の、カステリャール・デ・ラ・フロンテーラを実質的にただ 1 人で持っていた大地主も、ときのメディナセーリ公爵ことルイス・フェルナンデス・デ・コルドバである[22]。いずれの土地も、1932 年 9 月に可決された農地改革法に則って没収の対象にされている。メディナセーリ公爵家は 24,054.88 ヘクタールの、アルバ公爵家は 6,476.75 ヘクタールの、フェルナン・ヌーニェス公爵家は 540.77 ヘクタールの「私有地」を 1 度は失った[23]。

　しかし、「家柄」や「血筋」に固執する一方で、「商い」には疎かったとしか思われない大方の貴族にとって、19 世紀は決して快適な時代ではない。例えば、独立戦争が終わった 1814 年から、自治体所有地のデサモルティサシオンの実施を 2 年後に控えた 53 年までの間に、アルカラ公爵家はセビーリャ県内に自らが所有していた 23,000 ファネーガ（1 ファネーガは約 64.6 アール）を超える土地を手放さざるをえなかった[24]。アントニオ・ミゲル・ベルナールの先の指摘にもあったとおり、長子相続が廃止されて既に久しい復古王政期には、財政上の逼迫からたくさんの旧領主貴族が破産の危機に直面する。フランコ独裁期に自身が行なったコルドバ県のバエナでの現地調査の成果をも交えつつ、カンピーニャの労使関係の解明に寄与した社会学者のフアン・マルティネス・アリエールのように[25]、アンダルシアにおける土地の集中の要因として、デサモルティサシオン以上に貴族の破産を重く見る向きもある。

　そして、「農業エリート」の「片割れ」の手を離れた不動産には、しばしばもう一方の「片割れ」、つまり「共生」のパートナーであるはずのブルジョワたちの餌食にされる定めが待っていた。アンダルシアの名門貴族のなかで最も悲惨な末路が待ち受けていたのは、オスーナ公爵家である。最終的にはほとん

ど完全な破産にまで至る同家の没落は、銀行家のエスタニスラオ・デ・ウルキーホから 1863 年に 90,000,000 レアール（4 レアールで 1 ペセタ）を借りたときに始まる。オスーナ公爵家が国内各地に抱えていた多数の不動産のうち、例えばオスーナと同じくセビーリャ県下のマルチェーナにあった土地は、既に 1880 年代半ばにはそのほとんどが売り払われてしまっていた。

このマルチェーナにオスーナ公爵家が持っていた土地の入手に最も熱心だったのが、ホセ・トーレス・ディエス・デ・ラ・コルティーナである。ホセの父方に当たるトーレス家も、母方のディエス・デ・ラ・コルティーナ家も、ともにマルチェーナでの農業経営に縁が深い大借地農。オスーナ公爵家が銀行からの多額の借金に手を染めた 1863 年の時点で、トーレス家は 1,814 ファネーガの土地を、ディエス・デ・ラ・コルティーナ家は 2,020 ファネーガの土地を、それぞれ借りている。そして、少なくともトーレス家が耕作する土地の大半は公爵家のものだった[26]。

かつてはオスーナ公爵家をも凌ぐ名家でありながら、やはり没落を免れなかったのがメディナシドニア公爵家である。公爵家の資産の売却が開始されたのは 1858 年。19 世紀最後の年にグアダルキビール川の河口近くに広がるドニャーナの湿地帯 15,000 ヘクタールの一括処分を強いられた公爵家に 30 年後に残された土地は、併せても 1,000 ヘクタールに満たなかった[27]。同家の土地を手に入れた「持てる者」のなかには、奇しくもメディナ・シドニアにあってこちらは大地主としての地位を維持し続けるネグロン侯爵家の他[28]、ヘレス・デ・ラ・フロンテーラのシェリーの醸造業者ガルベイやマラガの産業資本家マルティン・デ・ラリオスらが含まれていた。

「19 世紀末のスペインにあっては、所有とはとりもなおさず土地所有を意味した」以上[29]、市場に放出された大量の土地の購入に触手を動かしたのは、アンシャン・レジーム以来、名実ともに「持てる者」への上昇を夢見て蓄財に余念がなかった大借地農たちばかりではない。先のウルキーホらマドリードの金融業者たちを始めとして、羽振りのいい成金も挙って土地の獲得に狂奔した。「農業ブルジョワジー」の範疇には、従って農業とはもともと縁がなかった大都市に暮らす新興のブルジョワたちも多数含まれる[30]。メディナシドニア公爵家の苦悩につけ込んだマルティン・デ・ラリオスも、そんな「農業」ブルジョワの 1 人だったのである。

こうしたなかにあって、アンダルシアにおける自由主義的農地改革の最大

の受益者と見なされるのが、セビーリャのイグナシオ・バスケス・グティエーレスである。「革命の6年間」のさなかの1872年、翌年に控えたその死を前に遺書が作成された時点で、バスケス・グティエーレスはほぼセビーリャ県内のみに6,200ヘクタール以上の土地を所有。その7年前の1865年には、同県の高額納税者リストの第3位を占めていた。このとき首位の座にあったのは、坂道を転げ落ち始めたばかりのオスーナ公爵家。当時、オスーナ公爵家に次ぐセビーリャ県の大地主はペニャフロール侯爵家である[31]。

　一介の弁護士から身を起こしたバスケス・グティエーレスは、政界への進出にも色気を見せる。1833年にセビーリャの市議会議員に初当選を果たし、それから6年後にはこのアンダルシアの中心都市の市長に就任。晩年には、さらに終身の上院議員の身分をも手に入れた。また、身内からは閣僚も出ている。イグナシオの連れ合いのカンデラリア・ロドリーゲス・ルイスの妹マヌエラと結ばれ、1840年に内相に任命されたマヌエル・コルティーナ・アレンサーナである。バスケス・グティエーレスは、「自由主義の」スペインの紛れもない成功者だった。さらに、遅くとも1858年以降は、農業エリートが集う「〔セビーリャ〕県地主評議会（Junta Provincial de los terratenientes）」の代表の椅子にも座り続けている[32]。

　バスケス・グティエーレスの資産の拡大は、自由主義的農地改革を抜きにしては考えられない。自治体所有地の売却が開始された1855年だけでも、1,500ヘクタール近い土地を買い漁っている[33]。一族の躍進の、そもそもの端緒は1805年。この年、ゴドイのデサモルティサシオンに乗じて、イグナシオの母方の祖父テオドーロ・グティエーレスがセビーリャに142ヘクタールの土地を手に入れたのである。イグナシオが残した不動産のなかでもとりわけ資産価値の高かった大農場の1つに、セビーリャ近郊に広がる525ヘクタールの「ガンボガス」がある。自身の子息のフェリーペとともに、テオドーロはカルトゥジオ修道会がセビーリャに所有する、この大農場のなかの300ヘクタール以上の耕作を任された大借地農だった[34]。その「ガンボガス」を1851年に買い取るのが、フェリーペの姉または妹で、そのほぼ半世紀前にイグナシオを産んでいたマリーア・マヌエラ・グティエーレスである[35]。

　ところで、地方別に見てみると、1933年にスペイン国内の農業部門で使用された蒸気機関の49パーセントを、同じくトラクターの22パーセントをともにアンダルシアが占めていた、とのデータが残されている。もとより少数では

あれ、南スペインの大地主たちはピレネーの南における農業の刷新にパイオニア的な役割を演じたのだった[36]。そして、その先陣を切ったのもバスケス・グティエーレスである。蒸気式脱穀機については、ヘレス・デ・ラ・フロンテーラとその周辺では1909年には概ね定着を見るまでになっていた。既にそのほぼ半世紀前、「ガンボガス」の大地主はイギリスのランサム社やマコーミック社の農機具の輸入に多大な関心を示し、1859年には刈り取り機の、さらに64年には蒸気式脱穀機の自身の農業経営への導入を図っている[37]。

さらに、1858年以降、セビーリャ県内の農業への「科学的な原理」の普及を狙って農学校の設立を構想したのも、これまたバスケス・グティエーレスその人だった。自らの「ガンボガス」をパリのグリニョンの農業試験場に見立てたうえでの、バスケス・グティエーレスの野心的な計画は、紆余曲折を経て1867年にときのナルバーエス政権の承認を取りつける。しかし、「ガンボガス」の大地主の意欲と見込みに反して、農学校の運営は目ぼしい成果を得られないままに頓挫してしまったらしい。それでもなお、バスケス・グティエーレスの営為にアンダルシアの農業ブルジョワジーの資本主義的・企業家的な精神の最も尖鋭な発現を認めるのは、その遺書を縦横無尽に読み解いてみせた農業史家のフランソワ・エランである[38]。

少なからざる旧領主貴族が時代の波に乗れぬまま窮地に立たされ、その資産が農業ブルジョワたちの手に移ったとすれば、双方の「共生」が危ういバランスの上に成立していたことは間違いない。自由主義的農地改革が開始されたあたりでは、総じて旧領主貴族の農業ブルジョワジーに対する優位は自明だった。しかし、その優位は持続しない。ほとんど確実に「世紀末の農業危機」を大きな境目として、土地所有における旧領主貴族の優位は失われる。第2共和制が生まれる間際の1930年代初頭には、農業エリートの主役の座はとうに交代していた。双方の力関係の逆転は、第2共和制の農地改革の方向にも影響を及ぼす。農地改革の課題に直面した際、保身に走る農業ブルジョワの間からは、「共生」の「片割れ」を犠牲にしたうえでの自らの逃げ切りを画策する声も上がることだろう。根っからの「農業」ブルジョワではなかったにせよ、そんな声を上げた貴族ではない有産者の1人に、われわれは既に出くわしている。旧スペイン大公を「共和国の公然と敵」と呼んで憚らなかった、あのマヌエル・アサーニャである。

ここで、地理学者のラファエル・マタ・オルモが作成した1872年当時の、「ガ

ンボガス」の大地主の名が登場しないところから推察すると、その資産の生前贈与の手続きが完了していたと思われる時点でのコルドバ・セビーリャ・ハエンの3県における農業部門の高額納税者のリストを見ておく。このリストによると[39]、上位の10名は、第7位のイグナシオ・バスケス・パルラデを除いてすべて旧領主貴族が占めている。第1位はオスーナ公爵家で、メディナセーリ公爵家とアルバ公爵家がその後を追っている。いずれもコルドバ県内がお膝元のグアダルカサル侯爵家、フェルナン・ヌーニェス公爵家、ベナメヒ侯爵家、トーレス・カブレーラ伯爵家、バルデフローレス侯爵家、ベガ・デ・アルミーホ侯爵家は、それぞれリストの第4位、第8位、第9位、第15位、第17位、第49位に顔を出している。

農業ブルジョワの方に目を転じてみれば、同じリストのなかの第58位に登場するイグナシオ・バスケス・ロドリーゲスは、イグナシオ・バスケス・グティエーレスの長男。バスケス・グティエーレスは、伴侶のカンデラリア・ロドリーゲス・ルイスとの間に9人の子どもをもうけた[40]。「ガンボガス」の大地主の存命中はもとより、バスケス一族はその後もガメロ・シビコ、ベンフメア、オスボルネその他、セビーリャ県内外の有力な農業エリートとの婚姻関係の構築を通じて資産の維持に努めた。バスケス・グティエーレスの令嬢の1人の結婚相手は、エンリーケ・テルネーロ・ベンフメアである[41]。

件のリストの第7位に着けたイグナシオ・バスケス・パルラデの出自は不明。とはいえ、少なくともバスケス家とパルラデ家との間で1度ならず婚姻が取り交わされたことは、エランの研究が裏づけている。さらに、同じリストには、バスケス一族と婚姻関係を既に結んだ、あるいは結ぶことになることが確認される農業エリートのうち、ベンフメア姓を持つエウヘニオとパブロが第34位と第63位に、ガルベイ姓を持つパトリシオが第36位に、ガメロ・シビコ姓を持つフランシスコが第71位にそれぞれ名を連ねていた。

それから60年以上のときが流れた1933年、収用を視野にIRAが作成した、ラティフンディオのありようの一端が綴られた原簿に依拠した農業史家のフェルナンド・パスクアル・セバーリョスの分析によると[42]、セビーリャ県における大地主の筆頭はやはり名門貴族のインファンタード公爵家である。同家は、フエンテス・デ・アンダルシア、ヒレーナ、エステーパの3つのプエブロに都合8,388ヘクタールの不動産を抱えていた。セビーリャ県内に5,000ヘクタール以上の土地を持つ貴族の家系には、他にアルバ公爵家とトーレス・デ・ラ・

プレッサ侯爵家がある(それぞれ、6,803ヘクタールと6,710ヘクタールを所有)。アルバ公爵家はもちろん、他のインファンタード公爵家もトーレス・デ・ラ・プレッサ侯爵家も旧スペイン大公である。農業ブルジョワでは、6,400ヘクタールのと5,692ヘクタールの土地をそれぞれ擁するサンチェス・イバルグエン・コルバーチョとアランダ・アランダの両家が同じ範疇に属していた。

　しかし、同じくパスクアル・セバーリョスに従って1,000ヘクタール以上5,000ヘクタール未満の土地の所有のありさまを見てみると、「共生」する双方には「世紀末の農業危機」以前とは大きく隔たった構図が浮上する。セビーリャ県内に1,000ヘクタール以上2,000ヘクタール未満の土地を持つ農業エリートの内訳は、ブルジョワの72人に対して、貴族は33人。その所有地の面積の合計も、ブルジョワの94,700ヘクタールに対して、貴族は45,841ヘクタール。2,000ヘクタール以上5,000ヘクタール未満については、20人のブルジョワが61,353ヘクタールを所有するのに引き換え、貴族は14人が39,047ヘクタールを所有するだけに留まっていた。さらに5,000ヘクタールを超える最大級のラティフンディオを持つ先の「4家」〔「5家」？〕をも含めて以上を合計すれば——パスクアル・セバーリョスは、ここでは5,000ヘクタール以上の土地を持つ貴族を「3人」ではなく「2人」とし、その面積を併せて11,899ヘクタールと記している——、ブルジョワの所有地216,048ヘクタールに対し、貴族のそれは87,787ヘクタール。セビーリャ県では、このように土地所有をめぐる旧領主貴族とブルジョワジーとの関係は逆転していた[43]。

　類似の傾向は、コルドバ県においても観察される。現代史家のアントニオ・バラガン・モリアーナが作成した1900年の同県における市町村別の高額納税者のリストのなかで[44]、首位を占めたのは12,823ペセータを国庫に納入したパルマ・デル・リオのフェーリクス・モレノ・ベニート。ところが、先の1872年のリストには、モレノ姓もベニート姓も見当たらない。19世紀最後のこの年、県庁所在地で最も高額の地租(9,522ペセータ)を支払ったのは、ときのトーレス・カブレーラ伯爵ことリカルド・マルテール・イ・フェルナンデス・デ・コルドバ・ベルヌイ・イ・グティエーレス・デ・ロス・リーオスである。しかし、IRAが公表した原簿に基づいて地理学者のアントニオ・ロペス・オンティベーロスらが作成した、1933年の段階でコルドバ県内に1,000ヘクタール以上の土地を持っていた農業エリートのリストのなかに[45]、リカルド・マルテールの血筋の名は出てこない。

第 2 章　アンダルシア

　コルドバ県関連のこの IRA の原簿の上位 10 名のなかで貴族の称号を持つのは、第 3 位のラ・グアルディア侯爵夫人ことホセファ・アルテアガ・イ・エチャグエと、第 5 位のメディナセーリ公爵ことルイス・フェルナンデス・デ・コルドバ、それに第 9 位のビアナ侯爵ことファウスト・サアベドラ・イ・コリャードの 3 人だけである。第 1 位のカルメン・ラミーレス・モラーレスは、エスピエールに 9,121 ヘクタールを所有していた。カルメン・ラミーレスに次ぐのは、これもエスピエールとオルナチュエーロスに都合 8,788.7 ヘクタールを持つカルメン・ゴメス・モンテーロ。両者は、ともにエストレマドゥーラのバダホス県に住む。

　マドリード在住のラ・グアルディア侯爵夫人は、エル・ビーソとオルナチュエーロスに合計 8,316.4 ヘクタールを擁していた。同じくマドリードに暮らすスペイン切っての大地主、メディナセーリ公爵はカストロ・デル・リオ、コルドバ、サンタエーリャ、モンタルバン、モンティーリャに併せて 8,032.6 ヘクタールの土地を持つ。フランス国境に近いバスクのサン・セバスティアンに暮らすビアナ侯爵がオルナチュエーロスとサンタエーリャとポサーダスに抱える土地の合計は、4,463.5 ヘクタールである。5 人がいずれもコルドバ県在住の人間ではなかったという事実は、国内各地の金満家たちにアンダルシアのラティフンディオが魅力的に見えていたことの 1 つの証左だろう。

　もちろん、第 4 位のアントニオ・モンテネグロ・モリーリョ以下、地元コルドバ県の大地主も多数に上る。モンテネグロ・モリーリョは自身が暮らすフエンテ・オベフーナの他、コルドバ、ラ・グランフエラ、ロス・ブラスケスに併せて 8,233.9 ヘクタールを持つ。だが、1930 年代のコルドバ県の農業エリートを語る際に忘れられてはならないのは、パルマ・デル・リオに 3,521.5 ヘクタールの土地を所有していたフェーリクス・モレノ・アルダヌイの存在である。IRA の原簿では第 13 位に座を占めたこのモレノ・アルダヌイは、19 世紀末にパルマで一番の大地主に躍り出ていたフェーリクス・モレノ・ベニートの子息である。2 人の優れたノンフィクションの書き手、ドミニク・ラピエールとラリー・コリンズのペンを通じて、モレノ・アルダヌイは強欲にして残忍な農業経営者としてその「悪名」をやがて世界中に轟かせることになる。

　フェルナン・ヌーニェス公爵家は措くとして、1873 年のリストに名を連ねたグアダルカサルとベナメヒとベガ・デ・アルミーホ、それにバルデフローレスの 4 つの侯爵家については、もはや斜陽の一途をたどっていた観は否めない。

第2共和制期、グアダルカサル、ベナメヒ、ベガ・デ・アルミーホの3家がコルドバ県内に所有していた土地は、いずれも1,000ヘクタールに達していない（フェルナン・ヌーニェス公爵ことマヌエル・ファルコ・イ・アルバレス・デ・トレードは、フェルナン・ヌーニェスだけで1,990.6ヘクタールの土地を所有）。
　1933年、ベナメヒ侯爵家にはセビーリャ県のウトレーラとラス・カベサス・デ・サン・フアンに併せて2,438ヘクタールの所有地があった[46]。しかし、61年前にアンダルシアで最も豊かな大地主の家系の1つであった当時の面影はどうやらない。1930年のベガ・デ・アルミーホ侯爵家についても、モントーロでは他の農業経営者を差し置いて最高額に達したその課税対象所得（80,864ペセータ）が目立つ程度である[47]。残るバルデフローレス侯爵家のホセ・マリーア・ルビオ・カスティリェッホは、1933年の時点でコルドバに1,742.5ヘクタールの土地を維持している。だが、1877年当時、同侯爵家はコルドバ・セビーリャ・ハエンの3県に合計7,787.1ヘクタールの、コルドバ県の県庁所在地に限っても3,773.84ヘクタールの土地を抱えていたのである[48]。
　1930年に「貴族」に分類された大地主のなかにはブルジョワからの成り上がりが多数含まれていた事実をも加味すれば、件の「逆転」は上記の数字以上に際立つだろう。経済的な成功を収めながらも、「平民」としての自身の境遇に飽き足らない成金たちが執着したのが、貴族の称号の獲得だった。「革命の6年間」唯一の国王だったアマデオ1世の短かった統治期間（1871 - 73年）と、半世紀以上に及んだ復古王政期を併せて、スペインでは288人が貴族の仲間入りを果たした。アルフォンソ13世の親政の時代にほぼ合致する19世紀最後の年から1931年までの間だけでも、13人が公爵に、92人が伯爵に、88人が侯爵に、17人が子爵に、18人が男爵にそれぞれなりおおせている。
　落ち目のオスーナ公爵家に多額のかねを貸しつけた銀行家のエスタニスラオ・デ・ウルキーホも、斜陽のメディナシドニア公爵家が手放す他なかった土地を貪欲に買い漁ったガルベイ家やラリオス家も、凡俗にはまぶしいばかりの「勲章」を手に入れる[49]。1933年、セビーリャ県のモロン・デ・ラ・フロンテーラに1,574ヘクタールの土地を所有していたビリャ・デル・タホ侯爵は、その姓をビリャロン・ダオイス・イ・アルコンという。このビリャロン・ダオイス家も根っからの貴族ではなく、オスーナ公爵家の大借地農から身を起こしていたのだった[50]。
　1912年に首相に就任するロマノネス伯爵ことアルバロ・フィゲローア・トー

レスにしても、実の父はもともと一介の実業家だった。1852 年、紛れもない名門の家柄とはいえ、極度の困窮に喘いでいた貴族の娘を娶って一躍社会的な名声を手にする足がかりを得たのが、イグナシオ・フィゲローアである。このイグナシオとアナ・デ・トーレスとの婚姻ほどに、19 世紀のスペインにあって貴族とブルジョワジーとが「共生」した、あるいは「共生」しなければならなかった理由を如実に物語るエピソードは他にないかもしれない[51]。

　復古王政最後のバルセローナ市長を務めたフアン・アントニオ・グエル・イ・ロペスは[52]、グエル伯爵とコミーリャス侯爵の称号を併せ持ち、スペイン大公にも叙せられた。だが、グエル一族が貴族の仲間入りを果たしたのは、天才建築家の名を欲しいままにしたアントーニ・ガウディのパトロンとしても知られたフアン・アントニオの、たかだか 2 代前のことにすぎない[53]。しかし、「素性」の違いには一切関わりなく、1932 年 9 月の農地改革法はグエル・イ・ロペスの所有地をメディナセーリ公爵家ら「生粋の」名門貴族のそれと同列に扱う。グエル伯爵兼コミーリャス侯爵はその所有地 23,719.94 ヘクタールのうち、エストレマドゥーラのカセレス県にあった 13,669.93 ヘクタールを一旦は奪われる破目に陥るのである。

　セビーリャ県に話を戻せば、1873 年のリストにあった有力な農業ブルジョワのベンフメアの家系からも貴族が出ている。グアダロルセ伯爵の称号を手に入れるとともに、1920 年代のプリモ独裁期に勧業相を務めたのは、ラファエル・ベンフメア・ブリン。その弟と思われるホアキン・ベンフメア・ブリンも、ベンフメア伯爵の肩書を持つ。1936 年 7 月、セビーリャの「アカども」を無慈悲に屠った後、ケイポ・デ・リャーノ将軍はベンフメア伯爵をセビーリャ県議会議長に指名する。「兄弟殺し」に幕が引かれた後、フランコ将軍もこの貴族を産業相に迎え入れるだろう。また、セビーリャ制圧の過程で反乱軍に食糧を提供したモンテフロリード伯爵とは、サンティアゴ・ベンフメア・ロペス・デル・ピラルゴのことである[54]。

　コルドバ県内に多大な不動産を擁した、バルセローナのグエル・イ・ロペスと同じくブルジョワ出身の「大公」もいた。第 2 共和制の発足前夜、国内に併せて 7,166.97 ヘクタールの土地を抱えていたビアナ侯爵こと、ファウスト・サアベドラ・イ・コリャードである。農地改革のための原簿（1933 年）に関連して先にも取り上げておいたこのビアナ侯爵も、都合 2,970.93 ヘクタールの所有地をやはり一旦は没収される。このうち、2,027.29 ヘクタールがコルドバ

145

県内に集中していた。サアベドラ家が貴族の称号を手にしたのは、復古王政の幕が開いて間もない 1875 年のこと[55]。ファウスト・サアベドラの体内に流れるのは、紛れもないブルジョワの血だった。

同じ 1933 年の IRA の原簿によれば、オルナチュエーロスとパルマ・デル・リオに併せて 2,390.20 ヘクタールを所有していたのが、モンテシオン侯爵ことフランシスコ・ガメロ・シビコ・イ・ポッラスだった。同じく 1933 年、セビーリャ県のアルカラ・デ・グアダイラとカスティリェッハ・デル・カンポに 1,464 ヘクタールの土地を持っていたカサ・デ・ポンセ・デ・レオン伯爵の姓は、ガメロ・シビコ・イ・ポッレスという[56]。ベンフメアやガルベイと同じくイグナシオ・バスケス・グティエーレスとも縁があったガメロ・シビコの姓を持った人間たちのなかにも、「平民」の地位に甘んじることを嫌がった野心家がいたわけである。「兄弟殺し」のさなかや、その直後にフランコ派の軍法会議の検事を演じるコルドバ県農業会議所代表のホセ・ラモン・デ・ラ・ラストラ・イ・デ・ラス・オセスにしても、自慢のその肩書き（ウヘーナ・デ・ラ・ラストラ侯爵）は祖先が 19 世紀に獲得したものにすぎない[57]。

註
（1） 1930 年 12 月 31 日の時点でのカディス県の土地所有の実態については、Carrión, *Los latifundios*, p.237-241.「ラティフンディオ」には、差し当たり「大規模な経営を行なう、かなり広大な面積の農地」以上の意味はない（ベルナル『ラティフンディオの経済と歴史』26 ページ）。一応の目安として、カリオン自身は 250 ヘクタール以上の土地をその範疇に入れている（Carrión, *Los latifundios*, p.81.）。われわれも、『スペインのラティフンディオ』の著者のこの線引きに従うことにする。
（2） *Ibid.*, p.222. 1930 年 12 月 31 日の時点でのセビーリャ県の土地所有の実態については、*ibid.*, p.226-233.
（3） Andres Masanet, Vicente Payal, Pascual Carrión, José Ortigosa, Luis del Rey, Valentín Martín y Juan Calmarsa, "El problema agrario en Andalucía", *Boletín de la Junta Central de Colonización y Repoblación Interior*, 1919, 2° tri., pp.50-51.
（4） Carrión, *Los latifundios*, pp.304-305.
（5） Adrian Shubert, *Historia social de España (1800-1990)*, Madrid, 1991, pp.85-89.
（6） ベルナル『ラティフンディオの経済と歴史』93 ページ。
（7） Pascual Cevallos, *op.cit.*, p.30.
（8） ベルナル『ラティフンディオと経済の歴史』75 - 76 ページ。自治体所有地の「不法な」囲い込みをも交えた、アンシャン・レジームのアンダルシアにおける土地

第 2 章　アンダルシア

の集中のありさまについては、芝修身『近世スペイン農業／帝国の発展と衰退の分析』昭和堂、2003 年、328‐332 ページ。
（9） ベルナル『ラティフンディオと経済の歴史』86 ページ。
（10） Germán Rueda Hernanz, *La desamortización en España: un balance (1776-1924)*, Madrid, 1997, pp.60-63.
（11） *Ibid.*, pp.23-26
（12） *Ibid.*, pp.35-37.
（13） *Ibid.*, pp.55-56.
（14） *Ibid.*, pp.66-67.
（15） Antonio López Ontiveros, *Emigración, propiedad y paisaje agrario en la Campiña de Córdoba*, Barcelona, 1973, p.363.
（16） ベルナル『ラティフンディオの経済と歴史』83‐84 ページ。
（17） 18 世紀のオスーナ（現セビーリャ県）では、自治体に帰属する、特に肥沃な土地が複数の有力な labrador のもとに集積された（Carrión, *Los latifundios*, pp.46-47.）。もともと、labrador とは領主貴族の土地での耕作に従事していた借地農を指す。自由主義体制のもとで農業ブルジョワへと変貌するのは、それ以前に蓄財に成功していた「有力な」大借地農たちだった。labrador は、やがて「農業経営者」へとその意味合いを広げていく（Juan Martínez Alier, *La estabilidad del latifundismo. Análisis de la interdependencia entre relaciones de producción y conciencia social en la agricultura latifundista en la Campiña de Córdoba*, Paris, 1968, pp.321-322.）。
（18） 1930 年 12 月 31 日の時点でのコルドバ県の土地所有の実態については、Carrión, *Los latifundios*, pp.214-220.
（19） IRS, *Información sobre el problema agrario*, p.95.
（20） López Ontiveros, *Emigración*, pp.368-369.
（21） Manuel Pérez Ledesma, *Estabilidad y conflicto social. España, de los iberos al 14-D*, Madrid, 1990, pp.144-150.
（22） Caro Cancela, *La Segunda República en Cádiz*, p.41.
（23） 旧スペイン大公の所有地への農地改革法の適用については、Maurice, *La reforma agraria en España*, pp.134-135. マヌエル・アサーニャにより、1932 年 8 月のサンフルホ将軍の軍事行動に絡めて農地改革の「標的」に強引に仕立て上げられた観の強い名門貴族たちのなかにあって、第 2 共和制への敵意が特に目立ったのが、アルバ公爵（ハコーボ・ストゥアール・イ・ファルコ）である。アルバ公爵は、マドリードの王政派紙『ABC』のロンドン特派員として「控えめながら効果的な反共和国活動を展開した」ルイス・ボリンの「もっとも重要な味方」だった。1936 年 7 月 19 日にフランコ将軍を、将軍が事実上それまで左遷されていたカナリア諸島のラス・パルマスからモロッコのテトゥアンへと送り届けた後、このボリンは未来の独裁者のプロパガンダ担当に抜擢される（ビーヴァー、前掲邦訳、

上巻、138 ページ)。「兄弟殺し」に幕が下されるわずか前にフランスとともにイギリスがフランコ政権の承認に踏み切った際、アルバ公爵はさっそくロンドン駐在のスペイン大使に任命された。ハコーボ・ストゥアールは、ウィンストン・チャーチルともかねて昵懇の間柄だった(同邦訳、下巻、399 - 400 ページ)。

(24) Rafael Mata Olmo, *Pequeña y gran propiedad agraria en la depresión del Guadalquivir: aportación al estudio de la génesis y desarrollo de una estructura de propiedad agraria desigual*, Madrid, 1987, II, p.64. メディナセーリ公爵家やアルバ公爵家でさえも、少なくとも 19 世紀の半ばまでは多額の負債を抱えて難渋していた(Shubert, *op.cit.*, p.95.)。

(25) Martínez Alier, *La estabilidad*, p.323.

(26) Mata Olmo, *Pequeña y gran propiedad*, II, pp.164-168.

(27) Shubert, *op.cit.*, pp.92-93.

(28) R. Mintz, *op.cit.*, pp.33-37. 第 2 共和制の「改革の 2 年間」には、ときのネグロン侯爵(サルバドール・イダルゴ・イ・パルド・デ・フィゲローア)の 10,000 ヘクタールを超える所有地のうち、およそその半分に当たる 5,152.77 ヘクタールが農地改革法に基づく収用の対象になる(Fernando Sigler Silvera, "Casas Viejas, latifundismo y reforma agraria", *Los sucesos de Casas Viejas*, pp.78-80.)。

(29) ベルナル『ラティフンディオの経済と歴史』87 - 88 ページ。

(30) Shubert, *op.cit.*, pp.104-105.

(31) François Heran, *Tierra y parentesco en el campo sevillano: la revolución agrícola del siglo XIX*, Madrid, 1980, pp.26-31.

(32) *Ibid.*, pp.85-93 y p.205.

(33) *Ibid.*, p.50.

(34) *Ibid.*, pp.60-62.

(35) 一旦デサモルティサシオンの対象となった後、さらに転売されていたこのカルトゥジオ会の大農場を、マリーア・マヌエラはモンパンシエ公爵から買い取った。モンパンシエ公爵は、フランスの「梨王」ことルイ・フィリップの御曹司。7 月王政を崩壊させた 1848 年の 2 月革命を嫌ってピレネーの南のセビーリャへ亡命、その翌年にマドリードの金融業者のビセンテ・ベルトラン・デ・リスから「ガンボガス」を購入した(*ibid.*, pp.106-109.)。1868 年 9 月にイサベル 2 世が祖国を追われた後、公爵は次期スペイン国王の候補者に挙げられたこともある。しかし、イサベル 2 世の義弟という「汚点」が周囲の反感を買ったため、その戴冠は実現しなかった。1861 年にイタリアの統一を成し遂げたヴィットーリオ・エマヌエーレ 2 世の子息、アオスタ公爵ことアメデオ(アマデオ)を国王に推挙したフアン・プリム将軍の暗殺(1870 年 12 月)を、このモンパンシエの仕業と見る説も囁かれる(Ángel Bahamonde, *España en democracia.El Sexenio,1868-1874*, Madrid, 1996, pp.65-69.)。

(36) ベルナル『ラティフンディオの経済と歴史』135 - 142 ページ。

（37） Heran, *op.cit.*, p.190.
（38） *Ibid.*, p.184 y pp.192-194.
（39） Mata Olmo, *Pequeña y gran propiedad*, II, pp.69-72.
（40） Heran, *op.cit.*, p.207.
（41） *Ibid.*, p.241.
（42） Pascual Cevallos, *op.cit.*, pp.28-29 y p.31.
（43） *Ibid.*, pp.26-27. 上記の註（42）のデータに従えば、「3人」の貴族の所有地の面積の合計は 21,901 ヘクタールに達する。その一方で、「2人」のブルジョワの所有地は併せても 12,092 ヘクタールにすぎない。しかし、パスクアル・セバーリョス自身の計算によれば、この範疇に入るブルジョワの所有地の総面積は 59,995 ヘクタール。そこで、5,000 ヘクタール以上の土地を持つ「ブルジョワ」のなかには「生身の」大地主ばかりではなく、いずれも主として干拓事業を請け負い（Antonio Florencio Puntas, *Empresariado agrícola y cambio económico,1880-1936 (Organización y estrategia de la patronal sevillana en los inicios de la modernización)*, Sevilla, 1994, pp.65-66.）、それぞれ 47,754 ヘクタールと 12,201 ヘクタールの土地を所有する2つの株式会社が含まれていたものと思われる（Pascual Cevallos, *op.cit.*, pp.32-33.）。ただし、2人の農業経営者と2社の所有地の面積は合計 72,047 ヘクタールに及ぶ。19世紀以来の農業エリートの関係の変貌や、当時のブルジョワによる土地所有の「圧倒的な」優位を疑う必要はむろんまったくないにせよ（Florencio Puntas, *op.cit.*, p.64.）、パスクアル・セバーリョスのデータ処理にやや杜撰な嫌いがあることは否めない。
（44） Antonio Barragán Moriana, *Córdoba: 1898-1905. Crisis social y regeneracionismo político*, Córdoba, 2000, pp.205-209.
（45） Antonio López Ontiveros y Rafael Mata Olmo, *Propiedad de la tierra y reforma agraria en Córdoba(1932-1936)*, Córdoba, 1993, pp.163-170. この IRA の原簿からは、バエナ、ブハランセ、プリエーゴ・デ・コルドバの各地方裁判所の管轄地区に含まれる 12 のプエブロのデータが抜け落ちている。いずれも、散逸してしまったものと思われる（*ibid.*, pp.28-29.）。しかし、ブハランセの町長クリストーバル・ヒロン・ロメーラによると（*El Sur*, 29-III-1933.）、1933年春にはカストロ・エンリーケス公爵家の 1,500 ファネーガの、メディナセーリ公爵家の 300 ファネーガの、そしてアルバ公爵家の同じく 300 ファネーガの所有地が揃ってブハランセでの農地改革の対象に指定されていた。アルバ公爵家に関しては、「ボリシェヴィキの3年間」当時、3,000 ヘクタール以上の不動産をエル・カルピオ（ブハランセ地方裁判所管轄区）に持っていた事実が既述のとおり確認されるにもかかわらず、件の原簿には当然その記載もない。原簿では、同公爵家はコルドバ県内では県庁所在地、カストロ・デル・リオ、サンタエーリャに都合 1,815.1 ヘクタールを所有していただけになっている。そもそも、農業エリートの自己申告に基づいたこの原簿それ自体に、他にもかなりの遺漏や瑕疵があることも容易に想像される（López Onti-

veros y Mata Olmo, *Propiedad de la tierra y reforma agraria, loc.cit.*)。

(46) Pascual Cevallos, *op.cit.*, p.28.
(47) アントニオ・バラガン・モリアーナが、こちらの方は AHPC（コルドバ県立歴史文書館）が保有する統計から抽出した、1930 年当時のコルドバ県内のアギラール・デ・ラ・フロンテーラ、カストロ・デル・リオ、バエナ、ビリャヌエーバ・デ・コルドバ、ブハランセ、モンティーリャ、モントゥルケ、ラ・ランブラの 8 つのプエブロの高額納税者のリストに、モントーロを除けばベガ・デ・アルミーホ侯爵家の名は登場しない。ベナメヒとグアダルカサルの両侯爵家の名は、8 つの市町村のいずれにも見当たらない。ただし、ベガ・デ・アルミーホ侯爵家の課税対象所得は、カストロ・デル・リオにおけるメディナセーリ公爵家のそれ（70,504.60 ペセータ）を 10,000 ペセータ以上も上回っている（Barragán Moriana, *Realidad política*, pp.217-224.）。IRA の原簿では、メディナセーリ公爵家がカストロに持つ土地は 2,116.90 ヘクタール。とすれば、ベガ・デ・アルミーホ侯爵家のモントーロの不動産が 1,000 ヘクタールに届かなかったとは思われない。従って、われわれがここで依拠している AHPC と IRA のデータに立脚した 2 つのリスト、あるいはそれらのデータそのもののいずれか、または双方に誤記や欠落が含まれている可能性も指摘されうるだろう（本節註〔45〕をも参照）。しかし、われわれにはそれを検証する手立てがない。なお、IRA の原簿に基づいたリストには、グアダルカサルに 1,000 ヘクタール以上の土地を持つ 2 人の農業経営者の名が見える。しかし、その 2 人、レオン・ガルシア・バルトロメと M・ゲレーロ・アギラールはともに「平民」と覚しい（少なくとも件のリストには、称号の併記がない）。1900 年の時点での別のリストを見てみれば（史料的根拠は本節註〔44〕に同じ）、グアダルカサルでは 575 ペセータを支払ったエドゥアルド・カデーナス・レハーノが高額納税者の筆頭。このカデーナス・レハーノは、やはりグアダルカサル侯爵とは別人と思われる。念のために書き添えておけば、その所有地の規模は同じ年に 9,500 ペセータ以上を国庫に納めたコルドバのトーレス・カブレーラ伯爵のそれにはどう見ても遠く及ばなかったはずである。また、1900 年のベナメヒでの地租の支払い状況に関しては、同じリストにそもそも記載がない。
(48) Almansa Pérez, *op.cit.*, p.83.
(49) Tuñón de Lara, "La burguesía y la formación", pp.190-195.
(50) Pascual Cevallos, *op.cit.*, pp.29-30.
(51) Shubert, *op.cit.*, pp.98-100. ベナメヒ侯爵家も、ブルジョワの血を受け容れねばならなかったものと思われる。先に取り上げておいた、1933 年にセビーリャ県内の 2 つのプエブロに 2,500 ヘクタール近い土地を持っていたベナメヒ侯爵の姓は、サンフアン・イ・ガルベイである。ガルベイ姓は、バスケス・グティエーレスとの絡みその他で既に本節に登場している。もちろん、名門貴族と「平民」との出会いのすべてが、それぞれが持つ社会的な名声と財力とを天秤に掛けたうえでの政略の産物でしかなかったと決めつけたのでは無粋にすぎるだろう。ペドロ・アバ

に住む農業ブルジョワのラモン・デ・ポッラス・アイリョンが、バルデフローレス侯爵家の令嬢と結ばれたのは 1872 年。婚礼の儀は、同侯爵家が依然としてアンダルシア有数の大地主であった時分に執り行われた。ラモン・デ・ポッラスの、父方の祖父に当たるフランシスコ・ポッラス・メレーロはメディナセーリ公爵家の大借地農である。しかし、いずれにせよ、ラモンに先立つものがなければこの婚姻がありえなかったことも間違いない。1885 年から翌年にかけてのラモンの課税対象所得は 19,084.25 ペセータに達し、バルデフローレス侯爵家のそれの 18,618.25 ペセータを上回っていた。ラモン・デ・ポッラス・アイリョンは、1886 年にコルドバ県議会議長の地位を得る（Almansa Pérez, *op.cit.*, pp.42-49.）。

(52) 従って、1931 年 4 月にカタルーニャ左翼共和党のルイス・コンパニスに市長の座を明け渡さなければならなかったのも、このグエル・イ・ロペスである。グエル・イ・ロペスは、フランセスク・カンボが率いる「ブルジョワ的な」地域ナショナリズムの組織リーガの有力者の 1 人でもあった（Tébar Hurtado, *op.cit.*, p.28.）。カタルーニャにおける地域ナショナリズムの 2 つの流れに関しては、第 1 章第 4 節の註（12）で説明してある。

(53) Shubert, *op.cit.*, pp.154-155.

(54) Ortiz Villalba, *Sevilla 1936*, p.116 y p.223.

(55) Tuñón de Lara, "La burguesía y la formación", p.171.

(56) Pascual Cevallos, *loc.cit.*

(57) やはり 1936 年 7 月のカスカーホ大佐らの軍事行動に加担するホセ・マリーア・デ・アルベアールの父が持っていたラ・コルティーナ伯爵の称号が、このモンティーリャの白葡萄酒の醸造業者の先祖に与えられたのは、スペインが自由主義体制へと移行する以前の、18 世紀のアンシャン・レジームの時代のこと（Juan Ortiz Villalba の教示による）。しかし、ホセ・マリーアの体のなかに流れる血が「生粋の」貴族のそれではなかったことは、ホセ・ラモン・デ・ラ・ラストラの場合と同じである。因みに、メディナセーリ公爵の称号は 1479 年にイサベルとフェルナンド、つまり後の「カトリック両王」からルイス・デ・ラ・セルダに授けられたもの。ルイス・デ・ラ・セルダは、このとき既にメディナセーリ「伯爵」の地位にあった筋金入りの名門貴族。ルイス・デ・ラ・セルダのもとでは、700 人の下男が働いていたらしい。また、400 年ばかりの歳月を隔てて子孫たちに破滅のときが訪れることなど思いもよらぬオスーナ公爵家は、当時 300 人の召使いに「ロシアのツァーリを愚弄するために……毛皮の外套を着せていた」（エドゥアルド・ガレアーノ、大久保光夫訳『収奪された大地／ラテンアメリカ五百年』新評論、1986 年、81 ページ）。驚くばかりの浪費癖は、かねに飽かした 19 世紀や 20 世紀の成り上がりたちの専売特許ではなかった。それどころか、生半可な新興の農業ブルジョワには到底まねのできない桁外れの「先達」が確かにいたのである。

第 2 節

「世紀末の農業危機」のなかのアンダルシア

　ヨーロッパ人にとっての「新しい世界」からの大量の穀物類の「旧い世界」への流入に伴い、1870 年代から 19 世紀末にかけてヨーロッパ市場全体における農作物の価格は 40 パーセント以上もの大幅な下落を見た。この所謂「世紀末の農業危機」に直面して、「レッセ・フェール」の本家本元だったイギリスでは 1870 年から 85 年にかけての間に穀物類の耕地面積が一気に 30 パーセントも減少してしまう[1]。

　フランスの場合、第 2 帝政時代の、遅くとも末期には「危機」の予兆がひしひしと実感されていたらしい。エミール・ゾラの『大地』(1887 年) には[2]、「野蛮国」で収穫された小麦が、ナポレオン 3 世が統治するフランスの国内市場に「氾濫」する事態に頭を抱えるボースの農業経営者たちの苦悩が描き込まれている。1870 年代の後半、「突然に穀物輸入に依存していることを感知した」のがドイツである。1880 年に 1 キロ当たり 221 マルクだったプロイセンの小麦の価格は、その 6 年後には 157 マルクにまで低下してしまう。「野蛮国」に対抗すべく、「旧い世界」のなかで最も早く、1879 年以降、3 度にわたって農業の保護政策の強化を打ち出したのもドイツである[3]。

　1880 年代に入って「世紀末の農業危機」が深刻化したスペインでは、ドイツと同じように、復古王政が農業構造の抜本的な変化を余儀なくされる事態を嫌い、1891 年と 1906 年の 2 度、ヨーロッパで最も高い水準の関税障壁を設定してことに対処した。「ほとんど輸入禁止にも等しかった」この措置[4]のおかげで、経済史家のジョルディ・パラフォクス・ガミルの以下の分析が示すとおり[5]、「旧い世界」にあって、ピレネーの南を襲った「世紀末の農業危機」が相対的にみれば軽微な部類に属していたことは確認しておかれるべき事実だろう。即ち、1880 年の小麦価格の指数を 100 とすれば、イギリスとフランスは 95 年にそれぞれ 53.16、61.68 まで、イタリアとドイツはその前年の 94 年に 58.26、62.49 まで下落してようやく底を打つ。スペインの場合にも、1895 年に小麦価格は最低の水準にまで落ち込んだものの、その指数は 71.00 に留まって

いる。

　その一方で、1891 年の主だった食糧品価格の指標をこれも 100 とすれば、イギリス・イタリア・ドイツは翌年から、フランスも 1 年置いて 93 年から明らかな下降局面に入る。これらの 4 ヶ国が 1891 年の水準を回復するには、ドイツを除けば 20 年かそれに近いだけの時間を要した（イギリスは 1911 年、イタリアは 1909 年、ドイツは 1899 年、フランスは 1910 年）。だが、この 20 年間にスペインの食糧品価格が 1891 年の水準を下回ったことは 1 度もない。小麦価格が最安値を記録した 1895 年における食糧品価格の指数も 108.20。しかも、それは 1907 年には 134.91 を示して、第 1 次世界大戦よりも前の時期としては最も高い水準に届いているのである。

　そんなスペインにありながらも「世紀末の農業危機」にとりわけ敏感に反応せざるをえなかったのは、旧カスティーリャの、概して経営規模の零細な農業経営者たちだった。バリャドリ県では、1887 年の年頭に 110 キロ当たり〔ママ〕34.45 ペセータで取引されていた小麦が、翌年 9 月には 19.84 ペセータにまで暴落した[6]。1880 年代末のサモーラ県でも、小麦の値段は 10 年前に比べて 10 パーセントほど落ち込んでいた。同じ時期、旧カスティーリャではないものの、やはり北スペインにあるアラゴンのウエスカ県での小麦価格は、下落の幅がおよそ 30 パーセントに達している[7]。

　ささやかな土地に執着する零細農が多かったこの 3 県に、遠からず階級闘争を否定するカトリックのサンディカリズムが深く根を張ることになるのには、必然的な理由があったと考えられるだろう。カトリック労組 CNCA が産声を上げた 1917 年、バリャドリ県ではその傘下の 96 の組合が既に活動を展開している。この年、労使の隔たりがあまりに露骨なアンダルシアでは、有産者と無産者の協調を唱える CNCA はカディス・セビーリャ・コルドバの 3 県を併せてもようやく 16 の組合を抱えていたにすぎない[8]。

　強力な保護政策の推進は、「新しい世界」からの圧力にさらされた北スペインの零細農たちを救済するための「お上」の「恩情」の発露であったのか[9]。あるいは、不遇をかこつ貧しい同胞への「恩情」を装いつつも、復古王政はやはり農業エリートの意向を忠実に反映していたのだろうか。「世紀末の農業危機」に直面して保護政策の徹底を強く主張したロレンソ・ドミンゲス・イ・パスクアルは、セビーリャ県選出の大物代議士である[10]。いずれにせよ、南スペインの大地主たちは復古王政の手厚い保護主義の恩恵に浴しつつ、併せて生

産コストの削減を通じて「危機」を乗り切ろうとする。実際、アンダルシアの大土地所有制はその大枠において維持されることになる[11]。

とはいえ、もちろんアンダルシアも「世紀末の農業危機」の影響を免れることはできなかった。ヘレス・デ・ラ・フロンテーラの小麦価格も、1885年から89年にかけてやはり20パーセントほど下降した。だが、世紀末のヘレスの農業エリートを最も脅かしたのは小麦価格の下落ではなかった。1890年代には、さらにフィロクセラ（ブドウネアブラムシ）の大量発生が、このカディス県の、経済力では県庁所在地を大きく凌ぐものと思われる都市に恵みのシェリーをもたらす葡萄畑を広い範囲にわたって荒廃させていたのである[12]。

1860年代末から80年代半ばにかけてフランスの葡萄酒の醸造業界を窮地に追いやることによって、一旦はスペインに漁夫の利をもたらしたフィロクセラが[13]、ピレネーの南の葡萄畑に襲いかかったのは1870年のこと。1880年代の中葉にはカタルーニャから東アンダルシアまで、あるいはガリシアから旧カスティーリャまで、フィロクセラはスペインのあちこちで猛威を振るっていた。国内ではピレネーから最も遠いカディス県で、フィロクセラの被害が最初に報告されたのは1894年。この年、フィロクセラに食い荒らされたヘレス・デ・ラ・フロンテーラの葡萄畑はまだ18ヘクタールに留まった。しかし、15年後の1909年にはその規模は実に8,200ヘクタールにまで達しているだろう。

セビーリャ県内にありながらも、そのヘレス・デ・ラ・フロンテーラの労働市場に組み込まれていたプエブロの1つがレブリーハだった。コルドバ県のカンピーニャでのほとんど最初のリベルテール的な騒擾の勢いを完全に喪失させたのは、長期に及んだ1905年の日照りである[14]。春とはいえ既に焼けつくような太陽は、ヘレスにも、アソリンの知るレブリーハにもむろん容赦がなかった。フィロクセラと日照りに挟撃されたヘレスの農業エリートに、レブリーハからの労働力を受け容れるだけのゆとりはまったくない。後の「知識人の共和制」の名づけ親のペンによれば[15]、レブリーハの日雇い農たちはこのとき「1人残らず仕事を失っている」。このプエブロでの短い滞在の折、アソリンはたまたま面識を得た地元の医師から、日ごとに激しさを増していくばかりの当地での労使間の「憎しみ」への注意を喚起されている[16]。

深刻な打撃を受けた葡萄に取って代わったのが、小麦と並んでアンダルシアの農業を支えるオリーヴである。1880年を100として、1899年から1904年にかけてのヘレス・デ・ラ・フロンテーラの小麦畑と葡萄畑とオリーヴ畑の面

積の推移を見てみれば、それぞれ100、20（！）、150という指標が得られる[17]。この間に小麦畑の面積に変動が認められなかったのは、やはり復古王政の保護主義の賜物であったのだろう。それはともかく、フィロクセラがピレネーの南に初めてその姿を現した1870年には7,800ヘクタールだったヘレスの葡萄畑の面積は、83年には21,000ヘクタール近くにまで増大していた[18]。19世紀末のヘレスでは、シェリーの需要の大幅な伸びに呼応する形で、招かれざる遠来の客の貪欲な胃袋を満足させるだけの盛大な「晩餐」の支度が整えられていたのだった。

　1880年代以降、オリーヴ畑はアンダルシア全体でも大きな伸びを記録した。1888年には410,900ヘクタールだった南スペインのオリーヴ畑は、1903年には807,500ヘクタールへとほぼ倍増する。2つの数字は、全国のオリーヴ畑の総面積のそれぞれ55.7パーセントと60.6パーセントに相当した[19]。第2共和制期にオリーヴ油の生産高では全国最高を誇ったハエン県の場合、1879年から1934年までの間に、オリーヴ畑は160,000ヘクタールから320,000ヘクタールへと、これまた倍増している[20]。

　コルドバ県にも、むろんフィロクセラの毒牙を逃れるすべはなかった。1897年には、県内の少なくとも15の市町村が抱える葡萄畑55,154.58ヘクタールのうち、1,295.31ヘクタールにその被害が確認されている。このとき、われわれの知るアルベアールを最大手として、やはり白葡萄酒の醸造業で知られるモンティーリャの409.19ヘクタールの葡萄畑や、隣接するアギラール・デ・フロンテーラの176.69ヘクタールのそれは、ともにフィロクセラに食い荒らされるままになっている[21]。ほどなく、アギラールの農業経営者たちは葡萄畑のオリーヴ畑への転換に知恵を絞るだろう[22]。事実、1888年に24,313ヘクタールだったアギラールのオリーヴ畑は、1929年には34,886ヘクタールにまで拡大する[23]。

　ことにスペインが中立を維持した第1次世界大戦中には、それまでの主要な生産国だったフランスとイタリアが戦乱に見舞われた事情が大きく働き、フィロクセラがピレネーの北で狼藉の限りを働いていた時期の国内の葡萄酒の醸造業者たちにも似て、アンダルシアのオリーヴ栽培業界は黄金時代を謳歌する。1890年には2.61パーセントだった、グアダルキビール川に面したセビーリャ港を窓口とする輸出の総額がスペイン全体のそれに占める割合は、1914年には4.81パーセントにまで上昇した。パーセンテージを押し上げた最大の

要因は、コルドバ県のペニャロージャで採掘される鉛である。だが、農産物も全体の3分の1を占めており、そのなかに占めるオリーヴ油の比率が高かったであろうことは想像に難くない[24]。

もっとも、質の悪さに災いされて、アンダルシア産のオリーヴ油に対するスペイン内外での評価にはかねて厳しいものがあった。コルドバ県商工会議所の代表だったカルロス・カルボネールらの奮闘により、南スペインのオリーヴ油の精製技術に格段の進歩が認められたのは、他でもない、ヨーロッパに未曾有の被害をもたらした第1次世界大戦が繰り広げられた1910年代に入ってからのことである[25]。しかし、必死の努力も充分には報われない。「大戦争」の終結は、アンダルシアの農業にとっての頼みの綱のオリーヴ油の国際市場の喪失をも意味していたのである。

やはり1888年からの40年余りの間に、カストロ・デル・リオのオリーヴ畑はアギラール・デ・ラ・フロンテーラのそれを凌駕する規模で、具体的には4,858ヘクタールから10,603ヘクタールにまで拡大した。ただし、カストロのオリーヴ畑の面積は1909年の時点では6,163ファネーガ、4,000ヘクタール強であるから[26]、20世紀の最初の10年間には1888年よりもむしろ明らかに減少していた。このプエブロを取り囲むラティフンディオの相貌は、アンダルシアのオリーヴ栽培業界が歓喜に虚しく沸いた1910年代に顕著な変化を示したのだった。

「新しい世界」の葡萄の移植その他の試行錯誤の末に、モンティーリャの白葡萄酒の生産が1880年代の水準を回復したのは、やはりようやく1910年代を迎えてのこと。前後して、安いブランデーが商品化されたおかげでヘレス・デ・ラ・フロンテーラの葡萄畑もどうやらフィロクセラの痛手から立ち直る兆しを見せるものの、既に「ボリシェヴィキの3年間」は近い[27]。南米産の葡萄を移植する試みはヘレスでも行われており、1903年には「旧い世界」に持ち込まれた葡萄が初めて収穫されている。4年後、ヘレスでのフィロクセラの厄災はどうやら峠を越えていた。だが、移植のために輸入される葡萄への免税措置に示された復古王政の慈悲深さにもかかわらず、その恩恵に浴する「贅沢」が許されるのは農業エリートだけだった。40ほどの大手のもとへと葡萄畑の集中がいよいよ進行する背後で、それまで自身が持つささやかな土地で葡萄を育ててきた職人肌の男たちの多くが日雇い農への転落を余儀なくされる[28]。

半ば繰り返しになるものの、ここで念を押しておかねばならないことが1

つある。掲げられた「共生」の看板の後ろで、アンダルシアの農業エリートを構成する旧領主貴族と農業ブルジョワジーの相互の立場が、正しくそれぞれの土地所有の規模をめぐって最終的に入れ替わるうえでの決定的な転換点となったのも、この「世紀末の農業危機」の時代であったものと思われる。自由主義的農地改革の後も、しばらくの間はエリートの「片割れ」に対する貴族の優位を象徴するに足るだけの不動産をなおも持ち続けていたセビーリャ県のオスーナ公爵家が、ついには破産状態にまで追い込まれたのも、他でもない「農業危機」のさなかの19世紀末のことだった。

「旧い世界」にあってスペインが被った不況の痛手は近隣の他国に比べれば甚大ではなかったにせよ、小麦の価格が低迷するなか、コルドバ県では地価も大幅に下落した。ピレネーの南が「世紀末の農業危機」に突入した1880年から1900年にかけて、コルドバ県内の土地は1870年前後に比べて、約25パーセントも安い水準で取引されている。悪条件にもかかわらず、不動産を処分せざるをえなかったのが、長子相続の「特権」を失って久しい、しかも概して農業経営の才覚には乏しかったと思われる旧領主貴族たちだった。1870年代の前半にはまだ等しく農業エリートの地位にふさわしいだけの富に恵まれていたグアダルカサルとベナメヒ、そしてバルデフローレスの各侯爵家も、この時期には揃って資産の処理に頭を痛めねばならなかった[29]。

註
（1） Florencio Puntas, *op.cit.*, pp.205-207.
（2） エミール・ゾラ、田辺貞之助・河内清訳『大地』岩波文庫、2005年、上巻、122、212ページ。
（3） ハンス・ウルリッヒ・ヴェーラー、大野英二・肥前榮一訳『ドイツ帝国1871－1918年』未来社、2000年、72－77ページ。
（4） Antonio Miguel Bernal y Antonio Parejo Barranco, *La España liberal(1868-1923). Economía*, Madrid, 2001, pp.72-73. ただし、残念なことに、われわれの手許には「ヨーロッパで最も高い水準」にあり、「ほとんど輸入禁止にも等しかった」復古王政の農業関税に関する具体的な数字はない。因みに、「世紀末の農業危機」にスペインよりも一足早く見舞われたドイツでの、1879年以降の関税収入の激増も、その大半が農業部門に関わっていた（ヴェーラー、前掲邦訳、212－213ページ）。1880年に新たに発効したドイツの関税障壁は、ドイツへの穀物輸出に外貨獲得の多くを依存する一方で、やはり抬頭する「新しい世界」の競争力に苦悶する「旧い」ロシアとの外交関係の悪化を招く。ドイツの農業部門での関税率は1885年に5年

前の3倍の水準に設定され、87年にはさらにその「ほとんど倍近くに引き上げられた」（同邦訳、274‐275ページ）。遅れてスペインに築かれた「壁」も、少なくともドイツのそれに匹敵する高さと厚さに達していたはずである。

（5） Jordi Parafox Gámir, "Atraso agrario y modernización económica (1874-1931)", *España entre dos siglos. Cambio y continuidad,* Madrid, 1991, pp.168-172.

（6） José Sánchez Jiménez, "Tradición y modernidad en la sociedad rural castellano-leonesa", *España entre dos siglos,* p.293.

（7） Carlos Serrano, "*Colectivismo Agrario* en la obra de Joaquín Costa", Joaquín Costa, *Colectivismo Agrario en España*(1ª ed. 1898), Zaragoza, t. I, 1983, pp.25-28.

（8） 1917年、アンダルシアで誕生したCNCA傘下の組合がわずかに1つしかなかったことは「はじめに」の第3節で触れてある。残る15の組合はともかくもそれ以前から存在し、この年にCNCAに加盟したことになるのだろうか。同じころ、サモーラ県とウエスカ県にCNCAはそれぞれ50と41の組合を有していた。CNCA系列の組合が最も多かったのは、これも旧カスティーリャにあるブルゴス県。その数は163に達した（Castillo, *op.cit.*, pp.122-123.）。

（9） ベルナル『ラティフンディオの経済と歴史』164‐65ページ。

（10） Florencio Puntas, *op.cit.*, p.211.

（11） Antonio Miguel Bernal, "El rebaño hambriento en la tierra feraz", *Historia de Andalucía. VII. La Andalucía Contemporánea(1868-1983),* Barcelona, 1984, pp.76-83. 1882年12月、つまりスペインが「ヨーロッパで最も高い関税障壁」の1つ目を設けるよりも既に9年も前の時点で、グラナダのカトリック紙は「相当量の」外国産の小麦がアルメリアやセビーリャやマラガの港に荷揚げされているにもかかわらず、その価格に大きな変動が生じていない大きな理由を復古王政の保護政策に求めていた（岡住正秀「アンダルシア農村の労働危機をめぐって／19世紀後半のロハ市（1874‐1900年）」『北九州市立大学文学部紀要』第77号、2009年、39ページ）。1891年の実質的な「輸入禁止」を待つまでもなく、保護政策そのものは「自由主義」を標榜しつつも対外的な競争力に乏しいスペインの、従前からの切り札であったに違いない。「世紀末の農業危機」の祖国への襲来を見届けぬままこの世に別れを告げたイグナシオ・バスケス・グティエーレスも、農機具の輸入に関しては自由貿易論者でありながらも、「〔スペインが抱える〕農業の後進性に照らして」小麦その他の穀物類の輸入をめぐっては穏健な保護主義を支持する立場にあった（Heran, *op.cit.*, p.184.）。

（12） Juan Pan Montojo, *La bodega del mundo. La vid y el vino en España(1800-1936),* Madrid, 1994, pp.137-141.

（13） Bernal, *loc.cit.*

（14） Díaz del Moral, *Historia de las agitaciones,* pp.211-212.

（15） *El Imparcial,* 5-IV-1905, recopilado por Azorín, *Los Pueblos. La Andalucía Trágica y otros ensayos(1904-1905),* Madrid, 1982, pp.246-247.

(16) レブリーハの貧しい者たちを取り巻く環境を知悉するこの医師によると、1899 年に当地で死んだ 461 人のうち、46 人の死因が結核、161 人のそれが栄養失調であったという (*El Imparcial*, 17-IV-1905, recopilado por Azorín, *op.cit.*, pp.256-257.)。

(17) Enrique Montañés, *Transformación agrícola y conflictividad campesina en Jerez de la Frontera(1880-1923)*, Cádiz, 1997, pp.78-82.

(18) Kaplan, *op.cit.*, pp.12-23.

(19) Antonio López Estudillo,"Crisis finisecular, transformaciones agrarias y atraso económico. Andalucía 1870-1930", *La historia de Andalucía a debate, II. El campo andaluz. Una revisión historiográfica*, Barcelona, 2002, pp.159-160.

(20) Maurice, *El anarquismo andaluz*, p.73.

(21) Barragán Moriana, *Córdoba*, pp.34-36.

(22) *Diario de Córdoba*, 24-XI-1904.

(23) 1888 年と 1929 年のそれぞれの時点におけるコルドバ県のカンピーニャの主な市町村に広がるオリーヴ畑の面積については、López Ontiveros, *Emigración*, p.234.

(24) Arenas Posadas, *Una de las dos Españas*, pp.28-30.

(25) Teresa Romero Atela, "De ayer a hoy. Aproximación a la historia económica de Córdoba", *Axerquía*, núm. 17, 1998, pp.44-51.

(26) José Navajas Bravo, *Historia de la noble y real villa de Castro del Río*, Córdoba, 1909, p.12.

(27) Bernal, *loc.cit.*

(28) Kaplan, *op.cit.*, pp.189-190.

(29) Mata Olmo, *Pequeña y gran propiedad agraria*, II, pp.194-206.

第 3 節

「ヨーロッパで最も不幸な人々」の末裔たち

　今日の南スペインの大土地所有制のおおもととなるものの形成は、19 世紀の前半から中葉にかけて実施された自由主義的農地改革に遙かに先んじていた。そのもとで酷使される日雇い農たちもまた、件の「改革」が実施される過程で突如としてグアダルキビール川の中下流域に出現したわけではなかった。遅くとも 1492 年にレコンキスタが完了して以降、アンダルシアでは農業プロレタリアートは一貫して大土地所有制を支える重要な労働力であり続けた。ブラス・インファンテの所謂「アンダルシアの民」が「日の出から日の入りまで (de sol a sol)」長時間にわたって農作業を無理強いされる悪習の存在も、やはり遅くとも 15 世紀のカルモーナにまで遡って裏書きされる。16 世紀末のヘレス・デ・ラ・フロンテーラでは、労働人口の 6 割以上を農業労働者が占めていた。また、17 世紀のブハランセは、同時代のある郷土史家が書き残したところでは「ラティフンディオ」と「日雇い農」のプエブロであったという[1]。

　カルロス 3 世の統治時代にシエラ・モレーナへの入植事業に心を砕いたパブロ・デ・オラビーデが執筆した『農地法に関する報告』(1767 年) は、18 世紀中葉の南スペインの農業人口を地主 (propietario)、大借地農 (arrendador grande)、小借地農 (pequeño arrendador)、そして日雇い農 (bracero y jornalero) の 4 つの集団に分類している[2]。この「地主」は、明らかに「大地主」の謂いである。領主制が廃止され、今日的な私的所有の概念が確立するまでにはまだかな

南スペインの地域ナショナリズムの総帥、ブラス・インファンテ・ペレスがその救済を祈念した日雇い農たち (Andalucía, 1-X-1919.)。

り間があるものの、ペルー生まれの著名な啓蒙主義者に倣ってここは「領主」を「地主」としておく。因みに、「ラティフンディオ（latifundio）」が王立アカデミーが編纂するカスティーリャ語（スペイン語）の辞書に最初に掲載されたのは19世紀に入ってからのことらしい⁽³⁾。それは、不動産を「おいしい」商品と捉える、1830年代以降の自由主義的農地改革へと連なる新しい経済原理の胎動ともちろん無関係ではありえないだろう。

　地主は、4つの集団のなかで「最も数が少ない」。オリーヴ畑の直接経営に腐心する一部を除けば、地主は概して経営意欲に乏しい。多くの場合、彼らは自分たちの地所を貸していた。地主の後には1つの、または複数の地所をその地主から借りる大借地農が、そして大借地農の後にはアンダルシアでは「ペレントリン（pelentrín）」と呼ばれる小借地農がそれぞれ続く。大借地農は地主から借りた土地を自ら経営する者たちと、ことに劣悪な状態の土地を「ペレントリン」に又貸しする者たちとに分かれる。オラビーデは大地主や大借地農の無気力を厳しく断罪する一方で、小借地農の勤労精神を高く買っている。アンダルシアの借地の大半を耕しているのは、「慣例」に従って借地料の前渡しを強要される彼ら「ペレントリン」に他ならない。

　そして、南スペインの農業人口の底辺に位置するのが「数多くの」日雇い農である。極めて稀に「2ファネーガから3ファネーガほどの」零細な土地を借りている者もいるにせよ、その大多数は自身の「両腕（brazos）」を除いて生活を維持する手段を持たない。「裸も同然の」彼ら日雇い農は、農繁期には小麦やオリーヴの収穫作業に駆り出され、辛うじて糊口を凌ぐことができる。しかし、日照りや長雨にたたられた凶作の折には、もはや乞食に身をやつす他はない。例年、冬を迎えたセビーリャの街頭は数千名にも上る乞食であふれていた。1年の半分を乞食として過ごさなければならないアンダルシアの日雇い農たちを、オラビーデは「私が知る限り、ヨーロッパで最も不幸な人々」と呼んだ⁽⁴⁾。

　18世紀の中葉、オラビーデは有能でありながらも、自分が借りた地所から追い立てられる危険と常に隣り合わせの、これまた「不幸な」「ペレントリン」の、国家のイニシアティヴのもとでの安定した農業経営者への転換を提唱した。だが、そのいずれが重視されるべきかどうかはさておき、1830年代以降に正しく「国家のイニシアティヴ」により断行された教会や自治体所有地の売却と、1880年代からの「世紀末の農業危機」のなかでの貴族の破産を通じて土地の

集中がさらに促進された結果、「ペレントリン」はその多くが完全な日雇い農への転落の瀬戸際に立たされる破目になる。20世紀の初頭、アンリ・ロランは南スペインになおも細々と生きながらえていた「ペレントリン」の絶滅への見通しを語るだろう⁽⁵⁾。アルメリア県を除くアンダルシア7県の日雇い農の数は、1860年には約450,000。それから60年後には、「ヨーロッパで最も不幸な人々」の末裔たちはおよそ700,000人にまで増加していた⁽⁶⁾。

ただし、自由主義的農地改革から「世紀末の農業危機」を経て社会構造の分極化が大いに進んだ南スペインにあっても、中農や小農が完全に一掃されてしまったわけではやはりない。『犯罪の集落への旅』の著者の観察に反して、事件当時のカサス・ビエハスにも、それぞれ60ヘクタールほどの土地を持つアントニオとフアンのペレス・ブランコ兄弟がいた。また、「世紀末の農業危機」のさなかの19世紀最後の年、この集落に暮らすスアレス家の4人の兄弟は、自分たちが所有する合計2,200ファネーガの土地を共同で経営していた。兄弟の1人であるホセの証言では、スアレス家は「ごく少数の」農業労働者を雇っていたという⁽⁷⁾。

第2共和制初期の1931年4月から8月までの間、このホセ・スアレス・オレリャーナはメディナ・シドニアの町役場の助役としてカサス・ビエハスの行政の一端を引き受けることになる。ホセ・スアレスは、カサス・ビエハスの社会党の代表だった。集落の行政のあり方をめぐってこのホセと対立し、アナルコサンディカリスト労組へ移籍したフアン・ソパス・ロドリーゲスによると⁽⁸⁾、1932年のこの集落ではCNTに300人ほどが、社会党に20人から25人ほどが在籍していた。もちろん裕福とまではいかぬにせよ、カサス・ビエハスのCNTを率いるホセ・モンロイもまた、それなりの数の家畜を放し飼いにするだけの土地を持つ身ではあったらしい。

ロランの予想を裏切って、「世紀末の農業危機」をともかくも生き延びた「ペレントリン」もいる。エル・ビソ・デル・アルコルの社会党に在籍する活動家で、人民戦線時代にはセビーリャ県のこのプエブロの村議会議員になったのが、1911年生まれのアントニオ・レオン・ヌーニェスである。アントニオの父親は、近隣のカルモーナの土地を借り受ける「ペレントリン」だった。もっとも、次章で述べられるように、19世紀の末から20世紀の初頭にかけての一時期、「お上」により強いられたそれまでの眠りからようやく目覚めようとしていたセビーリャ県内のリベルテールたちの動向を追跡したジャーナリストのホセ・ガ

ルシア・オレフエラは、「4 ファネーガから 6 ファネーガばかりの」零細な土地を借り受ける 20 世紀初頭の「ペレントリン」の大方を、実質的な「日雇い農（bracero）」と見なしている。

　ガルシア・オレフエラの取材では[9]、アンダルシアには「20 ファネーガから 100 ファネーガの」土地の経営に従事する「マジェーテ（mayete）」と呼ばれる集団も存在した。自らも土地を持つ「マジェーテ」は、農業エリートのもとでの賃金労働をも厭わずに元手を蓄えた「ペレントリン」からの出世組である。カディス県のチクラーナ・デ・ラ・フロンテーラのアナルコサンディカリスト、ディエゴ・ロドリーゲス・バルボーサの父親も、この範疇に属する農民だった[10]。「マジェーテ」への脱皮を果たした「ペレントリン」の数は、むろん多くはなかったに違いない。それでも、もの心がついたころのレオン・ヌーニェスは、周囲が恒常的な飢えと失業に苦しむなかにあって、自分の家族がまだ「ましな」環境のもとに暮らす幸運に恵まれていた事実を既にしっかりとわきまえていたらしい[11]。

　コルドバ県のモントーロが舞台と覚しいエステーバン・ベルトラン・モラーレスの小説『マノリン』には、「ラビアンティン（rabiantín）」という名の、「ブルジョワの仲間とも、農業労働者の仲間とも見なされないために」周囲から「最も忌み嫌われている」小地主たちが登場する[12]。この「ラビアンティン」も「マジェーテ」とほぼ等しい境遇にあったものと思われる。ただし、管見の限りでは「ラビアンティン」も、カディス県やセビーリャ県のあちこちに散見される「マジェーテ」もディアス・デル・モラールの名著には出てこない。

　もちろん、グアダルキビール川沿いの土地所有のあり方は均一ではない。大雑把に言えば、アラブ語で「大河」を意味するこの川を遡るにつれて土地所有の集中の度合いは低下する。ここでもパスクアル・カリオンがまとめた 1930 年末のデータに従って、250 ヘクタール以上のラティフンディオが、グアダルキビール川が流れるアンダルシア 4 県のそれぞれの面積に占める比率を見ておく。最も下流に位置するカディス県が 57.97 パーセント。やはり下流域にあるセビーリャ県が 50.45 パーセント。中流域に属するコルドバ県が 43.54 パーセント。そして、もはやリベルテールたちの勢力圏ではない、グアダルキビール川が流れだすハエン県の場合は 39.43 パーセントである[13]。

　この傾向に着目し、1930 年代のハエン県内の小農や中農の動静の解明に取り組んだのが、フランシスコ・コボ・ロメーロの『農業経営者・農民・日雇い

農／内戦の起源のなかでのハエン県の農業人口の社会抗議と階層分裂（1931 - 36 年）』（1992 年）である。当時、ラティフンディオの比重の点ではなるほどグアダルキビール川の中下流域に一歩譲るとはいえ、ハエン県にあっても、その所有地が併せて 250 ヘクタール以上に達する農業経営者 830 人が同県の総面積の 48.85 パーセントを占有していた(14)。しかし、「すべての階級の勤労者の共和国」の方針に脅威を覚えたのは 830 人の大地主だけではなかった。1933 年、ハエン県の FPL は 2,849 人の組織員を抱えていた。また、同じ年、全国のオリーヴ栽培業者を束ねる ANO のハエン県内の各支部には 712 人が所属している。2 つの団体の「頭脳」を構成していたのは、5,000 ペセータ以上の納税義務を課せられた延べ 634 人の農業経営者たちである。

とはいえ、彼ら農業エリートが両団体の組織員の総数に占める比率は、全体の 2 割にも満たない。残る 8 割以上の「手足」のなかには、たかだか 50 ペセータほどの地租を支払うのがやっとの、なおかつ前年 9 月に可決された農地改革法の適用範囲からは当然のように除外された「土地所有者」たちも含まれる(15)。ハエン県の「改革の 2 年間」には、不遇をかこつこうした「土地所有者」が農業エリートとの共闘を選択しつつ、その多くが社会党系労組 UGT 傘下の FNTT に身を寄せながら「2 年間」の「改革」の恩恵に浴した日雇い農たちと睨みあっていた。

1933 年 11 月と 36 年 2 月の総選挙に際して、ハエン県では俊しい「土地所有者」たちも農地改革の阻止を誓って立候補した者たちに挙って票を投じるだろう。そのおかげもあって、1933 年 11 月の総選挙において首位当選を果たすのが、内戦の狼煙が上がった 36 年夏に「アカども」の餌食になるあのホセ・コス・セラーノである。また、第 2 共和制では 2 度目のこの総選挙で、こちらも多数の支持票を得て代議士の地位を手に入れたのが、「兄弟殺し」の幕開けと同時にやはりコス・セラーノと等しく悲惨な末路をたどる破目になるレオン・カルロス・アルバレス・ラーラなのだった(16)。

アンシャン・レジーム末期の 1797 年に 10,500,000 ほどだったスペインの総人口は、1860 年には 15,600,000 を突破。19 世紀最後の年には 18,600,000 に迫り、さらに 1930 年には 23,500,000 を上回った。ただし、19 世紀半ばのカタルーニャを皮切りにバース・コントロールが次第に普及し、併せて晩婚化の傾向も顕著になるなか、1905 年を境に全国的に見れば人口増加のペースにブレーキが掛かっている。1887 年には男が 27 歳、女が 24.2 歳だったスペイン人の平均的な

第 2 章　アンダルシア

結婚年齢は、1930 年にはそれぞれ 28.2 歳、25.8 歳になっていた。出生率の全国平均は 20 世紀最初の年の 1,000 人当たり 35 から、1935 年の 27 へと下降した。

しかし、19 世紀を通じて死亡率の高さに悩まされ続けたアンダルシアでは——1901 年のコルドバ県の死亡率は 1,000 人当たり 32 から 36 を示して、スペイン最悪の水準にあった[17]——、むしろ 20 世紀に入って人口増加の勢いが加速した。1860 年当時、アンダルシア 8 県の人口は 3,000,000 にわずかに届かなかった。それが 1900 年には 3,550,000 ほどに達し、その 30 年後には 4,600,000 を超えた[18]。1935 年のカディス県の出生率は 36。この数字は、最も低いジローナとタラゴーナの、ともに「進んだ」カタルーニャにある 2 つの県の 18 のちょうど 2 倍に相当する[19]。

スペインの総人口にアンダルシア人たちが占める比率は、1860 年・1900 年・1930 年のいずれにおいてもほぼ 5 分の 1 に留まっている（それぞれ 18.9 パーセント・19.7 パーセント・19.1 パーセント）。19・20 世紀のスペイン社会の動静を把握するうえでは、人口の移動という要素が考慮されねばならない。19 世紀後半の 50 年間にマドリードは 281,000 人から 539,000 人へ、またバルセローナは 158,000 人から 533,000 人へと、いずれも大幅に住民を増やした。同じ半世紀を通じて、17,000 から 83,000 へと人口増加の勢いでは 2 つの大都市をも凌駕する傾向を示したのはビルバオである。その一方で、国内の主要都市のなかで最も人口増加のペースが緩慢だったのがセビーリャだった（122,000 から 148,000 へ）[20]。

弱肉強食の社会ダーウィニズムが幅を利かせたヨーロッパの 19 世紀は、「旧い世界」での端から勝てる見込みのない生存競争に見切りをつけた無数の貧しい者たちが、「新しい世界」に一縷の望みを託した移民の世紀である。「世紀末の農業危機」を「掟破り」の保護政策で乗り切ろうとしたにせよ、「自由主義」を謳って国内の無産者たちには確かに容赦がなかったスペインも、時代の巨大なうねりと無関係ではありえない。1846 年から 1932 年までの間に、祖国を離れたスペイン人はほぼ 5,000,000。言うまでもなく、その大半が目指した先はイスパノアメリカだった。彼らの渡航先は主に 3 つ。1898 年の米西戦争までスペインの植民地だったキューバとプエルト・リコ、それに移民の受け容れに寛大だったアルゼンチンである。1857 年から 1915 年にかけて、アルゼンチンへ移住したスペイン人の数はおよそ 1,500,000 と見積もられる。

スペインからの人口の流出が本格化したのは、やはり「世紀末の農業危機」

がピレネーの南にも影を落としだした1880年代以降のこと。1882年から92年の間に約360,000人が、また1904年から15年の間に約1,700,000人が大西洋を渡った。ただし、イスパノアメリカへと向かう大量の移民が発生した地方は北スペインのガリシアやアストゥリアス、それに大西洋に浮かぶカナリア諸島その他、必ずしも多くない。

　これらの地方のなかに、アンダルシアは含まれていなかった。もちろん、南スペインからの海外移民が絶無であったわけではない。グラナダ県のラス・アルプハーラスの周辺からは、イスパノアメリカを目指した集団が確かに存在した記録が残されている。しかし、「ヨーロッパで最も不幸な人々」の末裔たちには概して「高くつく贅沢な旅行は許されなかった」。これは、セビーリャ生まれのアントニオ・ドミンゲス・オルティスの辛辣にして、半ば自虐的な響きさえをも漂わせた推察である[21]。なお、1885年以降のおよそ10年間に、グラナダ県と同じ東アンダルシアのアルメリア県から54,000人以上が、安い船賃に惹かれて（？）アルジェリア（フランス領）に移り住んでいる[22]。

　ビスカージャ県の県庁所在地の急速な人口の伸びを、復古王政時代のバスクにおける製鉄業の飛躍的な発展と結びつけることは容易だろう。1902年、ビルバオは既に6,000人ほどを雇用する国内最大の製鉄所を擁していた[23]。ビスカージャ県全体の人口も、1877年の約190,000から1920年のおよそ410,000へと増加する。同県への移住者のほとんどは隣接するアラバ県を始めとして、北スペインに生まれた人々である[24]。ビルバオに安住の地を夢見たアンダルシア人は、仮にいたとしてもごく限られていたものと推測される。マドリードやバルセロナに新天地を求めた「アンダルシアの民」も、少なくともグアダルキビール川の中下流域に生まれた「民」については決して多くない。1920年のマドリードとバルセロナの人口は、それぞれ751,000と710,000ほど[25]。なかに占める西アンダルシア生まれの「新参者」の比率を見れば、前者は2.5パーセント。後者に至っては0.7パーセントに留まる[26]。

　要するに、リベルテール的な理念が根づいたグアダルキビール川の中下流域では、スペイン内外への労働力の移住が増大する人口の圧力を和らげるだけの機能を果たしていない。それどころか、小麦の刈り入れがある夏季とオリーヴが収穫される冬季には巨大な労働市場が形成される西アンダルシアには、1900年から30年までの間におよそ96,000人が流入し、同じ30年間に約317,000人が流出した東アンダルシアとは際立った対照をなした、との推計も

なされている[27]。20世紀に入ったアンダルシアにあって人口に明らかな減少傾向が観察されたのは、その東のはずれに位置するアルメリア県だけである（1910年の380,388から20年後の341,150へ）[28]。

「ボリシェヴィキの3年間」の最後の年（1920年）には、アンダルシアの中心都市が抱える人口もようやく205,000ほどに達している。しかし、とうに「離陸」を果たしたビルバオとは対照的に、オリーヴ油の製造業を始めとして、その多くが大土地所有制のもとに生産される農作物と直結したセビーリャの地場産業の土台は、なおも前近代的で脆弱なままであり続けた。経営規模も大きくない。20世紀の最初の10年間には、セビーリャの平均的な工場の経営者たちには、200人から300人の労働力の雇い入れがせいぜいだった[29]。それから1936年7月に「兄弟殺し」の幕が開くまでの間も、市内の中小企業が農業エリートに従属するセビーリャの産業構造に[30]、劇的な変化は生じない[31]。グアダルキビール川の中下流域に顕著な形で観察された人口増加は、一般に想定される「都市化」とはまったく別の次元で生じた現象だった。

「ボリシェヴィキの3年間」までにアナルコサンディカリズムが定着したグアダルキビール川の中下流域には、「出口」をほとんど塞がれた「膨大な数の」日雇い農たちが滞留する。『農地法に関する報告』に描かれた1760年代のセビーリャのありさまは、「3年間」前夜のコルドバのそれにほぼ一致しているかに見える。1916年春のコルドバの街頭も、連れ合いや子どもの手を引きながら施しを求める日雇い農たちであふれていた[32]。だが、オラビーデが目の当たりにした「ヨーロッパで最も不幸な人々」と、およそ150年後のアンダルシアに生息するその末裔たちとの間には、農業人口に双方が占める比重のうえで格段の開きがあったのである。

「ボリシェヴィキの3年間」の騒擾の終焉から、「膨大な数の」農民大衆が救済されるはずの農地改革が日程に上った第2共和制の樹立までに、「膨大な数の」アンダルシアの農業プロレタリアートの境遇が多少なりとも改善されたとは思われない。少なくともコルドバ県に関する限り、1920年代のプリモ・デ・リベーラ将軍の独裁期を間に挟んで事態はむしろ確実に悪化したかに見える。その根拠は人口密度の推移である。同県の人口そのものは、1920年の565,262に対して30年が668,862。つまり、10年間で100,000人を若干上回る増加を記録した。

1平方キロあたりの人口密度の変遷を1900年から10年ごとに確認しておけ

ば[33]、コルドバ県の平均は 33.2（1900 年）→ 36.4（1910 年）→ 41.2（1920 年）→ 48.8（1930 年）。目立つのは、1920 年代の伸びの大きさである。圧力の高まりは、「ボリシェヴィキの 3 年間」に農業ストライキが頻発したカンピーニャのなかに点在するプエブロにおいて著しい。例えばフェルナン・ヌーニェスの 1900 年の人口密度は 184.3。もともと突出して高かったこのプエブロの人口密度は、1910 年の 218.0、20 年の 272.6 を経て 1930 年には 331.9 にまで達した。ビリャ・デル・リオの人口密度も、フェルナン・ヌーニェスのそれとよく似た上昇線を描く（175.0 → 185.8 → 248.4 → 305.0）。

プリモ独裁を幕間に、20 世紀初頭から第 2 共和制にかけてコルドバ県内のリベルテール的な抗議行動の先陣に立ち続けたカストロ・デル・リオとブハランセの人口密度も、フェルナン・ヌーニェスとビリャ・デル・リオには大きく引き離されているものの、全県平均はかなり上回っている。1910 年代からの人口密度の伸びが著しいのは、ブハランセである（85.5 → 90.0 → 100.8 → 114.1）。カストロ・デル・リオの場合、1900 年以後の 20 年間には人口密度にそれほど極端な変動はない（54.0 → 53.6 → 54.4）。だが、1930 年には出し抜けに 67.7 の高水準に到達した。1920 年代の「膨張」は明白である。また、1910 年代に人口密度が増大しだすとともに、その流れが次の 10 年間にも引き継がれたのがエスペッホである（86.3 → 85.7 → 127.8 → 157.7）。

コルドバの人口密度も 1920 年代の伸長が目立つにしろ（46.8 → 53.7 → 59.2 → 62.8）、その数字自体はカストロ・デル・リオを除く上記のプエブロと比較した場合、かなり見劣りがする。コルドバ県の県庁所在地の住民は 1920 年から 30 年にかけて 73,710 人から 103,106 人へと増加した。その 3 割ほど、つまり 29,000 人強はこの間にコルドバに腰を移したよそ者たちである。コルドバへの人口の流入は、市内を走る目抜き通りのグラン・カピタンの整備・拡張やクルース・コンデ街（！）の新設その他、1920 年代半ばから後半にかけての派手な公共事業が呼び水になってのことであったものと思われる。しかし、1924 年 4 月から翌年 12 月までコルドバ市長を務めた、あのホセ・クルース・コンデによる「椀飯振る舞い」はグアダルキビール川の河畔にたたずむ古都の堅固な産業構造の構築に結びつかなかっただけでなく、ただでさえ青息吐息の市の財政をさらに逼迫させた[34]。束の間の建設ブームが去った 1930 年、コルドバの労働人口のほぼ 30 パーセントに相当する 11,309 人は農業に従事している[35]。

慢性的な、それも尋常ではない困窮に苦しむアンダルシアの日雇い農たち

の悲惨を如実に物語るのが、極端なまでに低いその識字率である。1920年の時点での識字率を見てみれば、全国平均が50パーセント弱なのに対し、アンダルシアは35パーセントに届かない。第2共和制初代大統領のニセト・アルカラ・サモーラの出身地であるプリエーゴ・デ・コルドバに至っては、このとき8割以上の住民は字が読めなかった(36)。時代を遡ってみれば、南スペインの識字率はむろんさらに低下する。1861年に共和制の樹立をもくろむ反乱に巻き込まれたグラナダ県のロハとその近辺での、事件が起きた当時の住民の識字率は10パーセントをようやく上回る水準にあった(37)。

　復古王政のもとでは、例えば公立学校の建設は市町村の専権事項に属していた。恐るべき教育水準の背後には、国家のというよりも、むしろ直に市町村を牛耳る南スペインの有産者たちの、「アンダルシアの民」の教育に対するほとんど信じがたいほどの無関心があった。1902年から15年にかけての間、アンダルシアの中心都市で初等教育の教材・設備等に割り当てられた予算はどの年も10,000ペセータに満たなかった。それでいて同じ時期、恒例のフェリア（春祭り）のテント小屋を設置するために、セビーリャ市役所は毎年100,000ペセータ以上のかねを惜しげもなくつぎ込んでいたのだった(38)。

　1921年のセビーリャ県では、1,000人の学童の教育に8.26人の教師が当たっていた。全国平均の13.17人からかけ離れた数字である(39)。南スペインの農業労働者の家に生まれた子どもたちには、お寒い限りのそんな初等教育に与る機会すらもごく限られていた。1920年代半ばのセビーリャ県のプルーナのある初等学校の場合には、一応の登録を済ませた6歳から12歳までの90人の学童のうち、1年を通じてそのほぼ3割が教室にまったく姿を見せなかったという。アンダルシアの多くのプエブロの例に漏れず、プルーナもまた小麦とオリーヴの生産が地元の経済を支える生命線だった。わけても農繁期には親の手伝いに駆り出される子どもが多かったため、その欠席率は45パーセントにまで跳ね上がっている(40)。

　アンダルシアには、リベルテール的なプロパガンダに魅了された日雇い農たちから見ていかにも経営意欲に乏しく、土地を所有することの正当性そのものに疑いが持たれるような農業エリートを「セニョリート（señorito）」と呼ぶ慣わしがある(41)。「ひとかどの男」「名士」を含意する señor に縮小辞の -ito を結びつけた、十全な意味での農業経営者としての人格・才覚を持ち合わせていない「持てる者」を揶揄した表現である。コルドバ市長時代のホセ・クルー

ス・コンデにも似て、その市長在任中はセビーリャの「お色直し」に湯水のようにかねを注ぎ込んだアルコン伯爵も、「アンダルシアの民」から間違いなく「セニョリート」と見なされるだけの「資格」を兼ね備えていた。貧しい者たちの暮らしには一瞥もくれなかった伯爵は、その一方で愛馬の死を悼んで3日間の喪に服したといわれる[42]。

　1933年9月。自分が購入した自動車の運転中、ブハランセのガスパール・スリータ・ロメーロは、何者かの手で狙撃され命を落とした。このガスパールがコルドバ県農業会議所の重鎮アントニオ・スリータ・ベラの子息であったため、地元のCNTの組織員たちに狙いを定めた犯人の捜査は、複数の容疑者への拷問をも交えて執拗を極めた。事件は、同年12月にディアス・デル・モラールの故郷を見舞う武装蜂起の伏線になる。このガスパール・スリータを猟銃を弄ぶ「正真正銘のアンダルシアのセニョリート」と呼んだのは、かつてマウロ・バハティエラ・モラーンにより結成された、そしてこのときにはFAIに加盟していたマドリードの「純粋」アナキストたちのグループ「ロス・イグアーレス」のフアン・デル・プエブロである[43]。

　しかし、故人に近い筋の弔辞に描かれたガスパール・スリータは、自ら率先して農業経営に邁進し、「歓び」と「寛大さ」とをもって「自らのパン」を貧しい者たちに分け与えてきたにもかかわらず、不条理な死を遂げなければならなかった「無垢の」犠牲者だった。弔辞は失意のアントニオにも触れ、スリータ父子の「人道的な」精神を褒め称えている[44]。だが、「アナキズムのまたとない温床」であるアンダルシアを蝕む飢えと失業を、就中CNTのもとでの「ストライキの乱発」と「労働の拒絶」の産物と決めつけることに躊躇しなかったのも[45]、この「人道的な」アントニオである。

　アントニオ・スリータ・ベラは、やがてフランコ派初のコルドバ市長に就任するアダムースのサルバドール・ムニョス・ペレスの盟友だった。ガスパール殺害の背後に個人的な怨恨を超えた「階級的な」意味合いを認め、コルドバ県下の「アナーキーな」状況に終止符を打つべく、「お上」に必要な措置を講ずるよう要請したのは、そのムニョス・ペレスに他ならない[46]。1933年12月、同じブハランセを舞台に、第2共和制の治安維持装置はムニョス・ペレスの期待に存分に応える働きを見せる。そこには、確かにカサス・ビエハスの再演を思わせるものがあるだろう。

　われわれはこのあたりで章を改め、1880年代以降の「世紀末の農業危機」

のなかで噴出したアンダルシアの階級対立のありさまを概観してみることにしたいと思う。扱われるのは、カディス県のヘレス・デ・ラ・フロンテーラとその周辺を揺るがした、あるテロ組織（？）をめぐる1880年代前半の奇怪な騒動の発生から、コルドバ県のグアダルキビール川以南の市町村を中心に、南スペインが頻発する農業ストライキに翻弄された1918年から20年にかけての「ボリシェヴィキの3年間」の閉幕までである。

註
（1） ベルナル『ラティフンディオの経済と歴史』177‐178ページ。日雇い農を苛む飢えも、自由主義的農地改革の遥か以前からアンダルシアにつきまとっていた。1652年のコルドバでは、その名も「空腹の暴動（Motín del hambre）」の発生が観察されている（Alfonso Carlos Comín, *Noticia de Andalucía*, Sevilla, 1985(1ª ed. 1969), p.29.）。
（2） Pablo de Olavide, *Informe sobre la Ley Agraria* (1ª ed. 1876), recopilado por Calero, *Movimientos sociales,* pp.103-105.
（3） López López, *op.cit.*, p.19.
（4） オラビーデを庇護した、「『啓蒙派大臣』の最高のモデル」との評価もあるペドロ・ロドリーゲス・デ・カンポマーネスも（ドミンゲス・オルティス、前掲邦訳、250-252ページ）、わずか5レアールの日当だけが慰めのアンダルシアの日雇い農たちには同情の涙をこぼす以外なかったという（Infante, *Ideal Andaluz*, pp. 88-89.）。
（5） Henri Lorin, "Les conditions du travail rural en Andalousie", *Le Museé Social. Mémoires & documents*, Paris, 1905, p.228.
（6） Maurice, *El anarquismo andaluz*, p.84.「700,000人」を一応の目安としたうえで、さらにアルメリア県の仲間たちを加えてみても、南スペインの日雇い農はセンデールが挙げた「2,000,000人」にはやはり届きそうもない。
（7） R. Mintz, *op.cit.*, pp.41-43.
（8） *Ibid.*, pp.136-138.
（9） *El Liberal*, 15-VII-1901.
（10） ただし、カディス県のこのプエブロの辺りでは「マジェーテ」ではなく、「マジェスト（mayesto）」の呼称が一般的だった（グティエーレス・モリーナ『忘れさせられたアンダルシア』137ページ）。ジャック・モリスは、葡萄栽培に従事するとともに、わずかばかりの土地を与えられたヘレス・デ・ラ・フロンテーラの労働者たちを「マジェート（mayeto）」と表記している。一介の日雇い農が「マジェート」になることは「決して」なかった（Maurice, "Campesinos de Jerez", p.63.）。
（11） Baldomero Alba Lara, *Antonio León Núñez. Concejal honorario. 1 de Mayo de*

　　　　2002, El Viso del Alcor, 2002, pp.9-11 y p.17.
(12)　Beltrán Morales, *op.cit.*, p.111.
(13)　カディス県からそれぞれ順に、Carrión, *Los latifundios*, p.238, p.229, p.216 y p.202.
(14)　Cobo Romero, *Labradores*, p.93.
(15)　*Ibid.*, pp.60-68.
(16)　*Ibid.*, pp.257-258. 棄権を呼びかけるアナルコサンディカリストたちの声がか細かったハエン県では、1933年11月に社会党に投じられた票は必ずしも少なくなかった。2年5ヶ月前の憲法制定議会選挙に比べてみても、得票率は4.5ポイント下がっただけ。にもかかわらず、同県にあっても社会党員の当選者は2年5ヶ月前の10人から3人にまで一挙に激減した（第2共和制期におけるアンダルシア選出の社会党代議士の数については、Aurelio Martín Nájera, "Ugetistas y socialistas en el parlamento de la II República: Andalucía en las elecciones y en la representación parlamentaria del socialismo español", *La utopía racional*, pp.487-488.）。惨敗の理由は、連立を組んだ政党に有利に議席が配分される仕組みを定めた1933年7月の選挙法にあった（Cobo Romero, *Labradores*, pp.259-260.）。1936年2月には、全国的に見てもこの選挙法が人民戦線に幸いする。「人民戦線は社会党を基盤として非常に幅広い同盟を結んでいたが、右派は非常に分裂していて、臨時の同盟しか結んでいなかった。投票結果は、国が数字的にほぼ2分されたことを示していた。〔……〕。だが、勝者を優遇する選挙法の特性から、この引き分け状態は議席の配分に反映されず、明らかに左派に有利となった」（ドミンゲス・オルティス、前掲邦訳、389ページ）。人民戦線選挙の洗礼を経て、ハエン県の社会党は自陣営の議席を6にまで回復する。1936年2月、コス・セラーノは出馬を見合わせた。また、アルバレス・ラーラの方は改めて立候補したものの、あえなく落選する（Cobo Romero, *Labradores*, pp.269-273.）。
(17)　Shubert, *op.cit.*, pp.40-49. もっとも、アソリンが出会った例の医師の証言では、1905年の（？）レブリーハの死亡率は40を超えていた。また、医師はマドリードのそれをコルドバ県の「最悪の水準」と同程度の34と語っている（Azorín, *loc.cit.*）。
(18)　Maurice, *El anarquismo andaluz*, p.84.
(19)　Shubert, *op.cit.*, pp.69-70.
(20)　Tuñón de Lara, "La burguesía y la formación", p.158.
(21)　ドミンゲス・オルティス、前掲邦訳、350ページ。パスクアル・カリオンの概算では、1930年代の初頭、アンダルシアや、アンダルシアと同じくラティフンディオが展開するエストレマドゥーラの日雇い農たちの年収が700～900ペセタを上回ることがなかったのに対して、カタルーニャやレバンテ、あるいはバスクの農民たちは2,500～4,000ペセタの「高給」を手にしていた（Carrión, *Los latifundios*, pp.342-343.）。
(22)　Shubert, *op.cit.*, pp.66-70.
(23)　*Ibid.*, pp.34-35.

(24) Bennassar, *Historia de los españoles, 2,* pp.237-238.
(25) 1920年当時のスペインの大都市の人口は、Maurice, *La reforma agraria,* p.83.
(26) Malefakis, *op.cit.,* p.134.
(27) Bernal, "El rebaño hambriento", pp.69-70.
(28) アンダルシア8県の人口動態については、Maurice, *El anarquismo andaluz,* p.84.
(29) 「ボリシェヴィキの3年間」のセビーリャにおいて、最多の労働力を抱えていたのは建設業界である。その数はおよそ9,000人。しかし、「3年間」の背景の1つだったインフレの進行は、零細な建設業者たちの懐を脅かすに充分だった。例えば、1914年に6ペセータだった100キロ当たりのセメントの価格は、4年後には15ペセータにまで上昇している。「3年間」の火蓋が切られるよりも早く、1917年には既に大量の解雇が開始されていた（Ángeles González, *Lucha obrera en Sevilla. Conflictividad social 1900-1917,* Barcelona, 1988, pp.31-35.）。「貧しさ」がアンダルシアの代名詞であったにもかかわらず、当時のセビーリャがスペインで最も物価水準の高い都市の1つに数えられていた事実も看過されてはならない。例えば、1916年3月の当地での1キロ当たりの馬鈴薯の値段は0.21ペセータ。一方で、「豊かな」ビルバオでのその販売価格は0.14ペセータである。この時点での主な生活必需品の価格に関するカルロス・アレナスの試算では、アンダルシアの中心都市はバスクのそれを6.5パーセント上回っている。スペインの経済に恵みの雨をもたらす「大戦争」が始まった1914年8月には2つの都市の物価指数の隔たりは5パーセントであったから、好景気が招いたインフレの影響はセビーリャにおいていっそう著しかったことになる。最も煽りを食らったのは、もちろん「豊かな」農業エリートではない（Carlos Arenas Posadas, *Sevilla y el Estado. Una perspectiva local de la formación del capitalismo en España (1892-1923),* Sevilla, 1995, pp.251-255.）。
(30) Id., *Una de las dos Españas,* pp.46-49.
(31) Maurice, *El anarquismo andaluz,* p.65.「ボリシェヴィキの3年間」当時、セビーリャで働く賃金労働者たちの獲得にマドリードの社会党が一向に本腰を入れようとしなかった理由も（Arenas Posadas, *Una de las dos Españas,* p.75.）、またUGTのセビーリャ県連盟の結成に地元の指導者のエラディオ・フェルナンデス・エゴチェアーガが失敗した原因も、カルロス・アレナスによれば、資本主義的な生産様式が十全な意味で確立を見る遙か以前の段階にこのころなお留まっていたアンダルシアの中心都市の旧態依然の産業構造から説明されうる（id., *Sevilla y el Estado,* p.302.）。
(32) García Parody, *Los orígenes del socialismo,* pp.153-155.
(33) コルドバ県の人口密度に関しては、López Ontiveros, *Emigración,* pp.196-197.
(34) José Manuel Cuenca Toribio, *Historia de Córdoba,* Córdoba, 1993, p.169 y pp.172-173. María José Marín Vico, "Córdoba durante la dictadura de Primo de Rivera", *Francisco Azorín Izquierdo. Arquitectura, urbanismo y política en Córdoba*

(1914-1936), Córdoba, 2005, pp.223-225.
(35) Maurice, *El anarquismo andaluz*, pp.61-62.
(36) Manuel López Calvo, *Priego, caciquismo y resignación popular (1868-1923). Aproximación a la historia de un pueblo andaluz durante la Restauración*, Córdoba, 1988, pp.100-101.
(37) Antonio María Calero, "Introducción", Rafael Pérez del Álamo, *Apuntes sobre dos revoluciones andaluzas*, Granada, 1982(1ª ed 1872), p.15.
(38) Arenas Posadas, *Una de las dos Españas*, p.36.
(39) María Victoria Fernández Luceño, *José Díaz Ramos. Aproximación a un luchador obrero*, Sevilla, 1992, p.28.
(40) Matías Rodríguez Cárdenas, *Luis Ramírez Palma. Alcalde de la II República en Coria del Río: su vida y su muerte (1901-1936)*, Sevilla, 2007, pp.41-42.
(41) Martínez Alier, *La estabilidad*, pp.205-206.
(42) Arenas Posadas, *Una de las dos Españas*, pp.54-55. 復古王政時代の1890年から1923年にかけてセビーリャ市長を務めた35人のなかの少なくとも20人は、(もっぱらアンダルシアの中心都市の市街地に大きな不動産・家屋を抱える、十全な意味での農業エリートには分類されない可能性もある有産者をも含めて) 大地主である (*ibid.*, p.84.)。「アンダルシアの民」やその子どもたちの知的水準の向上には関心のかけらも示さなかった「セニョリート」は、アルコン伯爵1人だけではなかっただろう。
(43) Juan del Pueblo, *Los sucesos revolucionarios de Bujalance*, Madrid, s.f[1934]., pp.16-17. このパンフレットのコピーは、José Luis Gutiérrez Molinaに提供してもらった。1933年前後、「30人派」への警戒を依然として怠らないフアン・デル・プエブロら「ロス・イグアーレス」の面々は、国内各地の仲間たちにアナキスト・グループを結成したうえでのFAIへの加入を呼びかけるキャンペーンを精力的に繰り広げていた (Xavier Paniagua, *La sociedad libertaria. Agrarismo e industrialización en el anarquismo español1930-1939*, Barcelona, 1982, p.54 y n.95.)。
(44) *Diario de Córdoba*, 6-X-1933.
(45) *Boletín Agrario*, VII-1931.
(46) *Diario de Córdoba*, 3-X-1933.

第3章
リベルテールたちのアンダルシア
「マノ・ネグラ」騒動から「ボリシェヴィキの3年間」まで

1880年代の初頭からの、つまりスペインが「世紀末の農業危機」に巻き込まれてからのおよそ20年の歳月は、ホセ・ルイス・グティエーレス・モリーナが指摘するアンダルシアのリベルテール的な労働運動の昂揚とその弾圧の連鎖が[1]、とりわけカディス県のヘレス・デ・ラ・フロンテーラとその周辺を主要な舞台として、最もくっきりとした形を見せた一時期であったように思われる。カディス県やセビーリャ県の「アンダルシアの民」が、復古王政による執拗な弾圧を潜り抜けて再起を果たすのは20世紀初頭のこと。そして、コルドバ県のその仲間たちは、このときほとんど初めてリベルテール的な騒擾に身を投じたばかりである。

　しかし、遅れて舞台に登場したコルドバ県の農業プロレタリアートは、「ボリシェヴィキの3年間」には「アフリカ風の憎しみ」が火花を散らす南スペインの階級闘争の前衛を演じるまでに成長していた。1918年12月、1ヶ月ほど前にグアダルキビール川以南のカンピーニャに点在する市町村を席巻した、「3年間」を通じて最初の大規模な農業ストライキ攻勢の余韻も冷めやらぬなか、ブラス・インファンテ・ペレスが率いる地域ナショナリズムの機関誌『アンダルシア』は、今や「奴隷」から「自由な人間」へと変身を遂げた同県の日雇い農たちに驚きと共感の眼差しを注ぐ[2]。しかし、リベルテール的な理念に支えられて今や「奴隷」としての自らの過去と訣別した「アンダルシアの民」が、騒擾の激化を追い風に一時は「ナシオン（nación）／ネーション」としての南スペインの自立を追求する局面に突入したインファンテらのアピールに呼応することはない。

20世紀初頭のカストロ・デル・リオ（*Alas. Revista literaria y sociológica*, núm.7, 1994. 1994年11月11日から13日にかけてこのコルドバ県のプエブロで開かれた催し「アンダルシアのアナキズムとカストロ・デル・リオ（El anarquismo andaluz y Castro del Río）」のポスターより）。

　「ボリシェヴィキの3年間」までの間に、19世紀のアナキズムは大衆的な組織基盤の裾野を広げながら20世紀のアナルコサンディカリズムへと変貌を遂げる。「3年間」のコルドバ県にあって農業ストライキ攻勢の

指南役を引き受けたのは、カストロ・デル・リオのリベルテールたちだった。「3年間」の終焉が近づきつつあった 1920 年 3 月、20 世紀初頭に始まったとされるカストロの「脱キリスト教化」のなかで、最初に根づいたアナキズムがアナルコサンディカリズムへと衣替えしていった過去をしっかりと見据えつつ、このプエブロの「レコンキスタ」の機会を窺っていたのは、カストロの近隣にあって、地元では社会党・UGT のマルクス主義に感化された農業労働者たちの「脱キリスト教化」に頭を悩ますモンティーリャのカトリックたちである[3]。

　アンダルシアにおける 19 世紀のアナキズムと 20 世紀のアナルコサンディカリズムとの差異は、例えば FTRE（1882 年）と CNT（1919 年）の組織としての規模の違いのうちに明瞭に見て取れる。セビーリャに FTRE の大会が招集された 1882 年 9 月当時、組織員数の点でアンダルシアは 13,021 人を擁したカタルーニャさえをも大きく引き離していた。それでも、南スペインの FTRE 傘下の労働力は 38,349 人[4]。ところが、リベルテール的な理念に共鳴し、CNT に身を寄せた「アンダルシアの民」は、「ボリシェヴィキの 3 年間」には 93,150 人にまで増加していた。1919 年 12 月の CNT マドリード大会の時点で、CNT に加入こそしていないものの、このアナルコサンディカリスト労組への支持を表明した「民」をも加えれば、その数は併せて 100,744 人に達している[5]。FTRE と CNT との組織力の隔たりの大きさは、後者のもとに集う「3 年間」の「民」の反逆の作法のあり方にも、もちろん反映されずにはおかないだろう。

　ところで、アンダルシアの地域ナショナリストたちによる、結局は農業労働者たちの関心を引かずに終わる提言をも含めて、「世紀末の農業危機」のなかから湧き出た農地改革へと向かう潮の流れが一気に加速したのも、「ボリシェヴィキの 3 年間」のことだった。この後すぐに言及される 1880 年代の「マノ・ネグラ（黒い手）」騒動の折とは異なって、復古王政にもアンダルシアの農業エリートへの無条件の肩入れが許される時代はとうに過ぎ去っていた。むろん、「お上」は好んで南スペインの日雇い農たちに擦り寄ろうとしたわけではない。ロシアでのボリシェヴィキの権力奪取が世界を揺るがすなか、スペインにおいて何らかの形での農業構造の変革が俎上に載せられるに至った背景には、「アフリカ風の憎しみ」に燃える「民」をリベルテール的な理念から引き離しつつ国民国家の枠組みのなかに是が非でも繋ぎとめておく必要があったのである。

　しかし、『IRS 報告』のなかでその可能性が問われた「アンダルシアの農業問題」解決のための選択肢は、ほとんどのコルドバ県の農業エリートが受け容

れるところではなかった。農地改革を視野に収めた IRS 調査団の、換言すれば国家権力の側からの対話の要請をとりわけ激しく撥ねつけたと思われるコルドバ県内の農業経営者たちのなかに、1936 年 2 月の総選挙での人民戦線の勝利をきっかけとして、第 2 共和制そのものの暴力的な打倒に向けて本腰を入れることになるアダムースのサルバドール・ムニョス・ペレスとプリエーゴ・デ・コルドバのホセ・トマス・バルベルデ・カスティーリャの 2 人が含まれていたのは、絶対に偶然ではない。労使が正面から激突した「ボリシェヴィキの 3 年間」には、1936 年 7 月に開始される南スペインでの「ジェノサイド」を告知する要素が既に内包されていたように思われる。本章では 1880 年代から「3 年間」までの南スペインの階級闘争のあらましを概観し、さらに「世紀末の農業危機」のなかで「アンダルシアの農業問題」を解決する方策としての農地改革案が浮上し、その選択肢が一応の形を取るまでの過程を跡づける。

註

（1） グティエーレス・モリーナ『忘れさせられたアンダルシア』185 ページ。
（2） *Andalucía*, 18-XII-1918.
（3） *Montilla Agraria*, 15-III-1920.
（4） 1882 年 9 月の FTRE の組織員数は合計 57,934 人（Morales Muñoz, *Cultura e ideología*, p.62.）。当時、アンダルシアとカタルーニャの 2 つの地方に暮らす労働力だけで FRE の後継組織に集う貧しい者たちすべての、実に 9 割以上を占めていた。コルドバ大会（1872‐73 年）が招集されたときの FRE の組織員数は 45,633 人。このうち、過半数の 27,894 人がアンダルシア人だった、とのデータを提示するのはディアス・デル・モラールである（Díaz del Moral, *Historia de las agitaciones*, Apéndice 2: Noticias del Congreso de la A.I. de T. celebrado en Córdoba el[sic.] 1872, p.389 n.5.）。もっとも、1870 年のバルセローナでの FRE 創設大会への出席者がほとんどカタルーニャ各地からの代表で占められていた事実をここで思い起こせば（「はじめに」導入の註〔18〕）、コルドバ大会でのアンダルシアの優位には疑問符がつくだろう。おまけに、コルドバでの開催にもかかわらず、この大会で「アンダルシアの民」の声を代弁した代表の数もやはり極めて限られていた（Maurice, *El anarquismo andaluz*, p.242.）。コルドバ県に至っては、大会で代表を務めたのはわずかに県庁所在地からただ 1 人。それも「学生」のホセ・ナバーロである（Díaz del Moral, *Historia de las agitaciones*, Apéndice 2, pp.380-381.）。
（5） 1919 年 12 月の CNT の組織員数は併せて 715,542 人。このときにはカタルーニャが 427,407 人を抱えて、アンダルシアをも含む国内のその他の地方に圧倒的な、と形容されうるだけの大きな差をつけていた（Cucó Giner, *op.cit.*, p.181.）。「93,150

人」と「100,744人」のなかには、アンダルシアCRTに加入するエストレマドゥーラのアナルコサンディカリストたちは含まれていない。第6章で言及される、1931年6月と36年5月の時点でのアンダルシアCRTの組織員数についても同様である。「はじめに」導入の註（20）を参照。

第 1 節

「アナーキー万歳！」

　1882 年 12 月、ヘレス・デ・ラ・フロンテーラとその周辺のプエブロで発生した数件の不可解な殺人事件をきっかけに、復古王政によれば「持てる者」の殲滅を目的に暗躍していたというアナキストのテロ組織「マノ・ネグラ」をめぐる騒動が巻き起こった。だが、同時代のカディス駐在のフランス領事は「マノ・ネグラ」の存在そのものを言下に否定している[1]。アナキズムに共感を寄せる、寄せないにかかわらず、現代史家たちの間でも「マノ・ネグラ」は雌伏のときを潜り抜け、その戦闘能力を改めて高めつつあった労働運動を封じ込むための「お上」の捏造だったと見る向きが概ね支配的である[2]。

　実際、この騒ぎを通じて浮き彫りにされたのは、同じ 1882 年の 9 月にセビーリャに大会を招集した FTRE のもとでの南スペインの日雇い農たちの組織化に揃って神経を尖らせていた、マルチェーナ選挙区（セビーリャ県）選出の代議士フランシスコ・カンダウら、アンダルシアの農業エリートと復古王政との絆の太さである。「マノ・ネグラ」の「暗躍」が「発覚」する直前、陸相のマルティネス・カンポス将軍が各地の治安警備隊を通じて FTRE の指導者たちに関する情報を収集していた事実も、今日では判明している。アルセニオ・マルティネス・カンポスは、1874 年 12 月にクーデタ宣言を発して、とうに虫の息だった第 1 共和制に引導を渡した将軍。「マノ・ネグラ」を裏切った報復として（？）、バルトロメ・ガーゴ・カンポス（通称「エル・ブランコ・デ・ベナオカス」）らが殺害されてからほぼ 2 ヶ月後、ヘレス・デ・ラ・フロンテーラの監獄はテロ組織との関係を疑われた 400 人を超える「アンダルシアの民」であふれていた[3]。

　1881 年から翌年にかけて長期化した——ディアス・デル・モラールが『騒擾史』の執筆に没頭していた 1920 年代にあってもなお語り草であったほどの[4]——日照りにたたられて、「マノ・ネグラ」騒動に振り回された当時の南スペインが危機的な状況にあったことは疑いない。FTRE セビーリャ大会を間近に控えた 1882 年夏には、各地で騒擾が頻発している。コルドバでは飢えた

第 3 章　リベルテールたちのアンダルシア

300 人以上の「アンダルシアの民」がパンの略奪に走り、セビーリャ県内でも、隣県のヘレス・デ・ラ・フロンテーラに近いレブリーハをも含めて、エシハ、カンティリャーナ、カルモーナその他、多数のプエブロでの騒擾の収拾のために治安警備隊の出動が要請された。この夏、正しく「マノ・ネグラ」騒動の震源地になるヘレスでは 15 の大農場が襲撃されている[(5)]。

　こうして南スペインでは社会不安が増大の一途をたどるなか、「アンダルシアの民」の組織化が着実に進んでいた。本章の冒頭に並べられた具体的な数字が物語るように、1882 年 9 月の FTRE セビーリャ大会当時、カタルーニャをも凌いで FTRE に最大の支持基盤を提供していたのがアンダルシアだったのである。セビーリャ大会の時点で、FTRE は「エル・ブランコ・デ・ベナオカス」が殺された現場に近いサン・ホセ・デル・バーリェ（カディス県）でも 110 人の組織員を抱えて拡大の気運にあった。

　第 2 章第 1 節で触れておいたとおり、つい 5 年ばかり前には南スペインの労使の、自身の見立てでは「完璧なまでに調和的」なあり方にご満悦の様子だったフランシスコ・カンダウの心変わりも、無理もない話ではあった。非合法化された後も、FRE はなおも密かに活動を継続していた。プラクセデス・マテオ・サガスタの自由党政権のもとで FTRE が誕生する前夜、少なくともスペイン国内の併せて 48 の市町村に FRE 傘下の組織の連盟があった。このうち、24 が南スペインに、また 14 がカタルーニャに点在していたことが証明されている。しかも、24 の連盟のなかの 15 のそれが西アンダルシア、主にカンダウ自身が暮らすセビーリャ県と、ヘレス・デ・ラ・フロンテーラのあるカディス県に集中していた。FTRE セビーリャ大会でアンダルシアが示した組織力の強さは、FRE の地下活動期のそれの延長線上に位置づけられる[(6)]。どうやら、「お上」には「お上」なりに、「マノ・ネグラ」騒動のための舞台を無理にでもヘレスとその周辺に設える必要があったかに見える。

　「エル・ブランコ・デ・ベナオカス」殺害の容疑者たちと目され、仕舞いには極刑に処せられるフアン・ルイスらは、おそらく治安警備隊から拷問を受けて自らの FTRE への加入を一旦は「自白」した後、通称「ラ・パリーリャ」裁判の法廷で前言を翻す。「ラ・パリーリャ」とは被告たちの多くが働いていた大農場の呼称である。「マノ・ネグラ」事件は、この「ラ・パリーリャ」裁判その他、併せて 3 つの裁判を通じて審理された。ジャック・モリスが指摘するとおり、これらの裁判でアンダルシアの大地主たちへのテロ行為そのものが

問われた事実はまったくない。テロ行為の最初の生贄と目されるフェルナンド・オルベーラら[7]、被害者はいずれも貧しい人間たちだったのである[8]。

1883年6月。ヘレス・デ・ラ・フロンテーラは従来になく大がかりな農業ストライキに見舞われた。このとき、復古王政は小麦の収穫作業に大量の兵士を投入して争議に対処する一方[9]、「エル・ブランコ・デ・ベナオカス」ことバルトロメ・ガーゴ殺害事件に関わる「ラ・パリーリャ」裁判の被告7人に死刑を言い渡す。翌年、さらに最高裁は死刑囚の数を15人へと変更。1884年6月、最終的に「マノ・ネグラ」事件では8人が処刑された。同じ「ラ・パリーリャ」裁判の被告の身でありながら、拷問をも交えた圧力に屈して仲間たちに不利な証言を行なったと推測される「字の読めない」カジェターノ・デ・ラ・クルースは獄中で自ら首を括る。

「マノ・ネグラ」騒動の発生から9年ほどが経過した、1892年1月8日の夜半のこと。「アナーキー万歳！」と叫ぶ「アンダルシアの民」が大挙してところも同じヘレス・デ・ラ・フロンテーラを襲撃した。郊外にあるカウリーナの野原からヘレスへと向かった、およそ400人から600人と見積もられる日雇い農たちの集団は、市内に入ったところで二手に分かれる。一方は騎兵隊と歩兵隊の兵営や市役所への侵入を企てたものの目的を果たせぬままに監獄へと向かい、直に監獄を目指していたもう一方と合流した。

カディス県のリベルテールたちの動静に詳しいジェラール・ブレイの検討に従えば[10]、兵営で武器を強奪したうえで監獄の占拠をもくろんだ可能性も拭い去れないにせよ、日雇い農たちの主な狙いは獄中の仲間の救出にあったらしい。事件の前日には、65人ほどの「アンダルシアの民」がヘレス・デ・ラ・フロンテーラ市長の行政命令により逮捕・収監されていた。ただし、その多くは8日の日中には釈放されている。何度か監獄への投石を試みた後、日雇い農たちは治安維持装置の側からの発砲を受けて四散した。南スペインの労使対決の激しさを肌身に知るはずのベルナルド・デ・キロースの断定[11]をよそに、襲撃は独立した共同体の樹立をもくろんだリベルテールたちの「妄想」の産物などではなかった。また、『アンダルシアのアナキストたち、1868－1903年』（1977年）を書いたテマ・キャプランの主張[12]に反して、近隣のアルコス・デ・ラ・フロンテーラやウブリーケやレブリーハでも、ときを同じくして日雇い農たちが一斉に蜂起する計画が進められていた気配もどうやらない。

この襲撃にたまたま出くわした2人の男が非業の死を遂げた。犠牲者の1人

第 3 章　リベルテールたちのアンダルシア

で、ヘレス・デ・ラ・フロンテーラの市議会議員の弟だったマヌエル・カストロ・パロミーノは、マドリードの『エル・インパルシアール』紙の報道では「〔ブルジョワ風に〕手袋をはめていたせいで」鎌で喉笛を掻き切られて絶命する。もっとも、同紙の特派員だったホセ・オルテーガ・イ・ムニーリャ——「共和制奉仕団」のホセ・オルテーガ・イ・ガセの父親——が伝えるところでは、事件の当夜には「会員であふれていた」有産者のクラブその他、市内の目ぼしい施設に危害が加えられた形跡はない。それでもなお、2月初旬のヘレスの監獄には 500 人ほどの「アンダルシアの民」が収容されていた(13)。「マノ・ネグラ」騒動のときを上回る数である。「アナーキー万歳！」の叫びをヘレスの街頭に響かせたリベルテールたちに標的を定めた執拗な弾圧は、「マノ・ネグラ」事件に続いた弾圧がそうであったように、長期にわたってアンダルシアを苛み続ける。

　襲撃には反逆罪が適用され、事件から 1 ヶ月が経過したばかりの 2 月 10 日、カストロ・パロミーノ殺害の主犯格と目された「ブシーキ」ことフェルナンデス・レイナら 4 人が早くも極刑に処せられた。同じ日、「ブシーキ」たちとの共謀を理由に懲役 20 年を宣告されていた他の 1 人が独房内で狂死する。それが軍法会議で裁かれたという点で、1892 年 1 月のヘレス・デ・ラ・フロンテーラは国際的にも悪名高いモンジュイックの裁判を先取りしていた(14)。1896 年 6 月のバルセロナでの聖体パレードへの爆弾テロの責めをアナキストたちに負わせたうえ、死者も出た拷問を交えての取り調べを経て 28 人に極刑が求められたモンジュイックの裁判は、イタリア人のリベルテール、ミケーレ・アンジオリッロが復古王政を築き上げたアントニオ・カノバス・デル・カスティーリョを翌年 8 月に暗殺する直接の引き金にもなる。

　問題の爆弾テロでは 6 人が即死した他、42 人が負傷した。その後、負傷者の間からも若干名の死者が出たもようである。聖体パレードに爆弾を投げつけたのは、フランソワ・ジローであった可能性がある。フランスから来たこのアナキストは、同じバルセロナのリセウ劇場を見舞った 1893 年 11 月の爆弾テロの犯人として処刑されたサンティアゴ・サルバドールら、自分の仲間たちの報復をもくろんだらしい(15)。併せて 15 人が落命したリセウ劇場での惨劇もまた、失敗に終わったものの、同年 9 月にマルティネス・カンポス将軍の殺害を企てていたと覚しいパウリーノ・パリャースの処刑に対する抗議の意思表示だった。ところで、これら 3 つの事件に代表されるテロ行為が、

183

いずれも世紀末のカタルーニャの中心都市を舞台に横行したそもそもの理由の1つは、他でもない1892年2月のヘレス・デ・ラ・フロンテーラでの4人の処刑がスペイン内外のリベルテールたちの間に引き起こした憤激にあったのである[16]。

　因みに、復古王政時代のスペインでは、カノバス・デル・カスティーリョの他にも、2人の首相がやはりいずれもアナキストたちの手にかかってこの世を去っている。2人とは、1912年に殺害されたホセ・カナレハス・メンデス（自由党）と[17]、それから9年後に同じ運命をたどったエドゥアルド・ダート・イラディエール（保守党）である[18]。その一方で、首相在任中の1904年にバルセローナを訪れた際、やはりアナキストによりテロの標的に選ばれながらも危うく難を逃れたのが、自由党から保守党に移っていたアントニオ・マウラ・イ・モンタネールだった[19]。

　襲撃から10年以上が過ぎ20世紀を迎えたアンダルシア、特にカディス・セビーリャの2県では、カルロス・デル・リオが自分の足と目で確かめたように、それまでのアナキストの地下組織とは「まったく性格を異にする」合法的な「抵抗団体（asociación de resistencia）」が増殖し、従来にない数の農業ストライキが観測されるようになる[20]。「アナキストの地下組織」に言及した際、この鋭い嗅覚に恵まれた、同時代を生きた「第一級の」作家のピオ・バロッハによれば「第一級の」政治家への転身を図る野心を隠そうとしなかったというセビーリャのジャーナリストが[21]、20年前の「マノ・ネグラ」騒動を念頭に置いていたことは疑いない。

　1903年には、FREの誕生以降も1873年のモンティーリャを除けば大きな騒擾の枠外に概ね留まり続けてきたコルドバ県にあっても、グアダルキビール川以南のカンピーニャでは、日雇い農たちの組織が、ディアス・デル・モラールの表現を借りれば「爆発」を思わせる勢いで叢生する[22]。例えば1898年5月のコルドバ県内に多発した食糧暴動が飢えへの単純にして反射的な抗議行動と総括されうるのに対し[23]、ブハランセが口火を切り、カストロ・デル・リオやフェルナン・ヌーニェスその他、カンピーニャに点在する複数のプエブロへと波及した1903年5月の農業ストライキ攻勢は、まったくリベルテール的な色彩に染め上げられていた。

　ディアス・デル・モラールの印象的な叙述に従えば、1903年5月のブハランセでの争議は事前の届け出もないまま突如として「住民を1人残らず巻き込

んで」開始され、アンダルシア全域にわたる「社会革命」の展望が開かれぬまま不意に終止符が打たれる。緊急を要する農作業が何も見当たらないなかで実施された、『騒擾史』の著者の皮肉な観察を受け容れれば「わざわざ失敗するために」その日取りが選ばれたかのようなこの争議では、「まったく穏当な」賃上げの訴えと並んで、1日につき「7時間半の休憩時間」（！）の実現という「馬鹿げた」要求が地元の農業経営者たちに突きつけられたという。ディアス・デル・モラールの故郷に続いて、6月下旬にはカストロ・デル・リオも、小麦の収穫期を控えて一旦は労使交渉が妥結を見ておきながら、なおかつ「動機も定かではないままに」（！）ゼネラル・ストライキへと突入する。争議の波はさらにバエナやモントーロ、あるいはビリャフランカ・デ・コルドバやエル・カルピオにも押しよせるだろう[24]。

　もっとも、ブハランセではこのとき一応の届け出ばかりはなされていたらしい[25]。また、カストロ・デル・リオの争議では小麦の刈り入れの報酬の見直しその他が問われていた。その一方で、コルドバ県の有力なカトリック紙『エル・デフェンソール・デ・コルドバ』によると、「7時間半の休憩時間」を要求する声はエル・カルピオの日雇い農たちの間からも聞かれている[26]。やがて「ボリシェヴィキの思想」の浸透に眉をひそめることになるフランシスコ・ガルシア・エスピンの故郷にも、このとき既に「アフリカ風の憎しみ」の種が蒔かれつつあったのだった。

　ディアス・デル・モラールの『騒擾史』に特異な彩りを添えているのが、「ほとんどが農民の出で、農民のように書く」「目覚めた労働者（obrero consciente）」を自称した無数の「純粋」アナキストたちである。ブハランセのミゲル・バリェッホ・チンチーリャやカストロ・デル・リオのフスト・エリェールら「目覚めた労働者」の周囲への圧倒的な影響力を、ディアス・デル・モラールはかつての「新しい世界」の征服者たちが手下に及ぼしていたそれに比べている。「ラ・ルス・デル・ポルベニール」の代表として、1903年のカストロの争議を牽引していたのは、正しくこのエリェールである。『騒擾史』の著者が辛辣に断定するところでは[27]、とりわけ20世紀初頭のコルドバ県の「アンダルシアの民」は、強力な指導者の出現を待ち望みつつ、整合的な戦略・戦術とは無縁なままに反乱に身を投じる「盲目的なメシアニズム（ciego mesianismo）」の虜だった。

註

(1) Jacques Maurice, "Conflicto agrario y represión preventiva: los grandes procesos de Jerez", *El anarquismo andaluz, una vez más*, p.64.

(2) ホセ・ルイス・グティエーレス・モリーナ、渡辺雅哉訳「アンダルシアとアナキズム（1868 - 1936 年）（中）」『トスキナア』第 10 号、2009 年、80 - 81 ページ。Arenas Posadas, *Una de las dos Españas*, p.97. Termes, *Historia del anarquismo*, p.91. そんななかで、「マノ・ネグラ」の存在は実証されて久しいと断じるのは、労働運動史家のヴァルター・L・ベルネッカーである（Bernecker, "*Acción directa y violencia* ", p.171 n.45.）。確かに、文書庫の暗がりのなかから「発掘」された「マノ・ネグラ」の「規約」を根拠に、同じく労働運動史家のクララ・エウヘニア・リーダがこの「テロ組織」の実在を主張したことがあった（Clara E. Lida, "Agrarian Anarchism in Andalusia. Documents on the Mano Negra", *International Review of Social History*, núm. 3, 1969, pp.320-321.）。しかし、それが既存の社会を破壊する革命のためには何もかもが許されると断じて譲らない点で、あのセルゲイ・ネチャーエフが 1869 年に書いた悪名高い「革命家の教理問答書」（外川継男訳『バクーニン著作集』白水社、1974 年、5、399 - 408 ページ）を連想させもする「マノ・ネグラ」の「規約」が（"Reglamentos y estatutos de la Mano Negra", recopilados por Lida, "Agrarian Anarchism", pp.337-352.）、「お上」の手になる「まがいもの」ではないという保証はどこにもない。

(3) 「マノ・ネグラ」騒動のあらましは、Maurice, *El anarquismo andaluz*, pp.116-122.

(4) Díaz del Moral, *Historia de las agitaciones*, p.134.

(5) Demetrio Castro Alfin, *Hambre en Andalucía. Antecedentes y circunstancias de la Mano Negra*, Córdoba, 1986, pp.103-107.

(6) Clara E. Lida, "Sobrevivir en secreto. Las conferencias comarcales y la reorganización anarquista clandestina(1874-1881)", *Cahiers de civilisation espagnole contemporaine*, 2-2015, consulté le 18 mars 2015. URL:hittp://ccec.revues.org5467; DOI: 10.4000/ccec. 5467, p.2 y p.8.

(7) Bernaldo de Quirós, "El espartaquismo agrario andaluz", p.162.

(8) Montañés, *op.cit.*, p.200.

(9) このとき小麦の収穫作業のために動員された兵士の総数は、2,000 人とも伝えられる（Castro Alfin, *Hambre en Andalucía*, p.181.）。

(10) Gérard Brey, "Crisis económica, anarquismo y sucesos de Jerez (1886-1892)", *Seis estudios*, pp.114-118.

(11) Bernaldo de Quirós, "El espartaquismo agrario andaluz", p.169.

(12) Kaplan, *op.cit.*, p.204.

(13) Cabral Chamorro, "Un estudio", p.220.

(14) Brey, "Crisis económica", pp.118-127.

(15) Juan Avilés Farré, *Francisco Ferrer y Guardia. Pedagogo, anarquista y mártir*,

Madrid, 2006, p.83.
(16) Rafael Núñez Florencio, *El terrorismo anarquista(1888-1909)*, Madrid, 1983, pp.51-60.
(17) ドミンゲス・オルティス、前掲邦訳、360 ページ。
(18) パス『スペイン革命のなかのドゥルーティ』35 ページ。
(19) Miguel Martorell Linares, *José Sánchez Guerra. Un hombre de honor(1859-1935)*, Madrid, 2011, pp.118-119. 1908 年、アントニオ・マウラはアナキズムの理念の普及に努める分子への厳格な処罰の規定を盛り込んだテロ対策法案を国会に提出する。だが、古巣の自由党や共和派、さらにはジャーナリズムからの反対にあって、マウラの「復讐」は果たされずに終わる（*ibid*., p.163.）。
(20) *El Liberal*, 29-VI-1901. 当時のカディス・セビーリャ両県でのリベルテールたちの活動のもようを丹念に取材したこのジャーナリストの存在についての関心をわれわれに喚起してくれたのは、Carlos Arenas Posadas である。
(21) Gibson, *Ligero de equipaje*, p.131. カルロス・デル・リオのその後の足取りは不明。だが、「第一級の」政治家になり損ねたことだけはどうやら間違いない。
(22) Díaz del Moral, *Historia de las agitaciones*, p.190.
(23) Barragán Moriana, *Córdoba*, pp.159-160.
(24) Díaz del Moral, *Historia de las agitaciones*, pp.194-197.
(25) Antonio López Estudillo, *Republicanismo y Anarquismo en Andalucía. Conflictividad Social Agraria y Crisis Finisecular(1868-1900)*, Córdoba, 2001, p.10. n.4.
(26) Alberto Gay Heredia, "Sociedad Obrera Luz del Porvenir de Castro del Rio(1903-1905)1ª parte", *De castro ero y bailar no sepo*, http://decastroero.blogspot.jp/2010/90/sociedad-obrera-luz-del-porvenir-de.html, consultado el 17-II-2015, p.5.
(27) Díaz del Moral, *Historia de las agitaciones*, pp.202-203.

第 2 節

「ボリシェヴィキの 3 年間」

　「世紀末の農業危機」の最終局面で持ち上がったのが、「ボリシェヴィキの 3 年間」である。労使紛争が最も尖鋭化したのはコルドバ県。1918 年 11 月、19 年 3 月と 5 月の都合 3 度にわたり、農業ストライキの連鎖が主としてグアダルキビール川以南のカンピーニャを直撃した。「3 年間」に県内の「アンダルシアの民」を牽引したのは、1918 年 10 月と翌年 5 月の 2 度、農業労働者大会を主催したカストロ・デル・リオの SOV（CNT）だった。いずれもカンピーニャに点在する 30 を上回る数の自治体を巻き込んだ最初と最後の農業スト攻勢は、ともにカストロでの大会の直後に発生を見る。カンピーニャとは対照的に、コルドバ県の北部を占めるシエラは、「3 年間」を通じて概ね――1919 年 3 月のコルドバでのゼネラル・ストライキに端を発する 2 度目の攻勢を除いて――「アフリカ風の憎しみ」の噴出を免れた。

　ブハランセの公証人によれば[1]、1919 年 5 月の「ボリシェヴィキの 3 年間」を通じて「最も強烈かつ重要な」農業ストライキ攻勢には、アスエール、アダムース、アルベンディン、イスナーハル、エレリーア、オチャビーリョ、カストロ・デル・リオ、カニェーテ・デ・ラス・トーレス、カルデーニャ、エル・カルピオ、ラ・カルロッタ、グアダルカサル、サモラーノス、サン・セバスティアン・デ・ロス・バリェステーロス、ドニャ・メンシーア、ヌエバ・カルテージャ、バエナ、バレンスエーラ、ラ・ビクトリア、ビリャ・デル・リオ、ビリャフランカ、フエンテ・トハル、フエンテ・パルメーラ、ブハランセ、フェルナン・ヌーニェス、ペドロ・アバ、ペニャローサ、ポサーダス、モンテマジョール、モントーロ、モントゥルケ、ラ・ランブラ、ロペーラの併せて 33 の自治体、及び自治体を構成する集落が合流した。ハエン県のロペーラを除けば、32 の市町村はいずれも確かにコルドバ県のカンピーニャのなかに位置している。

　これもやはりディアス・デル・モラールの推計に従えば[2]、コルドバ県は 1918 年と 19 年の 2 年間に 184 件、20 年に 16 件の農業ストライキに見舞われている。併せて 200 件もの農業ストが発生した「ボリシェヴィキの 3 年間」の

分水嶺と見なされるのは、マヌエル・デ・ラ・バレッラ将軍による1919年の5月末の戒厳令の布告である。カンピーニャを波状的に襲った農業スト攻勢は、軍事力の介入を境に退潮の局面を迎える。「3年間」の波動が終息した1921年には、農業ストはわずかに3件を数えたのみである。

　1919年2月のIRS調査団の現地視察は、『IRS報告』のなかに貴重な実を結んだ。調査団は、県庁所在地のコルドバ以外にもプエンテ・ヘニール、ペドロ・アバ、モンティーリャ、モントーロその他、県内の複数の自治体での現地取材を試みた。その成果と、調査団の団長を務めたエサ子爵自らが作成した大土地の細分化（desmembración）の可否をも問うアンケートに寄せられた、県内各地の労使からの回答の2つが、同じ年のうちにまとめられた『IRS報告』の柱である。この文書には農業エリートとアナルコサンディカリストたちの証言だけでなく、CNTとは対立関係にある社会党・UGTや、わずかではあれ共和派のそれも収められている。労使双方の「アフリカ風の憎しみ」に満ちた肉声を拾った『IRS報告』により、われわれはディアス・デル・モラールの名著の、リベルテールたちの動静に過度に関心が偏りがちな傾向に修正を施すこともできる。

　もちろん、『IRS報告』にも欠落はある。何よりも、IRS調査団は前年10月に農業労働者大会が開催されたカストロ・デル・リオに入っていない。カストロでの労使紛争に関しては、『IRS報告』には調査団のためにコルドバへ出向いたアントニオ・ナバハス・モレノら地元の農業エリートの側からの証言だけが収録されている。もっとも、調査団から送付されたアンケートに対し、このプエブロのCNTを預かるフアン・ペレス・ロペスは一切の回答を拒絶した[3]。相手が「われわれの原理」を盾に国家権力に完全に背を向けたリベルテールたちとあっては、エサ子爵らがわざわざカストロまで足を運んだところで門前払いの屈辱が待ち受けるばかりであったのかもしれない。

　「サルバドール・コルドニエフ」の先のビラに「持たざる者」の「憎しみ」が代弁されていたとすれば、「持てる者」の「憎しみ」を次のように最も率直に語ったのはプエンテ・ヘニールのフランシスコ・モラーレス・デルガードである。「農業労働者は、今日では自分が欲しがっているものを手にしている。だが、それでも満足していない。アナーキーな煽動にかぶれて欲の皮を突っ張らせ、ほとんどいつでも勝手に仕事を放り出す。そして、待ち望んでいるのだ。すべてを一変させ、自分を名士（señor）にしてくれる破滅や革命の類を。というのも、連中は労働も所有も等しく憎んでいるのだから。農業労働者は所有

の破壊を熱望し、匪賊が施しをせびり取るように賃金の引き上げを無理強いする。だが、働こうとはしない」[4]。

プエンテ・ヘニールは、ディアス・デル・モラールの直感では「干乾びて血の通わぬ」はずの社会党・UGT のプロパガンダが地元の労働力に反響を見出したプエブロである。モラーレス・デルガードの見るところ、「アンダルシアの農業問題」は経済的な問題ではない。それは優れて「教養」と「権威」に関わる問題だった。組合の「不当な」圧力を排除し、「労働の自由」を保障する「権威」の名を借りて、このプエンテ・ヘニールの大地主が、マルクス主義者の（！）「アナーキーな煽動」に引きずられるままに争議に突入したと目される「教養」のない日雇い農たちの「増長」を抑え込むための治安維持装置の発動を要請していることは明らかである。

「お上」に見捨てられて、農業経営者は自らの組織化にやっと着手し始めたとは、1936 年 7 月 18 日のコルドバで大役を演じることになるサルバドール・ムニョス・ペレスの嘆きである[5]。1918 年 11 月の農業ストライキ攻勢の口火を切ったのは、バエナの組合（CNT）だった。ギリェルモ・プラードら地元の 3 人の農業経営者にしてみれば、バエナで取り交わされた雇用契約は先の争議を通じて自分たちに強要された代物に他ならない。羨望の思いを滲ませながら、隣接するバレンスエーラに「平穏」をもたらした治安警備隊の司令官の「エネルギッシュな」人柄にバエナの 3 人が捧げた讃辞は[6]、「お上」がマドリードから派遣した IRS 調査団にムニョス・ペレスが投げつけた皮肉の裏返しでもあっただろう。

「持たざる者」に辛辣な点でモラーレス・デルガードに引けを取らなかったのが、ムニョス・ペレスとともにやはり 1936 年夏のコルドバでの軍事クーデタの成功に貢献するホセ・トマス・バルデルデ・カスティーリャである。「腹を空かせた、ほとんど教養とは縁のない連中」が、「〔アナルコ〕サンディカリストの煽動に焚きつけられたとあっては、1919 年 11 月のプリエーゴ・デ・コルドバでの「無秩序」の現出も不可避だった、とのその語りには[7]、「無秩序」を招いた地元の「持たざる者」への、露骨なまでの蔑視と混じりあった「憎しみ」が漂っている。

現実には、「ボリシェヴィキの 3 年間」のコルドバ県が「すべてを一変させ」、日雇い農を「セニョールにしてくれる破滅や革命の類」に直面することはない。なるほど「アフリカ風の憎しみ」を刻印されつつも、『IRS 報告』を読む限り、

「3年間」の内実は意外なほど（？）「散文的」であったかに見える。「3年間」の労使対立の理由に物価の高騰に伴う農業労働者たちの困窮を挙げる点では、CNT（エル・カルピオ）⁽⁸⁾も UGT（モンティーリャ）も変わりはない⁽⁹⁾。「3年間」のコルドバ県にあって、組織化された日雇い農が目指したのは、就中、悪化の一途をたどっていた自分たちの労働環境の改善、言い換えれば「直接的で物質的な利益」（ジョルジュ・ソレル）の獲得だった。

　ディアス・デル・モラールによれば⁽¹⁰⁾、「ボリシェヴィキの3年間」にコルドバ県内に頻発した農業ストライキは、1918年10月のカストロ・デル・リオで開催された農業労働者大会が掲げた4つの闘争方針——賃金の引き上げ・雇用の確保・出来高払い方式の廃止・出稼ぎの追放——に沿って展開された。この大会には30の市町村の組合が参加した他、さらに6つの自治体の組合が支持を表明した。アナルコサンディカリスト主導の大会でありながらも、カストロに代表を派遣した30の市町村のなかにはアギラール・デ・ラ・フロンテーラやモンティーリャやルセーナ等、社会党・UGTの勢力圏のプエブロも名を連ねている。また、カストロ大会の決議を支持した自治体のなかに、われわれはやはりマルクス主義がアナルコサンディカリズムよりも優位に立つプエンテ・ヘニールの名を発見する⁽¹¹⁾。

　1918年10月のカストロ・デル・リオでの農業労働者大会で打ち出された、以下に述べるように相互に密接に関連した闘争方針は、いずれも大土地所有制に立脚したアンダルシアの農業構造に深く根差した構造上の矛盾を抉り出している。言うまでもなく、労働力の大幅な過剰はそのまま低賃金と失業に、従って日雇い農たちの側からの賃上げと失業救済の要求に結びつく。また、短期間に農作業への集中的な労働力の投下が求められる賃金の出来高払い方式は、日払い方式に比べて過剰な労働を強いられるうえ、雇用機会・期間の減少にも帰結するため、グアダルキビール川の中下流域にのたうつ「アンダルシアの民」の「憎しみ」の的だった。他方で、組織化された地元の労働力への対処に苦慮する農業エリートが好んで雇い入れたのが、主に周辺のより貧しい地域から仕事を求めて流れ込んでくる、低賃金や出来高払い方式をも厭わぬ出稼ぎたちである。当然、地元の日雇い農と出稼ぎとの間には緊張・対立を孕んだ関係が発生することになる⁽¹²⁾。

　賃上げが南スペインの日雇い農たちの恒常的な求めであったことには、まったく疑いの余地がない。そして、FRE以降ともかくも形成され始めた抵抗組織、

あるいは組合の圧力のもとに、「世紀末の農業危機」の間にも、「アンダルシアの民」の賃金は上昇を記録する。特にカディス・セビーリャ両県の「民」が「マノ・ネグラ」騒動が引き起こした弾圧のもとに置かれた1883年から89年にかけての間の、アンダルシア全体における、日雇い農たちの日当の平均は1.25ペセータ。世紀の変わり目を挟む1897年から1907年の間には、それが1.53ペセータになっている[13]。

1902年、つまり本格的な農民騒擾の荒波がコルドバ県のカンピーニャに押し寄せる前年の段階で、トーレス・カブレーラ伯爵も1890年代からのコルドバでの賃金の「大幅な」上昇を指摘している。トーレス・カブレーラ伯爵によると[14]、オリーヴの豊作と並んで、その理由は「日雇い農たちの要求」にあった。不動産の登記が専門のディエゴ・パソス・イ・ガルシアが「実態にかなり近いデータ」と評価する1910年のIRSの統計では、コルドバ県の農業労働者の日当の平均は1.84ペセータ。カディス県の日雇い農たちが手にしていたのも同額である。セビーリャ県の「アンダルシアの民」には、このとき2.17ペセータの日当が支払われていた[15]。

IRS調査団の面々を前にして、「農業労働者に支払われる日当はもはや上限に達している」と悲鳴を上げたのは、コルドバ県農業会議所代表のフランシスコ・アミアン・ゴメスだった[16]。しかし、アミアン・ゴメスは賃金に関して具体的な数字は挙げていない。1919年の日当はスペインの外で「大戦争」の火蓋が切られたころの2倍の水準にあるとは、フェルナン・ヌーニェスのフランシスコ・ルーケの証言である。そもそも賃金の上昇は「8年から10年も前に」、つまり「大戦争」が勃発する前から既に始まっていたという。にもかかわらず、第1次世界大戦が惹起した生活費の急騰がリベルテールたちに「活発なプロパガンダ」を行なうための絶好の「口実」を提供したのだと、地元のCNTに手を焼くこの農業経営者はことの起こりを説明した。

フランシスコ・ルーケは、フェルナン・ヌーニェスでの第1次世界大戦前と「ボリシェヴィキの3年間」の出来高払い方式の報酬の隔たりにも触れている。それによると、1ファネーガ当たりの小麦の刈り入れの報酬は14〜15ペセータから30〜35ペセータへと、また同じく1ファネーガ当たりのオリーヴの収穫のそれは1.12〜1.15ペセータから2.25〜2.50ペセータへといずれも急騰した[17]。この農業経営者の証言をひとまず信用すれば、確かに報酬は倍増したわけである。ただし、「8年から10年も前に」上昇が始まる以前のフェルナ

ン・ヌーニェスでの賃金水準は不明である。

　ところが、フランシスコ・サフラ・コントレーラスが統率するモンティーリャの社会党・UGT が IRS 調査団に示した回答では[18]、冬季の、つまりオリーヴの収穫期の 1919 年の日当 3.15 ペセータは、6 年前のそれに比べて 1 ペセータ増しただけ。先のカストロ・デル・リオでの農業労働者大会は、アギラール・デ・ラ・フロンテーラ、フェルナン・ヌーニェス、モンタルバンその他の近隣のプエブロとともに、モンティーリャで支払われるべきオリーヴの収穫作業の日当を 3.75 ペセータと設定していた[19]。従って、目標は達成されなかったことになる。おまけに、同じ 6 年ほどの間に、このモンティーリャの貧しい者たちの胃袋にささやかな慰めをもたらすパンと馬鈴薯の値段は、それぞれ 0.33 ペセータから 0.55 ペセータへ、0.12 ペセータから 0.45 ペセータへと賃金を大きく上回るペースで上昇している（いずれも 1 キロ当たり）。

　件の「無秩序」を経て労使が「合意」に達したというプリエーゴ・デ・コルドバでの「最低賃金」は、バルベルデ・カスティーリャによれば 3.25 ペセータ。ただし、賃金の支払われ方に疑念を抱かせる「持たざる者」の証言もある。同じ時期のモントーロでの賃金について、農業経営者たちは 1 パニーリャ（100 パニーリャで 1 アローバ〔12.6 リットル〕）のオリーヴ油を上乗せしたうえでの 3 ペセータ、組合（CNT）は 2.5 〜 3 ペセータと、それぞれ異なった数字を挙げた。しかも、このプエブロのアナルコサンディカリストたちによると、数次の争議を経て締結された、この報酬をも含む雇用契約は大地主たちによって頻繁に破られていたらしい[20]。

　とはいえ、「ボリシェヴィキの 3 年間」の労使対決の最大の焦点は日当の多寡ではなく、賃金の出来高払い方式の是非にあった。コルドバ県内の 79 の市町村のうち、1904 年には少なくとも 68 の自治体で出来高払い方式が実施されていた、との IRS の調査結果が残されている[21]。同じころのコルドバの場合、小麦その他の収穫作業の報酬は、市街地に近いルエド（ruedo）と呼ばれる地所では日払いが、市街地から遠い大農場では出来高払いが通例である[22]。「3 年間」のモンティーリャの場合、ルエドでの農作業は「日の出から日の入りまで」長時間に及んでいる[23]。日払い方式の採用それ自体が「アンダルシアの民」の農業エリートによる搾取からの解放を意味したのではないことは、念を押すまでもないだろう。

　サルバドール・ムニョス・ペレス以下[24]、コルドバ県内の農業エリートの間では「経営効率」の点から出来高払い方式の維持に固執する姿勢が顕著に見

て取れる。もちろん、バルベルデ・カスティーリャも例に漏れない[25]。1918年6月のカストロ・デル・リオの争議も、2,400人を動員して賃上げこそ達成したものの、出来高払い方式の廃止にはなお至らない[26]。翌年5月の農業ストライキの結果、バエナの日雇い農たちは6.25 ペセタ（！）の高い賃金水準を獲得したが、やはり出来高払い方式は維持されたのだった[27]。

それでも、ヌエバ・カルテージャやラ・ビクトリアのように、定着していた出来高払い方式が「ボリシェヴィキの3年間」に入ってひとまず撤廃されたプエブロもある[28]。実際のところ、フランシスコ・モラーレス・デルガードの逆鱗に触れたのも、自らに出来高払い方式の廃止という煮え湯を飲ませたプエンテ・ヘニールの日雇い農たちの好戦的な姿勢だった。1918年6月におけるカストロ・デル・リオのSOVの実質的な敗北を考慮すれば、プエンテ・ヘニールの、モラーレス・デルガードによれば「アナーキーな」マルクス主義の動員力を侮ることはできないだろう。

プエンテ・ヘニールには、先のモンティーリャのフランシスコ・サフラと並んで、コルドバ県の社会党・UGTを代表する有力な活動家と目されるガブリエル・モロン・ディアスがいた。そのモロン・ディアスによると[29]、出来高払い方式の廃止で労使が「合意」に達したこの自治体での、オリーヴの収穫作業の日当は4.50ペセタ。それでも、「暮らし向きはあいかわらず厳しい」という。モラーレス・デルガードが吐き捨てたように、プエンテ・ヘニールの「ほとんどいつでも勝手に仕事を放り出す」日雇い農たちが、「自分が欲しがっているもの」を既に獲得していたとは思われない。

グアダルキビール川の中下流域での農業ストライキの成功を困難にしていたのが、先に見たように低賃金や劣悪な労働条件をも厭わない、否、厭うことさえも許されない出稼ぎたちの存在だった。モンティーリャの農業労働者たちは、賃上げを阻止する要因として、東アンダルシアのアルメリア県やグラナダ県の不毛で、西アンダルシアよりもさらに貧しい地域から流れ込んでくる出稼ぎの雇用には反対の態度を鮮明にする[30]。アギラール・デ・ラ・フロンテーラにあって、やはりマルクス主義を信奉するその仲間たちも同様である[31]。

フランシスコ・ムニョス・フローレスの言葉を信頼すれば、（ほぼ確実にアナルコサンディカリストのイニシアティヴにより）「革命的な」騒乱に直撃されたというカニェーテ・デ・ラス・トーレスでは、出稼ぎの雇用が一旦は完全に禁止されたらしい。とはいえ、組織化された地元の労働力に手を焼く大地主

第3章　リベルテールたちのアンダルシア

たちにとって出稼ぎは貴重な持ち駒である。このムニョス・フローレスやカルカブエイのニコラス・カマーチョらの農業経営者には[32]、「勤労精神」とは無縁であるかに見えるそれぞれのプエブロの日雇い農たちばかりに依存するのは無理な相談だった。

　地元の「アンダルシアの民」の強固な結束力に押されて、やはり出稼ぎの雇用が禁じられたにもかかわらず、そもそも働き手が不足している当地では農作業への外からの労働力の投入は避けられない。これは、フリオ・ガルシア・パーロらヌエバ・カルテージャの農業経営者たちの呻吟である[33]。サルバドール・ムニョス・ペレスにも似て、ガルシア・パーロらは資本の側に救いの手を差し伸べようとしない「お上」への不満を漏らす。国家権力から袖にされたという農業エリートの「被害者意識」は、カストロ・デル・リオのラファエル・R・カレテーロとペドロ・ルーケの文書にも垣間見える[34]。

　1919年2月のヌエバ・カルテージャでは、出稼ぎの雇用も出来高払い方式も併せて禁じられていた。出稼ぎへの対処が賃金の出来高払いか日払いかをめぐる労使の「アフリカ風の」相克にも直に絡んでいた事実を浮き彫りにするのが、エステーバン・ベルトラン・モラーレスの出身地で、その小説『マノリン』の舞台と覚しいモントーロである。モントーロのCNTがその廃止を強く主張した出来高払い方式は、地元の大地主たちの認識では「農業労働者、特に出稼ぎの要請に応じて」導入されたことになっている[35]。報酬の支払い方法をめぐって、農業経営者とCNTに加入する日雇い農とが対峙するなかで、前者の思惑と出稼ぎが置かれた境遇とが結びつく構図をわれわれはここに容易に看取することができる。

　『IRS報告』には「アフリカ風の憎しみ」に燃えるコルドバ県の労使の、やや大げさに言えば「世界観」の違いが凝縮されているかに見える。確かに「散文的」ではあれ、この文書のなかに綴られた労使対立のありさまには妥協の余地がほとんどない。『マノリン』に描かれた、報酬の出来高払い方式のもとでの農作業を強いられ、酷暑のなかで過労死する老人の悲劇は[36]、荒唐無稽な絵空事では決してない。だが、農業エリートにあっては、サルバドール・ムニョス・ペレスが錦の御旗に掲げる「経営効率」がすべてに優先した。「われわれはラディカルな変革は望んでいない」とのガブリエル・モロンの言葉にもかかわらず、プエンテ・ヘニールその他での出来高払い方式の廃止は、後のフランコ派初のコルドバ市長やフランシスコ・モラーレス・デルガードらにとっては

195

間違いなく「ラディカルな変革」だった。

　他方で、1918年10月のカストロ・デル・リオでの農業労働者大会が出稼ぎの追放を明確な指針の1つに掲げた事実も無視されてはならないだろう。IRS調査団が現地入りする直前のコルドバでは、地元の労働力が出稼ぎを力ずくで市内から追い払う場面も出来していた⁽³⁷⁾。この時期に犠牲に供されたのは、何も遠来のよそ者ばかりではなかった。同じコルドバ県内に居住しながらも、カストロ大会での決議にたたられて、ルーケの日雇い農たちは近隣のバエナやカルカブエイやプリエーゴ・デ・コルドバでの、それまでは慣例だった農作業に従事する機会を奪われてしまう⁽³⁸⁾。

　ことが恐ろしく不均衡な南スペインの農業構造に派生していた点は明白ではあれ、ベルナルド・デ・キロースが苦言を呈したように⁽³⁹⁾、「ボリシェヴィキの3年間」に出稼ぎたちに注がれた「憎しみ」の念は、どう見ても「正義」を追求する「アンダルシアの民」の闘争にふさわしいものではなかった。早くも1824年のラ・アルガーバ（セビーリャ県）の騒擾のなかで噴出したように⁽⁴⁰⁾、出稼ぎへの「憎しみ」の根には深いものがあった。FRE以来のインターナショナリズムを云々する以前に、そもそもアルメリア県やグラナダ県からカンピーニャに流れてくる出稼ぎも、生まれ故郷の近辺での仕事にありつくしか生きる手段のないコルドバ県内の無産者も、ブラス・インファンテにとっては停滞し続ける南スペインが息を吹き返すための鍵を握る「民」であることには何の違いもなかったのである。

　賃金の出来高払い方式に反対する声もまた、既に1882年9月のFTREセビーリャ大会のなかでも聞かれていた⁽⁴¹⁾。翌年6月のヘレス・デ・ラ・フロンテーラでの農業ストライキの焦点も、出来高払い方式の廃止の如何にあった。ヘレスにこの支払い方法が初めて導入されたのは、1863年のことである⁽⁴²⁾。1つの目安として、同時代のあるリベルテール紙の試算を紹介しておけば⁽⁴³⁾、1883年のヘレスでは、出来高払い方式の場合、14エーカーの土地の小麦を40日間で刈り入れた農業労働者は125ペセタの報酬を懐に入れる。日払い方式では同じ農作業に60日が必要とされ、150ペセタが支払われる勘定になるという。農業プロレタリアートが出来高払い方式を、そして大地主たちが日払い方式をそれぞれ忌避する理由は自明だった。

　おもしろいことに、「マノ・ネグラ」裁判のさなかに実施された件の農業ストライキには、少なくともそれが開始された段階ではポルトガルから来た出稼

ぎたちも闘争の趣旨に賛同し、合流している[44]。「マノ・ネグラ」騒動の背後に潜んでいた、FTRE、ないしはその傘下のUTCの組織力・動員力に対してヘレス・デ・ラ・フロンテーラの農業経営者や復古王政が抱いていた極度の警戒心には、まんざら根拠がないわけでもなかったのだろう。因みに、FTREの発足から間もない1881年11月にUTCの暫定委員会が置かれたのが、ヘレスから遠くないウブリーケ（カディス県）である。それから1年が経過し、騒々しくも陰惨なドラマが始まった時点で、UTCは23,500人近い組織員を擁するまでになっている。おまけに、その頭数のほとんどを供給したのは確かにアンダルシアだったのである[45]。

　1903年8月、やはりカディス県のアルカラ・デル・バーリェで起きた農業ストライキでは、これまた同じカディス県内のセテニール・デ・ラス・ボデーガスからの出稼ぎの侵入を阻もうとした地元の日雇い農たちに治安警備隊が発砲し、1人が死亡する事件が発生した。それは、ほぼ20年前の「マノ・ネグラ」騒動や、同じくほぼ10年前のシェリーの本場に「アナーキー万歳！」の叫びがこだました事件に比べれば目立たぬエピソードではあった。それでも、例によって強引な取り調べの果てに、1度は3人に死刑が宣告される事態をもたらしたこの騒擾は[46]、第5章で言及されるように同じ時期にカルモナ（セビーリャ県）で繰り広げられていた労使紛争の行方にも影を落とす。

　アルカラ・デル・バーリェの争議には、バルセロナから発せられた「すべての社会囚」の釈放を目的とする全国的なストライキの実施へのアピールに呼応するという、広い意味での政治性を孕んだ傾向も認められた[47]。前年2月、カタルーニャの中心都市の街頭は大規模なゼネストの大波に翻弄されていた。マドリードの『エル・インパルシアール』紙の報道では、争議に合流した労働者は併せて80,000人に上る。市内の各所に築かれたバリケードへの砲撃をも交えた軍部の介入の果てにようやく鎮圧されたこのゼネストでは[48]、少なく見積もっても12の人命が失われた[49]。争議は、確かにかなりの数の「社会囚」を生んでいたものと想像される。しかし、アルカラの「アンダルシアの民」はバルセロナの「社会囚」には連帯の手を差し伸べながらも、近隣の「民」の追い出しに奔走した。20世紀初頭のアルカラの「民」が陥った袋小路から抜け出すための知恵は、共感を寄せる対象をロシアのムジークへと改めた「ボリシェヴィキの3年間」の主役たちにも備わっていない。

　IRS調査団を前にして、「アンダルシア農業振興会（Fomento Agrícola de

Andalucía)」の名のもとに、「アンダルシアの農業問題」の解決策を「弾圧か、既存の土地所有のあり方の変革か」の二者択一に還元したのは、この経営者団体が抱える弁護士のホセ・オルテーガ・コントレーラスである[50]。だが、「既存の土地所有のあり方の変革」が大土地所有そのものの切除に連なる「大手術」を意味したのであれば、フランシスコ・モラーレス・デルガードを筆頭に、南スペインのほとんどの大地主には「弾圧」以外の選択肢はありえなかっただろう。そして、「膨大な数の農民大衆」にその「大手術」の実施を約束したのが第2共和制の「改革の2年間」だったのである。

IRS調査団を率いるエサ子爵は、アンケートを通じて大土地の細分化の可否をコルドバ県の農業エリートに問い質している。「大手術」の核心に連なるこの問いかけに応じて、それが「生産の増加に結びつかない以上」大農場の細分化は論外と断じて、話の接ぎ穂を早々に断ち切ったのは、1936年7月18日のコルドバで究極の「弾圧」に加担することになるサルバドール・ムニョス・ペレスである[51]。「農業労働者はもっと働けるし、働かねばならない」との「哲学」を開陳する、その盟友のホセ・トマス・バルベルデ・カスティーリャに至っては、自分の故郷には大土地などそもそもありはしない、とにべもない[52]。しかし、1919年のプリエーゴ・デ・コルドバには、少なくとも合計で778ヘクタールのオリーヴ畑を所有する2人の大地主がいる[53]。

何らかの形で、「既存の土地所有のあり方の変革」を構想する「持てる者」が皆無であったわけではない。『IRS報告』は、カストロ・デル・リオのアントニオ・ナバハス・モレノやエル・カルピオのフランシスコ・ガルシア・エスピンから寄せられた回答に積極的な評価を与えた[54]。確かに、ナバハス・モレノは「耕作されていないものの、それが可能な地所」や「持ち主の手で直に経営されていない地所、借地」の「強制的な」収用を通じての「農業資本主義体制の漸次的にして秩序だった変革」に「前向き」ではあった。それでも、その「変革」の恩恵に浴しうるのは「自立する才覚に恵まれた」農業労働者のみに限られる。また、このカストロの農業経営者には、大地主たちの利益が「深く」損なわれないよう、治安維持のために「お上」が万全を期すべきことは、言うまでもなく不可欠の前提だった[55]。

IRS調査団に対し、ガルシア・エスピンも日雇い農たちへの自治体所有地の再分配や、直接経営のもとに置かれていない自治体近辺の地所の売却、もしくは貸与の提案を行なっている[56]。しかし、その一方で、周囲に農作業の放棄

第 3 章　リベルテールたちのアンダルシア

を強要し、「労働の自由」を侵害する「ボリシェヴィキの思想」の持ち主（？）は厳正に処罰されるべきだと主張するガルシア・エスピンの舌鋒には、「権威」を振りかざすプエンテ・ヘニールのフランシスコ・モラーレス・デルガードのそれを連想させるものがある。

　ほとんどただ 1 人、IRS 調査団を前に「大地主たちには土地を生産性に乏しいままに放置しておく権利はない。アンダルシアの大土地を収用し、その生産性の向上を図ることが肝要だ」と「大手術」の必要性にまで踏み込んだ「持てる者」がいた。コルドバのホセ・ゲラ・ロサーノである。ただし、確かに「持てる者」の 1 人ではあったにせよ、ゲラ・ロサーノは危機に瀕した中農の立場にも留意しており、おそらく自身もこの階層に属していたものと推測される。不在の旧領主貴族の怠慢への弾劾に始まるその議論の射程はカシキスモへの批判をも孕み、狭義の土地問題（生産性）には収斂されない。ゲラ・ロサーノに言わせれば、「持たざる者」の「無教養」の責めも大地主たちに帰されるべきだった。「事態を解決するためには、治安警備隊に出動を要請し、組織化された農業労働者を弾圧するだけでは充分ではない」と自らの発言を結んだゲラ・ロサーノは、コルドバ県農業会議所を預かるアミアン・ゴメスら、同席していた正真正銘の農業エリートの「憎しみ」にも似た反発を買う[57]。

　やはり件のアンケートに盛り込まれた労使混成の協議機関の設置案には、ムニョス・ペレスも一応の理解を見せる。それでも、アダムースのオリーヴ栽培業者の腹づもりでは、件の協議機関を介しての労使交渉においても、農業経営者たちの意向が優先されるべきことは論を待たない[58]。この案には、バルベルデ・カスティーリャも必ずしも否定的ではなかった。だが、プリエーゴ・デ・コルドバの農業エリートは、労使紛争の解決のための「あらゆるデータ」の提供を「高名な」IRS に約束しながらも、肝心の協議機関そのものの具体的な構想に関しては口を閉ざす[59]。

　『IRS 報告』には、セビーリャ県に関するトレヌエーバ侯爵の手になるレポートも収録されている。先のフェルナン・ヌーニェスのフランシスコ・ルーケにも似た農業エリートらしい性癖が行間に滲み出た、1919 年 4 月に作成された侯爵の文書によると[60]、「ボリシェヴィキの 3 年間」当時のセビーリャ県における日雇い農たちの境遇は「大戦争」の幕が上がったころに比べて特に悪化したわけではない。トレヌエーバ侯爵の観察では、1914 年からの 4 年間を通じて農作業に対する報酬の上昇は物価のそれを上回ってさえもいた。1918 年ま

での間に、例えばパンの価格が45パーセント上昇したのに対し、日雇い農の日当は60パーセントの上げ幅を記録。日雇い農の攻勢が強まった1918年には、小麦の刈り入れの報酬は6ペセータから8ペセータの間を推移。なかには27ペセータ（！）が支払われた自治体もあったという。

　その一方で、同じ時期に労働時間は15パーセントの短縮を記録した。セビーリャ県在住の「アンダルシアの民」は、実際には4時間から6時間しか働いていないという。この時期「わずかな休憩を挟んで、農作業がときには12時間から13時間に及ぶ」賃金の出来高払い方式は目立って減少したし、「いくつかのプエブロでは廃止されている」。それでも、アンダルシアの日雇い農たちには「上等な」パンよりももっと身近なガルバンソ豆の値上がり幅が、日当のそれをはるかに上回って90パーセントにも達していたことはトレヌエーバ侯爵自身も認めるところである。

　「アンダルシアの農業問題」の克服に向けて、トレヌエーバ侯爵が推奨したのが分益小作制（aparcería）の大々的な導入だった。ヘレス・デ・ラ・フロンテーラでは、分益小作制のもとでとうもろこしの栽培が「〔大〕地主とその土地を耕す者との直接的な関係を構築するうえで」一定の成果を上げていたという。だが、分益小作制を小麦の栽培にも適用しようと意気込むトレヌエーバ侯爵の思いをよそに、モンティーリャの社会党・UGTにしてみれば、このシステムは偽装された出来高払い方式以外の何ものでもない[61]。コルドバ県の農業エリートの間からも、分益小作制を嫌う声が上がった。「教養のない」日雇い農たちと「直接的な関係を構築する」ことを拒絶したのは、またしても（！）ムニョス・ペレスである[62]。しかしながら、分益小作制はプリエーゴ・デ・コルドバでは「優れた成果」を上げていたという[63]。バルベルデ・カスティーリャと盟友との間に状況認識の隔たりが生じたのは、どうやらこの分益小作制に関してだけのようである。

　トレヌエーバ侯爵と同じように、セビーリャ県の「ボリシェヴィキの3年間」をつぶさに眺める機会を得たのが、第2共和制の「改革の2年間」に農地改革のための専門委員会に加わることになるパスクアル・カリオン・イ・カリオンだった。しかし、この農業技師に言わせれば、侯爵の見立てとは反対に――なおかつモンティーリャのマルクス主義者たちに似て――、分益小作制の普及は「アンダルシアの農業問題」の解決にはほど遠かった。1919年4月から10月にかけてマドリードの『エル・ソル』紙に断続的に掲載されたカリオンの論考

第 3 章　リベルテールたちのアンダルシア

には、国家が収用した未耕地や借地の耕作権の、その所有権は国家に帰属したままでの農業労働者への引き渡し、日雇い農たちが国家に支払う借地料を通じての大地主への補償、農地改革のための予算を捻出するための農業エリートが持つ不動産への累進課税その他[64]、1931年7月に公表され、結局は廃案に終わる専門委員会の農地改革法案を先取りするような青写真が描かれていた[65]。

「ボリシェヴィキの 3 年間」は、アンダルシアの地域ナショナリズムにとっても勝負どきだった。1919 年 1 月にコルドバで発表されたマニフェストのなかで、ブラス・インファンテら地域ナショナリストはアンダルシアを 1 つの「ナショナリティ（nacionalidad）」と規定したうえで、「廃れた王政」と「汚れた寡頭専制支配」の護持に汲々とする国家からの「分離主義者（separatista）」を自称した[66]。1914 年のセビーリャのアテネオ（文芸協会）での自身の講演をまとめたインファンテの『アンダルシアの理想』では、アンダルシアにはスペインの進歩に寄与する 1 つの地方との位置づけが与えられている[67]。講演から 5 年の歳月を隔てて、地域ナショナリズムの言説は明らかに急進化した。その原因に、「3 年間」の労使対立の激化があったことは間違いない[68]。ことにその県庁所在地で「廃れた王政」からの「分離」の叫びが飛び出したコルドバ県のカンピーニャでは、かつてない規模でリベルテール的な爆風が吹き荒れたばかりだったのである。

バレンシア県と同じレバンテのサクス（アリカンテ県）に生まれながらも、1917 年以降セビーリャにあって「ボリシェヴィキの 3 年間」の激震を体験したパスクアル・カリオンは、アンダルシア地域ナショナリズムに深く共鳴する。その総帥とカリオンを近づけたものは、社会的な不平等の根底に少数者による不動産の占有を見るとともに、土地への単一課税（impuesto único）を介しての大土地所有制の解体と貧しい者たちの救済を構想したヘンリー・ジョージと、このアメリカ人に感化されたホアキン・コスタ・イ・マルティネスに対する両者の傾倒だった[69]。ただし、ジョージ、またはジョージ／コスタによりいっそう忠実に接収の対象となる土地の国有化を主張したカリオンとは異なり、インファンテらがしたためた 1919 年 1 月のマニフェストでは市町村によるその所有が提唱されている。マニフェストは、その青写真に従って各自治体に設置される予定の日雇い農たちの組合への合流を CNT にも呼びかけた。

「ボリシェヴィキの 3 年間」を通じてコルドバ県では 2 度目の農業ストライキ攻勢が終息へと向かいつつあった 1919 年 3 月 23 日から 25 日にかけて、同

県の県庁所在地にアンダルシア地域ナショナリストたちの集会が招集される。この集会では、特に日雇い農たちを念頭に新たな文書がまとめられた。だが、1月のマニフェストとこの文書に流れるそれぞれの調子には、かなりの違いが感じられる。先に「分離主義」を公言して憚らなかったインファンテらは、新たな騒擾の波に揉まれた今回は、「アンダルシアの民」による「流血を伴った革命」を避けるための手段として、農業エリートの所有地の収用を、また特に持ち主の手により経営状態に何ら改良が施されていない地所についてはその無償の「没収」を、マドリードの「お上」に乞い求める[70]。言い換えれば、「汚れた寡頭専制支配」の正しく要をなす南スペインの大地主たちとは切っても切れない間柄の「復古王政」に、である。

　それから2ヶ月後に沸き起こった、コルドバ県での3度目の農業ストライキ攻勢に、「流血の革命」の回避を期待されたはずの復古王政は戒厳令の布告をもって返礼する。南スペインの地域ナショナリズムが「アンダルシアの民」と自らを一体化する契機を発見できないうちに、「廃れた王政」の軍事介入により「アフリカ風の憎しみ」が渦巻く「ボリシェヴィキの3年間」の労使対決は一気に攻守ところを変えた。CNT傘下の日雇い農たちの敗北は、その自作農への、ただし自らが育んだ農作物はともかく、自らが経営する地所を処分する権限は持たない「自作農」[71]への転換を、カリオンと同じようにもくろんだ『アンダルシアの理想』の著者、延いては特異な地域ナショナリズムの挫折でもあったのである。

　その6年前の1913年の5月下旬、ロンダでヘンリー・ジョージの思想に共鳴する運動家たちの大会が開催されていた。セビーリャ代表の1人としてこのマラガ県のプエブロに乗り込んだインファンテは、大会の席上「資本と労働は兄弟であり、ともにその唯一の敵である独占の犠牲者なのである」との自説を披歴した[72]。だが、南スペインの「資本」は、鉱業に寄生する外国資本を唯一の実質的な例外として、農業エリートによってほとんど「独占」されていた。われわれには1885年にやはりマラガ県下にあるカサーレスに生まれ、周囲の日雇い農たちの惨状をその眼に焼きつけるようにして育ったインファンテの「善意」[73]を疑う理由は何もない。しかし、「ボリシェヴィキの3年間」に噴出する南スペインの労使間の「アフリカ風の憎しみ」からあまりにも遠く隔たった、あまりにもおめでたいこの見立てのうちに、アンダルシアの地域ナショナリズムの敗北はあらかじめ定められていたように思われる。

第3章　リベルテールたちのアンダルシア

註

（1）Díaz del Moral, *Historia de las agitaciones,* pp.324-325 y n.48. 1919年の5月上旬のカストロ・デル・リオでの2度目の農業労働者大会は、同大会に参加した組織を「コルドバ県及びその周辺の連合」へと編成、CNTとアンダルシアCRTとの連帯を「連合」の規約に盛り込んだ（*ibid.*, pp.302-304.）。「その周辺の」とは、ロペーラの組合に対する配慮である。1919年12月にロペーラを見舞った「革命的な」農業ストライキには、社会党・UGTの牙城だったハエン県のなかで孤軍奮闘する、このプエブロのリベルテールたちがおそらく関与していた（Manuel Tuñón de Lara, *Luchas obreras y campesinas en la Andalucía del siglo XX. Jaén(1917-1920). Sevilla(1930-1932),* Madrid, 1978, p.82.）。なお、UGTのコルドバ県連盟の結成が決議された集会が県庁所在地に招集されたのは、上記のカストロ大会の開催に先立つ4月半ばのことである。アニョーラ、エスピエール、ビリャヌエーバ・デ・コルドバ、ビリャヌエーバ・デル・ドゥーケ、フエンテ・オベフーナ、ブラスケス、ペラルカサル、ベルメス、ペニャロージャ、ポソブランコその他、この集会に代表を送った市町村の多くはシエラにあり（*Montilla Obrera,* 1-V-1919.）、これらのプエブロは「3年間」を通じて「最も強烈かつ重要な」農業ストライキ攻勢には確かにいずれも加わっていない。また、プエンテ・ヘニールやモンティーリャをも含めて、カンピーニャのなかにある社会党・UGTのいくつかの拠点も5月の「大一番」には登場しない。

（2）Díaz del Moral, *Historia de las agitaciones,* p.312 y pp.314-329.

（3）IRS, *Información sobre el problema agrario,* p.153.

（4）*Ibid.*, pp.19-20.

（5）コルドバ県農業経営者・畜産業者協会を代表しての、セバスティアン・ガルシア・イ・ガルシアとの共同執筆になる文書（*ibid.*, p.81.）。

（6）*Ibid.*, p.31.

（7）*Ibid.*, p.118-119.

（8）*Ibid.*, pp.151.

（9）*Ibid.*, pp.165-171.

（10）Díaz del Moral, *Historia de las agitaciones,* pp.194-195.

（11）*Ibid.*, pp.305-306 n.35. 1918年10月のカストロ・デル・リオでの農業労働者大会には、コルドバ県では地元のカストロはもちろん、アギラール・デ・ラ・フロンテーラ、アルベンディン、アルモドーバル・デル・リオ、イスナーハル、エスペッホ、エル・エスパラガール、エル・タラハール、カスティル・デ・カンポス、カブラ、カルカブエイ、カニュエーロ、サモラーノス、スエーロス、ドニャ・メンシーア、ヌエバ・カルテージャ、バエナ、バレンスエーラ、フエンテ・トハル、フェルナン・ヌーニェス、プリエーゴ・デ・コルドバ、モンタルバン、モンテマジョール、モンティーリャ、モントーロ、モントゥルケ、ラ・カルロッタ、ラ・ランブラ、ルーケの農業労働者組織の代表が集結。さらにハエン県からはマルトスが代表を派遣

203

した。以上の他、コルドバ県のサンタエーリャ、ブハランセ、パルマ・デル・リオ、プエンテ・ヘニール、セビーリャ県のエレーラとラ・カンパーナ、それにハエン県のフエンサンタの組織が大会への支持を表明した。カストロ大会へ代表を派遣した組織と大会を支持した組織の数は、それぞれ30と7に上る。コルドバ県北部のシエラのプエブロの組織は、大会にはまったく関与していない（*ibid.*, pp.305-306 n.35.）。

(12) ベルナル『ラティフンディオの経済と歴史』192 - 195 ページ。
(13) 同邦訳、181 - 185 ページ。
(14) El Conde de Torres Cabrera, *Información acerca de los obreros agrícolas en las provincias de Andalucía y Extremadura*, Córdoba, 1902, p.26.
(15) Diego Pazos y García, *Política Social Agraria de España (problemas, situación y reformas)*, Madrid, 1920, pp.217-218.
(16) IRS, *Información sobre el problema agrario*, p.18.
(17) *Ibid.*, p.110 y p.113.
(18) *Ibid.*, pp.165-167.
(19) *Andalucía*, 15-III-1919.
(20) IRS, *Información sobre el problema agrario*, pp.33-34.
(21) Id., *Resumen de la información acerca de los obreros agrícolas en las provincias de Andalucía y Extremadura*, Madrid, 1904, p.64. この統計のコピーは、Antonio Barragán Moriana に提供してもらった。
(22) El Conde de Torres Cabrera, *Información acerca de los obreros agrícolas*, p.27.
(23) IRS, *Información sobre el problema agrario*, pp.167-168.
(24) *Ibid.*, p.21.
(25) *Ibid.*, pp.124-125.
(26) Antonio Barragán Moriana, *Conflictividad social y desarticulación política en la provincia de Córdoba (1918-1920)*, Córdoba, 1990, p.82.
(27) *Ibid.*, p.119.
(28) IRS, *Información sobre el problema agrario*, p.116 y p.176.
(29) *Ibid.*, p.36.
(30) *Ibid.*, p.41.
(31) *Ibid.*, pp.39-40.
(32) *Ibid.*, p.30.
(33) *Ibid.*, pp.31-32.
(34) *Ibid.*, p.98
(35) *Ibid.*, pp.32-33.
(36) Beltrán Morales, *op.cit.*, pp.116-119.
(37) Díaz del Moral, *Historia de las agitaciones*, p.321.
(38) *Andalucía*, 22-III-1919.

(39) Bernaldo de Quirós, "El espartaquismo agrario", pp.188-189.
(40) ベルナル『ラティフンディオの経済と歴史』193ページ。
(41) Díaz del Moral, *Historia de las agitaciones*, p.130.
(42) Rosa María Toribio Ruiz, "Agitaciones campesinas en Jerez: 1902-1923", *Actas del I Congreso sobre el andalucismo histórico*, Sevilla, 1985, p.422.
(43) Kaplan, *op.cit.*, p.150.
(44) Montañés, *op.cit.*, pp.202-208.
(45) Renée Lambert, "Organización de los trabajadores españoles del campo en la Primera Internacional", *Seis estudios*, pp.60-62. 少なくとも分担金の拠出状況から判断する限り、1885年10月にはFTREの組織員は全国そっくり併せてもおよそ4,400人にまで激減していた。なかでも、とりわけ凋落の傾向が著しかったのが他ならぬアンダルシアであり、その組織員数は1,915人。3年前のFTREセビーリャ大会のときのそれの、実に20分の1にも満たない（López Estudillo, *Republicanismo y Anarquismo*, p.372 y n.78.）。復古王政は、FTREの拡大を恐れるあまり自らがお膳立てした可能性が極めて濃厚な「マノ・ネグラ」騒動を陳腐な筋書きどおり存分に利用した格好である。
(46) グティエーレス・モリーナ「アンダルシアとアナキズム（1868－1936年）（中）」82ページ。
(47) Marcos José Correa López, "La 'insurrección' de 1903 en Alcalá del Valle", *Papeles de Historia*, núm. 3, 1994, pp.145-147.
(48) Abad de Santillán, *Contribución, I*, pp.493-494.
(49) Josep Termes, *De la Revolució de Setembre a la fi de la Guerra Civil (1868-1939)*, Barcelona, 1999, pp.185-186.
(50) IRS, *Información sobre el problema agrario*, p.30.
(51) セバスティアン・ガルシア・イ・ガルシアとの共同執筆になる文書（*ibid.*, p.82.）。
(52) *Ibid.*, pp.128-129.
(53) *Ibid.*, pp.224-225.
(54) *Ibid.*, pp.236-237.
(55) *Ibid.*, p.28.
(56) *Ibid.*, p.97.
(57) *Ibid.*, pp.23-24.
(58) セバスティアン・ガルシア・イ・ガルシアとの共同執筆になる文書（*ibid.*, p.82.）。
(59) *Ibid.*, pp.126-127.
(60) "Informe que emite el Diputado a Cortes Marqués de Torrenueva respecto del problema agrario en la provincia de Sevilla", IRS, *Información sobre el problema agrario*, p.143.
(61) *Ibid.*, p.172.
(62) セバスティアン・ガルシア・イ・ガルシアとの共同執筆になる文書（*ibid.*, p.79.）。

(63) *Ibid.*, pp.125-126.
(64) *El Sol*, 27-IV, 11-V,1 y 15-VI, 6-VII, 10 y 24-VIII, 14-IX y 12-X-1919, recopilados por Pascual Carrión, *Estudios sobre la agricultura española (1919-1971)*, Madrid, 1974, pp.136-153.
(65) 専門委員会案では、「社会的有用性（utilidad social）」の見地から、暫定的に収用された土地への、毎年60,000から75,000世帯の入植が見込まれた（Maurice, "Reforma agraria y revolución social", pp.233-234.）。「農業少数派」はもとより、「穏健な」共和派にも刺激が強すぎた同案には、逆の立場から、つまり集団的な農作業に従事すべきはずの同胞に土地の所有権が付与されないことや、その「暫定的な」立場がときの政治状況に左右されやすいことを理由に、憲法制定議会で最多の議席を持つ社会党も反対した（Tébar Hurtado, *op.cit.*, pp.73-74.）。なお、1932年9月の農地改革法でも、収用された土地に入植した農民がその土地の所有者に転じる可能性は排除されていた（Maurice, *loc.cit.*）。
(66) *Andalucía*, 11-I-1919.
(67) ポルトガルが没落した原因も、「スペインと総称される複数の地方で構成された自然な社会」からの離脱にあったという（Infante, *Ideal Andaluz*, pp.20-29.）。
(68) Isidro Moreno Navarro, "La nueva busqueda de la identidad(1910-1936)", *Historia de Andalucía, VII*, p.351.
(69) José Luis García Delgado, "Estudio preliminar", Carrión, *Estudios*, pp.22-24. Fernando Arcas Cubero, *El movimiento georgista y los orígenes del Andalucismo*, Málaga, 1980, pp.136-143.
(70) ブラス・インファンテは1月のマニフェストに署名するとともに、3月の集会を自ら取り仕切った（Manuel Ruiz Lagos, *El andalucismo militante. Dialéctica y crónica del《Ideal Andaluz》*, Jerez de la Frontera, 1979, p.169 y p.181.）。インファンテら地域ナショナリストの限界が露呈した観の強い3月の集会には、前月に同じコルドバでのIRS調査団との対話を通じて、県内の大地主たちとの認識の隔たりを際立たせていたホセ・ゲラ・ロサーノの姿もあった（*Andalucía*, 29-III-1919.）。
(71) Eloy Arías Castañón y Inmaculada Cordero Olivero, "Georgismo y andalucismo: Blas Infante y el Ideal Andaluz", *Historia de Andalucía Contemporánea*, Huelva, 1998, pp.351-353.
(72) Arcas Cubero, *El movimiento georgista*, pp.57-58 y pp.66-67.
(73) Infante, *Ideal Andaluz*, p.89.

第3章　リベルテールたちのアンダルシア

第3節

「世紀末の農業危機」から第2共和制農地改革へ

　「ボリシェヴィキの3年間」に見るアンダルシアの地域ナショナリズムの混迷をよそに、パスクアル・カリオンとブラス・インファンテは第2共和制の「改革の2年間」における農地改革をめぐる議論に積極的に関わることになるはずだった。ところが、この2人は結局のところ目立った貢献をしないままに終ってしまう。その理由の検証へと話を進める前にわれわれは一旦ここで時代を遡り、「アンダルシアの農業問題」を解決する糸口を見出すための19世紀以来の企てを跡づけておきたいと思う。さまざまな企てのなかで一頭地を抜いているのは、もちろんディアス・デル・モラールの名著である。だが、本節では『騒擾史』についての言及は避け、その分析は農地改革のための国会委員会代表としてのブハランセの公証人自身の営為の検証と併せて第7章に回す。

　ともかくもスペイン人たちの政治意識が高まりを見せた、「革命の6年間」のただなかの1870年1月のこと。マドリードでは1857年のセビーリャ県での日雇い農たちの大規模な反乱に焦点を当てたフランシスコ・マカッロの戯曲『エル・アラアールの殉教者たち』の第1部が上演され、大いに好評を博す。「アンダルシアの農業問題」はやがて「世紀末の農業危機」のなかでいっそう深刻化し、国民的な、さらには国境をも越える関心の対象へと転じていった。

　1880年代の前半から20世紀の初頭にかけて、いずれも高名な3人の作家が南スペインを訪れた。1883年、まずクラリン（本名レオポルド・アラス）がマドリードの『エル・ディア』紙の特派員として「マノ・ネグラ」騒動に揺れるグアダルキビール川の中下流域に入った。クラリンは「アンダルシアの飢え」「アンダルシアの危機」との見出しを掲げた、当時の南スペインのありさまを克明に綴った記事を『エル・ディア』紙に連載する[1]。

　1905年には、やはりマドリードで発行されていた『エル・インパルシアール』紙に、あのアソリンが南スペインを歩いた自身のルポルタージュを連載。アソリンのルポは、年を越さないうちに『悲劇のアンダルシア』として1冊にまとめられた。われわれがこれまでに何度か耳を傾けたアソリンの証言は、いずれ

もこの『悲劇のアンダルシア』に収められている。ビセンテ・ブラスコ・イバーニェスの有名な長編小説『ラ・ボデーガ（酒蔵）』が国民の手許に差し出されたのも、同じ 1905 年のことである。1892 年 1 月の事件に取材し、ヘレス・デ・ラ・フロンテーラのシェリーの醸造業者の倨傲と日雇い農の悲惨を描いた『ラ・ボデーガ』は、その発売から 20 年ほどの間におよそ 60,000 部を売り上げたといわれる(2)。

1905 年はどうやらアンダルシアの「当たり年」であったらしく、この年には隣国のフランスでもアンリ・ロランの「アンダルシアの農業労働の環境」が発表されている。ロランのこの論考や、アンジェル・マルヴォーの『スペインの社会問題』（1910 年）の刊行もまた、「世紀末の農業問題」に苦悶するアンダルシアでの階級対立の尖鋭化へのスペイン内外での関心の深まりと無縁ではない。フランスの世論がアンダルシアに注目したのは、もちろんこのときが初めてではなかった。それでも、ピレネーの南はやはりアフリカ、ということになるのだろうか。かつて、特に 19 世紀前半のフランスのロマン派は、挙ってスペイン、わけてもアラブ臭の強いアンダルシアに「ヨーロッパならざるもの」を見出そうとした(3)。

先に『スペイン通信』（1828 年）を書いてイベリア半島への造詣の深さを窺わせたプロスペル・メリメが、あの名作『カルメン』を発表したのは 1845 年のこと。メリメの知るアンダルシアは、自由主義的農地改革を通じていよいよ社会不安が表面化しつつあった時代のアンダルシアでもあったはずである。だが、メリメにとっての南スペインは、腹を空かせた「アンダルシアの民」の、ではなく、怪しげな匪賊どもが急峻な山間に出没する、いかにもロマン派好みのスリルと危険に満ちた土地でなければならない。

メリメの『カルメン』には、「シエラ・モレーナの覇王」の異名を頂戴した実在の匪賊、伊達男のホセ・マリーア「エル・テンプラニーリョ」が、意外にも（？）「最低の野郎」として描かれている(4)。ベルナルド・デ・キロースらによると(5)、この「エル・テンプラニーリョ」や、やはり実在し「豊かな者たちから奪い、貧しい者たちに施した」ディエゴ・コリエンテスら(6)、半ば伝説的な匪賊がアンダルシアのあちこちで仕出かした派手な狼藉の数々には、大土地所有制に呻吟する「ヨーロッパで最も不幸な人々」やその末裔たちの怨念を代弁する側面が確かに認められるという。その意味では、匪賊の跋扈も「アンダルシアの農業問題」の一端を萌芽的な形で具現する現象ではあったのであ

第 3 章　リベルテールたちのアンダルシア

る。

　さらに、次のように書いて、かつて匪賊が荒らしまわった空間とその後にリベルテール的な理念が根を下ろした領域との地理的な符合を重視するのは、エリック・ジョン・ホブズボームである。「実際、匪賊団が重要な農民革命においてその先鋒として奉仕しつつ、後者の下位に立って共存していることほど驚くべきことはない。伝統的に『貴族強盗（ノーブル・ロッバー）』ないしは他の種の匪賊と結びついていたアンダルシア地域は、彼らが衰退した10～20年の間、伝統的に農村アナーキズムと結びついた地域と化したのである」[7]。

　詳しくは次章で述べられるように南スペインではあまり評判の芳しくないこの著名なマルクス主義史家が、ディエゴ・コリエンテスをその粋な仕事ぶりに照らして「貴族強盗」の1人に数えてみせたのは当然のことではあっただろう[8]。ホセ・サンチェス・ロサにも似て20世紀の南スペインにその名を馳せた「純粋」アナキズムの「使徒」の1人、ペドロ・バジーナ・マルティネスの記憶を信頼すれば[9]、バジーナ自身の幼少期に当たる1880年代の、つまり「マノ・ネグラ」騒動の時分のアンダルシアでは、1世紀も前に処刑されていたこの「貴族強盗」を讃美する俗謡がなおも好んで歌われていたという。

　「旧い世界」を支配する折からのロマン主義の風潮に見事に合致した『アルハンブラ物語』（1832年）を、セビーリャで自分が護衛を雇う場面から書き起こしたのは、「新しい世界」そのものであるアメリカ合衆国に生まれたワシントン・アーヴィングである。アーヴィングがあえて選んだ、セビーリャから幻想的な宮殿がたたずむグラナダへと通じる街道には、あのころ至るところに物騒な輩が潜んでいたらしい[10]。その一方で、道中の「無事」をむしろ悲しんだ奇才もいた。メリメの同胞のテオフィル・ゴーティエである。『スペイン紀行』（1840年）を残した、やはり著名なこのロマン派は、お目当ての連中に出くわさぬまま──襲われぬまま（？）──、失意のうちに「アフリカ」を後にする他はなかった[11]。19世紀前半の3人のロマン派を惹きつけるとともに脅えさせもした「『貴族強盗』ないしは他の種の匪賊」は、一面では、同じ世紀の後半には「アンダルシアの民」を率いることになるリベルテールたちの先駆けでもあったのだろうか[12]。いずれにせよ、いよいよ南スペインに噴出しようとしていた、そしてやがて「アフリカ風の」と形容されることになる、農業エリートと「民」とを引き裂く階級憎悪そのものは、メリメらの視野の外に置かれていた。

暴動やストライキの鎮圧のためにしばしば動員された治安警備隊も、元来はアンダルシアに巣食う匪賊の撲滅を目的として1844年に創設された警察組織である[13]。実際、このスペインに初めて導入された全国的な警察組織の活動に加えて、鉄道が敷設されたために、匪賊たちは追い詰められていく[14]。コルドバ・セビーリャ・マラガの3県の県境に散らばるプエブロは、かつては匪賊たちの「聖域」と呼ばれたこともある[15]。コルドバとマラガが、その「聖域」を走り抜ける鉄道で結ばれたのは1865年のことである[16]。なお、復古王政の初期に治安警備隊は陸軍の管轄下に編入された[17]。

　直接的には「マノ・ネグラ」騒動をきっかけに、復古王政もとりわけアンダルシアにおいて激化する階級対立への対応を迫られるようになっていた。例えば1883年12月のCRS（社会改革委員会）の発足に、われわれはそれまで基本的には治安維持装置の投入以外の選択肢を持たなかった、労使紛争に対する復古王政の姿勢の変化の兆しを読み取ることができるだろう[18]。1903年のアルカラ・デル・バーリェの騒動の折には、既述のとおり3人の日雇い農に極刑が言い渡されていた。しかし、3人は土壇場になって辛くもその執行を免れる。ジャーナリズムが惹起した世論の憤激に、このとき復古王政は一応の自制をもって応えた。あるいは、応えるしかなかったのだった。同じ1903年、CRSはIRSへと改編される。1917年に死去するまでの間、そのIRS代表の座にあったグメルシンド・デ・アスカラテは、復古王政が幕を開けた直後の1876年に、公共空間への「第4身分」の出現をいち早く示唆していた明敏な観察眼の持ち主である[19]。

　CRSがIRSへと衣替えした1903年には、南スペインの農業事情に関する国王アルフォンソ13世の懸賞論文も募集されている。こうして、「アンダルシアの農業問題」が広範な論議を呼び起こすなかで世論の間に定着を見たのが、ローマ教皇レオ13世の社会カトリシズムを源流とする、あの「土地の社会的機能」の概念である。復古王政にとって、既存の秩序の維持はもとより絶対の前提だった。1903年の懸賞論文でも、投稿者には「労使の利害」と「土地の生産性向上の手段」とを調和させうるような結論があらかじめ求められていたという事実は[20]、見落とされてはならない。

　このような制約、もしくは限界を身をもって示した人物が、アスカラテの後任のIRS代表にして、ベルナルド・デ・キロースらを引き連れて「ボリシェヴィキの3年間」のコルドバ県を視察したエサ子爵であったように思われる。

エサ子爵もまた、社会カトリシズムの思潮に繋がっていた。やがて CNCA の財政面での支柱になる「レオ 13 世人民銀行」(！) が 1904 年に創業された当時、その顧問の 1 人を務めていたのが後の IRS 代表だったのである[21]。子爵に関しては、「並外れて才気煥発な右翼の大地主」との、「3 年間」をともに生きた「持てる」仲間たちからの評判も残されている[22]。事実、「3 年間」に先立って「自身が耕作しうる以上の土地を所有すること」に反対の意思を表明した際、この「大地主」は「自身が耕作しうる以上の土地を所有する」者たちも含まれる農業エリートを束ねる AAE の指導的な立場にもあったのである[23]。

『IRS 報告』や、ベルナルド・デ・キロースの「アンダルシアの農民たちのスパルタクス主義」と並んで 1919 年に出版されたエサ子爵の『アンダルシアの農業問題』には、南スペインの「アフリカ風の」労使対立の打開策として、次元を異にする 2 つの処方箋が提示されていた。このパンフレットのなかで、エサ子爵は長期的には所有構造そのものの変革、つまり日雇い農の自作農・借地農への転換と家族単位の農業経営の導入を、他方では差し当たり労使混成の機関の設置を通じての、資本と労働の双方の歩み寄りに基づいた労働条件の策定を提唱している[24]。

第 2 共和制の「改革の 2 年間」には、農地改革法案の審議に先んじて、労相ラルゴ・カバリェーロの肝煎りで労使混成協議会が発足する。エサ子爵の二段構えの発想には、この「2 年間」の先駆けと見なされうる要素が確かに含まれていた。それでも、「家族単位の農業経営」に「アフリカ風の憎しみ」の鎮静化を求めるエサ子爵が、社会党が国会で最大多数の議席を占めるような共和国の出現をまったく予想だにしていなかったことは明らかだろう。「暗黒の 2 年間」に「150,000 世帯もの農民たちに最低限必要なものすら欠けている」状況に警鐘を鳴らした際、エサ子爵は王政派の代議士の地位にあった。このとき、『アンダルシアの農業問題』の著者は第 2 共和制そのものに敵対する立場に軸足を置いていたのだった[25]。

そろそろ、『スペインのラティフンディオ』の著者と『アンダルシアの理想』の著者の躓きを語るころあいである。とりわけ、「ボリシェヴィキの 3 年間」のさなかに早くも 1931 年 7 月の専門委員会案の下絵となるものを描いていたパスクアル・カリオンの方は、少なくとも当初の段階では「知識人の共和制」がその実現を約束した農地改革の第一人者と目されていた。ところが、「アンダルシアの農業問題」への造詣も深かったレバンテの農業技師は、自らの 2 つ

第 3 章　リベルテールたちのアンダルシア

の（？）行動に思わぬ痛手を負ってしまう。

　まず、1931年6月の憲法制定議会選挙に際して、カリオンは「革命的共和派」を標榜する集団（candidatura《republicano-revolucionaria》）に混じってセビーリャ県から出馬したものの、同じ集団から立候補したブラス・インファンテとともにあえなく落選した。さらに、「アンダルシアの労働者の統一戦線」の形成を訴えた彼ら「革命的共和派」には、投票日が間近に迫るなかで発覚・流産したとされる、「純粋」アナキストのペドロ・バジーナをも巻き込んだうえでの「アンダルシア共和国」の樹立と日雇い農の解放をもくろむ「陰謀」を企てていた可能性も——2人の当事者、インファンテとバジーナの言下の否定にもかかわらず[26]——取り沙汰されている。

　この2つの、あるいは少なくとも1つの「火遊び」がたたってマヌエル・アサーニャから疎んじられたため、カリオンが農地改革の事業に引き続き参加する道は実質的に閉ざされてしまうのである。1932年にかなり急いで脱稿・上梓された『スペインのラティフンディオ』のなかで、カリオンはかねて温めてきた「ボリシェヴィキの3年間」以来の持論をもとに、自らがその作成に深く関与していたはずの専門委員会案の正当性を改めて主張した。復古王政末期の時点における南スペインの土地所有の実態に迫るうえでの「最良の統計」を含みながらも[27]、『スペインのラティフンディオ』には多分にカリオンの自己弁明の書としての色彩が濃い[28]。

　ここで付言しておけば、大土地所有制がもたらす社会的な弊害を批判することにはやるあまり、カリオンにはアンダルシアの農業そのものの遅れや停滞をやや強調しすぎる傾向が認められる[29]。しかし、ラティフンディオの存続やその持続的な成長を保障してきた理由は、むしろ大規模経営の収益性の高さにこそあった[30]。そして、それを可能にしていたのが、アンダルシアに滞留する「膨大な数の」あまりにも安価な労働力だったのである。

　カリオンが思い描く理想の農業は、選択肢に乏しい南スペインの農業とは異なって、小麦とオリーヴに加えて柑橘類、更には米も豊富に収穫されるレバンテのバレンシア県の多様なそれである。先ほど指摘しておいたように、カリオンは農地改革の受益者たちに土地の所有権を与える必要を認めなかった。それは、ヘンリー・ジョージからの影響ももちろん無視しえないところではあれ、スペインでなるほど最も上首尾に経営されていたと思われるバレンシア県の農業の主な担い手が、この農業技師の観察によれば、そもそも「ただの」借地農

第 3 章　リベルテールたちのアンダルシア

たちであったためである[31]。

『スペインのラティフンディオ』の著者と一緒に手を染めた「火遊び」のせいで、1931 年 4 月にはカリオン当人やディアス・デル・モラール、それにベルナルド・デ・キロースやフランシスコ・サフラらとともに農地改革のための専門委員会にその名を連ねたアンダルシアの地域ナショナリズムの総帥も[32]、第 2 共和制に冷遇される破目に陥った。フランコ派の決起がいよいよ時間の問題となりつつあった 1936 年 6 月、ようやく日程に上ったアンダルシア自治憲章の作成のイニシアティヴもブラス・インファンテその人の手を離れ、セビーリャ県議会に付託される[33]。

もっとも、7 月 5 日にそのセビーリャ県議会で催されたアンダルシア自治憲章の制定のための準備会議の席上、インファンテは憲章の作成に当たる地方評議会の「名誉会長」に選ばれてはいる。さらに、インファンテをこの「会長」に推挙し、会議の出席者たちの賛同を得た県議会議長ホセ・マヌエル・プエーリェス・デ・ロス・サントスの発議により、件の憲章が最終的に採択される日取りも「9 月の最後の日曜日」と定められた。しかし、地域ナショナリズムが持ち望んだ「日曜日」がアンダルシアの日雇い農たちを祝福することはない[34]。また、『アンダルシアの理想』の著者自身も、「9 月」にはもはやこの世から姿を消してしまっているだろう。

1931 年 6 月に実施された第 2 共和制で最初の総選挙では、インファンテはセビーリャ県のみならず、コルドバ県からも立候補し、やはり惨敗を喫している。しかも、コルドバ県では「アンダルシアの労働者の統一戦線」の形成にはおよそ関わりそうもない、アレハンドロ・レルーの急進党から出馬の名乗りを上げたのだった[35]。「ボリシェヴィキの 3 年間」に、一旦は「分離主義」の立場を公言しながらも、それからあまり間を置かずに「アンダルシアの農業問題」の解決をマドリードに一任した地域ナショナリズムの迷走が再現された観もある。広範な自治の裁量が認められた「自由なアンダルシア、もしくは自由なスペインが〔復古〕王政のもとで日の目を見ていたならば、私は決して共和主義者にはならなかっただろう」とは、1935 年にインファンテが同僚たちに宛てた手紙のなかの一節である[36]。

カルロス・アレナスは、地域主権の獲得とその拡充、それに「アンダルシアの民」への土地の供与を通じて農業エリートの一枚岩的な支配を打破しようとしたブラス・インファンテのもくろみに、われわれがあえて一言で要約

してみればアンダルシアの「カタルーニャ化」への願望を見る[37]。だが、アンダルシアの地域ナショナリズムは、恐ろしく手ごわい農業エリートを敵に回しながらも、カタルーニャにおける左翼共和党に比較されうるような、南スペインに固有の政党をついに持たぬまま、結局は漠然としたポピュリズムに終始した[38]。あえて書き添えておけば、セビーリャ県のカンティリャーナに自身が営むささやかなサナトリウムに足を運んでくる貧しい病人たちから「1ペセータも」受け取ろうとしなかったペドロ・バジーナに「現代の預言者」の姿を見たにせよ[39]、インファンテの感性はリベルテール的なそれからもむろん遠く隔たっていたのだった。

「世紀末の農業危機」のなかでのアンダルシアを瞥見した本章では、「ボリシェヴィキの3年間」のコルドバ県の労使紛争の、「散文的な」ありさまの検証に最も多くのページを当てた。騒擾の折の日雇い農たちの態度に関してディアス・デル・モラールら同時代の観察者たちが書き残したものは、アントニオ・マリーア・カレーロらが施した南スペインの階級闘争をめぐる「合理的な」解釈により、もはや完全に論駁されてしまったのだろうか。次章では、「3年間」に退却を強いられたホセ・サンチェス・ロサや「コルドニエフ」らアンダルシアの「純粋」アナキストたちの言動を掘り起こす。とりわけCNTが成立してからの、「聖者」フェルミン・サルボチェアの生き方のうちに凝縮されていた「純粋」アナキズムの理念の衰弱は、むろんアンダルシアのみに限られた話ではない。それは、むしろ巨大なアナルコサンディカリスト労組を生んだカタルーニャにおいていっそう顕著に観察された現象だった。「純粋」アナキズムの復活を告げるとともに、第2共和制期にはカタルーニャCRTの中枢を掌握することになるFAIは、どのような経緯をたどって産声を上げたのだろうか。

註
（1） Manuel Bernal Rodríguez, "La Andalucía conocida por los españoles", *Historia de Andalucía. VII*, pp.305-308. Simone Saillard, "Estudios preliminares", *Leopoldo Alas Clarín. El hambre en Andalucía*, Toulouse, 2001, pp.70-74. Maurice, "Azorín y *La Andalucía trágica*", p.99.
（2） Brey y Forgues, "Algunas rebeliones campesinas", p.333 n.9.
（3） Manuel Bernal Rodríguez, "El 〈descubrimiento〉 europeo de Andalucía", *Historia de Andalucía. VI. La Andalucía liberal(1778-1868)*, Barcelona, 1984, pp.151-163. この時期、「パリはアンダルシアになった」とまで言い切ってみせたのは、ともに

第 3 章　リベルテールたちのアンダルシア

南スペインが本場のフラメンコと闘牛に魅せられたドイツ人の社会学者、ゲルハルト・シュタイングレスである（ゲルハルト・シュタイングレス、岡住正秀・山道太郎訳『そしてカルメンはパリに行った／フラメンコ・ジャンルの芸術的誕生（1833‐1865 年）』彩流社、2014 年、66 ページ）。
（４）メリメ、堀口大學訳『カルメン』新潮文庫、2002 年、69 ページ。
（５）Bernaldo de Quirós y Ardila, *El bandolerismo andaluz*, p.87.
（６）この 2 人はともに 30 歳の訪れを待つことなく、それでいて実に対照的な最期を遂げた。時代を風靡した匪賊に似つかわしく（？）、1781 年にセビーリャで処刑されたのはディエゴ・コリエンテス（*ibid*., pp.37-53.）。やはり貧しい者たちには太っ腹なところを見せていたらしい「エル・テンプラニーリョ」は、1832 年に国王フェルナンド 7 世の恩赦に浴し、アンダルシア守備隊の司令官へと転身（！）。同じ年、アンダルシアとラ・マンチャとを分かつデスペニャペーロスの難所で、国家権力に奉仕する元「覇王」はかつての同業者の手にかかってあえなく落命した（Bennassar, *Historia de los españoles, 2*, pp.173-174.）。
（７）エリック・ホブズボーム、船山榮一訳『匪賊の社会史』ちくま学芸文庫、2011 年、26 ページ。
（８）同邦訳、50 ページ。
（９）Dr. Pedro Vallina, *Mis memorias*, Sevilla, 2000(1ª ed. en 2 tomos, 1969 y 1971), p.30.
（10）アーヴィング、平沼孝之訳『アルハンブラ物語』岩波文庫、2005 年、上巻、23‐27 ページ。
（11）Bernal Rodríguez, "El〈descubrimiento〉europeo", pp.166-175.
（12）「当然のことながら」とあえて前置きをしたうえで、「兄弟殺し」に幕が引かれた後、ゲリラに転じてフランコ独裁に抵抗したリベルテールたちをかつての「貴族強盗」と同一視するのは、ホブズボームである（ホブズボーム『匪賊の社会史』167‐168 ページ）。20 世紀の「貴族強盗」（？）については、われわれは「むすびにかえて」のなかで言及することにしたい。因みに、ラモン・ホセ・センデールが描くカサス・ビエハスの「6 本指」フランシスコ・クルース・グティエーレスには（Sender, *op.cit.*, p.186.）、任侠の匪賊ディエゴ・コリエンテスのイメージが色濃く投影されている。
（13）Bernaldo de Quirós y Ardila, *El bandolerismo andaluz*, p.140.
（14）*Ibid*., p.161. アンダルシアの匪賊たちにとっての「黄金時代」は、自由主義的農地改革が正しく開始された 1830 年代と覚しい（*ibid*., p.135.）。
（15）Constancio Bernaldo de Quirós, *Bandolerismo y delincuencia subversiva en la Baja Andalucía*, Sevilla, 1992(1ª ed. 1915), pp.14-18.
（16）Luis Palacios Bañuelos, *Historia de Córdoba. 4. La etapa contemporánea (1808-1936)*, Córdoba, 1990, p.239.
（17）Demetrio Castro Alfín, "Protesta popular y orden público: los motines de consumos", *España entre dos siglos*, p.115.

(18) Antonio Barragán Moriana, "Introducción", *Dos textos fundamentales,* pp.I-VII.
(19) Juan Ignacio Palacio,"Crisis política y crisis institucional: la experiencia del Instituto de Reformas Sociales en el periodo1914-1924", *La crisis de la Restauración. España, entre la primera guerra mundial y la II República,* Madrid, 1986, p.272. 従来、内務省の管轄下に置かれていた IRS は、1920 年 3 月の労働省の誕生と同時に同省のもとに吸収される（*ibid.,* p.280）。
(20) ベルナル『ラティフンディオの経済と歴史』95 ページ。なお、アンリ・ロランの論考を通じてフランスの世論に「アンダルシアの農業問題」を紹介したパリの「ル・ミュゼ・ソシアル（le Musée Social）」が、「労資協調的立場に立つ民間の労働問題研究・啓発機関」であったという事実も（相良匡俊「社会運動史の方法のために」『社会運動の人びと／転換期パリに生きる』山川出版社、2014 年、138‐139 ページ、註〔54〕）、ここに書き添えておくに値するものと思われる。
(21) Castillo, *op.cit.,* pp.132-133.
(22) *Ibid.,* p.163.
(23) 南スペインの地域ナショナリズムの指導者の見解では（Infante, *Ideal Andaluz,* p.180.）、「自身が耕作しうる以上の土地を所有すること」とは、「自身が直接経営できる以上の土地を持つこと」の意味のはずである。農業エリートが自ら所有するラティフンディオに繰り出して、率先して農作業に汗を流すわけではもちろんない。エサ子爵その人もまた、実は「自分が耕作しうる以上の土地を所有」していた。本節の註（25）を参照。
(24) El vizconce de Eza, *El problema agrario andaluz,* Madrid, 1919, pp.17-21.
(25) Bennassar, *Historia de los españoles, 2,* p.323. 第 2 共和制の初期のこと、エサ子爵は旧カスティーリャのソリア県に自分が所有する土地から、その生産性の向上のために、換言すれば「右翼の大地主」の不動産の改善のためにそれまでなけなしのかねを投入してきた借地農たちを、何の補償もせずに追い出した（Ángel Lara de Isla, *La revolución campesina(Hambres y miserias del proletariado rural),* Madrid, 1931, pp.98-99.）。この「暴挙」は、「インテリゲンツィヤ」とマルクス主義者たちのイニシアティヴに基づく想定外の農地改革に怯える『アンダルシアの農業問題』の著者が、「持てる者」としての自らの本質をはしなくも露呈したものであったのかもしれない。
(26) ペドロ・バジーナ・マルティネス自身の回想に従えば（Vallina, *Mis memorias,* p.256.）、このときバジーナには火蓋が切られたばかりのゼネラル・ストライキを教唆し、おまけにセビーリャに隣接するアルカラ・デ・グアダイラの日雇い農たちを率いてアンダルシアの中心都市の襲撃を企てた、との嫌疑が「何の証拠もなしに」かけられたのだった。
(27) ベルナル『ラティフンディオの経済と歴史』92 ページ。
(28) Antonio Miguel Bernal, "Manuel Tuñón de Lara: reforma agraria y Andalucía", *Manuel Tuñón de Lara,* pp.280-284.

(29) López Estudillo, "Crisis finisecular", p.138.
(30) ベルナル『ラティフンディオの経済と歴史』203 ページ。
(31) Carrión, *Los latifundios*, p.366.
(32) Maurice, *La reforma agraria en España*, p.111.
(33) Bernal, "Manuel Tuñón de Lara", *loc.cit.*
(34) Juan Antonio Lacomba Avellán, *Blas Infante y el despliegue del Andalucismo*, Málaga, 2000, pp.63-65.
(35) Juan Ortiz Villalba, "Apéndice biográfico: Del drama de Eloy Vaquero", Eloy Vaquero, *Del drama de Andalucía. Recuerdos de luchas rurales y ciudadanas*, Córdoba, 1987(1ª ed. 1923), p.216.
(36) Jacques Maurice, "El costismo de Blas Infante", *El legado de Costa. Huesca, septiembre de 1983*, Zaragoza, 1984, p.221.
(37) Arenas Posadas, *Una de las dos Españas*, p.103.
(38) Arias Castañón y Cordero Olivero, *op.cit.*, pp.357-358.
(39) Maurice, *El anarquismo andaluz*, p.182.

第4章
「純粋」アナキズムの系譜
サルボチェア、サンチェス・ロサ、そして「コルドニエフ」

グアダルキビール川の中下流域におけるアナルコサンディカリズムの確立を端的に示す指標と考えられるのが、1918年5月のセビーリャでのアンダルシアCRT——またの名をFROA（アンダルシア地方労働者連盟）——の誕生である。折から、南スペインは「ボリシェヴィキの3年間」の荒波に翻弄されていた。とりわけコルドバ県のカンピーニャでは、大地主たちが農業ストライキ攻勢のかつてない規模での拡大に直面して大いに肝を冷やしている。その一方で、19世紀のカディスが生んだ「聖者」フェルミン・サルボチェア・イ・アルバレスをもって嚆矢とするアンダルシアの「純粋」アナキズムの「使徒」たちは、この「3年間」には日雇い農たちの組織化の進展に反比例する形で階級闘争の舞台の後景へと退いていかなければならなかった。

　フェルミン・サルボチェアは、「革命の6年間」の終盤に「政治」そのものを放棄することを通じてリベルテール的なアンダルシアの到来を体現してみせた。サルボチェアの鞍替えは、共和派・連邦共和派からリベルテールたちへの「革命文化」の担い手の交代を意味している。社会革命の実現に向けて個々人のイニシアティヴを重視する姿勢の点で、サルボチェアはわれわれがピレネーの南における最も典型的な「純粋」アナキズムの「使徒」として先にその名を挙げておいたフェデリーコ・ウラーレスと共通している[1]。さらに、1880年代の半ば以降のアンダルシアにあって「能力に応じて働き、能力に応じて受け取る」ミハイル・バクーニンのアナルコ集産主義から「能力に応じて働き、必要に応じて受け取る」ピョートル・クロポトキンのアナルコ共産主義、換言すれば20世紀のリベルテール共産主義への移行に決定的に貢献したのも、やはりこのカディスの「純粋」アナキストである。

　そして、サルボチェアの自他ともに認める後継者として、20世紀のアンダルシアを代表する「純粋」アナキストにまで成長を遂げていったのが、これもカディス県のグラサレーマに生を受けたホセ・サンチェス・ロサだった。1907年、サルボチェア自身は南スペインへのアナルコサンディカリズムの定着を見届けぬままに死ぬ。しかし、「散文的な」サンディカリズムの定着に反発するサンチェス・ロサには、正しくアンダルシアCRTが産声を上げた「ボリシェヴィキの3年間」のさなかにCNTを追われる屈辱が待ち受けている。

　ロシアにおけるボリシェヴィズムの勝利からほぼ1年後、1918年10月に招集されたFNOAバレンシア大会では、「10月」はほとんど話題に上っていない。しかし、この大会には、他でもないFNOAのプロパガンダ活動を介してのサ

ンディカリズムの浸透に眉をひそめる「コルドニエフ」ら「純粋」アナキストたちの声は反映されていない。ディアス・デル・モラールのペンが伝えるロシアへの「アンダルシアの民」の共感は、主として「ボリシェヴィキの 3 年間」に守勢に回った「純粋」アナキズムの「使徒」たちに鼓舞されてのことであったかに思われる。第 4 章では、ボリシェヴィキの「神話」の再検討を 1 つの糸口に、FRE が生まれ落ちた「革命の 6 年間」から「3 年間」までのアンダルシアにおける「純粋」アナキズムの諸相に焦点を絞る。それは、「3 年間」の闘争が「民」の敗北とともに終わりを告げてから 10 年以上の歳月を隔てて誕生する第 2 共和制期の南スペイン、ことにコルドバ県を根城とした FAI 派へと連なる水脈を探し当てる作業でもある。

　ところで、FRE・FTRE のアナルコ集産主義から CNT のリベルテール共産主義への原理的な転換をよそに、「アンダルシアの民」の究極の願望は、19 世紀の前半から中葉にかけての自由主義的農地改革が「アンダルシアの農業問題」の顕現を促してからというもの、一貫してラティフンディオの再分配の実現にあった[2]。ブハランセの公証人と同じく「ボリシェヴィキの 3 年間」を目の当たりにしたクリストーバル・デ・カストロの、1918 年 12 月、つまり「3 年間」で最初の農業ストライキ攻勢が終息して間もない時期の観察を引けば[3]、当時「バエナからカストロ・デル・リオまで、またモンティーリャからイスナールハルまで」コルドバ県内がそっくり「アナーキーな」激震に見舞われるなか、騒擾の核心に横たわっていたのは正しく土地の再分配の問題を措いて他になかったのである。

　ディアス・デル・モラールが「ツキジデス風な」筆致の冴えとともに再現してみせた「ボリシェヴィキの 3 年間」の諸相のなかでもとりわけ興味深いのが、この土地の再分配や「コルドニエフ」の言説への「アンダルシアの民」の熱狂を始めとする、既存の社会秩序を脅かすような破壊的なエピソードの数々である。トゥニョン・デ・ラーラがブハランセの公証人の名著に敬意を表しながらもあえて言い切ってみせたように[4]、「3 年間」にまつわる『騒擾史』その他に残された同時代の証言の数々が、極貧の境遇に喘ぐアンダルシアの日雇い農たちとは一線を画しながらも、やはり豊かさとは縁遠かった各地の小農や、階級間の隔たりが著しい社会のなかにあってともかくも中間層を占めていた中農を自らの陣営へと取り込むための、『騒擾史』の著者自身をも含む名実ともに「持てる者」たちによる「捏造」でしかなかったとは、われわれには思われ

ない。

　ことは、ディアス・デル・モラールの名著に大きく依拠ながら、アンダルシアの日雇い農たちの反逆の作法に「近代の千年王国的もしくは準千年王国的大衆運動のなかで、おそらくもっとも印象的な例」を見たエリック・ジョン・ホブズボームの、どうやら葬り去られて既に久しい主張[5]にも関わっている。われわれは、南スペインの階級闘争についてのホブズボームの解釈にも改めて耳を傾けてみることにしたいと思う。その立論の是非はともかく、正しくこの著名なマルクス主義史家のおかげで「アンダルシアの民」の足跡がヨーロッパの社会史のいっそう広範な脈絡のなかに組み込まれることになったという事実ばかりは動かせない。そもそも、「社会史の先駆者」の仕事であったにもかかわらず——あるいは、あったがためにこそ——、同時代のスペインのアカデミズムの「本流」からは完全な黙殺に近い扱いを受けなければならなかった『騒擾史』を、それが虚しく眠っていた書庫から持ち出したのも、この『素朴な反逆者たち／19・20世紀の社会運動のアルカイックな諸形態に関する研究 (Primitive rebels: studies in archaic forms of social movement in the 19th and 20th centuries)』（1959年）の著者の手柄である[6]。

　もっとも、ホブズボームには1人の水先案内人がいた。スペインに定着したアナキズムを、カトリックの牙城に挑むプロテスタンティズムになぞらえたジェラルド・ブレナンである。ピレネーの南のアナキズムの「理想主義的、道徳‐宗教的性格」に着目したブレナンが[7]、アンダルシアのアナキズムの「宗教的・ユートピア的な」傾向を強調したディアス・デル・モラールから示唆を得ていることは確実と思われる。ブハランセの公証人の『騒擾史』に、ブレナンは「長い〔大部の〕敬服すべき本で、アナーキズムがアンダルシーアに起った条件を理解するのに不可欠」との讃辞を呈した[8]。

　この、第2次世界大戦のさなかに出版された『スペインの迷路』の著者は、正しくアンダルシアのアナキズムに観察される「主な特徴」を「その素朴な至福一千年説」に求めている[9]。ホブズボームがブレナンを経由してディアス・デル・モラールの名著に行きつくとともに、ブレナンの強い影響のもとに『騒擾史』を読み解こうとしたと推測しても、これまた的外れではないだろう。ホブズボームによれば、『スペインの迷路』はスペインと「そのアナキズムへの、大変すぐれた入門書」であり[10]、『騒擾史』は「村落アナキズムの千年王国的諸側面の見事な報告書」である[11]。『素朴な反逆者たち』の著者の所見を再検

討に付す作業は、その最も重要な典拠である『騒擾史』をどう読むか、あるいはどう読み直すかということにも通じている。

註
（1）　19世紀末から20世紀初頭にかけてのひととき、サルボチェアはマドリードに移り住み、当時やはりこのカスティーリャの大都市に暮らしていたウラーレスと直に親交を深める機会を得た。サルボチェアは、ウラーレス一家が編集していた『ラ・レビスタ・ブランカ』誌と『ティエラ・イ・リベルタ』紙にも寄稿した（Vallina, *Mis memorias,* pp.45-48.）。
（2）　ベルナル『ラティフンディオの経済と歴史』84ページ。
（3）　*Andalucía*, 18-XII-1919.
（4）　Tuñón de Lara, *Poder y sociedad*, p.273.
（5）　E・J・ホブズボーム、水田洋・安川悦子・堀田誠三訳『素朴な反逆者たち／思想の社会史』社会思想社、1989年、181ページ。日本語版の副題には変更が施されている。
（6）　Antonio Miguel Bernal, "Sobre campesinos y jornaleros: de la historiografía tradicional a recientes investigaciones", *La Historia de Andalucía a debate. I. Campesinos y jornaleros*, Barcelona, 2000, pp.212-218.
（7）　ブレナン『スペインの迷路』177ページ。
（8）　同邦訳、365ページ。
（9）　同邦訳、177ページ。
（10）　ホブズボーム『素朴な反逆者たち』155ページ。
（11）　同邦訳、170ページ。ホブズボームに先駆けて、やはりおそらくはブレナンから示唆を得たうえで、アンダルシアの「原初的な千年王国的無政府主義」に着目したのが、人類学者のジュリアン・ピット・リヴァーズである（J・Aピット＝リバーズ、野村雅一訳『シエラの人びと／スペイン・アンダルシア風俗誌』弘文堂、1981年、261ページ）。カディス県のグラサレーマでの、ピット・リヴァーズ自身の現地調査をもとに執筆された原著（英語）の刊行は1954年。しかし、このホセ・サンチェス・ロサの出身地が「アナキズムの古典的中心地のひとつであって、そういうものとしてエスパーニャ〔スペイン〕中に知られていたという事実への評価がなさすぎる」として、ホブズボームは『シエラの人びと』には辛い点をつける（「歴史論集の会」、渡辺雅哉訳「ジュリアン・ピット＝リヴァーズを偲んで／カディス県のシエラに関する人類学的研究のパイオニアへのオマージュ」『スペイン現代史』第23号、2015年、172ページ）。

第 1 節

ボリシェヴィキの「神話」

　21世紀の最初の年に「ボリシェヴィキの3年間」のアンダルシアの俯瞰を試みた労働運動史家のアンヘレス・ゴンサーレス・フェルナンデスは、「3年間」の農業ストライキ攻勢の内実を「完全に改良主義的」と総括し、その呼称が醸し出す「革命的な」イメージを「神話（mito）」として捨象した[1]。この「神話」がソレル的な意味においてではなく、ごく通俗的な意味において用いられていることは、念を押すまでもないだろう。第3章第2節でわれわれが跡づけたコルドバ県の労使対立の実相に照らしても、コルドバ県の、主としてグアダルキビール川以南のカンピーニャを襲った農業ストライキ攻勢が賃金の出来高払い方式への反対を始めとして、基本的には「改良主義的な」次元に収斂されうる要求を掲げて展開されたことは確かである。

　FNOAの、1913年4月に他でもないコルドバに招集された創設大会や14年5月のバレンシア大会では、カストロ・デル・リオのアントニオ・ペレス・ロサが複数の部会を取り仕切った[2]。また、1918年12月のFNOAバレンシア大会の第6部会で同じ役目を引き受けたのは、ブハランセのトマス・マルティネス・フレスコである[3]。2つのプエブロは、ここでも存在感を示した形である。それはさておき、「ボリシェヴィキの3年間」の「改良主義的な」傾向は、1918年12月のFNOAバレンシア大会でコルドバ県の複数の市町村を代表したリベルテールたちの言動からも容易に察知されるだろう。

　1918年12月の大会は、FNOAが招集した最後の大会である。同時に、それはロシアに史上初の共産主義政権が成立した後に開催された、FNOA唯一の大会でもあった。同大会では、バレンシアに近いスエカの代表からソヴィエト・ロシアへの列強の干渉に対する抗議の声が上がっている[4]。だが、レバンテまで赴いてコルドバ県の「アンダルシアの民」の胸のうちを代弁したはずの者たちは、ボリシェヴィキ革命や、ボリシェヴィズムの勝利がもたらした国際的な労働運動の新たな展開に関しては何も語っていない。しかも、その発言の中身は、前後してしたためられたはずの、農業エリートへの「アフリカ風の憎し

み」を綴った「サルバドール・コルドニエフ」のビラの調子とは明らかにかけ離れていた。

　例えば、この大会でエスペッホを代表した日雇い農の関心は、組合傘下の仲間たちの失業からの救済に集中している[5]。ルーケの代表が問うたのは、16歳以上の働き手によるすべての農作業に1日4ペセータの最低賃金を保証することの是非である。また、アルモドーバル・デル・リオの代表にとって、喫緊の課題は賃金と上昇する物価とを均衡させるための手段を見つけ出すことにあった[6]。「お上」とブルジョワジーによる組合の蹂躙を嘆くルーケの代表に歩み寄るようにして、CNTとの連帯のもとでの抗議のゼネラル・ストライキの実施を提唱したのはコルドバの代表だった[7]。だが、FNOAそのものが今やCNTに吸収・合併されようとしている。FNOAのCNTへの統合を組上に載せたのも、同じコルドバの代表である[8]。モンテマジョールの代表は、スト破りへの対処を問題にする[9]。高齢者の「乞食への転落を避けるための」（！）年金制度の確立を訴えたのは、カルカブエイの代表だった[10]。また、『IRS報告』のページをはぐってみても、コルドバ県内に頻発する騒擾の理由にボリシェヴィキ革命の影響を挙げた労働者組織は、その系列を問わず1つもない。この点では、フェルナン・ヌーニェスのCNTもモンティーリャの社会党・UGTも例外ではなかった。

　フアン・ディアス・デル・モラールが挙げる「200件」との数字に比べるまでもなく、遺漏の多さは否めぬにせよ、IRSが作成した統計に1つの指標を求めてみれば[11]、「ボリシェヴィキの3年間」のコルドバ県の農業ストライキの発生件数は合計で66。このうちの4件がカストロ・デル・リオで、3件がエル・カルピオで記録された。エル・カルピオの数字は、バエナやプエンテ・ヘニール、フェルナン・ヌーニェス、それにモントーロでの争議の発生件数と同じである。最多はエスペッホの5件。『騒擾史』の著者の故郷であるブハランセは、「3年間」を通じて4件の農業ストライキを経験した。ただし、ともに4件の農業ストの発生を見たにしても、「3年間」を通じてディアス・デル・モラールの故郷がカストロの後塵を拝した観は否めない。ブハランセの日雇い農たちが「ラ・アルモニア（調和）」と命名された組合のもとに参集し、ようやく戦闘態勢を整えたのは、下旬にカストロで大会が催される1918年10月に入ってからのことである[12]。ブハランセは、1917年5月に開かれたFNOAサラゴーサ大会にも代表を派遣していない。

この大会には、コルドバ県からはエスペッホとカストロ・デル・リオ、それにフェルナン・ヌーニェスのみが参加した[13]。3つのプエブロの、言い換えればサラゴーサ大会の時点でのコルドバ県のFNOAの組織員は、併せてもわずか290人に留まる。ところが、1919年12月のコルドバ県のアナルコサンディカリストは17,612人にまで達した。インフレーションの進行もあったにせよ、「帰依者」のこれほどまでの急増と騒擾の激化の触媒として1つの政治的・社会的な起爆剤、つまりボリシェヴィキ革命が果たした機能はやはり看過されてはならないだろう。しかも、1917年11月の衝撃をカンピーニャの「アンダルシアの民」に伝えたのが「完全に改良主義的な」分子であったはずはない。

　「ボリシェヴィキの3年間」の「完全に改良主義的な」争議と、ロシア革命とアンダルシアの階級闘争とを結びつけるディアス・デル・モラールらの証言との間には、大きな食い違いが横たわっている。『騒擾史』を引けば[14]、ブランセの公証人の身近にいた「アンダルシアの民」の間では、ロシアの話題で持ち切りであったという。もっとも、「ロシアは寒いのかね？」「雨はたくさん降るのだろうか」「歩いて何日かかるのだろう？」「どんなものが植えられているのだろう？」「1ファネーガ当たりの生産高は？」その他、多くがひどく素朴でたわいない中身ではあった。

　だが、なかにはソヴィエト・ロシアからの革命的な動乱の拡大に興奮する「アンダルシアの民」もいた。実際、1919年1月にはベルリンでスパルタクス団の蜂起があった。その2ヶ月後の3月にはハンガリーで、そして4月には南ドイツのバイエルンでレーテ共和国の樹立が相次いで宣言される。さらに「1920年には、北イタリアの労働者評議会運動がすんでのところで国民革命を引き起こすところだった」[15]。周囲に冷水を浴びせるかのように「お前たちは、どうして勝利を確信することができるのだろう？　スペインには軍隊も政府もないとでもいうのかね？」と切り出したディアス・デル・モラールに、おそらくはリベルテール紙の記事を根拠に「でもセニョリート」と「民」の1人がやり返す。「ドイツが崩壊してしまった今日、ほとんど何の役にも立たないこんなスペイン政府にブルジョワジーがまだ期待を寄せるなどということがありえるのでしょうか」。

　ベルナルド・デ・キロースは、革命的な興奮が日雇い農たちの精神を支配したある夜、プリエーゴ・デ・コルドバのなかの集落の1つであるサモラーノスでは「ボリシェヴィキ共和制（república bolchevista）」の成立が宣言された

らしい、との時代の空気を象徴するようなエピソードを紹介している[16]。この「アンダルシアの農民たちのスパルタクス主義」の著者は、ヨーロッパの両端に暮らすロシアとアンダルシアの「農奴（siervo del campo）」を結びつける、その起源がまだ解明されていない「秘密の親和力」の存在を半ば本気で想定せざるをえなかった[17]。

　コルドバ県内の農業エリートの、「アンダルシアの民」が自分たちに向けた「アフリカ風の憎しみ」と生まれでたソヴィエト・ロシアとを結びつける証言は、「民」の場合とは異なって確かに『IRS報告』のなかに残されている。エル・カルピオのフランシスコ・ガルシア・エスピン以外にも、カストロ・デル・リオの農業経営者団体の、それぞれ代表と書記を務めるラファエル・R・カレテーロとペドロ・ルーケが「ロシアの実例」に言及した。この2人は「実例」に触発された「〔アナルコ〕サンディカリストの、その多くが革命的な」プロパガンダを介して、カストロでは「ロシアのイメージを模倣したアナーキーな共産主義」や「粗野な平等主義」が幅を利かせているありさまを嘆いている[18]。等しく「革命的な」プロパガンダの影響を語った際[19]、やはりカストロ在住の「持てる者」の1人、アントニオ・ナバハス・モレノも件の「実例」を想起していたのかもしれない。

　農業ストライキの発生件数から推察されるように、カストロ・デル・リオはもちろん、エル・カルピオも「ボリシェヴィキの3年間」の周縁に留まってはいなかった。労使紛争が特に尖鋭化した2つのプエブロに居住する有産者たちの「ボリシェヴィキの思想」や「共産主義」への不安を、まったくの「妄想」と片づけてしまうわけにはいかないだろう。もっとも、少なくとも『IRS報告』を読む限り、ガルシア・エスピンが語った「ボリシェヴィキの思想」とは、つまるところ「労働の自由」の——裏を返せば、農業エリートにとっての「雇用の自由」の——否定以上のものではない。カレテーロらも、「ロシアの実例」を明確に把握したうえで「ロシアのイメージを模倣したアナーキーな共産主義」や「粗野な平等主義」に言及したとは思われない。

　「ロシアの実例」をめぐっては、奇怪な情報も入り乱れていたらしい。コルドバで印刷された同時代のあるパンフレットには、レオン・トロツキーやグリゴリー・ジノヴィエフら「ユダヤ系の」ボリシェヴィキの影響のもとにあったとされる[20]、ソヴィエト・ロシアについての荒唐無稽なエピソードが散りばめられている。モンティーリャの守護聖人の名を語るパンフレットの著者は、

ボリシェヴィキの独裁を「異端審問」や「ツァーリの専制」による「最もおぞましい恐怖」を上回る「悪行」と決めつけたうえで(21)、アンダルシアの「強欲な」有産者と「盲目的な」日雇い農の双方に自制を求めている(22)。社会カトリシズムの粉飾が施された、この種のデフォルメされたイメージの伝播も手伝って、農業エリートの間には「実例」についての固定観念が植えつけられていったものと考えられる。

　ボリシェヴィキの「神話」は概ね「上から（desde arriba）」形成されたものと断じるのは、ディアス・デル・モラールを「社会史の先駆者」と称讃しながらも、騒擾を伝えるその叙述の信憑性には疑いの眼差しを注ぐトゥニョン・デ・ラーラである(23)。先のアンヘレス・ゴンサーレスの場合と同じく、この「神話」もありきたりな意味合いで用いられていることは、注釈を加えるまでもないだろう。「上」の範疇に属するのは、何もガルシア・エスピンやカレテーロらばかりではない。第7章で検討に付されるように、「ボリシェヴィキの3年間」の名づけ親にしても、「共和制奉仕団」への参加が示すとおり確かにリベラルで理想主義的な精神の持ち主ではあれ、「アンダルシアの民」の目には紛れもない「セニョリート」、つまり「民」にとっては農業経営者としての自覚に乏しい「持てる者」の1人ではあったのである。また、ロシアのステップの「農奴」と南スペインの日雇い農たちとの繋がりを訝り、サモラーノスにおける「ボリシェヴィキ共和制」の樹立を伝えるベルナルド・デ・キロースの眼差しにも、アンダルシアをリベルテールと匪賊らの「巣窟」と決めつける犯罪学者としての自身の――「上から」の――目線により(24)、少なからず曇りが認められる節もある(25)。

　そのベルナルド・デ・キロースやディアス・デル・モラールが、「持てる者」としてロシア革命の南スペインの階級社会への影響を「上から」過大に評価したことは、どうやら否定しがたい事実である。ただし、両名を始めとする「上から」の観察者たちの眼差しが、『IRS報告』に名を連ね、反逆する「アンダルシアの民」をこちらも「上から」厳しい口調で断罪した、「リベラルで理想主義的な精神」とは無縁に見える多くの紛争当事者たちのそれと同一であったとは思われない。当時のブハランセの「セニョリート」の関心は、就中『騒擾史』に結実する労使対決の解明に向けられていた。農業経営者としてのディアス・デル・モラールの本質が問われるのは、復古王政が崩壊して以後のことである。

むろん、ガルシア・エスピンらとは一線を画した「上から」の観察者たちそれぞれの状況把握にも温度差はあっただろう。やはりこの時代のコルドバ県についての貴重な証言を残した1人で、第2共和制期にはアレハンドロ・レルーの片腕を演じるエロイ・バケーロ・カンティーリョも、ロシアでの「ボリシェヴィキの爆発（llamarada bolchevista）」とコルドバ県の農業労働者たちの「目覚め」とが「ほとんど同時に」生じた事実を指摘してはいる[26]。それでも、犯罪学者や『騒擾史』の著者と比べてみれば、この『アンダルシアのドラマ／農村部と都市部における闘争の回想』（1823年）の著者は、1917年11月に始まる東欧から中欧にかけての激動と南スペインの「アフリカ風の憎しみ」とを直結させることにはかなり慎重であるかに見える。バケーロの覚めた（？）ペンが伝える日雇い農たちの姿勢は、総じて「散文的」ないしは「改良主義的」である。

　にもかかわらず、「ボリシェヴィキの3年間」の階級闘争を分析する射程をも「完全に改良主義的な」次元のみに、言い換えれば「狭義の」サンディカリズムだけに限定してしまえば、時代の空気にとりわけ敏感だったと思われるサルバドール・コルドン・アベリャンの存在そのものも自ずと視野の外に押し出されてしまう。しかし、ディアス・デル・モラールによれば[27]、例えば1918年の10月半ばにルーケで催された集会で起きたように、ときには暴動をも招いたその精力的・破壊的なプロパガンダ活動のために、コルドバ県内の農業経営者たちのなかには「ボリシェヴィキの3年間」の騒乱を「コルドニエフ」1人の仕業と決めつける人物もいたという。

　アンヘレス・ゴンサーレスに先んじて、ディアス・デル・モラールの名著にやはり批判的な観点から「ボリシェヴィキの3年間」のコルドバ県の再検討を試みたアントニオ・バラガン・モリアーナは、この時期のCNTの動静を正しくもっぱら「狭義の」サンディカリズムのなかでのみ跡づけようとしている。そこでは、「コルドニエフ」、延いては「コルドニエフ」が体現した「純粋」アナキズムが問題とされる余地はない。『アンダルシアのアナキズム』を書いたジャック・モリスも、その「エキセントリックな」改姓をよそに、コルドンは決して単細胞ではなかったとわずかにほのめかすばかりである[28]。「3年間」の総じて「散文的な」争議のあり方にはいかにも馴染まない「サルバドール・コルドニエフ」の言説は、大方の現代史家や労働運動史家たちの興味の外にあるかに見える。「コルドニエフ」に対する、われわれに言わせれば不当なまで

の「冷遇」は、南スペインの「純粋」アナキズムの上昇と下降をそれぞれ身をもって示してみせたサルボチェアとサンチェス・ロサの2人には相応の関心が寄せられてきたこととは際立って対照的である。

　近年に限っても、サルボチェアについては、ジャック・モリスが編んだ『フェルミン・サルボチェア／伝説と歴史の狭間のアナキスト』のスペイン語版(2009年〔オリジナルのフランス語版である『伝説と歴史の狭間のアナキスト(1842－1907年)／フェルミン・サルボチェア(*Un anarchiste entre la légende et l'histoire(1842-1907): Fermín Salvochea)*』は1987年に上梓〕)と、2巻からなるホセ・マヌエル・マト・オルテーガ、サンティアゴ・モレノ・テーリョ共編の『フェルミン・サルボチェア(1842－1907年)／あるインターナショナリストの歴史。未来のためのツール』(2009年)が、またサンチェス・ロサについては、ホセ・ルイス・グティエーレス・モリーナが著した大部の『チョーク。インク。言葉。／アンダルシアの教師にしてアナキスト、ホセ・サンチェス・ロサ(1864－1936年)』(2005年)が刊行されている。

　それに比べて、これまでのところでは、サルバドール・コルドンの言動に着目した考究は、わずかにアルベルト・ガイ・エレディアが書いた、分量のうえではごくささやかな「サルバドール・コルドン・アベリャン／リベルテール的な活動家にして著述家」(1997年)があるのみである。アントニオ・バラガン・モリアーナの『コルドバ県の社会闘争と政治の閉塞』にも、「コルドバ県のアナキズム／労働者の闘争、CNTの前史と形成(1900－1931年)」(2010年)と題したアントニオ・グティエーレス・ロペスの論考にも、「コルドニエフ」の名は1度も現れない。他方で、マヌエル・モラーレス・ムニョスの「大地の声」には「コルドニエフ」が確かに登場してはいる[29]。しかし、「大地の声」は、本節と次節で扱われる、「ボリシェヴィキの3年間」に向けて南スペインに根を下ろしつつあったアナルコサンディカリズムの大枠のなかで、「コルドニエフ」の言動のうちに受肉された「純粋」アナキズムが強いられた苦境には一切触れていない。

　ところで、スペインにあってボリシェヴィキ革命を最も熱烈に歓迎したのはマルクス主義者たちではなかった。恐ろしく息の長い、第2次世界大戦の終結に続く冷戦のなかで、まだ若かった、後のフランス革命史家フランソワ・フュレを虜にすることにもなる途方もない「幻想」に[30]、ピレネーの南のアナルコサンディカリスト、ことに1918年9月にCNT全国委員会書記長になるマ

第 4 章　「純粋」アナキズムの系譜

ヌエル・ブエナカーサ・トメーオら「純粋」アナキズムの系譜に連なる活動家の多くがたちまち魅せられたのは否定できない事実だった[31]。当時、既にジャーナリストとしての名声を手に入れていたマウロ・バハティエラ・モラーンも[32]、ボリシェヴィキのロシアを擁護した「純粋」アナキストの 1 人である[33]。ブエナカーサとバハティエラの両名は、ともに 1927 年の FAI の設立にもイニシアティヴを発揮することになる[34]。

　1919 年 12 月にマドリードに集結したアナルコサンディカリストたちは、暫定的な形ではあれ、第 3 インターナショナル（コミンテルン）への CNT の加盟を決議した[35]。当初、ブエナカーサはロシアのボリシェヴィキを「半ば神（semidiós）、万人にとっての自由と幸福の運び手」とまで褒め称えている[36]。「10 月」前夜に脱稿されたウラジーミル・レーニンの『国家と革命／マルクス主義の国家学説と革命におけるプロレタリアートの諸任務』（1918 年）がスペイン語に翻訳されたのは、1920 年のこと[37]。それが「うぶな」リベルテールたちを惑わしかねない、この著作に謳われた国家死滅のテーゼに魅入られた結果であったのかどうかはさておき、「プロレタリア政党」による独裁権力の行使に「アナーキー」の実現を早める契機さえをも認めようとしたのは、確かにこの年夏のブエナカーサその人だった[38]。

　しかし、1918 年 12 月の FNOA バレンシア大会を支配した空気からも窺われるように、すべてのスペインのリベルテールたちがボリシェヴィズムへの圧倒的なまでの共感を分かち持っていたわけではない。サルバドール・セギも、組合のみに立脚した革命を展望する立場から、国家死滅の手段としての一党独裁を無条件で是認するボリシェヴィズムが発散する「幻想」に絡め取られることはなかった[39]。「幻想」が払拭される決定的なきっかけを提供したのは、1920 年 6 月のモスクワでのコミンテルン第 2 回大会に関する、同大会で CNT を代表したアンヘル・ペスターニャによる報告である。ペスターニャが「組合の完全な自治の原則を支持する」立場から執筆した、ボリシェヴィズムへの率直な批判を含むこの文書は、1922 年 1 月に印刷に付された[40]。

　ペスターニャ報告が日の目を見てから 5 ヶ月後の 1922 年 6 月、サラゴーサに招集された CNT の全国会議はコミンテルンへの支持を撤回する[41]。アラゴンの中心都市で CNT のボリシェヴィズムとの絶縁を発議したのは、他の誰にもまして「幻想」に魅了されていたはずのブエナカーサだった[42]。翌年 1 月、CNT はベルリンで再建された、サン・ティミエの「反権威主義インターナショ

ナル」の精神を受け継ぐ AIT に合流する(43)。第２共和制の初期、ペスターニャには、フアン・ペイロらとともに「30人派」として FAI の「純粋」アナキズムに敗北する定めが待ち受ける。また、次節で述べられるように、セギは当時のカタルーニャ CRT を代表するサンディカリストだった。あえて線引きをすれば、「純粋」アナキズムが見せた当初のボリシェヴィキへの傾倒に冷水を浴びせたのは、サンディカリズムの有力なイデオローグたちであったということになる。ペスターニャ報告が出された翌月に CNT 全国委員会書記長に選出されるペイロも、ボリシェヴィキによるプロレタリア独裁には目もくれなかった(44)。

　言うまでもなく、ブエナカーサがときの経過とともに味わわされねばならなかったソヴィエト・ロシアへの大きな失望・幻滅は、彼の地では資本主義の桎梏からの自らの解放を決意した労働者たちの完全な自由意思のもとに旧来の抑圧的な国家機構が粉砕された、とのロシアの 1917 年 11 月に関してブエナカーサ当人が当初抱いていた根本的な誤解に起因していた(45)。ブエナカーサに似て、ボリシェヴィキ革命を「真の意味での解放運動」「隷属の鎖を断ち切った大衆」の営為と等置したのは、ロシアが世界を揺るがした 10 日間の余韻もまだ冷めやらぬ時点におけるホセ・アランスである(46)。

　このアランスは、もともとバルセロナが根城のリベルテール。しかし、マラガやヘレス・デ・ラ・フロンテーラその他、アンダルシアでも活動していた形跡がある(47)。そのアンダルシアにあって、ブエナカーサやアランスと同じく「幻想」の虜になったと見なして間違いないと思われるのが、カディス県のメディナ・シドニアを拠点にしていたあるアナキスト・グループである。1919 年 1 月、「ボリシェヴィキ（Los Bolchevikstas）」を自称したこのグループは、正しくアナキズムの理念の普及を目指して結成されたのだった(48)。

　「ボリシェヴィキの 3 年間」の、確かに過剰に脚色されたかにも見える「革命的な」エピソードの塊をありふれた意味での「神話」と呼ぶことに、われわれは必ずしもやぶさかではない。しかし、その「神話」が「上から」創造されるための材料を提供したのは、例えば「散文的な」『IRS 報告』には登場しない「純粋」アナキズムの「使徒」たちであったように思われる。「今日では、アンダルシアの農業問題の解決策は、集団的な貧困が自ずと生み出すまったく革命的な解決策を措いて他にない。……農民たちが土地を暴力的に収用する事態を回避するためには、彼らの手にそれを引き渡すこと。〔しかし、〕豊

かな者たちが予想するよりも早く、土地の収用は実現されるだろう。なぜなら、事態はブルジョワジーのお抱えの社会学者たちの弥縫策で凌ぎ切れるようなものではもはやないからだ」[49]。IRS調査団への冷笑を交えた、1919年3月にモントーロで刷られたというこのビラの文言をしたためた人物は、「3年間」の「完全に改良主義的」と見られる労使交渉とは無縁であったに違いない[50]。

　当時、カディスで発行されていた労働紙の1つに『レベリオン』がある。グティエーレス・モリーナの所見では[51]、同紙は「アナキスト的な色彩のことに濃厚な新聞だった」。1920年1月の同紙のなかで「シベリアの凍土から、ロシア全土、〔旧〕オーストリア‐ハンガリー、ドイツ、ギリシャ、イタリア、そしてフランスを横断し、ついにはわれわれのもとにまでその息吹が届く」とボリシェヴィキ革命への共感を包み隠さず語ったのは、ヘレス・デ・ラ・フロンテーラのホセ・ゲレーロ・ボカネグラ[52]。1930年の前半、このゲレーロがヘレスの傑出したFAI派の、つまり「純粋」アナキストの1人として立ち現れるありさまをわれわれはやがて目撃する。

　むろん、すべての「純粋」アナキストが挙ってボリシェヴィズムに幻惑されたわけではない。少なくともグティエーレス・モリーナが書いた評伝による限り、ホセ・サンチェス・ロサがロシア革命の衝撃にその魂を鷲掴みにされた様子はない。また、「兄弟子」の（？）サンチェス・ロサと同じくサルボチェアを師と仰ぐ、南スペインが生んだもう1人の「純粋」アナキズムの「使徒」ペドロ・バジーナ・マルティネスについても似たような趣きが観察される。この「貧しい者たちの医師」が書き綴った回想録は、「社会主義の理想」を踏みにじり、第1次世界大戦への道を開いたとの理由を挙げてドイツのマルクス主義者たちの「裏切り」を舌鋒鋭く弾劾する[53]。にもかかわらず、権力奪取の直後に「民族自決に基づく戦争の終結を求める『平和にかんする布告』」[54]を発したボリシェヴィキの態度については何も語っていない。

　「エキセントリックな」その改姓が物語るように、サルバドール・コルドン・アベリャンがロシア革命に共感していたこと自体に疑いを差し挟む余地はないだろう。ただし、少なくともわれわれが確認しえた限りでは、「コルドニエフ」がボリシェヴィズムそのものを直に擁護した発言は残されていない。この点で、「コルドニエフ」のロシア革命への視線と、ブエナカーサやメディナ・シドニアのグループ「ボリシェヴィキ」の面々のそれとの間には隔たりがあったように思われる。

233

1918年12月にカニェーテ・デ・ラス・トーレスで「今日の馬鹿げた社会」を拒絶した際にも[55]、翌年1月のコルドバで貧しい者が抱く豊かな者への「憎しみ」を語りつつ「現代の民主主義」の欺瞞を断罪し、併せてフランスその他の「共和制」の内実を糾弾した折にも、「単細胞ではなかった」コルドンが「今日の馬鹿げた社会」や「現代の民主主義」や「共和制」の対極に位置する「理想郷」としてソヴィエト・ロシアを引き合いに出すことはなかった[56]。「コルドニエフ」の、あらゆる人間に「同じ権利と義務」を割り振る「共通の源泉」としての「アナーキー」を称讃してやまない筋金入りの「純粋」アナキストならではの姿勢は[57]、「ボリシェヴィキの3年間」にあっても損なわれることがなかったのである。
　「南米から来たらしいアナキスト」「サルバドール・コルドニエフ」は、実際には紛れもないアンダルシア人。1877年にコルドバ県のカブラの郵便配達夫の家庭に生まれ、同じコルドバ県内のアルモドーバル・デル・リオに育つ。アナキスト紙・誌その他を読破し、等しく茨の道を選んだ多くの同胞の例に漏れず独学でリベルテールとなった。詳細は不明ながら1905年に殺人の罪を犯し、「4年と1日」の服役を命じられた。出獄を許された後、兵役を嫌ってアルゼンチンに渡り、ブエノス・アイレスでやはりアナキストだったイサベル・オルテンシア・ペレイラ・ダベードを見初める。1913年、イサベル・オルテンシアと、イサベルとの間に儲けた最初の子どもオスバルドの2人を伴って、未来の「コルドニエフ」は再びイベリア半島の土を踏みしめていた[58]。
　そして、「ボリシェヴィキの3年間」の開幕とほとんどときを同じくして、その「コルドニエフ」が自らの活動拠点に選んだのが、以前に家族とともにいっとき身を置いた経験があるカストロ・デル・リオだったのである。ラファエル・R・カレテーロやアントニオ・ナバハス・モレノら、このプエブロの有力な農業経営者たちがこぼした「ロシアのイメージを模倣したアナーキーな共産主義」や「粗野な平等主義」の理念、あるいは「革命的な」プロパガンダが地元の「アンダルシアの民」に及ぼしつつあった影響への懸念の背後には、ボリシェヴィズムの文字どおりのスポークスマンでは決してなかったにせよ、コルドンの存在がやはり多分に影を落としていたものと想像される。
　事実、カストロ・デル・リオに改めて腰を落ちつけた「コルドニエフ」は、ガイ・エレディアによれば[59]、1918年6月に地元のCNTが実施した大規模な農業ストライキにアクティヴに関与するとともに、4ヶ月後にこのプエブロ

第 4 章 「純粋」アナキズムの系譜

に招集された農業労働者大会に参加した際にも、戦闘的な姿勢の点で突出していた。続く 11 月初旬、前月下旬の同大会での決議に基づく「ボリシェヴィキの 3 年間」で最初の連鎖的な農業スト攻勢がカンピーニャに襲いかかるなか、コルドバでの集会に姿を見せたコルドンは、フランス革命のなかで「ごく普通の大衆」が演じた役割を称讃しつつ、飢えた同胞の闘争心に火をつけようと企てる。微かではあれ、「散文的な」サンディカリズムとは異なった調べをわれわれはここに聞き取ることができるだろう (60)。

だが、1919 年の 2 月中旬、IRS 調査団が引き揚げた直後のコルドバで共和派とアンダルシアの地域ナショナリストが共催した、カシキスモに反対する抗議のデモ行進に加わった折、コルドンはアントニオ・バロッソ・イ・カスティーリョのモニュメントを破壊した容疑で逮捕・収監されてしまう (61)。詳細は次章に譲ることとして、3 年前に物故するまでの間、バロッソはコルドバ県の自由党を長く取り仕切っていた大物のカシーケだった。獄中で執筆されたと思われるそのパンフレット『アンダルシア』(1919 年) のなかで、「コルドニエフ」は「自分たちの境遇のように苦く、その雇い主たちの心のように固い……わずかばかりのパン」だけを慰めに、「数世紀にもわたる野蛮な支配」に屈従してきた「ごく普通の大衆」がついに反逆の狼煙を上げた、と自身を感激させた前年 11 月の騒擾の再現と、そのいっそうの拡大に望みを繋ぐ (62)。

1919 年 5 月にカストロ・デル・リオに招集された「ボリシェヴィキの 3 年間」を通じて 2 度目の、そして最後の農業労働者大会では、3 度目の農業ストライキ攻勢を間近に控えて「ボリシェヴィキ的な」土地の収用も謳われている (63)。しかし、「コルドニエフ」の期待はあえなく裏切られるだろう。この年の大半を獄中に失った後、カディス県のアルヘシーラスとラ・リネア・デ・ラ・コンセプシオンに新天地

1919 年 2 月、コルドバのカシーケ、アントニオ・バロッソ・イ・カスティーリョのモニュメントを破壊した容疑で逮捕された「コルドニエフ」のシルエット (*Andalucía*, 15-III-1919.)。

を求めたコルドンは、自身は獄中にあって指をくわえてその推移を見守るしかなかった3月や5月の農業スト攻勢を通じて、「ボリシェヴィキ的な」土地の獲得に邁進するところからはるかに遠く、「パン」を求めることのみに汲々としているかに感じられた「ごく普通の大衆」に対する──「アフリカ風の」との形容は、むろん当たらないにせよ──「憎しみ」を今や隠そうとはしない[64]。

　以上に見てきた、いずれも断片的ないくつかのデータを突き合わせてみれば、「ボリシェヴィキの3年間」の「アンダルシアの民」は主にFRE以来の「純粋」アナキズムに鼓舞されつつソヴィエト・ロシアに対する共感を燃え立たせる一方で、FNOA・CNTから新たに伝授された「散文的な」反逆の作法に則って農業エリートに戦いを挑んだかに見える。同時代を生きた「持てる者」たち、つまりディアス・デル・モラールらの観察者や、ガルシア・エスピンら「民」と直に対峙した紛争当事者の多くが、遠い異郷での無産者たちのトータルな解放、というよりも解放と思われたもの、つまりフュレが語る「幻想」への「民」の熱狂に強く印象づけられるとともに、牙を剥いた「民」のありさまをいくばくかの誇張を交えて伝えたのも無理からぬところだった。もちろん、多くの大地主たちの眼差しはアナルコサンディカリズムのなかに走る2つの思潮の亀裂そのものには届いていなかったに違いない。

　他方で、FNOAの最後の大会の会議録や『IRS報告』に綴られた「アンダルシアの民」の指導者たちの声の多くが「完全に改良主義的」で「散文的な」響きを伴っていたのも、これまた当然のことではあった。「ボリシェヴィキの3年間」の挫折とプリモ独裁期の強いられた沈黙を経て第2共和制期を迎えた「民」の多くは、FNTTに惹かれてアナルコサンディカリズムそのものから離脱しさえもする。アントニオ・マリーア・カレーロによりいち早く指摘されていたこの流れは、確かに『合理的なユートピア』を追求する「民」の意思の現れだった。他方でこれまでほとんど顧みられることのなかった、FAIの誕生と南スペインへのその進出を梃子に開始される「コルドニエフ」の精神の、「完全に改良主義的な」CNTへの「逆襲」の中身に関しては、われわれ自身が可能な限り解明していかねばならない。

　「ボリシェヴィキの3年間」における農業エリートとの直接対決では概してCNTの後手に回ったものの、ロシア革命に共感を寄せる声はコルドバ県内の社会党・UGTの側からも聞かれた。1920年3月、ソヴィエト体制が全世界に根づく日が遠からず訪れることを信じて疑わなかったのは、前月に実施された

地方選挙により町議会議員の地位を手に入れたばかりのモンティーリャのホセ・マルケス・カンブロネーロである[65]。それから3ヶ月後、およそ1年前の緊張がいよいよ遠のくなかにあって、「世界の労働者を導く松明」としてのロシア革命になおも希望を託しつつ、アンダルシアの日雇い農たちに「土地の解放」を実現するまでの闘争の継続を訴えたのは、マルケス・カンブロネーロの同志で、『IRS報告』にも顔を出していたフランシスコ・サフラである[66]。

そのサフラもまた、2月の地方選挙に勝利を収めていた。ただし、選挙戦向けのプロパガンダ用に自らが執筆した文書を「ソヴィエト・ロシアの共産主義共和国万歳！」との叫びとともに結んだおかげで、サフラは逮捕されてしまっていた。サフラが自身の当選を知ったのは、コルドバの監獄のなかでのことである[67]。『IRS報告』では、サフラが率いるモンティーリャの社会党・UGTはロシア革命に関して何も語っていなかった。この沈黙の背後では、物価が高騰するなかで賃上げを渋る地元の大地主たちの頑なな姿勢を「お上」に強く印象づける計算をひとまずは優先させる狙いが働いていたのかもしれない。

確かに、コルドバ県の労使双方の証言を拾うために「ブルジョワ的な」国家権力が臨時に開設した窓口だったIRS調査団を相手にボリシェヴィズムへの支持を高らかに宣言したところで、モンティーリャの社会党・UGTには得るものは何もなかったに違いない。そこで、『IRS報告』に書き留められた「アンダルシアの民」の代弁者たちの「肉声」には、「散文的な」サンディカリストたちのそれをも含めて抑制が働いていた可能性も指摘されうるだろう。それでもなお、われわれが目を通すことのできた他の史料と照らし合わせてみれば、ロシア革命の評価をめぐって、アナルコサンディカリズムのなかの2つの思潮に甚だしい温度差があったことにやはり疑いの余地はない。

1921年には、フェルナンド・デ・ロス・リーオスのソヴィエト旅行記が上梓されている。第2共和制の「改革の2年間」に法相を務めるグラナダの著名な社会党員の鋭利な眼差しは、「すべての権力をソヴィエトへ」の周知のスローガンが「すべての権力を共産党へ」のそれへと変質して久しいロシアの実情を見抜いていた[68]。もともと第2インターナショナル寄りだった社会党・UGTは、ボリシェヴィズムに対して必ずしも好意的ではなかった。パブロ・イグレシアスが思い描くカール・マルクスの最良の後継者は、レーニンから「背教者」のレッテルを貼られたカール・カウツキーである[69]。その限りでは、モンティーリャの同志たちが捧げたボリシェヴィキ革命への熱烈なオマージュは、社会党・

UGTの総帥の目には奇異に映じたかもしれない[70]。

スペインでも、ボリシェヴィキ革命の衝撃は社会党以外のマルクス主義政党を誕生させた。大雑把に図式化すれば、社会党・UGTのなかにあってコミンテルンを支持する2つの思潮が前後して主流派と断絶。それぞれが独自に結成した2つの共産主義政党が、コミンテルンのスペイン支部として1921年にスペイン共産党（本書では、概ね「共産党」）の名のもとに統合される[71]。また、1935年には、ヨシフ・スターリンが睨みを利かせるクレムリンとの対決姿勢を鮮明にしつつ、これも紆余曲折を経てPOUMが発足する。異端のマルクス主義政党を起ち上げたアンドレス・ニンとホアキン・マウリンの両名は、ともに元アナルコサンディカリスト。1921年にはニンがカタルーニャCRT地方委員会とCNT全国委員会の書記長をいっとき兼務する一方で、マウリンもカタルーニャCRT地方委員会に加わっていた[72]。

なお、1916年秋にフランスを追われてスペインに入ったものの、パリの警視庁からの通報により「危険なアナキスト」（！）としてマドリードで逮捕され、さらに移送先のカディスで数週間を過ごす破目に陥ったのがレオン・トロツキーだった[73]。もともと1920年代半ばにソヴィエト・ロシアで発行されていたある雑誌に掲載され[74]、先のニンの翻訳を通じてスペイン語でも読める「危険なアナキスト」のルポルタージュ『スペインにて』（1975年）によれば[75]、移送される途次、ラ・マンチャと境を接するハエン県のリナーレスから、もはや大西洋に近いカディス県のヘレス・デ・ラ・フロンテーラに至るまでの間、トロツキーは南スペインに展開する典型的な風景を長時間にわたって確かに車窓から目にし続けている。

ひょんなことから、「危険なアナキスト」は大土地所有制の桎梏に打ちひしがれたアンダルシアを実際に知る機会を得たのだった。だが、『スペインにて』にも、またスターリンとの権力闘争に敗れ、ソヴィエト・ロシアから追放された後に執筆された『わが生涯』（1930年）にも、このときの体験に絡めたうえでの、レーニンとともに武装した自らが「アンダルシアの民」を熱狂させることになる「ボリシェヴィキの3年間」の到来を感じさせるような（後出しの！）「予言」、あるいは「預言」の類はまったく何も記されていない。

第 4 章 「純粋」アナキズムの系譜

註

（1） Ángeles González Fernández, "La construcción de un mito.El Trienio Bolchevique en Andalucía", *La utopía racional*, pp.175-180.
（2） 第1回コルドバ大会（Díaz del Moral, *Historia de las agitaciones*, Apéndice 3:Congreso de Córdoba de 1913, p.392 y p.394.）。第2回バレンシア大会（*ibid*., Apéndice 4: Segundo Congreso de la Federación Nacional de Obreros Agricultores, p.399.）。
（3） 第6回バレンシア大会（*ibid*., Apéndice 7:VI Congreso de la Federación Nacional de Obreros Agricultores y similares de España, celebrado en Valencia en los días 25, 26 y 27 de diciembre de 1918, p.445.）。このFNOA最後の大会で第6部会の開会を宣言したアントニオ・ガリステオも、コルドバ県（バエナ）のリベルテールである（ibid., p.444 y p.454.）。
（4） *Ibid*., p.451.
（5） *Ibid*., p.449.
（6） *Ibid*., p.444.
（7） *Ibid*., p.446.
（8） *Ibid*., p.442.
（9） *Ibid*., p.440.
（10） *Ibid*., p.443.
（11） 農業ストライキの件数に関するIRSの統計については、Maurice, *El anarquismo andaluz*, pp.363-376. 例えば、1914年から20年にかけてカディス県内で発生した農業ストライキも、IRSの統計では39件なのに対し、ある労働運動史家の調べでは74件に上った（Francisco Trinidad Pérez, *Los trabajadores gaditanos en la coyuntura de la 1ª Guerra Mundial(1914-1923)*, Cádiz, 2001, p.241.）。
（12） Díaz del Moral, *Historia de las agitaciones*, p.277 n.13. 第3章第2節の註（11）をも参照。
（13） *Ibid*., Apéndice 6:V Congreso de la Federación Nacional de Obreros Agricultores y Similares de España, celebrado en Zaragoza los días 22, 23 y 24 de mayo de 1917, p.419.
（14） Díaz del Moral, *Historia de las agitaciones*, pp.343-344 y n.78.
（15） ロバート・サーヴィス、中島毅訳『ロシア革命1900‐1927』岩波書店、2005年、112ページ。
（16） Bernaldo de Quirós, "El espartaquismo", p.187.
（17） *Ibid*., p.181.「〔アンダルシアの〕農民は農園の壁に『レーニン万歳』と書いた」ともいう（ピエール・ヴィラール、藤田一成訳『スペイン史』文庫クセジュ、1992年、104ページ）。
（18） IRS, *Información sobre el problema agrario*, pp.98-101.
（19） *Ibid*., pp.28-29.
（20） Solano de Montilla, *Bolchevismo o lo que ha ganado Rusia con el Gobierno de los*

     　　　Soviets, Córdoba, 1919, pp.6-7.
(21)　*Ibid.*, p.16.
(22)　*Ibid.*, p.1.
(23)　Tuñón de Lara, *Tres claves*, p.23.
(24)　Bernaldo de Quirós, *Bandolerismo y delincuencia subversiva*, pp.50-55.
(25)　ベルナルド・デ・キロースが1919年2月の現地取材を根拠にサモラーノスでの「ボリシェヴィキ共和制」の樹立のエピソードを書いたとすれば、プリエーゴの集落の「壮挙」はハンガリーを見舞った、ロバート・サーヴィスによれば「ロシアの出来事に並ぶほど激しかった」戦闘に先んじていたことになる。しかし、このエピソードは、ディアス・デル・モラールの『騒擾史』には出てこない。バルベルデ・カスティーリャの証言にもあったように、プリエーゴ・デ・コルドバは1918年10月のカストロ・デル・リオでの農業労働者大会に続いた騒擾に確かに巻き込まれていた。サモラーノスだけが平穏であったはずはないにせよ、件の「共和制」の樹立が現実に告げられたとは俄かには信じがたい。復古王政期のプリエーゴのありさまを跡づけた現代史家のマヌエル・ロペス・カルボも、「ボリシェヴィキの3年間」のこのプエブロでの社会的な緊張の高まりを象徴するエピソードとして、ベルナルド・デ・キロースを──その真偽を確かめないままに──そっくり引用するに留まっている（López Calvo, *op.cit.*, pp.83-84.）。また、ジャン・コストドア・ラマルクの博士論文には（Jean Costedoat-Lamarque, *La question agraire en Andalousie*, Paris, 1923, p.24.)、「ボリシェヴィキ型の共和制（république type bolchevique）」の樹立が告げられた市町村として、アギラール・デ・ラ・フロンテーラとモンティーリャも挙げられている。しかし、こちらもやはり『騒擾史』には言及がない。プエンテ・ヘニールでは、1918年11月の「ボリシェヴィキの3年間」で最初の農業ストライキ攻勢のさなかに、ガブリエル・モロンの指導のもとに治安警備隊の詰め所が襲撃されたあげく、反撃にあって日雇い農1人が落命するという一幕が演じられた。それでも、この騒動の「革命的な」性格をしきりに強調する、明らかに農業経営者寄りと思われる町長の証言にも（IRS, *Información sobre el problema agrario*, p.35.）、地元の労働力への「アフリカ風の憎しみ」も露わなモラーレス・デルガードの証言のなかにも、件の「革命的な」事件とボリシェヴィズムとの関連を匂わせるような文言は一切ない。
(26)　Vaquero, *op.cit.*, p.127.
(27)　Díaz del Moral, *Historia de las agitaciones*, p.271 y n.9.
(28)　Maurice, *El anarquismo andaluz*, pp.346-347. もっとも、ボリシェヴィキ革命に触発されて改姓を決意した活動家はサルバドール・コルドン1人だけではない。当時、バレンシアのCNTと社会主義青年団の両方の組織に加入していたフリアン・ゴメスも、明らかにマクシム・ゴーリキーをまねてその姓をゴルキンへと改めた（Juan Avilés Farré, *La fe que vino de Rusia. La revolución bolchevique y los españoles(1917-1931)*, Madrid, 1999, p.118.）。周知のように、ゴルキンは1930年代

にはPOUMの活動家としてその名を馳せることになる。また、一般大衆の間でも生まれてきた子どもにロシア風の名をつけることは珍しくなかったという。禿げ頭への敬意を込めて（？）、「レニーナ（Lenina）」と名づけられた女の子の赤ん坊もいたらしい（Antonio Miguel Bernalの教示による）。

(29) Morales Muñoz, "La voz de la tierra", pp.8-9.
(30) フュレ、前掲邦訳、15ページ。
(31) Avilés Farré, *La Fe*, p.40 у pp.99-104.
(32) Vadillo Muñoz, *op.cit.*, pp.90-91.
(33) *Ibid.*, pp.30-31.
(34) Gutiérrez Molina, *La Idea revolucionaria*, p.44 n.85.
(35) Manuel Buenacasa, *El movimiento obrero español 1886-1926. Historia y crítica*, Madrid, 1977(1ª ed. 1928), p.50.
(36) Avilés Farré, *La fe*, p.132.
(37) *Ibid.*, p.218.
(38) *Ibid.*, pp.113-114. 1922年1月には、バルセローナにあったアナキスト・グループが集う「リベルテール共産主義連盟（Federación Comunista Libertaria）」も、社会革命を維持するための「過渡的な独裁」の原則の受け容れを宣言した（Madrid, *op.cit.*, pp.159-160.）。
(39) Avilés Farré, *La fe*, pp.101-102.
(40) ゲラン編、前掲邦訳、I、235‐237ページ。
(41) Avilés Farré, *La fe*, pp.235-236.
(42) Manuel Izquierdo, *La Tercera Internacional en España1914-1923*, Madrid, 1995, p.77.
(43) Íñiguez, *op.cit.*, 2001, p.21.1933年1月のヒトラーの政権掌握の煽りを食らったAITの書記局はベルリンからバルセローナへと移り、翌年の「10月革命」までの間、このカタルーニャの中心都市を活動の拠点とした（Renée Lambert, *Mouvements ouvriers et socialistes (chronologie et bibliographie). L'Espagne(1750-1936)*, Paris, 1953, p.169.）。カサス・ビエハス前後のスペインのアナルコサンディカリズムの混迷にメスを入れた『シャピロ報告』に付された署名の日時は1933年4月15日であるから（*Informe Schapiro*, p.497.）、この文書はバルセローナで作成されたもののはずである。1936年の夏以降、ピレネーの南が「兄弟殺し」の舞台と化すなか、当時はパリに置かれていたAITの書記局はCNTの動静にもちろん並々ならぬ関心を払い続ける（パス『スペイン革命のなかのドゥルーティ』259‐261ページ）。
(44) Termes, *Historia del anarquismo*, p.363.
(45) Avilés Farré, *La fe*, pp.56-57.
(46) *Tierra y Libertad*, 12-XII-1917.
(47) Íñiguez, *op.cit.*, p.54.

(48) *Tierra y Libertad,* 15-I-1919.
(49) Díaz del Moral, *Historia de las agitaciones,* p.364.
(50) 1911年、革命的ゼネラル・ストライキを通じての土地の奪取を農業労働者たちに呼びかけたのは、当時ヘレス・デ・ラ・フロンテーラに出没していた、先のホセ・アランスである（*Tierra y Libertad,* 5-VII-1911.）。後のボリシェヴィキ革命の熱烈な支持者の姿勢が、このビラの書き手にも似て、コルドバ県に先駆けて折からヘレスに根づきつつあった「完全に改良主義的な」サンディカリズムの牽引役たちのそれと大きく異なっていたことは確実である。
(51) グティエーレス・モリーナ『忘れさせられたアンダルシア』163ページ。
(52) Marcos J. Correa L., "La Revolución Rusa en la prensa gaditana", *El movimiento obrero en la historia de Cádiz,* Cádiz, 1988, p.253 y p.265 n.28.
(53) バジーナに従えば（Vallina, *Mis memorias,* pp.129-130.）、内戦でスペインがファシズムに屈した原因も、遡れば1914年にドイツの社会民主党が犯した「最も邪悪な犯罪」に帰せられる。確かにロシアに対する「祖国防衛戦争」の装いのもと、国民的な熱狂とともに決定されたドイツの第1次世界大戦への参戦に当たって、社会民主党の代議士も挙って戦時国債法案に賛成票を投じた（坂井榮八郎『ドイツ史10講』岩波新書、2003年、165‐166ページ）。ただし、「祖国愛」に絡め取られたのはフランスの社会党にしても同様だった。当時の「フランス〔の〕社会主義者は、彼らの階級的理念に応えるには共和国の現状はまだ不十分とはいえ、すでにいくつかの達成成果があり、したがって、この『祖国』は非民主的なドイツ帝国から守るに値する、と考えた。ドイツの社会主義者も同じ論理で、ドイツは最も野蛮な専制国家ロシアから守るに値する『祖国』だ、と考えたのである」（柴田、前掲書、181ページ）。当時、フランスにせよドイツにせよ、満足のいくだけの生活水準の提供を自国の無産者たちに保障していたはずはない。にもかかわらず、1914年夏の両国では挙国一致の態勢が築かれた。それは、「いくつかの達成成果」の獲得と表裏一体をなす、両国の労働者階級の間での「革命文化」の衰退の証しでもあったのだろう。
(54) サーヴィス、前掲邦訳、91ページ。
(55) *Tierra y Libertad,* 8-I-1919.
(56) コルドバでの集会には、イサベル・オルテンシアも登場。「コルドニエフ」の連れ合いは男たちの「悪い癖」——あまりにも悪名高い、例の男尊女卑（machismo）？——に抗うよう地元の女たちを鼓舞し、盛大な拍手喝采を浴びた（*Diario Liberal,* 10-I-1919.）。
(57) *Tierra y Libertad,* 7-III-1917.
(58) Alberto Gay Heredia, "Salvador Cordón Avellán. Militante y escritor libertario", *El Paseo,* núm.1, 1997, pp.38-40.
(59) *Ibid.,* pp.46-47.
(60) 同じ集会で登壇したホセ・バカス・ヒメーネスらは、自分たち農業労働者を取り

巻く環境について仔細に説明し、その改善を強く訴えた（*Diario de Córdoba*, 7-XI-1919.）。レトリックへの固執は、バカス・ヒメーネスの発言からも察せられる「散文的な」サンディカリズムを嫌ったコルドンの特徴の1つかもしれない。折からの「大戦争」が「旧い世界」にもたらした惨状を告発したその論考は、「自由よ。汝の名のもとにいかに多くの罪が犯されたことか」とのロラン夫人の名文句とともに書き起こされている（*Tierra y Libertad*, 28-Ⅲ-1917.）。

(61) Gay Heredia, "Salvador Cordón Avellán", p.51.
(62) Salvador Cordón, *Andalucía*, Tortosa, 1919, pp.6-8.
(63) 1919年5月のカストロ・デル・リオの農業労働者大会での土地をめぐる討論については、本章第3節で検討する。
(64) Salvador Cordón Avellán, *Frente a la masa*, Algeciras, s.f[1920]., pp.5-7. このパンフレットのコピーは、José Luis Gutiérrez Molina に提供してもらった。出獄した「コルドニエフ」は1919年12月のCNTマドリード大会に出席した他、翌年8月のカディスでの「アナキズムの根本思想の普及を狙いとした」労働者集会にも顔を出す（グティエーレス・モリーナ『忘れさせられたアンダルシア』167ページ）。プリモ独裁下の1924年にコルドバ県に戻ったものの、それから2年後には音信が途絶えてしまう。かつての自分自身がそうであったように、次男のアルナルドの兵役を嫌い、一家を挙げてイサベル・オルテンシアが生まれたアルゼンチンに渡ったもようである（Gay Heredia, "Salvador Cordón Avellán", pp.55-57.）。
(65) *Fuerza y Cerebro*, 10-III-1920.
(66) *Ibid.*, 30-VI-1919, recopilado por Francisco Zafra, *Artículos(1919-1924)*, Córdoba, 1987, pp.67-71.
(67) José Luis Casas Sánchez, "Estudio Introductorio", Zafra, *op.cit.*, p.19.
(68) Avilés Farré, *La fe*, p.178.
(69) *Ibid.*, p.137.
(70) 『エル・マルティーリョ』紙その他、カディス県内で編集されていた複数の社会党系の新聞も、ボリシェヴィキ革命の扱いには冷淡だった（Correra L., "La Revolución Rusa", pp.254-257.）。コルドバ県にも、ホセ・マルケス・カンブロネーロやフランシスコ・サフラとは立場を異にして、ボリシェヴィズムに否定的な評価を下すマルクス主義者がいた。1920年11月、ロシア革命に幻惑され、ボリシェヴィキが隠蔽する彼の地の専制や悲惨を直視しようとしないとして、周囲の労働者たちの態度に苦言を呈したフランシスコ・アソリン・イスキエルドもその1人である（Manuel Ángel García Parody, "Francisco Azorín Izquierdo", *Cuatro cordobeses para la historia*, Córdoba, 2014, p.114.）。「コルドニエフ」が逮捕された1919年2月のコルドバでのデモ行進に加わったおよそ12,000人のなかには、共和派のエロイ・バケーロ・カンティーリョらと並んで、この社会党員の姿も見受けられた（Francisco Moreno Gómez, "Movimiento obrero, caciquismo y represión en Córdoba durante 1919", *Axerquía*, núm.3, 1981, p.114.）。当時コルドバの市議会議

員を務めていたバケーロとアソリンは、1931年6月の第2共和制の憲法制定議会選挙にも揃って勝利する。共和派との連携を志向する、復古王政期にまで遡るアソリンの穏健な姿勢は、1933年11月の総選挙に際して自身に不利に働くだろう。詳しくは次章及び第7章を参照。

(71) Izquierdo, *op.cit.*, pp.72-74.
(72) Avilés Farré, *La fe*, pp.221-222. Termes, *Historia del anarquismo*, p.359.
(73) トロツキー、森田成也訳『わが生涯』岩波文庫、2005年、上巻、496‐518ページ。
(74) León Trotski, *En España*, Madrid, 1975, pp.5-7.
(75) *Ibid.*, pp.65-68.

第2節

「聖者」サルボチェアとサンチェス・ロサ

　ピレネーの南が輩出した多士済々のリベルテールたちのなかにあっても、ひときわ異彩を放つ存在といっていいのが、1842年にカディスに生まれたフェルミン・サルボチェア・イ・アルバレスである。「革命の6年間」の蹉跌を経て自らの「政治的な」過去を清算しつつ「純粋」アナキストへと転じることにより、サルボチェアほどに「リベルテールたちの」アンダルシアの到来を文字どおり体現してみせた人物は他にいない。

　共和主義からアナキズムへの「革命文化」の橋渡し役。揺るぎのないその「反政治」。アンダルシアにおけるアナルコ共産主義、後のリベルテール共産主義の理念の導入者。革命に際しての個々人のイニシアティヴの重視。本節では、主として以上の4点から「純粋」アナキストとしてのサルボチェアの特質を明らかにし、さらに名実ともにサルボチェアの精神の最も忠実な継承者であったホセ・サンチェス・ロサが、「師」がその誕生を見届けぬままに逝ったCNTを追われるまでの経緯をたどってみる。われわれを導いてくれる最も信頼のおける羅針盤は、前節で挙げておいたサルボチェアに関する2つの論集とグティエーレス・モリーナによるサンチェス・ロサの評伝である。

　1842年、フェルミン・サルボチェアはカディス県の県庁所在地の、シェリーのイギリスへの輸出で潤う裕福な商業ブルジョワの家庭に生まれた。19世紀最後の年にこのスペインの「ブランキ」が出版した『血の貢献』には、地元の名士だった父がかねにものを言わせ、「本人の意志にひどく反して」兵役を免れさせたせいで、自らが反軍国主義的なプロパガンダに訴えそこねた20歳のときのエピソードが苦々しげに綴られている[1]。「マノ・ネグラ」騒動の余震が続くなかの1886年、南スペイン、特にカディス県内に吹き荒れていたただならぬ逆風にもかかわらず、『エル・ソシアリスモ』紙の発行をともかくも可能にしたものは、サルボチェアが自身の懐に抱えていたかねだった。サルボチェアは、その解放のために自らの全人格を賭けた日雇い農たちと同じ階級の出ではなかったのである。

サルボチェアが「革命文化」に生涯を捧げるきっかけを提供したのも、生家の豊かさである。1858年に家業の見習いと英語の習得のために送り出された先のイギリスで、サルボチェアはトマス・ペインの「共和主義」と「インターナショナリズム」、チャールズ・ブラッドローの「反教権主義」、そしてロバート・オーウェンの「共産主義」に感化されるのである[2]。さらに、1861年にカディスに戻った後、後の「聖者」は地元にあったフーリエ派のサークルとも接触を図っている。

　ミハイル・バクーニンの「純粋」アナキズムの洗礼を受ける以前のカディスとその界隈は、ピレネーの南におけるフーリエ派の最も有力な根城の1つでもあった。そもそもフランスからスペインにシャルル・フーリエのユートピア社会主義を持ち込んだのは、カディス県のタリーファが生んだホアキン・エスタニスラオ・アブレウ・イ・オルタである。イサベル2世の父親で、絶対王政への祖国の回帰を願う国王フェルナンド7世の支配を嫌って1831年に7月王政期のフランスへ亡命した際、アブレウはフーリエ当人や、その哲学に共鳴するヴィクトル・コンシデランらの知遇を得ていた[3]。

　1868年の9月革命の火蓋が切られたのも、正しくカディスにおいてである。「革命の6年間」の前夜には、サルボチェアは9月革命を指導することになるフアン・プリム将軍の信頼を獲得していたらしい。だが、1868年12月と翌年10月の2度、サルボチェアは連邦共和制の導入から遙かに遠く、むしろ王政の護持へと傾斜するマドリードに反発し、ラファエル・ギリェン・マルティネスらとともに武装蜂起を企てる。リベルテールへの脱皮を遂げる以前に、サルボチェアは既に「革命文化」のラディカルな表現者だったのである。最初の反乱では逮捕・投獄され、2度目の反乱の後にはイギリス領のジブラルタルからロンドンを経由してフランスへ亡命。パリではアンリ・ロシュフォールら第1インターナショナルの事実上の機関紙『ラ・マルセイエーズ』の面々と親交を結び、1870年1月にはフランス第2帝政崩壊の序曲とも位置づけられる、同紙の記者ヴィクトル・ノワールの殺害に抗議するデモ行進に参加した[4]。

　サルボチェアは1869年1月の憲法制定議会選挙に獄中から出馬し、当選を果たした。ただし、議席を獲得したのは、大赦があったその4ヶ月後である。亡命中の憲法制定議会代議士の名において、刎頸の友だったギリェン・マルティネスが同年10月の武装蜂起のさなかに「プリム将軍の」スペインの手にかかって惨殺されたさまを1870年3月の『ラ・マルセイエーズ』紙の号外に書いて

いる(5)。ギリェン・マルティネスも年頭の憲法制定議会選挙に、サルボチェアと同じくほぼ確実に獄中から打って出て勝利を収めたものの、やはり代議士の身分に安住することなく秋の反乱に合流していたのだった(6)。

連邦共和党を離れぬままサルボチェアがFREに加入したのは、帰国後の1871年秋のこと。1873年に始まる第1共和制時代、サルボチェアはカディス県公安委員会代表への就任に先立ってカディス市長を務めており、市長在任中は消費税を廃止する一方で、教会所有地の接収や公立学校でのカトリック教育の禁止その他の政策を実施した。市長として最初に着手した仕事の1つは、老朽化の著しかったカンデラリア修道院の取り壊しである(7)。これより先、おそらく1869年秋の反乱の折に書かれたと思われる檄文のなかでも、サルボチェアは国家と教会との分離を強く主張している(8)。

サルボチェアは、1830年代に教会所有地の売却を断行していたあのフアン・アルバレス・メンディサーバルと血縁関係にあった。イギリスでブラッドローの思想に感銘を受けるよりも前に、母のいとこで、父と同じくカディスの商業ブルジョワだったこのフリーメーソンの足跡を知ることにより、フェルミンには早くから反教権主義的な精神が萌していたのかもしれない(9)。もっとも、自らが実施したデサモルティサシオンを通じて、アルバレス・メンディサーバルは少なくとも結果的に「アンダルシアの農業問題」の顕現を招いた張本人の1人でもあった。そんなフアンに対してフェルミンが抱いた思いには、大いに複雑なものがあったに違いない。

このあたりで、話を「純粋」アナキストとしてのサルボチェアに移す。その「政治」との「絶縁宣言」にもかかわらず、カディスの「聖者」は——と、そろそろ呼んでもいいだろう——、リベルテール以外の人間たちとの関係をもすぐさまそっくり断ち切ってしまったわけではなかった。問題の「宣言」が発せられる2ヶ月前の1886年2月、カディスにギリェン・マルティネスの名を冠した自由思想家のサークルが誕生した折、この「意識を解放し、闇を照らし出す必要性を確信するあらゆる反体制派」のための「中立の場」の設立には、サルボチェア本人も確かに積極的に関与していた。サークル「ギリェン・マルティネス」にはヘレス・デ・ラ・フロンテーラのフーリエ派で、サルボチェアとは9月革命以前からの知己だったラモン・デ・カラも加入する(10)。

しかし、サルボチェアにとって、『エル・ソシアリスモ』紙で苦渋とともに振り返った、カディスの「聖者」自身も深く関与したカントンの反乱の鎮圧の

ために第1共和制が軍事力に訴えた「1873年の出来事」が、自らの世界像や革命観に抜本的な修正を迫る転換点であったことに疑問の余地はない。1904年12月、地元の共和派の機関紙『エラルド・デ・カディス』のなかで、サルボチェアは自分の指揮のもとに、1868年暮れにマドリードに反逆したカディスでの最初の武装蜂起のもようを振り返っている。

　ほぼ1年後の再度の反乱のあらましを伝える、かつてパリ亡命中に『ラ・マルセイエーズ』紙に掲載された「憲法制定議会代議士」サルボチェアの記事の狙いは、カディス県の山間に斃れた仲間のギリェン・マルティネスの営為のうちに具現された共和主義の精神の擁護にあった。ところが、『エラルド・デ・カディス』紙に「純粋」アナキストが寄せた問題の記事は、武器を手にしたすべての仲間に「最大限の自由を認め、個々人のイニシアティヴに盲目的なまでの信頼を寄せた」1868年12月の闘争を「その根底において著しくアナキスト的」と総括している[11]。1868年12月の武装蜂起は優れて「政治的な」反乱であったにせよ、その「作法」は既にリベルテール的な傾向を先取りしていたとの、「後知恵」を働かせた論理の組み立てをサルボチェアに選ばせた契機は、やはり「1873年の出来事」を措いて他になかったものと思われる。

　1882年の暮れ、ヘレス・デ・ラ・フロンテーラとその周辺で俄かに幕を開けた「マノ・ネグラ」騒動の折、国内のジャーナリズムが総じて「インターナショナル」を「犯罪者の巣窟」と同一視するヒステリックな論調へと傾斜していくなか[12]、翌年10月に招集されたFTREバレンシア大会は「マノ・ネグラ」を非難、このアンダルシアの「テロ組織」と「合法的に」発足したFTREそのものとの間の隔たりを強調した。その一方で、ピョートル・クロポトキン、エッリーコ・マラテスタ、ルイーズ・ミッシェルらヨーロッパの著名なリベルテールが顔を揃えた[13]、1881年7月のロンドンのアナキスト会議の席で採択された「行動によるプロパガンダ（propaganda por el hecho）」を受け容れ、社会革命を実現するための手段としての暴力の行使を積極的に肯定しつつFTRE連合委員会と絶縁したのが、84年1月のセビーリャで「ロス・デセレダードス（無産者たち）」を名乗るに至った「純粋」アナキズムの「使徒」たちである。

　この、主にカディス県とセビーリャ県の各地に拠点を有する強硬な「純粋」アナキストたちの集団にしてみれば[14]、「マノ・ネグラ」事件はアンダルシアの農業エリートが捏造し、組織の合法性に固執するバルセローナのFTRE連合委員会に支持された「まったくの茶番劇」に他ならなかった[15]。連合委員

会の「穏健な」姿勢が、紡績業を太い柱とするカタルーニャの工業の高次の発展段階への突入に伴って[16]、合法的な枠組みのなかでの自分たちの労働環境の改善の展望がかなりの程度まで可能となったバルセロナとその周囲の工業プロレタリアートの立場を反映していたとすれば[17]、連合委員会と「ロス・デセレダードス」との対立の構図には、ほぼ半世紀後に噴出する「30人派」とFAI派とのそれに通じるものがあったように思われる。

　1880年代半ばのカディス県の「純粋」アナキストたちと、1930年代前半に「30人派」と対峙したFAI派との間には確かに類似性が指摘される。1885年12月にカディス県の県庁所在地に招集された「ロス・デセレダードス」の3度目の大会では、「(「アナーキー」への絶対的な信頼という)志をともにするグループ」を組織の単位とする方針が提唱された。最大限5人から10人で構成されるこの「グループ」は[18]、やがてFAIが採用する組織形態の鋳型と見なされうる。リベルテール史家のマルティネス・ロレンソによれば[19]、第2共和制期にCNTを牛耳るFAIも「平均10人前後からなる自治的集団を基礎に、非常に弾力的に構成され」るだろう。

　また、ほぼ半世紀の歳月を隔てて2つの「純粋」アナキズムが顕現した背景には、ともに尋常ではない貧困が横たわっていた。1932年1月の「反乱のサイクル」の第一波は、主にカタルーニャの鉱山地帯を直撃した。このときフィゴルスその他で武装蜂起への関与を理由に逮捕された労働者たちのうち、およそ8割はカタルーニャの生まれではなかった。バルセロナのCNTを急進化させたFAIの支持層は、その多くが雇用の機会を求めて隣接するアラゴンを始め他の貧しい地方からカタルーニャに流入しながらも、安定した職にありつく幸運にはついに恵まれなかった働き手やその子どもたちだった[20]。対照的に、「30人派」のペイロやペスターニャらは組合活動での経験も豊かな熟練工である[21]。1883年のFTREバレンシア大会では、8時間労働の実現も提案されている[22]。しかし、それは出来高払い方式による報酬の受け容れや「日の出から日の入りまで」の農作業が当たり前だった当時の「アンダルシアの民」には望むべくもない「贅沢」だったのである。

　「ロス・デセレダードス」の第3回大会には、折から翌年2月の『エル・ソシアリスモ』紙創刊の準備に忙殺されていたと思われるサルボチェアも姿を見せた[23]。カディスの「聖者」の新聞は、有能な協力者に恵まれなかった。サルボチェアとの友情に応えるべく、創刊号に寄稿したのはラモン・デ・カラで

ある。だが、その後の『エル・ソシアリスモ』紙にヘレス・デ・ラ・フロンテーラのフーリエ派の署名記事が掲載されることはない。「社会主義」の範疇に括られながらも、階級間の格差の存在を経済活動を促進させるうえでの必須の梃子としてむしろ是認する、ファランステール（協同体）の構想に結実したシャルル・フーリエの奇抜な哲学[24]に魅了されたデ・カラの精神には、先の「政治」への「絶縁宣言」にもあったように、私的所有の廃絶を熱望してやまない「聖者」のそれとは根本的に相容れないものがあった[25]。

クロポトキンに深く傾倒するサルボチェアは[26]、1881年のロンドンでのそのクロポトキンらが行なった決議を踏襲し、FTREの主流派を向こうに回して「行動によるプロパガンダ」を積極的に肯定する姿勢を打ち出す。「ロス・デセレダードス」と同一の立場である。1886年6月の『エル・ソシアリスモ』紙には、「マノ・ネグラ」騒動のなかで噴出した「われわれの間に存在する対立や憎しみ」にブルジョワジーが乗じる事態への「ロス・デセレダードス」の懸念が掲載される[27]。ジェラール・ブレイの辛辣な観察に従えば[28]、クロポトキンへのサルボチェアの心酔は、カディスの「聖者」の理論家としての凡庸さの裏返しでもあった。

しかし、既存の社会のあり方を即座に、しかも根底から覆すようなラディカルな選択肢が、極端なまでの貧しさに苛まれた南スペインの「純粋」アナキストたちの間から提示されたのはやはり偶然ではないだろう。秘密裡に招集された1874年6月のFREマドリード大会は、「お上」による弾圧が続くなか「報復のための」破壊行動の採択を決議する。さらにその翌年、アンセルモ・ロレンソらADSのメンバーで構成されたFREの連合委員会は、従来の大会（congreso）に代わる会議（conferencia）の招集を決定。その折、アンダルシアのFREは東西2つの地区（comarca）に分割された[29]。

FREが地下に潜らざるをえなかったピレネーの南、特にアンダルシアでは事実上「行動によるプロパガンダ」が、それがロンドンで承認されるよりも先に既に実行に移されていた。1878年9月のFREの回状によれば、西アンダルシアからは組織の拡充に向けての戦術として「行動と報復によるプロパガンダ（propaganda por el hecho y las represalias）」を「全員一致で」支持する声が上がっている。この回状には、これも西アンダルシアにあって、連合委員会の活動の停滞を糾弾するヘレス・デ・ラ・フロンテーラのリベルテールたちの強硬な姿勢も書き留められている[30]。

第 4 章 「純粋」アナキズムの系譜

　そして、農作物の不作により失業と飢えが南スペインに蔓延したこの 1878 年以降、正しくヘレス・デ・ラ・フロンテーラとその周辺では小麦畑の焼き打ちや葡萄畑の破壊その他の現象が顕著に増加した[31]。1881 年の、さらに輪をかけた大凶作が、同じヘレス一帯での「マノ・ネグラ」騒動の陰鬱な前奏曲を奏でることになる。ロンドンでなされたクロポトキンらの決議を支持する選択を通じて、「ロス・デセレダードス」は 1870 年代の仲間たちが表現していた「革命文化」への回帰を図ったと見なした方がいっそう適切かもしれない。サルボチェアや、とりわけこの「純粋」アナキストたちのグループにより提起された、それを行使する主体のあり方とも密接に関わる、革命における暴力の問題については、われわれはもう少し後で立ち戻ることにしたい。

　クロポトキンにカディスの「聖者」が抱いた並々ならぬ尊崇の念は、リベルテールたちのアンダルシアに新たな果実をもたらした。暴力の行使をめぐる見解の隔たりに加えて、FTRE に裂け目を生じさせた要因がもう 1 つあった。「能力に応じて働き、能力に応じて受け取る」バクーニンらのアナルコ集産主義（anarcocolectivismo）と、1876 年にバクーニンが死んでから提唱され始めた、「能力に応じて働き、必要に応じて受け取る」他でもないクロポトキンらのアナルコ共産主義（anarcocomunismo）のそれぞれの支持者たちの間で繰り広げられた論争である。南スペインのリベルテールたちをも巻き込んだその論争を決着へと導く過程に、サルボチェア自身が大きく絡んでいたのである。

　クロポトキン自身は、アナルコ集産主義とアナルコ共産主義を原理的に対立するまったく別種のアナキズムとは考えていなかった。1900 年に脱稿された格調高いその自伝『ある革命家の手記』によれば、かつて「反権威主義インターナショナル」の樹立に尽力したスイスのジュラに集うリベルテールたちが、バクーニンの死から 4 年後にアナルコ共産主義の旗印を鮮明にするや、それまでアナルコ集産主義一色だったフランスでもアナルコ共産主義が急速な普及を遂げたという[32]。

　対照的に、ピレネーの南では 2 つの思潮の対立は深刻だった。スペインで最初のアナルコ共産主義のイデオローグの 1 人と目されるのは、セビーリャのミゲル・ルビオである。1882 年 9 月の FTRE セビーリャ大会でモンテハーケ（マラガ県）を代表する役目を引き受けたこのリベルテールは、FTRE 連合委員会に陣取るバルセローナのジョゼップ・リュナスが依拠するアナルコ集産主義を批判した。ここでも、「穏健な」カタルーニャと「強硬な」アンダルシアの

対立の構図が浮き彫りにされた観がある[33]。また、2つの思潮の対立が表面化した1881年から84年にかけてFTRE機関誌『ラ・レビスタ・ソシアル』の編集に従事したマドリードのフアン・セラーノ・イ・オテイサも、アナルコ集産主義を擁護する姿勢を崩さなかった。

もっとも、南スペインもルビオのアナルコ共産主義を初めから諸手を挙げて歓迎したわけではない。連合委員会との関係の悪化にたたられて、ルビオ自身、件の大会から半年後にはFTREのセビーリャ市連盟を追放されている[34]。また、1885年4月、秘密裡に発行されていた『ラ・レボルシオン・ソシアル』誌に掲載された「ロス・デセレダードス」のマニフェストは、FTRE連合委員会の「遵法精神」と「権威主義的な」指導方針を痛罵しながらも、「能力に応じて受け取る」原理と「必要に応じて受け取る」原理との差異については何も語っていない[35]。

他方で、1880年代末にはバルセローナでも『ティエラ・イ・リベルタ』紙がアナルコ共産主義の旗印を鮮明にする。同じころ、逆にアナルコ集産主義を擁護する論陣を張るべくセビーリャに乗り込んだリベルテールもいた。1888年から90年にかけて、南スペインの中心都市で『ラ・ソリダリダ』『ラ・アラルマ』の2紙の編集を手がけたリカルド・メリャ・セアである。ガリシア生まれで、セラーノ・イ・オテイサの娘婿に当たるメリャは、「能力に応じて働」く人間すべてに「必要に応じて受け取る」権利が保障されるアナルコ共産主義のうちに、個々人の「自由の制約」や、個々人と全体との間での「経済的な隷属の互換」を見たのだった[36]。

FTREが内側に軋轢を抱えつつ半ば自壊した翌年（1889年）、2つのアナキズムの間に横たわる溝を埋めようと、バルセローナにいたフェルナンド・タリダ・デル・マルモルが提案したのが「形容詞抜きのアナキズム（anarquismo sin adjetivos）」である。スペインがアメリカとの戦争に屈辱的な敗北を喫した1898年、メリャはタリダの主張を受け容れたうえでアナルコ集産主義の理念を放棄し、無味無臭でいかにも無難な（？）「リベルテール的な社会主義者」を自称するに至る。しかし、1890年代に入ったピレネーの南では、アナルコ共産主義の優位は既に動かなかった[37]。1919年12月のCNTマドリード大会で、このアナルコサンディカリスト労組は自らの最終的な到達目標を「アナーキーな」共産主義、即ちリベルテール共産主義の樹立に置くだろう[38]。ことアナルコ集産主義を退けた点に関する限り、FAI派は敬愛するバクーニンの

教えに背いたのだった。

　アンダルシアにあってアナルコ共産主義の普及に大きく貢献したのが、サルボチェアの『エル・ソシアリスモ』紙である[39]。2つの思潮が激突するなかの1887年7月、カディスの「聖者」の新聞は「目下の社会秩序に対するわれわれの行動を最も効果的なものとするために、あらゆるアナキストの間での十全な見解の一致を確立する必要」に照らして、「未来社会のあり方に関してわれわれを隔てている、純粋に副次的な問題の検討」を「目下の社会秩序」が崩れ去った後まで先送りにする、との立場を表明する。

　だが、クロポトキンへのサルボチェアの「熱愛」が物語るように、「中立」の意思の表明は実際には表向きの看板だった。この厳かな宣言が、『エル・ソシアリスモ』紙に先立って、バルセロナのアナルコ集産主義紙『エル・プロドゥクトール』に掲載された事実は無視されるべきではない。また、サルボチェアの新聞には、アナルコ集産主義を支持する複数のリベルテール紙・誌からの「埋め草」が散見されることも確かである。

　それでも、ここでもブレイの発言に耳を傾ければ、アナルコ集産主義を理論的に正当化する類の文書の、『エル・プロドゥクトール』紙その他からの転載は「聖者」の新聞には見当たらない。その一方で、「中立」の宣言からおよそ1年後の『エル・ソシアリスモ』紙には、ロンドンで行われたクロポトキンの講演「アナキズム的共産主義（comunismo anarquista）」の、サルボチェア自身の手になるスペイン語訳が掲載される。1890年6月の同紙は、「アナキズム的共産主義の新聞（Periódico comunista-anarquista）」を自称することにはもはや何のためらいも見せなかった[40]。

　ところで、奇しくもクロポトキンの回想録と同じく1900年に出版された、カディスの「聖者」が残した唯一のまとまった著述である『血の貢献』によると[41]、アナルコ共産主義への「自然な」流れを強引に阻止しつつ、私的所有、あるいは「老朽化し、揺らぎの見える資本主義という名の建造物」を支え続ける柱は軍隊である。このパンフレットでは、サルボチェアの持ち前の反教権主義は、愛国主義への反発と並んで反軍国主義の言説に付随した形で述べられるに留まる。従って——と、さらに「聖者」の主張を引くと[42]——、兵役の、換言すれば「憎むべき血の貢献」の撤廃は、所有構造の「完全でラディカルな」変革と、隷属・悲惨・無知・不平等の解消をもたらす。このようにして「個人主義」と「権威」を死へと、「共産主義」と「アナーキー」を勝利へと導く契

機はやはり革命を措いて他にない。

そして、サルボチェアが思い描く革命にあっては、個々人の行動が死活の重要性を帯びている。「調整も組織化も必要としないまま、個々人の行動は集団的なそれへと転化するだろう」。集団的な行動に何の価値も認めないというわけではむろんない。しかし、カディスの「純粋」アナキストにとっては、自身の営為に伴う危険を承知のうえで、「1人」が「模範」となることが必要だった[43]。こうして、われわれは社会を根本から変革する主体は誰、あるいは何であるべきなのかをめぐる、革命が内包する暴力の問題に帰ってきた。

サルボチェアにとって、「行動によるプロパガンダ」の主体は就中個々のアナキスト。「ロス・デセレダードス」にとってのそれは、個々のアナキスト・グループでなければならない。「ロス・デセレダードス」は、ほどなく歴史の暗がりのなかに消えていく。しかし、サルボチェアの晩年はピレネーの南におけるアナキズムとアナルコサンディカリズムとの端境期に正しく符合していた。『血の貢献』が世に出た19世紀最後の年にはFSRREがマドリードで、さらに1907年8月には正真正銘のアナルコサンディカリスト労組CNTの母体となる「ソリダリダ・オブレーラ」がバルセローナで結成される。「アナーキー」の実現のために持ちがねのほとんどを使い尽くしたと思われるカディスの「聖者」が、極貧のうちにその生涯を閉じたのは「ソリダリダ・オブレーラ」が発足した翌月のことである[44]。

次第に骨格を現わしつつあるアナルコサンディカリズムの枠内で、「行動によるプロパガンダ」に固執し、個々のアナキスト、あるいは個々のアナキスト・グループのイニシアティヴを重視する「純粋」アナキズムと、集団的な規律の遵守を優先するサンディカリズムとの間に軋轢が生じることは避けられなかった。アンダルシアにおいてその果てに待ち受けていたのが、1919年暮れのことと思われる古参のリベルテール、ホセ・サンチェス・ロサのCNTからの追放劇である。

サンチェス・ロサは、1864年にカディス県のグラサレーマの靴職人の家に生まれた[45]。グラサレーマは、やはりカディス県の山間にあってUTCの評議会が置かれたウブリーケに隣接し、しかもそのウブリーケやセビーリャ県のレブリーハと同じようにヘレス・デ・ラ・フロンテーラの労働市場に組み込まれている。若さに似あわず、サンチェス・ロサは「マノ・ネグラ」騒動のころには早くも「危険分子」の烙印を押されていたらしい。県庁所在地の裕福な家

庭に育った自らの生涯の師がそうであったように、しがない靴職人のせがれもたびたび逮捕・投獄の辛酸を舐める。最初に身柄を拘束されたのは、おそらく1883年5月。「テロ組織」への「裁き」が、いよいよ始まろうとしていた矢先のことだった。

そんなサンチェス・ロサがサルボチェアに初めて会ったのは、おそらく1891年の3月末にマドリードで開催されたアナキスト大会の折である[46]。グラサレーマのこの「危険分子」は、カディスの「聖者」の衣鉢を継いで20世紀の南スペイン指折りの「純粋」アナキストへと成長。「聖者」が本当の意味では知らなかった正念場に、やがては立たされることになる。当初、サンチェス・ロサは革命的サンディカリズムの導入にむしろ前向きだった。グティエーレス・モリーナによれば[47]、アンダルシアにあってFRE・FTREの「抵抗組織（sociedad de resistencia）」と革命的サンディカリズムとを架橋したのは、このサンチェス・ロサに他ならない。事実、サンチェス・ロサはアンダルシアCRTの設立者の1人と目される活動家でもあった。

サンチェス・ロサは、1918年5月にセビーリャに招集されたアンダルシアCRT創設大会にも参加し、土地の収用と並んで賃金の出来高払い方式の廃止を主張している[48]。労働者が一致団結して資本に対抗する手段としての組合、あるいは「抵抗組織」の存在自体に、グラサレーマの「純粋」アナキストがまったく否定的であったわけではないことを、われわれはあらかじめ了解しておかねばならない。因みに、19世紀末から20世紀初頭にかけての一時期をマドリードで過ごしたサルボチェアも、このころ復古王政の首都のリベルテールたちが創設したFSRREに共鳴する姿勢を見せていた[49]。1902年のマドリードでのFSRREの第2回大会は、「暴君を生み出す」普通選挙（sufragio universal）を否定し、「奴隷を救済する」全世界的な規模でのストライキ（huelga universal）の実施を自らの基本戦略に掲げている[50]。

1911年以降、サンチェス・ロサはコルドバ県でも精力的なプロパガンダ活動に従事した。ディアス・デル・モラールは、同県へのサンディカリズムの浸透にサンチェス・ロサが果たした役割の大きさを重視する[51]。1936年夏に断ち切られる数奇なその人生を通じて、サンチェス・ロサは少なくとも18冊のパンフレットを書いた。そのなかの1つである『対話／サンディカリストの労働者とその雇い主』（1911年）は、20年後、つまり1931年6月にFAI派とは対立関係にあったペスターニャやペイロらサンディカリストの主導のもとに

CNTマドリード大会が採択することになるFNIの設置案に、理解を示してさえもいたのである[52]。

だが、1918年5月にアンダルシアCRTが発足した時点では自らの理念とアナルコサンディカリズムとを同一視していたはずのサンチェス・ロサは、遠からず「純粋」アナキストとしての自己を再認識することになる。1919年末、カディスの『レベリオン』紙とマドリードの『スパルタクス』の2つの「純粋」アナキスト紙にその一部が掲載された、今日では散逸してしまったパンフレット『ブロンズの不和』を通じて、「自由の友」を自負するサンチェス・ロサはアンダルシアCRTの「執行部や委員会、さらには委員会の書記連中の独裁」への怒りを爆発させるだろう[53]。

「散文的な」サンディカリズムの浸透にセビーリャの「純粋」アナキストたちが警戒の色を強めたのは、コルドバでFNOAが産声を上げた1913年のことだった。この年の夏、南スペインの中心都市のアナキスト・グループ「ティエラ・リブレ（自由な土地）」が「偏狭な組織のなかに全面的に埋没し、……『協同組合主義』に見る革命性の乏しさ、……解放の運動としての意味がほとんど欠落したその中身のことなど……完全に忘れてしまった」かに見える「不吉な」風潮に苦言を呈した。同じ年の暮、サンチェス・ロサはUGT系列の組織の「旧弊」に革命的サンディカリズムの「現代性」を対置させている[54]。

アンダルシアCRT成立の翌月に当たる1918年6月。バルセロナのサンツで開催されたカタルーニャCRT地方大会では、職能別のセクションを「単一の組合（sindicato único）」のもとに統合する決定が下された。労働運動史家のアントニオ・バールによれば[55]、この大会を特徴づけたのは「中立的な」サンディカリズムの定着と表裏一体をなす、「アナキズム」や「反政治」に関わる議論の低調さである。カタルーニャCRTの意思決定は傘下の組合を通じてなされるとの大会決議にも、明らかに「純粋」アナキストたちを牽制する含みがあった。

事実、サンツ大会の会場では「純粋」アナキズムのイデオローグと目されるような活動家の姿は皆無に近かったらしい[56]。われわれの知る限り、目ぼしい例外はわずかにマヌエル・ブエナカーサただ1人である[57]。その一方で、サンチェス・ロサも出席したと見られる、1918年暮れにところも同じバルセロナに招集されたアナキスト会議では、組合活動へのアナキストの、もとよりその自律性を堅持したうえでの積極的な介入が推奨される。やがてFAI派

第4章 「純粋」アナキズムの系譜

が採択することになる「組合から」CNT の改良主義的な傾向に対抗する戦略を思わせる、「純粋」アナキズムのこの新たな方針の表明を通じて、2つの思潮の対立は抜き差しならない局面を迎えつつあった。

カタルーニャは「アナルコサンディカリズムの城塞だったから」、カタルーニャ CRT が他の地方のリベルテールたちに及ぼした影響には甚大なものがあったとして、1918年6月のカタルーニャ CRT 地方大会を「CNT の歴史に一時期を画する」ものと書くのは、マルティネス・ロレンソである[58]。事実、ようやく日の目を見たアンダルシア CRT の地方委員会も、1919年の夏には、翌年4月にマラガ県のロンダに開催を予定していたその第2回大会に向けて、「革命的サンディカリズムの本来の原則の採択」を目標に掲げ、併せて業種別に組合を一本化する必要性を力説している[59]。

当時のカタルーニャ CRT は、地方委員会書記長を務めるサルバドール・セギの絶大な影響のもとにあった[60]。1919年10月、そのセギが示した見通しに従えば、革命成就の暁に生産と消費を完全に正常化しうるのは「アナキスト・グループ」ではなく、「組合」である。すぐさまセギへの批判に転じた先の『スパルタクス』紙によれば、サンディカリズムは「理想」ではない。あくまでも、資本主義社会に対抗するための「手段」の域を出ない。アナキストは組合のなかで活動すべきであると同時に、社会の変革に向けて「無定形な」個々の組織員たちを教育する姿勢をなおも保持するだろう……。

論争の常とはいえ、『スパルタクス』紙の批判にセギの議論の単純化ないし歪曲があることは否めないだろう。セギにとっても、「理想」はやはりアナキズムであることに変わりはない。しかし、それはすぐさま実現されうるような「理想」ではなかった。このカタルーニャ CRT 地方委員会書記長の認識では、サンディカリズムはむろんアナキズムではない。セギにとって、サンディカリズムはアナキズムの「精神的な子ども」であり、アナキズムへの1つの発展段階のなかに位置づけられるべきものである。しかし、だからこそリベルテールたちの組合からの離脱は自殺行為に他ならず、「すべては組合のなかでなされねばならないし、またなされうる」[61]。

このとき、サンチェス・ロサはマドリードの「純粋」アナキストたちと同じ地平に立っていた。『スパルタクス』紙がカタルーニャ CRT 書記長に攻撃の矛先を向ける1ヶ月前の1919年9月には、セビーリャの複数の「傑出した」活動家がしたためたマニフェストのなかで、「指導部」を中傷し、労働者組織

に不和の種をばら撒く「一味」が非難されている。『サンディカリストの労働者とその雇い主』の著者がCNTを除名されたのは1919年末のことと見てほぼ間違いないものの、不思議なことにその正確な日時はほぼ100年後の今日に至るまでなお判明していない。

前後して開催されたCNTマドリード大会に、1年半前にアンダルシアCRT創設大会の第1部会を取り仕切っていたサンチェス・ロサの姿はない。翌年5月には、書記長エベリオ・ボアール以下のCNT全国委員会が「書籍の販売やプロパガンダ」を通じて組織に寄生する「地に堕ちた」古参のリベルテールから、ロケ・ガルシア・マルケスらアンダルシアCRTの面々を擁護した。自前で編集していたセビーリャの新聞『エル・プロドゥクトール』のなかで、「地に堕ちた」サンチェス・ロサがセギの「権威主義的な」サンディカリズムを退けたのはそれから3ヶ月後の1920年8月である。

おそらくアンダルシアCRTとサンチェス・ロサとの関係が破局に近づきつつあったころ、この『エル・プロドゥクトール』紙の編集長と、CNTとの関係の維持に腐心するアンダルシアFRGAの書記長を務めるモロン・デ・ラ・フロンテーラのアナルコサンディカリスト、アントニオ・ロサード・ロペス[62]との確執が表面化する。ロサード自身が回想するところでは[63]、1919年に結成されたアンダルシアFRGAの存在を頭から無視したうえで、古参の「純粋」アナキストは自らのイニシアティヴのもとにまったく同じ性格の団体の起ち上げをもくろんだという。最後に書かれたと考えられるサンチェス・ロサのパンフレット『ブルジョワとアナキスト』（1931年？）には[64]、「組合」の2文字は1度も出てこない。

これも筋金入りの「純粋」アナキストだったサルバドール・コルドンが「ボリシェヴィキの3年間」に置かれた環境も、サンチェス・ロサのそれにほとんど等しい。「3年間」の、「コルドニエフ」にとって間違いなく屈辱的だった敗北の記憶も生々しい1921年。自身を「サンディカリスト」と呼ぶことにやぶさかではないとわざわざ断りながらも、コルドンは「CNTの組織員証を手に入れさえすれば、人は誰でもサンディカリストを自称することができる」と吐き捨てた[65]。ディアス・デル・モラールは、コルドバ県が「3年間」へと向かうなかで、「目覚めた労働者」たちで構成されたアナキスト・グループが減少していった事実を注視している[66]。南スペインにあって、サンチェス・ロサと「コルドニエフ」に受肉された「純粋」アナキズムは、「3年間」には

なるほど周縁化を余儀なくされたのだった。

　それでも、アンダルシアの「純粋」アナキストたちは生きながらえる。逆説的ながら、その証しは「ボリシェヴィキの３年間」にコルドバ県のアナルコサンディカリズムの「本丸」と化したカストロ・デル・リオに見出されるだろう。エロイ・バケーロが観察するように[67]、そしてわれわれ自身も既に確かめたように、地元のリベルテールたちが主催したにもかかわらず、1918年10月のカストロでの農業労働者大会のイデオロギー色は必ずしも鮮明ではなかった。カストロ大会がまとめた闘争方針がいずれも「散文的な」次元に留まっていたことや、モンティーリャその他、大会に代表を派遣した市町村のなかに社会党・UGTがアナルコサンディカリズムに対して優位に立つプエブロが含まれていたことばかりがその理由ではない。ディアス・デル・モラールの名著には指摘がないものの、『アンダルシアのドラマ』の著者によると、この大会にはマルクス主義者たちのみならず、モンタルバンとラ・ランブラの農業労働者組織をそれぞれ統率していた共和派と王政派（！）も馳せ参じていた。

　しかし、その一方で、1919年2月にはIRS調査団からの対話の要請をカストロ・デル・リオのCNT代表のフアン・ペレス・ロペスが一蹴した事実をも、われわれは知っている。また、同年暮れの（？）ホセ・サンチェス・ロサの問題の追放劇に際し、このコルドバ県のプエブロは古参の「純粋」アナキストに与してアンダルシアCRTへの分担金の支払いを停止するという行動に出る。このため、1923年9月に始まるプリモ・デ・リベーラ将軍の独裁期にはCNTが非合法化されるなか、アンダルシアCRT地方委員会よりも明らかに左に位置していたはずのカストロの組合が「自立的・自律的な組織」として存続を許容されるという、正しく「逆説的な」事態さえもが出来したのだった[68]。

　遡れば、1913年に改正されたこのプエブロの「アンダルシアの民」を束ねるリベルテール的な組合の規約には、「労働者としての精神」に欠ける農民大衆を「意識的で、しかも有能な」少数派が導く、との方針が明記されていた。サンディカリズムを逆手に取ったかのような、1918年12月のバルセローナでのアナキスト会議の決定や、翌年10月の『スパルタクス』紙の論調を、われわれはここで想起してもいいだろう。カストロ・デル・リオでは、1930年代に「純粋」アナキズムが復活し、FAI派が「組合から」地元の農業労働者を指導するための根拠が、FNOAが誕生した正しくその年に、ディアス・デル・モラールの観察に従えば[69]、元来は「深くサンディカリスト的な」発想のも

とに追記された組織規約のなかに含まれていたのである。

　サルバドール・セギが指導するカタルーニャCRTが真価を発揮したのは、1919年の2月初旬から2ヶ月にも及んだバルセローナでの争議である。発端は、電力供給会社「ラ・カナディエンセ」が1月末に断行した、常雇いへの「格上げ」という餌をちらつかせたうえでの臨時雇いの労働力の賃金の切り下げにあった(70)。「ラ・カナディエンセ」の仲間たちに連帯する動きが市内全域に拡大し、争議がゼネラル・ストライキの色彩を深めるなか、カタルーニャの中心都市はいっとき完全な麻痺状態にまで追いやられる。現代史家のペレ・ガブリエルが指摘するとおり(71)、この争議に「純粋」アナキズムの発露を思わせるものはほとんどない。1919年春のバルセローナが目撃したのは、「単一の組合」のもとへと再編されたカタルーニャCRT傘下の労働力が発揮してみせた巨大な団結力だった。

　ところが、これまた「逆説的な」ことに、カタルーニャではセギの「権威主義的な」サンディカリズムの確立が「純粋」アナキズムが息を吹き返す契機をもたらす。アナルコサンディカリズムの動員力を警戒するカタルーニャの金融・産業資本は、1919年10月に発足した「自由労組（Sindicato Libre）」を盾にCNTの切り崩しを画策。併せてバルセローナの街頭に刺客を放ち、有力なリベルテールたちの肉体そのものの抹殺に乗り出した。もちろん、CNTの側も手をこまねいていたわけではない。カタルーニャCRTサンツ大会が開催された1918年からプリモ独裁が開幕する23年までの間に、バルセローナでは少なくとも168人のリベルテールと40人の経営者を含む、400人以上が双方のテロ行為の犠牲に供されねばならなかった(72)。

　血で血を洗う凄惨な抗争の果てに待ち受けていたのが、1923年3月のサルバドール・セギその人の暗殺だった。カタルーニャCRT書記長殺害の黒幕的な存在と思われるアンヘル（フェーリクス？）・グラウペラは、かねて「自由労組」に多額の資金を注ぎ込んでいた地元の経営者団体の代表である(73)。凶弾に斃れたセギの後釜と目されたのは、サンツ大会のころには既に頭角を現していたフアン・ペイロだった。しかし、折からの街頭でのテロ行為の蔓延が暴力の行使に積極的な「純粋」アナキズムにはかえって追い風になる。その急先鋒が、前年10月に産声を上げていたグループ「ノストロス（われわれ）」である(74)。そして、この「ノストロス」こそは、その誕生から9年後、ペイロら「30人派」に同情的なバルセローナのブルジョワ・ジャーナリズムが「恐

260

るべきFAI」の「頭目」と名指しすることになるホセ・ブエナベントゥーラ・ドゥルーティとフランシスコ・アスカーソとフアン・ガルシア・オリベールの古巣に他ならなかった[75]。

　FAIが生まれる2年前のこと。「純粋」アナキズムの巻き返しへの警戒感を露わにしつつ、フアン・ペイロは非合法下にあったCNTを「直接行動」の原則に立脚する「階級闘争の純粋に経済的な機関」と規定したうえで、「階級闘争の存在を認める」、しかしアナキストではない組織員たちの立場も尊重されるべきだと主張した[76]。このときバルセローナの独房のなかでしたためられた、ペイロのこの著作のための序文を通じて、「アナキストであれと他者に強要したり……、アナキストを自称しつつ、他方で独裁を実行すること」を嘲笑したのはフェリーペ・アライスである[77]。しかし、それから6年後、CNTのなかでのFAIの「独裁」を危惧する「30人宣言」に署名し、『ソリダリダ・オブレーラ』紙編集長の座を追われるペイロの後任は、この「生粋のアナキスト」以外にはいない……。

　第2共和制時代のアナルコサンディカリズムを急進化させた「恐るべきFAI」のアンダルシア、具体的にはコルドバ県への進出の過程を跡づける作業は第6章に回す。ここでは、この組織のそもそもの誕生の経緯を述べておくに留めよう。1927年7月、FAIはプリモ独裁の重圧と第1共和制の崩壊の衝撃にそれぞれ苦悶していたスペインとポルトガルの「純粋」アナキストたちを糾合しつつ、バレンシアでの地下会議のなかで産声を上げた。FAIの母体はUAP（ポルトガル・アナキスト同盟）とスペインのFNGA（アナキスト・グループ全国連盟）、それに1925年6月のリヨンでの大会をきっかけに生まれていたFGALEF（フランス在住のスペイン語圏出身者で構成されたアナキスト・グループ連盟）の3つである[78]。

　マルティネス・ロレンソは、ポルトガルのリベルテールたちのFAIへの関与を「形式的」と見なす[79]。バレンシアでの会議にも、確かにポルトガルのアナルコサンディカリスト労組CGT（労働総同盟）は代表を派遣せず、会議の招集への賛同を表明するだけに終わった。しかし、エドガール・ロドリーゲスのように、FAIの創設へ向けてのポルトガルのイニシアティヴをむしろ重視する向きもある。このポルトガル人のリベルテール史家によると[80]、イベリア半島のリベルテールたちの共闘の可能性が初めて具体的に論じられたのは1923年。ポルトガルのエヴォラでのことだった。しかし、UAP主導のもとに

リスボンにFAIを結成するための準備委員会を設置する計画は、1926年5月の軍事クーデタの勃発に続いたポルトガル第1共和制の崩壊に伴って頓挫した。このため、既に独裁体制のもとに置かれながらもお鉢が回ってきたのが、隣国スペインのバレンシアだったという次第である。1933年にはポルトガルが1,000人のFAI派を擁して、カタルーニャとアンダルシアに次ぐ位置にあった事実をも併せて考慮すれば、われわれはマルティネス・ロレンソの断定には首をかしげざるをえない。

註

(1) Fermín Salvochea, *La contribución de sangre*, Madrid, 1900, pp.20-21. 本書では、*Fermín Salvochea: historia*, vol.1, 所収のテキスト（ファクシミリ版）を用いる。
(2) Gérard Brey, "Formación ideológica y experiencias revolucionarias de un burgués desclasado", *Fermín Salvochea. Un anarquista*, pp.50-54.
(3) Antonio Cabral Chamorro, *Socialismo utópico y revolución burguesa: el fourierismo gaditano, 1834-1848*, Cádiz, 1990, pp.50-54.
(4) Jean Louis Guereña, "Fermín Salvochea, del federalismo al anarquismo", *Fermín Salvochea. Un anarquista*, pp.82-88.
(5) *La Marseillaise*, núm. excepcional del 9-III-1870, recopilado en *Fermín Salvochea. Un anarquista*, pp.210-212.
(6) Brey, "Formación ideológica", p.61.
(7) Fernando Devesa Molina, "La ideología de Fermín Salvochea y Álvarez y sus enfrentamientos con la iglesia católica gaditana durante su breve alcaldía de 1873", *Fermín Salvochea: historia*, vol.1, pp.58-59.
(8) "Proclama revolucionaria de Fermín Salvochea"(¿1869?), recopilado por Lida, *Antecedentes y desarrollo*, p.163.
(9) Brey, "Formación ideológica", pp.49-50.
(10) Id., "Periodismo cosmopolita", pp.340-314.
(11) José Marchena Domínguez,"La génesis del mito:Fermín Salvochea y la *Revista Gaditana(1867-1868)"*, *Fermín Salvochea: historia*, vol.1, p.275.
(12) Saillard, *op.cit.*, pp.81-89.
(13) Maitron, *op.cit.*, I, pp.113-115.
(14) 1884年の暮れ、「ロス・デセレダードス」はカディス県内のカディスとヘレス・デ・ラ・フロンテーラその他に13の、セビーリャ県内のセビーリャその他に7つの、さらにマラガ県内のロンダその他に4つの、併せて24の組織を抱えていた。カタルーニャをも含めて、国内の他の地方で活動していた「ロス・デセレダードス」傘下のグループは9つを数えたにすぎない（López Estudillo, *Republicanismo y*

Anarquismo, p. 377 y n.86.)。

(15) *Ibid.*, pp.352-372.
(16) 1898年の米西戦争に至るまでスペインの植民地に甘んじていたキューバを主な市場に、カタルーニャの紡績業は飛躍的な発展を遂げる。1882年から97年までの15年間に、アンティル諸島向けの織物の輸出量は1,000トンから10,000トンへと、実に10倍にまで膨れ上がった（Termes, *De la Revolució de Setembre*, p.109.）。
(17) 1902年2月のバルセロナでのゼネラル・ストライキの際に発揮された動員力からも察知されるように、ことカタルーニャに関する限り、20世紀初頭にはピレネーの北からの革命的サンディカリズムの理念の「移植」に耐えるだけの土壌が既に充分に整えられていたことは明らかである。1906年制定のCGTのアミアン憲章がCNTの生みの親であったわけではない（Pere Gabriel, "Propagandistas confederales entre el sindicato y el anarquismo. La construcción barcelonesa de la CNT en Cataluña, Aragón, País Valenciano y Baleares", *Ayer*, núm.45, 2002, p.112.）。
(18) この大会の時点で、国内各地の33の市町村に「ロス・デセレダードス」の根城があった。そのうちの25が、やはりアンダルシアに集中していた（Termes, *Historia del anarquismo*, p.104.）。1年前とほぼ同じである（本節の註〔14〕を参照）。
(19) M・ロレンソ、前掲邦訳、70‐71ページ、74ページの註25。
(20) Termes, *Historia del anarquismo*, pp.427-429.
(21) Casanova, *De la calle al frente*, pp.78-79. ペイロはガラスの、ペスターニャは時計の製造業にそれぞれ従事していた。後述の、若いころには製糖工場で働いていたため、「ノイ・デル・スクレ（砂糖小僧）」のあだ名で知られるサルバドール・セギは塗装工である（Ignacio de Llorens, "Los hombres que hicieron la CNT. Presentación y contexto de Joan Peiró", *Anthropos*, núm.114, 1990, p.42.）。
(22) Termes, *Historia del anarquismo*, p.88.
(23) *Ibid.*, p.104.
(24) 石井洋二郎『科学から空想へ／よみがえるフーリエ』藤原書店、2009年、149ページ。
(25) Brey, *loc.cit.*「富裕層」と「貧困層」との結合を訴えたホアキン・アブレウも、やはり私的所有は不可侵との立場は崩さない。1849年の民主党結成の立役者であり、フーリエ派としての知名度の点ではアブレウを大きく凌いでいたと思われるフェルナンド・ガリード・イ・トルトーサにも、私有地に手をつけることは「たとえそれがラティフンディオであっても」論外だった（Lida, "Introducción", p.13.）。われわれには、ラモン・デ・カラやフェルナンド・ガリードの財布のなかは知る由もない。とはいえ、アブレウがタリーファで最も豊かな農業経営者の1人であり、正しく「富裕層」に属していたことは争う余地のない事実である（Cabral Chamorro, *Socialismo utópico*, p.113.）。他方で、故郷のフーリエ派の動静に一時的には興味を覚えながらも、「富裕層」に安住する選択肢を自ら捨て去ったのがサ

ルボチェアだった。なお、フリーメーソンでもあったガリードは 1880 年代にコルドバで死ぬ（Francisco Moreno Gómez y Juan Ortiz Villalba, *La masonería en Córdoba*, Córdoba, 1985, p.67.）。

(26) 『エル・ソシアリスモ』の紙面の、ときには不釣り合いなほど大きなスペースを占めたのは、サルボチェア自身がスペイン語に訳した同時代の外国の労働紙・誌の記事である。最初のイギリス滞在を除けば強いられた外国暮らしが長かったおかげで、『エル・ソシアリスモ』紙の編集長は英語・フランス語・イタリア語・ポルトガル語に堪能だった。サルボチェアの手で翻訳されたもののなかで特にわれわれの目を引くのは、やはりクロポトキンの論述である。例えば、カディスの「聖者」は、1879 年にクロポトキンがジュネーヴで創刊していた『ル・レヴォルテ』誌に最初に発表された後、85 年にパリで編集されたアンソロジー『ある反逆者の言葉』（フランス語）のなかに再録されたロシア人アナキストの論考から5つを選び、そのスペイン語訳を自分の新聞に載せている。5本の論考のなかには、抑圧された人間たちに奉仕し、さらに革命の成就のために挺身するよう若い世代に呼びかけた、有名な「青年に訴える」（1881 年）も入っていた（Brey, "Periodismo cosmopolita", p.328.）。

(27) Abad de Santillán, *op.cit.*, I, p.344.

(28) Brey, "Periodismo cosmopolita", p.346.

(29) Lida, "Sobrevivir en secreto", p.3. アンダルシアの傘下の組織を東西に分かつこの決定は、1881 年に合法的に発足する FTRE でも踏襲される。

(30) 戦術としての「行動によるプロパガンダ」は、「反権威主義インターナショナル」が 1877 年 9 月にベルギーのヴェルヴィエに招集した大会においても採択されていた（Termes, *Historia del anarquismo*, pp.70-71.）。それでも、この「行動によるプロパガンダ」によく似た「行動と報復によるプロパガンダ」との表現は、1873 年 11 月、つまりパビーア将軍が軍事行動に訴えて第 1 共和制を実質的な機能停止に追いやるよりも前の時点で作成された FRE の回状のなかに既に見出される（Lida, "Sobrevivir en secreto", p.6.）。なお、草稿ながら、「行動を通じてわれわれの原理をプロパガンダする」との主張が、バクーニンが 1870 年に書いたもののなかに含まれている。やはり草稿ではあれ、クロポトキンが「行動によるプロパガンダ」に初めて言及したのは、FRE がその回状を通じて「行動と報復によるプロパガンダ」の実施を提唱した 1873 年のことらしい（『ネットラウ／アナキズム叢書』〔上杉聰彦訳〕三一書房、1970 年、193‐194 ページ）。

(31) Lida, "Introducción", pp.35-39. Bernaldo de Quirós, "El espartaquismo agrario", pp.160-161.

(32) P・クロポトキン、高杉一郎訳『ある革命家の手記』（下）、岩波文庫、1979 年、264 ページ。ロシアの巨漢の没年には、その盟友で、ジュラの最も傑出したリベルテールの 1 人だったジャム・ギヨームにとって、「能力に応じて働き、必要に応じて受け取る」アナルコ共産主義は、既に自らが「可能なかぎり近づくことを求

第4章 「純粋」アナキズムの系譜

めねばならぬ原則」だった（ゲラン編、長谷川進訳、前掲邦訳、I、235ページ）。なお、『革命家の手記』にも、旧ソ連においては珍しかったアナキズムの研究家の1人が書いた『クロポトキン伝』にも、さらにこの評伝を日本語に翻訳した左近毅が同書に添えた「クロポトキン年譜」（ピルーモヴァ、前掲邦訳、287 - 297ページ）にも記述がないものの、クロポトキンはFREが誕生した1870年にバルセローナへ行き、その8年後にはこのカタルーニャの中心都市を再訪した後、さらにマドリードにまで足を延ばしている。最初のバルセローナ滞在の折には、バクーニン派のADSのメンバーでマラガ出身のホセ・ガルシア・ビーニャスにベッドを提供してもらった（Abad de Santillán, op.cit., I, p.190.）。クロポトキン自身がアナルコ集産主義に「過渡期」の、アナルコ共産主義に「最終目的」の位置づけを与えることにより、前者に対する後者の優位を初めて（？）主張したのは1879年の秋である。そのほぼ2年前のヴェルヴィエでの「反権威主義インターナショナル」の大会の席上、集産主義の立場に立つガルシア・ビーニャスは、共産主義へと傾斜するイタリアのアンドレア・コスタと論戦を交えていた（田中ひかる『ドイツ・アナーキズムの成立／『フライハイト』派とその思想』御茶の水書房、2002年、21 - 29ページ）。

(33) Lida, "Agrarian Anarchism", pp.334-336.
(34) Termes, *Historia del anarquismo*, p.98.
(35) *La Revolución Social*, s.l., II, IV-1885, núm.5, recopilado por Lida, *Antecedentes y desarrollo*, pp.451-456.
(36) Antón Fernández Álvarez, *Ricardo Mella o el anarquismo humanista*, Barcelona, 1990, pp.178-179.
(37) López Estudillo, *Republicanismo y Anarquismo*, p.404.
(38) M・ロレンソ、前掲邦訳、55ページ、註51。
(39) Fernando de Puelles, *Fermín Salvochea. República y anarquismo*, Sevilla, 1984, p.157.
(40) Brey, "Periodismo cosmopolita", pp.329-337. スペインのリベルテールたちの間に「能力に応じて働き、必要に応じて受け取る」発想が根を張るうえで大きく寄与したとされるのが、1881年のロンドンでのアナキスト会議にも出席していたエッリーコ・マラテスタである（Termes, *Historia del anarquismo*, p.148.）。クロポトキンと肩を並べるこのアナルコ共産主義のイデオローグは、1892年1月のヘレス・デ・ラ・フロンテーラを見舞った騒擾の知らせに、折から滞在中だったマドリードで接している。バルセローナを皮切りに、カタルーニャその他、北スペインでのプロパガンダ活動を既に終えていたマラテスタは、かなりの困難が容易に予想されたにもかかわらず、あえてアンダルシアへ足を向けた。コルドバとセビーリャに続いて旅装を解いたカディスで、前年のメーデーの直前に予備拘禁されたまま獄中に留めおかれていた「聖者」フェルミン・サルボチェアを訪ねている（Abad de Santillán, *op.cit., I.* pp.424-426.）。ヘレスの街頭に「アナーキー万歳！」の叫び

がこだました直後に逮捕されていたある人物の偽証にたたられ、カディスの「聖者」にはこの騒擾への教唆を理由に12年の懲役刑が宣告される。サルボチェアは、1899年に大赦により出獄するまでの7年間をバリャドリとブルゴスの監獄に失う (Brey, "Crisis económica", pp.122-123.)。20世紀に入ると、マラテスタはフランスのCGTの革命的サンディカリスムに激しく反発した。1907年8月のアムステルダムでのアナキスト大会の折に革命的サンディカリストのピエール・モナットが「自己完結的な」CGTの「あらゆる」政治的な思潮からの独立を主張した際、それらの思潮のなかには「反政治的」であるがために、かえって「政治的な」傾向を帯びざるをえないアナキズムも含まれていた。モナットがアナキズムを過去の遺物と見なし、アナキストたちの革命的サンディカリズムへの合流を歓迎したのに対し——モナット自身、元アナキストである——、革命的サンディカリズムの十八番のゼネラル・ストライキも、マラテスタにはあくまでも自らの「理想」としての「アナーキー」を実現させるための手立てに他ならなかった (Maitron, *op.cit.*, I, pp.323-329.)。マラテスタが思い描くゼネストのイメージは、4年前に書かれたパンフレット『アナキズムの理念』のなかでサンチェス・ロサが示していたそれに共通するだろう。イタリアの著名な「純粋」アナキストの立場は、1907年の大会で「個人主義者の資格において組織の根拠を弁護したい」と述べ、以下のように語ったK・ボフリジェックのそれと同じと見てもいいだろう。「アナキズムは、その原理から見て、組織を認めることはできない、と主張することは不可能である」し、「労働組合の中において、われわれは労働者の経済的利益を擁護する。しかし、それ以外のもののためには、われわれは別に結集して、絶対自由主義的な〔リベルテール的な〕基礎の上に組織を創設しなければならない」(ゲラン編、前掲邦訳、II、35ページ)。アナキズムの「個人主義的な」傾向を攻撃したアメデー・デュノワに対抗して、このボフリジェックはマラテスタとともに大会の議事録に「アナキストの連合は、グループと個人の提携であり、そこでは、誰も自分の意志を強制することも、他人の発意を弱めることもできない」との文言を含む「付記」を添付させた(同邦訳、II、40‐41ページ)。

(41) Salvochea, *op.cit.*, pp.6-7 y p.11.
(42) *Ibid.*, p.12.
(43) *Ibid.*, pp.19-20.
(44) カディスは、いかにも「聖者」にふさわしい見事な死にざまを元ブルジョワに割り振った。1907年9月、近くに暮らす貧しい男に自分のベッドをくれてやったサルボチェアは、寝床代わりにしていたテーブルから転げ落ちて死ぬ。全身を床に強打して脊椎を損傷、ほぼ即死の状態だった (Brey, "Formación ideológica", p.48.)。
(45) 「ボリシェヴィキの3年間」までのサンチェス・ロサの足取りについては、このグラサレーマの靴職人のせがれをスペインのアナキズムの第一人者と評したディアス・デル・モラールによる簡潔なスケッチをも参照 (Díaz del Moral, *Historia de las agitaciones*, pp.249-251 y n.50.)。

(46) José Luis Gutiérrez Molina, *La tiza, la tinta y la palabra. José Sánchez Rosa, maestro y anarquista andaluz(1864-1936)*, Granada, 2005, pp.26-27, pp.30-31 y p.40.
(47) *Ibid.*, p.59.
(48) Maurice, *El anarquismo andaluz*, p.170 y p.177.
(49) Gutiérrez Molina, "La cuestión social", p.229.
(50) Maurice, "El Apóstol del anarquismo andaluz", pp.32-33.
(51) Díaz del Moral, *Historia de las agitaciones*, pp.249-251.
(52) José Sánchez Rosa, *Diálogo. El Obrero Sindicalista y su Patrono*, Sevilla, 1936 [1ª ed. 1911], pp.5-6. ペイローが『労働者の連帯』紙の編集長の職務を離れた直接の理由は、1931年10月に招集されたカタルーニャCRT傘下の組合の地方総会が、4ヶ月前のCNTマドリード大会が、個々の組合の自律性が損なわれる可能性を危惧するガルシア・オリベールら「純粋」アナキストの反対を押し切って、その導入を決議していたはずのFNIを改めて問題視した点に求められる（Eulália Vega, "Joan Peiró y la Segunda República", *Anthropos*, núm. 114, p.36.）。
(53) ホセ・サンチェス・ロサとCNTとの、直接的にはアンダルシアCRTとの対立が表面化したそもそもの発端は、サンチェス・ロサの連れ合いのアナ・ビリャローボス・オリーリョスと娘のフランシスカが、同年1月のセビーリャでのゼネラル・ストライキのさなかに行方をくらましたアンダルシアCRT地方委員会書記長のアントニオ・チャコンが、獄中の仲間たちを支援するためのアナキスト・グループの資金を着服した可能性を示唆したことにあった。他に註を設けない限り、サンチェス・ロサとアンダルシアCRT地方委員会との角逐のおおよそは、Gutiérrez Molina, *La tiza*, pp.91-96.
(54) *Ibid.*, pp.72-73.
(55) Antonio Bar, *La CNT en los años rojos(Del sindicalismo revolucionario al anarcosindicalismo, 1910-1926)*, Madrid, 1981, pp.380-385.
(56) Gabriel, *op.cit.*, p.122.
(57) Termes, *Historia del anarquismo*, p.294.
(58) M・ロレンソ、前掲邦訳、78ページ。
(59) Maurice, *El anarquismo andaluz*, pp.175-179.
(60) Gabriel, *op.cit.*, pp.117-118. 1918年6月のカタルーニャCRTサンツ大会での「単一の組合」の導入も、このサルバドール・セギの肝煎りだった（Llorens, *op.cit.*, p.41.）。
(61) Termes, *Historia del anarquismo*, p.334.
(62) グティエーレス・モリーナ『忘れさせられたアンダルシア』165ページ。
(63) Antonio Rosado, *Tierra y libertad. Memorias de un campesino anarcosindicalista andaluz*, Barcelona, 1979, pp.32-33. セビーリャのペドロ・ダサ・デルガードらにより、遅くとも1917年春にはアンダルシアFRGA設立の計画が浮上していた。このころ、ダサらは相互の連絡のないままに乱立し、しかもその多くが短命に終わっ

ていたアンダルシア各地のアナキスト・グループに「共通の事業」のための団結を呼びかけている（*Tierra y Libertad*, 28-III-1917.）。ダサは、1921年にアンダルシアCRT地方委員会のメンバーの1人として逮捕された（Íñiguez, *op.cit*., p.180.）。アントニオ・ロサードと同じように、それ以前からサンチェス・ロサとは距離を置いていたものと思われる。なお、第2共和制期に南スペインのFAI派を束ねた組織の呼称もアンダルシアFRGA。しかし、このアンダルシアFRGAは、1919年にロサードの指導のもとにあった同名の組織とは明らかにまったく異質の集団である。

(64) José Sánchez Rosa, *Diálogo. El burgués y el anarquista*, s.l[¿Sevilla?].,s.f[¿1931?]., recopilado por Gutiérrez Molina, *La tiza*, pp.297-308.

(65) Salvador Cordón, *De mi bohemia revolucionaria*, Madrid, 1921, pp.77-78. サンチェス・ロサによく似た軌跡をたどったのが、ディエゴ・アロンソである。マドリード生まれのこのリベルテールは1914年にコルドバ県に腰を据えると同時に、当地でのサンディカリズムの普及のためのプロパガンダ活動に乗り出した（Díaz del Moral, *Historia de las agitaciones*, p.253.）。しかし、1919年10月には他でもない『スパルタクス』紙を通じて（！）、サンディカリズムと「アナーキー」との間に一線を画す態度を鮮明にする（Gutiérrez Molina, *La tiza*, p.353 n.347.）。

(66) Díaz del Moral, *Historia de las agitaciones*, pp.298-300.

(67) Vaquero, *op.cit.*, pp.140-141.

(68) Francisco Merino Cañasveras, *Castro del Río, del Rojo al Negro*, Terrasa, 1979, pp.33-34.

(69) Díaz del Moral, *Historia de las agitaciones*, p.287.

(70) Termes, *Historia del anarquismo*, p.298.

(71) Gabriel, *op.cit.*, pp.124-125.

(72) Termes, *Historia del anarquismo*, pp.345-347.

(73) *Ibid.*, pp.322-323. パス『スペイン革命のなかのドゥルーティ』45ページ。

(74) Gabriel, *op.cit.*, p.122 y p.127.

(75) パス『スペイン革命のなかのドゥルーティ』112ページ。

(76) Juan Peiró, "Trayectoria de la Confederación Nacional del Trabajo" (1ª ed. 1925), *Trayectoria de la CNT. Sindicalismo y anarquismo*, Madrid, 1979, pp.56-57.

(77) Felipe Alaiz, "Prólogo", Juan Peiró, "Trayectoria", p.44. フアン・ペイロの、実の子どものホセによれば「ドグマ的な個人主義への真摯な批判の試み」であるこのパンフレットそのものも、バルセローナの監獄のなかで執筆された（José Peiró, "Presentación", Juan Peiró, *Trayectoria*, pp.14-15.）。

(78) すべてのアナキスト・グループが解体状況にあったとされるプリモ独裁下のスペインでも、ピレネーの北にFGALEFが生まれた1925年以降、リベルテールたちは連絡委員会を介して密かに活動を再開していた（Bernecker, "*Acción directa y violencia*", p.178.）。FAIが生まれる4ヶ月ほど前には、マンレーサにカタルーニャ

第4章 「純粋」アナキズムの系譜

FRGAの地方総会が招集されている（Termes, *Historia del anarquismo,* p.379.）。だが、カタルーニャ以外のFRGAや、それらを統括するFNGA、さらに件の「連絡委員会」の活動の実態に関して、われわれは何も知らない。

(79) M・ロレンソ、前掲邦訳、71ページ。
(80) Edgar Rodrigues, "Sur les origines de la Fédération anarchiste ibérique", *Le Monde Libertaire,* 25-XI au 1-XII-1993. この新聞記事のコピーは、Abel Paz に提供してもらった。

第3節

「偉大な日」

　最初にしたためられたと見られるそのパンフレット『対話／2つの勢力／反動と進歩』（1902年）の文言からも裏づけられるように(1)、20世紀初頭のホセ・サンチェス・ロサは「能力に応じて働き、必要に応じて受け取る」アナルコ共産主義を自らの信条としていた。1905年に出版された別のパンフレット『対話／資本家と労働者』のなかでも、サンチェス・ロサは高慢な「資本家」を相手に、社会革命を通じてのアナルコ共産主義の実現に自信を覗かせる「労働者」を登場させている(2)。ホセ・ルイス・グティエーレス・モリーナによれば(3)、かつてはアナルコ集産主義を信奉していたグラサレーマの靴職人のせがれが「改宗」したのも、カディスの「聖者」の影響に負うところが大きい。

　しかしながら、ファン・ディアス・デル・モラールの名著のなかでひときわ印象的なのは、ラティフンディオの「再分配」に熱狂的な期待を寄せる「アンダルシアの民」のありさまである。本節では、ピレネーの南のリベルテールたちの間での「能力に応じて受け取る」バクーニンの発想から「必要に応じて受け取る」クロポトキンのそれへの原理的な転換の受け容れをよそに、「再分配」に執着し続けた「民」の精神のありようをめぐる問題が扱われる。

　ブハランセの公証人によると(4)、19世紀の中葉以降の南スペインの「あらゆる」農民騒擾のなかで大衆を興奮させる「魔術的な言葉（mágica palabra）」であり続けたのが、「再分配」の3文字だった。それは、「アンダルシアの民」の脳裏に自然に醸成された「土着の社会主義（socialismo indigena）」であるという。この特異な「社会主義」は、教会所有地や自治体所有地の売却に伴っていっそうの窮乏化を強いられた日雇い農や、日雇い農への転落を余儀なくされた元零細農たちにとって、自由主義的農地改革の恩恵に浴した農業エリートの土地を自分たちが手に入れる「新しいデサモルティサシオン」を意味していた。『騒擾史』の著者の見るところでは、1857年のエル・アラアールで町役場や公証人役場の文書庫に火が放たれ、73年のモンティーリャで土地台帳が焼却されたのも、「再分配」のための手続きの一環に他ならない。

第 4 章　「純粋」アナキズムの系譜

　もともと「ヨーロッパで最も不幸な人々」とその子孫たちの救済を目的として、アンダルシアには自治体所有地の一部や荒蕪地を住民に再分配・貸与する慣行があった。18 世紀末以降、増収を願う市町村は「持てる者」たちもこの慣行に浴することを認めた。自由主義的農地改革が南スペインの大土地所有制を再編・強化しつつあった 1840 年代には、改革のなかで頭角を現してきた抜け目のない農業ブルジョワたちが自治体所有地の再分配を積極的に推進する。セビーリャ県のマルチェーナとハエン県のアルホニーリャのように、1834 年の王令に基づいて地元の日雇い農たちに再分配された、それぞれおよそ 869 ファネーガと 584 ファネーガの自治体所有地が、その子孫たちのもとに現在に至るまで留まり続けている例もないわけではない[5]。

　しかし、容易に想像されるように、多くの場合、先の措置は 1855 年の自治体所有地のデサモルティサシオンの対象から外れた不動産までもが有産者たちの手に渡ることにむしろ寄与した。再分配されるべき自治体所有地がほとんど失われてしまうなか、「アンダルシアの民」の間からは大土地所有制そのものの解体を叫ぶ声も聞かれるようになる。ことに旧領主貴族が幅を利かせるプエブロでは、領主制が廃止されるよりも前から既に自治体所有地の不足が深刻だった。貴族たちが、とうの昔にそれを「強奪」していたためである[6]。ディアス・デル・モラールが書き留めた 20 世紀のコルドバ県の騒擾が、メディナセーリ公爵家が多大な土地を所有していたカストロ・デル・リオや、デサモルティサシオンの対象となる不動産そのものが皆無に近かったフェルナン・ヌーニェス以下、旧領主貴族が大きな影響力をなお保持したプエブロにおいてとりわけ激しい様相を呈したのは[7]——そして、「魔術的な言葉」への「民」の熱狂が極立ったかに見えるのも——、偶然のことではない。

　エル・アラアールの仲間たちよりも先に、煩雑な（?）手続きを抜きにしていきなり実力行使に及んだのは、マラガ県のカサベルメーハの「アンダルシアの民」だった。1840 年の秋のこと。彼の地の「民」は 5 つの大農場を再分配し、すぐさま農作業に入ったうえ、さらに自分たちで独自の村長・村議会議員を任命。近隣のアルモヒーア、アロサイナ、ペリアーナの日雇い農たちも挙ってカサベルメーハの仲間に倣ったという。グラナダから投入された軍隊によりカサベルメーハその他のプエブロに「秩序」が回復されるまでの間、2 ヶ月ほどにも及んだこのエピソードを 1919 年 5 月 30 日付のマドリードの『エル・リベラール』紙に寄せたペドロ・デ・レピデは、「狼藉」を働いた者たちを「1840

年のスペインのボリシェヴィキ」として紹介した。80年ほど前の「ボリシェヴィキ」を一蹴し、「立憲体制を救った」フランシスコ・フェリウ・デ・ラ・ペーニャ大佐の手腕に「大衆の怒りに対処する権威の模範」を見たマドリードのジャーナリストに、自身の「アンダルシアの農民たちのスパルタクス主義」の末尾にその記事を添えたコンスタンシオ・ベルナルド・デ・キロースは、持ち前の犯罪抑止の見地から（！）大いに敬意を表している[8]。

1861年には、ロハ以外のプエブロでも「土着の社会主義」の発現が観察された。ロハのみならず、このとき反乱の火の手が最初に上がったコルドバ県のイスナーハルや、ロハに近いマラガ県のアンテケーラでも、1人当たり5ファネーガの土地の再分配を約束する「紙券」が配られたらしい[9]。1868年9月のイサベル2世の亡命とともに幕を開けた「革命の6年間」、ことにアマデオ1世の退位に続いた第1共和制時代の73年夏のカントンの反乱の際には、「魔術的な言葉」が広い範囲にわたって「アンダルシアの民」を興奮させた。もとより「一瞬ではあれ」[10]、南スペインの日雇い農たちが混乱に乗じてその宿願を果たすときが訪れたのだった。

9月革命期には、ともにセビーリャ県内にあるエル・コロニールやプルーナその他のプエブロで、旧領主貴族の掌中に落ちていたかつての自治体所有地が再分配された。再分配には至らぬまでも、エル・アラアールや、これもセビーリャ県下のモロン・デ・ラ・フロンテーラでは、旧自治体所有地の帰属をめぐって旧領主貴族と「アンダルシアの民」との間の積年の係争が再燃した。1835年に失われた土地の奪回を求めてマラガ県議会へ直談判に及んだのは、カサラボネーラに暮らす100人ほどの「民」である[11]。

イサベル2世がスペインを追われた直後、ギリェーナでは地元に発足したばかりの革命評議会に日雇い農たちが牧草地「セラーノ」の再分配を要求している。だが、「革命の6年間」に至ってもなお、このセビーリャ県のプエブロでは残された自治体所有地が「二束三文で」農業エリートの手に渡っていた。第1共和制の樹立とときを同じくして、ギリェーナでは「アンダルシアの民」が奪われた土地を占拠する[12]。第1共和制期には、コルドバ県のベナメヒでもベナメヒ侯爵家が持つ牧草地が再分配された。また、同県のポソブランコでも「土着の社会主義」の達成をもくろむ動きがあった。結局は実を結ばずに終わったものの、このプエブロでは牧草地「ラ・ハラ」と「豊かな者たちのすべての所有地」の再分配がしばし声高に叫ばれたのだった[13]。

1861年のロハでは、蜂起した「アンダルシアの民」の間から「神がわれわれの父であるアダムに財産を与え給うたのであるから、アダムの子孫であるわれわれは、財産において平等であるべきなのだ」との、土地の再分配を正当化する見事な長広舌が飛び出した[14]。1873年のポソブランコでも、「播種し、除草し、収穫し、脱穀する」自分たちの方が、「不正に手に入れたかねのなかから、それだけでは必要なものすら賄えない、しみったれた賃金しか支払わない」輩よりも土地所有を享受する「もっと正当な権利」があるのだ、という主張がなされている。いずれの場合にも、問われているのが肥え太った農業エリートのモラルであることは論を待たない。「土着の社会主義」の実現への「民」の渇望には、農業エリートの土地所有の正当性をその根底から問い質すだけの内実が孕まれていた[15]。

　それでも、1857年のエル・アラアールと61年のロハの反乱をそれぞれ率いた民主党のマヌエル・カロとラファエル・ペレス・デル・アラモが「魔術的な言葉」に訴えながら「アンダルシアの民」の先頭に立ったわけではないことに、ここでわれわれは留意しておくべきだろう。ペレス・デル・アラモを「アンダルシアのスパルタクス」と呼んだのは、ベルナルド・デ・キロースである。「アンダルシアの農民たちのスパルタクス主義」の著者は、大土地所有制の重圧からの自分たちの解放をもくろむ「民」の行動を古代ローマの奴隷反乱になぞらえたのだった[16]。

　エル・アラアールに関しては、蜂起の目的そのものすら定かではない。しかし、「マノ・ネグラ」騒動についての著述もある現代史家のデメトリオ・カストロ・アルフィンが指摘するとおり[17]、「土着の社会主義」を実現する手続きとしての文書庫への放火は、おそらくカロの腹づもりとは離れたところで自然発生的に起こっている。エル・アラアールの場合とは違って、イサベル2世の王政の打倒をはっきりと目標に掲げたのがロハの反乱だった。だが、ペレス・デル・アラモに従った、その多くが字の読めない「アンダルシアの民」は、「スパルタクス」が謳う「民主主義」や「共和制」の、明確に定義づけられたものとは見なされがたい中身を「土着の社会主義」へと自分たちの論理、ないしは潜在的な願望に従って読み替える。「スパルタクス」が、率先して「奴隷」たちに件の「紙券」をばらまいたわけではない[18]。

　「革命の6年間」には、9月革命からあまり間を置かずに土地が占拠されたベヘール・デ・ラ・フロンテーラ（カディス県）の場合のように、民主党から

枝分かれしたばかりの連邦共和党の面々が「土着の社会主義」の導入に主導的な役割を演じたことも少なくなかったらしい。ディアス・デル・モラールによると、1873年にベナメヒ侯爵家が所有していた牧草地を「何の障害もなく」再分配したのも、地元の連邦共和主義の信奉者たちである。もっとも、連邦共和党には農業エリートの存在根拠である「土地」そのものを俎上に載せるための確固とした指針はない。イサベル2世の亡命直後に同党を起ち上げるフランシスコ・ピ・イ・マルガールの1864年の時点での主張に集約されるように[19]、マクシミリアン・ロベスピエールにも似て生存権の保障を他の何にもまして優先する、その限りでは「ジャコバン的な」民主党の立場は、「集団の利益」のもとへの土地の所有権の「従属」を示唆するに留まっている。この点では、民主党を去った9月革命以後のピ・イ・マルガールの言動にも変化はない[20]。

　FREの結成に触発されてリベルテール的な色彩を帯びるよりも前のアンダルシアの農民騒擾の代表的な事例として、エル・アラアールとロハと並んでしばしば引き合いに出されるのが、1873年2月のモンティーリャである。ただし、モンティーリャでのことの次第は、エル・アラアールやロハのそれとは大きく違っていた。やがてマルクス主義が根を下ろすこのコルドバ県のプエブロでは、イサベル2世がスペインを追われた後も王政派が町役場に居座り続ける。ディアス・デル・モラールの見解では、第1共和制の樹立とほとんど同時に「指導者もないままに」突発したモンティーリャの騒擾は、そんな王政派と結託した地元の裕福な者たちに対する、貧しい者たちの怨念の、つまりは「アフリカ風の憎しみ」の爆発だった[21]。

　2人の現代史家、ホセ・カルボ・ポジャートとホセ・ルイス・カサス・サンチェスの推察にもあるとおり[22]、9月革命以降の事態の推移に不満を鬱積させていた反王政派の分子がモンティーリャの「貧しい者たち」を暴動へと駆り立てた可能性を頭から否定することはできないだろう。もっとも、その拡大の阻止に努めたフランシスコ・ペニュエーラ自身も反王政派だった。事件が落着した後、この連邦共和党員は町長に任命される。「土着の社会主義」を実行に移すための土地台帳の焼却に、ペニュエーラ当人が関与していなかったのは確実と思われる。しかし、ペニュエーラの奮闘も虚しく、騒擾のなかで「モンティーリャで最も豊かな人間の1人」フランシスコ・ソラーノ・リオボら3人が惨殺される。やはりこのプエブロの「最も豊かな人間の1人」でありながらも、身の危険を察知して私邸の守りを固めたフランシスコ・デ・アルベアールは、「貧

第 4 章 「純粋」アナキズムの系譜

しい者たち」の「アフリカ風の憎しみ」を辛くもやり過ごした[23]。

　この話には後日譚がある。農業ストライキが頻発した「ボリシェヴィキの 3 年間」、祖父の身に降りかかった災難が脳裏を離れないソラノ・リオボの孫娘たちは、ある夜のこと、悪夢の再現を恐れるあまり「寝間着姿のまま、サンダル履きで」モンティーリャを脱出、県庁所在地へ逃亡したというのである[24]。1936 年 7 月 18 日、コルドバの「アカども」の殺戮に立ち会うカストロ・デル・リオの農業経営者ホセ・リオボ・ススビエーラスの体には、あるいは 1873 年 2 月の被害者と同じ血が混じっていたのだろうか。生き延びたフランシスコ・デ・アルベアールは、「3 年間」には地元のカトリックを率いてフランシスコ・サフラらと対峙することになるサルバドール・デ・アルベアールの実の父。コルドバでの第 2 共和制の破壊に直に関与する、あのホセ・マリーア・デ・アルベアールの祖父に当たる[25]。

　モンティーリャの騒動は、それが突発するわずか前にコルドバでサン・ティミエの「反権威主義インターナショナル」への合流を誓ったばかりの FRE とはどうやら無関係であったらしい。その FRE によって採択されたアナルコ集産主義であれ、FTRE に亀裂を生じさせたアナルコ共産主義であれ、リベルテール的な理念に基づいて建設される社会では生産手段の共有は自明の前提のはずである。「生産手段」のなかには、むろん「土地」も含まれる。事実、20 世紀の初頭に創刊されたセビーリャのあるリベルテール紙も、自らの「社会主義」の「至高の目的」は土地の共有にあると高らかに宣言してみせたのだった[26]。

　にもかかわらず、アンダルシアの日雇い農たちは FRE や FTRE に拠りどころを見出した後もなお、「ボリシェヴィキの 3 年間」におけるプエンテ・ヘニールのフランシスコ・モラーレス・デルガードの言い方を借用すれば「自分たちを名士にしてくれる」はずの「土着の社会主義」への熱い思いに胸を焦がし続けるだろう。『エル・インパルシアール』紙が伝える、例の「襲撃」の後にカディスで身柄を拘束された 2 人のアナキストの証言によれば、1892 年 1 月のヘレス・デ・ラ・フロンテーラでは「セニョリート」たちを殺害したうえで、さらに土地を再分配することが画策されていたという。ジャック・モリスが分析するように[27]、マドリードのこの新聞の報道にヘレスでの事件の危険性を誇張する嫌いがあった観はおそらく否めない。しかし、同時代を生きたアンジェル・マルヴォーが述べるところでは[28]、1902 年にモロン・デ・ラ・フロンテーラを揺るがしたゼネラル・ストライキの折にも、まったく同様の計画が密かに練ら

れていたのだった。

　ある1人の上院議員が若い日雇い農から「セニョリート、偉大な日はいつ訪れるのでしょうか」と尋ねられたのは、コルドバ県のカンピーニャをリベルテール的な騒擾がほとんど初めて襲った1903年のこと。「その偉大な日とは何のことか」と逆に問い質す「セニョリート」に、若者はすぐさま「われわれ皆が平等になって、すべての者に土地が再分配される日のことです」と応じてみせた。上院議員の名はソイロ・エスペッホ。「偉大な日」を待ちわびる若者の目に、紛れもない「名士」であったソイロ・エスペッホが「セニョリート」と映ったとしても何ら不思議はない。上院でこのエピソードを切り出した際、ソイロ・エスペッホはリベルテールたちに煽動されるがままに見えた「アンダルシアの民」への蔑みを少しも隠そうとしなかったのである(29)。ディアス・デル・モラールのペンを信頼すれば、当時のカンピーニャのあちこちのプエブロでは、この類の話は珍しくなかったという。大地主の目の前で、近づきつつあるラティフンディオの再分配の実現の見通しに歓喜する女たちさえもがいたらしい(30)。上院議員を相手に、日雇い農自身もまた「偉大な日」の到来を告げるプロパガンダを「至るところで」耳にしたと語っている。

　『騒擾史』のなかに挿入された数あるエピソードのなかでも群を抜いて興味深いこの対話は、エリック・ホブズボームが「アンダルシアの民」の反逆のうちに「近代の千年王国的もしくは準千年王国的大衆運動のなかでおそらくもっとも印象的な例」を認めるうえでの決定的な根拠の1つとなったものと思われる。騒擾は所与の生産諸関係のもとでの危機の発生が日雇い農たちの組織化を促した結果であり、「宗教的・ユートピア的な」アナキズムの理念が「イマジネーションに富みながらも無教養な」「アンダルシアの民」に熱狂的に受け容れられたからではない。かなり生硬なマルクス主義的見地からこのように主張してホブズボーム、そしてディアス・デル・モラールに辛辣な評価を下すのは、アントニオ・マリーア・カレーロである(31)。

　とはいえ、ホブズボームに関する限り、議論は必ずしも噛み合っていないかに見える。本章の冒頭に挙げておいたその副題が示すように、『素朴な反逆者たち』を書いたホブズボームの関心の対象はあくまでもアンダルシアをも含む19・20世紀の地球上のあちこちに発生した反乱の「アルカイックな諸形態」にあって、その「原因」には向けられていない。『素朴な反逆者たち』では、1868年から1936年までがそっくりアナキズムの「黄金時代」と括られる一方

第 4 章 「純粋」アナキズムの系譜

で、その「黄金時代」の半ばに大西洋を跨ぐ規模で生じた「所与の生産諸関係」の激変に伴う「世紀末の農業危機」が「アンダルシアの農業問題」のいっそうの深刻化を誘発した事実はなるほど一切無視されている(32)。しかし、それでもなお、『アンダルシアの社会運動』の著者と同じくマルクス主義を自身の歴史解釈の支えとする 20 世紀屈指の労働運動史家が、「所与の生産諸関係」が持つ意味を無視していたはずはないのである。

　他方で、ブハランセの公証人は 1903 年 5 月の自らの故郷に典型的な反乱のあり方に「熱狂的にして理想主義的、なおかつ一貫性に欠ける」アンダルシア人気質の直接的な反映を確かに見た。さらに、『騒擾史』の著者はこうした気質を「1,000 年にもわたる時間の所産 (obra milenaria)」と考える(33)。ディアス・デル・モラールの観察に従えば(34)、814 年に起きた総督アル・ハカム 1 世に対するコルドバの暴動も、1391 年にまずセビーリャに火の手が上がり、すぐさま同じコルドバにも波及したポグロムも、自由主義的農地改革が実施されてからの「アンダルシアの民」の反逆とその作法の点で、つまり圧倒的なまでの気分の高揚とともに立ち上がりながらも、たちまちあっけなく敗走してしまうという主人公たちの姿勢において酷似していた。

　『騒擾史』の著者の理由づけでは(35)、20 世紀の初頭に至ってコルドバ県のカンピーニャを巻き込んだリベルテール的な騒擾をシエラが免れたのは、地理的に見てこのシエラがアンダルシアではなくエストレマドゥーラに帰属していたためである。コルドバ県の北部に暮らす「イマジネーションに乏しく、粗野な……」人間たちは、「屈託がなく、目新しいものに惹かれる」アンダルシア人ではないとされる。だが、この点に関してディアス・デル・モラールの論理の矛盾を指摘することは簡単だろう。ブハランセの公証人自身が「コルドバ県の大衆の反乱のなかで最も有名な」それと呼ぶのは、カラトラーバ騎士団を率いるエルナン・ゴメス・デ・グスマンが惨殺された 1476 年の事件である(36)。しかし、その舞台はカンピーニャではなく、シエラに位置するフエンテ・オベフーナだったのである。「社会史の先駆者」の名著には、その精彩に富んだペンの運びが読む者を魅了せずにはおかない一方で、このように整合性を欠いた記述がところどころに見出される。詳しくは第 7 章で論じられるように、それらのなかには「アンダルシアの農業問題」への著者の視角の根幹に関わるものと考えられる撞着も含まれている。

　マルクス主義者ではないわれわれにも、何らかの騒擾の「原因」を「所与

277

の生産諸関係のもとでの危機の発生」に求めることは正当と思われる。とはいえ、蜂起した人間たちの騒擾のなかでの姿勢を決定づけるのは「原因」そのものではない。「客観的に」計測されうる「危機」のなかで反乱に打って出た人間たちが、その際に「熱狂的な」態度を示すこと。そのこと自体には何の不思議もないだろう。革命的な運動の「原因」と「結果」の間に集合心性（mentalité collective）の形成というファクターを介在させることを提唱したのは、フランス革命史家のジョルジュ・ルフェーヴルである[37]。ルフェーヴルは革命的な集合心性に結びついた最も顕著な感性的特徴として、「不安」と「希望」の2つを挙げる[38]。1789年にフランスの国土の大半を襲った周知の「大恐怖（Grande Peur）」が「アリストクラートの陰謀」という、それ自体が集合心性の産物である巨大な妄想により引き起こされた集団的な「不安」の蔓延であったとすれば[39]、1903年春にコルドバ県のカンピーニャに吹き荒れたリベルテール的な騒擾は集団的な「希望」の爆発であったかに見える。

　ディアス・デル・モラールがアンダルシア人の「集団心理（psicología colectiva）」と呼んだものは[40]、われわれの見るところでは、自由主義的農地改革を通じて大土地所有制が確立を見るなかで培われていった、農業エリートの支配に反逆する「アンダルシアの民」の革命的な集合心性に他ならない。そして、覚醒した「民」がその究極の願望として掲げたのが「土着の社会主義」、つまりラティフンディオの再分配の成就だった。さらに、「民」の熱狂を引き出すうえで、「世界の破局の観念」を内包した「純粋」アナキズムの言説ほどに格好の触媒はおそらく他になかった。例えば、『騒擾史』に綴られた、そしてホブズボームが引き写している以下の数行に表現されたものは[41]、「民」が集団的な「希望」に感染するありさま以外の何ものでもないだろう。同時に、そこで「民」を熱狂の渦へと導いていたものは、「純粋」アナキスト的な印刷物に綴られた「世界の破局の観念」に関わる、正しくジョルジュ・ソレルが付与した意味での「神話」であったかに思われる。もちろん、「民」の脳裏のなかで、その「神話」が「土着の社会主義」と無関係であったはずはない。大土地所有制の解体への「民」の願望もまた、「純粋」アナキズムのプロパガンダに結びついている。

　　当時〔1903年〕と1918・19年を体験したわれわれは、あの驚くべき光景を決して忘れることがないだろう。……農民たちが集まるところならどこでも、さまざまな日常的な話がひと段落すると、常に厳粛かつ熱烈に

第 4 章　「純粋」アナキズムの系譜

取り上げられた唯一の話題、つまり社会問題がそれに続いた。日中は喫煙のための休憩時間に、夜間は夕食の後に、仲間うちで最も教養のあるものが大きな声でパンフレットや新聞を読み上げると、他の者たちは細心の注意を払って聞き入った。その後には読み上げられた内容を補足する演説、そして尽きることのない称讃が続いた。農民たちはすべてを理解したわけではなかった。わからない言葉もあった。それぞれの性格に応じて、解釈のいくつかは幼稚であったり、また悪意を孕んでもいた。しかし、その根底において、全員が同じ意見を抱いていた。……それが真実であるならば、それは農民たちが彼らの生の全体で既に感じ取っていたものであったからである。もちろん、たとえそれをうまく表現できなかったにしても、である。農民たちはいつも読んでいた。理解しようとする好奇心や努力は強欲的とさえ言うことができた。路上でも、馬に乗った農民が手綱を手放してでも読んでいる姿が見受けられた。鞍に括りつけられた袋のなかには、いつも食べ物と一緒にパンフレットが入っていた。無数の新聞が配布された。それぞれが新聞を手にすることを願ってやまなかった。実際のところ、7割から8割の農民には字が読めなかった。とはいえ、それは克服しがたい障害ではなかった。字が読めなくても熱心な男は、新聞を買うと仲間に読んでもらい、最も気に入った記事に印をつけさせた。それから、別の仲間に同じ記事を読んでもらった。これを何度か繰り返すうちに、男は記事を暗記してしまい、まだ内容を知らぬ者の前で諳んじてみせた。あれこそは熱狂（frenesí）だった。

「希望」を刻印された「集合心性は明らかにある種の宗派に見られる千年王国主義と近しい関係にある」と述べたのも、『革命的群集（*Foules révolutionaires*）』（1934年）の著者である[42]。ディアス・デル・モラールは、1903年春のブハランセにおいて最も大胆に表現されたかに見える「アンダルシアの民」が蜂起する際の一糸乱れぬその作法を、「ばらばらの群衆（muchedumbre）がプエブロになる。群れ（rebaño）が集団的な存在へと転じる。エゴイズムや個人的な利害や私的な関心事は消滅し、個々人の意志が1つとなって全体的な意思（voluntad general）のなかに沈み込む」と要約する[43]。ルフェーヴルが分析したのも、「群衆（foule）」が集合心性の顕現を媒介として「結集体（rassemblement）」へと変貌する過程である。

279

ルフェーヴルの『革命的群集』が提示する視角は、ディアス・デル・モラールにより生々しく描かれ、ホブズボームが大いに関心を寄せた「アンダルシアの民」の「希望」、つまり「純粋」アナキズムのプロパガンダにより増幅された、「魔術的な言葉」としての土地の再分配、換言すれば「土着の社会主義」の実現への期待感と結びついた特異なまでの熱狂を読解するうえでも示唆に富んでいるように思われる。ただし、ルフェーヴルの「群衆」が行動のための組織的な枠組みを持たない存在として措定されているのに対して、われわれの「民」はあらかじめリベルテール的な抵抗組織のなかに組み込まれていた。

　その一方で、とりわけ20世紀初頭のコルドバ県のカンピーニャでは、闘争のイニシアティヴが集団的な規律への従属を嫌う「純粋」アナキストたちの掌中にあったことも確かである。時代を遡って1880年代の半ば、バルセロナを根城としたあるグループの面々は「労働者階級を組織化することを、ポジティヴな意味で評価しない」、そして「制御可能な組織体（cuerpo manejable）を形成しない、言葉のあらゆる意味におけるアナキスト」と自分たちの姿勢を定義づけてみせた[44]。

　20世紀初頭のコルドバ県の「目覚めた労働者」たちも、彼らバルセローナの「言葉のあらゆる意味におけるアナキスト」と類似した精神の持ち主であったかに思われる。「ボリシェヴィキの3年間」の「組織的・計画的な」農業ストライキ攻勢とは異なって、ブハランセに始まる1903年の騒擾はリベルテール的な組織の間での事前の調整もないままに、カンピーニャに点在する複数のプエブロに波及していった。前章第1節に記しておいたように、当時、ブハランセのミゲル・バリェッホ・チンチーリャと並んで地元の労働力へのその影響力の甚大さが『騒擾史』の著者を驚かせたのは、カストロ・デル・リオのフスト・エリェールである。そのエリェールとともにこの年のカストロの争議の先頭に立ったマテオ・M・プラドス、クリストーバル・ブラーボ・カンポス、アントニオ・サンチェス・リンコン、マヌエル・ベラッル・ガルベス、フアン・マヌエル・センテーリャ、アントニオ・モレノ・アランダの6名は、リベルテール史家のアルベルト・ガイ・エレディアの調べでは、ただ1人モレノ・アランダを除いて、このプエブロを舞台にした以後の労使紛争にまったく姿を見せていない[45]。エリェール当人のその後の足取りでさえも、われわれにはたどりようがない。闘争の流儀そのままに、闘争を率いた「使徒」たちの消長もまた「自然発生的・刹那的」だったのである。

第 4 章　「純粋」アナキズムの系譜

　そんな「純粋」アナキズムを信奉する「目覚めた労働者」たちのあり方や、彼ら「目覚めた労働者」と農業労働者たちとの関係を考えるうえで多大なヒントをわれわれに与えてくれるのは、第 3 共和制時代のフランスの首都を舞台とした労働運動のなかで、揺籃期の曖昧模糊とした「社会主義」が 1890 年代の後半から変質を遂げていく過程に着目した相良匡俊である。この社会運動史家の、実証することのすこぶる困難な、しかしそれだけに実に大胆な推論によれば[46]、「社会主義」の普及を謳った当初のプロパガンダ活動では「言葉が送り手から受け手へ何かあるものを伝えるために使われるのではなく、はじめから両者のあいだに潜在的に存在する何ものかの確認のために、つまり合言葉として使われていた」。

　「〔18〕80 年代から 90 年代半ばにかけて〔パリの〕第 1 級の活動家」だったファベロは「『まったく』ではないまでも『ほとんど』無筆であ」り、「乱暴な言葉遣いや、伝説にさえなった出鱈目な構文もさることながら、何よりも獰猛な喋り方が聴き手である民衆を沸かせた。演説の場でファベロの志向は伝わったかもしれないが、それは言葉によってではなく、人柄や顔立ち、身振りや口振りといった非言語的なものによってであったし、言葉それ自体はそれらの一部として、どちらかと言えば非言語的な使われ方だった」。しかし、運動が「生活空間から得られた何らかの同質性を紐帯とするものから、思想を紐帯とするものへと変質」するなかで、「独自の志向をもった人々の世界」は解体され、「言葉や思想に重要性を見出す別の文化に吸収」される。そして「世紀が替る頃、かなりの社会主義者が労働組合専門の活動家に変わってゆく」[47]。

　われわれの目下の関心に引きつけてみれば、「独自の志向をもった人々の世界」とは、「世紀末の農業危機」に喘ぎながらも、ラティフンディオの再分配を心待ちにする「アンダルシアの民」の世界である。「目覚めた労働者」たちがそうした「民」の間で大きな名声を博した理由は、「ほとんどが農民の出で、農民のように書く」その出自と性癖にひとまずは求められるべきかもしれない。因みに、1857 年のエル・アラアールの反乱の首謀者であったマヌエル・カロは退役軍人。その片腕のラリャーベなる男は商人だった[48]。また、1861 年のロハ蜂起を率いたラファエル・ペレス・デル・アラモは蹄鉄工で[49]、その地位は中産階級のなかの下層に相当するという[50]。しかし、先の引用にもあったように「実際のところ、7 割から 8 割の農民には字が読めなかった」の

であれば——当時のアンダルシアでは識字率が極めて低かった事実は、われわれも把握している——、「農民のように書く」が意味するところは不明瞭さを免れない。

　事実、『騒擾史』には「農民のように書く」はずのほとんどの土着のアナキストたちの「少なくとも7割ほどは」読み書きができなかった、とのディアス・デル・モラール自身による別の観察も書き込まれている[51]。にもかかわらず、「労働紙はコルドバ県の農民たちの記事であふれており、鍬を握ったせいでたこができた手で書かれたパンフレットも稀ではない」という[52]。しかし、1903年当時、「コルドバ県の農民たち」の「たこができた手で書かれたパンフレット」は、『騒擾史』のなかでは1冊も取り上げられていない。当然、手にたこがある著者の名も挙げられていない。

　20世紀初頭のカストロ・デル・リオとブハランセの2人の「目覚めた労働者」の言動には——その「喋り方」が「獰猛」であったかどうかは別にして——、19世紀末のパリの「第1級の活動家」のそれに近いものがあったように思われる。バリェッホ・チンチーリャとフスト・エリェールも「『まったく』ではないまでも『ほとんど』無筆であ」ったと覚しい。この2人の言動に関して、われわれはおよそ不充分ながらも目を通した同時代のいくつかのリベルテール紙・誌のなかに何の痕跡も見出すことができなかった。それらの多くが、今日ではとうに散逸してしまっているという事情もあるだろう。われわれの手許には、カストロの町長に宛ててしためられたエリェールの手書きの抗議文書がわずかに残されているばかりである。ガイ・エレディアがAMCR（カストロ・デル・リオ町立文書庫）で出くわし、活字に起こしてくれた、1903年7月29日付のこの文書の一部を以下にそのまま転記する（下線はわれわれ）。

> Muy Ilustre Sr., con esta fecha pongo en su conocimiento, que si en el día de mañana 30 del corriente no se procede a <u>colocar</u> a los individuos que están parados en la localidad, se <u>asegundara</u> la <u>huerga</u> pasado mañana sin falta, por el abuso que se viene cometiendo con los forasteros, no podemos <u>concentirlo</u> mas.

　農作業への出稼ぎの投入を非難しつつ、「明日」7月30日までに失業が解消されない場合の、「明後日」の再度のストライキへの突入を予告したこの文

書には⁽⁵³⁾、一見して明らかなとおり、綴りの誤りが散見される。colocal は colocar、huerga は huelga、concentirlo は consentirlo、mas は más がそれぞれ正しい。asegundara も、おそらく segundará の間違いである。このように文字を綴るのにもひと苦労であったと推察されるエリエールが、それでもなお地元であるカストロ・デル・リオの「アンダルシアの民」を強く惹きつけたとすれば、それは、「散文的な」労使交渉とは主として別の次元で駆使されたその言説が自身と「民」との間を取り持つ「合言葉」に他ならなかったからだろう。提示されたリベルテール的な世界像に関して、「……それが真実であるならば、それは農民たちが彼らの生の全体で既に感じ取っていたものであったからである」とディアス・デル・モラールに直感させた現象が、ここではパンフレットや新聞を介してではなく、むしろいっそう直接的な生のプロパガンダに触発される形で生起していたように思われる。

　1903 年にエリエールとともに地元の組織「ラ・ボス・デル・ポルベニール」の幹部を構成したマテオ・M・プラドス以下の 6 名は、いずれも地元の日雇い農だった。エリエールも、ラティフンディオでの賃労働が生業であったものと思われる。主としてディアス・デル・モラールの名著に依拠しながら、南スペインの「村落アナキズム」は「農民層の現実の気持ちを、おそらく近代の他のどんな社会運動より忠実かつ敏感に表現した」と書くホブズボームに対し⁽⁵⁴⁾――少なくとも、その「アナキズム」が大衆の自発性の尊重を謳う「純粋」アナキズムを意味する限りにおいて――、われわれはその主張を論駁するだけの充分な根拠を提示することができるだろうか。

　『騒擾史』に再現された 1903 年春のブハランセの光景は、正しく指導する「目覚めた労働者」たちと指導される「アンダルシアの民」との束の間ではあれ、ほとんど完全なまでの一致のなせるわざであったかにも見える。少なくとも地元の新聞の報道からでは⁽⁵⁵⁾、800 人の日雇い農により開始されたというこの争議を誰が率いていたかは不明である。われわれが参照した『ディアリオ・デ・コルドバ』紙のなかに、バリェッホ・チンチーリャの名は出てこない。穿った見方をすれば、ジャーナリズムのなかでのバリェッホ・チンチーリャとエリエールの「不在」は、両者が活字による媒介を必要としないほどに「民」のなかに見事に溶け込んでいたことの証しであったのかもしれない。

　カディスのフェルミン・サルボチェアや、母親の故郷のカンティリャーナ（セビーリャ県）にサナトリウムを開いたペドロ・バジーナは「農民の出で」は

なかったし⁽⁵⁶⁾、前者の短い『血の貢献』や後者の大部の回想録を読む限り、この２人は「農民のように書く」こともなかった。「ブルジョワ的な」と形容されうる教育を受ける機会に充分に恵まれた２人とは異なって独学の人ではあったにせよ、「ボリシェヴィキの３年間」屈指の「純粋」アナキスト「コルドニエフ」にしても「農民の出で」はない。

　『騒擾史』に特異な足跡を留めるコルドバ県が生んだ「目覚めた労働者」たちのなかにあって、われわれがパンフレットや新聞に活字として蒸留されたその「思想」に――相良匡俊が語る意味での「思想」に――、何とか接することができる「純粋」アナキストというのは、「農民の出で」はなかったサルバドール・コルドンをも含めてどうやら非常に限られた存在であるということにならざるをえないだろう。要はさまざまなレベルの活動家（militante）が存在したなかにあって⁽⁵⁷⁾、ことに「コルドニエフ」が「ボリシェヴィキの３年間」にその名を馳せるまでにはまだ間がある２０世紀初頭のコルドバ県のカンピーニャにおいては、「農民層の現実の気持ち」を「忠実かつ敏感に表現し」つつ、なおかつ活字によるプロパガンダ媒体を通じて自身の「思想」をしっかりと開陳することができた地元の人間（publicista）は極めて稀であったものと考えられるのである。

　本節の要である「土着の社会主義」をめぐる問題に関連づけながら議論をもう少しばかり深めるために、『革命的群集』の著者と相良匡俊に続いて、われわれはここでアンダルシアの現代史とは無関係のもう１人の「門外漢」の知恵を借りることにしたい。「系統立った、または比較的系統立った型のイデオロギー」と、「より単純な態度、〔集合〕心性（マンタリテ）、またはものの見方といった型のイデオロギー」との差異に着目したのは、資本主義的生産様式が確立していくなかにあって、２つの「イデオロギー」の相互の関連と、時代の流れに反逆した英仏の貧しい者たちのその受容のありさまに関心を寄せた革命史家のジョージ・リューデである。リューデのこの図式化を受け容れるならば⁽⁵⁸⁾、「より単純な態度、〔集合〕心性（マンタリテ）、またはものの見方といった型のイデオロギー」とは、「直接経験、口承伝説、または庶民の記憶にもとづくものであって、説教や演説をきくとか読書によって学びとったものではない、一種の『母乳』イデオロギーである」。リューデ自身が書くように、「母乳」イデオロギーとは革命的な集合心性の謂いである。

　「母乳」イデオロギーは「系統立った、または比較的系統立った型のイデオ

ロギー」に接木されていく。しかし、「習得」された理念としての後者は、それが伝達され受容される過程で「変貌」するという。19世紀のアンダルシアにおいて醸成された「母乳」イデオロギーの射程は、ラティフンディオの解体を目指す「土着の社会主義」に収斂される。ディアス・デル・モラールにより与えられた「土着の」との形容は、南スペインに発芽した「母乳」イデオロギーの性格を的確に言い当てているように思われる。

　アンダルシアには、アナキズムよりも一足早く「接木」された「系統立った、または比較的系統立った型のイデオロギー」があった。一時はフェルミン・サルボチェアをも惹きつけた共和主義である。だが、「母乳」イデオロギーにより、「系統立った、または比較的系統立った」共和主義もアナキズムも「変貌」する。間もなくわれわれが取り上げる1912年夏のラ・カルロッタでのサンチェス・ロサの躓きは、リベルテール的な理念の十全な意味での「接木」の失敗を浮き彫りにするだろう。

　『騒擾史』のなかで類型化された、「それぞれが奇妙なほどに似かよっていた」というコルドバ県内各地の「目覚めた労働者」たちのイメージは、われわれに混乱した印象を与えずにはおかない。この「頭脳明晰で、平易な言葉を操る」土着の活動家たちは、1868年にジュゼッペ・ファネッリに感化されたアンセルモ・ロレンソらマドリードの「先達」と同じく「絶対的で明々白々、否定されるべくもない真実」の所有者を自負している。「程度の差こそあれ、1人残らず弁士であり著述家である」「目覚めた労働者」たちの「無上の歓び」は、印刷された自身の論考を目にし、集会で弁舌を振るうことである。

　しかし、「頭脳明晰で、平易な言葉を操る」はずの彼ら「自然発生的な寄稿者（colaborador espontáneo）」は「意味不明の言葉」を綴り、「あらゆる文法事項」に「徹底的に」反逆することにより、リベルテール紙・誌の校閲係を悩ませたというのである。ディアス・デル・モラール自身が実名を挙げて「例外的に（！）」その文才を認めた20世紀初頭のコルドバ県のリベルテールは、わずかにエスペッホのクロドアルド・グラシアとドス・トーレスのペラルボ某の2人だけである。しかも、ペラルボ某のペンの冴えに関しては、『騒擾史』は「軽妙に（con soltura）ものを書く」と伝えるのみである[59]。また、次章で言及されるように、クロドアルド・グラシアは「絶対的で明々白々、否定されるべくもない真実」を放棄することになる人物。その限りでは、「目覚めた労働者」の典型ではなかったのである。

「目覚めた労働者」たちが、「1人残らず弁士であ」ったことは間違いないだろう。しかし、20世紀初頭の段階に関する限り、その多くはおそらく「人柄や顔立ち、身振りや口振りといった非言語的なもの」をも交えた口頭でのプロパガンダ活動を通じて確かに「農民層の現実の気持ち」を「忠実かつ敏感に表現し」ながらも、「系統立った、または比較的系統立った型のイデオロギー」の次元でものを書くことができたとはやはり思われない。少なくともそのようにして書かれた文言に遭遇していないわれわれには、1903年にカンピーニャの日雇い農たちを常軌を逸したかにも見える興奮状態へと誘った言説の持ち主たち、つまりカストロ・デル・リオとブハランセの両雄や、さらにその後ろに控える大量の、そして名もない「目覚めた労働者」たちのほとんどに関して、どうやら近づく手立てすらない。

　ディアス・デル・モラールの名著への冷ややかな眼差しをカレーロやモリスと共有するアントニオ・バラガン・モリアーナがまとめた『コルドバ県（1898－1905年）／社会の危機と政治の再興主義』（2000年）からも、1903年に火蓋が切られた騒擾の先頭に立っていたはずの「土着の」アナキストたちの顔は見えてこない。しかし、ホブズボーム自身が『騒擾史』を手にした際に最大の関心を払ったのは正しく彼らの言動であり、さらには「アンダルシアの民」によるその受容のされ方であったはずなのである。「千年王国論」そのものの是非を云々する以前に、そもそも議論の出発点にボタンの掛け違いが認められるのでは、との観はここでも否めない。

　混乱の責めは、ホブズボームの「虎の巻」である『騒擾史』の、われわれが既にいくつか指摘してあるような、明らかな矛盾を孕んだ中身そのもののうちにも求められねばならない。バリェッホ・チンチーリャやフスト・エリェール、それにコルドバの（？）フアン・チャコン・ウセーダらごく一部を除けば、ディアス・デル・モラールの名著をコルドバ県生まれのリベルテールたちが実名とともににぎわすようになるのは、20世紀の初頭ではなく、「農民の出で」はないサルバドール・コルドンをも含めて、実際にはようやく1910年代を迎えてからのことである。『騒擾史』のページをめくってみれば、CNTとFNOAが誕生した1910年代の前半から半ばにかけて、カストロ・デル・リオのペドロ・アルガーバ・サリード、ホセ・デ・ディオス・クリアード、アントニオ・ペレス・ロサ、フアン・ペレス・ロペス、ブハランセのトマス・マルティネス・フレスコ、バエナのアントニオ・ガリステオらの台頭が確認

第 4 章　「純粋」アナキズムの系譜

される。

　それでもなお、「ボリシェヴィキの 3 年間」に先立つこの時期の「系統立った、または比較的系統立った型のイデオロギー」の「送り手」は、例のサンチェス・ロサの他、ともにセビーリャのマンサーノ・デル・レアールとマヌエル・ペレス・イ・ペレス、グラナダの「ディオニシオス」ことガルシア・ビルランや CNT の全国委員会（？）の書記（長？）を務める、カタルーニャが主戦場と覚しきフランシスコ・ホルダンら、その多くが県外から来た、しかもスペインの労働運動史に名を留める「大物」たちであったかに見える(60)。後述のように、1915 年には、マドリードのマウロ・バハティエラ・モラーンもコルドバ県に姿を見せた。

　ここで、プロパガンダの「送り手」の側から「受け手」の側に視座を改めてみよう。モリスも認めるように(61)、「系統立った、または比較的系統立った型のイデオロギー」を自らのものとしたフェルミン・サルボチェアが「アンダルシアの民」からの称讃に値したとすれば、それはこのカディスの「聖者」の手で書かれたものを「民」が正確に読み解いたからではなく、「聖者」の苦難に満ちた歩みが「民」の目には自分たちにとっての「正義」のために捧げられた生き方の 1 つの見事な手本に見えたためである。サルバドール・コルドンにしても、その言説が「民」をときに暴動へと導くほどに熱狂させたのは、「民」が「コルドニエフ」の「イデオロギー」を十全な意味で消化していたおかげではないだろう。「イマジネーションに富」む「民」は、自分たちの「現実の気持ち」を「忠実かつ敏感に表現」するものをその「イデオロギー」のなかから直感的に抽出していたように思われる。

　その一方で、早くから「労働組合専門の活動家」として名を馳せた 2 人のリベルテール、ヘレス・デ・ラ・フロンテーラのセバスティアン・オリーバ・ヒメーネスとモロン・デ・ラ・フロンテーラのアントニオ・ロサード・ロペスの口からは、指導される立場に置かれた「アンダルシアの民」とは一定の距離を保った発言が飛び出すだろう。「民」の自発性を何よりも尊ぶ「純粋」アナキズムには当初から違和感を覚えていたと想像され、1930 年代には明らかにカタルーニャの「30 人派」に近い立場に立つロサードが駆使する言説は、「思想」や「イデオロギー」と呼ぶにはいかにも「プラグマティックな」色合いが強いかもしれない。しかし、それは確かに「合言葉」ではないだろう。やはり「30 人派」を思わせるオリーバの言動からも、似たような傾向が察知

されるはずである。

　「ボリシェヴィキの3年間」が近づくにつれて、あるいは正しく「3年間」のさなかに、サルバドール・コルドンは「労働組合専門の活動家」への転向を拒んだため逆境に立たされていった。「コルドニエフ」が白眼視したサンディカリストたちとの対決色を、1930年代の前半を迎えてさらに鮮明にするFAIのアルフォンソ・ニエベス・ヌーニェスの言説は、「受け手」の自発性をむろん信頼しながらも、その「受け手」と「のあいだに潜在的に存在する何ものかの確認のために」のみ駆使されるわけではない。「30人派」との確執が深まりを見せるなか、ニエベスも「言葉や思想に重要性を見出す」。それは「コルドニエフ」への、さらには「受け手」に向けての口頭での「合言葉」の発信にほぼ終始したと覚しい20世紀初頭の大勢の無名の「使徒」たちを飛び越えたうえでの、「聖者」サルボチェアへの回帰であると同時に、この2人の「言葉や思想」を超克する営為へと繋がってもいくだろう。「純粋」アナキズムとサンディカリズムの信奉者たちがそれぞれに抱く2つの「思想」ないしは「イデオロギー」の、内戦期にまで持ち越されることになる確執については、第9章でまとめることにしよう。

　このあたりで、われわれは「土着の社会主義」をめぐる問題に焦点を絞らなければならない。『IRS報告』のなかで「アンダルシアの民」を組合のもとに組織化する立場にいた者たち、別言すれば「純粋」アナキズムを離れたコルドバ県の「労働組合専門の活動家」たちは、ボリシェヴィキ革命に関して何も話そうとしなかった。「土着の社会主義」をめぐっても、彼らはIRS調査団に多くを語っていない。1919年2月のエサ子爵のアンケートに対し、フェルナン・ヌーニェスのCNTは、「私的所有を憎みながらも」と断りながらも、「生産性を向上させるために」土地の「強制的な細分化（parcelación forzosa）」の実施を望んだ[62]。ルーケでは、生産性の向上の確保と併せて、さらに労働環境の悪化に歯止めをかける狙いから、プエブロから半径7キロ以内にあった土地の細分化が求められている[63]。こうした「プラグマティックな」理由づけと、ディアス・デル・モラールが活写する、「アンダルシアの民」が「魔術的な言葉」に興奮する様子との間には――「民」の究極の願望をある程度まで汲みあげようとする意図を、2つのプエブロの「労働組合専門の活動家」たちに認めうるものとしても――、かなりの隔たりが感じられる。

　『IRS報告』によると[64]、土地が最終的には農業労働者たちによって「共

同で（en común）」所有されるべきだと明言したのは、ペドロ・アバの組合を代表してIRS調査団に応対したクリストーバル・マルティネス・アレナス、アントニオ・アレナス・エスピノーサ、ホアキン・サンチェス・アレナスの3人のみに限られていた。正確さを欠いたものの謂いではあれ、アンダルシアのアナキズムは「個人主義的な（individualista）」それである、とのベルナルド・デ・キロースの断定は[65]、1919年2月のコルドバ県での自身の体験に裏打ちされている。

「ボリシェヴィキの3年間」にあっても、カンピーニャに暮らす「アンダルシアの民」は土地の再分配の実現を熱望していた。ブハランセの公証人の「票読み」では[66]、土地所有のあり方をめぐる「住民投票の実施が可能であれば、1,000人のうち999人はその細分化を決断するだろう」。しかも、「投票所」に赴くはずの「有権者」のなかには「ほとんどすべての」指導者たちも含まれていたという。とはいえ、「3年間」に「純粋」アナキズムを抑え込んだ「散文的な」サンディカリズムの信奉者たちからは、「民」を熱狂へと導くような「土着の社会主義」に付随した発言は聞こえてこない。とすれば、「『ほとんどすべての』指導者たち」とのブハランセの公証人の断定には、誇張が含まれていると考える以外にはない。

しかし、そのような「指導者」たちのなかに、サンディカリズムの興隆に直面して守勢に回った「目覚めた労働者」たちが含まれていたことは確実だろう。20世紀の初頭、コルドバ県のカンピーニャに忽然と姿を現したかにも見える彼ら「純粋」アナキズムの「使徒」たちは、かつてロハでペレス・デル・アラモにより提示された「民主主義」や「共和制」を「勝手に」ラティフンディオの再分配と解釈した「民」の、大土地所有制に反逆する精神の忠実な翻訳者であったように思われる。「純粋」アナキストたちに捧げられた「盲目的なメシアニズム」を通じて、「民」は実際には「土着の社会主義」の実現に収斂される自らの理想を改めて確認していたものと考えられるのである。

「指導者（meneur）たちは、彼らの演説や命令が集合心性に合致している時はじめて耳を傾けて貰えるのである。集合心性こそが彼らに権威を付与するのであって、彼らは与えることができてはじめて受け取ることが可能となるのだ」とは、ルフェーヴルの、「はじめから両者のあいだに潜在的に存在する」メッセージの「送り手」としての「目覚めた労働者」たちと「受け手」としての「アンダルシアの民」との「合言葉」に通じる指摘である[67]。もちろん

偶然の一致にすぎないにしろ、ディアス・デル・モラールもまた、その「圧倒的多数（inmensa mayoría）」が集団的な土地所有を受け容れない「目覚めた労働者」たちを、「引き連れていく者」を意味する menuer と呼んでいる[68]。『騒擾史』には、傑出した「指導者」のホセ・サンチェス・ロサが「アンダルシアの民」の間での自身の「権威」を危うく失いかけたエピソードが差し挟まれている。

奇しくもコルドバ県のカンピーニャにほとんど初めて反抗の狼煙が上がった 1903 年に出版されたパンフレット『アナキズムの理念』のなかで、サンチェス・ロサは諸悪の根源に私的所有の存在を見た。この、20 世紀を迎えてアナルコ共産主義でしっかりと理論武装を済ませたかにも見える元アナルコ集産主義者が理解するところでは、私的所有の保全を目的に考案されたのが国家であり、有産者にのみに与えられたこの特権を享受するすべを持たない無産者たちに「虚構の」慰めをもたらす役どころを演じていたのが、「馬鹿げた」神であり宗教なのだった[69]。

『アナキズムの理念』に示された見通しでは、社会革命のなかで産声を上げるアナルコ共産主義社会にあって、まず初めに宣言されるのが私的所有の廃絶である[70]。従って、「アナーキーな」社会を構成する者たちが「土地」を個別に所有することはありえない。「ボリシェヴィキの 3 年間」にも、サルボチェアの弟子は同じ主張を繰り返す。「大土地の細分化（parcelación）は、アナルコ共産主義を通じてのみ解決されるはずの社会問題に何の影響も及ぼさない」。自身が編集する『エル・プロドゥクトール』紙にサンチェス・ロサがこう書きつけたのは、アンダルシア CRT 地方委員会との決裂のときが迫りつつあった 1919 年 9 月のことである[71]。

しかし、その 7 年ばかり前、グラサレーマの靴職人のせがれは意外な（？）脆さを露呈していた。1912 年の夏、コルドバ県のラ・カルロッタでの集会で私的所有全般に攻撃の矛先を向けたサンチェス・ロサは、それまで自身の演説に熱心に耳を傾けていた「アンダルシアの民」から思わぬ怒りを買ってしまう。セビーリャのエラディオ・フェルナンデス・エゴチェアーガやモンティーリャのフランシスコ・サフラやコルドバのフアン・パロミーノ・オラーリャら、アンダルシアの有力なマルクス主義者たちとの論戦では一歩も引かなかった『アナキズムの理念』の著者も[72]、ディアス・デル・モラールによれば、このときばかりは俄かに前言を撤回し、「土着の社会主義」に執着するラ・カル

ロッタの「民」の不興を和らげるしかなかったのだった(73)。

「純粋」アナキズムの指折りの「使徒」サンチェス・ロサによって提示された「世界の破局の観念」には、「土着の社会主義」を超克するに足るだけの展望も、逆に「アンダルシアの民」の宿願に応えてラティフンディオを再分配するすべも内包されていない。他の「使徒」たちも同様であったとすれば――同様であったに違いない――、圧倒的なまでの熱狂とともにコルドバ県のカンピーニャを席巻した 1903 年の騒擾の、早々の「腰砕け」も不可避であったかに思われる。ことは、ディアス・デル・モラールの断定に反して、「『熱狂的にして理想主義的、なおかつ一貫性に欠ける』アンダルシア人気質」の問題ではなかった。1910 年代のカンピーニャの「民」にとっても、アナルコ、ないしリベルテール共産主義は「土着の社会主義」の同義語のままであり続ける(74)。

カストロ・アルフィンは、1870 年に FRE が誕生してからも「アンダルシアの民」の間でラティフンディオの再分配への志向が持続された理由を、集団的な土地所有の実現を具体化させるだけの展望がリベルテールたちに欠けていた点に求める。そして、その欠落を埋めたのが、自由主義的農地改革に抗うなかで「民」が独自に創造するに至った「土着の社会主義」に他ならなかったというわけである。「少なくとも 19 世紀の間は」との留保が付された労働運動史家のこの見解は(75)、20 世紀の初頭から「ボリシェヴィキの 3 年間」までの南スペインにも妥当するものと思われる。

1918 年 10 月に催されたカストロ・デル・リオでの「ボリシェヴィキの 3 年間」で最初の農業労働者大会では、「土地が耕作者たちのものとなるまでの」すべての失業者の救済が「お上」に求められた(76)。しかしながら、FNOA のモットーに則って「土地が耕作者たちのものとなる」ための方策は何も示されていない。それから 7 ヶ月後、同じカストロに改めて招集された大会では、国有地や自治体所有地、それに劣悪な耕作状態に放置されたままの土地の組合への即時の明け渡し策が講じられる。この大会は「権威と所有に対する和解しがたい敵」と自らを規定したうえで、先にも述べておいたように「ボリシェヴィキ的な」土地の収用を併せて宣言した。

1917 年 11 月にボリシェヴィキが出した「土地に関する布告」はロシアの大地主たちの所有地の「再分配」を謳い、農民たちのものではない土地を無償で収用する権限を農民ソヴィエトに与えていた(77)。この「布告」の内容が

291

スペインでも既に広く知れ渡っていたとすれば、1919年5月にカストロ・デル・リオの農業労働者大会が提示した「ボリシェヴィキ的な」指針は、集団的な土地所有の実現を視野に入れたものではなかったということになる。

カストロ・デル・リオでの2度目の農業労働者大会の2ヶ月前には、ボリシェヴィズムに心酔するあのマヌエル・ブエナカーサが、FNOA機関紙を通じて「東方の労働者たちの世界で開始された社会変革をまっとうするだけの能力を備え」アンダルシアの農民たちに希望を託していた。1919年7月、このCNT全国委員会書記長は「ロシアでは、われわれの兄弟である農民たちが、それぞれの必要に応じて土地を再分配した」と、改めて「アンダルシアの民」の琴線に触れる記事をヘレス・デ・ラ・フロンテーラで発行されていた『ラ・ボス・デル・カンペシーノ』紙にしたためる[78]。件の「土地に関する布告」の知らせは、遅くともこのときまでにブエナカーサらのもとには届いていたらしい。だが、南スペインの日雇い農たちは既に逆風に晒されている。

1919年5月のカストロ・デル・リオでは、他方では雇用危機を回避するための当局への土地の移譲の要請という、ブハランセの公証人によれば「古典的にサンディカリスト的な」提案も大会参加者たちの支持を受けていた。大会が示した見通しでは、この求めが「お上」に受け容れられた暁には、「共同耕作のために」組合に引き渡される土地の借地料は、その土地が生み出す課税対象所得に応じて支払われる手筈になっている[79]。「ボリシェヴィキ的な」土地の収用とその再分配(?)とは、どう見ても相容れない選択肢である。カストロでの2度の大会における議論の混乱は、ボリシェヴィズムの「幻想」に籠絡された「純粋」アナキストが戦局が悪化するなかで伝えた、「われわれの兄弟である農民たち」の解放の知らせとも相まって、「土着の社会主義」への期待を募らせる「アンダルシアの民」を、それが「魔術的な言葉」に興奮するに任せたかに思われる。

「ボリシェヴィキの3年間」にコルドバ県を訪ねたアメリカの作家ジョン・ドス・パソスは、収穫を前に火が放たれた穀物が怪しく燃え盛るさまを見て、ひもじさを忘れて狂喜する日雇い農たちの集団に出くわした、ある夜の自身の体験を書き残している[80]。1930年代のカディス県の有力なFAI派の1人、ディエゴ・ロドリーゲス・バルボーサがその小説のなかでも描いているように、焼き打ちは窮地に立たされた「アンダルシアの民」が訴える、ごくありきたりな反逆の手段の1つだった[81]。われわれも、FREが地下に潜った1870年

第 4 章　「純粋」アナキズムの系譜

代後半のアンダルシアでの「行動と報復によるプロパガンダ」の一環としての焼き打ちの頻発を知っている。

　だが、ブハランセの公証人が抱いた印象では、1904 年から翌年にかけてコルドバ県のカンピーニャに多発した焼き打ちは、19 年の夏には目立って減少したという(82)。アメリカの作家の脳裏に深く刻まれた光景は、「ボリシェヴィキの 3 年間」には「ごくありきたりな」それではもはや必ずしもなくなっていたのかもしれない。しかし、こうした単純な抗議行動の後退とおそらく無関係ではない「アンダルシアの民」の組織化の高次の発展をよそに、「3 年間」に南スペインに根を下ろしたアナルコサンディカリズムは大土地所有制を廃絶するための戦略を持ち合わせていなかった。

　「ボリシェヴィキの 3 年間」におけるハエン県の労使対決のありさまを眺望したトゥニョン・デ・ラーラは、ラティフンディオの再分配をめぐる「アンダルシアの民」の熱狂に関する「ある種の、伝説と化した証言の数々」の信憑性に疑いの眼差しを向ける。そこには、「散文的な」、あるいは「合理的な」争議の内実に照らして、ボリシェヴィキの「神話」がそうであったように、「土着の社会主義」にまつわる「伝説」もまた「上から」の、換言すれば、賃金の出来高払い方式の廃止や報酬の引き上げを要求する農業ストライキを、社会秩序の転覆を招く騒擾と同一視する「お上」や農業経営者たちの発想の産物だった、との読みが働いている(83)。そうした農業経営者の典型として、われわれは『IRS 報告』に名を連ねた同業者たちのなかでもひときわ厳しい口調で日雇い農たちの「増長」をたしなめた、プエンテ・ヘニールのフランシスコ・モラーレス・デルガードの名を思い浮かべることができるだろう。

　ここであらかじめ一言断わっておけば、「ボリシェヴィキの 3 年間」を通じて労使紛争が最も尖鋭化したコルドバ県にあってさえ、1873 年のモンティーリャに倣って土地の再分配の手始めに台帳が破棄されるような事態はなるほど発生していない。ジャック・モリスの調べでは、「3 年間」のアンダルシアで「土着の社会主義」のための実力行使が観察されたのは、わずかに 1919 年秋のブルギーリョスのみ。しかも、帰属先が争われていたかつての自治体所有地だけがその対象に選ばれている(84)。セビーリャ県のこのプエブロでの騒ぎは、「世界の破局の観念」に導かれたうえでの「偉大な日」の実現のための序曲ではどうやらなかった。

　他方で、アントニオ・マリーア・カレーロが総括するとおり(85)、5 度にわたっ

て催されたFNOAの大会でも、労働条件の改善に関する議論に比べてグローバルな視点からの革命をめぐる議論は低調だった。1918年12月に催されたFNOAバレンシア大会におけるコルドバ県内のいくつかの市町村からの代表たちの間からも、復古王政を直に脅かすような革命的な発言は出なかった。また、1919年5月のカストロ・デル・リオでの農業労働者大会が即時の土地の再分配を実施するための確かな戦略を打ち出さなかった、とのアンヘレス・ゴンサーレスの指摘については[86]、われわれも重々承知している。しかし、問題の核心はラティフンディオの再分配への「民」の願望がサンディカリズムの次元には収斂されえなかったという正しくその点にこそ、むしろ求められるべきであるように思われるのである。

IRS調査団の調べに応じたヌエバ・カルテージャの経営者組織によると[87]、もっぱら「既存の体制に敵対する……個々人」の煽動により、このプエブロの農業労働者たちの組合は「すべての地所」のさらなる分割（subdivisión）へと傾いていた。この「個々人」は、組合の組織力や動員力に揺るぎのない信頼を寄せる「散文的な」サンディカリストたちではおそらくない。その「身元」は洗ってみるに値するだろう。こちらも「ボリシェヴィキの3年間」を肌身に知るディエゴ・パソス・イ・ガルシアの主張[88]に反して、「ボリシェヴィキのハリケーンに乗じて（en alas del huracán bolchevista）」農業ストライキが土地の再分配をその達成目標として掲げたわけではなかった。

「アンダルシアの民」への「アフリカ風の憎しみ」も露わなモラーレス・デルガードの証言はひとまず措くとして、ディアス・デル・モラールや、本章の冒頭に登場したクリストーバル・デ・カストロ、それにこのパソス・イ・ガルシアらが書き綴った、「民」が常軌を逸するほどに「土着の社会主義」に執着するありさまもやはりまったくの虚構、もしくはこれも通俗的な意味における「神話」と同義語の「伝説」でしかなかったのだろうか。そうとは言い切れないだろう。少なくとも『騒擾史』の著者は、自身、農業経営者でありながらも、第2共和制の「改革の2年間」には農地改革への関与を通じて、「賃金の出来高払い方式の廃止や報酬の引き上げを要求する農業ストライキを、社会秩序の転覆を招く騒擾と同一視する」大地主たちと一線を画す立場に身を置くことになる人物である。

パソス・イ・ガルシアが「土地の再分配」の求めを「農業ストライキ」に直に結びつけたのは、明らかな筆の滑りである。不動産登記に関わる役人と

いうその職業柄、パソス・イ・ガルシアがブハランセの公証人に似て南スペインの階級闘争の「上から」目線の観察者であったことは間違いない。だが、この2人はともに「階級的な」制約を抱えながらも、「アンダルシアの農業問題」の解決のために知恵を絞る立場を選んだことでも共通していた。農業史家のアントニオ・ミゲル・ベルナールは、パソス・イ・ガルシアを良好な環境のもとにないラティフンディオの収用とその再分配の可能性をも視野に収めた、「ボリシェヴィキの3年間」当時の農地改革の代表的な理論家たちのなかの1人に数えている[89]。

　クリストーバル・デ・カストロは1874年にイスナーハルで生まれ、1953年にマドリードで死んでいる。従って、ディアス・デル・モラールとほとんどまったく同じ時代を生きた著述家だった。第2共和制の初期、このブハランセの公証人の同県人もラティフンディオの細分化や、それまで土地を持たなかった同胞の自活を可能にする規模での家族単位の農業経営の導入その他、「社会革命」へと通じる回路を封鎖するための「深みを伴った」農地改革の提言を行なうことになる[90]。

　ただし、「ボリシェヴィキの3年間」のエサ子爵にも通じるような発想の持ち主が第2共和制の農地改革に実際に関与した形跡はどうやらない。また、少なくともその「3年間」の時点では、コルドバ県をかつてない規模で見舞った「アナーキーな」激震を鎮める方策として、デ・カストロは日雇い農たちへの自治体所有地の「有償での」再分配を提案するだけに留まっていた[91]。第2共和制期には「ソヴィエト連邦の友の会（Asociación de Amigos de la Unión Soviética）」の設立に携わったり（!）、アラバ県知事に就任したりしているものの[92]、同郷の大地主たちの「アフリカ風の憎しみ」に満ちた眼差しにその身を焼かれることもなかったらしい。デ・カストロもまた、紛れもない「持てる者」ではあった。それでも、「魔術的な言葉」に興奮する日雇い農たちに向けられたその眼差しは、「アンダルシアの農業問題」の一切を「すべてを一変させ、自分を名士にしてくれる破滅や革命の類を」待ち望む「持たざる者」たちの「教養」の欠如に帰した観の強いもう1人の「持てる者」、モラーレス・デルガードのそれとはやはり異なっている。

　プエンテ・ヘニールのこの恐ろしく偏屈な農業経営者とは違った視座から、つまり「農業ストライキ」と「社会秩序の転覆を招く騒擾」とを混同する精神には背を向けたうえで、なおかつ「土着の社会主義」へと傾斜する日雇い

農たちを抱えた南スペインの現実を憂慮する「持てる者」は、まだ他にもいた。第2共和制の「改革の2年間」にブハランセの公証人と共闘することになる、あのホセ・オルテーガ・イ・ガセ。IRS調査団のメンバーで、こちらも第2共和制の初期に農地改革のための専門委員会でディアス・デル・モラールと同席するコンスタンシオ・ベルナルド・デ・キロース。そして、「ボリシェヴィキの3年間」が終息した翌年（1921年）、ボルドー大学に提出される博士論文の執筆のためにアンダルシア各地を歩いたジャン・コストドア・ラマルクである。

　1919年3月、自身を悩ます不眠症から逃れようと訪ねた先のコルドバで、「ボリシェヴィキの3年間」で2度目の農業ストライキ攻勢の口火を切ることになるゼネラル・ストライキに巻き込まれたのが、オルテーガだった。生活必需品の値下げその他、漠然とした即効性に乏しい要求を掲げつつ、しかもほとんど不意に開始された観さえあったにもかかわらず、都合6日間にもわたった争議を通じて一糸乱れぬ「完璧な」結束を示したコルドバの労働者たちの精神にマドリードの知識人は強く印象づけられている。ディアス・デル・モラールのひそみに倣えば、その友人は「個々の意思が1つとなって全体的な意思のなかに沈み込む」場面に直に出くわしたのだった。

　オルテーガの嗅覚は、コルドバ県の県庁所在地のみに留まらず広くカンピーニャ一帯に漂う異臭をも確かに察知していた。「おそらく数ヶ月のうちに、アンダルシアのカンピーニャでは、好戦的な熱狂に身を委ねた100,000人の男たちが農作業用のフォークを振りかざして蜂起するだろう。……敵愾心に燃える男たちが求めるのはパンではない。土地なのだ！」。これは、マドリードの大新聞『エル・ソル』の旧知の編集長に宛てられた公開書簡のなかにこの稀代の名文家が挿入した一節である[93]。

　正しく「数ヶ月のうちに」、コルドバ県の労使紛争の第3幕が上がる。「ボリシェヴィキの3年間」の実質的な「関ヶ原」を迎えて、復古王政は日雇い農たちの反逆を封殺するためには戒厳令の発令も厭わなかった。それでもなお、ディアス・デル・モラールによれば[94]、「1903年と同じように」このときカンピーニャの「アンダルシアの民」は「天国の扉の前に立っているものと確信していた」。だが、その向こうに「土着の社会主義」の花が咲き誇る別天地が広がる「扉」をこじ開けるすべは、どうやらどこにも見当たらない……。「民」が「勝利を収めていれば、ロシアの場合と同じくアンダルシアの

土地は再分配されていただろう」と仮定しながらも [95]、「民」には勝利へ向けての「一押し」が欠けていたのだと断定する『騒擾史』の著者は [96]、ことの本質に肉薄していたように思われる。

　これもホブズボームが引用しているベルナルド・デ・キロースの「アンダルシアの農民たちのスパルタクス主義」によると [97]、1918 年の初秋、アンダルシアの日雇い農たちの間では、「〔労使の〕地位の逆転と資産（bienes de la vida）の再分配」を約束する「新しい法」への確信が広がっていた。「偉大な日」の到来があたかも自明のことででもあるかのように、その日時を「セニョリート」のソイロ・エスペッホに尋ねた 1903 年の例の若者にも似て、「ボリシェヴィキの 3 年間」の南スペインの農業労働者たちはそれがいつ、どこで、何者が公布したのか誰も知らなかったにもかかわらず、「名士たち〔農業エリート〕の面前でさえもおおっぴらに、しかも天真爛漫に」件の「法」について語ってみせたという。

　ジャン・コストドア・ラマルクは、セビーリャ県の県庁所在地で同県のコンスタンティーナから来た 2 人の日雇い農に出会っている。その 2 人の見通しでは、セビーリャのフェリアが終わったところで、県知事が自分たちに土地を分け与えてくれる手筈になっていた。また、同じセビーリャ県内のマイレーナ・デル・アルコルに住む 1 人は、土地の再分配を告げる王令が布告されて既に久しいというのに、地元のカシーケたちがその実施を妨げていると、法学博士の卵に苦々しげに話したのだった [98]。

　「新しい法」に関する噂は、あるいは 1 年前のボリシェヴィキによる「土地に関する布告」がときを経るなかでデフォルメされていったものであったのかもしれない。ここで注目されるべきは、「地位の逆転と資産の再分配」が意味する社会革命の実現を復古王政の「法」に仮託する、換言すれば既存の体制の合法的な枠組みのなかにはめ込むというデフォルメの方向性だろう。革命的な騒乱に際して「情報は、集合心性とうまく調和するように変形され、そうした形をとることによって、集合心性の基本的な観念を確固たるものとし、集合心性の情動的要素を昂ぶらせることになる」とのルフェーヴルの指摘が [99]、ここでも参考になる。

　それがセビーリャ県知事であれ国王であれ、コストドア・ラマルクが対面したコンスタンティーナとマイレーナ・デル・アルコルの「アンダルシアの民」も「土着の社会主義」を是が非でも実現させるための根拠を、もとより無意

識のうちに「お上」に求めたのだった。しかも、マイレーナの「民」の頭のなかでは、土地の再分配をめぐって「地元のカシーケたち」が国王アルフォンソ13世に盾突いてさえもいる。19世紀中葉から1930年代までの南スペインの階級対立についての中塚次郎のスケッチにもあるように、「アナキズムの国家廃棄の主張に〔アンダルシアの〕農民が共感したとすれば、国家が課す兵役や税に反撥したからだけではなく、土地分割〔再分配〕のために現存国家が障害となったからである」ことは確かであったにせよ[100]、一面では土地の再分配が他でもない「国家」のお墨つきを得て実現される運びになっていたとの思い込みに支えられていたからこそ、「民」は「土着の社会主義」の成就の夢を「おおっぴらに、しかも天真爛漫に」語ることができたのかもしれない。

「アンダルシアの民」の反逆の叫びを「ヨーロッパの社会史のいっそう広範な脈絡のなかに組み込」んだホブズボームは、ディアス・デル・モラールの『騒擾史』の「本編」がいよいよその幕を開けた20世紀の初頭、「皇帝の名のもとに」掠奪を働いた帝政ロシアのポルタヴァ県やチェルニーゴフ県のムジークたちにも注目している。1905年のチェルニーゴフ県では、「ロシア皇帝の名のもとに」多数のユダヤ人が虐殺された[101]。われわれは、ロマノフ家のツァーリを後ろ盾にしたロシアのムジークと、「お上」を「土着の社会主義」を実現するための「保証人」ないしは「責任者」と崇めるわれわれの「民」とを同列に論じようとは思わない[102]。

しかし、コンスタンティーナでは、リベルテール的な農業労働者組織が農業経営者たちとの交渉にイニシアティヴを発揮する「ボリシェヴィキの3年間」に先立って、共和派のセンターが「自由・平等・兄弟愛」の精神に訴えつつ復古王政への敵愾心を地元の「アンダルシアの民」に既に吹き込んでもいたはずだった[103]。にもかかわらず、労働条件の改善が「合理的に」模索された「3年間」を経てもなお、このプエブロにはセビーリャ県知事が、言い換えれば県知事を介して復古王政が自分たちに土地を分け与えてくれる「偉大な日」の到来を待望する「民」が確かにいたのである。そして、このような傍目には奇怪な虚構を「民」の脳裏に築かせたものは、「いつ、どこで、何者が公布したのか誰も知らなかった」「新しい法」の噂の類の、「土着の社会主義」の実現に真実味を施そうとする、大土地所有制に反逆する日雇い農たちの集合心性に固有の情報の変形作用（ルフェーヴル）を除いて他にないということになるだろう。

しかし、かつてカレーロが示したホブズボームの千年王国論への極端なまでのアレルギー反応が尾を引いてか、ソイロ・エスペッホやコストドア・ラマルクらの同時代人たちが残した「土着の社会主義」をめぐるこれらのエピソードは、今日ではどうやらまったく顧みられることがない[104]。マルティネス・アリエールの指摘にもあるとおり[105]、「ボリシェヴィキの3年間」に定着を見たアンダルシアのアナルコサンディカリズムは、傘下の日雇い農たちの待遇改善の手段としての集団行動に大きな信頼を寄せていた。ホブズボームが、19世紀のアナキズムから20世紀のアナルコサンディカリズムへの移行の意味を軽視したことは明らかである。『素朴な反逆者たち』の著者は、「アンダルシアの民」の、著者自身の形容に倣えば「アルカイックな」反逆の作法に目を奪われるあまり、「3年間」のコルドバ県における「散文的な」労使交渉のありさまについてはほとんど一顧だにしようとしない[106]。

従って、これもマルティネス・アリエールが結論づけるように、千年王国論の図式をアンダルシアの階級闘争に単純に当てはめることは、端的に言えば誤りでしかないだろう。それでも、「アンダルシアの民」の「合理的な」「集団行動」が自ずと限界を伴っていたことは、「ボリシェヴィキの3年間」の顛末に明らかである。そして、1919年5月の、「3年間」を通じて最大にして最後の農業ストライキ攻勢が復古王政が投入した軍事力により一蹴されるとき、「お上」に辛くも救済された南スペインの「セニョリート」たちの土地所有の是非そのものが「民」から問われざるをえない。

にもかかわらず、腹を空かせたアンダルシアの日雇い農たちには、リベルテール共産主義の理念の表立っての普及をよそに、自らの「待遇改善の手段としての集団行動」を超えて農業エリートの支配を一掃するための「合理的な」指針は何も提示されていない。ところで、ホブズボームによれば[107]、「現在の邪悪な世界の徹底的な拒否、およびそれとは別のよりよい世界への情熱的なあこがれ」と並んで、千年王国的大衆運動の主要な特徴は正しく「新しい社会を生みだす現実的な方法についての、基本的な曖昧さ」に求められるべきなのである。断わるまでもなく、1857年のエル・アラアールでの文書庫への放火も、61年のロハその他での紙券の配布も、それから12年後のモンティーリャでの土地台帳の破壊も、「土着の社会主義」の成功を保証する「現実的な方法」ではまったくない。1892年のヘレス・デ・ラ・フロンテーラと、その10年後のモロン・デ・ラ・フロンテーラでともに大地主の殺害と土地の再分

配をもくろんだとされるリベルテールたちに、2つの目的を実現するための「現実的な方法」が用意されていたとも思われない。

1903年に「皆が平等になって、すべての者に土地が再分配される」「偉大な日」を「訪れる」べきものと認識していたあの若い日雇い農の「無邪気さ」も、「土着の社会主義」の根拠を、農業エリートと癒着する「お上」に帰したその「後続部隊」の精神のありようも、賃金の出来高払い方式への反対その他、労使交渉のなかでは確かに発揮された日雇い農たちの「合理性」には還元できない異質の広がりを持つ。「革命への集団的なパトスにもかかわらず」、その実態は「お馴染みの」千年王国論からほど遠かった。1910年代のアンダルシアの階級闘争をかつてこのように総括したのは、「社会階級としてのアンダルシアの農業プロレタリアート（1913‐20年）」（1979年）を著したラモン・ロドリーゲスである[108]。しかし、「革命への集団的なパトス」の内実をめぐる議論は——その「パトス」が、「革命」成就のために手っ取り早く「お上」の支援にもすがろうとさえした事実をも含めて——、この論考が活字にされて以来この方、不問に付されたままである[109]。

「ボリシェヴィキの3年間」の緊張から既に遠い1923年7月、コルドバにアンダルシア各地のリベルテールたちが足を運んだ。ただし、コルドバ県に関する限り、この集まりに代表を派遣したプエブロはアダムース、エスペッホ、カストロ・デル・リオ、ラ・カルロッタだけである。このとき、われわれの県の農業労働者たちの組合は、そのほとんどが姿を消していた。ブハランセの公証人の『騒擾史』によると[110]、集会ではあらゆる土地の組合への移譲と、そのもとでの共同経営の実施の方針が決議されている。マレファキスは、その4ヶ月前のバルセローナでのサルバドール・セギの暗殺に端を発し、FAIの発足を経てCNTの急進化へと帰結するスペインのアナルコサンディカリズムのなかに生じた新しい潮流と、この集会が打ち出した組合による「あらゆる土地」の「共同経営の実施の方針」、つまりは19世紀以来の「土着の社会主義」の否定とを結びつける[111]。

しかし、衰弱した復古王政を救済する最後の手立てとしてのプリモ独裁への足音が聞こえるなかでコルドバに集まったリベルテールたちは、当面の課題として、退けられたばかりの（！）土地の細分化（parcelación）よりも賃金の確保を優先する「合理的な」選択をも併せて掲げていた。マレファキスが図式化してみせたほどに、ことは単純ではなかったように思われる。9月に

独裁体制の樹立を宣言したプリモ・デ・リベーラ将軍に、コルドバ県の社会党も共和派も唯々諾々と従った⁽¹¹²⁾。マレファキスに従えば、つい２ヶ月ばかり前に急進化を遂げていたはずの同県のアナルコサンディカリズムにしても——しかし、念のためにここで繰り返しておけば、件の集会に関与した県内のプエブロはわずかに４つを数えたのみである——、将軍の軍事行動にあえて抵抗を試みた形跡はない。

1920年代を迎えて、「母乳」イデオロギーとしての「土着の社会主義」は「系統立った、または比較的系統立った」リベルテール共産主義に席を譲っていた、との労働運動史家のホセ・ルイス・ミリャン・チビーテの主張も⁽¹¹³⁾、どう見ても舌足らずにすぎるだろう。ラ・カルロッタでホセ・サンチェス・ロサが晒した無残なまでの狼狽が如実に物語るように、もともとアナルコ集産主義に代わる理念として提示されたはずのアナルコ、ないしリベルテール共産主義それ自体も、少なくともこの時点では「現在の邪悪な世界の徹底的な拒否、およびそれとは別のよりよい世界への情熱的なあこがれ」の域をまだ出なかったのである。

1930年代の南スペインには、「アンダルシアの民」の「革命への集団的なパトス」をさらに高揚させる新たな要素として、19世紀以来の「革命文化」を、言い換えれば「行動によるプロパガンダ」のモットーに凝縮されたフェルミン・サルボチェア・イ・アルバレスや「ロス・デセレダードス」の精神を継承すると同時に、国家権力の破壊のためには自ら率先して大々的な武装蜂起に訴えることをも辞さないFAI派が出没する⁽¹¹⁴⁾。大衆の自発性への信頼を等しくよすがとしながらも、20世紀初頭のコルドバ県の多くの「目覚めた労働者」たちとは異なって、アルフォンソ・ニエベス・ヌーニェスらは「民」を熱狂のなかに言わば「置き去り」にすることはないだろう。

それでも、内戦の火蓋が切られるちょうど半世紀前の1886年にサルボチェアが語っていた、「働く者たちを解放へと導く」唯一の方法としての「私的所有を集団的所有へと転換させる策」を具体化させる戦略が、つまりジョージ・リューデが語る「母乳」イデオロギーの精髄としての「土着の社会主義」を乗り越える発想が、ニエベスら第２共和制時代のアンダルシアを生きた「純粋」アナキズムの「使徒」たちの革命思想のなかに組み込まれていたかどうかは自ずと別の話である。

ところで、本書のささやかな議論の核心に通じる南スペインのFAI派の探

索に着手する前に、「すべての階級の勤労者の共和国」が樹立される1931年4月に先立つ時代のこの地方に関して、われわれには扱うべきテーマがもう1つ残されている。それは、復古王政とは切っても切れないカシキスモをめぐる問題である。マイレーナ・デル・アルコルの日雇い農にはアルフォンソ13世の「善意」に背いて「土着の社会主義」の実現を阻む障壁と思われたように、アンダルシアにおけるカシキスモの影響力は狭い意味での「政治」を超えるだけの広がりを持っていた。

註
（1） José Sánchez Rosa, *Diálogo. Las dos fuerzas. Reacción y Progreso*, s.l[¿Sevilla?]., 1902, recopilado por Gutiérrez Molina, *La tiza*, p.166.
（2） José Sánchez Rosa, *Diálogo. El capitalista y el trabajador*, s.l[¿Sevilla?]., 1905, recopilado por Gutiérrez Molina, *La tiza*, p.166.
（3） *Ibid.*, pp.40-42.
（4） Díaz del Moral, *Historia de las agitaciones*, pp.77-78 y n.13.
（5） María Parias Sainz de Rozas,"Las transformaciones agrarias de la época contemporánea", *Historia de Andalucía Contemporánea*, p.123.
（6） ベルナル『ラティフンディオの経済と歴史』78 - 84ページ。
（7） Maurice, *El anarquismo andaluz*, p.378.
（8） Bernaldo de Quirós, "El espartaquismo agrario", p.192.
（9） 岡住正秀「1861年のロハ蜂起の研究／第1インターナショナル前夜のスペイン・アンダルシアの農民運動」『スペイン史研究』第1号、1983年、17ページ。
（10） ベルナル『ラティフンディオの経済と歴史』84ページ。
（11） López Estudillo, *Republicanismo y Anarquismo*, pp.54-56. 領主制が廃止される以前の1813年と21年の2度、エル・コロニールでは自治体所有地を取り込んで肥大していた領主貴族の不動産が、町役場により地元の住民たちに再分配された。領主制のあり方に対する「アンダルシアの民」の象徴的な勝利と見なされるこの手の措置は、カディス県のボルノスやアルカラ・デ・ロス・ガスーレス、それにコルドバ県のルセーナでも実施されている（ベルナル『ラティフンディオの経済と歴史』83 - 84ページ）。
（12） このギリェーナにも多大な不動産を所有していたのが、主として自治体所有地の売却に乗じて巨万の富を築き、第1共和制が誕生する前年にこの世を去ったセビーリャのイグナシオ・バスケス・グティエーレスである（López Estudillo, *Republicanismo y Anarquismo*, p.136 y n.27.）。
（13） ベナメヒとポソブランコを見舞った騒擾に関しては、Díaz del Moral, *Historia de las agitaciones*, p.91.

(14) 岡住「1861年のロハ蜂起の研究」17ページ。表現をわずかに変更。
(15) Martínez Alier, *La estabilidad*, p.86.
(16) Bernaldo de Quirós, "El espartaquismo agrario", p.154.
(17) Castro Alfin, "Unidos en la adversidad", p.70.
(18) 史料的根拠は本節の註（14）に同じ。
(19) Castro Alfin "El Partido Demócrata", pp.78-79.
(20) López Estudillo, *Republicanismo y Anarquismo*, pp.55-59. 例えばロベスピエールの社会思想に顕著に窺われる「ジャコバン的な」生存権の重視については、遅塚忠躬『ロベスピエールとドリヴィエ／フランス革命の世界史的位置』東京大学出版会、1986年、221‐225ページ。清廉潔白なアラスの弁護士にあっても、所有権に「制限」が課されるとすれば、それは大衆の生存権そのものが脅かされる場合に限られていた。
(21) Díaz del Moral, *Historia de las agitaciones*, pp.85-89 y n.33.
(22) José Calvo Poyato y José Luis Casas Sánchez, *Conflictividad social en Andalucía. Los sucesos de Montilla de 1873*, Córdoba, 1981, p.120.
(23) 王政派の町長だったルイス・アルボルノースの私邸も炎に包まれたモンティーリャの騒乱の詳細は、*ibid.*, pp.124-149. われわれが第2章第1節で参照した、マタ・オルモの手になる1873年の高額納税者のリストの第84位にフランシスコ・ソラーノ・リオボの名が見える。フランシスコ・デ・アルベアールは出てこない。
(24) Bernaldo de Quirós, "El espartaquismo agrario", pp.187-188.
(25) José Antonio Cerezo の教示による。
(26) *El Noticiero Obrero*, 20-III-1901.
(27) Jacques Maurice, "Los sucesos de Jerez, 1892, en *El Imparcial*", *El anarquismo andaluz, una vez más*, pp.93-94.
(28) Angel Marvaud, *La cuestión social en España*, Madrid, 1975(1ª ed. fr. 1910), p.94.
(29) 7月14日に上院で行われたソイロ・エスペッホの演説は、*Diario de Córdoba*, 29-VII-1903. ソイロ・エスペッホはモンティーリャの生まれ（Manuel Ruiz Luque の教示による）。
(30) Díaz del Moral, *Historia de las agitaciones*, p.201.「偉大な日」をめぐる対話に関して、1903年7月29日付の『ディアリオ・デ・コルドバ』紙の記事と『騒擾史』との間にはわずかに異同がある（ディアス・デル・モラールは、典拠を明示していない）。前者は、Señorito, ¿cuándo llega el gran día? – ¿Qué día es ése? – El día en que todos seamos iguales y se reparta la propiedad. 後者は、Señorito, ¿cuándo llegará el gran día? – ¿Qué gran día es ése? – El día en que todos seamos iguales y se reparta la tierra <u>entre todos</u>. ホブズボームが依拠しているテキストが『騒擾史』であるため（「だんな、偉大な日はいつくるんで」「どういう偉大な日だ」「おれたちが皆平等になって、土地が全員にわけられる日のことでさ」〔ホブズボーム『素朴な反逆者たち』180ページ〕）、われわれはディアス・デル・モラー

ルに従って「すべての者に」(下線部) の文言を添えている。
(31) Calero, *Movimientos sociales*, p.75.
(32) Jacques Maurice, "Compt rendu de *Les primitifs de la révolte dans l'Europe moderne* d'Eric J. Hobsbawm"(1ª ed. 1967), *Cahiers de civilisation espagnole contemporaine*, 2-2015, consulté le 23 mars 2015.URL: https://ccec.revues.org/3914; DOI: 10.4000/ccec.3914, p.3.
(33) Díaz del Moral, *Historia de las agitaciones*, p.25.
(34) *Ibid.*, pp.49-54.
(35) *Ibid.*, pp.32-33.
(36) *Ibid.*, pp.58-61.
(37) G・ルフェーヴル、二宮宏之訳『革命的群集』創文社歴史学叢書、1982 年、9 ページ。
(38) 同邦訳、34 ページ。
(39) 「大恐怖」については、G・ルフェーヴル、高橋幸八郎・柴田三千雄・遅塚忠躬訳『1789 年／フランス革命序論』岩波文庫、1998 年、248‐255 ページ。
(40) Díaz del Moral, *Historia de las agitaciones*, p.47 y p.49.
(41) *Ibid.*, pp.187-188. ホブズボーム『素朴な反逆者たち』175‐176 ページ。
(42) 「フランス革命もまた、ひとつの『良きお告げ』ということになる。フランス革命が宗教的な発作として受け取られたのは、恐らく、フランス革命が大いなる希望であったからである」(ルフェーヴル『革命的群集』37 ページ)。
(43) Díaz del Moral, *Historia de las agitaciones*, p.48.
(44) Madrid, *op.cit.*, p.35.
(45) 「ラ・ルス・デル・ポルベニール」ではなく、別の組織「アモール・アル・トラバッホ (労働への愛)」の、1905 年 11 月の時点での臨時代表 (presidente accidental) が、モレノ・アランダである (Gay Heredia, "Sociedad Obrera Luz del Porvenir", p.7.)。「アモール・アル・トラバッホ」は 1907 年 5 月に解散する (*Tierra y Libertad*, 15-II-1911.)。この組織の活動の実態は不明である。しかし、何ら目ぼしいものがなかったであろうことは想像に難くない。
(46) 相良、前掲論文、118‐126 ページ。
(47) 同論文、141‐148 ページ。
(48) Pedro Vallina, *Crónica de un revolucionario con trazos de la vida de Fermín Salvochea*, Choisy le Roi, 1958, p.5.
(49) 岡住「1861 年のロハ蜂起の研究」2 ページ。
(50) Calero, "Introducción", Pérez del Álamo, *op.cit.*, p.30.
(51) Díaz del Moral, *Historia de las agitaciones*, p.140.
(52) *Ibid.*, p.217.
(53) Gay Heredia, "Sociedad Obrera Luz del Porvenir", p.11.
(54) その一方で、ホブズボームは「近代の社会的煽動が、組織、戦略、戦術、忍耐の

必要をかれらに教えることがまったくできない形で、アンダルーシア〔ママ〕の農民のところに到達したために、これは彼らの革命的エネルギーをほとんど完全に無駄にしてしまった」と「アンダルシアの民」の闘争を総括する（ホブズボーム『素朴な反逆者たち』181 ページ）。

(55) *Diario de Córdoba*, 8-V-1903.

(56) 父親が文字どおり「裸一貫」から身を起こし、やがて相応の蓄財に成功を収めたという点で、ペドロ・バジーナの幼少期の暮らし向きはサルボチェアのそれほどに豊かであったわけではない。だが、後の「貧しい者たちの医師」の、「医師」自身の回想によれば「申し分なく善良で、疲れを知らぬ働き者、そして誰からも愛された」という両親は子どもたちの教育や、特にペドロの「スペインにおける自由と社会正義の勝利のための戦い」の支援に惜しみなくその持ちがねを費やした（Vallina, *Mis memorias*, p.17.）。バジーナも、「アンダルシアの民」とは育ちが違ったのである。

(57) 「もとより、ミリタン〔活動家〕たちはといえば、ひとつの運動の内部でそれなりの人的構造、すなわち、最高幹部から末端の随行組まで、勇猛果敢な者から逃げ腰の者まで、恒常的なメンバーから束の間の仲間まで、はては忠誠度の高い者から相当に怪しい者までのひとつのピラミッド構造をなして」いる（相良、前掲論文、142 ページ）。ことは、19 世紀末から 20 世紀初頭のパリだけの話ではもちろんない。コルドバ県の「目覚めた労働者」たちのなかにも、「相当に怪しい」「たかり屋」の類が混じっている（Díaz del Moral, *Historia de las agitaciones*, pp.217-219.）。

(58) ジョージ・リューデ、古賀秀男・前間良爾・志垣嘉夫・古賀邦子訳『イデオロギーと民衆抗議／近代民衆運動の歩み』法律文化社、1984 年、27 - 42 ページ。

(59) Díaz del Moral, *loc.cit.*

(60) *Ibid.*, pp.252-260. FNOA が招集した大会でペレス・ロサとマルティネス・フレスコ、それにガリステオが重責を任されていたことは先に指摘した（ガリステオについては、本章第1節の註〔3〕）。ペレス・ロサは、1918 年 5 月にセビーリャで催されたアンダルシア CRT 創設大会の席で、地元セビーリャの労働者たちの組織力の弱さを指弾することに躊躇しなかった「豪傑」でもある（モリス「カストロ・デル・リオ」48 ページ）。また、「ボリシェヴィキの 3 年間」のさなかに、ペレス・ロペスが IRS 調査団との対話の求めに耳を貸さなかったことも、われわれは知っている。残る 2 人は、1930 年代のコルドバ県のアナルコサンディカリズムのなかで対照的な役割を演じることになる活動家である。

(61) Maurice, "Apóstoles, publicistas, hombres de acción y sindicalistas", p.4.

(62) IRS, *Información sobre el problema agrario*, pp.156-157.

(63) *Ibid.*, p.162.

(64) *Ibid.*, pp.34-35.

(65) Bernaldo de Quirós, "El espartaquismo agrario", p.162.

(66) Díaz del Moral, *Historia de las agitaciones,* p.348.

(67) ルフェーヴル『革命的群集』40 - 41 ページ。
(68) Díaz del Moral, *Historia de las agitaciones*, p.348.
(69) Sánchez Rosa, *La Idea anarquista*, pp.6-7.
(70) *Ibid.*, pp.16-18.
(71) Díaz del Moral, *Historia de las agitaciones*, p.345.
(72) Maurice, *El anarquismo andaluz*, p.174. ラ・カルロッタでの「私的所有」をめぐるプロパガンダで思いもよらない不覚を取る前年の夏、サンチェス・ロサはエスペッホで「政府」一般を「私的所有」の「番犬」と扱いおろした。その半年前の 1911 年 2 月、サンチェス・ロサは元リベルテールのフアン・パロミーノ・オラーリャをカストロ・デル・リオの「4,000 人」の面前で罵倒した (*Tierra y Libertad*, 23-VIII-1911.)。さらにその前年に当たる 1910 年、このセビーリャからコルドバへ来た、奇しくもサンチェス・ロサの父と同じ職業に従事するパロミーノ・オラーリャはマルクス主義者に転向していた (García Parody, *Los orígenes*, p.237.)。
(73) Díaz del Moral, *Historia de las agitaciones*, p.251. 相良匡俊の表現を改めて借りれば、このときのサンチェス・ロサの狼狽は、遡ればFREによりアンダルシアにももたらされていたはずの「言葉や思想に重要性を見出す別の文化」が、それ以前からあったラティフンディオの再分配という「独自の志向をもった人々の世界」を「吸収」するに至っていなかったことを如実に物語っている。
(74) *Ibid.*, pp.198-199.
(75) Demetrio Castro Alfin, "Anarquismo y jornaleros de la Andalucía del siglo XIX", *Anarquismo y movimiento jornalero*, p.65.
(76) Díaz del Moral, *Historia de las agitaciones*, p.318.
(77) フュレ、前掲邦訳、206 ページ、註 7。サーヴィス、前掲邦訳、91 ページ。
(78) Díaz del Moral, *Historia de las agitaciones*, p.344.
(79) エロイ・バケーロによれば (Vaquero, *op.cit.*, p.162.)、「ボリシェヴィキ的な」選択肢は「1 票差で」退けられたことになっている。しかし、われわれはディアス・デル・モラールに従っておく。
(80) John Dos Passos, "Rocinante vuelve al camino"(1ª ed. 1943), *La España del siglo XX vista por extranjeros*, Madrid, 1972, p.343.
(81) グティエーレス・モリーナ『忘れさせられたアンダルシア』238 ページ。
(82) 焼き打ちの発生件数そのものは示されていない (Díaz del Moral, *Historia de las agitaciones*, p.204 y p.337.)。参考までに、1919 年 6 月から 7 月にかけてセビーリャ県内では併せて 61 件の火災が発生。このうち、意図的な焼き打ちと見られるものは、ボリシェヴィキの「神話」の解体をもくろむアンヘレス・ゴンサーレスの判断によれば「わずか」16 件に留まる (González, "La construcción de un mito", p.182.)。
(83) Tuñón de Lara, *Luchas obreras y campesinas*, pp.105-106.
(84) Maurice, *El anarquismo andaluz*, p.314. 1919 年 10 月、ブルギーリョスの住民た

ちはこのプエブロのなかにあった、有力なカトリック紙の報道では「国有地」を一旦は「強引に」再分配した。だが、この久々の（？）「土着の社会主義」の企ては治安警備隊の介入によりあっさり蹴散らされてしまう。実力行使に及んだ150人ほどの言い分では、1人の大地主が件の「国有地」の用益権を独占していたらしい（*El Debate,* 10 y 21-X-1919.）。

(85) Calero, *Movimientos sociales,* pp.76-77.
(86) González, "La construcción de un mito", pp.183-184.
(87) IRS, *Información sobre el problema agrario,* p.117.
(88) Pazos y García, *op.cit.,* pp.208-209.
(89) ベルナル『ラティフンディオの経済と歴史』98ページ。
(90) Cristóbal de Castro, *Al servicio de los campesinos. Hombres sin tierra. Tierra sin hombres. La nueva política agraria (Ensayos sobre la reforma agraria en Europa y su aplicación en España),* Madrid, 1931, pp.205-210.
(91) 史料的根拠は本章導入の註（3）に同じ。
(92) Juan Luengo García, "Cristóbal de Castro, novelista andaluz", *Axerquía,* núm.9, 1983, pp.101-103.
(93) *El Sol,* 20-III-1919, recopilado en *Andalucía,* 29-III-1919.
(94) Díaz del Moral, *Historia de las agitaciones,* p.325.
(95) *Ibid.,* p.199 n.20.
(96) *Ibid.,* pp.325-326 n.49. 1919年5月を目前に控えて「社会革命に向けても、政治革命に向けても、恐るべき武装蜂起に向けても」まったく何の準備もしていなかったコルドバ県の日雇い農たちと、そんな日雇い農たちを意気消沈させるために周到な用意を整えつつあった「お上」とのコントラストを強調するのは、エロイ・バケーロである（Vaquero, *op.cit.,* p.164.）。
(97) Bernaldo de Quirós, "El espartaquismo agrario", p.67. ホブズボーム『素朴な反逆者たち』174ページ。
(98) Costedoat-Lamarque, *op.cit.,* p.23. コストドア・ラマルクの現地入りは、1921年3月にエドゥアルド・ダートがマドリードで暗殺されてから数ヶ月後のこと。「ボリシェヴィキの3年間」は既に幕を閉じていたものの、「お上」が南スペインにもまだ警戒の目を光らせている時期に重なっていた（*ibid.,* p.26.）。コストドア・ラマルクが出会った2人の日雇い農の出身地であるコンスタンティーナと、やはりセビーリャ県内にあってこのプエブロと隣接するカサーリャ・デ・ラ・シエラでは、法学博士の卵のアンダルシアでの滞在・取材活動と前後して、自治体所有地の再分配の申請がそれぞれの町役場になされている（岡住正秀「農民組合『友愛』のもとに／セビーリャ県のコンスタンティーナ（1918‐20年）」『たたかう民衆の世界／欧米における近代化と抗議行動』彩流社、2005年、130ページ）。セビーリャ県のこの2つのプエブロの組合の「お上」への訴えは、「3年間」のさなかにフェルナン・ヌーニェスやルーケのCNTが土地の細分化をめぐって示した姿勢と同様、

「プラグマティックな」判断に基づいていたものと思われる。
(99) ルフェーヴル『革命的群集』26‐27ページ。
(100) 中塚次郎「地中海的規範とアンダルシーアの農民運動」『社会的結合と民衆運動』青木書店、1999年、263ページ。
(101) ホブズボーム『素朴な反逆者たち』の「付録／かれら自身の声で」のなかの「8 ロシア皇帝の意志」356‐361ページ。
(102) 「救い主」または「解放者」としてのツァーリへのムジークたちの尊崇の念は、周知のように実に深い根を持っていた。それは、帝政ロシアの抑圧された環境のなかで育まれた集合心性の産物と見る以外にはない、壮大なまでの幻想である。1773年に「ピョートル3世」を僭称し、ムジークたちを陶然とさせたのは、あのエメリヤン・プガチョーフである（和田春樹『農民革命の世界／エセーニンとマフノ』東京大学出版会、1978年、6‐7ページ）。ロハで土地の再分配が企てられた1861年は、奇しくもロシアではアレクサンドル2世により農奴解放の詔書が発布された年に当たっている。その4年前の、エル・アラアールで「土着の社会主義」の実現が夢想された1857年は、これまた奇しくもロシアでの農奴解放の準備が具体化し始めた年である。この1857年、彼の地の「農民は、『われわれの父祖がずっと昔から耕してきたわれわれの土地を取り上げる権利などない。土地は神のものだ、だからツァーリがもうじきすべての土地をムジークに与えてくださる』と考えていた」（同書、300‐301ページ）。1881年の春に南ロシアを見舞ったポグロムは、「解放者ツァーリ」アレクサンドル2世の非業の死に起因していた。「キーエフでは、皇帝暗殺をユダヤ人の仕業とする噂が広められていた」。1905年に先立つ「近代ロシア史上最初のポグロムは、……皇帝暗殺に対する民衆の行動的反応としておこった」。このポグロムの大波が退いた後、ムジークたちはアレクサンドル3世に新たに夢を託す。当時、「チェルニーゴフ県知事は、〔県内のムジークたちの間に、新しいツァーリの思し召しにより〕一員数あたり9デシャチーナの土地〔再？〕分配があるとの噂があることを報告している」（同書、306‐307ページ）。
(103) 岡住正秀「アグロタウンにおける民衆労働者のアソシアシオン／セビーリャ県コンスタンティーナ（1900‐23年）」『スペイン史研究』第14号、2000年、5‐13ページ。
(104) González de Molina y Caro Cancela,"Introducción", p.20.
(105) Juan Martínez Alier, "Crítica de la interpretación del anarquismo como *Rebeldía primitiva*"(1ª ed. 1975), *Anarquismo y movimiento jornalero*, p.173.
(106) ホブズボームは、アンダルシアにおいて「ひそかな労働組合指導と労働組合対策を許容するアナルコ・サンディカリズムが、純粋なアナキズムに取ってかわったことは、すでに組織と戦略戦術へむかうためらいがちの一歩を意味していたが、それだけでは、規律と、指導のもとで行動する覚悟を、それらはともに望ましくなく不必要であるという基本的前提のうえに構築されている運動のなかに、滲透させ

(107) 同邦訳、126ページ。
(108) Ramón Rodríguez, "El proletariado agrícola andaluz como clase social(1913-1920)", *Estudis d'Història Agrària*, núm. 2, 1979, p.188.
(109) 「人間は、自己を取り巻く世界をありのままに捉えているのではなく、それに一定の意味を付与しているのであり、そうやって認知的に再構成した世界像に基づいて行動している。(……) この再構成された世界像に準拠して人間は行動するのであるならば、その行動はたとえどんなに情動的であろうとも何らかの論理性を持つといってよい」。以上は、周知の「ナポレオン伝説」に典型的な、19世紀前半のフランスのあちこちで観察された「根拠がなく、検証不能で、さらには客観的事実によって否定される情報」の流布に、紛れもない「政治文化」の１つの現れを認めた工藤光一の見解である（工藤光一『近代フランス農村世界の政治文化／噂・蜂起・祝祭』岩波書店、2015年、9ページ）。帝政ロシアのムジークたちの間での「『根拠がなく、検証不能で、さらには客観的事実によって否定される情報』の流布」については、本節の註 (102) を参照。「偉大な日」や「新しい法」その他のエピソードは、「アンダルシアの民」もまた、正しく「再構成された世界像」を自分たちの心の糧に生きていたことを物語る。この、もう１人の「門外漢」の主張にうなずく者は、「情動的」と形容される以外になさそうな「民」の行動のうちに、狭い意味での「合理性」とは別の「何らかの論理性」を見出すべく努めなければならないだろう。
(110) Díaz del Moral, *Historia de las agitaciones*, p.313.
(111) Malefakis, *op.cit.*, p.312.
(112) Marín Vico, *op.cit.*, pp.218-219.
(113) ホセ・ルイス・ミリャン・チビーテ、渡辺雅哉訳「ビセンテ・バリェステール／あるカディスの指導者のイデオロギーと実践（下）」『トスキナア』第15号、2012年、60ページ。
(114) 労働運動史家のオスカル・フレアン・エルナンデスの指摘にもあるように (Óscar Freán Hernández, "¿Cómo hacer la revolución? Los anarquistas y la crítica de la violencia insurreccional", *Cahiers de civilisation espagnole contemporaine*, 2-2015, consulté le 14 avril 2015. URL: http://ccec.revues.org/5399; DOI:10.4000/ccec.5399, p.4.)、19世紀の「行動によるプロパガンダ」と、FAIの蜂起戦術の双方に孕まれた「暴力」の質のうえでの隔たりは無視されるべきではないだろう。

第 5 章

「帝政ロシアよりも劣悪」?

アンダルシアのカシキスモ、共和派とリベルテール

復古王政時代のスペインでは、それまでの制限選挙制（成年男子）に代えて普通選挙制（同）が導入された翌年の1891年から、ミゲル・プリモ・デ・リベーラ将軍が独裁体制を樹立する1923年までの間に、併せて16回の総選挙が実施されている。このうち、例えばウエルバ県のアラセーナ選挙区やグラナダ県のアルブニョール選挙区では、実に13回にわたってまともな選挙戦が繰り広げられた形跡がない。その一方で、セビーリャ県のカルモーナ選挙区では、地元のロレンソ・ドミンゲス・イ・パスクアル（保守党）が16回の総選挙のすべてに勝利している(1)。

　復古王政のスペインを呪縛し続けたのが、1875年のブルボン家再興のお膳立てを整えた保守党の党首アントニオ・カノバス・デル・カスティーリョが、自由党を率いるプラクセデス・マテオ・サガスタの協力のもとに隣国のポルトガルから輸入した、2大政党の間での所謂「平和裡の政権交代」のシステムである(2)。そして、普通選挙制の実現にもかかわらず、保守・自由の2大政党以外の反体制派の政権獲得への回路をあらかじめ遮断しつつ、この「平和裡の政権交代」の継続を可能にしていたのが、とりわけ農村部に陣取った悪名高いカシーケたち(3)による抑圧的な支配構造、つまりはカシキスモに他ならない。ポルトガルにおける「一見イギリスを範に採った」2大政党制も、もちろんカシキスモ（ポルトガル語では、カシキズモ）に汚染されていた。カシキスモ（カシキズモ）は、「イベリア半島に特有のボス支配」である(4)。

　カルモーナのドミンゲス・イ・パスクアルも、メディナ・シドニア切っての大地主で、地元に私邸を構えながらも、ふだんはシェリーの芳醇な香りが街頭に漂う歓楽の都市ヘレス・デ・ラ・フロンテーラに暮らすネグロン侯爵も、同時代のアンダルシアの政界ではおそらく知らぬ者のいなかったカシーケである。ネグロン侯爵やその取り巻き連中が町政を牛耳っていたメディナ・シドニアでは、カシキスモの重圧に晒されて、アルフォンソ13世に引導を渡した1931年4月の地方選挙の際にも対抗馬が名乗りを上げることさえなかった(5)。

　「労働の権利と所有の権利は同じものではない」。1899年10月、分をわきまえない（？）「アンダルシアの民」に業を煮やしたかのようにこう語ったのは、2年ほど前までヘレス・デ・ラ・フロンテーラの市長を務めていたマヌエル・ベルテマーティである(6)。市長の職を退いた1897年、ベルテマーティは侯爵の称号を授与されていた(7)。シェリーの醸造を生業とするこの復古王政の正真正銘の「名士」の足跡ほどに、南スペインを苛むカシキスモの「実力」の片

第 5 章　「帝政ロシアよりも劣悪」?

鱗を窺わせるエピソードはないかもしれない。この「名士」は、かつては紛れもない共和派だった。1868 年の 9 月革命の折、同じ民主党に党籍を持つフーリエ主義者のラモン・デ・カラらと並んで、後のベルテマーティ侯爵はヘレスの革命評議会のテーブルに着いていた 1 人だったのである[(8)]。

　復古王政期にグアダルキビール川の中下流域にリベルテール的な理念が根づいた背景に、欺瞞に満ちた「平和裡の政権交代」を下支えした、ただし、しなりのいい「鞭」ばかりではなく、一見したところではとろけるほどに甘い「飴」をも兼ね備えたカシキスモのからくりがあったことは確かだろう。しかし、ベルテマーティの「変心」は、アナキズムに先立ってアンダルシアに移植されていた共和主義それ自体のうちに、「理不尽な」カシキスモに太刀打ちできない脆さが孕まれていたことの現れでもあったように思われる。ブラス・インファンテを総帥と仰ぎ、一時は「復古王政」との訣別を高らかに宣言してみせたアンダルシアの地域ナショナリズムも、大土地所有制の桎梏から解放されるべき「アンダルシアの民」を糾合しつつ、自らの「分離主義」を実行に移すすべをついに見つけることができないままに終わったのだった。

　他方で、1870 年代の FRE や、FRE からバクーニン主義の看板を引き継いだはずの 80 年代の FTRE も、どうやら「政治」と完全に袂を分かっていたわけではなかった。FRE に関する限り、その何よりの証しは、連邦共和党に在籍したままこの第 1 インターナショナルの支部へも加入したカディスのフェルミン・サルボチェア・イ・アルバレスの 1871 年の選択である。また、同じ年、労働者階級を虐待し、FRE への対決姿勢も露わなフランシスコ・カンダウに打撃を与える手立てとして躊躇なく「投票」を挙げたのは、セビーリャ県のモロン・デ・ラ・フロンテーラのアナキストたちだった[(9)]。スペインが初めて普通選挙制の採用に踏み切ったのは、「革命 6 年間」のこと。地元の「アンダルシアの民」の支持票がなければ、1869 年 1 月のサルボチェアの勝利も不可能であったに違いない。さらに、1880 年代のマドリードには、例えばエルネスト・アルバレスのように無産者たちの投票行動に前向きで、既に「政治」とは無縁の「純粋」アナキストに転じて久しかったカディスの「聖者」と対立したリベルテールもいたのである[(10)]。

　状況の錯綜は、20 世紀に入ってからも観察された。マウロ・バハティエラ・モラーンは、少なくとも形式上は FAI と社会党系労組の UGT に二股をかけていた。おまけに、1921 年に首相のエドゥアルド・ダートが殺害された事件

の被告の 1 人として、マルクス主義とも無縁ではなかった風変わりなこの「純粋」アナキストが裁かれた際、その弁護を買って出たのは共和派のペドロ・リコ・ロペスである[11]。また、北スペインのラ・リオッハの出身のエドゥアルド・バリオブレーロ・エラーンは、1917 年の初当選を皮切りに何度か国会に議席を確保した連邦共和党員。その一方で、この人物はCNTのほとんど創設以来の古参の組織員でもあった[12]。バリオブレーロは、正真正銘の「政治」の世界に身を浸したリベルテールだったのである。

　1931 年 6 月。第 2 共和制の憲法制定議会選挙の直前に水泡に帰したとされる「アンダルシア共和国」建設の企ての首謀者として、ブラス・インファンテやパスクアル・カリオンと並んでその名が取り沙汰されたのは、第 3 章第 3 節で見たようにペドロ・バジーナ・マルティネスだった。それが「濡れ衣」であったか否かはさておき、少なくとも南スペインの地域ナショナリズムを牽引する「政治家」と「純粋」アナキズムの「使徒」の 2 人が昵懇の間柄にあったことは動かしがたい事実である[13]。

　アナルコサンディカリスト労組に身を置くアンダルシアの日雇い農たちにとっても、投票を通じて自らの「政治的な」意志を表明することは絶対のタブーでは必ずしもなかった。復古王政期であれ第 2 共和制期であれ、リベルテール的な組織に組み込まれた「アンダルシアの民」が投票所に足を運んだおかげで、国会や地方議会に居場所を確保することができた「政治家」がいたのはどうやら確実である。そればかりではない。第 2 共和制期の南スペインには、プエブロの首長に自ら就任したCNTの組織員も複数存在したのである。以下、まずはカシキスモに呪縛されたアンダルシアにおける「政治」の諸相を検証したうえで、共和主義を標榜する「政治的な」反体制派と、「反政治的な」あるいは「非政治的な」リベルテールたちとの錯綜した関係にメスを入れてみることにしよう。

註

（1） Xavier Tusell Gómez, "El funcionamiento del sistema caciquil en Andalucía (1890-1931)", *Política y sociedad en la España del siglo XX*, p.21 y p.24. 復古王政期のアンダルシアの 8 県における総選挙の結果は、*El poder de la influencia. Geografía del caciquismo en España(1875-1923)*, Madrid, 2001, pp.655-676.
（2） González Cuevas, *El pensamiento político*, p.27.
（3） カシーケとは、もともとコロンブスが 15 世紀末にエスパニョーラ島を「発見」し

第 5 章 「帝政ロシアよりも劣悪」？

た当時、この島のあちこちを支配していた族長たちのこと。「はじめに」の第 1 節で説明しておいたように、それが転じて復古王政時代の「スペイン、わけても閉鎖的なその農村部を長期にわたって日常的に圧迫し続けた」「エージェント」をも指すようになった。カシーケは、16 世紀の半ば、一獲千金を夢見て大西洋を渡った同胞が「新しい世界」で仕出かしていた「蛮行」の数々を告発したバルトロメ・デ・ラス・カサスの名著にも登場する（ラス・カサス、染田秀藤訳『インディアスの破壊についての簡潔な報告』岩波文庫、1996 年、30 ページ）。セビーリャ出身のこの神父こそは、先住民たちの擁護に「自らの壮烈な生涯を捧げた」スペイン人だった（ガレアーノ、前掲訳、103 ページ）。そして、第 2 共和制の「暗黒の 2 年間」に、ラス・カサスの精神に自らのそれを重ね合わせるようにして「膨大な数の農民大衆」の救済のために全身全霊を傾けたのが、同じセビーリャに生を受けたマヌエル・ヒメーネス・フェルナンデスだったのである。「本業」の学究生活に戻ったフランコ独裁期、「兄弟殺し」の後を引く重苦しい空気が社会を支配するなか、かつての「白いボリシェヴィキ」はラス・カサスの生涯の探索に慰めを見出すだろう（Malefakis, *op.cit.*, p.400.）。

（4）金七紀夫『増補新版ポルトガル史』彩流社、2010 年、183 - 184 ページ。
（5）Brey y Maurice, *Historia y leyenda de Casas Viejas*, p.45.
（6）Maurice, "Campesinos de Jerez", p.61.
（7）復古王政時代のヘレス・デ・ラ・フロンテーラでは、ベルテマーティよりも先に、その同業者で、しかも大手のゴンサーレス・ビアス家のマヌエルとペドロの 2 人の兄弟も、それぞれボナンサ侯爵とトーレ・ソト・デ・ブリビエスカ侯爵の称号を手に入れている（Kaplan, *op.cit.*, p. 186.）。1936 年 7 月、ヘレスの第 2 共和制を瞬く間に屠った軍人たちの手腕に歓喜雀躍するのは、その子孫たちである。
（8）*Ibid.*, pp.64-65.
（9）ヘレス・デ・ラ・フロンテーラとその周辺を舞台に「マノ・ネグラ」騒動が持ち上がろうとする前夜、このカンダウが南スペイン各地での FTRE の組織化の進展に眉をひそめていたことは先に述べてある。その 10 年ばかり前の 1871 年当時、カンダウは「革命の 6 年間」に揺れる祖国を監視する内相の地位にあった（Maurice, "El anarquismo en el campo andaluz", p.28.）。
（10）López Estudillo, *Republicanismo y Anarquismo*, pp.387-388.「革命の 6 年間」に一旦は導入されていた普通選挙制に積極的な意義を認めようとしたかにも見えるこの特異なアナキストの存在について、われわれに注意を喚起してくれたのは、Gérard Brey である。
（11）第 2 共和制期、リコ・ロペスはマドリードの市長に就任する（Vadillo Muñoz, *op.cit*, p.37.）。
（12）José Luis Gutiérrez Molina, "La cuestión social como problema de orden público: Fermín Salvochea del republicanismo al anarquismo", *Fermín Salvochea: historia*, vol.1, pp.219-225.
（13）Vallina, *Mis memorias*, p.216.

第 1 節

アンダルシアのカシキスモ

　カシキスモに最初に本格的な批判を浴びせたのは、ブラス・インファンテやパスクアル・カリオンらに多大な影響を及ぼしたホアキン・コスタ・イ・マルティネスである。『犯罪の集落への旅』を書いたラモン・ホセ・センデールと同じく、コスタもアラゴンのウエスカ県の生まれである。1896 年に実施された総選挙に、かねて持論の、不毛なアラゴンへの大がかりな灌漑事業の導入を提唱しつつ、コスタは自身の故郷であるモンソンがそのなかに含まれるバルバストロ選挙区から出馬した。しかし、水利に絡んだ既得権益が侵される事態に憤る地元のカシーケたちの策謀に悩まされたあげく、コスタはあえなく落選してしまう[1]。

　20 世紀最初の年、コスタに「スペインの現在の統治形態としての寡頭専制支配とカシキスモ」を書かせた 1 つのきっかけが、自身が痛感させられたカシキスモの壁にあったことは間違いない。ついでながら、カシキスモの清算を通じての祖国スペインの「脱アフリカ化（desafricanización）」を提唱したコスタには、見習うべき手本と考えた新興国があった。奇しくも、ピレネーの南に 9 月革命が勃発したのと同じ 1868 年に封建制を一掃。さらに、ヨーロッパの最先進国と肩を並べるだけの地位へとすぐさま駆け上がったものと、少なくともコスタ本人の目には映った日本である[2]。

　もとより全国的な現象ではあれ、センデールを愕然とさせた極端なまでの貧富の差を背景に、とりわけアンダルシアはカシキスモが猖獗を極めた地方の 1 つである。この意味で、「共和制奉仕団」のホセ・オルテガ・イ・ガセが「アンダルシア」と「カシキスモ」を同一視した事実は充分に示唆的であるように思われる[3]。カシキスモの「首魁」は、確かにアンダルシア人だった。もちろん、マラガに生まれたアントニオ・カノバス・デル・カスティーリョである。そして、そのカノバス・デル・カスティーリョに「抜群の専門家の汚い手」を貸して「平和裡の政権交代」の維持に邁進したフランシスコ・ロメーロ・ロブレードも[4]、マラガ県のアンテケーラの出身だった。「革命の 6 年間」の憲法

制定議会選挙と同様、復古王政のそれも、ともかくも普通選挙制のもとに実施された。それでもなお、1876年のこの総選挙に保守党が圧勝したのは、内相に抜擢されたカノバスの右腕が国内の反体制派の動向に抜かりなく目を光らせていたおかげだった[5]。

1905年にアンダルシアを訪ねた折、アソリンはロメーロ・ロブレードの私邸へも足を運んでいる。アソリンを相手に、ときの国会議長は失われて久しいカノバス・デル・カスティーリョの雄弁を惜しみつつ、アントニオ・マウラら現役の政治家たちを一刀両断に切り捨てた。首相の座にあったライムンド・フェルナンデス・ビリャベルデを「つまらぬ輩」と吐き捨てたロメーロ・ロブレードの毒舌をそっくり活字にしたせいで、人気作家は復古王政の将来を憂慮する老残のカシーケの逆鱗に触れてしまう[6]。

カシキスモに依拠した「公式候補」[7]の選出のされ方は、大きく2つに分類される。1つは、「平和裡の政権交代」そのままに、次期政権を担う政党に所属する「公式候補」、つまりカシーケ自身、あるいはその後ろ盾を受けた候補者が当該選挙区において概ね「平和裡に」当選を果たす、あるいは「平和裡に」多数派を形成するパターン。もう1つは、ドミンゲス・イ・パスクアルを典型として、特に有力なカシーケ自らが、またはその覚えのめでたい候補者が「公式候補」として（ほとんど）一貫して勝利を重ねていくパターンである[8]。カシーケの「実力」が特に露骨な形で発動されるのは、もちろん後者の場合である。

フアン・ディアス・デル・モラールの名著に倣ってコルドバ県に例を求めてみれば、復古王政時代の同県にあって最も幅を利かせたカシーケは、自由党のアントニオ・バロッソ・イ・カスティーリョと保守党のホセ・サンチェス・ゲラ・イ・マルティネスの2人である。1919年2月にアントニオ・バロッソのモニュメントが破壊された事件への関与を疑われて逮捕・収監されたのが、「コルドニエフ」だった。そのバロッソは、1886年から自身がこの世に別れを告げる1916年までコルドバ特別選挙区選出の、サンチェス・ゲラは1893年から23年まで——1918年から翌年にかけての短い期間を除いて——カブラ選挙区選出の、それぞれ代議士を務めている。1918年に同選挙区から当選を果たしたのは、サンチェス・ゲラと同じ保守党の、従ってこのカブラのカシーケの子飼いであったと思われるアウグスト・ガルベス・カニェーロ・アルソーラである[9]。アントニオ・バロッソもサンチェス・ゲラも、それぞれのカシカート（cacicato〔カシキスモに立脚した選挙地盤〕）での威信は絶大だった[10]。

あのニセト・アルカラ・サモーラ・イ・トーレスも、実はプリエーゴ・デ・コルドバの自由党を統率するカシキスモの顔役だった。「ボリシェヴィキの3年間」、サルバドール・コルドンはアルカラ・サモーラの「封土」で大小のカシーケたちに弄ばれていたプリエーゴの労働者たち、わけても「0.75ペセータ」のあまりにも安い日当に泣く女たちに熱い共感の眼差しを注いでいる[11]。アルカラ・サモーラ自身がプリエーゴ選挙区から出馬することはなかったものの、1914年以降の同選挙区での総選挙では、後の第2共和制の初代大統領の息がかかったニセト派（nicetista）の「公式候補」が勝利を独占する[12]。アルカラ・サモーラ当人は、1910年から23年までの間、ハエン県のラ・カロリーナ選挙区を自らの「カシカート」とし、いずれの総選挙にも当選する[13]。

　復古王政期のコルドバ特別選挙区はコルドバのみならず、アダムース、エル・カルピオ、ビリャビシオッサ・デ・コルドバ、ブハランセ、ペドロ・アバ、モントーロその他、併せて21もの自治体で構成されていた[14]。概して政治性や動員力に乏しい農村部に取り囲まれるようにして、県庁所在地であるコルドバ、つまり都市空間において想定される反体制派の影響力の大きさが、選挙結果に直接には反映されがたい構造である。因みに、県庁所在地に限ってみれば、19世紀末までに共和派や社会党所属の市議会議員が誕生していた。1891年5月の、普通選挙制が導入されて初めて実施された地方選では、アントニオ・カラスコら10人の共和派が一挙に当選を果たし、定数19議席の過半数を制した[15]。地元の共和派にも後押しされて、1899年には社会党のラモン・イダルゴ・マルティンもコルドバ市議会に自身の議席を確保する[16]。

　コルドバ特別選挙区でのカシキスモの発動について、ここでは1910年と18年の2つの例を挙げておく。従来、リベルテールたちと「革命文化」を分かち持つ社会党は、共和派との共闘には概ね慎重な姿勢を崩してこなかった。コルドバでも、社会党と共和派との関係は持続していない。1903年10月には、半年ほど前に市議会議員を辞めていた親共和派のイダルゴ・マルティンが党を除名されている。国政レベルで社会党が初めて共和派と手を組んだのは、1910年の総選挙の折のこと。この総選挙では、前年夏のバルセローナでの「悲劇の1週間」に続いた復古王政の動揺を追い風に[17]、党首のパブロ・イグレシアスが悲願の初当選を果たす。

　1910年の総選挙では、コルドバ特別選挙区の社会党は共和派のルイス・デ・タピア・ロメーロを推す。県庁所在地で、アントニオ・バロッソに投じられた

3,813票をも上回る、最多の3,955票を手にしたのはタピア・ロメーロである。だが、特別選挙区全体ではこの共和派は8,410票を得たに留まり、アントニオ・バロッソが稼いだ14,507票に遠く及ばない。そればかりか、タピアは3名の当選枠にも収まることができなかった[18]。1918年の総選挙の折、共和派のアントニオ・ハエン・モレンテは県庁所在地でこそ2,451票を獲得して、3,445票のエウヘニオ・バロッソに次ぐ位置に着けたものの、特別選挙区全体では6,897票を得ただけで、やはり落選する。エウヘニオは、2年前に死去したアントニオ・バロッソの子息。その得票数は12,089を数えた。県庁所在地での勝利、あるいは善戦にもかかわらず、タピア・ロメーロとハエン・モレンテが勝鬨を上げる見込みは最初からほとんどなかったのだった[19]。

国王アルフォンソ13世の親政のもとで実施された1903年以降の10回の総選挙を通じて、コルドバ県では保守党が42議席を、自由党が43議席をそれぞれ獲得して見事なまでの「均衡」を示したのに引き換え、共和派はこの間に合計でも5議席を手中にしたにすぎない。その「貴重な」5議席のうち、3議席は1914年・16年・19年に連邦共和党のマヌエル・イラリオ・アジューソ1人が手に入れたものである[20]。しかし、後述されるように、1919年のアジューソの勝利には冷水が浴びせられるだろう。社会党に至っては、復古王政期のコルドバ県からは1人の国会議員も出していない。

「平和裡の政権交代」を支えたカシキスモの最大の眼目は、復古王政の維持そのものにある。この至上命題を前にしては、例えば教会との関係に垣間見える、2つの政党のイデオロギー上の差異も本質的な意味を持たなかった。ドミンゲス・オルティスも指摘するように[21]、自由党のなかには、保守党にはない反教権主義的な思潮が確かに存在した。総選挙での保守党の圧勝を背景に、実質的にはカノバス・デル・カスティーリョが1人で起草した1876年の憲法には[22]、信教の自由を認めながらも、カトリックの「国教」としての性格が明記された。カノバス自身、「真の自由」の根拠を「神」のうちに求めた「自由主義者」である[23]。

その一方で、1903年に天寿をまっとうするサガスタは、かつて9月革命の直後に発足した暫定政府の同僚だったフアン・プリム将軍やルイス・ソリーリャと同じくフリーメーソンだった[24]。また、国家権力への教会の「過度の」介入を警戒し、教育の中立を主張したロマノネス伯爵やホセ・カナレハスら、サガスタ死後の自由党の重鎮たちには「ライックな」傾向が確かに見て取れる。

カナレハスは、修道会を国家の管轄下に置こうとしたこともある[25]。しかし、自由党の反教権主義は、アサーニャの十全な意味での政教分離のもくろみからはなお遠い[26]。なるほど普通選挙制の導入に踏み切ったにせよ、自由党の反体制派への視線が保守党のそれから大きく隔たっていなかったことは、「マノ・ネグラ」騒動の折に既に露見されていた。FTREが日の目を見たのも、このFREの後継団体が騒動を通じて致命的な打撃を被ったのも、いずれもカノバスの保守党が野に下っていた時期のことである。

　1921年には首相に就任するホセ・サンチェス・ゲラは、20世紀初頭、アントニオ・マウラとともに自由党から保守党へと鞍替えした政治家だった（保守党員としての初当選は1903年）。このカブラのカシーケは、実はコルドバのアントニオ・バロッソとは義兄弟の間柄だった。アントニオの伴侶は、サンチェス・ゲラの妹のロサリオである[27]。アントニオが死去した後、その腐敗したカシカートはそっくり子息のエウヘニオ・バロッソ・サンチェス・ゲラへと譲り渡され、エウヘニオは1918年から23年までの4回の総選挙のすべてに何の支障もなく勝利を収めていく[28]。

　エウヘニオにとっては初陣だった1918年の総選挙に際し、サンチェス・ゲラは地元からの出馬を見送った。しかし、カブラのカシーケは子飼いに花を持たせて自らを慰めただけではなかった。サンチェス・ゲラ自身、このとき自分の甥とともに（！）コルドバ特別選挙区から立候補し、アントニオ・ハエン・モレンテの挑戦を退けていたのだった。カシキスモの特色の1つに数えられるのが、こうした身内による市町村自治体の、あるいは場合によっては市町村の域を超える政治空間の支配である。プリエーゴ・デ・コルドバの自治体行政もまた、ニセト・アルカラ・サモーラ・イ・トーレスの父親のマヌエル・アルカラ・サモーラ・カラクエール以下、いずれも自由党員からなるその親族たちに長く牛耳られていた[29]。

　フランシスコ・ゴンサーレス・アルバレスの1885年のセビーリャ市長への就任も、甥のエドゥアルド・イバーラ・ゴンサーレスの差し金だった。エドゥアルドはセビーリャ県の保守党の指導者。1911年に物故した後、その地位は弟のトマス・イバーラ・ゴンサーレスへと引き継がれる。海運業やオリーヴ油の生産を通じて巨万の富を築いたイバーラ兄弟の「封土」は、アンダルシアの中心都市の境界線を大きく超えていた[30]。南スペインのカシキスモにまつわる、極端なエピソードをもう1つ挙げておく。ひところのカディス県では、2

大政党のそれぞれの県の指導者の役回りを、血を分けたゴメス・アランブールー兄弟が受け持っていたことさえもあったのである(31)。

　フランコ派初のコルドバ市長のサルバドール・ムニョス・ペレスには、既に 1912 年と 16 年の 2 度、同じ役職を務めた実績があった。バレンシア県知事に抜擢されたこともあり、詳細は不明ながらもその在任中に何らかのテロ行為の標的にもなっている(32)。政治家としての出発点は、おそらく 1905 年。この年、自由党のムニョス・ペレスはコルドバ市議会選挙に立候補し、初めての（？）当選を果たした(33)。しかし、マドリード県知事（1901 年）・内相（1911 年）その他の要職を歴任したアントニオ・バロッソ(34) の後継者として全国的な政治家への出世をもくろんだムニョス・ペレスの野望は、父親のカシカートをエウヘニオが継承したことにより、あっさり頓挫してしまう(35)。プリモ独裁の幕が上がる 1923 年、ムニョス・ペレスはサンチェス・ゲラの保守党に移籍して久しい(36)。

　アンダルシアのカシキスモをめぐっては、選挙結果のあからさまな改竄や暴力沙汰に事欠かない。コルドバ特別選挙区でアントニオ・ハエン・モレンテが涙を飲んだ 1918 年の総選挙の折、自由党のニセト派の「公式候補」が「8,534 票」を獲得したプリエーゴ・デ・コルドバ選挙区にあって、社会党の候補者への支持票はわずかに「2 票」（！）を数えたのみである(37)。復古王政期の南スペインの「政治」を熟知するハビエル・トゥセールが「南米的」と評したように(38)、カシキスモがとりわけ粗暴な様相を剥き出しにしたのが、西アンダルシアにもまして貧しい東アンダルシアのアルメリア県やグラナダ県である。アルメリア県のある選挙区では、1918 年には「124 人」の有権者が「公式候補」に「9,015 票」（！）を投じた記録が残されている(39)。また、「ボリシェヴィキの 3 年間」のグラナダ県では、投票日には「ごろつき」やピストル・猟銃を手にした輩があたりを徘徊していたのだった(40)。

　同じ「ボリシェヴィキの 3 年間」に、正しくこの 2 つの県からの出稼ぎの流入にモンティーリャの社会党・UGT 傘下の農業労働者たちが苦慮するありさまをわれわれは先に見た。復古王政期を通じて、モンティーリャはアギラール・デ・ラ・フロンテーラ、エスペッホ、カストロ・デル・リオ、モリーレス、モンテマジョールと並んでモンティーリャ選挙区を構成するプエブロだった。そして、同選挙区は総選挙が実施されるたびに選挙戦がほとんど毎回、具体的には普通選挙制のもとでの 16 回の総選挙のうち 15 回にわたって繰り広げられた、アンダルシアでは極めて稀な空間だったのである(41)。

1919年6月に行われた総選挙の折のこのモンティーリャ選挙区でのことの次第に、われわれはカシキスモの本性の一端を窺い知ることができるだろう。件の総選挙を前に、コルドバ県では改めて、しかも今回はすべての選挙区で共和派と社会党の共闘が実現を見る(42)。それでも、反体制派の結束が「一応の」実を結んだのは、連邦共和党のマヌエル・イラリオ・アジューソを候補者に擁立したモンティーリャ選挙区のみである。1919年の5月中旬にモンティーリャで開催されたそのアジューソの演説会では、中止を画策して町長が投入した治安警備隊と演説会の参加者たちとの間で衝突が発生。会場は参加者4人が落命し、治安警備隊の大佐をも含む25人以上の負傷者が出る修羅場と化した。5月末の戒厳令の布告に続いた総選挙では、5,012票を集めたアジューソが、自由党の「公式候補」で、アルカラ・サモーラの息がかかったニセト派のホセ・フェルナンデス・ヒメーネスを振り切って当選する(43)。しかし、カシキスモの圧力はアジューソの当選を結局は揉み消してしまうのである(44)。

　獄中にあったサルバドール・コルドンが、『アンダルシア』（1919年）の草稿に南スペインは「ニコライ2世統治下のロシアよりも劣悪」と書きつけていたのは(45)、おそらくこのころのことと思われる。このパンフレットのなかで、「コルドニエフ」はセビーリャでの高潔なリベルテールの医師、ペドロ・バジーナの逮捕にも強く抗議している。アントニオ・バロッソのモニュメントが破壊された事件と前後して、セビーリャではおよそ5,000人の借家人が家賃の「5割減額」その他を要求してストライキに突入(46)。要求が受け容れられるまでの間の家賃の支払いの拒絶が謳われた争議は死者を出しながらも、バジーナ自身が回想するところでは「アナキストらの介入のおかげで」借家人たちの勝利に帰す。しかし、このとき借家人たちの委員会の書記と会計を務めたバジーナは1919年3月に逮捕され、やはり争議を指導したホセ・サンチェス・ロサらとともに、エストレマドゥーラにある、当時は俗に「シベリア」とも形容されていた僻地へと追放された(47)。

　コルドバ県ではアジューソが苦杯を舐めた同年6月の総選挙の際、流刑先のフエンラブラーダ・デ・ロス・モンテスでバジーナは奇妙な「儀式」に遭遇する。このバダホース県のプエブロでは、地元のカシーケやロマノネス伯爵のお気に入りの医師が、選挙の管理・運営を取り仕切っている。バジーナによれば「医学の心得などまったくなかった」医師のドン・ベニグノは、「ころあいを見計らって」仲間たちに投票させた後、村役場の塔に据えられた大時計の針

を「午後5時」まで進めてしまう。こうして投票所の扉は「午前9時」には早くも閉ざされたうえ、不満を申し立てるような「有権者」には鞭打ちの責め苦がすぐにも待ち受けていたのだった[48]。

　容易に想像されるように、カシキスモは国民のモラルの低下をも招いた。舞台はアンダルシアではないものの、「不正」への加担に対する何らかの「見返り」への大衆の期待感をカシキスモが醸成していたことを如実に物語るエピソードがある。1914年の旧カスティーリャのサモーラ県のある選挙区では立候補を届け出たのが1人だけであったため[49]、自分たちの票を売り損ねた住民が激昂し、ついには暴徒と化した。ジョルジュ・ソレルを感激させた「プロレタリア暴力」からほど遠い、あまりにも人間的なドラマの主役は、どうやら自らは選挙権を持たない旦那勝りの女たちであったらしい。票の売買に絡んだこの種の喜劇は、既に数年前にエストレマドゥーラのコレア選挙区（カセレス県）でも上演されていた。

　また、同じく1914年の総選挙の直前には、公共事業の発注に関して「公式候補」のソトマジョール公爵への便宜を図るよう、内相のサンチェス・ゲラ（！）からサモーラ県知事に通達が出されている[50]。暴力的なカシキスモが存続しえたのは、一面ではこのような利権の配分を通じて、それが国民の大半を苦しめていた貧困を多少なりとも緩和するかのように見せかける機能を果たしていたためと思われる。「辺鄙な」ムルシアに大学が設置されたのも、この地方の「カシーケのなかのカシーケ」[51] フアン・デ・ラ・シエルバ（保守党）の力量のなせる業だった。

　大口・小口の区別を問わず、「顧客」にカシーケたちが示した「気配り」には、なかなかに細やかなものがあったらしい。ロマノネス伯爵家の文書庫には、「大人物がいかに、誰かにはちょっとした仕事を、他の誰かには徴兵免除を、といった斡旋手続きをしていたかを示す何千もの文書の束が保管されている」[52]。ここでわれわれが地元への「気配り」の典型をカブラのカシーケに求めても、必ずしも不当ではないだろう。1893年に初当選を果たすや、サンチェス・ゲラはカブラ選挙区内のドニャ・メンシーアの老朽化した教会の再建に着手した。また、これも選挙区のなかにあったバエナからハエン県のポルクーナへと延びる街道の建設のための予算を確保。さらには、ホセ・ベルヒーリョスにカブラの公証人の仕事を宛てがった。サンチェス・ゲラのお気に入りは、やがてこのプエブロの町長になる[53]。

それでも、1902年のマドリード県知事への就任を振り出しに[54]、復古王政の出世街道を歩み始めたサンチェス・ゲラの首都の自宅はエレベーターも備えつけられていない、ごくありふれたマンションの4階の借家だった。自身が首相の座にあった1922年、サンチェス・ゲラは職業軍人の道を選んだ愛息ラファエルの赴任先の選定には何の「気配り」も見せていない[55]。元共和派で、周囲から「ペリーコ」の愛称で親しまれたセビーリャのペドロ・ロドリーゲス・デ・ラ・ボルボーリャ・イ・アモスコテギ・デ・サアベドラも、地元のための利益の確保に腐心しつつ自身は貧困のうちに1922年に没した、その限りでは「清廉な」カシーケだった。だが、1905年以降、セビーリャ県の自由党を牽引した「ペリーコ」が見せた地元への献身的な「気配り」は、要は同県の保守党の頭目にして、「ペリーコ」自身が舐めねばならなかったような辛酸とは縁もゆかりもないイバーラ兄弟との間で「平和裡の政権交代」を維持していくための「見返り」に他ならない。「ペリーコ」の「気配り」は、公正な精神や手続きからはおよそかけ離れていたのだった[56]。

　大土地所有制に癒着したアンダルシアのカシキスモは、ただ選挙にのみ付随した現象ではなかった。「ボリシェヴィキの3年間」に「コルドニエフ」を激怒させた、ニセト・アルカラ・サモーラとその手下たちが牛耳るプリエーゴ・デ・コルドバで劣悪な労働環境に置かれた女たちの惨状を思い起こそう。また、これも既に見たように、1921年のマイレーナ・デル・アルコルのある日雇い農の頭のなかでは、地元のカシーケたちのせいでアルフォンソ13世が「アンダルシアの民」に約束してくれたはずの土地の再分配までもが妨げられていたのだった。カシキスモは、FRE以降の南スペインの日雇い農たちの組織がしばしば直面させられた運動の低迷や後退にも大きく関わっていた[57]。ここでは、2つほど例を挙げておく。

　治安警備隊から何度か尋問を受けた後、カサス・ビエハスのCNTの代表だったガスパール・スマケーロが自殺したのは1915年のこと。スマケーロは地元の治安警備隊から白紙への署名を強要されており、それは予定されていた農業ストライキに打撃を与えるために利用される。このとき、組合の他の指導者たちと一緒に、スマケーロはカディス県でも屈指のカシーケ、ネグロン侯爵の殺害計画をも含む大がかりな陰謀の中枢にいたとの容疑で起訴されている身だった。スマケーロは署名を無理強いした「お上」と、「裏切り」を非難する周囲との間で板挟みとなり、かつての「マノ・ネグラ」騒動を思わせる空気のなか

で自ら命を絶たねばならなかった[58]。

　もう1つは、1919年11月にパンフレット『男の顔つき』を脱稿したばかりのモロン・デ・ラ・フロンテーラのリベルテール、アントニオ・ロサード・ロペスの身に降りかかった災難である。『男の顔つき』の主人公の名は、「アクラシア（アナーキー）」をもじった「アクラシオ」。自身が参加した県庁所在地（セビーリャ？）での集会を恣意的に中止させた「お上」に抗議したところ、アクラシオは仲間もろとも監獄送りにされてしまう。次の選挙での、むろん「特定の」候補者へのアクラシオの投票を条件に、地元の神父や村長は「善良な」母親に息子の釈放をほのめかす。しかし、アクラシオとその仲間たちに自由をもたらしたのは、アンダルシアのアナキストとサンディカリストの連盟が実施を呼びかけた全国的なゼネラル・ストライキの衝撃だった[59]。この「アンダルシアのアナキストとサンディカリストの連盟」が、ロサード自身が書記長を務めるアンダルシアFRGAとアンダルシアCRTを意味していたのは疑いない。

　1919年12月。モロン・デ・ラ・フロンテーラに近いエル・アラアールの組合の「合法的な」設立に手を貸したロサードは、ともに自身がしたためた、その組合の規約とエル・アラアールの仲間たち宛てのマニフェストのおかげで、2つのプエブロのカシーケたちを激怒させた。さらに、ともかくも設立されたエル・アラアールのCNTの指導者たちへの、治安警備隊による執拗な弾圧をマドリードのある新聞を通じて暴露したため、逮捕・投獄されてしまう。アンダルシアFRGA書記長には、自身がアクラシオのために用意したような「大団円」は訪れなかった。1921年4月、ロサードは治安維持装置への侮辱を理由に改めて「2年4ヶ月と1日」の懲役刑を宣告され、南米への逃亡を図らざるをえなくなる。それは、モロンのリベルテールが耐え忍ばなければならなかった、1922年2月からの「2年4ヶ月」前後に及ぶブエノス・アイレスでの亡命生活の始まりだったのである[60]。

　カノバス・デル・カスティーリョが礎を据えた復古王政（Restauración）は、「革命の6年間」よりも前の時代への単純な回帰、文字どおりのその「復古（restauración）」ではなかった。9月革命期に頭角を現したサガスタとの握手からも窺われるカノバスの現実を見据えた戦略を重視したうえで、その「保守化」の起点を、国王アルフォンソ12世の早逝に伴う危機を自由党への政権移譲により乗り越えた1885年[61]に置くのは、政治史家のフィデル・ゴメス・オチョアである[62]。あるいは、カノバスの小さな評伝を書いたエリアス・デ・

マテオ・アビレースのように[63]、選挙にまつわる不正をほとんどロメーロ・ロブレードの「抜群の専門家の汚い手」だけに被せて、カノバスをカシキスモから切り離してしまう見方さえもなくはない。

　1882年に王立歴史アカデミーの会長にも選出されている事実が示すように、カノバス・デル・カスティーリョは卓越した歴史家でもあった。その初期の著作『スペインの没落史／フェリーペ3世の即位からカルロス2世の死去まで』（1854年）の表題に端的に凝縮された、かつての「大帝国」が没落を余儀なくされた背景をめぐる「歴史家」カノバスの問題意識のありようが、自身にとっては「混沌」以外の何ものでもなかった「革命の6年間」からの祖国の再建に向けられた「政治家」カノバスの意志と不可分の関係にあったことは間違いない[64]。しかしまた、復古王政が、1890年に参政権を与えられたはずの無産者たちの排除のうえにのみ存続しえたことも確かだった。

　「革命の6年間」当時、カノバス・デル・カスティーリョはスペインに初めて導入された普通選挙制を「共産主義の勝利」「私的所有の原理の破壊」と決めつけたうえ、生まれ出たばかりのFREの「野蛮」を「キリスト教的慈愛」の対極に置いていた。普通選挙制の導入には1886年と89年にも反対の立場を明確にしており[65]、カノバスの本質は第1共和制の崩壊以降もおそらく一貫していたものと考えられる。王政再建の立役者にとって、カシキスモは増長する「共産主義」に対する、そしてFREの後を引き継いだFTRE、さらにはそれぞれ1879年・88年に成立した社会党・UGTの「野蛮」に対する「私的所有の原理」のための防波堤に他ならなかった。「カノバスは大衆を知らなかった」とのアンヘル・オソリオ・イ・ガリャルドの単純明快な総括が[66]、結局のところ正鵠を射ていたように思われる[67]。

　1つのエピソードを添えて、このあたりで本節を終えることにしよう。第4章第2節で見たように、「形容詞抜きのアナキズム」に訴えて、19世紀末のスペインのリベルテールたちの分裂の回避を狙ったのが、フェルナンド・タリダ・デル・マルモルだった。アナルコ集産主義とアナルコ共産主義のそれぞれの信奉者たちの和解には失敗したものの、タリダ・デル・マルモルは復古王政の転換には大きな役割を演じることになる。というのは、ミケーレ・アンジオリッロに「大衆を知らなかった」カノバスを殺害させるうえでの決定的な「一押し」となったのが、パリの『ラ・ルヴュ・ブランシュ』誌に連載された、かつての異端審問を想起させるほどに過酷であったといわれるモンジュイックでの取り

第 5 章 「帝政ロシアよりも劣悪」？

調べのありさまを克明に綴ったタリダの記事だったのである。タリダ自身、1896 年 6 月のバルセローナでの爆弾テロへの関与の嫌疑で一旦は逮捕・収監されたものの、何とかピレネーの北に逃れることができたのだった [68]。

註

（1） Serrano, "Colectivismo agrario", pp.19-21.
（2） Joaquín Costa, "Oligarquía y caciquismo como la forma actual de gobierno en España" (1ª ed. 1900), *Oligarquía y caciquismo. Colectivismo agrario y otros escritos*, Madrid, 1984, pp.33-35.
（3） Antonio Miguel Bernal, "Andalucia caciquil y revolucionaria(1868-1936)", *Historia de Andalucía, Vol. VII*, pp.32-38. カノバスによって復古王政の統治構造のなかに完全に組み込まれる以前にもカシーケは存在したし、カシキスモも既に機能していた。1780 年代の南スペインでの、「すべての隣人よりも優位に立つ」カシーケのもとへの富の集中を嘆いたのは、同時代のアンダルシアの日雇い農たちを「ヨーロッパで最も不幸な人々」と呼んだあのパブロ・デ・オラビーデである（Infante, *Ideal Andaluz.*, p.105.）。また、（もちろん制限選挙のもとに実施された）1858 年の総選挙の折の、ロハとその周辺の選挙区での 1 議席をめぐる争いでは、3 年後にこのプエブロを占拠することになるラファエル・ペレス・デル・アラモによると「豊かな地主にして、折り紙つきの自由主義者」だったルイス・ダビラが、対抗馬のカルロス・マルフォーリに「31 票」の差をつけて勝利した。しかし、敗者のマドリードへの「直訴」がものを言い、ダビラの当選は 1 度は取り消されてしまう。このロハは、1840 年代から自身がこの世に別れを告げる 1868 年の春までの間、ほぼ一貫してイサベル 2 世のスペインを支配し続けたラモン・マリーア・ナルバーエス将軍のお膝元である（Pérez del Álamo, *op.cit.*, pp.69-70.）。ホアキン・コスタは、それがむしろカシキスモを温存させてしまったことのうちにこそ、9 月革命の破綻を読み取ったのだった（Costa, "Oligarquía y caciquismo", p.22.）。「革命の 6 年間」にも不正は横行する。1869 年に発布された憲法に基づいて普通選挙制が適用されたにもかかわらず、第 1 共和制が樹立される前に行われたコルドバ県議会選挙の折、モンティーリャでは「1,000 票以上」を集めた候補者ではなく、「79 票」を得ただけの候補者を当選させるため、住民台帳に細工が施された。また、9 月革命以後も町役場を離れなかった王政派は「棍棒団（Partida de la Porra）」と呼ばれた自警団を組織し、周囲に睨みを利かせていた。1873 年 2 月、先に言及したフランシスコ・ソラーノ・リオボとともに、「アフリカ風の憎しみ」の犠牲になる定めが待つ残る 2 人は、正しく「棍棒団」に身を置くアントニオ・ポロニオ・エスポシトと、副町長を務める、従って王政派のホセ・ナバーロ。これまた「棍棒団」の一員だったアントニオ・ロペスの自宅も炎に包まれる（Calvo Poyato y Casas Sánchez, *Conflictividad social en Andalucía*, pp.103-105.）。

（4） ドミンゲス・オルティス、前掲邦訳、338 ページ。
（5） Fernando Arcas Cubero, *El republicanismo malagueño durante la Restauración (1875-1923)*, Córdoba, 1985, pp.63-68.
（6） *El Imparcial*, 25 y 28-IV-1905, recopilado por Azorín, *op.cit.*, pp.263-274.
（7） カシキスモのおかげであらかじめ勝利がほとんど確実に決まっている2大政党の候補者（candidato oficial）は、特定の政治団体からお墨つきを頂戴しながらも最終的な審判は有権者の判断に待つ以外にない、われわれがふつうに思い描く「公認候補」とは毛色がかなり違っている。そこで、本書では2大政党の候補者を「公式候補」と呼ぶことにする。
（8） Tusell Gómez, *op.cit.*, pp.22-25.
（9） Barragán Moriana, *Conflictividad social*, pp.180-183. María Antonia Peña Guerrero y María Sierra, "Andalucía", *El poder de la Influencia*, pp.31-32. 代議士になる以前、このアウグスト・ガルベスはサンチェス・ゲラの私設秘書を務めていた（Miguel Martorell Linares, *op.cit.*, p.199.）。
（10） 1893 年、サンチェス・ゲラに強力な後ろ盾が現れる。カブラ伯爵、アジャモンテ侯爵、イスナーハル子爵にしてスペイン大公のルイス・オソリオ・デ・モスコーソ・イ・ボルボンである。その母は、イサベル2世の従妹に当たる。カブラに広大なオリーヴ畑を持つルイス・オソリオのおかげで、コルドバ生まれのサンチェス・ゲラはこのプエブロに確固とした足場を築く（*ibid.*, p.85.）。
（11） Cordón, *Andalucía*, pp.11-12.
（12） Barragán Moriana, *loc.cit.* López Calvo, *op.cit.*, p.164.
（13） José Luis Casas Sánchez, "Niceto Alcará Zamora. Los por qué de la elección de un presidente", *La Segunda República. Historia y memoria de una experiencia democrática*, p.41.
（14） 復古王政期、都合 75 の市町村からなるコルドバ県内での総選挙は、コルドバ特別選挙区の他、イノホーサ・デル・ドゥーケ、プリエーゴ・デ・コルドバ、ポサーダス、モンティーリャの併せて6つの選挙区で争われた（García Parody, *Los orígenes*, p.301 n.87.）。第2共和制の憲法制定議会選挙も同様（Barragán Moriana, *Realidad política*, p.75.）。1933 年 11 月と 36 年 2 月の総選挙は、全県区のみで勝敗が決せられた（Palacios Bañuelos, *Historia de Córdoba*, pp.495-497.）。
（15） Antonio Barragán Moriana, "La aplicación del sufragio universal en Córdoba: las elecciones municipales de mayo de 1891", *Trocadero*, núm.5, 1993, pp.145-148.
（16） García Parody, *Los orígenes*, pp.123-124 y p.134.
（17） Juliá, *Un siglo de España*, pp.34-35.
（18） García Parody, *Los orígenes*, p.253 y p.302.
（19） Barragán Moriana, *Conflictividad social*, pp.283-284. このように、反体制派の声が風通しの悪い空間では封殺されてしまうという現象は、カノバス・デル・カスティーリョに知恵を授けた「本家」のポルトガルでももちろん観察される。例えば「1910

第5章 「帝政ロシアよりも劣悪」?

年8月の総選挙で共和党はリスボンでこそ全面的な勝利を収めたものの、総議席200余のうち共和党の議席数はわずか14に止まった」（金七、前掲書、191ページ）。

(20) Barragán Moriana, *Conflictividad social*, pp.179-185.
(21) ドミンゲス・オルティス、前掲邦訳、338ページ。
(22) Elías de Mateo Avilés, *Cánovas del Castillo*, Málaga, 2000, p.75.
(23) Vicente Palacio Atard, "Cánovas historiador", *Cánovas y la Restauración*, Madrid, 1997, p.73.
(24) Ferrer Benimeli, *La masonería*, p.114.
(25) Martorell Linares, *op.cit.*, p.153. 1910年から12件にかけての首相在任中にカナレハスが国会へ上程した「南京錠法」は、修道会の数に制限を設けることを狙っていた。背景には、1905年に政教分離法が施行されたフランス第3共和制からの修道士たちの、スペインへの大量の流入があった（*ibid.*, pp.173-174.）。
(26) Manuel de Puelles Benítez, "Secularización y enseñanza en España(1874-1914)", *España entre dos siglos*, pp.206-207. Manuel Revuelta González, "La recuperación eclesiástica y el rechazo anticlerical en el cambio de siglo", *España entre dos siglos*, pp.219-221.
(27) ロサリオの2人の妹も有力者のもとに嫁ぐ。次女のブランカはエンリケ・デ・アルベアールと、三女のエミリアはサガスタの甥のティルソ・ロドリーゲスとそれぞれ結ばれている（Martorell Linares, *op.cit.*, p.35.）。エンリケは、モンティーリャのラ・コルティーナ伯爵ことフランシスコ・デ・アルベアールの実弟に当たる（José Antonio Cerezoの教示による）。
(28) Barragán Moriana, *Conflictividad social*, p.180. Martorell Linares, *op.cit.*, p.245.
(29) López Calvo, *op.cit.*, pp.150-151.
(30) María Sierra, "La casa Ybarra: política de honor y política de interés", *Historia Social*, núm.36, 2000, pp.4-9 y pp.15-20.
(31) Tusell Gómez, *loc.cit.*
(32) Díaz del Moral, *Historia de las agitaciones*, p.174 n.47.
(33) Barragán Moriana, *Córdoba*, p.159.
(34) *Ibid.*, p.66 n.134.
(35) Ortiz Villalba, "Las bases sociales", pp.258-259.
(36) Ponce Alberca, *Del poder y sus sombras*, p.45 y p.62 n.52.
(37) Barragán Moriana, *Conflictividad social*, p.286.
(38) Tusell Gómez, *op.cit.*, p.22.
(39) *Ibid.*, p.18.
(40) Peña Guerrero y Sierra, "Andalucía", pp.32-33.
(41) Tusell Gómez, *op.cit.*, p.25. もっとも、モンティーリャにおける政治意識の「例外的な」高さは、このプエブロの農業労働者の知的水準が「例外的な」高みにあったおかげではない。1907年に地元紙が嘆くしかなかったように（*El Sur. Sema-*

nario político independiente, 13-X-1907.)、モンティーリャの「大多数の」住民にも読み書きは至難の業だった。当時は、住民のおよそ8割が初等教育の恩恵に与る機会すら「完全に」奪われていたという。フランシスコ・パロップ・セゴビアの肝煎りによりモンティーリャに社会党支部が開設されたのは、このヘレス・デ・ラ・フロンテーラ生まれの医師自身が死ぬ1908年である（Casas Sánchez, "Estudio Introductorio", pp.14-15.）。1920年2月の地方選挙の際、モンティーリャでは、われわれの知るフランシスコ・サフラ・コントレーラスとホセ・マルケス・カンブロネーロ以下、社会党に所属する都合9人の活動家が町議会議員に選出されている。この地方選挙を経てコルドバ県内では合計37人の社会党系の市町村議会議員が誕生するなか、そのほぼ4分の1を供給したのがモンティーリャであったことになる（García Parody, *Los orígenes*, pp.535-536.）。余勢を駆って、このときマルケス・カンブロネーロは町長にも就任した。復古王政期や第2共和制期には、市町村長は地方選挙に勝利を収めた者たちによる互選の手続きを経たうえで決定された（José Luis Gutiérrez Molinaの教示による）。復古王政期のコルドバ県にあってマルクス主義者が首長を務めた自治体は、唯一このときのモンティーリャだけである（García Parody, *Los orígenes*, pp.559-561.）。マルクス主義の種が蒔かれる前からのモンティーリャ選挙区の、アンダルシアにあっては「例外的な」政治性は、「革命の6年間」に先立つ共和主義の伝統に由来するものとひとまずは考えられる。ペレス・デル・アラモがロハを目指した1861年当時、モンティーリャにも既に民主党の細胞が誕生していた（Palacios Bañuelos, *Historia de Córdoba*, p.225.）。第1共和制時代の一時期、連邦共和党員がこのプエブロの町長を務めた事実も想起される。

(42) Antonio Barragán Moriana, "La crisis socio-económica en Montilla durante mayo-junio de 1919", *Utopía*, núm.4, 1984, p.6.

(43) Id., "La crisis socio-económica en Montilla durante mayo-junio de 1919(y II)", *Utopía*, núm.5, 1984, p.6.

(44) Casas Sánchez, "Estudio introductorio", p.18 n.23.

(45) Cordón, *Andalucía*, p.18.

(46) Gutiérrez Molina, *La tiza*, p.90.

(47) 問題の争議に合流した借家人の数は、バジーナ自身の記憶によれば「33,000」(Vallina, *Mis memorias*, pp.152-159.)。しかし、ここはグティエーレス・モリーナに従っておく。

(48) *Ibid.*, p.163.

(49) 1907年以降は、選挙法第29条の規定により、候補者が1人の場合には「自動的に」その当選が確定した。1907年の総選挙では、235人が「自動的に」代議士の身分を手に入れた（Martorell Linares, *op.cit.*, p.156.）。カルモナのドミンゲス・イ・パスクアルも1914年・16年・19年の3度、この規定の恩恵に浴している（Tusell Gómez, *op.cit.*, p.21.）。1923年4月に行われた復古王政最後の総選挙では、アルメリア・サンタンデール・ムルシアの3県と並んで、コルドバ県ではすべての代議

士が第29条に則って選出された（Garcia Parody, *Los orígenes*, pp.533-534.）。プリモ独裁の前夜、普通選挙制はコルドバ県ではもはや完全に形骸化されていた。モンティーリャ選挙区でさえもが無風のままに置かれたのは、このときである。

(50) Tuñón de Lara, *Poder y sociedad*, p.121.
(51) Alicia Yanini, "Murcia", *El poder de la Influencia*, p.421.
(52) ドミンゲス・オルティス、前掲邦訳、339ページ。
(53) Martorell Linares, *op.cit.*, p.87.
(54) *Ibid.*, pp.104-106.
(55) *Ibid.*, pp.135-136.
(56) Tusell Gómez, *op.cit.*, pp.27-28. Peña Guerrero y Sierra, "Andalucía", pp.38-43. ヘレス・デ・ラ・フロンテーラのマヌエル・ベルテマーティがそうであったように、セビーリャで弁護士稼業を営むペドロ・ロドリーゲス・デ・ラ・ボルボーリャもかつては共和主義の信奉者だった（Juan Ortiz Villalba, "Un episodio anticaciquil en la memoria de Rafael Castejón", *Francisco Azorín Izquierdo*, p.281 n.10.）。子息と同じ名を持つ「ペリーコ」の父親は、1861年のロハでの武装蜂起の後、マルフォーリらにより窮地に陥ったペレス・デル・アラモの救済に尽力している（Pérez del Álamo, *op.cit.*, pp.96-103.）。コルドバのアントニオ・バロッソ・イ・カスティーリョも元共和派（Martorell Linares, *op.cit.*, p.57.）。反体制派としての過去に見切りをつけ、それぞれセビーリャ県とコルドバ県の自由党の頂点に立った「ペリーコ」とバロッソの生き方もまた、復古王政期のアンダルシアの共和派が抱えていた限界の証し以外の何ものでもないだろう。
(57) Bernal, "Reforma agraria", pp.91-92.
(58) グティエーレス・モリーナ『忘れさせられたアンダルシア』155 - 156ページ。1933年1月、「セイスデードス」のあばら屋のそばで銃殺された「アンダルシアの民」のなかには、このガスパールの子どものビルバイーノ・スマケーロも含まれる（R.Mintz, *op.cit.*, pp.221-222.）。
(59) Antonio Rosado López, *Trazos viriles*, Morón de la Frontera, s.f[1919]., pp.10-34.
(60) Sody de Rivas, *op.cit.*, pp.72-75 y pp.88-89.
(61) ドミンゲス・オルティス、前掲邦訳、336ページ。
(62) Fidel Gómez Ochoa, "El conservadurismo canovista y los orígenes de la Restauración: la formación de un conservadurismo moderno", *La Restauración, entre el liberalismo y la democracia*, Madrid, 1997, pp.135-146, pp.151-154 y n.46.
(63) De Mateo Avilés, *op.cit.*, p.74 y p.152.
(64) Palacio Atard, *op.cit.*, p.69 y p.75. 生涯を通じて、カノバス・デル・カスティーリョの祖国の過去への興味は尽きることがなかった。その悲劇的な最期を前に、カノバスは「歴史がこの私を政治へと誘ったのである以上、政治が私を歴史へ連れ戻すのは理の当然である」と語っている。カノバスは「カトリック」としてレコンキスタと対抗宗教改革の理念を称揚しつつ、「リベラル」として異端審問所の不寛

容を断罪する。「歴史家」カノバスの洞察によれば、19世紀はスペインの「恐ろしく長いその歴史のなかでも、最も悲惨な時代」である（De Mateo Avilés, *op. cit.*, pp.126-132.）。

(65) *Ibid.*, pp.54-55 y pp.100-101.
(66) Ossorio y Gallardo, *op. cit.*, p.62.
(67) 1940年代の半ばに祖国を離れてフランスへ亡命、ピレネーの北からフランコ独裁への執拗な異議申し立てを行ない、内戦の勝利者がベッドの上で大往生を遂げた1975年以降のスペインの民主化のなかで豊饒な実りのときを迎えることになる現代史の研究の礎を据えたマヌエル・トゥニョン・デ・ラーラが惜しまれつつ病没したのは（Josep Pérez, "Tuñón de Lara y el hispanismo francés", *Bulletin d'Histoire Contemporaine de l'Espagne*, núm.26, 1997, pp.29-34.）、奇しくもカノバス・デル・カスティーリョが暗殺されてからちょうど100年目の1997年のことだった。東欧での共産圏の崩壊と国内でのフェリーペ・ゴンサーレス・マルケス首班の社会党政権の退場に続いた折からのネオ・リベラリズムの興隆も手伝って、それまではこの著名なマルクス主義史家らからネガティヴな烙印を押されるばかりだった復古王政の「自由主義」に、ポジティヴな側面を見出そうとする動きが勢いを増したように思われる。その1つの例が、フィデル・ゴメス・オチョアとエリアス・デ・マテオ・アビレースがカノバス・デル・カスティーリョに与えた点数の高さである。19世紀の前半から「革命の6年間」の幕が下りるまでのシビリアン・コントロールが脆弱なスペインにあっては、「自由主義」の名のもとに軍部がしきりに政治に介入した（Raymond Carr, "Liberalism and Reaction", *Spain. A History*, Oxford, 2000, pp.205-215. 渡部哲郎「19世紀中期スペインの支配構造とその性格／社会変動の固定化と寡頭制出現」『横浜商科大学紀要』第7号、1991年、277－283ページ）。対照的に、19世紀末にカノバス自身が暗殺される以前の復古王政では、失敗に終わった1886年のビリャカンポでの共和制樹立の企てを除けば、軍事行動の類は発生を見ていない（Mateo Avilés, *op. cit.*, p.98.）。軍人たちが改めて政治に嘴を突っ込むようになるのはカノバスの死後、軍部への犯罪行為を軍法会議が裁くことを定めた裁判所管轄法が1906年に施行されてからのことである。ゴメス・オチョアらの主張に孕まれた論理を突き詰めていけば、カノバスが創始し、アサーニャによって「スペイン史上、最も非現実的な体制」とのレッテルが貼られた復古王政そのものの位置づけにも（González Cuevas, *El pensamiento político*, p.119.）、自ずと変化が生じてくるだろう。もちろん、前後して台頭したピオ・モアらネオ・フランコ派の自称「修正主義（revisionismo）」とはまったく次元を異にするにせよ、こうした傾向が1936年7月に始まる「兄弟殺し」の背景への理解を根本的に改めることにも繋がっていくものかどうか、しっかりとした見定めがなされるまでにはまだしばらく時間がかかるものと思われる。ことは、「20世紀のスペインを通じての、議会制の最良の擁護者」との（Martorell Linares, *op. cit.*, p.19.）、サンチェス・ゲラの濃密な評伝を執筆したミゲル・マルトレール・

第 5 章 「帝政ロシアよりも劣悪」？

リナーレスによる、このカブラのカシーケへの極めて好意的な評価についてもあてはまる。代議士が選出される過程に「瑕疵」があったとしても「国会は国民を代表するのである」とは、1914 年夏のサンチェス・ゲラの国会演説である（ibid., p.79.）。お膝元のカブラでの「顧客」たちへの入念な「気配り」を云々することは措くとしても、例えば 1901 年の総選挙により「議会制の最良の擁護者」当人に代議士の資格が与えられた手続きに「瑕疵」があった事実ばかりはどうにも否定しがたいことは、マルトレール・リナーレス自身のペンが伝えている（ibid., pp.89-93.）。また、1914 年の総選挙の際の、カスペ選挙区でのアンヘル・オソリオ・イ・ガリャルドの当選の阻止をもくろむサラゴーサ県知事の策謀に、内相の地位にあったサンチェス・ゲラ自身が少なくとも同調していたことも確実と思われる。このときには、オソリオを支持する選挙区内の多数の市町村議会議員の身柄が事前に拘束されている。当時、アントニオ・マウラから距離を置いていたサンチェス・ゲラと、マウラと昵懇の間柄にあったオソリオとの関係は微妙だった（ibid., pp.196-197.）。少なくとも現在の時点でわれわれが見るところでは、「最良の擁護者」にとっての「議会制」はやはりカシキスモと腐れ縁で繋がっている。カノバス・デル・カスティーリョが「すべての立憲王政派」の再結集を成し遂げたという点から、アルフォンソ 12 世の治世を祖国の「議会制」の黄金時代の 1 つと見なしたのも、サンチェス・ゲラである（ibid., p.260.）。「議会制の最良の擁護者」は、確かに「議会制」の破壊のうえに成立したプリモ独裁の転覆をもくろむ 1929 年 1 月の策謀に加担。亡命先のフランスから海路スペインを目指し、バレンシアへの上陸を強行したあげく、逮捕される憂き目も見た。サンチェス・ゲラの到着が時化のせいで遅れなければ、広い範囲にわたって反体制派を糾合しながらも、具体的な戦略もないままにあえなく頓挫した反乱は、あるいは別の道をたどっていたかもしれない。これは、20 世紀の初頭に『スペインの社会問題』を著していたアンジェル・マルヴォーの推測である（ibid., pp.414-415.）。因みに、この企てにはプリモ・デ・リベーラ将軍を嫌うケイポ・デ・リャーノ将軍も関与し、やはり逮捕・投獄されている（Gibson, *Queipo de Llano*, p.21.）。同年 12 月、サンチェス・ゲラは保守党を離脱（Martorell Linares, *op.cit.*, p.428.）。さらに、プリモ独裁が倒壊した翌月の 1930 年 2 月、この元保守党党首は公の場で「スペインが共和国となる権利」を容認した（ibid., p.436.）。第 2 共和制初期のサンチェス・ゲラの言動は、かつての「政敵」にして、今では「共和制に奉仕する、国王なき王政派」を自称するオソリオ・イ・ガリャルドのそれに通じていた。1931 年 6 月の憲法制定議会選挙に際し、この 2 人はともに「共和制を支援するマドリード選挙区の候補者集団（candidatura de apoyo a la República por Madrid）」から出馬し、当選する。サンチェス・ゲラは第 2 共和制の憲法にも、アルカラ・サモーラの大統領選出にも支持票を投じた。憲法制定議会選挙では、サンチェス・ゲラはコルドバ県からも立候補している。コルドバでの選挙戦では、自らは王政派であり続けているものの、なおかつ「共和国の確立と安定を願う。というのも、私は王政派である前にスペイ

ン人であり、……共和国を措いてスペインのための解決策はない」と有権者たちに語りかけた。1935 年にその生涯を閉じる古参の政治家の言動が、「議会制」を擁護する立場からプリモ独裁、延いては独裁にすがったアルフォンソ 13 世の復古王政の倒壊に寄与したことは、同時代を生きた共和派にも王政派にも、否定すべくもない事実ではあった (ibid., p.464.)。しかし、1931 年 6 月、サンチェス・ゲラはマドリードではオソリオとともに辛勝したものの、復古王政期には無類の強さを発揮していたコルドバ県では一敗地にまみれなければならなかったという事実は (ibid., pp.455-458.)、カブラのカシーケが理想とする「議会制」と憲法制定議会のあるべき姿との隔たりを、他のどの地方にもましてカシキスモに苦しめられてきた南スペインの大衆が直感していた証であったのかもしれない。因みに、このとき地元でサンチェス・ゲラを支援した有力者たちのなかの 1 人に、5 年後にフランコ派初のコルドバ市長になるサルバドール・ムニョス・ペレスがいた (Palacios Bañuelos, *Historia de Córdoba*, p.383.)。

(68) ベネディクト・アンダーソン、山本信人訳『三つの旗のもとに／アナーキズムと反植民地主義的想像力』NTT 出版、2012 年、234 - 237 ページ。タリダ・デル・マルモルは、1892 年 1 月にヘレス・デ・ラ・フロンテーラで例の騒擾があった直後に南スペインへ向かったマラテスタ (第 4 章第 2 節の註〔38〕) に同行していた可能性がある。なお、自らに極刑を宣告することになる軍法会議で弁明の機会を与えられたアンジオリッロは、モンジュイックでの「審問」に加えて、独立を目指すキューバとフィリピンの動静についても語っている (アンダーソン、前掲邦訳、260 - 266 ページ)。プエルト・リコと並んで落日のスペインになおも残されていたこの 2 つの植民地は、宗主国への双方の反逆の精神を象徴する 2 人の著名なナショナリストを介して、われわれにも親しい 2 人の「本国人」と繋がっていた。2 人のナショナリストとはキューバのホセ・マルティとフィリピンのホセ・リサールであり、2 人の「本国人」とはピ・イ・マルガールとフェルミン・サルボチェアである。周知のように、マルティは 1985 年にスペイン軍との戦闘のさなかに落命。フィリピン人も、その翌年にマニラで処刑された。1871 年に「新しい世界」からスペイン本国へと移送され、カディスで下船した折、当時はまだ連邦共和党員だったサルボチェアとの最初で最後の出会いを遂げたと思われるのが、キューバ独立の志士である。後年、リベルテールとしてのサルボチェアの成熟にも留意しつつ、マルティは「豊かな身でいて、貧しい者たちのために生きる」「旧い世界」の「聖者」の人となりを思い起こすことだろう (Alberto Ramos Santana, "La ciudad de Cádiz en la vida de Salvochea", *Fermín Salvochea: historia*, Vol.1, pp.33-34.)。また、1880 年代の一時期マドリードに学んだリサールと、このときに親交を深めたのが、ピ・イ・マルガールである。カノバス・デル・カスティーリョのスペインにあって、連邦共和党の党首は「フィリピン人の独立願望を支持した数少ない政治的大立者の 1 人」(アンダーソン、前掲邦訳、149 ページ、註 77) だった。

第5章 「帝政ロシアよりも劣悪」?

第2節

「解き放たれた野獣」?

　「革命の6年間」に出身地カディスの市長やカディス県公安委員会の代表を務めていたフェルミン・サルボチェア・イ・アルバレスにより1886年に発せられた「政治」との訣別の誓いと、その翌年のヘレス・デ・ラ・フロンテーラの元民主党員、マヌエル・ベルテマーティへの復古王政による顕彰が、アンダルシアからの共和主義の一掃を直ちに意味していたわけではむろんない。既述のとおり、1891年5月のコルドバ市議会選挙では共和派が間違いなく過半数を制したのだった。南スペインの共和主義は、「6年間」が終焉した後も確かに生き残った。以下の数ページは、アナキズム・アナルコサンディカリズムとカシキスモに挟撃されたこの地方の共和派の実態の解明のために当てられる。

　復古王政期のアンダルシアにおいて特に注目されるのが、連邦共和党の下部組織の数の多さである。アントニオ・ロペス・エストゥディーリョの調べでは[1]、FTREの消滅以後の時期をも含めて、1881年から1905年までのアンダルシアには、少なくとも延べ359の連邦共和党の支部が存在した。最多はハエン県の77。ディアス・デル・モラールの名著がわれわれに与える印象を裏切って、コルドバ県下の同党の支部も45を下回らない。両県の間に位置するのは、連邦共和党の支部がそれぞれ68と64を数えたマラガ県とセビーリャ県である。サルボチェアに袖にされたトラウマが尾を引いていたせいかどうかはともかく、同じ時期のカディス県では連邦共和党の支部は23に留まっている。1879年生まれのペドロ・バジーナ・マルティネスは、カディスの「聖者」の人柄に魅了されたこともあって、妥協を知らぬ「純粋」アナキストへと脱皮を遂げる以前に、故郷のグアダルカナールにあった共和派の委員会に加入していた過去を持つ。このセビーリャ県のプエブロでも、共和派の多くは連邦共和党員であったという[2]。件の委員会もまた、おそらくは連邦共和党の支部に該当したものと思われる。

　FREに加入した時点では「政治」にまだ信頼を寄せていたフェルミン・サルボチェアにも似て、党籍を保持したままFTREに馳せ参じた連邦共和党員

335

1902年のペドロ・バジーナ・マルティネス
(Vallina, *Mis memorias*, p.68.)。

も少なくなかった。ともにセビーリャに住む、ミゲル・ミンゴランセとミゲル・ルビオもそうだった。ミンゴランセは、スペインが最初の共和制に突入していた1873年にはセビーリャ県議会議員を務めている。1882年にはアナルコ共産主義のイデオローグとして立ち現れるルビオも、その1年前には、ミンゴランセとともに連邦共和党員の資格において、発足して間もないFTREのセビーリャ市連盟の職務に従事していた[3]。ただし、第1共和制時代にルビオが思い描いていた理想の社会が、階級が廃絶された、協定を通じての労働者組織間の「純粋に経済的な」連合と同義であったとすれば[4]、ルビオは1870年代の前半には既にアナキズムに限りなく近い地点に立っていたように思われる。

　連邦共和党員のなかには、自身の「究極の革命的な願望」を「権力のない社会」の樹立に置き、「宗教の分野では無神論者、〔広い意味での〕政治の領域ではアナキスト」を自負する人物もいた。他でもない、党首のフランシスコ・ピ・イ・マルガールである。実際、ピ・イ・マルガールは9月革命の前夜にピエール・ジョセフ・プルードンの著作をスペイン語に翻訳したこともある。情熱的な女流アナキストのフェデリーカ・モンセニは、ピレネーの南にミハイル・バクーニンの理念が根づくための土壌を準備した功績をピ・イ・マルガールに帰している。他方で、「権力のない社会」を理想視する「アナキスト」の生業は、法の精神に忠実であるべき弁護士稼業だった[5]。「弁護士」が謳う「アナキズム」の内実が否応もなく問われたのが、その大統領就任からほどなく勃発したカントンの反乱である。

　1874年3月。2ヶ月ばかり前に第1共和制がカントンの平定者(！)のパビーア将軍に寝首を掻かれた衝撃も冷めやらぬこの時期、ピ・イ・マルガールは多分に自己弁護の色彩が濃い『1873年の共和国』を急いで脱稿する。われわれは、サルボチェアが「政治」そのものに背を向けねばならなかった理由を間接的に

第 5 章 「帝政ロシアよりも劣悪」?

裏書きする史料として、当事者の手になるこのささやかな第 1 共和制史を読むことができるかもしれない。1873 年 6 月に大統領に選出されて以来、新たに発布される憲法に則った「上からの」連邦共和制[6]の導入をもくろむ遵法精神の持ち主を最も悩ませたのは、自らが統率しているはずの連邦共和党の、特にアンダルシアにおける下部組織の、つまりはカディスのサルボチェアらの「暴走」だった。『1873 年の共和国』のなかで、「革命的な政府」が「仲間たち」に武器を向けたあげく敗れるような事態が出来することにでもなれば、「アナーキー」への、当然けしからぬ意味での「アナーキー」への道が開かれてしまうことだろうとの見通しを同時進行風に開陳してみせた折、「〔広い意味での〕政治の領域ではアナキスト」は完全な袋小路に迷い込んでいたように思われる。

1873 年 7 月、カントンの反乱が急速な広がりを見せるなかで大統領の職務を離れた——放り出した(?)——ピ・イ・マルガールの後を襲ったニコラス・サルメロンも、その後釜のエミリオ・カステラールも、「秩序」の回復に向けて軍事力を投入することに躊躇しなかった。『1873 年の共和国』は、第 1 共和制への実質的な死刑宣告にも等しい、パビーア将軍による「ヨーロッパ史が知る最も恥ずべき軍事クーデタ」を結果的に招くことにより、「共和制ばかりか、自由の原理までをも葬り去った」として 2 人の大統領の選択を断罪する[7]。とはいえ、仮に大統領の職務に留まったところで、サルボチェアらが演じる「アナーキー」へと連なる「混沌」を前に、「〔広い意味での〕政治の領域ではアナキスト」は無力感に打ちのめされ続ける他はなかったに違いない。

第 1 共和制が誕生する前年(1872 年)に執筆された『2 つの革命のための覚書き』のなかで「社会主義的な」連邦共和党員を自称したのは、ラファエル・ペレス・デル・アラモである。かつてのグラナダ県のロハの反乱の指導者は、9 月革命の後、ピ・イ・マルガールの後を追うようにして民主党から連邦共和党へと移籍していた。この「アンダルシアのスパルタクス」の当時の言動からも、われわれは連邦共和党の「主流派」とサルボチェアらとの隔たりを看取することができるだろう。

国王に迎えられたアマデオ 1 世の打倒を視野に入れた新たな武装蜂起に向けて、自分は第 1 インターナショナルとの共闘に必ずしも否定的ではない。このように一応の断わりを入れながらも、ペレス・デル・アラモは現にある FRE の「社会主義」を「早熟の、あるいは逆に時代遅れの」代物と決めつけた[8]。さらに、『2 つの革命のための覚書き』のなかではおそらく意図的に言

及を回避しているものの、イサベル2世がスペインを追われた後、「自由」と「アナーキー」とを、また「民主主義」と「共産主義」とを混同するカルモーナの革命評議会の「仲間たち」に苦言を呈するとともに、私的所有を侵犯する者たちに厳罰を科すよう主張したのも、ペレス・デル・アラモその人だったのである(9)。カルモーナでは、1873年夏のカントンの反乱に先んじて、9月革命から1年後には早くも連邦共和制の樹立が、明らかに「下からの」イニシアティヴにより宣言されていた(10)。「アンダルシアのスパルタクス」はピ・イ・マルガールと同じ苦境に、しかもこの連邦共和党の党首よりもいっそう身近なところで一足早く逢着していたかに見える。

　この2人のみならず、「革命の6年間」や復古王政期の共和派一般のイデオロギー上の曖昧さや組織力の限界を指摘することは、それほど困難ではないだろう。アンダルシア各地の共和主義の組織のうち、これらの時代を通じておそらく最大の動員力を誇ったと思われるのが、マヌエル・モレノ・メンドーサが起ち上げたFTA（アンダルシア労働者連盟）だった。ヘレス・デ・ラ・フロンテーラのこの共和派に指導されたFTAは、設立当初の1900年にはカディス・セビーリャ・マラガの3県に24,000人ほどの組織員を擁した(11)。

　しかし、1892年1月のヘレス・デ・ラ・フロンテーラでの騒動が惹起した弾圧の後遺症にたたられて、落ち目の（？）アナキズムからの労働力のFTAへの引き抜きを狙ったモレノ・メンドーサのもくろみは、早々に破綻を来したかに見える。例の野心家のジャーナリスト、カルロス・デル・リオの洞察に従えば(12)、アンジェル・マルヴォーも注視したモロン・デ・ラ・フロンテーラでの、地元の町長の証言では5,000人以上もの「アンダルシアの民」が合流した5月の争議を筆頭に(13)、FTAの勢力圏と覚しいプエブロでの階級対立も、1902年には既に「暴力的な」ゼネラル・ストライキの様相を呈してリベルテール的な方向へと再び急速に舵を切りつつあった。

　1900年1月、FTAはチクラーナ・デ・ラ・フロンテーラへも触手を伸ばしていた。だが、ちょうど1年後のヘレス・デ・ラ・フロンテーラのFTA機関紙は、チクラーナに「不和や猜疑心を振りまこうとやって来た異分子たち」を非難しなければならない。カディス県のこのプエブロでは、すぐにもリベルテールたちの巻き返しがあったものと思われる。モロン・デ・ラ・フロンテーラがゼネラル・ストライキに揺れた1902年には、カタルーニャの2人の著名なアナキスト、レオポルド・ボナフーリャとテレーサ・クララムンのプロパガンダ

のためのアンダルシア行脚が大きな関心を呼ぶ。2月、両名はチクラーナでも講演を行なった。このころFTAに在籍していたらしいディエゴ・ロドリーゲス・バルボーサが、共和主義の引力を振り切ってアナキストとしての自我に目覚める日は近い[14]。

「革命の6年間」に「アンダルシアのスパルタクス」を大いに悩ませていたカルモーナは、19世紀末から20世紀初頭にかけて農業ストライキのイニシアティヴをめぐって共和派とリベルテールとの間で激しい鍔迫り合いが演じられたプエブロでもある。「革命の6年間」の早い段階で連邦共和制の樹立が企図されたこのカルモーナは、「ボリシェヴィキの3年間」のさなかの1919年12月には600人の、内戦間際の1936年5月には6,000人のCNTの組織員を擁して、セビーリャ県内でも有力なアナルコサンディカリスムの拠点の1つと化す。カルモーナの、1872年12月のFREコルドバ大会では750人の、82年9月のFTREセビーリャ大会では220人の組織員のなかに連邦共和党員が含まれていたことは確実と思われる。しかし、われわれにはその正確な人数はわからない。

ロペス・エストゥディーリョによれば[15]、FTREが消滅してから2年が経過した1890年、このプエブロでの農業ストライキの先頭に立っていたのは共和派である。しかし、翌年にはアナルコ共産主義者たちの本格的な反撃が始まり、1901年には農業エリートとの労使交渉の指導権はリベルテールたちの手に移る。カルモーナ選出のセビーリャ県議会議員で、5月以降長期化したこの年の農業ストライキの収拾に関わったアギレーラ・トゥルモの観察では[16]、ことの起こりはカディス県のヘレス・デ・ラ・フロンテーラやボルノス、あるいは同じセビーリャ県のレブリーハから来たアナキストたちが、地元の日雇い農に「階級的な憎しみ」を植えつけたことにあった。

類似の証言は、お株を奪われた格好の地元の共和派からも聞こえてくる。世紀最初の争議の折、「組織の仲間でもなければ、善良な労働者でもない」「最も血の気の多い連中」のせいでカルモーナは破滅の瀬戸際にある、と嘆いたのはホセ・マンセーラ・ゴンサーレスである[17]。ロペス・エストゥディーリョの調べでは[18]、マンセーラ・ゴンサーレスは連邦共和党のセビーリャ県連盟の委員その他の職務を引き受けている。ところが、カルモーナで20世紀初の農業ストライキが開始された段階では、この連邦共和党員は地元のリベルテール的な組織の書記でもあった。争議が激化の一途をたどるなかで、「われわれの

関心は秩序の枠内にあって、……純粋に経済的なもの」と弁明したマンセーラ・ゴンサーレスは、一旦は手を組んだ、あるいは組む他はなかった「最も血の気の多い連中」との距離を広げていったものと思われる。

　小麦の収穫期に合わせて火蓋が切られたこの1901年の農業ストライキの狙いは、「アンダルシアの農業問題」と不可分の賃金の出来高払い方式の廃止にあった。カルモーナの労使の間で、「アフリカ風の憎しみ」が燃え盛ったことは間違いない。セビーリャの新聞『エル・リベラール』の報道によると「資本に宣戦を布告した一派」に操られ、報酬の日払いを要求する地元の労働力に手を焼かされたカルモーナの農業経営者たちは[19]、治安警備隊の介入と出稼ぎの投入により辛うじて難局を切り抜ける[20]。

　「アフリカ風の憎しみ」は尾を引く。1年後のカルモーナでは、農作業の開始に先立って大量の働き手があらかじめ確保されていた。「収穫が遅れたうえに不充分、しかも高くついた」前回の経験から[21]、大地主たちが教訓を引き出した形だった。1902年の夏、このプエブロでの農作業に汗を流す労働力は3,000人ほど。賃金の出来高払い方式を甘受するしかなかった地元の日雇い農たちが、その3分の2を占めていた[22]。翌1903年の小麦の収穫期のカルモーナでの争議も、当地の「アンダルシアの民」の、あるいは「民」を率いるリベルテールたちの完敗に終わる。

　さらに、カルモーナの「最も血の気の多い輩」に追い打ちをかけたのが、この年8月のアルカラ・デル・バーリェの騒擾に続いた弾圧だった。カルモーナでは、逆風に晒されたリベルテールたちに代わって、共和派が改めて日雇い農たちの信頼を取り戻したらしい。しかし、以後のカルモーナにおける、「ボリシェヴィキの3年間」に向けてアナルコサンディカリズムへと変貌を遂げていくアナキズムと、共和主義との絡みの変遷について、ロペス・エストゥディーリョは何も語らない。いずれにせよ、1903年の共和主義の束の間の（？）蘇生にもかかわらず、結局のところセビーリャ県のこのプエブロを牛耳るロレンソ・ドミンゲス・イ・パスクアルのカシキスモそのものに何の揺るぎもなかったことは明白な事実である。

　1904年4月中旬のコルドバ県で、折から農業ストライキを予定していたエスペッホの日雇い農たちへの連帯の意志を表明したのは、カブラの共和派の新聞『ラ・オルティーガ』だった[23]。翌月1日付の同紙は、さらにメーデーにこと寄せて全国の労働者たちに「アパシー」からの脱却を呼びかける[24]。だが、

第 5 章 「帝政ロシアよりも劣悪」?

カブラは、あのホセ・サンチェス・ゲラの牙城だった。『ラ・オルティーガ』紙から、保守党の党首アントニオ・マウラとともに名指しで「けだもの」と揶揄されたところで[25]、サンチェス・ゲラには痛くもかゆくもなかったに違いない。屈強のカシーケを前にして、カブラの共和派は自ら「アパシー」のなかに沈み込む他はなかった。ただし、共和派に代わって、サンチェス・ゲラに挑むリベルテールたちがこのプエブロに出現することもなかったという事実に触れないでおくのは、公平な態度ではないだろう。1910 年代以降も、このカブラに CNT 系列の組合が存在した痕跡はない[26]。

同じコルドバ県内にあって、アナルコサンディカリズムが共和主義を駆逐していった過程を再現することが可能なプエブロはモントーロである。ディアス・デル・モラールから誤読されたエステーバン・ベルトラン・モラーレスの奇書『マノリン』では、共和制ないしは「社会主義的な」共和制の樹立をもくろむマノリンらが、作者の故郷と覚しいプエブロに 500 人が無償の農作業に従事し、誰もがただで食事にありつけるコロニーを建設。強硬なアナキストたちを屈服させつつ、「アンダルシアの民」の支持を集めることに成功する[27]。だが、ベルトラン・モラーレス本人が書記を務める地元の協同組合「ラ・ベネフィカ（慈善のための組合）」は、『マノリン』に描かれた「農業社会主義」を実現するところから遙かに遠かった。

コルドバ特別選挙区に組み込まれたモントーロは、もちろんカシキスモの軛と無縁ではない。モントーロは、コルドバ県の保守党の大物の 1 人、サントス・デ・イサーサ・バレスカのカシカートである。デ・イサーサ・バレスカは 1879 年から 93 年までの 6 度の総選挙すべてに難なく勝利を収めた。後継者のフアン・デ・イサーサ・エチュニケも、1899 年から 1910 年までの 4 度の総選挙に完勝する[28]。マノリンの親友で、奇書のなかでベルトラン・モラーレス本人の思想を忠実に伝えていると思われるフェルナンドは、カシキスモに立脚した復古王政の存続を「政治」を否定するアナキズムの「狂信」と「不寛容」のなせる業と考える[29]。

だが、「愛情深い調和に包まれながら、すべての者の利益のために、信念と決意をもって共同体のなかでの労働に従事するよう」同胞を誘った、ベルトラン・モラーレス自身の手になる「ラ・ベネフィカ」のマニフェスト[30]も虚しく、この協同組合の経営は行き詰まる。ガルシア・エスピンが暮らすエル・カルピオやディアス・デル・モラールを生んだブハランセに同様の協同組合を設立す

る企図も、あえなく頓挫するだろう。それは、リベルテールたちの「狂信」と「不寛容」だけのせいではなかった。ベルトランが自身の夢を託した『マノリン』の筋書きは、南スペインの現実から大きく外れていたのである。

　モントーロでも私的所有の廃絶に向けてゆっくりと、しかし着実に歩みを続けるはずの「社会主義的な」共和派にリベルテールたちが頭を垂れることはない。逆に、1913年11月にブハランセのトマス・マルティネス・フレスコが行なったモントーロでのプロパガンダ活動が、このプエブロでのリベルテールたちの橋頭保「ラ・アウローラ（オーロラ）」の建設へと結実する。マルティネス・フレスコは、同年5月のコルドバでのFNOA創設大会でディアス・デル・モラールの故郷を代表していた[31]。このリベルテールがFNOAが1918年暮れにバレンシアに招集した大会のある部会の司会を務めたことは、前の章の第1節で既に指摘済みである。

　1916年には、モントーロも農業労働者たちを糾合するこのアナルコサンディカリスト労組に加盟する。既に「ボリシェヴィキの3年間」に突入していた1918年2月にそれが新たに生まれた時点で、モントーロのリベルテール的な組織「エル・デスペルタール・デル・プエブロ（大衆の目覚め）」は950人の組織員を抱えていた[32]。この数字は、「ラ・ベネフィカ」がモデルと思われる『マノリン』の協同組合の「1,000人近い」組織員数に[33]ほぼ匹敵する。1920年12月、つまり「3年間」の労使紛争の終焉と奇しくもちょうどときを同じくして、ベルトラン・モラーレスは失意のうちにその生涯を閉じなければならなかった[34]。

　ここで、やはりリベルテールたちから距離を置こうとしたヘレス・デ・ラ・フロンテーラの共和派に話を戻す。マヌエル・モレノ・メンドーサが構想した、階級の垣根を越えて広く大衆的な基盤に立脚するはずのFTAの「共和主義」の限界は、20世紀初頭にモレノ・メンドーサ本人が自身の故郷に招いた思想的立場を同じくする共和派[35]、ビセンテ・ブラスコ・イバーニェスが書いた長編小説『ラ・ボデーガ』のなかに集約的に表現されていたかに思われる。バレンシアの文豪が復古王政の総選挙に初めて勝利したのは1898年。以後、バレンシア特別選挙区での作家とその仲間たち、つまりブラスコ派（blasquista）に与えられた地元の小市民たちの支持は絶大だった。1898年からプリモ独裁の幕が上がる1923年までの間、県庁所在地とその周辺のいくつかの自治体で構成されたこの選挙区で2大政党から当選者が出たのは、1914年と19年のわ

第 5 章　「帝政ロシアよりも劣悪」?

ずかに 2 度だけである。ことバレンシア特別選挙区に関する限り、作家自身の 1908 年の政界からの引退にもかかわらず、保守党と自由党が結束して王政の死守に血道を上げたところで、ブラスコ派にはほとんど歯が立たなかったのだった(36)。

　しかし、ブラスコ・イバーニェスの「共和主義」には、首をかしげざるをえない要素も顔を覗かせている。バレンシアの文豪は、もともとフランシスコ・ピ・イ・マルガールに師事する連邦共和党員だった。だが、独立の機会を窺う植民地キューバの情勢をめぐって師弟は対立する。キューバに肩入れし、ついにはスペインと戦火を交えることになるアメリカに連邦共和制の理想を見た自称「アナキスト」(!)に対し、キューバ独立に断固反対するブラスコ・イバーニェスは「内政」に干渉する「ヤンキー」の「増長」に、黴の生えたかのような「郷土の精神(hidalguía)」を対置させる(37)。

　しかも、バレンシアの文豪の「愛国心」には「反ユダヤ的な」劇薬までもが混入されていた。ピ・イ・マルガールとブラスコ・イバーニェスの関係が決定的に損なわれたのは、米西戦争を 2 年後に控えた 1896 年のこと。当時の文豪にとっては、カノバス・デル・カスティーリョにせよサガスタにせよ、同胞の生き血をすするロスチャイルド家の走狗と化す以外にはない「売国奴」である(38)。ヘレス・デ・ラ・フロンテーラのモレノ・メンドーサが、「反ユダヤ的な」「愛国心」をも文豪と共有していたものかどうかは不明である。

　しかし、ブラスコ・イバーニェスの共和主義に孕まれた別の、そしてモレノ・メンドーサにも確かに通じるものと思われる「階級的な」歪みを、われわれは他でもない『ラ・ボデーガ』のなかから拾い出すことができる。この肉厚の長編小説のなかで、1892 年 1 月に「アナーキー万歳!」と叫びつつ大挙してヘレス・デ・ラ・フロンテーラを襲撃した「アンダルシアの民」に、文豪は自身や、自身と同じ出自のバレンシアの小市民たちと並んで本来ならば共和制の樹立のためにともに歩むべき「盟友」のイメージではなく、「悲惨な群れ」「解き放たれた野獣」のそれを重ね合わせたのだった(39)。

　「階級的な」歪みは、『ラ・ボデーガ』の他のページからも指摘される。この作品に現れるフェルナンド・サルバティエラは、革命成功の暁には社会的な不平等の一掃とともに疾病さえもが消滅すると確信し、「神を信じない聖者」「俗界の聖者」と地元の大地主たちも一目置くアナキズムの「使徒」(40)。「使徒」のモデルが、ブラスコ・イバーニェスと現実に親交のあったフェルミン・サル

343

ボチェアであったのは間違いない。だが、『ラ・ボデーガ』では、自らの「小市民的な」性根に合致する小土地所有の利点をもサルバティエラに語らせる手管により、生身の「聖者」を知るはずの文豪は、透徹したアナルコ共産主義者としてのそのイメージを矮小化してしまう[41]。

　1907年以降、モレノ・メンドーサは反体制を標榜する代議士候補としてカシキスモの壁に挑んだものの、あえなく敗北を重ねる。1908年にブラスコ・イバーニェスが政治の第一線を退いた後、そんなモレノ・メンドーサが接近を図ったのが、この年に急進党を結成したアレハンドロ・レルーである。1903年9月にコルドバで開催されたアンダルシア8県の共和派の集会の折、2人は最初の（？）出会いを遂げている。集会には、グラナダのラファエル・ガルシア・ドゥアルテやマラガのペドロ・ゴメス・チャイクス、あるいは先のモントーロのエステーバン・ベルトラン・モラーレスの姿もあった。20世紀の初頭、バルセロナに働く貧しい者たちの間で支持層を急速に拡大したレルーも、実はアンダルシア人。ラ・ランブラ（コルドバ県）の生まれである。

　腐敗した「平和裡の政権交代」の打破が論じられたこの集会の席上、レルーは南スペインの仲間たちのカシキスモへの「弱腰」を俎上に載せ、ゴメス・チャイクスらから逆にバルセロナでの自身の人気に驕ったその姿勢を強く指弾された[42]。レルーの「成功」の理由として、この「新参者」がカタルーニャでの地域ナショナリズムと労働者階級との分断を画策する内務省と通じていた可能性も指摘されている[43]。その真偽のほどはともかく、「傲慢な」レルー自身も、結局はアンダルシアのカシキスモの陥穽に落ちてしまう。20世紀最初の年のバルセロナでは間違いなく共和主義の看板を背負って代議士の地位を手に入れたレルーは[44]、1914年の総選挙に際しては郷里のラ・ランブラが含まれるポサーダス選挙区から出馬し、地元のカシーケたちの「温情」に浴して当選を果たすことになるのである[45]。

　「平和裡の政権交代」のからくりに絡め取られたという点では、モレノ・メンドーサにしても同じことである。1916年の総選挙でのモレノ・メンドーサの当選は、カディス県の自由党を取り仕切るルイス・ゴメス・アランブールーとの握手の賜物である[46]。第2共和制の「改革の2年間」、急進党のモレノ・メンドーサは1931年4月の地方選挙での勝利を経てヘレス・デ・ラ・フロンテーラの市長に就任した後、6月には憲法制定議会選挙に当選[47]。1933年の1月以降、アサーニャ政権の最大の弱みとなりつつあったカサス・ビエハスをめぐ

る国会での与野党の攻防のなかで、ヘレスの急進党代議士は党首レルーのお先棒を担ぐ役割を忠実に演じてみせるだろう。

「われわれが知る限り、カサス・ビエハスでは起こるべきことが起こった」との、「アルカラ市民」の例の「言葉」が聞かれる前日（2月1日）、モレノ・メンドーサがまず問題視したのは、あばら屋への籠城により国家権力への敵意を露わにしたものと見なされた「セイスデードス」ら7人を除く、火傷の痕跡をその遺体に留めていない事件の犠牲者たちの死因だった。ヘレス・デ・ラ・フロンテーラの急進党代議士は、22人もの虐殺を招いたCNT・FAIの武装蜂起が他ならぬカサス・ビエハスを舞台に突発した理由として、区域調整法の実施に伴うこのカディス県の集落での労働環境の悪化をも指摘した[48]。センデールの『犯罪の集落への旅』にも、第2共和制期を迎えて、カサス・ビエハスの農業労働者たちが出稼ぎとして他の市町村でのオリーヴの収穫作業に従事する機会を奪われたという、センデール自身が現地で入手した証言が挿入されている[49]。農地改革の実施を公約した「すべての階級の勤労者の共和国」のもとで、この集落を蝕む困窮は実際にはかえって増幅されていたのだった。

モレノ・メンドーサの主眼が、反乱そのものの鎮圧の是非はひとまず棚上げにしたうえで、なおかつ治安維持装置が仕出かした「悪逆無道」を抉り出し、その責めを首相アサーニャに負わせるとともに、レルー自らが共闘の継続を拒絶して久しい社会党・UGTの労相ラルゴ・カバリェーロが打ち出した社会政策の破綻に世論の関心を集めることに置かれていたのは一目瞭然だろう。カサス・ビエハスを利用しつつアサーニャ政権の不手際・無策を執拗に責めたてた点では、もちろんカディス県の急進党系紙『ラ・ボス・ラディカール』の論調も同様である。その一方で、社会党・UGTを貶める狙いから、同紙は1933年1月の武装蜂起をもっぱらFAIのみの「所業」と決めつけ、CNTにはむしろ寛大なところさえも見せたのだった[50]。

「革命の6年間」の再現を阻むべく、復古王政にカシキスモと連動した2大政党制を導入することに何ら躊躇しなかったカノバス・デル・カスティーリョが多くを学んだのは、「理性」に全幅の信頼を寄せる啓蒙思想を徹底的に嫌ったイギリスのエドマンド・バークである[51]。しかし、コスタの指摘を待つまでもなく[52]、復古王政期のスペインにおける「ヨーロッパ的な」意味での「政党」の不在は誰もが知る事実だった。カノバスが構築したそんなスペインの「理性的な」清算を企てたのが、「ジュネーヴ市民」に深く傾倒するアサーニャで

ある。しかし、社会党・UGT の協力を仰ぎつつ、「理性」を拠りどころにした議会制民主主義の建設を夢見た「アルカラ市民」は、共和主義の政党を自称しながらも、カシキスモという名の麻薬に溺れた過去を持つ急進党から手痛い仕打ちを受ける破目になったのである。

「麻薬」に手を出したのは、むろんレルーとモレノ・メンドーサばかりではない。1907 年にアルメリア県のソルバス選挙区から出馬し、「カシーケのなかのカシーケ」フアン・デ・ラ・シエルバの計らいにより代議士の身分を獲得したのは、つい 2 年ばかり前にロメーロ・ロブレードを激怒させていた（！）あのアソリンである[53]。かつて「知的アナキスト」の異名を奉られたこともある人気作家は、「大戦争」のさなかには王政派の新聞『ABC』の特派員としてフランスを訪ね、シャルル・モラスのアクシオン・フランセーズに熱狂。「知識人の共和制」の名づけ親は、少なくともその初期にはプリモ独裁を支持してもいた[54]。尻軽の（？）「知識人の共和制」の名づけ親をも抱き込むだけの懐の深さを見せたカシキスモは、復古王政の消滅後もしぶとく存続する。

第 2 共和制が発足した 4 月 14 日の時点では、2 日前に行われた地方選挙の結果は実はまだ半分も判明していなかった。しかし、王政派の圧勝は早くも確実な情勢だった。全国 8,943 の市町村に新たに誕生するはずの 80,280 人の議員たちのうち、このとき勝利が確定していた王政派は 22,150 人。反王政派の当選者は、共和派や社会党員を併せても 5,875 人にすぎなかった[55]。しかし、国内の 50 の県庁所在地のうち、41 のそれでは共和派や社会党が勝利する[56]。アルフォンソ 13 世の亡命は、都市部での王政派の惨敗の知らせに国王が自らの将来を悲観した結果だった[57]。復古王政末期に共和派を自称したケイポ・デ・リャーノ将軍にとって、新しい時代の到来はなるほど祝福されるべきことではあれ、都市部での反体制派の勝利を梃子にした第 2 共和制の誕生そのものは「欺瞞」でしかない[58]。

アンダルシア 8 県でも、7 つの県庁所在地では反王政派に凱歌が上がった。唯一の例外はカディス。1931 年 4 月 12 日、カディスでは王政派が 37 議席を掌握し、わずか 3 議席の反王政派に圧勝した。そのカディスに共和派・社会党が多数を占める市議会が誕生するのは、5 月に改めて行われた地方選挙の結果だった。「やり直し」の結果、王政派は 9 議席にまで後退する。それでも、「逆転」は見かけほどに劇的なものではない。市庁舎の内外で今では「共和派」を自称する人間たちのなかには、旧自由党の札つきのカシーケ、ルイス・ゴメス・

第 5 章 「帝政ロシアよりも劣悪」？

アランブールーとその取り巻きら、1ヶ月ばかり前の第 2 共和制の誕生をもって復古王政に「表向き」見切りをつけたかに見えるかつての王政派が多数含まれていたのだった[59]。

このカディス県の県庁所在地や、県内の 109 の市町村のうち 79 の自治体で改めて投票が実施されたセビーリャ県の例が物語るように、南スペインを「共和主義化」するうえで大きな節目をなしたのが、5 月の再選挙だった[60]。4 月の地方選挙に関して、結果が判明した後に手続き上の不備が指摘されたセビーリャ県内の 79 の自治体のうち、プエブラ・デ・ロス・インファンテスを除く 78 のプエブロでは王政派が勝利していたのである[61]。

コルドバ県でも、第 2 共和制の樹立が宣言される直前に県庁が公表した数字によれば、王政派の 416 議席に対して、反王政派は 261 議席を得たに留まる。県庁所在地のコルドバでは、全部で 44 の議席のうち共和派と社会党がそれぞれ 20 議席と 8 議席を確保した。1932 年のコルドバ県下の市町村議会では、王政派が 363 議席を、共和派が 289 議席を、社会党が 206 議席を、さらに共産党が 6 議席をそれぞれ占めている[62]。大慌てで（？）県当局が集計した 4 月の数字の怪しさはさておき、第 2 共和制が復古王政からの「離陸」をともかくも果たすには、コルドバ県でも 37 のプエブロでの 5 月の再投票を待たねばならなかったのである[63]。

プリエーゴ・デ・コルドバにおける自由党のカシキスモの元締めだったニセト・アルカラ・サモーラが王政派から共和派への転向を自ら宣言したのは、プリモ独裁の倒壊から 3ヶ月後の 1930 年 4 月のことだった。自身が振り返るところでは[64]、アルカラ・サモーラがアルフォンソ 13 世と復古王政を見限った理由は、1 月のプリモ・デ・リベーラ将軍の退場をよそに、依然として「自由」が回復されない祖国の現実に自らが覚えた苛立ちにあった。

しかし、アルカラ・サモーラの鞍替えは、プリモ独裁がプリエーゴ・デ・コルドバの保守党のカシーケで、『IRS 報告』にも登場したホセ・トマス・バルベルデ・カスティーリャを重用したためと考える向きもある。事実、バルデルデ・カスティーリャはプリモ独裁期にプリエーゴ町長とバダホース県知事になっている[65]。長くニセト派が押えてきたプリエーゴの町役場も、この時期ばかりはバルベルデ・カスティーリャの配下の手に落ちた。1923 年 12 月には、独裁の幕が上がるまで町長や地元選出の代議士を務めていたニセト派のフアン・ブフィールが、理由も定かではないままに逮捕されている[66]。コルドバ

347

のバロッソとカブラのサンチェス・ゲラの場合とは異なって、狭いプリエーゴに並び立つ両雄はかねて犬猿の間柄だった。

プリモ独裁の初期、「自由」を愛するアルカラ・サモーラは「超進歩的にして、ほとんど完璧な」憲法とヴァイマル憲法に最大級の讃辞を呈している[67]。しかし、1933年11月のコルドバ県での総選挙へのその介入の手口から見る限り、初代大統領の精神はかつてのカシーケのそれのままである。この、第2共和制が行なった2度目の総選挙は、コルドバ県では1次投票で決着を見なかったため[68]、12月の2次投票に持ち込まれた。1次投票で2位につけたのは、78,441票が投じられたバルベルデ・カスティーリャである。だが、2次投票を前にアルカラ・サモーラの「天敵」は、巻き起こった少なからざる不満の声をよそに候補者リストから除外される。その2次投票で130,049票を手にして首位当選を果たしたフェデリーコ・フェルナンデス・カスティリェッホは、かつてマヌエル・イラリオ・アジューソと国会での議席を争ったホセ・フェルナンデス・ヒメーネスの子息である。もともとセビーリャ県が根城のフェデリーコも、間違いなく父親譲りのニセト派だった。1931年6月の憲法制定議会選挙では、正しくアルカラ・サモーラの自由主義右翼共和党の党員として同県から立候補し、勝利を収めている。問題の2次投票の時点でのその所属先も、当時アルカラ・サモーラが名誉代表を務めていた進歩主義共和党である[69]。

それまでやはりセビーリャ県を活動拠点にしていた社会党のエルメネヒルド・カサス・ヒメーネスのコルドバ県からの出馬・当選も、アルカラ・サモーラが横槍を入れたためだった。プリモ独裁以前は急進党に在籍するとともに、第2共和制が誕生してからも従前どおり一貫してブラス・インファンテの地域ナショナリズムに傾倒し続けたカサス・ヒメーネスは[70]、1933年11月を待たずにブルジョワ共和派と袂を分かったセビーリャ県の社会党のなかで孤立を強いられていた。第2共和制の2度目の総選挙への強引な介入をもくろむアルカラ・サモーラにとって、憲法制定議会では当選を果たしながらも、このときセビーリャ県の社会党の候補者リストから漏れ、同党からの離脱を既に決意していたかにも見えるカサス・ヒメーネスは「手ごろな」駒であったのかもしれない。事実、カサス・ヒメーネスは1934年2月には離党の意思を表明し、その後セビーリャ県の急進党を率いるディエゴ・マルティネス・バリオのもとに戻っている[71]。

プリエーゴ・デ・コルドバの元（？）カシーケの狙いは、「自由」を象徴す

るフリジア帽を被った、しかし実質的には新しい「王政」の確立にあった。第2共和制の初代大統領のやり口をこのように揶揄したのは、カサス・ヒメーネスと並んで「暗黒の2年間」にコルドバ県選出の社会党代議士の地位を得たフェルナンド・バスケス・オカーニャである[72]。バスケス・オカーニャがフランシスコ・ラルゴ・カバリェーロの「マルクス主義者」としての資質に疑問の眼差しを投げかけたことを、われわれは既に知っている。

しかし、バスケス・オカーニャ自身の「資質」もまた、どうやら問われなければならない。「改革の2年間」のコルドバにあって、この「マルクス主義者」は地元の社会党系紙の編集に勤しむ一方で、フェデリーコ・フェルナンデス・カスティリェッホの父親と健全とは思われない関係で確かに結ばれてもいたのである。第2共和制の2度目の総選挙におけるバスケス・オカーニャの勝利には、カサス・ヒメーネスのそれと同じく多分にいかがわしさがつきまとう。共和派ばかりか、かなりの発言力を有していたはずの社会党の活動家たちのなかにも、カシキスモの泥沼に足を取られていた人物がいたのである。

第7章でも改めて言及されるように、1つにはカサス・ヒメーネスに似て「インテリゲンツィヤ」との共闘の維持に未練を見せたこともあって、こちらはコルドバ県の社会党の候補者リストから除外されたのが、フランシスコ・アソリン・イスキエルドだった。この、1933年11月には出馬すらできなかった「改革の2年間」の代議士は、アルカラ・サモーラに救われた「よそ者」のカサス・ヒメーネスや、同じ釜の飯を食いながらも、アルカラ・サモーラの盟友、あるいは腹心だったホセ・フェルナンデス・ヒメーネスと結んで自身を出し抜いたバスケス・オカーニャの姿勢に声を荒げるだろう[73]。

バルベルデ・カスティーリャがコルドバの兵営に姿を見せた1936年7月18日。県庁所在地がそうであったように、プリエーゴ・デ・コルドバも決起したフランコ派に瞬く間に蹂躙される。プリエーゴの行政を担当していたニセト派は、このとき町役場のバルコニーに掲げられていた第2共和制の国旗を自ら巻き、軍事クーデタを支持する側に回る[74]。そんなニセト派の「共和主義」の内実を伝える1つのエピソードが、カストロ・デル・リオに残されている。1931年4月、このプエブロでは当選したばかりの15人の王政派の町議会議員が挙って共和派への転向を申し出たものの、すげなく一蹴される一幕があった。復古王政そのものが消滅してしまい、窮地に追い込まれたカストロの王政派の知恵袋は、またしてもフェルナンデス・ヒメーネスその人だったのである[75]。

第2共和制期を迎えてもカシキスモの残滓が一掃されていなかった事実を裏づける事例は、おそらく枚挙にいとまがない。エストレマドゥーラのイゲーラ・デ・バルガスの住民がカシーケの横暴を逃れることができたのは、1936年2月からフランコ派に制圧される8月までの半年間だけである⁽⁷⁶⁾。そして、このバダホース県の、「改革の2年間」とも縁遠かったプエブロに束の間の春をもたらした人民戦線選挙を露骨なまでに汚してみせたのが、「ボリシェヴィキの3年間」にその傍若無人ぶりが際立っていたグラナダ県のカシーケたちだった。1936年2月の同県では、ゲハル・シエラその他、人民戦線に支持票が投じられた形跡が皆無の市町村の数が10を下回ることはない⁽⁷⁷⁾。

註

（ 1 ）　López Estudillo, *Republicanismo y Anarquismo*, p.309 n.60.
（ 2 ）　Vallina, *Mis memorias*, pp.26-27.
（ 3 ）　López Estudillo, *Republicanismo y Anarquismo*, pp.309-310.
（ 4 ）　*Ibid*., pp.196-197.
（ 5 ）　Antoni Jutglar, "Prólogo a la presente edición", Francisco Pi y Margall, *El reinado de Amadeo de Saboya y la república de 1873*, Madrid, 1970(1ª ed. 1874), pp.17-39.
（ 6 ）　Bahamonde, *España en democracia*, pp.98-101.
（ 7 ）　Pi y Margall, *La república de 1873. Apuntes para escribir su historia. Vindicación del autor*, pp.136-151. 1876年3月の復古王政初の国会の場を借りて自身の74年1月の行動について説明した際に語ったところでは、パビーア将軍にとってもカントンの反乱の行きつく先は正しく「アナーキー」以外にはなかった (Francisco Martí Gilabert, *La Primera República Española 1873-1874*, Madrid, 2007, p.118.)。図らずも、正面から敵対する両者のカントンの反乱への評価が一致した形である。
（ 8 ）　Pérez del Álamo, *op.cit*., p.175 y pp.181-183.
（ 9 ）　López Estudillo, *Republicanismo y Anarquismo*, p.55. Bernal, "Andalucía caciquil y revolucionaria", p.16. 1861年にロハやその他のプエブロでラティフンディオの再分配を告げる「紙券」を撒いたのは、やはり「アンダルシアのスパルタクス」ペレス・デル・アラモ当人ではない。
（10）　José Barón Fernández, *El movimiento cantonal de 1873(Primera República)*, A Coruña, 1998, p.103.
（11）　FTAは、同じマヌエル・モレノ・メンドーサが1899年にヘレス・デ・ラ・フロンテーラで起ち上げていた「農業労働者組織 (Sociedad de Agricultores)」がその前身だった (Montañés, *op.cit*., p.210.)。

(12) *El Liberal*, 23-VI-1902.
(13) Sody de Rivas, *op.cit.*, pp.34-43.
(14) グティエーレス・モリーナ『忘れさせられたアンダルシア』140・146ページ。ブハランセの日雇い農たちが、レオポルド・ボナフーリャを介してCNTに加入する意志を表明したことは、「はじめに」の第2節の註（25）に書いておいた。
(15) López Estudillo, *Republicanismo y Anarquismo*, pp.484-498.
(16) *El Liberal*, 21-VI-1901.
(17) *Ibid.*, 10-VI-1901.
(18) López Estudillo, *Republicanismo y Anarquismo*, p.497 n.179.
(19) *El Liberal*, 28-V-1901.
(20) *Ibid.*, 29-V-1901. この争議に突入してから間もない5月中旬、マンセーラ・ゴンサーレスは出稼ぎに地元の労働力への連帯を、言い換えればカルモーナからの退去を要請している（*El Noticiero Obrero*, 19-V-1901.）。カルモーナに「階級的な憎しみ」の種を蒔いたというアナキストたちの根城だったレブリーハでも、ときを同じくして同じ目的のための農業ストライキが展開されていた。レブリーハの大地主たちにとっても、賃金の出来高払い方式の受け容れを拒絶する、地元の組織化された、先の「アナキストたち」によれば「1,912人」の日雇い農に対抗するための持ち駒は、ポルトガルからの出稼ぎ以外にはなかった（*ibid.*, 17-V-1901.）。
(21) *El Liberal*, 13-VI-1902.
(22) *Ibid.*, 2-VIII-1902. この年、カルモーナの農業経営者たちは事前に出稼ぎの頭数を確保し、地元の労働力に圧力をかけている（*ibid.*, 12 y 13-VI-1902.）。
(23) *La Ortiga*, 15-IV-1904, recopilado por Barragán Moriana, *Córdoba*, p.223.
(24) *La Ortiga*, 1-V-1904, recopilado por Barragán Moriana, *Córdoba*, pp.224-225.
(25) *Ibid.*, p.120.
(26) 1919年5月のカストロ・デル・リオのアナルコサンディカリストたちが招集した農業労働者大会に代表を派遣するか、大会への支持を表明した合計35の市町村には、前年10月の大会と同じくカブラも含まれる。しかし、これら35の組合のうち、カブラのそれのみがリベルテール的な旗印を掲げていない（Díaz del Moral, *Historia de las agitaciones*, p.311.）。
(27) Beltrán Morales, *op.cit.*, p.212 y p.228.
(28) 復古王政時代にコルドバ県で実施された総選挙の結果は、Palacios Bañuelos, *Historia de Córdoba*, pp.460-494.
(29) Beltrán Morales, *op.cit.*, p.343.
(30) Ruiz Luque y Casas Sánchez, "Estudio introductorio", p.X.
(31) Díaz del Moral, *Historia de las agitaciones*, p.319.
(32) Luis Palacios Bañuelos, "Apuntes para una historia contemporánea de Montoro: el asociacionismo campesino", *Montoro. Historia y arte,* Montoro, 1992, pp.158-159.
(33) Beltrán Morales, *op.cit.*, p.344.

(34) Ruiz Luque y Casas Sánchez, "Estudio Introductorio", p.V. ブラス・インファンテやパスクアル・カリオンにも似て、晩年のベルトランもヘンリー・ジョージから多大な感化を受けている。スペイン内外から多数の『進歩と貧困』（1879 年）の愛読者たちが集った 1913 年 5 月のロンダ大会でモントーロを代表するとともに (ibid., pp. XVII-XXIV.)、同じ年に出た『マノリン』の第 5 版のエピローグでは、「未耕地」への単一課税の適用を強く国家に求めた（Beltrán Morales, op.cit., p.372.）。

(35) グティエーレス・モリーナ「アンダルシアとアナキズム（上）」106 ページ。

(36) Ramiro Reig, "Entre la realidad y la ilusión: el fenómeno blasquista en Valencia, 1898-1936", El republicanismo en España, p.396.

(37) Carlos Serrano, El turno del pueblo. Crisis nacional, movimientos populares y populismo en España(1890-1910), Barcelona, 2000, pp.190-197.

(38) Ibid., pp.212-213.

(39) Brey, "Crisis económica", pp.78-79.

(40) Vicente Blasco Ibáñez, La Bodega, Sevilla, 1989(1ª ed. 1905), pp.42-47 y p.295.

(41) Carlos Serrano, "Personaje, mito y mistificación: Salvochea y La Bodega de Vicente Blasco Ibáñez", Fermín Salvochea. Un anarquista, pp.168-173. バレンシアの文豪は、サルバティエラ／サルボチェアにヘレス・デ・ラ・フロンテーラを「乞食の大群に囲まれた大金持ちたちの都市」と呼ばせてもいる（Blasco Ibáñez, op.cit., pp.228-229.）。飢えた「アンダルシアの民」が、もはや街頭での施しにすがる以外にないところまで追い込まれることも稀ではなかったことは、確かに隠しようもない事実ではあった。それでもなお、ブラスコ・イバーニェスに南スペインの日雇い農たちを「悲惨な群れ」「解き放たれた野獣」、さらには「乞食の大群」と同一視させたものはその「小市民的な」性根を措いて他にない。

(42) Arcas Cubero, El republicanismo malagueño, pp.197-198.

(43) ドミンゲス・オルティス、前掲邦訳、356 ページ。

(44) Barcells, op.cit., p.72.

(45) Tusell Gómez, op.cit., p.30. 第 2 共和制の臨時政府では、レルーには外相の役職が割り振られた。手を出そうにも、それが「汚職」から最も縁遠いポストだったからという、笑うに笑えない理由づけもある（Preston, Las tres Españas, p.204.）。急進党党首の人柄が垣間見えるエピソードではある。

(46) Montañés, op.cit., p.210.

(47) Caro Cancela, La Segunda República en Cádiz, p.98 y p.110.

(48) Brey, "Casas Viejas en las Cortes", p.147 y p.160.

(49) Sender, op.cit., p.80. カサス・ビエハスも含まれるメディナ・シドニアとパテルナ・デ・リベーラの 2 つのプエブロで構成された地方裁判所轄区の人口は、1860 年の 24,689 人から 1930 年の 21,894 人へと大幅な減少を記録した（Jacques Maurice, "De Medina Sidonia a Casas Viejas: anarquistas del campo", Los sucesos de Casas Viejas, p.90 n.77.）。その原因が、東アンダルシアのアルメリア県やグラナダ県の多く

の市町村にも似た劣悪な雇用環境にあったことは想像に難くない。

(50) Gérard Brey, "Casas Viejas en tres diarios radicales: *El Imparcial* de Madrid, *El Progreso* de Barcelona y *La Voz Radical* de Cádiz", *Los sucesos de Casas Viejas*, pp.430-434.
(51) Gómez Ochoa, *op.cit.*, p.124 y n.46.
(52) Costa, "Oligarquía y caciquismo", p.24.
(53) Tusell Gómez, *op.cit.*, pp.26-27.
(54) González Cuevas, *El pensamiento político*, pp.84-86.
(55) *Diario Liberal*, 14-IV-1931.
(56) Juliá, *Un siglo de España*, p.78.
(57) ヴィラール『スペイン史』110‐111ページ。
(58) Gil Pecharromán, *op.cit.*, pp.206-208.
(59) José Luis Gutiérrez Molina, "Viejo y nuevo caciquismo durante los años treinta en Cádiz", *Trocadero*, núm.5, 1993, pp.506-508.
(60) Mario López Martínez, "La Segunda República", *Historia de Andalucía Contemporánea*, pp.408-410.
(61) Julio Ponce Alberca, *Andalucismo, república y socialismo. Hermenegildo Casas Jiménez(1892-1967)*, Sevilla, 2002, pp.91-93.
(62) Barragán Moriana, *La realidad política*, pp.63-69.
(63) Rafael Cañete Marfil y Francisco Martínez Mejias, *La Segunda República en Bujalance(1931-1936)*, Córdoba, 2010, p.63.
(64) Casas Sánchez, "Niceto Alcalá Zamora", p.43.
(65) Ortiz Villaba, "Las bases sociales", p.259 y n.3.
(66) Gil Pecharromán, *op.cit.*, p.160.
(67) Casas Sánchez, "Niceto Alcalá Zamora", p.40.
(68) 最初の投票で有権者全体の40パーセント以上の支持を獲得した候補者がいなかった場合、総選挙は自動的に2次投票に持ち込まれた。コルドバ県では、1933年11月の有権者はおよそ231,000人。1次投票で首位に立ったホセ・メディーナ・トゴーレスも79,866票を得たに留まった（Ponce Alberca, *Andalucismo*, p.157.）。
(69) Gil Pecharromán, *op.cit.*, pp.239-240. アルカラ・サモーラのおかげで漁夫の利を得た観の強いフェルナンデス・カスティリェッホは、1936年春の国会の場で人民戦線を相手に「恩人」の弁護のために奮戦する（*ibid.*, pp.373-374.）。
(70) Ponce Alberca, *Andalucismo*, pp.15-18.
(71) *Ibid.*, pp.159-163.
(72) Vázquez Ocaña, *op.cit.*, p.87.
(73) Ponce Alberca, *Andalucismo, loc.cit.*
(74) Moreno Gómez, *La Guerra Civil en Córdoba*, pp.111-114.
(75) Francisco López Villatoro, *Cambios políticos y sociales en Castro del Río(1923-*

1979), Córdoba, 1999, p.75.
(76) Francisco Espinosa, *La columna de la muerte. El avance del ejército franquista de Sevilla a Badajoz,* Barcelona, 2003, p.173.
(77) López Martínez, *op.cit.*, pp.421-424.

第5章 「帝政ロシアよりも劣悪」?

第3節

アンダルシアのリベルテールたちと「政治」

　古典的なアナキズムの「反国家」「反政治」の立場をおさらいするには、19世紀のロシアが生んだ2人の巨人の言説を引いておくだけで充分だろう。『鞭のゲルマン帝国と社会革命』(1871年)のなかで、「国家とは悪であり、しかも必然的な悪である」と「躊躇せずに」主張したのは、ミハイル・バクーニンだった[1]。ピョートル・クロポトキンによれば[2]、「歴史はまた、われわれにすべては似たりよったりで、同程度のものであることを教えるために存在している。しかも最良の政府こそ最悪である。……悪は、アナキストの見るところでは、政府のこれこれの形態にも他の形態にもあるのではない。それは統治の観念そのもののなかに、権威の原理のなかに存するのである」。

　しかし、1914年夏の「大戦争」の勃発に直面して、クロポトキンは「猪突する軍国ドイツ」を痛罵し、「あらゆる革命と革命思想の揺籃の地」フランス、さらにはイギリスと自らの祖国に与することに迷わなかった[3]。『鞭のゲルマン帝国と社会革命』に書き足された「反マルクス論」(1872年)のなかで、「ヨーロッパにおける国家の専制政治の源泉にして変わることなき学校が、けっしてロシアではなく、ドイツであったとマルクス氏に反論した」際[4]、クロポトキンに40年以上も先駆けて、バクーニンも「必然的な悪」の「えり好み」をしていたように思われる。

　それでも、両巨頭が来した論理の揺らぎも、1936年11月のフランシスコ・ラルゴ・カバリェーロ政権への、「いかなる形の政府に対しても」その敵であったはずのアナルコサンディカリスト4人の入閣を、スペインの「政治史においてもっとも重要な事件の1つ」と断わったうえで次のように正当化してみせた、同月4日付のカタルーニャCRT機関紙『ソリダリダ・オブレーラ』の「居直り」に比べれば、まだ微笑ましいものであったのかもしれない。「現在、国家がもはや社会を諸階級に分断する機関であることをやめたと同じように、政府は国家機構の支配手段として労働者階級を抑圧する権力であることをやめた。ましてCNTのメンバーが入っているのだから、両者が人民を抑圧することはなく

なるだろう」⁽⁵⁾。

　1931年4月の地方選挙におけるフランセスク・マシアのカタルーニャ左翼共和党の勝利にしても、カタルーニャの労働者階級の主力を構成していたCNTの組織員たちの投票行動を抜きに説明するのはどうやら難しい⁽⁶⁾。また、1924年11月のベラ・デ・ビダソアでの銃撃戦に先立ち、地下に潜ったカタルーニャCRTはフランスに亡命していたマシアとの接触を図っていた⁽⁷⁾。このときには、双方の間で、ピレネーを越えてフランスからスペインへ侵入しつつゲリラ戦を展開し、プリモ・デ・リベーラ将軍に打撃を与えることがもくろまれていたのだった⁽⁸⁾。

　後に撤回することになるとはいえ、プリモ独裁の倒壊から2ヶ月後の1930年3月には、アンヘル・ペスターニャと並ぶ後の「30人派」の代表格、フアン・ペイロがルイス・コンパニスらの手になる連邦共和制の樹立のためのマニフェスト「共和制のための合意（Inteligencia Republicana）」に署名している⁽⁹⁾。『シャピロ報告』に書かれていた地域ナショナリズムと「30人派」との接近に対する懸念には、確かにそれを裏づけるような先例があったわけである。カタルーニャにおいて、CNTと地域ナショナリズムとの関係が大きく損なわれるのは1932年1月。FAI派主導の「反乱のサイクル」の第1波が、この地方の鉱山地帯を襲ってからのことである⁽¹⁰⁾。しかし、翌年の春に至っても、「30人派」に対するロシア人アナキストの不信の念は払拭されていない。

　一般論として、ペイロの言動が端的に物語るように、強いて色分けすれば「非政治的な」サンディカリストが「反政治的な」アナキストに比べて狭い意味での「政治」に寛容であったことは間違いない。革命的サンディカリズムの原則を明文化した1906年のCGTアミアン大会も、「あらゆる政治的な党派の外での」労働者の結集を謳いながらも、「組合の外で」各人がその「哲学的・政治的」見解に応じた闘争の流儀に訴える自由を承認していた⁽¹¹⁾。POUMのホアキン・マウリンは、ペスターニャら、サンディカリスト主導のCNTの1931年6月の憲法制定議会選挙への対応と、「30人派」を駆逐したFAI派が牛耳るCNTの1933年11月の総選挙へのそれとを対比している。

　だが、マウリンがさらに続けて述べるように、FAI派の優位にもかかわらず、1936年2月の総選挙の前夜には、「暗黒の2年間」の獄中に呻吟する「30,000人」もの仲間たち⁽¹²⁾の大赦を公約に掲げた人民戦線にCNTが事実上の支持を与えたことも確かだった。アサーニャにせよヒル・ロブレスにせよ、当選を果た

第 5 章 「帝政ロシアよりも劣悪」？

すことができたのは、フランシスコ・アスカーソとホセ・ブエナベントゥーラ・ドゥルーティとフアン・ガルシア・オリベールのおかげだったとは、アナルコサンディカリストから異端のマルクス主義者へと転じて既に久しいマウリンの毒舌である[13]。

ベラ・デ・ビダソアで破綻した先の企てには、折からパリ亡命中のドゥルーティとアスカーソ、それにマウロ・バハティエラ・モラーンも絡んでいた。血気に逸るばかりのドゥルーティらとは異なり、バハティエラはことを急ぐのには難色を示す。このマドリードの、UGT の組織員証をも併せ持つ奇特な「純粋」アナキストは、第 2 共和制の「改革の 2 年間」に農相を務めるマルセリーノ・ドミンゴやバレンシアの著名な共和派のロドリゴ・ソリアーノらとも接触を重ねていた。1924 年当時、6 年後のペイロにも似て、バハティエラは「アナーキー」の即時の実現ではなく、アルフォンソ 13 世の復古王政に代わる共和制の樹立を当面の課題に据えていたのである[14]。

1936 年 11 月から翌年 5 月までの間にラルゴ・カバリェーロ政権の閣僚、それもよりによって法相（！）を務めたのは、かつてブルジョワ紙が「匪賊」にして「恐るべき FAI」の「頭目」の 1 人と名指ししたガルシア・オリベールその人だった。このとき、ラルゴ・カバリェーロ政権に入閣した残りの 3 人は、フェデリーカ・モンセニとフアン・ペイロとフアン・ロペスである。ガルシア・オリベールとモンセニは FAI 派の、ペイロとロペスは「30 人宣言」に署名していたサンディカリストの「大物」だった。ピレネーの南のアナルコサンディカリズムの 2 つの思潮を代表する 4 人が、「悪」としての国家権力の行使を分担して引き受けた格好である。

4 人のうち、ガルシア・オリベールには、盟友のアスカーソとともに、サルバドール・セギへのテロに関与していたと見られていた「秩序を愛する市民ランギーア氏」を殺害した過去があった。このため第 2 共和制が誕生するまでの 7 年間をブルゴスでの獄中暮らしに失ったガルシア・オリベールが[15]、自らの法相への就任を受諾した決断が、われわれ凡俗の想像をはるかに超える「神学論争」のなせる業であったわけではどうやら必ずしもないらしい。

第 2 共和制期のガルシア・オリベールの好戦的な姿勢は、同時代の CNT‐FAI が輩出した数多くの「純粋」アナキストのなかにあっても突出していた。1931 年 6 月の CNT マドリード大会では、ペイロやペスターニャらにより提唱された FNI の創設案に、アナキスト・グループや組合の自律性を重視する視

357

点から声高に反対[16]。1933年1月、不利な状況（後述）をも顧みず、あえてバルセローナでの武装蜂起を指令したのも、このときカタルーニャCRT防衛委員会を率いる立場にあったガルシア・オリベールである[17]。内戦の前夜、この並外れて戦闘的なリベルテールは予想される軍事クーデタを迎撃し、「権力」の獲得を目指すための軍隊式の武装集団をCNTのなかに組織することさえをも提言する。リベルテール史家のアベル・パスの見立てでは[18]、ガルシア・オリベールこそは「革命的な見地から権力の問題を提起したただ1人のアナキスト」だった。

しかし、フランコ派の軍事行動を撃退した1936年7月19日から20日にかけてのバルセローナでの戦闘を経て、ガルシア・オリベールの姿勢は一変する。「革命的な見地から権力の問題を提起したただ1人のアナキスト」は、カタルーニャのアナルコサンディカリズムの他の有力な活動家たちとともに、ルイス・コンパニスがその設置を発案したカタルーニャ反ファシスト民兵中央委員会への参加を、換言すれば地域ナショナリズムとの協調を、ここでもパスのペンに従えば[19]、軍事クーデタを「自力で」粉砕すると同時に、経営者たちにより放置された工場その他の自主管理に早くも着手しつつあったCNT傘下の大衆に諮らぬままに選択したのだった。

少し前までは「30人宣言」を嘲笑うかのように「アナキスト独裁」の樹立をも辞さなかったガルシア・オリベールは、やがて「アナキスト及びアナルコサンディカリスト独裁によって必然的に革命の絞殺へとつながる革命的全体主義を断念した」と振り返りながら、このときの自身の選択を正当化してみせるだろう[20]。カタルーニャでのアナルコサンディカリズムと地域ナショナリズムの睨み合いの果てに勃発した1937年の5月事件の折、革命的な気運の後退を嫌ってバルセローナの街頭を占拠した仲間たちに職場への復帰を要請したのも、ガルシア・オリベールその人である[21]。また、5月事件に先立ってリベルテール的な民兵隊の第2共和制の正規軍への編入を自ら主張した際、この、かつての「匪賊」にして「恐るべきFAI」の「頭目」の1人は大衆を軍隊機構の、換言すれば国家権力の「歯車」と見なすことにむしろ積極的でさえあった[22]。

圧倒的な「現実」に直面して狼狽するしかなかった、あるいは「現実」に翻弄されるしかなかったのは、1930年代の前半にCNT‐FAIに大いに手を焼かされた「骨の髄まで」ブルジョワのアサーニャばかりではない。1936年7

月18日までは際立って暴力的な言説に訴えて「アルカラ市民」を悩ませ続けたにもかかわらず、この日に始まる「兄弟殺し」のなかでおそらく他の誰よりもピレネーの南のアナルコサンディカリズムの矛盾撞着を体現する破目に陥ったガルシア・オリベールにしてもことは同様であったように思われる[23]。

イタリアが生んだ指折りの「純粋」アナキスト、エッリーコ・マラテスタが語ったように[24]、「アナーキー」とは本来「政府のないこと、組織された権威なしに・政府なしに・自らを統治する民衆の状態」を意味する概念である以上、「権力への蔑視と嗜好の間で揺れ動いた」ガルシア・オリベールの[25]、カタルーニャ反ファシスト民兵中央委員会やラルゴ・カバリェーロ政権への参加の決断はもちろん、「アナキスト独裁」の発想それ自体、既に論理の破綻以外の何ものでもない。1951年6月にトゥルーズで開催されたAITの大会の席上、そのガルシア・オリベールを含むかつての「ノソトロス」のメンバーを「アナルコボリシェヴィキ（anarcobolchevique）」と呼んだのは、「左翼のアナキスト」を自称するフェデリーカ・モンセニだった[26]。

ともに「反乱のサイクル」を積極的に推進しながらも、「アナルコボリシェヴィキ」とウラーレス父娘とは峻別されるのが一般的である[27]。しかし、フランコ派の決起と同時に、ピレネーの南のリベルテールたちの誰もが「権力」の問題に正面から向き合わねばならなかった。1936年夏、「少なくともカタルーニャにおいて、絶対的なヘゲモニーを掌握しているのはわれわれである」と明言したとき[28]、フェデリーコ・ウラーレスも「ヘゲモニー」の名を借りて実は「権力」のことを語っていたように思われる。「兄弟殺し」の開幕までは国家の、つまりは「権力」の廃絶と「自由な自治体」の建設をひたすら夢見てきたウラーレスも、今や「反ファシズム」を掲げつつ「政治的な左翼」や「UGTの労働者大衆」との共闘を訴えるに至る。結局のところ、娘のフェデリーカの入閣も不可避であったかに見える。

本章の第2節で不充分ながらもそのありさまを明らかにしたように、「革命の6年間」の難破を辛くも乗り切り、復古王政期にも南スペインを拠点とし続けた共和派の基盤は、なるほどそれが根絶やしにされたりすることは決してなかったにせよ、いかにも脆弱だった。その一方で、「兄弟殺し」のなかでついには第2共和制の閣僚の椅子に座ることになったFAIのフアン・ガルシア・オリベールや、サンディカリストのフアン・ペイロらにも幾分かは似て、アンダルシアのリベルテールたちと「政治」の絡みにも微妙なものがあった。

1901年、プロレタリアートに「統治される者」の忍従を宿命づける「政治」の拒絶を固く誓って創刊されたセビーリャのリベルテール紙『エル・ノティシエロ・オブレーロ』は(29)、その舌の根も乾かぬうちに、同紙の定期購読を約束してくれた共和派が率いるウトレーラの労働者組織に歩み寄る(30)。また、1909年の10月末、3ヶ月前のバルセローナの「悲劇の1週間」の首謀者として銃殺されたばかりのフランシスコ・フェレール・イ・グアルディアの死を悼んだ際、「自由の擁護者」の共通の敵である「反動の輩」との闘争を視野に、第3共和制へのドレフュス大尉の再審請求を選択したパリの仲間たちの決断に讃辞を惜しまなかったのは、換言すれば紛れもない「ブルジョワ共和制」の司法の「中立」に期待を寄せたのは、確かに「純粋」アナキストのホセ・サンチェス・ロサである(31)。

　以下、「リベルテールたちのアンダルシア」における広い意味での「政治」の内実について検証してみよう。特に投票に関連して、われわれに分析のための主な材料を提供してくれるのはカストロ・デル・リオとブハランセその他、ディアス・デル・モラールの名著に登場するコルドバ県のカンピーニャに点在する市町村である。1931年4月12日の地方選挙において、カストロとブハランセではともに王政派が大勝。特にディアス・デル・モラールの故郷からは、1人の反王政派も当選していない。バエナでも、王政派が過半数を大きく上回った。これらのプエブロは、棄権により従来どおりのリベルテール的な立場を鮮明にしたものと思われる。対照的に、同じコルドバ県のカンピーニャに位置しながらも、社会党・UGTが地元の農業労働者たちの信頼を得ていたプエンテ・ヘニールとモンティーリャ、さらにはアギラール・デ・ラ・フロンテーラやルセーナでは、共和派・社会党の候補者への支持を介して復古王政への明白な拒絶の意志が表明されたのだった(32)。

　もっとも、カストロ・デル・リオにも似て「ボリシェヴィキの3年間」の激戦地の1つであったにもかかわらず、1931年4月には社会党と共和派に凱歌が上がったフェルナン・ヌーニェスのような自治体もある。2ヶ月後のCNTマドリード大会の時点で700人の組織員を擁するなど、第2共和制が誕生した後も依然としてアナルコサンディカリズムが優勢であったはずのこのプエブロにあって、地方選挙の当選者たちの間から改めて選出される町長の座を射止めたのは、急進社会党のアントニオ・ロメーロ・ロメーロだった(33)。

　単純な編集上のミスか、あるいは再選挙の早期実施を視野に入れてのこと

か、第2共和制の誕生直後に出た、バルセロナのウラーレス一家が編集する「純粋」アナキスト紙『エル・ルチャドール』には[34]、復古王政が自らの墓穴を掘る破目になった先の選挙を間近に控えてカストロ・デル・リオのリベルテール、ラファエル・ビリェガス・ロペスが「自由」を愛する地元の労働者たちに向けて書いていた、「社会党にも」1つの議席も与えぬための棄権のアピールが掲載されている[35]。しかし、「やり直し」の結果、今度はカストロ・デル・リオにも連邦共和党に在籍する14人の町議会議員が誕生。町長には、同党のフェデリーコ・ミリャン・モレノが選ばれた[36]。

やはり「やり直し」の手続きを経てブハランセの町長に選出されたのは、急進党のクリストーバル・ヒロン・ロメーラである[37]。急進党員の町長就任は、第2共和制が誕生した時点では王政派一色に塗り固められたはずのブハランセの町議会も、その翌月には一転して「共和主義化」されていたことの証しだろう。そして、カストロ・デル・リオとブハランセの町役場を「共和主義化」するうえで決定的な鍵を握っていたのは、いずれの場合にも地元の、その多くが有権者であったはずの労働力の最大の受け皿だったCNTを措いて他になかったものと思われる。

リベルテール的な組織に加入する「アンダルシアの民」は、「反政治」「反国家」の金科玉条に従う一方で、身も蓋もない言い方をすれば「算盤勘定」に走る側面をも確かに持ち合わせていた。カストロ・デル・リオは、復古王政期にあってアンダルシアでは珍しく激しい選挙戦が展開されたモンティーリャ選挙区を構成するプエブロの1つでもあった。モンティーリャ選挙区で、マヌエル・イラリオ・アジューソ（連邦共和党）が本来ならば勝利を収めたはずの1919年6月の総選挙の際には、カストロの相当数のアナルコサンディカリストも投票所まで足を運んでいる。

ディアス・デル・モラールの理解するところでは[38]、折からの、それも「ボリシェヴィキの3年間」でも最大の農業ストライキ攻勢のさなかとあって、少数ながらも地元に暮らす共和派の農業労働者たちのスト破りを牽制することにその狙いがあった。「ボリシェヴィキの3年間」のカストロ・デル・リオには、CNT傘下のSOVの他にも、その傾向はともに不明ながらも「農業労働者協会（Sociedad Agraria Obrera）」と「騾馬追いたちの独立した組織（Sociedad Autónoma de Muleros）」があった[39]。（やや時代は下るものの）1932年暮れに地元の町役場が作成した調査を信頼すると[40]、当時のカストロに居住する

2,210人の日雇い農のうち、1,586人がアナルコサンディカリスト。また、「3年間」においてもカストロのSOV（CNT）の組織員は1,000人を数えた。もちろん、「共和派の農業労働者たち」（の組合？）に対するSOV（CNT）の圧倒的な優位は動かない。それでも、「少数」の動向が争議の行方に微妙な影を落としていた観もないわけではない。

　1919年6月に記録されたカストロ・デル・リオの棄権率は、モンティーリャの29パーセントにはさすがに及ばないものの、41.1パーセントに留まっている[41]。モンティーリャ選挙区を舞台として、フェルナンデス・ヒメーネスとアジューソは、1910年を皮切りに1914年、16年、18年、19年、20年の都合6度にわたって矛を交えている。このうち1919年を除けば、アジューソが敗れたのは20年の総選挙だけである。1914年3月の総選挙では[42]、アジューソの5,732票に対して、ニセト派のフェルナンデス・ヒメーネスは4,578票。モンティーリャではアジューソが2,631票を獲得し、フェルナンデス・ヒメーネスの833票に大差をつけた。カストロでは1,234票が投じられたニセト派に軍配が上がったとはいえ、一方のアジューソにも831票が与えられている。この連邦共和党員の「健闘」が、偏に「少数」の「共和派の農業労働者たち」の支えだけのおかげであったとはやはり考えづらい。

　サルバドール・コルドンがカストロ・デル・リオに居を構えたのは、「ボリシェヴィキの3年間」が初めてのことではない。既に1914年、後の「コルドニエフ」はここカストロでアナキスト・グループ「アラス（翼、あるいは豪胆）」を結成していた。しかし、コルドン自身の手でその翌年に創刊されたグループと同名の雑誌『アラス』は、同年7月の第6号を最後に発行を打ち切られた。雑誌の廃刊には、グループそのものの消滅が続く。リベルテール史家のアルベルト・ガイ・エレディアの推測によれば[43]、3月の県議会選挙の折に「アラス」が棄権を呼びかけたせいで、当時は共和派——ほぼ確実に連邦共和党——が押さえていたカストロの町議会とコルドンらとの関係が悪化したことがその原因だった。地元のCNTが経営していた学校も閉鎖され、貧しい者たちの子弟相手の教育でささやかな収入を得ていたコルドンは生活のすべを奪われ、家族を引き連れてひとまずカストロを離れる破目になる。

　とはいえ、「反政治」のアナキスト・グループ「アラス」と衝突することになる、共和派主体の自治体行政の発足をカストロ・デル・リオにもたらしたそもそもの原動力が、ここでも「少数」の「共和派の農業労働者たち」が投じた

支持票だけであったはずはない。おまけに、1919年2月に他でもない「コルドニエフ」がコルドバでその身柄を拘束されたのが、地元の反王政派の政治家たちが共催したカシキスモに抗議するデモ行進のさなかの出来事であったという事実をもわれわれは知っている。コルドンは、もう1人の稀代の「純粋」アナキスト、ホセ・サンチェス・ロサがコルドバ県を訪ねた折、プロパガンダ行動をともにしたこともある[44]。「コルドニエフ」の言動には、ドレフュス事件をめぐるサンチェス・ロサの判断に通じるものが含まれてはいなかったのだろうか。

　1931年6月の憲法制定議会選挙では、コルドバ県でも社会党が首位政党になる。だが、このとき併せて12議席のうち8議席を確保した社会党は、1933年11月には大敗を喫する。新たに選出された13人の代議士のなかで、社会党員はわずか3人に留まった。「暗黒の2年間」の同県は、急進党とCEDAに在籍するそれぞれ4人の、また農業党に身を置く1人の代議士を擁した。1936年2月のわれわれの県にあっては、人民戦線が13議席中10議席を獲得。社会党はそのなかの5議席を占める。社会党と同じく人民戦線協定に加わっていた共産党からも、2人の代議士が誕生。その一方で、急進党・CEDA・農業党からの当選者は皆無というありさまだった[45]。

　憲法制定議会選挙では、カストロ・デル・リオの棄権率は50.20パーセントにまで達した。第2共和制初の総選挙に際してコルドバ県下の市町村で棄権率が5割を上回ったのは、唯一このカストロだけである。反対に、棄権率が最も低かったのはモンティーリャの18.5パーセント。ブハランセのそれは32.70パーセントである[46]。1931年6月のカストロは、つい2ヶ月前の地方選挙の折のディアス・デル・モラールの故郷にも似て、「反政治」「反国家」の原則に徹底して忠実な姿勢を示したかに見える。

　1933年11月の総選挙では、カストロ・デル・リオもブハランセも投票に消極的だった。「改革の2年間」と「暗黒の2年間」とを分かつ節目となったこの総選挙に先立ち、FAIの「純粋」アナキズムに牽引されたCNTは派手な棄権キャンペーンを繰り広げたうえで、その勝者への返礼を予告していた。総選挙に左翼の共和派と社会党が惨敗した後、予告どおり武装蜂起を企てたのがブハランセのCNTである。ところが、「暗黒の2年間」の獄中に呻吟する仲間たちの大赦・釈放が選挙戦の1つの争点となった1936年2月には[47]、CNTの組織員たちは一転して左翼の人民戦線に積極的に支持票を投じる。

コルドバ県では、1933年11月に34.5パーセントを記録した棄権率が、36年2月には24.6パーセントにまで後退する。そして、棄権率の変化がことに著しかったのがカストロ・デル・リオとブハランセだった。カストロでの「左翼」の獲得票数は、1933年には668でしかなかったのに比べ、36年には3,288にまで跳ね上がった。2つの総選挙の結果の隔たりの点で、ディアス・デル・モラールの故郷はそのカストロをも凌ぐ。1936年のブハランセでは、3,487票が人民戦線のもとに集まった。しかし、このプエブロでの前回の「左翼」への支持票は、わずか247票にすぎなかったのである(48)。1936年2月、カストロとブハランセでは――または、カストロとブハランセでも――、「算盤」が弾かれる音が聞こえたのだった。

　ところで、1930年代のコルドバ県にはプエブロの首長を務めたアナルコサンディカリストもいた。第2共和制最後のアルモドーバル・デル・リオとコンキスタの町長は、ともに地元のCNTに所属するマヌエル・アルバ・ブラネスとフェルナンド・パストゥール・ドゥーケ(49)。しかも、アルモドーバルの場合には、アルバ・ブラネスを除く町議会議員10人中、共和派のマヌエル・カスティーリャ・カペールを別にすれば、アントニオ・モレノ・ガリャール以下、実に9人までがこれまたCNTの組織員だったのである。

　アルモドーバル・デル・リオの町役場へのリベルテールたちの関与は、「改革の2年間」の初期にまで遡る。1931年5月の再投票を経て発足したこのプエブロの町議会にも、先のモレノ・ガリャールら3人のアナルコサンディカリストが含まれていた(50)。ホセ・サンフルホ将軍がセビーリャで決起する1ヶ月前、モレノ・ガリャールはこのプエブロの町長代理を務めていた(51)。マラガ県にも、第2共和制期に自治体行政への参加を決意したリベルテールがいる。「極右の勝利を阻止し、CNTの利益を死守する狙いから」、2度にわたってモンテハーケの町長を務めたペドロ・ロペス・カーリェである(52)。

　また、軍事クーデタの狼煙が上がった時点での、コルドバ県のモンテマジョールの町長フェルナンド・マタ・ポベダーノは、かつて「30人派」を率いる立場にあったアンヘル・ペスターニャが1934年3月に設立したサンディカリスト党の党員だった。サンディカリスト党は、1936年1月に締結された人民戦線協定に参加。翌月、同党の党首ペスターニャは、一説にはアサーニャのお墨つきを得たうえでカディス県から出馬し、当選を果たす(53)。

　同時代のコルドバ県にあって理念的にアンヘル・ペスターニャに最も近かっ

第 5 章 「帝政ロシアよりも劣悪」？

たと思われるのが、1931 年 6 月の CNT マドリード大会で「純粋」アナキズムと自らとの間に一線を画してみせたアキリーノ・メディーナである。その翌月、セビーリャ県の視察に向かう途次、コルドバで設けられた集会の席上、ときの CNT 全国委員会書記長は 2 大労組の共闘に前向きな発言を残す。詳細は不明ながらも、この集会ではメディーナも登壇している [54]。1933 年 3 月、カサス・ビエハスの事後処理に頭を痛めるアサーニャの共和行動党の集いがコルドバで開催された際、メディーナはベルリン - ローマ枢軸への懸念を表明。反ファシズムの見地から、「社会戦争」の阻止に向けて諸政党と労働者階級の和解・協調の必要を力説した [55]。それから 3 年後に政権を握ることになる、人民戦線にも通じる主張である。

だが、メディーナのその後の言動を裏書きする史料にわれわれは出くわしていない。1934 年 9 月の時点でのサンディカリスト党の全国委員会にも [56]、36 年 3 月に発足する同党のコルドバ県支部の執行部のなかにもメディーナの名はない。サンディカリスト党の全国委員会を代表したのは、もちろんペスターニャである。コルドバ県支部の執行部代表には、ホセ・バオーリョ・ソリスが選出された [57]。残虐無比な「社会戦争」の勃発に向かってコルドバ県の労使の「アフリカ風の憎しみ」が否応もなしに深まるなかで、その阻止を祈念するメディーナの声は虚しく掻き消されていったかに見える。

元 CNT 全国委員会書記長自身の認識では、サンディカリスト党の結成はリベルテール的な「原則」の放棄ではなく、「戦術」の転換の所産であったにもかかわらず——同党の綱領には、「合法的な」回路が遮断された場合に「別の」選択肢を行使する可能性が確かに記されている [58]——、表立っての「政治」の肯定は、「純粋」アナキストのフェデリーカ・モンセニはもちろん [59]、かつての仲間のフアン・ペイロやフアン・ロペスからも顰蹙を買う [60]。しかし、この 3 人は、やがてフランシスコ・ラルゴ・カバリェーロ首班の第 2 共和制政府に揃ってその名を連ねるという、恐ろしく皮肉な巡り合わせが自分たちを待ち受けていることなど知る由もない。

サンディカリスト党の結成から 1 年半後の 1935 年 9 月。「現在われわれを統治しているファシズム」の打倒のために、自分の腹のなかで既に固まりつつあった「生まれて初めての」投票への決意を公表したのは、旧「30 人派」のペイロその人だった [61]。ペスターニャに代議士の資格をもたらすことになる人民戦線選挙が半月後に迫るなか、1936 年 1 月 31 日と 2 月 2 日に傘下のアナ

キスト・グループ地方連盟の代表がマドリードに参集した総会で、FAIも苦渋の選択を強いられる。歯切れの悪さが際立ったのが、「アナキスト的な」プロパガンダの、要は棄権の訴えの維持を主張しながらも、「1933年11月とは違った形で」との但し書きを添えざるをえなかったアラゴン代表の発言だった。しかし、総会は、従来からの方針の踏襲を訴えるカタルーニャ代表の見解を受け容れ、「1933年11月と」同じ「形で」の、「あらゆる国家権力」との協力の拒絶を、換言すれば「完全な」棄権の意志を強引に再確認する(62)。にもかかわらず、1936年2月の結果は33年11月のそれと「同じ」ではなかった。

　1936年2月に当選を果たしたもう1人のサンディカリスト党員、ベニート・パボン・イ・スアレス・デ・ウルビーナの判断には、良心的な（？）リベルテールの苦悩が滲み出ていたように思われる。パボンはグラナダの弁護士。1935年10月のコルドバでは、1年前のビリャビシオッサ・デ・コルドバの騒擾への関与を理由に裁かれていた121人の「アンダルシアの民」の弁護を引き受けている(63)。1933年12月の総選挙の前夜、パボンはグラナダ県の県庁所在地にあって、確かに棄権を呼びかけていた(64)。マルティネス・ロレンソによれば(65)、CNTの活動家であることをもやめなかったパボンは仲間たちからの予想される反発の大きさを考慮し、自身のサンディカリスト党への入党の事実を伏せたうえで、「無所属」と偽ってサラゴーサ県から出馬した。もっとも、パボンの勝利に少なからず寄与したはずのアラゴンのCNTの組織員たちが、その「裏切り」が発覚した後、弁護士への怒りに1人残らず身を震わせたとも思われない。

　「伝統」に対する「近代化」。「カトリシズム」に対する「自由思想」。あるいは、「権威」に対する「アナーキー」。社会思想史的に見れば、1936年7月に勃発したスペイン内戦はピレネーの南の近・現代史を貫く「2つの」スペインの対立・抗争が行きついた破局的な結末だった(66)。スペインでは、1930年代の共和派や社会党員の歴代の市町村長の肖像画がそのギャラリーに掲げられていない自治体の庁舎も珍しくないというエピソードは(67)、軍事クーデタに訴えたフランコ派の狙いを端的に集約している。内戦の勝利者たちにとって、祖国の「近代化」を目指して「もう1つの」スペインが出帆した第2共和制は捨て去られるべき過去でしかなかったのである。

　「2つの」スペインをめぐる周知の議論は、19世紀初頭の独立戦争の勃発を契機として、もともと「伝統」「カトリシズム」「権威」を自らの拠りどころと

し、「自由思想」に傾倒する「フランスかぶれ（afrancesado）」を嫌った人間たちの側から持ち出されたものだった[68]。その流れを汲み、内戦に「野蛮と文明との、地獄とキリストとの衝突」を見たのは、「カトリック的であることをやめた」第2共和制を憎悪することにかけては誰にも引けを取らなかったイシドロ・ゴマである[69]。このトレードの大司教兼枢機卿に言わせれば、フランコ将軍が「兄弟殺し」とその「後始末」のなかで遺憾なく示してみせた「アカども」への無慈悲な振る舞いは、「文明」と「キリスト」が「野蛮」と「地獄」を葬り去るうえでの必要不可欠な儀式であったに違いない。

　その一方で、内戦を「反動的な階級と新しい世界との武力衝突」と要約したのは、コルドバの共和派のアントニオ・ハエン・モレンテである[70]。また、「アナーキー」が信条のフェデリーカ・モンセニにしても、ピレネーの南の近現代史とは要するに「暗黒の」スペインと、本人が属する「理想主義的にして夢想家肌の」スペインとが鎬を削った歴史である[71]。自身がともかくも入閣を選択した事実に照らしてみれば、女流アナキストが語る「暗黒の」スペインには「すべての階級の勤労者の共和国」は含まれていなかったと見る他はない。従って、「マニ教的な」発想そのものは、敵対する「2つの」スペインの双方により共有されていたのだった。

　異端児とはいえ、リベルテールたちが「自由思想」の一翼を担っていたことは疑いない。アナキズムの源泉の1つに啓蒙思想に由来する「フランス合理派の個人主義」を挙げるのは、思想史家のアンリ・アルヴォンである[72]。「あらゆる革命と革命思想の揺籃の地」フランスにクロポトキンが魅了されていたことが、確かな事実としてここで思い出されるべきだろう。「大戦争」に直面して、スペインのリベルテールたちの間からもクロポトキンに同調する「著名人」が出た。フェルナンド・タリダ・デル・マルモルやリカルド・メリャ、それにフェデリーコ・ウラーレスらである。フェデリーカ・モンセニも、「専制」と「反動」を代表する「中欧の2つの帝国」に対する連合国を支持した実の父親らの選択をいくぶん躊躇しながらも正当化する[73]。ペドロ・バジーナもまた、「自由の大義」へのいっそうの奉仕のために連合国側に与したとして、クロポトキンの判断に理解を示したのだった[74]。

　他方で、上に引いたばかりのトレードの枢機卿ゴマの主張からも窺われるように、ピレネーの南にあって「伝統」の核心をなすとともに、復古王政の「権威」を支えたと思われるのが「カトリシズム」である[75]。そこで、反教権主

義を梃子に「反政治的・非政治的な」リベルテールと「政治的な」共和派、さらには「非政治的な」フリーメーソンの3者の間に接点が生じたとしてもおかしくはないだろう[76]。結局のところ、この3者は「1つの」スペインのなかに収斂されうるように思われる。1906年5月、マドリードでの国王アルフォンソ13世の暗殺に失敗したリベルテールのマテオ・モラッルを匿い、自身が発行する『エル・モティン』紙を通じていち早くその行為を弁護する論陣を張ったのも、激烈なまでに反教権主義的な言動で知られたセビーリャ生まれの共和派、ホセ・ナケンスである[77]。

　こちらの側のスペインに、「改革の2年間」と「兄弟殺し」のさなかに「インテリゲンツィヤ」との閣内協力を選択したフランシスコ・ラルゴ・カバリェーロら社会党・UGTの面々をも加えることに異論はないだろう。ただし、後の「スペインのレーニン」が、1920年代には組織の温存を図ってプリモ独裁、つまり紛れもない「もう1つの」スペインに接近することをもあえて辞さなかった人物でもあったことはここで確認しておかねばならない。

　スペイン大東方会の「大親方」のディエゴ・マルティネス・バリオ以下、第2共和制の憲法制定議会に集った代議士たちのなかに多数のフリーメーソンが含まれていたことも、われわれは既に見た。アンダルシアが輩出した著名なリベルテールたちのうち、ホセ・サンチェス・ロサ[78]、ペドロ・バジーナ[79]、ビセンテ・バリェステール[80]、さらにアントニオ・ロサードやペドロ・ロペス・カーリェらにもフリーメーソン団に所属していた過去がある[81]。もちろん、フリーメーソンでありながら、リベルテールたちの「反政治」や「非政治」の態度を否定したエステーバン・ベルトランのような共和派もいた[82]。また、マルティネス・バリオは実は元アナキスト。後の「大親方」がリベルテール的な理念を放棄したのは、20世紀初頭のことである[83]。知名度の点ではマルティネス・バリオにむろん遠く及ばないものの、コルドバ県のエスペッホで「ライックな」学校を経営していた、これも既述のとおりそのペンの冴えがディアス・デル・モラールを印象づけたこともあるクロドアルド・グラシアも、「目覚めた労働者」からフリーメーソンへの転身を図った人物の1人だった[84]。

　カディスの「聖者」に深く傾倒するペドロ・バジーナによれば[85]、第1共和制時代に自身が味わわされた「政治」への幻滅にもかかわらず、フェルミン・サルボチェアのフランシスコ・ピ・イ・マルガールに対する評価には、その後も依然として高いものがあった。「〔広い意味での〕政治的な領域ではアナキス

ト」との自己分析は1873年の夏にあっさり破綻を来してしまったとはいえ、連邦共和主義のイデオローグが以後も「宗教の分野では無神論者」であり続けたことは紛れもない事実である。その死の直前に行われたと思われる1901年の自身最後の国会演説のなかで、第1共和制の元大統領は聖職者たちの「比類のないエゴイズム」を弾劾し、すべての修道会の解散を主張した[86]。

サルボチェアは、やはり第1共和制の大統領を務めながらもパビーア将軍の老獪さにしてやられたニコラス・サルメロン、特にエミリオ・カステラールへの反感を隠そうとしなかった[87]。そんなサルボチェアがピ・イ・マルガールとの絆をあえて断ち切らなかった大きな理由も、2人に通底する「もう1つの」スペインの教権主義への強い憎悪にあったように思われる。同年11月、ピ・イ・マルガールがマドリードに没した際、このころ自身も復古王政の首都に暮らしていたサルボチェアはその葬列の先頭に立つ。だが、マドリードの中心街を舞台に「宗教の分野では無神論者」の葬儀を反教権主義の派手な示威行動に転じようとしたカディスの「聖者」のもくろみは、あらかじめ各所に周到に配備されてあった治安維持装置によりあえなく阻止されてしまう[88]。

ビセンテ・ブラスコ・イバーニェスが経営に関与していたバレンシアの出版社サンペーレ・プロメテオは、リベルテールたちの書籍の刊行をも積極的に手掛けていた[89]。サルボチェアも、ブラスコ・イバーニェスの新聞『エル・プエブロ』に寄稿する[90]。カディスの「聖者」をも含むリベルテールたちと、ピ・イ・マルガールのもとを去ったブラスコ・イバーニェスとの交流のきっかけも、教会への双方の敵意に求められるだろう。少なくとも2度、『ラ・ボデーガ』の作者には、その反教権主義的な言動により官憲から追われた過去がある。ローマへ向かう巡礼団のバレンシア港での乗船を力ずくで阻もうとして逮捕されたのは、『エル・プエブロ』紙が創刊された1894年[91]。また、共和派の作家仲間の教会葬を嫌ってその亡骸を強奪し、アルジェリア経由でパリへ逃れたこともあった[92]。

1907年に急逝したカディスの「聖者」に「リベルテールのキリスト」を見たのは、翌年に急進党を結成するアレハンドロ・レルー・ガルシアである[93]。20世紀初頭のバルセローナにあって、レルーは名うての反教権主義者として頭角を現した。バレンシアの共和派にも似て、極端なまでのその反カトリック的な態度が沸騰点に達したと思われるのが1906年。同年9月1日付の『ラ・レベルディア』紙を通じて、「現代の粗暴な若者たち」を「あらゆる組織・機構

や「すべての人間たち」に対する反逆へと駆り立てた際、レルーの最大の標的は「キリスト」を忘れた（？）教会だった。当時のレルーにとって、貧しい労働者大衆は「教会の奴隷」以外の何ものでもなかったのである(94)。

　1909年夏の「悲劇の１週間」の責めを一身に負わされる破目になったフランシスコ・フェレールは、20世紀最初の年、バルセローナの貧しい子どもたちのために「ライックな」近代学校（Escuela Moderna）を開設した著名なリベルテールだった(95)。そのフェレールに宛ててしたためられた1899年の手紙のなかで、レルーは「法律」も「政府」も「神」も「主人」もない、従って「純粋」アナキズム風の、とも規定されうるような社会の実現を自らの目標に掲げていた(96)。フェレールと並んで、そんなレルーが親密な関係を築いたリベルテールたちの１人に数えられるのがサルボチェアである。カディスの「聖者」は、レルーの『エル・プログレッソ』紙にも記事を書く(97)。『ラ・レベルディア』紙に掲載されたレルーの記事の内容から推察すれば、２人を最も強く結びつけたものはやはり両者に共通する教会への反発心を措いて他にないだろう。

　しかし、フェレールやサルボチェアと交わったレルーと、われわれが既に知る第２共和制期のレルーとではおよそ別人の観がある。急進党の指導者が呆れるほどの「変身」を遂げていった経緯に触れずにこの章を閉じ、第２共和制期のアンダルシア、ことにコルドバ県の２つのプエブロを舞台にした階級闘争とFAIの「純粋」アナキズムとの関係に話題を転じるわけにはいかないだろう。問題の「悲劇の１週間」、レルー本人は市内のあちこちから火の手が上がったカタルーニャの中心都市を留守にしていた。それでも、かつてない反教権主義の暴動に、その破壊的な言説が影を落としていたことは間違いない(98)。だが、急進党は「お上」にも似て（！）「１週間」の責任をもっぱらフェレール１人に被せたうえで保身を図る。そして、1911年にパリからピレネーの南に戻ったレルーは、バルセローナに留まりながらも活動の重点をマドリードへと移し、首相のホセ・カナレハス（自由党）に接近。翌年に非業の最期が待つカナレハスの「穏健な」反教権主義にひとまず避難したレルーは、以後急速に保守化するのである(99)。

　ほどなく出身地であるコルドバ県のカシーケたちの恩情にすがりつつ代議士への復帰を果たし、第２共和制の「暗黒の２年間」にはカトリックのCEDAと結んで権力の維持に汲々とする急進党党首の下地は、このあたりで既に用意されていたと見て間違いない。因みに、1931年10月、「スペインは

カトリック的であることをやめた」とのアサーニャの「言葉」の影響が尾を引くなかで第2共和制の憲法の宗教条項の可否をめぐる投票が開始されたとき、レルーは議場から退席していた[(100)]。

　そんなレルーの急進党の落日を決定づけたのは、「暗黒の2年間」の末期に沸き起こった賭博機器の納入をめぐる周知のスキャンダルだった。しかし、それが発覚するよりも前、とうにCEDAに「取って代わ」られていたレルーは敗北感に打ちひしがれていた。1936年2月の人民戦線選挙での惨敗を経て、急進党は実質的に雲散霧消。1931年6月には94人の、33年11月には102人の代議士をそれぞれ確保した同党に36年2月に与えられた議席は、わずかに5つだけだった。レルー自身も落選する[(101)]。それから半年を待たずに勃発する「兄弟殺し」に際して、レルーは「伝統」「カトリシズム」「権威」を錦の御旗に掲げるフランコ将軍の「十字軍」に国外から与するだろう[(102)]。これが、極端なまでに反教権主義的なその言説を通じて20世紀初頭のバルセローナを大いに騒がせておきながら、それから30年後には教権主義を謳うCEDAにまるめ込まれて「ライックな」第2共和制を右へと旋回させたレルーに宛てがわれた最後の「大仕事」だったのである。

註

（１）　ミハイル・バクーニン『神と国家』からの抜粋（ゲラン編、長谷川進訳、前掲邦訳、I、137‐139ページ）。

（２）　ピョートル・クロポトキン『反逆者の言葉』（1885年）、ゲラン編、前掲邦訳、I、290ページ。

（３）　ピルーモヴァ、前掲邦訳、203‐209ページ。『騒擾史』の著者は、第1次世界大戦に直面して連合国を支持する姿勢を明らかにしたリベルテールとして、このクロポトキンの他にポール・ルクリュ、ジャン・グレーヴ、クリスティアン・コルネリセン、さらにはわれわれの同胞「Sckikava」らの名を挙げている（Diaz del Moral, *Historia de las agitaciones*, p.158.）。ディアス・デル・モラールの名著に登場するこのただ1人の日本人は、当時ポール・ルクリュのもとに転がり込んでいた石川三四郎と思われる。ポールは、幸運にも（？）「大戦争」を目の当たりにせぬまま他界していた著名なアナキストのエリゼ・ルクリュの甥。エリゼと同様、ポール自身も地理学者だった（ポール・ルクリュと石川三四郎との親交については、大原緑峯『石川三四郎／魂の伝導師』リブロポート、1987年、169‐182ページ）。因みに、フランスの革命的サンディカリスト労組CGTも、戦争回避にあくまでも固執していた社会党のジャン・ジョレスがパリで暗殺される3日前の1914年7

月28日に「祖国」の防衛を選択した（Maitron, *op.cit.*, *II*, p.9 n.1.）。また、『暴力論』のなかで「革命的サンディカリズムと国家との間に絶対的な対立が存在することは、もはや疑いようがないだろう」と断じていたジョルジュ・ソレルに至っては（ソレル、前掲邦訳、上巻、204ページ）、既に1909年にシャルル・モラスのアクシオン・フランセーズへの接近を図っていたのである（訳者の1人である塚原史による、同書の上巻の「解題」309ページ）。

(4) 外川継男訳『鞭のゲルマン帝国と社会革命』『バクーニン著作集』3、426ページ。
(5) ボロテン、前掲邦訳、上巻、306ページ。
(6) Termes, *Historia del anarquismo*, pp. 394-395.
(7) 未遂に終わったものの、1925年5月の国王アルフォンソ13世への爆弾テロもカタルーニャのアナルコサンディカリズムと地域ナショナリズムの共謀だった。地下のカタルーニャCRTには、1926年10月に「祖国」のスペインからの武力による解放をもくろんでプラッツ・デ・モリョーへ向かったマシアの遠征隊を側面から支援する用意もあった（*ibid.*, pp.369-372.）。
(8) パス『スペイン革命のなかのドゥルーティ』61‐64ページ。
(9) Maurice, *L'anarchisme espagnol,* p.59.
(10) Balcells, *op.cit.*, pp.140-141. 1936年7月、カタルーニャの地域ナショナリズムの総帥としてCNT‐FAIと対峙する破目に陥るルイス・コンパニスは、復古王政期には弾圧に晒されたリベルテールたちの弁護をしばしば引き受けていた（ボロテン、前掲邦訳、下巻、772ページ）。
(11) Maitron, *op.cit.*, *I*, p.319.
(12) パス『スペイン革命のなかのドゥルーティ』164ページ。
(13) Joaquín Maurín, *Revolución y contrarrevolución en España,* Paris, 1966, p.236. この『スペインにおける革命と反革命』(1966年)は、1935年に上梓されていた『第2の革命に向かって（*Hacia la Segunda Revolución*）』に、著者のホアキン・マウリンが亡命先のニューヨークで若干の加筆を施したうえで、パリのルエド・イベリコ社を通じて改めて世に問うた書物である（id., "Nota preliminar", *Revolución y contrarrevolución*, pp.1-4.）。われわれがここで依拠した個所は、1960年代の半ばに新たに書き加えられたページからの引用である。これは、この節の註 (89) を論拠とする本書の記述についても同様。ルエド・イベリコ社は、アナキストのホセ・マルティネス・ゲリカベイティアがフランコ独裁の打倒を見据えて1961年に創業した際立って戦闘的な出版社である（渡辺雅哉「『知的挑戦』の果てに／ある編集者の悲劇」『図書新聞』2006年1月1日、第2756号）。なお、イサアク・プエンテのように（Francisco Fernández de Mendiola, *Isaac Puente. El médico anarquista*, Nafarroa, 2007, p.108.）、1936年2月にもCNTの仲間たちに駆け引きなしに棄権を訴えたリベルテールがいなかったわけではむろんない。
(14) Vadillo Muñoz, *op.cit.*, pp.52-57.
(15) パス『スペイン革命のなかのドゥルーティ』47ページ。

第 5 章 「帝政ロシアよりも劣悪」?

(16) 同邦訳、110‐111 ページ。
(17) 同邦訳、131‐135 ページ。
(18) 同邦訳、177‐178 ページ。
(19) 同邦訳、197‐203 ページ。
(20) ボロテン、前掲邦訳、下巻、775 ページ。
(21) 同邦訳、下巻、840 ページ。
(22) 同邦訳、上巻、458 ページ。軍事クーデタを契機にその姿勢を一変させたかに見えるガルシア・オリベールをカタルーニャ反ファシスト民兵中央委員会の「魂、休息を知らぬその鼓吹者」と見なし(M・ロレンソ、前掲邦訳、120 ページ)、カタルーニャ陸軍人民学校の創設をその「最良の」業績の 1 つに数えるのは、FAI の「純粋」アナキズムに、従って軍事クーデタ以前のガルシア・オリベールの姿勢には大いに批判的なセサル・マルティネス・ロレンソである(同邦訳、122 ページ、註 15)。このリベルテール史家は、内戦中に CNT 全国委員会書記長を務め、FAI 派との折衝に何度も泣かされたサンディカリスト、オラシオ・マルティネス・プリエートの子どもである(ボロテン、前掲邦訳、上巻、583 ページ、註 77)。歴史家としてのセサルに、FAI の「純粋」アナキズムに対する活動家としてのオラシオの怨念がしっかりと受け継がれていることは間違いない。
(23) 1937 年 12 月の AIT パリ大会に CNT が提出した報告を紐解けば(パス、前掲邦訳、204‐205 ページ)、アナルコサンディカリスト労組による、カタルーニャの地域ナショナリズムや第 2 共和制との協調の選択は「国際プロレタリアートの無関心・神経衰弱がわれわれにもたらした唯一の道」だった。ラルゴ・カバリェーロ政権で厚相を務めたフェデリーカ・モンセニの弁明のなかにも、「われわれを捨てて顧みなかった」「全世界の諸組織」への恨み節が綴られている(ゲラン編、前掲邦訳、II、285‐288 ページ)。
(24) エッリコ・マラテスタ「アナーキー」(1891 年)、ゲラン編、前掲邦訳、II、13 ページ。
(25) ヴィラール『スペイン内戦』83 ページ。
(26) M・ロレンソ、前掲邦訳、72 ページ、註 20。
(27) Antonio Fontecha Pedraza, "Anarcosindicalismo y violencia : la《gimnasia revolucionaria》para el pueblo", *Historia Contemporánea*, núm.11, 1994, pp.169-175.
(28) *La Revista Blanca,* 15-VIII-1936.
(29) *El Noticiero Obrero,* 18-III-1901.
(30) 同紙は、同じウトレーラにある共和派のクラブでの講演が予定されていたアレハンドロ・ギチョーの言動にも多大な関心を寄せていた(*ibid.*, 3-IV-1901.)。かつてのアラブとしてのアンダルシアに 1 つの理想を見たこのギチョーは、同じ見解を抱くブラス・インファンテらによりやがて胎動する 20 世紀のアンダルシアの地域ナショナリズムの有力なイデオローグの 1 人になる(Moreno Navarro, *op.cit.*, pp.337-338.)。

373

(31) *Al Paso*, 4-XI-1909.
(32) 1931年4月14日のコルドバ県での選挙結果（一部）＊

	王政派	反王政派
アギラール・デ・ラ・フロンテーラ	7	13
プエンテ・ヘニール	8	17
モンティーリャ	4	18
ルセーナ	8	11
アルモドーバル・デル・リオ	11	1
カストロ・デル・リオ	15	5
バエナ	14	9
ブハランセ	20	0
フェルナン・ヌーニェス	6	11

＊ Barragán Moriana, *La realidad política*, pp.68-69.

(33) Arcángel Bedmar, *La campiña roja. La represión franquista en Fernán Núñez (1936-1943)*, Córdoba, 2009, p.27.
(34) María Dolores Saiz, "Prensa anarquista en el primer bienio republicano: EL LUCHADOR (1931-1933)", *La II República española. El primer bienio*, pp.314-318.
(35) *El Luchador*, 17-IV-1931.
(36) カストロ・デル・リオの町議会の都合20議席のうち、残る6議席を占めたのは、1ヶ月前に勝鬨を上げつつも第2共和制の成立に慌てふためいた、そしてこの度はあらかじめ「共和派」として投票日を迎えたフェルナンデス・ヒメーネスの友人たちだった（López Villatoro, *Cambios políticos y sociales*, p.76.）。
(37) 再投票までの間に——従って臨時のことではあれ——、ブハランセの町長を務めたのは、ディアス・デル・モラールの子息のカルメーロ・ディアス・ゴンサーレスである（Cañete y Marfil y Martíonez Mejías, *op.cit.*, pp.67-70.）。
(38) モリス「カストロ・デル・リオ」47ページ。
(39) IRS, *Información sobre el problema agrario*, p.56.
(40) AMCR, leg.12.
(41) Barragán Moriana, "La crisis socio-política(y II)", p.6.
(42) *El Porvenir Montillano*, 15-III-1914.
(43) Gay Heredia, "Salvador Cordón Avellán", pp.40-45.
(44) Díaz del Moral, *Historia de las agitaciones*, p.257.
(45) 第2共和制時代のコルドバ県における3度の総選挙の当選者のリストは、Palacios Bañuelos, *Historia de Córdoba*, pp.495-497.
(46) Barragán Moriana, *La realidad política*, pp.154-157.
(47) M・ロレンソ、前掲邦訳、98 - 102ページ。
(48) Francisco Moreno Gómez, *La República y la Guerra Civil en Córdoba(I)*, Córdoba, 1982, pp.339-340.
(49) 1936年7月18日の時点でのコルドバ県内の市町村の首長のリストは、Antonio Barragán Moriana, *Control social y responsabilidades políticas. Córdoba(1936-*

1945), Córdoba, 2009, pp.26-29.
(50) Moreno Gómez, *La República y la Guerra Civil*, pp.59-60 y p.353.
(51) AHPC, leg.162.
(52) Íñiguez, *op.cit.*, p.341.
(53) Caro Cancela, *La Segunda República en Cádiz*, pp.241-242 y pp. 262-263.
(54) *Solidaridad Obrera*, 21-VII-1931.
(55) *El Sur*, 20-III-1933.
(56) Elorza, "Prólogo", pp.66-67.
(57) *El Sindicalista*, 21-III-1936.
(58) *Partido Sindicalista. Programa*, recopilado por Pestaña, *Trayectoria Sindicalista*, p.770.
(59) Elorza, "Prólogo", pp.62-66.
(60) *Solidaridad Obrera*, 17-IV-1934.
(61) Termes, *Historia del anarquismo*, p.458.
(62) Gómez Casas, *op.cit.*, pp.206-207.
(63) Pérez Yruela, *op.cit.*, pp.195-196. 1932年6月のブハランセでの争議の折にスト破りを殺害したリベルテール青年団のメンバーや、33年12月にこのプエブロを襲った武装蜂起への関与を理由に逮捕された日雇い農たちの弁護を引き受けたのも、このパボンである（Cañete Marfil y Martínez Mejías, *op.cit.*, p.185 y p.699.）。
(64) Alarcón Caballero, *op.cit.*, p.287.
(65) M・ロレンソ、前掲邦訳、79‐80ページ、第2章第4節の註（37）。
(66) Bartolomé Bennassar, "Les Deux Espagne", *L'histoire*, núm.200, 1996, pp.34-35.
(67) グティエーレス・モリーナ『忘れさせられたアンダルシア』131ページ。
(68) José Luis Abellán, "Inquisición y《mentalidad inquisitorial》en la cultura española contemporánea", *Ensayo sobre las dos Españas*, pp.49-58. この「2つの」スペインの相克を「公式の（oficial）」スペインと「本当の（real）」それとの対立として定式化したのが、ホセ・オルテーガ・イ・ガセだった（Fernando García de Cortázar y Manuel Gonzáles de Vesga, *Breve historia de España*, Madrid, 1994, p.533.）。「公式の」スペインを体現したカノバス・デル・カスティーリョの無残な最期は、「本当の」スペインによる、異邦人を介しての「もう1つの」スペインに対する報復でもあった。
(69) プレストン『スペイン内戦』263ページ。
(70) Antonio Jaén, *Galicia mártir. Estampas de Castelao*, s.l[Valencia]., s.f[1937]. 併せて4ページからなる、ただしページ数が付されていないこのパンフレットのコピーは、Manuel Gracia Toribio に提供してもらった。
(71) Federica Montseny, *María Silva La libertaria*, Toulouse, 1951, p.38.
(72) 「アナキズムの（中核的）潮流」を「啓蒙主義と古典的自由主義思想が描いたことを乗り越え、その最良の部分を抽出すること」のうちに見たのは、既にわれわれ

の知るドイツ人のアナルコサンディカリスト、ルードルフ・ロッカーである（ノーム・チョムスキー、木下ちがや訳『チョムスキーの『アナキズム論』』明石書店、2009 年、312 ページ）。「ジュネーヴ市民」が果たしたアナキズムへの理論的な貢献の大きさについては、「はじめに」の第 2 節の註 (10) を参照。ところで、思想史家のアルヴォンによると（アンリ・アルヴォン、左近毅訳『アナーキズム』文庫クセジュ、1981 年、24‐29 ページ）、フランスの啓蒙主義と並んで、あるいはそれ以上にアナキズムに哲学的な基盤を提供したのがドイツの観念論であったという。「破壊への情熱は、同時に創造への情熱なのだ！」との、あまりにも有名なミハイル・バクーニンの例の宣言も、ヘーゲル左派（青年ヘーゲル派）のアーノルト・ルーゲが創刊した『ドイツ年誌』に、1842 年 10 月、「フランス人」ジュール・エリザールの変名で連載された「ドイツの反動／一フランス人の覚え書」の結びの一節である（カー『バクーニン』上巻、86‐89 ページ）。E・H・カーの所見では（同邦訳、下巻、587‐588 ページ）、「本質的には彼〔バクーニン〕はヘーゲル的観念論者に留まった」。その一方で、1831 年に急逝した師の教えに背いて福音書に記載された内容を史実とは認めなかったヘーゲル左派の観念論を（権左武志『ヘーゲルとその時代』岩波新書、2013 年、185‐186 ページ）、バクーニンと等しく自らの知的営為の原点としながらも、その立場を離れて徹底した唯物論者へと転じたのが、やがて宿敵としてロシアの巨漢の前に立ちはだかることになるカール・マルクスである（同書、189‐193 ページ）。

(73) Federica Montseny, "Apuntes biográficos de Federico Urales", *Anthropos*, núm.78, pp.29-33.
(74) Vallina, *Mis memorias*, p.131.
(75) 1830 年代に断行されたデサモルティサシオンによる所有地の喪失と世俗化の不可避的な進展にもかかわらず、復古王政期のスペインのカトリック教会は同時代の他国のそれから見ればなお恵まれた地位を享受していた。イタリアでは、1861 年の世俗の権力のもとでの王国の成立へと帰結するリソルジメント（イタリア統一運動）の過程で、教会国家そのものの大部分が失われていた（藤沢房俊『『イタリア』誕生の物語』講談社選書メチエ、2012 年、208‐211 ページ）。マヌエル・アサーニャ流に総括してみれば、20 世紀初頭に「カトリック的であることをやめ」るフランスの場合、1880 年代には既に「教理問答のような宗教教育を学校内で行うことが、たとえ課外の活動であっても禁じられ」るとともに、「初等教育にたずさわる教員を非聖職者に置きかえてゆくこと」も図られていた（工藤、前掲書、117‐122 ページ）。ドイツ帝国のカトリックも、文化闘争を仕掛けるビスマルクと、自らとヘゲモニーを競うプロテスタントの狭間に立たされて苦悶していた。これも 1880 年代の半ば以降、カトリックの中央党は大幅に支持層を喪失する（ヴェーラー、前掲邦訳、127‐130 ページ）。そんな帝国のなかにあって、とりわけ最もカトリックの数が多かったプロイセンでは「学校の監督権が聖職者の手から奪われ、教会の懲戒権が制限され、教会職への就任にたいして国家が拒否権をもつこ

とが定められ、プロイセン憲法のなかの教会の自治権にかんする条項が廃止された。この結果、プロイセンのカトリック教会のほぼ4分の1は司祭が存在しないという状態が出現した」（大内宏一『ビスマルク／ドイツ帝国の建国者』山川出版社、2013年、60‐61ページ）。スペインのカトリック教会が示した、「もう1つの」スペインに対する総じて硬直した姿勢の背景には、その「特権的な」境遇が横たわっている（González Cuevas, "A modo de prólogo", p.10.）。

(76) ここでジェラルド・ブレナンがスペインのアナキズムをプロテスタンティズムに見立てた事実を想起してみるのも、あながち無意味なことではないかもしれない。なお、組織形態のうえからも、後のFAI派に通じるものと思われる19世紀後半の「ロス・デセレダードス」その他の「純粋」アナキストたちのグループと、特に1868年以前の共和派が身を寄せたカルボナリ型の結社（Calero, "Introducción", pp.24-25.）、さらにスペインには1728年から存在していたフリーメーソンの会所（ノードン、前掲邦訳、89ページ）との間に連続性を指摘するのは、スペイン国外からではあれ、フランコ独裁期に（その御用歴史家を除けば）テロ組織「マノ・ネグラ」の実在をわれわれの知る限りでは最初に主張した労働運動史家のリーダである（Clara E. Lida, "Los discursos de la clandestinidad en el anarquismo del XIX", *Historia Social*, núm.17, 1993, p.66.）。

(77) カノバスの暗殺に先立って、ミケーレ・アンジオリッロもひとまずはナケンスのもとに身を寄せていた（José Esteban, *Mateo Morral. El anarquista. Causa por un regicidio*, Madrid, 2001, pp.75-80 y pp.102-103.）。

(78) Gutiérrez Molina, *La tiza*, pp.70-71.

(79) Vallina, *Mis memorias*, p.96. 1924年4月、コルドバ県のポサーダスにあったフリーメーソンの会所は、セビーリャの監獄に閉じ込められていた「兄弟」のバジーナを支援するため、毎月10ペセータの送付を決議した（Moreno Gómez y Ortiz Villalba, *La masonería en Córdoba*, p.205.）。

(80) Gutiérrez Molina, *Se nace hombre libre*, pp.39-44.

(81) Sody de Rivas, *op.cit.*, p.232 n.348.「もう1つの」スペインがフリーメーソンとリベルテールを等しく敵視したことを物語る2つの出来事に、われわれはカディスで出くわす。それは、同時に教会と、正式には1939年4月1日に始まるフランコ独裁との癒着を先取りするエピソードでもある。軍事クーデタが上首尾に終わって間もない1936年夏、フランコ派はさっそく「聖者」フェルミン・サルボチェア・イ・アルバレスの第2共和制期に作成されたブロンズ像を（Olga Bueno Sánchez, "La imagen de Salvochea", *Fermín Salvochea: historia*, vol. 2, pp.71-75.)、そして翌37年にはこの「純粋」アナキストと血の繋がりがあったフリーメーソンのフアン・アルバレス・メンディサーバルのモニュメントを撤去した（Fernando Guilloto y González, *Cinco años de la historia de Cádiz 1936-1940*, Cádiz, 1988, pp.26-27.）。

(82) Moreno Gómez y Ortiz Villalba, *La masonería en Córdoba*, pp.110-113.

(83) Leandro Álvarez Rey, "La forja de un republicano: Diego Martínez Barrio

(1883-1962)", *Ayer*, núm.39, 2000, pp.187-189.
(84) Moreno Gómez y Ortiz Villalba, *La masonería en Córdoba*, p.277.
(85) Vallina, *Mis memorias*, pp.49-50.
(86) Revuelta González, *op.cit.*, pp.222-223 n.23.
(87) Vallina, *Crónica*, p.51.
(88) 同じ1901年の1月にマドリードで初めて上演されたベニート・ペレス・ガルドースの反教権主義的な戯曲『エレクトラ』は、「モダンな」女が自らの自由を求めて「反動的な」教会と対決するという、どちらかといえば陳腐なその筋立てにもかかわらず、カスティーリャの大都市に大きな反響を呼び、その街頭をしばし騒乱の渦に巻きこんだ（Gibson, *Ligero de equipaje*, pp.116-117.）。「自由に死を！」「ガルドースに死を！」「イエズス会士たち万歳！」の絶叫と、「自由万歳！」「ガルドース万歳！」「イエズス会士たちに死を！」の絶叫とが交錯するなか、『エレクトラ』の上演阻止をもくろむ「イエズス会士たち」への抵抗を地元の連邦共和党の党員たちに呼びかけたのは、自身もかつてはピ・イ・マルガールが起ち上げたこの集団に惹きつけられていた可能性が高いペドロ・バジーナその人だった（Vallina, *Mis memorias*, pp.51-54.）。ところで、反教権主義的な舌鋒の鋭さの点で、ペレス・ガルドースはピ・イ・マルガールや、この後すぐに言及されるブラスコ・イバーニェス、それに若いころのレルーにも引けを取らない。物議を醸した『エレクトラ』の作者に言わせれば（Benito Pérez Galdós, *Cánovas*, Madrid, 1996(1ª ed. 1912), p.206.）、スペインにおけるカトリシズムの影響力は絶大であり、「平和裡の政権交代」を繰り返す「等しく王政派で、等しく不毛な」2つの「徒党」は、同胞の富や教育はもとより、国家の主権そのものさえをも「神聖にして母なる教会」の手に差し出す用意があった。
(89) Maurín, *op.cit.*, p.243.
(90) R. Reig, *op.cit.*, p.400.
(91) Serrano, *El turno del pueblo*, p.190.
(92) R. Reig, *op.cit.*, p.398.『血の貢献』の著者とバレンシアの文豪との間には、双方を結びつけるもう1つの共通項が認められる。反軍国主義である。懐具合が寂しくなった（？）サルボチェアは、ブラスコ・イバーニェスに資金援助を求めながら、徴兵を嫌うスペインの若者たちを密かにピレネーの北へ逃していたことがある（Vallina, *Crónica*, pp.82-83.）。ただし、先に記しておいたとおり、キューバの独立問をめぐってブラスコ・イバーニェスは反米感情を剥き出しにした。その一方で、カディスの「聖」は米西戦争を経てキューバとフィリピンにともかくももたらされた「自由」を、スペイン人の労働者たちの子弟が派兵先で身の危険に晒される事態から解放された点からも歓迎する（Salvochea, *op.cit.*, p.15.）。
(93) Serge Salaün, "Fermín Salvochea: y el verbo solo era la carne", *Fermín Salvochea. Un anarquista*, p.119.
(94) Joan B. Culla y Clarà, "Ni tan jóvenes, ni tan bárbaros. Las juventudes en el

republicanismo lerrouxistas barcelonés", *Ayer*, núm.59, 2005, pp.35-39. レルーとブラスコ・イバーニェスには「政治的な」交流があった。もっとも、レルー当人が回想するところでは、この2人は互いに心を許す間柄ではなかったらしい(Serrano, *El turno del pueblo*, p.213 y n.46.)。

(95) Avilés Farré, *Francisco Ferrer y Guardia*, p.98. 1903年、「反動新聞」に応える形で、フェレールは次のように書いている。「無知と迷信……に沈淪した何世代もによってかもし出された害悪にたいして、他の方策を締め出すことなく採用できる最善の救治策は、若い世代を純粋に人道的な原理と、科学によって与えられた実証的かつ合理的な知識で教えることである。……前の世代の記憶やその他の気持ちを教訓や警告として保留しながら、私たちはきっぱりと宗教時代に終焉を告げて、明確に理性と自然の時代に入っていくつもりである」（フランシスコ・フェレル、遠藤斌訳『近代学校／その起源と理想』創樹選書、1980年、170‐171ページ)。初めは共和主義に傾倒するとともに、フリーメーソンでもあったこの教育者については、同邦訳の訳者による「フランシスコ・フェレル略伝」29‐46ページ、をも参照。

(96) Avilés Farré, *Francisco Ferrer y Guardia*, p.85.

(97) José Álvarez Junco, "Los antecedentes del radicalismo en España y la personalidad de D. Alejandro Lerroux", *La II República española, Bienio rectificador y Frente Popular, 1934-1936*, Madrid, 1988, pp.35-39. フェルミン・サルボチェアと個人的にも親しかったフェデリーコ・ウラーレスも、アレハンドロ・レルーの『エル・プログレッソ』紙に協力した1人である。そのウラーレスが1898年に創刊した『ラ・レビスタ・ブランカ』誌（第1期）の編集には、連れ合いのテレサ・マニェやアンセルモ・ロレンソやサルボチェアら名うてのリベルテールたちの他、アソリンを名乗る以前のホセ・マルティネス・ルイスも参画した。この雑誌には、さらにフランシスコ・ピ・イ・マルガールや、後述されるように『騒擾史』の著者フアン・ディアス・デル・モラールの人格形成にも多大な影響を及ぼしたと思われるフランシスコ・ヒネール・デ・ロス・リーオスら、バクーニンの「破壊への情熱」とはどうやら無縁ながらも、ウラーレスの愛娘が語る「理想主義的で夢想家肌の」、いささか乱暴に要約してみれば「ドン・キホーテ的な」スペインに身を置くことに変わりはなかった人間たちも寄稿している（F. Montseny, *loc.cit.*)。『ラ・レビスタ・ブランカ』誌が「純粋」アナキズムの雑誌としての性格を強めるのは、プリモ独裁が樹立される前夜の1923年6月から内戦勃発の翌月に当たる36年8月にかけてそれが発行された第2期においてのことである。第1期とは異なり、この時期の同誌にはリベルテールではない著述家たちの仕事は掲載されていない (Carmen Sánchez Llabata, "La Estética anarquista y *La Revista Blanca*", *Peuple, mouvement ouvrier*, p.213.)。

(98) Culla y Clarà, *op.cit.*, pp.59-61.

(99) Álvarez Junco, "Los antecedentes del radicalismo en España", p.52.

(100) Juliá, *Vida y tiempo de Manuel Azaña*, pp.297-298.
(101) Townson, "《Una República para todos los españoles》", pp.219-222.
(102) Ortiz Villalba, "Del drama de Eloy Vaquero", Vaquero, *op.cit.*, p. 225. 1933年1月のカサス・ビエハスでの「犯罪」をめぐり、憲法制定議会でアレハンドロ・レルーの意向を見事に代弁してみせたヘレス・デ・ラ・フロンテーラのマヌエル・モレノ・メンドーサは、「改革の2年間」の崩壊を見届けて政界を引退。内戦のさなかの1936年9月にマドリードで死ぬ（José Luis Gutiérrez Molinaの教示による）。ブラスコ派にも、レルーの追従者たちに似た末路が待っていた。政界から離れて久しかったにもかかわらず、ビセンテ・ブラスコ・イバーニェスは1923年9月のプリモ・デ・リベーラ将軍の軍事行動を嫌ってスペインを離れ、南仏のマントンに籠りつつ将軍に抵抗するための文筆活動に挺身した（パス『スペイン革命のなかのドゥルーティ』63ページ）。しかし、1928年、バレンシアの文豪はプリモ独裁の崩壊をついに見届けぬまま異郷に没する。1933年11月の総選挙では、直前に実施されたその遺骨の故郷への移送を梃子に、ブラスコ派が地元での第一党の地位を確保した。しかし、ブラスコ派も「暗黒の2年間」のなかでレバンテでのCEDAの窓口だったバレンシア右翼共和党に「取って代わ」られてしまう。1936年2月の総選挙で枕を並べて討死にしたブラスコ派は、19世紀末に文豪が初当選して以来、初めて国会の場にバレンシアの小市民たちの声を届ける資格を完全に喪失した（R. Reig, *op.cit.*, pp.422-423.）。

第6章

カストロ・デル・リオとブハランセ

FAI派と第2共和制期コルドバ県の階級闘争

1932年の5月初旬。アンダルシアCRT地方委員会はセビーリャ県内の全域を舞台にした大がかりな農業ストライキの実施を予告し、小麦の収穫作業への機械の投入の全面的な禁止と賃金の出来高払い方式の撤廃、5時間労働の実現、さらには最低賃金の保証と収穫ノルマへの反対その他、際立って強硬な要求を前面に押し出した[1]。「5時間労働」に対する「最低賃金」を確保する一方で、「出来高払い方式」と並んで「収穫ノルマ」の受け入れを拒絶する。その意味するところは、労相フランシスコ・ラルゴ・カバリェーロ（社会党・UGT）が設えた労使混成協議会を間に立てたうえでの労使交渉の完全な無視である。このとき、「アフリカ風の憎しみ」に燃えるアンダルシアCRTの眼差しは、懸案の農地改革の行方に気を揉む南スペインの農業エリートのみならず、「膨大な数の農民大衆」の救済を誓う一方で、アナルコサンディカリズムが掲げる「直接行動」の原則を嘲笑うかのような「すべての階級の勤労者の共和国」にも注がれていた。

　ところが、14日に開始が予告されていた農業ストライキの2日前、モンテリャーノにあった地元のCNTの元代表イルデフォンソ・ヒメーネス・アレニーリャの自宅で不可解な爆弾騒動が発生。その後、爆弾は同じモンテリャーノやモロン・デ・ラ・フロンテーラ、さらにはカルモナや県庁所在地のセビーリャを始めとして、県内の複数の市町村でも発見された。このため、アンダルシアCRT地方委員会によれば[2]、600人もの仲間が一時は身柄を拘束されるなどして出端をくじかれながらも、14日以前に活動家が釈放されていなかったローラ・デル・リオとオスーナを除いて、CNTの組合が置かれた県内の市町村は一斉に農業ストに突入する。

　しかし、この「一斉に」には明らかに誇張が含まれていた。フェルナンド・パスクアル・セバーリョスの推計では、セビーリャ県での1932年5月の農業ストライキに巻き込まれた市町村は、そのすべてを併せても27である（セビーリャ県下の市町村は全部で109）。それでも、レブリーハやドス・エルマーナスでの争議は6月上旬まで継続された。5月22日には、CNTのセビーリャ市連盟も県内の「アンダルシアの民」への連帯の意志を表明。カンティリャーナやウトレーラでは刈り入れ用の機械が破壊され、モロン・デ・ラ・フロンテーラでは乾草に火が放たれる事態も目撃された。例によって、争議の後には県内各地の活動家たちの大量の逮捕・収監が続く。「頭脳」を失ったCNT傘下の組合の多くが閉鎖に追い込まれるなか、セビーリャ県のアナルコサンディカリ

第 6 章　カストロ・デル・リオとブハランセ

ズムはかつての勢いを喪失してしまう。1年後に同県の農業ストを牽引するのは、もはやリベルテールたちではないだろう[3]。

CNTの退潮はコルドバ県ではセビーリャ県よりも確実に早くから、しかもいっそう顕著に観察された。1919年5月の、「ボリシェヴィキの3年間」では最後となったCNT主導の農業ストライキ攻勢の敗北を潮目に、社会党・UGTはコルドバ県の「アンダルシアの民」との、フアン・ディアス・デル・モラールに従えば「1,000レグア」の距離を克服する作業に既に着手していた。「民」の浮気心をくすぐったのは、復古王政の末期にUGTのなかに新たに形成されていたFNTTである。それでもなお、「改革の2年間」におけるアナルコサンディカリズムの全般的な衰弱をよそに、好戦的な姿勢をなおも維持したリベルテール的なプエブロが2つあった。20世紀の初頭以来、コルドバ県の階級闘争の最前線に立ってきたカストロ・デル・リオとブハランセである。

復古王政が不意に心肺停止の状況に追い込まれる日が近づくなか、折からのオリーヴの不作と長雨にたたられたアンダルシアでは、従前からの慢性的な失業がいよいよ厳しさを増していた。1931年3月のコルドバ県では、エスペッホや他でもないカストロ・デル・リオでも食糧の略奪が起きている[4]。それでも、首都のマドリードにも似て[5]、われわれの県の新時代は概ね祝祭的な、暴動や流血とは無縁の気分のなかで始まった。4月14日、県庁所在地では前年12月にアラゴンのハーカで共和主義の理念に殉じていた2人の大尉、フェルミン・ガラーンとアンヘル・ガルシア・エルナンデスに黙禱が捧げられるなか、目抜き通りのグラン・カピタンに第1共和制の国旗が掲げられた。同じ日にラ・マルセイエーズが厳かに奏でられたのは、ビリャヌエーバ・デ・コルドバの街頭においてである[6]。

しかし、農地改革への期待の高まりとともに幕を開けたはずのコルドバ県の第2共和制の前途は多難だった。フランシスコ・モレノ・ゴメスが主張するように[7]、復古王政の亡霊さながら、なおもしぶとく残存するカシキスモが同県では既に「改革の2年間」の、しかもその早い段階から「アンダルシアの民」の手足を縛ることになる。1931年4月以前の精神を引きずるエドゥアルド・バレーラ・バルベルデのコルドバ県知事への抜擢に、臨時政府の陸相だったマヌエル・アサーニャはむろんまったく関与していない。とはいえ、この恐ろしく軽率な人事もまた、「知識人の共和制」と「現実」との無残なまでの乖離を浮き彫りにしてみせたのだった。

そんな傍若無人なバレーラ・バルベルデをも大いに悩ませたのが、カストロ・デル・リオとブハランセの日雇い農たちである。1931 年 11 月、既に青息吐息の県内の仲間たちとは自ら一線を画しつつ、ブハランセの「ラ・アルモニア」(CNT) と手を携えたうえでの、「生存権」死守のための「無慈悲な闘争」の継続を高らかに宣言したのは、カストロの SOV（同）だった[8]。確認されうる限りでは、ブハランセが「反乱のサイクル」に合流したコルドバ県では唯一のプエブロであったこと。1932 年 5 月のセビーリャ県での大規模な農業ストライキ攻勢に連帯の意志を表明した市町村が、コルドバ県ではカストロ以外にはなかったこと[9]。カストロから発せられたアピールが単なる「大言壮語」ではなかったことは、この 2 つの事実からも首肯されうるだろう。

　「改革の 2 年間」に観察されたカストロ・デル・リオとブハランセの強硬な態度の背後には、この 2 つのプエブロを根城にした「純粋」アナキズムの「使徒」たちが、1931 年 6 月のマドリードでの FAI 半島会議の決定に忠実に地元の CNT の組織員たちに「組合から」行使した影響力の大きさがあったものと思われる。ただし、とうに退潮の気配が濃厚だったコルドバ県の CNT をさらに弱体化させたのが、正しくディアス・デル・モラールの故郷を見舞った 1933 年 12 月の武装蜂起の失敗であったこともまた、動かしがたい事実である。

　FNTT の発足を大きな節目として、コルドバ県においても社会党・UGT が CNT を凌駕するまでに成長していった過程を跡づけること。第 2 共和制期のコルドバ県を覆っていた政治の閉塞状況を明らかにすること。さらに、FAI の影響のもとに置かれたカストロ・デル・リオとブハランセのアナルコサンディカリズムの展開を追跡し、併せてコルドバ県内の他の市町村での FAI 派の動向をもできる限りたどってみること。以上の 3 点が、この章の課題である。ここであらかじめ種を明かしてしまえば、首位政党の社会党とその系列労組 UGT（FNTT）でさえもが多大な困難に逢着しなければならなかったというのが、われわれの県における「改革の 2 年間」の実情である。第 1 章では、われわれはマヌエル・アサーニャの「言葉」を 1 つの糸口に「すべての階級の勤労者の共和国」が崩壊していったありさまを鳥瞰した。本章では、「純粋」アナキズムの「使徒」たちの言動をも視野に収めつつ、コルドバ県の大地を這いまわりながら「共和国」の内実に迫りたいと思う。

註

(1) Maurice, *El anarquismo andaluz,* pp.186-189.
(2) *Boletín de la CNT de España*, núm.8, XIII-1932.
(3) Pascual Cevallos, *op.cit.*, pp.72-83. 既に述べたように、第2共和制期のアンダルシアにおいて、リベルテール共産主義体制の建設が企てられた事実が確認されている自治体や集落は、1933年1月のカサス・ビエハスとラ・リンコナーダ、同年12月のブハランセ、それに翌1934年10月のビリャビシオッサ・デ・コルドバの併せて4つである。しかし、これらに先立ち、武装蜂起を通じて第2共和制を破壊し、新たな社会を建設する計画がもう1つ、しかも複数の市町村にまたがって練られていた可能性がある。ときとところは、全県規模での農業ストライキの実施が日程に上っていた、そしてその敗北がアンダルシアCRTに大打撃を与えることになる1932年5月のセビーリャ県。事前に大量の爆弾が発見されることさえなかったならば、同県では各地のFAI派がその爆弾を用いてリベルテール共産主義体制の構築へと突き進む腹づもりでいたらしい。ことが発覚する発端になった爆発が起きた家屋に暮らすモンテリャーノの元CNT代表は、確かにFAIの活動家でもあった（Bernal, "Manuel Tuñón de Lara", pp.287-289.）。しかし、この通称「5月の爆弾（bombas de mayo）」をめぐるセビーリャ県での騒動の全体像も、まだ解明されるには至っていない。ただし、革命成就のための爆弾の使用には前例がある。4ヶ月前の1932年1月、「反乱のサイクル」の第1波に浚われたカタルーニャのフィゴルスその他の市町村では、「30人派」断罪の急先鋒の1人だったホセ・ブエナベントゥーラ・ドゥルーティらにより第2共和制の「爆砕」が実際に画策されていたのである（パス『スペイン革命のなかのドゥルーティ』118 - 119ページ）。
(4) AHNM, leg. 39A.
(5) Santos Juliá, "Luchas obreras y políticas de Frente Popular en Madrid,1931-1936", *Estudios de Historia Social,* núms.16-17, 1981, pp.132-135.
(6) Moreno Gómez, *La República y la Guerra Civil,* pp.47-52. 1930年暮れの復古王政打倒の企ての失敗については、第1章第5節の註（34）をも参照。
(7) Id.,"La II República: una democracia más formal que real (pervivencia de viejos hábitos caciquiles)", *Francisco Azorín Izquierdo,* pp.233.
(8) *Solidaridad Obrera,* 26-XI-1931.
(9) モリス「カストロ・デル・リオ」49ページ。

第1節

「資本の落とし子」？　「ブルジョワジーの玩具」？

　南スペインへの進出の点で、社会党・UGTがリベルテールたちに大きく遅れを取ったことは事実である。20世紀に入って間もない1902年、自身の印象では「アナキズムの理念にお誂え向きの」アンダルシアを歩いた際、「規律」とは無縁に思われた日雇い農たちのありさまに半ば匙を投げたのは、1879年に社会党を結成していたパブロ・イグレシアスその人だった[1]。「アンダルシアの民」の反逆の作法に、スペインにおけるマルクス主義の草分けはフアン・ディアス・デル・モラールにも似た感想を抱いたのだった。事実、社会党・UGTの肝煎りで1904年7月にマラガでようやく日の目を見たFAA（アンダルシア農業連盟）も短命に終わっている。翌年のFAA第2回大会にはマラガ県の6つの、セビーリャ県の2つの市町村が代表を送っただけである[2]。
　しかし、1912年の社会党第9回大会に提出された報告に従えば[3]、同党傘下の団体215のうち103が農業部門の組織であり、しかもそれらの組織に加入した農民の数が最も多かったのはアンダルシアだった。少なくともアンダルシアの「農民」に関する限り、その多くは日雇い農であったと見なしても大過ないだろう。1910年代を迎えて、社会党・UGTが「アンダルシアの民」に注ぐ眼差しには大きな変化が生じていた。「はじめに」の第1節でも言及しておいたように、ディアス・デル・モラールの観察を受け容れるならば、コルドバ県の大衆の反逆の作法はアンダルシアの他の7県の大衆のそれとほとんど同じはずである。ただし、それらの7つの県のうち、ブハランセの公証人自身が実際に例として挙げているのはカディス・セビーリャ・マラガの3県にすぎない。
　南スペインへの進出を狙うマルクス主義者たちは、正しくブハランセの公証人の視野の外に広がる空間に照準を定めていた。1919年のグラナダ県とハエン県では、UGTがむしろ対抗労組に大きく水を開けていた。グラナダ県はCNTの2,122人（12月）に対し、UGTが11,195人（1月）。ハエン県はCNTの2,824人（12月）に対し、UGTが16,665人（10月）である[4]。これらは、ディアス・デル・モラールの「直感」を怪しむに充分な数字だろう。特にハエ

第 6 章　カストロ・デル・リオとプハランセ

ン県は、このとき既に南スペインのマルクス主義の最大の拠点としての足場を固めつつあった。

　さらにもう 1 つ、指摘しておくべき事実がある。1919 年にそのハエン県と並んでアンダルシアでは最も早く社会党県連盟の発足を見たのが、実はコルドバ県だったのである(5)。ここで 1919 年のコルドバ県での 2 大労組の組織員数を単純に比較してみれば、CNT の 17,551 に対して UGT は 17,372。組織員数だけに話を絞れば、コルドバ県でも「ボリシェヴィキの 3 年間」までに UGT は CNT に肉薄するところまで成長していたのだった(6)。

　もっとも、当時の社会党・UGT のコルドバ県における支持基盤は、いずれもコルドバとマラガを結ぶ鉄道の沿線に点在し、プエンテ・ヘニールとモンティーリャをその最も有力な根城とする若干のプエブロを除けば(7)、グアダルキビール川の北に展開するシエラの自治体に概ね限られる。1920 年に鉱山労働者たちが大規模なストライキを決行したペニャロージャは、シエラのなかの社会党・UGT の要衝だった(8)。「ボリシェヴィキの 3 年間」を通じてコルドバ県の農民騒擾の基調を奏でたのは、カストロ・デル・リオ以下のいずれもグアダルキビール川の南に広がるカンピーニャのプエブロに拠点を有するアナルコサンディカリストたちであったことは、やはり間違いない。

　1918 年 11 月の最初の農業ストライキ攻勢に関しては、フランシスコ・デ・パウラ・サリーナス・ディエーゲスの翌年 2 月の証言も、その発生源の偏りを裏書きする。このコルドバの農業経営者によれば(9)、いずれもカンピーニャのなかにあるバエナ、フェルナン・ヌーニェス、そして就中カストロ・デル・リオにリベルテールたちの拠点が構築される一方で、CNT のプロパガンダはシエラにはほとんど反響を見出さなかった。IRS 調査団の 1 人として現地取材を終えてからすぐに執筆・脱稿されたと思われる「アンダルシアの農民たちのスパルタクス主義」のなかで、ベルナルド・デ・キロースがコルドバ県内の社会党・UGT の動向にほとんど言及していないことも、闘争のイニシアティヴが CNT の手に握られていたことの、少なくとも傍証にはなるだろう(10)。

　だが、社会党・UGT が CNT を大いに脅かすことになる予兆は、確かに「ボリシェヴィキの 3 年間」のなかに潜んでいた。例えば、1920 年 2 月に実施された地方選挙における、コルドバ県でも顕著に観察されたアンダルシアの社会党の躍進である。この地方選挙の結果を、「3 年間」の争議のなかで発揮されていた UGT の「プラグマティックな」手腕に結びつけるのは、ジャック・モ

リスである。1920年2月の勝利は、アンダルシア8県の社会党に併せて204の議席をもたらした。コルドバ県の社会党は、首位の座を占めたハエン県の同党の68議席に次いで37議席を獲得している[11]。

　1919年9月。モンティーリャの社会党・UGT は、賃金の出来高払い方式をあえて受け容れ、その引き換えに地元の労働力の優先的な雇用の確保と労働時間に見合うだけの「若干の」報酬の引き上げに成功していた。7ヶ月ほど前にはよそ者の出没に不快感を隠さなかったモンティーリャのマルクス主義者たちは、CNT が主導した1919年5月の、「ボリシェヴィキの3年間」最後の農業ストライキ攻勢を境に大きく変わった風向きに敏感であったように思われる。「プラグマティックな」点で、ルセーナのマルクス主義者はモンティーリャの同志たちを上回っていたのかもしれない。早くも1918年の暮れ、このプエブロの UGT はオリーヴの収穫作業への出稼ぎの投入が不可欠であることをあらかじめ認めたうえで、出稼ぎと地元の日雇い農の同数の雇用の確保を選択していた[12]。ルセーナでのこの労使交渉から1年後、正しくオリーヴの取り入れが始まろうとしていたなか、サルバドール・ムニョス・ペレスらアダムースの農業経営者たちは地元の CNT からの協議の求めに聞く耳を持たない[13]。

　自らの勢力の温存を図って、社会党・UGT はプリモ独裁との協調を選択した。アンダルシア全体での社会党の党員数を見てみれば、9月に軍事クーデタがあった1923年には1,310、独裁期半ばの27年には1,193。独裁末期の1929年には党員数は2,992、つまり6年前の2倍を大きく上回るまでに増加している[14]。同じ時期の UGT に目を転じてみると、全国で1922年8月に208,170人を数えた組織員は、翌年12月には211,617人へと上昇。1928年4月にも、208,531人がこの社会党系労組に所属していた。このうち、「農業」を生業とする組織員の数は65,405から67,525を経て50,531へと推移した[15]。アンダルシアにおける UGT の組織員数と、そのなかに占める農業労働者のパーセンテージは不明である。1923年から28年にかけての、農業に従事する組織員の減少の幅は決して小さくはない。しかし、この間に社会党系労組を離れた者たちの多くが南スペイン、特にコルドバ県の日雇い農であったと考えなければならない理由はないだろう。

　CNT の対抗労組の南スペインへの本格的な進出は、1930年4月の FNTT の結成が大きな契機になっている[16]。UGT 傘下の FNTT が躍進するなか、FRE 以来のリベルテールたちの優位は大きく揺らいだ。アンダルシアにあって、アナルコサンディカリズムが最も激しくその土台を蚕食されたのは、皮肉

第6章　カストロ・デル・リオとブハランセ

なことに日雇い農たちの心情がマルクス主義から「1,000 レグアほども」遠かったはずのコルドバ県だった。第2共和制期のアナルコサンディカリズムに関する細かい数字は、おいおい挙げていく。ここでは、1931 年から 36 年までの間にアンダルシア CRT の組織員が 35,000 人以上の増加を記録したのに対し、コルドバ県の CNT が 6,500 人を超える減少を示した事実を指摘しておけばひとまず充分だろう。他方で、アンダルシア全体でもコルドバ県でも、FNTT の組織員数は 1932 年 2 月から 6 月までのわずか 4 ヶ月間に倍増する勢いを見せたのだった（それぞれ、前者は 57,481 人から 125,617 へ、後者は 10,167 から 21,003 へ）。

1932 年 2 月には、FNTT アンダルシア・エストレマドゥーラ地方大会がモンティーリャに招集されている。モンティーリャでの大会の開催は、このプエブロ切っての有力なマルクス主義者、フランシスコ・サフラの尽力に負うところがもちろん大きい[17]。それから 4 ヶ月後のマドリードでの FNTT 第 2 回大会の時点で組織員数の点でコルドバ県（21,003）を上回っているのは、エストレマドゥーラのバダホース県（36,673）、新カスティーリャのトレード県（34,447）、レバンテのバレンシア県（21,120）、そしてアンダルシアのハエン県（32,633）とマラガ県（21,120）だけである[18]。復古王政時代には、ディアス・デル・モラールによればリベルテール的な反逆の作法をコルドバ県の大衆と共有していたはずのマラガ県の日雇い農たちも、このときどうやら若い FNTT の虜になっていた。

アントニオ・マリーア・カレーロの調べでは[19]、UGT が誕生した 1888 年からプリモ独裁の幕が上がる 1923 年までの間、コルドバ県内にはこの社会党系労組が 24 あった。ただし、カレーロのリストからは、例えばペニャロージャの UGT が抜け落ちている。だが、1916 年 5 月、シエラの鉱山地帯に位置するペニャロージャの鉱山労働者や金属工たちは組合を結成するや、すぐさま UGT への加入を申請していた[20]。

1930 年 4 月のマドリードでの FNTT 創設大会には、コルドバ県から 38 の組合が参加した。ペニャロージャにも、このときには農業プロレタリアートのための組織が誕生している[21]。これもマドリードに招集された 1932 年 6 月の 2 度目の大会の折には、FNTT 傘下の組合は 64 にまで増えている。奇妙なことに、この 64 の組合のなかにはコルドバの組織が含まれていない。創設大会には県庁所在地の農業労働者たちの代表も派遣されており、おそらくは記載漏れと思われる。いずれも「ボリシェヴィキの 3 年間」にはカンピーニャのマル

クス主義の拠点だったアギラール・デ・ラ・フロンテーラやモンティーリャやルセーナ、それにプエンテ・ヘニールのように、1つの自治体のなかに複数の組合が含まれていることもある(22)。プエンテ・ヘニールの場合には、既に創設大会にも2つの組合から代表が派遣されていた。

　1932年6月の時点でFNTTが進出を果たしていたコルドバ県下の市町村は、県庁所在地を除いて56である。これらのうち、1923年以前にUGTの活動が確認されない自治体は、カレーロに倣ってペニャロージャを含めれば40に上る。FNTTが新たにマルクス主義の足場を築いた40の自治体のなかには、少なくともIRSの統計に従う限り「ボリシェヴィキの3年間」の騒擾を概ね、あるいはまったく免れていたところもある。例えば、「3年間」にアダムースやカブラを巻き込んだ農業ストライキは1件だけ。アルメディニーリャのように、1度の農業ストすら知らなかったプエブロも入っている。

　他方で、同じ40の市町村には「ボリシェヴィキの3年間」にFNOAやCNT傘下のアナルコサンディカリスト系の組合が存在した空間が18あった。そのなかには、治安維持装置との衝突が原因で「3年間」のほとんどの時期を通じて組合が閉鎖されていたパルマ・デル・リオのようなプエブロもあれば(23)、エル・カルピオやバエナやモントーロなど「3年間」に激震に見舞われたプエブロも含まれている。これらの18の市町村のうち、1930年代にはもはやリベルテールたちが一掃されてしまったかにさえ見えるのが、例えばアダムースとラ・ランブラである。アダムースでは、1919年に350人を数えたCNTの組織員が、1930年代には忽然と姿を消す。ラ・ランブラも同様である。1919年、このアレハンドロ・レルーの出身地には900人のアナルコサンディカリストがいた。しかし、第2共和制期のこのプエブロには、リベルテール的な活動の微かな痕跡すらない。「改革の2年間」にはラ・ランブラの助役を、1936年には町長を務めたアントニオ・モラーレス・ピコスは、地元のFNTTの代表だった(24)。エル・カルピオでも、「ボリシェヴィキの3年間」に850人を数えたCNTの組織員が、1931年以降はそっくり姿を消してしまう。モントーロの場合、「3年間」と1931年にはいずれも700人がCNTに加入していた。しかし、内戦前夜にはサラゴーサに1人の仲間を派遣するゆとりさえも残されていない。

　これらのプエブロにもまして注目されるべきは、バエナだろう。「ボリシェヴィキの3年間」にコルドバ県を襲った最初の農業ストライキ攻勢の火蓋は、1918年11月にこのバエナで切って落とされたのだった。アダムース以下、

第6章　カストロ・デル・リオとブハランセ

　FNTT傘下の組合を擁する上記の自治体のうち、唯一1930年の創設大会に顔を出していなかったのがバエナである。1932年2月のモンティーリャ大会でも、傘下の組合を持つ自治体にバエナはまだ含まれていない[25]。FNTTがコルドバ県下の勢力を一挙に倍増させた、この2月からの4ヶ月間に、マルクス主義者たちは既にCNTが著しく弱体化していたバエナに乗り込んだのだった。CNTへの吸収・合併を翌年に控えた1918年、FNOAはバエナに1,230人の仲間を抱えていた。だが、1931年6月、このプエブロのCNTにはわずか110人が在籍していたにすぎない。1932年の暮れ、バエナの町長の椅子を押さえていたのも社会党である[26]。それでも、バエナのアナルコサンディカリズムは、1936年5月には1,000人の組織員を数えるまでに回復する。

　1932年2月までにはFNTTの勢力圏に組み込まれていたバレンスエーラの場合には、事情が違った。1918年のこのプエブロではFNOAが300人の仲間を確保していたものの、IRS調査団の前でバエナの大地主たちを羨ましがらせた治安警備隊の司令官の「剛腕」もあって、300人の日雇い農たちはその動きをほぼ封殺されていた。IRSの統計では、「ボリシェヴィキの3年間」のバレンスエーラでの農業ストライキは1件だけである。もともと微弱だった当地のアナルコサンディカリズムは、第2共和制期には撤退を余儀なくされたらしい。1931年6月と36年5月の2度のCNTの大会のいずれの時点でも、バレンスエーラにはアナルコサンディカリストはただの1人もいない。

　バエナにも似て「ボリシェヴィキの3年間」にはリベルテールたちの独壇場の様相を呈しながらも、1930年代前半にFNTTが地元の「アンダルシアの民」へのマルクス主義の移植を図ったのが、フェルナン・ヌーニェスとカニェーテ・デ・ラス・トーレスである。フェルナン・ヌーニェスにFNTTが触手を伸ばしたのは、農地改革法が国会を通過した後の1932年秋のこと[27]。それでも、CNTは内戦前夜のこのプエブロに1919年と同じ数だけの組織員（800人）をともかくも確保している（1931年には900人）。「暗黒の2年間」の終焉が近づくなかでFNTTがCNTの土台を揺るがしたカニェーテでは[28]、異なった展開が待っていた。1919年には1,000人の、第2共和制の最初の年には1,216人の仲間をそれぞれ抱えていたにもかかわらず、内戦間際のカニェーテのアナルコサンディカリズムはモントーロやバレンスエーラと同じ惨状に陥ったのだった[29]。

　コルドバ県内でのFNTTの急速な増殖は、もちろんフランシスコ・ラルゴ・カバリェーロが労働省から主導した一連の社会政策の実施がこの県の「膨大な

数の農民大衆」にもたらした恩恵と表裏一体の関係にある。1931年5月、コルドバに初めて招集された労使混成協議会は、「ボリシェヴィキの3年間」にはアダムースのサルバドール・ムニョス・ペレスら県内の農業エリートがその維持に固執していた賃金の出来高払い方式の禁止を決議した(30)。このとき7.75ペセータと定められたカンピーニャでの小麦の刈り入れの日当は、1年後の混成協議会では2割増しの9.40ペセータにまで引き上げられた(31)。さらに、オリーヴの摘み取りの時期を目前にした1932年11月には、「区域調整法」のコルドバ県への初の適用も決定される。

「改革の2年間」には、市町村レベルでも「お上」が労使交渉の仲立ちに乗り出している。例えば、1932年の8月下旬のアギラール・デ・ラ・フロンテーラの町役場での会合では、隣接するプエンテ・ヘニールでの失業の解消に向けて、コルドバ県当局の立会いのもとに、およそ50日に及ぶオリーヴ畑での手間仕事が用意された（草むしりと薪拾い）。その翌月、モントゥルケの失業問題の打開のため、「お上」はモントゥルケのオリーヴ畑でのほぼ1ヶ月半の仕事の宛てがいを農業経営者たちに義務づけた。アギラールとルセーナの大地主たちのうち、やはり隣接するモントゥルケにも不動産を抱える者には、このモントゥルケの日雇い農たちの優先的な雇用が求められている(32)。

ところで、カディス県内での「区域調整法」の施行に伴って、この時期のカサス・ビエハスの日雇い農たちがなおいっそうの困窮に追い込まれていたことについては先に触れてある。しかし、出稼ぎも座して死を待つわけにはもちろんいかない。「改革の2年間」にあっても、アンダルシアのあちこちで地元の労働力と出稼ぎとの軋轢の噴出がやはり散見されるだろう。また、第2共和制の発足当初こそ茫然自失の体であったにせよ、農業エリートもむろん手をこまねいて状況を静観し続けていたはずはない。報酬の支払い方法をめぐる議論にしても、ことはそれほど単純ではなかった。1932年11月のコルドバ県の労使混成協議会では、日当に換算して6.50ペセータの最低賃金を保証したうえで、との条件つきではあれ、賃金の出来高払い方式の併用も同時に認められた。同県では、実際には早くもその1年前、つまり出来高払い方式が禁止されてからわずか半年後の時点で、既に同様の措置が取られていた。その折の最低賃金は4.50ペセータ(33)。2ペセータの上乗せは第2共和制前半の空気を反映していたと思われるにせよ、南スペインにおける労使交渉はなおも波乱含みである。

1931年5月、コルドバでの最初の労使混成協議会を取り仕切ったフアン・

第 6 章　カストロ・デル・リオとブハランセ

モラン・バージョは、翌月の憲法制定議会選挙で当選を果たす地元の社会党員。「直接行動」の原則を盾に、県内のアナルコサンディカリストたちは混成協議会をボイコットした (34)。このとき UGT（FNTT）の対抗労組の「政治的・社会的なリアリティ」の欠如を批判したのが、自身も憲法制定議会代議士の身分を手に入れることになるガブリエル・モロンである。プエンテ・ヘニールのマルクス主義者の目には (35)、「旧いアナキズムに見る個人主義の神聖視」と「大衆の心情の気まぐれな解釈」のアマルガムに他ならない CNT は、王政派の残党の「大いなる協力者」としか映じない。

「貧困」を「怠惰」と同一視する社会ダーウィニズムが錦の御旗の資本主義の「アナーキー」と、個々人の「絶対的な」自由を渇望するリベルテールたちの「アナーキー」とを同一視したのは (36)、翌年の秋にはコルドバの UGT 代表の地位にあるマヌエル・ルナ・ルーケである (37)。対抗労組に浴びせる口調の辛辣さではガブリエル・モロンに負けないこのルナ・ルーケにかかっては、「組合に立脚した」アナキズム、つまりアナルコサンディカリズムは「プロレタリアートの勝利への歩み」を阻害する「資本の落とし子」「ブルジョワジーの玩具」でしかない。

CNT とは対照的に、FNTT は当初「ブルジョワ共和制」の枠組みを承認し、その枠組みを破損しかねない農業ストライキの実施を自制した。1931 年 4 月から翌年 12 月までの間に、コルドバ県では併せて 99 件の農業ストが発生している (38)。第 2 共和制の誕生からその第 2 回大会が催された 1932 年 6 月までの間、FNTT が決行した同県での農業ストは、例えば賃金の引き上げが求められたアダムースや「強制耕作法」の実施を謳ったペドローチェのそれを含めて 11 件に留まっていた (39)。しかし、大会の翌月には「共和国は、労働者にとっての神話であることをやめた」との例のマニフェストが発表される。社会党・UGT（FNTT）と「インテリゲンツィヤ」との関係は、憲法制定議会が初めて招集された 1 年前のそれと同じではもはやない。

それでも、農地改革法がともかくも国会を通過すると、1931 年 4 月の精神への回帰に向けてコルドバ県の社会党・UGT（FNTT）は「相方」に合図を送る。1932 年 9 月。「ブルジョワ的ではあれ民主的な」第 2 共和制を称讃しつつ、「社会的な」共和制への移行の前提として、「社会党員ではないにせよ、人類愛に満ちた」「インテリゲンツィヤ」との共闘の継続の必要性を訴えたのは、県庁所在地の UGT を率いるマヌエル・ルナ・ルーケだった (40)。同じくコルドバが根城のフランシスコ・アソリン・イスキエルドとホアキン・ガルシア・イ

ダルゴ、それにモンティーリャのフランシスコ・サフラとプエンテ・ヘニールのガブリエル・モロンら、いずれも憲法制定議会代議士を演じる県内の社会党・UGT（FNTT）の「大物」たちも、ルナ・ルーケと概ね見解を等しくした[41]。このうち、サンフルホ将軍のクーデタ騒動までの第2共和制の「脱線」に触れたうえで、アサーニャ政権への社会党からの入閣の継続を農地改革の実施に当たっての「唯一の保障」と位置づけたのは、ガルシア・イダルゴである[42]。

しかし、一旦拗れてしまった関係の修復はままならない。コルドバ県の社会党・UGT（FNTT）は、遠からず「知識人の共和制」の「人類愛」に懐疑的な眼差しを注ぐことになる。「人類愛」とは無縁の惨劇がカサス・ビエハスを見舞った翌月、未だ抽象的な言い回しではあれ、オルナチュエーロスのアントニオ・ブハランセ・ロペスが農地改革の遅延への幻滅を表明する[43]。1933年8月には、コルドバの社会党系紙『エル・スール』を編集するフェルナンド・バスケス・オカーニャが、農業の集団化を忌避する「過度にリベラルな」理論に呪縛された、第2共和制の「実現不可能な」農地改革のあり方そのものを俎上に載せるに及んだ[44]。

事実、同じ8月には、オルナチュエーロスとポサーダスにまたがる地所「モラターリャ」の1,425ヘクタールが接収されたものの[45]、アントニオ・ブハランセを憤慨させたように[46]、旧スペイン大公のビアナ侯爵が所有していたこの「モラターリャ」を実験場としてFNTTの組織員たちが集団的な農業経営に着手する機会は与えられない。このアントニオ・ブハランセは、FNTT全国委員会が1934年6月の大規模な農業ストライキの実施を決断する際のメンバーの1人になる[47]。

その1年前の1933年6月。コルドバ県の農業ストライキの指導権は既にCNTを離れ、「知識人の共和制」との距離を広げつつあったFNTTのもとへと移っていた。コルドバ県のFNTTが農業ストの実施に踏み切った直接の理由は、4月末の労使混成協議会での交渉の折に如実に実感された、農業エリートの態度の硬化にあったように思われる。混成協議会が定めた夏季の小麦の刈り入れの賃金は8.50ペセータ。前年に比べて0.9パーセントの下落である。このとき併せて決められた冬季のオリーヴの摘み取りの報酬に至っては、1932年の7ペセータから5.25ペセータへと、1.75ペセータもの「暴落」を見た。1931年5月に廃止された賃金の出来高払い方式の、日払い方式の報酬に準じてのその採用の容認は、もはや既定の路線だった。

第6章　カストロ・デル・リオとブハランセ

　労使混成協議会の代表として、以上の労働条件を県内の「アンダルシアの民」に突きつけたのは、ルイス・メリーノ・デル・カスティーリョである[48]。ついこ半月ほど前には、農地改革のためのコルドバ県評議会が発足していた。ホセ・モンテーロ・ティラードらと並んで、メリーノ・デル・カスティーリョはこの評議会の農業経営者側の委員に就任する。テーブルの向こう側には、農業労働者側の委員に選ばれたアントニオ・ブハランセやFNTTコルドバ県連盟書記のマヌエル・サンチェス・ルイスらが陣取っていた[49]。「改革の2年間」の「改革」の是非を問う総選挙が実施された1933年11月、メリーノ・デル・カスティーリョはコルドバ県農業会議所の代表の地位にある[50]。そして、その総選挙に勝利を収め、「暗黒の2年間」にコルドバ県選出の代議士の1人となるのが、人民行動党（CEDA）のモンテーロ・ティラードである。

　1933年・34年の6月にFNTTのコルドバ県連盟が実施した農業ストライキ攻勢には、揃ってほぼ50の市町村が参加した[51]。1918年10月と19年5月の、いずれもカストロ・デル・リオでの農業労働者大会に続いたアナルコサンディカリスト主導の農業スト攻勢に合流した県内の自治体の数がともに30を上回る程度であったことを想起すれば、第2共和制期のコルドバ県のFNTTの動員力の大きさのほどが実感されるだろう。ただし、マヌエル・サンチェス・ルイスの弁明に従えば[52]、県内の75の市町村の3分の2ほどを麻痺させた1933年6月の争議は、回避のための可能な限りの努力を重ねたうえでの苦渋の選択だった。社会党・UGT（FNTT）と「インテリゲンツィヤ」が袂を分かつまでには、わずかながらも時間が残されている。

　第2共和制期を迎えて、コルドバ県のCNTを脅かしたのは社会党・UGT（FNTT）ばかりではない。この時期、共産党も頭角を現わしつつあった。1931年5月の地方選挙の「やり直し」を経て、ドニャ・メンシーア、ビリャ・デル・リオ、ビリャフランカ・デ・コルドバ、ビリャヌエーバ・デ・コルドバには併せて15人の共産党所属の町議会議員が誕生する。ビリェヌエーバ以外の3つのプエブロでは、ビリャ・デル・リオのミゲル・イスキエルド・チャモッロら町長の椅子を手に入れた党員も出た[53]。IRSの統計から判断される限り、これらのプエブロは概ね「ボリシェヴィキの3年間」の階級対立の周縁にあった。「3年間」を通じて、ビリャフランカを見舞った農業ストライキは皆無である。他の3つの自治体での農業ストも、揃って1度記録したにすぎない。

　その一方で、共産党はアナルコサンディカリストたちからその強固な根城

のはずだったエスペッホを奪っている。IRS の統計に従えば「ボリシェヴィキの 3 年間」にはコルドバ県で最多の 5 度の農業ストに揺れたこのカンピーニャのプエブロでは、1930 年にアドリアーノ・ロメーロ・カチネーロが敢行したプロパガンダ活動をきっかけにリベルテール的な色彩が薄れていく(54)。1931 年 6 月のマドリード大会当時、エスペッホにはそれでもまだ 600 人の CNT の組織員がいた。だが、それからほぼ 5 年後に開かれたサラゴーサでの大会に、エスペッホの CNT 代表の姿はない。第 2 共和制の「改革の 2 年間」に、共産党はアギラール・デ・ラ・フロンテーラやスエーロス、プエンテ・ヘニール、フェルナン・ヌーニェス、ペドロ・アバにも一定の足場を得た(55)。

コルドバ県における共産党の最も有力な拠点と考えられるのは、アドリアーノ・ロメーロの故郷のビリャヌエーバ・デ・コルドバである。プリモ独裁期の 1925 年 11 月、非合法状況に置かれていた共産党のアンダルシア地方大会がセビーリャの郊外に招集された際、この会議を取り仕切った地方書記のミゲル・カバリェーロ・バカスも、やはりビリェヌエーバ生まれの活動家だった(56)。失業の解消と日当の引き上げを訴えつつ 1931 年の 10 月初旬に開始されたこのシエラのプエブロでの農業ストライキは、100 人もの治安警備隊員の増派に加えて、砲兵隊その他の軍事力の投入によりようやく幕が下ろされた。農業ストを指導したのは、もちろん共産党。争議が鎮圧された後、カバリェーロ・バカスやロメーロ・カチネーロらはその身柄を拘束されている(57)。

第 2 共和制の「改革の 2 年間」のコルドバ県では、共産党が背後で糸を引いていたか、あるいは少なくとも「お上」がそのように見なした争議は他にもある。1932 年 11 月のビリャ・デル・リオでは、共産党が失業中の多数の日雇い農を焚きつけて騒ぎを起こそうともくろんでいたらしい(58)。その 5 ヶ月ばかり前には、複数の共産党員がヌエバ・カルテージャの村役場を襲撃、破壊行為に及ぶ事件が発生していたという(59)。

それでも、共産党が実際に持っていた「アンダルシアの民」の動員力はそれほど大きくなかったものと思われる。モレノ・ゴメスの推計では(60)、内戦前夜の共産党はアンダルシア 8 県に併せて 15,000 人ほどの党員を抱えていた。同じ時期のスペイン全体での共産党員は概算で 40,000 人(61)。共産党にとって、なるほど南スペインは党員の 3 分の 1 以上を育む貴重な苗床ではあったに違いない。とはいえ、「15,000」は 1936 年 5 月の CNT サラゴーサ大会の時点でのアンダルシア CRT の組織員数（146,712）の 10 分の 1 をわずかに上回る数字

第 6 章　カストロ・デル・リオとブハランセ

でしかない。

　共産党の南スペイン最大の牙城は、衆目の一致するところ「赤い」セビーリャ以外にはなかった。第 2 共和制期を通じて、1931 年 6 月の 22,754 人から 36 年 5 月の 18,551 人へとセビーリャの CNT は組織員数のうえで明らかに下降線をたどっていた。1932 年 9 月に共産党書記長に選出されるホセ・ディアス・ラモスら、セビーリャの共産党の指導者の多くが CNT を離脱した元アナルコサンディカリストであったことも確かな事実である(62)。セビーリャ県知事ビセンテ・ソル・サンチェスが提示する 1931 年 11 月のデータに従えば、このときアンダルシアの中心都市では共産党系の組合が 14,773 人を擁して、CNT の 25,912 人に次ぐ位置にあった。セビーリャのみに限れば、ケイポ・デ・リャーノ将軍の決起を前に、共産党は落ち目の CNT に肉薄するところまで成長していたのかもしれない。

　1931 年の初冬。セビーリャ県の県庁所在地の労働力の 3 割は、プロフィンテルン（コミンテルンの肝煎りで結成された赤色労働組合インターナショナル）のもとに組織されていた。ただし、その 3 分の 1 強に相当する 5,040 人は運輸関連の肉体労働に従事している(63)。14,773 人に占める日雇い農の比率がおそらく微々たるものであったことは、共産党が作成した統計そのものに残された、1932 年 6 月におけるセビーリャ県全体のプロフィンテルン傘下の労働力の構成からも窺われる。前月の半ばに開始された農業ストライキの失敗にたたられて、アンダルシア CRT が危機に直面していたこのとき、県内では 30,423 人が共産党系の組合に在籍していた。そのうち完全な意味での農業労働者だけからなる組合に所属していたのは、マイレーナ・デル・アルコルの 1,730 人、ヘルベスの 500 人、プエブラ・デル・リオの 500 人のみである。職種を問わない SOV に加入するカマスの 1,500 人やコリア・デル・リオの 1,300 人、あるいはドス・エルマーナスのオリーヴの取り入れに従事する労働者たちの組合の 450 人その他を加えても、セビーリャ県在住の「アンダルシアの民」への共産党の影響力が限られていたことは明白である。農業関連では、県庁所在地にはわずかにオリーヴの収穫作業に従事する女たち 250 人のための組織が存在しただけである(64)。

　1931 年 12 月。セビーリャに招集されたプロフィンテルン傘下の 75 の組合のアンダルシア地方大会に、コルドバ県からはアギラール・デ・ラ・フロンテーラ、コルドバ、ドニャ・メンシーア、ビリャヌエーバ・デ・コルドバ、ビリャフランカ・デ・コルドバ、ペドロ・アバ、ポソブランコ、ルセーナの 8 つの市

町村からの代表が参加したに留まる。少なくともコルドバ以外の自治体の組合に関する限り、その組織員の多くが農業労働に従事していたものと推測されること。また、県庁所在地の代表にも建設工や金属工と並んで、「農民（campesino）」が混じっていたこと[65]。この2点を考慮しても、このときコルドバ県下の共産党系の「赤い」組合が県内の「アンダルシアの民」の願望を充分に大会に反映させるだけの力量を持ち合わせていたとは思われない。

　1936年2月の総選挙。コルドバ県では、ヘスース・エルナンデス・トマスとバウティスタ・ガルシア・グラネールの2人の共産党員が勝利を収める。人民戦線選挙で複数の共産党員の当選が記録されたのは、全国でもコルドバ県だけである[66]。前回は地元で敗退していたアドリアーノ・ロメーロも、このときガリシアのポンテベドラ県から出馬し雪辱を果たす[67]。1933年11月の総選挙でも、コルドバ県はセビーリャ県（18,720）やオビエード県（16,832）を制して共産党が国内最多の支持票（27,000）を集めた県だった[68]。だが、「改革の2年間」に引導が渡されたこの総選挙で、コルドバ県の共産党が1人の当選者も出せなかった事実はむろん動かない。

　1934年4月のマドリードでは、プロフィンテルン傘下の公称180,000人を糾合しつつCGTU（統一労働総連合）が創設される。CGTUには、このときCNTやUGTの看板を下ろした約50の組合が含まれていた。しかし、「当時スペインの至る所で頑強に続けられていたストライキや暴動を助長するうえで、スペイン共産党がなんらかの意味ある役割を果たしたという証拠は、ほとんど存在しない」[69]。1931年秋のビリャヌエーバ・デ・コルドバの騒動を除けば、われわれの県もおそらく例外ではなかった。なお、共産党に在籍するスペイン初の代議士が誕生したのはマラガ県。1933年11月に勝利を収めたのは、県庁所在地のマラガにサナトリウムを構え、「純粋」アナキストのペドロ・バジーナにも似て「貧しい者たちの医師」と慕われたカジェターノ・ボリーバル・エスクリバーノである[70]。

註
（1）　*El Liberal*, 16-X-1902. ただし、同じ1902年のテーバ（マラガ県）での農業ストライキは、それがマルクス主義陣営のイニシアティヴに基づいて決行されたアンダルシアでは最初の企てであったという点で注目される。パブロ・イグレシアス自身も介入し、都合半年にも及んだこの農業ストでは、わずかながらも賃上げが達

第6章　カストロ・デル・リオとブハランセ

　　　成されたし、争議に合流した日雇い農たちに何らかの報復措置が取られる事態も
　　　回避された（Morales Muñoz, "La voz de la tierra", p.6.）。
（ 2 ）Id., "Los primeros núcleos socialistas en Andalucía", *Fernando de los Ríos*, p.70.
　　　FAAの代表に選出されたのは、この団体が産声を上げたマラガを根城とするラ
　　　ファエル・サリーナス・サンチェス。1870年代には、バクーニン派のアンセルモ・
　　　ロレンソからマラガ県におけるアナキズムの「使徒」と呼ばれたミゲル・ピノ・マー
　　　タらの肝煎りで設立された、リベルテール的な色彩の濃かったFREマラガ市連盟
　　　のなかにありながらも（id., *Málaga, la memoria perdida: los primeros militantes
　　　obreros*, Málaga, 1989, pp.95-105.）、パブロ・イグレシアスらがマドリードで発行
　　　していた『ラ・エマンシパシオン』紙の普及に努めるなど、サリーナスは異端児
　　　的な存在だった。1885年の社会党マラガ支部の発足に骨を折ったのも、このサリー
　　　ナスである（*ibid.*, pp.111-121.）。
（ 3 ）María Dolores Borrell Merlín, "Biografía Lucio Martínez Gil 1883-1957", *Lucio Mar-
　　　tínez Gil: representación política (PSOE) y liderazgo sindical (FTT-UGT), 1883-
　　　1957*, Madrid, 2002, p.75.
（ 4 ）Calero, *Movimientos sociales*, p.31 y p.43.
（ 5 ）ウエルバ・カディス・グラナダ・セビーリャ・マラガ各県での社会党の県連盟の
　　　発足は、ウエルバ県の1931年5月を皮切りに、いずれも第2共和制期のこと。意
　　　外にも、社会党グラナダ県連盟の誕生は最も遅れて1933年10月である（Diego
　　　Caro Cancela, "El socialismo andaluz durante la Segunda República", *Fernando de
　　　los Ríos*, p.144.）。残るアルメリア県については不明。
（ 6 ）この1919年には、UGTのコルドバ県連盟も産声を上げていた（第3章第2節の
　　　註〔1〕を参照）。
（ 7 ）Maurice, *El anarquismo andaluz*, p.378.
（ 8 ）Díaz del Moral, *Historia de las agitaciones*, p.96.
（ 9 ）IRS, *Información sobre el problema agrario*, pp.18-19.
（10）カストロ・デル・リオで大がかりな労使紛争が発生する前夜、エスピエールの
　　　UGTは、小麦の収穫作業の日当5ペセータ（「まともな」まかない付き）の実現
　　　を求めて農業ストライキも辞さない構えを見せた（*Andalucía*, 18-V-1918.）。しかし、
　　　おそらくそれは掛け声だけに終わった可能性が高い。農業ストに関するIRSの統
　　　計には、「ボリシェヴィキの3年間」を通じてこのシエラのプエブロの名は1度も
　　　登場しない。
（11）その前回（1918年7月）の地方選挙では、社会党はアンダルシア8県全体でも辛
　　　うじて11議席を得ていたにすぎなかった。最多のハエン県にしても、獲得議席は
　　　6つだけ。コルドバ県では、わずかに3人が当選を果たしたのみである（Calero,
　　　Movimientos sociales, p.44.）。しかし、グラナダのフェルナンド・デ・ロス・リー
　　　オスが復古王政期を通じてアンダルシアで初めて社会党代議士の資格を得た1919
　　　年6月の総選挙の結果を受けて（Morales Muñoz, "Los primeros núcleos socialis-

tas", p.62.)、20世紀の初頭には肌身に知った「アンダルシアの民」の「アナーキーな」気質に意気消沈していた観もあった社会党党首も、確かな手応えを感じ取っていた。その見積もりでは、社会党を支持した合計でおよそ200,000票のうち、54,000票以上がアンダルシアで投じられている（Andalucía, 23-VII-1919.）。もっとも、モンティーリャを除けば、1920年当時のコルドバ県下の市町村議会のなかでの社会党の影響力のほどはなお不明である（第5章第1節の註〔41〕を参照）。

(12) Jacques Maurice, "A propósito del trienio bolchevique", *La crisis de la Restauración*, pp.342-346.

(13) *Andalucía*, 10-XII-1919.

(14) Caro Cancela, "El socialismo andaluz", p.141.

(15) Borrell Marlín, "Biografía Lucio Martínez Gil", p.78.

(16) 社会党・UGTのなかで、農業プロレタリアートのための全国的な組織を結成する構想が初めて具体的に語られたのは、1920年10月にアンダルシアとエストレマドゥーラの日雇い農たちの代表を集めてハエンで催された大会でのことである。この構想は、1922年のUGT大会で追認される（Calero, *Movimientos sociales*, p.44.）。ただし、FNTTの直接のモデルは、ハエン大会のちょうど半年前の1920年4月にリモージュで誕生していたフランスのCGT傘下のFNTA（全国農業労働者連盟）と覚しい（Maurice, "Reforma agraria y revolución social", p.240 n.29.）。

(17) フランシスコ・サフラがいくつかの地元紙に執筆した新聞記事を編んだホセ・ルイス・カサス・サンチェスによると（Casas Sánchez, "Estudio introductorio", p.22.）、このとき催されたのは社会党の臨時地方大会。しかし、実際にはFNTTの大会である（*El Obrero de la Tierra*, 13-II-1932.）。

(18) Federación Nacional de Trabajadores de la Tierra, *Memoria que presenta el Comité nacional de este organismo al examen y discusión del Congreso ordinario que ha de celebrarse en Madrid durante los días 17 y siguientes del mes de septiembre de 1932*, Edición Facsímil, Jaén, 2000, p.322. パスクアル・カリオンが自身の生まれたレバンテの中規模経営の農業のあり方を理想視していたことは、先に述べたとおりである。やはりレバンテ出身のブラスコ・イバーニェスも、『ラ・ボデーガ』のなかで（Blasco Ibáñez, *op.cit.*, pp.141-142.）、かつて兵役のために国内のあちこちを歩いたことがあるというヘレス・デ・ラ・フロンテーラの老いた日雇い農にバレンシア県の農業のすばらしさを語らせている。老人が直に知る同県では、完全な意味での日雇い農は稀だった。自作農であれ借地農であれ「各自がその土地を耕しており」、豊かな者も貧しい者に寛大であったという。所有構造が分極化されておらず、農業人口のなかでの中間層に厚みがあったレバンテでのFNTTの意外なまでの根づきは、プリモ独裁期にこの地方での組織基盤の拡充に邁進することが可能だったUGTによって準備されていた。プリモ・デ・リベーラ将軍に落日のときが迫りつつあった1928年当時、FNTTの設置に向けて特に積極的な姿勢を見せたのも、レバンテのUGT系列の農業労働者組織である（Sal-

vador Cruz Artacho, Francisco Cobo Romero y Manuel González de Molina, "Nota Introductoria", FNTT, *Memorias que presenta el Comité nacional*, p.41 y p.44.)。

(19) Calero, *Movimientos sociales*, p.159.
(20) García Parody, *Los orígenes*, p.174.
(21) FNTT, *Memoria que presenta el Comité nacional*, pp.143-145.
(22) *Ibid.*, pp.281-282.
(23) Díaz del Moral, *Historia de las agitaciones*, p.294.
(24) Jesús María Romero Ruiz, "La Guerra Civil en La Rambla a través de su archivo municipal", *La Rambla, Apuntes para su historia*, Córdoba, 1991, pp.142-149.
(25) 1932年2月のモンティーリャ大会に代表を派遣した市町村のリストは、*El Obrero de la Tierra*, 13-II-1932.
(26) *El Sur*, 28-XII-1932. 1年以上前の1931年11月、「スパルタクス」と名乗る当地のリベルテールは、CNT‐FAIを誹謗するUGT（FNTT）に抗議していた（*Tierra y Libertad*, 7-XI-1931.）。翌年2月のモンティーリャ大会の招集よりも前に、FNTTは既にバエナ進出の機会を虎視眈々と窺っていたものと思われる。
(27) *El Obrero de la Tierra*, 8-X-1932.
(28) *Solidaridad Obrera*, 5-II-1936.
(29) 1930年6月から32年6月までの1年間に、FNTTを離れた組合も27を数えた。コルドバ県では、アルモドーバル・デル・リオとペドロ・アバの農業労働者たちがマルクス主義を放棄した。アルモドーバルの組合は、離脱の理由を「その政治状況のため」としている（FNTT, *Memoria que presenta el Comité nacional*, p.325.）。当時、このプエブロの町役場の主流派を形成していたのがアナルコサンディカリストたちであったという、われわれの知る「政治状況」が「棄教」の背後にあったのかもしれない。
(30) Pérez Yruela, *op.cit.*, pp.123-124.
(31) *Ibid.*, p.293 y p.391. 因みに、プリモ独裁期に入って2年目の1924年のバエナでは1日当たりの農作業に2.5ペセータから3ペセータの報酬が支払われていた（Fernando de los Ríos, "El problema agrario en España"(1ª ed. ing. 1925), *Lectura de economía española*, Madrid, 1969, p.301.）。仮に3ペセータと見ても、「ボリシェヴィキの3年間」に同じバエナの日雇い農たちが手にしたとされる6.25ペセータの半分以下の水準である。1920年代の後半におけるコルドバ県内の農作業の平均的な日当は、3.25ペセータ程度だった（Tuñón de Lara, *Tres claves*, p.28.）。
(32) AHPC, leg.162.
(33) Pérez Yruela, *op.cit.*, pp.158-159.
(34) この最初の労使混成協議会の副代表は、コルドバ県農業会議所代表の地位にあったフランシスコ・アミアン・ゴメスである（*ibid.*, p.122 y n.12.）。
(35) *Política*, 14-VI-1931.

(36) *Ibid.*, 12-I-1932.
(37) *El Sur,* 25-IX-1932.
(38) Pérez Yruela, *op.cit.*, p.116.
(39) FNTT, *Memoria que presenta el Comité nacional*, p.203.
(40) *El Sur,* 22-IX-1932.
(41) *Ibid.*, 26-IX-1932.
(42) *Ibid.*, 24-IX-1932.
(43) *Ibid.*, 2-II-1933.
(44) *Ibid.*, 22-VIII-1933.
(45) *Boletín del Instituto de Reforma Agraria*, núm 18, XII-1933.
(46) *El Sur,* 31-VIII-1933.
(47) Pérez Yruela, *op.cit.*, p.388.
(48) *Ibid.*, pp.346-358.
(49) López Ontiveros y Mata Olmo, *Propiedad de la tierra y reforma agraria*, p.87.
(50) *El Sur,* 28-XI-1933.
(51) Maurice, *El anarquismo andaluz*, pp.354-357.
(52) *Córdoba Obrera*, 14-X-1933.
(53) Francisco Moreno Gómez, *La última utopía. Apuntes para la historia del PCE andaluz, 1920-1936*, Sevilla, 1995, p.76.
(54) Id., *La Guerra Civil en Córdoba*, p.63.
(55) Barragán Moriana, *La realidad política*, pp.37-38.
(56) Moreno Gómez, *La última utopía*, pp.49-50.
(57) *Ibid.*, pp.83-86.
(58) AHNM, leg.6A.
(59) AHNM, leg.16A.
(60) Moreno Gómez, *La última utopía*, p.153.
(61) ボロテン、前掲邦訳、上巻、200ページ。
(62) Fernández Luceño, *op.cit.*, pp.66-67.
(63) このとき、セビーリャにおけるUGT系の労働力は、3,874人を数えた (*ibid.*, p.92.)。
(64) *Ibid.*, pp.104-105.
(65) *Ibid.*, pp.86-88.
(66) Pérez Yruela, *op.cit.*, p.202.
(67) Moreno Gómez, *La última utopía*, p.135.
(68) 27,000票のうち、アドリアーノ・ロメーロには2,253票が投じられた (*ibid.*, pp.111-113.)。
(69) E・H・カー、内田健二訳『コミンテルンの黄昏／1930-1935年』岩波書店、1986年、290ページ。
(70) Moreno Gómez, *loc.cit.*

第6章　カストロ・デル・リオとブハランセ

第2節

第2共和制時代のコルドバ県

　マヌエル・アサーニャの「遺書」にもしたためられてあったように、「改革の2年間」に手を結んだ「インテリゲンツィヤ」と社会党・UGT（FNTT）にしてみれば、「暗黒の2年間」は第2共和制が誕生して以降の自分たちの営為の全面的な否定以外の何ものでもなかった。1933年11月以降の南スペインにおいて際立ったのは、2年半ほど前から自治体の行政をリードしてきた左翼の共和派や社会党の市町村長・議員たちに加えられた執拗な弾圧である。とりわけ第2共和制の分水嶺となった1934年の「10月革命」の後には、スペインが名実ともに「共和主義化」された当時の首長や議員はアンダルシアの市町村からあらかた一掃されてしまう[1]。

　「改革の2年間」のアンダルシアにおいて労相フランシスコ・ラルゴ・カバリェーロの社会政策がともかくも功を奏したのは、多くの市町村で行政を左右しうるだけの議席を社会党が確保していたおかげだった[2]。本節では、初めに「暗黒の2年間」のコルドバ県にあって社会党が市町村役場での主導権を失った若干の例を挙げておく。まず、先の総選挙の記憶もまだ生々しい1934年3月、ガブリエル・モロンがプエンテ・ヘニールの、また翌月にはアントニオ・ブハランセがオルナチュエーロスのそれぞれ町長の座を追われた[3]。6月にFNTTが実施した農業ストライキは、社会党への弾圧にさらに拍車をかける結果を生む。8月に入って新たな人事が強行されたプエンテ・ヘニールでは、急進党とCEDAに牛耳られた町役場が発足する。

　「10月革命」を誘発した、1934年秋の組閣を受けて内相に就任したのは、コルドバ県選出の急進党代議士のエロイ・バケーロ・カンティーリョだった。ディアス・デル・モラールとは異なった視座に立って「ボリシェヴィキの3年間」のもようを再現してみせた、『アンダルシアのドラマ』の著者である。翌年4月の退任を前に、この「社会史の先駆者」の、そして党首アレハンドロ・レルーの同県人は「政府の信頼に値しない」市町村役場の「浄化」に大鉈を振るったとして、自らの「業績」を自画自賛した[4]。事実、「10月革命」をきっかけに、

コルドバ県でもアギラール・デ・ラ・フロンテーラやモンティーリャやルセーナから、さらにはアダムースやエル・カルピオからも社会党の町長・町議会議員の姿が「完全に」消えてしまう[5]。このときモンティーリャの町長の職務を解かれたのは、フランシスコ・サフラである[6]。

　また、人民戦線選挙が実施される直前、エル・カルピオの町長の椅子に腰かけていたのは、例の、そしてコルドバ県の急進党系紙『ラ・ボス』が今では「われわれの友人」と呼ぶフランシスコ・ガルシア・エスピンだった[7]。かつてIRS調査団の面々に、コルドバ県内への「ボリシェヴィキの思想」の浸透とないまぜになった「アフリカの風の憎しみ」の根づきを嘆いたガルシア・エスピンの「出世」も、「暗黒の2年間」の風向きを直に反映していたものと思われる。「改革の2年間」が、後のこのプエブロの町長にとって居心地の悪い一時期であったことは間違いない。農地改革法が国会を通過して間もない1932年の9月末、失業に苦しむ地元の労働力の「最大限の」救済を社会党員の町長に誓ったエル・カルピオの27人の農業経営者のなかに、ガルシア・エスピンの名は見当たらない[8]。

　「暗黒の2年間」は社会党のみならず、自治体行政に参画したその他の「左翼」にとっても、もちろん受難の時代だった。「改革の2年間」の初期にアナルコサンディカリスト3人が町役場に名を連ねていたアルモドバル・デル・リオでも、1934年4月には町長のみならず、町議会議員たちもそっくり失職する憂き目を見る[9]。1934年10月には、フェルナン・ヌーニェスにも急進党に在籍する町長が誕生。翌年7月にその仕事を引き継いだのも、先に内務省を離れていたエロイ・バケーロとの個人的な繋がりの太さで知られた、同党の地元の指導者ペドロ・スリータ・ビリャルバである[10]。

　やはり「10月革命」直後にカストロ・デル・リオに発足する町議会からは、当地の第2共和制初の町長を務めたフェデリーコ・ミリャンが所属する連邦共和党の面々が「完全に」排除されていた。このときカストロの町長を引き受けたラモン・ナバハス・フエンテスも、これまた急進党員。町議会では、急進党と人民行動党（CEDA）がそれぞれ6つの議席を分かちあっている。もっとも、ロペス・ビリャトーロに従えば[11]、実質的に当時のカストロの町役場を牛耳っていたのは、人民行動党を率いるビセンテ・オルティ・イ・ラモン・メレンデス・バルデスである。ヒル・ロブレスがいよいよレルーに「取って代わる」微かな兆候を、われわれはここにも嗅ぎ取ることができるかもしれない。

第6章　カストロ・デル・リオとブハランセ

　「暗黒の2年間」に更迭された首長たちのうち、1936年2月を境にプエンテ・ヘニールのガブリエル・モロンら何人かは返り咲きを果たす[12]。フェルナン・ヌーニェスではアントニオ・ロメーロ・ロメーロが[13]、またカストロ・デル・リオではフェデリーコ・ミリャンがともに町長に復帰。しかし、新たな町議会の構成をめぐって人民戦線各派の思惑が対立するなか、カストロの町長は社会党のミゲル・ベラール・ナバーロへと交代する。その後、すぐにもミリャンが改めて町長の椅子を奪回したものの、3月下旬からしばらくの間、機能不全に陥っていたカストロの町役場では、コルドバ県庁が派遣したセバスティアン・ベラスコ・ロペスが首長の代理を務める一幕があった[14]。7月18日の段階でこのプエブロの行政に責任を負っていたのは、ベラール・ナバーロである。

　内戦の火蓋が切って落とされたこの時点では、カストロ・デル・リオとプエンテ・ヘニールの他、本節で先に言及してあったアギラール・デ・ラ・フロンテーラ、アダムース、オルナチュエーロス、エル・カルピオ、モンティーリャの各自治体の町長の座をいずれも社会党が押さえていた。もっとも、オルナチュエーロスの町長は人民戦線選挙に勝利したアントニオ・ブハランセではなく、ミゲル・ペレス・レガール。モンティーリャの町長を新たに引き受けたのもサフラではなく、マヌエル・サンチェス・ルイスである。

　フランコ派がスペイン本土で決起した1936年7月18日。コルドバ県を構成する都合75の市町村のうち、確認されうる限り社会党が35の、左翼共和党が5つの、共和主義同盟が4つの[15]、そして共産党が3つの自治体でそれぞれ首長の椅子を手にしていた。共産党が押さえていたのはエスペッホとビリャ・デル・リオ、それにビリャフランカ・デ・コルドバである。その他、CNTの2人の組織員がアルモドーバル・デル・リオとコンキスタで、またアンヘル・ペスターニャのサンディカリスト党の党員1人がモンテマジョールで町長に就任していたことは、先に記しておいたとおりである。さらに、アルカラ・サモーラの故郷以外でニセト派が首長を務めたプエブロがもう1つ。アルメディニーリャである。

　左翼共和党は1934年3月に共和行動党のマヌエル・アサーニャと、このとき急進社会党から独立急進社会党へと所属政党の看板を書き換えて既に久しいマルセリーノ・ドミンゴ、それにガリシア独立共和党のサンティアゴ・カサーレス・キローガの3人が歩み寄って発足[16]。「改革の2年間」には急進共和党員だったフェルナン・ヌーニェスのアントニオ・ロメーロ・ロメーロは、1936

405

年にはアサーニャの同僚になっている。先に挙げておいた「暗黒の2年間」に圧力が加えられたコルドバ県下のプエブロのうち、人民戦線期のルセーナの町長も左翼共和党員だった。

　残る共和主義同盟は、レルーと CDEA の癒着を嫌ったセビーリャのディエゴ・マルティネス・バリオが急進党を離れ、これもマルセリーノ・ドミンゴらと別れた急進社会党のフェーリクス・ゴルドン・オルダクスらを誘いつつ「10月革命」前夜に旗揚げした政党である。「暗黒の2年間」の後半、コルドバ県ではこの県生まれのレルーの急進党がなおもしばらくは優勢だったものの、セビーリャ県では共和主義同盟が急進党に「取って代わる」[17]。1936年7月18日の時点でのレルーの出身地ラ・ランブラの町長は、確かに共和主義同盟の党員が務めていた。

　エロイ・バケーロのお膝元であるモンタルバンの、このときの町長が所属する政党は不明。しかし、急進党の凋落を他の誰よりも痛感していたのはバケーロその人であったに違いない。「改革の2年間」のコルドバ市役所では、初代市長の当のバケーロら共和派と社会党との軋轢が早くから表面化していた[18]。おまけに、1934年10月からおよそ半年間にわたって自らの手で「左翼」を窮地に追いやっていたバケーロには、「左翼」との関係の再構築などもはや望むべくもない。1936年2月16日、総選挙の結果の判明を待たずに『アンダルシアのドラマ』の著者はコルドバを脱出。故郷のモンタルバンで愛妻を拾った後、一目散にイギリス領ジブラルタルへと遁走した。コルドバ市長には、社会党のマヌエル・サンチェス・バダホースが就任する[19]。

　人民戦線期のコルドバ県にあって、逃亡したバケーロに代わって落ち目の急進党を統率するとともに、県内の同党系の新聞『ラ・ボス』を編集する仕事をも引き受けたのが、ラファエル・カステホン・イ・マルティネス・デ・アリサーラである。第2共和制の成立をきっかけに急進党に加わったカステホンは、1930年代前半を通じて右傾化の一途をたどったレルーにあくまでも忠実であり続けた。1936年2月にはコルドバ県から出馬し敗れはしたものの、得票数ではバケーロを上回る結果を残す。7月18日以降は、既にポルトガルに移っていたレルーの指示に従って、決起したカスカーホ大佐らに協力。『ラ・ボス』紙も、フランコ派の軍事行動を手放しで礼讃する論陣を張る[20]。

　ところで、第2共和制初のコルドバ市長が同じコルドバ県生まれのアレハンドロ・レルーに心酔するエロイ・バケーロであったという事実に示された、

第6章　カストロ・デル・リオとブハランセ

旧い体質を引きずる急進党の存在感の大きさは、同県の「改革の2年間」にも影を落とさずにはおかなかった。共和派と社会党との軋轢は、コルドバ市庁舎のなかばかりに留まらない。1931年6月の憲法制定議会選挙に向けての候補者リストが作成される過程でも、(「共和制奉仕団」のディアス・デル・モラルを例外として) 共和派と社会党との交渉は暗礁に乗り上げた[21]。われわれの県の場合には、「改革の2年間」と「暗黒の2年間」とのコントラストはアサーニャの「遺書」から想像されるほどに鮮明なものではない。そして、コルドバ県の「改革の2年間」には、アサーニャが嫌う急進党の「増長」に手を貸す1人の県知事が登場していた。

1933年1月のカサス・ビエハスは、マヌエル・ロハスや、この突撃警備隊の大尉に反乱の鎮圧を命じた警視総監のアルトゥーロ・メネンデスらが、復古王政時代の治安維持装置の硬直した、共和主義とはおよそ相容れない精神になおも凝り固まっていた事実を白日のもとに晒してみせた。1932年8月にホセ・サンフルホ将軍のクーデタ騒動に直面した際の、セビーリャ県知事エドゥアルド・バレーラ・バルベルデの第2共和制への忠誠心にも大きな疑問符がつく。アサーニャの警告にもかかわらず、軍人上がりのバレーラ・バルベルデはこのとき曖昧な態度に終始し、サンフルホ将軍がウエルバの郊外で身柄を拘束された後に自身も逮捕・投獄されている[22]。

セビーリャ県知事に着任する以前、バレーラ・バルベルデは1931年7月からおよそ1年近くにわたってコルドバ県でも同じ役職に従事しており、同県の労働運動に対処した際に発揮されたその辣腕ぶりは突出していた[23]。就任から1ヶ月後、バレーラ・バルベルデは県内のCNT傘下の31の組合の閉鎖を命じている。この年の晩秋から初冬にかけて、セビーリャのアンダルシアCRT地方委員会は日雇い農1人が治安警備隊の発砲の餌食にされたアルモドーバル・デル・リオでの争議その他を取り上げながら、コルドバ県知事バレーラ・バルベルデの姿勢を糾弾している[24]。

1931年の夏、コルドバ県内にあって閉鎖をともかくも免れていた「左翼」の組合はUGT（FNTT）傘下のそれのみである。ただし、アンダルシアCRTが怒りを込めて告発したり[25]、あるいは同時代のスペインを知る旧ソ連の人気作家イリヤ・エレンブルグが皮肉交じりにペンを走らせたように[26]、「危険な競争相手」であるアナルコサンディカリストたちの動きを封じることによって、コルドバ県知事が社会党・UGT（FNTT）に好んで手を貸したわけでは

407

むろんない。県内各地に頻発する騒擾は、1931年8月のパルマ・デル・リオを皮切りに、バレーラ・バルベルデが社会党をも含む「左翼」が多数派を形成していた市町村議会の「改造」や、自身の気に入らない市町村長の「馘首」に着手する口実にもなる。

　ともに町長が共産党員だったビリャ・デル・リオとドニャ・メンシーア、さらに社会党が強い発言力を持つポソブランコや、社会党員が町長を務めるビリャヌエーバ・デ・コルドバその他の自治体の庁舎も県知事の介入を免れなかった。1932年1月のポソブランコの例が物語るように、多くの場合、「左翼」が「立ち退き」を強要された後の隙間を埋めたのは急進党員たちである。バレーラ・バルベルデが采配を振るコルドバ県は、アサーニャの「遺書」によれば「共和主義を意味するものを残らず弾圧した」という「暗黒の2年間」を明らかに先取りしていたのだった[27]。

　「すべての階級の勤労者の共和国」の一角にもちろん位置しながらも、コルドバ県では1931年と36年を除いて、つまり「暗黒の2年間」に先立つ32年と33年にも、奇妙なことに「お上」は「勤労者」のための祝典に開催の許可を与えていない。ことにバレーラ・バルベルデが県知事の地位にあった1932年5月の県庁所在地でのメーデーの際には、「お上」の意向に逆らってあえて街頭に繰り出した「勤労者」に第2共和制の治安維持装置が発砲、2人の死者と多数の負傷者が出る騒ぎも起きている[28]。1年と少しばかり前に同じコルドバに充満していた新時代の到来を寿ぐ和やかな空気は、このとき既に跡形もなく消え失せていた。

　同じ1932年の2月以降、コルドバ特別区選出の社会党代議士のホアキン・ガルシア・イダルゴは、自身が創刊した地元の社会党系紙『ポリティカ』を通じて[29]、あるいは憲法制定議会の場を借りてバレーラ・バルベルデに対する批判を展開していた。ガルシア・イダルゴの憤懣をやり過ごし、「偉大な」コルドバ県知事の人柄を逆に讃えたのは、内相のサンティアゴ・カサーレス・キローガである[30]。マヌエル・アサーニャの「言葉」に凝縮された観のある「インテリゲンツィヤ」と「現実」との乖離は、バレーラ・バルベルデに捧げられたカサーレス・キローガの「讃辞」とコルドバ県の「現実」との隔絶からも容易に見て取れるだろう。

　バレーラ・バルベルデをコルドバ県知事に任命したのは、臨時政府で最初に内相を務めたミゲル・マウラ・イ・ガマーソである。このマウラは、19世

紀末にアントニオ・カノバス・デル・カスティーリョが殺害された後、一時は保守党の最有力者でもあったアントニオ・マウラ・イ・モンタネールの子息。自ら語ったところでは、「生まれつつあった革命」のなかで「正当な保守の原理を守るために」、復古王政の末期にニセト・アルカラ・サモーラよりも一足早く共和派に転じたという元王政派である[31]。1931 年 11 月、アサーニャの反教権主義的な例の「言葉」を嫌って、アルカラ・サモーラとともに閣外に去っていた[32]。そのアルカラ・サモーラの右翼自由共和党を離れた後、ミゲル・マウラは自ら保守共和党の結成に踏み切る。バレーラ・バルベルデは、コルドバ県における同党の旗振り役を演じても見せるだろう[33]。

　1932 年 6 月、そんなバレーラ・バルベルデのセビーリャ県知事への転出が報じられるや、コルドバ県農業会議所代表のフランシスコ・アミアン・ゴメスらからは、「困難な状況にもかかわらず」自らの責務に忠実であり続けたとして、この人物の留任を願う声が沸き起こった[34]。バレーラ・バルベルデ自身、コルドバにオリーヴ畑を持つ身であり[35]、1936 年 7 月 18 日に同じ都市で決定的な役割を演じる砲兵隊のカスカーホ大佐がそうであったように、アンダルシアの農業エリートとかねて気脈を通じていたことは想像に難くない。コルドバ県知事在任中にマドリードの右翼紙の取材に応じた折、バレーラ・バルベルデは「コルドバ県のラティフンディオに関していえば、その多くが伝説だ。県南〔カンピーニャ〕には、ラティフンディオは 1 つもない。……県北〔シエラ〕にも、500 ヘクタール以上の〔ママ〕地所はそれほど多くない」と言い放ち、農地改革のための大土地所有の「捏造」に不快感を隠そうとしなかった[36]。

　そもそも、バレーラ・バルベルデをコルドバ県知事の候補としてミゲル・マウラに推薦したのは、ミゲル・カバネーリャス将軍だった[37]。このカバネーリャス将軍は、1936 年 7 月 19 日のサラゴーサにあって、それまで第 2 共和制への自らの忠誠心を人民戦線政府に請け合っておきながら出し抜けに戒厳令を布告し、フランコ派がアラゴンの中心都市を労せずして手に入れるためのお膳立てを整える老練の策士である[38]。その前日には、かつてバレーラ・バルベルデを持ち上げてみせたカサーレス・キローガが、アサーニャから譲り受けた首相の職務を放棄していた[39]。後述のように、1936 年の夏、カサーレス・キローガが言う「偉大な」元コルドバ県知事もまた、その本性を剥き出しにするだろう。

　1933 年 9 月にアサーニャの辞職の後を受けてレルーがひとまず首相に就任

すると、コルドバ県の急進党はもはや「偉大な」隠れ蓑を必要としなかった。さっそく県知事に抜擢されたのは、正しく急進党に身を置くアウレリオ・マティーリャである。10月には、社会党のフランシスコ・アソリン・イスキエルドらの抗議にもかかわらず、県議会議長も急進党のパブロ・トロジャーノ・モラーガに交代。11月の総選挙を控えて新たに県知事に指名された、やはり急進党のマリアーノ・ヒメーネス・ディアスは、エスペッホの町長の更迭を手始めに「左翼」の粛清に大鉈を振るう。

　ブハランセでは社会党と共産党のプロパガンダが、県知事が背後で糸を操る治安警備隊員により力ずくで阻止された。モンテマジョールでも、地元の「お上」の許可を得たうえで選挙戦のためのポスターを掲示しようとした共産党員たちが身柄を拘束される。ウエルバ県から立候補していた共産党のホアキン・デ・グラードは、選挙戦のための貴重な時間をコルドバの獄中に失わねばならない。フランシスコ・アソリンの同僚で、このとき出馬していたマヌエル・コルデーロは何らかのテロ行為の犠牲になりかけた。12月の2次投票を前に、復古王政期にはカシキスモの厚い壁を前に涙を飲みながらも、自身と同じく憲法制定議会に議席を得た共和派のアントニオ・ハエン・モレンテらとともに、アソリンはヒメーネス・ディアスの更迭を内相に虚しく懇願する[40]。

　エドゥアルド・バレーラ・バルベルデの後の、そしてアウレリオ・マティーリャの前のコルドバ県知事は、それまでウエルバ県知事の地位にあったマヌエル・マリーア・ゴンサーレス・ロペス。ゴンサーレス・ロペスは内相のカサーレス・キローガに近く、本来ならばレルーとは対立する立場にあった政治家のはずである[41]。それでも、1933年3月、ベラルカサルの町長を務める急進党員が地元の失業者たちの手にかかって殺害される事件が起こるや、ゴンサーレス・ロペスは社会党に在籍するこのプエブロの町議会議員たちをすぐさま町役場から追い出すという荒っぽい手口に訴えた[42]。1933年のメーデーに「待った」をかけたのも、このコルドバ県知事である。1人バレーラ・バルベルデのみならず、「改革の2年間」にあっても「お上」は県内の「勤労者」たちに決して寛大ではなかったのだった。

　南スペインの「改革の2年間」の混迷を演出したバレーラ・バルベルデと並んで、イリヤ・エレンブルグが県知事としてのその資質に疑問を投げかけた人物が――従って、スターリンのロシアから来た人気作家に「すべての階級の勤労者の共和国」を統治する「インテリゲンツィヤ」の眼識の曇りを痛感させ

第6章　カストロ・デル・リオとブハランセ

たのが――、1931年の7月上旬から8月下旬までの間にセビーリャ県の行政の頂点にあったホセ・バストス・アンサールだった。7月23日、エレンブルグによれば「密告」を受けて[43]、バストス・アンサールはセビーリャ市内の居酒屋「コルネリオ亭」の破壊を砲兵隊に指令する。居酒屋の経営者が共産党員であったことや、店には後に書記長に選出されるホセ・ディアス・ラモスら同党の有力な活動家たちが出入りしていたことはなるほど間違いのない事実ではあれ[44]、大破した「コルネリオ亭」は少なくとも武装した「革命派」の「巣窟」などではなかった。

騒ぎは、セビーリャでのゼネラル・ストライキがその周辺のプエブロにも波及するなかで発生した。CNTのなかでFAI派の発言力が増大する契機にもなったこの争議[45]に困惑する県知事は、「秩序」の回復を目指してパルラデ、イバーラその他、われわれの知る姓を持つ地元の「セニョリート」たちに支援を要請していた。エレンブルグは何も言及していないものの、「コルネリオ亭」が「お上」が命じた砲撃の餌食にされた同じ23日の未明、アンダルシアの中心都市ではもう1つの事件が起きていた。マリーア・ルイサ公園のなかで、いずれも先の「革命的な」ストに関与した容疑で逮捕されていた4人の共産党員が護送中に脱走を画策したとのかどにより、「逃亡者処罰法（ley de fugas）」に従って殺害された事件である。「アカども」を護送していたのは、このとき「平服」を着ていた歩兵隊のマヌエル・ディアス・クリアード大尉。直に手を下したのはセビーリャの複数の「セニョリート」であったらしい。ディアス・クリアード大尉の行動は、国会に調査委員会が設けられたにもかかわらず、結局は不問に付されてしまう[46]。

第2共和制の治安維持装置の機能不全が暴露されたセビーリャを、それから1年後にホセ・サンフルホ将軍が自身の策謀の舞台として選択したのは明らかに偶然ではなかった。サンフルホの軍事クーデタへの返礼として、セビーリャの大衆は農業経営者たちのクラブに火を放つ。このクラブこそは、マリーア・ルイサ公園での陰惨な出来事の背後で糸を引いていた地元の「全能の封建領主」たちの本山とも評されるべき建物。フェデリーカ・モンセニが指摘するところでは[47]、大衆の直感は1931年7月のセビーリャと翌年8月のセビーリャとを分かちがたく結びついたものと認識していたのだった。1931年7月に鎌首をもたげた暴力の連鎖は、さらに5年後のケイポ・デ・リャーノ将軍による「赤い」セビーリャの圧殺にまで繋がっていく[48]。

411

註

(1) López Martínez, *op.cit.*, pp.418-419.
(2) Caro Cancela, "El socialismo andaluz", pp.146-147.
(3) ガブリエル・モロン・ディアスは、1931年4月にプエンテ・ヘニールの町長に就任。7月からは憲法制定議会での職務にしばらく専念したものの、翌年11月にこのプエブロの首長の座に復帰した。オルナチュエーロスに発足した第2共和制初の町議会に、アントニオ・ブハランセ・ロペスの名は見えない（Moreno Gómez, *La República y la Guerra Civil,* pp.57-61.）。その町長への就任の経緯は不詳。
(4) Id., "La II República", p.240.
(5) Id., *La República y la Guerra Civil,* p.295. エル・カルピオの社会党員の町長は、仲間の議員たちよりも半年早く、1934年4月の段階で既に解任されていた（*ibid.*, p.260.）。
(6) Julián Ramírez Pino, *Montilla1920-1950(1ª parte),* Montilla, 1991, pp.102-105.
(7) *La Voz,* 24-I-1936.
(8) AHPC, leg. 162.
(9) Moreno Gómez, *La República y la Guerra Civil,* p.261.
(10) Juan Ortiz Villalba, "El período del Frente Popular en Fernán Núñez(febrero-julio de 1936)", *II encuentros de historia local. La Campiña,* Córdoba, 1991, II, p.734.
(11) López Villatoro, *Cambios políticos y sociales,* p.95 y n.126.
(12) Moreno Gómez, *La República y la Guerra Civil,* p.364.
(13) Ortiz Villalba, "El período del Frente Popular", p.738.
(14) López Villatoro, *Cambios políticos y sociales,* pp.107-108. 1936年2月、カストロ・デル・リオのCNTの組織員たちを投票所に向かわせた直接的な理由が獄中にあえぐ多数の仲間の救済にあったにせよ、その判断と行動がこの優れてリベルテール的なプエブロにおける翌月の社会党員の町長の誕生に、少なくとも間接的・結果的な形で寄与した観はどうにも否めない。
(15) アントニオ・バラガン・モリアーナの調べでは、1936年7月18日のコルドバ県にあって共和主義同盟に身を置く市町村長は3人。ブハランセの町長クリストーバル・ヒロン・ロメーラの所属先の記載が抜け落ちているものの、ほぼ確実にレルーの凋落をきっかけとして、このヒロン・ロメーラも急進党から共和主義同盟へと移籍していた（Ignacio Muñiz Jaén, *Las luchas libertarias del campesiando. Resistencia antifascista y represión en Bujalance durante la Posguerra,* Córdoba, 2010, p.89.）。
(16) Juliá, *Manuel Azaña,* pp.323-328. 急進社会党は、もともとマヌエル・アサーニャの共和行動党のなかの左派が1929年に結成した政党である（Manuel Suárez Cortina, "El reformismo antidinástico en la Restauración", *Azaña,* p. 296.）。
(17) Ortiz Villalba, "Del drama de Eloy Vaquero", p.221. Álvarez Rey, "La forja de un republicano", pp.196-197.

(18) バラガン・モリーナ「ディアス・デル・モラールの政治的軌跡」66‐67 ページ。正確には、この時点でのエロイ・バケーロ・カンティーリョは独立共和党を指導する立場にあった。1914 年の初頭、独立共和党はコルドバ県内のレルーの支持者と他の共和派とが歩み寄って成立（Garcia Parody, *Los orígenes*, p.303.）、第 2 共和制の樹立とときを同じくして急進党のコルドバ県支部と自らを位置づける。アルフォンソ 13 世を亡命させた地方選挙の結果、コルドバでは独立共和党が最多の 15 議席を確保した。その後、17 人の王政派の当選者のなかの何人かが同党に移籍したため、バケーロらと 7 議席の社会党との発言力の隔たりはいっそう拡大する（Juan Ortiz Villalba, "Tribuno del pueblo", 15 fols., inédito. この未公刊のテキストのコピーは、Juan Ortiz Villalba 当人に提供してもらった）。第 5 章第 1 節で瞥見したように、1918 年の総選挙に際し、アントニオ・ハエン・モレンテはコルドバ特別選挙区から立候補したものの、カシキスモの壁に阻まれて敗北を喫していた。当時、ハエン・モレンテも独立共和党に身を置いていた（Manuel Toribio García, *Antonio Jaén Morente: El límite imposible*, Córdoba, 2013, p.11.）。ハエン・モレンテは 1931 年 6 月の第 2 共和制の憲法制定議会選挙には首相のアルカラ・サモーラの自由主義右翼共和党から出馬し（全県選挙区）、念願だった代議士の肩書きを手に入れた。その 2 ヶ月半前の地方選挙でこれも自由主義右翼共和党の党員としてコルドバ市議会に議席を獲得した後、コルドバ県知事（臨時）を経てマラガ県知事に就任。5 月にマラガで大規模な反教権主義の暴動が発生した折、ハエン・モレンテはマドリードに滞在中の身だった。にもかかわらず、アルカラ・サモーラの盟友の内相ミゲル・マウラ・イ・ガマーソからその責任を糾弾されたハエン・モレンテは、詰め腹を切らされる形で県知事を辞任。7 月上旬、元マラガ県知事が憲法制定議会の初日を待たずにマルセリーノ・ドミンゴの急進社会党への自身の移籍を公表した背景には、このときのしこりがあったものと推測される（*ibid.*, pp.31-33.）。「暗黒の 2 年間」の雌伏を経た 1936 年 2 月、『コルドバ市の歴史』の著者としても知られるコルドバの共和派はアサーニャの左翼共和党の党員として代議士に返り咲く（*ibid.*, pp.50-52.）。『コルドバ市の歴史』のなかで、ハエン・モレンテはディアス・デル・モラールの名著に関して「充分な調査に立脚した著述」であり、いくつかの瑕疵こそあれ『騒擾史』と「比較されうるだけの書物に恵まれたスペインの県は他にただの 1 つもない」との註釈を施している（Antonio Jaén Morente, *Historia de la Ciudad de Córdoba*, Córdoba, 1976 (1ª ed. 1921), p.142 n.4.）。プリモ独裁末期に上梓された『騒擾史』にハエン・モレンテが言及したのは、1935 年に出た『コルドバ市の歴史』の第 2 版のなかでのことである。『騒擾史』には、われわれが既に指摘してあるもの以外にもさらに「いくつかの瑕疵」がある。それらについては、次章で検討する。

(19) Ortiz Villalba, "Del drama de Eloy Vaquero", p.226. 人民戦線期のコルドバ市役所ではバケーロの肖像画が取り外され、破壊された（Toribio Garcia, *Antonio Jaén Morente*, p.52.）。

(20) Ortiz Villalba, "Un episodio anticaciquil", p.275. 1936年2月、カステホンとバケーロには、それぞれ 7,286 票と 6,883 票が投じられた。コルドバ県の急進党員のなかでは、カステホンへの支持票が最多である。この人民戦線選挙でコルドバ県民が最も多くの票（158,011）を投じたのは、「暗黒の2年間」に急進党と袂を分かった共和主義同盟に所属するペドロ・リコ・ロペス。既述のとおり、1921年に首相のエドゥアルド・ダートが殺害された事件に絡んで起訴されたマドリードの「純粋」アナキスト、マウロ・バハティエラの弁護士を務めていた人物である。そのリコ・ロペスに次いだのは、157,793 票を得た左翼共和党のラモン・ルビオ・ビセンテである。コルドバ県にあっても、急進党の落日はもはや誰の目にも明らかだった (Moreno Gómez, *La República y la Guerra Civil*, pp.340-342.)。1936年2月の総選挙の結果が判明した直後、『ラ・ボス』紙は人民戦線とは一線を画した「右翼」を自負しつつ「純粋かつ深遠な意味において、共和派としての立場を堅持する」義務を自らに課す（Álvaro Vega, *El papel de la prensa en Córdoba durante la II República*, Sevilla, 2006, p.110.)。「右翼」を名乗るカステホンは、少なくともかつてのような急進党の「中道」の立場がもはやありえない 1936 年の祖国の現実ばかりは弁えていたに違いない。7月25日付のコルドバ県の急進党系紙は、「スペインと共和国がアナーキーと厄災のなかで崩れ去る事態を避けるために戦う人々」への支持を謳いつつ、「救国の軍隊万歳！」と絶叫するだろう（*ibid.*, pp.125-126.)。

(21) 史料的根拠は、本節の註（18）のバラガン・モリアーナ「ディアス・デル・モラールの政治的軌跡」の当該ページに同じ。

(22) Tuñón de Lara, *Luchas obreras y campesinas*, p.251. Álvarez Rey, *La derecha*, pp.252-261.

(23) Moreno Gómez, *La República y la Guerra Civil*, p.118.

(24) *Solidaridad Proletaria*, 21-XI-1931.

(25) *Solidaridad Obrera*, 20-VIII-1931.

(26) Iliá Ehrenburg, *España, República de Trabajadores*, Barcelona, 1976(1ª ed. esp. 1932), pp.122-123.

(27) Moreno Gómez, "La II República", pp.237-239. ビリャヌエーバ・デ・コルドバでは、1931 年 10 月の争議を回避できなかったことを理由に、争議が開始された直後に 2 人の共産党員をも含む町議会議員が更迭された（Pérez Yruela, *op.cit.*, p.136.)。

(28) Moreno Gómez, "La II República", p.246.

(29) AHNM, leg.38A.

(30) Pérez Yruela, *op.cit.*, pp.117-118 n.9.

(31) Suárez Cortina, *op.cit.*, p. 297 n.66.

(32) プレストン『スペイン内戦』71 ページ。

(33) López Villatoro, *Los inicios del franquismo*, pp.15-16.

(34) AHNM, leg.38A.

(35) Álvarez Rey, *loc.cit.*

(36) J. Guirao Homedes, *A través de los campos andaluces*, Madrid, 1933, pp.38-39.
(37) Moreno Gómez, *loc.cit.*
(38) パス『スペイン革命のなかのドゥルーティ』221 ページ。多分に名目的なポストではあったにせよ、サラゴーサの制圧直後の 1936 年 7 月 23 日にブルゴスに誕生した、フランコ派の最初の統治機関と見なされる防衛評議会を主宰する役どころを得たのも、このカバネーリャス将軍だった（ヴィラール『スペイン内戦』98 ページ）。
(39) プレストン『スペイン内戦』134 ページ。
(40) Moreno Gómez, "La II República", pp.242-243.
(41) Pérez Yruela, *op.cit.*, p.118.
(42) Moreno Gómez, "La II República", p.239.
(43) Ehrenburg, *loc.cit.* スペインにかねて大きな関心を寄せていたというエレンブルグがなおいっそうこの国に惹きつけられることになったきっかけは、1909 年秋のフランシスコ・フェレールの銃殺にあったという。このときフランス第 3 共和制の首都に居合わせた作家は、ピレネーの南のアントニオ・マウラ政権が仕出かした「悪逆無道」に抗議する多くのパリジャンらに混じってスペイン大使館に向かった (*ibid.*, p.8.)。
(44) Fernández Luceño, *op.cit.*, p.89 y n.55.
(45) Maurice, *L'anarchisme espagnol*, pp.64-65.
(46) Tuñón de Lara, *Luchas obreras y campesinas*, pp.190-199. この「逃亡者処罰法」を考案したのは、各地を荒らしまわる匪賊の対策に頭を悩ませていた 19 世紀のコルドバ県知事フリアン・スガスティである (Diaz del Moral, *Historia de las agitaciones*, p.175.)。
(47) *El Luchador*, 14-X-1932, recopilado en *Un encuentro. Federica Montseny en Andalucía. Verano de 1932*, Sevilla, 1994, p.18.
(48) Espinosa, *La columna de la muerte*, pp.3-4.

第3節

コルドバ県の CNT・FAI

　第2共和制期の CNT は、1931年6月と36年5月の2度、それぞれマドリードとサラゴーサに全国大会を招集した。復古王政の崩壊からまだ日も浅いなかで開かれたマドリード大会と、軍事クーデタの噂が既に巷に流布するなかで催されたサラゴーサ大会の、それぞれの段階での CNT の組織員は、前者の535,565人に対して後者が559,294人。第2共和制の初期に比べて、内戦前夜のアナルコサンディカリスト労組の組織員証を持つ労働者は24,000人近く増加していた。しかし、2つの大会を隔てるおよそ5年の間に、カタルーニャ CRT の基盤は大きく損なわれていた。背景には、FAI 派との対決に敗れ、FSL の結成へと走った「30人派」の離脱がある。カタルーニャ CRT の組織員は、1931年6月には300,533人。それが、1933年12月にはおよそその3分の1にまで激減してしまう[(1)]。

　カタルーニャ CRT はサラゴーサ大会までにはやや失地を挽回し、1936年5月におけるその組織員数はマドリード大会当時の約半分にまで回復していた。ライバルのアンダルシア CRT は、1931年6月の108,975人から36年5月の146,712人へと組織員を大きく増やしている。われわれは、1936年5月にカタルーニャ CRT に加入していた労働力の正確な数を把握していない。しかし、そのカタルーニャ CRT との隔たりはわずかなものであったに違いないにせよ、アンダルシア CRT は内戦間際の CNT のなかにあって最多の組織員を擁する地方連合だったのである[(2)]。

　そんなアンダルシアのなかでも、マドリード大会に比べてサラゴーサ大会での伸びが特に著しかったのはカディス県。1933年1月のカサス・ビエハスの衝撃をよそに、同県のアナルコサンディカリストは11,997人から45,323人へと3倍以上の増加を記録した。対照的にリベルテールたちの後退が顕著に観察されたのが、「ボリシェヴィキの3年間」には南スペインの農業ストライキ攻勢の先頭を走っていたコルドバ県だった。この県のアナルコサンディカリストは、かつては「干乾びて血の通わぬプロパガンダ」に訴えるばかりだった

ずの社会党・UGT の猛追に晒されたおかげで[3]、CNT の 2 つの全国大会の間に 17,350 人から 10,833 人へと大きく減少した。コルドバ県の CNT は UGT 傘下の新しい農業労働者組織である FNTT に実質的に膝を屈した、とはジャック・モリスの断定である[4]。

　コルドバ県のアナルコサンディカリズムの弱体化を端的に物語っているように思われるのが、CNT 系列の FPC（〔コルドバ〕県農民連盟）の動向である。1931 年 6 月、内相のミゲル・マウラに宛てた電信のなかで、FPC は農業経営者と直に交渉する自由を求め、併せて「不活発で非効率的な」労使混成協議会のあり方を俎上に載せた[5]。第 2 共和制初期のリベルテール紙・誌にはお馴染みの、「直接行動」の原則の開陳である。とはいえ、「お上」に差し出された件の電信に挿入された「農民は公正を、蹂躙ではなく善処を望んでいる」との文言は、少なくとも「国家」や「権力」の廃絶の先に理想的な社会の実現を展望する組織のそれではない。

　当時 FPC の書記の地位にあったのは、「ボリシェヴィキの 3 年間」にはカストロ・デル・リオを根城にしていたペドロ・アルガーバ・サリードである[6]。そして、問題の電信が内相のもとに届けられてからほどなく、出稼ぎを差し置いて、コルドバ在住の地元の日雇い農たちの優先的な雇用を確保することに熱中していたのも、やはり同じアルガーバ・サリードだった[7]。内相のマウラに「公正」を要請したばかりの FPC 書記には、出稼ぎへの「善処」は二の次であったものと見える。

　カタルーニャの鉱山地帯のあちこちでリベルテール共産主義の樹立が宣言された 1932 年 1 月には、アルガーバの消極的な姿勢が目立った。このとき、コルドバ県では最初にエスペッホの共産党がゼネラル・ストライキに突入。さらに、カストロ・デル・リオ、フェルナン・ヌーニェス、バエナ、ヌエバ・カルテージャの CNT もその後に続いた。だが、エスペッホでの争議が始まった翌日（26 日）、仲間たちにいち早く農作業への復帰を訴えたのが、やはりアルガーバだったのである[8]。

　ところが、1932 年の 3 月末にセビーリャで開催されたアンダルシア CRT 総会の席上、「農民は、資本主義の最後の砦を攻略すべき時期が到来したと確信している」との見通しを語ったのも、これまたアルガーバである[9]。翌月の初旬、FPC の主催と思われるコルドバでの日雇い農たちの集会は、小麦の収穫作業の報酬として「最低でも 8 ペセータ」の日当の獲得を目標に掲げた[10]。

しかし、この「最低賃金」は5月にところも同じコルドバに招集される「不活発で非効率的な」はずの労使混成協議会が定めることになる「9.40ペセータ」(カンピーニャ)に遠く及ばない。

この5月の労使混成協議会には、前年とは異なってCNTも代表を派遣している。セビーリャでアルガーバが見せた雄々しさとは裏腹に、コルドバ県のCNTは混成協議会の方針を無視できないところまで追い込まれていたと見た方が、おそらくは実情に近いだろう。アンダルシアCRTが公表した数字を鵜呑みにすれば[11]、1932年4月のFPCは25,000人以上の労働力を擁していた。しかし、コルドバ県はこのときFNTTがCNTの土台を急速に蚕食しているただなかにあった。FPCの組織員数は、かなり水増しされていたように思われる。1932年5月の混成協議会ではCNTが労使交渉の半ばで席を蹴ったため、結局は1年前と同じく農業経営者側の代表とUGTとの間で、しかも農業労働者たちにとってさらに分のいい労働条件での合意が成立する。

その直後、折からセビーリャのアンダルシアCRT地方委員会が計画していた農業ストライキの波及を恐れるエドゥアルド・バレーラ・バルベルデは、FPCの執行部の身柄の拘束に踏み切った。このとき、カサーレス・キローガが「偉大な」と持ち上げるコルドバ県知事にアルガーバは獄中から書簡を送付し、CNT抜きで労使混成協議会が妥結した労働条件の受け容れと引き換えに、拘禁されていた自分たち執行部の釈放を要請しなければならなかった[12]。県知事とFPC書記の「取り引き」は、アルガーバ自身のCNTからの除名へと帰結する[13]。しかし、仮にアルガーバの追放によりその面目ばかりは保たれたにせよ、コルドバ県のアナルコサンディカリズムには対抗労組と競うだけの余力はもはやほとんど残されていない。

それでも、コルドバ県内のCNTの全般的な弱体化の流れに反して戦闘的な態度をなおも維持したプエブロが、カストロ・デル・リオとブハランセだったのである。1932年の6月上旬、ともに争議の渦中にあったカストロとブハランセの町長に宛てられた電信のなかで、バレーラ・バルベルデは2つのプエブロは「今や例外となるに至った」と述べ、折からの小麦の収穫作業には出稼ぎを投入し、地元の農業労働者たちに対しては断固とした態度で臨むよう2人の町長に強く求めたのだった[14]。

このとき既に自ら治安警備隊の陣頭指揮を執って事態の収拾に当たる決意を固めていたコルドバ県知事は、カサーレス・キローガ宛ての別の電信では特

にカストロ・デル・リオにおける「例外的な」労使対立の激しさに言及し、「この1ヶ月あまりの間に、事前の通告もなしに3度のストライキを決行した」カストロでの目下のゼネストが「〔第2〕共和制の法秩序」を脅かす恐れを強調している。県知事によれば[15]、「ほぼ全員がアナキスト」のカストロの労働力を前にして、地元の農業経営者たちはその指示に反して出稼ぎの雇用に二の足を踏んでいた。カストロでは、先に労使混成協議会が定めた労働条件の受け容れを拒否し、出稼ぎの農作業を阻んでいた地元のCNTの組織員たちと、プエブロの各所に配置された治安警備隊との間で緊張が高まりつつあったのである。

　前年の9月中旬から10月上旬にかけて、ブハランセではおよそ3週間にわたった、第2共和制時代を通じてコルドバ県内で最長の農業ストライキが記録されている[16]。ディアス・デル・モラールを生んだこのプエブロの、カストロ・デル・リオと並行して展開されていた1932年初夏の労使紛争も2週間に及んだ。おまけに、この争議の幕が下りた直後のブハランセでは、スト破りと目された日雇い農1人が殺害される事件も起きている。ところで、バレーラ・バルベルデの先の内相宛ての電信によれば、当時のカストロとブハランセは、バエナやフェルナン・ヌーニェスとともにFAIの支配のもとにあった。また、ブハランセでスト破りを手にかけたのは、「FAIを模倣」する地元のリベルテール青年団の面々である[17]。

　FAIが誕生した1927年7月の地下会議に南スペインから代表を派遣したのは、セビーリャにあったものと推測されるアンダルシアFRGA、セビーリャとグラナダの双方のアナキスト・グループ市連盟の3つの組織である。理由は詳らかにされていないが、マラガのアナキスト・グループ市連盟は急遽会議への出席を取りやめた[18]。コルドバ県のアナルコサンディカリストは、誰もFAIの出産に立ち会っていない。バレンシアでの会議の決定に従って、FAI半島委員会は暫定的にセビーリャに置かれた。同委員会はその後すぐにもバルセロナへ移ったとされるものの[19]、おそらくこのセビーリャからのプロパガンダ活動を介して、コルドバ県へもFAIの謳う「純粋」アナキズムの行動理念が浸透していったものと思われる。

　1931年6月のFAI半島会議の段階で、アンダルシアFRGA系列の組織のなかに、ともに県庁所在地を本拠とするコルドバ県と市の2つのアナキスト連盟が見出される[20]。コルドバ県のFAI派は同年の末にはペニャロージャに[21]、

そして翌年8月にはエスペッホに触手を伸ばす[22]。その翌月に当たる1932年9月にセビーリャでアンダルシアFRGA会議が催された折[23]、われわれの県からはコルドバの他、アルモドーバル・デル・リオ、カストロ・デル・リオ、ヌエバ・カルテージャ、ブハランセ、フェルナン・ヌーニェス、ポサーダスのFAI系グループが参加した。以上の市町村の他、1934年7月にはパルマ・デル・リオとパレンシアナに、また36年の1月から2月にかけてオルナチュエーロスにFAIの新たな拠点が形成される。

　アムステルダムにあるIISG（国際社会史研究所）所蔵のCNT‐FAIファイルに従えば、内戦以前にFAI派が根城にしていたコルドバ県内の市町村は、アルモドーバル・デル・リオ、エスペッホ、オルナチュエーロス、カストロ・デル・リオ、コルドバ、ヌエバ・カルテージャ、パルマ・デル・リオ、パレンシアナ、ブハランセ、フェルナン・ヌーニェス、ペニャロージャ、ポサーダスの12。これらに、県知事エドゥアルド・バレーラ・バルベルデの指摘にあったバエナを加えれば、第2共和制期のコルドバ県では、併せて13の市町村でのFAI派の活動の痕跡が認められる。

　バエナにおけるFAI派の動静を伝える同時代の史料は、ひとまずは県知事の証言のみである。ただし、フランシスコ・モレノ・ゴメスによると[24]、内戦初期このプエブロでの攻防に「フランコ派」として（！）顔を出すクリストーバル・オルテーガ・ピサッロは、FAIからの離脱者であったという。バエナにも、やはりFAIの拠点が築かれていたのだろうか。少なくとも、その「FAIを模倣」するリベルテール青年団の足場が、1933年の秋までにこのプエブロのなかに設けられていたことは間違いない[25]。前年の5月初旬、つまりカストロ・デル・リオとブハランセが「例外的な」農業ストライキに突入するよりも一足早く、バエナでは失業中の900人の救済を求める争議が繰り広げられており、30人を超える逮捕者が出ていた[26]。FIJLが結成される前夜に勃発したこの労使紛争に、地元のFAI派、あるいはリベルテール青年団が「組合から」関与していたかどうかは不明である。

　1932年6月のマドリードでのFIJLの創設大会には、南スペインからはアルメリアとウエルバとグラナダとコルドバとマラガの各県庁所在地、それにカディス県のアルヘシーラスとラ・リネア・デ・ラ・コンセプシオン、さらにジブラルタル海峡の向こう側にある北アフリカのセウタが代表を送っただけ[27]。バエナも、1934年11月に地元のリベルテール青年団の主導のもとに武装蜂起

が企てられることになるビリャビシオッサ・デ・コルドバも、ともにFIJLの発足にはどうやら無関係であったことは確実である。

カストロ・デル・リオとブハランセの「例外的な」性質は、2つのプエブロのCNTの組織員数からも裏書きされる。既述のように、1931年6月からのほぼ5年間にコルドバ県内のアナルコサンディカリストが6,500人以上も激減するなかにあって、カストロとブハランセの組織力は際立っている。第2共和制の発足から間もない1931年6月、カストロは1,200人の、ブハランセは2,000人の組織員を擁していた。1936年5月には、カストロの組織員は2,000人にまで増加する。ブハランセにも、このときおよそ5年前とほとんど同じだけの数の組織員がいた（1,900人）[28]。

1930年代初頭のコルドバとカストロ・デル・リオとブハランセの人口は、それぞれ101,701人と14,845人と14,250人。内戦前夜の2つのプエブロのCNTの組織員数は、そもそも人口に大きな隔たりのある県庁所在地の3,250人にはもちろん届かない。第2共和制が発足してから間もない時点では、コルドバは6,344人の組織員を抱えていた。しかし、それからほぼ5年の歳月が経過するなかで、コルドバ県内の他の大方の自治体と同じように——あるいは、県内の他の市町村をむしろ上回る速度で——、県庁所在地のCNTは下り坂を転げ落ちていたのだった。

コルドバ県のCNTは、「改革の2年間」を通じて社会党・UGT（FNTT）に追い上げられ、ついには追い抜かれる。CNTの凋落を決定づけたのは、1933年12月のブハランセの武装蜂起とそれに続いた弾圧である。1934年8月のセビーリャでのアンダルシアCRT地方総会は、ブハランセの事件以後のコルドバ県のアナルコサンディカリズムの惨状を伝えて余すところがない。総会の会議録には[29]、既に「名目上の存在」と化していたCNTコルドバ市連盟の他、県内の4つの地域連盟が置かれた状況への言及がある。ブハランセをも含むペドロ・アバ地域連盟は、このときどの組合も閉鎖中。同地域は、「モラルの面でも組織的にも」壊滅的な打撃を被っていた。

残るアルモドーバル・デル・リオ地域、カストロ・デル・リオ地域、フェルナン・ヌーニェス地域の3つの連盟に関する限り、セビーリャのアンダルシアCRT地方委員会との連絡こそ辛うじて保ってはいた。とはいえ、「12月の結果」、カストロ地域連盟ではやはりすべての組合が閉鎖に追い込まれており、フェルナン・ヌーニェス地域連盟も活動力の低下を免れなかった。アルモドー

バル地域連盟については、会議録には具体的なことは何も綴られていない。だが、同地域にも明るい材料が見当たらなかったであろうことばかりは容易に想像される。なお、コルドバ市連盟と4つの地域連盟に加えて、コルドバ県からはポサーダス地域連盟も総会に参加した。

　1936年の3月初旬に活字にされた、そのポサーダスが根城のアナルコサンディカリスト[30]、フアン・アロンソ・エレンシアスの分析に従えば[31]、前の月に人民戦線が総選挙に勝利してからも、コルドバ県内のCNTを取り巻く環境に大きな変化は認められない。パルマ・デル・リオとポサーダスの組合は、このとき「完全に」CNTの手を離れてしまっている。アルモドーバル・デル・リオやオルナチュエーロスの組織も解体状態にあった。カストロ・デル・リオ地域連盟もほぼ同様ではあった。ただし、「カストロを除いて」ともエレンシアスは記している。

　実際、ほどなくカストロ・デル・リオのSOV（CNT）からは「労働者の解放は労働者自身の仕事」「行動のときは来た」とのお馴染みの煽動的なアピールが国内各地の仲間たちに向けて発せられることになる[32]。にもかかわらず、同年5月のCNTサラゴーサ大会の時点でも、このカストロと、人民戦線期に入ってようやく1933年12月以来の組合（「ラ・アルモニア」）の閉鎖が解かれたブハランセ、さらに3月以降（？）急激に組織を再建したアルモドーバル・デル・リオとバエナを除けば——サラゴーサ大会当時、2つのプエブロのCNTの組織員は、それぞれ1,300人と1,000人である——、やはりコルドバ県下のアナルコサンディカリズムの衰弱の観は否定すべくもないだろう[33]。

　FAI派の根づきの点でも突出していたのが、カストロ・デル・リオである。そして、そのカストロに次ぐ位置にあったプエブロの1つがブハランセだった。南スペインでの「純粋」アナキズムの司令塔だったアンダルシアFRGA委員会と、コルドバ県内のFAI派との間で交わされた、1932年9月、33年10月、34年7月、36年1月と同年2月の5度のやり取りがわれわれの手許に残されている[34]。カストロはこの交信記録のすべてに、ブハランセも4度にわたって顔を出す。5度の連絡を確保したのはカストロだけ。4度の連絡を維持したのも、『騒擾史』の著者の故郷を除けば、アルモドーバル・デル・リオとフェルナン・ヌーニェスのみである。

　また、各自治体のなかでのFAI系グループの数、FAI派の人数では、カストロ・デル・リオが他を大きく引き離していた。1934年7月、カストロには

第6章　カストロ・デル・リオとブハランセ

30人のFAI派がいた。このときのブハランセのFAI派の消息は不明。われわれには、その原因を前年12月の武装蜂起の後遺症に求めることも可能だろう。もっとも、アンダルシアFRGA委員会は、この1934年7月時点でのアンダルシア各地からの連絡の「遅れ」の理由を、前月に実施されたFNTTの全国規模での農業ストライキが惹起した広い範囲に及ぶ弾圧に帰している。人民戦線選挙の前後のコルドバ県にあって、FAI派は確認されうる限りで70人。そのなかの20人を、カストロの「純粋」アナキストたちが占めていたのだった[35]。

バレーラ・バルベルデとはもちろんまったく逆の立場から、コルドバ県のCNTが斜陽化するなかで、なおも好戦的な姿勢を失わないカストロ・デル・リオとブハランセに注目した著名なリベルテールがいた。マドリードの『CNT』紙のクラーロ・センドンである。1933年10月にカストロを訪ねた際、センドンはアンダルシアをスペインで最も早くリベルテール共産主義体制が樹立される地方の1つと見なしたうえで、コルドバ県のCNTが直面する難局を知りながらも、あえて2つのプエブロに社会革命の先陣を切る役割を期待したのだった[36]。センドンも、またこのときセンドンをカストロに迎え入れたホセ・デ・ディオス・クリアードもともにFAIの活動家である[37]。

CNTのみならず、FAIもまたコルドバ県を覆う「暗黒の2年間」の重圧からむろん自由ではありえない。1935年にアンダルシアFRGA委員会との連絡が確認されるのは、県内ではエスペッホとペニャロージャのみである。しかし、1936年を迎えて県内のFAI派は急速な立ち直りを示した。同年2月、「10月革命」以後の弾圧を生き延びたエスペッホとペニャロージャに加えて、アルモドーバル・デル・リオ、カストロ・デル・リオ、コルドバ、パルマ・デル・リオ、パレンシアナ、ブハランセ、フェルナン・ヌーニェス、ポサーダスが、アンダルシアFRGA委員会との交信の再開に漕ぎ着けた[38]。

この時期のコルドバ県にあって、総じて低迷を続けるCNTとは明らかに異なるダイナミズムを伴ったFAI派の再浮上は、系列のグループの自主性を尊重したアンダルシアFRGAの構造[39]から説明されうるかもしれない。一般に「階級」を紐帯とし、傘下の組織員たちの社会的・経済的な利益の確保に直接の目標を設定する組合に比べ、「イデオロギー」に立脚する少数派で構成されたアナキスト・グループ、換言すれば「純粋」アナキズムの信奉者たちの小さな集団は[40]、「暗黒の2年間」から人民戦線期への政治状況の大きな転換により敏感に反応しえたものと考えられる。

フランコ派がついに決起した 1936 年の夏。CNT の退潮をよそに、コルドバ県では新たな現象が観察された。FAI 派が活動していた県内の 13 の自治体のうち、1936 年 7 月 18 日に即日陥落したコルドバとパレンシアナ、それに遅くとも「ボリシェヴィキの 3 年間」以来のシエラにおける社会党・UGT の拠点だったペニャロージャと、第 2 共和制期に入ってカンピーニャのなかでの共産党の根城と化していたエスペッホを除く 9 つのプエブロで、内戦への突入を契機にリベルテール共産主義体制の樹立が宣言されたのである。先のアロンソ・エレンシアスの観察では CNT がヘゲモニーをほとんど、あるいはまったく喪失していたはずのいくつかのプエブロも、新しいリベルテール的な社会の創造を目の当たりにするだろう。

　同様の事態は、FAI 派の存在こそ確認されていないものの、ブハランセと同じく「兄弟殺し」の開演よりも早く 1 度は武装蜂起の洗礼を受けていたビリャビシオッサ・デ・コルドバでも生じた。ブハランセや、ブハランセとともに「改革の 2 年間」にしつこく反逆した「例外的な」カストロ・デル・リオが、他のプエブロに後れを取ることももちろんない[41]。そして、そのカストロとブハランセ、さらにはヌエバ・カルテージャの 3 つのプエブロでの社会革命のなかで采配を振るのが、1930 年代の南スペインにおける「革命文化」のおそらくは最も大胆な表現者とわれわれが考える、あのアルフォンソ・ニエベス・ヌーニェスなのである[42]。

　ブハランセで武装蜂起があった 1933 年 12 月には、隣接するカニェーテ・デ・ラス・トーレスでも、同じような企てを試みたとの嫌疑によりこのプエブロに暮らす 25 人の「アンダルシアの民」が逮捕されていた[43]。ただし、われわれが目を通すことができた史料からは、このときのカニェーテについては、賃金の出来高払い方式に反対する争議の発生が確かめられるばかりである[44]。とはいえ、FAI 系グループやリベルテール青年団の存在の有無は不明ながらも、少なくともカニェーテの CNT の組織員たちのなかにも FAI の理念に共鳴する分子がいたことは事実だった[45]。人民戦線選挙の前夜に始まった FNTT の増殖をよそに、フランコ派の軍事行動をきっかけとしてカニェーテでも CNT が自治体を掌握する[46]。

註

(1) Casanova, *De la calle al frente*, p.28.
(2) Maurice, *El anarquismo andaluz*, pp.23-24.
(3) コルドバ県の場合とは異なり、われわれは人民戦線期にCNTが増殖したカディス県の社会党・UGT（FNTT）の動静を把握していない。
(4) 『アンダルシアのアナキズム』の著者は、マラガ県についてもコルドバ県と同様の傾向を指摘する（id., *El anarquismo andaluz*, p.29.）。マドリードにFNTTの大会が招集された1932年6月、UGT傘下のこの団体に加入する農業労働者の数の点で、マラガ県がコルドバ県を凌いでいた事実にはわれわれも先に触れておいた。ただし、コルドバ県とは反対に、マラガ県が抱えるCNTの組織員は1931年6月の14,230人から36年5月の25,704人へと、むしろ大幅な増加を示した（人民戦線時代の同県でのCNTとFNTTとの緊張については、第9章で言及する）。1932年5月の敗北を境にCNTが守勢に回ったセビーリャ県でも、その組織基盤はコルドバ県ほどには痛んでいない（同じく1931年6月の48,640人から36年5月の47,430人へ）。
(5) AHNM, leg. 6A. 1931年の3月上旬、コルドバの農業労働者の間から「農民だけからなる」県、あるいは地域単位の連盟の設立を切望する声が上がった（*Solidaridad Obrera*, 6-III-1931.）。この時点で同じ月の末日に同じコルドバでの開催が予定されていた会議を経て、FPCが誕生したものと推測される。
(6) 史料的根拠は第4章第3節の註（60）に同じ。
(7) *Diario Liberal*, 13-VII-1931.
(8) Pérez Yruela, *op.cit.*, p.142 y n.54.
(9) *Solidaridad Proletaria*, 9-IV-1932.
(10) *Ibid*.
(11) *Boletín de la CNT de España*, núm.6, V-1932.
(12) Pérez Yruela, *op.cit.*, p.145.
(13) Maurice, *El anarquismo andaluz*, p.291.
(14) Pérez Yruela, *op.cit.*, p.146.
(15) AHNM, leg. 3A.
(16) Pérez Yruela, *op.cit.*, p.134.
(17) Cañete Marfil y Martínez Mejias, *op.cit.*, pp.183-185.
(18) マラガのアナキスト・グループ市連盟は、直前になって会議への代表の派遣を断念した。その理由は詳らかにされていない。他方で、資金難からバレンシア行きそのものは初めから諦めていたものの、FAI創設の趣旨には賛成の意向を表明したアナキストたちのなかに、セビーリャの「J・P」とカディス県のラ・リネア・デ・ラ・コンセプシオンの「R・O」が含まれていた（"Sintesis del acta de la Conferencia nacional", p.293.）。この両名が誰なのかも、われわれにはわからない。
(19) Gutiérrez Molina, *La Idea revolucionaria*, p.44. FAI半島委員会が移転した正確な

日時は不明。少なくとも、1928年暮れの時点ではまだセビーリャを離れていない。なお、イベロアメリカ博覧会の開催を翌年に控えたこの南スペインの大都市での、やはり1928年の年の瀬に実施されたと覚しい建設工たちのストライキを指導していたのは、地元のFAI派と見て間違いない（*Rebelde. Suplemento en español a《Rebelle》*, I-1929.）。

(20) *Tierra y Libertad*, 20-VI-1931.
(21) *Solidaridad Proletaria*, 26-XII-1932.
(22) *Tierra y Libertad*, 5-VIII-1932.
(23) この会議が開催される以前には、アンダルシアFRGA委員会はコルドバに置かれていた。FAI半島委員会は、この時点でバルセローナに移って既に久しい（Gutiérrez Molina, *La Idea revolucionaria*, p.70.）。

FAI派の活動の痕跡が認められるコルドバ県内の市町村

	a	b	c
アルモドーバル・デル・リオ	4626	170	1,300
エスペッホ	9038	600	-
オルナチュエーロス	3960	-	-
カストロ・デル・リオ	14,845	1,200	2,000
コルドバ	101,701	6,344	3,250
ヌエバ・カルテージャ	5,329	700	
バエナ	21,289	110	1,000
パルマ・デル・リオ	9,951	-	110
バレンシアナ	3,049		353
ブハランセ	14,250	2,000	1,900
フェルナン・ヌーニェス	9,891	900	800
ペニャロージャ	24,691	-	-
ポサーダス	6,904	1,600	-
コルドバ県	667,274	17,350	10,833
カディス県	511,591	11,997	45,323
セビーリャ県	792,308	48,640	47,430
アンダルシア	4,627,168	108,975	146,712

a：1930年12月31日の時点での人口。それぞれの市町村に本籍を有する者（Dirección General del Instituto Geográfico, Catastral y de Estadística, *Censo de la población de España*, t.I, Madrid, 1932, pp.XX y pp.84-85.）
b：1931年6月のCNTの組織員数。人口を考慮すれば、ポサーダスのCNTの組織員数はおそらく水増しされている。
c：1936年5月のCNTの組織員数。1931年6月のポサーダスと同じく、アルモドーバル・デル・リオのこのときのCNTの組織員数にも疑問符が付く。

第6章　カストロ・デル・リオとブハランセ

アンダルシア FRGA 委員会と地元在住の FAI 派との連絡が確認される市町村

	d	e	f	g	h	i	j	k
アルモドーバル・デル・リオ	○		○	10	○	4	○	1
エスペッホ							○	1
オルナチュエーロス					○		○	1
カストロ・デル・リオ	○	○	○	30	○	20	○	3
コルドバ	○				○	15	○	2
ヌエバ・カルテージャ	○							
パルマ・デル・リオ			○	15			○	1
パレンシアナ			○	10		6	○	1
ブハランセ	○	○			○	3	○	1
フェルナン・ヌーニェス	○		○	14			○	1
ペニャロージャ						6	○	1
ポサーダス	○							
コルドバ県						70		14
カディス県						66		
セビーリャ県						57		
アンダルシア								84

d：1932 年 9 月に FAI 派が居住する市町村（IISG, Archivo FAI/CP [Comité Peninsular], paq.8 ca.318a: Federación Regional de Grupos Anarquistas de Andalucía y Extremadura, Actas de la Conferencia celebrada los días 12 a 14 de septiembre de 1932 en Sevilla.）。
e：1933 年 10 月に FAI 派が居住する市町村。このとき、コルドバのアナキスト・グループ市連盟は再建の途中だった（ibid., FRGAAE, Informe del Comité de Relaciones al Pleno de Regionales de la FAI, 27-X-1933.）。
f と g：1934 年 7 月に FAI 派が居住する市町村とその人数（ibid., FRAGAAE, Correspondencia del Comité Peninsular, 4-VII-1934）。
h と i：1936 年 1 月に FAI 派が居住する市町村とその人数（ibid., FRGAAE, Correspondencia del Comité de Relaciones con el Comité Peninsular de la FAI, 7-I-1936.）。
j と k：1936 年 2 月に FAI 派が居住する市町村と、FAI 系グループの数（ibid., FRGAAE, Correspondencia del Comité de Relaciones con el Comité Peninsular de la FAI, 20-II-1936.）。
IISG 所蔵の CNT・FAI ファイルその他の史料を閲覧した際、同研究所の Rudolf de Jong と Justo Germán Mendoza の 2 人が大いに手を貸してくれた。

(24) Moreno Gómez, *1936*, p.375.
(25) *CNT*, 8-XI-1933.
(26) *Tierra y Libertad*, 6-V-1932.
(27) *La Voz del Campesino*, 9-VII-1932. セウタの一般のアナルコサンディカリストはアンダルシア CRT に、FAI 派はアンダルシア CRT とアンダルシア FRGA にそれぞれ所属した。

(28) 本節の註（23）を参照。
(29) IISG, Archivo FAI/CP, paq.36 ca.313: *Actas del Pleno Regional de locales y Regionales celebrado en Sevilla el 8 de agosto de 1934 y días sucesivos.*
(30) *La Voz del Campesino,* 17-XII-1932.
(31) *Solidaridad Obrera,* 3-III-1936.
(32) *Ibid.,* 22-III-1936.
(33) 本節の註（23）を参照。
(34) われわれが IISG で閲覧した史料では、アンダルシア FRGA 委員会と南スペイン各地の FAI 派とのやり取りは「5 回」。しかし、同一の史料に基づくホセ・ルイス・グティエーレス・モリーナの調査では、その他にも 1935 年にエスペッホとペニャロージャの FAI 派が FRGA 委員会との連絡を証明する記載がある（Gutiérrez Molina, *La Idea revolucionaria,* p.52 n.13.）。ただし、グティエーレス・モリーナはその正確な日時を明示していない。
(35) 本節の註（23）を参照。
(36) *CNT,* 9-X-1933.
(37) *El Sur,* 9-X-1933.
(38) 本節の註（23）を参照。
(39) Gutiérrez Molina, *La Idea revolucionaria,* p.152.
(40) Maurice, *El anarquismo andaluz,* p.16.
(41) 1936 年 7 月の軍事クーデタの衝撃をきっかけに、リベルテール共産主義社会の現出を目撃したコルドバ県内のプエブロは、アルモドーバル・デル・リオ（Moreno Gómez, *La Guerra Civil en Córdoba,* pp.191-192.）、オルナチュエーロス（*ibid.,* pp.193-194.）、カストロ・デル・リオ（*ibid.,* pp.205-207.）、ヌエバ・カルテージャ（*ibid.,* p.63.）、バエナ（*ibid.,* p.215.）、パルマ・デル・リオ（*ibid.,* pp.197-198.）、ブハランセ（*ibid.,* p.67.）、ビリャビシオッサ・デ・コルドバ（*ibid.,* p.166.）、フェルナン・ヌーニェス（*ibid.,* p.74.）、それにポサーダス（*ibid.,* p.195.）である。
(42) *Ibid.,* p.63.
(43) Pérez Yruela, *op.cit.,* p.171.
(44) *La Tierra,* 13-XII-1933.
(45) *CNT,* 19-VII-1933.
(46) それでも、1936 年 7 月のこのプエブロにおいて、地元の CNT がリベルテール共産主義体制の樹立の宣言にまで至ったものかどうかは確認されていない（Moreno Gómez, *La Guerra Civil en Córdoba,* p.71.）。

第6章　カストロ・デル・リオとブハランセ

第4節

「例外」としてのカストロとブハランセ

　1936年7月18日のカストロ・デル・リオにあって、革命的ゼネラル・ストライキを宣言しつつ軍事クーデタへの迎撃の姿勢をすぐさま鮮明にしたのはFAI派とリベルテール青年団を中核とする地元のアナルコサンディカリストたちであり、同夜このプエブロに誕生した「革命委員会」を構成したフアン・ゴメス・グティエーレス、ルカス・センテーリャ・アランダ、ホセ・マルモル・エレーラ、ラファエル・ムニョス、バルトロメ・モンティーリャ・ルス、ペドロ・ロサーレスの6人は、いずれも揃ってFAIのメンバーだった。「革命委員会」は翌19日には解散し、改めて「戦争委員会」とSOV（CNT）を主体とし、さらに社会党や共和派も合流した「人民戦線委員会」が発足。「人民戦線委員会」の代表には、センテーリャが就任する[1]。

　カストロ・デル・リオが生んだリベルテール史家のフランシスコ・メリーノ・カニャスベーラスに従うと[2]、「戦争委員会」を構成した3人はいずれもFAI派である。もっとも、3人の名は明かされていない。その一方で、カストロの町立文書庫の史料に基づくフランシスコ・ロペス・ビリャトーロの分析によれば[3]、「戦争委員会」のメンバーは「3人」には留まらない。解散した「革命委員会」に加わっていたフアン・ゴメスとラファエル・ムニョスの他、この「戦争委員会」にはアントニオ・カラスキーリャ・アントゥネス、アントニオ・エリーアス・エレンシアス、それにアルフォンソ・ニエベス・ヌーニェスも名を連ねていた。

　その後、1933年1月のカサス・ビエハスと同様の作法に則り、通信回線を切断して地元に駐在する治安警備隊とコルドバとの連絡を遮断したうえで、カストロ・デル・リオのCNTは私的所有とかねの流通の廃止と生産手段の収用を宣言、悲願のリベルテール共産主義体制へと突入していった。フランツ・ボルケナウが「アナキストのエデン」と化していたこのプエブロにたどりつくのは、「兄弟殺し」の開演から1ヶ月半ほど後のことである。

　フランコ派の決起が革命を誘発するおよそ1ヶ月前、第2共和制最後のコ

ルドバ県知事を務めるアントニオ・ロドリーゲス・デ・レオンは、自分たちの「政治的な目的」のための「まったく馬鹿げた」非合法の農業ストライキに地元の労働力を動員するカストロ・デル・リオの「少数派」に手を焼いていた[4]。建設工が一足先にストに入っていたこともあり、争議はゼネストの様相を呈した。「直接行動」の原則に固執する「少数派」、つまりスト委員会は先の労使混成協議会の決定に反対し、小麦の収穫期間中の農業労働者全員の雇用の確保を要求した[5]。一方の県知事も譲らず、農作業への機械の全面的な投入をも辞さずに「少数派」に対峙する構えを見せている[6]。

ところで、この「少数派」の1人にルカス・センテーリャの、またこの時点でのカストロ・デル・リオの組合の執行部にフアン・ゴメスと、代表を務めるホセ・マルモルの名があった。結局、「お上」の目には「まったく馬鹿げた」争議は、逮捕されたセンテーリャら農業ストライキを指導した「少数派」の釈放と引き換えに終了する。このとき、コルドバ県庁の労働担当とマルモルを交渉の席に着かせたのはバルトロメ・モンティーリャ・ルスである[7]。組合が閉鎖されスト委員会のメンバーの身柄が拘束された後には、雇われ女たちも抗議の意思表示としてストを宣言するなど[8]、6日間にわたってカストロを麻痺させた争議には、こうして地元のFAI派が大きく関与していたのだった。

これらの活動家がFAIに加入した時期を特定することはできないものの、第2共和制の初期、あるいはそれ以前の段階にまで遡って彼らの軌跡をたどるのはそれほど難しくない。7月18日に生まれた「革命委員会」のFAI派のうち、ゴメス、センテーリャ、ペドロ・ロサーレスの3人は、1931年5月の時点でカストロ・デル・リオのSOVの、それぞれ代表、副代表、会計補佐を務めていた[9]。ゴメスは、セビーリャにアンダルシアCRT地方総会が招集された1934年8月当時、このカストロ地域の組合連盟の代表の職にあった[10]。

1935年11月のカストロ・デル・リオでの集会で、あらゆる政治的な党派との共闘を拒み、「一撃で資本主義社会を葬り去るための、すべてのプロレタリアのCNTへの結集」を呼びかけたのは、モンティーリャ・ルスだった[11]。このモンティーリャ・ルスは、プリモ独裁の終焉から半年足らずの1930年6月、カストロのおよそ2,000人の日雇い農たちが合流した農業ストライキの指導にも関与していたものと思われる。争議のあらましを伝える労働省の報告に従えば[12]、この「2,000人」は当時のカストロが抱えていた農業人口の「すべて」に相当した。

第6章　カストロ・デル・リオとブハランセ

　FAIがマドリードに半島会議を招集するよりも早く、しかもおそらくはそのFAIへの加入に先駆けて、このプエブロの「純粋」アナキズムの「使徒」たちは「組合から」充分な影響力を発揮していたかにも見える。1932年10月、つまり第2共和制がともかくも農地改革法を成立させた翌月の初旬、モンティーリャ・ルスは2年4ヶ月前の農業ストライキに先立ち、リベルテール共産主義体制の即時の導入を謳って自分たちが作成していたマニフェストに盛り込まれた主張の正当性を改めて確認しつつ、「政治」への絶縁を宣言する[13]。モンティーリャ・ルスは、フアン・ゴメスとともに1930年10月のカストロ・デル・リオの労使交渉にも絡んでいる[14]。1932年6月に当地を襲った「例外的な」農業ストを率いていたのも、やはりモンティーリャ・ルスである[15]。

　1935年11月の集会ではエリーアス・エレンシアスも登壇し、「社会革命かファシズムか」の二者択一を持ち出している。集会を主催したのは、当時閉鎖されていた組合の代表を務めるアントニオ・カラスキーリャである。エレンシアスとカラスキーリャの両名がFAI派であったものかどうかは、定かではない。だが、1933年の夏にも同じ職務に従事していたカラスキーリャは[16]、内戦前夜には当地の反政治的なアテネオ——というよりも、むしろ「アナーキー」に至高の価値を認める人間たちが集う「クラブ」の趣きがある——「リラ・レベルデ（反逆者の竪琴）」[17]の書記として、リベルテール共産主義の導入のためのプロパガンダ活動と囚人たちの支援に没頭している[18]。

　また、メリーノ・カニャスベーラスの観察では[19]、「いかなる規律にも服さない」反逆的な精神の持ち主としてその名を馳せていたエリーアス・エレンシアスの方も、ブハランセの武装蜂起前後の緊迫した一時期にカストロ・デル・リオの組合（SOV）の書記になっている[20]。ゴメスらや、あのニエベスとともに、エリーアス・エレンシアスは1936年7月の「人民戦線委員会」にもおそらく参加する。「革命委員会」の残るもう1人のFAI派、ラファエル・ムニョスは1933年秋の時点でリベルテール青年団のコルドバ県連盟書記の地位にあった[21]。ただし、われわれの手許には、内戦の火蓋が切られるまでのSOVのなかでのムニョスの活動に関する情報はない。

　こうして、1930年代前半のほぼ全般を通じて、カストロ・デル・リオでは地元のFAI派や、FAIに加入していなくてもその理念に深く共鳴する「純粋」アナキストと目される分子が、（ひとまずラファエル・ムニョスを除いて）組合の運営に深く関わっていたこと、さらに（ムニョスをも含めて）彼らがこの

プエブロでの内戦・革命の進展にも多大な影響を及ぼしていたことが首肯されうるだろう。やはりカストロのFAI派だったホセ・デ・ディオス・クリアードも、1931年11月にはモンティーリャ・ルスらとともに、ほぼ半年前の争議を経て弾圧に晒されていた地元の日雇い農たちの再組織化の営みに全力を傾注していた[22]。このデ・ディオスは、オリーヴの収穫作業を前に労使混成協議会が「強要」する労働条件の受け容れを拒んで開始された、それから1年後の農業ストライキを指導する[23]。さらに、1936年7月の「人民戦線委員会」にもやはり顔を見せる[24]。

ブハランセにおいても、類似の現象が看取されうるように思われる。ディアス・デル・モラールの故郷でも、1936年7月にこのプエブロに建設されるリベルテール共産主義社会の建設に指導的な役割を果たす「純粋」アナキズムの「使徒」たちが、「改革の2年間」における地元のアナルコサンディカリズムの展開に強く結びついていた。彼らブハランセの「使徒」は、その多くが「反乱のサイクル」の第3波の一環として1933年12月に当地を襲った武装蜂起の首謀者格とも見なされうる。コルドバ県のCNTが全体として下り坂にあるなか、FAI派が、場合によってはFAIの「革命信仰」に共鳴する他の「純粋」アナキストたちとともに、「組合から」それぞれの組織員に与えた影響力がカストロ・デル・リオとブハランセの「例外的な」抵抗力をおそらくは保障していたのである。

1933年12月のブハランセの騒擾のあらましを跡づけた際、マヌエル・ペレス・イルエラがその首謀者たちと考えたのが、アントニオ・ミーリャ・サラス、ホセ・ポルセール・プリード、アロンソ・コッカ・ベニーテス、フランシスコ・ロドリーゲス・ムニョス、フランシスコ・ガルシア・カベーリョらの面々である[25]。このうち、武装蜂起の時点でブハランセのCNT傘下の組合「ラ・アルモニア」のそれぞれ代表と書記を務めていたのが、詳しくは次節で述べられるように反乱が鎮圧された直後に怪死を遂げることになるミーリャ・サラスとポルセールだった。むろんアナルコサンディカリズムに親しい立場からの評価ではあれ、「ラ・アルモニア」を「アンダルシア最強の組合の1つ」にまで鍛え上げた「功績」をこの2人の手腕に帰す声もある[26]。

ブハランセの武装蜂起をこのプエブロのFAI派の「仕業」といち早く断定したのは、コルドバの急進党系紙『ラ・ボス』である[27]。これまでのところ、われわれはミーリャ・サラス以下の各人をFAI派と断定するだけの根拠を持

第6章　カストロ・デル・リオとブハランセ

ち合わせていない。それでも、彼ら5人のリベルテールとFAIとの関係をあえて疑うだけの理由もないように思われる。ここでもう1つだけ先回りしておけば、内戦・革命に手痛い敗北を被った後、ロドリーゲス・ムニョスは「残党」を率いて、フランコ独裁に抗うゲリラ隊「フビーレス（Jubiles）」を組織することになる。「フビーレス」の動静を詳細に跡づけたリベルテール史家のイグナシオ・ムニス・ハエンによれば[28]、このゲリラ隊のメンバーのほとんどが第2共和制期のブハランセでの組合活動に挺身するとともに、問題の武装蜂起にも身を投じた過去を持つCNTとFAIの活動家たちであったという。もっとも、ムニス・ハエン自身は「フビーレス」に合流したリベルテールたちのFAIへの加入歴の有無を個別に実証しているわけではない。

　「改革の2年間」にブハランセの町長を務めた急進党のヒロン・ロメーラが見るところでは[29]、その「革命思想」で知られ、「過去の政治闘争の際には好戦的な姿勢が際立っていた」ミーリャ・サラスの第2共和制に敵対する姿勢は、正しく「純粋」アナキズムの「使徒」のそれである。「例外的な」争議が終わってから間もない1932年7月に獄中で執筆された文書のなかで、ミーリャ・サラスは「すべての階級の勤労者の共和国」の「現実」を「恥ずべきブルジョワジー」と「団結する労働者」との2項対立に還元しつつ、あらゆる「権力」は即ち「犯罪」であり、「政治」も例外なく「高貴な労働者たちに寄生するための技術」でしかないと吐き捨てた。カディス県のヘレス・デ・ラ・フロンテーラで発行されていた『ラ・ボス・デル・カンペシーノ』紙に掲載されたこの文書は、「CNT・FAI・社会革命万歳！」の叫びとともに結ばれている[30]。

　1932年9月のセビーリャでのアンダルシアFRGA会議に参加したブハランセのFAI系グループとは、FPC書記のペドロ・アルガーバが気炎を上げたその半年前のアンダルシアCRT総会の席でフアン・ペレスが語っていた「ブハランセで結成されたグループ」[31]をおそらくは指すものと推測される。このペレスは、ブハランセの労働者たちの子弟相手の教師を生業としていたリベルテールである[32]。同じ年の11月、ブハランセでは「アナーキーの理想」の普及・擁護に傾注し、「理論を云々するときは過ぎた。必要なのは革命の実現のみである」との、FAI派の「革命信仰」から演繹される「理論」に対する「行為」の優位に固執するアナキスト・グループが新たに産声を上げる[33]。これらのグループと、ミーリャ・サラスら1933年12月の武装蜂起の立役者たちが少なくともまったく無関係であったとは考えにくいだろう。

1932年6月の「例外的な」農業ストライキの際に、「直接行動」の見地から農業経営者たちとの直接交渉の実現を要求したのは、そのミーリャ・サラスとアロンソ・コッカである[34]。ミーリャ・サラスらによれば[35]、第2共和制の誕生以降のこのプエブロでの争議の大半は「労使間の自由な契約の締結を阻止し、われわれの与り知らぬ契約を強制するブルジョワジーと当局の挑発により惹起されてきた」のだった。この1932年の初冬から翌年にかけて、ブハランセではオリーヴの収穫作業の報酬への出来高払い方式の適用に反対するCNTが賃金の日払いを要求してストライキに入ったため、労使間の「アフリカ風の憎しみ」が再燃した。収穫の遅れを憂慮する「お上」により出稼ぎの投入が検討された際、ミーリャ・サラスらは出来高払い方式の採用をなおも頑強に拒む姿勢を示す[36]。このとき、半年ほど前にカストロ・デル・リオの仲間たちが見せた流儀に倣って、ブハランセの「アンダルシアの民」は出稼ぎの追い立てに奔走していた[37]。

　争議が長期化するに及んで、報酬の半分を日払いで、残る半分を出来高払いで、との妥協案を提示した一部の組織員を「30人派」になぞらえながら罵倒したのは、フランシスコ・プリエーゴ・レケーナである[38]。当時、「30人派」の「敗北主義」への不信の念は、ブハランセがそのなかに組み込まれていたペドロ・アバ地域のCNTの委員会からも表明されている[39]。県知事ゴンサーレス・ロペスの介入により「ラ・アルモニア」は仕舞いには譲歩を余儀なくされるものの[40]、出稼ぎを動員して出来高払い方式を強要する、「大衆の飢え」などまったく眼中になく、「ブルジョワジーの懐具合」ばかりが気がかりであるかに思われたコルドバ県当局の姿勢を糾弾したのは、フランシスコ・ロドリーゲス・ムニョスだった[41]。

　このロドリーゲス・ムニョスも、1933年3月に「ラ・アルモニア」の代表に選出され、「組合」から最大限の発言力を行使する機会を得た経験を持っている。また、同じ月にアンダルシアCRTの地方大会がセビーリャに招集された折、ブハランセのCNTを代表してアンダルシアの中心都市まで赴いたのが、「ニーニョ・デル・アセイテ（油小僧）」の異名で知られたフランシスコ・ガルシア・カベーリョだった[42]。ややあって、同年の12月2日。オリーヴの収穫作業を目前に控えて労働条件の調整が難航するなかで、ミーリャ・サラスとともにゼネラル・ストライキの実施を主張したのも、やはりロドリーゲス・ムニョスとガルシア・カベーリョの両名である。5日と6日の2度、ヒロン・ロメー

第 6 章　カストロ・デル・リオとブハランセ

ラが取り仕切るブハランセの町役場は「ラ・アルモニア」の書記ホセ・ポルセールからの臨時の集会の許可の申請を言下に却下した[43]。

　北スペインのサラゴーサで大がかりな反乱の火蓋が切られた 8 日、フランシスコ・モレノ・ゴメスによると[44]、「農業経営者たちが遵守しない雇用条件」をめぐって「ラ・アルモニア」では意見が交換される。コルドバ県当局が介入した翌日の折衝も合意には達せず、交渉は打ち切られる。10 日には、各地に拡大する「反乱のサイクル」の詳細を知ろうと、新聞を積んでブハランセに到着した自動車に真っ先に近づこうとしたある日雇い農の頭に治安警備隊員が銃口を向ける[45]。そして 11 日、県当局により「ラ・アルモニア」は閉鎖を命じられた。ディアス・デル・モラールの故郷では、武装蜂起の火蓋がいよいよ切って落とされようとしている。ともに FAI の「純粋」アナキズムの理念に裏打ちされてのことではあれ、地元の農業経営者たちを相手にしての労働環境の改善のための「組合から」の交渉と、反乱に訴えての国家権力そのものの破壊の画策とは、自ずと次元を異にする。1933 年 12 月のブハランセの反乱については、節を改めて論じた方がいいだろう。

　ところで、県知事のバレーラ・バルベルデを激怒させた「例外的な」農業ストライキが終わりを告げた 1932 年 7 月の時点で、先のプリエーゴ・レケーナは「ラ・アルモニア」の会計の役職にあった。当時の「ラ・アルモニア」の代表はフランシスコ・ラブラドール・アルカラ。書記はベルナベ・カマラ・ポルクーナが務めている[46]。このとき、ミーリャ・サラスだけではなく、バルトロメ・パラード・セラーノらやはり 1933 年 12 月の騒擾に登場する他の「純粋」アナキストたちも囚われの身だった[47]。

　1931 年 5 月、先のフランシスコ・ロドリーゲス・ムニョスらと並んで、このパラード・セラーノはコルドバでの労使混成協議会の決定を無視したうえで、ブハランセを農業ストライキへと引きずり込んでいた[48]。それから 2 ヶ月後、パラード・セラーノは「ラ・アルモニア」の簿記係を務めている。このプエブロのアナルコサンディカリズムを支える、少なくとも地元では一目置かれる存在であったと覚しい活動家たちが「お上」により心身の自由を奪われるなかで、プリエーゴ・レケーナら無名の（？）、しかしやはり FAI の「純粋」アナキズムに共鳴するリベルテールたちが「ラ・アルモニア」の幹部に抜擢されたものと想像される。「30 人主義」への反発は、ブハランセにあって 1933 年 12 月の首謀者たちを超える広がりを見せていたのだった。

435

註

（ 1 ）「人民戦線委員会」のメンバーのリストをも含めて、Moreno Gómez, *La Guerra Civil en Córdoba*, pp.205-214.
（ 2 ）Francisco Merino Cañasveras, *Castro del Río, del Rojo al Negro*, Terrasa, 1979, p.41.
（ 3 ）López Villatoro, *Cambios políticos y sociales*, pp.119-122 y n.2.
（ 4 ）*Diario de Córdoba*, 24-VI-1936.
（ 5 ）*Solidaridad Obrera*, 20-VI-1936.
（ 6 ）*Diario de Córdoba*, 20-VI-1936.
（ 7 ）Merino Cañasveras, *op.cit.*, p.39. AMCR, leg.700. 後者の史料にはマルモルもストライキ委員会の一員と書かれているが、ここは前者に従っておく。AMCR（カストロ・デル・リオ町立文書庫）を利用するに当たり、Alberto Gay Heredia から懇切丁寧な手解きを受けた。
（ 8 ）*Diario de Córdoba*, 23-VI-1936. 騾馬追いも争議に合流（AMCR, leg.12.）。
（ 9 ）*Ibid.*, leg.700.
（10）史料的根拠は、本章前節の註（29）に同じ。
（11）*Solidaridad Obrera*, 14-XI-1935.
（12）Tuñón de Lara, *La II República*, vol.2, pp.209-210(Documento 7.).
（13）*La Voz del Campesino*, 1-X-1932.
（14）López Villatoro, *Cambios políticos y sociales*, p.36 n.27.
（15）*La Voz del Campesino*, 6-VI-1932.
（16）AMCR, leg.724.
（17）*Tierra y Libertad*, 23-VI-1933.
（18）*Ibid.*, 8-V-1936.
（19）Merino Cañasveras, *op.cit.*, p.87.
（20）AMCR, leg.723.
（21）*La Tierra*, 25-X-1933.
（22）この再組織化には、ラファエル・ビリェガス・ロペスも尽力していた（*La Revista Blanca*,15-XI-1930. núm.180.）。Alberto Gay Heredia の教示による。第5章第3節で言及したとおり、1931年4月の地方選挙を前に同郷の仲間たちに棄権を呼びかける文書を執筆してもいたこのビリェガスが、FAI派であったものかどうかは不明。内戦中のその消息についても、われわれは何も知らない。
（23）*El Luchador*, 11-XI-1931.
（24）資料的根拠は、本節の註(3)に同じ。
（25）Pérez Yruela, *op.cit.*, p.170.
（26）*La Tierra*, 30-XII-1933.
（27）*La Voz*, 14-XII-1933.
（28）Muñiz Jaén, *op.cit.*, p.109.

(29) *La Voz*, 19-XII-1933.
(30) *La Voz del Campesino*, 16-VII-1932. 教会による教育に反カトリック的な視座から反対する姿勢の激しさの点でも、ミーリャ・サラスは突出していた（*ibid.*, 8-X-1932.）。
(31) *Solidaridad Proletaria*, 4-IV-1932.
(32) *La Tierra*, 1-I-1934. 第3章第2節で触れておいた、1910年代にカストロ・デル・リオで活躍していたフアン・ペレス・ロペスと、このフアン・ペレスが同一人物であるかどうかは不明。
(33) *Tierra y Libertad*, 18-XI-1932.「暗黒の2年間」にバルセロナで秘密裡に発行されていたある「純粋」アナキスト紙も、「行為」を「理論」の上位に置く（*FAI*, IV-1934.）。
(34) *Solidaridad Obrera*, 2-VI-1932.
(35) *Ibid.*, 19-VI-1932.
(36) *CNT*, 12-XII-1932.
(37) *ABC*, 11-I-1933.
(38) *CNT*, 3-I-1933.
(39) *Ibid.*, 20-II-1933.
(40) *ABC*, 19-I-1933.
(41) *CNT*, 10-II-1933.
(42) Cañete Marfil y Martínez Mejías, *op.cit.*, pp.423-424.
(43) *Ibid.*, pp.629-631.
(44) Moreno Gómez, *La República y la Guerra Civil*, pp.244-245.
(45) Del Pueblo, *op.cit.*, p.16.
(46) Cañete Marfil y Martínez Mejías, *op.cit.*, pp.419-420.
(47) 先のフアン・ペレスも、このときミーリャ・サラスらとともに獄内に閉じこめられていたリベルテールの1人だった（*CNT*, 31-VII-1932.）。ただし、1932年6月の「例外的な」農業ストライキや、翌年12月の武装蜂起にペレスその人が直に関与していたかどうかは、われわれにはわからない。
(48) Cañete Marfil y Martínez Mejías, *op.cit.*, p.411.

第 5 節

1933 年 12 月のブハランセの武装蜂起

　第 2 共和制期のアンダルシアが目撃したリベルテール共産主義のための 4 つの反乱については、「知識人の共和制」に及ぼしたその甚大な影響を考慮すれば無理もないこととはいえ、カサス・ビエハスだけに関心が集中される場合がほとんどである。むろん既に旧いが、かつては必読の文献に挙げられていたリベルテール史家ルネ・ランベールの『労働運動・社会主義運動（クロノロジーと文献目録）／スペイン（1750 ‐ 1936 年）』（1953 年）に、ラ・リンコナーダとブハランセの騒擾は出てこない。また、同書ではビリャビシオッサ・デ・コルドバにおいてリベルテール共産主義の樹立が宣言されたのは 1934 年 10 月ではなく、その 1 年後のことと誤記されている[1]。

　「犯罪の集落」のみの「特別待遇」は、近年においても変わらない。2010 年には、ジェラール・ブレイとホセ・ルイス・グティエーレス・モリーナにより『歴史・文学・ジャーナリズムのなかに占めるカサス・ビエハスの出来事（1933 ‐ 2008 年）』が編まれている。その一方で、残る 3 つのプエブロは『街頭から戦場へ／スペインのアナルコサンディカリズム（1931 ‐ 39 年）』（1997 年）を書いたフリアン・カサノバや、『スペインのアナキズムの歴史（1870 ‐ 1980 年）』（2011 年）が惜しくも生前最後の著作となったジョセップ・テルメスの視野からも外れている。

　そんななかにあって、ラファエル・カニェーテ・マルフィールとフランシスコ・マルティネス・メヒーアスの大著は、ブハランセを見舞った 1933 年 12 月の武装蜂起に約 80 ページもの紙幅を割いている。もっとも、そのなかで目につくのは、いずれもしばしば必要以上に長い、町役場に残された公文書やコルドバで発行されていた複数の新聞からの引用の羅列である。われわれも既にその多くに目を通している後者について言えば、内容上の重複も少なくない。この流儀は、マルティネス・メヒーアスがブハランセの町史の正式の編纂者（Cronista Oficial de la Ciudad）であるという事情におそらく関わっているものと思われる。おまけに、共著者は「歴史家」ではない。カニェーテ・マルフィー

第6章　カストロ・デル・リオとブハランセ

ルは、2003年以降このプエブロの町長を務めている「政治家」である。

かつてマヌエル・ペレス・イルエラとフランシスコ・モレノ・ゴメスが荒削りながらも明らかにした事件の概要に大きな修正を加えるような視点は、同書には見当たらない。以下、ペレス・イルエラとモレノ・ゴメスの仕事を下敷きにしたうえで[2]、マドリードのFAI派、フアン・デル・プエブロが書いたパンフレット『ブハランセの革命的な事件』（1934年？）やリベルテール紙その他の史料にも拠りながら、フアン・ディアス・デル・モラールの故郷を見舞った騒擾のありさまを可能な限り詳しく再現してみることにしたい。残念ながら、われわれは1933年12月の武装蜂起に対するブハランセの公証人の見解を伝える史料には出くわしていない。なお、ラ・リンコナーダとビリャビシオッサ・デ・コルドバを見舞った「革命的な事件」についての検討は第9章に譲る。

CNTは1933年11月19日の総選挙を前に前代未聞の棄権キャンペーンを展開し、そのうえで「右翼」が勝利すれば社会革命をもって返礼する、との態度を鮮明にしていた。第5章第3節で見たように、このときのブハランセでの「左翼」に投じられた票は250に満たなかった。対照的に、（「中道」を謳う急進党をも含む）「右翼」には2,000以上の支持票が集まっている。「右翼の勝利は革命の実現を求めている」。1次投票により既に大勢が判明した11月23日——コルドバ県では、12月3日の2次投票を経て決着する——、バルセロナのFAI半島委員会から南スペインのFAI派を統率するアンダルシアFRGAへ、「いずれかの市町村もしくは地方が革命運動に突入した場合には」委員会の判断を待たずにその後に続き、リベルテール共産主義が勝利するまで闘争を展開せよ、との指令が伝えられる[3]。このとき、カサス・ビエハスの重い後遺症に苦しむアンダルシアにあって、カタルーニャからの指示にほとんど唯一忠実に従ったのがブハランセの「ラ・アルモニア」だったのである[4]。

1933年12月11日のブハランセ。直接のきっかけは、治安警備隊による威嚇発砲を繰り返しながらの挑発か[5]、不穏な動きを察知した巡査の職務質問のいずれかであったらしい[6]。午後5時ないしは5時半に、CNTの組織員が多数居住するサンタ・クルース・バッハ街で、「猟銃や拳銃や斧、それに棍棒その他を手にした」集団と第2共和制の治安維持装置とが正面からぶつかった。これを境に、オリーヴの海に浮かぶこのプエブロは「文字どおりの戦場」（ペレス・イルエラ）と化す。

地元駐在の治安警備隊と銃火を交えた反逆者の多くは、フアン・デル・プエ

ブロによれば「著名な」リベルテールだったバルトロメ・パラード・セラーノの自宅に一旦は立て籠る⁽⁷⁾。その後、なかの数名は駆けつけた仲間たちの援護射撃のおかげで治安警備隊の包囲を突破し、家畜の囲い場を伝って他のいくつかの家屋に侵入、なおも発砲を継続した。ブハランセに駐在する治安警備隊員はわずかに6人か⁽⁸⁾、多くても12人にすぎなかったから⁽⁹⁾、当初の優劣は明白だった。

急進党系紙『ラ・ボス』の報道では⁽¹⁰⁾、武装蜂起したアナルコサンディカリストたちは4つの区域に分かれて行動に出たもようである。このうち、1つの区域で先頭に立ったのはアントニオ・ミーリャ・サラスであり、残りの3つの区域で反乱を指揮したのはそれぞれアロンソ・コッカ・ベニーテスとイルデフォンソ・コッカ・チョセーロとイルデフォンソ・コッカ・ベニーテスであったらしい。ただし、ミーリャ・サラスとは異なり、3人のコッカの行動は詳らかではない。2人のイルデフォンソは父子で⁽¹¹⁾、当時70歳のアロンソはコッカ・チョセーロの父、コッカ・ベニーテスの祖父と覚しい⁽¹²⁾。

このブハランセの反乱では、明らかに意図的に設定されたと思われる攻撃目標が2つあった。電報電話局と町役場である。11日の、ほぼ確実に午後8時過ぎ、電報電話局を目指した一派は「革命万歳！」「リベルテール共産主義万歳！」と絶叫しつつ、斧を使ってその扉を叩き割ろうとした。なかの局員はコルドバ県知事のマリアーノ・ヒメーネス・ディアスと、ブハランセにほど近いビリャ・デル・リオの同僚に事態を告げ、身の危険を察知しながらも「知事からの脱出の勧告を振り切って」職場の施設を死守する。こうしてブハランセとコルドバ県庁との継続的な連絡が確保され、夜半までにはコルドバや近隣の複数のプエブロから治安警備隊の援軍も到着した。援軍はブハランセの街並みを把握しておらず、翌日の夜明けを待って行動に出る⁽¹³⁾。

明けて12日。増強された治安警備隊は早朝からモリーノ街一帯を巡回し、町民には外出禁止の命令が通達された。だが、反逆者たちは前夜のうちに再結集を済ませており、勢いのままに治安警備隊を労働者たちが生活を営む一帯から町の中心部へと押し戻す⁽¹⁴⁾。最も激しい銃撃戦が繰り広げられたのは、正しくその中心部に位置するコラセーダ街である⁽¹⁵⁾。占拠した家屋から執拗に発砲を繰り返すアナルコサンディカリストたちに、治安警備隊は手榴弾も使いながら応戦した。

急進党員の町長クリストーバル・ヒロン・ロメーラや町警察の署長らが陣

第 6 章　カストロ・デル・リオとブハランセ

取る町役場に反逆者たちが突入を試みたのは、この日の午前 9 時過ぎのことと推定される。「穏やかならざる風体」で町役場の前の共和国広場に屯する一団を見やりながら、電話で取材を申し入れてきたコルドバの急進党系紙の記者を通じて町長が県知事に救援を要請した 1 時間後[16]、「リベルテール共産主義万歳！」や「FAI の獅子たちよ、前進せよ！」の叫びとともに、拳銃を手にしたミーリャ・サラスが率いる先の一団が庁舎を襲った。「乏しく、しかも貧弱な」武器しか手許になかったにもかかわらず、町警察の 13 人と町長は建物の窓・バルコニーから迎撃の構えを見せる[17]。20 分ばかりの攻防の果てに、2 人の治安警備隊員が馬にまたがったまま反逆者の一団に突進し、蹴散らされたミーリャ・サラスらは町役場の占拠を断念した[18]。

　午後に入ると——あるいは正午前にも？——、新たにコルドバその他から治安警備隊の増援がブハランセに入った[19]。投入された隊員は併せておよそ 90 人に上り[20]、このあたりで流れは第 2 共和制の治安維持装置の側にはっきりと傾いたものと思われる。治安警備隊の対策本部が、共和国広場を挟んで町役場と向き合っている地元の農業経営者たちのクラブのなかにさっそく設けられた。ブハランセの農業エリートと第 2 共和制の警察機構との剥き出しのこの「結託」は、数日後に視察のために現地入りするコルドバ県選出の社会党代議士エルメネヒルド・カサス・ヒメーネスによる激しい非難を呼ぶだろう[21]。もっとも、先にも記しておいたとおり、自身、ニセト・アルカラ・サモーラとの「結託」のおかげで当選を果たしたばかりのカサス・ヒメーネスは、遠からず社会党を離脱する。

　コルドバ県知事ヒメーネス・ディアスは治安警備隊のみならず、第 2 共和制のもとで創設されていた突撃警備隊の投入をも指令した[22]。銃弾が乱れ飛ぶなか、「サンタ・クルース・バッハ街で、周囲の人間たちに反乱への合流を呼びかけていた」アロンソ・コッカのコラセーダ街の住まいは、2 つの治安維持装置が投じた手榴弾により大破した。ソリアーナ街のパラードの自宅も治安警備隊の手榴弾攻めにあって半壊したものの、なかにいた反逆者たちはとうに全員が脱出している[23]。

　武装蜂起の幕が上がってから 24 時間以上が経過した 12 日の午後 6 時、ブハランセに新たな、そして最後の援軍が送り込まれたころには、反逆者たちは総崩れの体となる。銃撃戦もほぼ終息し[24]——ただし、少なくとも 16 日までは散発的な小競り合いがなおも繰り返されている[25]——、午後 8 時には「秩

441

1933年12月のブハランセ。反乱の掃討に当たる治安維持装置
(Cañete Marfil y Martínez Mejías, *op.cit.*, p.651.)。

序」も一応の回復を見せた[26]。「お上」への反逆を疑われて早々に身柄を拘束された者たちは、件のクラブ内の対策本部へ連行されたうえ、つい先ほどまでの自らの狼狽をどうやらきれいに忘れたかのような農業経営者たちの嘲笑が渦巻くなかで、治安警備隊からの尋問を受けねばならない[27]。翌13日の午後2時過ぎに現地に入った予審判事マヌエル・サグラード・マルチェーナ少佐の指示に従って、町長のヒロン・ロメーラはCNTの組織員たちに武器の引き渡しと抵抗の中止を命じた[28]。

　この騒擾に絡んでは、併せて6人の死者が出た。12日、町役場の周辺での攻防が落着した後[29]、2人の同僚とともに中心街の掃討に当たっていた治安警備隊のフェーリクス・ボヘチャッフェウがサンタ・クルス・バッハ街で頭部に被弾する。銃火が激しく、やむなく同僚たちは重症を負った仲間を放置したままラス・モラーレス街まで退却した。後に「現場」から約100メートル離れたクエスタ街で、モントーロから派遣されたボヘチャッフェウの惨殺死体が発見される[30]。第2共和制の治安維持装置の側では、このボヘチャッフェウが唯一の犠牲者である。

　不運なことに治安警備隊の家宅捜索中に誤って撃たれ命を落としたのは、マルコ街の児童ペドロ・ベルモンテ・マルティネス。日雇い農たちを「狩る」ためであれ[31]、自衛のためであれ[32]、拳銃を所持していたせいで治安警備隊に誤認・射殺されたダミアン・ゴマーリス・セラーノは、サンタ・クルス広場に住む、フアン・デル・プエブロの見立てでは「反労働者的な点では指折りの」ブルジョワだった。ドン・アロンソ街で、これも『ブハランセの革命的な事件』の著者によれば「凶悪な」有産者のレオナルド・エスパーサの猟銃に斃れたのは、女流アナルコサンディカリストのダミアーナ・ナバーロ・モラ。「豊かな中産階級が暮らす」フェルミン・ガラーン街では、複数の他のブルジョワの私邸からも銃声が轟いたという。

第6章　カストロ・デル・リオとブハランセ

　残る2人は、騒擾の鎮圧寸前に逃亡を図ったものの、ハエン県のポルクーナで逮捕されたアントニオ・ミーリャ・サラスとホセ・ポルセール・プリードである。ブハランセの治安警備隊の隊長ロドリーゲス・デ・アウストリアの証言によれば、12月15日、自身をも含む治安警備隊員4人でミーリャ・サラスとポルセールを護送中、隊長はさらにもう1人、挙動不審の男「フアン・フェルナンデス」を捕えたという。午後6時前後、ブハランセの近郊で併せて7人を乗せた軽トラックに不意に数発の銃弾が浴びせられる。ミーリャ・サラスら3人は、隙を見て脱走。隊員たちはトラックを降りて応戦の構えを見せたものの、既に夕闇が濃く、追撃を諦めてブハランセへ引き上げた。翌朝、軽トラックが狙撃された付近でミーリャ・サラスとポルセールの遺体が発見されたものの、「フェルナンデス」の行方は杳として知れない[33]……。ミーリャ・サラスとポルセールには、「脱走の企図」を口実に「逃亡者処罰法」が適用された疑いが極めて強い。2人の変死は不問に付されたとはいえ、事態は18日の県知事ヒメーネス・ディアスの引責辞任にまで尾を引いた。

　第2共和制の2度目の総選挙でCEDAと組み、「改革の2年間」を難破させたアレハンドロ・レルーの急進党は、カサス・ビエハスで流された貧しい者たちの大量の血を出汁に、ときのマヌエル・アサーニャ政権をあざといまでにしつこく糾弾していた。だが、「もう1つの」カサス・ビエハスでの「狼藉」に、件の総選挙に勝利したばかりの急進党は我慢がならなかった。コルドバ県の急進党系紙は「レルーの」スペインに牙を剝いた反逆者たちを痛罵する一方で、町役場を死守した「身内の」町長の「共和国に身を捧げた」精神を手放しで称讃した[34]。そのクリストーバル・ヒロンら、当のブハランセの町役場の面々にとっても、突発した反乱はもちろん「野蛮で、現実的な目的に欠ける馬鹿げた運動」以外の何ものでもない[35]。

　14日に県庁所在地で執り行われたボヘチャッフェウの葬儀は、遠からず「アカども」呼ばわりされる定めが待つコルドバ県民に「暗黒の2年間」の到来を見せつけるための示威行動であったかにも見える。葬儀では、治安警備隊の関係者や、ともに急進党に所属する県知事ヒメーネス・ディアスと県議会議長パブロ・トロジャーノ・モラーガ、あるいは地元選出のCEDA代議士ホセ・モンテーロ・ティラードらに混じって、武装蜂起に先立って子息が不慮の死を遂げていた、他でもないブハランセのアントニオ・スリータ・ベラや、1936年には県農業会議所の監査役を務めるコルドバのアントニオ・ナテラ・フンケー

443

ラ以下、社会党が首位政党の座を占め、農地改革法がともかくも成立を見るなど、「改革の2年間」に煮え湯を飲まされてきた県内の何人かの有力な農業経営者たちも挙って故人への弔意を表したのだった[36]。

　「秩序」の回復と前後して、ブハランセでは早くも 200 人ほどが反乱への参加を疑われて逮捕されていた。地元の CNT の組織員たちの身柄の拘束は年が改まっても継続されており、1934 年の 3 月初旬に至ってもなお逮捕者が出ているありさまに、コルドバの社会党系紙『エル・スール』は「これで失業も解決だ！」との痛烈な皮肉を「お上」に突きつけた[37]。弾圧はむろんブハランセばかりには留まらず、コルドバ県のアナルコサンディカリズムをそっくり麻痺状態へと追い込んでいく。

　ペレス・イルエラが事件の張本人と見なした 5 人のうち、ポルセール・プリードとロドリーゲス・ムニョスの武装蜂起そのもののなかでの役回りに関しては不明。「ニーニョ・デル・アセイテ」ことガルシア・カベーリョについては、町役場を襲ったミーリャ・サラスや[38]、自身の実の子どものヘルミナル・ガルシア・ブエノスビノスらと並んで先の治安警備隊委員の殺害に関与した可能性も取り沙汰されている[39]。また、騒ぎの数日前には、おそらく FAI 半島委員会からの指令を念頭に置いて「際立って過激な連中」に反乱への参加を要請するアロンソ・コッカの姿が目撃されていた[40]。

　「反乱のサイクル」に身を投じたブハランセのその他のリベルテールたちの何人かも、地元の CNT の運営に関与していた。1931 年 7 月の「ラ・アルモニア」の書記は、イルデフォンソ・コッカ・チョセーロ。このとき簿記係を引き受けていた「著名な」バルトロメ・パラードとは同僚の間柄だった。幹部のリストのなかには、イルデフォンソ・コッカ・ベニーテスの名も見える[41]。また、1936 年 5 月 1 日のメーデーに合わせて「ラ・アルモニア」が開催した集会では、イルデフォンソ・コッカ・チョセーロらと並んでヘルミナル・ガルシア・ブエノスビノスが登壇している[42]。「組合から」地元の労働力の指導に当たるとともに、武装蜂起の先頭に立ったブハランセのリベルテールたちは少なくなかったのである。

　3 人のコッカは捜査の網をくぐり抜け、人民戦線期に帰郷する。「ニーニョ・デル・アセイテ」ガルシア・カベーリョは、事件からほぼ 10 日後に身柄を拘束された[43]。ロドリーゲス・ムニョスは 1934 年 5 月にレバンテで、やはり消息を絶っていたパラード・セラーノと一緒に逮捕されている[44]。ヘルミナル・

第 6 章　カストロ・デル・リオとブハランセ

ガルシアの事件後の足取りは不明。しかし、ロドリーゲス・ムニョスらはいずれも 1936 年 2 月の人民戦線選挙を経て大赦で出獄した[45]。1936 年 7 月、ブハランセに現出するリベルテール共産主義社会のなかで指導的な役割を果たすことになるのは、不可解な死を遂げたミーリャ・サラスとポルセール・プリードの 2 人を除く、彼ら 33 年 12 月の首謀者たち。そして、繰り返しておけばさらにもう 1 人、あのアルフォンソ・ニエベス・ヌーニェスがこのプエブロでの社会革命に関与する。

　本章では、「改革の 2 年間」におけるカストロ・デル・リオとブハランセの CNT の、FAI の「純粋」アナキズムに牽引されての奮闘を跡づけることに、最大の重きを置いた。「純粋」アナキズムの水脈に着目しつつアンダルシアの階級闘争の見直しを図りたいわれわれには、さらにアルフォンソ・ニエベスのうちに最も典型的な形で受肉された「革命信仰」の中身を読み解き、併せて「兄弟殺し」のさなかにカストロやブハランセでその樹立が宣言されたリベルテール共産主義の実相を照射する作業が残されている。

　しかし、われわれはその前に第 2 共和制の農地改革を俎上に載せてみなければならない。「はじめに」の第 3 節に書いておいたように、1931 年 4 月をもって農地改革はその意味合いを変えた。国王アルフォンソ 13 世が亡命するまでのスペインでは、「膨大な数の農民大衆」、とりわけ農業エリートへの「アフリカ風の憎しみ」に燃え、大土地所有制の桎梏に反逆する「アンダルシアの民」を復古王政の枠内に繋ぎとめておくために、いかにもおずおずとではあれ南スペインの大土地所有制の変革の可能性が模索されてきたのだった。ところが、今や復古王政そのものが消滅してしまっている。にもかかわらず、「知識人の共和制」を率いたマヌエル・アサーニャの「言葉」の端々からも窺われたように、第 2 共和制の誕生と同時に新時代の主役の座に躍り出た「インテリゲンツィヤ」には、共闘するマルクス主義者たちを満足させるだけの農地改革案を提示するだけの覚悟はどうやらなかったものと覚しい。

　次の第 7 章では、プリモ独裁末期に『騒擾史』を世に問い、なるほどそれは「象牙の塔」に安住していた、「社会史」とは無縁の同時代人たちからはほとんど無視される破目になったとはいえ、第 2 共和制が誕生した当時、アルカラ・デ・エナーレスの文人政治家の到底及ぶところではない、「アンダルシアの農業問題」の紛れもない権威を自負していたはずの「社会史の先駆者」フアン・ディアス・デル・モラールの農地改革構想を検討する。1932 年 5 月、ブ

ハランセの公証人が憲法制定議会に提出した農地改革の「私案」を待ち受けていたのは、社会党代議士にして、公証人自身がリベルテールたちの金城湯池と確信していたコルドバ県にあってさえも既に組織力の点でCNTを凌駕しつつあったFNTTの全国委員会書記長を兼ねるルシオ・マルティネス・ヒルらからの激しい批判の礫だった。それは、「すべての階級の勤労者の共和国」の首位政党が、「知識人の共和制」誕生の原動力だった「共和制奉仕団」の精神のあり方に国会の場で真っ向から異議を申し立てたひとときであったかにも見える。

註

（1） Lamberet, *Mouvements ouvriers et socialistes*, p.173. 1933年12月のブハランセに関しては、マレファキスも註のなかでわずかに、それも正確さを欠いた形で触れているだけである（Malefakis, *op.cit.*, p.345 n.46.）。

（2） Pérez Yruela, *op.cit.*, pp.168-172. Moreno Gómez, *La República y la Guerra Civil*, pp.244-248.

（3） IISG, Archivo FAI/CP, paq.8 ca.318a, Correspondencia del Comité Peninsular al Comité Regional de Grupos Anarquistas de Andalucía, Barcelona, 23-XI-1933.

（4） カニェーテ・デ・ラス・トーレスでの紛争をひとまず別にすれば、ブハランセ以外では、このときのアンダルシアではグラナダ県内のいくつかの市町村での騒擾がやや目につく程度である。皮切りは、9日のグラナダのアルバイシンを舞台にしてのリベルテールたちと治安警備隊との銃撃戦だった。翌日、やはりFAI派が「組合から」の発言権を確保していたCNTのグラナダ市連盟がゼネラル・ストライキへの突入を指令。「お上」が一応の「秩序」を回復する13日までの間に、全県で併せて60人ほどが逮捕された（Alarcón Caballero, *op.cit.*, pp. 288-289.）。セビーリャのCNTもゼネストを指令したものの、それが拡大することはなかった（José Manuel Macarro, *Sevilla la roja*, Brenes, 1989, p.181.）。このときの逮捕者の数は、セビーリャ県全体で40人前後（AHNM, leg.58A.）。

（5） Del Pueblo, *op. cit.*, pp.16-17.
（6） *La Voz*, 14-XII-1933.
（7） *El Sol*, 17-XII-1933.
（8） *Diario de Córdoba*, 14-XII-1933.
（9） *La Tierra*, 26-XII-1933.
（10） *La Voz*, 19-XII-1933.
（11） Cañete Marfil y Martínez Mejías, *op.cit.*, p.433.
（12） Del Pueblo, *op.cit.*, p.20 y p.25.
（13） コルドバ以外の市町村の名は不明（*La Voz*, 14, 15 y 19-XII-1933. *El Sur*, 14-XII-1933.）。

(14) Del Pueblo, *op.cit.*, pp.17-18.
(15) *La Voz*, 19-XII-1933.
(16) *Ibid.*, 15-XII-1933. ブハランセのアナルコサンディカリストたちはこの日の朝8時には行動を開始し、サンタ・マリーア街の農業経営者たちの私邸への発砲を繰り返しながら町役場へと向かった（*El Sol*, 17-XII-1933.）。「1時間」の睨み合いを考慮すれば、ヒロン・ロメーラらとの激突は早くても「9時過ぎ」になる。ペレス・イルエラが書くように、「労使交渉の破綻への抗議として企てられた」町役場への襲撃が反乱の呼び水になったのではない。
(17) *La Voz*, 19-XII-1933.
(18) *El Sol*, 15-XII-1933. AMB, *Libro de actas. Del 7-X-1933 al 15-VII-1934*, 15-XII-1933, ff. 49-50.
(19) Del Pueblo, *op.cit.*, pp.17-18.
(20) *El Sol*, 17-XII-1933. *La Tierra*, 26-XII-1933.
(21) *El Sur*, 21-XII-1933.
(22) *Diario de Córdoba*, 13-XIII-1933.
(23) Del Pueblo, *op.cit.*, pp.21-22.
(24) *La Voz*, 19-XII-1933.
(25) *La Tierra*, 27-XII-1933.
(26) *El Sol*, 17-XII-1933.
(27) Del Pueblo, *op.cit.*, p.23.
(28) *La Voz*, 14-XII-1933.
(29) *El Sol*, 17-XII-1933.
(30) Del Pueblo, *op.cit.*, pp.18-19.
(31) *Ibid.*, p.21.
(32) AMB, *Libro de actas, loc. cit.*
(33) *La Voz*, 19-XII-1933.
(34) *Ibid.*, 14-XII-1933. 1933年1月の『ラ・ボス』紙は、カサス・ビエハスの悲劇を招いたアサーニャ政権の無為無策を非難。さらには、農地改革に関して「できもしない与太話」を吹聴し、すぐにも幻滅に変わってしまうような「ユートピア的な期待」を大衆に抱かせた社会党の「大言壮語」を糾弾した。その一方で、同紙はFAI派と「30人派」との確執に絡めながら、かねて「自殺的な戦術」を非難していた「多くのまっとうなアナキストたち」を擁護さえもしてみせた（Antonio Barragán Moriana, "Los sucesos de Casas Viejas en la prensa cordobesa", *Los sucesos de Casas Viejas*, pp.503-504.）。前章第2節で触れておいたカディス県の急進党系紙『ラ・ボス・ラディカール』と、ほぼ同一の論調である。
(35) AMB, *Libro de actas*, f.48.
(36) *La Voz*, 15-XII-1933. やはり葬儀に顔を出したベニート・アラーナは、翌年の「10月革命」の際に「秩序」の維持に身を捧げた犠牲者たちを弔うとともに、その遺

族らを支援するため、「15,000 ペセータ」の寄付をコルドバ県庁に申し出た（*Diario de Córdoba*, 21-XI-1934.）。1936 年 7 月、アラーナは自身が県庁所在地に所有する電気製品の工場で汗を流していた「アカども」の粛清に狂奔。ほぼ 4 年後の 1940 年 5 月、コルドバのブルジョワはフランコ将軍から晴れて顕彰される（Moreno Gómez, *La Guerra Civil en Córdoba*, p.21.）。

(37) *El Sur*, 3-III-1934.

(38) Del Pueblo, *op.cit.*, p.30.

(39) *La Tierra*, 28-XII-1933.

(40) *Diario de Córdoba*, 14-XII-1933.

(41) 当時の「ラ・アルモニア」の副書記は、フランシスコ・ロドリーゲス・ムニョスである（Cañete Marfil y Martínez Mejias, *op.cit.*, p.413.）。

(42) *Ibid.*, p.445.

(43) *La Voz*, 22-XII-1933.

(44) *El Sur*, 5-V-1934.

(45) 死刑囚 2 人をも含めて、1935 年 11 月の軍法会議で有罪を宣告されていた 33 人は、翌年の 2 月末に揃って大赦で出獄した（*Solidaridad Obrera*, 1-III-1936.）。1934 年 10 月のビリャビシオッサ・デ・コルドバでの反乱に伴う受刑者たちにも同じ措置が取られたものと思われる。ブハランセの武装蜂起に絡む被告のリストは、Cañete Marfil y Martínez Mejias, *op.cit.*, pp.677-684. われわれが前節で触れておいた、コルドバ県知事バレーラ・バルベルデを怒らせた「例外的な」農業ストライキを経て、ミーリャ・サラスらブハランセの最も有力な活動家たちの多くが獄中にあった 1932 年 7 月、「ラ・アルモニア」の運営を引き受けていたフランシスコ・ラブラドール・アルカラ（代表）、ベルナベ・カマラ・ポルクーナ（書記）、フランシスコ・プリエーゴ・デ・レケーナ（会計）のうち、件のリストに掲載されているのはラブラドール・アルカラだけ。別の争議のさなかに、自身の目には弱腰と映った仲間たちに「30 人派」との痛烈な批判の礫を投げつけていたプリエーゴ・レケーナの 1933 年 12 月の事件への関与の有無は、本章前節の註（47）で言及したフアン・ペレスの場合と同じく不明である。リストには、このペレスの名もやはりない。

第7章
第2共和制農地改革の限界
ディアス・デル・モラールと「アンダルシアの農業問題」

結局のところ、アレハンドロ・レルー・ガルシアがめったにお目にかかれないほどのデマゴーグであったことは、どう転んでも間違いない。この急進党党首が「改革の2年間」に掲げた「農地改革には賛成。社会主義的な農地改革には反対（reforma agraria, sí: reforma agraria socialista, no）」との周知のスローガンも、「詭弁」の一言で片づけられがちである[1]。だが、もともとカシキスモと腐れ縁で結ばれた、しかも1931年4月以降はそれまで王政派を名乗っていた少なからぬ数の同業者たちをその懐に取り込んで肥大した政党の頂点に立つ古参の政治家にしてみれば[2]、土地所有の「社会主義的な」変革の選択肢はそもそもありえなかっただろう。

　「ボリシェヴィキの3年間」のさなかの1918年12月、レルーは自らが構想する農地改革案を披歴している。その核心は、国家が広大な「未耕地」を収用したうえで、自治体にその所有権を引き渡すことにあった[3]。「自身の労働を通じて、……土地を豊かにしている」農民の解放を高らかに謳ったにしてはいかにも貧弱ではあれ、ブラス・インファンテらが翌月にコルドバで発表するマニフェストをいくらかは先取りした内容である。1913年の春にマラガ県のロンダで開催された、そのインファンテらヘンリー・ジョージの支持者たちの集会に、レルーはバルセローナから賛同の意を表明してもいた[4]。

　稀代のデマゴーグがあたりに発散するいかがわしさとは無縁のはずの「インテリゲンツィヤ」の大方にしても、「社会主義的な」農地改革への懸念ばかりはレルーと共有していたものと思われる。「共和制奉仕団」に在籍する憲法制定議会代議士のフアン・ディアス・デル・モラールも、確実にそんななかの1人に含まれていた。「アンダルシアの農業問題」にかねて一家言を有していたディアス・デル・モラールは、1931年5月に発足した農地改革の専門委員会への参加を経て、8月には同じく農地改革の国会委員会代表に就任。だが、その国会委員会が取りまとめた農地改革法案に難色を示して独自に「私案」を公表したうえ、1932年5月10日の国会では自ら「私案」の擁護演説を行なった。ところが、この「私案」は10日に即日否決されてしまう。8月25日に国会委員会代表の職を辞したディアス・デル・モラールは、農地改革法が可決された9月9日の国会審議の場には姿を見せなかった。

　「改革の2年間」に参集した多くの知識人たちの例に漏れず[5]、このディアス・デル・モラールの人格形成は、復古王政期のスペインの知的刷新の砦であり続けた自由教育学院（Institución Libre de Enseñanza）との関係を無視して

第7章　第2共和制農地改革の限界

は考えられない。『騒擾史』は、セビーリャ大学時代の師であるフェデリーコ・デ・カストロ・イ・フェルナンデスと、セビーリャでの学業の修了後にマドリードで知遇を得たフランシスコ・ヒネール・デ・ロス・リーオスの2人の思い出に捧げられた[6]。この2人は、自由教育学院の理念の原点であるフリードリヒ・クラウゼの哲学をスペインに伝えたフリアン・サンス・デル・リオの謦咳に接した過去を分かち持つ。特にヒネール・デ・ロス・リーオスの方は、他でもない学院の創設者である[7]。また、「共和制奉仕団」を介してのディアス・デル・モラールの第2共和制への関与はホセ・オルテーガ・イ・ガセの要請に負うところが大きいが、この両者の親交も学院を取り巻く環境のなかで培われた。その限りで、ブハランセの公証人は間違いなく「知識人の共和制」の本流に連なる人材だったのである[8]。

　1931年6月の憲法制定議会選挙に際し、「共和制奉仕団」を率いるオルテーガ・イ・ガセと、団員のディアス・デル・モラールの2人の名前がともに社会党の執行部の推薦を受けたうえで、それぞれハエン県とコルドバ県の同党の候補者リストに掲載された事実こそは[9]、「インテリゲンツィヤ」と社会党・UGT（FNTT）との蜜月を正しく象徴するエピソードだった。オルテーガは80,000を上回る票を獲得し、5位で当選[10]。ディアス・デル・モラールは

幼い身内らに囲まれたフアン・ディアス・デル・モラール（*Juan Díaz del Moral. Vida y Obra*, p.3.）。

70,000票以上の支持を得て、全県選挙区での首位当選を果たす。

しかし、その一方でディアス・デル・モラールは自身の階級の利害に強く拘束されていた。ここで少しばかり先回りしてしまえば、その「私案」が大地主やカトリックの側から好意的に評価された事情も手伝って、ディアス・デル・モラールの農地改革論に関しては保守的な傾向を強調する向きが多い[11]。『騒擾史』の著者自身、公証人としての職務の傍ら農業経営に勤しむ紛れもない農業ブルジョワであり、1920年代のミゲル・プリモ・デ・リベーラ将軍の独裁期には、アンダルシアの他の名士たちと手を携えて、「あらゆる農業経営者」の結集を企図する「農業ブロック（bloque agrario）」を形成した。

プリモ・デ・リベーラ将軍の反対にあって、1つにはオリーヴ栽培業者の利益の防衛を目指した「ブロック」の試みは挫折を余儀なくされたものの、コルドバの『ラ・ボス』紙その他に掲載された自らの論考を収めたパンフレット『オリーヴ油訴訟（El pleito de los aceites）』（1924年）のなかで、ディアス・デル・モラールは当時は禁止されていたオリーヴ油輸出の再開を独裁者に進言している[12]。さらに、プリモ独裁期から第2共和制にかけての一時期、『騒擾史』の著者はANOの書記長の要職にもあった[13]。なるほど、「ボリシェヴィキの3年間」にロシア革命に冷淡だったブハンセの公証人を「セニョリート」と呼んだカンピーニャの日雇い農の目に狂いはなかったのである。

「階級闘争の現実を把握するのに充分な知性に恵まれながらも」、ディアス・デル・モラールは「自身がその階級闘争の現実にあまりに深くはまり込んでいた」「開明的なブルジョワ」以上の存在ではない。ブハンセの公証人の位置をこのように計測するのは、『騒擾史』への最も体系的な批判を企てた『アンダルシアのアナキズム』の著者のジャック・モリスである[14]。とはいえ、ブハンセの公証人が「改革の2年間」にコルドバ県民から最も厚い信任を受けた代議士であったこともまた、確かな事実である。ディアス・デル・モラールの「私案」とその擁護演説や[15]、前後して執筆された『騒擾史』と『第1次大戦後のヨーロッパの農地改革』に凝縮されたブハンセの公証人の「アンダルシアの農業問題」への関心の置きどころのうちに、われわれはスペインの近代化・ヨーロッパ化を標榜しながらも、理想と現実の狭間で破綻を来した「知識人の共和制」の「階級的な」限界を見定めることができるように思われる。

法学者としての立場からマヌエル・アサーニャの法律、換言すれば国会の「理性」が凝縮された「言葉」への過度の信頼に釘を刺したルイス・ヒメーネス・

デ・アスーアを引き合いに出すまでもなく、すべての社会党員が1人残らず叩き上げの肉体労働者であったというわけではない。憲法制定議会の議長フリアン・ベステイロ・フェルナンデスと、「改革の2年間」の法相フェルナンド・デ・ロス・リーオス・ウルーティのように、「インテリゲンツィヤ」の精神的な故郷である自由教育学院に学んだ社会党員もいた[16]。

プリモ独裁期のさなかの1925年にパブロ・イグレシアスが病没した折、同胞の意識を「等しく」革命的に刷新した人物として、フェルナンド・デ・ロス・リーオスはこのスペインにおけるマルクス主義の草分け的な存在と、自身と血の繋がりもあり[17]、ちょうど10年前に鬼籍に入っていたフランシスコ・ヒネールの名を挙げた[18]。イグレシアスの死を悼むフェルナンドには、プリモ独裁と復古王政それ自体の消滅に続いて6年後には現実のものとなる、イグレシアスとヒネールの遺志をそれぞれに継承する社会党・UGTと「インテリゲンツィヤ」との交わりのときの訪れがあるいは予感されていたのかもしれない。しかし、友愛と共感に溢れたかにも見えた時間は長くは続かない。そして、両者の関係が破綻を来した理由は、イグレシアスの後釜に座ったフランシスコ・ラルゴ・カバリェーロの、次第に「プロレタリア的な」調子を強めていった言動のみに帰せられるべきものではないだろう。

ブルジョワ共和派との握手の手を振りほどき、孤立したまま1933年11月の総選挙に臨んだ社会党は、自ら絶縁状を突きつけて間もなかったかつての「相方」ともども惨敗を喫する。CNTに見切りをつけてFNTTのもとに走り「改革の2年間」の恩恵に与った南スペインの日雇い農たちが、今度は農業エリートの「アフリカ風の憎しみ」に晒される破目になる。ディアス・デル・モラルの農地改革論の検証と併せて、FNTTによる1934年6月の全国的な規模での農業ストライキが挫折するまでの流れを、われわれは以下に描く。ブハランセの公証人の手になる「私案」のなかには、FNTTを急進化させるだけの要素が確かに含まれていた。そして、「暗黒の2年間」の反動がなおもその左傾を不可避的に促すなかで、FNTTが実施に踏み切ったのが1934年6月の一大攻勢だったのである。社会党・UGT（FNTT）の動静を跡づけるための主要な材料をわれわれに提供してくれるのは、例によってコルドバ県である。

註

（1） Ortiz Villalba, "Del drama de Eloy Vaquero", p.217.
（2） Juliá, "La experiencia del poder", p.174.「暗黒の2年間」にハエン県のアンドゥーハルの町長に就任し、このプエブロの「左翼」への弾圧に精を出した急進党のラファエル・マルティネス・ナバレッテも、1931年の時点では王政派だった（Manuel Toribio García, *Andújar, 1936*, Andújar, 1999, p.9.）。
（3） Vaquero, *op.cit.*, pp.141-142.
（4） Arcas Cubero, *El movimiento georgista*, p.58.
（5） Aubert, "Los intelectuales y la II República", p.131.
（6）『騒擾史』の献辞には、「ともに私が敬愛する師である、ドン・フェデリーコ・デ・カストロ・イ・フェルナンデスとドン・フランシスコ・ヒネール・デ・ロス・リーオスの思い出に」としたためられている（Díaz del Moral, *Historia de las agitaciones*, p.7.）。
（7） Antonio Molero Pintado, *La Institución Libre de Enseñanza. Un proyecto de reforma pedagógica*, Madrid, 2000, pp.19-41. Arenas Posadas, *Una de las dos Españas*, p.119.
（8） 第2共和制の破壊をもくろんで決起した「もう1つの」スペインが目の敵にしたのが、この自由教育学院だった。1936年12月を皮切りに、フランコ派は学院の面々を「祖国を混沌の淵に追いやった革命的な集団の精神的な親たち」と断罪する。1941年、学院の精神を国際的なフリーメーソン団のそれと同一視するとともに、この私的な教育機関の「主な目的」を「とりわけ文化の領域を介して、若者たちを脱キリスト教化すること」に求めたのは、自らの尽力もあってACNPが設立された20世紀の初頭以降、スペインのカトリシズムが政治的な色彩を深めるなかでたびたび大きな役割を演じてきたアンヘル・エレーラ・オリアである（Molero Pintado, *op.cit.*, pp.186-187 y n.6.）。フランシスコ・ヒネール・デ・ロス・リーオスの教育方針が、宗教色を排した「ライックな」原理を謳ったことは間違いない。しかし、早くも1880年代の前半、教権主義と反教権主義とがせめぎ合うなかで、双方の原理がいたずらに不毛な政争の具と化していた世相に警鐘を鳴らしていたのも、ヒネール・デ・ロス・リーオスその人であったという事実は忘れられてはならない（*Boletín del Institución Libre de Enseñanza*, núm.170, 1884, recopilado por Francisco Giner de los Ríos, *Por una senda clara (Antología)*, Sevilla, 2011, pp.23-26.）。「スペインはカトリック的であることをやめた」との、本来「不毛な政争」とは無縁の次元で練り上げられたはずの「言葉」を残したマヌエル・アサーニャは、自由教育学院そのものとは無関係であったと覚しい。それでも、1898年から翌年にかけて、アルカラ・デ・エナーレスの文人政治家はマドリードの中央大学でヒネールが行なった講義を耳にする機会を得ている。アサーニャ自身の回想に従えば、ヒネールのおかげで、エル・エスコリアールでのアウグスティヌス会の修道士たちとの暮らしを通じてその精神の奥底にしつこく沈殿していた「おり」が取り除かれたのだという（Juliá, *Vida y tiempo de Manuel Azaña*, p.40.）。アサーニャの「ライックな」思想が形成される過程に、ヒネールが多かれ少なか

第 7 章　第 2 共和制農地改革の限界

　　　 れ寄与したことは確実と思われる（Jesús Ferrer Sola, "Manuel Azaña et le krausisme espagnol", *Azaña et son temps*, p.40.）。また、それがもともと社会カトリシズムに由来する概念であったにもかかわらず、『騒擾史』をクラウゼ派の 2 人に献じたディアス・デル・モラールが語る「土地の社会的機能」からも、やはり宗教的な色合いが払拭されているかに見える。本章第 1 節を参照。
（ 9 ）　Martín Nájera, "Ugetistas y socialistas", p.478.
（10）　オルテーガ・イ・ガセは旧カスティーリャのレオン県からも立候補しており、ハエン県選出ではなく、このレオン県選出の代議士として憲法制定議会に臨むことになる（Cobo Romero, *Labradores*, p.243 y p.250 n.26.）。
（11）　Malefakis, *op.cit.*, pp.224-225 y n.8.
（12）　Casas Sánchez, "La obra de Juan Díaz del Moral", p.28.
（13）　第 2 共和制が誕生した 1931 年春、ANO は国内に都合 8,757 人の会員を擁していた。県別に見てみると、最多はハエン県の 4,096 人。バダホース県とコルドバ県の会員も、それぞれ 1,547 人と 1,228 人を数えた。いずれも大土地所有が支配的なアンダルシアとエストレマドゥーラにあるこれらの 3 県だけに、会員の 4 分の 3 以上が集中していたわけである。その一方で、セビーリャ県が供給する会員の数がわずか 176 に留まっているのは（*Olivo*, VI-1931.）、かなり意外なことのように思われる。もっとも、ANO は一枚岩の団体ではなかった。1930 年夏の ANO では、その具体的な中身に関してはまったく不明ながらも、セビーリャ県農業会議所の代表を務めるホセ・ウエスカ・ルビオと、ハエン県のオリーヴ栽培業者の利害を代弁する農業技師のホセ・ビエドマの 2 人が激しくやり合う一幕があった（Jacques Maurice, "Juan Díaz del Moral(1870-1948): historia social y reforma agraria", *Historia Agraria*, núm.50, 2010, p.48.）。セビーリャ県とハエン県の ANO の会員数の著しいまでの隔たりには、このあたりの事情が影を落としていたのかもしれない。
（14）　Id., *El anarquismo andaluz*, pp.13-16.
（15）　ディアス・デル・モラールの農地改革の「私案（"Voto particular del señor Díaz del Moral a la totalidad del dictamen de la Comisión, nuevamente redactado, sobre el proyecto de ley de bases para la Reforma agraria")」とその擁護演説（"Discurso pronunciado el día 10 de mayo de 1932, por don Juan Díaz del Moral"）は、初めカタルーニャの自治問題をめぐるホセ・オルテーガ・イ・ガセの国会演説その他と併せて出版され（Juan Díaz del Moral y José Ortega y Gasset, *La reforma agraria y el estatuto catalán*, Madrid, 1932.）、*Revista de Estudios Regionales*, núm.4, 1979, に再録された。本書は、再録されたテキストに依拠する。
（16）　Preston, *Las tres Españas*, pp.235-236.
（17）　フェルナンド・デ・ロス・リーオスの母親は、フランシスコ・ヒネール・デ・ロス・リーオスの姪に当たる（Virginio Zapatero, "El socialismo humanista de Fernando de los Ríos", *Fernando de los Ríos*, p.37.）。
（18）　*Ibid.*, p.54.

455

第 1 節

ディアス・デル・モラールの農地改革構想

　1932年5月10日の、自身が作成した農地改革の「私案」の擁護演説のなかで、ディアス・デル・モラールは農地改革を「土地所有の再分配（redistribución de la propiedad territorial）」と定義した[1]。ことは、再分配の対象となる土地と改革の恩恵に浴することになる階層の選定に関わっている。ブハランセの公証人がここで自らの「私案」の拠りどころとするのが、例の「土地の社会的機能」である[2]。「私案」では、「土地（tierra）」と「農地（campo）」とは区別されている。長期にわたる資本と労働の投下の結果、「土地」は「農地」になる。「社会的機能」を果たす土地は、より正確には「農地」を指す。この「農地」としての土地にあって最も重要なのは、むろん蓄積された資本であり労働である。

　ディアス・デル・モラールが考える「土地の社会的機能」とは、農業生産を通じて土地が人類に寄与することである。一般論として人口は自然に増加するものであるから、土地が「社会的機能」を果たすためにはそこから上がる富を維持・増大させ、さらに変革する——再投資する（？）——必要がある[3]。ブハランセの公証人は、借地経営の場合と直接経営の場合とに土地経営のあり方を分類する。借地農には自分の生産物からの収益を充分に享受することができない以上、資本と労働の積極的な投下・蓄積は不可能である。また、土地は「労働の道具（instrumento de trabajo）」に他ならず、借地料で懐を潤す人間だけのものであってはならないにもかかわらず、自分の所有地を貸し出す者には差し当たり借地料の確保のみが問題であり、その改良は望むべくもない。借地農の境遇も借地料で暮らす農業エリートの心理も、「土地の社会的機能」には適合しない。

　そこで、12年以上にわたって一貫して借地に供されている土地が、「私案」の農地改革の所要な標的としてまず設定される[4]。同様の趣旨に沿って、借地や分益小作の形で経営されている公共団体の土地も収用の対象に入る[5]。他方で、直接経営の場合には、大量の資本や労働力の投入や大規模な機械化が

第7章　第2共和制農地改革の限界

必要とされる土地の再分配は、かえってその「社会的機能」を損なう結果をもたらしかねない。大規模な経営は「資本主義の立場に立つ土地所有者」の手に委ねられねばならず[6]、従ってディアス・デル・モラールの「私案」では、直接経営の土地は自ずと農地改革の対象から除外される[7]。

1811年にときのカディス議会が発した政令に準じれば、裁判権領主所領(señorío jurisdiccional)を喪失していたはずの旧領主貴族の後を受けた者たちの地所。これが、ディアス・デル・モラールの「私案」のもう1つの大きな標的である。1837年に領主制が廃止された後も、貴族は概ね自らの旧所領を「私有地」として保持した。ブハランセの公証人は、この領主制の廃止をも含む19世紀の自由主義的農地改革を高く評価する。ディアス・デル・モラールの「政治的な」判断に従えば、なかでも最初のカルリスタ戦争のさなかの1830年代にフアン・アルバレス・メンディサーバルが着手した教会所有地の売却は、カトリシズムを礎に絶対主義への回帰を狙うドン・カルロスの支持層の切り崩しと、幼少のイサベル2世の立憲王政の確立に大きく貢献したのであり、そこで第2共和制の土台を強化するうえで、復古王政の主な支えと目された名門貴族の経済的な基盤である土地に打撃を与えることには重要な意味があった。彼ら旧領主貴族の土地を獲得する人間たちは、「必ずや〔第2〕共和制の熱烈な擁護者となるだろう」[8]。

ところで、アントニオ・ミゲル・ベルナールによれば[9]、アンダルシアでの直接経営の普及の開始は19世紀中葉のことであり、しかもそれは17・18世紀に領主貴族の土地を手広く借りていた大借地農の子孫たちが自由主義的農地改革を通じて「持てる者」としての自己を確立した時期に符合していた。あのイグナシオ・バスケス・グティエーレスの発意に基づき、「ガンボガス」も遅くとも1864年には直接経営に移行する。「ガンボガス」のもともとの所有者は、領主貴族ではなかった。しかし、カルトゥジオ修道会が持っていた「ガンボガス」をイグナシオの母親が1851年に購入した際には、セビーリャの郊外に広がるこの肥沃な大農場を経営するに当たり、その後も3年間は失効しない旨を明記した借地契約が確かに付帯されていたのである[10]。

「借地経営」と「名門貴族」という「私案」の主な標的には、明らかに重なり合う側面がある。例えば1919年のフェルナン・ヌーニェスでは、フェルナン・ヌーニェス公爵家がその所有地のうち約1,800ヘクタールを借地に出し、残る450ヘクタールほどを直接経営に当てていた[11]。1932年8月のサンフルホ将

457

軍の軍事行動を経て、マヌエル・アサーニャがこのフェルナン・ヌーニェス公爵家をも含む旧スペイン大公の土地の没収を叫びだすよりも早く、ブハランセの公証人は農業エリートの「片割れ」の土地所有とその経営のあり方を俎上に載せていたのだった。

「直接経営者を窮地に陥れないこと」を憲法制定議会に最初に持ち出すとともに、1932年9月の農地改革法に盛り込ませることにも成功したのは、プリエーゴ・デ・コルドバのニセト・アルカラ・サモーラである。このコルドバ県人の場合には、そこに農業ブルジョワとしての自己防衛の本能がいかにも露骨に働いていたことは疑いない[12]。第2共和制の初代大統領は、「膨大な数の農民大衆」にその救済を誓った臨時政府の首班でもあったにもかかわらず、「改革の2年間」には「農業少数派」を、そして「暗黒の2年間」には農業党を率いて農地改革に徹頭徹尾反対したホセ・マルティネス・デ・ベラスコと昵懇の間柄だった[13]。1936年の人民戦線の時代には、アルカウデーテ（ハエン県）に自身が所有していたオリーヴ畑が失業中の「アンダルシアの民」15人に占拠される一幕もあった[14]。

ディアス・デル・モラールの父方の曾祖父も、正しく自由主義的農地改革の一環としてのデサモルティサシオンの対象に選定された土地を集積したうえでオリーヴ畑の経営、それもほぼ確実に直接経営に成功した人物である。そして、自身の祖父と父の代に一旦は失われてしまった資産の一部の再建を成し遂げたのがブハランセの公証人だった。曾祖父の血筋には「ただの日雇い農」もおり、ほぼ同時代を生きたと推測されるセビーリャのイグナシオ・バスケス・グティエーレスに比べれば、その資産はごくささやかなものであったに違いない。ディアス・デル・モラール本人の懐具合にしても、おそらくは似たようなものであっただろう[15]。

それでも、ブハランセの公証人と、公証人の——その子息であるカルメーロの表現を借りれば[16]——「並外れた知性と労働意欲に確かに恵まれていた」曾祖父とが、直接経営へと傾斜する南スペインの農業ブルジョワジーの1つの流れを体現していたことは間違いない。自由主義的農地改革は私的所有の不可侵の原則を確立する一方で、領主制の廃止のされ方に象徴されるように旧領主貴族とブルジョワジーとの妥協の産物でもあった。「直接経営者を窮地に陥れないこと」を念頭に置いて収用の対象を限定したディアス・デル・モラールの「私案」に[17]、われわれはアンシャン・レジームの残滓とも見なされる要素の

第 7 章　第 2 共和制農地改革の限界

清算を通じて大土地所有制のもとでのアンダルシアの農業の資本主義的経営の合理化を図る 1 人の農業ブルジョワの意志の現れを見て取ることもできる。

　もっとも、パブロ・デ・オラビーデが書いた『農地法に関する報告』にも指摘されていたように、ことオリーヴ畑に関する限りは、既に 18 世紀にあっても直接経営の実施が観察されていた。フェルナン・ヌーニェスの農業経営者フランシスコ・ルーケの1919 年の証言によると[18]、借地経営が圧倒的に優勢なこのプエブロでも約 1,010 ヘクタールのオリーヴ畑のみはそのうちのほぼ 910 ヘクタール、つまりおよそ 9 割までもが直接経営のもとに置かれている。1932 年 5 月、農地改革の国会委員会の代表を務めるディアス・デル・モラールは、同時に国内のオリーヴ栽培業者を束ねる ANO の中枢にいた。われわれは、ブハランセの公証人の「進取の精神」をあまり買い被ってはならないだろう。「農業少数派」ともパイプのあったアルカラ・サモーラの農地改革法案ほどではなかったにせよ、「再分配」される対象に大幅な制約が課されたディアス・デル・モラールの「私案」は、自身が農地改革の犠牲に供される事態を極力回避しようとする、農業ブルジョワとしての「保身」の姿勢とやはり背中合わせの関係にあったように思われる。

　ここで、見落とされるべきではないと思われる点が 2 つある。その 1 つは、『騒擾史』の著者の眼差しが救済のときを待ち焦がれる「膨大な数の農民大衆」に限なく注がれていたわけではなかった点。もう 1 つは、「アンダルシアの農業問題」の顕現を促したそもそもの原因が、自身が称讃する他ならぬ 19 世紀の自由主義的農地改革、ことにデサモルティサシオンにあったとの、例えばパスクアル・カリオンにとっては疑いようもない事実の認識が、ディアス・デル・モラールにはどうやら欠けていたという点である[19]。

　「私案」の擁護演説では、改革の受益者の選定も「土地の社会的機能」と関連づけて論じられている。ディアス・デル・モラールは、日雇い農たちの農業経営の能力に懐疑的な姿勢を隠さない。仮に日雇い農に土地が与えられるとすれば、それは日雇い農が「最も熟練し、如才なく、堅実な生産者」である場合に限られる。擁護演説は、「労働者の権利」と「土地の再分配」との間に必然的な連関を認めない[20]。日雇い農の権利は差し当たり「国家」、つまり第 2 共和制の労働立法を通じて満足させられるべきものだった[21]。「私案」は、農業労働者たちが集う組合に大農場（grandes fincas）を暫定的に譲渡する可能性をも示唆している[22]。しかし、その際にも「国家」による直接的な介入が、「教

育的な」見地から前提とされている[23]。

　ディアス・デル・モラール自身が考える最良の「土地所有の再分配」は、借地農への、その借地農自身が借りている土地の引き渡しである[24]。第1次世界大戦後のチェコスロヴァキアやフィンランドでの農地改革の「成功」も、擁護演説によればこの手続きに負うていた。借地農こそは「活力に富み、知的で、土地の社会的機能に通じた分子である」[25]。内戦中に書かれた『第1次世界大戦後のヨーロッパの農地改革』も、ギリシャやルーマニアやユーゴスラヴィアでの極端な土地の細分化（parcelación extrema）に基づいた農地改革の失敗にも言及しつつ——「私案」の擁護演説が「資本主義の立場に立つ土地所有者」による大規模な農業経営の維持を主張していたことを、ここで改めて想起しよう——、完全な無産者たちへの土地の分与にはやはり否定的な結論を導き出した[26]。ブハランセの公証人が想定する「〔第2〕共和制の熱烈な擁護者」の「一番手」は、南スペインの地域ナショナリズムの総帥のブラス・インファンテが思い描く「アンダルシアの民」の中核としての日雇い農ではない。

　ディアス・デル・モラールの「私案」と彼自身によるその擁護演説にすぐさま批判の矢を放ったのが、ハエン県選出の社会党代議士ルシオ・マルティネス・ヒルである。FNTTの全国委員会書記長でもあったマルティネス・ヒルは、既に国会委員会での討論のなかでもその代表を務めるブハランセの公証人とは大きな見解の齟齬を来していた[27]。土地が「労働の道具」であり、「社会的機能」を有すること。「経済的に非効率な」借地や、旧領主貴族の家系のなおも根強い影響力の源泉であるその所有地に農地改革の矛先が向けられるべきであること。これら2つの点では「私案」に概ね同意しながらも、マルティネス・ヒルは土地の「社会的機能」が「私的所有」と結びついた「個人的機能」に堕している現実に警鐘を打ち鳴らした[28]。

　このFNTT全国委員会書記長のおそらく最も重要な批判は、ディアス・デル・モラールが語る「直接経営（explotación directa）」と「直接経営者（cultivador directo）」の内実に関わっている。怠惰な経営者たちに農作業の実施を促す「強制耕作法」がしきりに執行されていた当時のありさまにも言及しつつ、マルティネス・ヒルは農業経営に意欲を見せない南スペインの「セニョリート」らを「直接経営者」と見なすことを拒絶した。貸し出されている公共団体の土地は限られており、旧王領地や国家が差し押さえた土地その他、ディアス・デル・モラールの「私案」に列挙された収用の対象となりうる他の不動産も、その多くは劣

悪な状態に置かれている。そもそも、「直接経営」の土地が農地改革の対象から除外されてしまったのでは「入植に値する土地はない」。

また、「私案」がデサモルティサシオンのおかげで失われた自治体の旧所有地の扱いを先送りにした点を衝いたマルティネス・ヒルの指摘は、そのデサモルティサシオンをも含む自由主義的農地改革を好意的に評価するブハランセの公証人とFNTT全国委員会書記長の状況認識の隔たりを際立たせたものと見なされうるだろう[29]。土地は「労働の道具」であるからこそ、「耕作者」の手に確保されねばならない。農地改革は「〔第2〕共和制を支え、その想定されうる敵と戦う農民の巨大な部隊」を創出する。貧困と空腹に苛まれた「農業労働者」の救済は「〔第2〕共和制にとって最大・最強にして、最も価値ある軍隊」の形成へと結実する。マルティネス・ヒルが語る「耕作者」「農民」「農業労働者」は、ディアス・デル・モラールが考える「〔第2〕共和制の熱烈な擁護者」──主として借地農──を明らかに大きく超える広がりを持っていた。

当時コルドバ県の社会党系紙『エル・スール』の編集長を務めていたフェルナンド・バスケス・オカーニャも断定するとおり、ディアス・デル・モラールの「私案」には自身の生まれや育ちに直結する匂いが確かにしっかりと染みついていた[30]。「……今夕、私が語らなければならない言葉が多数の方々のご胸中に何らの痕跡も残すはずもないという、深い憂いに根差した落胆こそあれ、私の発言が国会議事録に書き留められ、いつの日にか、それが反響を見出すであろうとの理由から、私はあえて自らの農地改革の私案の正当性を主張するものであります。私は、ただ農地改革を大いなる熱意をもって擁護することを示したいがためにのみ、自らの私案に基づいてこの行動に及ぶものであります」。これは、農地改革法が可決される3日前の1932年9月6日、国会の場で語られたディアス・デル・モラールの演説の冒頭部分である[31]。

「アルカラ市民」マヌエル・アサーニャのそれにも似て格調高いこの「言葉」に、おそらく偽りはなかっただろう。しかし、自身、「土着の社会主義」の実現を通じて南スペインの大土地所有制を解体することへの「アンダルシアの民」の熱望を他の誰にもまして生々しく再現してみせたにもかかわらず、『騒擾史』の著者の「大いなる熱意」は「膨大な数の農民大衆」の底辺にうごめく「民」をただならぬ飢えと貧困から解き放つだけの内容を兼ね備えてはいない。もっぱら借地経営のもとに置かれた土地にのみ関心を集中させるかのような農地改革論は、ラティフンディオに孕まれた現実を隠蔽するたくらみでしかない。こ

のようにディアス・デル・モラールの「私案」を切り捨てたのは、同じコルドバ県選出の憲法制定議会代議士を務める社会党のフアン・モラン・バージョである。さらに、他の代議士たちの面前で、このマルティネス・ヒルの同志は農地改革のための国会委員会代表の1931年6月の当選がコルドバ県内の、主として社会党員やUGT（FNTT）の組織員たちが投じた票に負っていたとのどうにも動かしがたい「事実」を持ち出し、自身の目には恩を仇で返すかにも見えたに違いないディアス・デル・モラールの姿勢をいっそう厳しく戒めた[32]。

それでも、ブハランセの公証人の精神が「改革の2年間」に逆行する「暗黒の2年間」の論理に埋没してしまうことはない。ディアス・デル・モラールは1933年1月にブラス・インファンテらがコルドバに催したアンダルシアの地域ナショナリズムの集会に顔を出し、その3年後には第2共和制最後の総選挙を控えて人民戦線への支持を表明している。1934年5月には、ANO書記長の座を自ら退く[33]。その後、アントニオ・スリータ・ベラ、サルバドール・ムニョス・ペレス、アントニオ・ナバハス・モレノら、同じコルドバ県内の有力な農業ブルジョワの参加を得て、ANOのコルドバ県支部が発足した。同年の秋口のことである[34]。

1936年夏にフランコ派として初のコルドバ市長になるアダムースのサルバドール・ムニョス・ペレスや、ディアス・デル・モラールと同郷のアントニオ・スリータ・ベラの「アンダルシアの民」への敵愾心を剥き出しにした言動を、われわれは既に充分すぎるほど知っている。他方で、「ボリシェヴィキの3年間」当時、IRS調査団を前に「経営形態を問わず」大農場の細分化は論外、との態度に終始したムニョス・ペレスに比べればまだ穏当と思われる発言を残していたのが、カストロ・デル・リオのナバハス・モレノだった。『IRS報告』には、借地の収用に関連して、ディアス・デル・モラールの「私案」に共通する要素をも含むナバハス・モレノの提言が確かに書き留められていた。ナバハス・モレノのその後の歩みと対比してみれば、紛れもない「持てる者」の1人だったブハランセの公証人が第2共和制期に自ら選んだ立場の特異性が浮き彫りになるだろう。

ナバハス・モレノは、既に1908年には保守党員として町長を務めた経歴をも持つ、カストロ・デル・リオが生んだ紛れもない「名士」の1人である。1920年3月にこのプエブロにCNCAの支部が設けられた際には、その副代表に就任。このとき、ナバハス・モレノは自分が借りていた土地を、自らが支払っ

たのと「同じ借地料で」——つまり、自身の懐には1ペセータも入れることなく——300人の町民に又貸ししている(35)。この300人のなかには、「名士」の恩情にすがる前には、「コルドニエフ」に鼓舞されて「ボリシェヴィキの3年間」の農業ストライキ攻勢に身を投じていたカストロ在住の「アンダルシアの民」も混じっていたものと想像される。

　ナバハス・モレノに土地を貸していたのは、メディナセーリ公爵ことルイス・フェルナンデス・デ・コルドバであったのかもしれない。中途半端な形での土地の貸与がむしろ借地農を破滅させる恐れを指摘する論考をモンティーリャのカトリック誌に発表した折、ナバハス・モレノは「現実を見据えたうえで、名家にふさわしい無私の精神から」自身が所有するいくつかの大農場を「控え目な地代で」CNCAへ提供していた公爵の態度を称讃している(36)。

　しかし、1930年代の前半になると、ナバハス・モレノにも態度の硬化が目立った。1932年7月、それまでコルドバ県知事として各地の労使紛争への介入にしばしば剛腕を発揮していたエドゥアルド・バレーラ・バルベルデのセビーリャ県知事への「栄転」が決まった際、ブハランセのスリータ・ベラとともにその「偉業」を讃える音頭取りを率先して買って出たのも、確かにこのカストロ・デル・リオの農業経営者である(37)。プリモ・デ・リベーラ将軍の独裁期、その御用政党である愛国同盟のカストロにおける「顔役」だったナバハス・モレノは(38)、第2共和制の「改革の2年間」の反教権主義に反発する。祖国が「カトリック的であることをやめた」1931年、「コルドバ県農業カトリック協会・組合連盟（Federación de Asociaciones y Sindicatos Católicos Agrícolas de la Provincia de Córdoba）」を創設し、自ら代表に就任したのもこの人物である。翌年春の復活祭の折、当時「〔コルドバ〕県農業経営者連盟（Federación Provincial de Agricultores）」の代表をも兼ねていたナバハス・モレノは、町長らの意向に逆らってある教会から聖母マリーアとキリストの像を街頭へ持ち出したため、治安警備隊により逮捕される屈辱を味わう(39)。

　1933年1月。先のコルドバでの地域ナショナリストたちの集会と前後して、ディアス・デル・モラールはそのナバハス・モレノが取り仕切った県内の農業経営者たちの会合にも足を運んでいる。やはり県庁所在地で持たれたと覚しいこの会合の席上、ナバハス本人やアントニオ・スリータ・ベラ、さらにポソブランコのホセ・モンテーロ・ティラードらが労使混成協議会の代表を務める社会党・UGT（FNTT）のフアン・パロミーノ・オラーリャへの敵意を挙って

剥き出しにするなかで、ただ1人、やや及び腰ながらも（！）憲法制定議会の事業への理解を求めたのは、確かにブハランセの公証人だった[40]。

「改革の2年間」から「暗黒の2年間」への移行を画した1933年11月の総選挙の結果、モンテーロ・ティラードがCEDAの代議士の資格を手に入れたことは前章で述べてある。このとき、ナバハス・モレノも農業党の代議士に選出された。ディアス・デル・モラールと、ムニョス・ペレスとナバハス・モレノとスリータ・ベラの3人とのANOにおける「すれ違い」がまったくの偶然にすぎなかったものかどうか、われわれには断定を下すだけの材料がない。いずれにせよ、フランコ将軍のスペインにあってブハランセの公証人は不遇に泣く。ディアス・デル・モラールにムルシア県のカラバーカ・デ・ラ・クルースでの公証人の職務への従事を命じたフランコ独裁の人事は、1人の知識人の第2共和制期の営為に向けられた報復措置以外の何ものでもなかった[41]。

註
（1）Díaz del Moral, "Discurso", p.317.
（2）*Ibid.*, p.316.
（3）*Ibid.*, pp.319-320.
（4）*Ibid.*, pp.320-322 y p.332.
（5）*Ibid.*, p.330.
（6）*Ibid.*, pp.323-324.
（7）*Ibid.*, pp.344.
（8）*Ibid.*, pp.330-332.
（9）ベルナル『ラティフンディオの経済と歴史』143‐156ページ。
（10）Heran, *op.cit.*, p.178.
（11）AHPC, leg. 162.
（12）Maurice, "Reforma agraria y revolución social", p.234.
（13）Gil Pecharromán, *op.cit.*, p.317.
（14）*Ibid.*, p.369.
（15）1931年8月のブハランセでは、アントニオ・スリータ・ベラのもとで賃金労働に従事していた「アンダルシアの民」が42人であったのに対して、ディアス・デル・モラールが契約していた「民」は9人に留まる。このときブハランセで最多の労働力を農作業に投入していたのはフランシスコ・ソトマジョール・ナバーロで、その数は71人。また、フランシスコの弟と思われるフロレンシオも69人の、妹と覚しいホセファも41人をそれぞれ雇っていた（Cañete Marfil y Martínez Mejias, *op.cit.*, pp.157-158.）。

第 7 章　第 2 共和制農地改革の限界

(16) Carmelo Díaz González, "Prólogo", Juan Díaz del Moral, *Las reformas agrarias europeas de la posguerra 1918-1929*, Madrid, 1967, p.XVI.
(17) バラガン・モリアーナ「ディアス・デル・モラールの政治的軌跡」70 ページ。
(18) IRS, *Información sobre el problema agrario*, p.111.
(19) それでも、『スペインのラティフンディオ』の著者もディアス・デル・モラールの『騒擾史』を「必読の」文献に挙げている（Carrión, *Los latifundios*, p.54.）。
(20) Díaz del Moral, "Discurso", pp.325-326.
(21) 1932 年 5 月 10 日の憲法制定議会において、ディアス・デル・モラールは次のように述べた。「国民の経済とは、……われわれをひとり残らず庇護してくれる共通の屋根なのであります。……国家の機能は、社会の共生を組織し、人やものごとを適材適所に配することになければなりません。自分たちの権利を、『何』、つまりは目的を、労働者・大衆は有しております。とはいえ、手段、『どうやって』は、換言すればすべての人間たちの社会的共生に配慮し、これを調整するための機能は、国家に対応するものであります……」（バラガン・モリアーナ『ディアス・デル・モラールの政治的軌跡』71 ページ）。国家権力一般に自ずと内在する「階級的な」性格・制約を無視したうえで、その調整機関としての役割を過大に評価したとの一般論的な見地から、アントニオ・バラガン・モリアーナはディアス・デル・モラールの「私案」のこの主張を批判する（Barragán Moriana, *Realidad política*, p.174.）。もっとも、ここでブハランセの公証人は、「改革の 2 年間」に主として社会党・UGT（FNTT）の労相フランシスコ・ラルゴ・カバリェーロの肝煎りで導入された労使混成協議会その他の社会政策に一定の評価を与えている節もある。
(22) Díaz del Moral, "Voto particular", p.353.
(23) Id., "Discurso", p.340. 「私案」の擁護演説は、日雇い農たちの組合に「暫定的に譲渡」されうる「大農場」を選別する根拠や方法には議論を進めない。従って、この件に関する限り、すべては仮定の域を出ない。同じ演説のなかで、ディアス・デル・モラールは土地を国有化することに「自身、何の不都合も感じない」とも語っている。しかし、「私案」によれば農地改革の対象から除外されるべき直接経営の土地が仮に国家の管理下に移されるような場合には、国有化された後も引き続き当該の土地の経営に当たるものとされる元所有者とその後を引き継ぐ者たち、つまり本来の意味での所有権を失った農業経営者の子孫たちに、投下された労働と資本の成果をそっくり享受しうる権利が将来にわたって完全に保障されること。ディアス・デル・モラールにとって、それは絶対に譲ることのできない議論の前提だった（*ibid.*, p.323.）。やはりあくまでも仮定に立脚したこの土地の国有化の問題は、「私案」そのもののなかでは扱われていない。
(24) *Ibid.*, p.342.
(25) *Ibid.*, pp.333-334.
(26) Id., *Las reformas agrarias*, pp.162-170, pp.178-182 y pp.204-205.
(27) バラガン・モリアーナ「ディアス・デル・モラールの政治的軌跡」72 ページ。

(28) マルティネス・ヒルによるブハランセの公証人の「私案」に対する批判は、*El Obrero de la Tierra*, 14-V-1932, recopilado por Borrell Merlín, *Lucio Martínez Gil*, pp.184-196.

(29) プリモ独裁の土台が既に大きく傾きつつあった1928年に作成された社会党の農業綱領は、自由主義的農地改革を通じて破壊された自治体所有地の再建と、農業労働者組織によるその集団経営を1つの戦略として既に打ち出していた（Cobo Romero, *Labradores*, pp.144-145 y n.124.）。1932年6月のFNTTマドリード大会の席上、元自治体所有地の無償での返還を訴えた農業労働者たちのなかには、コルドバ県のフエンテ・オベフーナとペニャロージャの組合からの代表も含まれている（FNTT, *Memoria que presenta el Comité nacional*, p.427.）。米西戦争があった1898年に上梓された『スペインにおける農業集団主義』のなかで、自治体所有地のデサモルティサシオンに「国家による市町村への常軌を逸した戦争」を見たのが、その3年後に「常軌を逸した」カシキスモに「戦争」を仕掛けるホアキン・コスタ・イ・マルティネスだった。ただし、『農業集団主義』を著したその意図が、かつての村落共同体のもとでの前近代的な農業経営のあり方の全面的な肯定に置かれていたという点で（Serrano, "Introducción", pp.46-47.）、コスタとマルクス主義を奉じる30年後の同胞とは、仮に後者がその着想を前者に負っていたとしても互いに立場を異にしていたように思われる。『農業集団主義』の出版と前後して灌漑事業の大々的な展開を主張し、併せてカシキスモの打破を呼びかけた際、コスタは紛れもない祖国スペインの「脱アフリカ化」＝「ヨーロッパ化」＝「近代化」の提唱者だった。1880年代には自由教育学院の事業に直接関与していたこともあり（*ibid.*, p.18.）、第2共和制の「インテリゲンツィヤ」に通じる側面がなかったわけではない。だが、失われた共同体の礼讃は時代の流れに逆行する。コスタの自我は分裂していた。19世紀末から20世紀初頭にかけてのスペインを熟知する現代史家のカルロス・セラーノに従えば（*ibid.*, p.61.）、コスタの営為は、いびつな形で、ことに貧しい者たちには冷酷な「近代化」が進むなかで没落を余儀なくされていった階級の最大級の抗議に他ならない。コスタが自治体所有地の売却が開始されるわずか前の1846年に生を受けたのは、何とか自立した生活を維持できるだけの状態にあった北スペインの質素な農家である（*ibid.*, p.11.）。そして、正しく「世紀末の農業危機」のさなかにあった半世紀後、アラゴンの風景はすっかり様変わりしてしまっていたのだった。プリモ独裁の幕が上がった直後にマドリードのある雑誌に連載された記事のなかで（*España*, entre el 20-X y el 22-XII-1923, artículos recopilados por Jacques Maurice y Carlos Serrano, *J. Costa: Crisis de la Restauración y populismo (1875-1911)*, Madrid, 1977, pp.222-223.）、コスタの生涯を「保守派としての自己から脱却しようと心の底から願いながらも、そうできない人物の悲劇」と喝破したマヌエル・アサーニャの「理性」は、さすがに明敏だった。アルカラ・デ・エナーレスの文人政治家の観察では、コスタはなるほど「革命の成就を祈念してはいた」。とはいえ、その「革命」の実現は権威主義的な、コ

スタ自身のあまりにも有名な表現を借用すれば「鋼鉄の外科医（cirujano de hierro）」のメスに委ねられるべき筋合いのものだった。そして、そんな「外科医」を気取った1人が、1923年11月にスペイン国王のアルフォンソ13世がイタリア人の同業者、ヴィットーリオ・エマヌエーレ3世に「私のムッソリーニ」（Juliá, *Un siglo de España*, p.65.）と紹介したミゲル・プリモ・デ・リベーラ将軍その人だったのである（Maurice y Serrano, *J. Costa*, p.186.）。ピレネーの南の政治を閉塞させ続ける元凶としてカシキスモを断罪しながらも、結局のところ議会制民主主義に信頼を置くことができぬまま「鋼鉄の外科医」の登場を渇望したコスタを――われわれは、ここにもコスタの自我の分裂の現れを認めることができるだろう――、悲惨な末路が待っていたにしろ、やがて議会制に立脚した「理性的な」共和国の建設に心血を注ぐことになるアルカラ・デ・エナーレスの文人政治家が嫌ったのには正当な理由があったと見るべきだろう。それでもなお、復古王政後半の農地改革をめぐる議論にコスタが投じた一石の重みはやはり検証に値する。コスタがパスクアル・カリオンやブラス・インファンテのみならず、『ラ・ボデーガ』のなかで、フェルミン・サルボチェアを思わせる「純粋」アナキストのフェルナンド・サルバティエラに小土地所有の利点を語らせたビセンテ・ブラスコ・イバーニェスや、「ボリシェヴィキの3年間」の騒乱の奥底に「土地の再分配」への日雇い農たちの宿願を看取したクリストーバル・デ・カストロらを魅了したことは間違いない（De Castro, *op.cit.*, pp.10-11.）。カリオンの名著に非常に好意的な序文を寄せたフェルナンド・デ・ロス・リーオスからも、コスタの影響が明瞭に観察される。ラティフンディオが展開するアンダルシアやエストレマドゥーラの農業の後進性・生産性の乏しさを強調する一方で、脆弱な労働環境に喘ぐ零細農たちの保護を強く主張した際、デ・ロス・リーオスは大土地所有制のもとでの農業経営の確立を資本主義から社会主義への移行のうえでの大前提の1つと見なしたカール・カウツキーよりも、コスタや『スペインのラティフンディオ』の著者に間違いなく近かった。このデ・ロス・リーオスは、1928年の農業綱領の作成に先駆けて、1910年代から自治体所有地の再建を提唱していた社会党員の1人でもある。「アンダルシアの農業問題」の解決、延いては国内の「膨大な数の農民大衆」の救済のためにデ・ロス・リーオスが練り上げた計画表のなかでは、特に1898年の破局をきっかけに浮上したコスタらによる、病める祖国を再生へと導くための営為（regeneracionismo）への積極的な評価と、農業国スペインに残存する「半ば封建的な」要素を一掃する課題を十全な意味での「ブルジョワ革命」の実現に託すマルクス主義の古典的な態度とが混在していた（Miguel Gómez Oliver y Manuel González de Molina, "Fernando de los Ríos y la cuestión agraria", *Fernando de los Ríos*, pp.80-97.）。しかし、デ・ロス・リーオスが練り上げた、コスタやカリオンにも通じる「温和な」治療策は、デ・ロス・リーオス自身が法相を務めた第2共和制の「改革の2年間」を通じて、フランシスコ・ラルゴ・カバリェーロや、この労相とともに左傾の度合いを強めていった社会党・UGT（FNTT）の大方の同志

たちの支持を集められぬままに終わる (*ibid.*, pp.105-108.)。

(30) Vázquez Ocaña, *op.cit.*, pp.71-72. ただし、もう1度だけ繰り返す。このバスケス・オカーニャが、大土地所有制の変革にはディアス・デル・モラール以上に慎重だったアルカラ・サモーラに近いところにいた事実をも、われわれは忘れるべきではない。

(31) バラガン・モリアーナ「ディアス・デル・モラールの政治的軌跡」73ページ。

(32) Maurice, "Díaz del Moral", pp.53-54. モラン・バージョも、既に国会委員会のなかでディアス・デル・モラールと対立関係にあった(史料的根拠は、本節の註〔27〕に同じ)。

(33) *Olivos*, V-1934.

(34) *Ibid.*, IX-1934.

(35) Francisco López Villatoro, *La villa de Castro del Río(1833-1923)*, Córdoba, 1998, pp.120-122.

(36) *Montilla Agraria*, 1-XI-1920. 第2共和制の初期、フェルナンデス・デ・コルドバはカストロ・デル・リオにも2,100ヘクタール以上の土地を持っていた(第2章第1節の註〔47〕)。

(37) Cañete Marfil y Martínez Mejías, *op.cit.*, p.175.

(38) López Villatoro, *Cambios políticos y sociales*, pp.61-62.

(39) *Ibid.*, pp.81-82. Antonio Salido Bravo, *Semana Santa de Castro del Río*, Córdoba, 1984, pp.16-21.

(40) *Diario de Córdoba*, 12-I-1933. フアン・パロミーノ・オラーリャは、このときコルドバ県の急進党系紙『ラ・ボス』からも目の敵にされていた。カストロ・デル・リオを舞台に元リベルテールとして「純粋」アナキストのホセ・サンチェス・ロサを相手に論戦を繰り広げたこともあるパロミーノ・オラーリャは(第4章第3節の註〔72〕)、3月には労使混成協議会の代表の椅子を奪われる(Pérez Yruela, *op.cit.*, pp.155-156 y n.74.)。

(41) 北スペインのサンタンデールでフランコ将軍らの決起の報に接したディアス・デル・モラールは、一旦フランスに逃れた後、改めて家族の待つマドリードへ向かった。内戦中は、ディエゴ・マルティネス・バリオの共和主義同盟に籍を置く(Juan Ortiz Villalba の教示による)。「兄弟殺し」の終結後、ディアス・デル・モラールは自身の政治活動を理由に厳罰に処せられる事態ばかりは免れた。その際に大きくものを言ったと思われるのが、フランコ独裁の司法当局を前にしての、国内の農業経営者たちに団結を訴える「農業ブロック」のマニフェストは自らが執筆したもの、との弁明である。プリモ独裁の検閲を通過した後、1924年の秋に印刷されたこのマニフェストにその名が見える ("Manifiesto", recopilado por Maurice, "Juan Díaz del Moral", pp.62-63.)、結局は流産する定めが待っていた「ブロック」のコルドバ県代表の肩書の持ち主は、カストロ・デル・リオのホセ・リオボ・ススビエーラス。1936年7月18日、コルドバの兵営に姿を見せた「大物」の1人

である。また、ブハランセの公証人は「共和制奉仕団」に自分が参加した理由に関して、「新しい体制が極端な方向に走る可能性を封じるとともに、農業経営、とりわけオリーヴのそれの利益を守るため」との釈明を行っている。さらに、「1936年4月」にブハランセを離れ、マドリードのチャマルティン・デ・ラ・ロサの公証人役場に移った理由として、ディアス・デル・モラールは故郷での騒擾に自身が巻き込まれる事態への恐れを挙げた (ibid., pp.56-57.)。人民戦線期のブハランセには、「暗黒の2年間」の報復に脅える大地主たちの身の安全を、活動の再開を許された、FAI派が指導する（！）地元のCNTが請け負ってみせたという奇妙なエピソードも残されている (Pérez Yruela, op.cit., p.210.)。当時、カストロと並んで優れてリベルテール的なこのプエブロにあって、「持てる者」たちが精神的に追いつめられていたことは間違いない。だが、孫のアントニオ・タステ・ディアスの略伝では（「はじめに」第1節の註〔1〕）、『騒擾史』の著者がマドリードに移り住んだのは「1935年」である。略伝に間違いがないとすれば、祖父は内戦前夜の自身の境遇に脚色を加えることにより、フランコ独裁の温情にすがろうとしたのだろうか。いずれにせよ、ディアス・デル・モラールが農業ブルジョワとしての自らの顔を前面に押し出して自己弁護に努めた結果、第2共和制時代のその足跡が、もちろんすべてではないにせよ帳消しにされたことは確かである（1943年9月に一旦は免責の裁定を下しておきながら、それから5ヶ月後、フランコ将軍のスペインはこのコルドバ県選出の元憲法制定議会代議士に3,000ペセータの支払いを命じている）。なお、現代史家のマヌエル・トリビオ・ガルシアにより、県庁所在地の市立歴史文書庫 (Archivo Histórico Municipal de Córdoba) に長く眠っていた、コルドバ在住の友人ホセ・デ・ラ・トーレ・イ・デル・セーロ宛てのディアス・デル・モラールの複数の書簡が先ごろ発見された (Manuel Toribio García, "Cartas desde el silencio. Testimonios de dos historiadores cordobeses (1928-1948)", 13 fols., inédito. この未公刊のテキストのコピーは、Manuel Toribio García 当人に提供してもらった)。ホセ・オルテーガ・イ・ガセやエロイ・バケーロ・カンティーリョらと並んで、このデ・ラ・トーレは『騒擾史』が執筆される過程でブハランセの公証人を助けた多数の協力者のなかの1人である (Díaz del Moral, Historia de las agitaciones, p.23 n.6.)。件の書簡のなかには、『騒擾史』の著者の晩年の不遇を裏づけるものも含まれている。ブハランセを追われたディアス・デル・モラールには、自らが所有していたオリーヴ畑の直接経営に従事することももちろんできなくなった（1937年の夏には、自分の所有地が一旦はそっくり没収される憂き目も見ている〔Maurice, loc.cit.〕）。カラバーカ・デ・ラ・クルースで投函された1942年9月12日付の手紙には、遠く離れた故郷に残された自分のオリーヴ畑の借地料の査定をめぐる訴訟沙汰に巻き込まれて苦慮するありさまが赤裸々に綴られている。また、死を間近に控えた1948年3月18日にマドリードでしたためられた手紙のなかで、ディアス・デル・モラールは満を持して世に問うた『騒擾史』がコルドバのジャーナリズムからまったく無視された過去を苦々しく振り

返っている。コルドバの県立図書館も、『騒擾史』の購入に積極的ではなかったらしい。その書架にようやく収められた『騒擾史』は、コルドバの市立文書庫に勤務していたデ・ラ・トーレを介してディアス・デル・モラール自身が寄贈した1冊であったという。この、デ・ラ・トーレに宛てられた生前最後の（？）の書簡の端々からは、「他のどんな書物も言及していない」コルドバ県の労使対決に光を当てた『騒擾史』への、老いた著者の並々ならぬ愛着のほどが察せられる。

第 7 章　第 2 共和制農地改革の限界

第 2 節

「農地改革の背景」？

　エドワード・マレファキスは、『騒擾史』の著者には「19世紀末から1920年にかけて社会状況が際立って悪化した、ちょうどその時期のコルドバ県の経済の改善をときおり強調しすぎる嫌いがある」と述べ、その理由をブハランセの公証人の「郷土愛と逆説を愛する性癖」に帰している[1]。事実、ディアス・デル・モラルが描くコルドバ県の騒擾の背景は、ラティフンディオが醸し出す、『騒擾史』の出版から数年後にあのラモン・ホセ・センデールを大いに驚かせることになる否定的なイメージ——粗放農法に委ねられた大農場と、貧困に苦しむ日雇い農たちの群れ[2]——を覆す内容を含んでいた。
　『騒擾史』によれば、20世紀初頭のコルドバ県内、特にリベルテール的な騒乱の舞台と化したグアダルキビール川以南のカンピーニャでは農業生産性が急速に増大しつつあった。また、ディアス・デル・モラールは騒乱が発生する頻度と土地の集中の度合いとの間に直接的な因果関係を認めない。なるほど「土地の集中が著しい」県庁所在地のコルドバと並んで、カンピーニャに多発した騒乱の発生源は「かなり以前から小自作農や、極めて安い地代を支払っている小借地農が異常なまでに多かった」カストロ・デル・リオやブハランセ、さらにエスペッホやフェルナン・ヌーニェスやモンテマヨールであり、彼ら小農の多くこそが『騒擾史』の主役たちであったのだという[3]。
　従って、ジャック・モリスの指摘にもあるとおり[4]、『騒擾史』の著者にとっては、「ボリシェヴィキの3年間」の緊張の発現を決定づけた最大の要因が、コルドバ県の大土地所有制のもとでの農業プロレタリアートへの搾取になかったことは明らかである。その名著にクエンカ・トリビオが呈した讃辞にもかかわらず、ディアス・デル・モラール自身は「農業プロレタリアートの希望と絶望を」描こうとしたわけでは必ずしもなかったのだった。ついでに書き添えておけば、『エル・ソル』紙の編集長に宛ててしたためられた例の書簡のなかで、ホセ・オルテーガ・イ・ガセも小農が「異常なまでに多かった」プエブロでの騒擾の多発に注意を促している。おそらく、コルドバでの書簡の執筆に先立っ

471

て、オルテーガはディアス・デル・モラールから「アンダルシアの農業問題」についてかなり立ち入った教示を受けていたものと想像される。

　20世紀の初頭から「ボリシェヴィキの3年間」にかけてのコルドバ県下の農業の発展は、地理学が専門のペドロ・ドミンゲス・バスコンの研究からも裏づけられる。白葡萄酒の醸造業が盛んなモンティーリャとその周辺の若干のプエブロを除けば、小麦とオリーヴの生産がコルドバ県の農業を支える2本柱である。オリーヴの生産性（qm./ha.）は、6.20（1905‐09年）→ 11.30（1915‐19年）へと大幅な伸びを示し、ほぼ同じ時期の全国平均7.80（1906‐09年）→ 10.30（1916‐20年）に追いつき、追い越している。小麦の生産性も、6.17（1901‐05年）→ 9.53（1909‐13年）→ 10.70（1915‐19年）と順調に上昇線を描いた[5]。『騒擾史』では、1916年から20年にかけての小麦の生産性はコルドバ県の11.16に対して、全国平均が8.90。「ボリシェヴィキの3年間」には、コルドバ県の2大農作物の生産性が全国の平均的な水準を凌駕していたことは間違いない[6]。

　ディアス・デル・モラールは、この生産性の向上をそのままカンピーニャでの「社会状況」の改善にも結びつける。「1905年の凶作を最後に、カンピーニャはもはや飢えを知らない」と断言するブハランセの公証人は[7]、『騒擾史』に先立ってともに1923年に刊行された、ジャン・コストドア・ラマルクの『アンダルシアの農業問題』とエロイ・バケーロ・カンティーリョの『アンダルシアのドラマ』が揃って「ボリシェヴィキの3年間」の闘争の原因として重視した、「大戦争」のさなかに始まる物価上昇が低所得者層にもたらしたさらなる窮乏化の過程[8]を掘り下げようとしない。

　「異常なまでに多かった」小農に関連して、「ボリシェヴィキの3年間」の闘争の前衛を演じたカストロ・デル・リオの土地所有の実態を瞥見しておく。パスクアル・カリオンの『スペインのラティフンディオ』に依拠すれば[9]、「3年間」の閉幕から10年を隔てた1930年のデータながらも、この優れてリベルテール的なプエブロの階級構造が垣間見えてくる。第2共和制が生まれる前夜のカストロには、250ヘクタール以上の紛れもないラティフンディオが21あり、それらの地所、併せて5,442ヘクタールは、カストロの総面積21,118ヘクタールの25.77パーセントに相当する。コルドバ県の総面積1,329,983ヘクタールに、250ヘクタール以上のラティフンディオの合計579,001ヘクタールが占める割合は43.54パーセントであるから、カストロでの土地の集中の度合いは確かに

全県平均をかなり下回っている。

　ところで、課税対象所得が 5,000 ペセータ以上の高額納税者がカストロ・デル・リオには 51 人おり、その額は併せて 622,965 ペセータに上る。カストロのすべての納税者 1,734 人の課税対象所得の総額は 1,180,388 ペセータ。51 人の同所得は 1,734 人のそれの 52.78 パーセントで、この高額納税者の比率は全県平均の 51.08 パーセントを逆に上回っている。そこで、カストロでは相対的に面積の小さい地所を複数併せ持ち、そのため地租の支払いは高額になる農業経営者、つまり経営規模のうえでは「大地主」が多い、との『騒擾史』の主張には合致しない構図が浮上する。付言しておけば、1932 年の夏、「骨の髄まで」ブルジョワだったマヌエル・アサーニャが農業エリートが所有する土地の総量を問わない収用方式の採用に固執した際、このあたりの事情を弁えていなかったはずはむろんない。

　ここでアントニオ・バラガン・モリアーナが作成した、同じ 1930 年のコルドバ県内の 8 つのプエブロにおける地租の支払い状況に関するリストを見てみると[10]、カストロ・デル・リオでは完全な日雇い農と並んで 1932 年の農地改革法の受益者となりうる、地租の支払額が 50 ペセータに満たない階層の者が 1,332 人を数え、この人数は全納税者——バラガンによれば 1,734 人ではなく、1,778 人——のほぼ 75 パーセントに相当する。このうち、地租の支払い額が 10 ペセータ未満の人間が最も多く 687 人。彼らだけで全体の 4 割に近い。この 687 人の支払額を合計しても 3,744.67 ペセータにすぎない一方、カストロには納税額が併せて 17,217.22 ペセータに達する「大地主」が 2 人いる。

　所得の格差は圧倒的であり、カストロ・デル・リオの小農の多くは日雇い労働に従事せざるをえない、あるいは実質的に日雇い農に分類されるべき過小農としての境遇にあったものと推察されるのである。そもそも、農業労働者が争議の一方の主役でなければ、「ボリシェヴィキの 3 年間」が失業の解消や賃金の引き上げを俎上に載せるはずはない。IRS 調査団の調べでは、1919 年当時のこのプエブロには 2,500 人の農業労働者がいた。借地農は 1,500 人[11]。ただし、この 1,500 人には大借地農から「猫の額」ほどの土地を宛がわれた過小農まで、さまざまな階層が含まれていたものと思われる。間違いなく農業エリートの 1 人であるブハランセのアントニオ・スリータ・ベラも、メディナセーリ公爵家の土地を借りていた[12]。

　1934・35 年の IRA の統計は、ブハランセの下層社会のむしろはっきりと

プロレタリア的な性格を浮き彫りにする。ブハランセ、カニェーテ・デ・ラス・トーレス、エル・カルピオ、ペドロ・アバの4つのプエブロで構成されるブハランセ地方裁判所管轄区にあって、農地改革法の恩恵に与りうる2,809人のうち「完全な」日雇い農は2,554人を数え、全体の9割以上に達していた(13)。やはり「ボリシェヴィキの3年間」を知る1人だったディエゴ・パソス・イ・ガルシアは、ディアス・デル・モラールの故郷とその周辺を襲った正しくその「3年間」の騒ぎに、「小農」ではなく「プロレタリア」と農業経営者との対立を見たのだった(14)。「3年間」のカストロ・デル・リオでは大農場のおよそ6割が借地経営のもとにあり、1934年にもほぼ同様の傾向が看取されるのに対して(15)、「暗黒の2年間」のブハランセでは直接経営の地所10,007ヘクタールが借地経営の地所2,360ヘクタールを圧倒している事実も注目される(16)。

　旧領主貴族の多くが、自分たちがアンダルシアに持つ不動産の処分を迫られていた1905年のこと。深刻化する「世紀末の農業危機」に凶作が重なったこの年、コルドバのトーレス・カブレーラ伯爵は、さかんに土地を買い漁るカンピーニャの、特にフェルナン・ヌーニェスの借地農たちに対する苦々しい胸のうちを隠さなかった(17)。念を押すまでもなく、フェルナン・ヌーニェスでは、オリーヴ畑を除けば借地経営が支配的だった。トーレス・カブレーラ伯爵の棘のある証言は、このプエブロの「異常なまでに多かった」「極めて安い地代を支払っている小借地農」の間から蓄財に成功し、折からの地価の下落にも助けられて自立が可能になった集団が台頭した20世紀初頭のコルドバ県の現実の一端を伝えている。

　しかし、借地農の境遇から脱却できた幸運児たちは実際には限られていたものと思われる。少なくとも、「ボリシェヴィキの3年間」が近づくにつれて、「さかんに土地を買い漁る」借地農たちの数は確実に大きく減少していったものと考えられる。それを裏づけるのが、カンピーニャにおける不動産価格の推移である。「世紀末の農業危機」の前半とは打って変わり、「大戦争」に触発されて急速なインフレーションが進んだ「3年間」当時、他ならぬフェルナン・ヌーニェスのCNTによると、カンピーニャの土地の価格は「1ファネーガ当たり1,500ペセータかそれ以上」にまで高騰していた。仮に購入を希望したところで、分割払いには「8パーセントの年利」が課せられるとあっては、アナルコサンディカリスト労組に加入するこのプエブロの借地農たちには、グアダルキビール川の南に広がる肥沃な土地はもはやどうあがいても手の届かない高嶺の花と化し

ていたに違いない (18)。

　同じフェルナン・ヌーニェスにあってCNTと対峙するフランシスコ・ルーケも、「大戦争」勃発後の地元での地価の高騰を指摘する。1919年当時、1ヘクタール当たり小麦畑は1,250ペセタで、またオリーヴ畑と葡萄畑は2,000ペセタで、さらに灌漑が施された良好な地所は3,500ペセタで売買されていた。この数字は、1914年以前に比べて15パーセントから20パーセントほど高い水準にあったという。この農業経営者の理解するところでは (19)、地価を押し上げた最大の要因は借地の需要の増加に求められる。借地農たちは、自ずと「以前に自分たちを満足させていた」水準を上回る地代を支払わねばならない。フェルナン・ヌーニェスでは、借地料が「極めて安」かった時代はとうの昔に終わりを告げていたのだった。

　ヌエバ・カルテージャの土地の値段も、「大戦争」の4年間を通じて25パーセントほどの上昇を記録した。このプエブロの農業経営者たちの証言では (20)、1914年以降、借地料が地価と「同じ比率で」高騰したことが「ボリシェヴィキの3年間」の騒擾を招きもしたのだった。カンピーニャのなかとはいえ辺鄙な場所に位置する、従って経済的な活力に乏しいこのプエブロでは、フェルナン・ヌーニェスのように借地の需要が地元の労働力の間で大幅に増加したとは思われない。地価と借地料の上昇は、この貧しい空間にまでも押し寄せたインフレの大波に負うものだろう。フェルナン・ヌーニェスの場合にも、地元の借地農たちを「強気」にさせたそもそもの原因は——そして、結局はその多くに土地の購入を断念させたと思われるものは——、中立を守ったスペインに第1次世界大戦がもたらした好景気であったと見て大過ない。

　ディアス・デル・モラールが挙げた「ボリシェヴィキの3年間」に騒擾が頻発したプエブロのうち、残るエスペッホとモンテマジョールの土地所有の実態については、(先のカストロ・デル・リオとブハランセの場合と同じく、「3年間」からはやや時間に隔たりがあるものの) 第2共和制の「暗黒の2年間」にIRAのもとに届けられた報告が参考になる。エスペッホでは、その面積5,296ヘクタールを単純にこの町の土地所有者の総数で割ってみれば1人につき6.60ヘクタールが割り当てられる勘定になるという。しかし、5人の大地主がこのプエブロに持つ4,670ヘクタールを除外すれば、1人当たりの土地はわずか0.77ヘクタールにまで減少してしまう。面積5,575ヘクタールのモンテマジョールにも同じ「方程式」を適用してみれば、単純計算では1人当たりの土地は5.30

ヘクタール。しかし、6人の大地主が持つ3,957ヘクタールを除いてしまえば、残る土地所有者たちの1人分の面積は1.50ヘクタールにまでやはり大きく下降する[21]。

パスクアル・カリオンの見積もりでは[22]、1930年代前半のスペインにあって、1つの世帯がともかくも農業で生計を維持していくためには30ヘクタールほどの土地が必要だった。2つのプエブロの「小自作農」の大半が、現実には日々の暮らしにも事欠くありさまであったことは想像に難くない。件の「方程式」では、併せて8,600ヘクタールを上回る、エスペッホとモンテマジョールの11人の農業経営者が持つラティフンディオを借りている「小借地農」の存在は考慮されていない。しかし、1910年代の末に総じて苦境に立たされていたと思われるカンピーニャの「小借地農」が、第2共和制期には「小自作農」よりも格段に恵まれた環境にあったと考えるだけの理由は見当たらない。

要するに、ディアス・デル・モラールは農業生産性の、なるほどほとんど疑う余地のない向上を「社会状況」の改善へと短絡させ、その多くが「過小農」と見なされるべき「小農」を日雇い農からあえて区別し、実質的な「農業労働者」を「小農」へと言わば「格上げ」していることになる。もっとも、『騒擾史』は「ボリシェヴィキの3年間」に急速に増殖・肥大した組織の「プロレタリア的な」性格に言及したり[23]、騒乱の激化した若干のプエブロに「一種のプロレタリア独裁（una especie de dictadura proletaria）」の発現を見たりもしており[24]、「格上げ」の作業に綻びが散見される点は否めない。上述のとおり「土地の集中が著しい」県庁所在地も騒乱を免れなかった事実に、ディアス・デル・モラール自身が触れている。1919年5月、コルドバ県は「プロレタリアート」と「ブルジョワジー」という、「マルクスが思い描いた2つの軍隊に完全に分断されていた」と書いたのも、確かにブハランセの公証人である[25]。

「一種の」との但し書きが付されているように、ディアス・デル・モラールが語る「プロレタリア独裁」は、マルクス主義的に定義されたそれではない。ブハランセの公証人が思い描く「独裁」のイメージは、例えば『エル・ソル』紙掲載のオルテーガ・イ・ガセの例の公開書簡に綴られた、好戦的な日雇い農たちに完全に支配されたかのようなペドロ・アバのありさまに合致しているだろう。1919年3月、コルドバに滞在していたオルテーガは、『IRS報告』に従えばアナルコ共産主義の原理が受け容れられていたコルドバ県内でただ1つのプエブロから来た農業経営者に会っている。代議士と覚しいこの経営者は、自

第 7 章　第 2 共和制農地改革の限界

身や他の大地主たちの私邸の警備のための治安警備隊の派遣を県知事に要請するためにコルドバまで出向いてこざるをえなかったのだという。その嘆きに耳を貸せば、ペドロ・アバでは町長が職務を放棄したままになっており、別の経営者による 150 ファネーガの地所の提供の申し出も地元の CNT に一蹴されてしまっていた。

　オルテーガがコルドバを訪ねる 1 ヶ月ほど前には、「ロシアのイメージを模倣したアナーキーな共産主義」が横行しているありさまに、カストロ・デル・リオの農業経営者たちが眉をひそめていた。同年冬のこのプエブロにも、「プロレタリア独裁」らしいものが見出されるだろう。11 月初旬、「ボリシェヴィキの 3 年間」の大勢が農業エリートの側に既に大きく傾くなかで、カストロの SOV はあえて農業ストライキに突入、オリーヴの収穫作業を拒絶する。争議は長期化した。ほぼ 1 ヶ月後に招集された農業労働者たちの集会は、（詳細は不明ながらも）集会が定めた労働条件が「24 時間以内に」受け容れられない場合には、このプエブロにあるパン屋や雑貨店、それに小麦が貯蔵されている倉庫を襲撃する決議を採択した。「公共の秩序」を維持するための唯一の方策として、地元の有産者たちは治安維持装置の迅速な投入をひたすら待ち焦がれるばかりである[26]。

　マレファキスが指摘するように、ディアス・デル・モラールに「19 世紀末から 1920 年にかけて社会状況が際立って悪化した、ちょうどその時期のコルドバ県の経済の改善をときおり強調しすぎる嫌いがある」ことは間違いない。しかし、問題の核心はブハランセの公証人の「郷土愛と逆説を好む性癖」にはおそらくない。副題（「農地改革の背景」）が想起させるものとは裏腹の、『騒擾史』に込められたラティフンディオの社会的・経済的な弊害の否定、または少なくともその相対化への志向は、19 世紀の自由主義的農地改革がアンダルシアにもたらした甚大な負の側面を黙過した先の「私案」とその擁護演説に通じているように思われる。

　大量の小農の存在は、実際にはコルドバ県の農業の相対的な後進性を、換言すれば同県で実施された自由主義的農地改革の不徹底を反映していた。カディス県やセビーリャ県に遅れて始まったコルドバ県の騒擾は、「世紀末の農業危機」への対処の一環として農業が活性化されるなかでカンピーニャにようやく労働市場が形成された証しでもあった[27]。ホブズボームとディアス・デル・モラールを槍玉に挙げた際にカレーロが重視した、そのもとでの「危機の発生」

を促す「所与の生産諸関係」は、20世紀初頭のカンピーニャでも確かに観察されたわけである。なお、念のために書き加えておけば、コボ・ロメーロが第2共和制期のハエン県に見出した、農業エリートの庇護にすがる「小農」が正真正銘のそれであったのに対して、『騒擾史』の主役を演じるコルドバ県のカンピーニャの「小農」は、ほんの少しだけ見栄えのいい仮面を被った日雇い農たちである。

『IRS報告』は、その「多くが何がしかの土地を持つか、借り受けていた」1919年のモンティーリャの「農業労働者」に確かに言及していた。20世紀初頭のこのプエブロについても、住民の「圧倒的多数」が自作農か借地農だったとの証言が、ある地元紙のなかに残されている[28]。それでも、モンティーリャには「幸いなことに」ラティフンディオは「存在しない」との、ほぼ同じ時期にやはりこのプエブロで発行されていた別の新聞の断定に[29]、われわれは素直に頷くことはできない。

1873年に大地主が殺害される騒擾が発生したこのプエブロでは、階級闘争を是とするマルクス主義の種が実を結ぶ。プリモ独裁期のモンティーリャにおける少なからぬ数の日雇い農の存在に言及しているのは、正しく「マルクス主義」を看板に掲げる社会党のフェルナンド・デ・ロス・リーオスである。1920年代半ばに執筆されたその論考によれば[30]、当時のモンティーリャに暮らす16,652人のなかの、およそ5分の1に当たる3,500人が日雇い農だった。デ・ロス・リーオスは、自身の所有地から上がる1日当たりの収益が1ペセータにも満たない、本来ならば日雇い農以外の何ものでもないと思われる、少なくとも847,548人の全国の農民たちをも「土地所有者」に分類している。従って、モンティーリャの「3,500人」は完全な意味での農業プロレタリアと解釈されるべきだろう。そして、葡萄の摘み取りという、アンダルシアの他の多くの市町村の仲間たちにはない「特権」を持ちながらも、「3,500人」は1年間に少なくとも90日ほどの失業に耐えねばならなかったのである。

いずれもカンピーニャではなくシエラのなかにあるプエブロではあるものの、1934年のベラルカサルとビリャラルトとロス・ブラスケスには、それぞれ350人と60人と52人の「借地農」を糾合するFNTT傘下の組合が存在した。このうち、ベラルカサルでは「借地農」をも交えて都合120人の組織員で構成された「農業経営者・借地農・小土地所有者協会（Asociación de Agricultores, Arrendatarios y Pequeños Propietarios）」も活動している[31]。ベラル

第 7 章　第 2 共和制農地改革の限界

カサルでは、まったくの日雇い農と酷似した環境に置かれた「借地農」と、大地主と結んだ紛れもない「小農」とがおそらく組織的に対峙していたのだった。同じような構図は、他でもないディアス・デル・モラールの故郷においても観察される。第2共和制の「改革の2年間」、ブハランセには「小農」からなる、あるいは「小農」をも含む、CNTとは明らかに一線を画した団体が2つあった。そのうちの1つには、ベラルカサルの120人を擁する組織とまったく同一の呼称が付されている[32]。

化学肥料の投入と機械化に加えて、『騒擾史』は旧領主貴族の大農場の再分配・貸与、あるいは売却をコルドバ県の農業の躍進の一因として重視する[33]。「世紀末の農業危機」に直面して、たくさんの旧領主貴族が喘いでいたことは疑うべくもない事実である。だが、アンジェル・マルヴォーもつとに着目していたこの現象は[34]、一面では「世紀末の農業危機」への応急処置としてのミニフンディオ（小土地）創出の域を出なかった[35]。『騒擾史』には、旧領主貴族の経営戦略の一環としての大農場の再分配を所有構造そのものの変革にまで結びつける傾向があるように思われる。この傾向は、総じて借地経営という「ぬるま湯」に浸かり続ける旧領主貴族に対して、自身が持つオリーヴ畑の直接経営に勤しむディアス・デル・モラールが抱いたと想像される、「憎しみ」とまではいかぬにせよ、「反感」から説明されうるかもしれない。

『騒擾史』では、20世紀初頭のアンダルシアにおける農業の停滞を強調したフランスのアンリ・ロランやマルヴォーらの先駆的な仕事は酷評の対象でしかないうえに[36]、カシキスモもスペインの「どこにでもある現象」としてほとんど等閑に付されている[37]。しかし、コルドバ県のカンピーニャでの農業生産性の拡大が、そこにうごめく「アンダルシアの民」にすぐさま生活環境の改善をもたらすことはなかった。また、「どこにでもある現象」としてのカシキスモは、正しくアンダルシアにおいてその最も粗暴な姿を剥き出しにしてみせたのだった。

ディアス・デル・モラールは、カリオンらが大土地所有制に特有の弊害として指摘する又貸しの慣行にも言及していない。「ボリシェヴィキの3年間」のウトレーラでは、大農場「ロンセスバーリェス」の借地料は1ファネーガ当たり20ペセータ。それが30ペセータ以上で又貸しされていた。同じ時期、カルモナの大農場「デラマデーロ」では、1ファネーガ当たりの借地料30ペセータの土地が、地味に応じて35ペセータから80ペセータで又貸しされていた。

479

カルモーナでは、又貸しの又貸しの事例さえも報告されている⁽³⁸⁾。

又貸しが観察されたのは、セビーリャ県のこの2つのプエブロだけにはもちろん留まらない。同じ時期のコルドバ県でも、例えばルセーナの農業労働者たちが『IRS 報告』を通じて1ファネーガ当たり 15 ペセータの借地料の土地が 40 ペセータで又貸しされている実態を暴露した⁽³⁹⁾。又貸しは、実際にはディアス・デル・モラールの故郷でも行われていた。1919 年の初冬、ブハランセにおける「非効率的な」又貸しの横行を、20 世紀の最初のほぼ 20 年間に達成されたこのプエブロの農業生産性の「倍増」と併せて報じたのはマドリードのカトリック紙である⁽⁴⁰⁾。1920 年 3 月にアントニオ・ナバハス・モレノが行なった「無償の」又貸しは、態度を頑なにする以前にこのカストロ・デル・リオの農業経営者が示した、労使間の「アフリカ風の憎しみ」を緩和するための社会カトリシズムの精神の発露では確かにあったのだろう。

「ボリシェヴィキの3年間」のアナルコサンディカリズムの敗北の主因を、ブハランセの公証人は「あらゆる社会的な営みに不可欠な、強靭で持続的な努力のできない大衆の無自覚・無教養」に求めている⁽⁴¹⁾。しかし、アダムースのサルバドール・ムニョス・ペレスやプリエーゴ・デ・コルドバのホセ・トマス・バルベルデ・カスティーリャ、あるいはプエンテ・ヘニールのフランシスコ・モラーレス・デルガードらとは異なって、少なくとも労働運動に対する歯に衣を着せない「階級的な」敵意や、「アンダルシアの民」への「アフリカ風の憎しみ」は、ディアス・デル・モラールの言動のうちには認められない。

1910 年代の半ば、アンダルシアの農業労働者を「最も無知、最も後進的、最も怠惰、それでいて〔組合のおかげで〕最も甘い汁を吸っている」連中と決めつけたホセ・スリータ・イ・カラファの著作に⁽⁴²⁾、ディアス・デル・モラールは「この地方のある階層に属する農業経営者たちの見解の忠実な反映」を見る。双方の血縁関係の有無は確認されていないものの⁽⁴³⁾、ブハランセのアントニオ・スリータ・ベラと同じ父方の姓を持つこのホセは、自称「この上もなく慎み深い」、10 年ばかり前にアソリンが立ち寄っていたセビーリャ県のレブリーハ在住の農業経営者である⁽⁴⁴⁾。『騒擾史』の著者は、スリータ・イ・カラファにより活字にされた「見解」を共有する「ある階層に属する農業経営者たち」が「それほど多くない」ことに自らを慰めようとする⁽⁴⁵⁾。しかし、農業ストライキの頻発に苛立ち⁽⁴⁶⁾、賃金の出来高払い方式の維持に固執する

第 7 章　第 2 共和制農地改革の限界

スリータ・イ・カラファに ⁽⁴⁷⁾ 似た声を、われわれは『IRS 報告』に綴られたコルドバ県の「農業経営者たち」の証言のなかからいくらでも拾いだすことができるだろう。

　1930 年代の到来を待つまでもなく、ディアス・デル・モラールの立ち位置は微妙だった。自由教育学院に感化されたこの知識人には、1905 年からしばらくコルドバで労働者たちの教育に従事し、労働運動史その他を実地に講じた経験もあった。だが、あるとき教場に沸き起こった（「学問」ではなく）「パン！」の大合唱に、ブハランセの公証人は失望を禁じえなかった⁽⁴⁸⁾。ディアス・デル・モラールは、コルドバ県の農業エリートに集団的な戦いを挑んだ貧しい同胞と目線を等しくしつつ『騒擾史』を執筆した。このように書くのは、エドゥアルド・セビーリャ・グスマンである⁽⁴⁹⁾。だが、「社会史」ならぬ、自身が専攻する「農村社会学」の先駆者の 1 人にディアス・デル・モラールを挙げるセビーリャ・グスマンの、「アンダルシアの民」とその観察者の双方の眼差しを重ね合わせる主張には明らかに無理がある。「民」への「アフリカ風の憎しみ」とはひとまず無縁であっても、コルドバ県内の大土地所有制の弊害に目が行き届かないディアス・デル・モラールには、「民」とともに声高に「パン」を求める必要はなかったのである。

　ところで、『騒擾史』の主役が小農であれば、「無自覚・無教養」の烙印を押された「大衆」の多くは小農でなければならない。しかし、一方でディアス・デル・モラールの「私案」と、自身が行なったその擁護演説に従えば、小農、特に借地農は「〔第 2〕共和制の熱烈な擁護者」になりうる有能な集団のはずである。この撞着は、農業経営者へと社会的に上昇する可能性を内包した借地農と、日雇い農への転落を免れない借地農という 2 つの範疇を設定することによりひとまず切り抜けられる。前者が「私案」による救済の対象であるとすれば、「完全な」日雇い農とともに「無自覚・無教養」な「大衆」を構成すると考えられるのが後者である。

　だが、ディアス・デル・モラールが構想する農地改革の、換言すれば「土地所有の再分配」の恩恵に浴しうるはずの階層は、「完全な」日雇い農たちがそこから実質的に除外されていることからも明らかなように自ずとごく限られていた。ディアス・デル・モラールの見通しでは、より公正で豊かな社会が実現しても富の不平等は解消されない。社会の序列が生み出されるなかでものを言うべきは、結局のところ「徳（virtud）と才覚（talento）」なのであるとい

う[50]。借地農の２つの範疇の境は曖昧であり、２つを分かつ基準はおそらく「徳と才覚」の違いを除いて他にない。オルテーガ・イ・ガセとともに、社会党・UGT（FNTT）の後押しを受けて憲法制定議会選挙に勝利したディアス・デル・モラールの発想の根底には、ブルジョワ的な自由競争の原則の是認がやはり横たわっているのである。

註

（１） Malefakis, *op.cit.*, p.101 n.21.
（２） ベルナル『ラティフンディオの経済と歴史』64 ページ。
（３） もちろん、ブハランセの公証人は土地の集中の度合いと騒擾が発生する頻度が反比例すると主張しているわけではない。その反証が、ディアス・デル・モラール自身が指摘するコルドバのケースである。さらに、これも『騒擾史』に従えば（Díaz del Moral, *Historia de las agitaciones*, pp.220-221.)、経営規模の小さな地所が「異常なまでに多かった」にもかかわらず、サン・セバスティアン・デ・ロス・バリェステーロスやモントゥルケは、「ボリシェヴィキの３年間」にあって騒擾が特に激化した市町村のなかには入っていない（ただし、「３年間」を通じて「最も強烈かつ重要な」と、ディアス・デル・モラール当人が断定している、われわれが第３章の第２節で一瞥しておいた 1919 年５月の農業ストライキ攻勢に合流した 33 の市町村のなかには、サン・セバスティアンとモントゥルケも含まれてはいる）。IRS 調査団の調べでは、サン・セバスティアンには 20 ヘクタール以上の地所はあるほどただの１つも存在しない。このプエブロが抱える 882 の地所のうち、実に 871 までが面積５ヘクタールに満たなかった。モントゥルケには、200 ヘクタール以上 500 ヘクタール未満の、ラティフンディオの範疇に入りそうな地所が１つあった。それでも、このプエブロの併せて 1,372 の地所のなかの 1,289 がやはり面積５ヘクタールに達していない。まったく対照的なことに、コルドバ県の県庁所在地では面積 500 ヘクタール以上の文字どおりのラティフンディオが 45 を数えた（IRS, *Información sobre el problema agrario*, pp.206-209.）。
（４） Maurice, "El anarquismo en el campo andaluz", p.15.
（５） Pedro Domínguez Bascón, *La modernización de la agricultura en la provincia de Córdoba(1880-1935)*, Córdoba, 1993, p.170 y p.177.
（６） Díaz del Moral, *Historia de las agitaciones*, p.37. 県別で見てみれば、1930 年代の初頭、コルドバ県の小麦の生産高は全国で５番目。また、その生産性も 18.85 にまで上昇している（Maurice, "Juan Díaz del Moral", p.51.）。
（７） Díaz del Moral, *Historia de las agitaciones*, p.20.
（８） Costedoat-Lamarque, *op.cit.*, p.23 et p.83. Vaquero, *op.cit.*, pp.143-150.
（９） Carrión, *Los latifundios*, pp.214-220.

(10) 史料的拠は第2章第1節の註（47）に同じ。ただし、同じ註（47）のなかでも指摘しておいたように、AHPC所蔵のこのデータには誤りが含まれている恐れがないわけではない。
(11) IRS, *Información sobre el problema agrario*, pp.218-219.
(12) Maurice, *El anarquismo andaluz*, p.129.
(13) *Ibid.*, p.88. ただし、1930年のブハランセ地方裁判所管轄区の全人口29,107人を考慮すれば（*Censo de la población de España*, Madrid, t.I, 1932, pp.84-85.）、このIRAの統計にはかなりの不備がある。漏れはブハランセその他CNT系の、つまり国家権力に背を向ける傾向が強いリベルテール的な組合を抱えたプエブロにおいて著しい。1934年秋のフェルナン・ヌーニェスでは、「完全な」日雇い農と「実質的な」それとを併せても173人の世帯主が件の統計に名を連ねたにすぎなかった。だが、1931年に臨時政府の指示に従って作成されていた、やはり「お上」の手になる別の統計に従えば、第2共和制が発足した当初のフェルナン・ヌーニェスには928人の「完全な」農業労働者と耕作規模の小さな362人の借地農、それに50ペセタ未満の地租しか支払っていない「地主」が132人いた（*Boletín del Instituto de Reforma Agraria*, núm.28, X-1934.）。
(14) Pazos y García, *op.cit.*, p.254. 因みに、1918年12月にブハランセの「ラ・アルモニア」（CNT）がまとめた規約には、「同時に土地所有者を兼ねていても」傘下の組織員は何らかの肉体労働に従事していなければならないものと定められていた（Díaz del Moral, *Historia de las agitaciones*, p.285.）。
(15) モリス「カストロ・デル・リオ」45ページ。
(16) José Carandell, *Distribución y estructura de la propiedad rural en la provincia de Córdoba*, Madrid, 1934, p.26.
(17) Martínez Alier, *La estabilidad*, pp.322-323.
(18) IRS, *Información sobre el problema agrario*, p.155.
(19) *Ibid.*, pp.111-112.
(20) *Ibid.*, p.116.
(21) 同じ時期のフェルナン・ヌーニェスの場合でも、フェルナン・ヌーニェス公爵家の不動産を除外してしまえば、残りの「地主」が所有する面積の平均はせいぜい2ヘクタールほどである（*Boletín del Instituto de Reforma Agraria, loc.cit.*）。
(22) Carrión, *Los latifundios*, p.72.
(23) Díaz del Moral, *Historia de las agitaciones*, p.280.
(24) *Ibid.*, p.269.
(25) *Ibid.*, p.367.
(26) AMCR, leg.8.
(27) Maurice, *El anarquismo andaluz*, p.69 y pp.75-77. やはり大土地所有の重圧に喘ぎながらも、復古王政期を通じてエストレマドゥーラではアンダルシアほどに騒擾の発生が頻繁ではなかった1つの理由を、われわれはポルトガルとの国境沿いに

広がるこの地方の経済の停滞に求めることができるかもしれない。

(28) *Vida Nueva. Semanario Liberal Democrático. Órgano defensor de los intereses del Distrito de Montilla*, 5-IV-1906.

(29) *El Montillano. Semanario independiente*, 1-X-1904.

(30) De los Ríos, "El problema agrario", pp.296-297.

(31) *Boletín del Instituto de Reforma Agraria*, núm.21, Ⅲ-1934.

(32) もう１つの組織に冠された呼称は、「小地主・小借地農同盟（Unión de Pequeños Propietarios y Labradores）」である。「農業経営者・借地農・小土地所有者協会」の会員たちの多くが日雇い農を農作業に投入していたのに対して、「同盟」に身を寄せた「小地主・小借地農」の間では家族単位での農業経営が主流だった（Cañete Marfil y Martínez Mejías, *op.cit.*, pp.462-466.）。labrador が、元来「借地農」を意味していたことは、第２章第１節の註（17）で述べてある。件の「協会」は、農業労働者たちが加入する「ラ・アルモニア」とは対立関係にあったものと思われる。なお、『騒擾史』には（Díaz del Moral, *Historia de las agitaciones*, p.367 y n.12.）、「同盟」は CNT と解釈される他はない「プロレタリア的な団体」を離脱した分子の手で1919年12月に設立されたと書かれている。ディアス・デル・モラール自身の主張に矛盾して、ここではブハランセの組合「ラ・アルモニア」は「プロレタリア的な」性格を帯びていたことになる。

(33) *Ibid.*, p.45.

(34) Marvaud, *op.cit.*, pp.179-181.

(35) ベルナル『ラティフンディオの経済と歴史』99 ページ。

(36) Díaz del Moral, *Historia de las agitaciones*, p.33 n.12 y p.515.

(37) *Ibid.*, p.222.

(38) Masanet, Payal, Carrión, Ortigosa, Del Rey, Martín y Calmarsa, "El problema agrario en Andalucía", pp.52-54.

(39) IRS, *Información sobre el problema agrario*, p.37.

(40) *El Debate*, 30-XI-1919.

(41) Díaz del Moral, *Historia de las agitaciones*, p.360. ブハランセの公証人が確信するところでは、この「あらゆる社会的な営みに不可欠な、強靭で持続的な努力のできない大衆の無自覚・無教養」も、「1,000年にもわたる時間の所産」としてのアンダルシア人気質そのものである。ディアス・デル・モラールは、19世紀の前半から中葉にかけてグアダルキビール川の中下流域に大土地所有制が確立していったなかでの、「土着の社会主義」の実現をその究極の願望とする「アンダルシアの民」の間での革命的な集合心性の形成という要素を見落とし、間欠的な反乱のあり方に、ディアス・デル・モラール自身によれば「民」特有の「熱狂的にして理想主義的、なおかつ一貫性に欠ける」集団心理の顕現を見たのだった。とはいえ、ここですぐに連想されるのが、遠くタルテッソスの時代にまで遡る起源を持つという「民」の存在を、「民」にまつわる「民族的、または心理的なニュアンス

（matices étnicos o psicológicos）」の超歴史的な一貫性を重視しつつ（Infante, *Ideal Andaluz*, p.34.）、ポジティヴに主張したブラス・インファンテである。アンダルシアの地域ナショナリズムの総帥は、「民」の感性を特徴づける大きな要素の1つに「生きることの歓び（alegría de vivir）」を挙げた。「気質論」ないしは「人種論」を持ち出して「民」を語ったのは、ディアス・デル・モラール1人ではない。20世紀の初頭に南スペインを訪ねた社会党・UGTのパブロ・イグレシアスも、自身が間近に見た日雇い農たちの規律の欠如と「宗教的・ユートピア的な」アナキズムへと傾斜するその気質に辟易させられていた。ブハランセの公証人やイグレシアスとは違った観点からではあれ、1927年に書かれたホセ・オルテーガ・イ・ガセのエッセイも「植物的な生」、つまり「周囲の環境に反応しないことで動物とは異なる」生き方に安住し、「あまり働かないこと、そしてほどほどに楽しむこと」を好むアンダルシア人気質への批判として読むことが可能だろう（オルテガ・イ・ガセー、岡住正秀・永川玲二訳「アンダルシーア論」『北九州市立大学外国語学部紀要』第102号、2001年、11‐12ページ）。まったく対照的に、リベルテールたちの間からは「宗教的・ユートピア的な」理念を受け容れた「民」の精神を高く評価する声が聞こえてくる。「本能的に〔広い意味での〕社会主義者、リベルテールである」アンダルシア人に讃辞を呈したのは、1880年代の代表的なアナルコ集産主義のイデオローグの1人で、一時はセビーリャを塒としたリカルド・メリャである（Buenacasa, *op.cit.*, p.92.）。また、そのセビーリャがホセ・サンフルホ将軍の軍事行動に揺れた1932年の夏、たまたまプロパガンダ行脚のためにアンダルシアに居合わせたフェデリーカ・モンセニは、身柄を拘束されていたCNTの有力な活動家12人の救済に立ち上がろうとしていたグラナダとマラガの大衆に「重厚にして高貴、そして革命的な意識に目覚めた」人間たちの集団を見出し、深い感銘を受けた（*El Luchador*, 25-XI-1932, recopilado en *Un encuentro*, pp.44-45.）。アンダルシア人に「リベルテール」、つまり「リベルタリオ」を見るメリャの発言がいつなされたものかは不明である。マルクス主義者のパブロ・イグレシアスと同じく1925年に帰らぬ人となるメリャは（Fernández Álvarez, *op.cit.*, p.84.）、「リベルテール」のスペイン語表記「リベルタリオ」の初出の時期の問題に絡めて本稿の「はじめに」の第1節の註（44）に記しておいたように、19世紀末の時点で「リベルテール的な（リベルタリオ的な）社会主義者」を自称していた。

(42) José Zurita y Calafat, *La verdad sobre el campo andaluz*, Madrid, 1916, p.41.
(43) Maurice, *El anarquismo andaluz*, p.132 n.73.
(44) Zurita y Calafat, *op.cit.*, p.14.
(45) Díaz del Moral, *Historia de las agitaciones*, p.516.
(46) Zurita y Calafat, *op.cit.*, pp.29-30.
(47) *Ibid.*, pp.55-59.
(48) 奇しくも、このときディアス・デル・モラールとともに教育活動に携わった人間たちのなかに、第2共和制の憲法制定議会でブハランセの公証人の「裏切り」を

断罪することになるフアン・モラン・バージョが含まれていた（Díaz del Moral, *Historia de las agitaciones*, p.205.）。

(49) Eduardo Sevilla Guzmán, "Algunos precursores andaluces de la sociología rural. Primera parte: Juan Díaz del Moral", *Revista de Estudios Andaluces*, núm.3, 1984, pp.51-55.

(50) Díaz del Moral, *Historia de las agitaciones*, p.26.

第3節

「知識人の共和制」の破綻

　「共和制奉仕団」が「すべての同胞」に共闘の手を差し伸べるわずか前に出版された『大衆の反逆 (*La rebelión de las masas*)』(1930年) のなかで、ホセ・オルテーガ・イ・ガセは20世紀の「顔」と化した「大衆」の傲慢を、前年に『騒擾史』を世に問うていた友人よりも遙かに大きな視野のもとに激しく批判した。論壇に登場して以来、「大衆」と自分たち「インテリゲンツィヤ」との間に一線を画すオルテーガの姿勢は一貫している。その一方で、反体制派としてのオルテーガは早くから「大衆を教化する」エリートを育成する必要をも痛感していた。そうした企ての1つが1914年の「政治教育連盟 (Liga de Educación Política)」であり、「知的職業に従事するすべてのスペイン人を……共和制のプロパガンディスト、擁護者の一団へと転じることをもくろんだ」「奉仕団」は、マヌエル・アサーニャもその趣旨に賛同した「連盟」の延長線上に位置づけられる[1]。

　オルテーガが語る「大衆」とは、「自らに義務を課す高貴さを欠いた人間」を指す[2]。「階級」を「大衆」分析の基軸に据えないその発想は、必ずしも不当なものではないだろう。とはいえ、階級間の対立がついには破滅的な内戦を惹起することになる第2共和制の現実に初めは当惑し、次いで幻滅したオルテーガは、1931年12月の「共和制の修正」に関する講演を経て、翌年2月には国家委員会代表の座を投げ出すに至る。「共和制奉仕団」も、同じ1932年の10月に解散した[3]。

　アンダルシアのカシキスモをめぐる評価こそ正反対であったものの、「徳と才覚」を重んじるディアス・デル・モラールと、「自らに義務を課す高貴さ」を愛するオルテーガとの間には、双方の本質に関わる類似性が指摘されうるだろう。優れてリベラルな見地から、オルテーガは1918年のソヴィエト憲法を個人の権利の蹂躙と見なし、ボリシェヴィキのロシアを「アジア的」と形容した[4]。ブハランセの公証人のロシア革命観も、オルテーガのそれに一致している。メンシェヴィキやリベルテールらの反対派を根こそぎ粛清し、思想の絶

対的な統制を強要するボリシェヴィキの姿勢は、ディアス・デル・モラールにも「アジア的」と受けとめられたのだった[5]。

　未来の国家が「合理化された工房、完璧に整えられた病院、万全な実験室が持つ清潔さ・精密さ・厳格さのもとに組織・運営されること」。第2共和制の憲法が作成される過程でのこのオルテーガの発言に託された「唯一の願い」は、「インテリゲンツィヤ」の政治参加に詳しいポール・オベールによれば[6]、資本主義のダイナミズムの堅持に他ならない。また、ディアス・デル・モラールの「私案」の狙いも資本主義的な農業経営の推進に向けられていた点は、われわれが既に検討したところである。だが、2人の知識人を支えるリベラルで資本主義的な精神を[7]正面から脅かしていたのが「無自覚・無教養」と覚しい『大衆の反逆』であったとすれば、理想の社会を建設する営みへの参加を「すべての」スペイン人たちに訴える「共和制奉仕団」の両者の思惑には、ほとんど解決不可能な矛盾が内包されていた。

　「膨大な数の農民大衆」に配慮したはずの臨時政府の声明に反して、「知識人の共和制」に泥沼化した農地改革法案の審議をまとめ上げるだけの強い意志の働きを見出すことは難しい。第1章第3節で見たように、1932年8月10日に突発したホセ・サンフルホ将軍のクーデタ騒動の衝撃のみが、既に相互の隔たりが抜き差しならぬところまで来ていた「インテリゲンツィヤ」と社会党・UGT（FNTT）に再度の接近を促すとともに、ほぼ1ヶ月後の農地改革法の成立を可能にしたのだった。

　そして、サンフルホ将軍の失敗を契機として、農地改革をめぐる議論にほとんど出し抜けに嘴を突っ込んできたのがマヌエル・アサーニャである。概して「取りすました、難解で現実性におよそ乏しい」発言を繰り返すばかりだった「共和制奉仕団」の代議士たちに[8]比べれば、アルカラ・デ・エナーレスの文人政治家はまだ多少とも政治家らしい資質を備えていたように思われる。だが、ラティフンディオを所有する旧スペイン大公を「共和国の公然の敵」と躊躇なく呼んだアサーニャの介入により、「アンダルシアの農業問題」の解決策には政治的な負荷が加わる結果になる。

　カディス県の片隅で、灼熱の炎に煮えたぎる血の海のなかから「キリスト」と名花「ラ・リベルタリア」の伝説が誕生する前夜の1932年12月。IRAの代表を務めるアドルフォ・バスケス・ウマスケは年明け早々の惨劇の発生を見越すかのように、アンダルシアの日雇い農たちの「無理からぬ苛立ち」が「暴

力的な局面」を生み出す可能性への強い懸念を口にしていた(9)。アサーニャ首班の連立政権に生じた亀裂は農地改革法の成立にもかかわらず修復されず、コルドバ県に関して検証したとおり、農地改革の遅延も手伝ってむしろ「インテリゲンツィヤ」の「相方」の左傾を招く。

ここでも、アサーニャ政権の倒壊前後からのコルドバ県の社会党・UGT（FNTT）の活動家たちの言動をいくつか拾っておく。1933年9月のアサーニャの退陣を待たずに「クルース・コンデもどきの」民主主義との決別を宣言したのは、ガブリエル・モロン・ディアスである(10)。「われわれには絶対に引き渡されるはずのないもの」、つまりは「権力」の獲得への意志を明言する同年8月のプエンテ・ヘニールのマルクス主義者は、「インテリゲンツィヤ」との共闘の継続を自ら主張した農地改革法の可決直後のモロンではもはやない。同じ8月、農地改革の形骸化をその「自殺行為」と断定しつつ第2共和制に奮起を促した際(11)、マヌエル・サンチェス・ルイスは「知識人の共和制」の大枠の維持になお腐心しているかに見える。しかし、連立の解消を区切りに、FNTTコルドバ県連盟書記も発想を大きく転換する。サンチェス・ルイスは、来るべき11月の総選挙を「結束を固めたすべてのブルジョワ」を敵に回した「階級戦争」と位置づけるに至るだろう(12)。

次期総選挙が既に日程に上っていた1933年10月。県庁所在地に招集された社会党支部コルドバ県連盟の臨時大会は、ブルジョワ出の共和派との選挙協力を拒絶した。1932年9月にはやはりアサーニャ政権への参加の継続に賛成し、さらに一時は「アルカラ市民」の人格を称揚してやまなかったフランシスコ・サフラ・コントレーラスも、このときには「いかなる」選挙協定をも峻拒する立場に移っている(13)。この臨時大会で、「インテリゲンツィヤ」との「復縁」にただ1人（？）色気を見せたフランシスコ・アソリン・イスキエルドは、やがて公表される社会党の候補者リストから除外される破目になる。

「改革の2年間」に憲法制定議会代議士と社会党支部コルドバ県連盟代表を兼任しながらも(14)、フランシスコ・アソリンが孤立を強いられたうえ、次の総選挙への出馬すらも認められなかった背景には、社会党・UGT（FNTT）の中枢で表面化したラルゴ・カバリェーロとインダレシオ・プリエートの確執が潜んでいた。1931年4月、あるいは32年9月への回帰を目指したアソリンはプリエート派である(15)。両雄の対立は、もちろんFNTTの方針にも反響する。1934年1月には、ディアス・デル・モラールの「私案」を「階級的な」

489

見地から俎上に載せながらも、「知識人の共和制」を支持することにやぶさかではなかったルシオ・マルティネス・ヒルに代わって、「ブルジョワ的な」第2共和制に敵対的なリカルド・サバルサがFNTT全国委員会書記長に就任する[16]。

コルドバ県の社会党・UGT（FNTT）にとって、1933年12月のブハランセの武装蜂起は「労働者大衆のアナーキー」と「セニョリートのアナーキー」の相克のなかで無残な結末を迎える「雛形」の踏襲でしかない[17]。だが、事件に先立つ総選挙では、同県の社会党も5議席を失う惨敗を喫していた。弱体化した「左翼」は、エドゥアルド・バレーラ・バルベルデが県知事の職責に従事していた一時期にもまして執拗な弾圧に悩まされる。わけても「暗黒の2年間」の幕開け早々「セニョリートのアナーキー」の最大の標的と化したと思われるのが、「改革の2年間」の社会政策の恩恵に最も浴したFNTT傘下の日雇い農たちだった。

1934年3月。コルドバ県当局に宛てた書簡のなかで[18]、マヌエル・サンチェス・ルイスはオリーヴの不作と農業経営者たちの「選別的な」雇用方針にたたられて、県内のFNTTの組織員の失業率が「かつてないまでに」高まっている事態に警鐘を鳴らした。FNTTコルドバ県連盟書記に従えば、仕事にありつくためには先の総選挙で第一党に躍り出たCEDAの中核をなす人民行動党系の「御用組合」への加入を強要されるという、「アンダルシアの民」には実に屈辱的な状況も生まれていた。このとき県内の農業エリートの心理を支配していたのは、FNTTに所属する「民」への——サンチェス・ルイス自身のことの本質を衝いた表現を借りれば——「復讐心（espíritu de revancha）」に他ならない。

同じサンチェス・ルイスが第2共和制に入って2度目の総選挙のほぼ1ヶ月前に書いていたとおり[19]、「御用組合」そのものは「暗黒の2年間」を待たずにコルドバ県内のあちこちで産声を上げていた。その一方で、1933年10月にFNTTが県内に擁していた、確認されうる組織員は11,132人。1932年6月の21,003人からの後退は顕著である。反革命の影が着実に忍び寄るなか、サンチェス・ルイスは「区域調整法」が空文化している現実に強く抗議した。しかし、「暗黒の2年間」が幕を開けたばかりの1934年1月初旬、「お上」は早くも大地主たちの意向を汲んで「従来からの慣行」に則った、つまり「区域調整法」に基づく線引きを無視したうえでのオリーヴの収穫作業への労働力の投入にお墨

つきを与えていたのだった[20]。

1934年4月に発表された、コルドバ県下の小麦の刈り入れの日当は9ペセータ。表向きは、前年の0.5ペセータ増しである。だが、大地主たちに額面通りの「椀飯振る舞い」の用意があったとは思われない。賃金の出来高払い方式に関しては、日払い方式に準じてのその採用を謳った前年の労使混成協議会の決定が「一字一句違わずに」踏襲される。報酬の渡し方をめぐって、「復讐心」に駆られた農業エリートが選択に頭を悩ますはずはなかった。このときの労使混成協議会の代表を務めたのは、前年に引き続きメリーノ・デル・カスティーリョである[21]。5月中旬、全国規模での農業ストライキの実施の意向を表明した際、オルナチュエーロスのアントニオ・ブハランセの名も見えるFNTT全国委員会は国内各地の労使混成協議会の機能不全を批判した[22]。

6月5日に国内各地で開始されたFNTTの農業ストライキ攻勢は、出稼ぎに対する地元の労働力の優先的な雇用の確保を達成すべき目標の1つに掲げていた[23]。にもかかわらず、5月24日の国会は、1月のコルドバ県に倣うかのように「区域調整法」の廃止を謳い、農業エリートに従順な出稼ぎの大量の雇い入れに道を開く。さらに、小麦の収穫作業は「国民による公的な営み」との規定のもとに、「ブルジョワ的な」第2共和制を相手にFNTTがもくろむ乾坤一擲の闘争にはあらかじめ「非合法」の烙印が押されてしまう[24]。ペレス・イルエラの調べでは[25]、1934年のコルドバ県での農業ストは51件。そのほぼすべてがこの6月に集中している。

1934年6月のアンダルシアにあって、労使間の緊張がコルドバ県をも上回っていたのが、実質的に県内のすべての市町村が農業ストライキの渦に巻き込まれたハエン県である。ほぼ3年前にルシオ・マルティネス・ヒルを憲法制定議会に送り出していた同県では、「アフリカ風の憎しみ」に燃える双方の側に死者が出る局面も出来するなか、1,200人もの、既にFNTT全国委員会書記長の座から退いていたマルティネス・ヒルの皮算用では「〔第2〕共和制にとって最強・最大にして、最も価値ある軍隊」の兵士たりうるはずの者たちが逮捕・収監の憂き目を見る[26]。この争議のために身柄を拘束されたコルドバ県内の「アンダルシアの民」も、県当局の発表に従えばおよそ320人に上った。南スペインにおける1931年4月以降の政治力学は「民」の急進化へと、換言すれば「インテリゲンツィヤ」が夢見た「すべての同胞」の議会制民主主義への取り込みとはまったく逆の方向へと作用したのだった。

本章を通じて、われわれは「アンダルシアの農業問題」へのディアス・デル・モラールの所見のなかに「知識人の共和制」が内包する「階級的な」限界の1つの現れをどうやら認めることができた。農地改革をめぐる残された本書のもう1つの、そしていっそう重要な課題は、社会カトリシズムの原点への回帰を狙ったマヌエル・ヒメーネス・フェルナンデスの試みと、それが頓挫を余儀なくされた経緯の解明である。だが、「白いボリシェヴィキ」に焦点を絞る前に、かつてはリベルテールたちの金城湯池であったはずのコルドバ県においても、第2共和制の「改革の2年間」には農業ストライキの指導権をCNTから奪うまでに増殖した社会党・UGT（FNTT）の「実力」のほどをここで検証しておく。「改革の2年間」が終わりを告げる間際、コルドバ県の社会党とCNTの対抗労組はしきりに革命的な言説に訴える一方で、既に農業エリートに忠実な「御用組合」の出現に心中穏やかではなかった。

　われわれがここで注目するのは、確かにハエン県の後塵を拝しはしたにせよ、「ボリシェヴィキの3年間」を凌駕する広がりを見せたコルドバ県での1934年6月の争議にカストロ・デル・リオとブハランセ、さらにカニェーテ・デ・ラス・トーレス、バエナ、フェルナン・ヌーニェスその他、「3年間」には完全にCNTの勢力圏内に置かれていたプエブロが合流しなかったという事実である。これらのうち、バエナとフェルナン・ヌーニェスにはFNTTが第2共和制の早い段階で触手を伸ばしていたことは既に見た。しかし、1934年6月、カストロやブハランセと並んで、この2つのプエブロはFNTTが主導した2度目の農業ストライキ攻勢の外にある。

　1936年3月のフェルナン・ヌーニェスでは、FNTT傘下の農業労働者たちが人民戦線の結束を謳って示威行動に訴える一幕が確かにあった[27]。それでも、社会党・UGT（FNTT）のプロパガンダは、このプエブロでは結局のところ実を結ばなかったものと思われる。当地におけるフランコ派による弾圧のありさまにメスを入れた内戦史家のアルカンヘル・ベドマールの手になる、「兄弟殺し」の幕引き後に地元の監獄に送られた252人の「アカども」のリストがその傍証になるだろう。件のリストによれば[28]、問題の「アカども」のうちCNTへの所属が確認されるのが112人なのに対し、UGTの組織員は「CNTまたはUGTの組織員」との記載がある1人を加えても4人にすぎない。社会党員は、わずかに1人だけ。共産党員も6人を数えるのみである。左翼共和党その他に身を置く共和派も、併せて2人。このリストに挙げられた252人中、

第 7 章　第 2 共和制農地改革の限界

109 人については在籍した政党や組合への言及がない。

　252 人のすべてがフェルナン・ヌーニェスを一貫してその活動拠点としていたわけではないものの——例えば、CNT の組織員の 1 人だったフランシスコ・バエナ・アギラールは内戦の火蓋が切られた時点ではフランスに亡命しており、帰郷した後に逮捕・収監されている——、UGT（FNTT）に対する CNT の優位はどう見ても動かない。1936 年 5 月、少なくともその組織員数（1,000）から見る限りでは、地元の CNT が「改革の 2 年間」の低迷を脱却し、「ボリシェヴィキの 3 年間」の勢いを取り戻しつつあったバエナについてもおそらく同じことが窺えるだろう。

　また、共産党が足場を築いていたドニャ・メンシーアやスエーロスでも農業ストライキは発生していない。FNTT 主導の争議は、CNT に代わってその共産党が地元の日雇い農たちの支持を得るまでになっていたエスペッホには確かに波及した。しかし、このプエブロの 1934 年 6 月は、大きな山場もないまま早々に幕を下ろす[29]。1 年前に CNT から農業ストライキの指導権を奪っていたとはいえ——また、カニェーテ・デ・ラス・トーレスのように、「大一番」での挫折を乗り越えるようにして FNTT が CNT の優位に楔を打ち込んだプエブロもあるにせよ——、コルドバ県の FNTT は従来からの対抗労組や、新たに「アンダルシアの民」の獲得に動く共産党からその影響力を残らず奪い取るだけの勢いには欠けていた。

　さらに、CNT の対抗労組それ自体の足並みにも乱れが見える。コルドバ県内における UGT（FNTT）の最も有力な拠点の 1 つであったにもかかわらず、フランシスコ・サフラらを擁するモンティーリャは 1934 年 6 月の農業ストライキへの参加を見合わせたのだった[30]。そして、この争議の敗退を境に、遅くとも前年 11 月の総選挙の前夜には、少なくとも有力な指導者の 1 人だったマヌエル・サンチェス・ルイスにより既にその予兆がはっきりと意識されていたコルドバ県内の FNTT の後退はさらに加速する。争議から 3 ヶ月が経過した 1934 年 9 月、サンチェス・ルイスは県当局に改めて書簡を送付した。コルドバ県の社会党系紙『エル・スール』にも掲載されたその書簡には[31]、3 ヶ月前の「大一番」を制した県内の農業エリートが 4 月の労使混成協議会での交渉の結果を公然と無視し、人民行動党と結託するありさまが克明に綴られている。1934 年 4 月の取り決めでは、例えばこの時期が盛りのとうもろこしの収穫作業の日当は 5.65 ペセータ。しかし、9 月には、モンティーリャに隣接する

モリーレスのある「セニョリート」は自分が雇った30人の日雇い農に3ペセータの日当しか支払っていない。

同じ時期のモンティーリャでは、地元の人民行動党が、折からの葡萄の摘み取りにはこのCEDAの中核政党に所属する石工や靴職人らを優先的に雇用するよう（！）農業経営者たちに働きかけていた。その「遺書」のなかでアサーニャが第2共和制の分水嶺と見なしたアストゥリアスとカタルーニャでの「10月革命」の敗北から2ヶ月後には、コルドバ県の混成協議会そのものが活動を停止してしまう。1935年には、「お上」が労使交渉の仲介役を装うこともない[32]。同年のコルドバ県では、農業ストライキはどうやらただの1件も実施された気配がない[33]。

註
（1） Santos Juliá, "Protesta, liga y partido: tres maneras de ser intelectual", *Ayer*, núm. 28, 1998, pp.175-186. バラガン・モリアーナ「ディアス・デル・モラールの政治的軌跡」63・64ページ。
（2） オルテガ、桑名一博訳「フランス人のための序文」『大衆の反逆』白水社、1982年、20ページ。
（3） P. Aubert, "Los intelectuales", pp.124-125.
（4） Avilés Farré, *La fe*, p.92. ソヴィエト憲法は「プロレタリア独裁の表現であっ」て、「『憲法上の保護』あるいは個々の市民の国家に対する諸権利の確認を少しも包含していない」。「労働者の自由は、国家に対してではなく国家の行動を通じて主張されるべきであった」（E・H・カー、原田三郎・田中菊次・服部文男訳『ボリシェヴィキ革命』第1巻、みすず書房、1975年、120・121ページ）。
（5） Díaz del Moral, *Historia de las agitaciones*, p.154. オルテーガ・イ・ガセとディアス・デル・モラールが思い描く「アジア」とは、「鈍重な頭の持ち主とは、東洋の、つまり変わることなき専制政治の下で生きるために生まれた者である」との（オルテガ「フランス人のための序文」19ページ）、『大衆の反逆』の「フランス人のための序文」にしたためられたオルテガの決めつけにおそらくは典型的な、同時代の「西洋」の知識人たちの大方に共通していたと見られる「東洋」のイメージにぴったり重なっていたものと考えられる。「共和制奉仕団」の2人にとっては、ボリシェヴィズムも「東洋の、つまり変わることなき専制政治」の1つの形態であったのだろう。それが「人生のヒロイックな要素をすべて捨て去った」という点で、オルテガが「植物的な生」に満足するアンダルシアとの類似性を指摘していたのが、オルテガ自身の認識ではおそらく最も典型的な形で「変わることなき専制政治」を具現していたはずの中国である（オルテガ・イ・ガセー「アンダルシー

ア論」4‐8ページ）。1931年2月、「奉仕団」を率いて「ヒロイックな」行動に出ることになるオルテーガが、自身にはカシキスモに蹂躙されるがままの存在と知覚された「植物的な」アンダルシア人たちに厳しかったのは無理もない話であったのかもしれない。しかし、問題はその先にある。オルテーガは、祖国が内戦の渦中にあった1937年5月に亡命先のアムステルダムで先の「フランス人のための序文」を執筆している。この「序文」に「いわゆる『知識人』の使命は、ある面において、政治家のそれとは逆である。知的作業はしばしば虚しく終わりはするものの、ものごとを少しでも解明しようとするのに対して、政治家の仕事は、逆に、それを以前より混乱させてしまうのが普通である」と書きつけた際（オルテガ「フランス人のための序文」33ページ）、オルテーガは自分が「自らに義務を課す」ことを放棄した遠くない過去にしっかりと蓋をしてしまっていた。このときマヌエル・アサーニャとは対照的にピレネーの北から「兄弟殺し」の傍観を決め込んでいた『大衆の反逆』の著者は、自身のお気に召さなかった「大衆（masas）」の、あるいは「東洋」に生を受けた者たち、つまりわれわれにも似て「鈍重な頭の持ち主」である（？）「アンダルシアの民」の仲間入りを果たすのに充分すぎるほどの「権利」を有していたように思われる。スペインが戦火に包まれてから間もないころ、オルテーガは自分が「政府・共和国・大衆（pueblo）とともにある」との「ヒロイックな」宣言に署名した知識人の1人でもあった（Gibson, *Ligero de equipaje*, p.514.）。1936年7月31日付の『エル・ソル』その他、複数の新聞を介して多くの「アカども」のもとに伝えられた、「いわゆる『知識人』」の代表を自負していたに違いないオルテーガの、直面する状況をもとより「少しでも解明しようと」したうえでのこの選択は、無残なまでに「虚しく終わ」る。

（6） P. Aubert, "Los intelectuales", p.112.
（7） もっとも、1933年11月の総選挙の前夜、われわれの知る確かに「リベラルな」ブハランセの公証人は初めて投票権が与えられた女たちの判断に一抹の不安を隠さなかった（Cañete Marfil y Martínez Mejias, *op.cit.*, p.92.）。
（8） バラガン・モリアーナ「ディアス・デル・モラールの政治的軌跡」65ページ。
（9） Fernando Sigler Silvera, *La reforma agraria en Espera. Francisco Garrido, pionero de los asentamientos campesinos de la II República en Andalucía*, Madrid, 2000, pp.70-75.
（10） *Córdoba Obrera*, 26-VIII-1933. ガブリエル・モロンの「宣言」があってほどなく、社会党支部のコルドバ県連盟機関紙は、「改革の2年間」の町役場になおも陣取っていたアルモドーバル・デル・リオのアナルコサンディカリストたちの第2共和制寄りの姿勢を嘲笑してさえもみせるだろう（*ibid.*, 2-IX-1933.）。
（11） *Ibid.*, 19-VIII-1933.
（12） *Ibid.*, 21-X-1933.
（13） *Ibid.* フランシスコ・サフラが捧げたアサーニャへの讚辞は、*El Sur*, 11-I-1933.
（14） *Ibid.*, 26-VIII-1933.

(15) Caro Cancela, "El socialismo andaluz", pp.172-176 y n.112.
(16) Borrell Merlín, *op.cit.*, p.91.
(17) *El Sur*, 14-XII-1933.
(18) AHPC, leg.162.
(19) *Córdoba Obrera*, 14-X-1933.
(20) AHPC, leg.162.
(21) Pérez Yruela, *op.cit.*, pp.377-383 y p.385.
(22) *El Sur*, 15-V-1934, recopilado por Pérez Yruela, *op.cit.*, pp.385-388.
(23) *El Sur*, 22-V-1934, recopilado por Pérez Yruela, *op.cit.*, pp.389-391.
(24) Caro Cancela, "El socialismo andaluz", p.157.
(25) Pérez Yruela, *op.cit.*, pp.190-193.
(26) Cobo Romero, *Labradores*, pp.422-433.
(27) *El Obrero de la Tierra*, 28-III-1936.
(28) Bedmar, *op.cit.*, pp.107-122.
(29) Moreno Gómez, *La República y la Guerra Civil*, pp.268-276.
(30) Casas Sánchez, "Estudio introductorio", p.32.
(31) *El Sur*, 8-IX-1934, recopilado por Pérez Yruela, *op.cit.*, pp.397-400.
(32) *Ibid.*, pp.179-180.
(33) *Ibid.*, p.184.

第 8 章
社会カトリシズムの敗北
サルバドール・ムニョス・ペレスとアンダルシアの反革命

CNCAが掲げた自作農創出の方針は、私的所有を尊重する立場からの制約を自ずと伴っていた。「カトリックの」社会主義と「真の」社会主義、つまりリベルテール共産主義との間には深淵が横たわっている。社会カトリシズムのやや不正確な言い換えである前者を支えるキリスト教の「慈愛」は、「連帯の名とともに知られる」社会主義の「モラルの偉大さ」とはまったく、あるいはほとんどまったく何の関係もない。「慈愛」は現にあるものとしての悲惨を正当化し、合法化しさえもする。対照的に、あらゆる人間に平等に生きる権利を保障するのが「連帯」である。このように述べて社会カトリシズムを全面的に否定するのは、フェデリーコ・ウラーレスである[1]。
　CNTのリベルテール共産主義とは相容れないレオ13世の社会カトリシズムは、さらに「国家的社会主義も個人主義的自由主義も受け入れない」[2]。第2共和制の「改革の2年間」は、長期的な展望のもとに「ブルジョワ共和制」の枠組みを超克し、「国家的社会主義」の実現を目指す社会党・UGT（FNTT）と、「個人主義的自由主義」に至高の価値を見る「インテリゲンツィヤ」とが、互いに対する何の疑念もなくというわけではもちろんなかったにせよ、ともかくも歩み寄った時代だった。こと「ライックな」原則の承認に関する限り、「国家的社会主義」と「個人主義的自由主義」のそれぞれの信奉者たちの間に不一致はなかった。社会カトリシズムの信奉者たちにとって、この「2年間」ははなはだ居心地の悪い一時期だったのである。
　ところで、従来どおりの意味での農地改革への回路を封鎖する、言い換えれば社会カトリシズムの理念そのものを骨抜きにしてしまう動きが、「ライックな」「改革の2年間」の到来を待つまでもなく既に復古王政の末期に、しかも教会の側から現れていた。第2共和制期の「カトリックの」社会主義、ないしは社会カトリシズムを俎上に載せる前に、われわれにはこの事実に触れておく必要がある。「所有の社会的機能」を拒むのは「神とその権威とは無縁の」エゴイズムに凝り固まった「経済的な」自由主義の信奉者たちであるとは、サルバドール・ミンギホンの口からプリモ独裁の黄昏どきに発せられた見解である。「自由主義的な」カトリックを自称するこのミンギホンによれば[3]、豊かな者は「自発的に」貧しい者に報いねばならない。その一方で、貧しい者には「キリスト教的な」自制心と蓄財の習慣、さらには現状の受け容れが求められる。従って「所有の」、農業に限れば「土地の社会的機能」の行使は、もっぱら農業エリートのモラルの問題に収斂されることになる。「神とその権威」と「自

由主義」が守り札のミンギホンには、国家権力が介入するような類の農地改革はまったく論外である。

　ミンギホンと同時代のアンダルシアに生きた匿名のカトリック「S. de P.」の見るところでは⁽⁴⁾、巷間に流布する「土地は耕作者のもの（La tierra es de quien la cultiva.）」のモットーこそは、「最も革命的で、最も不正な、そして最も馬鹿げた」それである。私的所有の根拠が「神のお知恵とご意志のうちに」帰される以上、労働を私的所有そのものの変革に結びつける理由は何もない。他でもないレオ13世の教えを引き合いに出しながら、「S. de P.」は「労働」は不動産取得のための蓄財の手段の域を出るものではないと主張する。1910年代のアナルコサンディカリスト労組 FNOA が掲げた「土地は耕作者の手に（La tierra para el que la trabaja）」との文言の焼き直しにも見える件のモットーは、「農業に従事する階級（clase labradora）」の幸福と国民の繁栄を目指す「本当の」農地改革から切り離されなければならない。だが、私的所有がそもそも人智を超えた領域で理由づけられるのであれば、「本当の」農地改革とは結局のところ何を意味していたのだろうか。

　第2共和制の臨時政府が農地改革の実施を公約してからほどなく、その「S. de P.」の言動には微妙な変化が生じていた。1931年5月、「S. de P.」はアンダルシアに蔓延する失業問題を解消する鍵を農業労働者たちの購買力の向上に求め、その実現に向けて賃金の引き上げがなされなければならないと主張しつつ、さらに「慎重な検討を経たうえで」彼ら「農業労働者が土地を獲得する可能性」にも言及する⁽⁵⁾。「S. de P.」の論調の変化は、社会党・UGT（FNTT）の介入が不可避の農地改革が急遽日程に上るなかでの危機意識の産物と見なされるべきだろう。急浮上した農地改革が、それほど遠くない過去に自身が提唱していた「本当の」――しかし、その中身については要するに何も語られていなかった――農地改革とはまったく異なる形で実現される運びとなったことに、「S. de P.」は戦慄を禁じえなかったに違いない。

　等しく信仰を拠りどころとしながらも、コルドバの急進党系紙に公開書簡を寄せたビリャビシオッサのラモン・バルガスの状況認識は、ミンギホンや「S. de P.」に比べてはるかに鋭敏であったかに思われる。ビリャビシオッサ・デ・コルドバでは、地元の組合（CNT）が決行した「ほとんどゼネラル・ストライキに近い」争議がひとまず終息してからまだ日も浅い1931年7月、200人から300人ほどの日雇い農たちが仕事にあぶれていたらしい。「キリスト教民

主主義者（democristiano）」を自任するバルガスの書簡は、このプエブロ在住の「多少なりとも豊かな名士」や「大地主」に宛ててしたためられた。バルガスの省察に従うと、神と人間を前にして土地の私的所有が正当化されうるとすれば、土地がその「社会的機能」を果たすことにより、飢えた者にパンが、そして丸裸の人間たちには服が与えられる場合だけである。この「キリスト教民主主義」の信奉者は、アナルコサンディカリズムや共産主義を「自由」と「法・権利」の敵と見なす。だが、その跳梁を許しているのは有産者たちのエゴイズム以外の何ものでもないという[6]。

こうしたバルガスの問題意識を共有していたのが、1934年10月からおよそ半年間にわたって農相を務めたマヌエル・ヒメーネス・フェルナンデスであったように思われる。「改革の2年間」に労相を務めた社会党・UGT（FNTT）のフランシスコ・ラルゴ・カバリェーロが、1932年9月に可決された農地改革法を「盲腸を治すのにアスピリンを与えるようなもの」と酷評したことは周知の事実である[7]。パブロ・イグレシアスの後継者の毒舌に耳を傾けるまでもなく、第2共和制の農地改革には確かに「階級的な」限界が孕まれていた。そして、その限界を端的に浮き彫りにしたのが、フアン・ディアス・デル・モラールが書いた農地改革の「私案」だった。だが、いっそう本質的な問題は、おそらく農地改革そのものの前提のうちに横たわっていた。1931年4月の復古王政の崩壊に伴って、農地改革には自ずと原理的なねじれが生じている。そして、そのねじれは、社会カトリシズムの本来の理念への回帰をもくろむ、マレファキスによれば「最も精力的な」農相の営為のうちに「最も悲劇的な」形で具現されていた。

コロンジュ・スー・サレーヴで作成されたマヌエル・アサーニャの「遺書」をここで改めて思い起こせば、1934年10月を境に「2つの」スペインは既に交戦状態に突入していた。そもそも、このとき「戦端」を開いたのはヒメーネス・フェルナンデスらのアレハンドロ・レルー政権への入閣の知らせだった。同時代を生きる「左翼」にとって、すぐにも「右翼」から「白いボリシェヴィキ」「レーニン」と呼ばれることになる人物は、「もう1つの」スペインに奉仕する紛れもない「戦犯」の1人だったのである。にもかかわらず、ビリャビシオッサ・デ・コルドバのラモン・バルガスと同じく「有産者たちのエゴイズム」を戒めるこの「戦犯」の声が、ほぼ1年前の総選挙で「改革の2年間」の悪夢をひとまずは払拭していた「有産者たち」の耳に届くはずはない。そして、そ

第 8 章　社会カトリシズムの敗北

んな「有産者たち」の 1 人が、1936 年 7 月 18 日、軍事クーデタの奏功ととき
を同じくしてコルドバ市長の重責を引き受けることになるサルバドール・ム
ニョス・ペレスなのだった。

　本章では、同時代の「膨大な数の農民大衆」の困窮には概して無頓着だっ
た 1930 年代前半のアンダルシアの農業エリートの姿勢を一身に体現してみせ
たような、コルドバ県のある大地主の軌跡を手始めに跡づける。その大地主と
は、19 世紀末には県内で最も高額の地租を国庫に納入するまでになっていた
パルマ・デル・リオのフェーリクス・モレノ・ベニートの子息、フェーリクス・
モレノ・アルダヌイである。先のバルガスのひそみに倣えば「有産者のエゴイ
ズム」を丸出しにしたその精神は、長期的には私的所有の廃絶をも視野に収め
たマルクス主義者たちも権力を分担するなかでの、「アンダルシアの農業問題」
解決へ向けての第 2 共和制の臨時政府のメッセージはもちろん、1931 年 4 月
までは農地改革をめぐる議論の原点をなしていた社会カトリシズムの側からの
提言にも、どうやらもともと聞く耳を持たない人物だった。モレノ・アルダヌ
イの言動には、「白いボリシェヴィキ」が対峙しなければならなかった困難が
そっくり凝縮されていたかにも見える。

　次いで、その社会カトリシズムの原点への回帰をもくろんだ「最も精力的な」
農相が半年ほどで挫折を余儀なくされるとともに、1935 年 8 月に農地改革修
正法が議会を通過するまでの流れを追う。さらに、この別名「反農地改革法」
の制定にもかかわらず、1936 年 2 月に発足した人民戦線政府のもとで農地改
革が再開されるなかで、サルバドール・ムニョス・ペレスらが正しくその人民
戦線のうちに具体化された「もう 1 つの」スペインを抹殺する企てに合流して
いった理由を明らかにする。そして、復古王政期から第 2 共和制期にかけての
アンダルシアの農業エリートの精神のありようの変遷を、大摑みにではあれ最
後に展望してみることにしたい。

　その前に 1 つ。内戦の火蓋が切って落とされてからの元「白いボリシェヴィ
キ」「レーニン」の立ち位置と、それがその後のスペインにもたらしたと思わ
れるものについても、あらかじめ知っておこう。1936 年 7 月、カディス県の
チピオーナにあった自分の別荘で軍事クーデタの勃発を知ったヒメーネス・
フェルナンデスは、この第 2 共和制破壊の行動への支持をすぐさま表明した[8]。
翌月には少なくとも 2 度、自らフランシスコ・フランコ将軍に当てて書簡をし
たためており、セビーリャで書かれた、そのいずれかへの 8 月 18 日付の返事

のなかで、後の独裁者は「われわれの大義」、つまり「マルクス主義の理念を持たないあらゆる善良なスペイン人の大義」に「誠実に」賛同するヒメーネス・フェルナンデスの「愛国心」を褒めちぎっている[9]。

しかし、フランコ将軍が得意の絶頂にあった1956年、独裁体制と癒着する教会の主流派に自身と同じく批判的なごく少数のカトリックの仲間たちを率いて内戦の「忘却」を訴えつつ、「2つの」スペインの和解の可能性を模索したのも、ヒメーネス・フェルナンデスだった[10]。1975年11月にフランコ将軍が死去した後、この過去の「忘却」はスペインの民主化の基本戦略になるだろう。というよりも、「兄弟殺し」の再演を回避するためには、そうならざるをえなかったというのが実相に近かったに違いない。当時、フランコ独裁から新時代への円滑な移行を可能にする「現実的な」方策は、間違いなく内戦の「勝者」の側に与していた、ほぼ20年前のヒメーネス・フェルナンデスにより提唱されていた、「2つの」スペインを完全に引き裂いた1930年代の「記憶」の封印を措いて他になかったように思われる[11]。

フランコ将軍の永眠に伴って「民主主義の再建、さらには民主主義の強化を保証しなければならないという大命題が、政治家たちをも、また広範な民衆をも、規制した。復讐の否定は、スペインを変えるための基本的前提条件だった。独裁に反対した者だけでなく、独裁体制支持のために人道に対する罪をおかした者に対しても、政治的恩赦が行なわれた。1977年10月14日の恩赦法は大多数の政治勢力によって支持された」[12]。しかし、この所謂「忘却の契約（pacto del olvido）」の締結は、フランコ将軍とその独裁に実質的な無罪判決を宣告することにより、結果的にはフランコ派の存続と20世紀末におけるネオ・フランコ派の出現に繋がっていく[13]。ことは、「兄弟殺し」のなかで現出したさまざまな局面の評価にももちろん直に関わっている。そこで、早々の脱線を承知のうえで、ここでわれわれは「民主化」が産んだ「鬼子」の存在にもあえて少しばかり言及しておく。

酸鼻を極めたスペイン内戦のなかでも際立っておぞましいエピソードの1つとしてしばしば指摘されるのが、それが起きた直後には「9,000人」の「アカども」が一挙に犠牲になった、との囁きも巷間に聞かれたバダホースの殺戮である。人民戦線期に突出して大きな規模での農場占拠の発生が記録されていたバダホース県の県庁所在地がフランコ派に占領されたのは、1936年8月14日。直後に生じた惨劇について、ピエール・ヴィラールは「その残忍な

性格については明らかであるが、それがどの程度であったかについてはいまだに議論が続いている」と書いている。フランシスコ・エスピノーサ・マエストレは、バダホースにおける犠牲者の数を「3,800人」前後と見積もっている。この、21世紀のスペインにあって「最も精力的な」内戦史家の1人は、引き裂かれて久しい同胞のひとまずの和解を「真実」の究明に優先したとして、1975年以降の祖国の「民主化」のあり方を断罪してやまない。

その「民主化」を生き延びたフランコ派の残党の1人であったラモン・サラス・ララサーバルによると、1936年の大晦日までのバダホース県全体での犠牲者の「総数」は「91人」。この数字が正しければ、同県の県庁所在地での殺戮はそもそもなかったということになるだろう。また、1936年夏のバダホースの死者を「200人から600人」と見積もるのが「穏当」と主張するのはピオ・モアである。さすがに「事実」そのものを抹消することは叶わぬものと観念してのことか、ネオ・フランコ派を牽引するピオ・モアは、バダホースで演じられた修羅場を内戦中の「双方の陣営」で観察された「あらゆる類の虐殺」の1つへと矮小化しようとする。バダホースの「真実」に迫ろうとしたエスピノーサ・マエストレの渾身の大著『死の部隊／セビーリャからバダホースへのフランコ軍の進撃』（2004年）を「徹頭徹尾、怨念に満ちた」著作と罵倒したのも、この紛れもない元共産党員（！）である[14]。1936年7月からフランコ独裁期にかけてのアンダルシアにおける「真実」に関しては、われわれは「むすびにかえて」のなかでその一端に触れてみることにしたい。

註

（1） Urales, *El ideal y la revolución*, pp.29-32. ホアキン・コスタを経由してパスクアル・カリオンやブラス・インファンテらに多大な影響を及ぼしたアメリカのヘンリー・ジョージも、貧困は「慈愛」の実践によっては解消されないとの見地から社会カトリシズムにはおよそ否定的だった（Ruiz Luque y Casas Sánchez, "Estudio introductorio", p.XX.）。

（2） イヴ・ブリュレ、加藤隆訳『カトリシズムとは何か／キリスト教の歴史をとおして』文庫クセジュ、2007年、130ページ。ピレネーの南に「国家的社会主義」の種を蒔いた、マルクスの娘婿のポール・ラファルグが社会カトリシズムに嘲笑を浴びせたことは、「はじめに」の第3節の註（8）に書いておいた。

（3） *La Tierra. Órgano de la Federación de Sindicatos Católico-Agrarios de Córdoba*, núm.186, 15-VIII-1928.

（4） *El Pueblo Católico*, 19-I-1928, recopilado por Calero, *Movimientos sociales*, pp.145-146.
（5） *La Tierra. Órgano*, núm.28, 15-V-1931.
（6） *La Voz*, 7-VII-1931, citado por Pérez Yruela, *op.cit.*, pp.91-93. 第2共和制の誕生からほぼ2ヶ月後にビリャビシオッサ・デ・コルドバに持ち上がったこの争議は、治安警備隊に加えて軍隊も投入されたうえでようやく鎮圧された（AHNM, leg.6A.）。争議への、トマス・デ・ラ・トーレら地元のリベルテール青年団の活動家たちの関与の有無については不明である。
（7） プレストン『スペイン内戦』79ページ。
（8） Braojos Garrido y Álvarez Rey, "La derecha imposible", pp.34-35.
（9） Francisco Franco Bahamonde a M.G.F. [18-VIII-1936.], carta recopilada por Braojos Garrido y Álvarez Rey, *Manuel Giménez Fernández*, pp.212-213.
（10） Moradiellos, *op.cit.*, p.56.
（11） フランシスコ・フランコ将軍が死去した直後、「まだ開いたままの傷口」や社会を分断する「深淵」に言及しつつ、同胞の意識が1936年と「同じ病」に苛まれている事態を深く憂慮したのは（Juan Benet, "La sombra de la Guerra Civil" (1ª ed. 1976), *La sombra de la Guerra Civil española. Escritos sobre la Guerra Civil española*, Madrid, 1999, pp.25-26.）、「人間性に対する明敏な観察者にして、その人間性に幻滅させられた、そして自身が属する世代が共有したさまざまな経験のなかで内戦が最も決定的な出来事だった」1927年生まれの「偉大な作家」と現代史家のゲイブリエル・ジャクソンが評するフアン・ベネである（Gabriel Jackson, "Prólogo a los ensayos de Juan Benet sobre la Guerra Civil", Benet, *La sombra*, p.7.）。
（12） プレストン『スペイン内戦』24‐25ページ。
（13） Francisco Espinosa, "El fenómeno revisionista o las fantasmas de la derecha española (Sobre la matanza de Badajoz y la lucha en torno a la interpretación del pasado)", *Contra el olvido*, pp.205-253.
（14） 渡辺雅哉「バダホースの殺戮」『スペイン内戦とガルシア・ロルカ』南雲堂フェニックス、2007年、27‐38ページ。

第 8 章　社会カトリシズムの敗北

第 1 節

ある「保守的な共和派」の軌跡

　1936 年 7 月、軍事クーデタの奏功と同時にフランコ派初のコルドバ市長に就任するサルバドール・ムニョス・ペレスをも含めて、アンダルシアの農業経営者たちの実態については不明なところが多い。だが、その点で例外と思われる大地主が少なくとも 1 人いた。第 2 章第 1 節でその名を出しておいた、コルドバ県のパルマ・デル・リオのフェーリクス・モレノ・アルダヌイである。モレノ・アルダヌイは 1936 年にはコルドバ県農業会議所のオリーヴ・葡萄栽培及びその関連事業部門の顧問を務めており、ムニョス・ペレスとは同僚の間柄でもあった。以下、子息のアロンソ・モレノ・デ・ラ・コーバに従えば[1]、もともと「政治的」ではなかったにせよ「保守的な共和派」で、「だれよりも土地に関心をもって」おり、「なによりもまず、土地を私有する権利を信頼していた」というモレノ・アルダヌイの 1930 年代を簡単に跡づけておく。

　地元の住民たちから「ビスマルク」の異名で恐れられたこの大地主[2]の言動には、アンダルシアの農業エリートと第 2 共和制との間の緊張が凝縮されているかに見える。当時、モレノ・アルダヌイはパルマ・デル・リオに 3,500 ヘクタール以上の土地を持っていた（夫人のエンリケータ・デ・ラ・コーバ・イ・ルイスとの共同名義）[3]。「ビスマルク」が持っていた不動産は、パルマだけには限らない。再びアロンソ・モレノによれば、パルマと、このプエブロに隣接するペニャフロール（セビーリャ県）との間の土地は「そっくり」父の所有に帰していたという。

　IRA の原簿からも明らかなように、モレノ・アルダヌイはコルドバとセビーリャの間では一番の、そしてアンダルシア全体でも二番目の大地主だった、との子息の回想にはさすがに誇張が含まれている。それでも、パルマ・デル・リオにあって「ビスマルク」に次ぐ農業経営者だったミゲル・フェルナンデス・ナヘラ・イ・ガルシア・ペラージョがこのプエブロに抱える土地は、そのすべてを併せてもほぼ 1,385 ヘクタールに留まっていた。モレノ・アルダヌイが、地元において他の追随を許さぬ「巨人」であったことは疑いない。

505

フェーリクスの弟と思われるホセ・モレノ・アルダヌイが同じパルマ・デル・リオに所有する土地も、520ヘクタール以上の規模に達していた。さらに、パルマの大地主たちのなかには、アルダヌイ姓を持つ者が3人いた。このうち、ペドロとフリアのリニャン・アルダヌイの所有地の面積は、ともに1,000ヘクタールを上回る。この2人の姉か妹に当たるはずのロサ・リニャン・アルダヌイも、連れ合いのフアン・マヌエル・マルティネス・レジェスとの共同名義のもとにほぼ760ヘクタールの土地を経営していた。いずれも紛れもない農業エリートに属する「身内」の存在を通じて、このプエブロにおける「ビスマルク」の威信のほどはさらに増幅されていたものと想像される。
　アロンソ・モレノも認めるとおり、1931年4月の第2共和制の成立からまだ間もなかったころ、「だれよりも土地に関心をもっていた」モレノ・アルダヌイは自分の「土地」に入った日雇い農1人を射殺する[4]。また、「ビスマルク」は1932年8月にはサンフルホ将軍の軍事行動にかかわった容疑で逮捕されてもいる[5]。2つの行動が連想させる「ビスマルク」の気質は、少なくとも「共和派」のそれではないだろう。先の「殺人」と前後して、モレノ・アルダヌイはわざわざパルマ・デル・リオからコルドバ県庁まで自ら足を運び、県知事に「できるだけたくさんの」農業労働者の雇い入れを約束したこともあった[6]。だが、それから半年後には、「困窮」を理由に（！）自身の「土地」での農作業を中止したため、「強制耕作法」に則って処罰されている[7]。1933年11月の総選挙に際して、「保守的な共和派」はミゲル・マウラが統率し、コルドバ県でのその支持層固めにはエドゥアルド・バレーラ・バルベルデが一枚絡んでいた保守共和党（！）から出馬する。しかし、当選の夢は叶わなかった。
　1936年2月。人民戦線選挙の直後、死者こそ出なかったにせよ、モレノ・ゴメスによれば[8]、「第2共和制時代のコルドバ県で最も暴力的な」、従って1933年12月のブハランセをも凌ぐほどの騒擾に直撃されたのが、パルマ・デル・リオだった。ことの発端は、この総選挙での人民戦線の勝利を慶賀する60人から70人のデモ隊への、CEDAの中核政党である人民行動党のセンターからの発砲にあった。2日間にわたった破壊と略奪は問題のセンターばかりか、「暗黒の2年間」にCEDAと結んだ急進党のセンターや複数の教会・修道院、さらには大地主たちの私邸にも及んだ。「改革の2年間」に逆行した「暗黒の2年間」の権力を表象する空間そのものが揃って標的にされた格好である。「ビスマルク」の私邸も、むろん被害を免れなかった[9]。

第 8 章 社会カトリシズムの敗北

　半年足らずの人民戦線期を通じて、社会党が多数派を占めたパルマ・デル・リオの町役場と、「保守的な共和派」ら地元の農業経営者たちとの関係は悪化の一途をたどる。5月には、モレノ・アルダヌイ当人が失業緩和のための労使交渉を拒絶したこともあって、社会党系労組 UGT（FNTT）が CNT と連帯して農業ストライキに突入。自身に逮捕状が出され、自らが飼育する多数の豚や山羊への差し押さえの処分が下されるなか、パルマを脱出したモレノ・アルダヌイはおそらくセビーリャに潜伏。一時はさらにポルトガルにまで逃亡した可能性も指摘されているものの、結局はセビーリャ県知事の行政命令によりその身柄を拘束されている。

　1936年7月。軍事クーデタの成功がひとまず阻止されたパルマ・デル・リオでは、リベルテール共産主義体制の樹立が宣言され、「ビスマルク」の、自身が「なによりもまず」それを「私有する権利を信頼していた」不動産ももちろん接収された。クーデタの前夜、モレノ・アルダヌイはアンダルシアの中心都市にあって、あのゴンサーロ・ケイポ・デ・リャーノ将軍と行動をともにしていたらしい。セビーリャが毒舌家の「ラジオ将軍」の軍靴に踏みしだかれた後、「ビスマルク」はサルバドール・ムニョス・ペレスが市長を務めるコルドバに入り、そのコルドバからパルマ「解放」の「十字軍」に同行。8月下旬、パルマへの帰還を果たしたモレノ・アルダヌイは、1ヶ月以上にわたったアナルコサンディカリストたちの「祝祭」のなかで屠られていた自身の「牛」1頭につき、10人の「アカども」の殺害を宣言する[10]……。

　「不寛容」の一言で括られることの多いアンダルシアの大地主たちのなかにあっても——従って、グティエーレス・モリーナが「スペインの反動的な階級のなかでも最も陰湿な」と形容するコルドバ県の農業経営者たちの間でも[11]——、モレノ・アルダヌイはことにその傾向が著しい。パルマ・デル・リオは、フランコ独裁期に一世を風靡した異色の闘牛士「エル・コルドベス（コルドバ県の男）」ことマヌエル・ベニーテスの故郷でもある。そのマヌエルの姉のアンヘリータの記憶に残るモレノ・アルダヌイは、「労働者に1ペセタでも余計な賃金を払うくらいなら、その労働者を殺してしまうだろうと思われるような」冷酷な農業経営者だった[12]。アンヘリータの「人物評」に嘘や偽りがなかったことを、われわれは見たばかりである。

　にもかかわらず、パルマ・デル・リオの「ビスマルク」が農業経営に注いだ、その限りでは19世紀のセビーリャが生んだイグナシオ・バスケス・グティエー

レスにも通じるような旺盛な情熱は無視されるべきではない。「偉大な」父を慕う子息の回想に改めて耳を傾ければ、モレノ・アルダヌイはパリのグリニョンで農学を修め、アロンソの祖父から受け継いだ不動産の面積をその9倍にまで増やしている。「ボリシェヴィキの3年間」に「偉大な」フェーリクスが購入したトラクターは、「アンダルシアの土に初めて刃を入れた」それであったという。

　コルドバ県のグアダルキビール川以南に広がるカンピーニャにおいて農業の機械化への動きが本格化したのは、例えばカディス県のヘレス・デ・ラ・フロンテーラとその周辺からかなり遅れて、1910年代以降のことと考えられる。刷新のためのイニシアティヴを発揮したのは、「世紀末の農業危機」に苦慮しながらも自らの足場を固めることに首尾よく成功していた農業ブルジョワたちだった。事情に詳しいペドロ・ドミンゲス・バスコンが挙げるコルドバのエドゥアルド・カデーナスやラ・ランブラのマヌエル・サンチェス・プエルタらと並んで——ただし、双方の営為の具体的な中身は無知なわれわれには皆目わからない——[13]、パルマ・デル・リオの「ビスマルク」もまた、その仲間の1人に加えられて然るべきだろう。

　ノンフィクションの世界に新境地を開いたラリー・コリンズとドミニク・ラピエールの2人は、内戦前夜に12,000人ほどが暮らしていたこのプエブロの成り立ちの過程とその帰結を、以下のように要約してみせる。もともとアンダルシアに生まれ、もちろんただならぬ幸運にも恵まれながら農業ブルジョワへの変身を果たすことができた大借地農たちへの視線がそこには抜け落ちてはいる。それでも、この2人の巨匠が簡潔に描いた見取り図には、広くグアダルキビール川の中下流域に根を下ろした大土地所有制の本質に連なる要素が内包されているように思われる。

　約12,000人の「先祖は、アラブ人とキリスト教徒の境界線での戦いに命を脅かされたため、城壁をたてめぐらした町の聖域の中に押し込まれたのだった。農場から離れたことが、いまパルマ・デル・リオを苦しめている経済的苦境の種子をまいた。彼らはわずかばかりの家族の保有地をあとにした。再征服〔レコンキスタ〕のあと、教会と、少数の騎士たちが、市外に残してきたその土地を全部奪った。のちに、19世紀中期、教会がその土地を奪われたときにも、アンダルシアの貧農たちはその土地を取り戻すことができなかった。その代わりに、カスティリャやガリシアから群れをなして南下してきた新しい家族の手

中に、それらの土地は買い取られ、いまアンダルシアの膨大な土地はそれらの数家族の手に分配されているのである。こうして歴史は、パルマ・デル・リオを、小さな中産階級によって支えられた、3つの〔ママ〕大地主で構成される社会という、残酷な不均衡の中に閉じこめることになった。その下には、……下層階級がいた。彼ら〔の大半〕には、野菜を栽培する畑さえなかった。彼らは、国家や社会の救いの手を望むことはできなかった。彼らの貧弱な生活の境界は、つねに飢えや、恐れや、絶望に彩られていた。パルマの小さな中産階級というのは、公証人が1人、弁護士が1人、婦人薬剤師が1人、医者が4人、産婆が1人、獣医が2人、カフェの所有者が6人、商店主が数人、市役所の吏員が5人、治安警備隊員8人、それに……タクシー運転手2人のことである」[(14)]。

ここで、われわれはアロンソ・モレノ・デ・ラ・コーバの証言にもう1度だけ頼らねばならない。遡れば、モレノ一族もアンダルシアを遠く離れた、ビスケー湾に臨むサンタンデールの出身であったという。19世紀の初頭、時代の覇者ナポレオン・ボナパルトと、その兄であったおかげでスペイン国王になりおおせたホセ1世ことジョセフの支配にピレネーの南が逆上した独立戦争のさなかに祖先がセビーリャに移り住んだことが、後の「ビスマルク」とその親族のパルマ・デル・リオでの稀に見るほどの「栄華」のそもそもの端緒だった。しかし、フェーリクス・モレノ・アルダヌイの「成功」は、同時代に生きることを宿命づけられたパルマの「アンダルシアの民」にとって決して幸運なことではなかった。もっとも、運に恵まれなかったのは、このプエブロに暮らす「民」ばかりではない。「純粋」アナキズムが誇る「連帯」とはむろんのこと、キリスト教的な「慈愛」ともおよそ無縁だったと覚しいアンダルシアの農業経営者は、パルマの「ビスマルク」1人だけに留まらなかったのである。

註
(1) 第2共和制への「アフリカ風の憎しみ」に燃えるアロンソ・モレノ・デ・ラ・コーバの証言は、ラリー・コリンズ、ドミニク・ラピエール、志摩隆訳『さもなくば喪服を／闘牛士エル・コルドベスの肖像』早川書房、2005年、96‐103ページ。
(2) フランコ独裁期にパルマ・デル・リオでカフェを営んでいた、女将バレスの証言（同邦訳、93ページ）。
(3) パルマ・デル・リオの農業エリートについては、Antonio León Lillo, *Palma del Río 1936-1952*, Córdoba, 1990, pp.48-49. 1930年代のパルマの大地主のなかには、これも第2章第1節でその名を挙げておいたようにオルナチュエーロスにも多大

な不動産を所有するモンテシオン侯爵ことフランシスコ・ガメロ・シビコ・イ・ポッラスがいた（現代史家のアントニオ・レオン・リーリョの記載では「ポッレス（Porres）」となっているものの、ここは IRA の原簿に従って「ポッラス（Porras）」としておく）。ラス・アタラジャス伯爵の称号をも併せ持つフランシスコの3人の兄弟も、揃ってパルマの大地主である。アデライダ・ガメロ・シビコ・イ・ポッラスの所有地は 1,000 ヘクタールを、マヌエル・ガメロ・シビコ・イ・ポッラスとカルメン・ガメロ・シビコ・イ・ポッラスのそれも 600 ヘクタールを、いずれも上回る規模に達していた。フランシスコ自身のパルマの所有地は、300 ヘクタールにわずかに届かない。しかし、このモンテシオン侯爵兼ラス・アタラジャス伯爵は、近隣のオルナチュエーロスに 2,000 ヘクタールを超える土地を持っていた。

（4）「ボリシェヴィキの3年間」のさなかの 1919 年 4 月。パルマ・デル・リオでは、農業ストライキへの突入の声が上がるなか、フェーリクス・モレノ・アルダヌイの父フェーリクス・モレノ・ベニートの「土地」でも日雇い農 1 人が死ぬ騒ぎが既に起きていた（García Parody, *Los orígenes*, p.340.）。

（5）1932 年 8 月 10 日にサンフルホ将軍がセビーリャで仕出かしたクーデタ騒動に関連して、コルドバ県内で逮捕された人間のリストは、Francisco López Villatoro, *Los inicios del Franquismo en Córdoba*. FET de las JONS, Córdoba, 2000, p.29 n.16.

（6）*Diario Liberal*, 24-IV-1931.

（7）*El Luchador*, 23-X-1931.

（8）Moreno Gómez, *La República y la Guerra Civil*, p.226.

（9）労使交渉を頑なに拒むその姿勢がわざわいして、パルマ・デル・リオの「ビスマルク」はその 2 ヶ月後にも逮捕されている（León Lillo, *op. cit.*, pp253-256.）。

（10）コリンズ、ラピエール、前掲邦訳、133 ページ。

（11）José Luis Gutiérrez Molina, "Reforma y revolución agraria en el campo andaluz: Córdoba 1930-1939", *Seis estudios*, p.214.

（12）コリンズ、ラピエール、前掲邦訳、85 ページ。

（13）Domínguez Bascón, *op. cit.*, pp.160-164. コルドバのエドゥアルド・カデーナスは、1900 年の時点でのグアダルカサルの高額納税者エドゥアルド・カデーナス・レハーノと同じ人物だろうか（第 2 章第 1 節の註〔47〕を参照）。

（14）コリンズ、ラピエール、前掲邦訳、103‐104 ページ。

第８章　社会カトリシズムの敗北

第２節

「白いボリシェヴィキ」の蹉跌

　復古王政のスペインにあって社会カトリシズムの理念の定着に大きく貢献したと思われるのが、あのアンヘル・オソリオ・イ・ガリャルドである。1930年代のマヌエル・アサーニャの友人は、「ボリシェヴィキの３年間」のさなかに「所有権は、個人的なものであることをやめて、社会的役割を果たすものに変わった」と述べていた[1]。単に面積のみを基準にした機械的な土地の収用は、オソリオの眼中にはない。その狙いは、それぞれの土地が孕む可能性と社会秩序に見合った形での農業の実現にあった。収用の対象は、そんな農業の実現に消極的な経営者たちの所有地である。「３年間」のオソリオは、既存の「社会秩序」のなかで「個人的な」利益が「社会的な」それに従属すべきときが訪れつつあるものと認識していたのだった[2]。

　グアダルキビール川の中下流域を席巻した騒乱が沸騰点に達した1919年、オソリオ・イ・ガリャルドはアントニオ・マウラ政権の勧業相としてセビーリャ県の労使紛争に介入。「日雇い農の暴力と農業経営者のエゴイズム」の鎮静化に尽力する一方で、アンダルシアの大土地所有の実態の把握にも乗り出した。争議の折、たびたびスト破りに動員されていた出稼ぎに対する地元の労働力の優先的な雇用を提唱し、第２共和制の「区域調整法」導入の先駆けを演じたのも、ときの勧業相である[3]。確かに、「ボリシェヴィキの３年間」のオソリオの行動は、同じ1919年に IRS 調査団を引率したエサ子爵の「アンダルシアの農業問題」の解決のための提言にも似て、「改革の２年間」に登場するマルクス主義者の労相による社会政策の実施を先取りしていた。

　とはいえ、無産者の「暴力」と有産者の「エゴイズム」から自らを等距離に置くその姿勢からも窺われるように[4]、オソリオが歴史の歩みに階級闘争の発現を見るマルクス主義に否定的な印象を持っていたことは確実だった。この点でも、オソリオとエサ子爵は立場をともにしていた。1919年の４月中旬に開かれたコルドバでの社会党・UGT の集会が掲げた８時間労働の実現や賃金の出来高払い方式の撤廃その他の闘争方針にも、勧業相は懸念の色を隠さな

511

かった⁽⁵⁾。それからおよそ1年後、「ボリシェヴィキの3年間」の趨勢を充分に見極めつつ、オソリオは「キリスト教の精神に充分に裏打ちされた、社会的な視野を持つ右翼の民主主義」を措いて「左翼」への防御壁はありえないとの、従前からの思いを新たにする⁽⁶⁾。

　自らの勢力の温存を図って社会党・UGTがプリモ・デ・リベーラ将軍の独裁体制に承認を与えた際、「左翼」に対するオソリオの不信の念はさらに増幅されたに違いない⁽⁷⁾。1933年1月のカサス・ビエハスでの殺戮劇が「改革の2年間」を大きく揺るがすなか、国会解散の回避と重要案件の早期の法制化を念頭に置きながら、「知識人の共和制」を率いる首相のマヌエル・アサーニャに社会党・UGT（FNTT）との共闘の解消を助言したのは、間違いなく「共和制に奉仕する、国王なき王政派」である⁽⁸⁾。

　遡って1922年。オソリオは「保守的ではあれ、こと社会問題に関しては充分に進歩的な」人材を糾合、人民社会党を結成している⁽⁹⁾。そして、この「人材」のなかにマヌエル・ヒメーネス・フェルナンデスが含まれていた。ヒメーネス・フェルナンデスは、人民社会党のセビーリャ支部の指導部に加わっている。1923年9月にプリモ・デ・リベーラ将軍が決起する数ヶ月前、後の「白いボリシェヴィキ」は日雇い農の借地農への、さらに借地農の自作農への転換の可能性を早くも模索している⁽¹⁰⁾。プリモ独裁期にアンダルシアの中心都市の市議会議員を務めた折、ヒメーネス・フェルナンデスは1929年のイベロアメリカ博覧会の開催に向けて市の財政を圧迫していたセビーリャ県当局との間で確執を深めた。県当局に睨みを利かせる同博覧会の最高責任者は、プリモ・デ・リベーラ将軍が全幅の信頼を寄せるあのホセ・クルース・コンデである⁽¹¹⁾。

　農相のポストを手に入れたヒメーネス・フェルナンデスは、「少数が多くを持ち、多数がほとんど何も持たないような事態は解消されねばならない」との信念から、農業エリートに「社会の平和と調和のための」自己犠牲、その所有地の「自発的な」提供を要請する。「社会的必要性（necesidad social）」に鑑みての、1932年9月の農地改革法では見送られていた農業収益への累進課税の導入。あらゆる資産は、これを所有する各人の必要性を超過する分に限り「われわれの他の兄弟たちの喫緊の必要性」に供されねばならないこと。問題の解決は「土地を分割し（dividir）、さらに再分割すること（subdividir）」にあり、従って農業経営者が持つ個々の地所の規模のみならず、その所有地の総面積にも制限が設けられるべきこと。こうした発想は、「ボリシェヴィキの3年間」

第 8 章　社会カトリシズムの敗北

の直後にリサラガ伯爵が行なっていた提案から示唆を得てのものだったのだろうか。その一方では、一切の小土地所有の収用対象からの除外。さらに、その不動産が収用の対象に指定される「すべての」土地所有者に対する補償は適切に、「可能な限り現金をもって」なされるべきこと。このとおり、「白いボリシェヴィキ」は懲罰的な意図も露骨な先の農地改革法とは異質の構想を温めていたのだった(12)。

　CEDA の総帥ホセ・マリーア・ヒル・ロブレスに対する自らの警戒心をよそに、オソリオ・イ・ガリャルドはそのCEDAが「暗黒の2年間」

農相を務める「白いボリシェヴィキ」(Tusell y Calvo, *Giménez Fernández*, pp.160-161.)。

の国会に送り出した農相の農地改革法案に示された「カトリックとしての社会的なあり方」の「最も根本的な」現れに讃辞を惜しまないだろう(13)。「骨の髄まで」ブルジョワだったマヌエル・アサーニャの「入れ知恵」のせいで、そのアサーニャ自身が選んだ「生け贄」の旧スペイン大公を例外として、先の農地改革法は個々の農業経営者が国内各地に所有する地所の総面積を問うことはなかった。ヒメーネス・フェルナンデスの構想の射程は、「ボリシェヴィキの3年間」にオソリオ当人が提唱していた「それぞれの土地が孕む可能性と社会秩序に見合った形での農業の実現」の枠組みを大きく超えている。しかし、CEDA 内部にも吹き荒れた逆風に晒されて、「白いボリシェヴィキ」は自らの農地改革法案の国会提出を断念せざるをえない(14)。

　大地主たちへの「自発的な」土地の提供の要請は、1932 年 9 月に日の目を見た農地改革法の第5条にも既に盛り込まれていた。だが、「少数が多くを持ち、多数がほとんど何も持たないような事態」の「解消」に向けて、「自己犠牲」の思いに身を焦がす奇特な農業エリートがいた形跡はどうやらない。それどころか、いずれもヒメーネス・フェルナンデスと同じ政党に籍を置きながらも、「われわれの他の兄弟たち」の空腹には至って冷淡だったのが、アドルフォ・ロド

513

リーゲス・フラード、ハイメ・オリオール・デ・ラ・プエルタ、ルイス・アラルコン・デ・ラ・ラストラら、やはり農相と同じセビーリャ県生まれの代議士たちだった。ロドリーゲス・フラードは1931年8月に結成されたAPFRの代表・副代表を務めた人物。1932年11月に発足したIRAにもAPFRから参加し、農地改革の進展を妨害した。このロドリーゲス・フラードをCEDAの最強硬派と見なすのは、マヌエル・トゥニョン・デ・ラーラである[15]。

1932年5月。小麦の刈り入れを前にした労使混成協議会での交渉の紛糾をきっかけに、セビーリャ県内の農業経営者たちを糾合するFPAPAが誕生。このFPAPAの代表と副代表に就任したのが、それぞれオリオール・デ・ラ・プエルタとアラルコン・デ・ラ・ラストラである[16]。オリオールは失業と大土地所有制との連関を[17]、つまり「アンダルシアの農業問題」の存在そのものを否定し、農業経営者に従順な出稼ぎの雇用を制限する、もともと「ボリシェヴィキの3年間」にオソリオ・イ・ガリャルドが提唱していた「区域調整法」を始め、「改革の2年間」が打ち出した一連の社会政策に頑強に反対した農業エリート。ロドリーゲス・フラードと並んで、このオリオールもAPFRの首脳の1人である[18]。「白いボリシェヴィキ」の2代後の農相ニカシオ・ベラージョス（農業党）に、農地改革修正法の成立を急がせた大地主たちの音頭を取ったのも、やはりオリオールとロドリーゲス・フラードだった[19]。残るアラルコンを、経済史家のアントニオ・フロレンシオ・プンタスはセビーリャ県内の農業経営者たちの最高指導者の1人に挙げている[20]。

ここで差し当たり注目されるのは、ヒメーネス・フェルナンデスが上程した「ジュンテーロ及び〔零細〕借地農保護法」と「借地法」をめぐる国会での攻防である。既述のとおり、ジュンテーロとは、主にエストレマドゥーラにあって、わずかに雌の驢馬2頭を持つ過小農や日雇い農たちを指す。マルセリーノ・ドミンゴが農業省の頂点に立っていた1932年11月以降、そのジュンテーロたちに与えられていた2年間の土地の用益権の1年更新を定めた「保護法」は、ロドリーゲス・フラードやアラルコンの不興を買い、農業党の党首ホセ・マルティネス・デ・ベラスコらの反対にあって流産の危機に瀕しながらも34年12月に何とか成立する[21]。

ヒメーネス・フェルナンデスは、「借地法」により、12年以上にわたって耕作に従事する借地農たちに、自身が借り受けた土地を取得する権利を与えようとした。「時間の経過は借地農が自作農に転じる根拠にはなりえない」との、

第 8 章　社会カトリシズムの敗北

復古王政末期の「S. de P.」を思わせもする立場から、この「借地法」に激しく噛みついたのがロドリーゲス・フラードである。それでも、「ジュンテーロ及び〔零細〕借地農保護法」に続いて、この法律も 1935 年 3 月にともかくも可決される。

しかし、借地契約の期限の最低保証が 6 年から 4 年へと短縮されたうえ、農業ブルジョワお得意の「直接経営」の概念の拡大解釈も手伝って、この「借地法」の中身はまったく骨抜きにされていた。同法に従う限り、「直接経営」への転換の意思を表示しさえすれば、農業経営者には借地農の追い立てが可能である。また、バダホース県だけに適用範囲を限定しつつ、300 ヘクタールを超えるすべての地所の 25 パーセントまでを、ジュンテーロたちへ 2 年を限度に貸与する権限を IRA に認めようとした「白いボリシェヴィキ」のさらなる企図は一顧だにされない[22]。

1933 年 11 月の総選挙でのバダホース県からの出馬そのものが、ヒメーネス・フェルナンデスが既にセビーリャ県内の農業エリートに煙たがられる存在になっていたことを物語っていた[23]。1934 年 10 月の農相への就任早々、ヒメーネス・フェルナンデスはセビーリャ県の CEDA のなかでいよいよ孤立を強いられる事態に逢着する。ことは、ルイス・アラルコンが旧スペイン大公のアルバ公爵から借りていた県内のカルモナの 2 つの地所、合計 933 ヘクタールの接収をめぐる問題に関わっていた。当のアラルコン本人はもとより、ロドリーゲス・フラード、オリオール・デ・ラ・プエルタ、さらに寄り合い所帯の CEDA の中核政党である人民行動党のセビーリャ県代表を務めるブスティーリョ伯爵ことアルメーロ・マンホンらが、件の地所の接収に前向きなヒメーネス・フェルナンデスに挙って背を向ける。

「白いボリシェヴィキ」が自ら嘆息する「オストラシズム」の恥辱にまみれていった過程は、ヒル・ロブレスが示した「親友」の農相に対する態度の変遷に見事に合致する。CEDA の総帥は「ジュンテーロ及び〔零細〕借地農保護法」の審議ではヒメーネス・フェルナンデスを擁護したものの[24]、「借地法」のそれには関心を示さず[25]、アラルコンの借地の問題に至ってついには農相に引導を渡したのだった[26]。それにしても、ヒル・ロブレスはなぜヒメーネス・フェルナンデスを農相に抜擢したのだろうか。なるほど教会法の権威ではあれ、政治家としてはまだほとんど無名に近かったヒメーネス・フェルナンデスの農相への就任は、周囲にはまったくの驚きだった[27]。

CEDA が誕生した 1933 年の春。ヒル・ロブレスは、ファシズムを「公的な権利に関するキリスト教の諸原理」に照らして受け容れがたい「社会主義の最も尖鋭な発現形態」と見なしていた[28]。ところが、そのヒル・ロブレスが同年 11 月の総選挙の前夜に「社会主義」の破壊と、「新しい国家」「ユダヤ的フリーメーソンを駆逐した新しい国」の建設を提唱した際、破壊の対象としての「社会主義」は明らかに「ファシズム」ではなくなっている。「暗黒の 2 年間」の幕が上がる前夜、CEDA の総帥はナチズムに深く感化されていた[29]。翌年の 10 月初旬の閣僚人事に、「左翼」が「さながらスペインにおけるファシズム確立の第一歩」を見たのには[30]、相応の根拠があったのである。
　ヒル・ロブレスによる「白いボリシェヴィキ」の農相への指名と、首相のアレハンドロ・レルーへのその推薦は、「キリスト教の諸原理」を尊重する観点から決断されたものと見なされうるかもしれない。とはいえ、結局のところ、CEDA の総帥は「離教者」呼ばわりされることをも辞さないラマミエ・デ・クライラックを筆頭に、レルーが語る「社会主義的な」それにせよ、「キリスト教の諸原理」に基づくそれにせよ、とにかく農地改革と名のつくものの絶対阻止に向けて邁進する党内の仲間たちに与する立場を選択する。
　「新しい国家」「ユダヤ的フリーメーソンを駆逐した新しい国」の建設の構想を打ち出した折、ヒル・ロブレスは自身の主張に共感の声を寄せてくれるはずの党内の有力者たちの集団のなかに、アラルコン・デ・ラ・ラストラやオリオール・デ・ラ・プエルタらセビーリャ県の農業エリートをもあらかじめ数え入れていたに違いない。そして、新たな国家体制がどのような形の所有構造の変革とも一切無縁であることがもとより自明の前提条件ではあれ、南スペインの大地主たちの側にもヒル・ロブレスの野心的な企てに諸手を上げて賛成する腹づもりがあったことも確実であったように思われる。
　そもそも、「すべての」土地所有者への補償に公正を期すヒメーネス・フェルナンデスが「レーニン」であったはずはない。フランコ独裁期半ばの 1961 年、ヒメーネス・フェルナンデスは農業の集団化を志向した第 2 共和制期の社会党・UGT（FNTT）の「失敗」を酷評している[31]。「最も精力的な」農相に奉られた 2 つの異名には、農地改革に過剰なまでに敏感な名づけ親たちの屈折した心理状態がそのまま反映されていたように思われる。1936 年 2 月、セビーリャ県の農業エリートはもちろん、バダホース県のそれからも疎んじられていたヒメーネス・フェルナンデスの、エストレマドゥーラからの再出馬はならなかっ

た。「暗黒の2年間」に終止符が打たれた人民戦線選挙では、「白いボリシェヴィキ」は1932年の農地改革法の適用を（ほぼ？）免れていた旧カスティーリャのセゴビア県から立候補し、何とか当選を果たす(32)。

1934年8月に可決された農地改革修正法では、収用の対象となりうる土地の原簿が破棄された。また、収用地の持ち主に公債の名のもとになされる支払いには、実質的に市場価格に等しい、しかもいつでも換金可能なうえにさらに4パーセントの利子が上乗せされる（！）補償条件も盛り込まれるなど、1932年9月からの後退は明らかだった。同法を通じて、サンフルホ将軍との共謀の容疑に基づく旧スペイン大公の所有地の没収も無効とされる。「没収」されていた土地は暫定的な占拠の対象と見なされ、IRAにはそれが「占拠」された時点にまで遡っての補償が義務づけられた。CNCAやAG（畜産業者協会）は、「反農地改革法」の成立を諸手を上げて歓迎する(33)。AGは、かつてのAGR。第2共和制の誕生に直面して、農業エリートは「王国の（del Reino）」の看板を心ならずも取り下げていたものと想像される。

にもかかわらず、ジャック・モリスの指摘にもあるとおり(34)、紛れもない「右翼」の手により、この通称「反農地改革法」に挿入されていた「社会的有用性（utilidad social）」条項が、「改革の2年間」のペースを遙かに凌ぐ人民戦線期の暫定的な土地占拠・入植の実現を可能にする。1936年3月から6月までの間に、アンダルシアではウエルバ・カディス・グラナダ・コルドバ・セビーリャ・ハエンの6県で併せて100,555ヘクタールの土地に7,896人が暫定的に入植を果たした。

1933年12月までのアンダルシア6県では——上記の6県からウエルバ県を除き、マラガ県を加える——、暫定的に占拠された土地は3,941.7ヘクタール。入植者も727人を数えたにすぎない。「改革の2年間」の暫定的な土地占拠・入植の実績は1934年、つまり「暗黒の2年間」の初年度のそれに届かなかった。1934年にはカディス・グラナダ・コルドバ・セビーリャ・ハエン・マラガの6県の都合6,018.2ヘクタールの占拠された空間に1,077人が入植した(35)。この措置は、エストレマドゥーラのジュンテーロたちが頻繁に企てていた牧草地への侵入に応えた1931年12月の「耕作強化令」に基づく(36)。

人民戦線期に農地改革が本格的に再開されるうえでの決定的なきっかけは、1936年3月25日にバダホース県内で発生した大規模な土地占拠である。FNTTのバダホース県連盟傘下のジュンテーロや日雇い農たちのこの集団的

な行動を、ともにアサーニャの左翼共和党に所属する農相のマリアーノ・ルイス・フネスもIRA代表のアドルフォ・バスケス・ウマスケも、既成事実として受け容れるしかない[37]。その際、事態の追認に法的な根拠を与えたのが「社会的有用性」の概念だった。人民戦線期の農地改革の進展は、とりわけエストレマドゥーラにおいて著しい。3月から7月までの間、バダホース県では125,331ヘクタールの土地に49,809人が、カセレス県では113,446ヘクタールの土地に31,388人が暫定的に入植した[38]。6月には「反農地改革法」が廃止され、1932年9月の農地改革法が再び発効する[39]。

マレファキスによれば[40]、「社会的有用性」に照らして「あらゆる地所」を占拠する権限を国家に認めたこの条項の「反農地改革法」への挿入は、1つには条項を発議したホセ・マリーア・アルバレス・メンディサーバルやヒメーネス・フェルナンデスらに「反農地改革法」の主導者たちが示した「寛大な」譲歩の産物である。そこに、同法の成立の見通しに驕る農業エリートの油断を看取することは容易だろう。1932年5月に始まった国会での農地改革法案の審議のなかで、アルバレス・メンディサーバルは私的所有を擁護する立場から農地の国有化に反対の意向を示していた、ラ・マンチャにあるクエンカ県から選出された急進党の代議士[41]。さらに同じ国会審議の過程で、「暗黒の2年間」に「反農地改革法」を制定することになるニカシオ・ベラージョスとともに（！）、農地改革の対象を灌漑地と「自発的に提供された」土地のみに限定することを主張したのも、このアルバレス・メンディサーバルである[42]。党首のレルーと同じく、アルバレス・メンディサーバルにしても「社会主義的な」農地改革は明らかにその視野の外にあったのだった。

結局は棚上げにせざるをえなかった自身の農地改革法案のなかでは大地主たちへの補償に配慮する一方で、「ジュンテーロ及び〔零細〕借地農保護法」を手始めに、日雇い農よりも借地農の救済をひとまずは優先した「最も精力的な」農相の姿勢に否定的な評価を下すのは、第2共和制を破壊したフランコ派を執拗に断罪し続けるフランシスコ・エスピノーサ・マエストレである[43]。この、第2共和制期、FNTTに避難所を求めたバダホース県のジュンテーロや日雇い農たちに深く共感する、先にも述べたように今日のスペインが擁する「最も精力的な」内戦史家の1人にとっての理想としての農地改革が、「膨大な数の農民大衆」を貧困と農業エリートによる搾取から解き放つための、社会党系労組UGT傘下のこの農業労働者組織のイニシアティヴに基づいたそれであ

ることにほとんど疑いはないだろう。

　とはいえ、「白いボリシェヴィキ」または「レーニン」が立脚する社会カトリシズムの眼目は、もともと「左翼」の突出を抑止するための防御壁の設置にあった。従って、エストレマドゥーラのジュンテーロや日雇い農たちの解放を目指して、第2共和制期の「最も精力的な」農相が、もう1人の「レーニン」がその前衛に位置する社会党・UGT（FNTT）に歩み寄る可能性は端からなかったわけである。それでもなお、正しくエストレマドゥーラのFNTTに触発される形で大きく動き始めた、フランコ独裁が後に「悲劇の春」[44]と命名することになる、内戦に先立つ数ヶ月間における農地改革のお膳立てを整えたのは——換言すれば、「ライックな」「左翼」のもとでの「膨大な数の農民大衆」を救済するための営みの本格的な再開を法的に可能にしたものは——、社会カトリシズムの微かな残り火に他ならなかったのである。

　1936年の3月末。機関紙『エル・オブレーロ・デ・ラ・ティエラ』を通じて、FNTTは傘下の貧農を「共和国の礎石（piedra angular de la República）」と位置づけた[45]。もっとも、第1章第4節で見たように、「スペインのレーニン」とその同志たちの間からは、ほぼときを同じくして「労働者階級による権力の奪取」「プロレタリアートの独裁」の声も上がっていた。当時のFNTT全国委員会書記長は、1934年の1月以来この職務に従事し、同年6月には「ブルジョワ的な」第2共和制との大勝負に臨んでいたリカルド・サバルサのままである。しかし、フランコ派の決起がいよいよ秒読みの段階に入るなか、代議士の資格において日雇い農と零細農たちに人民戦線と社会党・UGT（FNTT）の枠内での結束の維持を呼びかけたのも、同じサバルサその人だったのである[46]。マルクス主義者不在の「ブルジョワ的な」人民戦線政府へのラルゴ・カバリェーロらの眼差しはやはり曖昧かつ両義的だった。「兄弟殺し」の開演が近づくなかでアンダルシアやエストレマドゥーラのあちこちに見出された光景は、「インテリゲンツィヤ」が掲げた政教分離の原則とは本質的に相容れない理念と、「プロレタリアートの独裁」と人民戦線との間を揺れ動く「二枚舌」の社会党とその傘下の労働組合のあり方との、思えば奇妙な結びつきの所産だった。

　1936年6月のコルドバ県では1年半ぶりに労使混成協議会が招集され、小麦の刈り入れの日当が9.25ペセタに定められた。1934年に比べて0.25ペセタの上乗せである。マヌエル・サンチェス・ルイスの先の証言を思い起こせば、この1934年のコルドバ県には、とうもろこしの収穫作業に従事した農業労働

者たちに額面どおりの日当5.65ペセータの支払いを拒む「セニョリート」がいた。同じ労働に対する報酬も、1936年には6.05ペセータへと引き上げられている[47]。労使交渉の場でも、再度の逆転が生じていた。こうして「暗黒の2年間」に一旦は優位を取り戻したはずの自らの足場が改めて、しかも特に農地改革に関する限り「改革の2年間」を格段に上回る規模と速さで掘り崩されるかに思われるなか、アンダルシアの農業エリートのなかには祖国からの逃避を図る者たちが出現する一方で、第2共和制の暴力的な打倒へと傾斜していく潮流も発生する。

コルドバ県のパルマ・デル・リオの「ビスマルク」がしばし隣国に潜伏した可能性については、既に触れてある。セビーリャ県の農業経営者では、APFR・FPAPA・CEDAのハイメ・オリオール・デ・ラ・プエルタやANO・FEDA・人民行動党・スペイン刷新党のペドロ・ソリス・デスマイシエーレスらが人民戦線のスペインを離れたのに対し[48]、FPAPA・CEDAのルイス・アラルコン・デ・ラ・ラストラはアンダルシアの中心都市での軍事クーデタに勇んで身を投じた。フランコ独裁は、このアラルコン・デ・ラ・ラストラに産業相の椅子を用意する[49]。ところで、アサーニャ法の恩恵を被った退役軍人でもあったアラルコン[50]の後塵を拝することに甘んじていなかったのが、コルドバ県のアダムースのサルバドール・ムニョス・ペレスである。

註
（1） ベルナル『ラティフンディオの経済と歴史』95ページ。
（2） *El debate*, 18-X-1919.
（3） ベルナル『ラティフンディオの経済と歴史』97ページ。
（4） Ossorio y Gallardo, *op.cit.*, pp.111-112.
（5） *Andalucía*, 7-V-1919. 1919年の5月下旬、コルドバ県知事に宛てられた文書のなかで、この時点で下火に向かいつつあったと思われる労使紛争の最終的な幕引きに向けて、オソリオ・イ・ガリャルドは「アンダルシアの民」の「分別」と農業経営者たちの「公正と寛大さ」に期待している。同時に、「民」が「分別」を持ち合わせない場合には、勧業相は治安維持装置の発動をも厭わなかった（López García, *op.cit.*, p.64.）。
（6） Castillo, *op.cit.*, p.205 n.40.
（7） Ossorio y Gallardo, *op.cit.*, pp.124-126.
（8） Javier Tusell, *Historia de la Democracia Cristiana en España(II)*, Madrid, 1986, pp.213-214.

第 8 章　社会カトリシズムの敗北

（ 9 ）　Ossorio y Gallardo, *op.cit.*, pp.131-133. 同じ年、その中身は不明ながら、オソリオ・イ・ガリャルドは国会に借地法案を提出している。復古王政の末期、「自由主義的な」カトリックを自負する立場から、国家権力を介在した形での農地改革を頭から否定することになるサルバドール・ミンギホンも、当時はサラゴーサにあって、レオ13世の社会カトリシズムの流れを汲むキリスト教民主主義の有力なイデオローグの1人だった（López García, *op.cit.*, pp.76-77.）。ルイジ・ストゥルツォ神父のイニシアティヴに基づく1919年のイタリア人民党の結成を始めとして、第1次世界大戦後のヨーロッパでのキリスト教民主主義の興隆は「旧い世界」に共通する現象だった。そこには、ボリシェヴィズムへの警戒心が明らかに働いていた（松本、前掲書、73ページ）。スペインにあって、ストゥルツォ神父を「政治的な手段を通じて、民主主義運動のなかでキリスト教を再興させる機能」を代表する人物と見なしたのは、他でもないオソリオである（López García, *op.cit.*, pp.82-83.）。そして、そのオソリオが人民社会党を起ち上げた折、この党を「スペインの絶対主義における改良主義的な一派」と切り捨てたのが（González Cuevas, "A modo de prólogo", p.13.）、やがて「2つの」スペインの垣根を越えたオソリオに精神的に支えられるときが訪れるマヌエル・アサーニャだった。プリモ独裁の前夜、この2人を分かつ距離は大きい。

（10）　Tusell y Calvo, *Giménez Fernández*, pp.23-26.

（11）　Ponce Alberca, *Del poder*, pp.151-156.

（12）　Tusell y Calvo, *Giménez Fernández*, pp.70-74.

（13）　Tusell, *Historia de la Democracia Cristiana(II)*, pp.215-216.

（14）　Tusell y Calvo, *Giménez Fernández*, pp.95-99.

（15）　Tuñón de Lara, *Tres claves*, p.51, p.99, p.104 y p.160. 1936年の10月初旬、つまりフランコ将軍がブルゴスで反乱軍側の国家元首に就任した直後に、この旧カスティーリャの古都へと赴いたアンダルシアやエストレマドゥーラの農業経営者たちのなかに、当時APFRの代表だったアドルフォ・ロドリーゲス・フラードの姿があった。ロドリーゲス・フラードらは、このとき「マルクス主義陣営の」農民大衆を「土地所有に付随した利益」から引き離す「断固とした決意」のもとに一致結束していた（Francisco Espinosa Maestre, *La primavera del Frente Popular. Los campesinos de Badajoz y el origen de la guerra civil (marzo-julio de 1936)*, Barcelona, 2007, p.211.）。

（16）　Álvarez Rey, *La derecha en la II República*, pp.183-185.

（17）　Florencio Puntas, *op.cit.*, p.333.

（18）　Tuñón de Lara, *Tres claves*, p.101.

（19）　Tusell y Calvo, *Giménez Fernández*, P.127.

（20）　Florencio Puntas, *op.cit.*, p.241.

（21）　Tuñón de Lara, *Tres claves*, pp.158-161. Tusell y Calvo, *Giménez Fernández*, pp.46-47 y pp.74-76.

(22) Malefakis, *op.cit.*, pp.405-406.
(23) Braojos Garrido y Álvarez Rey, "La derecha imposible", p.31.
(24) Tusell y Calvo, *Giménez Fernández*, pp.100-106.
(25) Tuñón de Lara, *loc.cit.*
(26) Álvarez Rey, *La derecha en la II República*, pp.416-426.
(27) Barojos Garrido y Álvarez Rey, *loc.cit.*
(28) González Cuevas, *El pensamiento político*, p.135.
(29) 1933年11月の総選挙が迫るなか、ヒル・ロブレスはニュルンベルクでのナチ党大会に出席していた。「CEDAの選挙キャンペーンは、ヒル・ロブレスが〔「第3帝国」で〕よく教えを学んできたことを示した」（プレストン『スペイン内戦』80‐82ページ）。
(30) 同邦訳、97ページ。
(31) Tusell y Calvo, *Giménez Fernández*, p.72 y n.74. なお、その前年（1960年）、ヒメーネス・フェルナンデスはフルブライトの奨学金を得てスペインに留学中だったゲイブリエル・ジャクソンの取材の求めに応じている。1965年に名著『スペイン共和国と内戦（1931‐39年）（*The Spanish Republic and the Civil War, 1931-1939*）』を世に問うこの現代史家の回想によれば（Gabriel Jackson, *Historia de un historiador*, Madrid, 1993, pp.212-213.)、セビーリャ大学で教鞭を執る元「白いボリシェヴィキ」はマヌエル・アサーニャの政治家としての資質には一応の敬意を払いつつも、「改革の2年間」に断行された反教権主義的な政策についてはやはり極めて批判的だった。「暗黒の2年間」の農相は、アサーニャ政権の農相マルセリーノ・ドミンゴによる1932年の小麦の輸入措置にも「まったく不必要で、……小農を破滅に追いやった愚行」と手厳しい。このとき既に内戦の「忘却」を通じての国民の和解を自ら訴えて、フランコ独裁の強固な岩盤にひびを生じさせていたにもかかわらず、1930年代の「最も精力的な」農相は「改革の2年間」に権力をともにした「インテリゲンツィヤ」と社会党・UGT（FNTT）の営みには冷淡であり続けた。
(32) Tusell y Calvo, *Giménez Fernández*, pp.162-165. 総じて大土地所有が支配的で、農業問題がとりわけ深刻なアンダルシア等の地方に含まれる14県以外の、セゴビア県をも含む国内の他の36県への農地改革法の適用は、旧スペイン大公の所有地その他の没収措置を例外として先送りにされていた（Malefakis, *op.cit.*, p.256.）。
(33) Tuñón de Lara, *Tres claves*, pp.163-165. Cabrera, *op.cit.*, p.194 n.89.
(34) Maurice, "Reforma agraria y revolución social", p.243.
(35) Id., *El anarquismo andaluz*, pp.137-138 y pp.146-150. 前年を上回る1934年の農地改革の成果は、「膨大な数の農民大衆」の救済に尽力する狙いで設立されたIRAが、「暗黒の2年間」に入ってようやくその活動を軌道に乗せた結果である（id., "Juan Díaz del Moral", p.55.）。
(36) Malefakis, *op.cit.*, pp.280-282.

(37) この日、例えばバダホース県のサフラではおよそ 50 の地所が一旦は占拠された。後日、IRA はそのうちの 32 の地所の占拠を追認する（Espinosa Maestre, *La primavera*, p.129.）。

(38) Maurice, *La reforma agraria en España*, p.148. 既に 1936 年の 3 月末日までに、国内の併せて 65,545 人〔ママ。実際には 67,771 人〕のジュンテーロが入植を果たした。その内訳を見れば、バダホース県の 41,499 人が他県を圧倒している（ただし、この数字にはドン・ベニートとサンタ・アマリアに居住する、文字どおりの日雇い農たちも含まれる）。次が、これもエストレマドゥーラのカセレス県の 24,076 人。第 3 位はコルドバ県の 2,009 人。コルドバ県では、さらに 96 人の日雇い農にも入植が認められた。暫定的に土地を手に入れた日雇い農は、（上記のバダホース県の 2 つのプエブロの農業プロレタリアートを除いて）1,059 人〔ママ。実際には 1,069 人〕に留まる。そのうち、最多はカディス県の 452 人である（Espinosa Maestre, *La primavera*, p.140.）。

(39) *Ibid.*, pp.63-65. もっとも、ようやく飢えを忘れる好機を見出したかにも見えるにせよ、「膨大な数の農民大衆」は実際には種子の入手にも苦慮するありさまだった。「農民大衆」の救済を財政的に支える目的で農地改革法がその創業を謳った農業銀行も、まだ開設の目途すら立っていない（Tébar Hurtado, *loc.cit.*）。

(40) Malefakis, *op.cit.*, pp.411-414.

(41) López López, *op.cit.*, p.341.

(42) この「自発的に」、ただし無償ではなく IRA に提供される土地や、ディアス・デル・モラールの「私案」にあった投機目的で市場に放出されている不動産は、農相マルセリーノ・ドミンゴにより農地改革の対象に組み入れられた（Maurice, *La reforma agraria en España*, p.39.）。

(43) Espinosa Maestre, *La primavera*, pp.75-76.

(44) 川成洋・渡部哲郎『新スペイン内戦史』三省堂選書、1986 年、4－7 ページ。

(45) *El Obrero de la Tierra*, 28-III-1936.

(46) "Intervención de Ricardo Zabalza en la sesión de lotes del 1 de julio de 1936", recopilado por Tuñón de Lara, *Tres claves*, pp.210-211.

(47) 1936 年 6 月の労使混成協議会が定めた農作業の日当については、Pérez Yruela, *op.cit.*, pp.422-426.

(48) Álvarez Rey, *La derecha en la II República*, p.438 n.601.

(49) Ortiz Villalba, *Sevilla 1936*, p.113.

(50) Álvarez Rey, *La derecha en la II República*, pp.441-442.

第3節

「スペイン万歳！」

　プリエーゴ・デ・コルドバのホセ・トマス・バルベルデ・カスティーリャとともに、ホセ・クルース・コンデの謀略に直に関与していた農業経営者が、軍事クーデタの成功と同時にフランコ派初のコルドバ市長になるアダムースのサルバドール・ムニョス・ペレスである。『IRS報告』のページをはぐってみれば明らかなとおり、「ボリシェヴィキの3年間」のムニョス・ペレスは、バルベルデ・カスティーリャやプエンテ・ヘニールのフランシスコ・モラーレス・デルガードと並ぶコルドバ県内の農業経営者の最強硬派に属していた。われわれが知りえた範囲では、モラーレス・デルガードは第2共和制期の労使紛争には登場していない。1930年代には高齢に達して農業経営から身を引いていたか、あるいは他界していたものと想像される。

　おさらいを兼ねて、ここでムニョス・ペレスの経歴をまとめておく。「ボリシェヴィキの3年間」のムニョス・ペレスは、コルドバ県農業経営者・畜産業者協会の代表の他[1]、アンダルシア地方オリーヴ栽培業者組合の副代表の肩書きをも保持していた[2]。ブハランセのアントニオ・スリータ・ベラ、カストロ・デル・リオのアントニオ・ナバハス・モレノらとともに、第2共和制期の「暗黒の2年間」にはANOのコルドバ県支部の委員。さらに、人民戦線時代にはやはりこの両名とともにコルドバ県農業会議所の顧問を務める。ムニョス・ペレスは、アンダルシアの農業経営者たちのなかでも確かにひときわ目立つ存在であったと断じてもいいだろう。

　復古王政時代のムニョス・ペレスには、コルドバ市長に2度にわたって選出されたうえ、バレンシア県知事の椅子に身を沈めた経験もある。元来は自由党員。しかし、1916年のアントニオ・バロッソの死後、コルドバ県の自由党内での出世の望みを絶たれたために同党を離脱し、保守党を牽引するカブラのホセ・サンチェス・ゲラのもとに走っていた。第2共和制期の3度の総選挙のいずれにも自ら立候補することがなかった事実が物語るように、1930年代前半のムニョス・ペレス当人の（狭い意味での）政治活動には特筆されるべき内

第 8 章　社会カトリシズムの敗北

容はない。だが、コルドバ県内の複数の新聞や雑誌に綴られたその論考は、CEDA のアドルフォ・ロドリーゲス・フラードやルイス・アラルコン・デ・ラ・ラストラらセビーリャ県の農業エリートの農地改革への懸念を、このムニョス・ペレスが共有していた事実を充分に裏書きする。

　1931 年 7 月の公表された専門委員会の手になる最初の農地改革法案に対して(3)、コルドバ県農業会議所の『会報』を通じて、盟友だったアントニオ・スリータ・ベラと一緒にとりわけ辛辣な批判を展開したのも、ムニョス・ペレスである(4)。専門委員会の農地改革法案は、ムニョス・ペレスには「お上」による土地の「強奪」以外の何ものでもなかった。確かに、このアダムースのオリーヴ栽培業者は「多くの日雇い農を自作農に転じうるような」何らかの法的措置の実現に向けて尽力することを「われわれ農業経営者」の義務と語ってはいる。だが、そのムニョス・ペレスが個々人の所有地の規模に制限を設ける発想は、少なくとも「それが『直接経営』のもとに置かれている場合には」そもそも誤りであり——件の法案には、例えば 200 ヘクタール以上のオリーヴ畑を一律で収用する条項が盛り込まれている——、農業経営者の「財産権」は何を措いても尊重されるべきものと主張するとき、抜本的な農地改革への道は早くも完全に塞がれていたかに思われる。

　「ボリシェヴィキの 3 年間」当時は、何しろ大土地所有のあり方に国家権力がわずかでも手を触れる事態を峻拒していたムニョス・ペレスのことである。「直接経営」以外の農地の収用への含みは、6 月末の憲法制定議会選挙で社会党が首位政党の座を占めるなかでの「戦術的な」一歩後退と見なされるべきだろう。復古王政の末期には「土地は耕作者のもの」とのモットーを愚弄していたカトリックの「S. de P.」もまた、第 2 共和制の誕生を受けてほどなく態度を軟化させた、あるいはさせざるをえなかったのだった。

　第 2 共和制が生まれて間もなかったころ、コルドバ県農業会議所もこの新しい国家への「気高く、誠実な」協力を誓ってみせている。他方で、同会議所は「われわれの富」である土地が既に手術台の上に据えられており、「懸案の、際立って重大な問題」を「急いで」解決する方法がしきりに取り沙汰されている状況への不安を隠そうとしなかった(5)。憲法制定議会選挙が半月後に迫るなか、県庁所在地で催された農業経営者たちの集会では、このときコルドバ県農業会議所の代表を務めるコルドバのフランシスコ・アミアン・ゴメスやセビーリャ県農業会議所を率いるホセ・ウエスカ・ルビオらから、「農業」と「祖国」

525

の防衛のための結束を呼びかける声が上がった(6)。

　専門委員会の農地改革法案に、アントニオ・スリータ・ベラもスペインの農業に破滅をもたらす「革命的略奪」の性格を見て取った。スリータ・ベラは農業収益への累進課税を介して農地改革の経費を捻出する計画に不快感を露わにし、併せて「借地農」の扱いが曖昧な点をも非難した。同法案に従えば、収用の対象となる土地を借り受け、そこにすべての資本を投下して「農業に粉骨砕身するスペイン人」は、土地を追われたあげく、「仕事を持たぬ者」、つまりは乞食の仲間入りをする以外にない。

　この法案では、農地改革の対象の選定のために市町村単位で設立される運びの評議会への、完全な意味での農業労働者に加えて、地租の支払いが年額50ペセータに満たない零細農、ないしは過小農の参加が想定されていた。これも念のために確認しておけば、1932年9月の農地改革法では、完全な日雇い農の他、年間の地租の支払額が50ペセータ未満の「土地所有者」や、借り受けている地所の面積が10ヘクタールに届かない借地農も救済の対象になる。ここで想起されるのが、フアン・ディアス・デル・モラールの『騒擾史』を賑わせた、コルドバ県のカンピーニャに暮らす「異常なまでに多かった」「小自作農や、極めて安い地代を支払っている小借地農」の存在である。

　アントニオ・スリータ・ベラも、メディナセーリ公爵から土地を借りていた。しかし、累進課税を拒絶するその姿勢からも窺われるように、スリータが語る「借地農」が、自身の「私案」を通じて同郷のディアス・デル・モラールが救済を図ろうとした、貧困に苦しみながらも「徳」と「才覚」を兼ね備えた「小借地農」とは完全に異質の存在であったことは明らかである。また、ムニョス・ペレスとともに「個々人の所有地の規模に制限を設ける発想」を頭から否定する「われわれ農業経営者」のなかには、フランシスコ・コボ・ロメーロが着目した、「改革の2年間」の日雇い農重視の方針に脅えて農業エリートのもとに走った、50ペセータの地租の支払いがやっとの、しかし1932年9月の農地改革法からは得るところが何もないという危うい境遇に置かれていたハエン県の「土地所有者」が含まれていないことも間違いない。

　アントニオ・スリータ・ベラの主張は、マヌエル・ヒメーネス・フェルナンデスとルイス・アラルコン・デ・ラストラらがアルバ公爵の所有地の接収をめぐって衝突する問題の核心を先取りしていた節もある。スリータ・ベラは、「白いボリシェヴィキ」が「暗黒の2年間」の国会に上程する「借地法」案にむろ

ん反対の立場を表明する[7]。ムニョス・ペレスもまったく同様である[8]。「社会的必要性」を「財産権」に優先してアンダルシアやエストレマドゥーラの農業エリートに忍従を求めるヒメーネス・フェルナンデスの精神と、「土地の社会的機能」に基づく「財産権」の侵害には断じて否定的なコルドバ県の2人のオリーヴ栽培業者のそれとはあまりにも大きく隔たっていた。

1933年11月の総選挙を控えて、アダムースのオリーヴ栽培業者は「農業の防衛」を掲げ、ここでもブハランセのスリータ・ベラとともに「中道（急進党）・右翼（CEDA・農業党）」への投票を呼びかけた[9]。「ボリシェヴィキの3年間」の労使対決の要でもあった賃金の出来高払い方式の廃止その他、大土地所有制に反逆する日雇い農たちの利益に「過度に」配慮し、さらには曲がりなりにも農地改革法の制定にまで漕ぎ着けた「改革の2年間」を、ムニョス・ペレスはアンダルシア各地をディエゴ・コリエンテスら匪賊どもが跳梁した物騒な時代にかねてなぞらえていた[10]。第2共和制では2度目の総選挙の前夜、この人物はもはや死に体も同然の「知識人の共和制」に絶縁状を叩きつけてみせたのである。

1933年11月は、大地主たちの勝利とも要約されうる[11]。レオ13世の「レールム・ノウァールム」以前の、「左翼」への敵意に凝り固まった「伝統的な」カトリシズムを墨守するカルロス派、旧カスティーリャのホセ・マリーア・ラマミエ・デ・クライラックは、1年後の国会で「白いボリシェヴィキ」を愚弄する反革命の急先鋒[12]。子息のガスパールを失ってまだ日も浅い傷心のアントニオ・スリータは――また、確実にムニョス・ペレスも――、ラマミエと同じくCEDAに身を置くロドリーゲス・フラードや急進党のニコラス・アルカラ・エスピノーサら、「農業の防衛」に邁進する同胞の当選を祝福する[13]。農地改革法の本格的な審議が始まった1932年の春、アルカラ・エスピノーサは既に日雇い農の入植を「最も無能な輩」への「経済のルールから最も逸脱した形での」国土の引き渡しと公言して憚らなかった。失業を「ありふれた現象」と見なすその発想は[14]、「アンダルシアの農業問題」そのものを等閑視したハイメ・オリオール・デ・ラ・プエルタに通じている。

パルマ・デル・リオの「ビスマルク」フェーリクス・モレノ・アルダヌイはさておき、コルドバ県農業会議所も農業党のアントニオ・ナバハス・モレノに加えて、急進党のフランシスコ・デ・パウラ・サリーナス・ディエーゲスを首尾よく「暗黒の2年間」の国会に送り込む[15]。『IRS報告』にも顔を出してい

たコルドバのサリーナス・ディエーゲスもまた、「土地の分配（distribución）」のみに問題が集約されているとして、「専門委員会」と称されるグループによる、とはいえサリーナス・ディエーゲス自身の目には「農業を知る人間」がただの1人も関与しないままに作成されたとしか映らない農地改革法案を酷評していた。サリーナス自身が提示する「アンダルシアの農業問題」の、「日雇い農たちにとっても」最善の解決策は、「ボリシェヴィキの3年間」にセビーリャのトレヌエーバ侯爵やプリエーゴ・デ・コルドバのホセ・トマス・バルベルデ・カスティーリャが主張していた分益小作制の導入である[16]。

このサリーナス・ディエーゲスは、1936年にはホセ・マリーア・デ・アルベアール・イ・アバウレアが主事を務めた、非灌漑地での穀物・野菜・綿花・煙草栽培部門の顧問の地位にある。「ボリシェヴィキの3年間」にアンダルシアでのCNCAの増殖に尽力したサルバドール・デ・アルベアールの血を受け継ぐホセ・マリーアは、コルドバ県のカルロス派屈指の実力者でもある。1933年11月の総選挙を前に、「改革の2年間」には「農業少数派」に加わっていたラマミエ・デ・クライラックや、アンダルシアにおけるカルロス派の最高指導者、セビーリャのマヌエル・ファル・コンデを地元モンティーリャでの集会に招聘したのもこのホセ・マリーア・デ・アルベアールだった[17]。

1930年代の前半、カルロス派は自分たちのもともとの拠点だったナバーラから遠く離れた南スペインにも足場を築く。ファル・コンデの奮戦により、少なくとも仲間うちではアンダルシアは「南のナバーラ」と呼ばれるまでになるだろう[18]。そして、「南のナバーラ」のなかでも、カルロス派の組織の数の多さの点で目立ったのがセビーリャ県とコルドバ県だった。1931年から36年までの間、アンダルシア8県の90の市町村でのカルロス派の組織の存在が実証されている。このうち最多はコルドバ県の22、次いでセビーリャ県の21である。コルドバ県では、モンティーリャはもちろん、カストロ・デル・リオやエスペッホその他、わけてもカンピーニャのプエブロでのその根づきが顕著に観察された[19]。ここに名を挙げた3つのプエブロがそれぞれ社会党・UGT（FNTT）、CNT、共産党の有力な根城でもあったのは、単なる偶然の一致だろうか。カルロス派の足場は、カストロと双璧をなすコルドバ県におけるアナルコサンディカリズムの砦だったブハランセにも組まれている。

1936年1月。これもカンピーニャの社会党・UGT（FNTT）の拠点の1つだったアギラール・デ・ラ・フロンテーラのカルロス派は、「ライックな」第2共

和制への宣戦を明言。次期総選挙での勝利を訴える一方で、議会制民主主義の枠組みそのものの粉砕までをもとうに見据えている[20]。この、コルドバ県内での紛れもない反革命の拡大に、ラ・コルティーナ伯爵の長男が積極的に関わっていたことは間違いないものと思われる。

　それでも、「兄弟殺し」の開演のための準備のなかでのカルロス派の役割そのものの過大評価は慎まれねばならないだろう。県庁所在地の「アカども」の殲滅をもくろむホセ・クルース・コンデの謀略に、ホセ・マリーア・デ・アルベアールその人をも含めてコルドバ県内のカルロス派の面々が大きく絡んでいた形跡はない[21]。アルベアールは——そして、（コルドバ県の7月18日に直接には何の関わりも持たないものの）ラマミエ・デ・クライラックも——、当初はカルロス派単独での決起を望んでいた[22]。ついでながら、「棄教者」になることをもあえて辞さなかったラマミエの最終的な狙いが、アギラールの仲間たちと同じく「キリストによる社会の統治（reinado social de Cristo）」の実現にあったのか、あるいは自らの「財産」の死守にあったのかは、1人ラマミエ自身だけが知るところである。

　人民戦線期には、農地改革そのものがムニョス・ペレスの眼中からまったく消え失せていた。1936年4月に自身が執筆した人民戦線政府宛ての公開書簡のなかで[23]、遠からずコルドバにおける第2共和制破壊の鬼神と化すこの人物は、アンダルシアに失業が蔓延する理由を、一向に歯止めのかからぬオリーヴ油の値崩れその他[24]、農業経営者の「およそ与り知らぬ経済的な要因」や、大地主が「暗黒の2年間」の優位を喪失した「政治状況」、あるいは折からの天候不順へと還元してしまう。大土地所有制が不断に再生産し続ける南スペインの構造的な現象としての失業は、この書簡では国家、つまり首相に返り咲いたマヌエル・アサーニャの人民戦線政府が「公共事業」を通じて解決すべき問題と認識されている。

　3月25日のバダホース県に先んじて、いずれも散発的な形ではあれ、土地の占拠は例えばマドリードやサラマンカ、あるいはトレードの各県でも観察されていた[25]。3月16日のフエンテ・オベフーナの32人のジュンテーロたちの行動を皮切りに、同様の事態はコルドバ県のシエラでも発生した。その2日前の3月14日以降、それまでエストレマドゥーラのみが対象だった「ジュンテーロ及び〔零細〕借地農保護法」のコルドバ県のシエラへの適用が可能になっていた。15日の農業ストライキの実施が予告されるや、250人のジュンテーロに

1936年7月。コルドバ市長に返り咲いたサルバドール・ムニョス・ペレス (Moreno Gómez, *La Guerra Civil en Córdoba*, p.35.)。

土地が「すぐさま」引き渡されたのはベラルカサルである。対照的に、3月17日に改めて土地の占拠を狙ったフエンテ・オベフーナの100人は、駆けつけた治安警備隊にあっさり蹴散らされてしまう。

　入植再開の動きが加速するなか、「お上」の介入を待たぬ土地の占拠も頻発する[26]。規模の点で、それらはいずれも直後にバダホース県に走った激震には比べるべくもない。それでもなお、コルドバ県内のジュンテーロたちの「暴挙」は、2月の総選挙での敗北の悪夢を引きずる、フエンテ・オベフーナやベラルカサルその他のシエラに点在する複数のプエブロの農業経営者たちを県庁所在地に集結させるには充分だった。4月の上旬、ジュンテーロたちの入植の即時停止も叫ばれたコルドバでの集まりを取り仕切ったのは、やはりムニョス・ペレスである[27]。

　ハイメ・オリオールやニコラス・アルカラと同じように、失業と大土地所有制とを完全に切り離すムニョス・ペレスは、既にこの4月の時点でクルース・コンデの謀略に深く関与していたものと推測される。2人の最初の邂逅は、ムニョス・ペレスがまだ自由党に所属していた1910年代にまで遡る[28]。1935年の初頭にスペイン刷新党のコルドバ県委員会とコルドバ市委員会が組織された際、それぞれの代表に選ばれたのがクルース・コンデとムニョス・ペレスである[29]。そして、マドリード在住のクルース・コンデとコルドバ県内の右翼・王政派との橋渡しを買って出たのが、ホセ・トマス・バルベルデ・カスティーリャだった。クルース・コンデとプリエーゴ・デ・コルドバの旧保守党のカシーケとの関係も、プリモ独裁期には確固としたものとなっている[30]。

　「兄弟殺し」の事実上の開演を告げるエピソードとしてしばしば指摘されるのが、第1章第5節でも数行を当てておいた、スペイン刷新党／国民ブロックのホセ・カルボ・ソテーロがフランコ派の決起の直前にマドリードで拉致・惨

第 8 章　社会カトリシズムの敗北

殺された事件である。ムニョス・ペレスをコルドバ市長に指名していたのは、1935 年 3 月にクルース・コンデとともにコルドバを訪ね、5 ヶ月前の「10 月革命」を境に表向きはまったく鳴りを潜めたかにも見える「アカども」の「根絶」をなおも執拗に主張したこの極右の大物である[31]。

　1936 年 7 月 18 日。生前のカルボ・ソテーロが示した絶大な信頼に応えつつ、「スペイン万歳！（¡Arriba España!）」と叫んでコルドバ駐在の治安警備隊に反乱への合流を呼びかけたのも、アダムースのオリーヴ栽培業者だった[32]。以後、内戦が終わる 1939 年 4 月 1 日までの間に落命したコルドバの「アカども」の総数は 4,000 人[33]。戦闘が 1 日で決着を見たこの都市にあっては、その多くが 7 月 18 日の犠牲者と考えられる。阿鼻叫喚の地獄絵のなかで、ほぼ 40 年にわたって存続することになる独裁体制の出産に、コルドバは早くも立ち会っていた[34]。

註

（1）Antonio Barragán Moriana, "Problema social-agrario y actitud patronal en la provincia de Córdoba(1918-20)", *Axerquía*, núm.12, 1984, p.95 n.16.
（2）*Diario de Córdoba*, 4-I-1919.
（3）専門委員会が作成した農地改革法案は、*Boletín Agrario*, VII-1931.
（4）*Ibid*.
（5）*Ibid*., III y IV-1931.
（6）*El Defensor de Córdoba*, 16-VI-1931. サルバドール・ムニョス・ペレスは、この集会にはおそらく参加していない。当時、アダムースの農業経営者は、出馬したホセ・サンチェス・ゲラの支援に回っていた（第 5 章 1 節の註〔67〕を参照）。
（7）*Boletín Agrario*, 1-I-1935.
（8）*El Defensor de Córdoba*, 22-I y 16-II-1935.
（9）*Ibid*., 16-XI-1933.
（10）*Ibid*., 12-X-1931.
（11）Tuñón de Lara, *Tres claves*, p.105.
（12）Tusell y Calvo, *Giménez Fernández*, pp.76-79 y pp.88-89.
（13）*Diario de Córdoba*, 6-XII-1933.
（14）*Olivos*, V-1932.
（15）Maurice, *El anarquismo andaluz*, p.132. アンダルシアにおける農業党の有力者の 1 人にセビーリャ県の大地主で、FPAPA ではハイメ・オリオール・デ・ラ・プエルタらの同僚だったホセ・ウエスカ・ルビオがいる（Álvarez Rey, *La derecha en la II República*, p.184.）。ANO にも関わるとともに（第 7 章導入の註〔13〕）、憲

法制定議会選挙に先立つコルドバでの農業経営者たちの抗議集会にも顔を出していたウエスカ・ルビオの農業党への入党は、「暗黒の2年間」の幕が上がって間もない1934年2月である（Álvarez Rey, *La derecha en la II República*, p.249.）。

(16) *Boletín Agrario*, VII-1931.

(17) Ramírez Pino, *op.cit.*, pp.112-113.

(18) Leandro Álvarez Rey, "El carlismo en Andalucía durante la II República (1931-1936)", *Sevilla, 36: Sublevación fascista y represión*, Brenes, 1990, pp.38-39. 1933年11月、「南のナバーラ」では当のナバーラと並んで4人のカルロス派が当選した。内訳は、カディス県とセビーリャ県からそれぞれ2人ずつ。スペイン全国でのカルロス派の獲得議席が21に留まるなかにあって、アンダルシアの健闘は明らかである（*ibid.*, pp.49-50.）。因みに、マヌエル・ファル・コンデとホセ・マリーア・デ・アルベアールの両雄は出馬していない。

(19) *Ibid.*, pp.50-53 y pp.66-67.

(20) *Boinas Rojas*, 9-I-1936.

(21) 少なくとも、オルティス・ビリャルバが作成したコルドバの第2共和制の破壊をもくろむ策略の首謀者たちのリストのなかに（Ortiz Villalba, "Las bases sociales", pp.258-259.）、カルロス派の名は1人も見当たらない。

(22) 1936年7月に「アカども」の手からコルドバ県庁を強奪したのも束の間、ホセ・マリーア・デ・アルベアールはその翌月にはハエン県のナバルペラールで戦死する。1930年代におけるコルドバ県下のカルロス派の動静に関しては、López Villatoro, *Los inicios del Franquismo*, pp.22-39.

(23) この公開書簡の名義上の差し出し人は、コルドバ県農業会議所代表のホセ・ラモン・デ・ラ・ラストラ。しかし、実際にペンを執ったのは確かにムニョス・ペレスである（*Boletín Agrario*, IV-1936.）。

(24) 折からの世界恐慌にもたらされて、スペイン産のオリーヴ油の輸出量・輸出価格は第2共和制期を通じて大幅な低下を記録した。1935年の輸出量は、オリーヴが大凶作に見舞われた31年に比べても、その42パーセントにすぎない。1927年には270ペセタ以上だった1キンタール（＝46キロ）当たりの価格も、36年には166ペセタにまで下落した（Florencio Puntas, *op.cit.*, p.244.）。1934年6月、オリーヴ油の価格の低迷に苦慮するムニョス・ペレスは、「暗黒の2年間」のコルドバ県ではほとんど唯一の農業ストライキ攻勢の切迫さえも目に入らぬかのように、県内の同業者たちのANOへの結集を呼びかけるのに必死である（*El Defensor de Córdoba*, 8-VI-1934.）。その一方で、盟友のアントニオ・スリータ・ベラはFNTTによるこの全国的な農業ストライキの「撃退」に安堵の胸を撫で下ろす（*Diario de Córdoba*, 15-VI-1934.）。

(25) Tébar Hurtado, *op.cit.*, pp.181-184.

(26) Moreno Gómez, *La República y la Guerra Civil*, pp.377-378.

(27) *La Voz*, 7-IV-1936.

(28) Ponce Alberca, *Del poder*, p.45 y p.62 n.52.
(29) *Ibid.*, p.228.
(30) *Ibid.*, p.84.
(31) Moreno Gómez, *La República y la Guerra Civil*, p.302.
(32) Ortiz Villalba, "Las bases sociales", p.260 y p.266.
(33) コルドバ県内の各市町村がフランコ派に屈服した日時に関しては、Moreno Gómez, *La Guerra Civil en Córdoba*, pp.250-251. また、市町村ごとの犠牲者数については、*ibid.*, pp.513-514. 1936年7月18日のコルドバにおけるフランコ派の死者は、弁護士を務めるCEDAのホセ・マリーア・エレーロ・ブランコただ1人である。フランコ独裁の「正史」は、エレーロ・ブランコはアルフォンソ・ニエベス・ヌーニェスら(!)、4人の「アカども」の手にかかって惨殺されたと書く。しかし、モレノ・ゴメスが指摘するように(*ibid.*, pp.29-30.)、「正史」のこの主張にはもとより何の根拠もない。あの日コルドバ県の県庁所在地で繰り広げられたものは、「内戦」の響きが連想させる多少なりとも拮抗した2つの軍事力の激突では絶対になかった。その街頭では、確かに「ジェノサイド」と呼ばれるしかない事態が展開されていたように思われる。
(34) このとき、コルドバでの軍事行動の首謀者だったホセ・クルース・コンデは第2共和制の首都にいた。前日のコルドバとは対照的に、7月19日のマドリードでのホアキン・ファンフール将軍らフランコ派の軍事行動が水泡に帰した後、クルース・コンデはペルー領事館その他に難を逃れたものの不遇をかこつ。1939年の1月末、間近に迫ったフランコ派によるマドリード攻略を待たずに病没した(Ponce Alberca, *Del poder*, p.260.)。

第4節

「お上」とアンダルシアの農業エリート

　自由党のプラクセデス・マテオ・サガスタが政権を担当していた時期に起きた事件ではあれ、1882年の年の瀬にカディス県のヘレス・デ・ラ・フロンテーラとその周辺で持ち上がった「マノ・ネグラ」騒動は、保守党のアントニオ・カノバス・デル・カスティーリョが構築した復古王政とアンダルシアの農業エリートの絆の太さを際立たせてみせた。おそらくはありもしなかったテロ組織「マノ・ネグラ」の暗躍を口実に、「お上」はリベルテール的な組織基盤を「合法的に」強化しつつあった南スペインの日雇い農たちへの徹底的な弾圧に着手し、(「世紀末の農業危機」に直面するなか、対外的には復古王政の保護政策に助けられながらも、国内にあっては) 弱肉強食の社会ダーウィニズムと同義語の「自由主義」に至高の価値を認めるヘレスの大地主たちを大いに歓ばせたのだった。

　19世紀末から20世紀初頭にかけて、コルドバのトーレス・カブレーラ伯爵が残した言動は、「お上」の手厚い庇護のもとに「自由主義」を謳歌した1880年代のアンダルシアの農業エリートの姿勢とはいささか趣きを異にしている。トーレス・カブレーラ伯爵は1899年にコルドバ県農業会議所を設立し、自らその代表に就任。1901年には、やはり自身が起ち上げたFAAEIC（アンダルシア・エストレマドゥーラ・カナリア諸島農業連盟）の副代表にも推挙されている、南スペインの有力な農業経営者[1]。さらに1902年にはFAAEICの代表に上りつめるとともに、FAAEICを母体の1つとしてその翌年に誕生するUAE（スペイン農業同盟）の総評議会の代表にも選出された[2]。19世紀最後の年、コルドバ県の県庁所在地で最も高額の地租を国庫に納入した人物は、このトーレス・カブレーラ伯爵である（先にも見たとおり、全県ではパルマ・デル・リオのフェーリクス・モレノ・ベニートが高額納税者の筆頭）。

　コルドバの日雇い農たちの暮らし向きに関して、そのトーレス・カブレーラ伯爵が1902年に、つまり農業経営者として円熟の境地に達したと思われる時期に執筆したあるパンフレットでは、「母なる大地が生み出すものの子ども

たち」である大地主・中農・農業労働者のいずれもが「農業階級（clase agraria）」の名のもとに一括されている。農業労働者を貧困から救済し、延いては低迷を続ける祖国を再生へと導く鍵は、国内最多の労働人口を擁する「農業階級」の結束を措いて他にない。伯爵の見るところ、同一の「階級」に属する農業エリートに対する日雇い農たちの反逆は、「金の卵」を産む鶏を絞め殺す愚挙以外の何ものでもなかった。

　労使協調の実現に向けられたトーレス・カブレーラ伯爵の意志は、アンダルシアの農業エリートに一般的な、日雇い農たちの惨状への「無関心」が引き起こすであろうリベルテール的な理念の定着への恐れと表裏一体をなしている。しかし、伯爵のパンフレットは「農業階級」の先頭に立つべき大地主たちに意識の覚醒を促すための肝心の方策を提示していない。レオ13世の「レールム・ノウァールム」の発表から３年後に伯爵自身が設立した、象徴的な呼称を持つ協同組合「ラ・カリダ（慈愛）」も、創設者自らが幻滅を味わわなければならなかったように、それこそ周囲の「無関心」にたたられて、20世紀初頭には解散の瀬戸際にまで追い込まれていた[3]。そして、件のパンフレットが上梓された翌年、ブハランセを皮切りに、コルドバ県のカンピーニャに点在する市町村は際立ってリベルテール的な色彩の濃い農業労働者たちの抗議行動にいよいよ直面することになる。

　1908年に書かれたもう１冊のパンフレットを通じて、トーレス・カブレーラ伯爵はUAEを土台として、「農業階級」の全国的な互助組織を新たに結成する意向を表明する。伯爵は、ここでも「経営者と労働者の双方に共通する……利益」を重視しているかに見える[4]。しかし、少なくともこのパンフレットを読む限りにおいては、件の互助組織の恩恵に浴しつつ「スペインの農業の大家族」への仲間入りを果たすための要件を満たす「農業階級」のなかに、労働者＝日雇い農たちはどうやら含まれていない[5]。伯爵その人の「慈愛」にも、自ずと限界があったのである[6]。

　賃上げを求める「アンダルシアの民」を相手に、やはり「金の卵」の喩えを持ち出して「資本の抹殺」へ通じる行動を強く戒めたのは、1914年のオスーナ（セビーリャ県）の農業経営者組織である。だが、握手の手を差し伸べたはずのオスーナの大地主たちは、同じ「農業階級」のなかにありながらも「忠告」に背いて農業ストライキを敢行した地元の「民」を蹂躙することに何のためらいも覚えない。日雇い農たちの組織化の進展に反比例して、南スペインの農業

エリートは社会カトリシズムの精神とは相容れないその本性を露わにしていく。

20世紀の初頭にカルモーナを揺るがした争議に自ら介入した際、地元の日雇い農たちの脳裏に「階級的な憎しみ」を刷り込むリベルテールたちの「所業」に頭を痛めたのは、セビーリャ県議会議員を務めるアギレーラ・トゥルモだった。「ボリシェヴィキの3年間」、われわれの知るそのアギレーラ・トゥルモは15年前を大きく凌ぐ新たな騒擾の渦に巻き込まれて驚愕し、アナルコサンディカリズムをついには「狂犬病」呼ばわりするまでになる[7]。そこには、腹を空かせた「持たざる者」たちへの「慈愛」の念はもはや微塵もない。

社会カトリシズムの旗手、アンヘル・オソリオ・イ・ガリャルドが「所有権」の「社会的機能」に言及した正しくそのとき、アンダルシアの農業エリートの大方は「所有権」の死守への意思をむしろ新たにしたかに見える。『IRS報告』に綴られたコルドバ県の大地主たちの肉声の多くが、その硬直化した精神のありようを裏づける。そして、反逆する「アンダルシアの民」を相手に、社会カトリシズムに背を向けたそんな農業エリートを救済するため、復古王政は軍事力に訴えた。「ボリシェヴィキの3年間」は確かに農地改革の必要性を世論に広く喚起し、併せて「土地の社会的機能」の概念の国民の意識への浸透をもたらしながらも、同時に社会カトリシズムに派生する「慈愛」が大地主たちの脳裏から何の躊躇もなく捨て去られるか、あるいは少なくとも簡単に形骸化されてしまう南スペインの階級社会の現実を浮き彫りにした。

「アンダルシアの農業問題」が顕在化した19世紀の中葉以来、ときを追うようにして、農業エリートのほとんどは日雇い農たちへの、もともと柔軟とは言いがたかったその態度をいよいよ硬化させていく。その過程は、「アンダルシアの民」のための伝統的な救済措置であるアロハミエント（alojamiento）の変質にも如実に反映されている。「塒の提供」を意味するアロハミエントは、天候不順その他、何らかの事情により失業率が危険な水準にまで達した際、市町村自治体が一定の数の「民」の雇用を農業経営者たちにそれぞれの所有地の大きさに応じて要請する制度である。しかし、「割り当て（reparto）」の別名もあるこの制度からは、アントニオ・ミゲル・ベルナールによれば、少なくとも当初はその理念上の支えであったはずのキリスト教的な「慈愛」（！）の精神が失われていった。

例えば、1847年のアルカラ・デ・ロス・ガスーレス（カディス県）では、

第 8 章　社会カトリシズムの敗北

大地主のもとに「割り当て」られ、手間仕事に従事した「アンダルシアの民」には 1 日につき一律 1 レアールの賃金と 3 ポンドのパンが、また働かなかった「民」にも施しが与えられた。だが、9 年後のモロン・デ・ラ・フロンテーラ（セビーリャ県）の「民」に支払われる報酬には、厳格な「就業規定」さながら作業の中身その他に応じて細かな線引きがなされていた。さらには、アロハミエントの受け容れを拒む大地主も出てくる。「農業エリート」が息の詰まるような思いを強いられたに違いない「革命の 6 年間」に突入して間もない 1869 年のセビーリャ県庁には、「民」のための公共事業の実施を県内の複数の市町村に求めるしか打つ手がなかった[8]。

　1892 年のロハでは、アロハミエントは裕福な住民への「募金」の要請へと装いを改めている。グラナダ県のこのプエブロでは、アロハミエントそのものも 19 世紀末には廃止された。ロハでのアロハミエントが時間とともに変質していった過程を仔細に跡づけた岡住正秀によると、アンダルシアにおいてこの措置が「決定的に」廃止されるのは南スペインが「アフリカ風の憎しみ」に炎上した「ボリシェヴィキの 3 年間」のこと[9]。時期的な符合は、もちろん偶然ではありえない。アンダルシアを日照りが襲った 1904 年の秋には、コルドバ県のモントーロでも失業に喘ぐ日雇い農たちの「割り当て」を嫌う大地主たちの声が聞かれた[10]。

　フェデリーコ・ウラーレスのひそみに倣えば、「慈愛」が形骸化されるとき、「現にあるものとしての悲惨」を生きる貧しい者たちはなるほど「忍従」を強制されるばかりである。「革命の 6 年間」に「キリスト教的慈愛」を FRE の「野蛮」に対抗するための切り札と考えたのが、アントニオ・カノバス・デル・カスティーリョだった。1936 年 7 月のフランコ派の決起を契機として共和派に転じながらも、社会カトリシズムの理念を放棄していたとは思われないオソリオ・イ・ガリャルドが晩年に示した単刀直入な所見では、そのカノバス・デル・カスティーリョは「大衆を知らなかった」。そのつけがカノバス個人のみならず、復古王政そのものにとっても恐ろしく高いものについたことを、われわれは充分に知っている。とりわけ階級間の隔たりがあまりに露骨なアンダルシアにあっては、それが大土地所有制の根幹に深くメスを入れるための具体的な手段を伴わない限り、単なる「慈愛」の表明は現状維持を「正当化」するための安全弁でしかない。

　「ボリシェヴィキの 3 年間」のわずか前に、自らが思い描くアンダルシアの「真

実」を伝えようとしたホセ・スリータ・イ・カラファの言説に、われわれはウラーレスが指摘する「現にあるものとしての悲惨」の「正当化」の極端な現れを見る。このレブリーハ（セビーリャ県）の農業経営者は自身の目には「野獣と人間の中間」としか映らない南スペインの日雇い農たちを、「都市部の最も賢い労働者」と同等の存在へと転じるための「実践的な」教育の実施を提唱する。平日の日中は農作業に駆り出され、義務教育の機会すらもほとんど奪われている日雇い農の子どもたちに「夜間か日曜日に」（！）施されるべき「実践的な」教育の手始めは、「カトリック要理（Catecismo）」の習熟である(11)。

しかし、カトリシズムを「現存する、ただ1つの真の宗教」と見なすスリータ・イ・カラファにとっての「実践的な」教育の「真の」狙いは(12)、「野獣と人間の中間」に置かれた日雇い農の「人間」への格上げそのもののなかにはない。スリータの悲願は「再生の理論も、ラディカルな変革も、所有体制の変革も必要とせずに」、換言すれば「現にあるもの」を「正当化」したうえで、南スペインの農業を発展させることにあった。教育活動を通じての農業労働者たちの「人間」の高みへの誘いは、「持たざる者」に対するスリータの「慈愛」の表現では決してない。それは、「比類なく美しい」アンダルシアから階級闘争を一掃してしまうための単なる方便にすぎなかった(13)。

1932年9月。農地改革法は、社会カトリシズムが想定していた既存の社会秩序の維持・強化のもくろみとはかけ離れたところで成立した。逆説的なことに、農地改革の実施は「既存の社会秩序」があっさりと崩れ去った直後に公約されたのである。第2共和制の憲法制定議会では教会が忌み嫌う階級政党が首位政党の座を占め、復古王政を支える最も太い柱の1つだった南スペインの大地主たちはかつてない苦境に立たされる破目に陥った。

1933年11月の総選挙は、アンダルシアの農業エリートを「改革の2年間」の重圧から解き放つ。従って、「ボリシェヴィキの3年間」の「アフリカ風の憎しみ」に満ちた階級対立を経て日雇い農たちへの「慈愛」の念を既に臆面もなくかなぐり捨てていた大方の南スペインの大地主たち、なかでもアドルフォ・ロドリーゲス・フラードやサルバドール・ムニョス・ペレスらの「大物」が、セビーリャの慎しい商家に生を受け(14)、社会カトリシズムの原点への回帰を目指す「白いボリシェヴィキ」に共感し、葬り去られたその農地改革法案の精神に従って、自らが「私的に」所有する「母なる大地」を「自発的に」差し出す可能性はもちろん皆無に等しかったのである。

第 8 章　社会カトリシズムの敗北

　1933 年 11 月におけるアントニオ・ナバハス・モレノの農業党からの出馬・当選は、第 2 共和制が成立してからのアンダルシアの農業エリートの危機意識の深まりを象徴していたかに見える。しつこさを承知のうえで、ここでもあえて繰り返しておいた方がいいだろう。「ボリシェヴィキの 3 年間」、このカストロ・デル・リオの農業経営者は、自分たち有産者の利益の温存はむろん自明の前提ではあれ、未耕地や借地の収用と農業労働者へのその引き渡しの可能性に確かに言及していた。同じ「3 年間」に、カストロに誕生した CNCA 系列の組合の副代表として、地元の日雇い農たちに「無償で」労働の機会を提供したのも、やはりナバハス・モレノである。

　「カトリックの」ナバハス・モレノは、「カトリック的であることをやめた」、換言すれば「ライックな」「知識人の共和制」に敵対的な姿勢を隠さなかった。1932 年の復活祭の折に「改革の 2 年間」を支配する反教権主義的な風潮に逆らって逮捕されたのも、同年 6 月にコルドバ県知事の役職を離れることになったエドゥアルド・バレーラ・バルベルデの労働運動への、「インテリゲンツィヤ」を愚弄するかのような無慈悲な対処の姿勢を、ブハランセのアントニオ・スリータ・ベラとともに称讃してやまなかったのも、プリモ独裁期には地元の愛国同盟を率いていたカストロ・デル・リオの「名士」である。

　1933 年 8 月。ナバハス・モレノは、アンダルシアの各地で頻発していた乾草や牧草の焼き打ちへの対処をサンティアゴ・カサーレス・キローガに強く要請する[15]。2 ヶ月ほど前、コルドバ県やセビーリャ県を見舞った農業ストライキ攻勢にイニシアティヴを発揮したのはもはや CNT ではなかった。内相宛てのその電信の行間には、形式上はなおも「相方」を演じる社会党・UGT（FNTT）からとうに見限られつつあって、「すべての階級の勤労者の共和国」のなかで孤立する知識人たちの非力・無能に対する農業エリートの苛立ちが感じ取られる。

　代議士の資格を得た「暗黒の 2 年間」におけるナバハス・モレノの、ANO のなかでのムニョス・ペレスとの足並みの一致についても、われわれは把握している。だが、軍事クーデタの勃発を境にこの 2 人は明暗を分ける。アダムースのオリーヴ栽培業者がコルドバ市長に返り咲いた直後の 7 月 21 日、ナバハス・モレノには、リベルテール共産主義の洗礼を受けて「アナキストのエデン」と化しつつあった故郷での非業の死が待ち受けていた。7 月 19 日以後、ナバハス・モレノは治安警備隊とともにその詰め所への籠城を余儀なくされていた。「名

539

士」は自身を引き連れて詰め所を離れ、決死の反撃に出た治安警備隊員とアナルコサンディカリストたちの双方の銃火に挟撃され、「アフリカ風の憎しみ」が燃え盛るカストロ・デル・リオの街頭であえなくその生涯を閉じる破目に陥ったのだった⁽¹⁶⁾。

　1930年代の前半におけるアンダルシアの農業エリートの態度の硬化は、そのナバハス・モレノよりも、われわれが知るもう1人の農業経営者であるニコラス・アルカラ・エスピノーサにおいてなおいっそう顕著に見て取れる。「アンダルシアの民」を「最も無能な輩」と呼んだハエン県選出の急進党の代議士は、コルドバ県のバエナの生まれ。「ボリシェヴィキの3年間」当時はマラガ県のアンテケーラにあって、ディアス・デル・モラールと同じく公証人を務めていた。ディアス・デル・モラールの評価を信頼すれば⁽¹⁷⁾、「ボリシェヴィキの3年間」当時のアルカラ・エスピノーサは「アンダルシアの農業問題」についての明敏な観察眼を持つ「際立って賢明な」人材だった。

　1919年6月。マドリードの大新聞『エル・ソル』の紙面を借りて、そのアルカラ・エスピノーサは南スペインの農業構造の変革を阻む元凶としてカシキスモを断罪した⁽¹⁸⁾。このとき物故して既に久しかったとはいえ、アンテケーラは復古王政期の前半に「抜群の専門家の汚い手」を使ってアントニオ・カノバス・デル・カスティーリョを支えたフランシスコ・ロメーロ・ロブレードの出身地でもある。1929年にディアス・デル・モラールの『騒擾史』が出版された際、やはり『エル・ソル』紙上で、同書を「ロマン主義の時代の旅行家たちが国内の他の地方に広めた甘ったるいイメージからかけ離れた、本当のアンダルシア」を伝える「この分野で唯一の」著作と讃えたのも、「際立って賢明な」アルカラ・エスピノーサその人だった。1931年11月、ANOの機関誌『オリーボス』を通じて、農地改革のための国会委員会代表を務めるディアス・デル・モラールをアンダルシアの農業の利益を擁護する「唯一の」声の持ち主と讃えてみせたのもアンテケーラの公証人である⁽¹⁹⁾。1932年にはANOの代表にも選出されており⁽²⁰⁾、ブハランセの公証人とは「副業」も重なった。

　ジャック・モリスが指摘するように⁽²¹⁾、アルカラ・エスピノーサはディアス・デル・モラールとは親しい間柄にあった。ただし、睦まじいまでの（？）友情が持続したのは復古王政期を通じて、あるいは第2共和制の「改革の2年間」のある時期まで、との留保が必要かもしれない。「土地所有の再分配」としての農地改革に身を捧げる所存をともかくも表明したディアス・デル・モラール

第 8 章　社会カトリシズムの敗北

とは異なり、その「友人」は 1930 年代の前半にはかつての方針からほとんど 180 度転換し、カシーケたちとともに「南スペインの農業変革を阻む」役割を自らに課してみせるのである。従って、アルカラ・エスピノーサがディアス・デル・モラルに敬意を表してみせたのは、「土地所有の再分配」の実現に自身も積極的であったから、ではもちろんなかった。それは、持ち前の「際立って明敏な」鼻が、ブハランセの公証人が社会党・UGT（FNTT）のルシオ・マルティネス・ヒルらとの農地改革のための論戦のなかで端なくも露呈することになる、正しくその「階級的な」匂いをあらかじめ敏感に嗅ぎ分けていたためだろう。

　アンテケーラの公証人には、アントニオ・ナバハス・モレノとも直接的な接点があった。アルカラ・エスピノーサが統率する ANO の執行部の委員の 1 人に、カストロ・デル・リオの「名士」がいたのである。1933 年の夏には、階級闘争という「外来の」概念の放棄と「経済とスペインの至高の利益」の擁護を謳いつつ、国内各地の農業経営者団体の連絡委員会が暫定的な形で発足する。この委員会のメンバーのなかにも、APFR のロドリーゲス・フラード、CNCA のマルティン・アルバレス、FPAPA のオリオール・デ・ラ・プエルタらに混じって、ナバハス・モレノとアルカラ・エスピノーサの名が見える[22]。

　第 2 共和制時代のナバハス・モレノとアルカラ・エスピノーサは、「ボリシェヴィキの 3 年間」の 2 人ではなくなっていた。ことに、アルカラ・エスピノーサの場合には、ほとんど人格的な変貌を遂げた観さえも漂わせている。1931 年 7 月の、専門委員会により提示された最初の農地改革法案では、IRA に先駆けて、入植の対象となりうる労働力の選定に関わる市町村単位の評議会の設置が義務づけられていた。この評議会を「共産主義の細胞（célula comunista）」と決めつけたのも、アルカラ・エスピノーサである[23]。

　さらに、UAE が発議し、APFR の肝煎りで実現した 1933 年 3 月のマドリードでの農業経営者集会の席上、第 2 共和制を「共和派が奉仕する社会主義的な共和国（República socialista servida por republicanos）」と揶揄したのもまた、確かにアンテケーラの公証人だった[24]。「暗黒の 2 年間」、アルカラ・エスピノーサはヒメーネス・フェルナンデスに「君は座る議席を間違えた」との痛烈な皮肉を投げつけることになる。確かに、セビーリャ県の農業エリートにとってと同じく、このハエン県選出の急進党代議士にとっても第 2 共和制が生んだ「最も精力的な」農相は国会の右翼に座を占めるはずのない、あるいは占めてはな

らない「レーニン」なのだった[25]。

　アルカラ・エスピノーサは土地を再分配し（repartir tierras）、その土地を集団的な経営に委ねるような、要は「社会主義的な」発想を退ける。既述のように、アンテケーラの公証人は大土地所有制と失業との連関を言下に否定していた。それでも、自身が出馬したハエン県の経済がもっぱらオリーヴ油の生産のみに依存していること。従って、「1年のいくつかの時期には」労働力のすべてに雇用の機会が与えられるわけではないことばかりは事実として認める他ない。そこで、ディアス・デル・モラールの「友人」は過剰な労働力を吸収しうるような農業の多様化を提唱する。そのためには、国家主導の大規模な灌漑事業の展開が不可欠であるという。そして、この水利政策の実現こそは、1930年代前半のアルカラ・エスピノーサの脳裏に浮かぶ「唯一の」農地改革なのだった[26]。

　やはり灌漑事業の拡充に「深い内実を伴った」農地改革を見たのが、飢えに苦しむコルドバ県内の日雇い農たちを「失業の達人（parado profesional）」と露骨なまでに蔑んだエドゥアルド・バレーラ・バルベルデである[27]。「際立って賢明な」アルカラ・エスピノーサも、ラティフンディオの存在そのものさえをも否定して恥じなかった「改革の2年間」のコルドバ県知事も、30年ばかり前に、疲弊した祖国の農業を活性化させるための特効薬として大胆な灌漑事業の実施を提唱していたアラゴンのホアキン・コスタから、あるいは着想を引き出していたのかもしれない。

　アルカラ・エスピノーサとホセ・マリーア・アルバレス・メンディサーバルは、第2共和制期に等しく急進党に身を置き、等しく「社会主義的な」農地改革の選択肢を拒絶した。にもかかわらず、アルカラ・エスピノーサが「改革の2年間」に「農業少数派」を思わせるほどに強引な言説を駆使して農地改革法の制定や改革の進展の阻止を図ったのとは対照的に、「暗黒の2年間」のアルバレス・メンディサーバルは「社会的有用性」条項の発議を通じて「反農地改革法」に「抜け道」を用意したのだった。急進党内での2人の関係は、CEDAのなかでのロドリーゲス・フラードやアラルコン・デ・ラ・ラストラらとヒメーネス・フェルナンデスとの関係にほとんど一致していたように思われる。アルバレス・メンディサーバルに急進党の「良心」を見るのは、「白いボリシェヴィキ」の営為を称讃してやまないマレファキスである[28]。そして、その「良心」こそは、急進党の党首アレハンドロ・レルーに最も欠けていたも

第8章　社会カトリシズムの敗北

のだった。

1919年刊行の『IRS報告』には、コルドバ県内の複数の農業経営者たちの口から「アンダルシアの民」の反逆を放置する、あるいはその目には放置しているようにしか見えない国家権力への不満の声が漏れていた。「『お上』に見捨てられて、農業経営者は自らの組織化にやっと着手し始めた」。IRS調査団にムニョス・ペレスがこぼした印象では、1931年4月を待つまでもなく、「ボリシェヴィキの3年間」には南スペインの大地主たちは既に国家権力から見放された存在と成り果てていた。確かに、ようやくFAPPC(コルドバ県農業経営者連盟)が誕生したのは、グアダルキビール川以南に広がるカンピーニャの市町村が「ボリシェヴィキの3年間」初の農業ストライキ攻勢を目の当たりにしてから2ヶ月後の1919年1月のことである[29]。

ムニョス・ペレスらの嘆息には、1880年代初頭の「マノ・ネグラ」事件の顛末が物語る、「お上」がアンダルシアの農業エリートの「自由」を存分に保障していた復古王政時代の初期を懐かしむ気分がそこはかとなく漂っている。カノバス・デル・カスティーリョのお膳立てにより、イサベル2世の子息アルフォンソ12世の帰国とともに開始されたその復古王政は、「ボリシェヴィキの3年間」の幕が上がる20年ばかり前、1897年のカノバスその人の暗殺と翌98年の米西戦争の大敗を分水嶺に下り坂に入っていた。

人民戦線選挙に惨敗した心の痛手の癒えないホセ・クルース・コンデがその再現を夢見たプリモ・デ・リベーラ将軍の独裁体制は、実際には復古王政が呈した末期症状への、軍人らしくいかにも荒っぽい対処療法の域を出なかった。1936年の7月、第2共和制の粉砕をもくろむコルドバでの反革命的軍事行動に加担した際、アダムースのオリーヴ栽培業者はそれが内包する暴力性においてプリモ独裁の比ではなく[30]、しかも南スペインの農業エリートの「自由」にはカノバス・デル・カスティーリョが築いた復古王政の初期にもまして寛大な、新しい「お上」の権力の中枢にしっかりと立つ自らの姿に満足したに違いない。

最後に1つ、内戦のさなかに、第2共和制を血の海に沈めつつあった側からなされた「アンダルシアの農業問題」解決のための提言を紹介して、この章を締め括ることにしよう。サルバドール・ムニョス・ペレスが久方ぶりにコルドバ市長の椅子に座った直後、「アカども」の殲滅に没頭する一方で、20世紀初頭のトーレス・カブレーラ伯爵や1910年代半ばのオスーナの大地主たちと

543

同じように「金の卵」に絡めながら[31]、「偉大な」スペインの再興に向けて労使が協調すべき旨を強く主張した軍人がいたのである。それは、例のゴンサーロ・ケイポ・デ・リャーノ将軍だった[32]。セビーリャの「ラジオ将軍」は「農民の父」（！）を自負しており、「マルクス主義者」たちが画策した「猿芝居」とは異なった、「貧しい日雇い農たちを自作農へと転換し、その家族に安寧を保障する」「本当の」農地改革を実施する意向を明言していた。

だが、プリモ独裁末期の「S. de P.」の言説を思わせる「本当の」農地改革のための「元手」はいかにも心許なかった。それは、その大方が社会カトリシズムに背を向けた農業エリートをも含む「豊かな者」たちから、反乱軍のもとに寄せられる義援金のなかから捻出される手筈になっていたのである[33]。いずれにせよ、「ラジオ将軍」が考える「本当の」農地改革が日の目を見ることはない。プロパガンダの手段としての放送媒体をえげつなくも効果的に使いこなしたこの軍人は、自身の政治的な野心をフランコ将軍に容易に見透かされたあげく、「兄弟殺し」の終演からまだ日も浅い1940年7月、スペインの軍事顧問団の団長としてムッソリーニのイタリアへ派遣される。「農民の父」のローマ行きは、むろん体のいい左遷でしかない[34]。われわれは2つの章が当てられた農地改革をめぐるいくつかの問題の検討をこのあたりで切り上げ、改めてアンダルシアのリベルテールたちの動静を、それも内戦期にまで視野を拡大したうえで俯瞰してみなければならない。

註

(1) Barragán Moriana, *Córdoba*, pp.189-191.
(2) Almansa Pérez, *op.cit.*, p.39 y n.27. 19世紀中葉、先代のトーレス・カブレーラ伯爵（フェデリーコ・マルテール・イ・ベルヌイ）は「〔コルドバ〕県農業評議会（Junta Provincial de Agricultura）」の代表、あるいは副代表の地位にあった。また、（異説も伝えられるにせよ）スペインで最初に砂糖大根の栽培を試みると同時に、これもスペイン初の製糖工場の開設に踏み切った農業経営者でもあったらしい（*ibid.*, p.35.）。生まれも育ちも別であれ、フェデリーコ・マルテールには同時代のセビーリャの傑出した農業ブルジョワ、バスケス・グティエーレスと共通する才覚があったように思われる。
(3) El Conde de Torres-Cabrera, *Información acerca de los obreros agrícolas*, pp.33-41.
(4) Id., *Proyecto de bases para construir una Asociación Agraria Nacional de segu-*

第 8 章　社会カトリシズムの敗北

　　　 ros mutuos á prima fija máxima, Madrid, 1908, p.7.
（ 5 ）　*Ibid*., p.14.
（ 6 ）　トーレス・カブレーラ伯爵は 1917 年、つまり「ボリシェヴィキの 3 年間」の幕開けを見ぬまま永眠した。その「3 年間」が終わる 1920 年に「コルドバ県内の働く女たちのための組織（Asociación de Obreras Cordobesas）」を起ち上げたのが、伯爵の令嬢のバルパライッソ兼メリト侯爵夫人だった。もっとも、父親譲りの「慈愛」の精神のもとに、周囲の豊かな女たちの協力を得て船出したその組織も長くは続かなかったらしい（Díaz del Moral, *Historia de las agitaciones*, p.370.）。莫大であったかに思われる伯爵の遺産を引き継いだのは、この侯爵夫人である（Juan Ortiz Villalba の教示による）。だが、第 2 章第 1 節に記しておいたように、第 2 共和制期のコルドバ県の大地主のリストのなかに令嬢の名はない。
（ 7 ）　Florencio Puntas, *op.cit*., p.287 y p.305.
（ 8 ）　Antonio Miguel Bernal, "Persistencia de la problemática agraria andaluza durante la Segunda República", *La propiedad de la tierra y las luchas agrarias andaluzas*, Barcelona, 1974, pp.157-159.
（ 9 ）　その一方で、南スペインでは階級意識の覚醒に伴って、組織化された日雇い農たちの間からも資本の「温情」にすがるアロハミエントを嫌う声が聞かれるようになる（岡住「アンダルシア農村の労働危機をめぐって」43－47 ページ）。だが、少なくとも「遺制」としてのアロハミエントは、第 2 共和制が農業エリートによる労働力の懐柔に繋がりかねないこの制度を禁止するまで存続した。「すべての階級の勤労者の共和国」はアロハミエントに代えて「土地税などの 10％増税分を市町村庁に交付し、失業対策のための公共事業費にあてさせることを決めた」（中塚「地中海的規範」272 ページ）。
（10）　*Diario de Córdoba*, 22-X-1904.
（11）　Zurita y Calafat, *op.cit*., pp.85-87.
（12）　*Ibid*., p.61.
（13）　ディアス・デル・モラールが忌み嫌ったホセ・スリータ・イ・カラファの愛読書は、一世を風靡したギュスターヴ・ル・ボンの『群集心理』（1895 年）であったらしい（*ibid*., pp.69-72.）。よく知られるように、このル・ボンは「群衆という概念のもとに動物と大多数の人間とを同一視」したフランスの社会学者である（ルフェーヴル『革命的群集』47 ページ）。一瞥をくれただけでは、1903 年にコルドバ県のカンピーニャで若い日雇い農から「偉大な日」の到来の期日について尋ねられたソイロ・エスペッホは、スリータ・イ・カラファに半ば似た精神の持ち主であったかにも見える。1903 年、コルドバ県でもついに鎌首をもたげたアナキズムの蔓延を阻止しようと、この上院議員が持ち出したのもカトリック的な理念に立脚した、女たちによる家庭教育の拡充という新鮮味に乏しい解決策だった（*La agricultura y Córdoba*, 31-VII-1903.）。しかし、その一方でソイロ・エスペッホは早くも 1870 年代の末、つまり復古王政がヨーロッパで最も高い水準の関税障壁を設定

するよりも先に、既に保護主義がスペインの農業に与える弊害に警鐘を鳴らすだけの見識を披露してもいた (Zoilo Espejo, profesor de la escuela general de agricultura, *El proteccionismo y la importación de cereales. Conferencia agrícola del domingo 15 de junio de 1879*, Madrid, 1879, p.21.)。農相マルセリーノ・ドミンゴによる1932年の小麦の輸入措置が旧カスティーリャの零細農たちの第2共和制に対する感情を極度に悪化させたことは確かではあれ、問題のそもそもの根底に合理的な経営を可能にするところからほど遠かったこの地方の脆弱な農業構造が横たわっていた点は看過されるべきではないだろう (Maurice, "Reforma agraria y la revolución social", pp.237-238.)。そして、生産性に乏しい旧カスティーリャの農業構造が温存された大きな原因は、正しく復古王政の手厚い保護政策のうちにあったのである。「世紀末の農業危機」が深刻化するよりも前に復古王政の保護政策に異議を唱えていたソイロ・エスペッホは、「偉大な日」をめぐるエピソードに言及したのと同じ上院での演説の折、トーレス・カブレーラ伯爵にも触れ、砂糖大根の栽培の導入と「真の農業コロニー」の1つ、つまり「ラ・カリダ」の建設に踏み切ったその農業経営者としての行動に讃辞を惜しまなかった。本節の註(2)に記したように、砂糖大根の導入に踏み切ったのはこの伯爵ではなく、おそらくその先代である。それはさておき、「カトリック的な理念に立脚した、女たちによる家庭教育」の重視を主張した際、ソイロ・エスペッホはスリータ・イ・カラファよりも、自身が敬愛するトーレス・カブレーラ伯爵に近い人物であったように思われる。リベルテール的な理念の根絶に向けて、ソイロ・エスペッホは「家庭教育」の他にもいくつかの選択肢を提示している。例えば、「ボリシェヴィキの3年間」のトレヌエーバ侯爵やホセ・トマス・バルベルデ・カスティーリャに先んじるかのような分益小作制の導入がそれである。さらに、フェルナン・ヌーニェスとエスペッホでの「成功」を引き合いに出しながら、日雇い農を小農へと転換させる利点を強調する。雀の涙ほどの借地料と引き換えに、地元の労働力に自身が持つ荒蕪地 (!) を分け与えたフェルナン・ヌーニェスのフェルナン・ヌーニェス公爵や、1人当たり2ファネーガから3ファネーガで自身の大農場を「再分配」したエスペッホのウセーダ公爵の選択のおかげで、2つのプエブロはリベルテール的な理念への感染を免れているという (*Diario de Córdoba*, 29-VII-1903.)。ただし、上院議員のこうした状況把握は、ディアス・デル・モラールのそれとは明らかに異なっている。『騒擾史』に従って第3章第1節に書いておいたように、正しく上院議員が自説を開陳する直前、カストロ・デル・リオやブハランセとともに、フェルナン・ヌーニェスも熱狂的な騒乱の渦に確かに巻き込まれていた。さらに『騒擾史』によれば (Díaz del Moral, *Historia de las agitaciones*, p.212.)、エスペッホも20世紀初頭の時点でリベルテール的な煽動が最も成功を収めたプエブロのなかに含まれる。おまけに、このエスペッホはIRSの調べでは「3年間」にはコルドバ県内で最多の農業ストライキを記録することになる。「3年間」のフェルナン・ヌーニェスにおける労使の利害の甚だしい隔たりも、これまた既述のとおりであ

第 8 章　社会カトリシズムの敗北

る。パスクアル・カリオンやフランシスコ・サフラがその有効性を疑問視した、アンダルシアへの分益小作制の導入をめぐる『騒擾史』の著者の見解は不明。それでも、ディアス・デル・モラールがこのソイロ・エスペッホを、アンダルシアに関する「再生の理論も、ラディカルな変革も、所有体制の変革も」およそ眼中にない「好ましからざる」スリータ・イ・カラファや、「3 年間」には日雇い農たちへの「アフリカ風の憎しみ」をたぎらせ、やがてはコルドバでの「ジェノサイド」にも深く関与することになるバルベルデ・カスティーリャらとまったく同じ価値観の持ち主と見なしていたとすれば、「偉大な日」をめぐるその発言をあえて『騒擾史』に収めるはずはなかった。このエピソードそれ自体をスリータ・イ・カラファもどきが拵えた虚構、もしくは通俗的な意味での「神話」として退けなければならない理由はないだろう。

(14) Tusell y Calvo, *Giménez Fernández*, p.15.
(15) AHNM, leg.7A.
(16) モリス「カストロ・デル・リオ」46 ページ。階級対立の激化に伴って「慈愛」の感情を喪失し、日雇い農たちへの「アフリカ風の憎しみ」を深めていったのは、アントニオ・ナバハス・モレノの、少なくとも第 2 共和制期には刎頸の友であったと見て間違いないアントニオ・スリータ・ベラにしても同じであったのかもしれない。1905 年の夏、長引く日照りにたたられて失業が蔓延し、治安が極度に悪化するなか、ブハランセのスリータ・ベラは、4 月下旬から身柄を予備拘禁され続けていた、スリータ自身によれば「不幸な」22 人の地元の日雇い農たちの釈放を「お上」に要請している（*Diario de Córdoba*, 20-VII-1905.）。内戦中のスリータの行動については不明である。コルドバ県の労使を引き裂く感情を「アフリカ風の憎しみ」と呼んだ、エル・カルピオのフランシスコ・ガルシア・エスピンについても同様。
(17) Diaz del Moral, *Historia de las agitaciones*, p.20 n.2.
(18) Barragán Moriana, *Conflictividad social*, p.44.
(19) *Olivos*, XII-1931.
(20) *Ibid.*, VI-1932.
(21) Maurice, *El anarquismo andaluz*, pp.7-8.
(22) Cabrera, *op.cit.*, pp.280-281 y n.52.
(23) *Ibid.*, p.181 y n.61.
(24) *Ibid.*, p.189.
(25) Tusell, *Historia de la Democracia Cristina(I)*, p.303.
(26) Guirao Homedes, *op.cit.*, pp.189-190.
(27) *Ibid.*, p.38.
(28) Malefakis, *op.cit.*, p.406.
(29) しかし、1919 年 5 月を境に「ボリシェヴィキの 3 年間」の大勢が決するや、FAPPC はその活動をほとんど停止してしまう（Díaz del Moral, *Historia de las*

agitaciones, pp.367-369.)。FAPPC の消長のスピードは、同じ「3 年間」のアンダルシアでの CNCA のそれをも大きく上回っていた。
(30) 「奇矯で愛想がよく〔ウイリアム・シェイクスピアの戯曲に登場するジョン・〕フォルスタッフを思わせ」たというミゲル・プリモ・デ・リベーラ将軍は（プレストン『スペイン内戦』49 ページ）、1923 年 9 月に一旦権力の座に就いた後には、反抗心の旺盛な同胞に対して意外なまでに寛大であったのだろうか。この軍人がスペインを支配した時代には、それまでバルセローナの街頭をしばしば脅かしていた、カタルーニャ CRT の活動家たちを標的としたテロ行為もすっかり鳴りを潜めた（Maurice, *L'anarchisme espagnol*, pp.57-58.）。ところも同じカタルーニャの中心都市で、フェデリーコ・ウラーレスらが「純粋」アナキズムの理念の普及を願って「理想小説（la Novela Ideal）」叢書の刊行に踏み切ったのも、独裁者が決して長くは続かない人生の盛りを楽しんでいたと思われる 1925 年のことである（Marisa Siguan Boehmer, *Literatura popular libertaria (1925-1938)*, Barcelona, 1981, pp.25-26.）。1923 年 6 月に久方ぶりに日の目を見た、これもウラーレスらが編集する『ラ・レビスタ・ブランカ』誌（第 2 期）にしても、3 ヶ月後の軍事クーデタの煽りを食らってその発行が中断に追い込まれることはない（Termes, *Historia del anarquismo*, pp.396-397.）。また、同年 1 月に産声を上げたガリシア CRT 機関紙『ソリダリダ・オブレーラ』も、当初はラ・コルーニャで、後にはサンティアゴ・デ・コンポステーラで、「理想小説」叢書が創刊されたのと同じ 1925 年の、少なくとも 2 月までは発行され続けた（Madrid, *op.cit.*, pp.268-269 y n.397.）。南スペインに目を向けてみれば、このプリモ独裁期、非合法化されたアンダルシア CRT よりもむしろ明らかに戦闘的だったカストロ・デル・リオの組合が存続を許可された事実が思い起こされる。
(31) *La Unión*, 26-VII-1936, recopilado por Gibson, *Queipo de Llano*, pp.188-189.
(32) *La Unión*, 30-VII-1936, recopilado por Gibson, *Queipo de Llano*, pp. 233-234.
(33) 「本当の」農地改革の実現への自らの意気込みを語ったこの 7 月 22 日の放送を開始するに当たって、「ラジオ将軍」はコルドバで「真に英雄的な精神」を発揮したシリアーコ・カスカーホ大佐への讃辞を惜しまなかった（*La Unión*, 22-VII-1936, recopilado por Gibson, *Queipo de Llano*, pp.149-154.）。
(34) プレストン『スペイン内戦』251 ページ。

第 9 章

ヘレスからバーサへ

アンダルシアの FAI 派と「アンチ・サルボチェア」たち

スペインが内戦に突入してからちょうど1年が経過しようとしていた1937年の7月半ば。前月のバレンシアでのFNCの出産に続いて、アナルコサンディカリスト労組CNTは自らの系列に連なる新しい団体の誕生に立ち会った。このとき、FNC傘下のアンダルシアFRC（地方農民連盟）が成立を見たのである。グラナダ県のバーサでのその創設大会（以下、FRCバーサ大会）において、アンダルシアFRC書記長の指名を受けたのは、「ボリシェヴィキの3年間」に集団的な規律を無視するかにも見えた「純粋」アナキスト、ホセ・サンチェス・ロサの態度への不満を隠そうとしなかったアントニオ・ロサード・ロペスである[1]。「兄弟殺し」の渦中にあって、ロサードは、自身が生まれたモロン・デ・ラ・フロンテーラをも含む西アンダルシアの大半とは対照的に軍事クーデタの電撃的な、あるいは少なくとも短い時間での奏功に伴うフランコ派による早い段階での蹂躙を概ね免れることができた空間、主として東アンダルシア各地での農業の集団化に全力を傾注する。

　FNCの前身は、1910年代にあったFNOA。そのFNOAの創設に向けてイニシアティヴを発揮したのは、ディエゴ・マルティネス・ドミンゲスやセバスティアン・オリーバ・ヒメーネスらヘレス・デ・ラ・フロンテーラのサンディカリストたちだった。復古王政の末期、FNOAの再建を願う声が最初に上がったのも、やはりカディス県にあるこのシェリーの故郷からである。しかし、南スペインの日雇い農たちばかりでなく、ひもじさに苦しむその他の「膨大な数の農民大衆」をも改めて糾合しつつ、かつて存在した全国的な組織を再生させるという壮大な企ては、1933年1月に突発したカサス・ビエハスでの殺戮劇を経て南スペインのアナルコサンディカリズムが混迷を深めるなか、アンダルシアFRCの建設へとその規模の縮小を余儀なくされる[2]。だが、「仕切り直し」も実を結ばぬうちに、1936年7月の軍事クーデタの勃発がピレネーの南を「兄弟殺し」の泥沼へと引きずり込んでいたのだった。

　「はじめに」の第2節で言及しておいたように、「純粋」アナキズムを看板に掲げるFAI派に穏健なサンディカリストの「30人派」が守勢を強いられた第2共和制初期のカタルーニャに似た状況は、CNTのグラナダ市連盟のなかでも観察された。南スペインでのFAIの突出を懸念するサンディカリストの声は、1932年の1月中旬にヘレス・デ・ラ・フロンテーラで開催されたFTACC（カディス県地域農業労働者連盟）の第1回大会（以下、FTACCヘレス大会）の折にも飛び出している。このFTACCヘレス大会の開催に当たっ

て、「アナキストを自称して組合活動に責任を負わず、労働者階級の分断を画策して組織のアクティヴな活動家たちを攻撃する連中」への不快感を露わにした際、グラサレーマの組合を代表して大会に臨んだサンディカリストのフアン・ボレーゴは、カディス県内外のあちこちで増強されつつあった FAI の圧力をひしひしと実感していたものと思われる(3)。皮肉なことに、グラサレーマは 1919 年の年の瀬に CNT を追われたと覚しいサンチェス・ロサの出身地である。もっとも、第 2 共和制期を通じて、このプエブロにサンチェス・ロサの精神を受け継ぐ FAI 派の根城が築かれた形跡はどうやらない。

　20 世紀の初頭。ディアス・デル・モラールの観察によれば、リベルテール的な反乱にほとんど初めて身を投じたコルドバ県のカンピーニャの「アンダルシアの民」は、「目覚めた労働者」たちの「盲目的なメシアニズム」に完全に魅了されていた。同じ時期、そうした「メシアニズム」とは既に無縁だったヘレス・デ・ラ・フロンテーラのサンディカリズムを発見したジャック・モリスばかりでなく(4)、この『アンダルシアのアナキズム』の著者とともにかつてカサス・ビエハスの「歴史」と「伝説」の腑分けに挑んだジェラール・ブレイもまた、第 2 共和制時代に FNC 設立の構想が一旦は白紙に戻されなければならなかった理由の 1 つに、特にヘレスとその周辺の市町村での AGTA（全農業労働者協会）や FTACC の指導者たちと FAI の「純粋」アナキズムの信奉者たちとの間に生じた軋轢を挙げている(5)。

　南スペインの FAI 派に関して、われわれはこれまで第 2 共和制期のコルドバ県内のアンダルシア FRGA 傘下のアナキスト・グループの動向と、カストロ・デル・リオとブハランセにおける「組合から」のその活動の一端を跡づけてみたにすぎない。例えば他にも、人民戦線期におけるバエナの CNT の急速な立ち直りの理由を、このプエブロの「革命信仰」の持ち主たちが「組合から」発揮した統率力に求めてみることは、1 つの仮説として可能だろう。バエナの場合、FAI 派については疑問の余地なくその存在が証明されたとは言いがたいにせよ、リベルテール青年団の方は確かに活動していた。内戦が近づきつつあったこの時期、当地では再開された労使混成協議会のメンバーがリベルテールたちの手にかかって殺害される事件が起きている(6)。それは、「直接行動」への過度の執着が招いた「凶行」であったのだろうか。しかし、史料的な裏づけのないまま憶測に憶測を重ねることには、むろん意味がない。

　われわれには、アンダルシアにおける「革命文化」の最も忠実な継承者に

して、FAIの「革命信仰」の化身と考えられるアルフォンソ・ニエベス・ヌーニェスの言説の読解を1つの糸口に、第2共和制期のこの地方の「純粋」アナキズムの内実を把握する作業が残されている。また、1933年1月のラ・リンコナーダと34年10月のビリャビシオッサ・デ・コルドバでのリベルテール共産主義社会を建設するための企ての分析も、まったく手つかずのままである。20世紀の初頭から第2共和制期までのヘレス・デ・ラ・フロンテーラとその近辺のサンディカリストたちの、FNOAにも絡んだ活動。そして、FNCやアンダルシアFRCの建設のために捧げられた、1930年代前半におけるセバスティアン・オリーバやアントニオ・ロサードらの営み。本章では、ジャック・モリスによりそのおおよそが既に解明されているこれらの側面をも、同時期のFAI派の動向と併せて洗い直してみることにしたい。

ところで、1936年7月のフランコ派の決起と、西アンダルシアの市町村の大半でのその軍事行動の早期の勝利を契機として、南スペインのアナルコサンディカリズムには大きな変質が生じた観がある。「兄弟殺し」の開演が1930年代の南スペインのCNTにもたらした衝撃の大きさは、例えば1932年1月のFTACCヘレス大会と37年7月のFRCバーサ大会のそれぞれの会議録に綴られた討論の内容の隔たりからも容易に読み取られるだろう。そして、問題の「変質」を最もはっきりと体現してみせた活動家の1人が、「兄弟殺し」の幕開けと同時に「アナキストのエデン」と化したカストロ・デル・リオのFAI派にして、アンダルシアCRT地方委員会書記長の資格においてアンダルシアFRCバーサ大会の開会を宣言したバルトロメ・モンティーリャ・ルス[7]であったように思われる。

1936年7月。アンダルシアCRT地方委員会は、「ラジオ将軍」ゴンサーロ・ケイポ・デ・リャーノによるセビーリャ制圧の煽りを食らってこの南スペイン最大の都市からマラガへと移動。しかし、翌年2月にそのマラガがフランコ派の軍門に屈すると、同委員会はさらにバーサへ逃れた。それから2ヶ月後にグラナダ県のこのプエブロでアンダルシアCRTの頂点に立つことになったのが、ロサードとも旧知の間柄だったモンティーリャ・ルスである[8]。ロサードと同じく早々に故郷を喪失し——「エデン」を追われたのは、1人マヌエル・アサーニャだけではなかった——、活動の場を東部戦線に移した1937年のモンティーリャ・ルスは、どうやら「純粋」アナキズムの「使徒」ではなくなっていたかに見える。

第9章　ヘレスからバーサへ

註

（1）*Memorias del Congreso de Constitución de la Federación Regional de Campesinos de Andalucía Celebrada[sic] en Baza(Granada) en los días 15 y 16 de julio de 1937*, s.l[Baza]., s.f[1937], p.15.
（2）Maurice, "El anarquismo en el campo andaluz", pp.32-37.
（3）*Memoria del primer congreso comarcal celebrado por la Federación de Trabajadores Agrícolas de la Comarca de Cádiz, en los días 17 y 18 de enero, en Jerez de la Frontera*, Jerez, 1932, p.5.
（4）Maurice, "Campesinos de Jerez", p.63.
（5）Gérard Brey, "Luchas sociales en el campo gaditano durante la II República", *El movimiento obrero en la Historia de Cádiz*, pp.305-306.
（6）Moreno Gómez, "La II República", p.234.
（7）*Memorias del Congreso de Constitución*, p.30.
（8）Sody de Rivas, *op.cit.*, p.194.

第 1 節

リベルテール共産主義と「アナーキー」

　まずは、第 2 共和制の初期にコルドバ県内の各地に出没した稀代の「純粋」アナキストの足跡をたどっておく。アルフォンソ・ニエベス・ヌーニェスは、第 2 共和制の初代大統領に就任して間もなかったニセト・アルカラ・サモーラ宛ての 1931 年末の公開書簡のなかで 25 歳と称しているから[1]、1905 年かその翌年に生まれた勘定になる。両親はスペイン人だが、自身が生れ落ちたのはアルゼンチン。1914 年前後に初めてイベリア半島の土を踏んだ後[2]、両親の祖国に居を定めるとともにスペイン国籍も取得した[3]。第 2 共和制が成立する間際、その反王政的な言動がたたってカディスの刑務所に服役していたニエベスは[4]、1931 年 8 月にコルドバ県知事エドゥアルド・バレーラ・バルベルデの行政命令により、当人にしてみれば「不当に」逮捕されたのを皮切りに[5]、復古王政が消滅してからも出入獄を繰り返しており、その人生は正しく波乱に富んでいた。

　ニエベスはコルドバの刑務所に半年ほど収監された後、バルセローナへ移送され[6]、そこで一旦は自由の身となったものの、翌 1932 年 5 月には国境を越えてボルドーまで逃げざるをえない状況に追い込まれた[7]。スペインに舞い戻ってからは、まずバルセローナ[8]、次いでセビーリャでまたもや獄中暮らしを強いられる破目になり[9]、一時はアルゼンチンへの追放も取り沙汰されている[10]。1934 年 2 月には『レベリオン！』紙の発行を企て、FAI の分裂を画策したとされ物議を醸した[11]。この年の後半の数ヶ月間をバルセローナで過ごした後、アルヘシーラスに潜伏[12]。もとより「30 人派」への仮借のないこの批判者にとって、アンヘル・ペスターニャは「CNT 分裂の張本人」以外の何ものでもなかった[13]。1935 年 5 月、サンディカリスト党の党首としてカディス県のこの港町を訪れ、講演を行なった元 CNT 全国委員会書記長を痛烈に罵倒する[14]。

　同年の暮れから翌年 2 月にかけてはパルマ・デ・マリョルカにあって、エストレマドゥーラの仲間たちとの連絡に腐心している[15]。コルドバ県でのニ

第9章　ヘレスからバーサへ

エベスの活動が再び確認されるのは軍事クーデタの直前で、県庁所在地で開催されたCNTの集会に姿を見せている[16]。自身がその構築に関与したカストロ・デル・リオとヌエバ・カルテージャ、さらにブハランセのリベルテール共産主義体制が、フランコ派の攻撃にあっていずれも1937年の到来を待たずに崩壊すると、カタルーニャの中心都市へ逃れ、そこで『ソリダリダ・オブレーラ』紙の編集に参画した[17]。1939年4月のフランコ将軍の勝利宣言を耳にせぬまま国境を越えたものの、1940年代に入って間もなく南フランスのニームで獄死したという[18]。

　アルフォンソ・ニエベスの議論は、リベルテール共産主義と「アナーキー」とを峻別する地点から出発する。「30人宣言」に典型的な「誤解」は、この2つの混同に由来するという。ニエベスはまず、革命を「アナーキー」のなかで実現される「物質とモラルの両面における人類の再生（regeneración humana en su doble aspecto físico y moral）」の事業と規定する。「人類の再生」は、一朝一夕に達成されうるような仕事ではさすがにない。そこで、「アナーキー」へと至る途上に「浄化（depuración）のための一時期」が設定される。ニエベスの理解では、この時期こそが「経済的な解放」、言い換えればリベルテール共産主義の段階に他ならない[19]。

　ここで、FAI派にとっても「30人派」にとっても最大の難関である「経済的な解放」が達成されてしまえば、政治的・社会的な平等の実現への展望は自ずと開けるはずであり、汚辱にまみれた過去が「浄化」された先には「人類の再生」、つまり「モラルの全面的な解放」「人間の手に届きうる完全な状態」としての「アナーキー」の可能性が立ち現れてくるだろう。ニエベスはさらに構想を進め、リベルテール共産主義を導入する任務をCNTに、「アナーキー」を実現するための任務をFAIにそれぞれ委ねている。当面の、また共通の目的であるリベルテール共産主義が現実のものとなるまでは、FAIもCNTの闘争に合流する。そして、「経済的な解放」の暁にはCNTは組織として存在することをやめ、「自由なコミューン・自治体」にその席を譲るだろう[20]。CNTが消滅した後、「自由な自治体」はもっぱら「FAIの隊列を拡大するアナキスト」により指導されることになる[21]……。

　1891年。復古王政のスペインに普通選挙制が導入されてから最初の総選挙が実施される前夜、「政治」にはもはや何の未練もないフェルミン・サルボチェア・イ・アルバレスの関心は、「人類愛」の原理に基づき、「共産主義」と「ア

ナーキー」とに立脚する「新しい社会」を、「腐敗した既存の社会の廃墟のうえに」構築する革命の実現のみに注がれていた[22]。

　1921年。アナルコサンディカリズムの確立の陰での「純粋」アナキズムの後退と、軍事力をも駆使した「お上」の介入による農業ストライキ攻勢の敗北。「ボリシェヴィキの3年間」の二重の意味での挫折にもかかわらず、サルバドール・コルドン・アベリャンはなおもサンディカリズムを「理想」へと至るための1つの手段と位置づけた。コルドン自身が思い描く究極の「理想」は、言うまでもなく「アナーキー」の成就にある[23]。

　そして、第2共和制の誕生から間もない1931年5月。「アナーキーの理想」への「殉教」を自らの宿命と公言していたのが、アルフォンソ・ニエベスだった。以後も、ニエベスは搾取される者すべてを「反逆」の名のもとに「社会戦争」へと動員して第2共和制を破壊し尽くし、「その廃墟のうえに」新しい「リベルテールの社会」を建設する日が到来することを熱望し続けた[24]。ニエベスにより1つの蒸留された形式を与えられたFAIの理念は、「既存の社会の廃墟のうえに」「新しい社会」を建設するという点ではカディスの「聖者」を、また「理想」としての「アナーキー」を「経済的な解放」としてのリベルテール共産主義の上位に置くことにより、サンディカリズムに対する「純粋」アナキズムの優位を信じて疑わない「コルドニエフ」を引き継いだのだった。

　むろん、大西洋の彼方から来た若いリベルテールが「無から」独力で自らの構想を練り上げたわけではない。断わるまでもなく、「自由なコミューン・自治体」はフェデリーコ・ウラーレスからの借用である。ニエベスが、他の「先達」や仲間たちからも多くの示唆を引き出したことも確かだろう。20世紀の初頭、アナルコサンディカリズムの確立を見届けずに没したフェルミン・サルボチェアには、（ニエベスに倣えば、「純粋」アナキストとサンディカリストがその実現に向けて手を携える）アナルコ、ないしはリベルテール共産主義と（「純粋」アナキストの独壇場である）「アナーキー」との間にあえて隔たりを設けねばならない理由はなかった。

　フェデリーコ・ウラーレスの場合にも、娘のフェデリーカと同じく組合は基本的に視野の外に置かれていたのであるから、リベルテール共産主義と「自由な自治体」のもとでの「アナーキー」との間に区別を設ける必要はやはりそもそもない。それは、ウラーレスらが編集する『ラ・レビスタ・ブランカ』誌に掲載された匿名の記事からも窺われる。このリベルテール誌が理想とす

る社会は、「反乱のサイクル」が破綻を来した直後にも、人間の「本来の性癖」に根差した、自立した個々人が集う「自由な自治体」の連合体であり続ける。同誌の見るところでは(25)、リベルテール共産主義体制のもとで人間による人間の搾取や欺瞞、他者の貧しさを前提とするような豊かさが消滅すれば、人間を蝕む怨念もまた霧散してしまう。『自由な自治体』の著者が思い描くリベルテール共産主義は、サルボチェアと同じく「アナーキー」と渾然一体になっている。

　しかし、CNTの改良主義への「堕落」を嫌う「純粋」アナキズムは、その革命構想・戦略のなかでの組合の位置づけを明確にする必要に自ずと迫られる。フアン・ガリェーゴ・クレスポとマウロ・バハティエラ・モラーンを通じて、FAIはアナキズムとサンディカリズムとの関係をめぐる議論を持ち出した。バハティエラは、マドリードの「純粋」アナキストたちが集うグループ「ロス・イグアーレス」のそもそもの発起人だった。1933年12月のブハランセの武装蜂起についての熱の入ったパンフレットを書くフアン・デル・プエブロとともに、ガリェーゴ・クレスポもまた、今ではFAIに加盟するこのグループにその名を連ねるリベルテールの1人である。

　ガリェーゴ・クレスポにとって、資本主義に対する闘争の「武器」としてのサンディカリズムを培い、導くのがアナキズムの精神に他ならない。従って――と、ガリェーゴ・クレスポは議論を進める――、資本主義が消滅すれば、サンディカリズムはその存在の必要性を失い、サンディカリズムは「理想」、つまりアナキズムの精神のもとに「自動的に」吸収される(26)。

　ガリェーゴ・クレスポの論考が『ソリダリダ・オブレーラ』紙に掲載されたのは、数日後には「30人派宣言」が蜂の巣をつつくことになる1931年の8月下旬。それから2ヶ月後、CNT全国委員会書記長アンヘル・ペスターニャらとFAI派との全面的な抗争がもはや不可避の雲行きとなるなか、『ティエラ・イ・リベルタ』紙の紙面を借りて「労働者を導き、教化するための武器」との規定を組合に施したうえで、土地の獲得が達成された暁の「自由な自治体」の形成と、市町村ごとの組合の「完全な」消滅を展望したのが、われわれには既に親しいマウロ・バハティエラだった(27)。

　ホセ・ルイス・グティエーレス・モリーナが「マドリードの生まれながらも、コルドバ県にほとんど『帰化』したかのような」「個人主義的なアナキスト」と呼んだのも、このバハティエラだった(28)。「個人主義的な」とは、組合活

1924年、パリ亡命中のマウロ・バハティエラ・モラーン（Vadillo Muñoz, *op.cit.*, p.139 ss.）。

動への過度の従属を嫌うその精神のありようを指す。「土地の占有こそは最悪の犯罪」と確信してやまない「個人主義的なアナキスト」は[29]、実際、おそらく1915年を皮切りに何度となくコルドバ県に滞在している。バハティエラは、20世紀の初頭以来の同県のリベルテールたちの砦であり、1930年代にはニエベスも出没したカストロ・デル・リオとブハランセにも縁が深かった。1915年の最初の（？）行脚の折にも、コルドバ、エスペッホ、モントーロに加えて、この2つのプエブロに足を運んでいる[30]。

1931年の暮れ、バハティエラは正しくカストロ・デル・リオから「最悪の犯罪」を犯し続けて恥じないアンダルシアの大地主たちの姿勢を弾劾した[31]。また、フアン・デル・プエブロのパンフレットの初めの数ページに綴られた、1933年9月のガスパール・スリータの怪死に続いたブハランセでの執拗な犯人捜しのもようは、実際にはバハティエラが現地での取材に基づいて『CNT』紙に書き送った記事の再録だった。当然、バハティエラは2つのプエブロのFAI派とも直に接触していたものと思われる。もっとも、1931年の年の瀬、コルドバの監獄に閉じこめられていたニエベスをバハティエラが訪ねる機会があったかどうかは不明である。

バハティエラも感化された「自由な自治体」を理想視するウラーレスの立場は、既に南スペインの「純粋」アナキストたちの脳裏にしっかりと刻み込まれつつあったかに見える。バハティエラの先の論考が『ティエラ・イ・リベルタ』紙に発表されるわずか前の同年の10月中旬、セビーリャに招集されたアンダルシアCRT地方大会では、カルロス・シンメルマンとラファエル・ペーニャにより、「土地が即座に自治体に引き渡されない場合」に備えた「革命的なストライキ」の大々的な実施が発議されていた。CNTの活動家たちへの弾圧に終止符を打つべく、シンメルマンはさらに「革命的な性格を伴った」

第 9 章　ヘレスからバーサへ

全国規模での行動への突入を呼びかける。「30 人派」のペスターニャがなおも書記長を務める CNT 全国委員会がこの提案の受け容れを拒めば、アンダルシア CRT は「まったく独自に」実力行使に及ぶだろう……。

　南スペインのアナルコサンディカリズムの「革命的な」立場を率直に誇示しながら同大会を締め括ったのは、大会の会期中にアンダルシア CRT 書記長に選出されたばかりのミゲル・メンディオーラ・オスーナである[32]。シンメルマンとペーニャは、紛れもない FAI 派だった。そして、シンメルマンとともに 1932 年 5 月のセビーリャ県での「革命的な」農業ストライキのお膳立てを整えることになるメンディオーラもまた、FAI の活動家であった可能性が高い[33]。カタルーニャ CRT と歩調を合わせるかのように、1931 年秋にはアンダルシア CRT も左傾の度合いをとみに深めつつあった[34]。

　大雑把に見れば、「大御所」のフェデリーコ・ウラーレスに背いてリベルテール共産主義と「アナーキー」とを引き離したうえで、ガリェーゴ・クレスポとマウロ・バハティエラの主張を総合してみせたのが、カサス・ビエハスの前夜のアルフォンソ・ニエベスであったように思われる[35]。ガリェーゴ・クレスポは「純粋」アナキズムが退潮局面に置かれた時期のホセ・サンチェス・ロサや「コルドニエフ」の主張を踏襲しつつ、サンディカリズムそのものの、またバハティエラは「自由な自治体」のもとでの「市町村ごとの」組合の消滅にそれぞれ言及する。ニエベスの筋書きでは、ガリェーゴ・クレスポの語る「資本主義の消滅」が「経済的な解放」を達成するためのリベルテール共産主義体制の建設に符合するだろう。また、これもニエベスの青写真では、「自由なコミューン・自治体」の現出とともに、バハティエラが述べる「市町村ごとの」組合の集合体としての CNT が姿を消す。

　自治体は、それが蜂起するに任せておけばいい。個々の武装蜂起は必ずや「全般的な反乱」へと帰結する。他方ではこのように断じるニエベスは[36]、「ブルジョワ文化」を凌ぐ固有の「プロレタリア文化」の所有者と自身が称讃する大衆の革命的な自発性に無条件の信頼を寄せているかに見える[37]。だが、「個々の武装蜂起」がニエベスの想定する「人類の再生」にも連なるためには、そこにあらかじめニエベス自身の意向に沿った方向づけがなされていなければならない。事実、ニエベスは「資本主義とあらゆる種類の政府」を相手にした「決定的な」闘争の際に、「われわれアナキストたちのグループがプロレタリアートを指導する」必要を口にしてもいる[38]。

CNT の目標に掲げられたリベルテール共産主義の導入のための大衆、つまりこのアナルコサンディカリスト労組の組織員たちの営為は、「アナーキー」へと向かうニエベスの戦略の枠組みのなかに、結局のところ事前に組み込まれている。ニエベスは大衆を自らが企図する闘争の主体と措定したうえで、なおかつその大衆に潜むはずの能力を FAI 派が呼び起こす見取り図を描いているのである。こうして、FAI 派が「組合から」CNT に加入する労働力を牽引しながらも、さらにその CNT のもとで実現される運びのリベルテール共産主義体制に続く FAI 主導の「アナーキー」の開花に向けて、「散文的な」サンディカリズムを超克する「純粋」アナキズムの論理が提示されたのだった。

　CNT の組織員たちと自らをこのように関係づける発想は、同時代の「革命文化」の立役者たちの多くに通じるものであったように思われる[39]。1936 年 7 月以前のフアン・ガルシア・オリベールも、間違いなくそんななかの 1 人だった。「30 人派」との論争のなかで、ガルシア・オリベールは革命とはリベルテール共産主義のための「準備」にではなく、優れて「意志」に関わる問題であると断ったうえで、次のように語っていた。「われわれの大衆はイデオロギーを欠いているにせよ、潜在的にはアナキストである以上（ya que nuestro pueblo es, en potencia, anarquista, aun cuando carece de ideología）、スペインにおけるリベルテール共産主義の導入は可能なのである」[40]。これは、凡俗の論理を超越した「革命信仰」の告白以外の何ものでもない。

　カサス・ビエハスが屠殺場と化したそもそものきっかけは、不利な情勢をあえて度外視したうえで――「お上」がことの半ばを事前に察知し、複数の著名な活動家が既に司直の手に落ちていたにもかかわらず[41]――、武装蜂起に踏み切ったカタルーニャ地方防衛委員会の判断に、CNT 全国委員会書記長の椅子に座る FAI のマヌエル・リーバスが、自身が兼任する CNT 全国防衛委員会書記長の資格において――リーバス本人によれば、「活動家・アナキストとしての心情」から――支持を与え、カタルーニャでの反乱の開始を各地の仲間たちに通知したことにあった。そして、このときカタルーニャ地方防衛委員会を率いていたのが、「革命信仰」に凝り固まったガルシア・オリベールその人だったのである[42]。ガルシア・オリベールの「蛮勇」に共鳴したもう 1 人の「革命信仰」の持ち主の「心情」が起動させたメカニズムが、カディス県の山間の悲劇へと連なった形である。

　われわれが先に引用しておいた 1931 年 10 月の論考のなかで、マウロ・バ

ハティエラは「猫に鈴をつけるのはわれわれ全員の務め」と述べて、土地の収用とその共有の実現に向けCNT傘下の農業労働者の総動員を画策している。とはいえ、手ごろな（？）「猫」を選択する「目利き」は「全員」ではありえない。ニエベスに倣うまでもなく、それはやはり「われわれアナキストたちのグループ」を措いて他にないだろう。1931年秋、カタルーニャにおいてFAI派は2,000人を数えるにすぎないものの、カタルーニャとその他の多くの地方の労働者組織の「真の指導権」はそれでもなお「われわれアナキスト」の掌中にあると率直に語ったのは、「30人派」との対決姿勢が鮮明な点ではガルシア・オリベールにも決して劣らぬホセ・ブエナベントゥーラ・ドゥルーティだった(43)。

フェデリーコ・ウラーレスに次ぐ、あるいはウラーレスとほとんど肩を並べる存在であったと思われる「反乱のサイクル」のイデオローグが、イサアク・プエンテ・アメストイである。もっとも、『自由な自治体』の著者とは違って——そして、アルフォンソ・ニエベスと同じく——、プエンテもまたリベルテール共産主義と「アナーキー」との間に隔たりを設ける。

1934年9月のプエンテにとって、リベルテール共産主義とは「社会的な富を共同で生産・活用しつつ、社会を形成する様式」「最もわれわれの近くにあって、すぐにも手が届く、アナキズムの実現の暫定的な形式」である。そこでは、働く者たちの環境の集団的な改善のため、ある種の組織や、個々人の自由や「気まぐれ（capricho）」は一定の制約を受ける。他方で、「アナーキー」とは「極めて広い範囲にわたる抽象的な理論」であると同時に、「自由の意味合いにおいて人類に進歩をもたらす哲学の1つの体系」。「アナーキー」は最終的な到達地点を持たず、「社会的・人間的な進歩を導く1つの過程、方向性」の域を超えないという。それでも、そんな「アナーキー」を構成する必須の要素として、いかにも「純粋」アナキズムの「使徒」らしく、プエンテは個々人に「最大限の」自由を保障する「個人主義」を挙げている(44)。

「ある種の組織」が「純粋」アナキストたちのグループを指すものとすれば、こうしたプエンテの議論は、「反乱のサイクル」の第2波が巻き起こる直前にニエベスが既に仕上げていた構想の焼き直しであるかにも見える。しかし、プエンテにあって「自由な自治体」は「アナーキー」に直結していない。「自由な自治体」は、リベルテール共産主義の1つの現れである。プエンテの設計図にあるリベルテール共産主義社会は、都市における組合と農村における「自由

な自治体」をその2本の柱とする。「自由な自治体」とは農村の全住民の集会。そして、都市において「自由な自治体」を言わば「代行」するのが組合の連盟である[45]。

1930年代のスペインのアナルコサンディカリズムに開花したさまざまな思潮を俎上に載せた、労働運動史家のシャビエル・パニアグアの指摘にもあるとおり[46]、都市の工業プロレタリアートのサンディカリズムに一定の理解を示した点で、プエンテは農村一辺倒の色彩が濃いウラーレスとは異なっている。とはいえ、プエンテにとっても、リベルテール共産主義の実現は、すべての住民の集まり（asamblea）がそのまま「自由な自治体」へと転化する農村においていっそう容易なものと考えられていた。都市のサンディカリズムのあり方を肯定するに当たっても、工業労働者たちの組合があくまでも「自発的に」形成されることがその前提条件とされている[47]。

「改革の2年間」の破綻が、もはや誰の目にも明らかになりつつあった1933年9月。当のプエンテは「アナーキー」を生きることはアナキストではない者や、この「高貴な理想」を理解してこなかった人間たちには不可能、と断言している。「高貴な理想」を生きることができるのは、アナキストのみである。他方で、アナキズムのイデオロギーやアナキストとしての自覚が欠落した人間であっても、そのなかで生きることを望みうるし、また生きうるのがリベルテール共産主義であるという[48]。このアナキズム、アナキストは、明らかにわれわれが考える「純粋」アナキズム、「純粋」アナキストである。プエンテにおいても、「アナキズムのイデオロギーやアナキストとしての自覚が欠落した人間たち」を「純粋」アナキズムの「使徒」たちが導くのは理の当然であったように思われる。ニエベスにせよガルシア・オリベールにせよ、そしてこのプエンテにせよ、かつてプリモ独裁の獄中から「『階級闘争の存在を認める』、しかしアナキストではない」仲間たちの自由の保障を求めたフアン・ペイロとの衝突は不可避だった。

ペドロ・バジーナや共産党初の代議士になったマラガのカジェターノ・ボリーバルと同じく、プエンテも医師である。1919年から内戦初期の36年9月にフランコ派により惨殺されるまでの間、北スペインのアラバ県のマエストゥにあって貧しい者たちのための医療活動に従事した。バジーナとは接触もある。1931年11月、CNT傘下の保険・医療関係の単一の組合の大会が催された。その際、5ヶ月前にところも同じマドリードでその発足が決議されていたFNI

第9章　ヘレスからバーサへ

に準じた形での、件の組合の全国的な連盟の規約の作成が日程に上る。このとき、やはり医師として名を馳せていたアウグスト・モイセース・アルクルードとともに、ひとまずまとめられた規約を公表したのが、プエンテとバジーナだったのである。

　プエンテとアルクルードは、ドゥルーティらと並んで1933年の11月下旬の総選挙に先駆けてサラゴーサに設立された全国革命委員会に座を占めた[49]。「暗黒の2年間」の到来がもはや不可避の情勢にあった11月末、「骰は投げられた」と叫んで仲間たちを武装蜂起へと誘ったのは、確かにプエンテその人である[50]。そんなプエンテやバジーナがサンディカリスト主導のFNIの方針を受け容れた理由は、ウラーレスが加入を拒まなかった自由職業家たちの組合の場合にも似て、その生業の特殊性にあったのかもしれない。いずれにせよ、「大会」と銘打たれながらも、11月のマドリードでの集いに姿を見せた代表は合計でもわずか16人にすぎなかったし、連盟そのものもどうやら短命に終わる。

　19世紀以来の「革命文化」を受け継いだ、1930年代の「革命信仰」が直面しなければならなかった大衆の「自発性」への信頼と、「純粋」アナキストによるその「指導」との微妙な関係をめぐっては、1870年にセルゲイ・ネチャーエフに宛てて執筆された事実上の絶縁状のなかでミハイル・バクーニンが1つの提案を行なっていた。この書簡の筆者は、筋金入りの「純粋」アナキストとしてロシアにおける「自然発生的革命、あるいは人民による社会革命のほかに、どんな革命の有効性も可能性も認めない」[51]。しかし、「人民は無知と孤立状態のために、その綱領を成文化し、系統立てて、それの実現を目指して結集することができない」。そこで必要とされるのが、「産婆役」としての「秘密結社」なのだった[52]。

　バクーニンは、「不可視の、だれによっても認められたものでも、だれによって押しつけられたものでもない力、われわれの結社の集団的独裁によって」「われわれ自身が」「人民革命を指導する」ことをためらわない。「この独裁は人民の自由を犯すことはない」。というのも、「いっさいの公的性格を奪われているこの独裁は、人民の上に立つ国家権力にはならないし、しかも綱領によって明確に定められたその目標が、人民の自由の完璧な実現そのものにあるから」であるという。

　バクーニンの楽観を鵜呑みにして、この「独裁」を「いかなる私利私欲、虚栄、野心も持たぬ清潔なもの」[53]と信じるに足るだけの根拠は、心根が邪

悪なわれわれの見るところではどこにもない。しかし、ガルシア・オリベールやニエベスは、社会革命のなかでの「産婆役」と「人民」との関係づけの知恵をロシアの巨漢から図らずも——ピレネーの南の「純粋」アナキズムの「使徒」たちが、長らく行方知れずになっていたネチャーエフ宛のこの書簡を読んでいたはずはない——、受け継いだ形である。そればかりではない。「自然発生的革命、あるいは人民による社会革命」の「綱領」の核心は、バクーニンによれば「人民自らの運動によって、郷を郡へ、郡を州へ、そして州を互いに自由なロシア的規模の連合へと、結合させ」ることに結びついていた。1931年10月のバハティエラの理想もまた、土地の集団経営に勤しむ「自由な自治体」が地域から県へ、県から地方へ、そして地方から国家へと、別言すれば「30人派」主導のFNIとは逆のベクトルに従って「下」から「上」へとその連合の領域を拡大していくことにあった。ニエベスらは、なるほどバクーニンの「嫡子」であったように思われる。

　しかし、そのニエベスが組み立てた論理は盤石の高みに達していたのだろうか。リベルテール共産主義の、換言すれば「経済的な解放」の「手本」とニエベス自身が見なしたのが、カサス・ビエハスでの反乱の火蓋が切られる前日、つまり1933年1月10日にラ・リンコナーダに暮らす「アンダルシアの民」が起こした行動だった。以下、ラ・リンコナーダに現出した、王政派の新聞『ABC』の見出しに倣えば「リベルテール共産主義の12時間」の大筋を、自身も騒ぎに巻き込まれた町長アントニオ・コンデ・ロメーロ・デ・メディーナの証言に従って確認しておく。反乱が鎮圧された直後に逮捕・収監された「民」のなかには、「FAIの最も傑出した分子」複数も含まれていた[54]。

　このセビーリャ県のプエブロで奇怪な（？）騒動が持ち上がったのは、1月10日の午前2時。スペイン各地でリベルテール共産主義体制の樹立が宣言されたとの確信に基づいて、ラ・リンコナーダの反逆者たちは電信・電話回線を切断、次いで治安警備隊の詰め所を包囲し、さらに町役場の占拠を企てた。当初は拳銃を所持した複数のグループがあたりを徘徊し、住民からの武器の徴発に及ぶ場面も出来したにせよ、問題の「12時間」を通じて目立った殺傷沙汰は起きていない。投降の求めを無視して詰め所に立て籠った治安警備隊員たちに、危害が加えられることもなかった。

　町役場の引き渡しを拒んだコンデ・ロメーロは、他の町議会議員たちとともに身柄を拘束される。だが、反乱の首謀者格と思われる地元のCNT地域連

盟書記が「病気」を理由に町長の帰宅を許し、「既にリベルテール共産主義の樹立が宣言されたのだから」との、町長によれば 1 人の「『純粋』リベルテール」の判断に従って、町議会議員たちも残らず解放された。町役場に保管されていた 18,000 ペセータの公金にも、公文書の類にも手がつけられることは一切なかった。やがて町役場のバルコニーに CNT の旗が掲げられると、「社会革命」の「成功」に歓びを爆発させた女たちが街頭にあふれ出る……。

いかにも唐突に幕を開けた「リベルテール共産主義の 12 時間」は、いかにも唐突に幕を閉じる。「お上」が異変を察知し、すぐ南にあるセビーリャその他から投入された治安警備隊が到着するや、形ばかりのささやかな抵抗を最後に、ラ・リンコナーダに樹立された（？）リベルテール共産主義体制はあっけなく崩壊する。地元の組合（CNT）が閉鎖に追い込まれるなか、反乱に関わった 200 人以上の「アンダルシアの民」は慌ててこのプエブロを脱出した。

急進党員の町長が残した証言は[55]、複数のリベルテール紙その他の報道内容とも概ね合致しており、ほぼ忠実に事実を再現したものと推測される。『CNT』紙は、反逆者たちを掃討する過程で死傷した数人の治安警備隊員の件に言及している[56]。だが、鎮圧直後のセビーリャ県知事の言葉にもあるとおり[57]、ニエベスにとっての「手本」は第 2 共和制をすぐさま破壊するところから遙かに遠かった。われわれには、ラ・リンコナーダでの「12 時間」のうちに「最大の難関」を突破するための「経済的な解放」の糸口すらも発見することは難しい。町長が目撃したという、「スペイン各地でリベルテール共産主義体制の樹立が宣言された」と信じながらも、なおもかねを払ってパンを求めようとしたこのプエブロの女たちの「健気な」ありさまが、すべてを語り尽くしていたように思われる。

それでも、FAI 派をも含む先の囚人たちが「祝祭のなかの最良の 1 日」にも擬したラ・リンコナーダにおける「リベルテール共産主義の 12 時間」は、ほとんどときを同じくして巻き起こったカサス・ビエハスでの殺戮劇との極端なコントラストのもとに美化されていく。降伏を拒んで詰め所に籠城した治安警備隊員にラ・リンコナーダの仲間たちが示した「温情」に称讃を惜しまぬ一方で、国家権力の紛れもない一翼が犯したカサス・ビエハスの「犯罪」を弾劾してやまなかったのは、アンダルシア CRT 地方委員会である[58]。

エドゥアルド・デ・グスマンと覚しい「E.」は件の「12 時間」を「幸ある現実へとすぐにも転化しうる、ユートピアの輝かしい目標」へと向かううえ

での里程標と位置づけた⁽⁵⁹⁾。この、スペインのアナルコサンディカリズムが生んだ屈指のジャーナリストの1人は、ラモン・ホセ・センデールの『犯罪の集落への旅』にマドリードから同行していた⁽⁶⁰⁾。事件から間もないカサス・ビエハスに漂う空気を自身の肌身に知る機会を得ていただけに、「E.」は蜂起した仲間たちが流血の阻止に可能な限り努めた「12時間」にいっそう深く印象づけられたに違いない。だが、1933年1月のラ・リンコナーダが「ユートピアの輝かしい目標」への導きの糸、ないしはリベルテール共産主義の「手本」に相応しいだけの内実を兼ね備えていたかどうかは、自ずと別の次元に属する話だった。

　1年前に続いた、1933年1月の2度目の「反乱のサイクル」の敗北にもかかわらず、「純粋」アナキズムの「革命信仰」にはどうやらいささかの揺るぎも見られない。カサス・ビエハスの惨劇を経験したうえで、自治体を「それが蜂起するに任せてお」く作法の継続をなお主張したのは、3度目の「サイクル」に先立って、リベルテール共産主義の精髄と自身が確信する内容を薄手のパンフレットのなかに凝縮させる仕事を引き受けていたイサアク・プエンテだった⁽⁶¹⁾。「ロス・イグアーレス」のガリェーゴ・クレスポもまた、そのときどきの状況をあらかじめ把握することはできないとの「単純な」理由を盾に、来るべき次の反乱を前にしてリベルテール共産主義の計画を煮詰めておくことの必要性を一切認めようとしない⁽⁶²⁾。

　「骰は投げられた」とのプエンテの叫びも虚しく、1933年12月に強行された3度目の武装蜂起が改めて無残な結果に終わった直後、「クロポトキンの頭脳」こそ持ち合わせていないにせよ、「スパルタクスの心と勇気」には確かに恵まれた、「鮮血で綴られた叙事詩」に登場したブハランセその他の「無名の英雄たち」への連帯を強くアピールしたのは、フェデリーカ・モンセニである。情熱的な女流アナキストも、さすがに「12月」が「1月」以上の痛手であったことばかりは認めざるをえない⁽⁶³⁾。それでもなお、「反乱のサイクル」に終わりを告げたこの3度目の敗北も、「頂点へと至るなかでの新たな受難のひととき」でしかないという⁽⁶⁴⁾。

　「暗黒の2年間」のとば口にあって先の武装蜂起の挫折を振り返りつつ、「社会正義」の達成のための「機会」をしっかりと見定めねばならないと主張したのは、フェデリーカの父親だった。しかし、「機会」を捉えることはそれほど難しくないだろう。フェデリーコ・ウラーレス自身の読みでは、「右翼」、

つまり「中道」の急進党を操る CEDA が第2共和制の憲法の骨抜きをかねて公言している以上、政治の混迷は不可避であるから「スペインの未来は機会に満ちている」はずだった(65)。

「暗黒の2年間」の「政治の混迷」が極まったかに見えたのが、CEDA からの閣僚の誕生が告げられた1934年10月だった。第2共和制の破壊をもくろむ、1930年代前半のアンダルシアでのもう1つのリベルテール的な反乱がビリャビシオッサ・デ・コルドバに突発したのは、正しくこのときである。10月9日、コルドバ県のシエラに位置するこのプエブロでは、CNT の組織員たちが町役場を占拠し、リベルテール共産主義体制の樹立を宣言。さらに、町の助役を兼ねる農業経営者のホセ・バルガス・ネバードの私邸に火を放とうとしたものの、この企ては未遂に終わる。しかし、身の危険を察した助役自身がコルドバへの脱出を図り、県庁所在地に駐在する治安警備隊に救援を要請。カサス・ビエハスとラ・リンコナーダ、さらにはブハランセと同じく、治安維持装置の外部からの大量投入にあって、ビリャビシオッサのリベルテール共産主義社会は、その誕生からわずか2日後に脆くも崩れ去る。

「一切の憎しみや怨恨」を忘れさせるに充分な、「よりよい未来の勝利と美への熱狂のうちに体験された自由の1日」(66)。ラ・リンコナーダへの「E.」の讚辞にも似たこの文言は、実際には鎮圧の過程で2人の治安警備隊員が負傷したものの、モレノ・ゴメスが断言するところでは「流血沙汰とは無縁のまま」ビリャビシオッサ・デ・コルドバに束の間ではあれ現出したというリベルテール共産主義社会(67)に捧げられた、最も有力なアナルコサンディカリスト紙『ソリダリダ・オブレーラ』からのオマージュである。

このプエブロの「アンダルシアの民」が、「社会正義」を実現するための「機会」に乗じたことは確かだろう。しかし、ビリャビシオッサ・デ・コルドバにあって「革命文化」を体現するリベルテール青年団のアントニオ・ロドリーゲス・ロドリーゲスとトマス・デ・ラ・トーレら、騒ぎの直後に身柄を取り押さえられた121人の「民」を待ち受けていたのは、軍法会議が下す別種の「正義」の鉄槌だった。1935年11月、1年ばかり前の事件を裁いたのは、それから8ヶ月後にコルドバでの「アカ狩り」に目の色を変えることになるシリアーコ・カスカーホ大佐である(68)。

それでもなお、リベルテール共産主義への期待がついえてしまうことはない。1936年5月の CNT サラゴーサ大会を前に、セビーリャ県のエル・コロニー

ルが拠点のゴンサーレス・エルナンデスは労働者階級の主要な敵である「政治」、つまり「現在の抑圧的な政治体制」としての人民戦線を否定し、リベルテール共産主義の実現に夢を繋ぐ [69]。そのリベルテール共産主義に「人類の集団的な幸福を保障する唯一の社会のあり方」を見たのは、これもセビーリャ県のプルーナを根城にする P・サンチェスである。既存の「悪」の根拠である「私有・国家・資本」を廃絶する新たな「社会のあり方」の導入へ向けて、サンチェスは CNT 傘下の地元の若者たちを鼓舞することを忘れなかった [70]。

CNT サラゴーサ大会は、「リベルテール共産主義の概念に関する統一見解」の作成に勤しんだ。だが、この「統一見解」も「数学的な厳密さをもって未来社会の構造を描くこと」の「馬鹿らしさ」を理由に挙げて、リベルテール共産主義の「唯一の綱領」を提示する作業を頭から拒絶する。「ローマへと向かうすべての道が永遠の都へと通じているのであれば、平等主義的な社会の概念を志向する労働と分配のあらゆる形態は、社会的な正義と調和の実現へと自ずと向かうことだろう」。この、二重の同義反復からなる（！）桁外れに楽観的な文言に象徴されるように、サラゴーサでまとめられた「統一見解」も、「30 人派」を攻撃した際のガルシア・オリベールの言説にも似て、正しく「革命信仰」の告白そのものである。

この「信仰告白」にもうしばらく耳を傾けてみれば、「革命の暴力的な局面が終わった後」私的所有と国家と権威の原則、従って「搾取する者とされる者、抑圧する者とされる者へと人間を分かつ」階級の廃絶が宣言される手筈になっている。生産と消費に直に携わるのは、既に自由を手に入れた生産者たちの組織である。各市町村にはリベルテール的なコミューンが建設され、新しい社会のメカニズムのあり方を定める主体は「業種や職種に応じて、組合や〔その他の〕労働の場に集う」彼ら生産者でなければならない [71]。

サラゴーサ大会のこうした「統一見解」を『リベルテール共産主義』（1933 年）に表現されたイサアク・プエンテの「思想を極端に単純化したもの」と見なすマルティネス・ロレンソの断定には [72]、異論もあるかもしれない。しかし、「統一見解」が破綻を来して既に久しい「反乱のサイクル」を改めて肯定している、との印象ばかりはどうにも打ち消しがたいだろう [73]。それは、「革命の暴力的な局面」の現出を自明視しながらも、プエンテやガリェーゴ・クレスポらの発想にも似て、その「局面」を具体的に展望する視点がそっくり抜け落ちていることからも窺われる。この「統一見解」のあちこちに、「純粋」

第 9 章　ヘレスからバーサへ

アナキズムの精神の発露を発見することも容易である。「統一見解」は、リベルテール共産主義体制のもとでの「社会的・経済的・倫理的なあらゆる創造活動」の要をなすのは「個々の生産者」以外にはないと断じている。

　また、「統一見解」ではリベルテール的なコミューンのイベリア連合の可能性が模索されているものの、その際には「他者への依存度が低いほどにいっそう自由な」人間になぞらえながら、自給自足のコミューンのあり方が理想視されている[74]。むしろフェデリーコ・ウラーレスに通じる発想であり[75]——また、先に挙げておいたマウロ・バハティエラのバクーニン的な連合構想にも似て——、1931 年 6 月の CNT マドリード大会がアンヘル・ペスターニャら後の「30 人派」の肝煎りで採択した FNI とは明らかに異なった性質が、件の「連合」には付与されていた。さらに、リベルテール共産主義社会を防衛するための「最大の保障」を「武装した大衆 (Pueblo armado)」に求める「統一見解」のくだりは[76]、正しくウラーレスの『自由な自治体』からの引き写しに他ならない[77]。

　結局のところ、「純粋」アナキズムが描くリベルテール共産主義のスケッチは、ホブズボームが語る「現在の邪悪な世界の徹底的な拒否、およびそれとは別のよりよい世界への情熱的なあこがれ」にも似て、資本主義体制であれソヴィエト・ロシアの共産主義体制であれ、既存の国家体制のあり方に対する漠然としたアンチテーゼの域を超えるものではなかったように思われる。リベルテール共産主義と「アナーキー」との関係もまた、一本化されぬままに放置された。第 6 章第 3 節で見たとおり、1934 年 8 月のアンダルシア CRT 地方大会は「暗黒の 2 年間」の南スペインのアナルコサンディカリズムの退潮を浮き彫りにした。アンダルシア FRGA 委員会がアルフォンソ・ニエベスの図式を受け容れ、リベルテール共産主義と「アナーキー」の差異を確認したうえで、CNT 傘下の組合への FAI の影響力の稀薄化に警鐘を鳴らしたのは、その翌月である[78]。

　「散文的な」サンディカリズムを嫌い、CNT と FAI との間に一線を画そうとする点では、1936 年 6 月にヘレス・デ・ラ・フロンテーラに招集された FAI 系グループのカディス県総会も同じだった。ただし、ニエベスやアンダルシア FRGA 委員会の方針とは異なって、当のヘレスやメディナ・シドニアその他、カディス県内の併せて 8 つの市町村からの総会への出席者たちが想定する「アナーキー」はリベルテール共産主義の同義語である。5 月の CNT

569

サラゴーサ大会とまったく同じ流儀に則り、リベルテール共産主義の内容を具体化させる作業を意図的に回避しつつ、ヘレス総会は「成功」を自讃する[79]。1933年1月のラ・リンコナーダに「E.」がその実現へ向けての第一歩を見たと信じた「幸ある現実」の接近の予感に自己陶酔するカディス県のFAI派は、「幸」とは無縁の「現実」にすぐにも遭遇せねばならないだろう。
　ところで、「反乱のサイクル」の枠内で生起したカサス・ビエハスとラ・リンコナーダとブハランセの武装蜂起や、その枠外で突発したビリャビシオッサ・デ・コルドバの騒擾には、明らかに類似した反逆の作法の発現が認められる。他方で、第2共和制期のアンダルシアを襲った4つの反乱のなかでは、ブハランセのそれが突出して暴力的な様相を帯びていたことも疑いない。カサス・ビエハスとラ・リンコナーダでは、ともに通信回線が切断されただけである。治安維持装置の円滑な移動を阻止する狙いは共通ではあれ、ブハランセのように電報電話局そのものが攻撃の対象に設定された様子はない。ビリャビシオッサの武装蜂起の折には、これも治安維持装置の外部からの介入を嫌ってコルドバに通じる道路が寸断されている。カサス・ビエハスでも、この集落とメディナ・シドニアとを結ぶ道路に溝が穿たれたらしい。
　町役場の占拠に成功した際、ラ・リンコナーダのリベルテールたちは「説得」に応じない町長や町議会議員の身柄を確かに一旦は拘束した。それでも、全員がほどなく解放されている。メディナ・シドニアのなかの集落だったカサス・ビエハスでも、町役場の分署にいた助役と、その助役を介しての現地駐在の治安警備隊の投降の「説得」がまずは試みられたのだった。やはり町役場がアナルコサンディカリストたちの手に落ちたビリャビシオッサ・デ・コルドバの場合にも、モレノ・ゴメスの指摘を繰り返せば、少なくとも流血沙汰は発生を見ていない。いきなり銃撃戦の火蓋が切って落とされ、町役場前の広場に硝煙が漂ったブハランセはここでも異色である。
　複数の地方での同時多発的な武装蜂起の発生を前提としたうえで、電信・電話回線を切断し、県庁所在地へと――もちろん「都市」へと、と読み替えてもいいだろう――通じる交通を遮断し、治安維持装置の動きを封じ込めるという「反乱のサイクル」の手順については、ウラーレスが『自由な自治体』のなかで説明を施していた。さらにこの「サイクル」のための「教本」に従えば、自身が暮らす自治体を掌握した後、「有為の人材」は「1人残らず」県庁所在地の、あるいは「都市」の攻略に赴くものと想定されていた[80]。実際、カサス・

第 9 章　ヘレスからバーサへ

　ビエハスの惨劇のちょうど 10 日前にヘレス・デ・ラ・フロンテーラで秘かに持たれた会合の席でも、カディス県内各地に「自由な自治体」が樹立された暁には、「有為の人材」が「アンダルシアの最も腐敗した封建主義の総本山」であるヘレスへ進撃し[81]、併せて県庁所在地のカディスを包囲することが決議されている[82]。

　しかし、個々の武装蜂起は必ずや「全般的な反乱」へと導かれるとのアルフォンソ・ニエベスの確信や、ヘレス・デ・ラ・フロンテーラでの件の会合の決定とは裏腹に、分散・孤立した「個々の」反乱の鎮圧は「お上」にとっては何の造作もないことであっただろう。際立って暴力的な様相を呈しながらも、外から投入された治安維持装置にはまったくなすすべを知らなかったブハランセの 1933 年 12 月こそは、その証しである。だが、軍事クーデタの勃発により、正しく第 2 共和制の国家権力それ自体が麻痺状態に陥ったのが 1936 年 7 月だった。

　カストロ・デル・リオとブハランセその他、コルドバ県内のいくつかのプエブロに見る「兄弟殺し」の開演直後の革命状況の現出は、第 2 共和制の治安維持機能の喪失に乗じた FAI 派やリベルテール青年団のイニシアティヴを無視しては考えられない。1936 年の夏、ブハランセでのリベルテール共産主義社会の建設に手腕を発揮したのは、「改革の 2 年間」に地元の CNT を「組合から」牽引するとともに、33 年 12 月の武装蜂起の先陣を切った、ただしその鎮圧直後に変死したアントニオ・ミーリャ・サラスとホセ・ポルセール・プリードの 2 人を除く FAI 派と覚しい「純粋」アナキストたち。そして、アルフォンソ・ニエベス・ヌーニェスである。

　おそらくは地元のアナルコサンディカリズムの「例外的な」戦闘能力を警戒したため、フアン・ディアス・デル・モラールの故郷に駐在する治安警備隊は軍事クーデタへの合流をためらった。治安維持装置が詰め所に籠城したこのプエブロでは、モレノ・ゴメスによれば「ある種の人民戦線委員会」が発足する。確かに、CNT からフランシスコ・ガルシア・カベーリョ、イルデフォンソ・コッカ・チョセーロ、バルトロメ・パラードが参加したこの「委員会」の代表は、社会党・UGT のペドロ・ガルシア・カーノである。「委員会」には、さらに左翼共和党・共和主義同盟・共産党の面々も名を連ねた[83]。

　もっとも、コルドバ県では「改革の 2 年間」を通じて UGT（FNTT）が CNT を大いに脅かしたことに疑いを差し挟む余地はなかったにもかかわらず、

FAI派が「組合から」地元の日雇い農たちに目を光らせていたブハランセに社会党の支部が設置されたのは、ようやく1935年11月のこと。共産党に至っては、カニェーテ・マルフィールとマルティネス・メヒーアスに従えば[84]、第2共和制期にその支部が誕生した痕跡すらもこのプエブロには見つからないという。ブハランセの件の「人民戦線委員会」の末席に（？）着いた共産党員は、どこから来たのだろうか。

　ブハランセにおける1936年2月の総選挙の結果も、地元のCNTに加入する「アンダルシアの民」の判断に負うところが決定的に大きかった。投票行動そのものは、確かにリベルテール的な原則からの逸脱ではあったに違いない。しかし、彼らブハランセの「民」が、国内各地の監獄に喘ぐ仲間たちの救済を念頭に置いたうえで1933年11月の総選挙の折とはまったく反対の行動に出ていなかったならば、このプエブロにおける人民戦線の勝利はそもそもありえなかった。ブハランセに掲げられた「人民戦線委員会」の看板には偽りが、あるいは少なくとも誇張が含まれていたように思われる。

　1936年の初秋、『ソリダリダ・オブレーラ』紙の取材に応じたガルシア・カベーリョの証言では[85]、「人民戦線委員会」のメンバーは「可能な限り連合主義的に」選出されている。だが、その下部機構としての「防衛委員会」「食糧供給委員会」「農業委員会」の役職はCNTの組織員たちが独占していた。「労働統制委員会」も、人民戦線期に入ってようやく再開が許可されたCNT傘下の組合「ラ・アルモニア」のなかに設置されている。大農場や町工場の接収に着手したのもCNTである。7月以降、「もう1つの」スペインの殲滅をもくろむフランコ派の軍事行動が「反ファシズム」を標榜する各派の接近を不可避としながらも、革命の根幹に関わる権限はリベルテールたちが一手に握る形で、ブハランセの事態は進行していたのだった。

　件の「人民戦線委員会」の枠外では——換言すれば「組合から」——、フランシスコ・ロドリーゲス・ムニョスやヘルミナル・ガルシア、それにクリストーバル・ニエト・レジェス、ともにフランシスコの弟であるセバスティアンとフアン、さらにマヌエル・アロ・マンサーナらの活動家がブハランセのリベルテール共産主義社会の運営のために奮戦していた。「改革の2年間」のこのプエブロにおけるロドリーゲス・ムニョスとヘルミナル・ガルシアの活動については、第6章の第4節と第5節で述べてある。1933年12月に掃討に当たった治安警備隊の証言では[86]、（詳細は不明ながら）ニエト・レジェスも1933

第 9 章　ヘレスからバーサへ

年 12 月の反乱の主役の 1 人である。残る 3 人に関しては後述する。

　ブハランセに生まれた「人民戦線委員会」には、1933 年 12 月には武装した地元のアナルコサンディカリストたちと直に対決した町長のクリストーバル・ヒロン・ロメーラが、このときも当時と同じくプエブロの首長としての資格のもとに加わっている。急進党から共和主義同盟に鞍替えしていたヒロンは、死んだミーリャ・サラスの言葉を信じれば[87]、かつて CNT に加入していたことがあるという。アナルコサンディカリスト労組が従前にもまして睨みを利かせる内戦・革命下のブハランセでは、町長には「何の権限もない」とのガルシア・カベーリョの断言は、充分に首肯されうるものと思われる。また、同「委員会」に「可能な限り連合主義的に」参加したはずの他のメンバーにしても、その「権限」の及ぶ範囲はごく限られていたに違いない。

　カストロ・デル・リオでは、7 月 18 日にルカス・センテーリャ・アランダらいずれも FAI 派で構成された「革命委員会」が発足。その翌日には、「戦争委員会」と「人民戦線委員会」が誕生する。センテーリャが取り仕切る「人民戦線委員会」には、ブハランセの場合と同じように左翼共和党・共和主義同盟・社会党・共産党の党員たちも合流した。しかし、これもブハランセと同様、このプエブロでの 5 ヶ月前の総選挙の際には、地元の CNT に集う「アンダルシアの民」が人民戦線からの立候補者たちに花を持たせていた。おまけに、新たな町議会の構成をめぐって人民戦線各派の思惑が衝突。一時は機能不全に陥ったカストロの町役場の正常化のために、コルドバ県庁が介入する一幕もあった。ともに、やはりこれまでに指摘しておいたところである。

　カストロ・デル・リオに社会党の支部が発足したのは、1931 年 8 月のことである[88]。それから 2 年後、このプエブロにあって社会党は依然として少数派に甘んじながらも、「FAI 派の過激で破壊的なプロパガンダに辟易する」地元の日雇い農たちの獲得に自信を覗かせた[89]。にもかかわらず、内戦が開始された段階でも、カストロの社会党・UGT（FNTT）は併せてもおよそ 100 人を擁していたにすぎない[90]。

　カストロ・デル・リオにおける共産党の動静に関しては、地下活動を余儀なくされていたプリモ独裁期の 1927 年にその微かな痕跡が認められる[91]。1932 年の夏、その共産党からの労働者組織の「統一戦線」の申し出を一蹴したのは、バルトロメ・モンティーリャ・ルスだった[92]。およそ 1 年後、後のアンダルシア CRT 書記長は、カストロへの進出をなおも諦めようとしないこ

の党の姿勢に改めて嘲笑を浴びせる。モンティーリャ・ルスによると[93]、このとき共産党がカストロに抱えていた同志の数は「5本の指にも満たなかった」。その後、少なくとも1933年9月と35年1月の2度、テオドゥリオ・ディエス・クラウディンという名の同党の活動家がこのプエブロでのプロパガンダを企てたらしい[94]。しかし、それが実を結んだとは思われない。

カストロ・デル・リオにおいても、「人民戦線委員会」の「美名」はそこに集う反ファシズム各派が持つ地元の「アンダルシアの民」へのそれぞれの影響力を正確に反映するところからかけ離れていた。その一方で、このプエブロの命運を左右する死活の重要性を帯びていたと思われる「戦争委員会」は、アントニオ・カラスキーリャ、アントニオ・エリーアス・エレンシアス、ラファエル・ムニョス、フアン・ゴメス・グティエーレスら、第2共和制期のカストロでの「例外的な」階級闘争にいずれも顔を覗かせていた「純粋」アナキストたちで固められている。ロペス・ビリャトーロによれば、この「戦争委員会」にはさらに少なくとももう1人のFAI派が加わっていた。8月26日に断ち切られるヌエバ・カルテージャでのリベルテール共産主義革命にも関与した、アルフォンソ・ニエベス・ヌーニェスである。9月26日の陥落が間近に迫るなか、「アナキストのエデン」では「マルクス主義者」とFAI派が指揮する民兵隊が奮戦していた[95]。だが、「純粋」アナキズムの「使徒」たちが牛耳る「戦争委員会」そのものへの「マルクス主義者」の参加を、われわれは確認していない。

このあたりで議論をあえて単純化してみれば、内戦の狼煙が上がるまでの間、カストロ・デル・リオとブハランセを除くコルドバ県内のプエブロでは、FAI派やリベルテール青年団の活動家たちは組合の言わば「周縁」に位置していたものと思われる。彼ら「純粋」アナキズムの「使徒」たちによる組合の「中枢」の掌握と、リベルテール共産主義社会の建設への着手を可能にしたのは、既述のとおり「改革の2年間」には「反乱のサイクル」を赤子の手をひねるように撃退してみせた第2共和制の統治機能がフランコ派の決起と同時に瓦解していたという特異な事情だった。

そして、1936年の7月、フランコ派による蹂躙をひとまずは免れることができた市町村では、にもかかわらず極度の混乱のなかで生じた「お上」の実質的な不在に乗じる形で、戦略・戦術のうえでは明らかに整合性を欠きながらもイデオロギー的には最も左に位置する集団が、自治体単位にアトム化された、だがそのなかでは実質的に無限の、あるいは無限に近い裁量を[96]初めて手に

する条件が整った。彼らFAI派やリベルテール青年団の指導のもとに、ニエベスが語る意味での固有の「プロレタリア文化」を大衆が開花させるための素地を用意したのは、皮肉なことに反革命的な軍事クーデタの衝撃だったのである。

われわれが第6章第3節に引いておいたフアン・アロンソ・エレンシアスの証言のいくつかを繰り返せば、例えばオルナチュエーロスでは数ヶ月前にはCNTが「解体状況にあった」にもかかわらず、軍事クーデタを契機にリベルテール共産主義体制の樹立が宣言され、CNT‐FAI主体の「革命委員会」が誕生する。1936年夏には、それまで「『完全に』CNTの手を離れてしまってい」たはずのパルマ・デル・リオとポサーダスでも、ニエベスが熱望した「リベルテールの社会」の到来が宣言される。カストロ・デル・リオとブハランセ以外のプエブロが根城の「純粋」アナキストたちが、「兄弟殺し」の開幕をきっかけに組合の「周縁」から「中枢」へとその居場所を移した事実が史料から垣間見えるのは、第2共和制期に既にリベルテール共産主義体制の構築が試みられていたビリャビシオッサ・デ・コルドバである。

このプエブロでの1934年10月の首謀者格として翌年11月の軍法会議で裁かれたのは、リベルテール青年団のトマス・デ・ラ・トーレとアントニオ・ロドリーゲス・ロドリーゲス、さらにアントニオの兄弟と覚しいフランシスコ・ロドリーゲス・ロドリーゲス、あるいはアナスタシオ・ガルシア、ホセ・カレーロ・ルイス（ルイス・カレーロ？）らの面々である[97]。このうち、アントニオ・ロドリーゲスを除く4人のリベルテールが、1936年7月にフランコ派の決起の知らせを受けて生まれた「革命委員会」にも顔を覗かせる。その一方で、1934年10月の時点で地元のCNTの代表を務めていたイシドーロ・マドゥエーニョは、件の軍法会議では自身の反乱への関与を言下に否定した。そして、1936年夏のビリャビシオッサ・デ・コルドバの「委員会」には、そのマドゥエーニョの名が見当たらないのである[98]。

ところで、1936年5月のCNTサラゴーサ大会の「リベルテール共産主義の概念に関する統一見解」が示した見取り図では、「革命の暴力的な局面が終わった後」私的所有の廃絶がすぐさま宣言される段取りになっていた。だが、ホセ・ルイス・ミリャン・チビーテの断言に反して、19世紀以来の「土着の社会主義」、つまりラティフンディオの再分配に向けられた「アンダルシアの民」の宿願がリベルテール共産主義の定着により消滅していたとの明証は、1930年代に入っ

てもやはりない。FAI派が駆使する破壊的な言説を通じて、「アンダルシアの民」が階級意識を深めていったことは間違いない。にもかかわらず、「純粋」アナキズムが「民」の自発性への信頼を看板に掲げ続ける限り、「民」がFREとの接触以前に独自に創造していた、ジョージ・リューデの所謂「母乳」イデオロギーとしての「土着の社会主義」が克服されることは困難であっただろう。

　それは、第2共和制初期のペドロ・バジーナの言動からも窺われる。1931年6月、『エル・ソル』紙のインタヴューに応えて、バジーナは自身が考えるリベルテール共産主義を腹蔵なく語ってみせた。それは農業エリートが「不法に」獲得していたアンダルシアのラティフンディオの日雇い農への無償の引き渡しだった。ただし、引き渡されたラティフンディオは、組合が傘下の農民に分配する (distribuir)。そして、農民は組合と市町村自治体に少額の借地料を支払い、組合と自治体はそれぞれ農業の育成と公共サーヴィスの拡充を通じて「収益」を農民に還元する手筈になっている。第2共和制の農地改革を端から当てにしないバジーナは、自らと「見解を同じくする」アンダルシアとエストレマドゥーラの「1,000,000人」の日雇い農による「自発的で、なおかつ危険を承知のうえでの」実力行使に期待を寄せた[99]。

　大衆の革命的な自発性へのバジーナの信頼は、フェルミン・サルボチェアやフェデリーコ・ウラーレスから自らが受け継いだ「遺産」である。しかし、市町村自治体そのものへの言及はウラーレスの『自由な自治体』ではなく、「アンダルシアの農業問題」を解決するための、ブラス・インファンテら地域ナショナリストたちの従前からの提言に触発されてのことだった。バジーナにわずかに遅れて、インファンテもマドリードの大新聞から取材を受けている。憲法制定議会選挙が迫るなか、インファンテは「次の種蒔き」までの、「強奪された」土地の「アンダルシアの民」への返還を主張した。バジーナの友人が描いた青写真では、組合が「個々人に (al individuo)」土地を分け与え、借地料を受領する。かつてのベルナルド・デ・キロースにも似て、バジーナの友人も「民」の「個人主義的な」性格を指摘する[100]。

　「アンダルシアの民」が組合と市町村から土地を借り受けるに当たって、バジーナもそれが「集団的に」なされねばならないとの条件を付してはいない。「貧しい者たちの医師」にとってのリベルテール共産主義は、むしろ19世紀以来の「土着の社会主義」に通じる側面を持っていた。1931年7月、つまりマドリードの大新聞の取材に応じた直後にウエルバ県のアラハールで催された集会で登

壇した際、土地の再分配（reparto）を語って地元の「民」から拍手喝采を浴びたのも、確かにバジーナその人である[101]。

それから5年後、コルドバ県のカンピーニャのいくつかのプエブロに生起したリベルテール共産主義社会のありさまを伝える史料はごく限られている。ポサーダスでは、土地の共有がともかくも実現したらしい[102]。先のガルシア・カベーリョの証言には、ブハランセでも「小土地所有者たちの立場を尊重しながらも」「われわれ〔農業〕労働者はすべてを残らず差し押さえた」とある。しかし、リベルテール共産主義の名のもとにディアス・デル・モラールの故郷に現出した社会革命の内実は不明である。

「アナキストのエデン」に現出したリベルテール共産主義体制の詳細も、われわれにはわからない。9月6日にカストロ・デル・リオに入ったフランツ・ボルケナウによれば、このプエブロの接収されたラティフンディオは「合併もされず、個々に以前そこに雇われていた労働者により耕されている」。しかし、その直後の『CNT』紙の報道を信頼すれば[103]、「エデン」の土地は共同で耕作されていたという。何もかもが手探りであったに違いない。「兄弟殺し」の渦中のアラゴンでの自身の経験についてカタルーニャのアナルコサンディカリスト、フアン・サフォンが後に書き残した次の文言は、「エデン」を生きたカストロの仲間たちの胸のうちをもそっくり代弁していたように思われる。「われわれは無政府共産主義〔リベルテール共産主義〕を実行に移すつもりだった。しかし、言うのも悲しいことだが、われわれのだれもが実際にはそれについて何も知らないのだった」[104]。

いずれにせよ、「セニョリート」たちの積年の支配が束の間でこそあれ覆されたという意味において、1936年夏のカストロ・デル・リオに「偉大な日」が訪れたことはどうやら間違いない。このプエブロの食糧事情についてのボルケナウの観察をさらに引けば、「最も貧しいものである。あえていえば、アンダルシーアの農民が甘んじて生活しようとする、惨めな基準においてすら、以前よりさらに貧しい。……私は蓄えを見た、それは飢餓が近づくのを予見できるほど僅かだった。しかし住民はこの状態を誇りにしているように見える。……上流階級に対する彼等の憎しみは経済的というよりは道徳的である。彼等は〔その資産を〕接収した人達のよい生活水準を得ようとせず、彼等に多大の悪と見えるぜいたくを廃止しようとしたのである。導入されることになった新秩序とは、全く禁欲的なものであった」。

アルフォンソ・ニエベスが提示していた展望をここであえて持ち出し、リベルテール共産主義体制を生きるカストロ・デル・リオは「経済的な解放」を達成せぬままに——つまり、「能力に応じて働き、必要に応じて受け取る」原理を起動させることなく——、その先にあるはずの「アナーキー」の一環としての「モラルの全面的な解放」へと突き進んだと考えるのは、もちろん性急だろう。ボルケナウが書き記したように、「アナキストのエデン」はなるほどアンダルシアの大土地所有制に対するモラルの次元からの異議申し立ての1つの表現ではあったに違いない。しかし、カストロの日雇い農たちが身をもって示した「モラル」は、ニエベスが組み立ててみせた革命思想の媒介を必要としない、かつて「土着の社会主義」の成就を夢見たロハやポソブランコその他の「先達」のそれと同質のものであったように思われる。

　ボルケナウがその目に焼きつけた「アナキストのエデン」の「全く禁欲的な」「偉大な日」のもようは、1937年にバルセロナで出版された農業の集団化に関するレポートのなかで、CNTが「富の社会化ではなく、貧困の社会化」と総括したラ・マンチャのメンブリーリャのありさまに通じるものがある。このレポートによれば、「かねの流通が廃止され、労働が集団化され、あらゆる資産が共同体のもとに移され、消費が社会化された」メンブリーリャでは、「すべての住民が大家族のように暮らしていた。自治体の職員や代表たち、組合の書記、村の評議会のメンバーらは、全員が共同体により選出され、家長として活動していた。しかし、特権も腐敗も許容されなかったから、彼らは〔共同体のもとに〕統制されていた。メンブリーリャは、おそらくスペインで最も貧しい、しかし最も公正なプエブロである」。メンブリーリャで実現された農業の集団化と、ブハランセに構築されたリベルテール共産主義社会とを重ね合わせるのは、このディアス・デル・モラールの故郷が生んだゲリラ隊「ロス・フビーレス」に詳しいリベルテール史家のイグナシオ・ムニス・ハエンである[105]。

　1936年7月18日以降の南スペインにおける、従前からの「土着の社会主義」に代わる新たな、広義の、そして十全な意味での「社会主義」の開花の有無がはっきりとは確認されない以上、すべてはあくまでも印象の域を出ない。それでも、リベルテール共産主義体制の樹立が宣言されたカストロ・デル・リオとブハランセと、集団農場のシステムが導入されたメンブリーリャとの間に類似性を認めることは誰にとっても難しくないだろう。ところが、南スペインにおける農業の集団化の推進にイニシアティヴを発揮したアントニオ・ロサード・

ロペス当人は、内戦期を通じて自らがその実現に努めたものと、「能力に応じて働き、必要に応じて受け取る」リベルテール共産主義との間に横たわる隔たりを認識していた。

われわれの手許にはない先のCNTのレポートのなかでは、リベルテール共産主義体制の構築と農業の集団化の推進とが峻別されていない可能性もある。現代史家のフリアン・カサノバも、1936年夏のアラゴンの大地を舞台にしてのリベルテール共産主義社会の建設のための営為と、農業の集団化の実現に向けられた企てとを同一視している[106]。また、メンブリーリャでの農業の「完全な（integral）」、と自身が評する集団化のシステムにリベルテール共産主義的なそれの1つの実例を見るのは、ラ・マンチャその他、新カスティーリャでの内戦下の実態に迫ろうとした現代史家のナティビダ・ロドリーゴ・ゴンサーレスである[107]。

しかし、把握が困難なのは2つのシステムの内実ばかりではない。状況はさらに込み入っている。主としてフェデリーコ・ウラーレスに触発されて、1931年10月にアンダルシアCRTが提唱していた「自治体による土地所有」の導入と、内戦中の各地での集団農場の建設の試みとの間にも微妙な差異が存在したことが、正しく「兄弟殺し」のさなかに招集された、ロサードとはむしろ常に緊張を孕んだ関係にあったと思われるFAIのある総会の会議録の文言からも窺われるのである。この点については、本章の第4節で立ち返ることにしたい。

カストロ・デル・リオの「偉大な日」は、20世紀の初頭、カンピーニャに暮らすあの若い日雇い農が無邪気に待ち望んだように、「すべての者」に平等を約束することはなかった。極限にまで達した労使間の「アフリカ風の憎しみ」が渦巻くこのプエブロの街頭で、紛れもない「名士」の、地元の日雇い農たちの目には「セニョリート」と映じていたに違いないアントニオ・ナバハス・モレノは惨殺されなければならなかった。ボルケナウが去ってほどなく、この「アナキストのエデン」には崩壊のときが訪れる。カストロのみではない。コルドバ県内のあちこちに確かに花開いた、とはいえフェデリーコ・ウラーレスの所謂「武装した大衆」以外に実質的な防衛手段を持たないリベルテール共産主義社会は、「アカども」の殲滅に狂奔するフランコ派の圧倒的な軍事力に直面してひとたまりもなかったのである。

註

(1) *Solidaridad Proletaria*, 9-I-1932.
(2) *Solidaridad Obrera*, 13-X-1933.
(3) *CNT*, 18-X-1933.
(4) *Política*, 9-IV-1931.
(5) *Solidaridad Obrera*, 23-VIII-1931.
(6) *Ibid.*, 18-III-1932.
(7) *Ibid.*, 18-VII-1932. *Tierra y Libertad*, 28-VII-1932.
(8) *La Voz del Campesino*, 8-X-1932.
(9) *Tierra y Libertad*, 28-VII-1933.
(10) *Ibid.*, 27-X-1933.
(11) Correspondencia del Comité Peninsular con el Comité de la Federación Regional de Grupos Anarquistas de Andalucía, Barcelona, 23-II-1934, Archivo FAI/CP[Comité Peninsular], paq.8, ca.318a, IISG.
(12) Susanna Tavera y Enric Ucelay da Cal, "Grupos de afinidad, disciplina bélica y periodismo libertario, 1936-1938", *Historia Contemporánea*, núm.9, 1993, p.189 n.78.
(13) *Tierra y Libertad*, 16-VI-1933.
(14) *Ibid.*, 7-VII-1935.
(15) Carta del secretario de la Confederación Regional de Andalucía y Extremadura a Alfonso Nieves, 13-XII-1935. Carta del secretario adjunto de la CRTAE a A. Nieves, 1-II-1936. 2通の手紙の写しは、José Luis Gutiérrez Molina に提供してもらった。
(16) *La Voz*, 13-VII-1936.
(17) Tavera y Ucelay da Cal, *loc.cit.*
(18) Abel Paz の教示による。
(19) *Tierra y Libertad*, 10-VI-1932.
(20) *Ibid.*, 16-XII-1932.
(21) *Ibid.*, 20-I-1933. このニエベスの論考が、カサス・ビエハスを「けだものどもが通りすぎていった」1933年の1月11日から12日よりも前に執筆されたことは間違いない。
(22) Guereña, *op.cit.*, pp.78-79.
(23) Cordón, *Mi bohemia revolucionaria*, p.81.
(24) *Almanaque. Tierra y Libertad para 1933*, Barcelona, pp.181-185.
(25) *La Revista Blanca*, núm.262, 25-I-1934.
(26) *Solidaridad Obrera*, 6-VIII-1931.
(27) *Tierra y Libertad*, 24-X-1931.
(28) グティエーレス・モリーナ「アンダルシアとアナキズム（下）」73ページ。確かに、バハティエラは「個々人の自由」に至高の価値を認める（Mauro Bajatierra,

Cómo deben resolver los campesinos el problema de la tierra, Bilbao, s.f[1931]., p.3.)。

(29) *Ibid.*, p.6.

(30) Diaz del Moral, *Historia de las agitaciones*, p.254. マウロ・バハティエラはジャーナリストとしてリベルテール紙その他におびただしい量の記事を執筆した他、小説や戯曲もいくつか発表している。『カンピーニャの魂（*El alma de la campiña*）』の主な舞台は、カストロ・デル・リオに設定された。バルセロナのウラーレス一家が「リベルテール的な社会のプロパガンダを行なう目的で」起ち上げた「理想小説（Novela Ideal）」叢書に加えられたこの小説では（グティエーレス・モリーナ『忘れさせられたアンダルシア』231‐232ページ）、コルドバ県内の複数のプエブロがカストロに置かれた連合委員会のもとで相互に結ばれた「ある種の社会共和制」のありさまが描かれる。リベルテール史家のフリアン・バディーリョ・ムニョスによれば（Vadillo Muñoz, *op.cit.*, pp.111-113.）、政府が存在しないこの「社会共和制」とは即ちリベルテール共産主義体制に他ならない。また、1936年4月に『エスペランタ！（¡Esperanta!）』の初演の場に選ばれたのもカストロだった。大衆に階級意識を植えつける手段としてのサンディカリズムの意義を強調したこの戯曲の出演者たちは、「純粋」アナキストのアントニオ・カラスキーリャが主宰していたリベルテール的なアテネオ「リラ・レベルデ」の面々である（*ibid.*, pp.120-121.）。われわれが知りうる範囲では、コルドバ県下でバハティエラの姿が最後に目撃されたのは、カストロで『エスペランタ！』が上演された翌月のブハランセにおいてである。このとき、地元の組合「ラ・アルモニア」が主催した集会で、マドリードのFAI派は働く者たちの権利を擁護するとともに、ファシズムの浸透に警戒感を募らせていた（*La Voz*, 19-V-1936.）。なお、「理想小説」叢書には本書のなかで既に言及してあるサルバドール・コルドン（Gay Heredia, "Salvador Cordón Avellán", pp.55-57.）、ディエゴ・ロドリーゲス・バルボーサ、ビセンテ・バリェステール・ティノーコの他、本章で初めて顔を見せるミゲル・ペレス・コルドンも作品を寄せている。『カンピーニャの魂』と『エスペランタ！』が世に出た年は不明。なお不完全ながらも、おそらく最も詳細な「理想小説」叢書521冊の目録にも（Siguan Boemer, *op.cit.*, pp.143-155.）、発行年の記載はない。

(31) *Solidaridad Obrera*, 30-XII-1931.

(32) Maurice, *El anarquismo andaluz*, p.198.

(33) José Luis Gutiérrez Molinaの教示による。1932年の春、FAIのカルロス・シンメルマンは問題の農業ストライキの実施にイニシアティヴを発揮した、セビーリャのアナルコサンディカリズムの紛れもない実力者の1人だった（Maurice, *El anarquismo andaluz*, p.190.）。

(34) もっとも、アンダルシアの中心都市の組合のなかでのFAI派とサンディカリストの綱引きについては何も明らかにされていない。セビーリャに置かれていたアンダルシアCRT地方委員会のなかでの2つの思潮の関係に関しても、ことは同様

である。第2共和制期のセビーリャの労働運動に関する依然として最も綿密な研究のなかでも、アンダルシア CRT が左へと傾斜していった過程は検証されていない（José Manuel Macarro Vera, *La utopía revolucionaria. Sevilla en la Segunda República*, Sevilla, 1985, pp.119-126.）。

(35) 本節の註（20）・（21）に史料的根拠として引いた『ティエラ・イ・リベルタ』紙の日付を参照。
(36) *Tierra y Libertad*, 10-X-1932.
(37) *Ibid.*, 10-VI-1932.
(38) *Ibid.*, 27-VI-1931.
(39) Juliá, "Poder y revolución", pp.183-184.
(40) *La Tierra*, 2-X-1931, recopilado en *El movimiento libertario español*, pp.312-315.
(41) パス『スペイン革命のなかのドゥルーティ』131‐135ページ。
(42) Casanova, *De la calle al frente*, p.111.「反乱のサイクル」の第2波が巻き起こるそもそものきっかけは、1932年8月、FNIF（全国鉄道業界連盟）が、自らが実施を予定していたゼネラル・ストライキを契機に、CNT 傘下の組合に連帯を呼びかけたことにあった。FNIF は12月に CNT に加盟する。前後してマドリードに招集されたアナルコサンディカリスト労組の全国総会が、この機会に乗じて可能な限り多くの市町村を舞台にリベルテール共産主義の樹立を宣言する決定を行った。暮れには、「1つの地方が反乱の狼煙を上げた場合には」他の地方も行動をともにせよ、との CNT 全国委員会の指令が各 CRT のもとに届く（"Informe Schapiro", pp.470-471.）。ディアス・デル・モラールの故郷をも巻き込んだ1933年12月の「サイクル」の第3波の発生に先立って、ほとんどまったく同じ内容の指令が FAI 半島委員会からアンダルシア FRGA 委員会に届けられていたことは、既に第6章第5節に記しておいた。もともと自分たちが企図していたはずの争議への合流を土壇場になってためらう鉄道員も現れるなか（グティエーレス・モリーナ『忘れさせられたアンダルシア』195‐198ページ）、ガルシア・オリベールはカタルーニャ地方防衛委員会とその系統の防衛カードルの存在理由と目的を「組合に付随したはかりごと（maniobras de tipo sindical）」にではなく「革命」に求めつつ、「サイクル」の第2波への突入へと仲間たちを誘った（Juan Garcia Oliver, *El eco de los pasos. El anarcosindicalismo en la calle, en el Comité de Milicias, en el Gobierno, en el exilio*, Barcelona, 1978, p.131.）。
(43) *La Tierra*, 2-IX-1931, recopilado en *El movimiento libertario español*, p.306.
(44) *Tierra y Libertad*, 13-IX-1934, recopilado por Fernández de Mendiola, *op.cit.*, pp.180-183.
(45) Isaac Puente, *El comunismo libertario. Sus posibilidades de realización en España*, s.l[Valencia]., s.f[1933]., pp.26-30.
(46) Paniagua, *op.cit.*, pp.104-110.
(47) Puente, *op.cit.*, p.6.

第9章　ヘレスからバーサへ

(48) Fernández Mendiola, *op.cit.*, pp.68-69 y p.272 n.226.
(49) パス『スペイン革命のなかのドゥルーティ』141 ページ。アルクルードにも、プエンテと同じ年の同じ月に同じ最期が待っていた（Fernández de Mendiola, *op.cit.*, pp.115-120.)。
(50) *CNT*, 29-XI-1933, recopilado por Fernández de Mendiola, *op.cit.*, pp.194-196.
(51) 左近毅訳「セルゲイ・ネチャーエフへの手紙」『バクーニン著作集』5、350 ページ。
(52) 同邦訳、358 ページ。
(53) 同邦訳、362 － 363 ページ。
(54) *España 1933. La barbarie gubernamental*, Barcelona, s.f[1933]., p.165.
(55) *ABC*, 11-I-1933.
(56) *España 1933*, p.171.
(57) AHNM, leg.58A.
(58) *La Tierra*, 26-I-1933.
(59) *España 1933*, p.174.
(60) José María Salguero Rodríguez, "Introducción", Sender, *op.cit.*, pp.12-15.
(61) Paniagua, *loc.cit.*
(62) *Solidaridad Obrera*, 8-II-1933.
(63) *La Revista Blanca*, 3-I-1934.「お上」の発表では、1933 年 12 月に巻き起こった「反乱のサイクル」の第 3 波では、蜂起した側からは 75 人の、治安維持装置の間では 14 人の死者が出た。「サイクル」の第 1 波と第 2 波の折の死者数は不明。しかし、3 度目の武装蜂起が最多の犠牲者を生んだことは間違いない（Casanova, *De la calle al frente*, p.123.)。
(64) *La Revista Blanca*, 28-II-1934. 1933 年 12 月、最も多くの市町村が武装蜂起の渦に巻き込まれた地方は北スペインのアラゴンだった。そのアラゴンのマス・デ・ラス・マータスでのリベルテール共産主義社会の建設にイニシアティヴを発揮したアナルコサンディカリストの 1 人が、マカリオ・ロージョである。ほとんど瞬時のその瓦解を見届けてもなお、リベルテール共産主義体制を「導入する可能性に疑いを差し挟むことは馬鹿げている」とのロージョの信念には何の変わりもなかった（Frank Mintz, *Autogestión y anarcosindicalismo en la España revolucionaria*, Buenos Aires, 2009, p.156.)。
(65) *La Revista Blanca*, *loc.cit.*
(66) *Solidaridad Obrera*, 4-X-1935.
(67) Moreno Gómez, *La República y la Guerra Civil*, pp.292-293.
(68) 1933 年 12 月の武装蜂起の鎮圧直後にブハランセ入りしていたマヌエル・サグラード・マルチェーナ少佐も加わったこの裁判の詳細は、*La Voz*, 3 y 4-XI-1935.
(69) *Tierra y Libertad*, 20-III-1936.
(70) *Ibid.*, 24-IV-1936.
(71) CNT, *El Congreso Confederal de Zaragoza*, Madrid, 1978, pp.229-231.

(72) M・ロレンソ、前掲邦訳、103‐104ページ。
(73) Antonio Elorza, "Notas sobre cultura y revolución en el anarcosindicalismo español 1934-1936", *La II República española. Bienio rectificador*, pp.167-175.
(74) リベルテール共産主義体制を繋ぐ靭帯は「個人」「コミューン」「連合」の3つ。「組合」は除外されている（CNT, *El Congreso Confederal*, pp.231-233.）。
(75) Urales, *Los Municipios Libres*, p.30.
(76) CNT, *El Congreso Confederal*, p.241.
(77) Urales, *Los Municipios Libres*, p.26.「組合を生産の主体と見做」し、「革命運動は組織的に準備せねばならず、未来像についてのプログラムを練りあげておくべきだと主張」するサンディカリスト（「プログラム派」）と、「古典的アナキズム」に忠実な立場から、大衆の「自発性を抑圧するものだとしてプログラム作成に反対し」、「コミューンを〔生産組織の〕基礎に据える」「コミューン派」との対抗を1つの糸口にアラゴンの中心都市での討論を俎上に載せた論考として、中塚次郎「1936年5月CNTサラゴサ大会／スペイン内乱前夜のアナルコサンディカリスト」『山形大学史学論集』第5号、1985年、35‐48ページ。
(78) *Tierra y Libertad*, 6-IX-1934.
(79) *Acta del pleno selebrado[sic.] en Jerez el día 7 de junio de 1936*, IISG, Archivo FAI. CP., paq.8 ca.318a.
(80) Urales, *Los Municipios Libres*, p.25.
(81) この会合には、カサス・ビエハスのフアン・ソパスも出席した。元社会党員のソパスは、地元のCNTを率いるホセ・モンロイらとともに既にこの集落に発足していた防衛委員会のメンバーの1人だった(R. Mintz, *op.cit.*, pp.182-186.)。しかし、カサス・ビエハスを自殺的な反乱へと最も強く誘ったのはモンロイでもソパスでもなく、アントニオ・カバーニャス・サルバドールであったらしい。この通称「ガジニート（若い雄鶏）」は、リベルテール青年団に所属し「飢えて死ぬよりも戦って死んだ方がいい」と公言して憚らなかった「純粋」アナキストである（*ibid.*, p.193.）。
(82) グティエーレス・モリーナ『忘れさせられたアンダルシア』196‐197ページ。
(83) 「ある種の人民戦線委員会」のメンバーのリストは、Moreno Gómez, *La Guerra Civil en Córdoba*, p.68.
(84) Cañete Marfil y Martínez Mejías, *op.cit.*, pp.484-486.
(85) 内戦・革命下のブハランセについては、後述のガルシア・カベーリョの会見記事（*Solidaridad Obrera*, 2-X-1936.）からの引用をも含めて、Moreno Gómez, *La Guerra Civil en Córdoba*, pp.67-71 y n.51b.
(86) *El Sur*, 12-II-1934.
(87) *CNT*, 2-XII-1932.
(88) *Política*, 17-VIII-1931.
(89) *Córdoba Obrera*, 26-VIII-1933.

第 9 章　ヘレスからバーサへ

(90) López Villatoro, *Cambios políticos y sociales*, p.66 n.39.
(91) Moreno Gómez, *La última utopía*, pp.57-59.
(92) *La Voz del Campesino*, 16-VIII-1932.
(93) *CNT*, 24-VIII-1933.
(94) AMCR, legs. 723 y 724.
(95) *CNT*, 24-IX-1936.
(96) Juliá, "Poder y revolución", pp.188-189.
(97) *La Voz*, 4-X-1935. 反乱の「首領」と目され、最も重い懲役 20 年の判決を受けたのは、フランシスコ・ロドリーゲス・ロドリーゲスである（*ibid.*, 5-X-1935.)。
(98) ビリャビシオッサ・デ・コルドバの「革命委員会」の代表は、左翼共和党のアントニオ・フェルナンデス・カレテーロが務めた。この「委員会」には、アントニオの子どもで、自身は共産党に所属するセサル・フェルナンデス・カバリェーロも加わった（Moreno Gómez, *La Guerra Civil en Córdoba*, pp.165-166 y n. 9.)。1934 年 10 月、町長として、町役場を襲撃したアナルコサンディカリストたちと対峙する破目に陥ったのが、フェルナンド・ムニョス・カレテーロだった。軍法会議でのその証言を引けば（*La Voz*, 4-X-1935.)、事件の 2 ヶ月ほど前、公共事業の実施をめぐって、ムニョス・カレテーロによれば「勝手な」労働への報酬を要求する労働者たちが、この町長を拳銃で脅かす騒動が起きていた。労働者たちとはフランシスコ・ロドリーゲス・ロドリーゲス、アナスタシオ・ガルシア、マヌエル・ネバード・バルベルデの 3 人。このときコルドバの社会党系紙の紙面を借りて、逮捕された 3 人の身の潔白を訴えたのがリベルテール青年団のアントニオ・ロドリーゲス・ロドリーゲスである（*El Sur*, 29-VIII-1934.)。この騒ぎは、イシドロ・マドゥエーニョの与り知らぬところで、つまりビリャビシオッサ・デ・コルドバの組合の「周縁」で発生したものと想像される。ネバード・バルベルデも合流した件の「委員会」には、マドゥエーニョ同様、先のムニョス・カレテーロもどうやら参加していない。内戦のなかでのアントニオ・ロドリーゲス・ロドリーゲスの消息は不明。
(99) Vallina, *Mis memorias*, p.259.
(100) *El Sol*, 11-VI-1931, recopilado por Blas Infante, *Antología de textos*, Sevilla, 1983, pp.215-220.
(101) *Solidaridad Obrera*, 9-VII-1931.
(102) M・ロレンソ、前掲邦訳、213 ページ、註（21）。
(103) *CNT*, 9-IX-1936.
(104) プレストン『スペイン内戦』288 ページ。
(105) Muñiz Jaén, *op.cit.*, p.89. メンブリーリャをめぐる、この「スペインで最も貧しい、しかし最も公正なプエブロ」との評価に関連づけて、著名な言語学者のノーム・チョムスキーは「人間関係や公正な社会の理想に思いを馳せるこうした評価は、洗練された知識人の感覚からすればとても奇妙なものに思えただろう。だからそれは

軽蔑をもって扱われるか、ナイーブなもの、幼稚なもの、さもなければ<u>非合理的なもの</u>と受け取られたのである」と書き、さらに「このような偏見」からの脱却を「歴史上最も注目すべき社会革命のひとつである」スペイン革命の解明に「正面から取り組む」ための不可欠の前提と考える（チョムスキー、前掲邦訳、132 - 133ページ〔下線はわれわれ〕）。「洗練された知識人の感覚」に恵まれたエリック・ホブズボームは、リベルテール的な色彩を帯びた「アンダルシアの民」の営為に「革命的エネルギー」の完全に近いまでの浪費を確かに見たのだった（第4章第3節の註〔54〕）。その一方で、正しく「非合理的な」スペインに魅せられた同時代人の1人が、「兄弟殺し」のさなかに革命の炎が燃え盛る第2共和制の領域を精力的に取材したフランツ・ボルケナウだった。「結局何か我々のヨーロッパ文明は間違っているようであり、『後進的で』停滞的で非効率的なスペイン人が、人間の価値の分野で、効率的で実用的なヨーロッパ人とよく対抗し得る」との結論（ボルケナウ、前掲邦訳、246 - 247ページ）へとこのオーストリア生まれの元ドイツ共産党員を導いた契機の1つに、メンブリーリャと同じく「賃銀というものはなくなっ」て、住民が「村〔プエブロ〕の蓄えから直接養われる」「アナキストのエデン」での自身の体験が挙げられることは確実と思われる。ボルケナウが語る「効率的で、実用的な」を「合理的な」と読み替えてみれば、やはり「非合理的なもの」を抜きにしてアンダルシアの、延いては広くスペインのアナキズムやアナルコサンディカリズムを論じることには無理があるだろう。もちろん、ディアス・デル・モラールやベルナルド・デ・キロースらが書き留めているように、「非合理的なもの」の虜となった「アンダルシアの民」の精神は本来の意味での「アナーキー」とは相容れない方向へと屈折する可能性を内包していた。

(106) Casanova, *De la calle al frente*, pp.206-207.
(107) Natividad Rodrigo González, *Las colectividades agrarias en Castilla - La Mancha*, Toledo, 1985, pp.91-92.

第9章　ヘレスからバーサへ

第2節

20世紀の「アンチ・サルボチェア」たち

　南スペインにおいて19世紀のアナキズムから20世紀のアナルコサンディカリズムへと大土地所有制に対する反逆の作法をいち早く改めたのは、カディス県のヘレス・デ・ラ・フロンテーラとその近辺の日雇い農たちだった。シェリーの故郷にあって、1882年暮れに始まる「マノ・ネグラ」騒動や92年1月の「アナーキー万歳！」の絶叫が巻き起こしたただならぬ逆境を耐え忍んできた「アンダルシアの民」が反攻に転じたのは、ブハランセの「民」が「1日7時間半の休憩時間」の確保に熱中する前年のこと。1902年の初夏、最低賃金の保証や8時間労働の実現を掲げつつ、「地域一帯のすべての市町村の合意のもとに、連鎖的なストライキを準備・宣言する戦術」に訴えたヘレスに、「ボリシェヴィキの3年間」のカストロ・デル・リオの先駆けを見るのはジャック・モリスである[1]。

　ただし、ヘレス・デ・ラ・フロンテーラのサンディカリズムがどうやら本格的に軌道に乗るのは1910年代を迎えてからのことである[2]。彼の地での「散文的な」作法の定着を可能にしたのは、地元の農業に精通したサンディカリストたちの存在だった。そして、正しく1910年代から第2共和制の「改革の2年間」にかけて、強大な農業エリートを向こうに回した階級闘争の最前線に立ち続けたのが、現代史家のディエゴ・カロ・カンセーラによれば「何ら疑いを差し挟む余地のない、ヘレスのアナルコサンディカリズムのなかで最も敬愛された指導者」のセバティアン・オリーバ・ヒメーネスだった[3]。ヘレスでは、1912年に地元の日雇い農を糾合しつつAOC（農業労働者協会）が発足。そして、それから2年後にAOCの代表を務めることになるのがセバスティアン・オリーバその人である[4]。

　この1914年の初夏、AOCが中核となり、ヘレス・デ・ラ・フロンテーラとその周辺の11の市町村が共闘した農業ストライキは特異な展開を見せる[5]。複数の自治体の争議への参加を可能にしたのは、AOC以下、9つの農業労働者組織が歩み寄って同年4月に結成されていたFCAC（カディス県地域農業

連盟）[6]の統率力の賜物であったものと思われる。モリスが重視するとおり、1880年代前半の「マノ・ネグラ」騒動が物語るように、かつてはアナキズムの「根絶」になりふり構わなかった国家権力が、アンダルシアの農業労働者たちの求めの正当性を初めて認めた点で1914年は画期的な意味を持つ。6月下旬、ヘレスは「完全な革命状況にある」と報じたのはバルセローナのリベルテール紙『ティエラ・イ・リベルタ』だった。だが、実際にはこの争議は「完全な革命状況」から遙かに遠く、ヘレスとその周辺での最低賃金の保証と年単位の集団契約の締結の実現にその狙いが置かれていた。

　7月中旬、オリーバは、経営者側が受け容れに難色を示す「年単位の」契約に近い、冬季の農作業に関する事前の契約の取り決めをも盛り込んだカディス県知事ミゲル・フェルナンデス・ヒメーネスの仲介案を受諾し、突入から1ヶ月が経過しつつあった争議を終結へと導く。その際、「お上」の介入を嫌う傘下の労働力の声を抑えたのが、AOC代表とともにこの農業ストを牽引したディエゴ・マルティネス・ドミンゲスである。同時に、「サンディカリズムの組織」としての、つまり傘下の日雇い農たちの労働条件の改善の追求を差し当たっての存在理由とするAOCの性格を強調したのがオリーバだった。その是非はともかく、これも争議に関わっていたフアン・ゲレーロ・グティエーレスが指弾したように、2人の判断がアナルコサンディカズム本来の「直接行動」の原則そのものの実質的な否定にまで立ち至っていたことは間違いない[7]。

　ヘレス・デ・ラ・フロンテーラのリベルテールたちの行動範囲や、セバスティアン・オリーバの視野は地元での争議の次元ばかりに留まらなかった。1913年のコルドバでのFNOAの設立に率先して尽力したのも、AOCのオリーバらだったのである[8]。1916年にFNOAの本部がヘレスに置かれて以降、オリーバはその機関紙『ラ・ボス・デル・カンペシーノ』の編集に奮闘した。ただし、オリーバ自身がFNOAの大会に姿を見せたのは、この組織の全国評議会書記の資格で臨んだ1918年12月のバレンシア大会だけである。同大会に先立つFNOAの併せて5度の大会において、ヘレスその他のカディス県内の「農民の声（ラ・ボス・デル・カンペシーノ）」を代弁したのはディエゴ・マルティネスとホセ・ゲレーロ・ボカネグラの2人だった。このホセは1914年に「直接行動」に固執し、マルティネスとオリーバによる争議の幕引きに抗したフアン・ゲレーロの息子である[9]。1915年、フアンとホセはそれぞれAOCの書記と簿記係を務めている。

第9章　ヘレスからバーサへ

　1917年5月のFNOAサラゴーサ大会では、「自らの理念の尊厳を損なわずに、アナキストは組合を指導できるだろうか」との問いが、コルドバ県の階級闘争の前衛へと躍り出ようとしていたカストロ・デル・リオの代表から発せられている（ただし、代表の人数も氏名も不明）。折からアナキズムからアナルコサンディカリズムへの移行の途上にあった時期のアンダルシアを象徴するこの問題提起に、「アナーキーを愛するすべての人間が占める位置は、労働者たちの組合のなかにある」と応じてみせたのは、「経験に富んだヘレス・デ・ラ・フロンテーラの指導者たち」(10)。具体的には、もちろんホセ・ゲレーロとディエゴ・マルティネスの両名である。その「アナーキー」への愛にもかかわらず、ヘレスの農業エリートや「お上」との地道な折衝に労を惜しまなかったマルティネスの「現実感覚」に、ややためらいながらもモリスは「アンチ・サルボチェア」のイメージを重ねる(11)。

　シェリーの故郷にリベルテール的な反抗心の復活を告げた1902年の農業ストライキの際にも、ディエゴ・マルティネスはその「過熱」にあえて歯止めをかける役割を演じていた。1911年、日雇い農たちからの「2.25ペセータ」の日当の支払い要求が受け容れられた際、初め「2ペセータ」の賃金を提示したうえで交渉に臨んだ農業経営者たちと、このとき労使を取り持ったヘレス・デ・ラ・フロンテーラの市当局に「謝意」を述べたのも「アンチ・サルボチェア」である(12)。翌年から翌々年にかけてその代表を務めた事実からも窺われるように、AOCの出産にマルティネス自身が深く関わっていたことはほとんど確実だろう。

　1917年のFNOAサラゴーサ大会当時、既に「50歳前後」に達してベテランの域にあったマル

ヘレス・デ・ラ・フロンテーラの2人の活動家。元祖「アンチ・サルボチェア」ディエゴ・マルティネス・ドミンゲスと（前列の中央）と「最も敬愛された」セバスティアン・オリーバ・ヒメーネス（同じく前列の右）（José Luis Gutiérrez Molina の提供）。

ティネスの「現実感覚」は、15歳ほど若かったはずのオリーバや——カロ・カンセーラによると[13]、第1インターナショナルの熱烈な支持者だった父親の血をもらい受けつつ、セバスティアン・オリーバ・ヒメーネスがヘレス・デ・ラ・フロンテーラに生まれたのは「1880年前後」である——、その他のAOCの活動家の大方にも引き継がれたように思われる。「アンチ・サルボチェア」は、マルティネス1人だけではなかった。1918年の初夏にも、ヘレスでは小麦の脱穀作業の開始時刻の繰り下げその他の「モラルのうえでの大勝利」と引き換えに、雇用契約に記載された労働条件の履行に関しては市長（氏名は不詳）が指名・統轄する労使同数委員会に調停を一任する決定を、このとき争議の指導に当たったAOCのストライキ委員会が下している。当時のAOC代表は、それ以前にも幾度か同じ役職を務めた経験を持つフランシスコ・フェルナンデス・アルコンである。

ロシア革命の知らせと並んでアンダルシアに「ボリシェヴィキの3年間」を到来させたインフレーションの荒波は、むろんヘレス・デ・ラ・フロンテーラにも襲いかかった。件の「大勝利」をよそに、1918年のヘレスは物価の高騰に悩まされる。そんななか、小麦の差し押さえとパンの値段の公定を市当局に提案したのはオリーバである[14]。ヘレスのサンディカリストたちの「現実感覚」は、アラゴンの中心都市でマルティネスらから「アナーキーを愛する」方法を直々に伝授された後、「3年間」にコルドバ県のアナルコサンディカリズムの「本丸」としての真価を発揮しつつあったカストロ・デル・リオの仲間たちとの比較においていっそう際立つ。繰り返すに値するだろう。1919年2月、IRS調査団からの対話の求めに「アナーキーを愛する」カストロのSOV（CNT）は完全に背を向けたのだった。

ただし、オリーバ、マルティネス、フェルナンデス・アルコンの「現実感覚」は、1917年6月の農業ストライキのさなかにいずれも身柄を拘束された3人に、ヘレス・デ・ラ・フロンテーラの市当局がそれぞれ「アナキズムの煽動家」「やはりアナキストにして、当地で引き起こされたあらゆる騒擾の首魁」「アナキストにして、……官憲の見るところでは危険分子」との烙印を押すことを妨げるものではなかった[15]。

大土地所有の重圧に喘ぐ地元の日雇い農たちの労働環境の「現実感覚」に根差した改善の達成と、「土地は耕作者の手に」との『ラ・ボス・デル・カンペシーノ』紙のモットーに集約される「アナーキー」の開花とを架橋する戦略

第 9 章　ヘレスからバーサへ

をヘレス・デ・ラ・フロンテーラの「アンチ・サルボチェア」らが見出せぬまま、1919 年に FNOA は CNT に吸収・合併される。しかし、第 2 共和制に先立つ復古王政の末期には、失われた全国規模でのリベルテール的な農業労働者組織の再建を願う声が聞かれるようになる。FNOA の精神を継承する FNC の設立に向けて動き出したのはやはりセバスティアン・オリーバであり、さらにはオリーバとともにヘレスの AGTA を統率するその仲間たちだった。

　AGTA は、プリモ・デ・リベーラ将軍の独裁期の 1926 年に解散していた AOC の後継組織。独裁体制の崩壊から半年が経過した 1930 年 7 月、AGTA の発足のために骨を折ったのもオリーバ当人である。その翌年、オリーバは『ラ・ボス・デル・カンペシーノ』紙の編集長に改めて就任する。再出発に当たり、同紙は「先代」の「土地は耕作者のために」に代えて、「自由な人間のための自由な土地（La tierra libre para el hombre libre）」を新たなモットーに掲げた。長かった眠りから目覚めたヘレスのアナルコサンディカリスト紙は、「FTACC 機関紙にして、未来の FAE（スペイン農民連盟）のためのプロパガンダ紙」を自称した。FAE は、AGTA・FTACC による FNC の暫定的な呼称である。

　FTACC は、1931 年夏、AGTA の肝煎りによりカディス県内の併せてほぼ 20,000 の労働力を抱える 19 の農業労働者組織を糾合しつつ旗揚げされた団体。その前身は、AOC 主導の 1914 年の農業ストライキの「大枠」を準備したと思われる FACA と見て間違いない。FTACC が書記に選んだのは、60 の峠を越えていたはずのディエゴ・マルティネスである。

　元祖「アンチ・サルボチェア」も、ヘレス・デ・ラ・フロンテーラ一帯のサンディカリズムのまとめ役を改めて引き受けた形のオリーバもともに前途は多難だった。FTACC ヘレス大会が開催されたのは、FAI 派が主導する「反乱のサイクル」の第 1 波が発生する直前の、1932 年の 1 月 17・18 日である。この大会にはヘレスとその周辺の 13 の市町村の 14 の組合、併せて 17,572 人の組織員を代表する 22 人が顔を揃えた。ヘレスからのみ、AGTA と葡萄栽培農民の組合の 2 団体が参加している。アンドレス・テヘーロとともに、この大会で AGTA を代表したのはディエゴ・マルティネスである。さらに、セビーリャのアンダルシア CRT 地方委員会や、FTACC 傘下ではないチクラーナ・デ・ラ・フロンテーラの組合、それに地元ヘレスの 3 つのアナキスト・グループから、いずれも議決権のない代表が派遣されていた[16]。

　FTACC ヘレス大会に代表を送り込んだ自治体のうち、地元のヘレス・デ・ラ・

フロンテーラ、アルコス・デ・ラ・フロンテーラ、チクラーナ・デ・ラ・フロンテーラ、パテルナ・デ・リベーラ、メディナ・シドニア、そしてレブリーハの、少なくとも6つの市町村にFAIは橋頭堡を構築していた。大会に参加したヘレスの3つのアナキスト・グループも、おそらくはアンダルシアFRGA系列のそれであったものと思われる。少なくとも、3つのグループの代表を務めたミゲル・ガルシア、マヌエル・ロドリーゲス、ホセ・ゲレーロ・ボカネグラのうち、ガルシアと1910年代には既にAOCの活動家としてその名を馳せる存在だったゲレーロの両名がFAI派であったことは確実である。

　大会の席上、パテルナ・デ・リベーラの、正しくFAIの活動家であるミゲル・ペレス・コルドンが『ラ・ボス・デル・カンペシーノ』紙の「CNTの理念に合致しない」編集方針を批判するに及んで、前年9月の「30人宣言」の公表により表面化したアナルコサンディカリズムを引き裂く2つの思潮の対立が、カディス県でも浮き彫りにされた。このとき、オリーバが編集するFTACC機関紙は「農業労働者に革命的な英知を吹き込むような」より戦闘的な内容に彩られねばならない、とのペレス・コルドンの主張に全面的に同意したのは、ヘレス・デ・ラ・フロンテーラのガルシアとゲレーロの2人。チクラーナ・デ・ラ・フロンテーラからの代表ミゲル・マルティン・フラードも、ペレス・コルドンの支持へと傾いた[17]。

　ヘレス・デ・ラ・フロンテーラやコルドバ県のモンティーリャに比べればその規模はささやかではあれ、やはり白葡萄酒の生産で知られるチクラーナ・デ・ラ・フロンテーラは、1930年の年の瀬にはFAIの「純粋」アナキズムの洗礼を受けていた。とりわけ1932年のこのプエブロでは、CNTの好戦的な姿勢が際立った。皮切りは、1月の「反乱のサイクル」の第1波への関与を理由に身柄を拘束されていたカタルーニャの仲間たちの移送措置に対する抗議として、国内各地を席巻していた翌2月のストライキ攻勢への合流である。3月にはヘレスの石工たちへの連帯の意思表示のための新たな争議が持ち上がり、チクラーナは麻痺状態に陥った。4月には、小麦の収穫の際の労働条件の確定を求めて農業ストが展開される。さらに10月の当地では、零細な生産者からの葡萄の買い付けを拒むゲレーロら地元の大手の醸造業者を相手に、暴力の行使をも辞さない闘争への突入が宣言された。これら一連の争議の背後では、同じ時期のコルドバ県の例の2つのプエブロにも似て、ディエゴ・ロドリーゲス・バルボーサら地元のFAI派が「組合から」強い影響力を行使していたものと

第 9 章　ヘレスからバーサへ

思われる[18]。

　「農業労働者は〔少なくとも、FAI 派が思い描くような意味での〕革命は望んでいない」との立場から、FTACC ヘレス大会でペレス・コルドンから最も遠い地点に身を置いたのは、組合活動の分断を狙う「自称アナキスト」の「狼藉」に神経を尖らせるグラサレーマのボレーゴだった。チクラーナ・デ・ラ・フロンテーラと同じく FAI 派を地元に抱えながらも、AGTA のディエゴ・マルティネス以下、ヘレス・デ・ラ・フロンテーラの 2 つの組合とアルコス・デ・ラ・フロンテーラの組合からの代表たちはいずれも揃ってオリーバの擁護に回った。FAI 派が活動していた残る 2 つのプエブロ（レブリーハとメディナ・シドニア）の代表は、この件に関して何の発言も残していない[19]。メディナ・シドニア代表のマヌエル・リャーマスは、FAI の傑出した活動家である[20]。

　ペレス・コルドンらからの批判に晒されたオリーバは、「真実を語ったがために」時代の壁に敗れたジョルダーノ・ブルーノやガリレオ・ガリレイらに「反逆者」としての自己の姿をなぞらえながら、『ラ・ボス・デル・カンペシーノ』紙の編集長を辞任する意向を表明する。ペレス・コルドンをも含めて後任に名乗りを上げる者はいなかったし──新しい編集長の候補者の 1 人に挙げられたにもかかわらずその受諾を固辞したのが、FTACC ヘレス大会には出席しなかったチクラーナ・デ・ラ・フロンテーラのバルボーサである──、オリーバ自身、以後も同紙の編集に携わり続けるにせよ、ここに「最も敬愛された指導者」はサンディカリストとしての活動の第一線から退くことになる[21]。

　1931 年秋、ようやく第 2 共和制からのヴィザの発給を受けて入国を許可されたイリヤ・エレンブルグは[22]、スペイン各地を駆け足で視察した。ヘレス・デ・ラ・フロンテーラに立ち寄った折、旧ソ連の人気作家は葡萄畑での肉体労働に従事する傍ら『ラ・ボス・デル・カンペシーノ』紙の編集に勤しむオリーバに直に会っている。その際、それまでしきりに出入獄を繰り返してきたオリーバに「半ばアナキスト、半ば共産党員」との印象を抱いたのは[23]、1 つには集団的な規律を重視するこの「古参の革命家」から発散される匂いが「アナキスト」が連想させる奔放なイメージから遠かったこと。にもかかわらず、エレングルグ自身の直感では「あどけなくもあれば、錯綜してもいた」というオリーバの「政治思想」が、「同志」ヨシフ・スターリンが自在に処方する「万能薬」としてのマルクス・レーニン主義からもやはりかけ離れていたこと。この 2 つの理由にもっぱら基づいていたものと思われる。

イリヤ・エレンブルグがオリーバと言葉を交わしたのは、このヘレス・デ・ラ・フロンテーラにあって「最も敬愛された指導者」が屈辱にまみれるわずか前のことだった。「農民だけが書き」「田舎者ばかりが読む」「奇矯で、論調に一貫性のない」、しかし「察しのいい」シェリーの愛好家たちには不愉快な思いを呼び起こさずにはおかない、「正義を求める闘争に生きるヘレス」の本質を――あるいは、オリーバのひそみに倣えば「真実」を――伝える新聞。これは、唯一無二の「真実（プラウダ）」のみが幅を利かせる祖国の現実を知りぬいたエレンブルグならではの、『ラ・ボス・デル・カンペシーノ』紙への毒舌とひねりを交えた感想である。

　FTACC機関紙の紙面は、コルドバ県内の仲間たちにオリーヴの収穫作業の拒絶を訴えるアルフォンソ・ニエベス・ヌーニェスのような、アンダルシアを拠点に活動するFAI派のなかでも際立って好戦的な「純粋」アナキストにも開放されていた。「すべての階級の勤労者の共和国」を断罪するアントニオ・ミーリャ・サラスの記事が掲載されたのも、確かにこの新聞だった。従って、やはりFAIに在籍するパテルナ・デ・リベーラのペレス・コルドンの批判の矛先がこのリベルテール紙の寄稿者たちにではなく、もっぱら編集長を務めるセバスティアン・オリーバその人の「政治思想」に向けられていたことは疑いないだろう。

　とはいえ、「農業労働者に革命的な英知を吹き込む」意志が「最も敬愛された指導者」自身に欠落していたわけでは必ずしもない。1931年6月のCNTマドリード大会に提出された文書のなかで、オリーバはすべてのラティフンディオの没収と、集団経営のための組合へのその引き渡しを提唱し、会場を埋めた代表たちの多くから支持を得ている[24]。もっとも、没収されるべきラティフンディオの新たな帰属先は、マウロ・バハティエラやアルフォンソ・ニエベスらによれば「組合」ではなく、「自由な自治体」だった。オリーバの「革命的な英知」が、FAI派のそれとは異なっていたことも間違いない[25]。

　オリーバは、1932年9月に第2共和制がともかくも制定した農地改革法に否定的な評価を下す。「最も敬愛された指導者」は、それが施行された場合に、労働人口の大半を零細農が占める北スペインのガリシアに支配的な、従ってアンダルシアに典型的な大土地所有制とは異質の、とはいえ脆弱であることに変わりはない農業構造がむしろ拡大再生産される可能性を危惧したのだった[26]。『ラ・ボス・デル・カンペシーノ』紙の元（？）編集長は、国家による農地改

革そのものにも懐疑的な態度を隠さない。「自由な土地」を実現するための方策は「お上」にではなく、農業に従事する「自由な人間」の卵たちのグループの意志・自発性にあくまでも委ねられるべきものだった[27]。

　ただし、オリーバが確信するところでは[28]、大衆の期待に「初日から」応えられないような「革命」は「失敗」でしかない以上、「社会秩序の変革を願うわれわれ」は、「お上」主導の既存のいびつな諸機関に代わって生産と分配、その相互の調整に当たる新たな諸機関を前もって準備しておかなければならない。また、オリーバの頭のなかにある「大衆」にはアンダルシアやエストレマドゥーラの農業労働者のみならず、北スペインの零細農も含まれる。ここに、全国規模でのリベルテール的な革命に向けて「新たな諸機関」を統制するFNCの設立が要請されなければならない理由があった。

　こうして、「自由な人間」の卵である大衆には自らの集団的な判断に則って土地の獲得に着手するうえでの充分な自由が保障される一方で、さまざまな歪みを孕んだ国内の農業構造の一掃をも含む「社会秩序の変革」を「初日から」滞りなく実現するための必要条件としてFNCの誕生を待つ義務が課せられる。「最も敬愛された指導者」が貧しい同胞に割り当てた役どころは、能動的であると同時に受動的であったかに見える。オリーバの「政治思想」は「あどけなくもあれば、錯綜してもいた」とのエレンブルグの直感は、かなり的を射ていたように思われる。

　1932年の秋。FTACC書記を務めていたのはディエゴ・マルティネスではなく、かつてはこの「アンチ・サルボチェア」の草分けとともにAOCを指導する立場にありながらも、今ではFAIに身を寄せるホセ・ゲレーロ・ボカネグラである[29]。そして、長期的な視野のもとに「社会秩序の変革」の見取り図を描こうとした「半ばアナキスト」にも、南スペインでも顕在化しつつあった、「リベルテールの社会」の構築を急ぐFAIの「純粋」アナキズムの圧力についには譲歩を強いられたかにも聞こえるような語りを口にするときが訪れる。1933年の1月初頭、間もなくその火蓋が切られようとしていた「反乱のサイクル」の第2波への合流に備えて秘密裡に持たれたヘレス・デ・ラ・フロンテーラでの会合に姿を見せたオリーバは、「この船が良港に着けないのは承知のうえで、私は乗船する。その日は近いのだし、私が話している内容が正しかったかどうか、君たちは思い出すことになるだろう」との、奥歯にものが挟まったような発言を残す[30]。

それは、リベルテール共産主義の早期の実現は不可能と認識しながらも[31]、組織の決定をあくまでも尊重するオリーバが示した、「半ば共産党員」らしいCNTへの忠誠心の発露でもあったのかもしれない。FAI主導の2度目の武装蜂起は、シェリーの故郷から遠くないカサス・ビエハスでの殺戮劇へと帰結する。『ラ・ボス・デル・カンペシーノ』紙はその煽りを食らって廃刊に追い込まれ[32]、FNCの設立構想もこの「FTACC機関紙にして、未来のFAEのためのプロパガンダ紙」の消滅とともに一旦は頓挫する。FTACCヘレス大会でホセ・バリェステーロス・ベアが「できるだけ多くの」貧農の組織の出席を得たうえでのCNTの次期大会でのFNC誕生の見通しを語ってから[33]、このとき既に1年が過ぎ去ろうとしていた。バリェステーロスもまた、1913年にAOCの副代表を務めた「経験に富んだヘレス・デ・ラ・フロンテーラの指導者たち」のなかの1人。FTACCヘレス大会の時点では、AGTAの書記の地位にあった。

もっとも、1933年1月を待たずに、南スペインのアナルコサンディカリズムは既に凋落の気配が濃厚だった。退潮を決定づけたのは、直前に起こったモンテリャーノその他での謎めいた爆弾騒動にもかかわらず、アンダルシアCRT地方委員会があえて強行した1932年5月のセビーリャ県での農業ストライキの敗北である。この、当初は全県規模で実施されるはずだった農業スト攻勢の調整役を一任されたのは、カディス県の「経験に富んだ」AGTA書記である[34]。しかしながら、ヘレス・デ・ラ・フロンテーラの労使交渉でもまれながら自身の「現実感覚」に磨きをかけてきたホセ・バリェステーロスが、左傾の度合いをとみに強めつつあったアンダルシアCRTの方針に全面的に賛同していたとは思われない。

事実、アンダルシアCRT書記長のミゲル・メンディオーラやCNTセビーリャ市連盟代表のカルロス・シンメルマンら、国家権力との正面衝突をも辞さぬ構えを見せるセビーリャの「首脳」とは対照的に、バリェステーロスを除くヘレス・デ・ラ・フロンテーラとその近辺の「アンチ・サルボチェア」たちはむしろ第2共和制に歩み寄る。このとき、ヘレスに招集された労使混成協議会の農業労働者側の代表はアナルコサンディカリストだけで構成されていた。第2共和制が取り仕切る混成協議会での労使交渉に臨んだのは、FTACC書記で、先のFTACCヘレス大会でAGTAを代表した地元ヘレスのディエゴ・マルティネスを筆頭に、メディナ・シドニア、アルコス・デ・ラ・フロンテーラ、サン

第9章　ヘレスからバーサへ

ルーカル・デ・バラメーダの、いずれも CNT 傘下の組合の幹部たちだったのである[35]。

　AGTA・FTACC のサンディカリストたちの選択に、AOC 以来の連続性を認めることは容易だろう。しかし、「現実感覚」に支えられたヘレス・デ・ラ・フロンテーラの「アンチ・サルボチェア」たちの行動には、翌年の『シャピロ報告』が指摘することになる、CNT の共和主義との「癒着」や「純粋」サンディカリズムへの「堕落」の可能性が内包されていた観も否めない。隣接するセビーリャ県での大規模な争議の発生が予想されるなか、労使混成協議会の席に着いたディエゴ・マルティネスらは、ヘレスの農業エリートが求める「収穫ノルマ」を受け容れる。そして、この「収穫ノルマ」こそは、「5時間労働」その他と並ぶセビーリャ県の労使対決の要なのだった。

　1932 年のヘレス・デ・ラ・フロンテーラの争議は、18 年前のそれとはまったく異なった帰結を迎える。マルティネスらの判断に AGTA・FTACC 傘下の「アンダルシアの民」は背を向け、ヘレスでの労使交渉の「妥結」に抗って間欠的な農業ストライキに打って出る。1914 年にはマルティネスとオリーバの「現実感覚」に従って「直接行動」の原則を離れたヘレスの「民」は、今回は急進化するセビーリャ県の「民」に同調した。おかげで、元祖「アンチ・サルボチェア」は FTACC 書記の辞任を余儀なくされる破目になる。梯子を外され、1 人途方に暮れたと思われるのが、おそらくは心ならずもセビーリャ県の争議に関与せざるをえなかったホセ・バリェステーロスである。4 ヶ月前の FTACC ヘレス大会の折、バリェステーロスは「組合活動に責任を負わない」「自称」アナキストたちの増殖を嫌ったグラサレーマのボレーゴの報告を敷衍しつつ、彼ら「労働者階級の分断を画策する」分子への対抗策を講じようと提案している。しかし、大会はその検討を回避したのだった[36]。

　1932 年 5 月。1910 年代の再現をもくろむかのようにして、FTACC 書記のディエゴ・マルティネスが「純粋」サンディカリストへ「堕落」する瀬戸際に身を置いていたとすれば、その半年前に「お上」との「癒着」とも取られかねない選択をしていたのがセバスティアン・オリーバだった。20 世紀の初頭、バルセロナで近代学校の経営に従事したフランシスコ・フェレーレや、セビーリャの腹を空かせた子どもたちに慕われたホセ・サンチェス・ロサ[37]。カストロ・デル・リオの「コルドニエフ」やブハランセのフアン・ペレス。さらには、チクラーナ・デ・ラ・フロンテーラのディエゴ・ロドリーゲス・バルボーサ[38]。

597

まともな就学の機会に恵まれなかった人間たちの知的水準を向上させるための営みは、ピレネーの南のリベルテールたちの多くが自らに課した仕事だった。オリーバも例に漏れない。CNT が非合法化に置かれたプリモ独裁期、組合活動を棚上げされたオリーバはヘレス・デ・ラ・フロンテーラの周囲に広がる大農場へしばしば出かけていき、日雇い農の子どもたちの相手をした。

注目されるのは、1931 年 11 月、そのオリーバがヘレス・デ・ラ・フロンテーラの市役所の管轄下にあった初等教育のための評議会に参加したという事実である。2ヶ月後の FTACC ヘレス大会で、オリーバがペレス・コルドンらから集中砲火を浴びねばならなかった理由の一端は、このあたりにも潜んでいたのかもしれない。同時代の FAI 派にとってはすぐにも廃絶されるべき対象でしかない第 2 共和制の事業に「加担」したかのような『ラ・ボス・デル・カンペシーノ』編集長には、もう 1 人の「アンチ・サルボチェア」である AGTA 書記のホセ・バリェステーロスも同調している。

1932 年 1 月に開かれた FTACC ヘレス大会のなかで、オリーバはその多くが「組織活動に必要な……会議録や統計の作成すらもままならない」若い日雇い農たちの知的水準の低さを嘆いている[39]。1 つにはこうした危機意識が、アルフォンソ・ニエベスによれば「ブルジョワ文化」を凌ぐという大衆の「プロレタリア文化」への信頼を持ちえなかったオリーバに、第 2 共和制の「ブルジョワ文化」への接近を図らせたものと想像される。いずれにせよ、反革命が鎌首をもたげた「暗黒の 2 年間」には、AGTA の 2 人の「アンチ・サルボチェア」はブルジョワ出の（？）他の同僚たちともども件の評議会を追い出されてしまう破目になる[40]。

1932 年 5 月を通じて、アンダルシア CRT は AGTA・FTACC にもまして甚大な打撃を被った。セビーリャ県下の 27 の市町村を巻き込んだ争議が敗北に終わった後、県庁所在地のアンダルシア CRT 地方委員会は活動停止に追い込まれ、県内の 1,000 人を超える組織員が逮捕・投獄された[41]。同年 7 月、明らかに 2 ヶ月前のセビーリャ県の経験を念頭に置きながら、「徒に『社会革命』を叫び、革命的な戯言を弄したストライキ運動」に「建設的な営為と組織化」を対置させつつ、FNC 設立のための全国大会を開催する必要を訴えたモロン・デ・ラ・フロンテーラのアントニオ・ロサード・ロペスの論考が『ラ・ボス・デル・カンペシーノ』紙に掲載される[42]。

この、後のアンダルシア FRC 書記長によれば、「社会革命」は多少とも長

期にわたる準備や啓発活動を通じて大衆の意識のなかにようやく萌していく類の性質を持つ。そして、FNCこそは「社会革命」を視野に収めた「準備や啓発活動」のための手段に他ならなかった。FNCを「社会秩序の変革」の中軸に据えた、先のオリーバに通じる論理である。活動家としての人生を通じて、「経験に富み、自らの重責を自覚した指導者の手により、申し分なく有機的に構築された組織」を前提としない「即興じみた行動の有効性を信じたことは決してなかった」とその回想録『土地と自由』に書きつけているロサードもまた[43]、確かに「アンチ・サルボチェア」の１人だった。

　「経験に富み、自らの重責を自覚」するロサードが「生来のサンディカリスト」(アントニオ・ミゲル・ベルナール)[44]ならではの手腕を発揮したのは、1932年秋の地元での労使交渉の折である。オリーヴの収穫期を前にして、CNTのモロン・デ・ラ・フロンテーラ地域連盟を率いるロサードは、農業経営者たちを相手に、地元の日雇い農と、スト破りに動員されることもしばしばだった出稼ぎの双方に配慮した雇用契約の締結に成功する。「生来のサンディカリスト」は、モロンとその地区連盟傘下の組合の統制下にない労働力の雇用の禁止を大地主たちに確約させたうえで、オリーヴの収穫作業への出稼ぎの投入に道を開く。このときのロサードは、ラルゴ・カバリェーロの「区域調整法」を、そもそも働くこそすら覚束ない同胞への「人道的な感覚と連帯の精神」が欠落した、「処方されたところで、病気そのものよりもなおいっそうたちの悪い薬」と酷評する一方で、あえて賃金の出来高払い方式を自ら受け容れるだけの懐の深さも見せた[45]。

　ここで想起されるのが、モロン・デ・ラ・フロンテーラの労使が合意に達してから間もなく持ち上がったコルドバ県のブハランセでの労使紛争である。1932年の初冬、ディアス・デル・モラールの故郷では正しく出来高払い方式のオリーヴの収穫作業への導入に反対する農業ストライキが発生。アントニオ・ミーリャ・サラスらFAI派と覚しいリベルテールたちの「組合から」の指導のもと、地元の「アンダルシアの民」は挙って出稼ぎたちの、しかもその多くがおそらくはアルメリア県やグラナダ県から来たと思われる、同じ「民」の追い出しに精を出していたのだった。

　ブラス・インファンテにも似て、「純粋」アナキズムの「使徒」ペドロ・バジーナの高潔な人柄に魅せられていたことは間違いないにせよ、ロサードがFAIの「革命信仰」とは無縁の活動家であったことはあえて念を押す必要もないだ

ろう⁽⁴⁶⁾。「アンダルシアの農業問題」をめぐる「現実感覚」の鋭さの点では、モロン・デ・ラ・フロンテーラの活動家は AGTA や FTACC の仲間たちをも凌いでいたと考えることもあるいは可能かもしれない。FTACC ヘレス大会では、小麦の収穫作業には地元の労働力だけで充分との立場から、ポルトガルからの出稼ぎたちのアンダルシアへの「乱入（irrpución）」を阻止する提案が「討論に付されぬまま」受け容れられていたのである⁽⁴⁷⁾。

　1933 年 1 月に国家権力が行なった「犯罪」を告発したカディスのビセンテ・バリェステールの『けだものどもが通りすぎていった！』を、ロサードはエミール・ゾラの名高い『私は弾劾する』（1898 年）にも匹敵する抗議文と讃えている。しかし、その一方で「時代が醸成した、第 2 共和制が解決するすべを知らない社会戦争の空気」に引きずられるままに悲劇に向かって猪突猛進したかにも見える、カサス・ビエハスの日雇い農たちには冷めた眼差しを向ける⁽⁴⁸⁾。CNT が従来にもまして声高に棄権を呼びかけた 1933 年 11 月、モロン・デ・ラ・フロンテーラでは投票箱が破壊される事態も出来した⁽⁴⁹⁾。ロサードの『土地と自由』は、第 2 共和制の明白な「敵」だった「右翼」に勝利をもたらした CNT とその組織員たちの選択に、「充分すぎるほどの理由はあったにせよ」と一応の理解は示しながらも、「政治経験の不足」を指摘する⁽⁵⁰⁾。

　第 2 共和制期のアンダルシアにあって自治体の首長を務めたアナルコサンディカリストの 1 人として、われわれはペドロ・ロペス・カーリェを知っている。もちろん、このマラガ県のモンテハーケの町長を「仲間」と呼ぶことをあからさまに嫌うリベルテールもいた⁽⁵¹⁾。「政治」の「汚辱」にまみれることをもあえて厭わなかったそんなロペス・カーリェを、回想録のなかで同時代の巨人とまで激賞しているのがロサードである⁽⁵²⁾。モンテハーケの「巨人」は、（旧）アンダルシア FRGA が誕生した「ボリシェヴィキの 3 年間」以来のロサードの盟友だった⁽⁵³⁾。ただし、自身が裁かれたフランコ独裁初期の軍法会議の席での弁明によれば、ロサード本人は投票所に足を運んだこともなければ、政党に所属したこともないという⁽⁵⁴⁾。

　ヘレス・デ・ラ・フロンテーラの「アンチ・サルボチェア」たちが逆境に置かれ、AGTA・FTACC の肝煎りによる FNOA 再建の展望が遠のくなかの 1933 年 3 月。セビーリャに招集されたアンダルシア CRT 地方大会で、FNC に代わるアンダルシア FRC の設立案が浮上した。このとき、ホセ・バリェステーロスらヘレスの「アンチ・サルボチェア」たちは蚊帳の外に置かれていた。大

第9章　ヘレスからバーサへ

会では、かねて FNC の重要性を主張していたロサードをも交えて、アンダルシア FRC のための暫定委員会が発足する[55]。暫定委員会はまずウトレーラに、次いでロサードの故郷であるモロン・デ・ラ・フロンテーラに置かれた。だが、「暗黒の 2 年間」の終焉間際にようやく開始されたモロンでの暫定委員会の活動は、アンダルシア FRC 設立の是非やそのあるべき組織構造を討議するための大会の招集を訴える数枚の回状の送付だけに留まった。1937 年 7 月の FRC バーサ大会にロサードが提出した報告によると、セバスティアン・オリーバとホセ・バリェステーロスが指導に当たりながらも「それが設けられた目標のために実質的には何もできなかった」FNC 調整委員会[56]と同じ轍を、アンダルシア FRC 暫定委員会も踏んだと見なしても大過ないものと思われる。

　持病の結核に悩まされたせいで、第 2 共和制期のロサードはしばしば階級闘争の戦列を離れなければならなかった。『土地と自由』の著者が 1936 年 7 月 18 日を迎えたのは、カンティリャーナのバジーナのサナトリウムにおいてである[57]。1935 年 11 月のモロン・デ・ラ・フロンテーラにあって、アンダルシア FRC 設立のための最初の回状の執筆に（少なくとも直に）従事したのもロサードではなく、アントニオ・ゴンサーレス・タグアだった[58]。ゴンサーレス・タグアは「改革の 2 年間」にモロンの CNT の代表を務めるとともに[59]、1932 年秋の労使交渉ではロサードと同席していた。このモロンのアナルコサンディカリストも、行動理念の点で「生来のサンディカリスト」に近いもう 1 人の「アンチ・サルボチェア」であったに違いない。

　1936 年 5 月。モロン・デ・ラ・フロンテーラの組合を代表してアラゴンの中心都市へ赴いたロサードは、農地改革とリベルテール共産主義に関する CNT サラゴーサ大会の 2 つの「統一見解」の作成に携わった[60]。2 つの文書のうち、「農地改革に関する統一見解」は折から再開されつつあった第 2 共和制の農地改革を「既成事実」として受け容れ、それに「集団的な」色彩を施そうとする[61]。1932 年 1 月の FTACC ヘレス大会では FAI 派のミゲル・ペレス・コルドンらにその手ぬるさを痛罵されたセバスティアン・オリーバでさえも、それから 8 ヶ月後に可決された農地改革法の施行が日雇い農の零細農への転換だけに終わりかねない可能性を指摘するとともに、国家権力の後ろ盾のもとでの農地改革そのものに否定的であったという事実を思い出してみよう。

　CNT サラゴーサ大会のこの「統一見解」には、1933 年 11 月に「政治経験の不足」を露呈し、「暗黒の 2 年間」の弾圧を耐え忍んだ後に人民戦線に暗黙

の支持を与えるに至るまでのCNTの紆余曲折が反映されているかに思われる。むろん、「お上」主導の農地改革になおも強硬に反対する向きもあった。サラゴーサ大会が迫るなか、バルセローナの最も有力な「純粋」アナキスト紙『ティエラ・イ・リベルタ』が頼みとしたのは、あくまでも「直接行動」に訴える仲間たちによる自然発生的な土地占拠である[62]。

　「農地改革に関する統一見解」は、さらに「全国的な枠組みを持つ」強固な農民組織を農業問題の「漸次的な」解決の前提と位置づける[63]。しかし、ロサード自身も提唱していたFNC案にまで遡るこの発想は、1932年から33年にかけての「反乱のサイクル」、換言すれば、モロン・デ・ラ・フロンテーラの「生来のサンディカリスト」が嫌う「即興じみた行動」を通じて第2共和制の即時の破壊を急いだFAI派の戦略を改めて肯定した観の強い「リベルテール共産主義についての統一見解」とは相容れない。『土地と自由』は、ロサード本人がその取りまとめに大いに尽力したもう一方の「統一見解」や、サラゴーサ大会で実現した（一部を除く）旧「30人派」のCNT復帰については多弁でありながらも、「リベルテール共産主義の概念に関する統一見解」をめぐっては、著者がその作成に関与した事実をそっけなく認めるだけである[64]。

　6月付でモロン・デ・ラ・フロンテーラからアンダルシアCRT傘下の各地の組合のもとに差し出された4通目の、おそらくは最後に作成されたものと見られる回状も、アンダルシアFRCのさらに先を見据えたうえでの、「全国的な枠組みを持つ」強固な農民組織の形成への望みを捨てていない[65]。7月10日にマラガ県のロンダでの開催が予定されていたカディス・セビーリャ・マラガの3県の農業労働者大会でも、FNCの設立を謳った1931年6月のCNTマドリード大会の決議の是非が改めて問われるはずだった[66]。しかし、軍事行動の切迫を危惧する首相サンティアゴ・カサーレス・キローガからの要請を受けて、『土地と自由』の著者はこの大会の招集の中止を急遽決断する[67]。

　われわれは、このあたりにもモロン・デ・ラ・フロンテーラの「アンチ・サルボチェア」の「現実感覚」の1つの発露を認めることができるだろう。しかし、モロンの暫定委員会には「農業問題」の「漸次的な」解決のためのFNCの建設はおろか、アンダルシアFRCの構築のための時間すらももはや残されていない。アルフォンソ・ニエベスの言動に凝縮されたFAIの「革命信仰」が、AGTAやFTACCのサンディカリストたちの地道な営為に冷水を浴びせたことは疑いない。とはいえ、かつてのFNOAの時代がそうであったように、

第 2 共和制期にあっても、セバスティアン・オリーバらヘレス・デ・ラ・フロンテーラのサンディカリストたちが持ち前の「現実感覚」を「アナーキー」の実現に結びつけるすべをついに発見しえなかったことも確かだった。

　FNC 調整委員会の「非力」を批判したロサードにしたところで、ことは同じである。第 2 共和制が誕生した直後に活字になった、従って復古王政の余命が不意に断ち切られる前夜に執筆された論考のなかで、後のアンダルシア FRC 書記長は「もっぱらアナキストを自称し、……革命への愛を語ることに専念している者たち」に釘を刺すかのように、「進化（Evolución）」と「革命（Revolución）」を「どこまで延長されようとも、決して引き裂かれることのできない 2 本の平行線」になぞらえていた[68]。モロン・デ・ラ・フロンテーラの「アンチ・サルボチェア」は、「アナーキー」を目指す「革命」を「現実感覚」に根差した「進化」と表裏一体のもとに捉えようとしている。

　しかし、2 本の「平行線」が交錯することはもちろん決してありえない。そこから看取されるのは、「進化」を隠れ蓑にした「革命」の実質的な先送りである。そして、FAI の「革命信仰」の「暴走」を憂慮するアントニオ・ロサードのレトリックの破綻を、さらにはセバスティアン・オリーバらの営為の頓挫を、図らずも浮き彫りにしてみせたのが、CNT サラゴサ大会での 2 つの「統一見解」の「両論併記」であったようにも思われる。「生来のサンディカリスト」ロサードの回想録の「リベルテール共産主義に関する統一見解」についての事実上の沈黙のうちに、南スペインの「アンチ・サルボチェア」たちの挫折が端的に凝縮されていた。1936 年 7 月にフランコ派が決起して以降、南スペインのあちこちに顕現した革命現象は、「多少とも長期にわたる準備や啓発活動を通じて大衆の意識のなかにようやく萌し」たものではなかったのである。

註
（1）　モリス「カストロ・デル・リオ」48 - 49 ページ。
（2）　Montañés, *op.cit.*, p.217.
（3）　Diego Caro Cancela, "Sebastián Oliva, un anarquista de Andalucía", *Recherches en littérature et civilisation européennes et hispano-américaines*, Besançon, 2009, p.104.
（4）　20 世紀の初頭から 1930 年代前半までのヘレス・デ・ラ・フロンテーラの農業労働者組織の幹部のリストは、Maurice, "Campesinos de Jerez", p.90 y p.108.
（5）　「開化されたすべての労働者の尊厳の獲得と生活水準の向上」を謳って AOC が決

行したこの農業ストライキの詳細は、id., "Una huelga y sus fuentes", *El anarquismo andaluz, una vez más*, pp.179-194.
（6） Caro Cancela, "Sebastián Oliva", p.96.
（7） Maurice, *El anarquismo andaluz*, p.264. この争議の経過に照らして、ジャック・モリスは「当時の」農業ストライキが「まったく非合理的な衝動のもとに（a impulsos totalmente irracionales）」実施された、とのディアス・デル・モラールの「断定」の修正、その相対化を図る（id., "Una huelga y sus fuentes", p.195.）。だが、前年のFNOAの、他でもないヘレス・デ・ラ・フロンテーラの仲間たちの肝煎りによる、これまた他でもない県庁所在地での誕生を1つの契機として、「当時の」コルドバ県内の日雇い農たちも1903年のブハランセに典型的な、なるほど一見したところでは「まったく非合理的な衝動」に従ったかのような反逆の作法を放棄しつつあったはずである。これまでにも言及したように、「ボリシェヴィキの3年間」に向けてのコルドバ県のカンピーニャでの「散文的な」サンディカリズムの定着は、ディアス・デル・モラールの『騒擾史』からも跡づけられる事実である。
（8） Id., *El anarquismo andaluz*, pp.260-261.
（9） José Luis Gutiérrez Molinaの教示による。
（10） 史料的根拠は、本節の註（1）に同じ。ただし、カストロ・デル・リオからの問題提起は「革命的サンディカリズムはアナキスト的であるべきか、またアナキズムは革命的サンディカリスト的であるべきか」との問いかけと併せて第3部会でなされ、ヘレス・デ・ラ・フロンテーラからの回答は第4部会で、つまり実際には間接的な形で示された（Díaz del Moral, *Historia de las agitaciones*, Apéndice 6, p.426 y p.428.）。
（11） 1910年代にディエゴ・マルティネスが発揮した、『アンダルシアのアナキズム』の著者に従えば「ポジティヴな」精神については、Maurice, *El anarquismo andaluz*, pp.266-270.「現実感覚」については、id., "Una huelga y sus fuentes", p.194.
（12） Montañés, *op.cit.*, p.224 n.54.
（13） Caro Cancela, "Sebastián Oliva", pp.95-96.
（14） Maurice, *El anarquismo andaluz*, pp.273-274.
（15） Diego Caro Cancela, "Una memoria sobre la huelga agrícola de 1917 en Jerez de la Frontera", *Gades*, núm.14, 1986, p.270.
（16） この大会では、アロサイナのCNTや、ジュンケーラとカサラボネーラのUGTその他、やはり議決権を持たないマラガ県下の複数の組合からの代表たちの姿も見られた（*Memoria del primer congreso*, pp.6-8.）。
（17） Caro Cancela, "Sebastián Oliva", pp.101-104.
（18） グティエーレス・モリーナ『忘れさせられたアンダルシア』185・189ページ。カサス・ビエハスが血にまみれた1933年1月には、チクラーナ・デ・ラ・フロンテーラでも騒擾が発生。このため、バルボーサらは逮捕・収監され、地元のCNTも1936年2月まで閉鎖される破目になる。それでもなお、1933年9月と、それ

からちょうど1年後の34年9月の2度にわたって、このプエブロのアナルコサンディカリストたちは争議の渦中にあったヘレス・デ・ラ・フロンテーラの葡萄栽培農民に支援の手を差し伸べている（同邦訳、203ページ）。

(19) *Memoria del primer congreso*, pp.16-18.
(20) R. Mintz, *op.cit.*, p.140.
(21) Caro Cancela, *loc.cit.*
(22) エレンブルグ、木村浩訳『わが回想／人間・歳月・生活』第3部、朝日新聞社、1963年、335‐336ページ。
(23) エレンブルグがヘレス・デ・ラ・フロンテーラに入ったのは、1931年の秋か初冬のことであったと思われる。同年12月から翌年1月にかけての短い間にかなり急いで執筆されたそのルポルタージュ『スペイン／勤労者の共和国』（1932年）では、このときオリーバは「45歳ほど」。作家のペンを信頼すると、オリーバが生まれたのはディエゴ・カロ・カンセーラの推定よりもやや遅れて1880年代の半ばということになる。また、「新しい世界」でのオリーバの足取りに、カロ・カンセーラはまったく言及していない。しかし、これもエレンブルグを信じれば、オリーバはキューバのプランテーションで汗を流していたことがあり、その折にも獄中暮らしの辛酸を舐めねばならなかった（Ehrenburg, *España*, pp.116-117.）。「ヘレスのアナルコサンディカリズムのなかで最も敬愛された指導者」の生涯の再現に捧げられたカディスの現代史家の多大な努力にもかかわらず、オリーバの過去には依然として不明なところが少なくない。
(24) Maurice, *El anarquismo andaluz*, pp.281-282.
(25) バハティエラは、ラティフンディオの没収と、その組合への移譲を定めた1931年6月のCNTマドリード大会の決定に異議を唱えた。「個人主義的なアナキスト」の修正案では、組合に引き渡されるべき土地は「未耕地」に限られる（Bajatierra, *op.cit.*, pp.14-15.）。
(26) *La Voz del Campesino*, 5-XI-1932.
(27) *Ibid.*, 19-XI-1932.
(28) *Ibid.*, 17-XII-1932.
(29) *Ibid.*, 10-XII-1932. このときのホセ・ゲレーロ・ボカネグラにとって、「集団的な至高の倫理」のもとに労働者大衆の営為を推し進めるためには、「同時に社会的・破壊的・建設的な」性質の革命の成就の先にある「幸福」に思いを致すだけで充分なのだった（*ibid.*, 9-VII-1932）。「破壊への情熱」と「創造への情熱」とを同一視するバクーニンの「嫡子」は、確かにシェリーの故郷にもいたわけである。
(30) Caro Cancela, "Sebastián Oliva", p.105. オリーバが言う「君たち」のなかには、1932年1月のFTACCヘレス大会の席上、ペレス・コルドンやゲレーロと並んでオリーバ当人を痛烈に批判したミゲル・ガルシアが含まれている。カサス・ビエハスが殺戮の巷と化す前夜、会合に集結した仲間たちを街頭での行動へと強く駆り立てたのは、このときヘレス・デ・ラ・フロンテーラとその地域のアナキスト・

グループ連盟の書記長を務めていたガルシアである（R. Mintz, *op.cit.*, p.183.）。

(31) *La Voz del Campesino*, 24-XII-1932.
(32) アムステルダムにあるIISGが所蔵する『ラ・ボス・デル・カンペシーノ』紙のコレクションは、カサス・ビエハスの悲劇の前夜に発行された1933年1月7日付の号を最後に途切れている。同紙は、このとき深刻な資金難に陥っていた（*ibid.*, 7-I-1933.）。
(33) *Memoria del primer congreso*, pp.9-10.
(34) Maurice, *El anarquismo andaluz*, p.187.
(35) セビーリャ県内での爆弾騒動の発生とときを同じくして招集されたヘレス・デ・ラ・フロンテーラでの1932年5月の労使混成協議会へのリベルテールたちの関与と、その後の事態の進展については、*ibid.*, pp.290-293. この間の、既に「第一線から退」いていたはずのオリーバの動向については不明である。
(36) *Memoria del primer congreso*, p.28.
(37) Gutiérrez Molina, *La tiza*, p.68.
(38) グティエーレス・モリーナ『忘れさせられたアンダルシア』170‐171ページ。
(39) *Memoria del primer congreso*, p.15. 因みに、本章前節の註 (79) に引いておいた、1936年6月のヘレス・デ・ラ・フロンテーラでのFAI派のカディス県総会の、タイプライターで作成された会議録には、1903年7月にカストロ・デル・リオのフスト・エリェールが書いた文書ほどの誤りはないにせよ、selebradoその他、アンダルシア訛りのままの綴りが見出される（正しくはcelebrado）。
(40) Caro Cancela, "Sebastián Oliva", pp.105-106.
(41) José Luis Gutiérrez Molina, "Andalucía en el verano de 1932", *Un encuentro*, pp.5-7.
(42) *La Voz del Campesino*, 23-VII-1932.
(43) Rosado, *Tierra y libertad*, p.60.
(44) Antonio Miguel Bernal, "Prólogo", Rosado, *Tierra y libertad*, p.16.
(45) 件の契約には、モロン・デ・ラ・フロンテーラの地域連盟（CNT）、またはその傘下の各組合と出稼ぎたちの出身地の各組合のそれぞれの責任者1名がオリーヴの収穫作業を共同で監視する条項が盛り込まれている。なお、契約に署名した大地主のなかにはビリャ・デル・タホ侯爵の名が見える（*ibid.*, pp.78-84.）。第2章第1節で農業エリートを扱った際にその名を挙げておいた、貴族に成り上がった大借地農の子孫である。
(46) 1932年5月の「徒に『社会革命』を叫び、革命的な戯言を弄したストライキ運動」の失敗をめぐっては、ペドロ・バジーナがミゲル・メンディオーラとカルロス・シンメルマンの責任を追及。バジーナとこの2人が非難を応酬するなかで仲介役を買って出た「ヒラルダの悪魔」は、ソディ・デ・リーバスの見るところではアントニオ・ロサードの匿名である（Sody de Rivas, *op.cit.*, p.120 n.160.）。もっとも、「悪魔」がその営為を称讃するシンメルマン（El Duende de la Giralda, *El caso*

第 9 章　ヘレスからバーサへ

Vallina y la CNT, Madrid, s.f[1932]., pp.19-22.) とロサードとの確執が、ソディ・デ・リーバス自身も述べるように (Sody de Rivas, *op.cit.*, p.112.)、問題の争議に先立って既に表面化しつつあった点を考慮すれば、「悪魔」とロサードとを同一視することにはかなりの疑問が残る。メンディオーラは 1932 年 5 月の責めを 1 人問われ、アンダルシア CRT 地方委員会書記長を解任される。問題の争議から 4 ヶ月後、同じ職責を暫定的に引き受けたのがカディスのビセンテ・バリェステール・ティノーコだった。『けだものどもが通りすぎていった！』の著者は、1933 年 3 月のセビーリャでのアンダルシア CRT 地方大会において、正式に南スペインのアナルコサンディカリズムの頂点に立つ (Gutiérrez Molina, *Se nace hombre libre*, p.49 y p.53.)。

(47) *Memoria del primer congreso*, p.33.
(48) Rosado, *Tierra y libertad*, pp.85-86.
(49) Sody de Rivas, *op.cit.*, p.151.
(50) Rosado, *Tierra y libertad*, pp.107-108.
(51) *La Voz del Campesino*, 12-XII-1932.
(52) Rosado, *Tierra y libertad*, p.63.
(53) Sody de Rivas, *op.cit.*, p.68.
(54) Rosado, *Tierra y libertad*, pp.234-235. しかしながら、この回想録『土地と自由』の他の箇所で述べられているところでは、1912 年からせいぜい 2 年ほどのこととはいえ、ロサードにはモロン・デ・ラ・フロンテーラにあった社会党支部に確かに在籍していた過去がある。その間、後のアンダルシア FRC 書記長はプエブラ・デ・カサーリャまで足を運び、同じセビーリャ県内のこのプエブロに姿を見せた党首のパブロ・イグレシアスから「さらに研鑽を積むよう」激励される一幕もあったという (*ibid.*, pp.23-25.)。
(55) Maurice, "El anarquismo en el campo andaluz", p.36.
(56) *Memorias del Congreso de Constitución*, pp.32-33.
(57) Sody de Rivas, *op.cit.*, p.170 n.242.
(58) *Solidaridad Obrera*, 23-XI-1935.
(59) Rosado, *Tierra y libertad*, p.74.
(60) Sody de Rivas, *op.cit.*, pp.163-170 y n.236.
(61) Maurice, *El anarquismo andaluz*, p.304.
(62) *Tierra y Libertad*, 3-IV-1936.
(63) CNT, *El Congeso Confederal*, pp.222-223.
(64) Rosado, *Tierra y libertad*, pp.109-112. サラゴーサ大会では、85 の組合に加入する 69,621 人の旧「30 人派」の CNT への復帰が認められた (Casanova, *De la calle al frente*, p.141.)。1932 年 12 月に CNT を追われたアンヘル・ペスターニャは、サンディカリスト党を解散させぬまま、37 年 9 月にアナルコサンディカリスト労組に戻る (Elorza, "Prólogo", pp.76-77.)。

(65) *¡Campo Libre!*, 13-VI-1936.
(66) *Ibid.*, 4-VII-1936.
(67) Rosado, *Tierra y libertad*, p.118. Maurice, *El anarquismo andaluz*, p.306.
(68) *Solidaridad Proletaria*, 16-IV-1931.

第９章　ヘレスからバーサへ

第３節

内戦と南スペインのアナルコサンディカリズム

　CNT 全国委員会のイニシアティヴのもとに、このアナルコサンディカリスト労組に加入する国内の貧農を統轄する FNC が、前年 11 月にマドリードから第 2 共和制の首都機能を引き継いでいたバレンシアに誕生したのは 1937 年 6 月 12 日[1]。FNC 旗揚げの時点でアラゴンとカスティーリャとカタルーニャ、それにバレンシアのあるレバンテにも FRC が存在していた。翌月にはアンダルシアも加わって、FNC は併せて 5 つの地方で構成されることになる。しかし、FNC 調整員会が置かれたヘレス・デ・ラ・フロンテーラも、アンダルシア FRC 暫定委員会が陣取ったモロン・デ・ラ・フロンテーラも、「兄弟殺し」の開演とほぼ同時にフランコ派に蹂躙されていた[2]。

　1937 年 7 月 15 日と 16 日の 2 日間にわたり、FRC バーサ大会は南スペイン各地の 183 の組合に所属する 34,932 人を代表する 55 人の出席を得て開催された。西アンダルシアから FRC バーサ大会へ代表を派遣したのは、コルドバ県北部のポソブランコだけ。旧 FTACC 傘下の組合からの代表の出席は、もちろん皆無である。ともに故郷を喪失して久しいアントニオ・ロサード・ロペスとバルトロメ・モンティーリャ・ルスは、それぞれアルメリア県のアードラとコンタドールの代表として FRC バーサ大会に臨んだ[3]。バーサでの討論の核心は、第 2 共和制に留まった領域のなかでの農業の集団化と対抗労組 UGT（FNTT）との共闘の 2 点に集約される。

　軍事クーデタ直後の極度の混乱がひとまず収束し、マラガ県を除けば戦線がほぼ膠着した東アンダルシアと、西アンダルシアでは唯一第 2 共和制側の領域に留まったコルドバ県のシエラにあって、『ラ・ボス・デル・カンペシーノ』紙を通じてかつてアントニオ・ロサードが語っていた「社会革命」は、集団農場の導入へと収斂されていく。アントニオ・ミゲル・ベルナールの指摘にもあるとおり[4]、アンダルシアの大土地所有制の克服に当たって、CNT の「唯一の目標」が集団的な農業経営の実現にあったことは疑いない。しかし、1936 年 5 月の CNT サラゴーサ大会における、2 つの相互に矛盾した「統一見解」

609

の採択が物語るように、この「唯一の目標」を達成するための具体的な方策は実際には何も練り上げられてこなかったに等しい。

ジャック・モリスによると[5]、第2共和制が総崩れとなる1939年の春に至るまでの間、フランコ派による蹂躙をほぼ免れた南スペイン各地の市町村で企てられた農業の集団化の営為は、前線と後衛への食糧の供給を可能な限り円滑に確保するための、その限りでは内戦が産み落とした「偶発的な」試みにすぎない。また、われわれの見るところでは、「兄弟殺し」が泥沼化するなかで推進された集団農場の建設は、内戦の初期にカストロ・デル・リオその他で観察された、「純粋」アナキストたちの主導のもとでのリベルテール共産主義体制の樹立とは明らかに異なった意味合いを帯びていた。

アンダルシアFRCバーサ大会は、農業の集団化における組合のイニシアティヴを重視する。「革命の経済機関（Órgano económico de la revolución）」と定義された集団農場は、組合の中枢に形成される。集団農場を建設し、方向づけ、統制するのは組合である。集団農場は組合から独立した存在ではありえず、またあってはならない。集団農場と組合との関係をこのように規定した大会の「統一見解」は[6]、実はアントニオ・ロサードその人が「経済の崩壊を阻止すべく」東アンダルシアのあちこちで既に繰り広げてきた行動の追認に他ならない。1936年の、おそらく秋口に持たれたはずのマラガでのアンダルシアCRT地方委員会の会合の席で、ロサードは「農業経済の育成・協調・防衛」の重責を一任された後、各地を視察するなかで、農業エリートにより放棄された土地を経営するうえで必要と思われる「経済機関」を組合の中枢に構築する計画を着想し、その計画を実行に移すことに忙殺されていた[7]。内戦のかなり早い段階から、集団農場は「革命の経済機関」としての機能をともかくも果たしていたのである。

その回想録の端々からも容易に読み取れるように、農業の集団化の営為はアンダルシアFRC書記長自身の性癖とは相容れない「即興じみた行動」の連続ではあった。それでもなお、ロサード当人の方針を踏襲して農業の集団化の基軸に組合を据えたアンダルシアFRCバーサ大会の決定に、われわれは1931年6月のCNTマドリード大会のためにセバスティアン・オリーバが提案していたラティフンディオを組合へ引き渡す戦略を重ね合わせることもできる。同じCNTマドリード大会では、あのアキリーノ・メディーナも土地の集団経営を提唱していた[8]。サンディカリストとして、アナキズムと自らの立場との

610

間に一線を画したこのリベルテールが、集団経営の基盤に組合を想定していたことは間違いないだろう。1932年1月のFTACCヘレス大会で、組合の地域連盟をそのまま革命後の「生産の調整と交換の場、従って社会経済の最も重要な機関」と位置づけたのは、オリーバの同僚で当時AGTA書記の役職にあったホセ・バリェステーロス・ベアである[9]。

　組合のもとに土地の集団経営を委ねる発想は、1923年7月のコルドバでの大会の折にも表明されていた。この大会では賃金の引き上げも議題に上っていたことを思い起こしてみれば、プリモ独裁の樹立間際に招集された大会を支配していた空気は、マレファキスの主張とは反対に、4年後に産声を上げるFAIを先取りする「純粋」アナキズムのそれではおそらくなかった。社会革命のなかでの組合のイニシアティヴを重視する立場をさらに遡ってみれば、われわれは1917年5月のFNOAサラゴーサ大会における、「アナーキーを愛するすべての人間が占める位置は、労働者たちの組合のなかにある」とのディエゴ・マルティネスらの発言にまでたどり着く。

　つまるところ、「兄弟殺し」のさなかのアナルコサンディカリストたちによる「即興じみた」農業の集団化の実現は、20世紀初頭のシェリーの故郷に胎動した「アンチ・サルボチェア」たちの「散文的な」サンディカリズムの延長線上に位置づけることができるように思われる。「社会革命の勝利が既成の事実と化すまでは、組合はその歴史的な使命を果たしたことにならない」との、集団農場に関わるアンダルシアFRCバーサ大会の「統一見解」に盛り込まれた一節と、組合を束ねるCNTそのものの消滅を経て現出するはずの「自由なコミューン・自治体」に自らにとっての理想、即ち「アナーキー」を投影したアルフォンソ・ニエベス・ヌーニェスの革命構想との隔たりには著しいものがあるだろう。

　FNCの規約の第6条に従えば[10]、傘下のFRCの構造を決定するのは地方ごとに招集される総会や大会である。そして、その「不可欠の」前提としてFRCは農民の組合に立脚しなければならない旨が定められている。一方で、それが実際にどれほどの実効性を伴っていたかは不明ながらも、少なくとも規約のうえでは、ジャック・モリスがCNTの「超大型の農業省（super-ministère de l'Agriculture）」と呼んだように、FNCは生産や流通や消費その他の分野にわたって傘下の組合の活動に介入する多大な権限を有していた。

　さらに、規約の第9条を通じて、FNCはかつてガルシア・オリベールらの

猛反発を押し切って導入されていた FNI の1つと自らを規定する。「超大型の農業省」の名づけ親は、FNC の成立に、FAI の「革命信仰」やそれに追従する大衆——1933年1月のラ・リンコナーダの女たち！——に対するサンディカリストたちの「復讐」の匂いを嗅ぎ取った(11)。アンダルシア RFC の発足もまた、当然「復讐」の一環をなすだろう。因みに、FRC バーサ大会には、大会が持つ「厳密に職業的な性格」に照らして、FAI もリベルテール青年団も招かれていない(12)。モンティーリャ・ルスにしても、FAI 派として大会に出席したわけではなかった。

むろん、「兄弟殺し」の推移を無視して FRC バーサ大会を語ることにはまったく意味がない。大会のもう1つの重要課題だった UGT (FNTT) との地域・県・地方レベルでの「統一行動」の促進にも(13)、当時の南スペインのリベルテールたちが置かれた環境が大きな影を落としている。コルドバ県のシエラや東アンダルシアにあっては、内戦の早い段階でフランコ派の軍門に下ったグアダルキビール川の中下流域に比べて CNT の基盤がもともと脆弱であったこと(14)。不完全な形ではあれ、「ブルジョワ的な」第2共和制の統治機能が徐々に回復に向かったこと。「統一行動」が提唱された背景には、この2点が考慮されねばならないだろう。

グラナダ県の場合、1936年の7月末の時点でフランコ派が攻略していたのは県庁所在地とその周囲に広がるベガ (Vaga〔沃野〕) に点在する若干のプエブロに限られる。アルバイシンでのリベルテールたちの抵抗を最後に、「赤い」グラナダは7月23日にはフランコ派に圧殺される。しかし、県内の残るおよそ7割の市町村では、軍事クーデタは失敗に終わった(15)。10月上旬、新たに県庁が置かれたのは、他でもない、4ヶ月後にアンダルシア CRT 地方委員会を迎えることになるバーサである。バーサでの最初のグラナダ県知事は、社会党のアントニオ・デ・ガルシア・ポンス。しかも、バーサとその周辺でのアナルコサンディカリズムの影響力は限られていた(16)。1937年7月、バーサの CNT の組織員は 415 人。因みに、FRC バーサ大会でアントニオ・ロサードが代表を務めたアルメリア県のアードラでは、150 人がアナルコサンディカリスト労組の組織員証を持っていただけである。

バーサ大会での決議により、アンダルシア FRC の本部はハエン県のウベダに設置された。1937年7月の時点で、ウベダの CNT は 1,966 人を抱えていた。この組織員数は、アンダルシア FRC 傘下の組合のなかでは最多である。ウベ

ダに次ぐのは、同じくハエン県のペアール・デ・ベセッロの1,500人。しかし、ハエン県下で他に1,000人以上の農業労働者を糾合する組合が存在したのは、アンドゥハル（1,383人）とケサーダ（1,246人）の2つのプエブロのみ。その一方で、FRCバーサ大会に代表を派遣した同県の合計38の市町村の組合のうち、11のそれに所属する組織員はいずれも100人に満たなかった。最少はラス・インファンテス。このプエブロでは、わずかに25人のアナルコサンディカリストが活動していたばかりである。ハエン県内でのCNTに対するUGTの優位は、傘下のFNTTに限っても動かない。同県の内戦前夜におけるFNTTの組織員数は55,249人[17]。この数字は、1年後の同県のアンダルシアFRCの組織員数14,610人を大きく引き離していた。

　FRCバーサ大会の議事録に添えられた序文のなかで[18]、ロサードは「革命的プロレタリアート」と「ファシズム」としての資本主義の対峙に内戦の本質を還元する。FNCのみならず、アンダルシアFRCもまた、あくまでも農業労働者を中核としながらも、なおかつそれ以外の「農民大衆」をも含む団体として構想されていた過去や[19]、ロサード自身が集団農場建設のための土地の収用に際しては各地の第2共和制当局にも配慮を怠らなかったという事実に関しては[20]、ひとまず措くことにしよう。アンダルシアFRC書記長が内戦を階級闘争の顕現と見なし、農業の集団化に「革命的プロレタリアート」の自己表現を見出そうとしていたことを否定してしまわなければならないだけの理由はない。

　しかし、東アンダルシアをも含む第2共和制側の領域では、「ブルジョワ的な」統治機能の復元と相まって、階級間の垣根を越えて「持てる者」をも包含する、「すべての」反ファシストの結束を訴える別の論理が起動していた。ロサードの言い回しを借用すれば[21]、農業の集団化のうちに1つの果実を実らせた「社会的・経済的な革命（revolución económico-social）」の論理と「政治的・ブルジョワ的な民主主義（democracia político-burg[u]esa）」のそれとが鎬を削る局面の到来である。同じ序文の字面をなぞってみれば、内戦と革命を生きるロサード自身にとって、「政治的・ブルジョワ的な民主主義」は、前年の夏に死に絶えたも同然のはずだった。それでも、「改革の2年間」と人民戦線期の「お上」を支えたその論理は、それが存在する根拠をまだ失ってはいない。そして、軍事クーデタの直接の攻略目標だった人民戦線政府の正統性・正当性に依拠しつつ、「政治的・ブルジョワ的な民主主義」を擁護する論法に訴えたのが、第2

共和制をその誕生直後には「ブルジョワジーと〔大〕地主たちの共和国」と罵倒して憚らなかった共産党だった。

ドイツでは、アドルフ・ヒトラーが既に権力の座にあった1933年2月。ベルリンの国会議事堂の炎上をきっかけに、ヨーロッパ全土でファシズムの脅威がいっそうの現実味を帯びるなか、スペイン共産党は社会党・UGT、さらにはCNTにも共闘を呼びかけた。この段階では、アレハンドロ・レルーらの共和派は、共産党からは王政派と並ぶファシストと見なされている[22]。だが、1935年7月のモスクワでのコミンテルン第7回大会が、各国の共産党に大きな戦略の転換をもたらす。ブルガリアのゲオルギー・ディミトロフにより同大会に提出された報告により、コミンテルンの「主要な標的は、もはやブルジョア資本主義ではなくファシスト帝国主義とされ、反ファシズム戦線はもはや排他的にプロレタリアートのものではないとされた」。

ディミトロフ報告が暗黙のうちに語っていたのは、この「新路線が1つの目的——ファシズムの打破——のためにプロレタリア革命の追求を延期することを意味しており、ファシズムの打破が、多分プロレタリア革命の不可欠な序曲となるとしても、それ自体は革命的でなく、しかも革命への公然たる敵対者と同盟しつつ追求されうる、ということであった」。ソヴィエト・ロシア史の巨匠が読み解くように[23]、「ディミトロフの『人民戦線』は、ファシズムという緊急事態に対処することを目的として、プロレタリア革命を棚上げにするために案出された」のだった。

背後では、東欧に触手を伸ばすヒトラーに脅えて英仏への接近を図るヨシフ・スターリンが糸を引いていた[24]。そのスターリンの見立てでは、「政治的・ブルジョワ的な民主主義」を具現する両国との間につつがなく安全保障体制を構築するうえでの妨げ以外の何ものでもなかったのが、1936年夏にスペインを見舞った「社会的・経済的な革命」の嵐だった。「兄弟殺し」のなかでの正真正銘の「アカども」の言動を「大いなる欺瞞」として厳しく断罪する内戦・革命史家のバーネット・ボロテンによると、「コミンテルンは反フランコ闘争の定義をブルジョワ民主制防衛の闘争と規定することによって、スペインで起こっていた激越な革命を軽視しようとし、それを外国の眼から隠蔽しようとさえしたのである」[25]。

「スペイン共産党はコミンテルン〔第〕7回大会の決定を心から歓迎した」[26]。「心から」ではなかったにせよ、モスクワでの「決定」を「歓迎した」のは、

軍事クーデタが誘発した「プロレタリア革命」に茫然自失の態だった中産階級も同様だった。「われわれ中産階級の者たちは、プロレタリアートに調子を合わせてやってゆくしかない」とは、「社会的・経済的な革命」が第2共和制側の領域を包みこんだ1936年夏に、完全な共和派へと転じたばかりのアンヘル・オソリオ・イ・ガリャルドがこぼした嘆きである[27]。そして、オソリオ・イ・ガリャルドら失意の「中産階級の者たち」の救世主として名乗りを上げたのが、「プロレタリア革命」の「棚上げ」や「隠蔽」をもくろむ共産党だった。

　内戦の前夜、共産党が国内に都合40,000人ほどの党員を抱えるだけの弱小政党の地位に甘じていたことは既に指摘してある。しかし、同党の書記長ホセ・ディアスによれば、1937年3月を迎えた時点で共産党の党員数は249,140人にまで激増していた。このうち、全体の35.2パーセントに当たる87,660人が工業労働者で、同じく25パーセントに当たる62,250人が農業労働者である。注目されるのは、共産党員の30.7パーセント、76,700人を地主や借地農が占め、農業プロレタリアートが党内に占める比重を上回った事実である[28]。共産党は完全な意味での階級政党であることをやめ、かつて自らが「ファシスト」のレッテルを貼ったレルーの、人民戦線選挙での惨敗を受けて実質的に消滅していた急進党に代わる中産階級の受け皿とも化したのだった[29]。

　1936年9月にラルゴ・カバリェーロ政権が誕生してから内戦が終わるまでの間、農相のポストは一貫して共産党の手に握られていた[30]。バレンシアでのFNCの誕生から日も浅い1937年の7月初旬、ところも同じ第2共和制の首都での演説に臨んだ農相ビセンテ・ウリーベ・ガルデアーノは、「猫までをも」共有したがる「常軌を逸した」集団農場建設の流れを嘲笑しつつ、「暴力的な」集団化に代わる協同組合（cooperativa）の形成を提唱した[31]。

　前年10月にこの共産党員が布告した政令は、「直接・間接を問わず」軍事クーデタに関与した人間たちのすべての所有地の、第2共和制による没収を謳っていた。だが、ウリーベの政令の中身は、現実にはフランコ派による圧殺を免れていた空間に既に生じていた事態の追認でしかない。のみならず、軍事行動へのその関与が証明されない「中産階級の者たち」に、共産党は身内である農相を通じて、「暴力的な」集団農場から離脱するための「許可証」を贈呈しさえもしたのだった[32]。

　共産党が「プロレタリア革命」ないしは「社会的・経済的な革命」から「中産階級の者たち」を救出したおそらく最も典型的な事例は、CLUEA（レバン

テ農作物輸出統一評議会）が骨抜きにされていった過程のうちに見出される。CLUEA は、1936 年 10 月、CNT と UGT（FNTT）の協調のもとにバレンシアで産声を上げたオレンジ輸出のための自主管理組織である。当初、この組織は 2 大労組に加盟する組合のみによるオレンジ輸出の統制の実現をもくろんでいた。その躓きの石となったのが、集団化を嫌う中小の地主や借地農たちを、換言すれば「中産階級の者たち」を糾合しつつ同じ 10 月に共産党が起ち上げた FPC（〔バレンシア〕県農民連盟）である。その旗揚げの時点で、FPC は早くも 50,000 人を抱えていた[33]。

CLUEA は FPC のときを追って増大する圧力に喘ぎつつ、次第に「お上」との協調主義的な色彩を深めていく。そして、1937 年 9 月には、前年 11 月にバレンシアに移っていた第 2 共和制政府の肝煎りで新たに設立された CEA（柑橘類輸出本部）がその権能を引き継いだ[34]。1938 年、バレンシアとその周囲の田園が「資本主義の経営システムに基づく『個人主義の帝国』」の様相を呈しているありさまに切歯扼腕するしかなかったのは、地元の FNTT を指導するペドロ・ガルシアである[35]。

これも先に述べたように、「兄弟殺し」の開演間際のアンダルシアには約 15,000 人の共産党員がいた。しかし、そのなかのかなりのパーセンテージが根城にしていたと思われる「赤い」セビーリャは、「ラジオ将軍」の毒牙にかかって短時間のうちに壊滅する。1936 年の末には、コルドバ県のシエラを除けば、西アンダルシアはそっくりフランコ派に蹂躙されていた。南スペインの文字どおりの「アカども」の数は、一旦は大きく減少したものと推測される。

だが、ホセ・ディアスが共産党の躍進を誇示する 2 ヶ月前には、イグナシオ・ガリェーゴが自身が目撃したという、フランコ派に屈服する前夜のブハランセでの CNT の「内輪もめ」に冷笑を浴びせていた。ガリェーゴは、共産党の下部組織である JSU（統一社会主義青年団）のハエン県連盟の活動家である。1937 年 1 月にバレンシアで開催されたその JSU の全国会議の席上、ガリェーゴは私的所有に執着する農民たちの精神に細やかな気配りを示す一方で、「革命家を自称する輩」による「時宜に適わぬ」農業の集団化を痛罵した。併せて、ハエン県の農民の救済と「人民戦線政府」の勝利に向けて「共和派からリベルテールまで、さらには神学生やそうではない学生をも含む」同県の若者たちに一致団結を要請した[36]。

「兄弟殺し」が演じられた 2 年 8 ヶ月間を通じて、南スペイン全体における

第9章　ヘレスからバーサへ

共産党の組織力や動員力の推移を示す具体的なデータをわれわれは持ち合わせていない。しかし、ガリェーゴが示唆した「気配り」も手伝って（？）、ハエン県では確かに共産党が「中産階級の受け皿」と化していた可能性が高い。1937年5月に共産党のハエン県会議が招集された際、同党は県内に25,000人の活動家を擁していた。あくまでも公称ではあれ、1936年7月以前のアンダルシア8県の共産党員の総数をも大幅に上回る数字である。第2共和制期には、ハエン県がアンダルシアにおける社会党・UGT（FNTT）の最強の砦であった事実をここで想起してみよう。1932年のハエン県の社会党員は5,680人[37]。その大半が日雇い農ら無産者であったとすれば、件の会議の時点で共産党への入党を済ませていた25,000人のなかには「持たざる者」以外の、かなりの数の「中産階級の者たち」が混じっていたものと推測される。名実ともにそれが「中産階級」に帰属していたかどうかはさておき、「持てる者」を自負し、「改革の2年間」にハエン県農業経営者連盟やANOに避難所を求めた同県の小農たちの多くもコミンテルンの新たな戦略を「歓迎した」に違いない。

　FNCの成立とほぼときを同じくして、書記長のネメシオ・ポスエーロ・エスポシトの声明を通じて、ハエン県の共産党は「ある種の革命的な原理を愛する連中」による「強制」が招いた農業の集団化の「混迷」を改めて非難した[38]。こうしたなかで、ロサードらアナルコサンディカリストが東アンダルシアにあって「革命的プロレタリアート」の利益を死守していくためには、組織力・動員力のうえで自らを大きく凌駕する対抗労組と握手する以外の選択肢は残されていなかったように思われる。因みに、1937年7月に41を数えたアンダルシアFRC系列の集団農場のうち、バーサのそれを始めとして18がUGT（FNTT）との共同経営のもとに置かれていた[39]。

　1936年5月のCNTサラゴーサ大会では、UGTとの「革命的同盟についての統一見解」も作成されていた。この「統一見解」では、「革命的同盟」を締結する前提として、第2共和制期に「インテリゲンツィヤ」と協調した過去の清算、換言すればその全否定という、社会党系労組にはおよそ受け容れがたい要求が突きつけられていた[40]。だが、2大労組による集団農場の共同運営に言及したFNCの規約の第4条にも、FRCバーサ大会の議事録にも、そのような「不遜な」文言はもはや差し挟まれていない。

　労働運動史家のルイス・ガリード・ゴンサーレスの調べでは、内戦期のアンダルシアで形成された集団農場の数は、いずれも断片的な史料から抽出され

うる限りでは併せて 147。このうち、36 が CNT 系統の、42 が UGT（FNTT）系統の、そして 38 が 2 大労組が協力して建設した農場である[41]。とりわけハエン県の農業の集団化に詳しいガリード・ゴンサーレス自身も認めるように、もっとたくさんの集団化の企てが、それも UGT（FNTT）主導の企てがあったことはほとんど疑いないだろう[42]。その一方で、アンダルシア FRC は 600 の集団農場を統制していたとのロサードの証言には[43]、かなりの誇張が含まれているように思われる。

フランコ派の勝利が足早に近づくなかで、南スペインにおける FNTT とアンダルシア FRC との「実力」の隔たりはますます拡大していったかに見える。1937 年 7 月、ポソブランコにあった、アンダルシア FRC に加盟するコルドバ県内ではただ 1 つの集団農場に働く「アンダルシアの民」は 76 人。1938 年 3 月、同じポソブランコにその本部が置かれた FNTT コルドバ県連盟は、同連盟の書記を務めるフスト・デサ・モンテーロによれば[44]、シエラに点在する 24 のプエブロに合計で 8,000 人を超える「民」を抱えていた。ロサードと同じく農業の集団化に奮闘しながらも、デサ・モンテーロの眼中にはどうやらアンダルシア FRC はない。

その半年後には、FNTT のアンダルシアでの組織員は 115,000 人を上回るまでに膨れあがっている[45]。翌 10 月にアルメリアから発せられた、「革命的プロレタリアート」の連帯を改めて呼びかけるロサードの声は[46]、対抗労組に加入する日雇い農たちの耳に届いたのだろうか。いずれにせよ、アンダルシア FRC 書記長が「革命の経済機関」の防衛に執着し続けたことばかりは否定しがたい。東アンダルシアにも破局のときがいよいよ迫りつつあった 1939 年 1 月、男たちの多くが集団農場から前線へと赴かねばならないなか、後衛を預かる女たちに農作業への参加を強く要請したのもロサード当人である[47]。

ここで第 2 共和制の陣営に残された領域全体に視野を広げてやや乱暴に概括してみると、ともに「反ファシスト」を自負する「社会的・経済的な革命」の論理と「政治的・ブルジョワ的な民主主義」のそれとが矛を交えたのが、1937 年 5 月のバルセロナの街頭を揺るがした市街戦だった。バレンシアでの FNC の成立に先立つこの戦闘を経て、「反ファシスト」陣営における「革命的プロレタリアート」の比重は著しいまでの低下を来すことになる。「事件」が「革命的プロレタリアート」の敗北に終わった直後、ラルゴ・カバリェーロは首相を辞任。やはり社会党に在籍するフアン・ネグリン・ロペスが首班を務

める新政権には、UGT の組織員の姿もアナルコサンディカリストの姿もはやない。カタルーニャ CRT 機関紙『ソリダリダ・オブレーラ』は、バレンシアでの「反革命政府」の発足を力なく批判する[48]……。

　ただし、ここで書き添えておくべきことがある。「政治的・ブルジョワ的な民主主義」は、言わば二重底をなしていた。前年の7月以降のカタルーニャにあって、農村地帯のみならず、都市空間においても「社会的・経済的な革命」を推進してきたアナルコサンディカリズム（CNT‐FAI）と反モスクワのマルクス主義（POUM）のみならず、「政治的・ブルジョワ的な民主主義」を標榜してきた地域ナショナリズムもまた、バレンシアに首都を構える第2共和制が謳うもう1つの、カタルーニャの「わがまま」を許さぬ「政治的・ブルジョワ的な民主主義」にしてやられる破目になる。「5月事件」の先に待ち構えていたのは、カタルーニャにおける第2共和制の国家権力の回復だった。第1章第4節にしたためておいたとおりである。

　他方で、アンダルシアにおける「社会的・経済的な革命」もまた、「革命文化」の遺産の最も正統な相続人と目されるアルフォンソ・ニエベス・ヌーニェスらのそれと、「もっぱらアナキストを自称し、……革命への愛を語ることに専念している者たち」を嫌うアントニオ・ロサード当人らのそれとに分かたれる。本節の冒頭でわずかに触れておいた2つの「社会的・経済的な革命」の差異と、双方のもつれについては次節で検討される。

　現代史家のサントス・フリアによると[49]、バルセローナの「5月事件」の帰結が意味するところは「組合」と「政党」との優劣の逆転、つまりは19世紀以来の「革命文化」の消滅だった。法相の名において仲間たちに街頭での戦闘の中止を要請したのが、かつては「革命信仰」に凝り固まっていたガルシア・オリベールであったことは痛ましくも象徴的である。そして、CNT と UGT が閣外に去った後、「組合」に対して初めて優位を占める至った「政党」を率いる立場に立ったのは共産党。「スペイン全人民の確固たる水先案内人」「人民戦線の組織者」にしてその「原動力」を自負しつつ[50]、有産者たちを「大いなる欺瞞」の虜にして肥え太ったマルクス・レーニン主義政党だった[51]。

　社会党＝「政党」の有力者ではあれ、UGT＝「組合」からは距離を置くネグリンは、バーネット・ボロテンの評価を受け容れるならば[52]、モスクワの完全な操り人形以外の何ものでもない。1937年5月、共産党という「確固たる水先案内人」のもとに、「社会的・経済的な革命」の主体としての「革命的

プロレタリアート」を、1870年にFREが誕生して以来、リベルテールたちのメッカとしての地位を断じて他の都市に譲り渡すことのなかったバルセロナの街頭に屠った「政治的・ブルジョワ的な民主主義」のスペインにとって、かつて『プラウダ』紙が「スペインのレーニン」と持てはやしたラルゴ・カバリェーロはもはや無用の長物でしかなかった。

バレンシアでのFNCの誕生は、正しくバレンシアが中心都市のレバンテにあってCLUEAが下降線をたどりつつあった時期に合致する。従って、アンダルシアFRCもまったくの逆風のなかでの船出を強いられたのだった。1937年7月のバーサでは、集団農場での労働に汗を流す200人のアナルコサンディカリストに的を絞った「第2共和制当局、あるいはマルクス主義を奉じる権威筋の手にさえもなる」攻撃が日常茶飯事と化していたハエン県のハバルキントの事例が既に報告されている[53]。

ガリード・ゴンサーレスが挙げるアンダルシア各地の147の集団農場のうち、31のそれの建設には2大労組以外の組織も関与した。1937年1月、JSU書記長のサンティアゴ・カリーリョ・ソラーレスは、「誤った政策を遂行していると指摘され、正しい政策を受け入れる」以前には、「現下の闘争の性格を理解できず」集団農場の導入を推し進めた分子が、自らが統率する若者たちのなかにいた事実を認めている。

このJSU書記長の判断によれば、「世界で唯一の革命を成功させた国であるソ連」にあってさえも、農業の集団化が開始されたのは彼の地にプロレタリア権力が樹立されてからようやく9年後のことであり、「民主共和国内のわれわれ」の場合には「わが国の状況が他の途を許さない限り、小農の保護と、農村部における小地主の正当な権利の保護が、今後長期間にわたる……方針になる」[54]。従って、「正しい政策」とは「小農の保護と、農村部における小地主の正当な権利の保護」を意味する。1936年7月の軍事クーデタの勃発をきっかけに「誤った政策」を推進した共産党員たちは、エスペッホにもいたのかもしれない。9月25日にフランコ派の圧力に屈服するまでの正味70日足らずの間に、第2共和制の初期以来、コルドバ県のカンピーニャにおける共産党の拠点だったこのプエブロではかねの流通が廃止され、その規模は不明ながら農業の集団化もなされていた[55]。

しかし、「正しい政策」が浸透したはずの1937年以降も共産党が農業の集団化にイニシアティヴを発揮した事例や（1937‐38年のアルカラ・ラ・レアー

ルその他)、集団化に向けて共産党が UGT (FNTT)(1937 年のマンチャ・レアールその他)、あるいは CNT と UGT (FNTT) の 2 大労組と共闘した事例も残されている (1937 - 38 年のリナーレス)。また、「政治的・ブルジョワ的な民主主義」の「本家」が「社会的・経済的な革命」の音頭を取ったプエブロまである。1938 年から終戦間際までアルカウデーテの集団農場の運営に当たったのは、マヌエル・アサーニャの左翼共和党だった。1936 年、その左翼共和党とディエゴ・マルティネス・バリオの共和主義同盟とが手を携えて集団化に関与したとされるのがアルホーナである。さらに、2 大労組と共産党と共和派が合流した事例も見出される。1938 年のガルシエスでの集団化がそれである。これらの、いずれもハエン県内のプエブロを見舞った「社会的・経済的な革命」の中身については、その一切が不明のままである。

註
(1) Jacques Maurice, "Une miraculée: la Fédération Nationale de Paysans anarcho-syndicalistes", *Autour de la Guerra d'Espagne*, Paris, 1989, p.49. 周知のように、マドリードの陥落が必至と思われた 1936 年 11 月、第 2 共和制は首都機能をバレンシアに移していた。戦局のいっそうの悪化に伴い、それからほぼ 1 年後にはバルセローナへの遷都が行なわれる。
(2) カタルーニャ FRC の発足は、奇しくも農地改革法が国会を通過した 1932 年 9 月のことだった。前後してレバンテでも FRC の起ち上げが企図されたものの、このときにはそれが結実するまでには至らなかった (Tébar Hurtado, *op.cit.*, p.112.)。レバンテに FRC が誕生したのは、1936 年 9 月である (Albert Forment, *José Martínez: la epopeya de Ruedo ibérico*, Barcelona, 2000, p.68.)。カスティーリャ FRC の成立は 1937 年 4 月。その 2 ヶ月ほど前にアラゴンに誕生していた FRC は、実際にはアラゴン集団農場連盟 (Federación de Colectividades Agrícolas de Aragón) を自称 (Walter L. Bernecker, *Colectividades y Revolución Social. El anarquismo en la guerra civil española*, 1936-1939, Barcelona, 1982, p.123 y pp.126-129.)。アンダルシアのアナルコサンディカリストたちの出遅れは、コルドバ県のシエラを除く西部戦線のほとんど全面的な崩壊によるところがもちろん大きい。難産の果てに FNC がようやく日の目を見た 1937 年 6 月当時、カスティーリャとカタルーニャとレバンテのそれぞれの中心都市はいずれも第 2 共和制の領域に留まっていた。マドリードは前年 11 月の攻防をひとまず乗り切っていたし、バルセローナとバレンシアの 2 つの大都市は前線からなお遠く離れていた。しかし、残るアラゴンは、1936 年 7 月、アンダルシアと同じくその中心都市をほとんど瞬時に奪われていた。アラゴン集団農場連盟が誕生したのはサラゴーサではなく、サ

ラゴーサ県の東部に位置するカスペにおいてである。
（3） アンダルシア FRC バーサ大会へ代表を派遣するか、同大会への支持を表明した南スペインの農業労働者組織とその組織員数、さらに大会においてそれぞれの組織を代表したアナルコサンディカリストたちの氏名については、*Memorias del Congreso de Constitución*, pp.13-27.
（4） ベルナル『ラティフンディオの経済と歴史』98 ページ。
（5） Maurice, "Une miraculée", p.56.
（6） *Memorias del Congreso de Constitución*, pp.63-67.
（7） Rosado, *Tierra y libertad*, pp.137-138.
（8） *Solidaridad Obrera*, 16-VI-1931.
（9） *Memoria del primer congreso*, p.3.
（10） 併せて 35 条からなる FNC の規約は、José Peirats, *La CNT en la revolución española*, Paris, 1971, t.2, pp.228-234.
（11） Maurice, "Une miraculée", pp.51-53 y p.59. ようやく生まれた「農業省」の「上意下達」の組織構造にリベルテール的な原則からの逸脱を見るのは（Bernecker, *Colectividades*, p.130.)、もとより造作もないことだろう。
（12） *Memorias del Congreso de Constitución*, p.48.
（13） *Ibid.*, pp.67-70.
（14） それでも、フランコ派の決起を境にリベルテール共産主義体制の刹那的な開花が観察されたプエブロは、社会党・UGT（FNTT）が CNT よりも総じて優勢な東アンダルシアにあっても、グラナダ県のイスナリョスその他（*Solidaridad Obrera*, 18-IX-1936.)、皆無というわけではむろんない。
（15） 1933 年 12 月にリベルテールたちと第 2 共和制の治安維持装置との間で銃弾が飛び交っていたアルバイシンには、フランコ派の決起に抗して地元の FAI とリベルテール青年団、そして CNT のグラナダ市連盟の活動家たちにより「革命防衛委員会」が急遽形成された（Rafael Gil Bracero, *Revolucionarios sin revolución. Marxistas y anarcosindicalistas en guerra: Granada-Baza, 1936-1939*, Granada, 1998, pp.24-39.)。
（16） *Ibid.*, pp.93-100.
（17） Cobo Romero, *Revolución campesina y contrarrevolución franquista*, p.135.
（18） *Memorias del Congreso de Constitución*, p.9.
（19） Maurice, *El anarquismo andaluz*, p.302.
（20） Rosado, *loc.cit.*
（21） *Memorias del Congreso de Constitución*, p.8.
（22） Carlos Serrano, "La cuestión campesina en el análisis de la situación española en la prensa de la Internacional (1931-1935)", *Estudios de Historia Social*, núms. 16-17, 1981, pp.151-152.
（23） カー『コミンテルンの黄昏』387、394 ページ。

(24) ボロテン、前掲邦訳、上巻、153‐158 ページ。
(25) 同邦訳、上巻、182‐183 ページ。「激越な革命」の「軽視」や「隠蔽」が画策された証拠の1つとして、「共和国スペインの友人」の名において、1936年12月にヴァチェスラフ・ヴォロシーロフ、クリメント・モロトフとの連名でまとめられた、第2共和制首相ラルゴ・カバリェーロ宛てのスターリンの書簡を参照。「政府が〔ブルジョワ出の大統領である〕アサーニャとそのグループの支持を確保し、その動揺を克服するのを援助すべく何でもやることがとくに大切です。スペインの敵どもが共産主義者の支配する共和国とみなす、スペイン共和国にとっての最大の危険を防ぎ、干渉に口実を与えないために必要なのです」(E・H・カー、富田武訳『コミンテルンとスペイン内戦』岩波書店、1985年、の「注解A／スターリンとラルゴ・カバリェロの往復書簡」163 ページに収録)。
(26) 同邦訳、27 ページ。
(27) ボロテン、前掲邦訳、上巻、144 ページ。
(28) 同邦訳、上巻、200 ページ。
(29) Rafael Cruz, "Del partido recién llegado al partido de todos. El PCE, 1920-1939", *Papeles de la FIM. Revista de Investigación Marxista,* núm. 22, 2004, p.58.
(30) Bernecker, *Colectividades,* p.111.
(31) ウリーベ、あるいは共産党にとっても「自発的な集団労働は他のいかなる労働形態よりも好ましい」。にもかかわらず、農民たちへの「暴力行為」がまかり通るなかにあっては、協同組合こそが「商業を営むうえでの最良の乗り物」である (Vicente Uribe, *La Politica Agraria del Partido Comunista. Conferencia pronunciada el domingo 4 de julio de 1937 en el Cine Olympia, de Valencia,* s.l[Valencia]., 1937, pp.13-15 y pp.21-26.)。因みに、FNC の規約の第 26 条はこの「超大型の農業省」の決定事項に依然として拘束させられているとの制約のもとにではあれ、傘下の組織員たちに個人経営の選択肢をも与えていた。アンダルシア FRC の規約も、私的所有の廃絶を目指しながらも、組織員が個人的に土地を耕作する権利を承認する (*Memorias del Congreso de Constitución,* p.57.)。むろん、こうした規定が「暴力的な」集団化の歯止めになっていたという保証は何もない。しかし、新カスティーリャのトレード県の場合のように、ほぼ確実にその大半が FNTT 系列と見られる多数の集団農場が「自発的に」形成されたことが、共産党寄りの史料から (!) 裏づけられる場合もある (ボロテン、前掲邦訳、上巻、349 ページ)。
(32) 同邦訳、上巻、342‐347 ページ。
(33) Bernecker, *Colectividades,* p.141.
(34) Vicente Abad, "Ideología y praxis de un fenómono revolucionario:el control sindical de la economía naranjera (1936-1937)", *El sueño igualitario: campesinado y colectivizaciones en la España republicana 1936-1939,* Zaragoza, 1988, pp.75-93. Tébar Hurtado, *op.cit.,* pp.226-228.
(35) もともと、内戦期を通じてこのバレンシア一帯では耕作可能な土地の4パーセン

ト強ほどが集団化されたにすぎない（Aurora Bosch, "La colectivización en una zona no latifundista: el caso valenciano", *El sueño igualitario*, pp.34-36．）。『ラ・ボデーガ』を書いたビセンテ・ブラスコ・イバーニェスや（第6章第1節の註〔18〕）、本来ならば第2共和制の農地改革に敏腕を振るうはずだったパスクアル・カリオンが、大土地所有制の桎梏とは無縁なバレンシアや、バレンシアを中心としたレバンテの農業を理想視していた事実が思い起こされる。

(36) Ignacio Gallego, *El problema campesino en Andalucía*, Valencia, s.f[1937]., pp.1-4.
(37) Francisco Cobo Romero, *La Guerra Civil y la Represión Franquista en la Provincia de Jaén(1936-1950)*, Jaén, 1993, p.412.
(38) Sody de Rivas, *op.cit.*, pp.197-198．ミゲル・カバリェーロやアドリアーノ・ロメーロとともに、このポスエーロもコルドバ県の共産党の最も有力な砦の1つだったビリャヌエーバ・デ・コルドバ出身の活動家である（Moreno Gómez, *La última utopía*, pp.150-151.）。
(39) *Memorias del Congreso de Constitución*, p.66.
(40) CNT, *El Congreso Confederal*, pp.224-226.
(41) ルイス・ガリード・ゴンサーレスの手になる、アンダルシア各地に築かれた集団農場のリストは、"Anexo 1. Términos municipales y localidades donde aparecen colectivizaciones agrarias en la zona republicana de Andalucía", *El sueño igualitario*, pp.149-155．このガリード・ゴンサーレスは、1931年5月にラルゴ・カバリェーロが発した「集団借地令」に、UGT（FNTT）の主導に基づいた内戦期のアンダルシアでの農業の集団化の営為の原点を見る（Luis Garrido González, "Campesinado y colectividades en Andalucía en la Guerra Civil 1936-1939", *El sueño igualitario*, p.20.）。自治体所有地や国有地、あるいは国家が納税の義務を怠った所有者たちから差し押さえた土地その他での集団的な農作業の実施に便宜を図る同政令が1932年9月の農地改革法に組み込まれた際、その恩恵に浴しうる農業労働者組織は「既に2年以上にわたって合法的に存続している」団体に限られるものとされた。閉鎖に追い込まれることもしばしばだった組合を傘下に抱えるCNTとは対照的に、この要件を充分に満たしていたのが「2年以上」前の1930年4月に設立されたFNTTである。1933年から36年にかけてのアンダルシア8県で、集団契約の申請に許可が下りたのは併せて165件。そのなかでは、54件のグラナダ県と51件のハエン県が突出している。コルドバ県は24件である（id., *Colectividades agrarias en Andalucía: Jaén(1931-1939)*, Madrid, 1979, p.10 y pp.13-17.）。ただし、われわれが第6章第1節で言及しておいた1933年8月のコルドバ県内の地所「モラターリャ」のケースが物語るように、FNTT傘下の「アンダルシアの民」が滞りなく集団的な農作業に勤しむことができたかどうかは疑問である。
(42) Id., "Campesinado", p.28.
(43) Rosado, *Tierra y libertad*, p.204.
(44) *Colectivismo*, 15-III-1938.

(45) *Ibid.*, 1-IX-1938.
(46) *Emancipación*, 21-X-1938.
(47) Sody de Rivas, *op.cit.*, p.208.
(48) Moradiellos, *op.cit.*, pp.130-131.
(49) Santos Juliá, "Partido contra sindicato: una interpretación de la crisis de mayo de 1937", *Socialismo y Guerra Civil*, Madrid, 1987, pp.344-346.
(50) 西川一郎訳「スペイン革命の特殊性」『トリアッティ選集』1、1966年、合同出版、254ページ。イタリア共産党のパルミーロ・トリアッティが1936年の秋に執筆したこの文書は、その荒唐無稽な理屈づけと硬直しきった文体、さらにはともに行間に色濃く漂う、「同志」スターリンへの並外れた阿諛追従ぶりと、そもそもそれが何に由来するものか凡俗にはおよそ理解しがたい、これまた桁外れの自負心の高揚との奇妙な混合にもかかわらず、同時代のスペインに向けられたコミンテルンの視角を知るうえでは必読の文献の1つであろうと思われる。「スペイン人民が当面している課題はブルジョワ民主主義革命の任務であ」り（同邦訳、239ページ）、「強制的『集団化』」や「組織的な不服従」を喧伝して「人民戦線の強固さと一体性を危険にさらしている」「スペインの無政府主義」は、「封建的残存物をたくさんかかえた国のひとかたまりの特徴的事実の表現である」。その一方で「スペイン共産党の絶大な功績は、それが、労働者階級の分裂を克服するために、うまずたゆまず、一貫してたたかいながら、ブルジョア民主主義革命の勝利の基本的前提であるプロレタリアートのヘゲモニーを実現するのに有利な、最大限の条件をつくりだすためにたたかったし、また、たたかっていることにある」という（同邦訳、242‐243ページ）。著名なイタリア共産党員は、スペインに根づいた「バクーニン風の無政府主義の、無力な空語と改良主義的・反革命的実践」に呪詛を浴びせ続けて一向に飽きる気配がない。1934年秋、つまり人民戦線の構想が定式化される以前の段階で書かれた別の論考のなかでは、「ブルジョア『民主主義』共和国」と「ブルジョアジーの直接の利益」に奉仕する「スペインの無政府主義」を罵倒してみせていた（藤沢道郎訳「マルクス主義とバクーニン主義」同『選集』3、1968年、92‐93ページ）。だが、内戦では、ソ連の後ろ盾のもとに共産党が正しく「ブルジョア『民主主義』共和国」と「ブルジョアジーの直接の利益」の双方への「奉仕」を率先して買って出ることになる。1945年春、その「奉仕」を臆面もなく正当化したうえで、「社会的、政治的進歩のあらゆる道を、自己の前にきりひらき、それをひろげておくために組織される民主主義〔の確立〕を意図して」戦われたという、スペインでの「われわれの戦争」を振り返りつつ、「無政府主義」を「〔第2〕共和国と労働者階級のお荷物」「障害物」と一刀両断に切り捨てたのも、やはりトリアッティである（西川一郎訳「スペインの経験」同『選集』1、258‐259ページ）。コミンテルンは「ソ連邦の全政策、その行動の1つ1つを守る」べく「われわれの戦争」に介入し、ピレネーの南で繰り広げられた「兄弟殺し」の帰趨を大きく左右した。そして、トリアッティこそは、動乱のスペインにあって

コミンテルンの代表を務めた要人だったのである（プレストン『スペイン内戦』177 ページ）。

(51) 1936 年 11 月のマドリード防衛をきっかけに、共産党の発言力はとみに増強された（Juliá, "Partido contra sindicato", p.327.）。スペイン銀行からモスクワへ移送された、500 トンを超えるものと推定される大量の金（きん）を担保にしたうえでのソ連からの軍事援助が（ボロテン、前掲邦訳、上巻、229‐243 ページ）、このとき首都の座をバレンシアに譲ったばかりのカスティーリャの大都市の制空権を第 2 共和制の側に握らせたのだった（プレストン『スペイン内戦』181‐182 ページ）。

(52) ボロテン、前掲邦訳、下巻、886‐893 ページ。

(53) *Memorias del Congreso de Constitución*, p.82. ハエン県の共産党は、社会党との合同を早くから積極的に提唱していた。同県の 2 大政党の間で連絡委員会が設置されたのは、1936 年 12 月（Cobo Romero, *La Guerra Civil*, p.418.）。単一のマルクス主義政党の結成に向けられたキャンペーンが俄かに熱を帯びたのは 1937 年の 6 月下旬であったから（*ibid.*, p.428.）、それは FRC バーサ大会の開催に先んじていた。8 月には、アンドゥハルに新しい統一社会党（Partido Socialista Unificado）のハエン県委員会が誕生。そして、この委員会の農業局の書記には、当時 FNTT ハエン県連盟の書記長を務めていたホセ・ロペス・ケーロが選出される（*ibid.*, pp.430-432.）。他県についてはともかく、ハエン県に関する限りでは FNTT の首脳が「政治的・ブルジョワ的な民主主義」の側に絡め取られた形である。FRC バーサ大会の段階でハバルキントの集団農場を脅かしていた「マルクス主義を奉じる権威筋」のなかに、社会党や FNTT の活動家も含まれていたものかどうかはわからない。

(54) ボロテン、前掲邦訳、上巻、346 ページ。

(55) Moreno Gómez, *La Guerra Civil en Córdoba*, pp.202-204. 30 年以上にもわたってコルドバ県の内戦史を精力的に書き続けてきたフランシスコ・モレノ・ゴメスにより、共産党主導の「プロレタリア革命」があったとされるエスペッホは、本節の註(41)のガリード・ゴンサーレスのリストのなかには挙げられていない。ビリャヌエーバ・デ・コルドバでも、共産党傘下の農業労働者組織の肝煎りで 1936 年 8 月に集団農場が建設された。こちらの方は、ガリード・ゴンサーレスのリストにも記載されている。共産党と人民戦線を擁護する色合いが強いモレノ・ゴメスに従う限り、ビリャヌエーバでは「正しい政策」が遂行されたかに見える。このコルドバ県北部における共産党の拠点に居住する零細農たちは、名目上は UGT（FNTT）傘下の、しかし実際には共産党が指導するもう 1 つの組合に身を寄せ、第 2 共和制にいよいよ全面的な崩壊のときが迫るまでの間、IRA からの土地の提供にも与りながら個人経営を維持した（*ibid.*, pp.533-540.）。ビリャヌエーバの「アカども」がフランコ派に屈服したのは、1939 年の 3 月 27 日である。

第9章　ヘレスからバーサへ

第４節

バルトロメ・モンティーリャ・ルスと「革命信仰」の消滅

　1932 年１月の FTACC ヘレス大会は、「社会革命」への道筋をめぐる FAI 派とサンディカリストの見解の相違を浮き彫りにした。南スペインの CNT が内戦の「現実」に直面したとき、リベルテール共産主義体制の刹那的な樹立を「白鳥の歌」に、まず敗北を余儀なくされたのは「革命信仰」に固執する西アンダルシアの FAI 派であったかに見える。長期にわたって戦線が概ね膠着した東アンダルシアにおいて、対抗労組 UGT（FNTT）の優位と第２共和制の統治機能の蘇生との間で板挟みになりながらも、集団農場の建設にイニシアティヴを発揮したのは、おそらくアントニオ・ロサード・ロペスを筆頭とするサンディカリストたちだった。そのロサードや、ロサードと気脈を通じたアントニオ・ゴンサーレス・タグアら、アンダルシア FRC の設置のために奮戦したモロン・デ・ラ・フロンテーラのリベルテールたちが南スペインでの農業の集団化に果たした役割の重要性を強調するのは、『土地と自由』の著者の評伝を書いたアンヘル・ソディ・デ・リーバスである[1]。

　もちろん、フランコ派の決起に先駆けて、南スペインの「アンチ・サルボチェア」たちが「社会革命」のための明確な戦略を編み出していたわけではない。内戦の前夜、モロン・デ・ラ・フロンテーラに置かれたアンダルシア FRC のための暫定委員会も、ほとんど完全なまでの袋小路に入り込んでいた。1937 年暮れに第２共和制の側に立つある軍人と対話する機会を得た折、資本主義体制下にあっては尊重されることが当然の、土地の私有やその経営に関わる個々人のイニシアティヴが「共通善（bien común）」に奉仕することをやめた暁には、との慎重な前置きに続けて、ロサードは土地を国有化し（nacionalizar）、生産者たちの組織にそれを引き渡すことを１つの「義務」として提示した。

　「利益の共同体（comunidad de intereses）」のもとでの集団経営に向けて、個々人の私有地をひとまずは「国家」の手に委ねるというアンダルシア FRC 書記長の構想は[2]、「純粋」アナキズムが許容するところではない。それが開催された時期は不明ながら、アルメリアでの FAI のアンダルシア地方大会の

席上、ロサードには「完全なマルクス主義者」との皮肉が浴びせられた[3]。このとき、UGT（FNTT）との共闘を推進するロサードの姿勢に釘を刺した無名のリベルテールの感性には、かつてセバスティアン・オリーバに「半ばアナキスト、半ば共産党員」の姿を見たあのイリヤ・エレンブルグのそれに意外に近いものがあったのかもしれない。

　言うまでもなく、1930年代のアンダルシアのアナルコサンディカズムに亀裂を生じさせた FAI 派と「アンチ・サルボチェア」たちとの対峙を、過度に単純化・図式化したのでは誤解を招くだろう。1933年1月にカサス・ビエハスを汚した「犯罪」をラモン・ホセ・センデールや、センデールとともに現地入りしていたエドゥアルド・デ・グスマンよりも一足早く告発したのは、1年前のヘレス・デ・ラ・フロンテーラでセバスティアン・オリーバを苦境に立たせていたパテルナ・デ・リベーラのミゲル・ペレス・コルドンだった。メディナ・シドニアで、ペレス・コルドンはマドリードから来た2人の「巨匠」の姿を目撃している[4]。

　「第2共和制と、崩壊した復古王政とを隔てるものはない」[5]。「かつては独裁のもとに軍人と貴族がわれわれを殺し、今日ではあらゆる類の知識人と、最後に働いたのがいつのことか思い出せないような労働者連中が民主主義的にわれわれを『暗殺している』」[6]。22人が虐殺された直後にマドリードの『CNT』紙に掲載されたペレス・コルドンの記事は、正しく「純粋」アナキスト的な見地から「インテリゲンツィヤ」と社会党とが国家権力を分かち持った「すべての階級の勤労者の共和国」の「犯罪」を糾弾して余すところがない。これより先、1932年に書かれたパンフレット『メディナ・シドニア／第2のアルネード』のなかで、パテルナ・デ・リベーラの FAI 派は社会党系労組 UGT を「スト破りの総本部」と言下に切り捨ててもいた[7]。

　だが、ペレス・コルドンは自身が酷評した「スト破りの総本部」との共闘へと戦略を大きく転換する。1933年12月、「カサス・ビエハスの共和制」を弾劾する CNT‐FAI の大がかりな棄権キャンペーンも手伝って「インテリゲンツィヤ」と社会党が大敗した総選挙の結果を受け、結局は1月の二の舞になる武装蜂起の火蓋が切られる前夜の『CNT』紙に発表された、組織の孤立を憂慮する論考の執筆がその発端だった。グティエーレス・モリーナの所見では、ペレス・コルドンの方針転換は当時『CNT』紙の編集長を務め、かねて対抗労組との歩み寄りに積極的だったアベリーノ・ゴンサーレス・マリャーダの

影響に負うところがおそらくは大きい(8)。

1935年の1月から2月にかけて、やはりマドリードで発行されていた『ラ・ティエラ』紙に連載された「CNTの内部問題」と題するいくつかの記事には、UGTとの共闘に積極的であるとともに、「反政治」を謳うFAIの「純粋」アナキズムとは既に一線を画して久しいペレス・コルドンの精神のあり方が投影されている。CNTの「非政治」はなおも自明ではあれ、ことにアストゥリアスとカタルーニャが主な舞台となった「10月革命」の圧殺に続いた第2共和制の顕著な右傾化に呻吟する組織の、左翼政権のもとでの立て直しを視野に、ペレス・コルドンは投票に「必要悪」としての意味合いを認める。また、「CNTの内部問題」は、リベルテール共産主義に明確な概念規定を施すための大会の招集をも呼びかけた(9)。

やはりパテルナ・デ・リベーラが根城の「リメンバー (Remember)」を名乗る活動家が、これも『ラ・ティエラ』紙上から自治体行政へのリベルテールたちの参加を提案したのは、ペレス・コルドンの連載が終わって間もなくのことである。CNTの方向づけをめぐる同様の踏み込んだ主張は、同じカディス県内のサンルーカル・デ・バラメーダのペドロ・サンチェスの口からも飛び出したにせよ(10)、ペレス・コルドンの「変節」は不興を買う。かつての強硬な「純粋」アナキストが、このころ地元パテルナの日雇い農たちを「組合から」指導していた痕跡はない(11)。

カディス県下の多くの市町村の例に漏れず、このプエブロでも1936年2月は人民戦線に幸いした。1933年11月には、1,624人の有権者のうち投票所に足を運んだのは235人。しかも、左翼へ投じられたのはわずかに20票だけである。しかし、1936年2月には投票した同じパテルナ・デ・リベーラの784人のなかの、610人が「暗黒の2年間」を否定する判断を下す(12)。「変節」の汚名をよそに、ペレス・コルドンの言動が実際にはパテルナでの人民戦線の勝利に何らかの形で寄与したことは確実と思われる。

その後、ペレス・コルドンは紆余曲折を経て地元での組合活動に復帰。1936年5月のCNTサラゴーサ大会では、パテルナ・デ・リベーラ在住の「アンダルシアの民」の意向を代弁する役どころを引き受ける。ただし、サラゴーサでは、ペレス・コルドン自身が関心を寄せていたはずのUGTとの共闘やリベルテール共産主義に関わる「統一見解」がともかくも作成されたにもかかわらず、件の大会の会議録には、この2つの問題に関するパテルナからの代表の発言は

見当たらない[13]。他方で、ペレス・コルドンは農業問題についての第19部会には顔を出し「われわれの文化水準を引き上げ、……土地が集団（colectividad）に帰属すべきものであることを〔農業労働者たちに〕教え諭すよう」「都市の兄弟たち」に要請している[14]。「アンダルシアの民」の脳裏に絡みついた私的所有への執着・願望は、どうやらやはり依然として克服されていない。

　第2共和制最後の総選挙を目前に控えて、セバスティアン・オリーバはヘレス・デ・ラ・フロンテーラの左翼紙『ラファガス』を通じて人民戦線への支持を訴えるとともに、4年前に自らを攻撃したペレス・コルドンの「改悛」に痛烈な皮肉を投げつけた[15]。1936年2月には、ヘレスでも人民戦線が勝利する。それは、「純粋」アナキズムに対するオリーバの意趣返しでもあった。しかし、「暗黒の2年間」に幕が引かれ、合法的に農地改革を骨抜きにする手立てを失ったアンダルシアの農業エリートは、いよいよ奥の手として軍事力による「すべての階級の勤労者の共和国」そのものの転覆を待ち望むことになる。心ならずも組合活動から身を引いて久しい、かつての「最も敬愛された」ヘレスのサンディカリストが収めた「成功」は、同時に第2共和制の破滅への序曲でもあったのだった。

　それはさておき、「反乱のサイクル」の第3波への懸念の表明へと連なる、パテルナ・デ・リベーラのリベルテールの「改悛」の予兆を、われわれはアンダルシアFRCの設置案を支持したその選択に見出すことができるかもしれない。1933年3月のセビーリャでのアンダルシアCRT地方大会において、アンダルシアFRCを設立するための暫定委員会が発足した際、やがてそのアンダルシアFRCを牽引することになるアントニオ・ロサードをも含めて、6人のアナルコサンディカリストが同委員会のテーブルを囲んだ。面目を失墜して久しいヘレス・デ・ラ・フロンテーラのサンディカリズムの指導者たちが誰も出席しなかった一方で、その6人のなかにペレス・コルドンがいたのである。1935年6月の『カンポ・リブレ！』紙の創刊号に、一旦は棚上げにされた観のあるFNCの実現への夢を繋ぐリベルテール紙の発行を祝福する一文を寄稿したのもペレス・コルドンである[16]。

　さらに、アンダルシアFRC暫定委員会のメンバーのなかには、少なくとももう1人のFAI派が含まれていた。カストロ・デル・リオのバルトロメ・モンティーリャ・ルスである[17]。カストロのFAI派は、その回想録『土地と自由』のなかで、アントニオ・ロサードが「愛され、尊敬されるために必要なあ

第 9 章　ヘレスからバーサへ

らゆる資質を兼ね備えた」人物として讃辞を惜しまなかったリベルテールである[18]。『土地と自由』の行間から推し量れば、1889 年、ご多聞に漏れず貧しく、まったく字が読めなかった両親のもとに生まれたロサード[19]とモンティーリャ・ルスとの間に大きな年齢の開きはなかったものと想像される。

しかし、1937 年 4 月にはアンダルシア CRT 地方委員会書記長に就任し、曲がりなりにも南スペインのアナルコサンディカリズムの頂点を極めた活動家であったにもかかわらず、モンティーリャ・ルスの「履歴書」にはあまりにも空白が多すぎる。既に「ボリシェヴィキの 3 年間」には、ロサードは古参の「純粋」アナキスト、ホセ・サンチェス・ロサと対決するまでに成長を遂げていた。だが、同世代の（？）モンティーリャ・ルスの名は、「3 年間」を見事に再現してみせたディアス・デル・モラールの名著にも 1 度も出てこない。

われわれがこれまでに何とか跡づけることができたのは、1930 年代の前半から内戦初期にかけて、モンティーリャ・ルスが「組合から」地元カストロ・デル・リオの日雇い農たちを鼓舞し続けた FAI 派の 1 人であったということだけである。しかし、モンティーリャ・ルスの人柄を称讃してやまないロサードは、FAI の「純粋」アナキズムとは折り合えない「アンチ・サルボチェア」の 1 人だった。第 2 共和制期のカストロのリベルテールには、少なくともロサードの回想録のなかでは伝えられていない別の顔があったように見受けられる。「改革の 2 年間」にモンティーリャ・ルスが語った、「だれもが自由で善良、そして兄弟同士であるような」リベルテール共産主義体制の早期実現への極めて楽観的な見通しを[20]、ロサードが共有していたとは思われない。

CNT‐FAI の「反選挙」の選択が「暗黒の 2 年間」の扉を開くことになる 1933 年 11 月の総選挙の前夜、モンティーリャ・ルスは国家それ自体を「人間の自由の敵」と見なす自身の心情に従って「あらゆる政党」に罵声を浴びせかけた[21]。同じ時期に、やはりいずれも FAI に所属するペドロ・ロサーレスとホセ・デ・ディオスとともに「カストロ・デル・リオの労働者たちへ」「反選挙のマニフェスト」と題したビラを作成していたのも、モンティーリャ・ルスである[22]。こうした言動から推察されるモンティーリャ・ルスは、アルフォンソ・ニエベス・ヌーニェスにも匹敵する紛れもない「純粋」アナキズムの「使徒」である。

その一方で、モンティーリャ・ルスはセバスティアン・オリーバやアントニオ・ロサードにも似て、「アンダルシアの民」の組織基盤の拡充にも強い関

心を抱き続けていた。ジャック・モリスがモンティーリャ・ルスに着目するのは、もっぱらこの側面に限られている。しかし、「兄弟殺し」の渦中で手に入れたアンダルシア CRT 地方委員会書記長の肩書きにもかかわらず、これまでほとんど重視されることのなかったカストロ・デル・リオのリベルテールに、むしろわれわれは「強硬な」FAI 派と「穏健な」サンディカリストの両極にまたがった、1930 年代のアンダルシアのアナルコサンディカリズムの振幅の大きさを体現する 1 人のリベルテールの姿を見出すことができるかもしれない。

　FNTT の進出にあって、1930 年代の前半を通じてコルドバ県の CNT は苦境に立たされた。ブハランセとともに、激しい時化に見舞われた同県のアナルコサンディカリズムのヘゲモニーを死守すべく奮戦したのがカストロ・デル・リオだった。そんななか、1930 年の秋には「地域単位での」[23]、そして「例外的な」農業ストライキを経た 32 年の夏には「地方レベルでの、あるいは全国的な規模での」貧農の組織化の必要性を力説したのが、後のアンダルシア CRT 地方委員会書記長だったのである[24]。また、1934 年の春、それまでウトレーラにあったアンダルシア FRC 暫定委員会の移転が議論された際、ロサードの出身地のモロン・デ・ラ・フロンテーラと並んで移転先の候補地に上ったもう 1 つのプエブロがカストロである[25]。モンティーリャ・ルスの存在を抜きにして、その理由を見つけることはおそらく難しいものと思われる。

　1932 年 4 月。同じ時期のヘレス・デ・ラ・フロンテーラにも似て、コルドバで開かれた労使混成協議会には CNT の活動家たちも姿を見せた。結局は議論の半ばで椅子を蹴ったにせよ、カストロ・デル・リオのモンティーリャ・ルスも、このとき「直接行動」の原則を離れかけたリベルテールの 1 人だったのである[26]。1936 年の 1 月末のフェルナン・ヌーニェスでの集会で、「投票箱からでは、搾取される大衆の飢えや自由の問題が解決されるはずはない」との見地から、モンティーリャ・ルスは前回の総選挙の前夜、仲間たちに棄権を訴えた自身の行動を肯定した。しかし、さらに続けて、「10 月革命」の折のアストゥリアスにおける弾圧を「改革の 2 年間」が CNT に加えた蹂躙とはおよそ異次元の「比類のないもの」と断罪し、明言こそ避けたものの、近づきつつあった人民戦線選挙に向けて投票に含みのある発言を残しもしている[27]。

　紛れもない FAI 派でありながらも、モンティーリャ・ルスはこのように「現実感覚」に裏打ちされた「アンチ・サルボチェア」としての顔をも確かに持ち合わせていた。1934 年 11 月、セビーリャのアンダルシア FRGA 委員会のも

第 9 章　ヘレスからバーサへ

とへ、カストロ・デル・リオに陣取るアナキスト・グループ「ロス・イナデプタードス（はずれ者たち）」から 1 通のレポートが届けられる。新たな武装蜂起の実施の是非に関して、「ロス・イナデプタードス」は「CNT とアナキズムの気概のおかげで、当初の勝利は容易」としながらも、「この地域の組織力の極端なまでの乏しさ」のため、「革命の勝利を維持することは不可能」との見通しを開陳した。レポートには、治安維持装置の投入にあって、われわれはブハランセの仲間たちと「同じ運命」に出くわす破目になるだろう、とも綴られている[28]。その調子は、1933 年 12 月に斃れた「無名の英雄たち」を礼讃したフェデリーカ・モンセニのいつもどおりの情熱的なペンの運びとは大きく隔たっていた。慎重なレポートをまとめたのは、モンティーリャ・ルスその人であったのかもしれない。

　アントニオ・ロサードと、こうして言わば 2 つの顔を持つモンティーリャ・ルスの軌跡は、1930 年代を通じて何度か交錯している。1936 年 5 月の CNT サラゴーサ大会には、カストロ・デル・リオの「アンダルシアの民」の声を代弁しつつモンティーリャ・ルスも参加した[29]。大会の第 9 部会では、急遽「この大きな大会に参集した全国の農民の代表たち」が「農業問題と農民組織」について討論するための場の設置を求める声も上がっている。声を上げたのは、いずれもアンダルシアの 17 の組合から派遣された代表たちである。モロン・デ・ラ・フロンテーラのロサードはもちろん、そのなかにはモンティーリャ・ルスも含まれている。訴えに応えて、大会は「農業問題〔ママ〕に関する統一見解」の提出を彼ら代表たちに一任した[30]。取りまとめられた「農地改革に関する統一見解」の作成に、カストロの FAI 派が少なくとも完全に無関係であったとは考えにくいだろう[31]。

　北スペインから帰還した後、ロサードはアンダルシア FRC の実現を目指して、改めて自らの病身に鞭打つ。しかし、モロン・デ・ラ・フロンテーラの「アンチ・サルボチェア」が「農地改革に関する統一見解」に忠実であろうとしたのに対し、カストロ・デル・リオの FAI 派には「リベルテール共産主義の概念に関する統一見解」を拠りどころに、むしろ「純粋」アナキストとしての自己へと回帰していた様子も窺える。6 月上旬のコルドバでの集会の折、「われわれが支えている邪悪な社会」の完全な変革のための武装蜂起への合流を CNT の組織員たちに呼びかけたのは[32]、確かにモンティーリャ・ルスである。

　だが、それから 1 年以上が経過した 1937 年 7 月、アンダルシア CRT の頂

点に立つモンティーリャ・ルスがアルメリア県のコンタドールの代表を兼ねてFRCバーサ大会に姿を見せた折、カストロ・デル・リオのFAI派とモロン・デ・ラ・フロンテーラの「アンチ・サルボチェア」との間にはほぼ完全な見解の一致が認められたように思われる。モンティーリャ・ルスは、大会での討論の要諦をなす、組合を基軸とする農業の集団化と(33)、UGT（FNTT）との共闘についての２つの「統一見解」の作成のいずれにも参画していた(34)。

　FRCバーサ大会では、それまで「われわれの組織」や集団農場に危害に及ぼしてきた「特定の一派」への対策を講じた「統一見解」も取りまとめられている。南スペインにあって、農業の集団化を阻む動きが観察されたのはハバルキントばかりではなかったものと思われる。その「統一見解」に、「悪行」や「邪悪な思い込みに基づく行為」を犯し、組織に損害をもたらす「すべての仲間たち」に激しい処分が科されるべき旨を明記した条項を挿入させたのも、アンダルシアCRT書記長その人に他ならない(35)。

　マルクス主義に起源を持つ、つまりUGT（FNTT）のイニシアティヴに基づく農業の集団化は、「われわれに共通する、そしてわれわれがそのために戦っている大義」に困難を生じさせないための「必要悪」であること。「各人が能力に応じて働き、必要に応じて受け取る」目覚めた自由な人間たちの共同体、つまり「われわれが熱望する」リベルテール共産主義社会の建設は、農業の集団化をもってしても達成できないこと。にもかかわらず、内戦と革命のさなかにあっては、それが「決定的な要素である以上は」集団農場のもとでの経済全般の育成と統制が不可欠であること。印刷に付された期日は不明ながらも、アンダルシアFRC書記長が「兄弟殺し」のさなかに書き下ろしたパンフレット『CNTの農民と農業の集団主義』には、内戦と、内戦が惹起した「社会的・経済的な革命」に関するロサードの「本音」が凝縮されていた(36)。

　われわれの手許には、アンダルシアFRCの本部が置かれたウベダで1838年８月に出版された、やはりロサードの手になるもう１冊のパンフレットがある。農業の集団化をめぐるFRCバーサ大会の「統一見解」の内容を反復・敷衍したこの『組合・集団農場のための方向づけ』に自ら序文を寄せ、そのなかでCNTの「経済的な到達目標」としてのリベルテール共産主義の実現を棚上げにしたうえで、暫定的に導入された「共同で働き、家族単位で報酬を受け取る」集団農場の仕組みに「経済システムの真の意味での変革」を認めているのは、モンティーリャ・ルスである(37)。

第 9 章　ヘレスからバーサへ

　アンダルシア FRC バーサ大会の後、南スペイン各地での集団農場への攻撃は日を追うごとに増加していったらしい。先のパンフレット『方向づけ』を通じて、ロサードは「集団農場は個々人の自由なイニシアティヴ、人間の自由や意志を圧殺する」と囁きかける「革命の敵」たちへの警戒を怠らぬよう、「充分すぎるほどの証拠」をもとに仲間たちに警鐘を鳴らしている[38]。それから４ヶ月後、既にアンダルシア CRT 書記長の座を退いていたモンティーリャ・ルスもまた、アンダルシア FRC 傘下の集団農場に仕掛けられる破壊行動に秘められた「最も邪悪な意図」を弾劾した[39]。

　アルフォンソ・ニエベス・ヌーニェスらとともに、モンティーリャ・ルス自身もその創造に関わったカストロ・デル・リオの「アナキストのエデン」は、1936 年の９月下旬に脆くも崩壊していた。われわれは、この躓きがモンティーリャ・ルスから「純粋」アナキストとしての顔がひとまず（？）失われるうえでの決定的な節目をなしていたものと考える。東アンダルシアに逃れたカストロの FAI 派が、リベルテール共産主義に代わる農業の集団化の擁護を打ち出した、あるいは打ち出さねばならなかった背景には、「エデン」の喪失があったのである。ロサードとともに、このロサードの盟友が UGT（FNTT）との共闘を受け容れるに当たっても、自らの故郷に現出したリベルテール共産主義体制の消滅が大きく影を落としていたように思われる。

　1934 年３月。鎌首をもたげたファシズムへの抵抗手段として、バレリアーノ・オロボーン・フェルナンデスが１月の末に行っていた労働者組織の「革命的同盟」締結の提案を受けて、アストゥリアスでは２大労組の協定が成立する[40]。このバリャドリのリベルテールは、1933 年１月に焼き殺されたカサス・ビエハスの「キリスト」の名づけ親であり[41]、さらに同年 11 月の総選挙の前夜には精力的に棄権を呼びかけていた[42]。どうやら FAI に在籍した気配はないし、「改革の２年間」には対立する FAI 派と「30 人派」の和解に努めていながらも[43]、「純粋」アナキズムとも無縁ではなかったかに見える。亡命を強いられていたプリモ独裁期の 1926 年には、20 世紀の初頭に『ル・リベルテール』紙と絶縁していた、オロボーン・フェルナンデス本人の見立てでは「自らの自発的な意思の力」のみをその行動の根拠とする、従って例のマックス・シュティルナーにも通じるフランスの「純粋」アナキスト[44]、E・アルマンの著作をスペイン語に翻訳してもいる[45]。

　しかし、件の総選挙の直後にその第３波が巻き起こった「反乱のサイクル」

の最終的な破綻が、オロボーン・フェルナンデスに戦略上の大転換を求めたのだった。ただし、オロボーン・フェルナンデスは自身も積極的に推奨した棄権の選択肢そのものを問い直そうとはしない。1934年2月、『ラ・ティエラ』紙に自身が執筆した2本の論考のうちの1つによれば[46]、それがスペインのプロレタリアートにとっての「大いなる展望」を伴った革命へのプロセスを切り開いたという点で、CNTの組織員たちが投票箱に背を向けたことは「100人の労働者の代議士」が選出されるよりも遙かに効果的だった。

　アストゥリアスにおける2大労組の「革命的同盟」の実現に当たり、CNTの側にあって最も尽力したのは、ホセ・マリーア・マルティネスである。このマルティネスは、早くも1919年のCNTマドリード大会において、同じアストゥリアス出身のアベリーノ・ゴンサーレス・マリャーダとともに2大労組の共闘の必要性を訴えていた[47]。後者は、後に『CNT』紙の編集長として、FAI派のミゲル・ペレス・コルドンにUGTとの共闘に向けて大きく舵を切らせることになるあのリベルテールである。アストゥリアスではともかくも実現を見た件の「同盟」が、「10月革命」のなかで発揮された炭鉱夫たちの尋常ならざる抵抗力を引き出した要因であったことは疑いない。

　「暗黒の2年間」には、2大労組の歩み寄りは南スペインでも生じた。「10月革命」の4ヶ月前にFNTTが全国規模で実施した農業ストライキに際して、セビーリャ県ではCNT系と覚しい15の市町村が合流したのである。おまけに、アンダルシアの中心都市では2大労組が手を携えてゼネストに突入、県内の日雇い農たちへの連帯の意思を表示してもいた[48]。こうした流れが、ところも同じセビーリャで同年8月に開催されたアンダルシアCRT地方総会における、UGT（FNTT）との市町村単位での協定を支持する合意[49]へとおそらくは連なっていく。

　もっとも、プリモ・デ・リベーラ将軍や「インテリゲンツィヤ」と手を結んだ社会党・UGTの過去への不信感が完全には払拭されないCNTのなかにあって、アストゥリアスのアナルコサンディカリストたちは概ね孤立を強いられた[50]。先のアンダルシアCRT地方総会も公式にはUGT（FNTT）との共闘に反対しており[51]、南スペインにおける2大労組の関係を全体としてどう見るかについては、なお慎重であるべきだろう。既述のように、1934年6月のコルドバ県ではセビーリャ県に類似した傾向は観察されていない。また、1936年の6月上旬のマラガ県では、50以上もの市町村が加わった、労使混成

協議会への出席を拒む県内の農業エリートに抗議するFNTTの農業ストライキに、CNTのマラガ市連盟が反対の意向を表明する(52)。さらに、そのわずか後には同じマラガの街頭で2大労組の組織員たちが衝突し、巻き添えになった幼児1人をも含めて4人が落命する痛ましい事件が発生したのだった(53)。

内戦間際のマラガ県では、県内のアナルコサンディカリズムの立て直しを念頭に、CNT傘下の組合を統べる県委員会の設置が発議されている。1つには、UGT（FNTT）の「遵法精神」に毒されて「アンダルシアの民」の反逆のダイナミズムが失われてしまう事態を阻止する狙いがあった(54)。少なくともマラガ県の場合には、CNTとUGT（FNTT）との反目は深刻だった。だが、1936年の秋、アントニオ・ロサードは同県の県庁所在地の2大労組の組織員たちが抱擁を繰り返すありさまを目の当たりにして深く感動する(55)。7月の「もう1つの」スペインの決起が、ともに「反ファシズム」を標榜しながらも、それまでは犬猿の仲だったマラガのCNTとUGT（FNTT）を和解へと導いていたのである。

カディス県には、ペレス・コルドンの他にも対抗労組との共闘に積極的な姿勢を見せたもう1人の有力なリベルテールがいた。やはりもともとはFAIの活動家であり、県庁所在地を拠点としたビセンテ・バリェステール・ティノーコである。この前アンダルシアCRT書記長は、一時はCNT全国委員会書記長の候補者の1人にも挙げられたこともある(56)。1936年5月24日にカディスで催された集会の席上、バリェステールは「賃上げや労働時間の短縮よりももっと重要で、決定的な勝利」を可能にする「プロレタリアートの統一」を主張し、マドリードから駆けつけたフランシスコ・ラルゴ・カバリェーロと熱い抱擁を交わしている。

投票に「必要悪」としての意味合いを認めたペレス・コルドンや、人民戦線への支持を明言したセバスティアン・オリーバよりもさらに踏み込んで、バリェステールは1936年2月にカディス県から立候補したアンヘル・ペスターニャを積極的に支援さえもした。その結党に際してFAI派はもちろん、「30人宣言」に名を連ねたかつての仲間たちからも袋叩きにあっていたサンディカリスト党の党首が人民戦線選挙に勝利を収めた大きな理由の1つに、バリェステールの力添えがあったことは間違いない。ただし、バリェステール自身がサンディカリスト党に入党した事実は確認されていない。

どうやらペレス・コルドンとは異なって、バリェステールは「兄弟殺し」の

前夜まで地元のFAI系グループとの関係を絶とうとはしていない[57]。にもかかわらず、バリェステールもまた、「純粋」アナキズムそのものには見切りをつけていた。その証しは、1935年10月にしたためられ、翌年の3月初旬から、奇しくもCNTサラゴーサ大会が開幕した5月1日にかけて『ラ・レビスタ・ブランカ』誌に連載されたバリェステール自身の複数の公開書簡の内容である。フェデリーコ・ウラーレスらが編集する、この紛れもない「純粋」アナキスト誌の誌面を借りて（!）、バリェステールは「自己批判」の権利を訴えつつ、リベルテール共産主義体制がすぐにも開花する可能性に懐疑的な姿勢を示す。

　問題の書簡では、社会革命を成就させるための「具体的な綱領」の欠落が指摘されている。「リベルテール的な目的」は「破壊的な側面（aspecto demoledor）」のみには集約されない、とのバリェステールの主張は、自身も足を運んだアラゴンの中心都市で取りまとめられようとしていた「リベルテール共産主義の概念に関する統一見解」を、頭から否定する要素を含んでいた。同時に、書簡は1868年以降ピレネーの南の「純粋」アナキストたちを鼓舞し続けてきた、「破壊への衝動」を「創造への衝動」と等置するミハイル・バクーニン直系の「革命信仰」に対する訣別の宣言でもあったかに見える。

　かつて『けだものどもが通りすぎていった!』を書いてカサス・ビエハスの殉教の地としてのイメージの形成に間違いなく大きく貢献していた活動家は、このとき「革命的な状況も存在せず、大衆も情熱に欠け、他でもない革命家たち自身にも準備と熱意がないなかでの」無謀な企てとして1933年1月を振り返っている。「フランシスコ・クルースのあばら屋を舐めつくした炎」は、もはや「社会革命への道を照らしだす力強い松明」ではない。あばら屋とともに果てた「セイスデードス」も、「革命的な短絡さ（simplismo revolucionario）の犠牲に供された数百人」[58]のなかの1人でしかない[59]。先に見たとおり、ペレス・コルドンやバリェステールに先んじて2大労組の歩み寄りを訴えたオロボーン・フェルナンデスもまた、カサス・ビエハスをめぐる「伝説」の創造に関わったリベルテールである。オロボーン・フェルナンデスとバリェステールの新たな言動は、「純粋」アナキズムの側になおも踏みとどまる「使徒」たちの「革命信仰」に大きな揺らぎをもたらすだけの衝撃を与えたのだろうか。

　北スペインが根城だったオロボーン・フェルナンデスについては、ひとまず措く。件の書簡が作成されてから間もない1935年の暮れを皮切りに、地元カディスのUGTとの対話を重ねるようになったバリェステールは、アンダル

シア CRT 地方委員会の不興を買う[60]。アンダルシア CRT 地方総会がセビーリャに招集された 1934 年 8 月よりも前の段階で、暫定的な形ではあれ、書記長はバリェステールからラファエル・ペーニャ（FAI）に交代していた[61]。1934 年 8 月の地方総会が、対抗労組との共闘に曖昧な態度を見せていたことを想起しよう。前書記長が、依然として「純粋」アナキズムの理念に忠実であり続けたと思われる FAI 派[62] が統率するアンダルシア CRT 地方委員会に疎んじられたのも、無理からぬところではあっただろう。

　さらに、先の集会で UGT との「過去のいざこざは忘れてしまわなければならない」と主張したバリェステールは、内戦のさなかに CNT 全国委員会書記長に就任するマリアーノ・ロドリーゲス・バスケスをも激怒させた[63]。バリェステールと「スペインのレーニン」の両雄がカディスで顔を合わせた 5 月 24 日には、もう 1 つの集会がセビーリャで開催されていた。アンダルシア CRT 地方委員会が主催したこちらの集会では、モンティーリャ・ルスよりも一足早く、カタルーニャから来たフアン・ガルシア・オリベールとフェデリーカ・モンセニの 2 人の「純粋」アナキストがリベルテール共産主義の実現に向けて新たな武装蜂起へと大衆を誘っていた。セビーリャでは、サラゴーサで CNT への復帰を承認されたばかりの旧「30 人派」の 1 人だったドミンゴ・トーレスも登壇し、2 大労組が共闘する意義を強調した。だが、フェデリーカ・モンセニにとっては、2 大労組の「革命的同盟」でさえもがリベルテール共産主義体制をもたらすための武装蜂起の方便でしかなかったように思われる[64]。確かに、バリェステールが非難の礫に晒されるだけの理由はあったのである。

　「改革の 2 年間」、「直接行動」に執着するカストロ・デル・リオのモンティーリャ・ルスは、ブルジョワ出の「インテリゲンツィヤ」との協調を選択した社会党・UGT（FNTT）に極めて辛辣な言葉を浴びせている[65]。また、1935 年 7 月のコミンテルンの第 7 回大会以前に、労働者組織のみからなる「統一戦線」結成の構想を持ち出した共産党に対しても、このカストロの FAI 派がまったく耳を貸そうとしなかった事実にも本書は既に触れてある。われわれの知る限り、フランコ派が決起する以前のモンティーリャ・ルスには共産党はもとより、UGT（FNTT）への接近を窺わせる形跡もない。フランコ将軍らが「もう 1 つの」スペインの破壊に着手するまでの間、モンティーリャ・ルスはペレス・コルドンやバリェステールでは「まだ」なかった。

　FRC バーサ大会以降のモンティーリャ・ルスの行動は、やはり「アナキス

トのエデン」が崩れ去った後に自らが痛感させられたに違いない東アンダルシア各地での CNT と UGT（FNTT）の組織力・動員力の大きな隔たりを抜きにしては理解されがたい。同時に、「エデン」を追われてからのモンティーリャ・ルスの変貌は、南スペインにおける FAI の「革命信仰」の消滅を象徴していたように思われる。しかし、アントニオ・ロサードの所謂「政治的・ブルジョワ的な民主主義」に押されて、ロサード自身が先頭に立って推進する、「純粋」アナキズムとは一線を画した理念に支えられた「経済システムの真の意味での変革」も 1937 年 7 月には早くも危機に瀕していたのだった。

　FNC が誕生する 1 ヶ月前にバルセローナを襲った「5 月事件」が「革命文化」に終焉をもたらしたことを如実に物語るのが、1937 年の 7 月上旬、つまりアンダルシア FRC バーサ大会の直前にバレンシアに招集された FAI 半島総会が打ち出した組織構造の転換である。総会は FAI の大衆組織への改編を、従って「純粋」アナキズムの支えとして「半世紀以上にわたって最も有効な機関であり続けた」「（「アナーキー」への絶対的な信頼という）志をともにするグループ」の役割の終わりを宣言した (66)。「志をともにする」フェルミン・サルボチェアとグループ「ロス・デセレダードス」との邂逅から、このとき奇しくも「半世紀」の歳月が経過していた。

　総会は「百戦錬磨の FAI をリベルテール的・革命的プロレタリアートの道具とするために」組織の裾野を広げる方針を打ち出したのであり、FAI はその目的も方法も手放してはいない」とは (67)、7 月下旬に発表された FAI 半島委員会のマニフェストのなかに見出される自己弁明である。しかし、総会を通じて「FAI は以前の戦術を返上し、他の政治組織や行政機関と公然と協力することを認めた」。「FAI は『FAI 主義』を清算して政治化した。のみならず、政党への移行に大きな一歩を踏み出したのだった」とは、例によって FAI に厳しいセサル・マルティネス・ロレンソの観察である。もっとも、この『スペイン革命におけるアナキストと権力』の著者のペンに従えば (68)、2 月にバルセローナで開催されていたもう 1 つの FAI 半島総会のなかで「すでに FAI は政治協力の原則を認めていた」という。

　ところで、この 1937 年 2 月の FAI 半島総会は「ファシズムへの勝利、労働者たちの経済的・政治的な勝利を確保するためには、あらゆる生産手段を社会的な所有へと転じることが不可欠であり」、ことに「土地問題」に関しては、その自治体による所有（municipalización）を措いて他に打つ手はない、との

立場に立っていた。第2共和制期の早い段階でFAI派が「30人派」の言動を封殺しつつ練り上げていた、アンダルシアCRTも感化された「純粋」アナキズムの主張の繰り返しである。

しかし、この総会は「自治体による土地の所有が不可能であるか、あまりに大きな障害に逢着した場合」に備えて、農業の集団化の実施を次善の策に掲げてもいた。その際、生産と生産物の調整に当たる機関は「農民の組合」と定められている[69]。このように、モンティーリャ・ルスが東アンダルシアでの農業の集団化に挺身するための論拠を、FNCやアンダルシアFRCの結成よりも早い時点で実はFAIそのものが提供していた。モンティーリャ・ルスの故郷とも太い絆で結ばれていたアルフォンソ・ニエベス・ヌーニェスやマウロ・バハティエラ・モラーンがその消滅を展望していた「組合」が、今では窮地に追いやられたFAIの頼みの綱と化していたのだった。

1930年代の前半のカストロ・デル・リオにあって、モンティーリャ・ルスがフアン・ゴメス・グティエーレスらとともに「組合から」地元の労働力を統率する「権利」が、1913年、FNOAの誕生と前後してこのプエブロの組合が打ち出した「深くサンディカリスト的な」規約のうちに担保されていたとすれば、少なくとも東アンダルシアに関してはサンディカリスト主導と覚しい「組合」のもとでの農業の集団化を留保つきながらもFAI派が受け容れた、あるいは受け容れるしかなかったという事実は、なるほど「純粋」アナキズムに対するアントニオ・ロサード・ロペスらの「復讐」を意味していた。ただし、その「復讐」の刃は、ロサードの親友であり、「アンチ・サルボチェア」としての顔を確かに兼ね備えていながらも、紛れもないFAIの活動家でもあったモンティーリャ・ルス自身にも半ば向けられていたのである。「5月事件」を待つまでもなく、「兄弟殺し」の開演から半年後には、アルフォンソ・ニエベスのうちにその最も敬虔な帰依者の1人を見出していた「革命信仰」も、19世紀以来の「革命文化」もどうやら急速に色褪せつつある[70]。

註
（1） Sody de Rivas, *op.cit.*, pp.193-194 y n.283.
（2） Rosado, *Tierra y libertad*, pp.195-196.
（3） *Ibid.*, p.143.
（4） Gutiérrez Molina, *Casas Viejas*, pp.43-48.

(5) *La Tierra*, 16-I-1933, recopilado por Gutiérrez Molina, *Casas Viejas*, p.347.
(6) *La Tierra*, 17-I-1933, recopilado por Gutiérrez Molina, *Casas Viejas*, p.350.
(7) 1932年の2月以降、メディナ・シドニアで持ち上がった断続的な争議のなかでCNTの組織員2人が落命していた。パテルナ・デ・リベーラのFAI派は、この同じカディス県内にある、しかも近隣のプエブロを治安維持装置の発砲により多数の住民が死傷した同年1月のアルネードになぞらえたのである（Miguel Pérez Cordón, *Medina Sidonia: Segundo Arnedo. Naración y comentarios a la tragedia*, Cádiz, 1932, recopilado por Gutiérrez Molina, *Casas Viejas*, pp.309-314.）。
(8) Gutiérrez Molina, *Casas Viejas*, p.83.
(9) Brey y Maurice, *Historia y leyenda de Casas Viejas*, pp.175-177. Gutiérrez Molina, *Casas Viejas*, pp.95-103.
(10) Jacques Maurice, "Tras octubre de 1934: ¿era preciso abstenerse?", *El anarquismo andaluz, una vez más*, p.284.
(11) Gutiérrez Molina, *Casas Viejas*, p.102.
(12) カディス県内での1936年2月の総選挙の結果に関しては、Caro Cancela, *La Segunda República en Cádiz*, pp.262-275.
(13) Gutiérrez Molina, *Casas Viejas*, pp.119-120.
(14) CNT, *El Congreso Confederal*, p.211. 1932年1月のFTACCヘレス大会の折、このペレス・コルドンは革命が成就した後の土地所有のあり方に関して、個々人による経営、共同体のもとでの経営、組合ないしは集団による経営の3つの形態の調和の取れた共存の可能性を展望していた（Maurice, *El anarquismo andaluz*, p.288.）。しかし、当時のペレス・コルドンの場合にも「暴力」による革命の成功は、何の議論もなく自明視されている。「都市の兄弟たち」への支援の要請は、「アンダルシアの民」の自発性に信頼を寄せた自らのかつての戦略の破産の告白であったかにも思われる。
(15) Caro Cancela, "Sebastián Oliva", p.106.
(16) Gutiérrez Molina, *Casas Viejas*, p.75.
(17) Maurice, *El anarquismo andaluz*, p.299. FAIの活動家でありながら、南スペインの貧農の組織化にも関心を示した「純粋」アナキストは他にもいた。1932年5月のセビーリャ県を揺るがし、アントニオ・ロサードから「徒に『社会革命』を叫び、革命的な虚言を弄したストライキ運動」と謗られた争議の仕掛人の1人であるカルロス・シンメルマンも、問題の「ストライキ運動」の敗北をきっかけに、ロサード当人がやがて提唱するアンダルシアFRCの設立に一時は前向きな姿勢を示した。件の争議が持ち上がった当時、CNTのセビーリャ市連盟を指導する立場にあったシンメルマンの争議後の主張に耳を貸せば（*ibid.*, pp.294-295.）、アンダルシアFRCは資本主義体制のもとでの闘争を指導するうえで不可欠な団体であり、「場合によっては」それがリベルテール共産主義に「プロレタリア経済」のための土台を提供する可能性をも内包していた。それでも、実質的には1933年3月になっ

第 9 章　ヘレスからバーサへ

てようやく具体化されたアンダルシア FRC の設立をめぐる議論に、シンメルマンがはっきりとした形で貢献を果たした様子はない。
(18) Rosado, *Tierra y libertad*, p.147.
(19) *Ibid.*, p.21.
(20) *Tierra y Libertad*, 3-VI-1932.
(21) *CNT*, 8-XI-1933.
(22) AMCR, leg.723.
(23) *Solidaridad Obrera*, 9-X-1930.
(24) *La Voz del Campesino*, 17-VII-1932. 第 6 章第 3 節で扱われた FPC に、モンティーリャ・ルスが関わっていたかどうかは不明。
(25) *Memorias del Congreso de Constitución*, pp.33-34.
(26) AMCR, leg.7.
(27) *Solidaridad Obrera*, 7-II-1936.
(28) IISG, Archivo FAI/CP, paq.8. ca.318a.
(29) Rosado, *Tierra y libertad*, p.109.
(30) 17 の組合とは、カディス県のエル・ガストールとオルベーラとプエルト・セラーノ、コルドバ県のカストロ・デル・リオとフェルナン・ヌーニェス、セビーリャ県のアルガミータス、エル・コロニール、モロン・デ・ラ・フロンテーラ、モンテリャーノ、マラガ県のアリアーテ、イグアレーハ、フンケーラ、ベナオハン、ベナラバス、モンテハーケ、ロンダ、さらにはロンダ・ラ・ビエハの各組織である。見てのとおり、ヘレス・デ・ラ・フロンテーラの AGTA の名はそこにはない（CNT, *El Congreso Confederal*, pp.114-115.）。
(31) われわれが持つサラゴーサ大会の会議録には、農業問題に関してロサードやモンティーリャ・ルスのものとはっきりと断定されうる発言は残されていない。それでも、例えば農村の知的水準の低さを率直に認めたうえで、FNC の設立を急務と述べて第 19 部会を締め括った氏名不詳の司会者の言動には、ロサードのそれを思わせるものが確かにある（*ibid.*, pp.208-212.）。
(32) *Solidaridad Obrera*, 17-VI-1936.
(33) *Memorias del Congreso de Constitución*, p.66.
(34) *Ibid.*, p.69.
(35) *Ibid.*, pp.73-77.
(36) Rosado, *Tierra y libertad*, p.153.
(37) Bartolomé Montilla, "Prólogo", Federación Regional Campesina de Andalucía, *Orientaciones a Sindicatos y Colectividades de Campesinos*, Úbeda(Jaén), 10 de agosto de 1938, pp.5-8. このパンフレットのコピーは、Jacques Maurice に提供してもらった。アンダルシア FRC 書記長のみならず、モンティーリャ・ルスもリベルテール共産主義と農業の集団化との間に質的な隔たりが存在することを認識していたわけである。にもかかわらず、本章の第 3 節でわれわれが参照したルイス・

ガリード・ゴンサーレスの手になる、「兄弟殺し」のさなかに集団農場が建設されたアンダルシアの市町村のリストには、カストロ・デル・リオが加えられている。その一方で、この「アナキストのエデン」と同じく1936年の夏にリベルテール共産主義体制の樹立が宣言された、ブハランセやビリャビシオッサ・デ・コルドバその他のプエブロはいずれも件のリストから除外されている。「誤った政策」のもとに（？）農業の集団化が断行されたエスペッチョの名がやはりリストから抜け落ちている点は、本章第3節の註（55）で指摘しておいた。なお、「『共同で働き、家族単位で報酬を受け取る』集団農場の仕組み」は、ラ・マンチャのダイミエールでも導入されている（N. R. González, *op.cit.*, p.167.）。ダイミエールの集団農場はカスティーリャFRCの傘下にあったばかりではなく、農業省（IRA）からの資金援助をも仰いでいた（*ibid.*, pp.129-130.）。もっとも、件の「仕組み」がFRCに加盟するすべての組合によって受け容れられていたものかどうかはわからない。本章第1節で瞥見した、徹底した形で農業の集団化がなされ、「かねの流通そのもの」も撤廃されたメンブリーリャのCNTのFNCへの帰属の有無も不明である。

(38) ただし、農業の集団化を阻害する「革命の敵」の具体例は1つも示されていない（*Orientaciones a Sindicatos*, pp.13-16.）。
(39) Sody de Rivas, *op.cit.*, p.200.
(40) オロボーン・フェルナンデスの提案のアストゥリアスへの反響については、M・ロレンソ、前掲邦訳、88－94ページ。
(41) Brey y Maurice, *Historia y leyenda de Casas Viejas*, p.195.
(42) Termes, *Historia del anarquismo*, p.437.
(43) José Luis Gutiérrez Molina, *Valeriano Orobón Fernández. Anarcosindicalismo y revolución en España*, Valladolid, 2002, pp.55-56.
(44) Valeriano Orobón Fernández, "Prólogo al libro de E. Armand, *Realismo e idealismo mezclados* (1926)", recopilado por Gutiérez Molina, *Valeriano Orobón Fernández*, pp.278-281.
(45) *Ibid.*, p.43. n.110. 他方で、さすがに2大労組の共闘の提唱者だけのことはあり、バリャドリのリベルテールが構想する未来社会の土台となるべきものは、「30人派」と同じく「組合」である（*ibid.*, pp.92-93.）。なお、「いかなる抽象的規範をもってしても消し去ることのできない〔自我の〕唯一性を宣言している」点で、また「国家」のみならず「社会」をも自我を「圧服させるもの」と見なした点で、シュティルナーは「アナーキズムにおいて最も独創的な最も首尾一貫した思想家」と呼ばれるに値する（アルヴォン、前掲邦訳、50－54ページ）。アルマン自身も、シュティルナーに関するごく簡略な評伝を書いた（「E・アルマンによるマックス・シュティルナー」ゲラン編、前掲邦訳、I、17－21ページ）。
(46) *La Tierra*, 29-I-1934, recopilado por Gutiérrez Molina, *Valeriano Orobón Fernández*, pp.268-273.
(47) Id., *Casas Viejas*, p.83.

(48) Caro Cancela, "El socialismo andaluz", p.158.
(49) グティエーレス・モリーナ『忘れさせられたアンダルシア』205ページ。
(50) Casanova, *De la calle al frente*, pp.134-135. 当時、アストゥリアスの炭鉱夫たちのおよそ 26,000 人が UGT に、6,000 人ほどが CNT に加入していた。この地方にさらに近隣の旧カスティーリャのレオン・パレンシアの2県を併せても、CNT の組織員数は約 14,000 に留まる（Termes, *Historia del anarquismo*, pp.452-456.)。アストゥリアスの CNT が UGT への接近を図った理由として、2大労組の組織力・動員力に、内戦中の東アンダルシアにも似た開きがあった事実が指摘されうるかもしれない。
(51) José Luis Gutiérrez Molina, *Crisis burguesa y unidad obrera. El sindicalismo en Cádiz durante la Segunda República*, Madrid, 1994, pp.314-320.
(52) マラガのアナルコサンディカリストたちが FNTT の農業ストライキへの合流を拒んだ理由は、例によって「直接行動」の原則にある（*El Popular*, 5-VI-1936.)。
(53) *Ibid.*, 19-VI-1936.
(54) *¡Campo Libre!*, 4-VII-1936.
(55) Rosado, *Tierra y libertad*, p.137.
(56) Maurice, *El anarquismo andaluz*, p.204.
(57) Gutiérrez Molina, *Se nace hombre libre*, pp.48-49.
(58) Muarice, "Apóstles, publicistas, hombres de acción y sindicalistas", pp.6-7.
(59) 「純粋」アナキズムとの関係の点で、バリェステールにもまして興味深い、というよりもむしろ不可解とさえ思われるのが、実はアベリーノ・ゴンサーレス・マリャーダである。アストゥリアス出身のこの活動家は、先にも述べたとおり既に復古王政期から UGT との共闘に積極的で、しかも自身が編集する『CNT』紙を通じて、「反乱のサイクル」の第2波がカサス・ビエハスに達するよりもわずかに早い 1933 年1月9日の時点で、バルセローナその他で既に開始されていた武装蜂起に批判的な姿勢を鮮明にし（Casanova, *De la calle al frente*, p.110.)、さらには「1933 年〔1月〕の反乱を精力的に支援しなかったため」同年の夏には同紙の編集長の座を追われる破目になる（*ibid.*, pp.68-69.)。だが、そのゴンサーレス・マリャーダ自身も FAI に身を置いていたのである（Freán Hernández, *op.cit.*,p.7.)。それでも、われわれは「サイクル」の第1波（1932 年1月）を肯定するようなゴンサーレス・マリャーダの発言には出くわしていない。
(60) ミリャン・チビーテ「ビセンテ・バリェステール／あるカディスの指導者のイデオロギーと実践（下）」64ページ、訳註8。
(61) Gutiérrez Molina, *Se nace hombre libre*, p.55. バルトロメ・モンティーリャ・ルスの先代のアンダルシア CRT 地方委員会書記長は、このラファエル・ペーニャである。セビーリャの FAI 派は、1937 年8月のバーサで半年前のマラガ陥落の責任を負わされ（！）、CNT を除名される悲哀を舐めねばならなかった（Sody de Rivas, *op.cit.*, pp.188-189.)。

(62) Íñiguez, *op.cit.*, pp.469-470.
(63) 史料的根拠は本節の註(60)に同じ。
(64) *Solidaridad Obrera*, 31-V-1936. バレリアーノ・オロボーン・フェルナンデスが「革命的同盟」の名のもとにひとまず思い描いていたのは、例えば1919年に構築されたバイエルン・レーテ共和国の再現だった。オロボーン・フェルナンデス自身の解釈では、ドイツ社会民主党のグスタフ・ノスケの手で圧殺されるまでの間、ミュンヘンではアナキストのグスタフ・ランダウアーとエーリッヒ・ミューザム、左翼の社会主義者のエルンスト・トラー、それにドイツ共産党のオイゲン・レヴィーネらの共闘により、「革命的な労働者民主主義(democracia obrera revolucionaria)」、もしくはそれに近い事態が日の目を見たという。そのような「民主主義」の実現に向けて、バリャドリのアナルコサンディカリストは「バクーニンが提唱していた『革命的暴力(violencia revolucionaria)』」の行使に固執する。オロボーン・フェルナンデスにとっての当面の課題はリベルテール共産主義のすぐさまの実現にではなく、「革命的同盟」を介しての資本主義とその支えとしてのファシズムの打倒に置かれていた(*La Tierra*, 1-I-1934, recopilado por Gutiérrez Molina, *Valeriano Orobón Fernández*, pp.273-277.)。
(65) *La Voz del Campesino*, 9-VII-1932.
(66) Gómez Casas, *op.cit.*, p.261.
(67) *Ibid.*, p.265.
(68) M・ロレンソ、前掲邦訳、308 - 309ページ。
(69) FAI, *Memoria del Pleno Peninsular de Regionales, celebrado los días 21,22 y 23 de febrero*, s.l[Barcelona]., s.f[1937]., pp.4-5. この2月の総会にアンダルシアから駆けつけたFAI派は1人もいない(*ibid.*, p.7)。1937年7月のバレンシアでの半島総会でも、南スペイン各地に散らばるFAI系グループの相互の連絡の途絶が嘆かれた(FAI, *Memoria del pleno peninsular de regionales. Celebrado en Valencia los días 4,5,6 y 7 de julio 1937*, Valencia, 1937, pp.130-136.)。7月の半島総会の方針を受けてのアンダルシアFRGAの組織構造の改編、あるいは改編の有無についてはまったく不明。
(70) 1938年の晩秋ないしは初冬、アルメリアにあってアンダルシアのFAI派を束ねる地方委員会は、2年前にマドリード戦線で謎めいた死を遂げていたホセ・ブエナベントゥーラ・ドゥルーティの生涯に最大限のオマージュを捧げつつ、改めて「勝利」を声高に誓う(*La Voz de la FAI*, 23-XI-1938.)。だが、それはもはや絶望的な状況のもとで発せられた断末魔の叫びにも近かったに違いない。カディスのフェルミン・サルボチェアと並ぶ、スペインが生んだ最も伝説的なリベルテールと目されるレオンの無法者の死にざまについては、パス『スペイン革命のなかのドゥルーティ』315 - 325ページ。

むすびにかえて

1903年の春。コルドバ県のグアダルキビール川以南に広がるカンピーニャにほとんど初めて生起した特異な現象に、フアン・ディアス・デル・モラールは「宗教的・ユートピア的な」アナキズムと「イマジネーションに富みながらも無教養な」「アンダルシアの民」の結合の所産を見た。その後、ブハランセの公証人がそれぞれに定義づけた意味での「アナキズム」と「民」との関係は次第に薄れていく。15年の歳月を隔てて同じ空間を席巻した「ボリシェヴィキの3年間」の農業ストライキ攻勢のなかで「民」が自らの身を委ねた戦略は意外なほど「合理的」であると同時に、『IRS報告』に収録された「民」の声を代弁する指導者たちの証言も、これまた意外なまでに「散文的」だった。
　その背景にはアナキズムからアナルコサンディカリズムへの、南スペインの農業プロレタリアートの闘争の流儀の変質がある。反乱の作法に変質がもたらされたきっかけは、ディアス・デル・モラールの名著によりその過程をたどることができるように、「革命文化」を共和派から引き継いだ「純粋」アナキズムの「使徒」たちから、サンディカリストたちへの「アンダルシアの民」の指導者層の交代にある。『騒擾史』に生々しく再現された「ボリシェヴィキの3年間」におけるロシア革命への、さらにラティフンディオの再分配への「民」の興奮は、就中サルバドール・コルドン・アベリャンら後退局面を迎えた「純粋」アナキストらの言説に負うていた。『騒擾史』の行間からも漂う、1903年に比べて「散文的な」「3年間」の印象は、「純粋」アナキズムの退潮に正確に呼応していた。
　実際には『騒擾史』からも垣間見える南スペインの階級闘争の「改良主義的な」側面をほとんど完全に無視したうえで、ディアス・モラールの名著が伝える「革命文化」の発現に通じる側面のみに自身の関心を集中させるという明らかな間違いを犯したのが、エリック・ホブズボームだった。とはいえ、アンダルシアのアナルコサンディカリズムの「合理的な」、従って19世紀以来の戦闘的な「革命文化」とは一線を画した「改良主義的な」性格のみを強調する議論は、ブハランセの公証人がその眼前で展開された光景を「ツキジデス的」に書き留めたものを通俗的な意味での「神話」の一言で切り捨てることにも繋がる。ことに、そうした議論が「コルドニエフ」とその言動を半ば戯画めいた「こぼれ話」の類として片づけてしまう場合にはその傾向がいっそう著しい。
　しかし、「アンダルシアの民」の「合理的な」賃上げの訴えが、同じ「民」

が大土地所有制の解体に寄せた、常軌を逸したかにも見える期待感とともにあってはいけない理由はない。「社会史の先駆者」の名著には、看過されてはならない矛盾撞着が少なからず含まれている。それでもなお、「偉大な日」をめぐる例のエピソードをも含めて、『騒擾史』にはおそらく新たな読みの可能性が残されている。ディアス・デル・モラールの「社会史」への最大の貢献は、やはりホブズボームを惹きつけた、ジョルジュ・ソレルが付与した意味での「神話」に熱狂する「民」のありさまの再現に成功したことにあるように思われる。20世紀の初頭、「世界の破局の観念」に連なるゼネラル・ストライキの「神話」を「民」のもとへ届けたのは、ホセ・サンチェス・ロサだった。そのサンチェス・ロサに「ボリシェヴィキの3年間」に下されたCNTからの除名処分は、南スペインにおける「革命文化」の完全な終焉を意味してはいなかった。1930年代の前半には、「革命信仰」を奉じるFAI派が「革命文化」の再生に奮起するだろう。

　ディアス・デル・モラールの視野が、共和派や社会党・UGTにまで届いていなかった点はどうにも否めない。共和主義そのものは、第1共和制の崩壊後ももちろん生き延びる。とはいえ、総じて復古王政期のアンダルシアの共和派は——ブラス・インファンテ・ペレスら地域ナショナリストをも含めて——、アントニオ・カノバス・デル・カスティーリョがポルトガルからスペインに持ち込んだ「平和裡の政権交代」の壁を打破するにはあまりにも脆弱だった。19世紀と20世紀の変わり目に日雇い農たちをリベルテール的な理念から引き離そうともくろんだマヌエル・モレノ・メンドーサが、自身が心酔するアレハンドロ・レルー・ガルシアともども結局はカシキスモの虜になってしまったという事実はいかにも象徴的である。

　カシキスモの呪縛から同胞を解き放ち、ピレネーの南に「理性的な」共和国を建設しようと企てた1930年代前半の「インテリゲンツィヤ」もまた、その足許の怪しさの点ではモレノ・メンドーサやその親玉と五十歩百歩だった。「理性」を過信するマヌエル・アサーニャ・ディアスらは、自分たちブルジョワ出の共和派と社会党・UGT（FNTT）との共闘に楔を打ち込み、さらにCEDAと結んだレルーにまんまとしてやられる破目になる。また、「改革の2年間」にあってさえ、コルドバ県は残存するカシキスモに悩まされねばならなかった。そもそも第2共和制が初めに臨時政府の首班の、次いで大統領の椅子を宛てがったニセト・アルカラ・サモーラ・イ・トーレスその人が、かつては

プリエーゴ・デ・コルドバに鎮座する有力なカシーケだったのである。カシキスモの根絶は、1933年11月の総選挙の際には「伝家の宝刀」を抜いて「天敵」の当選阻止に走ることをも辞さなかったアルカラ・サモーラ自身も含まれる（！）「インテリゲンツィヤ」には途轍もなく荷の重い課題だった。

　農地改革の実施が叫ばれた「改革の2年間」に、改革に伴う収用の対象としてのラティフンディオの存在そのものに目をつぶったばかりか、農業エリートに反逆する「アンダルシアの民」への弾圧に何ら躊躇しなかったコルドバ県知事の人となりを讃えたのは、「悲劇の春」にマヌエル・アサーニャから首相の座を譲られる——押しつけられる（？）——ことになるサンティアゴ・カサーレス・キローガである。「兄弟殺し」のさなかにフランコ派として（！）同じ地位に返り咲く未来までもが待っていたエドゥアルド・バレーラ・バルベルデの、アルカラ・サモーラの盟友ミゲル・マウラ・イ・ガマーソによる県知事への抜擢とカサーレス・キローガによるその人格の称揚は、「インテリゲンツィヤ」の眼識の曇りを示して余すところがない。

　農地改革をめぐる議論以上に、「インテリゲンツィヤ」が自らと社会党・UGT（FNTT）との「階級的な」隔たりを際立たせたものはおそらく他にない。「知識人の共和制」を体現した「アルカラ市民」も元王政派のアルカラ・サモーラも、そして社会党・UGT（FNTT）の支援を受けて代議士の資格を手にしたディアス・デル・モラールも、19世紀の前半から中葉にかけて自由主義的農地改革が実施され、アンダルシアに大土地所有制が確立を見て以来、「寡頭支配層の権力ブロック」の中核をなす農業エリートの「片割れ」であり続けたはずの、にもかかわらず特に「世紀末の農業危機」を境に落ち目になった貴族の不動産を盾に「ブルジョワ的な」土地所有の温存を、もとより程度の差はあれ画策したのだった。

　フランシスコ（Francisco）・ラルゴ・カバリェーロとフランシスコ・フランコ・バアモンデとフランシスコ・ヒネール・デ・ロス・リーオス。1940年代半ばのサルバドール・デ・マダリアーガによれば、内戦は彼ら3人の「F」の絡み合いに集約される。「スペインのレーニン」の左からの暴力と後の独裁者の右からの暴力に挟撃され、自由教育学院の創設者の理念を継承する「インテリゲンツィヤ」のスペインが圧殺されたのが、1936年7月に始まった「兄弟殺し」に他ならなかったという構図である。「レーニン」がしばしば用いた「暴力的な」言説の中身については、大いに議論の余地がある。ただし、その響き

が「もう1つの」スペインにとってただならぬ脅威であったことはもちろん自ずと別の話ではあっただろう。いずれにせよ、マダリアーガが後に亡命先でその再生に微かな夢を繋いだ「知識人の共和制」と[1]、労使混成協議会を設けて自分たちの「合理的な」願望に応えようとした「レーニン」に惹かれた「膨大な数の農民大衆」との間には、ヒネールの「理性的な」後継者たちにはできれば覗きたくない深淵が確かに穿たれていた[2]。

そんななかにあって、エドワード・マレファキスによれば「膨大な数の農民大衆」の救済に最大限の情熱を注いだのが、「暗黒の2年間」の一時期に農相を務めたマヌエル・ヒメーネス・フェルナンデスだった。農地改革の1つの根拠が19世紀末に労使間の和解と協調を提唱したローマ教皇レオ13世の社会カトリシズムに求められるとすれば、ヒメーネス・フェルナンデスの営為は正しくその出発点への回帰に他ならなかった。この点で、CEDAに党籍を有するセビーリャの敬虔なカトリックの戦略には、祖国の「ヨーロッパ化」を志向した「ライックな」「改革の2年間」に逆行する方向性が孕まれていた。それでも、ともかくも大土地所有制にメスを入れようとした「白いボリシェヴィキ」はアンダルシアや、1933年11月に自身が当選を果たしたエストレマドゥーラの農業エリートの逆鱗に触れてしまう。社会カトリシズムの火はなおも消えない。勢いは弱まりながらも、その火は「ライックな」人民戦線に農地改革を再開させる法的な根拠を提供しさえもする。しかし、ヒメーネス・フェルナンデスの農業省からの放逐は、それが大地主たちの意向を曇りなく反映していたという点で、「ジェノサイド」へ向けての大きな曲がり角だった。

FREが結成されて以来、「アンダルシアの民」の牽引役を自負してきたリベルテールたちの言動には、「反政治」「非政治」の本来の原則からの逸脱があった。FTREもCNTも、ともにその懐に共和派を抱え込んでいた事実からも明らかなように、表向きはともかく「政治」との関係を頭から拒絶していたわけではなかった。1914年、セバスティアン・オリーバ・ヒメーネスとディエゴ・マルティネス・ドミンゲスらは、「散文的な」目標の達成のために、カディス県当局を仲介役にヘレス・デ・ラ・フロンテーラの農業エリートと折り合いをつけることに積極的でさえあった。また、1931年4月のフェルナン・ヌーニェスでの、その翌月のカストロ・デル・リオやブハランセでの「左翼」の勝利も、それぞれのプエブロのCNTの組織員たちの投票行動がなければ実現しえなかったに違いない。

こうして結果的には地元での第2共和制の確立に貢献しもしたカストロ・デル・リオとブハランセの組織は、20世紀の初頭以来、「アンダルシアの民」を階級闘争へと誘い続けてきた、南スペイン屈指のリベルテールたちの牙城だった。第2共和制の「改革の2年間」のコルドバ県にあって、県知事のバレーラ・バルベルデを最も手こずらせたのがカストロなら、「反乱のサイクル」にほとんど唯一呼応したのがブハランセである。もっとも、1930年代の前半にこの2つのプエブロが発揮した高い戦闘能力が同県の労使紛争のなかにあって「例外的な」次元に属していたとすれば、そして2つのプエブロのCNTの突出して好戦的な性質が「組合から」FAI派が地元の「民」に行使した影響力の賜物であったとすれば、カストロとブハランセを除いた県内各地の市町村でのFAIの影響力はやはり限られていたということになるだろう。「革命文化」の復権をもってしても、1930年代前半の県内のアナルコサンディカリズムの全般的な弱体化の傾向に歯止めをかけるだけの起爆剤にはなりえなかったのである。

　復古王政末期の、傘下の農業労働者組織FNTTの発足を梃子として、「改革の2年間」のコルドバ県ではUGTが組織力・動員力においてCNTを凌駕するまでになる。だが、この「2年間」の終焉を待たずに、われわれの県のFNTTには早くも息切れの兆候が窺われた。1934年6月の農業ストライキの敗北を経て、当地のFNTTは完全な退潮局面を迎える。その全国委員会にオルナチュエーロス出身のアントニオ・ブハランセ・ロペスを送りながらも、人民戦線期における同県のFNTTには目立った動きはほとんどない。しかも、1936年7月の「兄弟殺し」の開幕とときを同じくして、FAIやリベルテール青年団の活動家たちを地元に抱えた県内のいくつかの市町村では、「純粋」アナキズムの精神に鼓舞されつつリベルテール共産主義体制の樹立が宣言される。コルドバ県のアナルコサンディカリズムはFNTTに敗れ去った、とのジャック・モリスの結論づけには一定の修正が必要だろう。

　他方で、内戦の最終段階に至るまで南スペインに残された第2共和制の領域でのリベルテール主導の農業の集団化の営為を支え続けたものは、1930年代の前半にコルドバ県を牙城に選んだアルフォンソ・ニエベス・ヌーニェスを通じて、CNTとの「絆」を重視しつつ、なおかつサンディカリズムを超える論理を提示したはずのFAIの「革命信仰」ではなかった。「純粋」アナキズムには、それが大衆の自発性への信頼を1つの看板に掲げ続ける限り、FREが日

むすびにかえて

の目を見るよりも早い段階でアンダルシアの「大衆」自身により創造され、かつまた「大衆」自身を長期にわたって虜にしてきた「土着の社会主義」を十全な意味において克服するだけの契機が内包されていなかった。内戦は、フェルミン・サルボチェア・イ・アルバレス直系の「革命文化」にとってはむしろその墓場でさえあったかにも見える。「信仰」の喪失と「文化」の消滅を端的に物語るのが、1936年9月のカストロ・デル・リオにおける「アナキストのエデン」の崩壊と、ニエベスとともに「エデン」の建設に従事したバルトロメ・モンティーリャ・ルスのその後の歩みだった。以上が、われわれがこれまでにまったく覚束ない足取りでたどってきた道筋のおおよそである。

　コルドバ県の北部に展開するシエラを除いて、1937年を待たずに西アンダルシアはその全域がフランコ派に占領されてしまう。第2共和制の側にともかくも残されたシエラは、既に「ボリシェヴィキの3年間」には社会党・UGTの勢力圏に概ね組み込まれていた空間だった。1930年代の前半、とりわけコルドバ県ではCNTが対抗労組の猛追に晒されたにせよ、リベルテールたちにとってFRE以来の根城であり続けたグアダルキビール川の中下流域は、軍事クーデタの狼煙が上がってから半年も経たないうちに、決起した反乱軍の掌中にそっくり帰していた。1939年3月28日、コルドバ県で最後に「十字軍」が突入したシエラのプエブロは、奇しくも「征服（conquista）」を意味するコンキスタである[3]。翌29日には東アンダルシアのアルメリアが陥落し、ここに南スペインから「アカども」の支配領域は残らず一掃される。事実上、アンダルシアにおける戦闘の終結はスペイン内戦の終結を、従って自ずと第2共和制そのものの崩壊を意味していたのだった[4]。

　内戦中は主に東アンダルシア各地での農業の集団化の実現に心血を注いだアントニオ・ロサード・ロペスは、アンダルシアFRCの本部が置かれていたハエン県のウベダで敗北のときを迎えた。ロサードは国外への脱出を早々に諦め、内戦に幕が下りた同じ1939年4月のうちに、セビーリャ県のモロン・デ・ラ・フロンテーラへの帰郷の途次、近隣のエル・アラアールで逮捕された。その後セビーリャの県立監獄に送られたものの、かつてのアンダルシアFRC書記長は翌年6月には仮出獄を許されている[5]。

　自身も訝るほどに早い段階でともかくも「自由」を手にしたロサードの友人であり、内戦中にはいっときアンダルシアCRTを率いる立場にもあったのが、カストロ・デル・リオのモンティーリャ・ルスだった。その足跡をたどる

653

ことが難しい、カストロのFAI派の「戦後」に関しては、例えばリベルテール史家のミゲル・イニゲスがまとめた大部の『スペインのアナキズムの歴史事典のための下書き』(2001年) も、「兄弟殺し」の終演から20年以上の歳月が流れた1961年にコルドバで身柄を拘束された事実を伝えるのみである[6]。有力なアナルコサンディカリストとしての活動歴をよそに、2人はともかくも生き延びることができたのだった。軍事クーデタの勃発からフランコ独裁の確立へと至る時代の大波に翻弄されながらも、ロサードとモンティーリャ・ルスが「幸運」に恵まれたことばかりは間違いないだろう。

モロン・デ・ラ・フロンテーラ制圧の翌日、1936年7月25日に流されたラジオ放送を通じて、ゴンサーロ・ケイポ・デ・リャーノ将軍はフランコ派の決起から1週間ほどの間にこのプエブロで演じられたという「前例のない蛮行」に激怒し、その生贄に供された「名誉ある」右翼1人につき、「少なくとも」10人の左翼、つまりは「アカども」の処刑を宣言していた[7]。セビーリャの「ラジオ将軍」の雄叫びは、リベルテール的な祝祭のなかで自身の牛を屠っていた「下衆ども」に激昂したパルマ・デル・リオの「ビスマルク」ことフェーリクス・モレノ・アルダヌイのそれに重なっている。モロンでの「蛮行」の犠牲者の数は、実際にはわずかなものだった。内戦の終結後にある外国紙が報じたところでは[8]、フランコ派の軍門に下った7月24日以降、ロサードの故郷では3,000人の「アカども」が銃殺されたという。さすがに、この数字はかなり水増しされているものと思われる。しかし、報復の対象とされたこのプエブロの「アカども」の数が、「蛮行」の犠牲者の「10倍」に留まるどころの話でなかったことばかりは想像に難くない[9]。

前日 (7月23日) の放送のなかで「ラジオ将軍」が陥落間近のモロン・デ・ラ・フロンテーラと並んで「マルクス主義者」たちの巣窟として名指した市町村のなかには、カストロ・デル・リオも含まれていた[10]。1936年7月18日以降、「マルクス主義者」ならぬFAI派のモンティーリャ・ルスらがヘゲモニーを掌握したこの「アナキストのエデン」では、ロサードの故郷とは異なって確かに多数の右翼、ないしは右翼と見なされた分子がリベルテール共産主義革命の犠牲になる。「エデン」には、遠からずフランコ派による報復のときが訪れる。そして、「もう1つの」スペインの血で贖われた社会革命に対する無慈悲な報復のなかで、今度は「アカども」の遙かに大量の血が流されなければならなかったことも、否定しがたい確かな事実だった。

むすびにかえて

　確かなことはまだある。アンダルシアを舞台にしたフランコ派の軍事行動は、正しく「ジェノサイド」と呼ばれる以外にはない「前例のない蛮行」だった。そして、その犠牲者の多くはブラス・インファンテが限りない共感を寄せた「アンダルシアの民」によって占められていたし、内戦・革命に敗れたリベルテールたちのアンダルシアはほとんど壊滅的な打撃を免れなかったのである。カディス県のチクラーナ・デ・ラ・フロンテーラに春をひさぐ娼婦「ラ・アビオーナ」が、ディエゴ・ロドリーゲス・バルボーサの口から聞かされていた「すべての男女が平等である」はずの「新しい時代の到来を告げる赤いオーロラ」[11]を目にすることはついにない。のみならず、わずかに「確かなパンと自由を手にし、野に放たれた小鳥の生を生きること」[12]を願ったという、ただそれだけのせいで、バルボーサ自身も血に飢えた「もう1つの」スペインの狂乱の渦のなかに飲み込まれてしまうだろう。だが、ごくささやかに見えるバルボーサの願いそのもののなかには、大土地所有制に立脚したアンダルシアのあり方を根本から問い質すだけのテーゼが、従って大地主たちの「アフリカ風の憎しみ」を煽るに充分すぎるほどの内実が、これまた確かに含まれていたのだった。

　1936年の夏以降、名もない「アンダルシアの民」を待ち受けていた凄惨な「ジェノサイド」の一端を照射するとともに、農業エリートを向こうに回した階級闘争のなかで「民」を牽引する役割を自らに課したために、内戦のさなかに、あるいはその終結に続いたフランコ独裁の初期に無残な死を強要された何人かの南スペインの代表的な、しかし極東の島国ではほとんど、またはまったく無名のリベルテールたちを弔うこと。さらに加えて、「兄弟殺し」のなかで瀕死の打撃を被ったアナルコサンディカリスト労組のその後を、また1975年に始まった民主化のなかでの「民」の動向を、いずれも大摑みにではあれ展望すること。以上の作業を通じて、「アフリカ風の憎しみ」に満ちたアンダルシアの階級闘争を見直すための、はなはだ手際の悪い議論を切り上げることにしよう。

註

（1）Moradiellos, *op.cit.*, p.67. 1934年、サルバドール・デ・マダリアーガはアレハンドロ・レルー政権へのCEDAからの入閣を合法視する見地から「10月革命」を厳しく非難する一方で、この「革命」への関与を理由に逮捕・収監されたマヌエル・アサーニャの救済に奔走した。また、あるときにはアルカラ・デ・エナーレスの文人政治家が信頼する普通選挙制を「有機的な民主主義（democracia orgánica）」に対立する「数任せの民主主義（democracia estadística）」と切り捨てた。おかげで、後にフランコ独裁からその先駆者と讃えられることにもなる。内戦では初めは中立の立場を表明して「2つの」スペインの双方から顰蹙を買い、やがてインダレシオ・プリエートとフランコ将軍の相互理解に基づく和平の実現を夢想した（Preston, *Las tres Españas*, pp.208-214.）。周知のようにアサーニャにも似て文芸に秀でた知識人で、ポール・プレストンの凝った言い回しに従えば「自由に支えられた完全な世界秩序をドン・キホーテ風に模索した」このマダリアーガ（*ibid.*, pp.195-196.）ほどに政治的な評価の難しいスペイン人も珍しいかもしれない。

（2）ただし、フランシスコ・ヒネールの後継者たちに、その「エピゴーネン」とのレッテルを貼りつけたのではやはり酷にすぎるだろう。そもそも、ヒネール当人にしても「階級的な」制約を免れなかった。内戦の勃発によりその歴史に終止符が打たれるまでの、創立以来のちょうど60年の歳月を通じて、自由教育学院に学んだスペイン人が250人を超えた年度は1度もない。「お上」からの助成金とは無縁で、授業料と父兄や篤志家からの寄付金のみで賄われていた、ヒネール自身が1876年に設立したこの私的な教育機関の門戸は（Molero Pintado, *op.cit.*, pp.111-113.）、社会を変革するためのただ1つの手立てを教育に見るその確信（*ibid.*, pp.43-41.）をよそに、経済的に恵まれた「選ばれた」同胞の子弟のみに開かれていた。知的な対話を好み、周りから「今日のソクラテス」とも呼ばれたというヒネールは「相互理解の最低限の基礎を保障するような」「労使双方に共通する文化」の存在を想定しながらも、自らを師と仰ぐディアス・デル・モラールにも似て、デサモルティサシオンが祖国にもたらした社会的な弊害には鈍感だった（Bennassar, *Historia de los españoles, 2*, pp.274-275.）。自由教育学院に学びつつ、労働者政党への入党を選んだフェルナンド・デ・ロス・リーオスがピレネーの南におけるマルクス主義のパイオニアの逝去に際して語った感慨とは異なって、フェルナンドの親族だったフランシスコ・ヒネールとパブロ・イグレシアスが同胞に注いだ眼差しにはやはり隔たりがあったというべきだろう。自らの死を翌月に控えた1915年1月、病床のなかで口述筆記された生前最後の文書において、ヒネールは折からの「大戦争」の暴風雨に翻弄されるヨーロッパの個々人や諸国民に向けて「征服や謀略を通じて他者からもぎ取られてはならない必要な手段に支えられた、いっそう純粋で、精神的な、そして高貴な生」の実現のうちに自分たちの理想を見出すよう要請した（*Boletín del Institución Libre de Enseñanza*, núm.707, 1919, recopilado por Giner de los Ríos, *op.cit.*, p.93.）。ヒネールの「理想」を、そこに孕まれた「階級

的な」限界とともに引き継いだ1930年代の知識人たちは、「いっそう純粋で、精神的な、そして高貴な生」に満ちたスペインを建設するための「必要な手段」としての国家権力を「もう1つの」スペインから「征服や謀略を通じて……もぎ取られ」る事態に遭遇しなければならない。

(3) Moreno Gómez, *La Guerra Civil en Córdoba*, p.695.
(4) Rafael Quirosa Cheyrouze y Muñoz, *Política y Guerra Civil en Almería*, Almería, 1986, p.242.
(5) Rosado, *Tierra y libertad*, pp.206-207. Sody de Rivas, *op.cit.*, pp.231-234.
(6) Íñiguez, *op.cit.*, p.414.
(7) *La Unión*, 26-VII-1936, recopilado por Gibson, *Queipo de Llano*, p.185.
(8) Sody de Rivas, *op.cit.*, p.184 n.263.
(9) モロン・デ・ラ・フロンテーラでの「前例のない蛮行」の犠牲者は、実際には地元のカシーケ寄りと見なされていた判事1人と、投降を拒んで発砲した数名の治安警備隊員だけに限られていたらしい（*ibid.*, pp.176-181.）。ローラ・デル・リオでも、殺害されたフランコ派は「特別に専制的だった」カシーケただ1人。その一方で、やはりセビーリャ県内にあるこのプエブロでは300人の「アカども」が銃殺された（プレストン『スペイン内戦』161‐162ページ）。
(10) *La Unión*, 23-VII-1936, recopilado por Gibson, *Queipo de Llano*, p.164.
(11) グティエーレス・モリーナ「忘れさせられたアンダルシア」150‐152ページ。
(12) 同邦訳、134ページ。

第 1 節

「フランシスコ・フランコ将軍にノーベル平和賞を」

　セビーリャでの戦闘の大勢は、ゴンサーロ・ケイポ・デ・リャーノ・イ・シエラ将軍が戒厳令を発令してから4日目の1936年7月22日にほぼ決した[1]。「はじめに」の導入にも記したとおり、ヘレス・デ・ラ・フロンテーラがフランコ派の軍門に下ったのは7月19日。カディスがフランコ派に蹂躙されたのも、ヘレスと同じ7月19日である[2]。コルドバ県の県庁所在地における第2共和制の瓦解は、その前日のことだった。こうして、グアダルキビール川の中下流域に位置するカディス・セビーリャ・コルドバ3県の4つの主要都市は、内戦の火蓋が切って落とされたばかりの段階でいずれも反乱軍側の領域に入ってしまう。全国的に見れば、当初の皮算用が外れて軍事クーデタの短期間での成就の展望が遠のきつつあった反乱軍にとって、特にセビーリャとヘレスの空港を占拠したことは、それがスペイン保護領モロッコに駐屯する兵力のイベリア半島への大量輸送を可能にした点で決定的な意味を持っていた[3]。

　セビーリャでは、1936年7月18日から半年ほどの間に、3,000人ほどの左翼、あるいは左翼と見なされた人間たち、要するにフランコ派の所謂「アカども」が殺害されたもようである[4]。これも既述のとおり、内戦が終わる1939年4月1日までにコルドバで殺害された「アカども」は概算で4,000人。その後、1947年までの間に最低でもさらに585人が銃殺されている[5]。ヘレス・デ・ラ・フロンテーラでのフランコ派による弾圧の犠牲者は、内戦後も含めて800人から1,200人ほどに上るものと見積もられる[6]。カディス県の県庁所在地については、やはり即日フランコ派に占領された隣接するサン・フェルナンドと併せて、少なくとも1,037人に同じ悲劇が降りかかった[7]。

　ヘレス・デ・ラ・フロンテーラでの反乱の旗振り役だったサルバドール・デ・アリソン・メヒーアス少佐は、シェリーで潤うこの都市とその周辺の、少佐自身の計算では「15,000人」の労働力の存在にかねて警戒の色を隠さなかった[8]。にもかかわらず、19世紀以来のそのリベルテール的な伝統をよそに——内戦の火蓋が切られる2ヶ月前のCNTサラゴーサ大会の時点で、AGTAは2,500

人の仲間を抱えていた——、ヘレスがもろくもフランコ派に屈服した背景には、第2共和制最後の市長アントニオ・オリベール・ビリャヌエーバの判断があった。街頭が血で洗われる事態を嫌ったオリベール・ビリャヌエーバは、地元の労働力へ

1936年夏のセビーリャ。トリアーナの惨劇 (Ortiz Villalba, *Sevilla 1936*, pp.176-177.)。

の武器の提供を拒みつつ、ヘレスの行政上の権限の一切をフランコ派の手に委ねたのだった。7月19日のヘレスは「戦場」ではなかった。地元のCNTによる抵抗のアピールも虚しく、市内は「アカども」の「狩り場」と化す[9]。「猟銃」を手にした側の「被害」のほどは不明である。

　第2共和制最後のコルドバ県知事アントニオ・ロドリーゲス・デ・レオンも[10]、同じく最後のセビーリャ県知事ホセ・マリーア・バレーラ・レンドゥエーレスも、オリベール・ビリャヌエーバと同じく地元の大衆への武器の引き渡しを拒絶した[11]。コルドバとヘレス・デ・ラ・フロンテーラがそうであったように、「赤い」セビーリャも「丸裸のままで」[12]、充分に武装したフランコ派に対峙しなければならなかった。にもかかわらず、特にトリアーナの労働者街に居住する「アカども」の死にもの狂いの抵抗に出くわしたこともあって[13]、傍若無人な「ラジオ将軍」もアンダルシアの中心都市の制圧にはかなり手を焼かされている。軍事クーデタの勃発に続いた7月の4日間に、「アフリカ風の憎しみ」が渦巻くセビーリャでは400人ほどのフランコ派、ないしはそのように見なされた右翼が落命した[14]。

　1936年7月18日、ヘレス・デ・ラ・フロンテーラと同じ県内にありながらも、ラジオを通じて県知事マリアーノ・サピーコ・メレンデス・バルデースが第2共和制の防衛を呼びかけたうえ、大衆に武器が配られたのがカディスだった。おかげで、大西洋に突き出たこの港湾都市で決起した軍人たちは思わぬ反撃に遭遇する。確かに市街地が一旦は「戦場」と化したカディスでは、フランコ派の間からも死者1人と負傷者3人が出た。しかし、CNTカディス市連盟の書

記長ビセンテ・バリェステール・ティノーコらの奮闘も虚しく[15]、スペイン保護領モロッコからの兵力を満載した駆逐艦のカディス港への19日朝の接岸がその後の戦局を決定づけることになる[16]。

コルドバのロドリーゲス・デ・レオンは、その「愛国的な」姿勢をフランコ派から称讃された[17]。セビーリャのバレーラ・レンドゥエーレスの方は逮捕され、1937年初頭の軍法会議で一旦は死刑を求刑されたものの、フランコ将軍の恩赦に浴す[18]。他方、フランコ派に示したその「善意」ないしは「良識」があだとなって自身の墓穴を掘る破目に陥ったのが、ヘレス・デ・ラ・フロンテーラのオリベール・ビリャヌエーバだった[19]。もちろん、第2共和制最後のカディス県知事にも残酷な定めが待ち受けていた。フランコ派の手でマリアーノ・サピーコが屠られたのは、1936年8月6日である[20]。

1930年代の前半のコルドバ県にあって、FNTTの躍進をよそにアナルコサンディカリズムの孤塁を死守したカストロ・デル・リオとブハランセは、フランコ派の決起と同時に瓦解する事態を免れた。カストロが陥落したのは、1936年9月26日。ブハランセの落城は、さらに遅れて同年12月20日のことである。スペイン国内の各地に軍事クーデタの狼煙が上がった7月18日以降、カストロではアントニオ・ナバハス・モレノを含む79人の、ブハランセでは112人のフランコ派、あるいは軍事クーデタに与したと見なされた人間たちが「アフリカ風の憎しみ」が渦巻くなかで死ぬ。

「アナキストのエデン」で生涯を閉じた79人のうち、36人は農業経営に従事する有産者だった。殺害された3人の学生もその血筋である[21]。リベルテール共産主義体制下のブハランセで革命の犠牲に供された112人中、やはり33人が農業経営者。さらに、7人がこれもその親族と思われる学生だった[22]。カストロ・デル・リオとブハランセでの革命の犠牲者には、それぞれ4人と9人の聖職者も含まれる。2つのプエブロの「アカども」が働いた「蛮行」の階級的・反教権主義的な性質の爆発をそこに見て取ることは簡単だろう。因みに、内戦期を通じてコルドバ県では合計82人の司祭が殺害され、さらに2人が獄死している[23]。

ただし、ディアス・デル・モラールの故郷で(ほとんど)真っ先に屠られたのは、1933年12月にアントニオ・ミーリャ・サラスとホセ・ポルセール・プリードを殺害したと見られる治安警備隊員のうちの、隊長ロドリーゲス・デ・アウストリアを除く3人だった。この時点でのデ・アウストリアの所在は不明

である。7月26日、3人は自分たちがブハランセの「アンダルシアの民」を「組合から」率いたミーリャ・サラスとポルセール・プリードを相手に「逃亡者処罰法」を弄んだ（？）正しくその場所で銃殺される。念入りの「舞台演出」の背後では、アントニオの姉または妹のレオノール・ミーリャ・サラスの強い意志が働いていたらしい[24]。

県内のカトリック紙『エル・デフェンソール・デ・コルドバ』が12月の初旬に報じたところでは[25]、反乱軍による「マルクス主義の軛」からの「解放」のときが近づきつつあるなか、アルフォンソ・ニエベス・ヌーニェスとクリストーバル・ヒロン・ロメーロの「忌まわしい」両名が鎮座するそのブハランセでは、「112人」を大幅に上回る「415人」が虐殺されていた。なかの1人は、元町長のホセ・ナバーロ・ゴンサーレス・デ・カナーレス。この、人民戦線期にはコルドバ県農業会議所の顧問とブハランセの農業経営者たちの団体の代表を兼務していた農業エリートは、身柄を移された先のマドリードで暗殺されたという。しかし、ナバーロ・ゴンサーレスは実際には内戦を生き延び、晩年には本人によればプリモ・デ・リベーラとフランコの2人の将軍に捧げられたという自身の人生を綴った回顧録を出版する[26]。

ナバーロ・ゴンサーレスは、コルドバのフランシスコ・アミアン・ゴメスやセビーリャのホセ・ウエスカ・ルビオらとともに、1931年6月にコルドバ県の県庁所在地で催された、農地改革を牽制する農業経営者たちの集会に顔を出していた。同年秋のブハランセで第2共和制時代を通じて県内では最長の農業ストライキが繰り広げられた際には、経営者側の委員会に陣取っている[27]。また、その具体的な言動を裏づける史料を発見できなかったこともあって、ディアス・デル・モラールと「白いボリシェヴィキ」のそれぞれの農地改革論を検証した際、われわれは言及を避けておいたが、この元町長は同じブハランセのアントニオ・スリータ・ベラやアダムースのサルバドール・ムニョス・ペレス、それにカストロ・デル・リオのアントニオ・ナバハス・モレノと並んで、1934年秋に発足したANOのコルドバ県支部のメンバーでもあった。なるほど、ナバーロ・ゴンサーレスは『エル・デフェンソール・デ・コルドバ』紙がその安否を気遣うに値する「大物」ではあったのである。

仲間たちの「高貴な」血が大量に流されただけに、2つのプエブロ、ことにカストロ・デル・リオの「アカども」に対するフランコ派の報復は執拗だった。フランコ派の軍門に下った後、内戦が最終的に決着を見るまでの間のカストロ

とブハランセにおける弾圧の犠牲者は、それぞれ40人と12人。さらに、「兄弟殺し」の幕が引かれた1939年4月1日から翌年の暮れにかけて、カストロでは167人が、またブハランセでは49人がそれぞれ処刑された。フランシスコ・モレノ・ゴメスの綿密な調査により合計1,219人の銃殺が裏書きされているこの時期のコルドバ県にあって、カストロでの犠牲者の数は県庁所在地のそれの242人に次いで2番目に多い。なお、フランコ将軍の勝利宣言から1946年までにコルドバ県全体でフランコ独裁の銃殺隊の前に立たされた「アカども」は、最低でも1,594人に上る。

ところで、フランコ独裁の最も早い時期(1939‐40年)の弾圧にあってブハランセに斃れた49人のうち、町役場に残された死亡登記に職業の記載がある者は38人。そのなかの26人が「日雇い農(jornalero)」。また、9人の生業が「農業(campo)」とある。他に「炭焼き(carbonero)」、つまりカサス・ビエハスの「セイスデードス」の同業者が1人いた。カストロ・デル・リオの場合には、同じく犠牲者167人のうち「農業」に従事していた「アカども」が137人に上る。分類がさらに杜撰なこちらの記録には、「日雇い農」は1人も出てこない。しかし、ディアス・デル・モラールが語った「小自作農や、極めて安い地代を払っている小借地農」の多くが、実際には「日雇い農」と見なされるべき環境に身を置いていたことからも明らかなように、カストロの、そしてまたブハランセの「農業」従事者の相当数が少なくとも実質的な、あるいは完全な「日雇い農」であったことは確実と思われる。カストロでの農業関連の犠牲者には、他に「農業経営者(labrador)」と「山羊飼い(cabrero)」も1人ずつ含まれている[28]。

2つのプエブロよりも早くフランコ派に屈服したフェルナン・ヌーニェスとパルマ・デル・リオ、そしてバエナでの内戦のさなかに犠牲に供された者たちに関しても、類似の傾向が看取される。いずれも第2共和制期のコルドバ県内にあって、戦闘的な姿勢の点ではカストロ・デル・リオとブハランセの後塵を拝しつつも、軍事クーデタをきっかけにリベルテール共産主義の樹立が宣言されたプエブロである。カストロとブハランセと同じように、これらの自治体のなかで無慈悲に屠られた人間の多くは、やはりブラス・インファンテが慈しんだ「アンダルシアの民」であったものと覚しい。1936年の夏以降に南スペインを見舞った「ジェノサイド」の被害者たちのなかに「民」が占めた比重の大きさを、われわれはもう少しばかり検証してみることにしよう。

1936年8月15日にフランコ派が突入したフェルナン・ヌーニェスでは、内戦が終わるまでにおよそ150人の「アカども」がこの世を去らねばならなかった。このうち、1937年1月10日までに殺害され、なおかつ生前に従事していたる職業が判明している98人のなかの48人が「日雇い農」（1人の「農業労働者〔obrero campesino〕」を含み、単に「労働者〔obrero〕」に分類された2人は除外）。さらに、12人の「農民」と1人の「騾馬飼い（mulero）」がいた。他に、このプエブロでの犠牲者のなかには、「農業経営者」4人も含まれる（3人がlabradorで、残る1人がagricultor）[29]。

　パルマ・デル・リオでは、帰還した「ビスマルク」ことフェーリクス・モレノ・アルダヌイを激怒させたリベルテール共産主義の宴が打ち切られるなか、300人ほどがフランコ派の弾圧の犠牲に供された。パルマがフランコ派の入城を許したのは1936年8月27日。その日にすぐさま屠られた少なくとも88人の「アカども」のうち、生業が記録に残されている者は38人。そのなかの26人が農業に従事していた（「日雇い農」12人を含む）。職業欄に「農業」とだけ書かれてある者が9人。さらに、5人が「野菜作り（hortelano）」である。また、8月28日以降に血祭りにあげられたパルマの「アカども」で、実名が判明している19人のうち、7人が「日雇い農」。この7人以外に、「農業」を生業とする者が3人いた[30]。

　県庁所在地は「別格」として、内戦期を通じてコルドバ県内で最も凄惨な修羅場が現出したと思われる自治体の1つが、かつて「ボリシェヴィキの3年間」で最初の農業ストライキ攻勢の口火が切られたバエナである。フランコ派に制圧された7月28日から30日にかけてのわずか3日間を中心に、このプエブロでは、少なくとも700人に迫る「アカども」が集中的に殺害されたものと推測されている。1937年4月1日までにフランコ派の凶弾の餌食にされた事実が裏書きされているのは、302人。そのなかで、やはり曖昧さは免れないものの職業が記録されている犠牲者は都合187人。このうち、136人が「農民」である。他に、「農業労働者（obrero agrícola）」と「日雇い農」が各1人。また、「地主（propietario）」と「農業経営者（labrador）」もそれぞれ1人ずつ含まれている[31]。カストロ・デル・リオやフェルナン・ヌーニェスでの犠牲者たちのなかにも見出された「農業経営者」の懐事情は――さらに、「地主」のそれも――、むろん農業エリートのそれとは著しく異なって倹しいものであったに違いない。

「農業」でともかくも糊口を凌いでいたパルマ・デル・リオの9人に関する限り、またおそらく同じパルマの5人の「野菜作り」にしても、多くが「ビスマルク」の不在に乗じて牛肉に生まれて初めて（？）舌鼓を打つ機会を得た、実質的な「日雇い農」であったものと思われる。フェルナン・ヌーニェスの「農民」は、おそらくその多くがフェルナン・ヌーニェス公爵の土地を借り受けていたと考えられる借地農たちである。しかし、彼らフェルナン・ヌーニェスの「借地農」にせよ、バエナの「農民」にせよ、その大半が、他でもないバエナに生まれたニコラス・アルカラ・エスピノーサが「最も無能な輩」と蔑んだ、1932年9月の農地改革法による救済の対象であったことはほとんど間違いのないところだろう。
　グアダルキビール川の中下流域でのフランコ派の軍事行動の奏功と以後の弾圧のなかで、「アンダルシアの民」がその最大の標的にされたことは、例えばカディス県のエル・ガストールとプラド・デル・レイの場合からも窺われる。フランコ派の決起から1936年11月までにエル・ガストールでは67人が姿を消し、そのなかの19人の死亡が確認されている。67人中、職業が明らかなのは38人。うち32人は「農民（campesino）」である[32]。もう一方のプラドでも、1936年7月から翌年にかけて、少なくとも地元在住の86人が消息を絶っている。殺害された事実が裏書きされるのは、このうちの13人。86人のなかの63人の生業は、やはり「農業」である[33]。
　グアダルキビール川の中下流域のなかでも土地所有の集中の度合いが際立って高いカディス県内にありながらも、250ヘクタール以上のラティフンディオが1つも存在しなかったという点で、この2つのプエブロは特異なケースに該当する。それでも、当時のエル・ガストールでは、同じカディス県内のサアーラ・デ・シエラに居住するある姉妹が3つの地所を所有していた。その規模は併せて513ヘクタール。エル・ガストールの総面積（2,540ヘクタール）のおよそ20パーセントを占めるに及んでいる。このプエブロもまた、大土地所有制の重圧を免れていたわけではなかった。
　もっとも、エル・ガストールの「農民」の多くが何がしかの土地を持っていたことはどうやら確からしい。しかし、第2共和制が生まれた1931年4月前後、エル・ガストールに暮らす220人が仕事にあぶれていたことも事実だった。カサス・ビエハスの仲間たちと同じように、労働省を取り仕切るラルゴ・カバリェーロの肝煎りで導入された「区域調整法」にたたられて、「改革の2

年間」にはこのプエブロの働き手はヘレス・デ・ラ・フロンテーラやセビーリャ県への出稼ぎを禁じられた[34]。

　「区域調整法」の施行は、プラド・デル・レイにも甚大な影響を及ぼした。地元の町役場が作成したある文書によれば[35]、1933年にはプラドの600人の「日雇い農（bracero agrícola）」がヘレス・デ・ラ・フロンテーラやアルコス・デ・ラ・フロンテーラ、あるいはこれもやはりカディス県内にあるビリャマルティンでの仕事にありつく機会を失っていた。エル・ガストールとプラドの「農民」もまた、「アンダルシアの民」に仲間入りするだけの充分な「資格」を有していたことに疑いの余地はない。実際、エル・ガストールは1932年5月のセビーリャ県でのCNTの農業ストライキに連帯の意思を表明し、争議に合流している[36]。また、1934年6月にFNTTが実施した大規模な農業スト攻勢に加わったカディス県下の自治体のなかに、われわれは確かにプラドの名を認めることができる[37]。

　第2共和制期を迎えて、「アフリカ風の憎しみ」がアンダルシアから飛び火したかにも見えるのがエストレマドゥーラである。1936年3月に大規模な土地占拠が企てられたバダホース県のジュンテーロや日雇い農たちを見舞った弾圧に関して、遅くとも同年10月までにはフランコ派に屈していたと思われるボドナール・デ・ラ・シエラの場合を一瞥しておく。このプエブロに生まれ、処刑された事実が確認される83人の「アカども」のうち、28人が農地改革の恩恵に与ったジュンテーロたちである。「アカども」のなかには、ともに社会党に在籍する「農業労働者」で、人民戦線期に村議会に議席を得たアントニオ・ゲレーロ・エルナンデスとホアキン・マティート・ビータの2人が含まれている。エスピノーサ・マエストレの分析に従えば[38]、犠牲者83人のなかの80パーセントが、（農地改革への関与の有無にかかわらず）「農業労働者」がその多くを占める「農民」で構成されている。

　ここで、スペイン内戦がもたらした死者の数に関して、「兄弟殺し」の開幕から60年目に当たった1996年にアルベルト・レイグ・タピアが提示したデータを紹介しておこう。フランコ独裁を「正真正銘の恥辱」と吐き捨て[39]、そのイデオロギー的本質を俺むことなく問い続けるこの現代史家によれば、内戦中の完全な戦闘行為のなかで落命した者が約300,000人。内戦後に処刑された人間をも併せて、フランコ派の弾圧による死者が約150,000人。第2共和制の側での弾圧に伴う犠牲者が約60,000人。さらに、「兄弟殺し」のさなかに病没

した者や栄養失調で死亡した者、それに帰国の夢が叶わぬまま亡命先で生涯を閉じた者たちを加えると、およそ600,000のスペイン人の生命が失われた計算になるという[40]。

　もっとも、モレノ・ゴメスの推計では、内戦中・内戦後を併せてフランコ派の弾圧の犠牲になった人間たちの総数はコルドバ県だけで9,000人を超える。セビーリャ県については、約11,000人との数字も提示されている[41]。カディス県でも、どうやら犠牲者の数が3,000を下回ることはない[42]。「アカども」の遺骸が「どこに打ち捨てられてしまったのかさえもわからない」事例も、アンダルシアでは依然として枚挙にいとまがない[43]。少なくともフランコ派が犯した「蛮行」に関する限り、レイグ・タピアが挙げている先のデータは1つの目安以上のものではない。

　その一方で、フランコ派に分類されるおよそ60,000人の犠牲者たちのなかには、先に挙げておいたコルドバ県の84人の司祭をも含めて約6,800人の聖職者が含まれていた。「2つの」スペインの間に和解が不可能であった以上、「アカども」に牙を剝いた「もう1つの」スペインも無傷でいられたはずはない。1936年夏、軍事クーデタの企てが一旦は頓挫した「ライックな」空間において演じられた、「もう1つの」スペインを理念的に支え続けてきた教会を見舞った受難劇に、「アナーキーを愛する人間たち」が消極的な、とはどうやら言い切れそうもない形で関与していたことをも、われわれは事実としてここに書き添えておかねばならないだろう。1936年8月15日付の『ソリダリダ・オブレーラ』紙は、吹き荒れる社会革命の爆風に脅えるブルジョワジーには一応の気遣いを見せる一方で、宗教団体の解散、司教と大司教の銃殺、教会が持つ資産の没収を声高に主張した。殺害された聖職者は、同紙が発行されていたカタルーニャだけで2,000人を上回る[44]。

　7,000人近い聖職者たちと並んで「アカども」の犠牲に供された1人が、ファランヘ党の党首である。1936年3月13日の社会党代議士ヒメーネス・デ・アスアに対するテロ行為を指示した容疑により、その翌日に逮捕されていたホセ・アントニオ・プリモ・デ・リベーラは、同じ年の11月19日にアリカンテで銃殺される。独房で作成されたその遺書には、自らの血が内戦のなかで流される「最後の」それであるように、との痛切な願いがしたためられていた[45]。「兄弟殺し」は、獄中にあってその推移を見守るしか手立てのなかったファランヘ党党首の「拳とピストルの弁証法」を新たな高みへと導いていたかに思われる。

だが、祈りにも似たホセ・アントニオの思念が、「もう1つの」スペインの破壊の一念に凝り固まったフランコ将軍の胸に響くことは絶対にない[46]。

エステーリャ侯爵と（旧）スペイン大公の称号を併せ持つ、1920年代の独裁者の御曹司も「アンダルシアの農業問題」に首を突っ込んでいた。1933年11月の総選挙でホセ・アントニオが父親の出身地であるカディス県から出馬し、50,000に近い支持票を得て当選を果たした背景には、「改革の2年間」を体験した南スペインの農業エリートの強力な梃入れがあった[47]。にもかかわらず、「反農地改革法」の成立を翌月に控えた1935年7月の国会で、ホセ・アントニオは「1ペセータ」の日当と引き換えに過酷な収穫作業を強いられているセビーリャ県の女たちの窮状を怒りとともに告発している[48]。その激しい口調は、「ボリシェヴィキの3年間」のさなかの「コルドニエフ」の叫びを連想させもするだろう。

だが、カディス県の「セニョリート」たちからの支援を受けて代議士の資格を得たファランヘ党の党首に、南スペインの大土地所有制の弊害を抜本的に解決する妙案があったとは思われない。翌年2月の人民戦線選挙を前に、ホセ・アントニオが主張したのは「カスティーリャのカトリック組合に似た路線に則っ」た農業の擁護[49]、要するに「改革の2年間」に農地改革にあくまでも反対したCNCAの立場の焼き直しにすぎなかったのである。なお、フランコ派の領域では、1936年9月13日付の通達により、ほぼ2ヶ月前の開戦の時点から「十字軍」を物心両面で支援してきたそのCNCAを除いて、すべての既存の組合がその活動を禁止されている。

辛くも殺戮を免れた「アンダルシアの民」にも、1931年4月以来の「増長」に対する——あるいは、1世紀ほどにも及んだ長い反逆の過去に対する——過酷なつけの支払いが待っていた。第2共和制から内戦にかけて農地改革の対象になった地所は、IRAが消滅する1941年までにかつての所有者か、所有者が「アカども」の革命の犠牲になった場合にはその遺族のもとに残らず返還された。「十字軍」の完遂に伴う「階級闘争の消滅」を高らかに宣言しつつ、フランコ独裁は自らの体制を支える理念の1つにレオ13世の「レールム・ノヴァールム」を持ち出す[50]。しかし、「マルクス主義の軛」を解かれた「カトリックの」スペインにあって、「土地の社会的機能」を問う選択肢はむろん論外である。

1950年代の前半、正しく「土地の社会的機能」などもはやまるで眼中にないかのように、「経済的な見地から」大土地所有の利点を強調したのは、コル

ドバの司教（！）フランシスコ・アルビーノ・ゴンサーレス・イ・メネンデス・レイガーダである。それでも、前後して、ブハランセやサンタエーリャその他、コルドバ県内のいくつかのプエブロの信徒会（hermandad）からは、蔓延する失業問題の解決のための１つの手立てとして若干の大農場を細分化する要請が出されている。しかし、大農場を収用したうえで切り刻むことの「反経済性」を理由に、農業エリートが取り仕切る県農業会議所は、なお微かに残されていたかに見える社会カトリシズムの草の根からの求めにまったく耳を貸そうともしない[51]。

1934年10月以降の「狼藉」を裁くため、との名目のもとに39年2月に公布された政治責任法に基づき、既存の国家権力の打倒をもくろんで「決起した人間たちがその犠牲者を『国家に対する反逆』への『支持』・『援助』・『教唆』のかどで裁」くという倒錯した「カフカ的な」状況のなかで[52]、ひとまずは生き延びながらも監獄へ送られた日雇い農も少なくない。1939年4月から42年12月にかけて、県庁所在地に置かれたマラガの県立監獄には8,523人が収容された（収監中に処刑された者をも含む）。そのうちの3,371人、つまり下獄した「アカども」のおよそ4割の生業が「農業」である。

また、焦土と化した祖国の再建に向けて——むろん、イベリア半島の大地に最初に火を放ったのが誰であったのかは一切不問のまま——、フランコ独裁が収監された「アカども」を奴隷同然に酷使した事実も忘れられるべきではない。アンダルシアにあってことに悪名高いのが、「囚人たちの運河（Canal de los presos）」の通称で知られるグアダルキビール川の下流域での運河の建設だった。1940年から20年以上もの歳月を費やし、セビーリャ県内に90,000ヘクタールの灌漑地をもたらしたこの工事に[53]投入された労働力の大半が、「アンダルシアの民」だったであろうことは想像に難くない。「囚人たちの運河」の建設こそは、あるいは南スペインの日雇い農たちが「自らの手で」成し遂げることを強いられたただ１つの「農地改革」であったのかもしれない。ともに「民」を蔑むことにかけて人後に落ちないニコラス・アルカラ・エスピノーサとエドゥアルド・バレーラ・バルベルデの2人が、「農地改革」を灌漑事業を通じての「農地改良」にすり替えていた事実が思い起こされる。もちろん、この「改良」の恩恵に与ったのは、その実現のために大量の汗を流した「民」ではない。

南スペインには、「セニョリート」たちが正しく待ち望んだ意味での「平和

と秩序」が再建された。フランコ将軍からラティフンディオを所有し続けるためのお墨つきを頂戴した農業エリートの匙加減のままに日当は引き下げられ、「アンダルシアの民」は改めて「日の出から日の入りまで」酷使される破目になる[54]。その一方で、内戦により荒廃を極めたアンダルシアをインフレーションが直撃する。

例によってコルドバ県についてのモレノ・ゴメスの分析に従うと、1940年の同県の『官報』に記された「最低賃金」は、人民戦線期の半分の5.95ペセタ〔ママ〕。また、この年のオリーヴの収穫作業は、「実施が不可能な場合を除いて」「完全に」出来高払い方式に則って行われた。コルドバ県の日雇い農たちの報酬が、ようやく人民戦線時代の水準（13ペセータ〔ママ〕）を回復するのは1948年のこと。しかし、1942年のスペインの物価は、フランコ派が決起した6年前に比べて247パーセントもの上昇を記録していた[55]。名目上の賃金こそ内戦直前の高さを取り戻したものの、南スペインが旱魃に見舞われた1948年のクリスマス、パルマ・デル・リオのアンヘリータ・ベニーテスは絶望的なまでのひもじさにのたうちながら、あのフェーリクス・モレノ・アルダヌイの牛を自分が口にしたリベルテール的な「祝祭」のひとときを思い出す[56]。

対照的に、「ジェノサイド」を通じて「アンダルシアの民」を完膚なきまでに打ちのめした南スペインの農業エリートの傍若無人ぶりにはどうやら限りがなかったかに見える。その忌まわしくも確かな証しを、われわれはバエナに見出す。「フランシスコ・フランコ将軍にノーベル平和賞を」。1964年にそんな声を上げたのは、1936年の夏、わずか3日ほどの間に700人近い「アカども」が虐殺されていたそのバエナにあって、苛烈な階級闘争から解放されてから四半世紀にもなる、パルマ・デル・リオのアンヘリータの飢えとはもちろんまったく無縁の大地主たちだったのである[57]。

註

（1） Ortiz Villalba, *Sevilla 1936*, pp.133-144.
（2） グティエーレス・モリーナ『忘れさせられたアンダルシア』214ページ。
（3） Ortiz Villalba, *Sevilla 1936*, p.123.
（4） *Ibid.*, p.323. Alba Lara, *op.cit.*, p.24.
（5） 内戦の終結から1946年までのコルドバ県内の各地での処刑に関わる数字は、Moreno Gómez, *Córdoba en la Posguerra*, pp.179-183. なお、フランコ将軍の魔手

をひとまずは逃れ、ともかくも国外に脱出することができたスペイン人たちのうち、およそ 7,000 人が第 2 次世界大戦のさなかに亡命先で身柄を拘束されたうえ、「第 3 帝国」の各地に設けられた強制収容所で生涯を閉じる憂き目を見た。このなかには、いずれもマウトハウゼン送りにされた、少なくとも 223 人のコルドバ県人たちが含まれている（*ibid.*, p.316.）。フランコ独裁は「自国民である亡命共和国派が他のヨーロッパ人と同じ運命をたどることを防ぐ努力をいっさいしなかったばかりか、彼らを拘留〔収容所へ〕移送するよう、積極的にドイツ側に働きかけた」（プレストン『スペイン内戦』368 ページ）。

(6) スペインでは 1920 年代に入って普及し始めたラジオの「巧みな」活用は、セビーリャのケイポ・デ・リャーノ将軍 1 人の「専売特許」ではもちろんなかった。「兄弟殺し」が開幕した時点で、国内向けのラジオ局は都合 68 を数えた。スペイン内戦は、放送媒体がプロパガンダの手段としての威力を大いに発揮した人類史上初の闘いでもあったのである（García de Cortázar y González de Vesga, *op.cit.*, p.562.）。「はじめに」の導入で触れておいたように、このヘレス・デ・ラ・フロンテーラをフランコ派が制圧したのは、地元のラジオ局から IRA のアドルフォ・バスケス・ウマスケが南スペインの農業エリートに農地改革への協力を要請してからぴったり 40 日後のことである。そして、同じラジオ・ヘレスのマイクを通じて得意の「長広舌」を披露しつつ、「アカども」の「追放」と「根絶」を呼びかけたのが、カディスが生んだ著名な詩人の 1 人のホセ・マリーア・ペマン・ペマルティンだった（"Jerez Recuerda", *op.cit.*, p.25.）。

(7) Espinosa, "Apuntes", p.290 n.22.

(8) *Ibid.*, p.43.

(9) "Jerez Recuerda", *op.cit.*, pp.17-21.

(10) Ortiz Villalba, "Las bases sociales", p.265.

(11) Id., *Sevilla 1936*, pp.82-85.

(12) *Ibid.*, pp.152-153.

(13) *Ibid.*, pp.101-102.

(14) Alba Lara, *loc.cit.*「赤い」セビーリャに艶れた約 400 人のなかには、ファランヘ党員のホセ・イグナシオ・ベンフメア・メディーナも含まれていた。このホセ・イグナシオは、既述のとおり「ラジオ将軍」のもとでセビーリャ県議会議長を、またフランコ将軍のもとで産業相を務めるベンフメア伯爵ことホアキン・ベンフメア・ブリンの子息である。そして、これも第 2 章第 1 節で指摘してあるようにプリモ独裁期に勧業相の地位を手に入れたグアダロルセ伯爵ことラファエル・ベンフメア・ブリンと、カトリック紙『エル・デバーテ』の編集者にして、「暗黒の 2 年間」にコルドバ県選出の代議士を演じたホセ・メディーナ・トゴーレス（CEDA）の甥でもあった（Ortiz Villalba, *Sevilla 1936*, p.99.）。

(15) ホセ・ルイス・ミリャン・チビーテ、渡辺雅哉訳「ビセンテ・バリェステール／あるカディスの指導者のイデオロギーと実践（上）」『トスキナア』第 14 号、2011

年、94ページ。
(16) Espinosa, "Apuntes", pp.37-42.
(17) Moreno Gómez, *La Guerra Civil en Córdoba*, p.29.「ボリシェヴィキの3年間」には、このロドリーゲス・デ・レオンはセビーリャのアンダルシア地域主義者たちが集うセンターの書記を務めており、同センターの代表だったブラス・インファンテとともに、自身が所有する不毛な土地の経営状況の改善に熱意を示さない農業エリートの処罰をも盛り込んだ、「アンダルシアの農業問題」解決のための提言を行なっていた（*Andalucía*, 6-VII-1918.）。その一方で、1936年5月、契約不履行の大地主たちへの抗議の意思表示として農業ストライキに訴えたルーケの日雇い農たちに農作業への復帰を要請。最終的に治安警備隊により争議の幕引きを図ったのも、確かに同じ人物だった（*El Obrero de la Tierra*, 23-V-1936.）。インファンテには、第2共和制最後のコルドバ県知事とはまったく異なった1936年夏が待ち受けている。
(18) Ortiz Villalba, *Sevilla 1936*, p.176.
(19) "Jerez Recuerda", *op.cit.*, p.37.
(20) Espinosa, "Apuntes", p.58.
(21) Moreno Gómez, *La Guerra Civil en Córdoba*, pp.213‐214.
(22) *Ibid.*, pp.69-70.
(23) カストロ・デル・リオで死んだ4人の聖職者も、いずれも司祭。ブハランセにおける教会関係の犠牲者の内訳は司祭6人、神学生1人、修道女2人である。その他、やはり「リベルテール的な」と形容しても差し支えないものと思われる1936年夏のバエナでも、3人の司祭と1人の修道女が殺害された（Cañete Marfil y Martínez Mejías, *op.cit.*, p.296.）。
(24) *Ibid.*, pp.702-703.
(25) *El Defensor de Córdoba*, 1-XII-1936.
(26) ナバーロ・ゴンサーレスがブハランセの町長を務めたのはプリモ独裁末期のこと。また、1932年8月には、プリエーゴ・デ・コルドバのホセ・トマス・バルベルデ・カスティーリャらとともに、サンフルホ将軍の軍事クーデタへの関与を疑われて逮捕されていた（Cañete Marfil y Martínez Mejías, *op.cit.*, p.100.）。このナバーロ・ゴンサーレスと、プリモ・デ・リベーラ将軍が独裁体制の樹立を強行した1923年9月の時点でコルドバ市長の座にあった自由党のパトリシオ・ロペス・イ・ゴンサーレス・デ・カナーレス（Marín Vico, *op.cit.*, p.220.）との血縁関係の有無については未確認。
(27) AHNM, leg.6A.
(28) Moreno Gómez, *Córdoba en la Posguerra*, pp.200-206.
(29) Id., *1936,* pp.827-832.
(30) *Ibid.*, pp.865-868.
(31) *Ibid.*, pp.883-890. 1936年7月18日のバエナでは、駐在する治安警備隊のパスクア

ル・サンチェス・ラミーレス中尉の事前の工作にもかかわらず、地元の CNT によりゼネラル・ストライキの実施が宣言されるなかで軍事行動の成功は先送りにされた (ibid., pp.363-371.)。リベルテール共産主義体制下のバエナでは、このプエブロをフランコ派が最終的に制圧する 7 月 28 日までの間に、革命の「敵」と見なされた 92 人が殺害される。翌月の中旬に流されたラジオ放送のなかで、出産間際の女の腹を切り裂いて胎児を取り出し、しかも女の面前でその体を 2 つに切断したとして、バエナの「アカども」に満腔の怒りを爆発させたのは、あのセビーリャのケイポ・デ・リャーノ将軍である (ABC, 18-VIII-1936, recopilado por Gibson, Queipo de Llano, p.355.)。「92 人」の犠牲者のなかに、その母子が実際に含まれていたものかどうかは不明。いずれにせよ、最初の軍事行動に躓いたせいで増幅されていたサンチェス・ラミーレス中尉の胸中に渦巻く「アカども」への「アフリカ風の憎しみ」が、モレノ・ゴメスによれば「20 世紀を通じて最もスキャンダラスな」人類に対する犯罪行為の 1 つをバエナに現出させたのだった。コルドバからの援軍の到着と同時にサンチェス・ラミーレス中尉が殺戮に手を染めた段階では、「アカども」の「敵」のうちおよそ 80 人はまだ生きていたという (Moreno Gómez, 1936, pp.384-385.)。逆上し、完全にわれを忘れた中尉には、死の影に脅える仲間たちの救出は眼中になかったらしい。

(32) Fernando Romero y Pepa Zambrana, *Del rojo al negro. República, Guerra Civil y represión en El Gastor 1931-1946*, Sevilla, 2010, pp.129-132.
(33) Fernando Romero Romero, *La Cultura y la Revolución. República y Guerra Civil en Prado del Rey*, Prado del Rey, 2011, pp.176-178.
(34) Romero y Zambrana, *Del rojo al negro*, pp.38-41.
(35) Romero Romero, *La Cultura y la Revolución*, pp.64-65.
(36) Romero y Zambrana, *Del rojo al negro*, p.48.
(37) Romero Romero, *La Cultura y la Revolución*, p.102.
(38) 殺された「農業労働者 (obrero agrícola)」は、少なくとも 34 人に上る。その他にも、単に「労働者 (obrero)」とだけ記載された犠牲者が複数いる (Espinosa Maestre, *La primavera*, pp.225-231.)。
(39) Alberto Reig Tapia, "Prólogo", Espinosa, *Contra en olvido*, p.VIII.
(40) Alberto Reig Tapia, "El coste humano de la guerra civil", *El País*, 14-VII-1996.「アカども」が屠ったとされるおよそ 60,000 人のなかには、かつてのサルバドール・セギ殺害の黒幕と目されるアンヘル (フェーリクス？)・グラウペラと、「自由労組」を率いて CNT の組織基盤の切り崩しを狙ったラモン・サレスも含まれていた。この 2 人は、1936 年夏、軍事クーデタが水泡に帰した直後のバルセローナで「自由労組」の他の 127 人とともに殺害される。カタルーニャの中心都市での軍事行動の立案とはどうやら無関係でありながらも、「階級的な」装いを隠すべを知らなかったリーガの「ブルジョワ・ナショナリスト」の間から出た犠牲者の数も 3 桁に達した (Termes, *Historia del anarquismo*, p.510.)。「兄弟殺し」のなかで爆

発した「アフリカ風の憎しみ」は、「アフリカ」ならざるカタルーニャにも非情だったのである。
(41) Romero Romero, *La Cultura y la Revolución*, p.175.
(42) Moreno Gómez, *1936*, pp.11-12. これらの3県以外でも、例えばウエルバ県では6,000人以上の、またハエン県で少なくとも約3,300人の生命が、内戦中・内戦後を通じてフランコ派の生贄に供された（プレストン『スペイン内戦』356‐360ページ）。
(43) グティエーレス・モリーナ『忘れさせられたアンダルシア』221ページ。
(44) Casanova, *De la calle al frente*, pp.160-161. 第2共和制が崩壊した直後、スペインのカトリック教会は「神と祖国のために斃れた」聖職者たちを挙って称揚した。内戦のさなか、その教会がフランコ派による「アカども」の殺害を公式の文書を通じて肯定していた事実については、第1章第2節の註(18)を参照。「神の名において」なされた蛮行に関して、バチカンは今日なおも沈黙を守っている（id., "Rebelión y revolución", *Víctimas de la guerra civil,* Madrid, 1999, pp.153-157.）。
(45) Preston, *Las tres Españas*, p.150.
(46) 周知のように、フランシスコ・フランコ・バアモンデはスペイン保護領モロッコでの戦闘のなかで頭角を現した。モロッコでのその軍功が評価され、33歳で当時のヨーロッパで最も若くして将軍の地位を手に入れたのは1926年のことだった。内戦に勝利した直後には、「アフリカで自らを陶冶した」との発言も残している。スペインの支配に抗う現地人との砂漠での死闘で鍛えられたその精神は、間違いなく強靭ではあった。だが、戦略家・戦術家としてのフランコ将軍を酷評する著名な同時代人の声もある。内戦期を通じて独伊はフランコ派を支持し続けたものの、この間に反乱軍側の領域におけるスペイン駐在大使を務めた、自身も軍人のドイツのヴィルヘルム・ファウペルや、イタリアの外相でムッソリーニの娘婿だったチアーノ伯爵は、揃ってフランコ将軍に「無能」の烙印を押している。他方で、内戦が泥沼化し、多大な犠牲者を出した原因の1つをフランコ将軍の「無能」にではなく、「敵」を根絶やしにせずにはおかない後の独裁者の特異な性癖に求めるのが、現代史家のエンリケ・モラディエーリョスである（Moradiellos, *op.cit.*, pp.195-217.）。この『1936年／内戦の神話』（2004年）の著者の観察を受け容れるならば、自らの死と引き換えに同胞の和解を願ったホセ・アントニオの遺書に目をくれたところで、フランコ将軍が「兄弟殺し」の早期の幕引きに動くはずはなかった。
(47) Preston, *Las tres Españas*, p.124.
(48) ボロテン、前掲邦訳、上巻、47ページ。
(49) ヴィラール『スペイン内戦』99ページ。
(50) ビーヴァー、前掲邦訳、下巻、354ページ。
(51) Martínez Alier, *La estabilidad*, pp.59-68.
(52) グティエーレス・モリーナ『忘れさせられたアンダルシア』228ページ。「フラン

コの倒錯した道徳世界においては、彼のクーデターに反対することは軍事反乱にあたるのである」(プレストン『スペイン内戦』348 ページ)。

(53) Alba Lara, *op.cit.*, p.29.
(54) Pablo Palenzuela Chamorro, "Jornaleros andaluces en el primer franquismo: represión, hambre y disciplinamiento en el trabajo", *Andalucía y la Guerra Civil*, pp.136-138.
(55) Francisco Moreno Gómez, "La represión en la España campesina", *El primer franquismo. España durante la segunda guerra mundial*, Madrid, 1989, pp.201-202. 1940 年代を通じて、農業労働者の——名目上の?——賃金は 40 パーセントほど下落した、との指摘もある (Manuel Morales Muñoz, "La oposición al franquismo en el campo andaluz", *Recherches en littérature*, p.149.)。
(56) コリンズ、ラピエール、前掲邦訳、201 ページ。
(57) Martínez Alier, *La estabilidad*, p.81 n.1.

むすびにかえて

第 2 節

リベルテールたちのアンダルシアの終焉

　恐ろしいまでの飢えと貧困に苦しめられ続けた「アンダルシアの民」の救済を祈念してやまなかったブラス・インファンテ・ペレス当人も、南スペインの、主に彼ら日雇い農を見舞った「ジェノサイド」の暴風のなかで自身の理想に殉じなければならなかった。インファンテがセビーリャの郊外に斃れたのは、1936 年 8 月 11 日のこと。「自由なアンダルシア万歳！」。自らの人生に暴力的に幕が引かれる寸前、アンダルシア地域ナショナリズムの総帥はそう叫んだらしい。インファンテの営みが、自身が愛した「民」からついに振り向かれることもないままに断ち切られてしまったとすれば、その最期は二重の意味で痛ましいという他はないだろう。

　このインファンテの他にも、前日 10 日の夜から 11 日にかけて、セビーリャでは「改革の 2 年間」に市長を務めたホセ・ゴンサーレス・イ・フェルナンデス・デ・ラバンデーラ、人民戦線期の社会党代議士マヌエル・バリオス・ヒメーネス、フリーメーソンの指導者フェルミン・デ・サジャス・マデーラらが銃殺されている。ホセ・サンフルホ将軍がアンダルシアの中心都市で軍事クーデタに失敗したのは、4 年前の 8 月 10 日。インファンテや、サンフルホ将軍の企てに市役所から頑強に抵抗したゴンサーレスら、セビーリャの左翼の有力者が相次いで処刑された背景には、明らかに第 2 共和制に対する「もう 1 つの」スペインの側からの報復の意味合いが込められていたのだった[1]。

　サジャス・マデーラと同じく、インファンテもゴンサーレスも、さらにはバリオスもフリーメーソンだった[2]。フリーメーソン団に所属していたために、あるいはそう疑われただけのことでフランコ派の凶弾に斃れた「アカども」は決して少なくない[3]。これまでと同じく、われわれはコルドバ県に具体例を求めてみることにしよう。紛れもないフリーメーソンとして、成功裡に終わった軍事クーデタからちょうど 1 ヶ月後の 1936 年 8 月 18 日、コルドバで銃殺されたのがホセ・ゲラ・ロサーノだった。「持てる者」でありながら、「ボリシェヴィキの 3 年間」に抜本的な農地改革の必要性を訴えていたゲラ・ロサーノは、

675

第2共和制最後のコルドバ県議会議長。「改革の2年間」に急進党を離れてマヌエル・アサーニャのもとへと移っていたこともおそらくは手伝って[4]、ゲラ・ロサーノに対する地元のフランコ派の「アフリカ風の憎しみ」はいよいよ深められていたものと思われる。
　しかし、「十字軍」は、「暗黒の2年間」にカトリック（CEDA）との共闘を選択した急進党に留まったフリーメーソンにも容赦がなかった。ゲラ・ロサーノの処刑から40日後に銃弾をその身に浴びたパブロ・トロジャーノ・モラーガは、ブハランセで武装蜂起があった1933年12月当時、これもコルドバ県議会議長を務めた経歴を持つ急進党の有力なフリーメーソン。他方、フリーメーソンではなかった可能性が濃いにもかかわらず、おそらくは「濡れ衣」を着せられたうえで、ゲラ・ロサーノの2日前にあの世への旅立ちを強要されたのが、コルドバに現存する老舗の書肆ルーケを経営していたロヘリオ・ルーケ・ディアスだった[5]。「十字軍」にフリーメーソンとして処刑されたコルドバ県の「アカども」は、この不運なルーケ・ディアスをも入れて都合25人前後に上るものと見積もられる[6]。
　1936年7月29日以降、フランコ派として最初のカディス県知事とカディス市長を兼任したのが、復古王政最後のカディス市長を務めたラモン・デ・カランサ・イ・フェルナンデス・デ・ラ・レゲーラであったという事実は、第2共和制に対する「もう1つの」スペインの精神的な隔たりをあからさまに物語っている。この、ビリャペサディーリャ侯爵の称号を持つカディスの古参のカシーケは、8月9日には県知事の椅子をあのエドゥアルド・バレーラ・バルベルデに譲る[7]。あえてすべてを繰り返すまでのこともないにせよ、バレーラ・バルベルデは第2共和制の「改革の2年間」にコルドバ県とセビーリャ県の知事を務めながらも、コルドバ県では「アンダルシアの民」への弾圧に辣腕を振るい、セビーリャ県ではサンフルホ将軍のクーデタ騒動に消極的にではあれ与した元軍人。そして、1937年3月11日、前年の夏に怪しげな共和派の仮面をかなぐり捨てていたバレーラ・バルベルデは、紛れもないフランコ派としてコルドバ県知事への返り咲きを果たすことになる[8]。
　セビーリャで殺害されたブラス・インファンテらの他にも、カディス県知事のマリアーノ・サピーコのように決起したフランコ派への抵抗を呼びかけたせいで、あるいはヘレス・デ・ラ・フロンテーラの市政をリードしたアントニオ・オリベール・ビリャヌエーバのように流血回避の一念から反乱軍との戦闘

の回避を選択したにもかかわらず、1936年7月18日以降、南スペインを包み込んだ「ジェノサイド」の狂気の嵐のなかで残酷な運命に翻弄された「もう1つの」スペインの側の「要人」は、もちろんおびただしい数に上る。

　南スペインでの内戦の犠牲に供された共和派の「要人」、ないしは「アカども」のなかで最も有名な存在は、フエンテ・バケーロスが生んだグラナダ県の詩人、フェリデリーコ・ガルシア・ロルカだろう。ゲラ・ロサーノがコルドバで銃殺されたのと同じ1936年8月18日、ガルシア・ロルカはグラナダの近郊、ビスナルとアルファカールの間にあるアイナダマールの泉のほとりで最期のときを迎えねばならなかった。「アイナダマール」とは、アラブ語で「涙」の謂いである。ホモセクシュアルでも聞こえたひどく繊細なこの詩人の死も、実は「アンダルシアの農業問題」と無関係ではなかった。反乱軍がグラナダを掌握した直後、市内に潜伏したガルシア・ロルカの発見に血眼になったフランコ派の1人が、1933年1月にカサス・ビエハスでの殺戮劇を演出した例のマヌエル・ロハスだったのである[9]。

　「改革の2年間」に県知事バレーラ・バルベルデの「圧政」に激しく抗議した、プエンテ・ヘニール生まれのホアキン・ガルシア・イダルゴ。モンティーリャの社会党・UGT（FNTT）の指導者にして、ガルシア・イダルゴと同じくコルドバ県選出の第2共和制憲法制定議会代議士を務めたフランシスコ・サフラ・コントレーラス。1936年2月の人民戦線選挙に勝利を収めた社会党代議士で、FNTT全国委員会のメンバーの1人でもあったオルナチュエーロスのアントニオ・ブハランセ・ロペス。同じく人民戦線選挙で当選を果たした共産党代議士、コルドバのバウティスタ・ガルセス・グラネール。人民戦線期にコルドバ市長に任ぜられた社会党のマヌエル・サンチェス・バダホス。第2共和制時代にプエンテ・ヘニールの町議会議員を務め、内戦中はシエラでの農業の集団化に奮闘した、同じく社会党のフスト・デサ・モンテーロ。言うまでもなく、血染めの「紳士録」を遺漏なく作成する作業はわれわれの手に余る。マルクス主義を奉じる、その限りでは筋金入りの「アカども」に関して、ここではひとまずこれまでに何らかの形で言及しておいたコルドバ県の彼ら傑出した活動家たち6人の末路を伝えるに留めておくことにしよう。ただし、われわれは後にもう1人、リベルテール的なブハランセで活動した、やはり既に言及してあるマルクス主義者の最期のありさまにも触れなければならない。

　1932年11月のコルドバの電気工たちのストライキへの関与をきっかけに、

この争議の支援に消極的だった社会党から積極的だった共産党へと移籍していたガルシア・イダルゴは[10]、フランコ派の「正史」に従えば[11]、ピストルを突きつけてコルドバ県知事アントニオ・ロドリーゲス・デ・レオンの反乱軍への投降を阻止しようとした。ガルシア・イダルゴは逮捕され、1936年7月28日に砲兵隊の兵営のなかで死ぬ。虐待を受けたであろうことは疑いない。そして、そのガルシア・イダルゴが絶命したのと同じ日に殺害されたのが、フランシスコ・サフラである。モンティーリャ近郊に築かれていた集団農場「エル・アルカイデ」で、サフラはコルドバからバエナを目指して進撃中だったエドゥアルド・サエンス・デ・ブルガーラ大佐指揮下の反乱軍に身柄を拘束され、その日のうちに生涯を閉じる[12]。サフラは、バエナで虐殺されたおよそ700人とも見積もられる「アカども」のなかの1人だったのである。

コルドバでは、同じ7月28日の夜から29日の未明にかけて、バウティスタ・ガルセス・グラネールがマラガ県選出の社会党代議士アントニオ・アクーニャ・カルバリャールとともに、さらに29日の夜から30日の未明にかけて、これもマラガ県選出の社会党代議士だったルイス・ドラード・ルーケと並んで、アントニオ・ブハランセ・ロペスが処刑された[13]。FNTTの傑出した活動家の死の知らせは、第2共和制の領域に留まっていたオルナチュエーロスの住民に衝撃を与えた。8月11日の夜から翌朝までの間に、このアントニオ・ブハランセの出身地では、2人の聖職者をも含む18人の右翼、あるいは右翼と目された分子が報復の対象に選ばれた[14]。オルナチュエーロスの「アカども」がフランコ派に白旗を掲げたのは、1936年9月7日である。

もう2人の社会党員が殺害されたのも、やはりコルドバ県の県庁所在地だった。7月18日、ホセ・ゲラ・ロサーノらとともに、聞く耳を持たない県知事ロドリーゲス・デ・レオンに大衆への武器の引き渡しを虚しく訴えた後、コルドバ市内に身を潜めたマヌエル・サンチェス・バダホースは8月6日の未明にその身柄を拘束され、ゲラ・ロサーノよりも一足早く、翌7日に銃殺された[15]。残る1人フスト・デサ・モンテーロの「旅立ち」は、それから3ヶ月と2日後の11月9日のことである[16]。

社会党・UGT（FNTT）、あるいは共産党に陣取った「正真正銘の」マルクス主義の指導者たちや、「科学的」社会主義とは無縁でありながらも「アカども」のレッテルを貼られた共和派の「要人」にもましてフランコ派が忌み嫌ったのが、やはり「アカども」呼ばわりを免れなかったアナルコサンディカリズムの

むすびにかえて

活動家たちだった。カディス県のチクラーナ・デ・ラ・フロンテーラのFAI派の死にこと寄せつつ、ジェラール・ブレイが美しいレトリックに万感を込めてしたためてみせたように[17]、だからこそ「数千名にも上る『ディエゴ・ロドリーゲス・バルボーサ』」が、アンダルシアを見舞った「ジェノサイド」のなかで殺されなければならなかったのである。

バルボーサの故郷がフランコ派に制圧されたのは、カディスが陥落したのと同じ1936年の7月19日。8月下旬、1ヶ月以上に及んだ逃避行の果てに、バルボーサはファランヘ党員たちに捕えられ、チクラーナ・デ・ラ・フロンテーラの外れにあるアルカンタリーリャ・デル・アギラで撲殺された可能性が高い。バルボーサを殺した連中は頭を切り落とし、「サッカー・ボールを扱うかのようにその頭を蹴り始めた」との巷間に広く流布した噂は、独裁に呻吟するチクラーナを長く震撼させることになる[18]。われわれは以下に若干の紙幅を割き、「数千名にも上る『ディエゴ・ロドリーゲス・バルボーサ』」のなかから、アンダルシアの現代史にひときわ悲劇的な彩りを添えている、本稿に登場した何人かのリベルテールたちの死にざまに触れておく。

「公式記録」では1936年の7月31日、実際には8月1日の未明にセビーリャで殺害されたのが、かつてアンダルシアCRTの創設に尽力しながらも、CNTを追われる悲哀を舐めたホセ・サンチェス・ロサである。FREが成立する6年前に生まれたサンチェス・ロサの生涯は、リベルテール的なアンダルシアの盛衰にほぼそっくり重なっていた。地元のCNTが主催したセビーリャでの1931年のメーデーに顔を出したことからも窺われるように[19]、第2共和制期にはアンダルシアCRTとサンチェス・ロサとの関係は修復に向かった。その2ヶ月後、当時はまだFAI派からの集中砲火を浴びていなかったアンヘル・ペスターニャを迎えての、同じくセビーリャでの集会にも筋金入りの「純粋」アナキズムの「使徒」の姿があった[20]。

「インテリゲンツィヤ」と社会党・UGT（FNTT）とが共闘を解消して間もない1933年の10月。マドリードの『CNT』紙に、サンチェス・ロサのおそらく最後の記事「アナーキーへの自由な歩み」が掲載される。そのなかで、サンチェス・ロサは第2共和制に破産を宣告し、併せて共産党が謳うプロレタリア独裁のテーゼを批判しつつ、「人類に残された唯一の可能性」としての「アナーキー」にあいかわらず揺るぎのない信頼を寄せた。リベルテール共産主義のみが、万人の必要に応える形での生産と消費の組織化を可能にする。破綻を来し

679

た「政治」は、「アナーキー」への「自由な歩み」に道を譲らねばならない。グティエーレス・モリーナが書くように[21]、この記事こそは来るべき、そして自身はついに体験することのないスペイン革命の実現を予言したサンチェス・ロサの「遺書」に他ならなかった。

1936年7月19日には早くもフランコ派に蹂躙されたアラメーダ街のそばにあった自宅からサンチェス・ロサを拉致したのは、エンリケ・バラウ・サラードが率いるカルロス派の民兵隊である。バラウはホセ・サンフルホ将軍の策謀に加担し、1934年にはムッソリーニのイタリアを訪ねたセビーリャの極右の1人。「文民」でありながらも、アンダルシアの中心都市の街頭を「アカども」の血で染め上げた7月18日の軍事行動に勇んで身を投じた。サンチェス・ロサの、拉致されてから「刑場」と覚しいサン・ヘローニモ街道沿いの墓地の塀ぎわに立たされるまでの足取りは一切不明である[22]。

組合を拠りどころに、サンチェス・ロサとは違った社会のあり方を展望していたヘレス・デ・ラ・フロンテーラのサンディカリズムの牽引役たち、AGTAのディエゴ・マルティネス・ドミンゲスとセバスティアン・オリーバ・ヒメーネス、ホセ・バリェステーロス・ベア、それにフランシスコ・フェルナンデス・アルコンも、1937年6月のFNCの、そしてその翌月のアンダルシアFRCの誕生を見届けぬままにいずれも地元で息の根を止められた。第2共和制期に入って（？）オリーバと訣別したFAI派のホセ・ゲレーロ・ボカネグラも、4人と運命をともにする[23]。

セバスティアン・オリーバがヘレス・デ・ラ・フロンテーラの郊外に斃れたのは、当地での軍事クーデタの電撃的な成功からちょうど1ヶ月後の1936年8月19日のこと。「アフリカ風の憎しみ」に燃えるヘレスの農業エリートには、かつて労使交渉のなかでそのオリーバが示した「穏健な」姿勢も「手加減」のための材料にはならなかった[24]。目下のところ、最後のヘレス市長と同じく、「もう1つの」スペインが残る4人をあの世に送った正確な日時は不明である。ブルジョワ出の（？）市長の「良識」すら一顧だにされなかったヘレスでは、決起した軍人と大地主たちがシェリーのグラスを片手に勝鬨を上げるなか、ゲレーロの「純粋」アナキズムはもちろん、元祖「アンチ・サルボチェア」のディエゴ・マルティネスや「最も敬愛された指導者」オリーバの「現実感覚」も、もはやまったく意味を持たない時代の幕が既に上がっていた。

3年前に『けだものどもが通りすぎていった！』を書き、カサス・ビエハス

に斃れた22人の仲間たちを丁重に弔いながらも、「暗黒の2年間」が終わりを迎えるころにはFAIの「純粋」アナキズムに背を向けていたカディスのビセンテ・バリェステール・ティノーコは、自身が先陣を切った7月19日の抵抗が粉砕された後、フランコ派が闊歩する市内に潜伏。しかし、ちょうど2ヶ月後にその所在を密告され、チクラーナ・デ・ラ・フロンテーラのバルボーサ同様、ファランヘ党員たちに身柄を取り押さえられてしまう。人民戦線期にはUGTとの共闘の実現に尽力したカディスのアナルコサンディカリストは、同じ9月19日のうちに自分を匿ってくれていた靴職人とともに同じ県庁所在地のラス・プエルタス・デ・ティエラの濠ばたで「けだものども」の手にかかって銃殺された[25]。

　カサス・ビエハスの惨劇を最初に報じるとともに、やはりCNTの対抗労組との同盟を推進する立場へと転じたパテルナ・デ・リベーラのミゲル・ペレス・コルドンは、1939年3月5日から6日にかけての、市中に潜むフランコ派が決起したムルシア県の港湾都市カルタヘーナでの市街戦のなかで落命する[26]。ペレス・コルドンは、あのマリーア・シルバ・クルースの連れ合いでもあった。パテルナがフランコ派に最終的に占領されたのは、1936年7月24日。地元に留まっていれば虐殺を免れなかったペレス・コルドンは、さすがに「女」には手を出さぬはず、との思い込みから単独で故郷を脱出していた。だが、マリーア・シルバは、カサス・ビエハスに隣接するこのカディス県のプエブロが陥落したその日のうちに銃殺される。直に手を下した輩は、ファランヘ党員と推測こそされるものの不明である。内戦の間に多数の「アカども」が屠られたせいで、長い間「人間の血の匂いを嫌って」馬や驢馬が通らなかったというラグーナ・デ・メディナの地が有力ではあれ、カサス・ビエハスの名花「ラ・リベルタリア」が無残に散った場所は未だに特定されていない[27]。

　20世紀の初頭以来、コルドバ県の階級闘争の前衛であり続けたカストロ・デル・リオとブハランセのリベルテールたちにも、もちろん災難は降りかかった。バルトロメ・モンティーリャ・ルスらとともに、第2共和制時代のカストロのCNTを牽引したホセ・デ・ディオス・クリアードとルカス・センテーリャ・アランダの2人のFAI派は、そのカストロからコルドバへ身柄を移されたうえで銃殺隊の前に立たされる破目になる。ディアス・クリアードは1940年9月30日に、またセンテーリャは同年12月27日に生涯を閉じた。やはりカストロが生んだリベルテールの1人だったマヌエル・マルモル・アルガーバは、

1939年8月31日、もはや「アナキストのエデン」の痕跡をまったく留めない故郷で最期のときを迎えなければならない。このマルモル・アルガーバも、センテーリャが代表を務めた1936年夏の「人民戦線委員会」に加わっていた。

　ブハランセでは、1933年12月の反乱と36年7月の革命に揃って登場した2人のアナルコサンディカリストが処刑される。1939年11月18日にはマヌエル・アロ・マンサーノの、そして翌年3月30日には「ニーニョ・デル・アセイテ」ことフランシスコ・ガルシア・カベーリョの肉体に銃弾が撃ち込まれた。内戦後のブハランセで最初に銃殺された1人は、多分に名目的な存在であった観は否めないにせよ、ともかくも「ある種の人民戦線委員会」の代表に選出されたUGTのペドロ・ガルシア・カーノ。ガルシア・カーノの「命日」は、1939年6月5日である。フランコ派の決起に先立ってリベルテール共産主義体制の樹立が宣言されていたコルドバ県内のもう1つのプエブロが、ビリャビシオッサだった。このビリャビシオッサ・デ・コルドバにあって「革命信仰」に帰依したリベルテール青年団のトマス・デ・ラ・トーレも、1939年9月12日に県庁所在地で処刑されている[28]。

　1960年に惨殺されたカタルーニャの活動家、「エル・キコ」ことフランシスコ・サバテ・リョバールを引き合いに出すまでもなく[29]、敗北の受け容れを頑なに拒んでゲリラ戦に活路を求めたリベルテールたちもいた。それどころか、少なくとも1950年までの間、アンダルシアでは彼らによるゲリラ戦が大きな意味を持っていた。バルトロメ・モンティーリャ・ルスと同じく、アントニオ・ロサードと昵懇の間柄だったモンテハーケ（マラガ県）のペドロ・ロペス・カーリェの兄ベルナベも、1949年にはマラガ県とカディス県の各地を根城にゲリラ隊を率いている。だが、追い詰められたベルナベは、同じ年のうちにメディナ・シドニアの近辺で自ら命を絶たねばならなかった[30]。

　第6章第4節でわずかに言及しておいたが、「社会史の先駆者」の故郷からも伝説的なゲリラ隊が生まれている。フランシスコとセバスティアンとフアンのロドリーゲス・ムニョス3兄弟を中核とし、コルドバ県の北部とハエン県を主な舞台にゲリラ戦を繰り広げた「フビーレス」である。フランシスコがブハランセを見舞った1933年12月の武装蜂起の立役者の1人と目されること——この反乱への関与をめぐっては、アロ・マンサーノとともに、フアンも裁きの場に立たされている（フランシスコ同様、事件のなかでの2人の行動自体は不詳）——、また3兄弟が36年7月にやはりブハランセが目撃したリベルテー

ル共産主義社会の建設にも参画していたこと。われわれは、これらの事実を把握している。「フビーレス」には、さらにクリストーバル・ニエト・レジェスを始めとして、1933年12月と36年7月の双方、あるいは少なくともそのいずれかに関与していたリベルテールたちがもう何人か含まれていた。

件の「人民戦線委員会」に合流した事実は実証されないものの、「フビーレス」には加わったトマス・マルティネス・ルーケも、1933年12月の武装蜂起への参加を疑われて逮捕されている。人民戦線選挙の直前の1936年1月、マルティネス・ルーケは「ラ・アルモニア」の閉鎖の解除に尽力するとともに、遅くとも3月上旬にはその代表に就任していた[31]。このように「組合から」影響力を発揮した有力な活動家の1人でもあったマルティネス・ルーケは、かつてFNOAのコルドバ大会とバレンシア大会でブハランセを代表するとともに、「反アナキスト的な」モントーロにリベルテールたちの橋頭保を築いたトマス・マルティネス・フレスコや、1933年12月の事件への関与を理由に裁かれたうえ、こちらは36年7月の「人民戦線委員会」にも加わったトマス・マルティネス・プリードと血の繋がりがあった。このマルティネス・プリードも、1933年12月の武装蜂起絡みの逮捕者のリストにその名を留めている。

「もう1つの」スペインの根絶のためには残忍なうえにも残忍な手段に訴えることも何ら厭わない国家権力を相手に、ブハランセを追われた3兄弟らは死にもの狂いの戦闘を開始する。だが、1944年1月6日、内通者からの連絡を受けた治安警備隊の急襲を受け、モントーロに身を潜めていた「フビーレス」は壊滅状態へと追いやられる。フランシスコとセバスティアン、それにトマス・マルティネス・ルーケはこのときに落命。前年の12月12日に治安警備隊と銃撃戦を繰り広げた折、ロドリーゲス・ムニョス兄弟の残る1人（フアン）は既にこの世を去っていた[32]。

1950年5月。ゲリラ戦に疲れ果て、アルヘシーラスからの国外逃亡を図ったところでフランコ独裁の治安維持装置の銃火にさらされたのが、バルトロメ・モンティーリャ・ルスやペドロ・ロペス・カーリェと同じくアントニオ・ロサードと太い心の絆で結ばれていたアントニオ・ゴンサーレス・タグアである。殺害された時点で、ゴンサーレス・タグアはアンダルシアCRT地方委員会（地下）の書記長を務めていた。内戦・革命の敗北と同時に瓦解したアンダルシアCRTの再建は1941年。1944年2月には、おそらくその最初の総会が密かにセビーリャに招集されている。総会でコルドバ県を代表したのは、無名の（？）

ソイロ・ロドリーゲス。このとき、カディス・マラガ・ハエンの3県のアナルコサンディカリストたちからの連絡は途絶していた[33]。その全体像を正確に把握することはもとより困難ではあれ、フランコ独裁期にアンダルシアCRTが置かれた環境は、ゴンサーレス・タグアの死にざまに象徴されていたと断じても過言ではないだろう[34]。

カタルーニャとアラゴンへのその視野の偏りは否めないにしても、1930年代のCNT・FAIの動静を俯瞰したポレミックな著作『街頭から戦場へ』をCNTへの「死亡宣告」にも等しい厳しい内容で結んだのは、フリアン・カサノバだった。この現代史家の見るところでは、CNTの命脈は内戦の戦火のなかでほぼ尽きていた。しかし、1939年4月以降、とうに瀕死の体だったピレネーの南のリベルテールたちは、「兄弟殺し」での敗北と、それがいかに執拗であったにせよ、フランコ独裁による「アカども」の「残党」への弾圧のせいばかりで「臨終」のときを迎えたわけではなかった。

カサノバが着目するのは、1960年代の経済発展に伴うスペインの社会の激変である。この時期の労働人口の都市への大規模な流入と伝統的な農業の危機は、従来の階級構造を大きく改め、それまでとは異質な労使関係の胎動・展開へと帰結した。カサノバが「新しい組合文化（nueva cultura sindical）」と呼ぶこの動きを体現したのが、フランコ独裁と教会との癒着を嫌うカトリックの反体制分子と地下の共産党の、つまり独裁により骨抜きにされた社会カトリシズムの本来の擁護者たちと「アカども」との、「2つの」スペインの境を跨いだ歩み寄りにより1950年代に非合法裡に発足したCCOO（労働者委員会）である。CCOOはフランコ独裁の御用労組「垂直組合（sindicato vertical）」に代表を送り、体制の内側から経営者側の譲歩を引き出す「非直接行動」に訴えた。

なお警察力と軍事力に立脚する恐ろしく強権的な国家体制であることに変わりはなかったにせよ、フランコ独裁も一方では徐々にその機能を多様化することにより、「新しい組合文化」を実践する側から自己の支配の正当性に関わる実質的な承認を取りつけていく。労災法の整備その他、早くも1940年代に着手された社会保障の漸次的拡大に、フランコ独裁の「もっとも肯定的〔な〕側面」「安全弁」を見るのは、アントニオ・ドミンゲス・オルティスである[35]。労使交渉も国家機構のなかで事実上制度化され、ここに「直接行動」を旨とするCNTのアナルコサンディカリズムが存立するための根拠は完全に失われてしまったと、『街頭から戦場へ』の著者は考えるのである[36]。

むすびにかえて

　1967年7月にトゥルーズで開かれたスペイン革命31周年の催しの折、「これまでに実現されたなかで最初の、そして正真正銘の社会変革のパイオニア」であるスペインの大衆を、「最大限の自由と権利の獲得」に向けて「可能な限り」鼓舞すること。この「壮大な」企てを、変わることのない「われわれの仕事」「営み」「任務」と断言したのは、例によって血気盛んなあのフェデリーカ・モンセニだった。だが、国外に難を逃れた女流アナキストの「予言」に反して[37]、ピレネーの南の独裁体制は崩壊を宿命づけられてはいなかった。1975年11月、フランコ将軍は天寿をまっとうし、ベッドの上で大往生を遂げる。「崩壊」の危機が待ち受けていたのは、むしろCNTの方だった。CCOOは、もちろんアンダルシアにも触手を伸ばす。
　1960年に41.6パーセントだったスペインの農業人口は、その10年後には29.1パーセントにまで減少する。脱農業化を促した大きな要因の1つが、南スペインからの人口流出にあったことは明らかである。1961‐62年には、スペイン国内の人口移動の43.5パーセントをアンダルシアが占めていた。1960年代以降、故郷を後にしたアンダルシア人は1,500,000にも上る[38]。モロン・デ・ラ・フロンテーラだけでも、1965年からの10年間に11,000人以上の住民の減少が記録されている。その多くが、最も貧しい日雇い農たちであったことは確かだろう。アントニオ・ロサードがセビーリャ県のこのプエブロを離れたのは、独裁者が死去する前年の1974年。自身、84歳の高齢に達していた[39]。それから4年後、アンダルシアの階級闘争に関する貴重な証言が綴られた回想録を残した元アンダルシアFRC書記長は、惜しくもその上梓を見届けることのないまま、バルセローナ県のバダローナに没する。
　カサノバの「死亡宣告」の正しさを裏づけるかのように、労働人口の構成に顕著な変化の兆しが見え始めた1960年代の初頭、南スペインで最初にCCOOが根づいたのは、ヘレス・デ・ラ・フロンテーラとその近辺に点在するアルコス・デ・ラ・フロンテーラ、エル・プエルト・デ・サンタ・マリーア、サンルーカル・デ・バラメーダ、レブリーハその他、復古王政に先立つ「革命の6年間」以来の、いずれもリベルテール的な傾向を刻印されたアンダルシアの階級闘争にしばしば顔を覗かせていた自治体だった[40]。また、現行の憲法が発布された1978年、南スペインのCCOOが最も厚い支持を受けていたのは、かつて「宗教的・ユートピア的な」アナキズムと「イマジネーションに富みながらも無教養な」日雇い農たちとの出会いがブハランセの公証人を強く印象づ

けたコルドバ県である。

　1978年5月、CCOOはアンダルシアの8つの県に併せて236,576人の組織員を抱えていた。8県のうち、最多はセビーリャ県の90,582人。コルドバ県は42,752人でこれに次ぐ。しかし、労働人口に占めるCCOOの組織員の比率では、セビーリャ県の26パーセントに対して、コルドバ県は31.3パーセント。2つの県は、第3位のマラガ県の18.1パーセントを大きく引き離している。この「労働人口」は農業労働者だけではなく、その他の職種に従事する働き手をも含む[41]。ただし、CCOOに加入する当時の南スペインのすべての組織員のおよそ4割の生業が農業だった[42]。ほぼ同時期（1977年）のアンダルシアにあって、どうやら再び日の目を見たCNTの組織員は20,000人ほどに留まっている[43]。

　むろん、カサノバが述べる「新しい組合文化」の誕生を契機に、「アンダルシアの農業問題」の抜本的な解決に向けて新たな展望が開かれたわけではまったくない。労働力のなかに占める比率において圧倒的だった農業人口の急速な減少により相対的にはなるほど確かに緩和されたにせよ、それでもなお失業がアンダルシアの「負のアイデンティティ」の1つであり続けることには何の変化もないだろう。「兄弟殺し」の勃発から半世紀が過ぎた1986年8月、従ってむろん農閑期のこととはいえ、セビーリャ県の失業率は34.58パーセントにまで跳ね上がった[44]。

　ところで、つい先ごろまで、セバスティアン・オリーバ・ヒメーネスは1936年7月にセビーリャで銃殺されたものと思われていた[45]。20世紀のアンダルシア屈指のサンディカリストの最期でさえもが、長らく忘却の霞のなかに包み込まれていたのだった。オリーバの死にざまについての「誤解」の定着は、フランコ独裁が「もう1つの」スペインの「記憶」の抹殺に血道を上げた結果である。フランコ独裁が作成した「公式記録」では、ディエゴ・ロドリーゲス・バルボーサもアルカンタリーリャ・デル・アギラでファランヘ党員たちに殴り殺されたのではなく、サンクティ・ペトリ街道での「戦闘中に」落命したことにされている[46]。

　因みに、マドリードがフランコ派に屈服したのは、東アンダルシアにわずかに残っていた第2共和制が総崩れになる前日の1939年3月28日である。この日マドリードで落命した、つまり間もなくスペインの首都に復帰することになるカスティーリャの大都市における内戦の最後の犠牲者の1人に、マウロ・

686

バハティエラ・モラーンが含まれていた。「コルドバ県にほとんど『帰化』したかのような」バハティエラは、仲間のジャーナリストだったエドゥアルド・デ・グスマンらの制止を振り切ってマドリードに留まり、トリホース街の自宅で殺害されたもようである。にもかかわらず、フランコ独裁の「死亡診断書」にかかると、UGT の組織員でもあった「純粋」アナキストの最期も恐怖に駆られたあげくの「ショック死」の一言で片づけられてしまう[47]。

　フランコ将軍のスペインは、「もう 1 つの」スペインの「記憶」を留める地名の抹消にも熱中した。例えば、1936 年の秋にフランコ派に占領されるまでは、マドリードにほど近いヌマンシア・デ・ラ・サグラの呼称はアラブ語で「粉挽き用の水車」を意味する「アサーニャ」（！）だったのである[48]。こうした「記憶」の抹殺は、カストロ・デル・リオのなかでも企てられている。1937 年 2 月、かつての「アナキストのエデン」にあった例えばホアキン・コスタ街、アルカラ・サモーラ街、ピ・イ・マルガール街、パブロ・イグレシアス街は、それぞれ順に殉教者街、フランコ将軍街、ケイポ・デ・リャーノ街、カルボ・ソテーロ街へと改称された。

　もっとも、「もう 1 つの」スペインの「記憶」の抹消は、フランコ将軍のスペインだけの十八番というわけではなかった。土壇場になってアルフォンソ 13 世に三下り半を突きつけた、それでいてカシーケ的な手練手管を第 2 共和制へも持ち込んだニセト・アルカラ・サモーラをも含めて、挙って復古王政に背を向けた「大物」の名を冠したカストロ・デル・リオの街路は、1931 年 4 月 14 日以前には別の呼称を持っていたものと思われる[49]。「2 つの」スペインが、互いに「もう 1 つの」スペインの「記憶」の存続に寛大ではありえなかった点は留意されるべきだろう。

　「記憶」の争奪戦は、地中海に臨むマラガでも繰り広げられた。第 2 共和制の誕生が告げられた直後、このアンダルシアにあってセビーリャに次ぐ大都市ではアントニオ・バエナ・ゴメス街がフェルミン・ガラーン街へと、ラリオス街が 4 月 14 日街へと、ラ・メルセ広場がリエーゴ広場へと、それぞれ改称された。ラファエル・リエーゴは、1823 年に処刑された軍人。既述のとおり 1 世紀以上も後の 1930 年に復古王政打倒の夢に破れるガラーンにも似て、メッテルニヒとシャトーブリアンのヨーロッパを相手に自由主義に殉じたその生涯に捧げられたリエーゴ讃歌は、第 2 共和制の国歌にも選定される。

　他方で、アントニオ・バエナ・ゴメスはマラガの信徒会（cofradía）の顔役

にして、第2共和制の成立直後に発足し、やがてCEDAの中核になる人民行動党の地元の指導者である。マルティン・デ・ラリオスが貴族の仲間入りを果たした19世紀の産業資本家であったことにも、われわれは先に触れてある。手に入れた爵位は侯爵。このラリオス侯爵は、復古王政期のマラガ県のみならず、アンダルシアでも屈指のカシーケでもあった。1931年4月14日には、港のそばに建てられてあった侯爵の銅像が引き倒され、「われわれの海」に投げ捨てられる事件も起こっている。

しかし、2,000人以上の「アカども」の犠牲を伴った1937年2月8日のフランコ派によるマラガ占領をきっかけに、その街頭の風景は劇的に変化した。新たに発足した市当局のもと、さっそくフランコとケイポ・デ・リャーノの2人の将軍、それに前年11月に銃殺されていたカリスマ的なファシスト、ホセ・アントニオ・プリモ・デ・リベーラの名を冠した街路が誕生。先のリエーゴ広場その他、第2共和制の「改革の2年間」に命名された通りや広場の呼称はもちろん、ともに第1共和制の大統領だったカステラールとピ・イ・マルガール、あるいはあの名うてのカトリック嫌いのビセンテ・ブラスコ・イバーニェスら、「もう1つの」スペインの「記憶」に結びついた人名も、軒並み公の場から抹消された。そして、マラガの街頭から「アカども」が一掃されてから5ヶ月後には、目抜き通りのアラメーダ街にラリオス侯爵の銅像が再建される[50]。こうして、「アカども」の肉体そのものの抹殺とともに、1930年代の「記憶」を消し去る作業も完了する。

1960年代以降、抬頭する「新しい組合文化」に譲歩の姿勢を見せながらも、農業エリートとはむろん依然として相思相愛の間柄のフランコ独裁にとって、南スペインの階級社会に内包された途方もない暴力と悲惨は依然としてタブーであり続けた。1933年1月、そのタブーの縮図と化したカサス・ビエハスの呼称もまた、フランコ独裁のもとで封印を余儀なくされる。アンダルシアを見舞う前代未聞の「ジェノサイド」に先立って、その「予行演習」が行われたカサス・ビエハスは、フランコ独裁期は言うに及ばず、当の独裁者がこの世を去ってからもしばらくの間は「ベナループ・デ・シドニア」としての、また自治体へと昇格し、メディナ・シドニアからの「独立」を果たした1991年以降も「ベナループ」としての自己を装い続ける他はない。

「セイスデードス」らが焼き殺されてからちょうど半世紀の歳月が流れた1983年に地元のCNTが建立したささやかなモニュメントも、ほどなく撤去さ

むすびにかえて

れてしまう。前年12月のフェリーペ・ゴンサーレス・マルケス首班の社会党政権の誕生にもかかわらず、かつての「記憶」を想起させるモニュメントが人目に晒され続ける事態を忌避する空気が蔓延した背景には、1930年代の「記憶」の呼び戻しがピレネーの南に「兄弟殺し」の再演を招く事態への、なおも根強い恐れがあった。このとき、「忘却の契約」はまだ期限切れを迎えてはいなかったのである。

　概して平和裡に遂行されたフランコ将軍死後の民主化への歩みは、第2共和制期における、見方によっては確かに強引な街路名の変更や、就中「スペインはカトリック的であることをやめた」とのアサーニャの「言葉」に象徴される、結果的に社会の分極化を促した拙速な手法が想起させるネガティヴなイメージを教訓として反映しており、そこでは「2つの」スペインの傷口に触れる「記憶」は政治的見地に照らして封印されるしかなかった[51]。グティエーレス・モリーナが主張するとおり[52]、正しく「過去から目を背けることは、現在の立憲体制を享受するためにスペインの社会が支払わなければならなかった代償の1つだった」のである。

　とはいえ、大きな岐路に立たされた1970年代半ばのスペインに、自らにとっての不都合な過去の「忘却」を強要したフランコ独裁そのものの意味を問い質す作業を先送りにする以外の選択肢が、そもそもありえたとは思われない。引き裂かれた同胞のひとまずの和解の訴えには、われわれの知る1つの先例があった。フランコ将軍が死ぬ20年ばかり前に、「兄弟殺し」の「忘却」を同胞に呼びかけていたマヌエル・ヒメーネス・フェルナンデスのアピールである。フランコ独裁の終焉から10年、そして内戦から半世紀の節目を念頭に「われわれは過去を振り返らないことに決めた」と「宣言」したのは[53]、自身、かつてヒメーネス・フェルナンデスの謦咳に接していたこともある首相のフェリーペ・ゴンサーレスだった[54]。独裁から民主主義への移行を平和裡に達成し、「立憲体制を享受するために」は、ベナループ・デ・シドニアに置かれたモニュメントはやはり目障りな代物ではあったのだろう。

　「旧い家々」を意味するあの美しい地名がカディス県の山間に蘇るまでには、なおも多大な時間が費やされねばならないだろう。惨劇から65年目の1998年に至って、かつての「犯罪の集落」はようやく「ベナループ・カサス・ビエハス」へと改められたのである[55]。実際には、既にプリモ独裁半ばの1926年にカサス・ビエハスはベナループ・デ・シドニアへと1度その名を改めていた。

それでも、その昔このあたりにムスリムが築いた「ベナループの塔」に因む新しい呼称は地元の住民たちの間ではあまり歓迎されなかったし、世間一般の間に定着を見ることもなかったらしい(56)。第２共和制に入って間もなく、集落の呼称はカサス・ビエハスに戻されている(57)。マヌエル・アサーニャにとって、「起こるべきことが起こった」集落はあくまでもカサス・ビエハスなのだった。その呼称の再度の抹消とベナループ・デ・シドニアへのこれまた再度の改称は、1933年１月の「犯罪」のみならず、「アンダルシアの農業問題」の所在そのものにもそっくり覆いをかけてしまおうとしたフランコ独裁の仕業以外の何ものでもない。

今から25年以上も前のこと。ジャック・モリスの『アンダルシアのアナキズム』の序文を、当時の南スペインの日雇い農たちを束ねるサンディカリズムが直面していた低迷に自身が抱いていた、憤りにも似た激しい苛立ちから書き起こしたのは、ラティフンディオを知り尽くした農業史家だった(58)。民主化への道を手探りでたどりつつあったアンダルシアでは、例えば1978年２月を皮切りにSOC（農業労働者組合）が大胆な土地占拠を主導したこともある。SOCは、フランコ将軍にいよいよ死の影が忍び寄りつつあった1975年の春、秘密裡に発足した日雇い農委員会（Comisiones Jornaleras）のなかから生まれ出た「アンダルシアの民」の労組である(59)。

とはいえ、当初こそ勢いのよかったこの新参の組織も(60)、CCOOや斜陽のCNTに代わるだけの動員力は持ちえなかった。おまけに、ゴンサーレス政権時代の社会保障政策の拡充もあって——社会福祉関係への政府歳出の対国内総生産比率は、1982年の19.2パーセントから95年の21.4パーセントへ２ポイント以上の上昇を記録した(61)——、民主化以前のスペインにあってCCOOのなかに育まれつつあった「新しい組合文化」はむしろ屈折する。1980年代半ばの「アンダルシアの民」は、国家権力による失業手当の給付にささやかな希望を託すようになっていた。

「直接行動」を通じて「パン」と「土地」、そして「自由」の獲得がもくろまれた、フランコ独裁の誕生に先立つアンダルシアの過去のリベルテール的な「記憶」を喪失していたのは——あるいは、独裁期を通じて暴力的に忘れさせられていたのは——、CCOOに身を置く日雇い農たちばかりではない。CNTやSOC、あるいはUGTの組織員にしても、事情は同じだった(62)。民主化のなかでの南スペインの日雇い農たちの動向に詳しい現代史家のミゲル・ゴメス・

オリベールの分析に従うと(63)、1983年から88年にかけて「アンダルシアの民」が「お上」に持ち込んだ大小取り混ぜて1,055件もの窮状打破の訴えのうち、全体の43.5パーセントに当たる459件が、農村雇用計画（Plan del Empleo Rural）に基づく、市町村が指定する手間仕事の実施と引き換えの失業者への手当の給付に関連していた。胃袋が教えてくれる「パン」への渇望ばかりは、さすがに「記憶」を必要とはしない。

　フランコ独裁後半の大規模な人口流出に端を発する「ガス抜き」をよそに、21世紀を迎えてもアンダルシアに広がるラティフンディオそのものは依然としてなくなる気配すらない。その一方で、いつも辛辣なカルロス・アレナスによると(64)、2006年のスペインでヨーロッパ連合から支給される農業関連の助成金の恩恵に最も浴したのは、「忘却の契約」のおかげで「ジェノサイド」の責めを結局は一切問われずにすんだセビーリャ県の農業エリートとその子息たちであったという。21世紀の最初の10年間にアンダルシアが受け取った件の助成金のうち、実にその60パーセントが5人の大地主の懐に入った、とのかなり下世話な話も囁かれる(65)。なおも貧しいアンダルシアに鎮座する「セニョリート」たちの欲の深さには、どうやらわれわれの、これまた貧しい想像力を大きく超えるものがあるらしい。

　おまけに、近ごろは20世紀末における「犯罪の集落」の呼称の復活につけ込んで「犯罪」そのものの商品化をたくらむ「実業家」までもが登場するご時世である。2005年、ヘレス・デ・ラ・フロンテーラに細々と（？）生き続けるアナルコサンディカリストらの必死の抗議の声に押されて頓挫したものの、ベナループ - カサス・ビエハスに名花「ラ・リベルタリア」の名を冠した豪勢なホテルを開業する計画が、カサス・ビエハスの「復活」の旗振り役を務めた村長フランシスコ・ゴンサーレス・カバーニャと件の「実業家」との合意のもとに（！）持ち上がったのだった(66)。このゴンサーレス・カバーニャは、「犯罪」から60年目の1993年には、「復活」に先駆けて「われわれのプエブロのよりよい未来のための闘争に生命を捧げた人たち」を讃えるプレートを彼ら犠牲者が眠る共同墓地に設えてもいたカディス県の社会党の有力者である(67)。

　1936年の夏、灼熱のカストロ・デル・リオの「アナキストのエデン」に到来した「偉大な日」はもはや遙かに遠い。その「エデン」をフランツ・ボルケナウが訪ねた秋口には、ディエゴ・ロドリーゲス・バルボーサは既に幽明境を異にしていた。最後に、近隣のカサス・ビエハスに「けだものども」の足音が

近づきつつあった 1932 年 11 月、このチクラーナ・デ・ラ・フロンテーラの
FAI 派が『ラ・ボス・デル・カンペシーノ』紙に発表した、ホセ・ルイス・
グティエーレス・モリーナによれば「彼の思想の到達点を提示してくれている」
という詩の一節を引き[68]、失われたものへの、あるいは忘れさせられたもの
への思いを新たにすることにしよう。

 土地はすべての者のはず
 足かせも汚れも欺瞞もなしに
 調和と幸福のなかで
 人が生きたいと願うのなら。

註
（1） Ortiz Villalba, *Sevilla 1936*, pp.211-216. コリア・デル・リオにあった自宅で、セビー
  リャから来たファランヘ党員たちの手でブラス・インファンテがその身柄を拘束
  されたのは、銃殺される 1 週間以上も前の 8 月 2 日である（*ibid.*, pp.275-283.）。
  なお、元アンダルシア CRT 地方委員会書記長のミゲル・メンディオーラ・オスー
  ナも、1936 年 8 月 6 日にやはりセビーリャで銃殺されている。フランコ派が決起
  する前夜、ディエゴ・マルティネス・バリオの共和主義同盟に所属するメンディオー
  ラは、セビーリャ市役所の第 1 助役に就任したばかりだった（*ibid.*, p.245.）。「カ
  トリックの」スペインは、プロテスタントにも非情だった。1936 年の夏にセビー
  リャで殺害された「アカども」のなかには、牧師の（！）ミゲル・ブランコも混じっ
  ていた（*ibid.*, p.287.）。
（2） Juan Ortiz Villaba の教示による。
（3） José Antonio Ferrer Benimeli, "¿Qué es la masonería?", *Papeles de Historia*,
  núm.3, 1994, pp.35-37.
（4） Moreno Gómez y Ortiz Villaba, *La masonería en Córdoba*, p.221. 急進党がアサー
  ニャ政権を窮地に陥れていた 1933 年 3 月の時点でゲラ・ロサーノはレルーに失望
  し、「アルカラ市民」の共和行動党に歩み寄っていた（*El Sur*, 20-III-1933.）。
（5） Moreno Gómez y Ortiz Villaba, *La masonería en Córdoba*, p.256.
（6） *Ibid.*, pp.274-275.
（7） Espinosa, "Apuntes", p.42.「ラジオ将軍」からフランコ派初のセビーリャ市長の職
  務を拝命したのは、ラモン・デ・カランサ・イ・フェルナンデス・デ・ラ・レゲー
  ラの子息のラモン・デ・カランサ・イ・ゴメス・アランブールー（Ortiz Villalba,
  Sevilla 1936, p.115.）。ソトエルモーソ侯爵の称号を持つ子息のラモンの母方の姓
  は、父のラモン（ビリャペサディーリャ侯爵）が、復古王政の一時期、カディス

県の 2 大政党を完全に操っていたあのゴメス・アランブールー兄弟と義理の兄弟の契りを結んでいたことを物語る。ソトエルモーソ侯爵はアンダルシアの中心都市の市政を担ったばかりでなく、ファランへ党員や治安警備隊員を引き連れてセビーリャ県内各地の「赤い」プエブロの「平定」にも乗り出し、ケイポ・デ・リャーノ将軍を狂喜させた（*La Unión*, 28-VII-1936, recopilado por Gibson, *Queipo de Llano*, p.218.）。

（8）エドゥアルド・バレーラ・バルベルデがコルドバに「凱旋」する以前に県知事の椅子に座っていたのは、治安警備隊のブルーノ・イバーニェス・ガルベス中佐である。イバーニェス・ガルベスは、1936 年 9 月 22 日にコルドバ県の公安部の責任者に就任。軍事クーデタの奏功から 2 ヶ月以上が経過していたコルドバにあって、「アカども」の粛清になおも狂奔した。同年秋のコルドバでは、毎晩 50 人ほどが市内の複数の墓地の堺ぎわに立たされたこともあったらしい。1937 年 1 月 29 日、シリアーコ・カスカーホ大佐により「ドン・ブルーノ」はコルドバ県知事に抜擢されたものの、すぐにも有力な資産家への「ゆすり」が発覚。このため、『エル・デフェンソール・デ・コルドバ』紙が「善良なキリスト教徒、揺るぎない信者、崇高な聖母マリーアを愛する人」とその人柄を盛大に持ち上げたイバーニェス・ガルベスは県知事の椅子を失った。しかし、「身内」には寛大だったフランコ独裁は「ドン・ブルーノ」に「更生」の機会を与える。遠からず、前コルドバ県知事は北スペインのあちこちに隠れ潜む「アカども」の殲滅に生きる歓びを改めて噛みしめることだろう。「ドン・ブルーノ」は、コルドバでは 1936 年 7 月 18 日に始まっていたフランコ独裁への協力に積極的な姿勢を見せない有産者にも容赦がなかった。元代議士（急進党）の農業エリート、フランシスコ・デ・パウラ・サリーナス・ディエーゲスにも、15,000 ペセタもの「罰金」が科せられている（Moreno Gómez, *1936*, pp.561-579.）。フリーメーソンであったにもかかわらず、サリーナスにはコルドバで決起したカスカーホ大佐らに「忠誠」を誓って処刑を免れた弱みがあった（Moreno Gómez y Ortiz Villalba, *La masonería en Córdoba*, p.261.）。

（9）カサス・ビエハスでの「犯罪」により 21 年の禁固刑を宣告されたマヌエル・ロハスは、1936 年 7 月の軍事クーデタを経て「解放」されるまで、モトリールにあったグラナダの県立監獄に服役していた（Ramos Espejo, *op.cit.*, pp.26-29. Stella, *loc. cit.* イアン・ギブソン、内田吉彦・本田誠二訳『ロルカ』中央公論社、1997 年、492 - 518 ページ）。

（10）Moreno Gómez, *La última utopía*, pp.103-104. このガルシア・イダルゴも、プリモ独裁期にはコルドバのフリーメーソン団の会所に在籍していたことがある（Moreno Gómez y Ortiz Villalba, *La masonería en Córdoba*, pp.198-200.）。ガルシア・イダルゴの他、コルドバ県選出の憲法制定議会代議士 12 名のうち、共和派のラモン・カレーラス・ポンス、アントニオ・ハエン・モレンテ、エロイ・バケーロ・カンティーリョ、社会党のフランシスコ・アソリン・イスキエルド、ガブリエル・モロン・ディアスもフリーメーソンだった。ラモン・カレーラス・ポンス以外の 4 人は、いず

れも亡命先で死ぬ。1936年2月の人民戦線選挙の直前にセビーリャ県知事に就任してもいたカレーラス・ポンスは（*ibid.*, pp.219-225.）、殺戮の渦に巻き込まれる事態ばかりはどうやら避けられたもののフランコ独裁による粛清の対象となり、初等学校での算数の教師の職を失った（Juan Ortiz Villalbaの教示による）。モロン・ディアスに関しては、本節の註（12）をも参照。本書に登場したコルドバ県の政治家のなかでフリーメーソンであった事実が確認される人物はまだ他にも複数いるものの、「兄弟殺し」の幕開け以降に彼らを待ち受けていた事態についての説明は割愛する。

(11) Ortiz Villalba, "Las bases sociales", p.269.
(12) 詳細は不明ながら、フランシスコ・サフラ・コントレーラスの長男もコルドバで銃殺される。さらに、その弟には故郷での拷問が待っていた（Moreno Gómez, *1936*, pp.248-249.）。因みに、内戦まではサフラとともにコルドバ県の社会党・UGTを支える存在だったガブリエル・モロン・ディアスは、東アンダルシアへの脱出にひとまず成功。1936年10月にはアルメリア県知事に就任し、翌年2月のマラガ陥落に伴って同県に殺到した大量の難民の受け容れに尽力した（Quirosa-Cheyrouze y Muñoz, *op.cit.*, p.172.）。フランシスコ・ラルゴ・カバリェーロがそうであったように、プエンテ・ヘニールが生んだこのマルクス主義者も、一旦は自身が見切りをつけたはずの「ブルジョワ的な」国家権力を行使する立場を選択したことになる。なお、モロン・ディアスには、「兄弟殺し」の間はクレムリン演出の「大いなる欺瞞」に翻弄され続けながらも、後に亡命先のメキシコで共産党に入党した記録が残されている（ボロテン、前掲邦訳、上巻、607‐608ページ、註22）。
(13) Moreno Gómez, *1936*, pp.508-512.
(14) *Ibid.*, pp.167-169.
(15) *Ibid.*, pp.55-56 y pp. 514-517.
(16) Id., *Córdoba en la Posguerra*, p.153.
(17) ブレイ「労働運動の記憶を呼び戻す」123ページ。
(18) チクラーナ・デ・ラ・フロンテーラでのフランコ派による弾圧の犠牲者は、およそ20人（グティエーレス・モリーナ『忘れさせられたアンダルシア』213‐221ページ）。
(19) Maurice, *El anarquismo andaluz*, p.175.
(20) Gutiérrez Molina, *La tiza*, p.110.
(21) *Ibid.*, pp.113-114.
(22) *Ibid.*, pp.117-121. 1939年2月の政治責任法は、訴追の対象となる人物が既に死亡していた場合、その遺族に罪を負わせた。ともに内戦の初期段階で殺害されていたブラス・インファンテとホセ・サンチェス・ロサの遺族には、内戦が終結した後にそれぞれ2,000ペセータと7ペセータの罰金の支払いが命じられた（Francisco Moreno Gómez, "La represión en la posguerra", *Víctimas de la Guerra Civil*,

pp.246-349. Gutiérrez Molina, *La tiza*, p.121.)。同法を通じて、フランコ独裁は「もう１つの」スペインを体現した「アカども」の肉体的な抹殺ばかりではなく、残されたその遺族たちの経済的な破滅をも画策したのだった（Diego Caro Cancela, "La aplicación de la Ley de Responsabilidades Políticas en Jerez de la Frontera. Una primera aproximación", *Memoria histórica y represión franquista en la provincia de Cádiz*, Cádiz, 2011, p.164.)。その額からも明らかなように、古参の「純粋」アナキストの遺族たちに科せられた罰金はむろん象徴的な域を出ない。だが、政治責任法がその適用範囲の起点と定めた 1934 年 10 月よりも前に、サンチェス・ロサは既にその活動を実質的に終えていたはずである。「もう１つの」スペインに残された「アカども」には、無条件降伏以外の選択肢はなかった（ボロテン、前掲邦訳、下巻、1179 ページ）。「7 ペセータ」は、その１つの証しとも思われる。なお、ディアス・デル・モラールを「もう１つの」スペインの裁きの場に立たせたのも同法である（第７章第１節の註〔41〕）。

(23) 「兄弟殺し」の勝利者たちにより強奪された 1930 年代の地元の記憶の回復をもくろむ集団、その名も「ヘレスは思い出す」の丹念な調査のおかげで、フランコ派によるカディス県第２の都市での 382 人の殺害がこれまでに確認されている。殺された「アカども」のリストは、"Jerez Recuerda", *op.cit.*, pp.25-37. ホセ・ゲレーロ・ボカネグラの父親で、1914 年の争議の折に「直接行動」の原則の維持に固執したフアン・ゲレーロ・グティエーレスの名は、件のリストには見当たらない。既に鬼籍に入っていた可能性も大きいだろう。

(24) Caro Cancela, "Sebastián Oliva", p.107.

(25) 史料的根拠は、本章前節の註（15）に同じ。

(26) Gutiérrez Molina, *Casas Viejas*, p.251. ムルシア県の港湾都市に落ち着いたペレス・コルドンは、1937 年３月以降、当地の CNT 紙『カルタヘーナ・ヌエーバ』に記事を書く（*ibid.*, p.206.)。翌年８月には同紙の編集長に就任し（*ibid.*, p.217.)、勢いづく地元の共産党との対立の矢面に立たされる。偶然のこととはいえ、共産党を操るソ連からの軍事顧問団の他でもないカルタヘーナへの到着とパテルナ・デ・リベーラの「男やもめ」のそれとは時期的に重なっていた（*ibid.*, p.197.)。1938 年１月には、検閲に抗ったおかげで自身が逮捕・収監される屈辱も味わわされている（*ibid.*, p.235.)。アンダルシアを遠く離れたリベルテールにも、「大いなる欺瞞」から逃れるすべはない。

(27) 1933 年１月のカサス・ビエハスでの現地取材の折に身柄を拘束されたペレス・コルドンは、メディナ・シドニアの監獄で旧知の間柄だったマリーア・シルバ・クルースと再会。２人は熱烈な情愛の念に身を任せる（*ibid.*, p.69.)。なお、パテルナ・デ・リベーラでのフランコ派による弾圧の犠牲者は約 40 人。1936 年だけで、名花「ラ・リベルタリア」をも含めて少なくとも 24 人が殺害された（*ibid.*, p.121 y pp.138-150.)。

(28) Moreno Gómez, *Córdoba en la Posguerra*, pp.148-154. ホセ・デ・ディオスやルカス・

センテーリャら、カストロ・デル・リオの「アカども」を対象とした政治責任法に基づく審理は 270 件に及んだ。「政治責任」を問われた「アカども」のなかには、バルトロメ・モンティーリャ・ルスの名も見える（Barragán Moriana, *Control social y responsabilidades políticas*, p.213 y pp.363-368.）。ところが、極刑を免れた理由をも含めて、この元アンダルシア CRT 書記長に対する審理の中身はまるでわからない。なお、ビリャビシオッサ・デ・コルドバで「アカども」の犠牲に供されたのは 33 人。そのなかには 1934 年 10 月にコルドバへ逃れ、このプエブロでのリベルテール共産主義の開花を阻んだホセ・バルガスが含まれている。ホセ・バルガスは、モンティーリャのホセ・マリーア・デ・アルベアールと同じくカルロス派だった（*Boinas Rojas*, 9-I-1936.）。ラモンとラファエルとアントニオの、ホセの 3 人の兄弟も殺害された（Moreno Gómez., *La Guerra Civil en Córdoba*, p.166.）。醸造業を営んでいたラモンは（id., *La República y la Guerra Civil*, pp.292-293.）、やはりビリャビシオッサに住むあの「キリスト教民主主義者」のラモン・バルガスとは別人と思われる。1939 年 10 月 28 日にブハランセで銃殺された 26 歳のダビ・ミーリャ・サラスは、6 年前の武装蜂起の直後に逃亡者処罰法の犠牲になった疑いが極めて濃厚なアントニオの弟と覚しい。それからおよそ 40 日後の 12 月 7 日に処刑された「アルフォンソ」・コッカ・チョセーロは（id. *Córdoba en la Posguerra*, pp.200-206.）、あるいは「イルデフォンソ」・コッカ・チョセーロの父の「アロンソ」・コッカ・「ベニーテス」の間違いかもしれない。ペレス・イルエラによれば（Pérez Yruela, *op.cit.*, p.170 n.97.）、アロンソも内戦後に死刑を宣告されている。

(29) ホブズボーム『匪賊の社会史』171 - 200 ページ。
(30) グティエーレス・モリーナ「アンダルシアとアナキズム（下）」73 ページ。
(31) Cañete Marfil y Martínez Mejias, *op.cit.*, pp.444-445.
(32) Muñiz Jaén, *op.cit.*, pp.113-121. ブハランセでは、このゲリラ隊はむしろ「フイーレス（Juiles）」と呼ばれることが多かった（*ibid.*, p.207.）。クリストーバル・ニエト・レジェスは、ともかくも生き延びたもようである（Moreno Gómez, *Córdoba en la Posguerra*, p.389.）。
(33) Sody de Rivas, *op.cit.*, pp.218-225.
(34) 1940 年代半ばにマドリードで秘密裡に発行されていたアナルコサンディカリスト紙『CNT』の講読部数を CRT 別に見ておけば、バレンシアが 2,000、カタルーニャが 1,500 であったのに対し、アンダルシアは 1,000 に留まる。同紙は、マドリードでも 1,500 部ほど捌けていた（Termes, *Historia del anarquismo*, p.650.）。
(35) 「今日われわれが知るところの社会保障の基本的部分は、1941 年から 57 年の間に」実現された（ドミンゲス・オルティス、前掲邦訳、419 ページ）。むろん、「2 つの」スペインの双方がそのすべてをすぐさま、しかも何の分け隔てもなく享受しえたわけではなかったに違いない。
(36) Casanova, *De la calle al frente*, pp.238-246.

(37) *XXXI Aniversario de la Revolución Española. Gran mitin en el palacio de los deportes de Toulouse celebrado el 23 julio 1967*, pp.38-39.

(38) ベルナル『ラティフンディオの経済と歴史』198‐200ページ。明らかにかなりの遺漏があるデータに従っても（Comín, *op.cit.*, pp.105-113.）、アンダルシアから流出した人口は、ピレネーの南で経済発展が加速する以前の1950年代に既に580,000を突破。このうちの427,000人ほどが、グアダルキビール川の中下流域にかつてはさかんに「スト破り」を供給した東アンダルシアの出である。だが、1960年代に入ると、西アンダルシアからの人口流失も加速する。1961年から64年までの間に東アンダルシアからは596,000強の人口が失われたのに対し、西アンダルシアを後にした人間たちの数も304,000弱に達した。フランコ独裁期に観察された南スペインからの人口移動の激しさは、復古王政時代の「世紀末の農業危機」のなかでのこの地方からのイスパノアメリカへの移民の少なさと奇妙なまでのコントラストをなしていた。1960年代には、アンダルシアに留まりながらも、農業に見切りをつけた労働人口も目立つ。1962年に24.7パーセントを占めた、漁業をも含む第1次産業への従事者たちの比率は、その5年後には16.1パーセントにまで低下する。ただし、この変動は南スペインに本格的な工業化の時代が到来した結果ではない。この間、第2次産業に従事する労働人口にはほとんど変動がないのに対して（34.3パーセントから35.3パーセントへ）、大きな伸びを示したのは第3次産業である（41.0パーセントから48.6パーセントへ）。サーヴィス部門の労働力の肥大は、スペインに貴重な外貨をもたらすことになる観光ブームの走りと時期的に合致していた（*ibid.*, pp.165-169.）。この時代のカタルーニャ、さらにはドイツ（旧西ドイツ）が、故郷を後にした「アンダルシアの民」が無条件に受け容れるしかなかった低賃金を1つの武器に順調な経済発展を遂げていく一方で、南スペインは従属的な立場を脱却することができない。この「不平等の弁証法（dialéctica de la desigualdad）」を怒りとともに告発したのは、同時代を生きた慧眼のエコノミスト、アルフォンソ・カルロス・コミンである（*ibid.*, pp.327-333）。

(39) Sody de Rivas, *op.cit.*, pp.236-238.

(40) 既に1872年2月にはカディスとヘレス・デ・ラ・フロンテーラとエル・プエルト・デ・サンタ・マリーアでのFREの組織員たちの活動が指摘されており、サンルーカル・デ・バラメーダにもその拠点が構築されつつあった（Brey y Maurice, *Historia y leyenda de Casas Viejas*, pp.13-14.）。翌年夏のサンルーカルでのカントンの反乱のイニシアティヴを握ったのは、このプエブロのFREの面々である（Bahamonde, *op.cit.*, p.108.）。アルコス・デ・ラ・フロンテーラは、1880年代前半の「マノ・ネグラ」騒動の折、FTRE連合委員会の「遵法精神」に最初に抗う姿勢を見せたリベルテールたちの根城だった（Termes, *Historia del anarquismo*, p.87.）。1901年のカルモーナでの長期化した農業ストライキに、地元の農業エリートによれば「レブリーハから来たアナキストたち」も関与していたことは第5章第2節

に記したとおりである。1960年代のヘレスとその周辺でのCCOOの影響力の拡大は共産党の活動に負うところが圧倒的に大きかったにせよ、「新しい組合文化」の浸透にカトリックの反体制派が果たした貢献も無視されるべきではない。フランコ独裁の消滅を受けてCCOOが合法化された後、カディス県で最初にこの労組の書記に選出されたのは、元イエズス会士のオラシオ・ラーラである（Rafael Morales Ruiz y Antonio Miguel Bernal, "Del marco de Jerez al congreso de Sevilla", *Historia de Comisiones Obreras(1958-1988)*, Madrid, 1993, pp.217-223.）。また、マラガ県のアンテケーラとその周辺でも、ゲリラ隊が実質的に消滅してから1960年代半ばまでの間、（おそらく、ささやかなものではあれ）フランコ独裁への組織的な抵抗を主導したのはやはり独裁から距離を置くカトリックたちだった（Morales Muñoz, "La oposición", p.148.）。なお、1968年に死去する往年の「白いボリシェヴィキ」マヌエル・ヒメーネス・フェルナンデスが、その晩年、アンダルシアでのCCOOの活動に何らかの形で関与していたものかどうかは不明である。

(41) Morales Ruiz y Bernal, "Del marco de Jerez", pp.250-254.
(42) Miguel Gómez Oliver, "El movimiento obrero andaluz en la transición", *La utopía racional*, p.162.
(43) Termes, *Historia del anarquismo*, p.694.
(44) ベルナル『ラティフンディオの経済と歴史』198ページ。
(45) Íñiguez, *op.cit.*, pp.441-442. Sody de Rivas, *op.cit.*, p.64 n.80.
(46) 「公式記録」では、チクラーナ・デ・ラ・フロンテーラのFAI派の「命日」は1936年8月29日である（グティエーレス・モリーナ『忘れさせられたアンダルシア』132‐133ページ）。
(47) Vadillo Muñoz, *op.cit.*, pp.85-88.
(48) Jorge Martínez Reverde, "Epílogo", Villena, *op.cit.*, p.277.
(49) López Villatoro, *Cambios políticos y sociales*, p.132 y n.20. ただし、ロペス・ビリャトーロのこの著作は、第2共和制期の「アカども」による、「もう1つの」スペインに直結する街路名の抹消については何も述べていない。「改革の2年間」、カディス県のプラド・デル・レイでは、その町名をプラド・リブレへと改める動きがあった（「デル・レイ〔del Rey〕」は「国王の」を、「リブレ〔Libre〕」は「自由な」を意味）。しかし、プラド・リブレの呼称は地元では半ば定着を見たものの、最終的に内務省の承認を得るまでには至らなかった（Romero Romero, *La Cultura y la Revolución*, pp.93-94.）。
(50) Manuel Morales Muñoz, "La Segunda República: ¿un《lugar》sin memoria?", *Histoire et Mémoire*, pp.375-390. ついでながら、中心街に再建された、やたらに目立つラリオス侯爵の銅像からさして遠くないところに、このマラガが生んだ19世紀最大の政治家であるアントニオ・カノバス・デル・カスティーリョのあまり人目を引かないモニュメントが立っている。なお、フランコ派にとっては、1931年5月に市内のあちこちの教会や修道院が炎に包まれた「赤い」マラガを真っ先に象

徴する人物であったと思われる、スペイン初の共産党代議士にして「貧しい者たちの医師」カジェターノ・ボリーバルは、アンダルシア FRC の揺籃の地でもあったバーサで 1939 年に銃殺された（Moreno Gómez, *La última utopía*, pp.158-159.）。本書に登場したもう 1 人の「貧しい者たちの医師」で、こちらの方は筋金入りの「純粋」アナキストだったペドロ・バジーナ・マルティネスは、1970 年にメキシコのベラクルースに客死する（Íñiguez, *op.cit.*, pp.619-620.）。

(51) Jacques Maurice, "Reavivir las memorias, fortalecer la historia", *Histoire et Mémoire*, pp.475-483.
(52) グティエーレス・モリーナ『忘れさせられたアンダルシア』220 ページ。
(53) Francisco Espinosa Maestre, "Prólogo", Muñis Jaén, *op.cit.*, p.17.
(54) 後の社会党党首の古巣は、ヒメーネス・フェルナンデスの強い影響力のもとにあったカトリックの反体制派たちの集団だった。ヒメーネス・フェルナンデスが教鞭を執っていたセビーリャ大学の法学部に学んだフェリーペ・ゴンサーレスは、「師」が物故した後に地下に潜っていたマルクス主義政党への入党を選択する（Tusell y Calvo, *Giménez Fernández*, p.310.）。
(55) Stella, *op. cit.*, pp.257-264.
(56) R. Mintz, *op.cit.*, pp.127-128.
(57) Antonio L. Rodríguez Cabañas, "El marco geográfico e histórico", *Los sucesos de Casas Viejas*, p.66
(58) Antonio Miguel Bernal, "Prólogo", Maurice, *El anarquismo andaluz*, p.VII.
(59) Eduardo Sevilla Guzmán y Karl Heisel, "Introducción", *Anarquismo y movimiento jornalero*, p.14. SOC が正式に発足したのは 1976 年 8 月。CCOO が生まれた環境にも似て、SOC の創設者のなかにもロス・コラーレス（セビーリャ県）の司祭ディアマンティーノ・ガルシアら、フランコ将軍の存命中から農業エリートと癒着した独裁体制のあり方に批判的だったカトリックが含まれていた。SOC に関しては、塩見千加子「土地と自由を求めて／民主化後のアンダルシアにおける農業労働者組合（SOC）の運動」『たたかう民衆の世界』216－252 ページ。
(60) Esteban Tabares y Eduardo Sevilla Guzmán, "Sobre la tierra y la lucha jornalera en el campo andaluz", *Anarquismo y movimiento jornalero*, pp.112-115.
(61) 楠貞義、ラモン・タマメス、戸門一衛、深澤安博『スペイン現代史／模索と挑戦の 120 年』大修館書店、1999 年、350 ページ。
(62) José M. Miguélez, "Causas de la situación actual y futuro del Movimiento Jornalero Andaluz", *Anarquismo y movimiento jornalero*, pp.121-123. なお、1980 年のバレンシアで CNT は分裂。1989 年以降、「本家」は CNT－AIT（全国労働連合－国際労働者協会）を、また枝分かれした一派は CGT（労働総連合）をそれぞれ名乗っている（Termes, *Historia del anarquismo*, p.690.）。
(63) Miguel Gómez Oliver, "Jornaleros andaluces, ¿una clase en extinción? Un análisis de la conflictividad campesina en los años 80", *Ecología, campesinado e historia*,

　　　 Madrid, 1993, pp.395-397.
(64) Arenas Posadas, *Una de las dos Españas*, p.133.
(65) Muñiz Jaén, *op.cit.*, p.203.
(66) José Luis Gutiérrez Molina, "Los asesinatos de Casas Viejas y el poder", *Recherches en littérature*, pp.171-172. すったもんだのあげく、問題のホテルは別の呼称のもとに開業に漕ぎ着けた。
(67) *El País*, 18-I-1993. 1991年にメディナ・シドニアを離れると同時に、かつての『犯罪の集落』は「集落」から「プエブロ」へと転じた。
(68) グティエーレス・モリーナ『忘れさせられたアンダルシア』190‐191ページ。

あとがきのかわりに

　「人類の歴史には2つの大きな流れしかない。保守派的人間を生み出す低俗と革命派的人間を生み出す羨望がこれである」のだとか（斎藤一郎編訳『ゴンクールの日記』〔上〕、岩波文庫、2010年、401ページ）。
　書いて、訳して、しゃべって死んだセビーリャの人、永川玲二に半ば唆されるようにして、ラティフンディオの「鬼」の塒に押し入ったのは、生きる当てもないままに初めてピレネーの南をうろついた1987年秋の、ある日の午後のことでした。
　あれから今日までほとんど30年、「人類」の「低俗」と「羨望」ばかりを追いかけてきたような気がします。いつも折り目正しい世間への「羨望」の念に凝り固まった「低俗」な輩が、酒に溺れながらも「シジフォスのあがき」（故ジャック・モリス）を辛うじて続けてこられたのは、何といってもエル・コロニールが生んだ怒濤のアンダルス、「鬼」のアントニオ・ミゲル・ベルナール・ロドリーゲスのおかげ。とどのつまり、阿佐ヶ谷から神保町に移った皓星社にはまたしても凄まじいまでの無理難題を持ち込むことになってしまいましたけれども、この恐ろしく不細工な代物の巻頭に掲げられた厚顔無恥な献辞にすべては尽きます。
　もともと絶対にまとまるはずのないものを、それでもなお強引にまとめようとのたうつ日々を虚しく重ねるうちに、「生来のサンディカリスト」ならぬ、「生来の怠け者」はどうやらひどくくたびれてしまいました。メメント・モリ。とうに壊れかかった体のあちこちから、軋みとも呻きとも判別しがたい不協和音が確かに聞こえてきます。身はたとひコルドバの野辺に朽ちぬとも。

2016年7月18日
渡辺雅哉

参考資料

地図

①アンダルシア

裁判所の管轄区分からみたアンダルシア

西アンダルシア

グティエーレス・モリーナ『忘れさせられたアンダルシア』14・15ページ。

②西アンダルシア

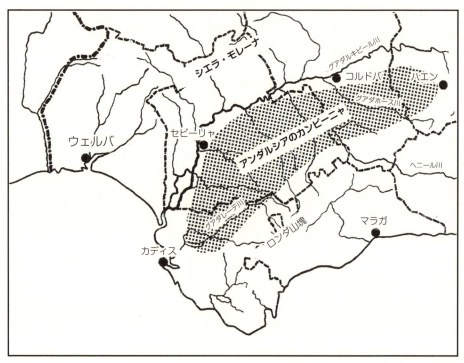

Martínez Alier, *La estabilidad*, p.6.

③コルドバ県

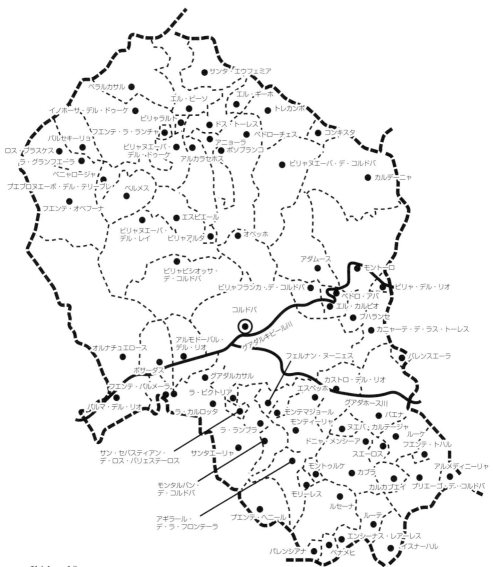

Ibid., p.10.

参考文献

史料館・文書庫
Archivo Histórico Nacional, Madrid, legs.6A, 7A, 16A, 38A, 39A, 58A.
Archivo Histórico Provincial de Córdoba, leg.162.
Archivo Municipal de Bujalance, *Libro de actas*, 1933.
Archivo Municipal de Castro del Río, legs.8, 12, 700, 723, 724.
Internationaal Instituut voor Sociale Geschiedenis, Amsterdam, Archivo FAI/CP[Comité Peninsular], paq.8 ca.318a, paq.36 ca.313.

書簡
Del secretario de la Confederación Regional de Andalucía y Extremadura a Alfonso Nieves, 13-XII-1935.
Del secretario adjunto de la CRTAE a A. Nieves, 1-II-1936.

新聞・雑誌
ABC
Agricultura y Córdoba, La.
Almanaque. Tierra y Libertad para 1933.
Al Paso.
Andalucía.
Boinas Rojas.
Boletín Agrario.
Boletín de la CNT.
Boletín de la Junta Central de Colonización y Repoblación Interior.
Boletín del Instituto de Reforma Agraria.
¡Campo Libre!
CNT.
Colectivismo.
Córdoba Obrera.
Debate, El.
Defensor de Córdoba, El.
Diario de Córdoba.
Diario Liberal.
Emancipación.
FAI.
Fuerza y Cerebro.
Liberal, El.

Luchador, El.
Montillano, El. Semanario independiente.
Montilla Agraria.
Montilla Obrera.
Noticiero Obrero, El.
Obrero de la Tierra, El.
Olivos.
País, El.
Política.
Popular, El.
Porvenir Montillano, El.
Pueblo Andaluz.
Rebelde. Suplemento en español a 《Rebelle》.
Revista Blanca, La.
Sindicalista, El.
Sol, El.
Solidaridad Obrera.
Solidaridad Proletaria.
Sur, El.
Sur, El. Semanario político independiente.
Tierra, La.
Tierra, La. Órgano de la Federación de Sindicatos Católico-Agrarios de Córdoba.
Tierra y Libertad.
Vida Nueva. Semanario Liberal Democrático. Órgano defensor de los intereses del Distrito de Montilla.
Voz, La.
Voz de la FAI, La.
Voz del Campesino, La.

書籍・論文その他

Abad, Vicente, "Ideología y praxis de un fenómeno revolucionario: el control sindical de la economía naranjera (1936-1937)", *El sueño igualitario: campesinado y colectivizaciones en la España republicana 1936-1939*, Zaragoza, 1988.

Abad de Santillán, Diego, *Contribución a la historia del movimiento obrero español*, 3 tomos, Puebla(México), 1962.

Abellán, José Luis, *Ensayo sobre las dos Españas. Una voz de esperanza*, Barcelona, 2011.

Alarcón Caballero, José Antonio, *El movimiento obrero en Granada en la II República (1931-1936)*, Granada, 1990.

Alba Lara, Baldomero, *Antonio León Núñez. Concejal honorario. 1 de Mayo de 2002*, El Viso del Alcor, 2002.

Almansa Pérez, Rosa María, *Familia, tierra y poder en la Córdoba de la Restauración. Bases económicas, poder político y actuación social de algunos miembros de su élite*, Córdoba, 2005.

Alpert, Michael, "¿Azaña Combes?", *Azaña*, Madrid, 1990.

Álvarez Junco, José, "Estudios sobre el anarquismo y el movimiento obrero andaluz", *Estudios de Historia Social*, núms.19-11, 1979.

———, "Los antecedentes del radicalismo en España y la personalidad de D. Alejandro Lerroux", *La II República española, Bienio rectificador y Frente Popular, 1934-1936*, Madrid, 1988.

Álvarez Rey, Leandro, *La derecha en la II República: Sevilla, 1931-1936*, Sevilla, 1993.

———, "El carlismo en Andalucía durante la II República(1931-1936)", *Sevilla, 36: Sublevación fascista y represión*, Brenes, 1990.

———, "La forja de un republicano: Diego Martínez Barrio(1883-1962)", *Ayer*, núm.39, 2000.

Arcas Cubero, Fernando, *El movimiento georgista y los orígenes del Andalucismo*, Málaga, 1980.

———, *El republicanismo malagueño durante la Restauración (1875-1923)*, Córdoba, 1985.

Arenas Posadas, Carlos, *Sevilla y el Estado. Una perspectiva local de la formación del capitalismo en España (1892-1923)*, Sevilla, 1995.

———, *Una de las dos Españas. Sevilla antes de la guerra civil*, Sevilla, 2009.

Arías Castañón, Eloy y Cordero Olivero, Inmaculada, "Georgismo y Andalucismo: Blas Infante y el Ideal Andaluz", *Historia de Andalucía Contemporánea*, Huelva, 1998.

Asociación para la Recuperación de la Justicia y la Memoria Histórica "Jerez Recuerda", *Las cifras de la represión en Jerez de la Frontera tras el golpe militar de 1936: Una aproximación*, Jerez de la Frantera, 2009.

Aubert, Paul, "Los intelectuales en el poder(1931-1933)", *La II República española. El primer bienio*, Madrid, 1987.

———, "Chronologie", *Azaña et son temps*, Madrid, 1993.

———, "Los intelectuales y la II República", *Ayer*, núm.40, 2001.

Avilés Farré, Juan, *La fe que vino de Rusia. La revolución bolchevique y los españoles (1917-1931)*, Madrid, 1999.

———, *Francisco Ferrer y Guardia. Pedagogo, anarquista y mártir*, Madrid, 2006.

———, "Un bienio de esperanza y frustración: 1931-1933", *Manuel Azaña: Pensamiento y acción*, Madrid, 1996.

Azaña, Manuel, *Los españoles en guerra*, prólogo de Antonio Machado, Barcelona, 1982(1ª ed. 1939).

———, *Causas de la Guerra de España*, prólogo de Gabriel Jackson, Barcelona, 1986.

———, *La velada en Benicarló. Diálogo de la Guerra de España*, edición, introducción y notas de Manuel Aragón, Madrid, 2005(1ª ed. fr. 1938).

Azorín, *Los Pueblos. La Andalucía Trágica y otros ensayos (1904-1905)*, Madrid, 1982.

Bahamonde, Ángel, *España en democracia. El Sexenio, 1868-1874*, Madrid, 1996.

Bajatierra, Mauro, *Cómo deben resolver los campesinos el problema de la tierra*, Bilbao, s.f[1931].
Balcells, Albert, *Breve historia del nacionalismo catalán*, Madrid, 2003.
Bar, Antonio, *La CNT en los años rojos (Del sindicalismo revolucionario al anarcosindicalismo, 1910-1926)*, Madrid,1981.
Barciela López, Carlos, "La réforme agraire de Manuel Azaña", *Azaña et son temps*, 1993.
Barón Fernández, José, *El movimiento cantonal de 1873 (Primera República)*, A Coruña, 1998.
Barragán Moriana, Antonio, *Realidad política en Córdoba 1931. Un estudio electoral*, Córdoba, 1980.
—————, *Conflictividad social y desarticulación política en la provincia de Córdoba (1918-1920)*, Córdoba, 1990.
—————, *Córdoba: 1898-1905. Crisis social y regeneracionismo político*, Córdoba, 2000.
—————, *Control social y responsabilidades políticas. Córdoba (1936-1945)*, Córdoba, 2009.
—————, "Problema social-agrario y actitud patronal en la provincia de Córdoba (1918-20)", *Axerquía*, núm.12, 1984, p.95 n.16.
—————, "La crisis socio-económica en Montilla durante mayo-junio de 1919", *Utopía*, núm.4, 1984.
—————, "La crisis socio-económica en Montilla durante mayo-junio de 1919(y II)", *Utopía*, núm.5, 1984.
—————, "La aplicación del sufragio universal en Córdoba: las elecciones municipales de mayo de 1891", *Trocadero*, núm.5, 1993.
—————, "Los sucesos de Casas Viejas en la prensa cordobesa", *Los sucesos de Casas Viejas en la historia, la literatura y la prensa (1933-2008)*, Cádiz, 2010.
Barrio, Ángel, "Sindicato", *Diccionario político y social del siglo XX español*, Madrid, 2008.
Bedmar, Arcángel, *La campiña roja. La represión franquista en Fernán Núñez (1936-1943)*, Córdoba, 2009.
Beltrán Morales, Esteban, *Manolín. Leyenda Popular*, estudio introductorio de Manuel Ruiz Luque y José Luis Casas Sánchez, Córdoba, 2000, reimp. de la 5ª edición (1912).
Benet, Juan, *La sombra de la guerra. Escritos de la Guerra Civil española*, prólogo de Gabriel Jackson, Madrid, 1999.
Bennassar, Bartolomé, *Historia de los españoles*, 2 tomos, Barcelona, 1989.
—————, "Les Deux Espagne", *L'histoire*, núm.200, 1996.
Bernal, Antonio Miguel, *La propiedad de la tierra y las luchas agrarias andaluzas*, Barcelona, 1974.
—————, "El rebaño hambriento en la tierra feraz", *Historia de Andalucía. VII. La Andalucía Contemporánea (1868-1983)*, Barcelona, 1984.
—————, "Andalucía caciquil y revolucionaria (1868-1936)", *Historia de Andalucía*,

VII, 1984.

———, "Tuñón de Lara: reforma agraria y Andalucía", *Manuel Tuñón de Lara. El compromiso con la historia. Su obra y su vida*, Bilbao, 1993.

———, "Sobre campesinos y jornaleros: de la historiografía tradicional a recientes investigaciones", *La Historia de Andalucía a debate. I. Campesinos y jornaleros*, Barcelona, 2000.

———,"Reforma agraria, República y Nacionalismo en Andalucía", *Histoire et Mémoire de la Seconde République espagnole*, Nanterre, 2002.

——— y Parejo Barranco, Antonio, *La España liberal (1868-1923). Economía*, Madrid, 2001.

Bernal Rodríguez, Manuel, "El ⟨descubrimiento⟩ europeo de Andalucía", *Historia de Andalucía. VI. La Andalucía liberal (1778-1868)*, Barcelona, 1984.

———, "La Andalucía conocida por los españoles", *Historia de Andalucía. VII*, 1984.

Bernaldo de Quirós, Constancio, *El "espartaquismo agrario" y otros ensayos sobre la estructura económica y social de Andalucía*, Madrid, 1973.

———, *Bandolerismo y delincuencia subversiva en la Baja Andalucía*, Sevilla, 1992(1ª ed. 1915).

——— y Ardila, Luis, *El bandolerismo andaluz*, Madrid, 1988(1ª ed. 1933).

Bernecker, Walter L., *Colectividades y Revolución Social. El anarquismo en la guerra civil española, 1936-1939*, Barcelona, 1982.

———, "*Acción directa* y violencia en el anarquismo español", *Ayer*, núm.13, 1994.

Bizcarrondo, Marta, "En torno a un viejo tema: ⟨Reforma⟩ y ⟨revolución⟩ en el socialismo español de la Segunda República", *La II República española. El primer bienio*, 1987.

Blasco Ibáñez, Vicente, *La Bodega*, Sevilla, 1989(1ª ed.1905).

Borrell Merlín, María Dolores, *Lucio Martínez Gil: representación política (PSOE) y liderazgo sindical (FTT-UGT), 1883-1957*, Madrid, 2002.

Bosch, Aurora, "La colectivización en una zona no latifundista: el caso valenciano", *El sueño igualitario*, 1988.

Botti, Alfonso, "El problema religioso en Manuel Azaña", *Manuel Azaña*, 1996.

Braojos Garrido, Alfonso y Álvarez Rey, Leandro, *Manuel Giménez Fernández (1896-1968). Epistolario Político*, Sevilla, 2000.

Brademas, John, *Anarcosindicalismo y revolución en España (1930-1937)*, Barcelona, 1974.

Brenan, Gerald, *Memoria personal 1920-1975*, Madrid, 1987.

Brey, Gérard, "Crisis económica, anarquismo y sucesos de Jerez (1886-1892)", *Seis estudios sobre el proletariado andaluz (1868-1939)*, Córdoba, 1984.

———, "Luchas sociales en el campo gaditano durante la II República", *El movimiento obrero en la Historia de Cádiz*, Cádiz, 1988.

———,"Formación ideológica y experiencias revolucionarias de un burgués desclasado", *Fermín Salvochea. Un anarquista entre la leyenda y la historia*, Cádiz, 2009.

———, "Periodismo cosmopolita y militancia anarquista: *El Socialismo* de Fermín

参考文献

Salvochea (1886-1891)", *Fermín Salvochea (1842-1907): historia de un internacionalista. Una herramienta para el futuro*, vol.1, Cádiz, 2009.

———, "Casas Viejas en las Cortes: esclarecimientos de los hechos y enfrentamientos políticos", *Los sucesos de Casas Viejas*, 2010.

———, "Casas Viejas en tres diarios radicales: *El Imparcial* de Madrid, *El Progreso* de Barcelona y *La Voz Radical* de Cádiz", *Los sucesos de Casas Viejas*, 2010.

——— y Maurice, Jacques, *Historia y leyenda de Casas Viejas*, Madrid, 1976.

——— y Forgues, Roland, "Algunas rebeliones campesinas en la literatura española: Mano Negra, Jerez, Casas Viejas y Yeste", *La cuestión agraria en la España Contemporánea*, Madrid, 1976.

Buenacasa, Manuel, *El movimiento obrero español 1886-1926. Historia y crítica*, Madrid, 1977(1ª ed. 1928).

Bueno Sánchez, Olga, "La imagen de Salvochea", *Fermín Salvochea: historia*, vol.2, 2009.

Cabral Chamorro, Antonio, *Socialismo utópico y revolución burguesa: el fourierismo gaditano, 1834-1848*, Cádiz, 1990.

———, "Un estudio sobre la composición social y arraigo del anarquismo en Jerez de la Frontera, 1869-1923", *Estudios de Historia Social*, núms.42-43, 1987.

Cabrera, Mercedes, *La patronal ante la II República. Organizaciones y estrategia (1931-1936)*, Madrid, 1983.

Calero, Antonio María, *Movimientos sociales en Andalucía (1820-1936)*, Madrid, 1987.

Calero Amor, Antonio María, *Historia del movimiento obrero en Granada (1909-1923)*, Madrid, 1973.

Calvo Poyato, José y Casas Sánchez, José Luis, *Conflictividad social en Andalucía. Los sucesos de Montilla de 1873*, Córdoba, 1981.

Cañete Marfil, Rafael y Martínez Mejías, Francisco, *La Segunda República en Bujalance (1931-1936)*, Córdoba, 2010.

Carandell, José, *Distribución y estructura de la propiedad rural en la provincia de Córdoba*, Madrid, 1934.

Cardona, Gabriel, "El problema militar", *Memoria de la Segunda República. Mito y Realidad*, Madrid, 2006.

Caro Cancela, Diego, *La Segunda República en Cádiz. Elecciones y partidos políticos*, Cádiz, 1987.

———, "Una memoria sobre la huelga agrícola de 1917 en Jerez de la Frontera", *Gades*, núm.14, 1986.

———, "El socialismo andaluz durante la Segunda República", *Fernando de los Ríos y el socialismo andaluz*, Málaga, 2001.

———, "La primavera de 1936 en Andalucía: conflictividad social y violencia política", *Andalucía y la Guerra Civil. Estudios y perspectivas*, Sevilla, 2006.

———, "Sebastián Oliva, un anarquista de Andalucía", *Recherches en littérature et civilisation européennes et hispano-américaines*, Besançon, 2009.

———, "La aplicación de la Ley de Responsabilidades Políticas en Jerez de la Frontera. Una primera aproximación", *Memoria histórica y represión franquista en la*

713

provincia de Cádiz, Cádiz, 2011.
Carr, Raymond, *The Spanish Tragedy. The Civil War in Perspective*, London, 1977.
——————, "Liberalism and Reaction", *Spain. A History*, Oxford, 2000.
Carrión, Pascual, *Estudios sobre la agricultura española (1919-1971)*, estudio preliminar de José Luis García Delgado, Madrid, 1974.
——————, *Los latifundios en España. Su importancia. Origen. Consecuencias y solución*, prólogo a la primera edición de Fernando de los Ríos, Barcelona, 1975(1ª ed. 1932).
Casanova, Julián, *De la calle al frente. El anarcosindicalismo en España(1931-1939)*, Barcelona, 1997.
——————, "Rebelión y revolución", *Víctimas de la guerra civil*, Madrid, 1999.
Casas Sánchez, José Luis, "La obra de Juan Díaz del Moral: un modelo de historia social", *Juan Díaz del Moral. Vida y Obra*, Córdoba, 1995.
——————, "Niceto Alcará Zamora. Los por qué de la elección de un presidente", *La Segunda República. Historia y memoria de una experiencia democrática*, Málaga, 2004.
Castillo, Juan José, *Propietarios muy pobres. Sobre la subordinación política del pequeño campesino. La Confederación Nacional Católica Agraria, 1917-1942*, Madrid, 1979.
Castro, Cristóbal de, *Al servicio de los campesinos. Hombres sin tierra. Tierra sin hombres. La nueva política agraria (Ensayos sobre la reforma agraria en Europa y su aplicación en España)*, Madrid, 1931.
Castro Alfín, Demetrio, *Hambre en Andalucía. Antecedentes y circunstancias de la Mano Negra*, Córdoba, 1986.
——————, "Anarquismo y jornaleros de la Andalucía del siglo XIX", *Anarquismo y movimiento jornalero en Andalucía*, introducción de Eduardo Sevilla Guzmán y Karl Heisel, Córdoba, 1988.
——————, "Protesta popular y orden público: los motines de consumos", *España entre dos siglos. Cambio y continuidad*, Madrid, 1991.
——————, "Unidos en la adversidad, unidos en la discordia: El Partido Demócrata, 1849-1868", *El republicanismo en España (1830-1977)*, Madrid, 1994.
CNT, *El Congreso Confederal de Zaragoza*, Madrid, 1978.
Cobo Romero, Francisco, *Labradores, campesinos y jornaleros. Protesta social y diferenciación interna del campesinado jiennense en los orígenes de la Guerra Civil(1931-1936)*, Córdoba, 1992.
——————, *La Guerra Civil y la Represión Franquista en la Provincia de Jaén (1936-1950)*, Jaén, 1993.
——————, *Revolución campesina y contrarrevolución franquista en Andalucía. Conflictividad social, violencia política y represión franquista en el mundo rural andaluz, 1931-1950*, Granada, 2004.
Comín, Alfonso. C, *Noticia de Andalucía*, Sevilla, 1985(1ª ed. 1969).
Conde de Torres Cabrera, El, *Información acerca de los obreros agrícolas en las provin-*

cias de Andalucía y Extremadura, Córdoba, 1902.

———, Proyecto de bases para construir una Asociación Agraria Nacional de seguros mutuos á prima fija máxima, Madrid, 1908.

Cordón, Salvador, Andalucía, Tortosa, 1919.

———, De mi bohemia revolucionaria, Madrid, 1921.

Cordón Avellán, Salvador, Frente a la masa, Algeciras, s.f[1920].

Correa L., Marcos J., "La Revolución Rusa en la prensa gaditana", El movimiento obrero en la historia de Cádiz, 1988.

Correa López, Marcos José, "La 'insurrección' de 1903 en Alcalá del Valle", Papeles de Historia, núm. 3, 1994.

Costa, Joaquín, Colectivismo Agrario en España(1ª ed. 1898), introducción y edición de Carlos Serrano, Zaragoza, 2 tomos, 1983.

———, Oligarquía y caciquismo. Colectivismo agrario y otros escritos, Madrid, 1984.

Costedoat-Lamarque, Jean, La question agraire en Andalousie, Paris, 1923.

Cruz, Rafael, "Del partido recién llegado al partido de todos. El PCE, 1920-1939", Papeles de la FIM. Revista de Investigación Marxista, núm. 22, 2004.

Cucó Giner, A, "Contribución a un estudio cuantitativo de la CNT", Saitabi, núm. XX, 1970.

Cuenca Toribio, José Manuel, Pueblos y gentes de Córdoba, Córdoba, 1989.

———, Historia de Córdoba, Córdoba, 1993.

Culla y Clarà, Joan B., "Ni tan jóvenes, ni tan bárbaros. Las juventudes en el republicanismo lerrouxista barcelonés", Ayer, núm.59, 2005.

Devesa Molina, Fernando, "La ideología de Fermín Salvochea y Álvarez y sus enfrentamientos con la iglesia católica gaditana durante su breve alcaldía de 1873", Fermín Salvochea: historia, vol.1, 2009.

Díaz del Moral, Juan, Las reformas agrarias europeas de la posguerra 1918-1929, prólogo de Carmelo Díaz González, Madrid, 1967.

———, Historia de las agitaciones campesinas andaluzas-Córdoba (Antecedentes para una reforma agraria), Madrid, 1983(1ª ed. 1929).

Dirección General del Instituto Geográfico, Catastral y de Estadística, Censo de la población de España, t.I, Madrid, 1932.

Domínguez Bascón, Pedro, La modernización de la agricultura en la provincia de Córdoba (1880-1935), Córdoba, 1993.

Dos Passos, John, "Rocinante vuelve al camino"(1ª ed. 1943), La España del siglo XX vista por extranjeros, Madrid, 1972.

Dos textos fundamentales para la historia social de Córdoba en el siglo XX. La Comisión y el Instituto de Reformas Sociales: Los Informes de 1902 y 1919, estudio prelimimar de Antonio Barragán Moriana, Córdoba, 1999.

Duende de la Giralda, El, El caso Vallina y la CNT, Madrid, s.f[1932].

Ehrenburg, Iliá, España, República de Trabajadores, Barcelona, 1976(1ª ed. esp. 1932).

Elorza, Antonio, "Notas sobre cultura y revolución en el anarcosindicalismo español 1934-1936", La II República española. Bienio rectificador, 1988.

———, "La cultura de la revuelta en el siglo XIX", *Peuple, mouvement ouvrier, culture dans l'Espagne contemporaine. Cultures populaires, cultures ouvrières en Espagne de 1840 à 1936*, Saint-Denis, 1990.

Encuentro, Un. Federica Montseny en Andalucía. Verano de 1932, Sevilla, 1994.

España 1933. La barbarie gubernamental, Barcelona, s.f[1933].

Espejo, Zoilo, profesor de la escuela general de agricultura, *El proteccionismo y la importación de cereales. Conferencia agrícola del domingo 15 de junio de 1879*, Madrid, 1879.

Espinosa, Francisco, *La columna de la muerte. El avance del ejército franquista de Sevilla a Badajoz*, Barcelona, 2003.

———, *Contra el olvido. Historia y memoria de la guerra civil*, prólogo de Alberto Reig Tapia, Barcelona, 2006.

Espinosa Maestre, Francisco, *La primavera del Frente Popular. Los campesinos de Badajoz y el origen de la guerra civil (marzo-julio de 1936)*, Barcelona, 2007.

Esteban, José, *Mateo Morral. El anarquista. Causa por un regicidio*, Madrid, 2001.

FAI, *Memoria del Pleno Peninsular de Regionales, celebrado los días 21,22 y 23 de febrero*, s.l[Barcelona]., s.f[1937].

FAI, *Memoria del pleno peninsular de regionales. Celebrado en Valencia los días 4,5,6 y 7 de julio 1937*, Valencia, 1937.

Federación Regional Campesina de Andalucía, *Orientaciones a Sindicatos y Colectividades de Campesinos*, prólogo de B. Montilla, Úbeda(Jaén), 10 de agosto de 1938.

Fernández Álvarez, Antón, *Ricardo Mella o el anarquismo humanista*, Barcelona, 1990.

Fernández Luceño, María Victoria, *José Díaz Ramos. Aproximación a un luchador obrero*, Sevilla, 1992.

Fernández de Mendiola, Francisco, *Isaac Puente. El médico anarquista*, Nafarroa, 2007.

Ferrer Benimeli, José Antonio, *La masonería*, Madrid, 2005.

———, "¿Qué es la masonería?", *Papeles de Historia*, núm.3, 1994.

———, "La conspiración judeomasónica", *Memoria de la Segunda República*, 2006.

Ferrer Sola, Jesús, "Manuel Azaña et le kurausisme espagnol", *Azaña et son temps*, 1993.

Florencio Puntas, Antonio, *Empresariado agrícola y cambio económico, 1880-1936 (Organización y estrategia de la patronal sevillana en los inicios de la modernización)*, Sevilla, 1994.

FNTT, *Memoria que presenta el Comité nacional de este organismo al examen y discusión del Congreso ordinario que ha de celebrarse en Madrid durante los días 17 y siguientes del mes de septiembre de 1932*, nota introductoria de Salvador Cruz Artacho, Francisco Cobo Romero y Manuel González de Molina, Edición Facsímil, Jaén, 2000.

Fontecha Pedraza, Antonio, "Anarcosindicalismo y violencia : la «gimnasia revolucionaria» para el pueblo", *Historia Contemporánea*, núm.11, 1994.

Forment, Albert, *José Martínez: la epopeya de Ruedo ibérico*, Barcelona, 2000.

Freán Hernández, Óscar "¿Cómo hacer la revolución? Los anarquistas y la crítica de la violencia insurreccional", *Cahiers de civilisation espagnole contemporaine. De 1808 au temps présent*, 2-2015, consulté le 14 avril 2015. URL:http://ccec.revues.org/5399; DOI:10.4000/ccec.5399

Gabriel, Pere, "Propagandistas confederales entre el sindicato y el anarquismo. La construcción barcelonesa de la CNT en Cataluña, Aragón, País Valenciano y Baleares", *Ayer*, núm.45, 2002.

Gallego, Ignacio, *El problema campesino en Andalucía*, Valencia, s.f[1937].

Gallegos Rocafull, J., *Sindicación obrera*, Madrid, 1935.

García de Cortázar, Fernando y González Vesga, José Manuel, *Breve historia de España*, Madrid, 1994.

García García, Cristóbal, "Sistema electral y sistema de partidos en la Segunda República", *La Segunda República. Historia y memoria de una experiencia democrática*, 2004.

García Oliver, Juan, *El eco de los pasos. El anarcosindicalismo en la calle, en el Comité de Milicias, en el gobierno, en el exilio*, Barcelona, 1978.

García Parody, Manuel A., *Los orígenes del socialismo en Córdoba 1893-1931*, Córdoba, 2002.

García Parody, Manuel Ángel, "Francisco Azorín Izquierdo", *Cuatro cordobeses para la historia*, Córdoba, 2014.

Garrido González, Luis, *Colectividades agrarias en Andalucía: Jaén (1931-1939)*, Madrid, 1979.

———, *Historia de la minería andaluza*, Málaga, 2001.

———, "Campesinado y colectividades en Andalucía en la Guerra Civil 1936-1939", *El sueño igualitario*, 1988.

Gay Heredia, Alberto, "Salvador Cordón Avellán. Militante y escritor libertario", *El Paseo*, núm.1, 1997.

———, "Sociedad Obrera Luz del Porvenir de Castro del Río (1903-1905)1ª parte", *De castro ero y bailar no sepo*, http://decastroero.blogspot.jp/2010/90/sociedad-obrera-luz-del-porvenir-de.html, consultado el 17-II-2015.

Gibson, Ian, *Queipo de Llano. Sevilla, verano de 1936. Con las charlas radiofónicas completas*, Barcelona, 1986.

———, *España*, Barcelona, 1993.

———, *Ligero de equipaje. La vida de Antonio Machado*, Madrid, 2006.

Gil Bracero, Rafael, *Revolucionarios sin revolución. Marxistas y anarcosindicalistas en guerra: Granada-Baza, 1936-1939*, Granada, 1998.

Gil Pecharromán, Julio, *Niceto Alcalá Zamora. Un liberal en la encrucijada*, Madrid, 2005.

Gil Varón, Luis, "Luchas obreras en Río Tinto (1888-1920)", *Seis estudios*, 1984.

Giner de los Ríos, Francisco, *Por una senda clara (Antología)*, Sevilla, 2011.

Gómez Casas, Juan, *Historia de la FAI (Aproximación a la historia de la organización específica del anarquismo y sus antecedentes de la Alianza de la Democracia So-*

cialista), Madrid, 1977.

Gómez Ochoa, Fidel, "El conservadurismo canovista y los orígenes de la Restauración: la formación de un conservadurismo moderno", *La Restauración, entre el liberalismo y la democracia*, Madrid, 1997.

Gómez Oliver, Miguel, "Jornaleros andaluces, ¿una clase en extinción? Un análisis de la conflictividad campesina en los años 80", *Ecología, campesinado e historia*, Madrid, 1993.

——, "El movimiento obrero andaluz en la transición", *La utopía racional. Estudios sobre el movimiento obrero andaluz*, introducción de Manuel González de Molina y Diego Caro Cancela, Granada, 2001.

—— y González de Molina, Manuel, "Fernando de los Ríos y la cuestión agraria", *Fernando de los Ríos*, 2001.

González, Ángeles, *Lucha obrera en Sevilla. Conflictividad social 1900-1917*, Barcelona, 1988.

González, Natividad Rodrigo, *Las colectividades agrarias en Castilla-La Mancha*, Toledo, 1985.

González Calleja, Eduardo, "La necro-lógica de la violencia sociopolítica en la primavera de 1936", *Mélanges de la Casa de Velázquez*, vol.41-1, 2011.

González Cuevas, Pedro Carlos, *El pensamiento político de la derecha española en el siglo XX. De la crisis de la Restauración al Estado de partidos (1898-2000)*, Madrid, 2005.

González Fernández, Ángeles, "La construcción de un mito. El Trienio Bolchevique en Andalucía", *La utopía racional*, 2001.

——, "Víctimas y heroínas: la mujer en la Guerra Civil", *Andalucía y la Guerra Civil*, 2006.

Goubert, Pierre, *Historia de Francia*, Barcelona, 1987.

Grand Robert de la Langue Française, Le, IV, Paris, 2001.

Guereña, Jean Louis, "Fermín Salvochea, del federalismo al anarquismo", *Fermín Salvochea. Un anarquista*, 2009.

Guerrero, Andrés de Blas, "Azaña y la cuestión nacional-regional", *Manuel Azaña*, 1996.

Guilloto y González, Fernando, *Cinco años de la historia de Cádiz 1936-1940*, Cádiz, 1988.

Guirao Homedes, J., *A través de los campos andaluces*, Madrid, 1933.

Gutiérrez López, Antonio, "El anarquismo en Córdoba: luchas obreras, antecedentes y formación de la Confederación Nacional del Trabajo (1900-1931)", *Ámbitos*, núm. 24, 2010.

Gutiérrez Molina, José Luis, *La Idea revolucionaria. El anarquismo organizado en Andalucía y Cádiz durante los años treinta*, Madrid, 1993.

——, *Crisis burguesa y unidad obrera. El sindicalismo en Cádiz durante la Segunda República*, Madrid, 1994.

——, *Se nace hombre libre. La obra literaria de Vicente Ballester*, Cádiz, 1997.

——, *Valeriano Orobón Fernández. Anarcosindicalismo y revolución en Europa*,

2002, Valladolid.

―――, *La tiza, la tinta y la palabra. José Sánchez Rosa, maestro y anarquista andaluz (1864-1936)*, Granada, 2005.

―――, *Casas Viejas. Del crimen a la esperanza. María Silva《Libertaria》y Miguel Pérez Cordón. Dos vidas unidas por un ideal (1933-1939)*, Córdoba, 2008.

―――, "Reforma y revolución agraria en el campo andaluz: Córdoba 1930-1939", *Seis estudios*, 1984.

―――, "Viejo y nuevo caciquismo durante los años treinta en Cádiz", *Trocadero*, núm.5, 1993.

――――, "Las mujeres en el mundo ácrata español: maestras, sindicalistas y resistentes", *Sur le chemin de la citoyenneté. Femmes et cultures politiques. Espagne XIXe-XXe siècles*, Nanterre, 2008.

―――, "La cuestión social como problema de orden público: Fermín Salvochea del republicanismo al anarquismo", *Fermín Salvochea: historia*, vol.1, 2009.

―――, "Los asesinatos de Casas Viejas y el poder", *Recherches en littérature*, 2009.

―――, "Cinco días de enero de 1933", *Los sucesos de Casas Viejas*, 2010.

Heran, François, *Tierra y parentesco en el campo sevillano: la revolución agrícola del siglo XIX*, Madrid, 1980.

Hermet, Guy, *La guerre d'Espagne*, Paris, 1989.

Hiraldo, José, *Andalucía libertaria y mártir*, Paris, s.f[ca.1960].

Ignacio Palacio, Juan, "Crisis política y crisis institucional: la experiencia del Instituto de Reformas Sociales en el periodo 1914-1924", *La crisis de la Restauración. España, entre la primera guerra mundial y la II República*, Madrid, 1986.

Infante, Blas, *Ideal Andaluz. Varios estudios acerca del Renacimiento de Andalucía*, Sevilla, 1982(1ª ed.1915).

―――, *Antología de textos*, Sevilla, 1983.

Íñiguez, Miguel, *Esbozo de una Enciclopedia histórica del anarquismo español*, Madrid, 2001.

IRS, *Resumen de la información acerca de los obreros agrícolas en las provincias de Andalucía y Extremadura*, Madrid, 1904.

Izquierdo, Manuel, *La Tercera Internacional en España1914-1923*, Madrid, 1995.

Jackson, Gabriel, *Historia de un historiador*, Madrid, 1993.

Jaén, Antonio, *Galicia mártir. Estampas de Castelao*, s.l[Valencia]., s.f[1937].

Jaén Morente, Antonio, *Historia de la Ciudad de Córdoba*, Córdoba, 1976 (1ª ed. 1921).

Juliá, Santos, *Manuel Azaña, una biografía política. Del Ateneo al Palacio Nacional*, Madrid, 1990.

―――, *Un siglo de España. Política y sociedad*, Madrid, 1999.

―――, *Vida y tiempo de Manuel Azaña (1880-1940)*, Madrid, 2008.

―――, "Luchas obreras y políticas de Frente Popular en Madrid, 1931-1936", *Estudios de Historia Social*, núms.16-17, 1981.

―――, "Objetivos políticos de la legislación laboral", *La II República española. El primer bienio*, 1987.

―――, "Partido contra sindicato: una interpretación de la crisis de mayo de 1937", *Socialismo y Guerra Civil*, Madrid, 1987.

―――, "Poder y revolución en la cultura política del militante obrero español", *Peuple, mouvement ouvrier, culture*, 1990.

―――, "La experiencia del poder: la izquierda republicana", *El republicanismo en España*, 1994.

―――, "Protesta, liga y partido: tres maneras de ser intelectual", *Ayer*, núm. 28, 1998.

Kaplan, Temma, *Anarchists of Andalusia 1868-1903*, Princeton, 1977.

Lacomba Avellán, Juan Antonio, *Blas Infante y el despliegue del Andalucismo*, Málaga, 2000.

Lambert, Renée, *Mouvements ouvriers et socialistes(chronologie et bibliographie). L'Espagne (1750-1936)*, Paris, 1953.

―――, "Organización de los trabajadores españoles del campo en la Primera Internacional", *Seis estudios*, 1984.

Lara de Isla, Ángel, *La revolución campesina(Hambres y miserias del proletariado rural)*, Madrid, 1931.

León Lillo, Antonio, *Palma del Río 1936-1952*, Córdoba, 1990.

Lida, Clara E., *Antecedentes y desarrollo del movimiento obrero español (1835-1888), textos y documentos*, Madrid, 1973.

―――, "Agrarian Anarchism in Andalusia. Documents on the Mano Negra", *International Review of Social History*, núm. 3, 1969.

―――, "Los discursos de la clandestinidad en el anarquismo del XIX", *Historia Social*, núm.17, 1993.

―――, "Sobrevivir en secreto. Las conferencias comarcales y la reorganización anarquista clandestina (1874-1881)", *Cahiers de civilisation espagnole contemporaine*. 2-2015, consulté le 18 mars 2015. URL:hittp://ccec.revues.org/5467; DOI:10.4000/ccec.5467

Litvak, Liliy, *Musa libertaria. Arte, literatura y vida cultural del anarquismo español (1880-1913)*, Madrid, 2001.

Llorens, Ignacio de, "Los hombres que hicieron la CNT. Presentación y contexto de Joan Peiró", *Anthropos*, núm.114, 1990.

López Calvo, Manuel, *Priego, caciquismo y resignación popular (1868-1923). Aproximación a la historia de un pueblo andaluz durante la Restauración*, Córdoba, 1988.

López Estudillo, Antonio, *Republicanismo y Anarquismo en Andalucía. Conflictividad Social Agraria y Crisis Finisecular (1868-1900)*, Córdoba, 2001.

―――, "Crisis finisecular, transformaciones agrarias y atraso económico. Andalucía 1870-1930", *La historia de Andalucía a debate, II. El campo andaluz. Una revisión historiográfica*, Barcelona, 2002.

López García, Antonio M., *Ángel Ossorio y Gallardo. Sus proyectos políticos*, prólogo de Pedro Carlos González Cuevas, Madrid, 2010.

López López, Alejandro, *El boicot de la derecha a las reformas de la Segunda República. La minoría agraria, el rechazo constitucional y la cuestión de la tierra*, Ma-

drid, 1984.
López Martínez, Mario, "La Segunda República", *Historia de Andalucía Contemporánea*, 1998.
López Ontiveros, Antonio, *Emigración, propiedad y paisaje agrario en la Campiña de Córdoba*, Barcelona, 1973.
─────── y Mata Olmo, Rafael, *Propiedad de la tierra y reforma agraria en Córdoba (1932-1936)*, Córdoba, 1993.
López Villatoro, Francisco, *La villa de Castro del Río (1833-1923)*, Córdoba, 1998.
───────, *Cambios políticos y sociales en Castro del Río (1923-1979)*, Córdoba, 1999.
───────, *Los inicios del Franquismo en Córdoba. FET de las JONS*, Córdoba, 2000.
Lorin, Henri, "Les conditions du travail rural en Andalousie", *Le Museé Social. Mémoires & documents*, Paris, 1905.
Luengo García, Juan, "Cristóbal de Castro, novelista andaluz", *Axerquía*, núm.9, 1983.
Macarro, José Manuel, *Sevilla la roja*, Brenes, 1989.
Macarro Vera, José Manuel, *La utopía revolucionaria. Sevilla en la Segunda República*, Sevilla, 1985.
Madrid, Francisco, *Solidaridad Obrera y el periodismo de raíz ácrata*, Barcelona, 2007.
Maitron, Jean, *Le mouvement anarchiste en France*, 2 vols., Paris, 1992.
Malefakis, Edward, *Reforma agraria y revolución campesina en la España del siglo XX*, Barcelona, 1982.
Marchena Domínguez, José, "La génesis del mito: Fermín Salvochea y la *Revista Gaditana* (1867-1868)", *Fermín Salvochea: historia*, vol.1, 2009.
Marco, José María, "Azaña, Cataluña, España (la república y la nación)", *Azaña*, 1990.
Marichal, Juan, "Azaña et la France", *Azaña et son temps*, 1993.
Marín Vico, María José, "Córdoba durante la dictadura de Primo de Rivera", *Francisco Azorín Izquierdo. Arquitectura, urbanismo y política en Córdoba (1914-1936)*, Córdoba, 2005.
Martí Gilabert, Francisco, *La Primera República Española 1873-1874*, Madrid, 2007.
Martín Mora, Jesús, *Anarcosindicalismo en Málaga (1930-1931)*, Málaga, 2004.
Martín Nájera, Aurelio, "Ugetistas y socialistas en el parlamento de la II República: Andalucía en las elecciones y en la representación parlamentaria del socialismo español", *La utopía racional*, 2001.
Martínez Alier, Juan, *La estabilidad del latifundismo. Análisis de la interdependencia entre relaciones de producción y conciencia social en la agricultura latifundista en la Campiña de Córdoba*, Paris, 1968.
───────, "Crítica de la interpretación del anarquismo como *Rebeldía primitiva* "(1ª ed. 1975), *Anarquismo y movimiento jornalero*, 1988, p.173.
Martorell Linares, Miguel, *José Sánchez Guerra. Un hombre de honor (1859-1935)*, Madrid, 2011.
Marvaud, Angel, *La cuestión social en España*, Madrid, 1975(1ª ed. fr. 1910).
Mata Olmo, Rafael, *Pequeña y gran propiedad agraria en la depresión del Guadalquivir: aportación al estudio de la génesis y desarrollo de una estructura de propiedad*

agraria desigual, 2 tomos, Madrid, 1987.
Mateo Avilés, Elías de, *Cánovas del Castillo*, Málaga, 2000.
Maurice, Jacques, *L'anarchisme espagnol*, Paris, 1973.
———, *La reforma agraria en España en el siglo XX (1900-1936)*, Madrid, 1978.
———, *El anarquismo andaluz. Campesinos y sindicalistas, 1868-1936*, prólogo de Antonio Miguel Bernal, Barcelona, 1990.
———, *El anarquismo andaluz, una vez más*, Granada, 2007.
———, "Campesinos de Jerez, 1902-1933", *Estudios de Historia Social*, núms.22-23, 1979.
———, "El costismo de Blas Infante", *El legado de Costa.Huesca, septiembre de 1983*, Zaragoza, 1984.
———, "A propósito del trienio bolchevique", *La crisis de la Restauración*, 1986.
———, "Une miraculée: la Fédération Nationale de Paysans anarcho-syndicalistes", *Autour de la Guerra d'Espagne*, Paris, 1989.
———, "Azorín y *la Andalucía trágica*: ¿Una nueva escritura de lo social?", *España Contemporánea*, núm.1, 2000.
———, "Reavivir las memorias, fortalecer la historia", *Histoire et Mémoire*, 2002.
———, "Reforma agraria y revolución social", *Memoria de la Segunda República*, 2006.
———, "El Apóstol del anarquismo andaluz", *Fermín Salvochea. Un anarquista*, 2009.
———, "De Medina Sidonia a Casas Viejas: anarquistas del campo", *Los sucesos de Casas Viejas*, 2010.
———, "Juan Díaz del Moral(1870-1848): historia social y reforma agraria", *Historia Agraria*, núm.50, 2010.
———, "Apóstoles, publicistas, hombres de acción y sindicalistas en la historia del anarquismo español", *Cahiers de civilisation espagnole contemporaine*, 1-2012, consulté le 11 janvier 2015. URL: https://ccec.revues.org/3914; DOI:10.4000/ccec3914
———, "Compt rendu de *Les primitifs de la révolte dans l'Europe moderne* d'Eric J. Hobsbawm"(1ª ed. 1967), *Cahiers de civilisation espagnole contemporaine*, 2-2015, consulté le 23 mars 2015. URL: https://ccec.revues.org/3914; DOI:10.4000/ccec3914
——— y Serrano, Carlos, *J. Costa: Crisis de la Restauración y populismo (1875-1911)*, Madrid, 1977.
——— et Serrano, Carlos, *L'Espagne au XXᵉ siècle*, Paris, 1992.
Maurín, Joaquín, *Revolución y contrarrevolución en España*, Paris, 1966 (1ªed.1935).
Meaker, Gerald H., *The Revolutionary Left in Spain 1914-1923*, Stanford, 1974.
———, "Anarquistas contra sindicalistas: conflictos en el seno de la Confederación Nacional del Trabajo, 1917-1923", *Política y sociedad en la España del siglo XX*, Madrid, 1978.
Memoria del primer congreso comarcal celebrado por la Federación de Trabajadores Agrícolas de la Comarca de Cádiz, en los días 17 y 18 de enero, en Jerez de la Frontera, Jerez, 1932.

Memorias del Congreso de Constitución de la Federación Regional de Campesinos de Andalucía Celebrada[sic] en Baza (Granada) en los días 15 y 16 de julio de 1937, s.l[Baza]., s.f[1937].
Merino Cañasveras, Francisco, *Castro del Río, del Rojo al Negro*, Terrasa, 1979.
Miguélez, José M.,"Causas de la situación actual y futuro del Movimiento Jornalero Andaluz", *Anarquismo y movimiento jornalero*, 1988.
Mintz, Frank, *Autogestión y anarcosindicalismo en la España revolucionaria*, Buenos Aires, 2009.
Mintz, Jerome R., *The Anarchists of Casas Viejas*, Bloomington & Indianapolis, 1994.
Moa, Pío, *Los mitos de la Guerra Civil*, Madrid, 2006.
Molero Pintado, Antonio, *La Institución Libre de Enseñanza. Un proyecto de reforma pedagógica*, Madrid, 2000.
Montañés, Enrique, *Transformación agrícola y conflictividad campesina en Jerez de la Frontera (1880-1923)*, Cádiz, 1997.
Montseny, Federica, *María Silva La libertaria*, Toulouse, 1951.
―――, "Apuntes biográficos de Federico Urales", *Anthropos*, núm.78, 1987.
Moradiellos, Enrique, *1936. Los mitos de la Guerra Civil*, Barcelona, 2004.
Morales Muñoz, Manuel, *Málaga, la memoria perdida: los primeros militantes obreros*, Málaga, 1989.
―――, *Cultura e ideología en el anarquismo español (1870-1919)*, Málaga, 2002.
―――, "Los primeros núcleos socialistas en Andalucía", *Fernando de los Ríos*, 2001.
―――, "La Segunda República: ¿un《lugar》sin memoria?", *Histoire et Mémoire*, 2002.
―――, "La oposición al franquismo en el campo andaluz", *Recherches en littérature*, 2009.
―――, "La voz de la tierra. Los movimientos campesinos en Andalucía (1868-1931)", *Cahiers de civilisation espagnole contemporaine*, 2-2015, consulté le 17 mars 2015. URL: http://ccec.revues.org/5455; DOI:10.4000/ccec.5455
Morales Ruiz, Rafael y Bernal, Antonio Miguel "Del marco de Jerez al congreso de Sevilla", *Historia de Comisiones Obreras (1958-1988)*, Madrid, 1993.
Moreno Gómez, Francisco, *La República y la Guerra Civil en Córdoba(I)*, Córdoba, 1982.
―――, *La Guerra Civil en Córdoba (1936-1939)*, Madrid, 1986.
―――, *Córdoba en la Posguerra (La represión y la guerrilla, 1939-1950)*, Córdoba, 1987.
―――, *La última utopía. Apuntes para la historia del PCE andaluz, 1920-1936*, Sevilla, 1995.
―――, *1936: el genocidio franquista en Córdoba*, Barcelona, 2009.
―――, "Movimiento obrero, caciquismo y represión en Córdoba durante 1919", *Axerquía*, núm.3, 1981.
―――, "La represión en la España campesina", *El primer franquismo. España durante la segunda guerra mundial*, Madrid, 1989.

—————, "La represión en la posguerra", *Víctimas de la guerra civil*, 1999.

—————, "La II República: una democracia más formal que real (pervivencia de viejos hábitos caciquiles)", *Francisco Azorín Izquierdo*, 2005.

—————, y Ortiz Villalba, Juan, *La masonería en Córdoba*, Córdoba,1985.

Moreno Navarro, Isidro, "La nueva busqueda de la identidad (1910-1936)", *Historia de Andalucía, VII*, 1983.

Movimiento libertario español, El. Pasado, presente y futuro. Suplemento de Cuadernos de Ruedo Ibérico, Paris, 1974.

Muñiz Jaén, Ignacio, *Las luchas libertarias del campesiando. Resistencia antifascista y represión en Bujalance durante la Posguerra*, prólogo de Francisco Espinosa Maestre, Bujalance, 2010.

Muñoz Dueñas, María Dolores, "Poder y prestigio de la labranza. A modo de introducción", *Ayer*, núm.48, 2002.

Navajas Bravo, José, *Historia de la noble y real villa de Castro del Río*, Córdoba, 1909.

Nettlau, Max, *Miguel Bakunin,la Internacional y la Alianza en España (1868-1873)*, Madrid, 1977(1ª ed. 1924).

Núñez Florencio, Rafael, *El terrorismo anarquista(1888-1909)*, Madrid, 1983.

Ortiz Villalba, Juan, *Sevilla 1936: del golpe militar a la guerra civil*, Córdoba, 1997.

—————, "Las bases sociales del 18 de julio en Córdoba", *Axerquía*, núm.3, 1981.

—————, "El período del Frente Popular en Fernán Núñez(febrero-julio de 1936)", *II encuentros de historia local. La Campiña*, II, Córdoba, 1991.

—————, "Un episodio anticaciquil en la memoria de Rafael Castejón", *Francisco Azorín Izquierdo*, 2005.

—————, "Tribuno del pueblo", inédito.

Ossorio y Gallardo, Ángel, *Mis Memorias*, Madrid, 1975.

Palacio Atard, Vicente, "Cánovas historiador", *Cánovas y la Restauración*, Madrid, 1997.

Palacios Bañuelos, Luis, *Círculos de obreros y sindicatos agrarios en Córdoba (1877-1923)*, Córdoba, 1980.

—————, *Historia de Córdoba. 4. La etapa contemporánea (1808-1936)*, Córdoba, 1990.

—————, "Apuntes para una historia contemporánea de Montoro: el asociacionismo campesino", *Montoro. Historia y arte*, Montoro, 1992.

Palenzuela Chamorro, Pablo, "Jornaleros andaluces en el primer franquismo: represión, hambre y disciplinamiento en el trabajo", *Andalucía y la Guerra Civil*, 2006.

Pan Montojo, Juan, *La bodega del mundo. La vid y el vino en España (1800-1936)*, Madrid, 1994.

Paniagua, Xavier, *La sociedad libertaria. Agrarismo e industrialización en el anarquismo español 1930-1939*, Barcelona, 1982.

Parafox Gámir, Jordi, "Atraso agrario y modernización económica (1874-1931)", *España entre dos siglos*, 1991.

Pascual Cevallos, Fernando, *Luchas agrarias en Sevilla durante la Segunda República*, Sevilla, 1983.

Paz, Abel, *La guerra de España: paradigma de una revolución. Las 30 horas de*

Barcelona (julio del 36), Barcelona, 2005.
Pazos y García, Diego, *Política Social Agraria de España (problemas, situación y reformas)*, Madrid, 1920.
Peirats, José, *La CNT en la revolución española*, 3 tomos, Paris, 1971.
Peiró, Juan, *Trayectoria de la CNT. Sindicalismo y anarquismo*, presentación de José Peiró y prólogo de Felipe Alaiz, Madrid, 1979.
Peña Guerrero, María Antonia y Sierra, María, "Andalucía", *El poder de la influencia. Geografía del caciquismo en España (1875-1923)*, Madrid, 2001.
Pérez, Josep, "Tuñón de Lara y el hispanismo francés", *Bulletin d'Histoire Contemporaine de l'Espagne*, núm.26, 1997.
Pérez del Álamo, Rafael, *Apuntes sobre dos revoluciones andaluzas*, introducción de Antonio María Calero, Granada, 1982(1ª ed 1872).
Pérez Galdós, Benito, *Cánovas*, Madrid, 1996(1ª ed. 1912).
Pérez Ledesma, Manuel, *Estabilidad y conflicto social. España, de los iberos al 14-D*, Madrid, 1990.
Pérez Yruela, Manuel, *La conflictividad campesina en la provincia de Córdoba (1931-1936)*, Madrid, 1979.
Pestaña, Ángel, *Trayectoria Sindicalista*, prólogo de Antonio Elorza, Madrid, 1974.
Pi y Margall, Francisco, *El reinado de Amadeo de Saboya y la república de 1873*, prólogo y notas de Antoni Jutglar, Madrid, 1970(1ª ed. 1874).
Ponce Alberca, Julio, *Del poder y sus sombras. José Cruz Conde (1878-1939)*, Cabra, 2001.
——, *Andalucismo, república y socialismo. Hermenegildo Casas Jiménez (1892-1967)*, Sevilla, 2002.
Ponsot, Pierre, *Études sur le dix-neuvième siècle espagnol*, Córdoba, 1981.
Preston, Paul, *Las tres Españas del 36*, Barcelona, 2011.
——, "El traidor: Franco y la Segunda República, de general mimado a golpista", *Memoria de la Segunda República*, 2006.
Pueblo, Juan del, *Los sucesos revolucionarios de Bujalance*, Madrid, s.f[1934].
Puelles, Fernando de, *Fermín Salvochea. República y anarquismo*, Sevilla, 1984.
Puelles Benítez, Manuel de, "Secularización y enseñanza en España (1874-1914)", *España entre dos siglos*, 1991.
Puente, Isaac, *El comunismo libertario. Sus posibilidades de realización en España*, s.l [Valencia]., s.f[1932].
Quirosa Cheyrouze y Muñoz, Rafael, *Política y Guerra Civil en Almería*, Almería, 1986.
Raguer, Hilari, "《España ha dejado de ser católica》: la política religiosa de Azaña", *Historia Contemporánea*, núm.6, 1991.
——, "La 《cuestión religiosa》 en la Segunda República", *Memoria de la Segunda República*, 2006.
Ramírez Pino, Julián, *Montilla1920-1950 (1ª parte)*, Montilla, 1991.
Ramos Espejo, Antonio, *Después de Casas Viejas*, Barcelona, 1984.
Ramos Santana, Alberto, "La ciudad de Cádiz en la vida de Salvochea", *Fermín Salvo-*

chea: historia, vol.1, 2009.
Reig, Ramiro, "Entre la realidad y la ilusión: el fenómeno blasquista en Valencia, 1898-1936", *El republicanismo en España*, 1994.
Reig Tapia, Alberto, "El coste humano de la guerra civil", *El País*, 14-VII-1996.
Revuelta González, Manuel, "La recuperación eclesiástica y el rechazo anticlerical en el cambio de siglo", *España entre dos siglos*, 1991.
Ríos, Fernando de los, "El problema agrario en España"(1ª ed. ing. 1925), *Lectura de economía española*, Madrid, 1969.
Riquer i Permanyer, Borja de, "Francesc Cambó: un regeneracionista desbordado por la política de las masas", *Ayer*, núm. 28, 1997.
Rocker, R., *Fermín Salvochea*, s.l., 1945.
Rodrigues, Edgar, "Sur les origines de la Fédération anarchiste ibérique", *Le Monde Libertaire*, 25-XI au 1-XII-1993.
Rodríguez, Ramón, "El proletariado agrícola andaluz como clase social (1913-1920)", *Estudis d'Història Agrària*, núm.2, 1979.
Rodríguez Burel, Jorge, "Federico Urales: filosofía individualista, anarquismo antiasociativo", *Anthropos*, núm. 78, 1987.
Rodríguez Cabañas, Antonio L., "El marco geográfico e histórico", *Los sucesos de Casas Viejas*, 2010.
Rodríguez Cárdenas, Matías, *Luis Ramírez Palma. Alcalde de la II República en Coria del Río: su vida y su muerte (1901-1936)*, Sevilla, 2007.
Romero, Fernando y Zambrana, Pepa, *Del rojo al negro. República, Guerra Civil y represión en El Gastor 1931-1946*, Sevilla, 2010.
Romero Atela, Teresa, "De ayer a hoy. Aproximación a la historia económica de Córdoba", *Axerquía*, núm. 17, 1998.
Romero Romero, Fernando, *La Cultura y la Revolución. República y Guerra Civil en Prado del Rey*, Prado del Rey, 2011.
Romero Ruiz, Jesús María, "La Guerra Civil en La Rambla a través de su archivo municipal", *La Rambla. Apuntes para su historia*, Córdoba, 1991.
Rosado, Antonio, *Tierra y libertad. Memorias de un campesino anarcosindicalista andaluz*, prólogo de Antonio Miguel Bernal, Barcelona, 1979.
Rosado López, Antonio, *Trazos viriles*, Morón de la Frontera, s.f[1919].
Ruano Bellido, Raúl, *Sociología y anarquismo. Análisis de una cultura política de resistencia*, Madrid, 2009.
Rueda Hernanz, Germán, *La desamortización en España: un balance (1776-1924)*, Madrid, 1997.
Ruiz, David, "Paradojas del octubre de 1934", *Sindicalismo y movimientos sociales (Siglos XIX-XX)*, Madrid, 1994.
Ruiz Lagos, Manuel, *El andalucismo militante. Dialéctica y crónica del «Ideal Andaluz»*, Jerez de la Frontera, 1979.
Ruiz Torres, Pedro, "Del Antiguo al Nuevo Régimen: carácter de la transformación", *Antiguo Régimen y liberalismo. 1. Versiones generales*, Madrid, 1994.

Saillard, Simone, *Leopoldo Alas Clarín. El hambre en Andalucía*, Toulouse, 2001.
Sainz de Rozas, María Parias, "Las transformaciones agrarias de la época contemporánea", *Historia de Andalucía Contemporánea*, 1998.
Saiz, María Dolores, "Prensa anarquista en el primer bienio republicano: *EL LUCHADOR*(1931-1933)", *La II República española. El primer bienio*, 1987.
Salaün, Serge, "Fermín Salvochea: y el verbo solo era la carne", *Fermín Salvochea. Un anarquista*, 2009.
Salido Bravo, Antonio, *Semana Santa de Castro del Río*, Córdoba, 1984.
Salvochea, Fermín, *La contribución de sangre*, Madrid, 1900.
Sánchez Jiménez, José, "Tradición y modernidad en la sociedad rural castellano-leonesa", *España entre dos siglos*, 1991.
Sánchez Rosa, José, *La Idea anarquista*, La Línea de la Concepción, 1903.
———, *Diálogo. El Obrero Sindicalista y su Patrono*, Sevilla, 1936 [1ª ed. 1911].
Schapiro, Alexander, "Informe Schapiro sobre la crisis de la CNT (1933)", *Estudios de Historia Social*, núms. 5-6, 1978.
Senabre Llabata, Carmen, "La Estética anarquista y *La Revista Blanca*", *Peuple, mouvement ouvrier, culture*, 1990.
Sender, Ramón J., *Viaje a la aldea del crimen (Documental de Casas Viejas)*, introducción de José María Salguero Rodríguez, Madrid, 2000(1ª ed. 1934).
Serrano, Carlos, *El turno del pueblo. Crisis nacional, movimientos populares y populismo en España (1890-1910)*, Barcelona, 2000.
———, "La cuestión campesina en el análisis de la situación española en la prensa de la Internacional (1931-1935)", *Estudios de Historia Social*, núms.16-17, 1981.
———, "Personaje, mito y mistificación: Salvochea y *La Bodega* de Vicente Blasco Ibáñez", *Fermín Salvochea. Un anarquista*, 2009.
Sevilla Guzmán, Eduardo, "Algunos procursores andaluces de la sociología rural. Primera parte: Juan Díaz del Moral", *Revista de Estudios Andaluces*, núm.3, 1984.
———, "Anarquismo agrario", *Anarquismo y movimiento jornalero*, 1988.
———, "El jornalero invisible", *El País*, 2-IX-1986, recopilado en *Anarquismo y movimiento jornalero*, 1988.
Shubert, Adrian, *Historia social de España (1800-1990)*, Madrid, 1991.
Sierra, María, "La casa Ybarra: política de honor y política de interés", *Historia Social*, núm.36, 2000.
Sigler Silvera, Fernando, *La reforma agraria en Espera. Francisco Garrido, pionero de los asentamientos campesinos de la II República en Andalucía*, Madrid, 2000.
———, "Casas Viejas, latifundismo y reforma agraria", *Los sucesos de Casas Viejas*, 2010.
Sody de Rivas, Ángel, *Antonio Rosado y el anarcosindicalismo andaluz. Morón de la Frontera (1868-1978)*, Barcelona, 2003.
Solano de Montilla, *Bolchevismo o lo que ha ganado Rusia con el Gobierno de los Soviets*, Córdoba, 1919.
Stella, Alessandro, "Casas Viejas. Requiem pour un village andalou", *Histoire et*

Mémoire, 2002.

Suárez Cortina, Manuel, "El reformismo antidinástico en la Restauración", *Azaña*, 1990.

Tabares, Esteban y Sevilla Guzmán, Eduardo, "Sobre la tierra y la lucha jornalera en el campo andaluz", *Anarquismo y movimiento jornalero*, 1988.

Tastet Díaz, Antonio, "Semblanza sobre la vida y obra de don Díaz del Moral", *Revista de Estudios Regionales*, núm.4, 1979.

Tavera, Susanna y Ucelay da Cal, Enric, "Grupos de afinidad, disciplina bélica y periodismo libertario, 1936-1938", *Historia Contemporánea*, núm.9, 1993.

Tébar Hurtado, Javier, *Reforma, revolución y contrarrevolución agrarias. Conflicto social y lucha política en el campo (1931-1939)*, Barcelona, 2006.

Tedde de Lorca, Pedro, "Sobre los orígenes históricos del subdesarrollo andaluz: algunas hipótesis", *La modernización económica de España 1830-1930*, Madrid, 1987.

Termes, Josep, *De la Revolució de Setembre a la fi de la Guerra Civil (1868-1939)*, Barcelona, 1999.

―――, *Historia del anarquismo en España (1870-1980)*, Barcelona, 2011.

Tomás y Valiente, Francisco, "Huir hacia arriba. Reflexiones sobre Azaña", *Manuel Tuñón de Lara*, 1993.

Toribio García, Manuel, *Andújar, 1936*, Andújar, 1999.

―――, *Antonio Jaén Morente: El límite imposible*, Córdoba, 2013.

―――, "Cartas desde el silencio. Testimonios de dos historiadores cordobeses (1928-1948)", inédito.

Toribio Ruiz, Rosa María, "Agitaciones campesinas en Jerez: 1902-1923", *Actas del I Congreso sobre el andalucismo histórico*, Sevilla, 1985.

Townson, Nigel, "《Una República para todos los españoles》 : el partido radical en el poder, 1933-1935", *El republicanismo en España*, 1994.

Trinidad Pérez, Francisco, *Los trabajadores gaditanos en la coyuntura de la 1ª Guerra Mundial (1914-1923)*, Cádiz, 2001.

Trotski, León, *En España*, Madrid, 1975.

Tuñón de Lara, Manuel, *La II República*, 2 vols., Madrid, 1976.

―――, *Luchas obreras y campesinas en la Andalucía del siglo XX. Jaén (1917-1920). Sevilla(1930-1932)*, Madrid, 1978.

―――, *Estudios sobre el siglo XIX español*, Madrid, 1981.

―――, *Tres claves de la Segunda República. La cuestión agraria, los aparatos del Estado, Frente Popular*, Madrid, 1985.

―――, *Poder y sociedad en España, 1900-1931*, Madrid, 1992.

―――, "Un adelantado de la historia social: Juan Díaz del Moral", *El País*, 13-IV-1980.

―――, "La política cultural del primer bienio", *La II República española. El primer bienio*, 1987.

―――, "Manuel Azaña: la razón y el poder", *Azaña*, 1990.

Tusell, Javier, *Historia de la Democracia Cristiana*, 2 tomos, Madrid, 1986.

――― y Calvo, José, *Giménez Fernández, precursor de la democracia española*,

Sevilla, 1990.
Tusell Gómez, Xavier, "El funcionamiento del sistema caciquil en Andalucía (1890-1931)", *Política y sociedad en la España del siglo XX*, 1978.
Urales, Federico, *El ideal y la revolución*, Barcelona, 1933.
———, *Los Municipios Libres (Ante las puertas de la Anarquía)*, Barcelona, 1933(4ª ed.).
Uribe, Vicente, *La Política Agraria del Partido Comunista. Conferencia pronunciada el domingo 4 de julio de 1937 en el Cine Olympia, de Valencia*, s.l[Valencia]., 1937.
Vadillo Muñoz, Julián, *Mauro Bajatierra, anarquista y periodista de acción*, Madrid, 2012.
Vallina, Pedro, *Crónica de un revolucionario con trazos de la vida de Fermín Salvochea*, Choisy le Roi, 1958.
Vallina, Pedro, Dr., *Mis memorias*, Sevilla, 2000(1ª ed. en 2 tomos 1969 y 1971).
Vaquero, Eloy, *Del drama de Andalucía. Recuerdos de luchas rurales y ciudadanas*, apéndice biográfico y notas de Juan Ortiz Villalba, Córdoba, 1987(1ª ed. 1923).
Vázquez Ocaña, Fernando, *Pasión y muerte de la Segunda República española*, presentación de Aurelio Martín Nájera, Madrid, 2007(1ª ed. 1940).
Vega, Álvaro, *El papel de la prensa en Córdoba durante la II República*, Sevilla, 2006.
Vega, Eulália, "Joan Peiró y la Segunda República", *Anthropos*, núm. 114, 1990.
Vila Izquierdo, Justo, *Extremadura: la Guerra Civil*, Badajoz, 1984.
Villena, Miguel Ángel, *Ciudadano Azaña. Biografía del símbolo de la II República*, epílogo de Jorge M. Reverte, Barcelona, 2010.
Vizconce de Eza, El, *El problema agrario andaluz*, Madrid, 1919.
"Voto particular del señor Díaz del Moral a la totalidad del dictamen de la Comisión, nuevamente redactado, sobre el proyecto de ley de bases para la Reforma agraria" y "Discurso pronunciado el día 10 de mayo de 1932, por don Juan Díaz del Moral", *Revista de Estudios Regionales*, núm.4, 1979.
XXXI Aniversario de la Revolución Española. Gran mitin en el palacio de los deportes de Toulouse celebrado el 23 julio 1967.
Yanini, Alicia, "Murcia", *El poder de la Influencia*, 2001.
Zafra, Francisco, *Artículos (1919-1924)*, estudio introductorio de José Luis Casas Sánchez, Córdoba, 1987.
Zapatero, Virginio, "El socialismo humanista de Fernando de los Ríos", *Fernando de los Ríos*, 2001.
Zurita y Calafat, José, *La verdad sobre el campo andaluz*, Madrid, 1916.

Watanabe, Masaya, "El límite imposible de un republicano cordobés, Antonio Jaén Morente (1879-1964)", *Cahiers de civilisation espagnole contemporaine*, 2-2015, consulté le 17 mars 2015. URL: http://ccec.revues.org/5365; DOI:10.4000/ccec.5365

アーヴィング、平沼孝之訳『アルハンブラ物語』上・下巻、岩波文庫、2005年。
アルヴォン、アンリ、左近毅訳『アナーキズム』文庫クセジュ、1981年。
アンダーソン、ベネディクト、山本信人訳『三つの旗のもとに／アナーキズムと反植民地主義的想像力』NTT出版、2012年。
ヴィラール、ピエール、藤田一成訳『スペイン史』文庫クセジュ、1992年。
―――、立石博高・中塚次郎訳『スペイン内戦』文庫クセジュ、1993年。
ヴェーラー、ハンス・ウルリッヒ、大野英二・肥前榮一訳『ドイツ帝国1871 ‐ 1918年』未来社、2000年。
エレンブルグ、木村浩訳『わが回想／人間・歳月・生活』第3部、朝日新聞社、1963年。
オーベール、ロジェ他、上智大学中世思想研究所編訳／監修『キリスト教史9　自由主義とキリスト教』平凡社ライブラリー、1997年。
オルテガ、桑名一博訳『大衆の反逆』白水社、1982年。
オルテガ・イ・ガセー、岡住正秀・永川玲二訳「アンダルシーア論」『北九州市立大学外国語学部紀要』第102号、2001年。
カー、E・H、大沢正道訳『バクーニン』上・下巻、現代思潮社、1970年。
―――、原田三郎・田中菊次・服部文男訳『ボリシェヴィキ革命』第1巻、みすず書房、1975年。
―――、富田武訳『コミンテルンとスペイン内戦』岩波書店、1985年。
―――、内田健二訳『コミンテルンの黄昏／1930 ‐ 1935年』岩波書店、1986年。
ガクソット、内海利郎・林田遼右訳『フランス人の歴史／3. ルイ15世から現代まで』みすず書房、1975年。
ガレアーノ、エドゥアルド、大久保光夫訳『収奪された大地／ラテンアメリカ五百年』新評論、1986年。
ギブソン、イアン、内田吉彦・本田誠二訳『ロルカ』中央公論社、1997年。
クロポトキン、P、高杉一郎訳『ある革命家の手記』上・下巻、岩波文庫、1979年。
グティエーレス・モリーナ、ホセ・ルイス、渡辺雅哉訳『忘れさせられたアンダルシア／あるアナキストの生と死』皓星社、2005年。
―――、渡辺雅哉訳「アンダルシアとアナキズム（1868 ‐ 1936年）（上）」『トスキナア』第9号、2009年。
―――「アンダルシアとアナキズム（1868 ‐ 1936年）（中）」『トスキナア』第10号、2009年。
―――「アンダルシアとアナキズム（1868 ‐ 1936年）（下）」『トスキナア』第11号、2010年。
ゲラン、ダニエル編、長谷川進・江口幹訳『アナキズム・アンソロジー／神もなく主人もなく』Ⅰ・Ⅱ、河出書房新社、1973年。
コリンズ、ラリー、ラピエール、ドミニク、志摩隆訳『さもなくば喪服を／闘牛士エル・コルドベスの肖像』早川書房、2005年。
サーヴィス、ロバート、中島毅訳『ロシア革命1900 ‐ 1927』岩波書店、2005年。
シャルル、クリストフ、白鳥義彦訳『『知識人』の誕生1880‐1900』藤原書店、2006年。
シュタイングレス、ゲルハルト、岡住正秀・山道太郎訳『そしてカルメンはパリに行った／フラメンコ・ジャンルの芸術的誕生（1833 ‐ 1865年）』彩流社、2014年。
ジョル、ジェームズ、萩原延壽・野水瑞穂訳『アナキスト』岩波書店、1979年。

ジンマーマン、ミシェル、ジンマーマン、マリクレール、田澤耕訳『カタルーニャの歴史と文化』文庫クセジュ、2006年。
ソレル、今村仁司・塚原史訳『暴力論』上・下巻、岩波文庫、2007年。
ゾラ、エミール、田辺貞之助・河内清訳『大地』3巻、岩波文庫、2005年。
チョムスキー、ノーム、木下ちがや訳『チョムスキーの『アナキズム』論』明石書店、2009年。
トリアッティ、西川一郎訳「スペイン革命の特殊性」「スペインの経験」『トリアッティ選集』1、1966年、合同出版。
─────、藤沢道郎訳「マルクス主義とバクーニン主義」『トリアッティ選集』3、1968年。
トロツキー、森田成也・志田昇訳『わが生涯』上・下巻、岩波文庫、2005年。
ドミンゲス・オルティス、アントニオ、立石博高訳『スペイン 三千年の歴史』昭和堂、2006年。
『ネットラウ／アナキズム叢書』(上杉聰彦訳)、三一書房、1970年。
ノードン、ポール、安斎和雄訳『フリーメーソン』文庫クセジュ、1996年。
『バクーニン著作集』全6巻(金子信雄・菊池昌実・黒沢岑夫・栗生猛夫・左近毅・外川継男・中山毅・長縄光男訳)、白水社、1973-74年。
バラガン・モリアーナ、アントニオ、渡辺雅哉訳「ディアス・デル・モラールの政治的軌跡」『西洋史論叢』第24号、2002年。
パス、アベル、渡辺雅哉訳『スペイン革命のなかのドゥルーティ』れんが書房新社、2001年。
ビーヴァー、アントニー、根岸隆夫訳『スペイン内戦 1936-1939』みすず書房、上・下巻、2011年。
ピルーモヴァ、ナターリヤ・エム、左近毅訳『クロポトキン伝』叢書・ウニベルシタス、1994年。
ピット=リバーズ、J・A、野村雅一訳『シエラの人びと／スペイン・アンダルシア民俗誌』弘文堂、1980年。
フェレル、フランシスコ、遠藤斌訳『近代学校／その起源と理想』創樹選書、1980年。
フュレ、フランソワ、楠瀬正浩訳『幻想の過去／20世紀の全体主義』バシリコ、2007年。
ブリュレ、イヴ、加藤隆訳『カトリシズムとは何か／キリスト教の歴史をとおして』文庫クセジュ、2007年。
ブレイ、ジェラール、渡辺雅哉訳「日本語版への序文／労働運動の記憶を呼び戻す」グティエーレス・モリーナ『忘れさせられたアンダルシア』2005年。
─────、渡辺雅哉訳「追悼ジャック・モリス／フランスのイスパニスタにしてスペインのアナキズムのスペシャリスト」『トスキナア』第18号、2013年。
ブレナン、ジェラルド、鈴木隆訳『スペインの迷路』合同出版、1967年。
プレヴォタ、ジャック、斎藤かぐみ訳『アクシオン・フランセーズ／フランスの右翼同盟の足跡』文庫クセジュ、2009年、122ページ。
プレストン、ポール、宮下嶺夫訳『スペイン内戦／包囲された共和国 1936-1939』明石書店、2009年。
ベルナル、アントニオ・ミゲル、太田尚樹・岡住正秀・立石博高・中川功・中塚次郎訳『ラティフンディオの経済と歴史／スペイン南部大土地所有制の研究』農村漁村文化協会、1993年。

ペイラツ、ホセ、今村五月訳『スペイン革命のなかの CNT／スペイン労働組合総連合の歴史』第 1 巻、自由思想社、1984 年。
ホブズボーム、エリック、船山榮一訳『匪賊の社会史』ちくま学芸文庫、2011 年。
ホブズボーム、E・J、水田洋・安川悦子・堀田誠三訳『素朴な反逆者たち／思想の社会史』社会思想社、1989 年。
ボルケナウ、フランツ、鈴木隆訳『スペインの戦場／スペイン革命実見記』三一書房、1991 年（新装版）。
ボロテン、バーネット、渡利三郎訳『スペイン内戦／革命と反革命』上・下巻、晶文社、2008 年。
M・ロレンソ、セサル、今村五月訳『スペイン革命におけるアナキストと権力』JCA 出版、1982 年。
ミリャン・チビーテ、ホセ・ルイス、渡辺雅哉訳「ビセンテ・バリェステール／あるカディスの指導者のイデオロギーと実践（上）」『トスキナア』第 14 号、2011 年。
―――「ビセンテ・バリェステール／あるカディスの指導者のイデオロギーと実践（下）」『トスキナア』第 15 号、2012 年。
メリメ、堀口大學訳『カルメン』新潮文庫、2002 年。
モリス、ジャック、渡辺雅哉訳「カストロ・デル・リオ／あるリベルテール的なプエブロの歴史と伝説」『西洋史論叢』第 22 号、2001 年。
ラス・カサス、染田秀藤訳『インディアスの破壊についての簡潔な報告』岩波文庫、1996 年。
ラファルグ、ポール、田淵晋也訳『怠ける権利』平凡社ライブラリー、2008 年。
リューデ、ジョージ、古賀秀男・前間良爾・志垣嘉夫・古賀邦子訳『イデオロギーと民衆抗議／近代民衆運動の歩み』法律文化社、1984 年。
ルソー、本田喜代治・平岡昇訳『人間不平等起源論』岩波文庫、1980 年。
ルフェーヴル、G、二宮宏之訳『革命的群集』創文社歴史学叢書、1982 年。
―――、高橋幸八郎・柴田三千雄・遅塚忠躬訳『1789 年／フランス革命序論』岩波文庫、1998 年。
「歴史論集の会」、渡辺雅哉訳「ジュリアン・ピット＝リヴァーズを偲んで／カディス県のシエラに関する人類学的研究のパイオニアへのオマージュ」『スペイン現代史』第 33 号、2015 年。

秋山清『増補　日本の反逆思想／無政府主義運動小史』三一新書、1977 年。
石井洋二郎『科学から空想へ／よみがえるフーリエ』藤原書店、2009 年。
大内宏一『ビスマルク／ドイツ帝国の建国者』山川出版社、2013 年。
大原緑峯『石川三四郎／魂の導師』リブロポート、1987 年。
岡住正秀「1861 年のロハ蜂起の研究／第 1 インターナショナル前夜のスペイン・アンダルシアの農民運動」『スペイン史研究』第 1 号、1983 年。
―――「アグロタウンにおける民衆労働者のアソシアシオン／セビーリャ県コンスタンティーナ（1900‐23 年）」『スペイン史研究』第 14 号、2000 年。
―――「アンダルシア主義の歴史」『スペインにおける国家と地域／ナショナリズムの相克』国際書院、2002 年。
―――「農民組合『友愛』のもとに／セビーリャ県のコンスタンティーナ（1918‐

20 年)」『たたかう民衆の世界／欧米における近代化と抗議行動』彩流社、2005 年。
――――「アンダルシア農村における失業労働者の救済措置について／グラナダ県ロハ市（1834‐74 年）」『北九州大学外国語学部紀要』第 74 号、2009 年。
川上源太郎『ソレルのドレフュス事件／危険の思想家、民主主義の危険』中公新書、1996 年。
川成洋・渡部哲郎『新スペイン内戦史』三省堂選書、1986 年。
喜安朗『革命的サンディカリズム』五月社、1982 年。
工藤光一『近代フランス農村世界の政治文化／噂・蜂起・祝祭』岩波書店、2015 年。
工藤庸子『宗教 vs. 国家／フランス〈政教分離〉と市民の誕生』講談社現代新書、2007 年。
金七紀男『増補新版ポルトガル史』彩流社、2010 年。
楠貞義、タマメス、ラモン、戸門一衛、深澤安博『スペイン現代史／模索と挑戦の 120 年』大修館書店、1999 年。
近藤和彦『イギリス史 10 講』岩波新書、2013 年。
権左武志『ヘーゲルとその時代』岩波新書、2013 年。
坂井榮八郎『ドイツ史 10 講』岩波新書、2003 年。
相良匡俊『社会運動の人びと／転換期パリに生きる』山川出版社、2014 年。
桜井哲夫『戦争の世紀／第一次世界大戦と精神の危機』平凡社新書、1999 年。
塩見千加子「土地と自由を求めて／民主化後のアンダルシアにおける農業労働者組合（SOC）の運動」『たたかう民衆の世界』2005 年。
芝修身『近世スペイン農業／帝国の発展と衰退の分析』昭和堂、2003 年。
柴田三千雄『フランス史 10 講』岩波新書、2006 年。
田中ひかる『ドイツ・アナーキズムの成立／『フライハイト』派とその思想』御茶の水書房、2002 年。
遅塚忠躬『ロベスピエールとドリヴィエ／フランス革命の世界史的位置』東京大学出版会、1986 年。
月村太郎『民族紛争』岩波新書、2013 年。
中塚次郎「1936 年 5 月 CNT サラゴサ大会／スペイン内乱前夜のアナルコサンディカリスト」『山形大学史学論集』第 5 号、1985 年。
――――「地中海的規範とアンダルシーアの農民運動」『社会的結合と民衆運動』青木書店、1999 年。
東谷岩人『スペイン／革命の生と死』三省堂選書、1983 年。
深澤民司『フランスにおけるファシズムの形成／ブーランジスムからフェソーまで』岩波書店、1999 年。
藤沢房俊『『イタリア』誕生の物語』講談社選書メチエ、2012 年。
松本佐保『バチカン近現代史／ローマ教皇たちの『近代』との格闘』中公新書、2013 年。
渡辺和行『フランス人民戦線／反ファシズム・反恐慌・文化革命』人文書院、2013 年。
渡部哲郎『バスクとバスク人』平凡社新書、2004 年。
――――「スペイン第 2 共和国『改革主義の 2 年間（1931‐33 年）』／共和国崩壊の原因をめぐる一考察」『史学』第 25 号、1980 年。
――――「19 世紀中期スペインの支配構造とその性格／社会変動の固定化と寡頭制出現」『横浜商科大学　紀要』第 7 号、1991 年。
和田春樹『農民革命の世界／エセーニンとマフノ』東京大学出版会、1978 年。

渡辺雅哉「ボリシェヴィキの3年間／アナルコサンディカリストと土地問題」『早稲田大学大学院　文学研究科紀要／哲学・史学編』別冊19集、1992年。
―――「カストロ・デル・リオとブハランセ／FAI派と第2共和制期コルドバ県の階級闘争」『史観』第138冊、1998年。
―――「1933年12月のブハランセの武装蜂起／CNT‐FAIとコルドバ県の階級闘争」『スペイン史学会会報』第55号、1998年。
―――「書評　フリアン・カサノバ『街頭から戦場へ／スペインのアナルコサンディカリズム（1931－39年）』」『西洋史論叢』第20号、1999年。
―――「ディアス・デル・モラールと『アンダルシアの農業問題』」『ヨーロッパの分化と統合／国家・民族・社会の史的考察』太陽出版、2004年。
―――「解説／ディエゴ・ロドリーゲス・バルボーサが生きた時代のアンダルシア」グティエーレス・モリーナ『忘れさせられたアンダルシア』2005年。
―――「ラモン・J・センデールのカサス・ビエハス」『トスキナア』創刊号、2005年。
―――「ある女流アナキストの『革命的な』短い夏」『トスキナア』第2号、2005年。
―――「『知的挑戦』の果てに／ある編集者の悲劇」『図書新聞』第2756号、2006年1月1日。
―――「CNTを追われた『教師にしてアナキスト』」『トスキナア』第3号、2006年。
―――「『ラ・リベルタリア』の2度目の死」『トスキナア』第4号、2006年。
―――「ヘレスからバーサへ」『イスパニア図書』第9号、2006年。
―――「1936年の2つの夏／スペイン内戦とその『記憶』」『図書新聞』第2804号、2007年1月1日。
―――「サルバドール・ムニョス・ペレスとアンダルシアの反革命」『ヨーロッパ史のなかのエリート／生成・機能・限界』太陽出版、2007年。
―――「バダホースの殺戮」『スペイン内戦とガルシア・ロルカ』南雲堂フェニックス、2007年。
―――「アンダルシアFRC書記長になった『モロンの読書狂』」『トスキナア』第5号、2007年。
―――「『巨匠』がアナキストと間違えたモントーロの共和派」『トスキナア』第6号、2007年。
―――「バダホース、そしてトレード／ピオ・モア『内戦の神話』を読む」『スペイン現代史』第16号、2007年。
―――「『アフリカ風の憎しみ』」『トスキナア』第7号、2008年。
―――「打ち砕かれた『希望』」『トスキナア』第8号、2008年。
―――「『ボロテン神話』？／『本流』から疎んじられた超絶の内戦史」『図書新聞』第2875号、2008年6月28日。
―――「追悼アベル・パス／チャオ、ディエゴ、チャオ」『図書新聞』第2918号、2009年5月23日。
―――「帰ってきた『聖者』（上）」『トスキナア』第12号、2010年。
―――「マヌエル・アサーニャとスペイン第2共和制の崩壊（上）」『スペイン現代史』第19号、2010年。
―――「マヌエル・アサーニャ没後70年／『エデン』から『地獄』へ」『図書新聞』

第 2996 号、2011 年 1 月 1 日。
——「マヌエル・アサーニャとスペイン第 2 共和制の崩壊（下）」『スペイン現代史』第 20 号、2011 年。
——「帰ってきた『聖者』（下）」『トスキナア』第 13 号、2011 年。
——「『赤い天使』、またはアンダルシアを離れたトリアーナ生まれのアナキスト」『トスキナア』第 16 号、2012 年。
——「『もう 1 つの』カサス・ビエハスのためのノート」『スペイン現代史』第 21 号、2012 年。
——「セバスティアン・オリーバとヘレス・デ・ラ・フロンテーラのサンディカリズム」『トスキナア』第 17 号、2013 年。
——「¿In vino veritas?／ヘレスの 1936 年夏」『日本イスパニヤ学会会報』第 20 号、2013 年。
——「コルドバ県にほとんど『帰化』したかのようなマドリードのアナキスト」『トスキナア』第 19 号、2014 年。
——「アントニオ・ハエン・モレンテ没後 50 年／コルドバの共和派の『越えられない壁』」『スペイン現代史』第 22 号、2014 年。
——「コルドバ心中」『トスキナア』第 20 号、2014 年。
——「アントニオ・ハエン・モレンテ没後半世紀／コルドバへの帰還」『図書新聞』第 3188 号、2015 年 1 月 1 日。
——「スペイン内戦 80 年／時代の荒波に翻弄された『社会史の先駆者』」『図書新聞』第 3236 号、2016 年 1 月 1 日。

人名索引

あ

アーヴィング、ワシントン……209
アオスタ公爵……148n
アギレーラ・トゥルモ……339,536
アクーニャ・カルバリャール、アントニオ……678
アサーニャ、グレゴリオ……80n
アサーニャ・ディアス、グレゴリオ……93
アサーニャ・ディアス、マヌエル……36-37,71,74,77-80n,81-87n,89-91,93-97n,99n,101,103-105,108-114n,115-121,115f,123n-124n,140,147n,212,320,332n,344-345,356,358,364-365,370,376n,383-384,403,405,406-409,412n-413n,443,445,447n,452,454n,458,461,466n,473,487-489,495n,500,511-513,518,521n-522n,529,552,621,623n,649-650,656n,676,687,689-690,692n
アジャーラ、アンヘル……72
アジャーラ、フランシスコ……79
アジャモンテ侯爵……328n
アジューソ、マヌエル・イラリオ……319,322,348,361-362
アソリン……36,43,154,172n,207,317,346,379n,480
アソリン・イスキエルド、フランシスコ……243n-244n,349,379n,393,410,489,693n
アソリン・メヒーアス、サルバドール・デ……658
アスカーソ、フランシスコ……261,357
アスカラテ、グメルシンド・デ……219
アタラジャス伯爵、ラス……510
「アビ」……113n
「アビオーナ、ラ」……655
アブレウ・イ・オルタ、ホアキン・エスタニスラオ……246,263n
アマデオ１世（アオスタ公爵）……144,148n,337
アミアン・コスティ、フェルナンド……17
アミアン・コスティ、ラファエル……17
アミアン・ゴメス、フランシスコ……17,192,199,401n,409,525,661
アメデオ（アオスタ公爵）……148n
アラーナ、ベニート……447n-448n
アライス、フェリーペ……28,261
アラキスタイン、ルイス……36,117
アラス、レオポルド（クラリン）……207
アラルコン・カバリェーロ、ホセ・アントニオ……53
アラルコン・デ・ラ・ラストラ、ルイス……514-516,520,525-526,542
アランス、ホセ……232,242n
アランダ・アランダ（家）……142

人名索引

アル・ハカム1世……277
アルヴォン、アンリ……367,376n
アルカラ公爵（家）……137
アルカラ・エスピノーサ、ニコラス……527,530,540-542,664,668
アルカラ・サモーラ・イ・カスティーリョ、ニセト……120
アルカラ・サモーラ・イ・トーレス、ニセト……11,91,118-119,120,123n,318,320,322,324,333n,347-349,353n,362,405,409,413n,441,458-459,468n,649-650,687
アルカラ・サモーラ・カラクエール、マヌエル……320
アルカンタラ・ガルシア、ホセ……53,62n
アルガーバ・サリード、ペドロ……286,417-418,433
アルクルード、アウグスト・モイセース……563,583n
アルコン伯爵……170,174n
アルテアガ・イ・エチャグエ、ホセファ（ラ・グアルディア侯爵夫人）……143
アルディーラ、ルイス……43
アルバ公爵（家）……136-137,141-142,147n-149n,515,526
アルバ・ブラネス、マヌエル……364
アルバレス、エルネスト……313
アルバレス・ゴンサーレス、メルキアデス……80n
アルバレス・メンディサーバル、フアン……34,247,377n,457
アルバレス・メンディサーバル、ホセ・マリーア……518,542
アルバレス・ラーラ、レオン・カルロス……17,38,164,172n
アルバレス・レイ、レアンドロ……32,75
アルフェレス・ルイス、アントニオ……95
アルフォンソ12世……325,333n,543
アルフォンソ13世……78,95,105n,144,210,298,302,312,319,324,334n,346-347,357,368,372n,413n,445,467n,687
アルベアール、エンリケ・デ……329n
アルベアール、フランシスコ・デ（ラ・コルティーナ伯爵）……274-275,303n,329n
アルベアール・イ・アバウレア、アスンシオン……67-68,70,151n
アルベアール・イ・アバウレア、ホセ・マリーア……16,67,275,528-529,532n,696n
アルベアール・イ・ゴメス・デ・ラ・コルティーナ、サルバドール（ラ・コルティーナ伯爵）……67-68,70,75,275,528
アルボルノース、アルバロ・デ……90
アルボルノース、ルイス……303n
アルマン、E……42,635,644n
アレクサンドル2世……308n
アレナス・エスピノーサ、アントニオ……289
アレナス・ポサーダス、カルロス……11,173n,213,691
アロ・マンサーノ、マヌエル……572,682
アロンソ、ディエゴ……268n
アロンソ・エレンシアス、フアン……422,575
アンジオリッロ、ミケーレ……183,326,334n,377n

アンドレ、ルイ……94

い

「E.」……565-567,570
イグレシアス、パブロ……237,318,386,398n-399n,453,485n,500,607n,656n,687
イサーサ・エチュニケ、フアン・デ……341
イサーサ・バレスカ、サントス・デ……341
イサベル……151n
イサベル2世……12-13,59,103,148n,246,272,274,338,457,543
石川三四郎……371n
イスキエルド・チャモッロ、ミゲル……395
イスナーハル子爵……328n
イダルゴ・イ・パルド・デ・フィゲローア、サルバドール（ネグロン侯爵）……148n
イダルゴ・マルティン、ラモン……318
イニゲス、ミゲル……654
イバーニェス・ガルベス、ブルーノ（「ドン・ブルーノ」）……693n
イバーラ（家）……411
イバーラ兄弟……324
イバーラ・ゴンサーレス、エドゥアルド……320
イバーラ・ゴンサーレス、トマス……320
イラルド、ホセ……84
インセンガ・カラマンサーナ、カルロス……17
インファンタード公爵（家）……141-142
インファンテ・ペレス、ブラス……11,17n-18n,43,128,160f,176,196,201-202,206n,207,212-214,313-314,316,348,352n,373n,450,460,462,467n,485n,503n,576,599,649,655,662,671n,675-676,692n,694n

う

ウエスカ・ルビオ、ホセ……455n,525,531n-532n,661
ウナムーノ、ミゲル・デ……108,113n
ウヘーナ・デ・ラ・ラストラ侯爵……145
ウラーレス、フェデリーコ（フアン・モンセニ・カレ）……49,50,61n,87n,220,223n,359,361,367,379n,498,537-538,548n,556,559,561,563,566,569-570,576,579,638
ウリーベ・ガルデアーノ、ビセンテ……615,623n
ウルキーホ、エスタニスラオ・デ……138,144
ヴィーゼンタール、ジーモン……97n
ヴィットーリオ・エマヌエーレ2世……148n
ヴィットーリオ・エマヌエーレ3世……467n
ヴィラール、ピエール……10,65,72,112n,502
ヴォルテール……75n
ヴォロシーロフ、ヴァチェスラフ……623n

人名索引

え

エサ子爵……14-15,189,198,210-210,216n,288,295,511
「S de P」……499,515,525,544
エステーリャ侯爵……667
エスパーサ、レオナルド……442
エスピノーサ・マエストレ、フランシスコ……503,518,665
エスペッホ、ソイロ……276,299,303n,545n-547n
エラン、フランソワ……140-141
エリーアス・エレンシアス、アントニオ……429,431,574
エリザール、ジュール（ミハイル・バクーニン）……376n
エリェール、フスト……185,280,282-283,286,606n
エルナンデス、ゴンサーレス……568
エルナンデス、バルバ……97n
エルナンデス・トマス、ヘスース……398
エルメ、ギ……92
エレーラ・オリア、アンヘル……72,454n
エレーロ・ブランコ、ホセ・マリーア……533n
エレンブルグ、イリヤ……407,411,415n,593-595,605n,628

お

オーウェン、ロバート……246
岡住正秀……537
オスーナ公爵（家）……137-139,141,144,151n
オスボルネ……141
オソリオ・イ・ガリャルド、アンヘル……78,91,98n,118-120,326,333n-334n,511-514,521n,536-537,615
オソリオ・デ・モスコーソ・イ・ボルボン、ルイス……328n
オベール、ポール……488
オラエチェア・ロサイガ、マルセリーノ……91
オラビーデ、パブロ・デ……160-161,167,171n,327n,459
オリーバ・ヒメーネス、セバスティアン……27,34,40,287,550-552,587-588,589f,590-599,601,603,605n,610-611,628,630-631,651,680,686
オリオール・デ・ラ・プエルタ、ハイメ……514-516,520,527,530-531n,541
オリベール・ビリャヌエーバ、アントニオ……659,676
オルテーガ・イ・ガセ、ホセ……36,108,183,296,316,375n,451,455n,469n,471-472,479-477,482,485n,487-488,494n-495n
オルテーガ・イ・ムニーリャ、ホセ……183
オルテーガ・コントレーラス、ホセ……198
オルテーガ・ピサッロ、クリストーバル……420
オルティ・イ・ラモン・メレンデス・バルデス、ビセンテ……404
オルティス・ビリャルバ、フアン……31,532n
オルベーラ、フェルナンド……182

オロボーン・フェルナンデス、バレリアーノ……635-636,638,644n,646n

か

カー、エドワード・ハレット……10
カウツキー、カール……237,467n
カサ・デ・ポンセ・デ・レオン伯爵……145
カサーレス・キローガ、サンティアゴ……90,119,123n,405,408-410,418,539,602,650
カサス、バルトロメ・デ・ラス……315n
カサス・サンチェス、ホセ・ルイス……274,400n
カサス・ヒメーネス、エルメネヒルド……348-349,441
カサノバ、フリアン……438,579,684-686
カスカーホ、シリアーコ……16,17,406,409,548n,567,693n
カステホン・イ・マルティネス・デ・アリサーラ、ラファエル……406,414n
カステラール、エミリオ……337,369,688
カスティーリャ・カペール、マヌエル……364
カスティーリョ、フアン・ホセ……69
カストロ、クリストーバル・デ……221,294-295,467n
カストロ・アルフィン、デメトリオ……273,291
カストロ・イ・フェルナンデス、フェデリーコ……451,454n
カストロ・エンリーケス公爵家……149n
カストロ・パロミーノ、マヌエル……183
カデーナス、エドゥアルド……508,510n
カデーナス・レハーノ、エドゥアルド……150n,510n
「カトリック両王」……151n
カナレハス・メンデス、ホセ……184,319-320,329n,370
カニェーテ・マルフィール、ラファエル……54,438-439,572
カノバス・デル・カスティーリョ、アントニオ……183-184,312,316-317,319-320,325-326,327n-328n,331n-334n,343,345,375n,377n,409,534,537,540,543,649,698n
カバーニャス・サルバドール、アントニオ（「ガジニート」）……584n
カバリェーロ・バカス、ミゲル……396,624n
カバネーリャス、ミゲル……409,415n
カフカ、フランツ……668
カブラ伯爵……328n
カマーチョ、ニコラス……195
カマラ、シクスト・サエンス・デ・ラ……59,64n
カマラ・ポルクーナ、ベルナベ……435,448n
カラ、ラモン・デ……247,249-250,263n,313
カラスキーリャ・アントゥネス、アントニオ……429,431,574,581n
カラスコ、アントニオ……318
カランサ・イ・ゴメス・アランブールー、ラモン・デ（ソトエルモーソ侯爵）……692n
カランサ・イ・フェルナンデス・デ・ラ・レゲーラ、ラモン・デ（ビリャペサディーリャ侯爵）……676,692n

人名索引

カリーリョ・ソラーレス、サンティアゴ……620
カリオン・イ・カリオン、パスクアル……69,132,146n,163,172n,200-202,207,211-213,314, 316,352n,400n,467n,472,476,479,503n,547n,624n
カルボ、エウセビオ……52
カルボ・ソテーロ、ホセ……117,530,687
カルボ・ポジャート、ホセ……274
カルボネール、カルロス……156
カルロス、ドン……457
カルロス2世……326
カルロス3世……134,160
カルロス4世……134
カレーラス・ポンス、ラモン……693n-694n
カレーロ、アントニオ・マリーア……25-27,29-30,33,45n,56,58,214,236,276,286,293,299,389-390,477
カレーロ・ルイス（ルイス・カレーロ？）、ホセ……575
カレテーロ、ラファエル・R……195,227-228,234
カロ、マヌエル……273,281
カロ・カンセーラ、ディエゴ……56,587,605n
カンダウ、フランシスコ……133,180-181,313,315n
カンボ、フランセスク……113n,151n
ガーゴ・カンポス、バルトロメ（「エル・ブランコ・デ・ベナオカス」）……180
ガイ・エレディア、アルベルト……230,234,280
ガウディ、アントーニ……145
「ガジニート」……584n
ガブリエル、ペレ……260
ガメロ・シビコ（家）……141,145
ガメロ・シビコ、フランシスコ……141
ガメロ・シビコ・イ・ポッラス、アデライダ……510n
ガメロ・シビコ・イ・ポッラス、フランシスコ（モンテシオン侯爵兼ラス・アタラジャス伯爵）……146,509n-510n
ガメロ・シビコ・イ・ポッラス、マヌエル……510n
ガメロ・シビコ・イ・ポッレス（カサ・デ・ポンセ・デ・レオン伯爵）……145
ガラーン、フェルミン……123n,383,687
ガラルディ・メルガール、フランシスコ……53,62n
ガリード・イ・トルトーサ、フェルナンド……264n
ガリード・ゴンサーレス、ルイス……34,617-618,620,624n,626n,643n-644n
ガリステオ、アントニオ……239n,286,305n
ガリレイ、ガレリオ……593
ガリェーゴ、イグナシオ……616-617
ガリェーゴ・クレスポ、フアン……557,559,566,568
ガリェゴス・ロカフール、ホセ・マヌエル……70,76n
ガルシア、アナスタシオ……575,585n

ガルシア、アンドレス……56
ガルシア、ディアマンティーノ……699n
ガルシア、ペドロ……616
ガルシア、ミゲル……592,605n-606n
ガルシア・イ・ガルシア、セバスティアン……203n,205n
ガルシア・イダルゴ、ホアキン……393-394,408,677-678,693n
ガルシア・エルナンデス、アンヘル……383
ガルシア・エスピン、フランシスコ……14,15,135,185,198-199,227-229,236,341,404,547n
ガルシア・オリベール、フアン……261,267n,357-359,373n,560-562,564,568,582n,611,619,639
ガルシア・オレフエラ、ホセ……162-163
ガルシア・カーノ、ペドロ……571,682
ガルシア・カベーリョ、フランシスコ(「ニーニョ・デル・アセイテ」)……432,434,444, 571-573,577,682
ガルシア・グラネール、バウティスタ……398
ガルシア・ドゥアルテ、ラファエル……344
ガルシア・バルトロメ、レオン……150n
ガルシア・ビルラン、アントニオ(「ディオニシオス」)……287
ガルシア・ブエノスビノス、ヘルミナル……444-445,572
ガルシア・パーロ、フリオ……195
ガルシア・パレーデス、ホセ・マリーア……95
ガルシア・パロディ、ミゲル・アンヘル……31
ガルシア・ビーニャス、ホセ……265n
ガルシア・フランコ、マヌエル……83
ガルシア・ポンス、アントニオ・デ……612
ガルシア・マルケス、ロケ……258
ガルシア・ロルカ、フェデリーコ……677
ガルセス・グラネール、バウティスタ……398,677-678
ガルベイ(家)……138,144,146
ガルベイ、パトリシオ……141
ガルベス・カニェーロ・アルソーラ、アウグスト……317,328n

き

「キコ、エル」……682
キャプラン、テマ……63n,182
ギチョー、アレハンドロ……373n
ギヨーム、ジャム……264n
ギリェン・マルティネス、ラファエル……246-248

く

クエンカ・トリビオ、ホセ・マヌエル……25,471
工藤光一……309n
クラウゼ、フリードリヒ……451,455n

人名索引

クララムン、テレーサ……338
クラリン……207
クルース、カジェターノ・デ・ラ……182
クルース・グティエーレス、フランシスコ(「セイスデードス」)……83-84,128-129,215n,638
クルース・コンデ、ホセ……16,94,96,168-170,489,512,524,529-531,533n,543
クレマンソー、ジョルジュ……105,107n
クロポトキン、ピョートル……220,248,250-251,253,264n-265n,270,355,367,371n,566
グアダルカサル侯爵(家)……141,143-144,150n,157
グアダロルセ伯爵……145,670n
グアルディア侯爵夫人、ラ……143
グエル伯爵……145
グエル・イ・ロペス、フアン・アントニオ(グエル伯爵兼コミーリャス侯爵)……69,145,151n
グスマン、エドゥアルド・デ……565,626,687
グティエーレス、テオドーロ……139
グティエーレス、フェリーペ……139
グティエーレス、マリーア・マヌエラ……139,148n
グティエーレス・モリーナ、ホセ・ルイス……31,53,63n,176,230,233,245,255,270,330n,428n,438,557,628,689,692
グティエーレス・ロペス、アントニオ……230
グラード、ホアキン・デ……410
グラウペラ、アンヘル(フェーリクス?)……260,672n
グラシア、クロドアルド……285,368
グレーヴ、ジャン……371n

け

ケイポ・デ・リャーノ・イ・シエラ、ゴンサーロ(「ラジオ将軍」)……94,96,120,123n,333n,346,397,411,507,544,552,654,658,670n,672n,687-688,693n
ケイポ・デ・リャーノ・イ・マルティ、エルネスティーナ……120
ゲラ・デル・リオ、ラファエル……85,87n
ゲラ・ロサーノ、ホセ……199,206n,675-678,692n
ゲルツェン、アレクサンドル……10
ゲレーロ……592
ゲレーロ・アギラール、M……150n
ゲレーロ・エルナンデス、アントニオ……665
ゲレーロ・グティエーレス、フアン……588,695n
ゲレーロ・ボカネグラ、ホセ……233,588-589,592,595,605n,680,695n
ケロ・ゴルドーニ、エドゥアルド……16,94-95

こ

コーバ・イ・ルイス、エンリケータ・デ・ラ……505
コス・セラーノ、ホセ……15,17,22n,164,172n

コスタ、アンドレア……265n
コスタ・イ・マルティネス、ホアキン……201,316,327n,466n-467n,542,687
コストドア・ラマルク、ジャン……240n,296-297,299,307n,472
コッカ・チョセーロ、イルデフォンソ……440,444,571,696n
コッカ・ベニーテス、アロンソ……432,434,440-441,444,696n
コッカ・ベニーテス、イルデフォンソ……440,444
コボ・ペーニャ、マリーア・ルイサ……21n
コボ・ロメーロ、フランシスコ……34,163,472,526
コミーリャス侯爵……145
コミン、アルフォンソ・カルロス……697n
コリエンテス、ディエゴ……208-209,215n,527
コリンズ、ラリー……143,508
「コルドニエフ、サルバドール」……15,28,38,60,189,214,221,225,229-230,233-236,235f,242n-243n,258,284,287-288,317,322,324,363,463,556,597,648,667
「コルドベス、エル」……507
コルティーナ・アレンサーナ、マヌエル……139
コルティーナ伯爵、ラ……68,151n,329n,529
コルデーロ、マヌエル……410
コルドン・アベリャン、サルバドール(「コルドニエフ」)……15,229-230,233-236,240n,243n,258,284,286-288,318,322,362-363,556,581n,648
コルドン・ペレイラ、アルナルド……243n
コルドン・ペレイラ、オスバルド……234
コルネリセン、クリスティアン……371n
コロンブス……314n
コンシデラン、ヴィクトル……246
コンデ・アコスタ、ホセ・マリーア……16
コンデ・ロメーロ・デ・メディーナ、アントニオ……564
コンパニス、ルイス……109,112,114n,115,151n,356,372n
コンブ、エミール……89-90,94,97n,105
ゴーティエ、テオフィル……209
ゴーリキー、マクシム……240n
ゴドイ、マヌエル……134,139
ゴマ、イシドロ……92,367
ゴマーリス・セラーノ、ダミアン……442
ゴメス、フリアン(フリアン・ゴルキン)……240n
ゴメス・アランブール、ルイス……344,346-347
ゴメス・アランブール兄弟……321,693n
ゴメス・オチョア、フィデル……325,332n
ゴメス・オリベール、ミゲル……690-691
ゴメス・カサス、フアン……28
ゴメス・グティエーレス、フアン……429-431,574,641
ゴメス・チャイクス、ペドロ……344

人名索引

ゴメス・デ・グスマン、エルナン……277
ゴメス・モンテーロ、カルメン……143
ゴメス・ロヒ、リカルド……73
ゴルキン、フリアン……240n
ゴルドン・オルダクス、フェーリクス……406
ゴンサーレス、セフェリーノ……66,67
ゴンサーレス、ナティビダ・ロドリーゴ……579
ゴンサーレス・アルバレス、フランシスコ……320
ゴンサーレス・イ・フェルナンデス・デ・ラバンデーラ、ホセ……675
ゴンサーレス・イ・メネンデス・レイガーダ、フランシスコ・アルビーノ……668
ゴンサーレス・カバーニャ、フランシスコ……691
ゴンサーレス・カリェッハ、エドゥアルド……116
ゴンサーレス・タグア、アントニオ……601,627,683-684
ゴンサーレス・デ・モリーナ、マヌエル……56
ゴンサーレス・ビアス……15
ゴンサーレス・ビアス、ペドロ（トーレ・ソト・デ・ブリビエスカ侯爵）……315n
ゴンサーレス・ビアス、マヌエル（ボナンサ侯爵）……315n
ゴンサーレス・フェルナンデス、アンヘレス……224,228-229,294,306n
ゴンサーレス・マリャーダ、アベリーノ……628,636,645n
ゴンサーレス・マルケス、フェリーペ……332n,689-690,699n
ゴンサーレス・メルチャン……65,68
ゴンサーレス・ルイス・リポール、ラファエル……96
ゴンサーレス・ロペス、マヌエル・マリーア……410

さ

サアベドラ・イ・コリャード、ファウスト（ビアナ侯爵）……143,145-146
サーヴィス、ロバート……240n
サエンス・デ・ブルガーラ、エドゥアルド……678
相良匡俊……281,284
サグラ・ペリス、ラモン・デ・ラ……19n
サグラード・マルチェーナ、マヌエル……442,583n
左近毅……265n
サジャス・マデーラ、フェルミン・デ……675
サバテ・リョバール、フランシスコ（「エル・キコ」）……682
サバルサ、リカルド……490,519
サピーコ・メレンデス・バルデース、マリアーノ……659-660,676
サフラ・コントレーラス、フランシスコ……193-194,213,237,243n,275,290,330n,389,394,400n,404-405,489,493,495n,547n,677-678,694n
サフォン、フアン……577
サラサール・アロンソ、ラファエル……106n
サラス・ララサーバル、ラモン……501
サリーナス・サンチェス、ラファエル……399n

サリーナス・ディエゲス、フランシスコ・デ・パウラ……387,527-528,693n
サルバティエラ、フェルナンド……343,379n
サルバドール、サンティアゴ……183
サルボチェア・イ・アルバレス、フェルミン……59,60,214,220,223n,230,245-251,253-255, 263n-266n,283,285,287-288,301,305n,313,334n,335-337,343-344,368,377n-379n,467n,555-557,576,640,646n,653
サルメロン、ニコラス……337,369
サレス、ラモン……672n
サンス・デル・リオ、フリアン……451
サンチェス・アレナス、ホアキン……289
サンチェス・イバルグエン・コルバーチョ（家）……142
サンチェス・ゲラ・イ・マルティネス、エミリア……329n
サンチェス・ゲラ・イ・マルティネス、ブランカ……329n
サンチェス・ゲラ・イ・マルティネス、ホセ……317,320-321,323-324,328n,332n-334n, 341,348,524,531n
サンチェス・ゲラ・イ・マルティネス、ロサリオ……320,329n
サンチェス・ゲラ・サインス、ラファエル……324
サンチェス・バダホース、マヌエル……406,677-678
サンチェス・ビリャローボス、フランシスカ……267n
サンチェス、P……568
サンチェス、ペドロ……629
サンチェス・プエルタ、マヌエル……508
サンチェス・ラミーレス、パスクアル……671n-672n
サンチェス・リンコン、アントニオ……280
サンチェス・ルイス、マヌエル……395,405,489-490,493,519
サンチェス・ロサ、ホセ……57,60,209,214,220,223n,230,233,245,254-259,266n-268n,270,285, 287,290-291,301,306n,322,360,363,368,468n,550-551,597,631,649,679-680,694n-695n
サンフルホ・サカネール、ホセ……95-96,101,104,117,364,407,411,457,485n,510,517,671n, 675-676,680
サンフアン・イ・ガルベイ（ベナメヒ侯爵）……150

し

シエルバ、フアン・デ・ラ……323,346
シルバ・クルース、マリーア（「ラ・リベルタリア」）……83,87n,681,695n
シルバ・ゴンサーレス、フアン……87n
「白いボリシェヴィキ」……73,500-501,513 y f-517,519,538,542,661,698n
シャトーブリアン、フランソワ・ルネ・ド……687
シャピロ、アレクサンドル……50,51,241n,356,597
シェイクスピア、ウイリアム……548n
シュタイングレス・ゲルハルト……214n-215n
シュティルナー、マックス……635,644n
シンメルマン、カルロス……558-559,581n,596,606n,642n-643n

ジノヴィエフ、グリゴリー……227
ジャクソン、ゲイブリエル……119,504,522n
ジョージ、ヘンリー……201-202,212,352n,450,503n
ジョレス、ジャン……371n
ジロー、フランソワ……183

す

スアレス・オレリャーナ、ホセ……162
スガスティ、フリアン……415
スターリン、ヨシフ……90,238,593,614,623n,625n
ストゥアール・イ・ファルコ、ハコーボ（アルバ公爵）……147n-148n
ストゥルツォ、ルイジ……521n
スパルタクス……566
「スパルタクス」……401n
「スペインのレーニン」……110-111,119,368,519,620,639,650
スマケーロ、ガスパール……324,331n
スマケーロ、ビルバイーノ……331n
スリータ・イ・カラファ、ホセ……480-481,538,545n,547n
スリータ・ビリャルバ、ペドロ……404
スリータ・ベラ、アントニオ…170,443,462-464n,473,524-527,532n,539,547n,661
スリータ・ロメーロ、ガスパール……170,527

せ

「セイスデードス」……83-84,87n,128,215n,331n,345,638,662
セギ、サルバドール（「ノイ・デル・スクレ」）……230,257,260,263n,267n,300,357
セビーリャ・グスマン、エドゥアルド……481
セラーノ、カルロス……466n
セラーノ・イ・オテイサ、フアン……252
セルダ、ルイス・デ・ラ……151n
セルバンテス・サアベドラ、ミゲル・デ……78
センテーリャ、フアン・マヌエル……280
センテーリャ・アランダ、ルカス……429-430,573,681,695n-696n
センデール、ラモン・ホセ……128-130,132-133,171n,215n,316,471,566,628
センドン、クラーロ……423

そ

ソクラテス……656n
ソディ・デ・リーバス、アンヘル……606n-607n
ソトエルモーソ侯爵……692n-693n
ソトマジョール・ナバーロ、フランシスコ……464n
ソトマジョール・ナバーロ、フロレンシオ……464n
ソトマジョール・ナバーロ、ホセファ……464n

ソトマジョール公爵……323
ソパス・ロドリーゲス、フアン……162,584n
ソラーノ・リオボ、フランシスコ……274-275,303n,327n
ソリアーノ、ロドリゴ……357
ソリーリャ、ルイス……319
ソリス・スマイシエーレス、ペドロ……103,520
ソル・サンチェス、ビセンテ……397
ソレル、ジョルジュ……57,64,107n,191,278,323,372n,649
ゾラ、エミール……152,600

た

タステ・ディアス、アントニオ……44n,469n
タピア・ロメーロ、ルイス・デ……318-319
タリダ・デル・マルモル、フェルナンド……252,326-327,334n,367
ダート・イラディエール、エドゥアルド……184,307n,313,414n
ダイオス・イ・アルコン、ビリャロン（ビリャ・デル・タホ侯爵）……144
ダサ・デルガード、ペドロ……267n-268n
ダビラ、ルイス……327n

ち

チアーノ伯爵……673n
チャーチル、ウィンストン……148n
チャコン、アントニオ……267n
チャコン・ウセーダ、フアン……286
チョムスキー、ノーム……585n

つ

ツキジデス……25,221,648

て

テバル・ウルタード、ハビエル……53
テヘーロ、アンドレス……591
テルネーロ・ベンフメア、エンリケ……141
テルメス、ジョセップ……438
「テンプラニーリョ、エル」……208,215n
デサ・モンテーロ、フスト……618,677-678
ディアス・クリアード、マヌエル……411
ディアス・ゴンサーレス、カルメーロ……24,374n,458
ディアス・デル・モラール、フアン……23-26,31,33-34,37-39,44n-45n,54,58,71,73,132,135, 163,170,178n,180,184-185,188-191,213-214,221-222,225-226,228-229,236,255,258- 259,266n,270-271,274,276-280,282-283,285-286,288,290-291,294-96,298,303n,317,335,341- 342,360-361,363-364,368,371n,374n,379n,383n,384,386,389,403,407,413n,419,432,435,439,

445,450-453,451f,455n,456-465n,468n-470n,471-472,474-477,479-482n,484n-485n,487-489,492,494n,500,523n,526,540-542,545n-547n,551,571,577-578,582n,586n,599,604n,631,648-650,656n,660-662,695n
ディアス・ラモス、ホセ……397,411,615-616
ディエス・クラウディン、テオドゥリオ……574
ディエス・ギラオ・レベンガ、ルイス……105n
ディエス・デル・コラール、ルイス……67
ディオス・クリアード、ホセ・デ……286,423,432,631,681,695n
「ディオニシオス」……287
ディミトロフ、ゲオルギー……614

と

トーレ、トマス・デ・ラ……55,63n,504n,567,575,682
トーレ・ソト・デ・ブリビエスカ侯爵……315n
トーレ・イ・デル・セーロ、ホセ・デ・ラ……469n-470n
トーレス、アナ・デ……145
トーレス、ドミンゴ……639
トーレス・カブレーラ伯爵(家)……141-142,150n,192,474,534-535,543,544n-545n
トーレス・デ・ラ・プレッサ侯爵(家)……141-142
トーレス・ディアス・デ・ラ・コルティーナ、ホセ……138
トマス・イ・バリエンテ、フランシスコ……119
トラー、エルンスト……646n
トリアッティ、パルミーロ……625
トリビオ・ガルシア、マヌエル……469n
トルネ、マクシミリアーノ……48n
トレヌエーバ侯爵……199-200,528,546n
トロツキー、レオン……227,238
トロジャーノ・モラーガ、パブロ……410,443,675
トゥセール、ハビエル……321
トゥニョン・デ・ララ、マヌエル……15,25-26,65,72,221,228,293,332n,514
ドス・パソス、ジョン……292
ドメネク、リゴベルト……91
ドメック……15
ドミンゲス・イ・パスクアル、ロレンソ……153,312,317,330n,340
ドミンゲス・オルティス、アントニオ……83,98n,186,319,684
ドミンゲス・バスコン、ペドロ……472,508
ドミンゴ、マルセリーノ……85,90,103-104,405,413n,514,522n-523n,545n
ドラード・ルーケ、ルイス……678
ドレフュス、アルフレッド……89,360
ドゥルーティ、ホセ・ブエナベントゥーラ……261,357,385,561,563,646n

な

中塚次郎……298
ナケンス、ホセ……368,377n
ナテラ・フンケーラ、アントニオ……443-444
ナバーロ、ホセ（王政派）……327n
ナバーロ、ホセ（学生）……178n
ナバーロ・ゴンサーレス・デ・カナーレス、ホセ……661,671n
ナバーロ・モラ、ダミアーナ……442
ナバハス・フエンテス、ラモン……404
ナバハス・モレノ、アントニオ……189,198,227,234,462-464,489,524,527,539-541,547n,579, 660-661
ナポレオン3世……152
ナルバーエス、ラモン・マリーア……327n

に

「ニーニョ・デル・アセイテ」……434,444,682
ニエト・レジェス、クリストーバル……572,683,696n
ニエベス・ヌーニェス、アルフォンソ……55-56,58,60,288,301,424,429,431,445,533n,552,554-556,558-562,564-565,569,571,574-575,578,580n,594,598,602,611,619,631,635,641,652-653,661
ニコライ2世……322
ニン、アンドレス……238

ね

ネグリン・ロペス、フアン……618-619
ネグロン侯爵（家）……128,130,138,148n,312,324
ネチャーエフ、セルゲイ……186n,563-564
ネバード・バルベルデ、マヌエル……585n
ネルケン、マルガリータ……93

の

「ノイ・デル・スクレ」……263n
ノガーレス・デル・リオ、フリアン……53,62n
ノスケ、グスタフ……646n
ノハ、イヒニオ……63
ノワール、ヴィクトル……246

は

ハエン・モレンテ、アントニオ……319-321,367,410,413n,693n
バーク、エドマンド……345
バエナ・アギラール、フランシスコ……493
バエナ・ゴメス、アントニオ……687

バオーリョ・ソリス、ホセ……365
バカス・ヒメーネス、ホセ……242n-243n
バクーニン、ミハイル……10,13-14,40,52,220,251-252,264n-265n,270,336,355,376n,379n,399n, 563-564,569,605n,625n,638,646n
バケーロ・カンティーリョ、エロイ……229,243n,306n-307n,403-404,406,413n-414n,469n, 472,693n
バジーナ・マルティネス、ペドロ……209,212,214,216n,233,283,305n,314,322,330n,335-336 y f, 367-368,377n-378n,398,562-563,576-577,599,606n,699n
バスケス・ウマスケ、アドルフォ……16,488,518,670n
バスケス・オカーニャ、フェルナンド……111,114n,349,394,451,468n
バスケス・グティエーレス、イグナシオ……139-141,150n,158n,302n,457-458,507-508,544n
バスケス・パルラデ、イグナシオ……141
バスケス・ロドリーゲス、イグナシオ……141
バストス・アンサール、ホセ……411
バディーリョ・ムニョス、フリアン……581n
バハティエラ・モラーン、マウロ……51-52,61n,170,231,287,313,357,414n,557-561,558f,569, 580n-581n,594,606n,641,686-687
バラウ・サラード、エンリケ……680
バラガン・モリアーナ、アントニオ……27,58,101,142,150n,229,286,412n,465n,473
バリオス・ヒメーネス、マヌエル……675
バリオブレーロ・エラーン、エドゥアルド……314
バリェステール・ティノーコ、ビセンテ……84,368,581n,600,607n,637-639,645n,681
バリェステーロス・ベア、ホセ……596-598,600-601,611,680
バリェッホ・チンチーリャ、ミゲル……185,280,282-283,286
バルガス、ラモン……499-501,696n
バルガス・ネバード、アントニオ……696n
バルガス・ネバード、ホセ……567,696n
バルガス・ネバード、ラファエル……696n
バルガス・ネバード、ラモン……696n
バルデイグレシアス侯爵……91
バルデフローレス侯爵（家）……141,143-144,150n-151n,157
バルパライッソ兼メリト侯爵夫人……545n
バルベルデ・カスティーリャ、ホセ・トマス……16,22n,32,96,178,190,193-194,198-200, 240n,347-349,480,524,528,530,546n,671
バレーラ・バルベルデ、エドゥアルド……383-384,407-410,418-419,423,435,448n,463,490,506, 539,542,554,650,652,668,676-677,693n
バレーラ・レンドゥエーレス、ホセ・マリーア……659-660
バレス……509n
バレッラ、マヌエル・デ・ラ……189
バロッソ・イ・カスティーリョ、アントニオ……235 y f,317-321,331n,348,524
バロッソ・サンチェス・ゲラ、エウヘニオ……319-321
バロッハ、ピオ……184

パス、アベル……358
パスクアル・セバーリョス、フェルナンド……141-142,149n
パストゥール・ドゥーケ、フェルナンド……364
パソス・イ・ガルシア、ディエゴ……192,294-295,474
パニアグア、シャビエル……562
パビーア、マヌエル……59,60,337,350n,369
パボン・スアレス・デ・ウルビーナ、ベニート……366,375n
パラード・セラーノ、バルトロメ……435,440-441,444,571
パラシオス・カルデナス、ホアキン・デ……15
パラフォックス・ガミル、ジョルディ……152
パリャース、パウリーノ……183
パルラデ（家）……411
パロミーノ・オラーリャ、フアン……290,306n,463,468n
パロップ・セゴビア、フランシスコ……330n

ひ

東谷岩人……58
ヒトラー、アドルフ……97n,120,241n,614
ヒネール・デ・ロス・リーオス、フランシスコ……379n,451,453-455n,650-651,656n
ヒメーネス・アレニーリャ、イルデフォンソ……382
ヒメーネス・デ・アスーア、ルイス……79,116,452-453,666
ヒメーネス・ディアス、マリアーノ……410,440-441,443
ヒメーネス・フェルナンデス、マヌエル（「白いボリシェヴィキ」「レーニン」）……
    32-33,35,39,65,72-74,109,315n,492,500-502,512-516,522n,526-527,541-542,651,689,
    698n-699n
ヒラベール、アレハンドロ……29
「ヒラルダの悪魔」……606n-607n
ヒル・ブラセーロ、ラファエル……34
ヒル・ロブレス・イ・キニョーネス、ホセ・マリーア……71-73,91,106n,116,118,122n-
    123n,356,404,512,515-516,522n
ヒロン・ロメーラ、クリストーバル……149n,361,433-435,440,442-443,447f,573,661
ビアナ侯爵……143,145-146,394
ビエドマ、ホセ……455n
ビグノーテ、ロヘリオ……96
ビスマルク、オットー・フォン……376n
「ビスマルク」……505-509,520,654,663-664
ビセント、アントニオ……66
ビリャ・デル・タホ侯爵……144,606n
ビリャペサディーリャ侯爵……676,692n
ビリャローボス・オリーリョス、アナ……267n
ビリェガス・ロペス、ラファエル……361,436n
ピ・イ・マルガール、フランシスコ……274,334n,336-338,343,368-370,378n-379n,687-688

人名索引

ピット・リヴァーズ、ジュリアン……223n
ピノ・マータ、ミゲル……399n
「ピョートル3世」……308n

ふ

フーリエ、シャルル……246-247,250,263n
フランコ・バアモンデ、フランシスコ……15-16,18n,21n,29,35,80n,91,95,117,120-121,147n,315n,367,371,377n,464,468n-469n,501-504n,519,521n-522n,544,600,639,650,656n,661,665,667,669 y n-670n-671n,673n,684-691,693n-695n,697n-699n
フリア、サントス……619
フレアン・エルナンデス、オスカル……309n
フロレンシオ・プンタス、アントニオ……514
ファウペル、ヴィルヘルム……673n
ファネッリ、ジュゼッペ……13-14,30,285
ファベロ……281
ファル・コンデ、マヌエル……528,532n
ファルコ・イ・アルバレス・デ・トレード、マヌエル（フェルナン・ヌーニェス公爵）……144
ファンフール、ホアキン……533n
フィゲローア、イグナシオ……145
フィゲローア・トーレス、アルバロ（ロマノネス伯爵）……144-145
フィリップ、ルイ……148n
フェリーペ2世……90
フェリーペ3世……326
フェリウ・デ・ラ・ペーニャ、フランシスコ……272
フェルナン・ヌーニェス公爵（家）……17,136-137,141,143-144,457-458,483n,546n
「フェルナンデス、フアン」……443
フェルナンデス・アナルテ……83
フェルナンデス・アルコン、フランシスコ……590,680
フェルナンデス・エゴチェアーガ、エラディオ……173n,290
フェルナンデス・カスティリェッホ、フェデリーコ……348-349,353n
フェルナンデス・カバリェーロ、セサル……585n
フェルナンデス・カレテーロ、アントニオ……585n
フェルナンデス・デ・コルドバ、ルイス（メディナセーリ公爵）……137,143,463,468n
フェルナンデス・ナヘラ・イ・ガルシア・ペラージョ、ミゲル……505
フェルナンデス・ヒメーネス、ホセ……322,348-349,362,374n
フェルナンデス・ヒメーネス、ミゲル……588
フェルナンデス・ビリャベルデ、ライムンド……317
フェルナンデス・レイナ（「ブシーキ」）……183
フェルナンド……151n
フェルナンド7世……215n,246
フェレール・イ・グアルディア、フランシスコ……360,370,379n,415n,597
フォール、セバスティアン……41,42

フォルスタッフ、ジョン……548n
フュレ、フランソワ……230,236
ブエナカーサ・トメーオ、マヌエル…230-233,256,293
「ブシーキ」……183
ブスティーリョ伯爵……515
ブハランセ・ロペス、アントニオ……394-395,403,405,412n,491,652,677-678
ブフィール、フアン……347
ブラーボ・カンポス、クリストーバル……280
ブラオホス・ガリード、アルフォンソ……73
ブラスコ・イバーニェス、ビセンテ……208,342-343,352n,369,378n-380n,400n,467n,624n,688
ブラッドロー、チャールズ……246
ブランキ、ルイ・オーギュスト……60,245
ブランコ、ミゲル……692n
「ブランコ・デ・ベナオカス、エル」……180-182
「ブルーノ、ドン」……693n
ブルーノ、ジョルダーノ……593
ブレイ、ジェラール……30,182,250,253,438,551,679
ブレナン、ジェラルド……41,94,222,377n
ブロトン・リナーレス、アンヘル……87n
プエーリェス・デ・ロス・サントス、ホセ・マヌエル……213
プエブロ、フアン・デル……170,174n,439-440,442,557-558
プエンテ・アメストイ、イサアク……372n,561-563,566,568,583n
プガチョーフ、エメリアン……308n
プラード、ギリェルモ……190
プラドス、マテオ・M……280,283
プリエーゴ・レケーナ、フランシスコ……434-435,448n
プリエート、インダレシオ……110,114n,489,656n
プリム、フアン……246,319
プリモ・デ・リベーラ、ホセ・アントニオ（エステーリャ侯爵）……116,666-667,673n,688
プリモ・デ・リベーラ、ミゲル……28,72,78-79,94,111,117,167-168,259-261,268n,301,312,333n-334n,346-347,356,380n,400n-401n,445,452,463,466n-67n,468n,512,521n,530,543-544,548n,562,636,661,671n,693n
プルードン、ピエール・ジョセフ……41,336
プレストン、ポール……11,92,123n,656n

ヘ

ヘーゲル、ゲオルク・ヴィルヘルム・フリードリヒ……376n
ベガ・デ・アルミーホ侯爵（家）……141,143-144,150n
ベガス・ラタピエ、エウヘニオ……117
ベステイロ・フェルナンデス、フリアン……453
ベドマール、アルカンヘル……492
ベナメヒ侯爵（家）……141,143-144,150n,157,274

人名索引

ベニーテス、アンヘリータ……507,669
ベニーテス、マヌエル（「エル・コルドベス」）……507
ベニグノ、ドン……322
ベネ、フアン……504n
ベラージョス、ニカシオ……514,518
ベラール・ナバーロ、ミゲル……405
ベラスコ・ロペス、セバスティアン……405
ベラッル・ガルベス、マヌエル……280
ベルテマーティ、マヌエル（ベルテマーティ侯爵）……312-313,315n,331n,335
ベルテマーティ侯爵……312-313
ベルトラン・デ・リス、ビセンテ……148n
ベルトラン・モラーレス、エステーバン……26,44n,45n,163,195,341-342,344,352n,368
ベルナール、アントニオ・ミゲル……134,137,295,457,536,599,609
ベルナルド・デ・キローズ、コンスタンシオ……43,128,182,196,208,210-211,213,226,240n, 272-273,289,296-297,387,576,586n
ベルネッカー、ヴァルター・L……186n
ベルヒーリョス、ホセ……323
ベルモンテ・マルティネス、ペドロ……442
ベンフメア（家）……141,145-146
ベンフメア、エウヘニオ……141
ベンフメア、パブロ……141
ベンフメア伯爵……145,670n
ベンフメア・ブリン、ホアキン（ベンフメア伯爵）……145,670n
ベンフメア・ブリン、ラファエル（グアダロルセ伯爵）……670n
ベンフメア・メディーナ、ホセ・イグナシオ……670n
ベンフメア・ロペス・デル・ピラルゴ、サンティアゴ（モンテフロリード伯爵）……145
ペイロ、ホセ……268n
ペイロ、フアン……28,34,232,249,255,260-261,263n,267n-268n,356-357,359,365,562
ペイン、トマス……246
ペーニャ、ラファエル……558-559,639,645n
ペスターニャ、アンヘル……28-29,54,231-232,249,255,263n,356-357,364-365,403,554,557, 569,607n,637,679
ペタン、フィリップ……124n
ペニャフロール侯爵（家）……139
ペニュエーラ、フランシスコ……274
ペマン・ペマルティン、ホセ・マリーア……670n
ペラール・ナバーロ、ミゲル……405
ペラルボ某……285
「ペリーコ」……324,331n
ペルーティエ、フェルナン……42,52,55
ペレイラ・ダヘード、イサベル・オルテンシア……234,242n-243n

ペレス、フアン……433,437n,448n,597
ペレス・イ・ペレス、マヌエル……287
ペレス・イルエラ、マヌエル……27,31,37,432,439,444,447n,491
ペレス・ガルドース、ベニート……45n,378n
ペレス・コルドン、ミゲル……581n,592-594,598,601,605n,628-630,636-639,642n,681,695n
ペレス・デル・アラモ、ラファエル……273,281,289,327n,330n-331n,337-338,350n
ペレス・ブランコ、アントニオ……162
ペレス・ブランコ、フアン……162
ペレス・レガール、ミゲル……405
ペレス・ロサ、アントニオ……224,286,305n
ペレス・ロペス、フアン……189,259,305n,437n

ほ

ホセ1世（ジョセフ・ボナパルト）……509
ホセ・マリーア（「エル・テンプラニーリョ」）……208
ホルダン、フランシスコ……287
ホブズボーム、エリック・ジョン……209,215n,222-223n,276,278,280,286,297-299,303n-304n,308n,477,569,586n,648
ボアール、エペリオ……258
ボナパルト、ジョセフ（ホセ1世）……509
ボナパルト、ナポレオン……134,309n,509
ボナフーリャ、レオポルド……62n,338,351n
ボナンサ侯爵……315n
ボフリジェック、K……266n
ボヘチャッフェウ、フェーリクス……442-443
ボリーバル・エスクリバーノ、カジェターノ……398,562,699n
ボリン、ルイス……147n
ボルケナウ、フランツ……33,429,577-579,586n,691
ボレーゴ、フアン……551,593,597
ボロテン、バーネット……614,619
ボン、ギュスターヴ・ル……545
ポスエーロ・エスポシト、ネメシオ……617,624n
ポッラス・アイリョン、ラモン・デ……150n-151n
ポッラス・メレーロ、フランシスコ……151n
ポルセール・プリード、ホセ……432,435,443-445,571,660-661
ポロニオ・エスポシト、アントニオ……327n

ま

マウラ・イ・ガマーソ、ミゲル……408-409,413n,417,506,650
マウラ・イ・モンタネール、アントニオ……113n,187n,317,320,333n,341,415n,511
マウリン、ホアキン……238,356-357,372n
マカッロ、フランシスコ……207

人名索引

マシア、フランセスク(「アビ」)……113n,356,372n
マタ・オルモ、ラファエル……140,303n
マタ・ポベダーノ、フェルナンド……364
マダリアーガ、サルバドール・デ……650-651,656n
マチャード・ヌーニェス、アントニオ……21n
マチャード・ルイス、アントニオ……21n,124n
マチャード・ルイス、マヌエル……21n
マテオ・アビレース、エリアス・デ……325-326,332n
マテオ・サガスタ、プラクセデス……181,312,319,325,329n,343,534
マティート・ビータ、ホアキン……665
マティーリャ、アウレリオ……410
マト・オルテーガ、ホセ・マヌエル……230
マドリード、フアン……30
マドゥエーニョ、イシドーロ……575,585n
マニング、ヘンリー・エドワード……74n-75n
マラテスタ、エッリーコ……248,265n-266n,334n,359
マリチャール、フアン……86
マリチャラール・イ・モンレアール、ルイス(エサ子爵)……14
マルヴォー、アンジェル……208,275,333n,338,479
マルクス、カール……74n,237,355,376n,476,503n
マルケス・カンブロネーロ、ホセ……68,237,243n,330n
マルテール・イ・フェルナンデス・デ・コルドバ、リカルド(トーレス・カブレーラ伯爵)
　　　……142
マルテール・イ・ベルヌイ、フェデリーコ(トーレス・カブレーラ伯爵)……544n
マルティ、ホセ……334n
マルティネス、ホセ・マリーア……636
マルティネス・アリエール、フアン……137,299
マルティネス・アレナス、クリストーバル……289
マルティネス・カンポス、アルセニオ……180,183
マルティネス・ゲリカベイティア、ホセ……372n
マルティネス・デ・ベラスコ、ホセ……108,458,514
マルティネス・ドミンゲス、ディエゴ……27,550,588-591,589f,595-597,604n,611,651,680
マルティネス・ナバレッテ、ラファエル……454n
マルティネス・バリオ、ディエゴ……80,348,368,406,468n,621,692n
マルティネス・ヒル、ルシオ……446,460-462,465n,490-491,541
マルティネス・フレスコ、トマス……224,286,305n,342,683
マルティネス・ブリード、トマス……683
マルティネス・プリエート、オラシオ……373n
マルティネス・メヒーアス、フランシスコ……54,438,572
マルティネス・ルイス、ホセ(アソリン)……36
マルティネス・ルーケ、トマス……683
マルティネス・レジェス、フアン・マヌエル……506

マルティネス・ロレンソ、セサル……85,249,257,261-262,366,373n,640
マルティン・アルバレス、カルロス……69,70,541
マルティン・フラード、ミゲル……592
マルトレール・リナーレス、ミゲル……332n-333n
マルフォーリ、カルロス……327n,331n
マルモル・アルガーバ、マヌエル……681-682
マルモル・エレーラ、ホセ……429-430,436n
マレファキス、エドワード・E……32,65,72,104,300-301,446n,471,477,500,518,542,611,651
マンセーラ・ゴンサーレス、ホセ……339-340,351n
マンホン、アルメーロ（ブスティーリョ伯爵）……515

み

ミーカー、ジェラルド・H……25,45n
ミーリャ・サラス、アントニオ……432-435,437n,440-441,443-445,448n,571,573,594,599,660-661
ミーリャ・サラス、ダビ……696n
ミーリャ・サラス、レオノール……661
ミッシェル、ルイーズ……60,248
ミューザム、エーリッヒ……646n
ミリャン・チビーテ、ホセ・ルイス……301,575
ミリャン・モレノ、フェデリーコ……361,404-405
ミンギホン、サルバドール……498-499,521n
ミンゴランセ、ミゲル……336

む

ムッソリーニ、ベニート……120,467n,544,673n,680
ムニス・ハエン、イグナシオ……433,578
ムニス・パブロス、トマス……92
ムニョス、ラファエル……429,431,574
ムニョス・カレテーロ、フェルナンド……585n
ムニョス・フローレス、フランシスコ……194
ムニョス・パラオ、F……105n
ムニョス・ペレス、サルバドール……16-17,32,40,96,170,178,190,193,195,198-200,321,334n,388,392,462,464,480,501,505,507,520,524-5,527,529-532n,530f,538-539,543,661

め

メッテルニヒ、クレメンス・フォン……687
メディーナ、アキリーノ……56,63n,365,610
メディーナ・トゴーレス、ホセ……353n,670n
メディナシドニア公爵（家）……138
メディナセーリ公爵（家）……75n,130,133,137,141,143,145,148n-151n,463,473,526
メネンデス、アルトゥーロ……407

人名索引

メリーノ・カニャスベーラス、フランシスコ……429,431
メリーノ・デル・カスティーリョ、ルイス……395,491
メリメ、プロスペル……208-209
メリャ・セア、リカルド……47n,252,367,485
メンディオーラ・オスーナ、ミゲル……559,606n-607n,692n

も

モア、ピオ……123n,332n,503
モスカルド、ホセ……18n
モナット、ピエール……266n
モネデーロ、アントニオ……66,68
モラ・ビダール、エミリオ……96
モラーレス・デルガード、フランシスコ……189-190,194-195,199,240n,275,293,295,480,524
モラーレス・ピコス、アントニオ……390
モラーレス・ムニョス、マヌエル……26,230
モラス、シャルル……346,372n
モラディエーリョス、エンリケ……673n
モラン・バージョ、フアン……392-393,462,468n,486n
モラッル、マテオ……368
モリス、ジャック……26-27,29-30,33,40,56-58,60,68,72,75n,171n,181,229-230,275,286,293,387-388,417,452,471,517,540,551,587-589,604n,610-611,632,652,690
モレノ・アランダ、アントニオ……280,304n
モレノ・アルダヌイ、ホセ……506
モレノ・アルダヌイ、フェーリクス(「ビスマルク」)……143,501,505-510n,654,663,669
モレノ・ガリャール、アントニオ……364
モレノ・ゴメス、フランシスコ……11,383,396,420,435,439,506,533n,567,570-571,626n,662,666,669,672n
モレノ・テーリョ、サンティアゴ……230
モレノ・デ・ラ・コーバ、アロンソ……505-506,508-509n
モレノ・ベニート、フェーリクス……142-143,501,510n,534
モレノ・メンドーサ、マヌエル……338,342-346,350n,380n,649
モロトフ、クリメント……623n
モロン・ディアス、ガブリエル……194-195,240n,393-394,403,405,412n,489,495n,693n-694n
モンセニ・カレ、フアン(フェデリーコ・ウラーレス)……49
モンセニ・マニェ、フェデリーカ……50-51,84,336,357,359,365,367,373n,411,485n,556,566,633,639,685
モンテ、ホセ・マリーア・デル……95
モンテーロ・ティラード、ホセ……395,443,463-464
モンテシオン侯爵……146,509
モンテネグロ・モリーリョ、アントニオ……143
モンテフロリード伯爵……154
モンティーリャ・ルス、バルトロメ……429-432,552,573-574,609,612,630-635,639-641,643n,

759

645n,653-654,681,682-683,696n
モンパンシエ公爵……148n
モンロイ、ホセ……53-54,162,584n

ら

ラーラ、オラシオ……698n
「ラジオ将軍」……94-96,507,544,548n,552,616,659,692n
ラストラ・イ・デ・ラス・オセス、ホセ・ラモン・デ・ラ（ウヘーナ・デ・ラ・ラストラ侯爵）……16,22n,146,151n,532n
ラピエール、ドミニク……143,508
ラブラドール・アルカラ、フランシスコ……435,448n
ラファルグ、ポール……74n- 75n,503n
ラファルグ、ラウラ……75n
ラマミエ・デ・クライラック・デ・ラ・コリーナ、ホセ・マリーア……10,71-73,527,528-529
ラミーレス・モラーレス、カルメン……143
ラリオス（家）……144,687
ラリオス、マルティン・デ（ラリオス侯爵）……138,688
ラリオス侯爵……688,698n
ラリャーベ……281
ラルゴ・カバリェーロ、フランシスコ（「スペインのレーニン」）……101,110,119,211,345,349,355,357,365,368,373n,382,391,403,453,465n,467n,489,500,519,599,615,618,620,623n,637,650,664,694n
ランギーア……357
ランダウアー、グスタフ……646n
ランベール、ルネ……438

り

リーオス・ウルーティ、フェルナンド・デ・ロス……69,90,237,399n,453,455n,467n,478,656n
リーダ、クラーラ・ウエヘニア……186n,377n
リーバス、マヌエル……29,560
リーバス・チェリーフ、シプリアーノ……80n
リーバス・チェリーフ、ドローレス……80n,103
リエーゴ、ラファエル……687-688
リオ、カルロス・デル……184,187n,338
リオボ・ススビエーラス、ホセ……17,275,468n
リコ・ロペス、ペドロ……314-315n,414n
リサール、ホセ……334n
リサラガ伯爵……68,513
リニャン・アルダヌイ、フリア……505
リニャン・アルダヌイ、ペドロ……505
リニャン・アルダヌイ、ロサ……505

「リベルタリア、ラ」……84,87n,488,681,695n
「リメンバー」……629
リャーマス、マヌエル……593
リューデ、ジョージ……284,576
リュナス、ジョゼップ……251

る

ルイ 14 世……113n
ルイス、フアン……131,
ルイス・エルナンデス、アナ……21n
ルイス・フネス、マリアーノ……518
ルーケ、フランシスコ……192,199,459,475
ルーケ、ペドロ……195,227
ルーケ・ディアス、ロヘリオ……676
ルーゲ、アーノルト……376n
ルエダ・エルナンス、ヘルマン……134-135
ルクリュ、エリゼ……371n
ルクリュ、ポール……371n
ルソー、ジャン・ジャック……50,61n,79
ルナ・ルーケ、マヌエル……393-394
ルビオ、ミゲル……251-252,336
ルビオ・カスティリェッホ、ホセ・マリーア（バルデフローレス侯爵）……144
ルビオ・ビセンテ、ラモン……414n
ルフェーヴル、ジョルジュ……278-280,289,297-298

れ

レアール、マンサーノ・デル……287
レイグ・タピア、アルベルト……665-666
レヴィーネ、オイゲン……646n
レーニン、ウラジーミル……231,237-238,239n
「レーニン」……73,500-501,516,519,542
レオ 13 世……65,66,74n,210-211,499,527,535,667
レオン・アドルノ、マヌエル……95
レオン・ヌーニェス、アントニオ……161-162
レオン・リーリョ、アントニオ……510n
レドンド・ガルシア、ルイス……95
「レニーナ」……241n
レピデ、ペドロ・デ……271
レルー・ガルシア、アレハンドロ……84,90,109,119,213,229,344-346,352n,369-371,378n-379n,380n,390,403,406,409-410,413n,442,450,500,516,542,614-615,649,655n,692n

ろ

ロージョ、マカリオ……583n
ロサード・ロペス、アントニオ……34,258,268n,287,325,368,552,578-579,598-603,606n-607n,609-610,613,617-619,627-628,630-635,637,640-641,642n-643n,653-654,682-683,685
ロサーレス、ペドロ……429-430,631
ロシュフォール、アンリ……246
ロジョ・ビラノーバ、アントニオ……108
ロスチャイルド家……343
ロッカー、ルードルフ……60,376n
ロドリーゲス、エドガール……261
ロドリーゲス、ソイロ……684
ロドリーゲス、ティルソ……329n
ロドリーゲス、マヌエル……592
ロドリーゲス、ラモン……300
ロドリーゲス・デ・アウストリア……443,660
ロドリーゲス・デ・カンポマーネス、ペドロ……171n
ロドリーゲス・デ・ラ・ボルボーリャ、ペドロ(「ペリーコ」の父)……331n
ロドリーゲス・デ・ラ・ボルボーリャ・イ・アモスコテギ・デ・サアベドラ、ペドロ(「ペリーコ」)……324,331n
ロドリーゲス・デ・レオン、アントニオ……430,659-660,671n,678
ロドリーゲス・バスケス、マリアーノ……639
ロドリーゲス・バルボーサ、ディエゴ……163,292,339,581n,592-593,597,604n,655,679,681,686,691
ロドリーゲス・フラード、アドルフォ……513-515,521n,525,527,538,541-542
ロドリーゲス・ムニョス、セバスティアン……572,682-683
ロドリーゲス・ムニョス、フアン……572,682-683
ロドリーゲス・ムニョス、フランシスコ……432-435,444-445,448n,572,682-683
ロドリーゲス・ルイス、カンデラリア……139,141
ロドリーゲス・ルイス、マヌエラ……139
ロドリーゲス・ロドリーゲス、アントニオ……55,567,575,585n
ロドリーゲス・ロドリーゲス、フランシスコ……575,585n,585n
ロハス・ヘイフェスパン、マヌエル……83,407,677,693n
ロベスピエール、マクシミリアン……274,303n
ロペス、アントニオ……327n
ロペス、フアン……357,365
ロペス・イ・ゴンサーレス・デ・カナーレス、パトリシオ……671
ロペス・エストゥディーリョ、アントニオ……27,335,339-340
ロペス・オンティベーロス、アントニオ……142
ロペス・カーリェ、ベルナベ……682
ロペス・カーリェ、ペドロ……364,368,600,682-683
ロペス・カルボ、マヌエル……240n
ロペス・ケーロ、ホセ……626

ロペス・ビリャトーロ、フランシスコ……54,404,429,574,698n
ロマノネス伯爵…144,319,322
ロメーロ・カチネーロ、アドリアーノ……396,398,402n,624n
ロメーロ・ロブレード、フランシスコ……316-317,326,346,540
ロメーロ・ロメーロ、アントニオ……360,405
ロラン、アンリ……162,208,216n,479
ロラン夫人……243n
ロレンソ、アンセルモ……12,250,285,399n

渡辺雅哉（わたなべ まさや）

1960年生まれ。文学博士（早稲田大学）。
共著に、Manuelle Peloille(ed.), *De la structure à la 《fine pointe》. Hommage au Professeur Jacques Maurice*, 2016.
本書の要約に、"Reforma, revolución y contrarrevolución en Andalucía: El odio africano, o la lucha de clases bajo el latifundismo (1868-1939)", *Cahiers de civilisation espagnole contemporaine,* automne 2016.

改革と革命と反革命のアンダルシア
「アフリカ風の憎しみ」、または大土地所有制下の階級闘争

2017年2月28日　初版発行

著　者　渡辺雅哉
発行所　株式会社 **皓星社**
発行者　藤巻修一
〒101-0051　東京都千代田区神田神保町3-10
電話：03-6272-9330　FAX：03-6272-9921
URL http://www.libro-koseisha.co.jp/
E-mail：info@libro-koseisha.co.jp
郵便振替　00130-6-24639

装幀　藤巻亮一
印刷・製本　精文堂印刷株式会社

ISBN 9784-7744-0627-5